LA MACROECONOMÍA DEL

Traducción de
EDUARDO L. SUÁREZ

PIERRE-RICHARD AGÉNOR y PETER J. MONTIEL

LA MACROECONOMÍA
DEL DESARROLLO

FONDO DE CULTURA ECONÓMICA
MÉXICO

Primera edición en inglés, 1996
Primera edición en español, 2000

Título original:
Development Macroeconomics
ISBN 0-691-03413-3
© 1996, Princeton University Press

D. R. © 2000, Fondo de Cultura Económica
Carretera Picacho-Ajusco, 227; 14200 México, D. F.
www.fce.com.mx

ISBN 968-16-5474-7

Impreso en México

PREFACIO A LA SEGUNDA EDICIÓN

El ambiente macroeconómico de los países en vías de desarrollo ha cambiado notablemente desde la aparición de la primera edición de este libro. Entre los cambios más importantes se cuentan el surgimiento generalizado de nuevos regímenes de política económica que incluyen la estabilización macroeconómica junto con reformas estructurales en favor del mercado, así como la reanudación del acceso de los países subdesarrollados a los mercados internacionales de capital. Entre los países que han encabezado estos cambios, los problemas de la estabilización han dejado de dominar por completo la agenda de la política económica. En varios de tales países (como Chile), las cuestiones que dominan el debate de la política pública en la actualidad tienen una naturaleza más estructural e incluyen la distribución del ingreso y la pobreza, el desempleo, la reforma del sistema legal y el servicio civil, así como los mejoramientos de la responsabilidad y la transparencia de las operaciones gubernamentales. En muchos casos, las reformas más amplias se han beneficiado del proceso de democratización y descentralización del poder que los países en vías de desarrollo han experimentado en los últimos años.

Sin embargo, las cuestiones de la política macroeconómica no se han vuelto en modo alguno menos apremiantes. La estabilización sigue siendo un reto continuo frente a la multitud de choques externos e internos que experimentan los países en vías de desarrollo en épocas normales, pero además el nuevo régimen de apertura financiera se ha asociado presumiblemente a choques macroeconómicos más frecuentes y severos en tales países de lo que habría esperado la mayoría de los observadores. Después de la publicación de la primera edición de este libro (marzo de 1996), la economía mundial ha experimentado algunos momentos turbulentos y, como siempre, la turbulencia internacional ha agravado el desafío de la estabilización para los países en vías de desarrollo. Las crisis financieras que estallaron en México en diciembre de 1994, y en Tailandia en julio de 1997, tuvieron repercusiones por todo el mundo; la crisis del bat tailandés, en particular, no sólo ejerció grandes impactos sobre varios países del sur y el sudeste asiático, sino que también ha tenido grandes implicaciones adversas para los países en vías de desarrollo de otras partes del mundo. En consecuencia, muchos observadores han cuestionado la conveniencia de los regímenes de tasa de cambio fija en un mundo de gran movilidad del capital; muchos otros han aconsejado el uso de diversas formas de controles del capital (incluyendo las restricciones obtenidas por los bancos nacionales en el exterior). Está claro que, a pesar de la

7

mayor prominencia de las cuestiones estructurales, el desafío de la estabilización permanece en el centro de la macroeconomía de los países en vías de desarrollo.

Además de poner al día el material empírico y analítico, la nueva edición de este libro ha sido sustancialmente revisada a fin de reflejar el ambiente diferente en el que operan ahora los países en vías de desarrollo. Se ha expandido la cobertura de las cuestiones estructurales y su impacto sobre el crecimiento a mediano y largo plazos, pero además se han añadido capítulos nuevos sobre el manejo de las entradas de capital y las crisis cambiarias, en los que se analizan la crisis mexicana y la asiática. Por otra parte, se ha expandido la cobertura de los programas de estabilización para incluir las experiencias recientes e importantes del Plan de Convertibilidad de Argentina y el Plan Real de Brasil, los que prometen alcanzar finalmente una estabilización de la inflación duradera en dos de las economías más importantes —e históricamente más inestables— del mundo en vías de desarrollo.

Como en la primera edición, nos hemos abstenido de discutir los problemas de los países socialistas reformistas de Europa oriental y la antigua Unión Soviética. En muchos sentidos, estos países tienen características estructurales comunes en muchos países en vías de desarrollo, y algunos de los problemas actuales de su política económica (como el manejo de los flujos de capital) son los que afrontan los gobernantes de todo el mundo en vías de desarrollo. Sin embargo, en otros sentidos hay diferencias estructurales importantes que deben tomarse en cuenta al discutir los problemas de la política macroeconómica. Después de todo, ésta es precisamente la concepción que sigue impregnando a este libro y justifica nuestro argumento de que el análisis macroeconómico de los países en vías de desarrollo es diferente de la macroeconomía convencional de los países industrializados. Por ejemplo, la relación particular que existe entre las empresas y los bancos comerciales en las economías socialistas en transición —un legado de los regímenes comunistas— sigue alterando sustancialmente la naturaleza del debate sobre la conducción de la política monetaria. Aunque muchas de las lecciones de política económica derivadas en el libro pueden parecer aplicables a estos países, un esfuerzo más profundo para incluir sus características particulares podría invalidar algunas de estas proposiciones. Seguimos convencidos de que es muy necesario un tratamiento de la economía de la transición al mismo nivel de rigor que este libro trata de alcanzar.

La primera edición de este libro fue el producto de muchos años de investigación en la macroeconomía del desarrollo realizada sobre todo en el estimulante ambiente proveído por el Departamento de Investigación del Fondo Monetario Internacional. Durante los dos últimos años el Instituto de Desarrollo Económico del Banco Mundial ha otorgado a Pierre-Richard Agénor nuevas oportunidades para continuar la investigación sobre problemas macroeconómicos del mundo en vías de desarrollo y preparar esta nueva edición. Nos hemos beneficiado considerablemente de los comentarios y las sugerencias hechos por diversos lectores de la primera edición, y estamos en deuda con muchos de nuestros colegas y coautores en el Fondo, el Banco y otras instituciones por sus comentarios sobre la primera edición y su ayuda para aclarar nuestras ideas. Nos han beneficiado grandemente las discusiones y el trabajo conjunto que a través de los años hemos realizado con Joshua Aizenman, Carlos Asilis, David Bevan, Jagdeep Bhandari, Eduardo Borensztein, José De Gregorio, Sebastián Edwards, Robert Flood, Maxwell Fry, Linda Goldberg, Morris Goldstein, Nadeem Haque, Alexander Hoffmaister, Steven Kamin, Mohsin Khan, Saul Lizondo, Paul Masson, John McDermott, Jonathan Ostry, Eswar Prasad, Carmen Reinhart, Julio Santaella, Mark Taylor, Murat Ucer y Carlos Végh. Brooks Calvo aportó una destacada asistencia de investigación en la preparación de la segunda edición. Queremos expresar también nuestro agradecimiento a los editores del *Handbook of International Macroeconomics*, el IMF *Staff Papers*, el *Journal of Development Economics*, el *Journal of Economic Dynamics and Control*, el *Journal of Macroeconomics* y Princeton Essays and Studies in International Finance por el permiso concedido para poder usar el material de nuestros artículos publicados.

INTRODUCCIÓN Y DESCRIPCIÓN GENERAL

El estudio de los problemas macroeconómicos de corto plazo de los países en vías de desarrollo surgió en gran medida en el contexto del debate monetarista-estructuralista acerca de las fuentes de la inflación en América Latina durante los años cincuenta y sesenta.[1] Mientras que la literatura inicial de este campo era esencialmente no técnica, desde principios de los años setenta se ha desarrollado una creciente literatura analítica para abordar una sucesión de males macroeconómicos que han afligido a los países en vías de desarrollo. Esta literatura ha alcanzado un nivel de rigor y sofisticación comparable al que caracteriza a la macroeconomía de los países industrializados. Sin embargo, en gran parte se ha escrito a un nivel avanzado y está dispersa en un amplio conjunto de revistas económicas profesionales.

Debido en parte a esta circunstancia, el material de enseñanza existente sobre las economías en vías de desarrollo ha omitido en gran medida otros desarrollos recientes de análisis macroeconómico. En consecuencia, los textos existentes sobre la economía y la macroeconomía del desarrollo no satisfacen las necesidades de quienes se ocupan de los problemas macroeconómicos de los países en vías de desarrollo. El crecimiento económico, antes que la política macroeconómica de corto plazo, sigue siendo la preocupación dominante en los textos existentes sobre la economía del desarrollo. La atención se ha concentrado a menudo en la contribución de la oferta agregada al crecimiento económico, en términos del uso productivo de una oferta ilimitada de mano de obra o de la eliminación de restricciones de la oferta particulares, como una escasez de ahorro interno o de divisas.[2] De igual modo, en los libros de texto de macroeconomía convencionales (o en la macroeconomía de la economía abierta) se conduce el análisis generalmente en términos de las economías avanzadas, industrializadas. Cuando se plantean problemas relevantes para los países en vías de desarrollo, a menudo no se hace ningún esfuerzo para adaptar el marco teórico a las condiciones particulares y a las características estructurales de estos países.[3] Una serie de libros influyentes de Lance Taylor (1979, 1983, 1991) trata de ofrecer un tratamiento analítico sistemático de los

[1] Muchos de los problemas planteados entonces siguen teniendo un interés considerable entre los economistas y se analizarán en varias partes de este libro.

[2] Por ejemplo, dos de los libros de texto más populares en el campo del desarrollo económico, los de Gillis y otros, 1992, y Todaro, 1994, dedican unas cuantas páginas a los problemas macroeconómicos de corto plazo.

[3] En gran medida, así ocurre también con los libros recientes que tratan de concentrarse en la macroeconomía del desarrollo, como los de Cook y Kirkpatrick, 1990, y Ross, 1991. Algunos de

problemas macroeconómicos de los países en vías de desarrollo. Sin embargo, en estos libros Taylor se preocupa más por presentar el "nuevo enfoque estructuralista" de la macroeconomía como un reto al enfoque "ortodoxo", que por presentar una equilibrada perspectiva general del campo. En consecuencia, muchas de las áreas donde el pensamiento "ortodoxo" ha proporcionado mucha iluminación —e irónicamente ha fortalecido incluso a los nuevos argumentos estructuralistas en algunos casos— tienden a ser omitidas en estos libros, y así se pierden las complementariedades fundamentales que a menudo existen entre escuelas de pensamiento rivales.

Este libro presenta un enfoque más balanceado para la macroeconomía de los países en vías de desarrollo. Presenta una perspectiva general coherente, rigurosa y amplia de la literatura analítica existente en esta área. Reseña los intentos que se han hecho para formular y adaptar el análisis macroeconómico convencional, a fin de incluir las características y condiciones particulares que se observan en las economías en vías de desarrollo, y utiliza diversos modelos para examinar problemas de la política macroeconómica que interesan ahora a estos países. Se examinan sistemáticamente los datos empíricos existentes sobre los supuestos conductistas, así como sobre los efectos de las políticas macroeconómicas en los países en vías de desarrollo, a la luz de los pronósticos de los modelos analíticos. El nivel de rigor del libro lo hace adecuado para la enseñanza de estudiantes graduados en los campos de la economía del desarrollo, la macroeconomía y la economía internacional o para la enseñanza de estudiantes de licenciatura avanzados que tengan una base sólida en la macroeconomía y la economía internacional convencionales. También debiera ser de interés para los elaboradores de políticas —y sus asesores— en los países en vías de desarrollo. El libro ofrece extensas referencias a la literatura, a fin de lograr que este material sea más fácilmente identificable por estudiantes e investigadores, y eventualmente para ayudarlos a establecer la macroeconomía del desarrollo como un subcampo coherente y legítimo de la economía y la macroeconomía del desarrollo.

Descripción general del libro

Preparamos el escenario tratando de definir el alcance y los objetivos de la macroeconomía del desarrollo. En el capítulo I se reseñan los enfoques tradicionales de la macroeconomía del desarrollo (ejemplificados por el debate monetarista-estructuralista de los años cincuenta y sesenta). Nuestra discusión destaca la necesidad de tomar sistemáticamente en cuenta los factores

---

estos libros proveen amplia información fáctica sobre las economías en vías de desarrollo, pero desde un punto de vista analítico casi no van más allá de los modelos simples de economía abierta elaborados para un ambiente de país industrializado.

estructurales en el análisis macroeconómico. Luego se describen las características estructurales que, en nuestra opinión, distinguen a la mayoría de los países en vías de desarrollo del modelo de país industrializado del libro de texto. Entre los aspectos distintivos de la macroeconomía del desarrollo se encuentran la utilidad de una división de la producción en tres bienes (exportables, importables y no participantes en el comercio exterior), y el papel desempeñado por la represión financiera, los mercados informales, la producción del sector público, los bienes intermedios importados, el capital de trabajo y la segmentación del mercado de trabajo.

El resto del libro se organiza en cinco partes. La parte 1 se concentra en las relaciones macroeconómicas y las diferencias de la estructura del mercado existentes entre los países industrializados y los que están en vías de desarrollo. El capítulo II se ocupa del marco contable y de algunos aspectos fundamentales de la modelación macroeconómica para los países en vías de desarrollo. Esencialmente, la modelación macroeconómica consiste en dotar de contenido económico a un conjunto de relaciones contables agregadas mediante la adición de ecuaciones de comportamiento y condiciones de equilibrio. Las relaciones contables que son relevantes para un caso particular dependen de la estructura de la economía. Así, este capítulo describe un marco contable "de referencia" que puede adaptarse para usos específicos posteriores en este libro. A continuación el capítulo se ocupa de algunos problemas particulares de la modelación, el primero de los cuales involucra elecciones alternativas de la división de los bienes. También se reseñan el papel particular desempeñado por las características estructurales del mercado de trabajo y el grado de desarrollo del sistema financiero.

El capítulo III aborda las funciones conductistas, explorando en particular cómo debe alterarse la especificación de funciones macroeconómicas convencionales para reflejar características estructurales que son específicas del mundo en vías de desarrollo o que son más pronunciadas allí. Esto incluye las restricciones de la liquidez en el consumo agregado, el racionamiento del crédito y de las divisas, así como los efectos de la deuda sobre la producción, y la inversión privada, y los efectos de la represión financiera, la sustitución de la moneda y los mercados financieros informales sobre la demanda de dinero. En cada caso presentamos una reseña crítica del trabajo empírico y analítico reciente.

La parte 2 del libro trata de las políticas fiscal, monetaria y cambiaria en los países en vías de desarrollo. Se inicia, en el capítulo IV, documentando un gran conjunto de regularidades en las fluctuaciones macroeconómicas de un amplio grupo de países en vías de desarrollo. Los datos examinados abarcan un amplio conjunto de variables que incluyen la producción, los precios y los salarios industriales, diversos agregados monetarios, crédito al sector privado nacional, variables fiscales, tasas de cambio y variables del comercio exterior. También se discuten la relación existente entre las fluctuaciones económicas de estos países y dos indicadores fundamentales que se aproximan a la actividad económica en los países industrializados: un índice de la producción industrial del país y una medida de la tasa de interés real mundial. Descubrimos que la volatilidad de la producción varía sustancialmente entre los países en vías de desarrollo, pero es en promedio mucho mayor que el nivel observado típicamente en los países industrializados. Los resultados sugieren también que los choques del lado de la oferta desempeñan un papel predominante en los ciclos económicos de los países en vías de desarrollo.

El capítulo V examina la naturaleza y las implicaciones de las rigideces fiscales y el efecto de los déficit fiscales sobre diversas variables macroeconómicas. Una base tributaria inadecuada y las dificultades administrativas en la recaudación tributaria son problemas macroeconómicos fundamentales en el mundo en vías de desarrollo y generan de ordinario sistemas tributarios ineficientes donde se cobran tasas impositivas elevadas sobre una base estrecha. Además, estas características estructurales, aunadas a las restricciones políticas y de otras clases sobre el nivel de los gastos gubernamentales, hacen que se recurra en gran medida a la recaudación proveniente de la represión financiera y las prácticas de tasas múltiples, al impuesto inflacionario y al financiamiento con deuda excesiva, tanto externa como (menos familiarmente) interna. La insolvencia fiscal, efectiva o potencial, ha estado en la base de muchos problemas macroeconómicos de tales países, como las crisis de la deuda, la fuga de capital, las tasas internas de interés reales excesivas y la hiperinflación. El capítulo presenta una reseña de los problemas fiscales, resumiendo algunos hechos empíricos fundamentales y utilizando las relaciones analíticas existentes entre los diversos problemas macroeconómicos antes descritos y las rigideces fiscales.

La represión financiera es un fenómeno macroeconómico central en muchos países en vías de desarrollo. Pero no está bien desarrollada la teoría de la administración macroeconómica a corto plazo, por oposición a la teoría de la eficiencia y los problemas del crecimiento, bajo la represión financiera. En el capítulo VI analizamos las herramientas de la política monetaria y el mecanismo de la transmisión monetaria bajo la represión financiera en el contexto de una economía que está por lo menos semiabierta en lo financiero. Presentamos datos empíricos sobre la apertura financiera de los países en vías de desarrollo, sobre la recaudación gubernamental derivada de la represión financiera, y sobre los efectos de la represión financiera sobre el ahorro, la inversión, el grado de movilidad del capital y la magnitud de la fuga de capital. También se discuten enfoques analíticos alternativos de la modelación informal de los mercados de crédito y de divisas al nivel macroeconómico, haciendo hincapié en el papel de los factores de cartera y de las expectativas en la determinación de las tasas de interés informales y las tasas de cambio paralelas en estos modelos. La última parte del capítulo examina cómo afectan los mercados financieros informales la respuesta dinámica de la economía ante diversos tipos de políticas macroeconómicas. La cuestión es importante porque tales mercados miran hacia el futuro y traerán así al presente los efectos de cambios esperados en las políticas. Por lo tanto, las consecuencias de la credibilidad —o su ausencia— se transmitirán a menudo a través de tales mercados en los países en vías de desarrollo. Se utiliza también un modelo de simulación del equilibrio general de tamaño mediano con mercados informales de crédito y de divisas, a fin de estudiar los efectos de choques de políticas alternativas.

Los capítulos VII y VIII discuten diversas cuestiones relacionadas con la administración de la tasa de cambio en los países en vías de desarrollo. El mensaje principal del capítulo VII es que los sistemas cambiarios del mundo en vías de desarrollo difieren marcadamente de tales sistemas en los países industrializados. Las tasas oficiales fijas son mucho más comunes, pero a menudo se acompañan del racionamiento de divisas y del surgimiento de mercados paralelos. Estos dos fenómenos tienen profundas implicaciones macroeconómicas. El capítulo destaca también el papel de la credibilidad —y de su ausencia—, así como las implicaciones de las incongruencias existentes entre la política fiscal y la política de tasa de cambio para la balanza de pagos. Además, la administración de la tasa de cambio oficial plantea varios problemas macroeconómicos importantes, tales como la posibilidad de que la devaluación tenga efectos contractivos sobre la producción o de que la fijación de la tasa de cambio real desestabilice el nivel de los precios. El capítulo VIII provee una extensa reseña de los problemas analíticos involucrados en estas controversias, así como un examen general de la literatura empírica.

Como se muestra en el capítulo II, el análisis de los mercados laborales en las economías en vías de desarrollo se ha concentrado tradicionalmente en cuestiones tales como los determinantes de la migración rural-urbana, el crecimiento de la fuerza de trabajo urbana y el incremento asociado del desempleo urbano, y los efectos de la educación sobre los niveles de ingresos. También se ha reconocido desde hace mucho tiempo el papel que podría tener la estructura de los mercados laborales en la determinación de los efectos a largo plazo de las reformas comerciales y las políticas de ajuste estructural. Pero en los últimos años se ha observado gran interés por el papel de los mercados laborales en el contexto del ajuste macroeconómico a corto plazo en los países en vías de desarrollo. El capítulo IX examina el papel de la segmentación del mercado laboral y de la rigidez salarial sectorial en la transmisión de los choques de la política macroeconómica.

La parte 3 del libro se concentra más estrechamente en los problemas de la estabilización a corto plazo, a la luz de las características de las economías en vías de desarrollo antes descritas. En virtud de que la inflación elevada ha sido el problema central de muchos episodios de estabilización bien conocidos en el mundo en vías de desarrollo, iniciamos el capítulo X con una reseña de los esfuerzos de estabilización de la inflación elevada en los países en vías de desarrollo. Clasificamos los intentos de estabilización en las categorías de programas basados en el dinero y programas basados en la tasa de cambio, y recurrimos a la abundante literatura existente para resumir la experiencia de diversos enfoques de la estabilización, incluyendo la literatura sobre programas "heterodoxos". Mientras que el capítulo IX es de naturaleza principalmente descriptiva, los capítulos XI y XII son principalmente analíticos. El capítulo XI presenta diversos modelos del proceso inflacionario, concentrándose en las diferencias existentes entre el enfoque "ortodoxo" y el "nuevo enfoque estructuralista", y examina la dinámica macroeconómica asociada a las reglas de la política monetaria y de la política de tasa de cambio en un contexto donde la movilidad internacional del capital es imperfecta. El capítulo XII discute después tres conjuntos importantes de problemas que han surgido en el contexto de los programas antinflacionarios basados en la tasa de cambio (el comportamiento de la producción, de las tasas de interés reales y los salarios reales) y presenta una amplia discusión del papel de los factores de la credibilidad en los programas antinflacionarios. En particular, examinamos varias propuestas alternativas para incrementar la credibilidad de los planes de estabilización.

El capítulo XIII provee un examen crítico de los fundamentos analíticos de algunos modelos empíricos de la política de estabilización, así como la relación existente entre la estabilización y el crecimiento a mediano plazo. La primera parte se concentra en los dos enfoques de la estabilización y el crecimiento desarrollados en el Fondo Monetario Internacional y el Banco Mundial. Luego se reseñan los modelos de tres brechas, los modelos de equilibrio general computables y los modelos econométricos convencionales de la Fundación Cowles de los países en vías de desarrollo. Un resultado fundamental de nuestra discusión es que ninguno de los enfoques de modelación que se utilizan ampliamente en los países en vías de desarrollo puede ocuparse ahora de las complejas interacciones dinámicas existentes entre la estabilización y el crecimiento.

La parte 4 del libro se ocupa de la deuda externa, los flujos de capital y las crisis monetarias. El capítulo XIV presenta los problemas de crecimiento experimentados por los países en vías de desarrollo fuertemente endeudados durante los años ochenta, sobre todo en la relación existente entre la deuda, la inversión y el crecimiento. Como en los capítulos anteriores, el enfoque es a la vez analítico y empírico. Primero documentamos la experiencia del crecimiento y la inversión de estos países durante los años ochenta (tratando por separado la inversión privada y la pública). Luego consideramos las relaciones analíticas existentes entre el monto de la deuda, el servicio de la deuda, la inversión y el crecimiento. Por último, evaluamos los datos empíricos existentes sobre estas relaciones.

A principios de la década de los noventa hemos presenciado un gran incremento de las entradas de capital al mundo en vías de desarrollo. El capítulo XV examina la naturaleza de las nuevas entradas de capital y reseña los desafíos macroeconómicos que tales entradas plantean y las respuestas de política económica emprendidas por los países receptores. Primero provee una descripción general de la magnitud y la composición de las nuevas entradas de capital, destacando el contraste con los movimientos de capital que precedieron a la crisis de la deuda. Luego examina las diversas explicaciones ofrecidas para el resurgimiento de los flujos de capital hacia los países en vías de desarrollo. Luego analiza los problemas de política económica planteados por las entradas y las respuestas y el desempeño de los países.

Una cuestión que ha dominado la agenda de la política económica desde el surgimiento de las entradas de capital a principios de la década de los noventa es la vulnerabilidad de los países receptores ante las reversiones repentinas de los flujos de capital y su potencial para generar crisis monetarias. Estas cuestiones se discuten en el capítulo XVI. La primera parte del capítulo presenta el modelo "convencional" de los ataques especulativos y las crisis monetarias, el que destaca el papel de las inconsistencias existentes entre las políticas fiscal, crediticia y de tasa de cambio para la viabilidad de un régimen de tasa de cambio fija. Tras considerar varias extensiones del modelo convencional, se discuten las "nuevas" teorías de las crisis monetarias, las que destacan el papel de los dilemas de las políticas económicas y las expectativas que se cumplen solas. La última parte del capítulo reseña las pruebas existentes sobre las crisis monetarias que ocurrieron durante los años ochenta y más recientemente en México (diciembre de 1994) y Tailandia (julio de 1997), la última de las cuales desató en Asia una crisis financiera de grandes dimensiones (y todavía en proceso al momento de escribir estas líneas).

La parte 5 del libro se ocupa de problemas de mediano plazo en la macroeconomía del desarrollo y de la economía política del ajuste. En el capítulo XVII se consideran el crecimiento económico y sus determinantes. El capítulo se inicia con una breve reseña de la experiencia de crecimiento en el mundo en desarrollo y un examen del papel de las teorías neoclásicas tradicionales del crecimiento en la explicación de las diferencias del crecimiento entre países. Luego se extiende la discusión para considerar canales alternativos del crecimiento a largo plazo, en particular los papeles del capital humano y de las economías de escala. También se examina en detalle la importancia de los factores financieros en el proceso de crecimiento y desarrollo.

Las cuestiones fiscales, financieras y cambiarias discutidas en la parte 1 y en la 2 del libro han interactuado para generar un ambiente macroeconómico fuertemente reprimido y controlado en muchos países en vías de desarrollo. Pero las severas crisis macroeconómicas que afectaron a muchas de estas naciones en los años ochenta, junto con los ejemplos exitosos de las economías liberalizadoras de Asia Oriental, desataron una oleada de reformas comerciales y financieras por todas partes a principios del decenio en curso. El capítulo XVIII presenta datos sobre la liberalización comercial y financiera y el desempeño macroeconómico, y discute los problemas de la administración macroeconómica a corto plazo durante el proceso de liberalización.

El capítulo XIX se ocupa del papel de los factores políticos en la adopción y el abandono de programas de estabilización y ajuste estructural en los países en vías de desarrollo. Resume los hallazgos principales de la investigación realizada y discute particularmente los efectos del ciclo de elección presidencial en el patrón del gasto público de Colombia, Costa Rica y Venezuela. También provee un marco analítico para analizar la conexión existente entre la política de la tasa de cambio y los ciclos electorales: una cuestión que no ha recibido mucha atención pero que podría resultar particularmente relevante para algunos países en vías de desarrollo.

Un problema fundamental de los recientes programas de liberalización y cambio estructural en los países en vías de desarrollo es la relación existente entre las reformas estructurales y las políticas de estabilización. En particular, una preocupación central ha sido la cuestión de si los cambios estructurales tienen que estar precedidos de la estabilización macroeconómica, o si los dos procesos pueden ocurrir al mismo tiempo. Además, la secuencia adecuada de las medidas de liberalización y de reforma ha sido motivo de una controversia renovada. El capítulo XX provee una relación detallada del debate en esta área, integrando argumentos analíticos y datos empíricos sobre opciones alternativas de la secuencia y la velocidad óptima de la reforma.

ALGUNAS CUESTIONES METODOLÓGICAS

Nuestro intento de cubrir la teoría y las políticas a un nivel accesible ha implicado inevitablemente una simplificación de cuestiones que son a veces complejas y controversiales. A resultas del sacrificio de la generalidad en aras de la claridad y la conveniencia analítica, las conclusiones pueden parecer a veces menos convincentes de lo que podrían ser. En algunos casos importantes se presentan pruebas de resultados complicados; en otros casos se describen las propiedades generales de modelos relevantes y se ofrecen referencias apropiadas a la literatura. La preparación matemática requerida por este libro incluye el álgebra convencional, los sistemas de ecuaciones diferenciales y las técnicas básicas de la optimación dinámica.

Muchos de los modelos elaborados en el libro no derivan de "primeros principios", pero se incluyen porque han resultado útiles para el entendimiento de algunas cuestiones macroeconómicas fundamentales. Como es sabido, los modelos macroeconómicos *ad hoc* pueden ser criticados por diversas razones. Primero, tales modelos producen resultados que podrían ser sensibles a supuestos arbitrarios acerca del comportamiento del sector privado. Segundo, son susceptibles a la crítica de Lucas en el sentido de que las reglas de decisión debieran ser invariantes ante las políticas (Lucas, 1976). Tercero, sin una descripción explícita de las preferencias de diferentes categorías de agentes y de las restricciones presupuestarias que enfrentan tales modelos son, en sentido estricto, inadecuados para establecer comparaciones del bienestar. Cuarto, a menudo olvidan las restricciones intertemporales implicadas por las condiciones de transversalidad, es decir, por las restricciones apropiadas a la ruta de solución asociada al proceso de optimización. En cambio, los modelos donde el comportamiento individual deriva de un problema explícito de optimización intertemporal sirven a diversos propósitos. Primero, los modelos de optimización sugieren supuestos bajo los cuales las relaciones conductistas agregadas que a menudo se postulan son congruentes con el comportamiento de maximización individual. Segundo, en virtud de que se construyen sobre la base de preferencias invariantes respecto del cambio de las políticas, estos modelos proporcionan instrumentos para el análisis de las políticas que son menos vulnerables a la crítica de Lucas. Tercero, estos modelos ofrecen un contexto natural donde pueden evaluarse las consecuencias de las políticas macroeconómicas para el bienestar.

Sin embargo, los modelos de optimización con "agentes representativos" también están sujetos a varias críticas. A menudo en estos modelos se eluden las cuestiones de la heterogeneidad y la agregación, lo que en algunas circunstancias genera resultados engañosos. Por ejemplo, los modelos macroeconómicos basados en empresas y consumidores "representativos" no pueden abordar adecuadamente las cuestiones que surgen de la información imperfecta, donde la heterogeneidad es crucial.[4] El dinero se introduce a menudo en estos modelos de optimización en formas peculiares *(ad hoc)*, de modo que su inmunidad no es completa frente a la crítica de Lucas. Por último, con frecuencia se puede demostrar que los resultados y las sugerencias derivados de modelos *ad hoc* persisten en modelos de optimización más complejos. Por lo tanto, nuestra estrategia general ha evitado, en la mayor medida posible, los intentos de formulación de la literatura macroeconómica existente sobre los países en vías de desarrollo en un marco de optimización, evitando así los modelos matemáticos demasiado complicados en favor de modelos más simples con impli-

---

[4] La literatura reciente sobre la macroeconomía ha reconocido las deficiencias de este enfoque y la necesidad de introducir dos o más clases de agentes, por ejemplo: la liquidez restringida *vs.* la liquidez no restringida; véase Kirman, 1992, quien sostiene que los modelos del agente representativo proveen sólo "pseudofundamentos microeconómicos" para las ecuaciones conductistas macroeconómicas. Véanse también Greenwald y Stiglitz, 1987, y Stiglitz, 1992.

caciones claras para la política económica. Sin embargo, en nuestra discusión analítica de las políticas antinflacionarias, introducimos una serie de modelos con funciones conductistas explícitamente derivadas de un marco de optimización, mostrando así cómo puede aplicarse provechosamente este tipo de análisis al caso de los países en vías de desarrollo.

En este contexto, una cuestión metodológica importante es el tratamiento del dinero. La existencia misma del dinero sigue siendo una cuestión dificultosa en la economía monetaria, y no pretendemos involucrarnos en ese debate. Más bien, en los modelos examinados aquí se utilizan diversos supuestos "operativos" para introducir el dinero, de acuerdo con gran parte de la literatura reciente de la macroeconomía de la economía abierta. En un enfoque aplicado recientemente, se introduce el dinero de manera directa como un argumento de la función de utilidad, porque se supone que los agentes derivan utilidad de la tenencia de saldos en efectivo, del mismo modo que la derivan del consumo de bienes reales. Un segundo enfoque considera al dinero necesario para las transacciones, de modo que se retiene antes de que ocurran las compras de bienes de consumo; esto conduce a la popular restricción del "efectivo adelantado" (Stockman, 1989). Un tercer enfoque considera que el dinero facilita las transacciones al reducir el tiempo de compra y actuar así como un sustituto del ocio. Esto conduce a la especificación de una "tecnología de las transacciones" directamente en la restricción presupuestaria de los agentes privados. Nosotros preferimos adoptar el enfoque de los costos de las transacciones cuando utilizamos modelos de optimización, en vista de las implicaciones limitantes de la restricción del efectivo adelantado (este enfoque impone, en particular, una elasticidad nula de la demanda de dinero ante la tasa de interés). En ciertas condiciones, la elección de una formulación operativa particular importa poco (Feenstra, 1985), pero en general los supuestos alternativos acerca de la función del dinero afectan los pronósticos de los modelos macroeconómicos.

A pesar de nuestros esfuerzos, no hemos podido lograr que la notación utilizada en el libro sea uniforme y consistente. El mismo símbolo tiene a veces significados diferentes. Sin embargo, las diferencias de notación no ocurren nunca dentro de un mismo capítulo, de modo que debería ser escasa la posibilidad de una confusión. A lo largo del libro, la derivada de una función de una variable se denota con una prima, mientras que las derivadas (parciales) de una función con varias variables se indican con subíndices. Por último, la derivada de una variable respecto del tiempo se denota con un punto encima de la variable.

I. EL CAMPO DE LA MACROECONOMÍA DEL DESARROLLO

EN EL AÑO 1997 los países en vías de desarrollo generaban cerca de 32% de la producción mundial (gráfica I.1), mientras que 132 de los 183 países examinados por el Fondo Monetario Internacional se clasificaban en mayo de 1998 como pertenecientes al mundo en vías de desarrollo. Así, aunque la mayor parte de la producción mundial ocurre en los países industrializados, la formulación de políticas macroeconómicas específicas de un país ocurre de ordinario en un contexto de país en vías de desarrollo. A pesar de esto, gran parte de la macroeconomía moderna se ha desarrollado para ocuparse de circunstancias y problemas que surgen en el contexto de los países industrializados. Así, una cuestión importante para los economistas y los gobernantes es la medida en que las herramientas y los modelos analíticos apropiados para el análisis de los problemas macroeconómicos de los países industrializados pueden ofrecer una orientación para la formulación y la conducción de la política macroeconómica en los países en vías de desarrollo.

El título de este libro sugiere que hay algo intrínsecamente diferente en la macroeconomía de los países en vías de desarrollo. Si el tratamiento de la macroeconomía del libro de texto convencional, elaborado para los países industrializados, fuese adecuado para abordar los fenómenos macroeconómicos del mundo en vías de desarrollo, habría escasa justificación para una macroeconomía del "desarrollo". El título sugiere también que los fenómenos macroeconómicos individuales de los países en vías de desarrollo son muy similares para que tenga sentido hablar de una "macroeconomía del desarrollo" y no de la macroeconomía de Brasil, Benin o Nepal, por ejemplo. Estamos conscientes de que ambas implicaciones son problemáticas; muchos economistas aceptan la noción de que las herramientas y los modelos convencionales de la macroeconomía pueden utilizarse en los países en vías de desarrollo, mientras que otros dirían que Brasil, Benin y Nepal tienen tan poco en común que la noción misma de una macroeconomía "del desarrollo" carece de sentido.

Estas opiniones son tan categóricas que la carga de la prueba recae sobre nosotros. La idea de que la macroeconomía del desarrollo es distintiva podría parecer sospechosamente semejante a una antigua y desacreditada aseveración de los años sesenta en el sentido de que la (micro) economía neoclásica moderna no es relevante para los países en vías de desarrollo porque éstos son de algún modo "diferentes" en formas no especificadas o porque estas sociedades "tradicionales" están pobladas por agentes económicos que no optimizan y

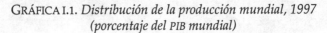

GRÁFICA I.1. *Distribución de la producción mundial, 1997*
(porcentaje del PIB *mundial)*

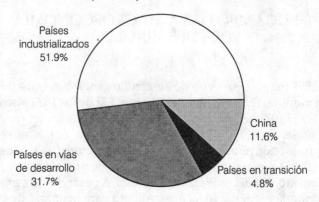

Países
industrializados
51.9%

China
11.6%

Países en vías
de desarrollo
31.7%

Países en transición
4.8%

NOTA: Las porciones del PIB se basan en la valuación de los PIB de los países por la paridad del poder de compra PPC (PPP en inglés). La categoría de "países en transición" incluye a Mongolia y a los países de la antigua Unión Soviética y de Europa central.
FUENTE: Fondo Monetario Internacional.

no son racionales. La perspectiva adoptada en este libro no debe confundirse con esa idea. No creemos que los agentes económicos de los países en vías de desarrollo se comporten de manera diferente de los agentes de las economías industrializadas, en formas incongruentes con los principios de la optimiza-ción racional de la microeconomía neoclásica; creemos, por el contrario, que tales agentes se comportan de modo similar al de los agentes de los países in-dustrializados, pero operan en un ambiente diferente. Nuestra perspectiva es que las herramientas analíticas convencionales de la macroeconomía moder-na son en efecto tan relevantes para los países en vías de desarrollo como para los países industrializados, pero se necesitan modelos diferentes para anali-zar problemas comunes.

Esto es así porque las diferencias estructurales existentes entre los países en vías de desarrollo y los países industrializados hacen que muchos modelos populares de los países industrializados no sean idealmente adecuados para el análisis de los fenómenos macroeconómicos de los países en vías de desarro-llo. La palabra "estructural" aparece entre comillas porque no queremos su-gerir que las características que tenemos en mente sean inmutables y no sus-ceptibles de ninguna reforma. Pero tales características están *dadas* en cierto momento, de modo que deben ser tomadas en cuenta por los macroeconomistas que se concentran en tales países. Estas diferencias del ambiente macroeco-nómico pueden identificarse explícitamente. Además, las características es-tructurales que distinguen a las economías en vías de desarrollo de las economías industrializadas son tan generalizadas por todo el mundo en vías de desarrollo que en efecto tiene sentido hablar de una clase distinta de modelos macroeconómicos "del desarrollo". La tarea de la macroeconomía del desarrollo consiste en descubrir las implicaciones de estas diferencias de la estructura macroeconómica para el comportamiento y las políticas macroeconómicos.

Además de las diferencias estructurales, varios problemas específicos macroeconómicos que han preocupado a los economistas y gobernantes de los países en vías de desarrollo no han sido igual de importantes en el mundo industrializado. Estos problemas no han sido específicos de países singulares, sino que han aparecido en diferentes países en vías de desarrollo en diversos momentos, de modo que han despertado un interés generalizado en el mundo en vías de desarrollo. En suma, no sólo la naturaleza de los modelos utilizados, sino también los propósitos para los que se han aplicado, distinguen a la macroeconomía de los países en vías de desarrollo de la macroeconomía de los países industrializados.

Habiendo dicho esto, no quisiéramos exagerar el argumento. La buena macroeconomía en *cualquier* ambiente toma en cuenta el marco institucional en el que opera una economía. Los economistas que trabajan principalmente con países industrializados están familiarizados con las implicaciones que pueden tener para el análisis macroeconómico diferentes mecanismos de fijación de los salarios, instituciones presupuestarias, regímenes de tasa de cambio y de política monetaria, así como estructuras del sector financiero. Sólo afirmamos aquí que hay diferencias sistemáticas en los fenómenos de estos tipos entre los países industrializados y los que se encuentran en vías de desarrollo, y que entre los propios países en vías de desarrollo hay, por lo que toca a tales fenómenos, semejanzas suficientes para que resulte conveniente tratar de proveer un tratamiento unificado para los problemas macroeconómicos de tales países.

En este capítulo tratamos de sentar las bases de la perspectiva que deberá adoptarse presentando una descripción general de las características macroeconómicas importantes que comparten ampliamente los países en vías de desarrollo pero que no figuran de manera relevante en los modelos macroeconómicos principales de los países industrializados. Describiremos también varios problemas que han sido particularmente interesantes en el contexto de los países en vías de desarrollo durante los últimos dos decenios. Pero antes describiremos algunos antecedentes.

I.1. MONETARISMO, ESTRUCTURALISMO Y PAÍSES EN VÍAS DE DESARROLLO

La relevancia del análisis macroeconómico de los países industrializados para los países en vías de desarrollo ha sido tema de debate durante algún tiempo, sobre todo en América Latina, donde los enfoques contendientes han sido llamados tanto "monetaristas" u "ortodoxos" por una parte como "estructuralistas" por la otra. Los primeros se asocian con la perspectiva de que la ortodoxia macroeconómica convencional es directamente aplicable a los problemas macroeconómicos de largo y corto plazos de los países en vías de desarrollo. En particular, la escuela monetarista cree que el crecimiento de los países en vías de desarrollo a largo plazo se ve obstruido por las políticas dirigistas que distorsionan la asignación de recursos. La prescripción para las políticas a largo plazo es que el crecimiento puede promoverse dando un margen de acción completo a los mecanismos del mercado por la vía del libre comercio y de las políticas internas no intervencionistas. A corto plazo, la inflación elevada y los déficit de balanza de pagos que afligen a menudo a los países en vías de desarrollo reflejan un crecimiento monetario excesivo, impulsado por los grandes déficit fiscales.[1] El remedio es la medicina ortodoxa: una política fiscal restrictiva aunada a "la corrección de los precios", de ordinario mediante la devaluación y la elevación de las tasas de interés internas. La concepción ortodoxa se asocia a menudo a Harberger (1963) y Sjaastad (1983). Sus prescripciones de políticas se encuentran detrás del enfoque de ajuste macroeconómico aplicado por los "Chicago Boys" en Chile durante los años setenta, así como en los programas de estabilización del Cono Sur a fines de ese decenio. En términos más amplios, las políticas generalmente basadas en este conjunto de ideas han sido promovidas desde hace mucho tiempo por las instituciones financieras internacionales, tanto en América Latina como en otras partes del mundo en vías de desarrollo.

La semilla de la escuela estructuralista se asocia al trabajo realizado por Raúl Prebisch para la Comisión Económica de América Latina, a principios del periodo de la posguerra.[2] Un tema importante de la escuela estructuralista inicial era que, debido a que las elasticidades-ingreso de la demanda de materias primas son menores que las de la demanda de bienes industrializados, los países de la "periferia" del mundo en vías de desarrollo que son exportadores de bienes primarios enfrentarían un deterioro secular de los términos de intercambio en relación con el "centro" de los países industrializados exportadores de manufacturas. La recomendación fundamental de políticas para el crecimiento a largo plazo, surgida de esta prognosis, era que debería evitarse la especialización de la producción por las líneas clásicas de la ventaja comparativa. Se requería la intervención estatal para cambiar la estructura de la producción en la periferia. Debería promoverse la industrialización en los países en vías de desarrollo mediante la protección de la "industria naciente" nativa

---

[1] En realidad, aunque la inflación elevada es más común en los países en vías de desarrollo que en los países industrializados, ha sido mucho más común en América Latina que en otras partes del mundo en vías de desarrollo.

[2] Véase en Kay, 1989, una discusión de los antecedentes históricos de la escuela estructuralista.

contra la competencia del "centro", mediante el uso de barreras comerciales y los controles de cambios, así como por medio de la provisión de ventajas especiales al sector industrializado bajo la forma de insumos importados baratos (a través de una tasa de cambio sobrevaluada), crédito barato, y mano de obra barata (promovida mediante la alteración de los términos de intercambio internos en contra de la agricultura). Esta estrategia de "sustitución de importaciones" se adoptó ampliamente a principios de la posguerra, no sólo en América Latina sino también en otras partes del mundo en vías de desarrollo (Cardoso y Helwege, 1992).

Más recientemente, los economistas de la tradición estructuralista han centrado su atención en la estabilización macroeconómica a corto plazo. Lance Taylor es el más conocido de los defensores de esta "nueva visión estructuralista" de la macroeconomía del desarrollo a corto plazo. En un ensayo reciente (Taylor, 1990), este autor identifica la "nueva visión estructuralista" con varias hipótesis generales acerca de la macroeconómica del desarrollo, en las que se reconoce que: 1) muchos agentes poseen un poder de mercado considerable; 2) la causalidad macroeconómica en los países en vías de desarrollo tiende a desenvolverse desde las "inyecciones" tales como la inversión, las exportaciones y el gasto gubernamental, hasta las "filtraciones" tales como las importaciones y el ahorro; 3) el dinero es a menudo endógeno; 4) la estructura del sistema financiero puede afectar a los resultados macroeconómicos en formas importantes, y 5) los bienes intermedios y de capital importados, así como la complementariedad directa existente entre la inversión pública y privada, son empíricamente importantes.[3]

Los nuevos estructuralistas cuestionan la conveniencia y la eficacia de las prescripciones de políticas macroeconómicas ortodoxas a corto plazo, en particular el "tratamiento de choque" bajo la forma de la austeridad fiscal aunada a la devaluación y la política monetaria restrictiva. Su diagnóstico de la fuente de la inflación atribuye un papel acomodaticio, antes que causal, al crecimiento monetario. La fuente de la inflación es lenta en relación con el crecimiento de la productividad en la agricultura (debido a los deficientes patrones de la tenencia de la tierra) combinado con los precios administrados en la industria (derivados de las estructuras de mercados no competitivas, lo que implica una rigidez de los precios hacia abajo), y con la indización salarial (véase el capítulo XII). Se presume que la política monetaria es pasiva en vista de estas fuerzas inflacionarias subyacentes.

Además, debido en parte al papel del capital de trabajo y de los insumos importados, y en parte a que las posibilidades de sustitución son más limitadas de lo que suponen los defensores de la administración macroeconómica

---

[3] Lustig, 1992, presenta una lista similar de características comunes de los modelos estructuralistas.

ortodoxa, un paquete de políticas que combine la devaluación con las políticas fiscales y monetarias restrictivas conducirá a la estanflación a corto plazo, con escasa o ninguna mejoría de las cuentas externas. La prescripción alternativa de políticas de la nueva visión estructuralista no está siempre clara, pero es muy probable que contenga un elemento de mayor gradualismo, intervención directa y énfasis en la resolución de problemas estructurales a mediano plazo, que la prescripción contenida en los programas de estabilización tradicionales.

La perspectiva adoptada aquí recurre en efecto a los análisis monetarista y estructuralista. Ambos enfoques generan ideas útiles, y creemos que la realidad macroeconómica del mundo en vías de desarrollo combina características de ambos. En particular, la experiencia parece sugerir que la orientación hacia fuera y la utilización de los mecanismos del mercado son más eficaces para la promoción del crecimiento a largo plazo que la orientación hacia dentro y las políticas dirigistas (véase el capítulo XVIII). Además, el papel central del déficit fiscal en la promoción de la creación de dinero, y por ende de una inflación elevada de Estado estable, cuenta con un amplio consenso entre los macroeconomistas contemporáneos. Estos son temas centrales de la ortodoxia "monetarista". Sin embargo, el acuerdo sobre estas cuestiones no impide la aceptación de varias observaciones de los nuevos estructuralistas. Por ejemplo, aunque la inflación puede ser imputable a los elevados déficit fiscales, la *persistencia* misma de grandes déficit fiscales debe ser explicada, y la explicación podría otorgar un papel importante a la lucha continua por la distribución que los nuevos estructuralistas destacan.[4]

Es más importante el hecho de que los comentarios precedentes se aplican a las propiedades de la economía a largo plazo. En la elaboración de la política macroeconómica a corto plazo, que ha sido la esencia de la macroeconomía de los países industrializados desde Keynes, las características estructurales de la economía, así como el ambiente de las políticas, son predominantes. Como es bien sabido, la dinámica del ajuste macroeconómico ante los cambios ocurridos en cualquier conjunto dado de políticas dependerá invariablemente de las características estructurales de la economía, en condiciones iniciales, y de la naturaleza de otras políticas que se apliquen en ese momento. En este sentido, cobra importancia la identificación de las características macroeconómicas de los países en vías de desarrollo que gobernarán probablemente la respuesta de sus economías ante los choques macroeconómicos, de modo que deben figurar prominentemente en los modelos macroeconómicos destinados para su aplicación en un contexto de país en vías de desarrollo.

---

[4] El papel del conflicto distributivo para la promoción de la inestabilidad macroeconómica ha empezado a destacar recientemente en la literatura del crecimiento. Véase, por ejemplo, Persson y Tabellini, 1994.

I.2. La estructura económica y la macroeconómica

¿Cuáles son entonces las características macroeconómicas que tienden a definir la macroeconomía del desarrollo? Las características estructurales que diferencian a una economía en vías de desarrollo "representativa" del modelo de país industrializado de libro de texto cubren un espectro amplio, que incluye la mayoría de los componentes convencionales de un modelo macroeconómico. Muchas de estas características no son compartidas por todos los países en vías de desarrollo, y algunas de ellas pueden encontrarse también entre los países industrializados. Sin embargo, en esta sección presentaremos algunas pruebas en el sentido de que las características que describiremos más adelante —todas las cuales pueden reconocerse fácilmente como factores que afectan al comportamiento macroeconómico— diferencian sistemáticamente a los países en vías de desarrollo, *como un grupo*, de la representación convencional de economía de país industrializado que aparece en los libros de texto. Se incluye aquí la naturaleza de la apertura al comercio de mercancías y activos financieros con el resto del mundo, la naturaleza de los mercados financieros, las características de las instituciones fiscales y el presupuesto gubernamental, las propiedades de la función de oferta de la economía, la estabilidad de los regímenes de la política y el grado de la volatilidad macroeconómica.

I.2.1. *La apertura comercial de bienes y activos*

1. Las economías en vías de desarrollo, como países industrializados pequeños, tienden a ser mucho más abiertas al comercio internacional de bienes y servicios que los grandes países industrializados.

Una medida convencional de la apertura es la participación del comercio, es decir, la suma de las participaciones de las exportaciones y las importaciones en el PIB. Como lo indica la primera columna de la gráfica I.2, los países en vías de desarrollo —de acuerdo con esta medida— tienden a ser sustancialmente más abiertos que los grandes países industrializados: la medida del valor de la participación comercial llega a 45%, mientras que en el Grupo de los Siete países (G-7) se aproxima al 25%.[5] Por supuesto, la extensión de esta apertura limita desde el principio la aplicabilidad del modelo de libro de texto del país industrializado de economía cerrada al contexto del país en vías de desarrollo.

---

[5] Este grupo está integrado por los grandes países industrializados: Canadá, Francia, Alemania, Italia, Japón, el Reino Unido y los Estados Unidos. Se debe notar que el grado de apertura de los pequeños países industrializados (como Bélgica) es típicamente más alto.

Muy pocos países en vías de desarrollo (quizá sólo la India y Brasil, con participaciones comerciales cercanas a 9 y 12%, respectivamente) pueden describirse siquiera aproximadamente como economías cerradas por esta medida.

*2. Los países en vías de desarrollo tienen de ordinario escaso control sobre los precios
de los bienes que exportan e importan; es decir, de ordinario afrontan términos de
intercambio exógenos.*

Esta característica tiende a distinguir a los países en vías de desarrollo incluso
frente a los países industrializados pequeños. La exogeneidad de los términos
de intercambio para las economías en vías de desarrollo se sugiere por su
pequeña participación en la economía mundial y por la composición de sus
exportaciones. En 1990 los países en vías de desarrollo realizaban, como grupo, sólo cerca de la cuarta parte de las exportaciones e importaciones mundiales. Además, a pesar de un incremento sustancial de las manufacturas en las
exportaciones de estos países durante los dos últimos decenios, en 1991 más
de la mitad de las exportaciones de los países de ingresos bajos y medios consistía en combustibles, minerales, metales y otros productos primarios, por comparación con una participación mundial cercana a la cuarta parte.[6] En la segunda columna de la gráfica I.2 aparece la participación de los bienes primarios
en las exportaciones de un grupo seleccionado de países en vías de desarrollo.
Éstos son bienes bastante homogéneos, cuyos precios se fijan en mercados
internacionales. Como se indica en la siguiente columna del cuadro, los mercados de estos productos, así como los mercados de las exportaciones de manufacturas de los países en vías de desarrollo, siguen estando en gran medida en los
países industrializados. En promedio, dos tercios de las exportaciones de los países listados en el cuadro se destinaron a países industrializados en 1991.

Por supuesto, lo que importa para la determinación de la exogeneidad de los
términos de intercambio de los países en vías de desarrollo es la magnitud de
las exportaciones e importaciones de países individuales en mercados particulares. Muy pocos países en vías de desarrollo constituyen una porción significativa del mercado mundial, incluso en el caso de los productos en que sus exportaciones están fuertemente especializadas. Por ejemplo, sólo 16 países en vías
de desarrollo realizan hasta 10% del mercado mundial de exportaciones de productos primarios con base en las clasificaciones SITC de tres dígitos, de acuerdo
con el *Handbook of International Trade and Development Statistics 1990*, elaborado por la Comisión de Comercio y Desarrollo de las Naciones Unidas. Además,
algunos estudios cuidadosos de este tema confirman que, con excepciones limi-

---

[6] En 1971 la participación de tales bienes primarios en las exportaciones de los países de ingresos bajos y medianos se aproximaba a 75%. Ambas cifras se han tomado del Banco Mundial, 1993.

GRÁFICA I.2. *Indicadores comerciales (porcentajes)*

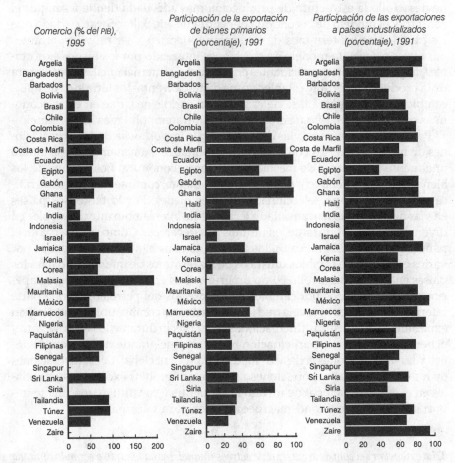

FUENTE: Montiel, 1993; Banco Mundial y Fondo Monetario Internacional.

tadas para bienes particulares, estos países ejercen escasa influencia individual sobre los precios de lo que compran y venden (Goldstein, 1986).

La exogeneidad de los términos de intercambio pone en tela de juicio la utilidad, para el análisis de muchos problemas de la política macroeconómica de los países en vías de desarrollo, del modelo de economía abierta utilizado más ampliamente en el contexto de los países industrializados. El modelo de Mundell-Fleming, que durante largo tiempo ha sido el modelo por excelencia del país industrializado abierto, supone la determinación endógena de los términos de intercambio, cuando la economía nacional está completamente especializada en la producción de un bien sobre el que ejerce un poder de mercado considerable. Para el análisis de los fenómenos macroeconómicos de los países en vías de desarrollo la estructura de producción más adecuada tiende a ser, por el contrario, el modelo de "economía dependiente" de Salter-Swan o (dado que los cambios de los términos de intercambio tienden a ser muy importantes para tales países) un modelo de tres bienes integrado por los bienes exportables, importables y no participantes en el comercio internacional. Tal estructura de la producción permite establecer una distinción entre los términos de intercambio exógenos y una tasa de cambio real endógena, que en estas economías es el precio relativo macroeconómico intratemporal más importante.

Para muchos países en vías de desarrollo la importancia de las exportaciones de bienes primarios con precios determinados exógenamente constituye una fuente importante de inestabilidad macroeconómica. Los precios de los bienes primarios tienden a fluctuar drásticamente, como se ilustra en la gráfica I.3, para un grupo seleccionado de tales bienes. Por lo tanto, los países en vías de desarrollo han afrontado términos de intercambio muy inestables en diversos momentos durante los últimos dos decenios.[7] Como se observa en el panel superior de la gráfica I.4, los últimos 20 años han estado marcados por varios episodios de cambios drásticos de los términos de intercambio para los países en vías de desarrollo como un grupo. Los episodios del tablero superior están dominados por cambios en los precios del petróleo, pero la parte inferior de la gráfica I.4 revela que los productos no combustibles también han experimentado drásticas fluctuaciones en su precio durante los años setenta y ochenta. Aunadas a la participación relativamente grande de las exportaciones y las importaciones en la actividad económica nacional, tales fluctuaciones de los precios de las exportaciones representan cambios exógenos sustanciales en el ingreso nacional de un año al siguiente, y constituye una fuente importante de la volatilidad macroeconómica para tales países.

3. La extensión del comercio exterior de activos financieros ha tendido a ser más limitada en los países en vías de desarrollo que en los países industrializados, aunque esta situación ha empezado a cambiar recientemente en forma drástica para un grupo importante de economías en vías de desarrollo.

La movilidad perfecta del capital se ha convertido en el supuesto convencional de libro de texto para los países industrializados. En los países en vías de desarrollo los controles de capital han sido la regla, y aunque se cuestiona su

---

[7] Sin embargo, continúa el debate sobre la existencia de un deterioro secular de los precios de los bienes primarios en relación con los precios de las manufacturas: la llamada tesis de Prebisch y Singer. Véanse opiniones contrarias sobre este tema en Bleaney y Greenaway, 1993*b*, Cuddington, 1992, y Reinhart y Wickham, 1994.

GRÁFICA I.3. *Precios mundiales de bienes primarios*
(cotizados en Nueva York, a menos que se indique otra cosa,
centavos de dólar por libra)

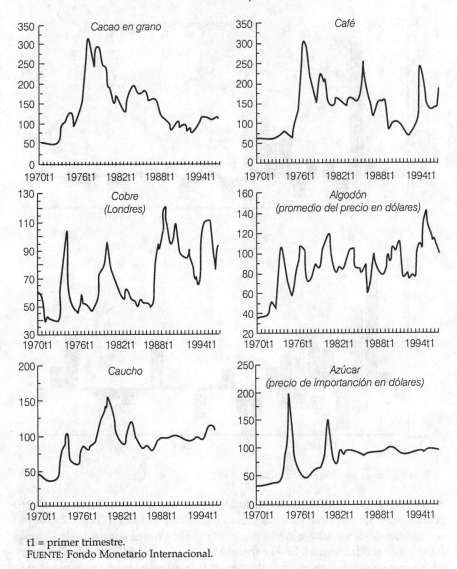

t1 = primer trimestre.
FUENTE: Fondo Monetario Internacional.

eficacia, el grado de movilidad del capital que caracteriza a estas economías
—que con frecuencia conservan tales restricciones— sigue siendo mucho menor que el que se supone en los modelos de países industrializados de los libros

GRÁFICA I.4. *Términos de intercambio y precios de los productos no combustibles en los países en vías de desarrollo (cambio anual, porcentajes)*

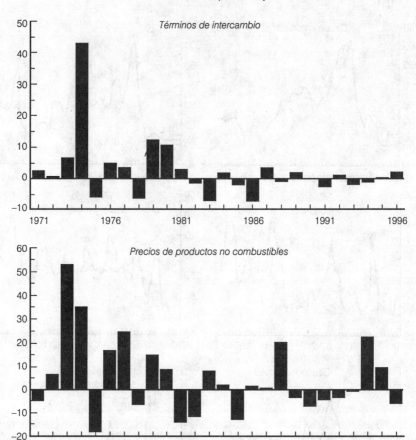

FUENTE: Fondo Monetario Internacional.

de texto. Por lo tanto, contrariamente a lo que ocurre con la modelación macroeconómica convencional para los países industrializados, en el caso de los países en vías de desarrollo generalmente es inadecuado el supuesto de la movilidad perfecta del capital. En el capítulo VI se presentan datos sobre este punto, los que se utilizan en el capítulo XI para formular un marco apropiado para el análisis de las políticas de estabilización en los países en vías de desarrollo.

Esta situación ha cambiado recientemente en forma drástica para un grupo sustancial de países en vías de desarrollo relativamente grandes. Estos países han experimentado un aumento discontinuo de su grado de integración al mercado mundial de capitales. Pero aun para tales países el fortalecimiento de la integración financiera no ha significado un acercamiento mayor al macromodelo de país industrializado de los libros de texto, porque la integración ha ocurrido en el contexto de sistemas financieros internos inmaduros, una flexibilidad limitada de la política económica y una credibilidad frágil. Esta situación ha creado el problema de las entradas de capital, que además de describirse en la siguiente sección, se analiza ampliamente en el capítulo XV.

4. *Los países en vías de desarrollo tienden a ser importadores de capital, y el servicio de la deuda externa es un problema central de la política económica en muchos de ellos.*

La gráfica I.5 presenta un conjunto de indicadores de la deuda externa de un grupo representativo de países en vías de desarrollo. Es importante advertir que las cifras de la deuda que aparecen en este cuadro se refieren a la deuda externa bruta. Para muchos países la cifra bruta se aproxima a la posición deudora neta internacional del país, pero en el caso de varios países que experimentaron uno o más episodios de una sustancial fuga de capital, la cifra de la deuda bruta podría exagerar considerablemente la posición deudora neta de la economía. Pero, aun para tales países, un gran acervo de deuda externa bruta plantea importantes desafíos macroeconómicos por diversas razones. Durante la crisis de la deuda de los años ochenta y más recientemente entre los países de ingresos bajos muy endeudados, el problema surgió esencialmente porque el sector interno que tenía los activos externos (generalmente el sector privado) no era el mismo sector que tenía los pasivos externos (el gobierno). En cambio, en los países que se han integrado recientemente a los mercados internacionales de capital, es el sector privado el que ha tendido a contraer la deuda externa. En este contexto, los desafíos de la política económica son los del enfrentamiento del potencial sobrecalentamiento macroeconómico asociado a la llegada repentina de grandes entradas, así como la vulnerabilidad ante la volatilidad macroeconómica inducida por las reversiones repentinas de los flujos de capital.

I.2.2. *Administración de la tasa de cambio*

5. *Contrariamente a lo que ocurre en los principales países industrializados, la mayoría de los países en vías de desarrollo no han adoptado completamente tasas de cambio flexibles ni se han asociado a uniones monetarias.*

Los países industrializados se constituyen con cualesquiera de las tasas de intercambio flexibles de operación o como miembros de uniones monetarias, mien-

GRÁFICA I.5. *Indicadores de la deuda (porcentajes)*

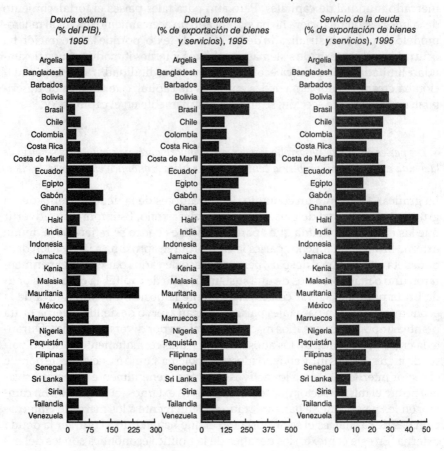

FUENTE: Banco Mundial.

tras que en los países en vías de desarrollo predominan las tasas oficialmente determinadas, ajustadas por diversas reglas alternativas y referidas en general como tasas "administradas". En el capítulo VI aparece una descripción de la naturaleza de los regímenes de tasa de cambio en países en vías de desarrollo individuales. Los regímenes de tasas de cambio de los países en vías de desarrollo han evolucionado hacia una flexibilidad mayor desde el colapso del sistema de Bretton Woods en 1973. Sin embargo, esto ha significado en la práctica que los ajustes más frecuentes de una paridad oficialmente determinada (anunciada o no), especificada en términos de una canasta de monedas, han remplazado a las pegas rígidas con una moneda, antes que la adopción de tasas de cambio determinadas por el mercado con una intervención oficial limitada. El predominio de las paridades oficiales implica que los problemas relacionados con las consecuencias macroeconómicas de la pega, de la alteración de la pega (típicamente bajo la forma de una devaluación) y de reglas para la alteración de la pega, son particularmente importantes en los países en vías de desarrollo. En el pasado, las tasas de cambio oficialmente determinadas, frecuentemente se complementaron con restricciones cuantitativas sobre la disponibilidad de las divisas, lo que ocasionó el surgimiento de mercados de cambio libre paralelos a los oficiales. Tales arreglos han existido también ocasionalmente en los países industrializados, pero ahora han desaparecido en ese contexto. Aunque también se han vuelto menos comunes en los países en vías de desarrollo a través del tiempo, subsisten en muchos de tales países (véase Ghei y Kiguel, 1992). Por lo tanto, el análisis de las implicaciones agregadas de tales regímenes informales de tasas de cambio dobles continúa como tema pertinente en la macroeconomía del desarrollo.

I.2.3. *Los mercados financieros internos*

6. Los mercados financieros de las naciones en vías de desarrollo se han caracterizado por el predominio de instituciones financieras rudimentarias en los países de ingresos bajos y, cualquiera que sea el nivel del ingreso per cápita, por la "represión financiera". Las reformas poco apropiadas de tales sistemas han conducido con frecuencia a derrumbes financieros.

Aunque varios países en vías de desarrollo han incrementado recientemente mercados de acciones muy grandes, tales mercados (así como los mercados secundarios para los valores) siguen siendo pequeños o inexistentes en muchos de ellos. En la gran mayoría de las economías en vías de desarrollo, los mercados financieros siguen dominados por un solo tipo de institución —el banco comercial—. En consecuencia, es limitado el menú de los activos disponibles para los ahorradores privados. Además, aun allí donde se han desarrollado mercados de acciones, tienden a estar dominados tales mercados por unas cuantas firmas de control muy cerrado y a exhibir razones de rotación muy bajas.

El sector de la banca comercial en países en vías de desarrollo tradicionalmente ha estado bien regulado; a menudo está sujeto a elevadas razones de reservas y de liquidez, además de topes legales para las tasas de interés y cuotas sectoriales para la asignación del crédito. Así, el racionamiento del crédito en el mundo en vías de desarrollo ha tendido a ser legalmente impuesto antes que generado endógenamente por las asimetrías de la información, como comúnmente se supone que ocurre en los países industrializados. Este conjunto de políticas hacia el sector financiero se conoce como "represión financiera".

La consecuencia de estas restricciones es que el tamaño del sistema bancario comercial fue reducido artificialmente. Este fenómeno se sugiere por el contraste mostrado en la gráfica I.6 entre las razones de monetización en los países industrializados y los países en vías de desarrollo. Este índice mide el tamaño del sistema bancario tomando la razón de sus pasivos (dinero en sentido estricto o amplio) al PIB. Como se observa en el cuadro, a pesar del conjunto más reducido de activos financieros a disposición de los ahorradores de las naciones en vías de desarrollo, las razones de monetización son generalmente menores para tales países que para los países industrializados. Las diferencias son particularmente pronunciadas cuando se utiliza la medida amplia del dinero, misma que contiene activos generadores de intereses, tales como los depósitos de ahorro, que soportan la carga de topes de las tasas de interés en los países en vías de desarrollo.

En respuesta a la represión financiera, con frecuencia ha aparecido un sector financiero informal en el que las tasas de interés de los préstamos se han determinado por el mercado, operando de nuevo en paralelo con el sector oficial y con las tasas de interés de los préstamos determinados por el mercado. Los instrumentos de la política monetaria y la naturaleza del mecanismo de transmisión monetaria en este contexto tienden a ser muy diferentes de sus similares en los países industrializados.

Debido en gran parte a la naturaleza del sistema financiero, pero también a la existencia de algunas de las otras características mencionadas antes, es posible que deba modificarse, en el contexto del país en vías de desarrollo, la especificación de las relaciones conductuales macroeconómicas (reglas de decisión) que suele presentarse en los libros de texto. Una característica importante es la necesidad de incluir las implicaciones del racionamiento del crédito y las divisas, en las reglas de decisión privadas, cuando tal racionamiento existe. Esto afecta, por ejemplo, al consumo privado, la inversión, la demanda de activos, la oferta de exportaciones y la demanda de importaciones. La inclusión de estos fenómenos ha sido tratada en formas diferentes: por ejemplo, incluyendo restricciones cuantitativas en las ecuaciones del consumo y la inversión o empleando precios en los mercados informales de crédito y de divisas, además (o en lugar de) los prevalecientes en los mercados oficiales, en estas funciones de demanda. Estas cuestiones se examinarán en el capítulo III.

Una conciencia mayor de los efectos nocivos de la represión financiera sobre la eficiencia de la asignación de recursos ha desatado recientemente una oleada de liberación financiera en el mundo en vías de desarrollo. Sin embargo, con frecuencia no han existido los requisitos institucionales de la liberalización financiera —bajo la forma de mecanismos de regulación y supervisión adecuados—, lo que ha provocado una mayor inestabilidad macroeconómica y severas crisis que implican interacciones entre la balanza de pagos y el siste-

GRÁFICA I.6. *Razones de monetización*
(dinero, según porcentaje del PIB, *promedio en 1985-1996)*

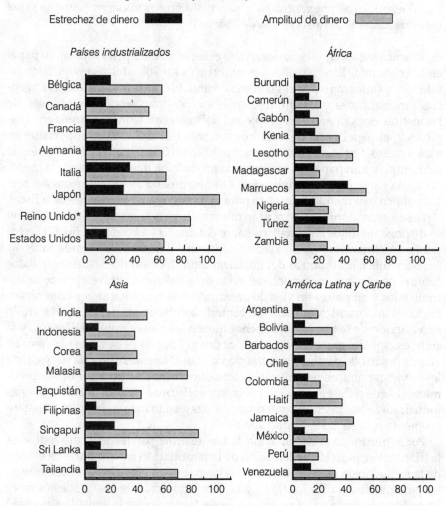

Estrechez de dinero ███   Amplitud de dinero ▨

Países industrializados

Bélgica
Canadá
Francia
Alemania
Italia
Japón
Reino Unido*
Estados Unidos

0 20 40 60 80 100

África

Burundi
Camerún
Gabón
Kenia
Lesotho
Madagascar
Marruecos
Nigeria
Túnez
Zambia

0 20 40 60 80 100

Asia

India
Indonesia
Corea
Malasia
Paquistán
Filipinas
Singapur
Sri Lanka
Tailandia

0 20 40 60 80 100

América Latina y Caribe

Argentina
Bolivia
Barbados
Chile
Colombia
Haití
Jamaica
México
Perú
Venezuela

0 20 40 60 80 100

* Estrechez de dinero en el periodo 1985-1991.
FUENTE: Fondo Monetario Internacional.

ma financiero. La debilidad del marco institucional de muchos países en vías de desarrollo ha vuelto la frecuencia y la profundidad de tales crisis mucho mayores en tales países que en los países industrializados.

I.2.4. *El presupuesto gubernamental*

7. La composición del presupuesto gubernamental difiere marcadamente entre los países industrializados y los países en vías de desarrollo.

En muchos países en vías de desarrollo el Estado desempeña un amplio papel en la economía. Este papel se ejerce a través no sólo del sector público no financiero (integrado por el gobierno central, los gobiernos locales, las agencias especializadas y las empresas públicas no financieras) sino también de las instituciones financieras propiedad del gobierno. Como veremos en el capítulo v, el papel fiscal de tales instituciones ha sido a veces importante en varios países. Por lo que toca al sector público no financiero, el gobierno tiende a desempeñar un papel más activo en la producción que en el caso de la mayoría de las naciones industrializadas, y el desempeño de las empresas del sector público es a menudo decisivo para la determinación de la posición fiscal.

Desafortunadamente, para gran número de países en vías de desarrollo no se dispone de datos sistemáticos sobre el tamaño y el desempeño del sector público no financiero consolidado. La información publicada tiende a referirse solamente a las finanzas del gobierno central. La gráfica I.7 presenta datos sobre el nivel y la composición del gasto del gobierno central en países industrializados y en países en vías de desarrollo. Debemos hacer aquí dos observaciones importantes: el gobierno central absorbe en los países en desarrollo una fracción de la producción menor que en los países industrializados, y la composición del gasto difiere entre los dos grupos de países. Las naciones en vías de desarrollo destinan una fracción sustancialmente mayor de sus gastos a los servicios públicos generales, la defensa, la educación y otros servicios económicos (lo que refleja el papel del gobierno en la producción), que las naciones industrializadas, mientras que estas últimas gastan más en la salud y sustancialmente más en la seguridad social.

Por lo que toca a la recaudación, la fuente principal del gobierno central es la tributación, pero la participación de la recaudación no tributaria en el total de la recaudación es mucho mayor en los países en vías de desarrollo que en los países industrializados (gráfica I.8). La recolección de los impuestos se ve obstruida a menudo en los países en vías de desarrollo por la limitada capacidad administrativa y las restricciones políticas. Una consecuencia de esto es que la tributación directa desempeña un papel mucho más limitado en los países en vías de desarrollo que en los países industrializados. Los impuestos directos, los impuestos a bienes y servicios nacionales y los impuestos al comercio exterior representan partes aproximadamente iguales de la recaudación tributaria total en los países en vías de desarrollo, mientras que en los países industrializados los impuestos al ingreso se llevan la mayor parte y los impuestos al comercio exterior son insignificantes. Entre los impuestos directos, la partici-

GRÁFICA I.7. *Composición del gasto del gobierno central*
(porcentaje del gasto total)

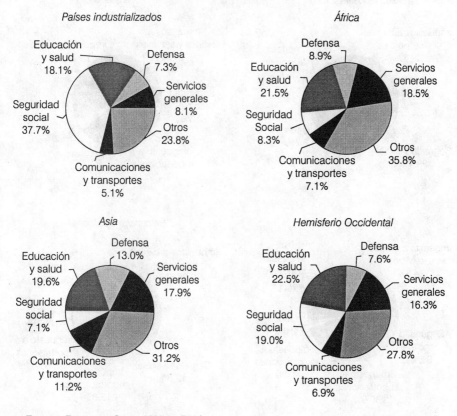

Países industrializados

Educación y salud 18.1%
Defensa 7.3%
Servicios generales 8.1%
Seguridad social 37.7%
Otros 23.8%
Comunicaciones y transportes 5.1%

África

Defensa 8.9%
Educación y salud 21.5%
Servicios generales 18.5%
Seguridad Social 8.3%
Otros 35.8%
Comunicaciones y transportes 7.1%

Asia

Defensa 13.0%
Educación y salud 19.6%
Servicios generales 17.9%
Seguridad social 7.1%
Otros 31.2%
Comunicaciones y transportes 11.2%

Hemisferio Occidental

Defensa 7.6%
Educación y salud 22.5%
Servicios generales 16.3%
Seguridad social 19.0%
Otros 27.8%
Comunicaciones y transportes 6.9%

FUENTE: Burgess y Stern, 1993, p. 766.

pación de los impuestos a ingresos individuales es mucho mayor que la de los impuestos a los ingresos de empresas en el mundo en vías de desarrollo, mientras que en el mundo industrializado se observa lo contrario. En los países en vías de desarrollo los impuestos al comercio exterior son primordialmente aranceles a las importaciones, antes que impuestos a las exportaciones, y se utilizan más extensamente en los países más pobres.

Las restricciones políticas y administrativas existentes para la recaudación de impuestos en los países en vías de desarrollo, aunadas al limitado margen existente para la emisión de deuda interna en muchos de tales países, han generado una mayor utilización del señoraje, y por ende mayores niveles de inflación, que en los países industrializados. Esto se ilustra en la gráfica I.9, que muestra la relación existente entre la participación del señoraje en el PIB y la

GRÁFICA I.8. *Composición de la recaudación tributaria*

Países industrializados

Impuestos a bienes y servicios 29.3%

Impuesto al ingreso 35.8%

Otros 3.7%

Seguridad social 28.4%

Impuestos al comercio 2.8%

África

Impuestos a bienes y servicios 25.8%

Impuesto al ingreso 32.3%

Seguridad social 2.3%

Otros 4.0%

Impuesto a importaciones 28.4%

Impuesto a exportaciones 7.2%

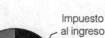

Asia

Impuesto a bienes y servicios 34.8%

Impuesto al ingreso 27.4%

Otros 2.6%

Seguridad social 0.2%

Impuesto a exportaciones 4.1%

Impuesto a importaciones 30.9%

Hemisferio Occidental

Impuestos a bienes y servicios 36.5%

Impuesto al ingreso 24.2%

Otros 6.0%

Impuesto a exportaciones 5.5%

Seguridad social 12.0%

Impuesto a importaciones 15.8%

FUENTE: Burgess y Stern, 1993, p. 773.

tasa de inflación para una muestra de naciones industrializadas y de naciones en vías de desarrollo. Con pocas excepciones, los países industrializados tienden a obtener menos de 0.8% del PIB por la recaudación del señoraje, mientras que la gran mayoría de los países en vías de desarrollo recaudan en esta forma más de 1.0% del PIB. En consecuencia, las tasas de inflación de los países en vías de desarrollo tienden a ser mayores que las prevalecientes en el mundo industrializado.

Las implicaciones macroeconómicas de las instituciones presupuestarias —el conjunto de reglas y procedimientos mediante los cuales son los presupuestos gubernamentales preparados, revisados y aprobados por la legislatura— América Latina (véase, por ejemplo, Grisanti, Stein y Talvi, 1998). En

GRÁFICA I.9. *Inflación y señoraje (promedios en 1980-1996)*

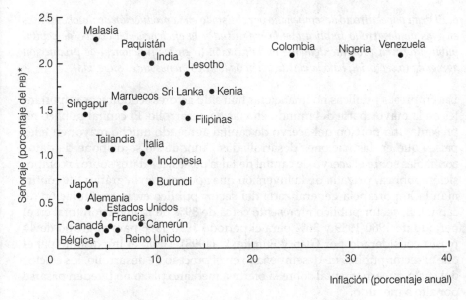

* Señoraje es el cambio del acervo de dinero dividido por el PIB nominal.
FUENTE: Cálculos del autor basados en *International Financial Statistics*.

particular, se han discutido mucho tres dimensiones: *a)* la naturaleza (y los efectos de credibilidad) de las reglas constitucionales que pueden aplicarse para imponer restricciones a la magnitud del déficit fiscal, tales como las reglas del presupuesto balanceado; *b)* las reglas procesales que guían la elaboración del presupuesto por parte del poder ejecutivo, su aprobación por el poder legislativo y su ejecución, y *c)* el tipo de reglas (ya sean "colegiadas" o "jerárquicas") que pueden incrementar la transparencia del proceso presupuestario. Por ejemplo, se ha sostenido que en un ambiente volátil pueden resultar demasiado restrictivas las reglas asimétricas del presupuesto balanceado (que impiden la contratación de deuda en los tiempos "malos" pero no imponen un ahorro en los tiempos "buenos"), quizá forzando una reacción procíclica ante los choques económicos adversos. En cambio, puede resultar conveniente la imposición de un límite superior a la razón de deuda-producto nacional, sobre todo para asegurar la sustentabilidad fiscal (véase el capítulo V). Se ha sugerido también que, en América Latina, las mejores instituciones presupuestarias se asocian a menores déficit fiscales y acervos de deuda pública, pero que al mismo tiempo la inflación elevada y la volatilidad de la actividad económica han tendido a reducir la capacidad del proceso presupuestario para imponer la disciplina fiscal (Aizenman y Hausmann, 1995).

I.2.5. *Oferta agregada y mercado laboral*

8. El gran papel directo desempeñado por el Estado en la producción de muchos países en vías de desarrollo implica que la magnitud y la eficiencia del acervo de capital público figuren prominentemente en la función (o en las funciones) de producción agregada (o sectorial, bajo la clasificación de los tres bienes antes sugerida).

Las empresas públicas no financieras han sido actores económicos importantes en la mayor parte del mundo en vías de desarrollo. El capital público representa una porción del acervo de capital agregado mucho mayor en tales países que en las naciones desarrolladas. Aunque no se dispone de datos confiables sobre el acervo de capital de tales países, los datos sobre la composición pública/privada de la inversión que aparecen en la gráfica I.10 confirman la importancia generalizada del sector público en la acumulación de capital. El sector público representó cerca de 39% de la inversión total en el periodo de 1980-1989 y 36% para el periodo 1990-1996 para el grupo de 44 países considerado por Glen y Sumlinski (1998). Dado el importante papel que el sector público ha desempeñado en el proceso de desarrollo, los efectos del gasto gubernamental sobre la oferta a mediano plazo no pueden pasarse por alto a menudo.

En los últimos años ha recibido un nuevo escrutinio el papel tradicional del sector público como productor en los países en vías de desarrollo, y varios de estos países han emprendido privatizaciones masivas de las empresas públicas no financieras. En virtud del peso relativamente grande de la producción del sector público en los países en vías de desarrollo por comparación con la situación existente en los países industrializados, las implicaciones macroeconómicas de tales medidas han sido particularmente importantes en el contexto de los países en vías de desarrollo. Sin embargo, hasta el momento de escribir estas líneas ha sido relativamente pequeña la porción de los activos del sector público que se ha privatizado en muchos países en vías de desarrollo, de modo que gran parte de la producción nacional permanece en manos del sector público.

9. Los bienes intermedios importados desempeñan un papel importante en la función (o funciones) de producción agregada (o sectorial bajo la estructura de tres bienes) en los países en vías de desarrollo.

Los bienes intermedios importados desempeñan un papel prominente en la actividad económica del mundo en vías de desarrollo. Tales bienes representan cerca de la mitad del total de las importaciones de los países en vías de desarrollo (Mirakhor y Montiel, 1987). En algunos países, la participación de las

GRÁFICA I.10. *Participación de la inversión privada*
en la inversión total (porcentaje)

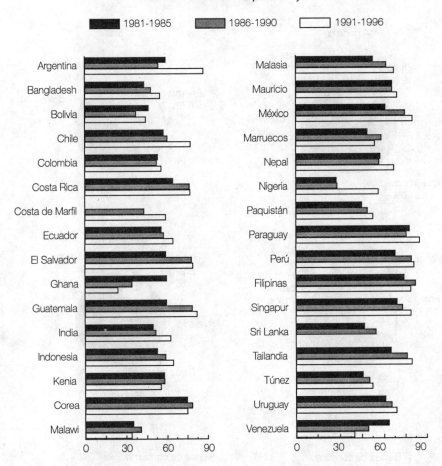

NOTA: De 1991 a 1996 son datos del Banco Mundial para los siguientes países: Ghana, Nepal, Nigeria y Singapur, en *World Development Indicators*.
FUENTE: Pfeffermann y Madarassy, 1993. Para 1991-1996, Glen y Sumlinski, 1998.

importaciones intermedias de energéticos y de otros bienes puede pasar incluso de 70% (gráfica I.11). En consecuencia, la diferencia existente entre el valor de la producción interna y el valor agregado interno tiende a ser mayor en los países en vías de desarrollo que en los países industrializados. A través del costo de los bienes intermedios importados, la tasa de cambio tiene una influencia importante sobre la posición de la curva de oferta de la economía a corto plazo. El papel de los bienes intermedios importados no significa sólo

GRÁFICA I.11. *Composición de las importaciones reales*
(porcentaje total)

Argentina

Brasil

Chile

Colombia

Ecuador

Indonesia

GRÁFICA I.11. *Composición de las importaciones reales*
(porcentaje total) (conclusión)

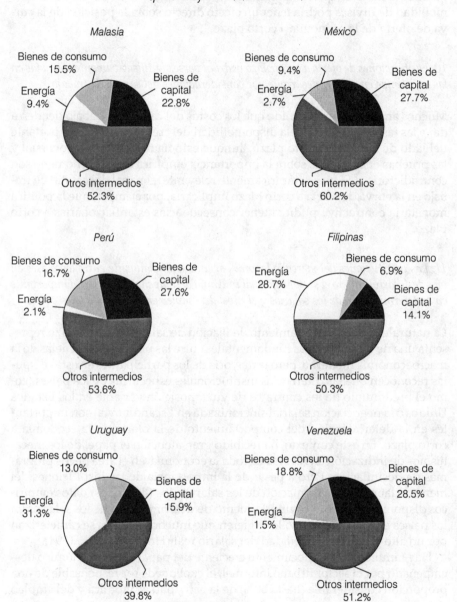

Malasia

Bienes de consumo
15.5%

Energía
9.4%

Bienes de
capital
22.8%

Otros intermedios
52.3%

México

Bienes de consumo
9.4%

Energía
2.7%

Bienes de
capital
27.7%

Otros intermedios
60.2%

Perú

Bienes de consumo
16.7%

Energía
2.1%

Bienes de
capital
27.6%

Otros intermedios
53.6%

Filipinas

Bienes de consumo
6.9%

Energía
28.7%

Bienes de
capital
14.1%

Otros intermedios
50.3%

Uruguay

Bienes de consumo
13.0%

Energía
31.3%

Bienes de
capital
15.9%

Otros intermedios
39.8%

Venezuela

Bienes de consumo
18.8%

Energía
1.5%

Bienes de
capital
28.5%

Otros intermedios
51.2%

FUENTE: Adaptada de Hentschel, 1992, pp. 9-10.

que los cambios de la tasa de cambio tendrán efectos sobre la oferta a corto plazo sino también que, en presencia del racionamiento de divisas, la disponibilidad de divisas podría tener un efecto directo sobre la posición de la curva de oferta de la economía a corto plazo.

10. Las funciones de oferta a corto plazo podrían verse significativamente afectadas en las economías en vías de desarrollo por consideraciones del capital de trabajo.

Muchos analistas han sostenido que los costos del capital de trabajo tienden a dar a las tasas de interés y a la disponibilidad del crédito un papel importante del lado de la oferta a corto plazo, aunque esto ha resultado controversial y las pruebas encontradas sobre la importancia empírica de este fenómeno son contradictorias.[8] Si fuese empíricamente relevante, el papel del capital de trabajo en la curva de oferta a corto plazo implicaría, por ejemplo, que la política monetaria contractiva pudiera tener consecuencias estanflacionarias a corto plazo.

11. Las instituciones del mercado laboral varían sustancialmente entre los países en vías de desarrollo, pero el sector informal continúa desempeñando un papel importante en la determinación de los salarios y el nivel del empleo en muchos de tales países.

La naturaleza del comportamiento de fijación de salarios a corto plazo representa una de las diferencias fundamentales entre las principales escuelas de la macroeconomía moderna, pero la mayoría de los participantes en estas disputas reconocen que las diferencias institucionales específicas de los países (como el predominio de los contratos de yuxtaposición variable en los Estados Unidos o la negociación salarial sincronizada en Escandinavia) son importantes en la determinación del comportamiento de la oferta de la economía a corto plazo. En este contexto, ha recibido gran atención el papel de los mecanismos de indización en reversa en toda la economía, en el área de los programas de desinflación. Pero a pesar de la importancia de las instituciones del mercado laboral en la formación de los salarios, los (limitados) datos empíricos disponibles sobre el comportamiento de determinación de los salarios en los países en vías de desarrollo sugieren que muchos de ellos se caracterizan por un alto grado de flexibilidad del salario real (Horton y otros, 1994).

Hay también un reconocimiento creciente del papel macroeconómico desempeñado por el sector urbano informal, el cual puede ser responsable de una proporción considerable (hasta 60%) de la actividad económica y del empleo

---

[8] Véanse Cavallo, 1981, y Van Wijnbergen, 1985, en cuanto a la importancia empírica de los costos del financiamiento del capital de trabajo en Argentina y Corea, respectivamente.

total en los países en vías de desarrollo, sobre todo en algunas partes de Asia, Medio Oriente y África subsahariana. Una consecuencia del dualismo formal-informal es la segmentación del mercado laboral urbano, que desempeña un papel crucial en las explicaciones de la pobreza, el desempleo y el subempleo urbanos existentes en los países en vías de desarrollo.

I.2.6. *Estabilidad de los regímenes de políticas*

En general, los países en vías de desarrollo han tendido a mostrar déficit fiscales mayores, tasas de inflación sustancialmente mayores y tasas de crecimiento mayores, en promedio, que los principales países industrializados. Por ejemplo, durante el periodo de 1979-1988 creció el PIB real de los países industrializados a un promedio anual de 2.8%, mientras que la inflación crecía a 6.3%. En los países en vías de desarrollo, la producción creció en promedio a 4.3% anual, mientras que la inflación crecía a 31.8%. Para el periodo de 1989-1998, las cifras respectivas para los países industrializados fueron 2.2 y 3.1%; para los países en vías de desarrollo, 5.8 y 33.2%. El promedio de las tasas inflacionarias en *todas* las regiones del mundo en vías de desarrollo ha tendido también a superar al de los principales países industrializados. El promedio de la inflación en Asia se aproximó a 8.4% anual durante el periodo de 1979-1988, y a 8.6% durante 1989-1998; para América Latina y el Caribe, las tasas medias fueron de 93.6 y 107.3% durante los mismos periodos.[9]

La inflación elevada ha sido un síntoma de la inestabilidad de la política económica y con frecuencia se ha asociado a la incertidumbre de las políticas. En grandes partes del mundo en vías de desarrollo —sobre todo en América Latina y África—, la inestabilidad política ha sido endémica. Esto se ha debido en parte a factores internos. La inestabilidad política ha caracterizado a muchos países en vías de desarrollo desde la época de su independencia, en tanto las democracias pluripartidistas con elecciones libres han sido raras. Hasta mediados de los años ochenta, por ejemplo, la mayor parte de América Latina estaba gobernada por gobiernos militares, y la regla del partido único sigue prevaleciendo en África. Con frecuencia, los cambios de gobierno señalan cambios de las ideologías gobernantes y consiguientemente en los regímenes de la política económica.

La incertidumbre de la política económica ha sido un factor importante en la macroeconomía del desarrollo, desatando en muchos casos la sustitución de

---

[9] El promedio de la inflación cayó considerablemente desde mediados de los noventa en América Latina y el Caribe; su alcance fue de 35.9% anual en 1995 (de 210.2% en 1994), 22.3% en 1996, 13.1% en 1997 y 9.1% en 1998. En gran medida, este resultado se debió al exitoso programa de desinflación en Brasil, el cual se documenta en el capítulo IX.

la moneda, la fuga de capital, crisis cambiarias y el colapso de la inversión privada. La incertidumbre respecto del contexto de las políticas —o la previsión de futuras reversiones de las políticas—, es una característica que con frecuencia debe incluirse en los modelos macroeconómicos de los países en vías de desarrollo y en el diseño de programas de reforma macroeconómica.

I.2.7. *Volatilidad macroeconómica*

12. A resultas de muchos de los fenómenos descritos antes, el ambiente macroeconómico de los países en vías de desarrollo es a menudo mucho más volátil que el de los países industrializados.

Una característica decisiva del ambiente macroeconómico de muchos países en vías de desarrollo es la inestabilidad de los resultados macroeconómicos. Las raíces de esta inestabilidad macroeconómica son externas e internas. La volatilidad de los términos de intercambio y de las condiciones financieras internacionales se transmite directamente a los pequeños países en vías de desarrollo que son tomadores de precios en los mercados internacionales de bienes y servicios y de activos financieros. Aunada a la inflexibilidad de los instrumentos macroeconómicos nacionales y la inestabilidad política que se traducen en cambios frecuentes y discretos de los regímenes de política económica en contextos institucionales débiles, la experiencia macroeconómica de muchos países en vías de desarrollo ha tendido a caracterizarse por una serie de crisis periódicas. Esto ha tenido implicaciones para un gran conjunto de fenómenos macroeconómicos, como se ilustra en la gráfica I.12 para el caso de América Latina. Por ejemplo, todos los componentes del presupuesto gubernamental no sólo han tendido a ser mucho menos estables en los países en vías de desarrollo latinoamericanos que en el común de los países industrializados, sino que esta inestabilidad ha caracterizado también a precios relativos macroeconómicos, como los términos de intercambio y la tasa de cambio real. Es especialmente importante el hecho de que la inestabilidad macroeconómica haya generado tasas de crecimiento inestables del PIB real y del consumo privado. Hay también algunas pruebas de que la volatilidad macroeconómica de algunos países latinoamericanos puede haberse agravado por una respuesta procíclica de la política fiscal: una tendencia del gasto público y de los déficit fiscales a aumentar durante los periodos de expansión económica y a disminuir durante las recesiones (Gavin y Perotti, 1997). En total, los fenómenos de auge y depresión tienden a ser mucho más comunes en los países en vías de desarrollo que en los países industrializados; en consecuencia, el mayor grado de volatilidad macroeconómica derivado de tales fenómenos resulta más costoso en el primer grupo de países.

GRÁFICA I.12. *Volatilidad macroeconómica*
(desviación estándar del porcentaje de cambio)

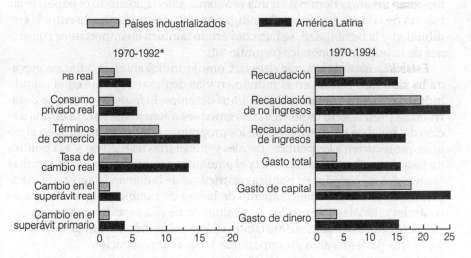

* Todas las series se refieren al periodo 1970-1992, excepto para el *cambio en el superávit real* y *el cambio en el superávit primario*, en los que el periodo es 1970-1994.
NOTA: Todos los datos son una medida poblacional en promedio de la volatilidad subyacente de los países. Los datos fiscales son calculados según el porcentaje del PIB.
FUENTE: Inter-American Development Bank, *Annual Report*, 1996.

I.3. ALGUNOS TEMAS ESPECIALES

Como mencionamos en la introducción, durante los dos últimos decenios los economistas y los gobernantes de los países en vías de desarrollo se han ocupado de varios problemas que no han recibido una atención similar en los países industrializados. Estos problemas han sido particularmente importantes en el mundo en vías de desarrollo, precisamente porque han surgido de las características de estas economías, tales como las que mencionamos en este capítulo, y algunas otras que se mencionaron antes. Todas estas características se considerarán más adelante con cierto detalle, pero aquí las listaremos para completar nuestra descripción general de la macroeconomía del desarrollo.

Administración de la tasa de cambio. Los efectos macroeconómicos de la devaluación han sido objeto de cierta controversia en el contexto de los países en vías de desarrollo, aunque este tema ha dejado de preocupar a los macroeconomistas de los países industrializados en los últimos dos decenios. Se discute aquí la "nueva crítica estructuralista" del papel de la tasa de cambio en la estabilización ortodoxa. Recientemente, las consecuencias macroeconómicas de diversas reglas de la tasa de cambio nominal y el papel de la tasa de cambio como un ancla nominal en una economía abierta, incluido el papel de las bandas de tasas de cambio en la mitigación del dilema planteado entre la credibilidad y la flexibilidad, se han convertido también en importantes cuestiones de la política económica (capítulo VII).

Estabilización de la inflación elevada. Como se indicó antes, la inflación elevada ha sido más común en el mundo en vías de desarrollo que en el mundo industrializado durante los dos últimos decenios. El mundo en vías de desarrollo ha presenciado también varios enfoques alternativos para la estabilización del nivel de los precios, desde los programas ortodoxos basados en el dinero que recurren a las políticas fiscales y monetarias restrictivas y a la política de tasa de cambio orientada hacia el equilibrio externo, hasta los programas "heterodoxos" basados en políticas restrictivas de la demanda agregada, complementadas con un congelamiento de la tasa de cambio y alguna forma de controles salariales y de precios. La evaluación de esta experiencia y sus lecciones para futuros esfuerzos de estabilización en el mundo en vías de desarrollo y en otras partes ha sido un importante tema de investigación.

Manejando los flujos de capital. Mientras que la experiencia en varios países en vías de desarrollo (sobre todo entre los países de América Latina) a finales de los años setenta y principios de los ochenta se caracterizó por episodios repentinos de sustanciales salidas de capital, desde principios de los años noventa han afrontado muchos países asiáticos y latinoamericanos un gran incremento de las entradas de capital. En algunos casos, la magnitud de estas entradas ha complicado gravemente la administración macroeconómica. Las causas de tales entradas, sus implicaciones para el bienestar y las respuestas apropiadas de la política económica, han recibido gran atención recientemente.

Las crisis monetarias. Las crisis monetarias han afligido a países industrializados y a países en vías de desarrollo por igual, a medida que ha aumentado la movilidad del capital; sin embargo, estos eventos han sido más frecuentes y severos en los países en vías de desarrollo. Luego de la crisis mexicana de 1994 y la crisis asiática de 1997, este problema se ha puesto a la cabeza de la agenda de investigación en el campo de la macroeconomía del desarrollo. Los papeles de las expectativas de autocumplimiento y las preferencias de los gobernantes, las conexiones existentes entre la banca y las crisis monetarias y el contenido pronosticado de varios indicadores económicos, en particular, han generado una bibliografía considerable en los últimos años.

El comercio y la reforma financiera. Recientemente un gran número de países en vías de desarrollo ha emprendido reformas de largo alcance en sus sistemas comerciales y financieros a fin de fortalecer el papel de los intermediarios financieros en la canalización del ahorro interno y dar a la economía real una orientación mayor hacia el exterior. Estas reformas estructurales han resultado controversiales y su relación con la estabilización macroeconómica ha sido un tema de discusión recurrente.

Aspectos políticos de la macroeconomía. En todos los países, los factores políticos desempeñan un papel ubicuo en la vida económica. La literatura reciente de la macroeconomía ha reconocido la necesidad de tomar en cuenta estos factores para entender muchos fenómenos macroeconómicos, tales como la inercia inflacionaria, la aplicación de los instrumentos de la política económica y la capacidad de sostenimiento de los programas de reforma. Las interacciones existentes entre los objetivos políticos de los gobernantes y el diseño de la política económica son decisivamente importantes en los países en vías de desarrollo que aplican una reforma macroeconómica, y siguen constituyendo un área principal de la investigación.

El funcionamiento de los mercados laborales. El papel de los mercados laborales ha recibido gran atención en la literatura del desarrollo (sobre todo en el análisis de la migración rural-urbana) y más recientemente en la literatura de la reforma comercial y estructural. Los macroeconomistas han empezado también a apreciar el papel que pueden desempeñar los diversos tipos de estructuras del mercado laboral, observados en las naciones en vías de desarrollo, en el análisis del mecanismo de transmisión de los choques causados por la política económica. Son fenómenos particularmente importantes la incidencia de una segmentación en el mercado laboral, el papel de las regulaciones gubernamentales (por ejemplo en la fijación de salarios mínimos para diferentes categorías de trabajadores o en el diseño de programas de subsidios de desempleo), y la escasa movilidad de la mano de obra entre los sectores a corto plazo. En el capítulo IX examinaremos los efectos de las políticas macroeconómicas en la producción, salarios y desempleo en un dinámico modelo de equilibrio general de una pequeña economía abierta en desarrollo con un amplio sector informal y mercados laborales segmentados.

Así pues, en este libro se defenderá la concepción siguiente: aunque los agentes económicos de los países en vías de desarrollo no tienden menos que sus homólogos de los países industrializados a comportarse en un sentido de optimización neoclásica, y aunque los determinantes del crecimiento y la inflación a largo plazo tienden a ser muy semejantes en las economías en vías de desarrollo y en las economías industrializadas (como lo destacaran los monetaristas latinoamericanos), la estructura es importante, y es especialmente importante para las cuestiones de la estabilización a corto plazo que han preocupado a los macroeconomistas desde hace largo tiempo. Las economías en vías de desarrollo comparten varias características que no se encuentran a menudo en los modelos macroeconómicos de los países industrializados, de modo que se requiere una familia de modelos algo diferente para el análisis macroeconómico de los países en vías de desarrollo. Además, estas características han creado un conjunto de problemas macroeconómicos que son específicos de los países en vías de desarrollo y que han despertado gran interés en el mundo en vías de desarrollo. Estos dos hechos requieren una macroeconomía específicamente "de desarrollo".

PRIMERA PARTE

RELACIONES MACROECONÓMICAS Y ESTRUCTURA DEL MERCADO

II. CUENTAS AGREGADAS, PRODUCCIÓN Y ESTRUCTURA DEL MERCADO

EN EL CAPÍTULO I describimos un conjunto de características macroeconómicas que son particularmente relevantes para las economías en vías de desarrollo. Sobre esa base, este capítulo y el siguiente proporcionarán una descripción general de algunas de las características analíticas generales de los modelos macroeconómicos de los países en vías de desarrollo. Este capítulo adopta una perspectiva de modelado, concentrándose en la estructura general de los modelos macroeconómicos en esos países, incluyendo el marco contable, el nivel de desagregación de los bienes, y el papel particular de los mercados de mano de obra y financieros informales. El capítulo III se ocupará de algunos componentes específicos de los modelos macroeconómicos, examinando los datos existentes sobre las propiedades de las funciones conductistas privadas en las naciones en vías de desarrollo.

Este capítulo se divide en cuatro secciones. La sección II.1 desarrolla un marco contable general integrado esencialmente por restricciones presupuestarias para cada tipo de agente que aparece típicamente en un modelo macroeconómico de país en vías de desarrollo, asimismo, define varios conceptos que serán útiles más adelante. En la sección II.2 consideraremos la manera como puede imponerse una estructura económica a estas relaciones contables, reseñando tres enfoques alternativos para la desagregación de los bienes en una economía abierta: el modelo de Mundell-Fleming, el modelo de la "economía dependiente", y una estructura de tres bienes donde se distinguen los bienes exportables, los importables y los no participantes en el comercio internacional. Casi todos los modelos macroeconómicos para países en vías de desarrollo utilizan alguna variante de uno de estos enfoques. Cada una de estas tres estructuras de producción se analiza en el modelo clásico y en el keynesiano.

Las secciones II.3 y II.4 se ocupan de dos mercados que comparten dos características importantes: desempeñan papeles analíticos centrales en todos los modelos macroeconómicos, y su funcionamiento depende de factores institucionales específicos de cada país, en el contexto de los países industrializados y en el de los países en vías de desarrollo, según se acepta generalmente. Como se destaca en la sección II.2, los mercados laborales desempeñan un papel decisivo en la determinación de las propiedades de la función de oferta agregada de una economía a corto plazo. Por lo tanto, en la sección II.3 examinaremos las características estructurales de los mercados laborales en las naciones en vías de desarrollo. Nos concentraremos en las implicaciones de estas características a corto plazo, destacando el papel de la rigidez salarial y la naturaleza de la segmentación del mercado laboral. En la sección II.4 se analizará el papel de los mercados financieros informales. Los mercados informales de crédito y de monedas extranjeras constituyen un fenómeno generalizado en los países en vías de desarrollo y son una de las diferencias estructurales más significativas frente a los sistemas financieros de los países desarrollados. En los países donde tales mercados son grandes, la consideración de su existencia podría resultar decisiva para entender el proceso de transmisión de los choques de la política macroeconómica. En este capítulo reseñaremos las características generales de tales mercados, así como su papel macroeconómico. En el capítulo VI se discutirán algunos modelos analíticos de los mercados informales, y también se presentará un modelo de simulación más detallado que integra dichos mercados simultáneamente.

II.1. Un marco contable general

Todos los modelos macroeconómicos se basan en un marco contable que, en esencia, describe las restricciones presupuestarias intratemporales que enfrentan todos los tipos de agentes económicos incluidos en el modelo. El marco contable sólo especifica el conjunto de elecciones que puede hacer cada tipo de agente. El modelo se completa añadiendo las reglas de decisión que gobiernan tales elecciones y las condiciones de equilibrio que concilian las decisiones tomadas por diferentes agentes. En esta sección presentaremos un marco contable general en el que puede basarse una gran variedad de modelos macroeconómicos particulares de países en vías de desarrollo. De este modo, tratamos de adaptar el marco contable macroeconómico convencional de los países industrializados a las características de los países en vías de desarrollo descritas en el capítulo I.

El primer paso es la especificación de la lista de los agentes involucrados. Presentaremos, uno a uno, el sector privado no financiero, el sector público no financiero, el banco central y el sistema bancario comercial.

II.1.1. *El sector privado no financiero*

Al describir las restricciones presupuestarias y de balance que enfrenta el sector privado no financiero, un lugar lógico para principiar es la especificación del menú de activos disponible para los agentes privados. Obviamente, esta es una función del grado de sofisticación del sistema financiero del país. En varias naciones en vías de desarrollo de ingreso mediano han existido, durante algún tiempo, pequeños mercados accionarios, y en algunos países se venden bonos gubernamentales al sector privado no bancario y se negocian en mercados secundarios. Sin embargo, en el resto del mundo en vías de desarrollo, estos fenómenos son excepcionalizados. Además, el análisis de los modelos macroeconómicos dotados de estas características se conoce por su aplicación convencional en los países industrializados. Por lo tanto, las elecciones de la cartera que se describirán aquí son aquellas que resulten relevantes para los países en vías de desarrollo con sistemas financieros menos desarrollados.

El sector privado no financiero mantiene activos financieros y reales. Los activos financieros son el dinero emitido por el banco central CU, los depósitos emitidos por los bancos comerciales D^{p1} los activos extranjeros netos EF^p (donde E es la tasa de cambio expresada como el precio de la moneda extranjera en moneda nacional, y F^p es el valor de estos activos en moneda extranjera), y los préstamos otorgados por particulares en mercados informales L^h. Los pasivos del sector consisten en el crédito otorgado por los bancos L^p y los préstamos recibidos a través de mercados informales. Los activos reales del sector consisten en protectores contra la inflación (típicamente inmuebles u oro), con precio p_H y cantidad $\bar{H}$.[2] En ausencia de mercados accionarios, el capital físico se trata del mismo modo que el capital humano —es decir, como un activo no negociable en el mercado que genera un ingreso disponible para financiar el consumo—, pero no representa un componente de las carteras familiares negociables en el mercado. En estas condiciones, el valor neto negociable en el mercado del sector privado no financiero, Ω^p, es:

$$\Omega^p = CU + D^p + EF^p + p_H \bar{H} - L^p. \tag{1}$$

Adviértase que los préstamos otorgados a través del mercado informal no afectan al valor neto, porque estos préstamos se contratan enteramente dentro del sector privado no financiero y por ello no representan un derecho del sector sobre el resto de la economía.

Diferenciando la ecuación (1) respecto del tiempo obtenemos

$$\dot{\Omega}^p = C\dot{U} + \dot{D}^p + \dot{E}F^p + E\dot{F}^p + \dot{p}_H \bar{H} - \dot{L}^p. \tag{2}$$

El cambio del valor neto negociable en el mercado, del sector privado no

---

[1] Por supuesto, en muchos modelos macroeconómicos conviene desagregar los depósitos en depósitos a la vista y a plazo, porque las funciones de demanda de estos activos difieren en general. Sin embargo, para el propósito que nos ocupa ahora esta distinción carece de importancia porque ambos tipos de depósitos son tanto activos del sector privado no financiero como pasivos del sistema bancario.

[2] Supongamos que hay un acervo fijo de estos activos dado por $\bar{H}$, en el que el precio de tales protecciones sí puede variar a través del tiempo pero su cantidad no.

financiero, consiste en la compra de activos financieros (ahorro financiero, denotado por S^p) más las ganancias de capital:

$$\dot{\Omega}^p = S^p + \dot{E}F^p + \dot{p}_H \, \bar{H}. \tag{3}$$

Por las ecuaciones (2) y (3), S^p está dado por[3]

$$S^p = C\dot{U} + \dot{D}^p + E\dot{F}^p - \dot{L}^p. \tag{4}$$

Por último, el ahorro financiero es la diferencia existente entre el ingreso disponible y el gasto en consumo e inversión:

$$S^p = Y + i_d D^p + i^* EF^p - i_c L^p - \tau^p - C^p - I^p. \tag{5}$$

La ecuación (5) indica que el ingreso disponible consiste en el ingreso factorial Y más el ingreso de intereses netos (ingreso derivado de los depósitos y los activos extranjeros menos los pagos de intereses sobre créditos bancarios, donde las respectivas tasas de intereses están dadas por i_d, i^* e i_c), menos los impuestos netos τ^p. El consumo privado es C^p, y la inversión privada es I^p.

II.1.2. *El sector público*

II.1.2.1. *El sector público no financiero*

El sector público no financiero es típicamente un sustancial deudor financiero neto. Su deuda se debe al banco central (L^{bg}),[4] a los bancos comerciales (L^{cg}), y a los extranjeros ($-EF^g$).[5] El valor neto del sector público no financiero, Ω^g, se da entonces por

$$\Omega^g = EF^g - L^{bg} - L^{cg}. \tag{6}$$

El cambio de Ω^g a través del tiempo obedece a

$$\dot{\Omega}^g = \dot{E}F^g + E\dot{F}^g - \dot{L}^{bg} - \dot{L}^{cg}, \tag{7}$$

---

[3] Obsérvese que el ahorro financiero no incluye la adquisición de protecciones contra la inflación. Esto es así porque su acervo está fijo y sólo se mantiene en el sector privado no financiero, de modo que no puede ser adquirido por agentes de fuera del sector.

[4] L^{bg} denota el crédito *neto* otorgado por el banco central al sector público. En consecuencia, es la suma de los bonos del sector público, conservados por el banco central, más el crédito bancario bajo la forma de sobregiros, por ejemplo, menos los depósitos del sector público.

[5] Se introduce aquí el signo negativo porque adoptaremos, en aras de la uniformidad, la convención de que el símbolo F denota un crédito neto sobre el resto del mundo.

que consiste en los nuevos préstamos contratados por el sector público no financiero, $-S^g$, más las ganancias de capital sobre los activos extranjeros netos:

$$\dot{\Omega}^g = S^g + \dot{E}F^g. \tag{8}$$

Por las ecuaciones (7) y (8), S^g consiste en

$$S^g = E\dot{F}^g - \dot{L}^{bg} - \dot{L}^{cg}. \tag{9}$$

El total de los empréstitos nuevos del sector público no financiero debe ser igual al total del déficit fiscal:

$$-S^g = C^g + I^g + i_b L^{bg} - i_c L^{cg} - i^* EF^g - \tau^p - \tau^p, \tag{10}$$

donde τ^g representa transferencias del banco central al sector público no financiero, en tanto i_b representa la tasa de interés pagada sobre los préstamos recibidos del banco central.

II.1.2.2. *El banco central*

El balance del banco central desempeñará un papel fundamental en muchos de los modelos que examinaremos en este libro. Bajo los supuestos actuales, está dado por

$$\Omega^b = ER^* + \left(L^{bg} + L^{bc}\right) - M, \tag{11}$$

donde R^* representa los activos extranjeros netos del banco central, L^{bc} representa el crédito otorgado por el banco central a los bancos comerciales, y M representa el dinero de alta potencia (o la base monetaria), definido como la suma del dinero conservado por el sector privado no financiero y las reservas del sistema bancario comercial mantenidas en las bóvedas del banco central, RR:

$$M = CU + RR. \tag{12}$$

Como en los otros sectores, el cambio de Ω^g puede escribirse como

$$\dot{\Omega}^g = E\dot{R}^* + \dot{E}R^* + \left(\dot{L}^{bg} + \dot{L}^{bc}\right) - \dot{M}, \tag{13}$$

es decir,

$$\dot{\Omega}^g = S^b + \dot{E}R^*, \tag{14}$$

donde S^b está dado por

$$S^b = E\dot{R}^* + \left(\dot{L}^{bg} + \dot{L}^{bc}\right) - \dot{M}. \tag{15}$$

S^b se designa como el superávit "semifiscal" (o el déficit, si es negativo).[6] Es la diferencia que existe entre los ingresos y los gastos del banco central. Los primeros consisten en ganancias de intereses sobre las reservas de divisas netas, el crédito otorgado a los bancos comerciales y el crédito neto otorgado al sector público no financiero; los segundos consisten en las transferencias hechas al gobierno, τ^g:

$$S^b = i^* E R^* + i_b \left(L^{bg} + L^{bc}\right) - \tau^g, \tag{16}$$

donde, para simplificar, suponemos que el banco central cobra la misma tasa de interés, i_b, sobre sus préstamos al gobierno y a los bancos comerciales.

La ecuación (15) puede reescribirse en una forma útil para derivar las fuentes del crecimiento del dinero básico:

$$\dot{M} = \dot{L}^{bg} + E\dot{R}^* - S^b + \dot{L}^{bc}. \tag{17}$$

La ecuación (17) indica que las fuentes del crecimiento del dinero básico son el financiamiento del banco central para el sector público no financiero, los superávit de la balanza de pagos, los déficit semifiscales, y el crédito otorgado por el banco central al sistema bancario privado.

II.1.2.3. *El sector público consolidado*

El sector público consolidado consiste en el sector público no financiero y el banco central. Si se utilizan las ecuaciones (6) y (11), el valor financiero neto del sector público consolidado, Ω^{sp}, está dado por

$$\Omega^{sp} = \Omega^g + \Omega^b = E\left(F^g + R^*\right) + \left(L^{bc} - L^{cg}\right) - M, \tag{18}$$

que cambia a través del tiempo de acuerdo con

$$\dot{\Omega}^{sp} = E\left(\dot{F}^g + \dot{R}^*\right) + \left(\dot{L}^{bc} - \dot{L}^{cg}\right) - \dot{M} + \dot{E}\left(F^g + R^*\right). \tag{19}$$

De las ecuaciones (9)-(15), su ahorro financiero consiste en

$$S^{ps} = S^g + S^b = E\left(\dot{F}^g + \dot{R}^*\right) + \left(\dot{L}^{bc} - \dot{L}^{cg}\right) - \dot{M}, \tag{20}$$

---

[6] En el capítulo V presentaremos una discusión detallada de los déficit semifiscales.

de modo que la ecuación (19) puede escribirse alternativamente como

$$\dot{\Omega}^{sp} = S^{ps} + \dot{E}\left(F^g + R^*\right). \tag{21}$$

El superávit financiero global del sector público consolidado está dado, de acuerdo con las ecuaciones (10) y (16), por:

$$S^{ps} = S^g + S^b = \left(\tau^p - C^g - I^g\right) + i_b L^{bc} + i^* E\left(F^g + R^*\right) - i_c L^{cg}. \tag{22}$$

Otros conceptos útiles de las cuentas globales del sector público son el superávit primario (consistente en la porción del superávit global del sector público diferente de los intereses) y el superávit de operación, que excluye el componente inflacionario de las transacciones de intereses nominales y consiste así en el superávit primario más los pagos de intereses reales. Estos conceptos se examinarán en mayor detalle en el capítulo V.

II.1.3. *El sistema de la banca comercial*

El valor financiero neto de los bancos comerciales, Ω^c, es la diferencia que existe entre los activos y los pasivos bancarios que ya se han identificado:

$$\Omega^c = L^p + L^{cg} + RR - D^p - L^{bc}, \tag{23}$$

que cambia a través del tiempo de acuerdo con

$$\dot{\Omega}^c = \dot{L}^p + \dot{L}^{cg} + R\dot{R} - \dot{D}^p - \dot{L}^{bc}. \tag{24}$$

Puesto que se supone que los bancos comerciales no mantienen activos extranjeros ni protectores contra la inflación, el cambio del valor neto de los bancos, a través del tiempo, consiste simplemente en

$$\dot{\Omega}^c = S^c = \dot{L}^p + \dot{L}^{cg} + R\dot{R} - \dot{D}^p - \dot{L}^{bc}. \tag{25}$$

y S^c está restringido por

$$S^c = i_c\left(L^p + L^{cg}\right) - i_d D^p - i_b L^{bc}. \tag{26}$$

II.1.4. *Relaciones agregadas*

Sumando las ecuaciones (1), (18) y (23), vemos que el valor agregado neto de la economía, Ω, consiste en su endeudamiento internacional neto (derechos netos sobre extranjeros, F) más su acervo de protectores contra la inflación:

$$\Omega = \Omega^p + \Omega^{sp} + \Omega^c = E(F^p + F^g + R^*) + p_H \bar{H} = EF + p_H \bar{H}, \qquad (27)$$

que crece a través del tiempo de acuerdo con

$$\dot{\Omega} = E\dot{F} + \dot{p}_H \bar{H}. \qquad (28)$$

La ecuación (28) puede derivarse diferenciando la ecuación (27) o sumando las ecuaciones (2), (19) y (24). Por las ecuaciones (8), (21) y (25), también puede escribirse como

$$\dot{\Omega} = S^p + S^{ps} + S^c + E\dot{F} + \dot{p}_H \bar{H} = S + E\dot{F} + \dot{p}_H \bar{H}, \qquad (29)$$

donde S representa el ahorro financiero nacional. Las ecuaciones (28) y (29) implican

$$S = E\dot{F}, \qquad (30)$$

que indica que el ahorro financiero nacional representa la acumulación neta de derechos sobre el resto del mundo.

Sumando las ecuaciones (5), (22) y (26), S puede expresarse también como

$$S = Y + i^* EF - \left(C^p + C^g\right) - \left(I^p + I^g\right), \qquad (31)$$

lo que indica que el ahorro financiero nacional es la diferencia existente entre el producto nacional bruto, $PNB = Y + i^*EF$, y la absorción interna, $DA = (C^p + C^g) + (I^p + I^g)$, que es la cuenta corriente de la balanza de pagos, CA. El negativo del ahorro financiero nacional, tal como se utiliza aquí, es lo que comúnmente se llama ahorro externo (el déficit de la cuenta corriente). De la ecuación (31) se pueden derivar algunas identidades macroeconómicas bien conocidas. Primero, definiendo la absorción total del sector público no financiero como $G = C^g + I^g$, y sustituyendo S por CA obtenemos la identidad contable del ingreso nacional:

$$PNB = C^p + I^g + G + CA. \qquad (32)$$

Segundo, definiendo el ahorro nacional total S_T (la suma del ahorro financiero agregado y el ahorro real) como la diferencia existente entre el ingreso nacional y al consumo total ($S_T = PNB - C^p - C^g$), obtenemos la versión de flujo de fondos de la ecuación (32):

$$CA = S_T - \left(I^p + I^g \right), \tag{33}$$

que es la identidad convencional que conecta al ahorro total ($S_T - CA$) a la inversión total ($I^p + I^g$). Tercero, sustituyendo S por su valor en la ecuación (30), obtenemos, tras la desagregación sectorial:

$$E\dot{R} = \left(PNB - C^p - I^p - G \right) - E\left(\dot{F}^p + \dot{F}^g \right). \tag{34}$$

La ecuación (34) es la conocida identidad de la balanza de pagos, expresada en términos de la moneda nacional. El miembro izquierdo corresponde a la acumulación de reservas por el banco central (la balanza de pagos global). El primer término del miembro derecho es la cuenta corriente y el segundo es la cuenta de capital.

II.2. LA ESTRUCTURA DE LA PRODUCCIÓN EN UNA ECONOMÍA ABIERTA

Para convertir el conjunto de identidades descrito en la sección precedente en un modelo macroeconómico, deberá especificarse el comportamiento económico y las condiciones de equilibrio. Pero antes deberá determinarse el grado de la desagregación sectorial. Como se sugiere en la introducción, la macroeconomía de la economía abierta ofrece tres opciones básicas. En esta sección describiremos cada una de ellas por su turno.

II.2.1. *El modelo de Mundell-Fleming*

El marco analítico más común para la modelación de la estructura de la producción en modelos de economía abierta de los países industrializados es el marco de Mundell-Fleming.[7] Este marco supone que la economía se especializa en la producción de un solo bien (compuesto), que es un sustituto imperfecto del bien único (compuesto) producido por el resto del mundo. Se aplica la ley de un solo precio para cada bien individual, de modo que el precio del bien extranjero en moneda nacional es igual al precio (que denotamos por P^*) en moneda extranjera (internacional) multiplicado por el precio de la moneda extranjera en moneda nacional, E. De igual modo, el precio del bien de pro-

---

[7] Véanse Mundell (1963) y Fleming (1962). El modelo de Mundell-Fleming se presenta en todos los textos convencionales de la macroeconomía de la economía abierta. Véase una descripción particularmente completa en Frenkel y Razin (1987).

ducción nacional en moneda extranjera es su precio en moneda nacional, P, dividido por el precio de la moneda extranjera en moneda nacional. Los residentes nacionales piden bienes nacionales y extranjeros, al igual que los residentes extranjeros. Por lo tanto, el bien extranjero es el bien importable de la economía nacional, y el bien nacional es su bien exportable. El precio relativo del bien extranjero en términos del bien nacional recibe el nombre de términos de intercambio de la economía nacional, o su tasa de cambio real. Los dos términos son intercambiables en el modelo de Mundell-Fleming.

La propiedad fundamental de dicho modelo es que los términos de intercambio de la economía nacional son endógenos, porque el país en cuestión es pequeño en el mercado de su bien importable pero grande —en el sentido de que posee cierto grado de poder monopólico— en el mercado de su bien exportable. Esto último implica que los cambios de la demanda nacional del bien exportable afectarán a su precio relativo o su nivel de producción. El mecanismo que opera aquí, y la medida del restablecimiento del equilibrio mediante ajustes en el precio relativo o en la producción, dependen del sistema de la tasa de cambios y de la función de oferta a corto plazo del bien exportable. A fin de ilustrar la determinación de los términos de intercambio, examinaremos un modelo simple Mundell-Fleming de corto plazo que se ocupa sólo del lado de la producción de la economía, es decir, de los mercados de bienes y de mano de obra. Sólo consideraremos el caso de las tasas de cambio fijas, porque (como se verá en el capítulo VII) esto proporciona una aproximación mayor a los sistemas de tasa de cambio administrada que tienden a caracterizar a los países en vías de desarrollo.[8]

Sea que y represente la producción del bien nacional, a el nivel de la absorción interna, y b la balanza comercial, todos medidos en unidades del bien nacional. También, sea que $z = EP^*/P$ denote los términos de intercambio. Dado que los bienes nacionales y los extranjeros son sustitutos imperfectos, la balanza comercial puede escribirse como

$$b = b\left(\overset{+}{z}, \bar{a} \right), \quad -1 < b_a < 0, \tag{35}$$

donde el signo de la derivada respecto de los términos de intercambio supone que se aplica la condición de Marshall-Lerner.[9] La condición de equilibrio del mercado de bienes nacionales está dada por

$$y = a + b(z, a). \tag{36}$$

---

[8] Véase en Dornbusch (1980) una descripción del modelo de Mundell-Fleming bajo tasas de cambio flexibles.

[9] Es decir, $x = x(z)$ y $m = m(z, a)$ representan tanto el comportamiento de las exportaciones reales como el de las importaciones reales, respectivamente, de modo que $b = x - zm$ requiere,

La naturaleza del mecanismo equilibrador depende del lado de la oferta de la economía. A corto plazo, la producción nacional está determinada por una función de producción que exhibe rendimientos decrecientes de la mano de obra:

$$y = y(n), \quad y' > 0, y'' < 0 \tag{37}$$

donde n es el nivel del empleo. Sea que w denote el salario nominal, y ω el salario real en términos del bien importable. Entonces, el salario real en términos de exportables es $w/P = (w/EP^*)(EP^*/P) = zw$, y la demanda de mano de obra, n^d está dada por la condición de maximización del beneficio

$$y'(n) = z\omega \Rightarrow n^d = n^d(z\omega), \tag{38}$$

donde $n^{d'} = 1/y'' < 0$. Por último, el equilibrio en el mercado de mano de obra requiere:

$$n^d(z\omega) = \bar{n}, \tag{39}$$

donde $\bar{n}$ es la oferta exógena de mano de obra.

Este modelo puede resolverse para z como una función de a bajo condiciones clásicas o keynesianas. En el primer caso, el mercado de mano de obra se vacía, de modo que puede utilizarse la ecuación (39) para remplazar a n por $\bar{n}$ en la ecuación (37), dejando la ecuación (36) en la forma

$$y(\bar{n}) = a + b(z, a), \tag{40}$$

que determina a z implícitamente como una función de a. El efecto sobre z de un aumento en a está dado por $dz/da = -(1 + b_a)/b_z$, que tiene un signo negativo porque un aumento de la absorción interna aumenta el nivel de los precios nacionales, de modo que mejoran los términos de intercambio.[10] En el modo keynesiano, ω es exógena y no se aplica la ecuación (39) de vaciamiento del mercado de mano de obra. Sustituyendo la demanda de mano de obra, n^d de (38) en la ecuación (37), podemos escribir (40) en la forma

$$y[n^d(z\omega)] = a + b(z, a), \tag{41}$$

lo que implica que, en este caso, la relación existente entre z y a es $dz/da = (1 + b_a)/(\omega y' n^{d'} - b_z) < 0$, porque el numerador es positivo y el denominador nega-

asumiendo que $b_z > 0$ y que el valor inicial de $b = 0$, que $\eta_{xz} + \eta_{mz} - 1$ sea mayor que 0, donde η_{xz} y η_{mz} son demandas elásticas.

[10] Dada la solución para z, la ecuación (39) determina el salario real en términos de los bienes importables, ω.

tivo. Un cambio en la absorción interna tiene un efecto menor sobre los términos de intercambio en el caso keynesiano (el denominador de dz/da es mayor
en valor absoluto) porque un cambio en z provoca una respuesta de la oferta
y de la demanda en este caso, de modo que un cambio dado en z es más eficaz para la eliminación de la demanda excesiva en el mercado de bienes nacionales.

En la gráfica II.1 se ilustra la determinación simultánea del balance interno
y externo en este modelo. La curva CC representa el conjunto de combinaciones de z y a compatibles con el equilibrio en el mercado de bienes nacionales
que prevalece cuando el modelo opera en el modo clásico. La pendiente de
CC refleja la dependencia de los términos de intercambio del gasto nacional
en el modelo de Mundell-Fleming, que derivamos antes. La curva BB representa el conjunto de combinaciones de z y a compatibles con un resultado
dado de la balanza comercial, digamos un nivel sostenible de la balanza comercial b_0. Se deriva de la ecuación (35). Su pendiente es positiva y está dada
por $-b_a/b_z$. Los puntos por encima de BB corresponden a un mejoramiento de
la balanza comercial en relación con b_0, y los puntos por debajo implican un
deterioro en relación con b_0. La ecuación (36) implica que la economía debe
encontrarse siempre en CC, donde se vacía el mercado de los bienes nacionales. Dado un nivel de absorción a_0, CC determina el valor de z que se requiere
para vaciar el mercado de los bienes nacionales, y la pendiente negativa de
CC deriva del signo de dz/da, obtenido antes. En la gráfica, el valor de equilibrio de los términos de intercambio correspondiente a a_0 es z_0. La balanza
comercial en el punto B correspondiente a (a_0, z_0) exhibe un déficit en exceso
de b_0. Así pues, en el caso clásico, B representa un punto de balance interno,
pero no externo. El logro simultáneo del balance externo e interno, en el punto
E, requiere una reducción de la absorción interna de a_0 a $\tilde{a}$.

La curva de equilibro en el mercado de bienes, en el modo keynesiano, se
deriva de la ecuación (41). Su posición depende del valor inicial del salario
real, medido en términos de los bienes importables, ω. Gráficamente, un cambio en ω hace que la curva de equilibrio del mercado de bienes se desplace
verticalmente. El desplazamiento es hacia abajo si aumenta ω y hacia arriba
si disminuye ω. En ambos casos, la magnitud del desplazamiento es menos
que proporcional al cambio ocurrido en ω.[11] La curva de equilibrio keynesiano
en el mercado de bienes que pasa por el punto inicial B se designa KK. Dado
que z es más sensible a a en el modo clásico que en el modo keynesiano, KK se
representa en el diagrama tan plana como CC. En el caso keynesiano es posible que no haya un balance interno en B porque, aunque se asume que el mercado de bienes se vacía, es posible que no se dé la condición de equilibrio en el

---

[11] La magnitud del cambio está dada por $dz/d\omega = -z/(\omega+b_z)$, de modo que el cambio proporcional es $(dz/d\omega)(\omega/z) = -\omega/(\omega+b_z)$.

GRÁFICA II.1. *Balance interno y balance externo en el modelo Mundell-Fleming*

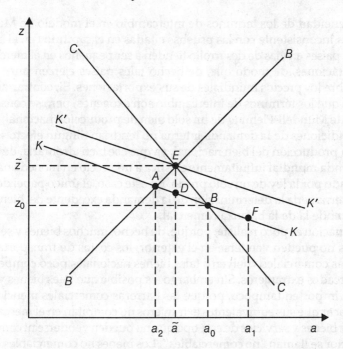

mercado de mano de obra (39).[12] Un aumento de la absorción a a_1 movería la economía hacia F, logrando el balance interno. Sin embargo, esto implica un mayor alejamiento del balance externo. Un ajuste de la absorción de $\tilde{a}$, como en el caso clásico, no restablecería el balance externo (porque los términos de intercambio no se deteriorarían suficientemente) y movería a la economía más lejos del balance interno. Por último podría restablecerse el balance externo en el punto A, pero esto alejará a la economía más aún del balance interno.

Lo que se requiere en el modelo keynesiano es el ajuste simultáneo de la absorción y el salario real en términos de los bienes importables. En el modelo clásico, se alcanza el último mediante la flexibilidad del salario nominal. En el modelo keynesiano, tal cosa debe lograrse mediante un ajuste de la tasa de cambio nominal. Una reducción de la absorción de a_0 a $\tilde{a}$, aunada a una depreciación de la tasa de cambio nominal suficiente para desplazar KK a $K'K'$, lograría simultáneamente el equilibrio externo e interno en el punto E.

[12] Para un valor dado de ω hay un valor único de z que satisface la ecuación (39), de modo que esta ecuación se da sólo en un punto a lo largo de KK, digamos en F. A lo largo de KK, al noroeste de F, la demanda de mano de obra es menor que la oferta de mano de obra, y al sudeste de F la demanda de mano de obra supera la oferta de mano de obra.

II.2.2. *El modelo de la "economía dependiente"*

La endogeneidad de los términos de intercambio en el modelo de Mundell-Fleming es inconsistente con las pruebas citadas en el capítulo I en el sentido de que los países en vías de desarrollo tienden a ser pequeños en el mercado de sus exportaciones, de modo que, de hecho tales países ejercen muy escaso control sobre los precios mundiales de sus exportaciones. Si, contrariamente, se supone que los términos de intercambio son exógenos, pero se conserva el supuesto de Mundell-Fleming de un solo bien de producción nacional, entonces las condiciones de la demanda interna no tendrían ningún efecto sobre el precio o la producción del bien nacional, ya que ese bien afrontaría, de hecho, una demanda mundial infinitamente elástica a un precio en moneda nacional determinado por la ley de un solo precio. En este caso, el único papel de la demanda interna sería la determinación de la demanda excedente del bien nacional, y por ende la de la balanza comercial.

Esta situación es poco realista, porque, de hecho, muchos bienes y servicios nacionales no pueden venderse en el exterior; los costos de transportación y las políticas comerciales vuelven a tales bienes nacionales poco competitivos en los mercados extranjeros. Sin embargo, es posible que tales bienes y servicios no se importen tampoco, porque las barreras comerciales mencionadas pueden hacer que sus equivalentes extranjeros no compitan en el mercado nacional. Los bienes y servicios de este tipo que no pueden venderse ni comprarse en el exterior se llaman "no comerciables". Los bienes no comerciables se producen localmente para su venta dentro del país.

El modelo de la economía dependiente de Swan (1960) y Salter (1959) contiene dos sectores de producción nacional, uno que produce bienes comerciables y el otro que produce bienes no comerciables. El sector de los bienes comerciables se integra con bienes importables y exportables. Estos bienes pueden agregarse en un solo sector porque se supone que los términos de intercambio son exógenos, como se sugirió antes, y constantes, de modo que los bienes exportables y los bienes importables pueden tratarse como un solo bien compuesto hicksiano. Lo que importa para el equilibrio macroeconómico es el valor total de la producción y el consumo nacionales de bienes comerciables, antes que el de los bienes exportables o importables por separado. Se supone que los residentes nacionales gastan en bienes comerciables y en bienes no comerciables.

Como se indicó antes, los términos de intercambio son constantes en el modelo de la economía dependiente. Se aplica la ley de un solo precio para los bienes comerciables, de modo que en el caso del país pequeño la economía nacional afronta una demanda mundial infinitamente elástica de sus bienes exportables y una oferta de bienes importables también infinitamente elástica a sus respectivos precios del mercado mundial. El precio relativo fundamental del modelo de la economía dependiente es la tasa de cambio real, definida como el precio de los bienes comerciables en términos de los bienes no comerciables, o sea $z = P_T/P_N$, donde P_T es el precio de los bienes comerciables en moneda nacional —medidos en términos de bienes exportables, importables, o cualquier combinación de estos bienes— y P_N es el precio de los bienes no comerciables. La producción en cada sector se describe por una función de producción sectorial linealmente homogénea en el capital y la mano de obra, pero a corto plazo el acervo de capital de cada sector está fijo. Por otra parte, la mano de obra es homogénea e intersectorialmente móvil. A corto plazo, la oferta de producción en cada sector depende del empleo en ese sector:

$$y_h = y(n_h), \quad y_h' > 0, \quad y_h'' < 0, \quad h = N, T, \tag{42}$$

donde y_T e y_N denotan, respectivamente, el valor de la producción nacional de bienes comerciables y no comerciables, mientras que n_T y n_N corresponden al empleo en cada uno de los dos sectores. La demanda de mano de obra de cada sector se relaciona inversamente con el salario de producto de ese sector:

$$n_T^d = n_T^d(\omega), \quad n_N^d = (z\omega), \quad n_T^{d\prime}, n_T^{d\prime} < 0. \tag{43}$$

donde $\omega = w/P_T$ es el salario real en términos de los bienes comerciables. Sustituyendo (43) en (42) obtenemos las funciones de oferta sectoriales:

$$y_T^s = y_T^s(\omega), \quad y_N^s = y_N^s(z\omega), \quad y_T^{s\prime}, y_N^{s\prime} < 0. \tag{44}$$

Se supone que la demanda interna de bienes comerciables y no comerciables depende de los precios relativos de los dos bienes, dados por la tasa de cambio real, y de la absorción interna total medida en términos de los bienes comerciables, a, dada por

$$a = a_T + z^{-1}a_N. \tag{45}$$

O sea,[13]

$$a_T = a_T(\overset{-}{z}, \overset{+}{a}), \quad 0 < \partial a_T / \partial a < 1, \tag{46}$$

$$a_N = a_N(\overset{+}{z}, \overset{+}{a}), \quad 0 < \partial a_N / \partial a = 1 - \partial a_T / \partial a < 1. \tag{47}$$

---

[13] Como en el modelo anterior, se supone que aquí la absorción real es exógena para fines de la exposición. Véase en Buiter (1988) un modelo de economía dependiente plenamente especificado.

La balanza comercial b se determina por el valor de la oferta excedente interna de bienes comerciables:

$$b = y_T^s(\omega) - a_T(z, a). \tag{48}$$

El equilibrio en el mercado de bienes no comerciables requiere

$$y_N^s(z\omega) = a_N(z, a). \tag{49}$$

Por último, la condición de vaciamiento del mercado de mano de obra está dada por

$$n_T^d(\omega) + n_N^d(z\omega) = \bar{n}. \tag{50}$$

Contrariamente a lo que ocurre en el modelo de Mundell-Fleming, la versión clásica de este modelo no es recursiva. En lugar de determinar en primer término la tasa de cambio real, y a partir de ello el salario real, la tasa de cambio real y el salario real deben obtenerse juntos de las condiciones (49) y (50); es decir, los valores de equilibrio de ω y z son los que vacían simultáneamente los mercados de mano de obra y de bienes no comerciables. La solución se representa en la gráfica II.2. La curva LL representa el conjunto de combinaciones de ω y z que satisfacen la condición de equilibrio del mercado de mano de obra (50), y NN es la curva correspondiente para el mercado de bienes no comerciables (49). La pendiente de LL es $-(n_N^{d\prime} + n_T^{d\prime})/n_T^{d\prime} < -1$, y la de NN es $-y_N^{s\prime} n_N^{d\prime}/(y_N^{d\prime} - \partial a_N/\partial z) > -1$ que, aunque mayor que -1, es negativa.[14] La línea CD, con pendiente -1, se inserta en la gráfica para referencia. A la derecha (izquierda) de LL, el salario real es demasiado elevado (bajo), y en el mercado laboral prevalece un exceso de oferta (demanda). De igual modo, debajo (encima) NN la tasa de cambio real se aprecia (deprecia) demasiado, y el exceso de oferta (demanda) prevalece en el mercado de bienes no comerciables. La combinación de equilibrio de z y ω se obtiene por $\tilde{z}$, $\tilde{\omega}$, donde LL y NN se intersecan (punto E).

Consideremos ahora los efectos de un aumento de la absorción, a. La curva NN de los bienes no comerciables baja a una posición como $N'N'$, porque el equilibrio en este mercado requiere una tasa de cambio más apreciada cuando el gasto agregado es mayor. El nuevo equilibrio se desplaza a B, con una tasa de cambio real apreciada y un aumento del salario real. Adviértase que, puesto que B se encuentra debajo de CD, la reducción proporcional de z supera al incremento proporcional de ω. Esto significa que el salario de producto baja en el sector de los bienes no comerciables. Por lo tanto, se libera mano de

---

[14] Ambas pendientes se calculan alrededor de valores iniciales $z = \omega = 1$.

GRÁFICA II.2. *El equilibrio clásico en el modelo de la economía dependiente*

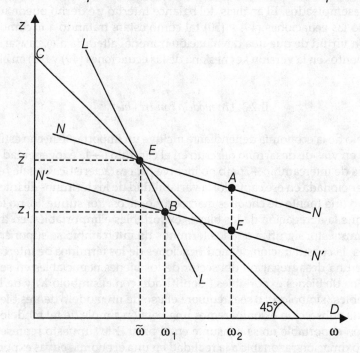

obra del sector de los bienes comerciables y se absorbe en el sector de los bienes no comerciables. Por esta razón, y porque la apreciación de la tasa de cambio real desplaza la demanda hacia el bien comerciable, la balanza comercial se deteriora.

El análisis gráfico de la determinación del balance interno y externo puede conducirse en una forma similar a la del modelo de Mundell-Fleming despejando ω en términos de z en la ecuación (50). La pendiente de esta relación es la de la curva LL en la gráfica II.2, es negativa y mayor que la unidad en valor absoluto. Al sustituir la expresión resultante en las ecuaciones (48) y (49) obtenemos un par de ecuaciones que determinan el superávit comercial y el equilibrio en el mercado de bienes no comerciables como funciones de z y a, a la manera de la gráfica II.1.

La forma keynesiana de este modelo supone que ω es exógena. En la gráfica II.2, si el valor inicial de ω es ω_z, el mercado de bienes no comerciables se vaciará en el punto A y el mercado de mano de obra se caracterizará por una situación de oferta excedente, porque el punto A se encuentra a la derecha de LL. Un aumento de a movería a la economía al punto F, lo que reduciría la oferta excedente en el mercado de mano de obra porque se expandiría el sector de los bienes no negociables, en este caso no mediante la extracción de mano de obra del sector de los bienes negociables, sino absorbiendo trabajadores desempleados. El análisis del balance interno y externo puede usar en este caso las ecuaciones (49) y (50) tal como están, tratando a ω como se ha dado. En virtud de que una devaluación nominal alteraría a ω, causaría desplazamientos en la versión keynesiana de las ecuaciones (49) y (50) en el espacio z-a.

II.2.3. *Un modelo con tres bienes*

El modelo de la economía dependiente incluye un importante hecho estilizado del país en vías de desarrollo descrito en el capítulo I —la exogeneidad de los términos de intercambio—, pero no incluye otra característica de tales economías mencionada en ese capítulo: la variabilidad de los términos de intercambio como una fuente de choques macroeconómicos. Por supuesto, no lo hace así, ya que la agregación de los bienes exportables e importables, en un solo bien compuesto, significa que los términos de intercambio se suponen fijos. Así pues, la consideración de modificaciones de los términos de intercambio requiere una desagregación del sector de los bienes negociables en sectores separados de bienes exportables (identificado con el símbolo X) y de bienes importables (símbolo I); o sea, requiere el uso de un modelo de tres bienes.

En esta subsección examinaremos una versión simple de tal modelo, donde el bien exportable no se consume en el país. Este supuesto representaría una aproximación razonable a la realidad en una economía cuyas exportaciones estén dominadas por un bien primario. Como se sugirió en el capítulo I, a pesar de un incremento en la importancia relativa de las manufacturas en los últimos años, tal sigue siendo el caso en muchos países en vías de desarrollo.

En el modelo de tres bienes, la producción ocurre en tres sectores, con funciones de producción sectorial dadas por

$$y_h = y_h(n_h), \quad y'_h > 0, \quad y''_h < 0, \quad h = X, I, N. \tag{51}$$

La demanda de mano de obra está dada por

$$n^d_X = n^d_X(\omega\Theta^{-1}), \quad n^d_I = n^d_I(\omega), \quad n^d_N = n^d_N(z\omega), \tag{52}$$

con $n^{d\,\prime}_h < 0$. En esta ecuación Θ denota los términos de intercambio, dados por P_X/P_I; z es la tasa real medida en términos de los bienes importables, de modo que $z \equiv P_I/P_N$; y ω es el salario real en términos de los bienes importables. P_X, P_I y P_N representan los precios en moneda nacional de los bienes exportables, importables y no negociables, respectivamente. Los dos primeros están dados por la ley de un solo precio, de modo que $P_X = EP^*_X$ y $P_I = EP^*_I$. En cambio, P_N se determina internamente.

En general, es de esperarse que las modificaciones de los términos de intercambio tengan efectos de reasignación de los recursos sectoriales del lado de la oferta de la economía, del tipo que ya vimos en nuestra discusión del modelo de la economía dependiente. Además, en virtud de que las modificaciones de los términos de intercambio afectan el ingreso real de un país, es de esperarse que también tengan efectos del lado de la demanda. A fin de incluir estos efectos en la forma más simple posible, supondremos que la absorción interna medida en términos de los bienes importables, denotada por a, está dada por

$$a = a(\overset{+}{\Theta}, \overset{+}{g}). \tag{53}$$

Así, la absorción depende positivamente de los términos de intercambio y del parámetro de desplazamiento g. Como en la sección anterior, las funciones de oferta sectoriales se pueden derivar sustituyendo las funciones de demanda de mano de obra sectorial dadas en la ecuación (52) en las funciones de producción sectoriales de la ecuación (51). El equilibrio en el mercado de los bienes no comerciables requiere

$$y_N(z\omega) = a_N(\overset{+}{z}, \overset{+}{a}), \quad 0 < \partial a_N / \partial a < 1. \tag{54}$$

El superávit comercial medido en unidades de bienes importables, b, se da por la oferta excedente interna de bienes comerciables:

$$b = \Theta y_X(\omega\Theta^{-1}) + y_I(\omega) - a_I(z, a). \tag{55}$$

Por último, la condición de pleno empleo es

$$n_X^d(\omega\Theta^{-1}) + n_I^d(\omega) + n_N^d(z\omega) = \bar{n}. \tag{56}$$

Como los otros, este modelo puede analizarse en el modo clásico o en el keynesiano. Para un valor dado de los términos de intercambio, el análisis duplica exactamente el del modelo de la economía dependiente y no lo repetiremos aquí. Pero lo que distingue a este modelo de los anteriores es su capacidad para manejar las modificaciones de los términos de intercambio. En consecuencia, el resto de esta sección examinará los efectos de las modificaciones de los términos de intercambio sobre la tasa de cambio real y el salario real en el modelo de tres bienes. En el modelo clásico, estas variables se determinan simultáneamente por las ecuaciones (54) y (56). El aparato diagramático se presenta en la gráfica II.3, donde las curvas NN y LL describen las ecuaciones

GRÁFICA II.3. *Efectos de un choque negativo de los términos de intercambio en un modelo de tres bienes*

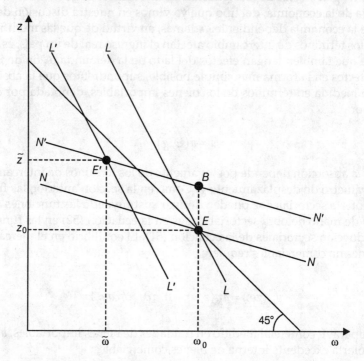

(54) y (56), respectivamente, y la determinación del equilibrio en el punto E es exactamente como en la gráfica II.2.

Consideremos ahora un deterioro de los términos de intercambio causado por una reducción de P_X. En este caso, disminuye el impacto de Θ. Por la ecuación (53), vemos que también baja la absorción. Esto significa que la tasa de cambio real debe depreciarse para mantener el equilibrio en el mercado de los bienes no comerciables; es decir, la curva NN se desplaza hacia arriba en la gráfica II.3, a $N'N'$. Al mismo tiempo, el salario de producto se eleva en el sector de los bienes exportables, induciendo a este sector a desocupar trabajadores a medida que reduce su producción. Para mantener el pleno empleo con un valor dado de ω, la mano de obra excedente debe ser absorbida por el sector de los bienes no negociables. Esto puede ocurrir sólo si baja z, de modo que LL se desplace hacia abajo. El resultado, como se observa en la gráfica II.3, es un nuevo equilibrio con una tasa de cambio real depreciada y un salario real reducido, en el punto E'.

En el caso keynesiano, el salario real en términos de los bienes importables no puede cambiar. Por lo tanto, el nuevo equilibrio se encuentra en el punto B, en lugar de E'. La situación se caracteriza por el desempleo de mano de obra, porque el punto B se encuentra a la derecha de la curva de equilibrio en el mercado de mano de obra $L'L'$. En el caso keynesiano, la depreciación de la tasa de cambio real es menor que en el caso clásico. El mantenimiento del pleno empleo bajo las condiciones keynesianas requiere una devaluación nominal que reduzca el salario real de ω a $\tilde{\omega}$, moviendo así a la economía del punto B al punto E' a lo largo de $N'N'$.

Una aplicación importante del modelo descrito en esta sección es la del fenómeno de la "enfermedad holandesa", que se refiere a las implicaciones macroeconómicas de la existencia de un sector boyante.[15] En este contexto, se puede representar un "auge" por la reversa del choque que acabamos de analizar, es decir, un incremento de P_x. En este caso, la tasa de cambio real se *apreciaría* (z bajaría), y en consecuencia ω aumentaría. El resultado sería una *contracción* de la producción en el sector de los bienes importables. En virtud de que este resultado surge en parte por el mayor gasto en bienes no negociables inducido por los efectos favorables de ingreso, asociados al choque de los términos de intercambio, será más pronunciado entre mayores sean tales efectos. En los países en vías de desarrollo, el fenómeno de la "enfermedad holandesa" se ha agravado a menudo por las respuestas expansivas de la política macroeconómica ante los choques favorables de los términos de intercambio. Tales respuestas han sido difíciles de revertir cuando los choques que las indujeron resultaron ser transitorios.

II.3. LA ESTRUCTURA DE LOS MERCADOS DE MANO DE OBRA

El estudio de los mercados de mano de obra en la economía del desarrollo se centra tradicionalmente en problemas de mediano y largo plazos, tales como los determinantes de la migración rural-urbana, el crecimiento de la fuerza de trabajo urbana y el aumento asociado del desempleo, así como los efectos de la educación sobre los niveles de ingresos. El trabajo más reciente ha reconocido el papel crucial que puede desempeñar la estructura de los mercados de mano de obra en la determinación de los efectos de las reformas comerciales y las políticas de ajuste estructural.[16] Sin embargo, los mercados de mano de obra desempeñan también un papel importante en la transmisión de los choques de la política macroeconómica. Por ejemplo, los efectos diferentes de los choques de las políticas y los choques externos en las versiones clásica y keynesiana de los modelos analizados en la sección anterior, son enteramente atribuibles

---

[15] El término *enfermedad holandesa* surgió de la preocupación por la desindustrialización de Holanda como resultado de los descubrimientos de petróleo en el Mar del Norte. Corden (1984) ofrece una reseña amplia de la literatura existente sobre este tema.

[16] Véase, por ejemplo, Edwards (1988), quien destaca el papel de la reasignación de la mano de obra entre los sectores.

a los supuestos diferentes acerca del grado de la flexibilidad del salario nominal. Más generalmente, el grado de la inercia salarial determina en gran medida el efecto de política fiscal, monetaria y de tasa de cambio sobre la producción real. En particular, como veremos en el capítulo VIII, la resistencia del salario real desempeña un papel importante en la determinación de si una devaluación nominal será o no contractiva. En esta sección examinaremos las principales características empíricas de los mercados de mano de obra en los países en vías de desarrollo y destacaremos sus implicaciones macroeconómicas, con énfasis particular en la determinación, a corto plazo, de los salarios y la naturaleza de la segmentación del mercado de mano de obra. Empezaremos por describir algunas características estructurales de estos mercados. Posteriormente examinaremos la correlación existente entre la producción, los salarios y el desempleo. Concluiremos con una discusión de la naturaleza y las fuentes de la segmentación del mercado de mano de obra en los países en vías de desarrollo.

II.3.1. *El funcionamiento de los mercados de mano de obra*

Los mercados de mano de obra de las naciones en vías de desarrollo difieren en formas importantes de los mercados que operan en los países industrializados. Algunas diferencias estructurales fundamentales son la importancia del sector agrícola en la actividad económica (lo que implica que el empleo tiende a mostrar un patrón marcadamente estacional), la importancia del autoempleo, y las actividades de trabajo irregular. Estas diferencias estructurales implican que los conceptos convencionales del mercado de mano de obra utilizados en el mundo industrializado (como los de empleo y desempleo) no tienen necesariamente el mismo significado aquí y deben interpretarse con cuidado.

Los economistas del desarrollo distinguen típicamente tres sectores en el mercado de mano de obra de los países en vías de desarrollo (Rosenzweig, 1988). El primero es el sector rural, que se caracteriza por una gran porción de personas autoempleadas y trabajadores familiares no remunerados. El segundo segmento es el sector urbano informal, caracterizado por individuos autoempleados o pequeñas empresas privadas que producen principalmente servicios y otros bienes no negociables. Las actividades de este sector recurren principalmente a la provisión de servicios laborales por los propietarios y sus familias, pero ocasionalmente también al trabajo pagado sin ningún contrato laboral formal. La inseguridad del empleo es generalizada, los salarios son muy flexibles y los trabajadores obtienen muy pocos beneficios de sus empleadores. Las leyes del salario mínimo legal no se aplican *de jure* o *de facto*, y los sindicatos desempeñan un papel muy limitado. El tercer segmento del mercado de mano de obra es el sector urbano formal, integrado por empresas medianas y grandes (incluidas las empresas de propiedad estatal) que contratan trabajadores mediante instrumentos formales. Los trabajadores y los empleadores están sujetos a diversas regulaciones del mercado de mano de obra. Los empleadores, en particular, deben ofrecer diversos beneficios (tales como un plan de pensiones, seguro médico, relativa seguridad del empleo) a sus trabajadores.[17] Los sindicatos desempeñan a menudo un papel importante en la determinación de los salarios, y existen leyes de salario mínimo, aunque se aplican con variable severidad en diversas ocupaciones y diferentes países.

En muchas naciones en vías de desarrollo, la agricultura emplea todavía a la mayor parte de la fuerza de trabajo en las áreas rurales, y el sector "moderno" es pequeño. El funcionamiento de los mercados de mano de obra rurales y urbanos difieren considerablemente en al menos tres sentidos (Rosenzweig, 1988). Primero, la heterogeneidad y la diversidad de la producción en áreas urbanas requieren una mayor variedad de competencias y habilidades entre los trabajadores. Segundo, los efectos estacionales y climáticos sobre la producción son menos pronunciados en las áreas urbanas que en las áreas rurales. Tercero, las actividades de producción urbanas están más concentradas geográficamente que en la agricultura rural.

La proporción de los asalariados en el total del empleo, como resultado de la importancia de los sectores informales rurales y urbanos, tiende a ser mucho menor que en el mundo industrializado, aunque hay grandes variaciones entre países y regiones. El empleo asalariado representa cerca de 10% del total del empleo en algunos países de ingresos bajos del África subsahariana, sin embargo, en algunos países latinoamericanos de ingresos medios representa 80%.[18] La participación del empleo en el sector informal en el total del empleo urbano es considerable en muchos países en vías de desarrollo —particularmente en algunas partes de Asia, el Medio Oriente y el África subsahariana— y puede variar entre 30 y 60% (Rosenzweig, 1988).

II.3.2. *Producción y desempleo*

Los datos disponibles sobre el empleo y el desempleo en los países en vías de desarrollo no son muy confiables y a menudo no son comparables entre las naciones.[19] Otro problema es que las medidas del desempleo que se publican se basan principalmente en los trabajadores desempleados que buscan em-

---

[17] En algunos países el sector formal no se confina enteramente a las áreas urbanas; los asalariados regidos por contratos explícitos pueden ser empleados también en la agricultura.

[18] Rosenzweig (1988) sugiere que la proporción de la fuerza de trabajo en el empleo asalariado se correlaciona positivamente con la tasa de urbanización, el tamaño del sector público y la participación en la producción agregada de la manufactura, la construcción y la minería.

[19] La mayoría de las estimaciones derivan de encuestas de fuerza de trabajo y, menos frecuentemente, de censos generales de población. La Oficina Internacional del Trabajo, de donde

pleos en el sector formal y no incluyen a los trabajadores subempleados en los sectores informales y rurales —el llamado desempleo disfrazado—. Es posible entonces que se subestime la oferta excesiva de mano de obra realmente disponible. Además, el desempleo abierto puede mostrar una tendencia creciente a pesar del fuerte crecimiento del empleo, porque la industrialización combinada con la migración rural-urbana significa con frecuencia que los trabajadores previamente subempleados se registran como abiertamente desempleados mientras están buscando empleos industriales. De hecho, los datos disponibles sugieren que el subempleo es mucho más generalizado que el desempleo abierto. En algunos países el desempleo abierto y disfrazado afecta de 25 a 60% de la fuerza de trabajo (Turnham, 1993).

La gráfica II.4 muestra el comportamiento de la producción y la tasa del desempleo medido para varios países en vías de desarrollo durante los años ochenta. La primera observación es que el frenamiento económico de principios de los años ochenta produjo marcados incrementos de la tasa de desempleo en la mayoría de estos países. Segundo, aunque en algunos casos los datos indican una correlación inversa relativamente estrecha entre la tasa de crecimiento de la producción y la tasa de desempleo, la relación es bastante débil en otros, y parece variar erráticamente a través del tiempo. La ausencia de una "ley de Okun" estable (tal como la definen Blanchard y Fischer, 1989, pp. 8-9) puede ser el resultado de los efectos de derrame entre diferentes segmentos del mercado de mano de obra, como veremos más adelante.

II.3.3. *Indización y rigidez salarial*

Desde una perspectiva macroeconómica, un aspecto decisivo del funcionamiento de los mercados de mano de obra es el grado de rigidez del salario real. En los países en vías de desarrollo diversas regulaciones del mercado de mano de obra —salarios mínimos, leyes de indización, medidas de protección del empleo tales como las leyes de permanencia en el empleo, las restricciones impuestas a la movilidad laboral, los impuestos gubernamentales y los sindicatos grandes y poderosos— pueden inhibir la flexibilidad del salario real y nominal. Aunque la importancia relativa de estos factores varía considerablemente entre las regiones, los países y a través del tiempo,[20] una característica endémica ha sido la indización salarial implícita o explícita. La indización

se obtuvieron la mayor parte de los datos presentados aquí, ha hecho un esfuerzo considerable para establecer medidas adecuadas de desempleo en los países en vías de desarrollo.

[20] Los sindicatos, por ejemplo, han sido considerados desde hace largo tiempo como los principales culpables en las explicaciones de la rigidez salarial en América Latina. La oleada reciente de reformas institucionales en algunos países —particularmente en Argentina, Chile y México— ha reducido grandemente su poder de negociación y su capacidad para imponer arreglos salariales a los empleadores.

GRÁFICA II.4. *Producción y desempleo, 1980-1995*

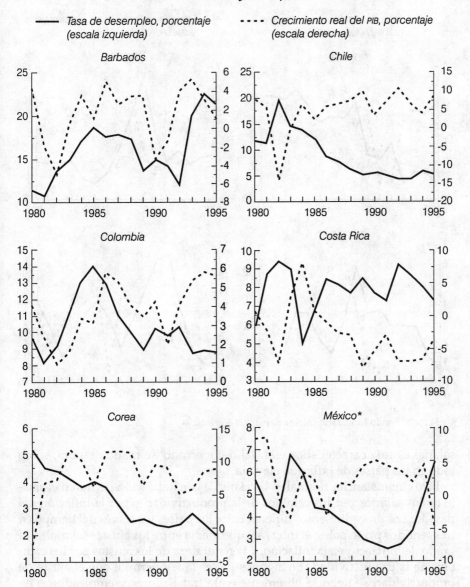

* Los datos de desempleo en México, de 1994 a 1995, incluyen las áreas urbanas.

GRÁFICA II.4. *Producción y desempleo, 1980-1995 (conclusión)*

—— Tasa de desempleo, porcentaje   ···· Crecimiento real del PIB, porcentaje
    (escala izquierda)   (escala derecha)

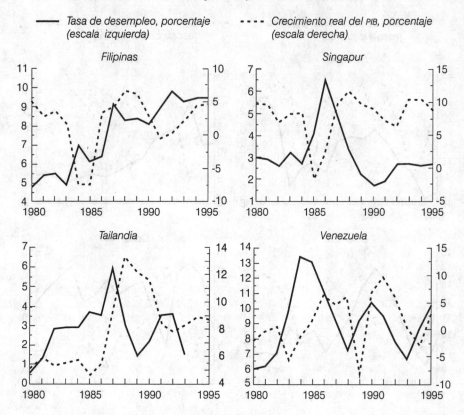

FUENTE: Fondo Monetario Internacional, ILO *Yearbook*.

salarial es una característica esencial del mercado de mano de obra, sobre todo en los países de inflación elevada.

Bajo circunstancias normales, las cláusulas de indización permiten el ajuste de los salarios por los cambios de la productividad y por la inflación del pasado. Los procedimientos difieren entre los países y a través del tiempo en tres sentidos principales: el intervalo que media entre los ajustes salariales, el grado de indización a la inflación, y la naturaleza de los ajustes por los cambios de la productividad. En algunos países la ley permite que el ajuste de productividad se negocie libremente entre trabajadores y empleadores; en otros, el gobierno especifica los ajustes. En Brasil, por ejemplo, la frecuencia de los ajustes salariales ha tendido a aumentar con la tasa de la inflación; muchos economistas ven en la frecuencia misma uno de los elementos estructurales del proceso inflacionario (véase Dornbusch y otros, 1990; Simonsen, 1983, y Parkin, 1991). En algunos casos (entre los que Brasil destaca nuevamente), el grado de indización a la inflación es una función del nivel salarial, con una sobreindización en ciertos niveles salariales y una subindización en otros. El grado medio de la indización se ha utilizado también como un medio para alterar las expectativas inflacionarias y reducir el elemento inercial de la inflación, como ocurrió en Argentina (véase el capítulo X).

La manera como opere la indización es importante para la transmisión de los choques de las políticas a la producción, la inflación y el desempleo. La concepción tradicional de la indización sugiere que ésta ayuda a aislar la producción y el empleo de los choques monetarios (de la demanda), pero no de los choques reales (de la oferta).[21] Por lo tanto, un alto grado de rigidez del salario real aislaría al sector real de los choques de la demanda agregada. Sin embargo, un alto grado de indización salarial a nivel sectorial podría distorsionar también las señales de precios inducidas por las políticas, como una devaluación nominal, y podría obstruir la reasignación de recursos. Además, tanto para los macroeconomistas ortodoxos como para los nuevos estructuralistas, los contratos indizados se ven a menudo como la causa básica de la rigidez de las expectativas inflacionarias y la persistencia de la inflación observada en muchos países latinoamericanos.[22] Así pues, las reformas institucionales que tratan de reducir el grado de indización de los salarios pueden ser así un componente decisivo para asegurar la credibilidad y el éxito final de los programas antinflacionarios (véase el capítulo XII).

Pero a pesar de la existencia generalizada de la indización salarial, los salarios reales de muchos países parecen ser más flexibles de lo que suele suponerse. Horton y otros (1994), en particular, resumen los hallazgos de un gran estudio del Banco Mundial sobre los mercados de mano de obra y el ajuste en los países en vías de desarrollo, que proporcionan pruebas cuantitativas en apoyo a la existencia de un grado relativamente elevado de flexibilidad del salario real en América Latina y Asia. Por ejemplo, la gráfica II.5 presenta datos sobre los salarios reales y el desempleo para Chile, la gráfica propone cierto grado de flexibilidad del salario real en esos países. En muchos casos, por lo tanto, la persistencia del desempleo no puede atribuirse a una rigidez excesiva del salario real, pero puede derivar de efectos de la demanda agregada asociados a la declinación de los salarios reales y de imperfecciones del mercado de producción. El primer tipo de efecto ha sido destacado por economis-

---

[21] Véase Blanchard y Fischer (1989, pp. 523-525). Carmichael y otros (1985) proporcionan un análisis detallado de las reglas de la indización salarial en un contexto de economía abierta. La mayor parte de la literatura analítica supone la existencia de la indización *ex ante*. En la práctica, la indización salarial es generalmente *ex post*, mientras que el salario actual se ajusta a los cambios pasados de los precios. Fischer (1988) examina el papel de la indización salarial *ex post* en la conducción de los programas antinflacionarios.

[22] Por ejemplo, la teoría de la "inflación inerte" elaborada por Arida y Lara-Resende (1985) imputa la inercia inflacionaria a la indización contractual.

GRÁFICA II.5. *Salarios reales y desempleo en Chile (porcentajes)*

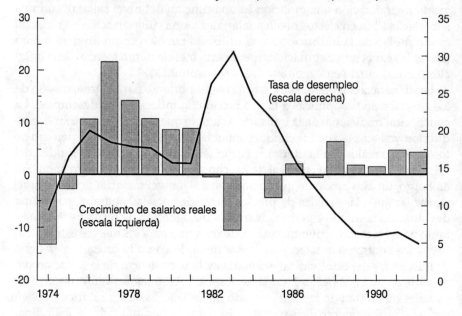

FUENTE: Banco central de Chile.

tas neoestructuralistas y se conoce como el efecto de Keynes-Kalecki (Taylor, 1991). Este efecto se basa en el supuesto de que la propensión al ahorro es considerablemente menor para los asalariados que para los receptores de beneficios. En la medida en que una baja de los salarios reales esté acompañada por una reducción de la participación de los salarios en el ingreso nacional, la demanda agregada también bajará. Por lo tanto, el desempleo puede persistir a pesar de una reducción sustancial de los salarios reales. El segundo tipo de efecto podría ocurrir como resultado de la competencia imperfecta en los mercados de productos, aunque los mercados de mano de obra sean competitivos y los salarios reales sean flexibles (Layard y otros, 1991). Desafortunadamente, son escasos los intentos empíricos que se han hecho para discriminar entre estas hipótesis alternativas.

Aunque el predominio de la rigidez del salario real puede ser cuestionable, hay un consenso generalizado en el sentido de que la rigidez del salario nominal es una característica común del mercado de mano de obra en muchos países en vías de desarrollo. La inercia del salario nominal deriva de diversos factores tales como la indización retrasada, los contratos salariales intercalados y yuxtapuestos, y el ajuste lento de las expectativas inflacionarias. La existencia de contratos laborales para varios periodos parece ser la fuente principal de la rigidez del salario nominal en las naciones en vías de desarrollo de ingresos medios, sobre todo en América Latina. Por ejemplo, los datos proporcionados por Reinhart y Reinhart (1991) para Colombia (donde se estima que la duración media de los contratos laborales en el sector privado se acerca a dos años) sugiere que hay una inercia considerable en el comportamiento de los salarios nominales y de los precios. Los estudios de Condon y otros (1990), Corbo (1985) y Le Fort (1988) sobre Chile, y de Van Wijnbergen (1982) sobre Corea, apoyan también la idea de que los salarios nominales son rígidos a corto plazo y los precios (en el sector de los bienes no comerciables) se determinan como un margen de ganancia sobre los costos de la mano de obra y de los insumos importados.[23] En el capítulo siguiente (sección III.4) discutiremos otras pruebas sobre esta cuestión. Desarrollaremos una especificación formal de los contratos de salarios nominales que capta las reglas de indización hacia atrás y hacia adelante en el modelo macroeconómico a corto plazo de dos sectores del capítulo XII.

II.3.4. Segmentación del mercado de mano de obra

El dualismo del mercado de mano de obra en los países en vías de desarrollo puede estar relacionado con el sector de empleo o la estructura de la producción (agricultura e industria, o tradicional y moderna), la ubicación geográfica de las actividades (rurales y urbanas, como se indicó antes), la naturaleza legal de las actividades (formales e informales), o la composición de la fuerza de trabajo (trabajadores calificados y no calificados). Estas segregaciones no corresponden en general a las distinciones, antes discutidas, entre los sectores de bienes comerciables y no comerciables o al marco de producción de tres bienes, pero pueden resultar útiles para el análisis macroeconómico. Esto es así porque una implicación frecuente del dualismo es la segmentación del mercado de mano de obra, que puede definirse como una situación donde trabajadores idénticos a simple vista reciben salarios diferentes de acuerdo con su sector de empleo. En particular, las restricciones existentes para la movilidad ocupacional entre sectores —resultantes de las barreras institucionales o de otros factores— pueden impedir que los trabajadores del segmento de "salario bajo" tengan pleno acceso a un empleo en el segmento de "salario elevado", que tienen los trabajadores dotados de calificaciones similares, aunque

---

[23] Condon y otros (1990) y Corbo (1985a) estiman una curva de Phillips convencional, que relaciona la tasa de crecimiento de los salarios nominales con las desviaciones de la producción de la tendencia (una medida de la demanda excedente de mano de obra) y con la tasa inflacionaria esperada. Sin embargo, las pruebas en apoyo de las relaciones de la curva de Phillips en los países en vías de desarrollo son relativamente escasas. Véase un análisis anterior en Nugent y Glezakos (1982).

los salarios sean plenamente flexibles. Si no hubiera barreras, los trabajadores del sector de salarios bajos entrarían al sector de salarios altos y rebajarían los salarios de ese sector hasta que se igualaran los ingresos sectoriales. La segmentación del mercado de mano de obra podría inducirse también por la existencia de rigideces salariales sectoriales, lo que genera un empleo restringido por la demanda.

El más conocido de los modelos de segmentación del mercado de mano de obra en las naciones en vías de desarrollo es el modelo de la migración de Harris y Todaro (1970). El objetivo principal de ese modelo es la explicación de la persistencia de la migración rural-urbana, a pesar de la existencia de un desempleo urbano generalizado en los países en vías de desarrollo. Un elemento fundamental del modelo es la igualdad de los salarios esperados (antes que los efectivos) como la condición de equilibrio básica entre los diferentes segmentos del mercado de mano de obra. Específicamente, Harris y Todaro suponen que los trabajadores rurales, al decidir la migración, comparan el salario corriente en la agricultura, w_A, con el salario urbano esperado, w_U^a, que se calcula multiplicando el salario prevaleciente, w_U —que se supone fijo como resultado de una legislación de salario mínimo, por ejemplo—, por la razón del empleo urbano que mide la probabilidad de encontrar un empleo. En el equilibrio, la hipótesis de Harris-Todaro nos da

$$w_A = w_U^a = w_U \frac{n_U}{n_U + L_U}, \tag{57}$$

donde n_U es el empleo urbano y L_U es el número absoluto de trabajadores desempleados en las áreas urbanas. El modelo de Harris-Todaro se ha extendido en diversas direcciones a través de los años (véase Rosenzweig, 1988). La explicación de la rigidez del salario urbano, a resultas de consideraciones de eficiencia antes que de regulaciones gubernamentales, ha sido un desarrollo particularmente interesante. De acuerdo con esta hipótesis, las reducciones del salario real disminuyen la productividad porque reducen directamente los incentivos para proporcionar esfuerzo (Stiglitz, 1982), aumentan los incentivos para abstenerse, incrementan la tasa de renuncias (y por ende los costos de la rotación, como se destaca en Stiglitz, 1974), y reducen la lealtad a la empresa. Por ejemplo, el esfuerzo de los trabajadores puede depender positivamente del salario pagado en el sector actual del empleo (digamos en el sector urbano), en relación con el salario pagado en otros sectores de la producción (el salario agrícola) o con el salario de reserva. En tales condiciones, cada empresa fijará su salario a fin de minimizar los costos laborales por unidad de eficiencia, antes que los costos laborales por trabajador. El salario que minimiza los costos laborales por unidad de eficiencia se conoce como salario de eficiencia. La empresa contrata mano de obra hasta el punto donde su producto-ingreso marginal se iguale al salario real que ha fijado. Así, un caso típico es que la demanda agregada de mano de obra, cuando cada empresa ofrece su salario de eficiencia, es menor que la oferta de mano de obra, de modo que surge el desempleo involuntario.[24] Las teorías del salario de eficiencia son particularmente útiles para explicar por qué las empresas del sector moderno pagan más que el salario vaciador del mercado en modelos con mercados de mano de obra segmentados. Tales teorías pronostican la existencia de diferenciales salariales no competitivas incluso en ausencia de los sindicatos y otras restricciones institucionales.

Puede ilustrarse con un análisis gráfico simple la importancia de que se tomen en cuenta la segmentación del mercado y el grado de la flexibilidad salarial para un entendimiento correcto de los efectos de los choques macroeconómicos sobre el desempleo. Considérese una economía abierta pequeña que produce bienes comerciables y no comerciables utilizando sólo mano de obra cuya oferta está dada. En la gráfica II.6 se muestra la determinación de los salarios y el empleo bajo cuatro diferentes supuestos acerca del ajuste del mercado laboral. En los cuatro paneles, el eje horizontal mide el total de la mano de obra disponible para la economía, $O_T O_N$. El eje vertical mide la tasa salarial existente en la economía, la cual es uniforme entre los sectores o específica de cada sector. La demanda de mano de obra en el sector de los bienes comerciables (no comerciables) se representa por la curva de pendiente descendente $L_T^d (L_N^d)$. Considérese primero el panel 1, basado en el supuesto de que los salarios son perfectamente flexibles y la mano de obra es perfectamente móvil entre los sectores. La posición de equilibrio inicial del mercado de mano de obra se obtiene en el punto E, donde la tasa salarial de toda la economía es igual a w^*, la mano de obra empleada en el sector de los bienes comerciables es $O_T L_T^*$, y la mano de obra utilizada en la producción de bienes no comerciables es $L_T^* O_N$.

En los paneles 2, 3 y 4 está fija la tasa salarial del sector de los bienes comerciables al nivel de w_T^s (por encima de la tasa salarial del conjunto de la economía vaciadora del mercado), mientras que los salarios del sector de bienes no comerciables sigue siendo flexible.[25] Los paneles difieren en los supuestos subyacentes referentes al grado de movilidad de la mano de obra entre los sectores. En el panel 2, la mano de obra puede moverse libremente entre los sectores, como en el panel 1. La movilidad laboral perfecta, junto con la flexibilidad salarial en el sector de los bienes no comerciables, impide el surgimiento del desempleo. Se obtiene el equilibrio inicial en el punto A del sector de los bienes comerciables, correspondiente a un nivel de empleo de $O_T L_T^c$, y en el punto E_N del sector de los bienes no comerciables, donde los salarios son iguales a

---

[24] Actualmente existe una literatura abundante sobre los países desarrollados, que considera el desempleo involuntario como el resultado de los salarios de eficiencia. Véanse Blanchard y Fischer (1989) y Layard y otros (1991).

[25] La fuente de la rigidez salarial en el sector de los bienes comerciables se deja deliberadamente sin especificar en esta etapa. Una explicación común es la existencia de un salario mínimo impuesto por el gobierno, que sólo el sector manufacturero cubre de ordinario. En el modelo de equilibrio general que se presenta más adelante se provee una interpretación diferente.

GRÁFICA II.6. *Movilidad laboral, salario rígido sectorial y ajuste*

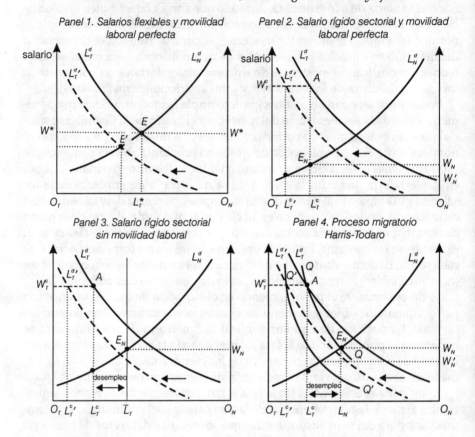

Panel 1. *Salarios flexibles y movilidad laboral perfecta*

Panel 2. *Salario rígido sectorial y movilidad laboral perfecta*

Panel 3. *Salario rígido sectorial sin movilidad laboral*

Panel 4. *Proceso migratorio Harris-Todaro*

w_N y el empleo es igual a $L_T^c O_N$. En el panel 3, la mano de obra está completamente inmóvil durante el tiempo del análisis. La fuerza de trabajo del sector de los bienes comerciables es igual a $O_T \bar{L}_T$, mientras que la oferta de mano de obra en el sector de los bienes no comerciables se mide por $\bar{L}_T O_N$. Dado que la oferta de mano de obra sectorial es completamente inelástica y los salarios no pueden ajustarse en el sector de los bienes comerciables, el desempleo surgirá de ordinario en ese sector. La situación representada en el panel 3 indica que el empleo en el sector de los bienes comerciables es igual a $O_T L_T^c$ y el desempleo es igual a $L_T^c \bar{L}_T$. Por último, el panel 4 es una adaptación del mecanismo de asignación de la mano de obra de Harris-Todaro, el cual supone que se obtiene el equilibrio cuando la tasa salarial del sector de bienes no comerciables es igual al salario esperado en el sector de los bienes comerciables. La curva de pendiente descendente QQ es una hipérbola rectangular a lo largo de la cual se da esta igualdad y se conoce como la curva de Harris-Todaro (Corden y Findley, 1975).[26] La intersección de la curva L_N^d con QQ determina la tasa salarial y el nivel del empleo en el sector de los bienes no comerciables, mientras que la intersección de la curva L_T^d con la línea horizontal trazada al nivel de w_T^c determina el empleo en el sector de los bienes comerciables. Por lo tanto, el equilibrio inicial se caracteriza también por el desempleo sectorial, el que es igual a $L_T^c L_N$.

Supongamos que disminuye la demanda de mano de obra en el sector de los bienes comerciables, a resultas de un choque macroeconómico —por ejemplo, una reducción de la demanda sectorial autónoma—, de modo tal que se desplaza la curva L_T^d hacia la izquierda, mientras que la curva de demanda de mano de obra en el sector de los bienes no comerciables no se mueve. Omitamos también, en este análisis de equilibrio parcial, los efectos inducidos del choque de la demanda agregada sobre los precios relativos, el ingreso y la riqueza. Si los salarios son perfectamente flexibles y la mano de obra es perfectamente móvil entre los sectores, el ajuste del mercado laboral conduce a una disminución de la tasa salarial general de la economía y una reasignación de la mano de obra entre los sectores, de modo que la economía se desplaza a un nuevo equilibrio (punto E' en el panel 1) con pleno empleo.

Consideremos ahora lo que ocurre cuando el salario específico de un sector es rígido. Si la mano de obra es perfectamente móvil entre los sectores, el choque de la demanda conduce sólo a una reasignación de la fuerza de trabajo y una disminución de los salarios en el sector de los bienes no comerciables (panel 2). Pero si los trabajadores no pueden moverse entre los sectores, la disminución de la demanda conduce a un aumento del desempleo en el sector de los bienes comerciables, sin ningún efecto sobre los salarios y el empleo en el sector de los bienes no comerciables (panel 3). Con un mecanismo de asignación de la mano de obra del tipo de Harris-Todaro, el choque de la demanda disminuye el empleo en el sector de los bienes comerciables, como en el caso precedente. Sin embargo, el efecto sobre la tasa de desempleo es ahora ambiguo. Esto es así porque la curva QQ se desplaza hacia la izquierda luego del cambio ocurrido en L_T^d, porque la disminución del empleo reduce la probabilidad de ser contratado y, por lo tanto, el salario esperado en el sector de los bienes comerciables. Esto implica que más trabajadores optarían por buscar empleo en el sector de los bienes no comerciables, lo que disminuiría los

---

[26] Como se indicó antes, el salario esperado en el sector de los bienes comerciables se define como el producto del salario efectivamente existente en ese sector por la probabilidad de ser contratado, la cual se mide por la razón del empleo: $w_T(L_T^d / O_T \bar{L}_T)$. La condición de equilibrio del modelo de Harris-Todaro implica entonces que $w_N(O_T \bar{L}_T) = w_T L_T^d$. Dado que L_T^d es una función decreciente de w_T en general, la condición precedente define a la hipérbola rectangular QQ. El requisito de que las tasas salariales sean iguales al producto marginal del trabajo para $w_T = w_T^c$ se satisface sólo en los puntos A y E_N de la curva QQ.

salarios. Así pues, el empleo aumenta en el sector de los bienes no comerciables, mientras que los salarios disminuyen. Pero a pesar de la reasignación de la mano de obra entre los sectores, el desempleo podría aumentar en el sector de los bienes comerciables en la situación de equilibrio. Por lo tanto, el meollo del análisis es que resulta fundamentalmente importante evaluar correctamente las características principales del mercado laboral a fin de estimar las implicaciones de los choques macroeconómicos sobre los salarios, el empleo y la tasa de desempleo en la economía.[27] En el capítulo IX veremos cómo la segmentación del mercado de mano de obra y la rigidez relativa de los salarios, inducida por consideraciones de eficiencia, alteran la transmisión de los choques de la política macroeconómica.

Una implicación adicional de la segmentación del mercado de mano de obra es que ofrece una interpretación particularmente clara de la inestabilidad aparente (discutida anteriormente) de la ley de Okun en los países en vías de desarrollo. Agénor y Aizenman (1999) proveen un marco analítico, discutido en mayor detalle en el capítulo IX, que ayuda a explicar los mecanismos que operan aquí. Esencialmente, su análisis destaca la posibilidad de que las interacciones existentes entre los mercados urbanos de mano de obra formales e informales puedan caracterizarse por la acción sustitutiva, antes que por la complementariedad a corto plazo, lo que implicaría que los efectos de empleo de los choques de la política macroeconómica pueden ser mitigados en gran medida. Por ejemplo, en periodos de débil crecimiento de la producción, los trabajadores calificados y no calificados, despedidos en el sector formal, podrían buscar empleo en el sector informal, donde los salarios y la productividad de la mano de obra tienden a ser menores. A menos que el salario de reserva de los trabajadores calificados sea mayor que el salario vigente para los trabajadores no calificados en el sector informal —por ejemplo, como resultado de generosos beneficios de desempleo en el sector formal—, las fluctuaciones de la demanda agregada se traducirán en cambios de la productividad media, no en un aumento del desempleo abierto.

II.4. MERCADOS FINANCIEROS INFORMALES

Mientras que el funcionamiento de los mercados de mano de obra de las propiedades de una economía es un determinante central de la curva de oferta agregada a corto plazo, las características de los mercados financieros ejercen una influencia importante sobre la demanda y la oferta agregadas. Una característica distintiva de los países en vías de desarrollo es la coexistencia de merca-

---

[27] Adviértase que la existencia del desempleo en la situación representada en el panel 3 podría ser sólo un fenómeno de corto plazo, similar al obtenido en el panel 2.

dos financieros formales e informales. En general, los mercados informales —ya se ocupen del crédito, de las divisas o de cualquier otro bien o activo— constituyen un fenómeno generalizado en las naciones en vías de desarrollo y a menudo constituyen un componente importante de la actividad económica. En general se desarrollan en respuesta a una situación de demanda excedente en un mercado oficial, derivada de la existencia de restricciones cuantitativas sobre las transacciones o de la imposición de topes a los precios. A menudo son ilegales, pero se toleran en muchos países.

Los mercados *financieros* informales desempeñan un papel particularmente importante en la macroeconomía del desarrollo, aunque (debido a su propia naturaleza) son difíciles de monitorear o cuantificar razonablemente. En consecuencia, la información sobre el tamaño y la naturaleza de estos mercados no es muy extensa o confiable. Sin embargo, los datos disponibles sugieren que el mercado informal es, en algunos países, por lo menos tan grande como el sector oficial, y puede ser más grande aún. De aquí que estos mercados pueden desempeñar un papel importante en el proceso de transmisión de las políticas macroeconómicas. En esta sección reseñaremos el alcance, la naturaleza y las implicaciones de los mercados financieros informales en los países en vías de desarrollo y destacaremos sus implicaciones macroeconómicas a corto plazo.[28]

II.4.1. *Mercados de préstamos informales*

Los mercados de crédito informal consisten en una diversidad de transacciones no reguladas, tales como las actividades de préstamo de prestamistas profesionales y no profesionales, de empresas financieras privadas, de banqueros nacionales, de asociaciones de ahorros y créditos revolventes, de casas de empeño, de comerciantes, de terratenientes y de familias. Estas transacciones pueden clasificarse en las cuatro categorías siguientes: *1)* préstamos regulares de dinero por individuos o instituciones (tales como las casas de empeño, los banqueros nativos o las compañías financieras) cuya actividad principal son los préstamos mediante el uso de sus propios fondos o de fondos intermediados; *2)* préstamos ocasionales o intermitentes por parte de individuos, empresas e instituciones con fondos sobrantes; *3)* créditos atados, es decir, préstamos otorgados por agentes cuya actividad principal se encuentra en mercados distintos del mercado de crédito pero que atan el crédito a transacciones realizadas en mercados donde realizan sus actividades principales; y *4)* financia-

---

[28] La discusión que se hace aquí sobre los mercados informales de crédito y de divisas se basa en gran medida en Agénor (1992) y en Montiel y otros (1993), donde el lector podrá encontrar mayores detalles.

miento grupal, o sea diversas formas de esfuerzos cooperativos que tratan de generar fondos prestables para las necesidades de crédito individuales. La importancia de cada actividad varía considerablemente entre los países. En la India, por ejemplo, el crédito atado representa una gran fracción del total del crédito informal. Las asociaciones de ahorros y créditos revolventes son muy comunes en Asia y África, pero no lo son tanto en América Latina. El financiamiento grupal se usa con frecuencia en las áreas urbanas y rurales de los países en vías de desarrollo.

La información disponible sobre los mercados de préstamos informales, aunque es fragmentaria y deriva de fuentes dispares y no comparables entre los países, revela que los mercados de crédito informales constituyen una característica importante de los mercados financieros de los países en vías de desarrollo. Las estimaciones reportadas por Montiel y otros (1993) para un gran grupo de países en vías de desarrollo, sugieren que la participación del crédito informal en el total del crédito varía desde cerca de un tercio hasta tres cuartos. El crédito informal representa entre y dos tercios del total del crédito en Bangladesh, cerca de dos quintos en la India y Sri Lanka, y de dos tercios a tres cuartos en Nepal, Paquistán, Tailandia y Malasia. En Taiwan, la razón de los préstamos financieros otorgados a las empresas privadas por el mercado de crédito informal a los otorgados por el mercado regulado alcanzó un promedio cercano a 28% durante el periodo de 1971-1988.

Las tasas de interés de los mercados de crédito informales son en general sustancialmente mayores que las prevalecientes en los mercados oficiales. La gráfica II.7 presenta algunos datos para Corea.[29] En ausencia de mercados de valores organizados, y en presencia de la represión financiera, las tasas de interés del mercado de crédito informal podrían representar el costo de oportunidad relevante de la tenencia de dinero para los residentes nacionales. Si así ocurre, en las economías reprimidas las tasas de los préstamos informales pueden desempeñar el papel que las tasas de interés, determinadas por el mercado o los valores, desempeñan en los países industriales, de modo que responderían primordialmente a las condiciones del mercado de dinero interno. Alternativamente, es posible que, en las economías pobres, las tasas determinadas por el mercado en los mercados de crédito informales respondan primordialmente a las oportunidades de arbitraje existentes entre los préstamos internos y los préstamos extranjeros (o la tenencia de divisas). Los datos aportados por Montiel y otros (1993) y la discusión del capítulo VI sugieren que las variables financieras extranjeras podrían ejercer una influencia importante sobre las tasas de interés informales.

---

[29] Las tasas de interés informales elevadas tienden a reflejar la ventaja informativa de los prestadores y las opciones limitadas a disposición de los prestatarios, pero no incluyen necesariamente rentas puras recibidas por los prestadores. Véase Montiel y otros (1993, pp. 22-23).

GRÁFICA II.7. *Tasas de interés tanto formales como informales en Corea*
(tasas anuales, porcentajes)

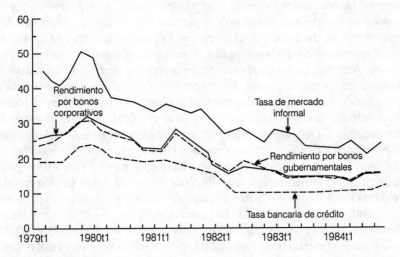

t1 = primer trimestre.
FUENTE: Banco de Corea.

Es posible que no todo el sector informal se vea afectado por los acontecimientos del sector formal (tales como los cambios ocurridos en la política crediticia gubernamental). Chandravarkar (1987) establece una distinción útil entre el sector informal "autónomo", que se relaciona con las actividades indígenas (a menudo basadas en las costumbres sociales), y la parte "reactiva" del sector informal, que se refiere a las actividades que surgen como una respuesta a las regulaciones, las restricciones crediticias u otras deficiencias del sector formal. El segundo componente del sector informal es el que se vería más directamente afectado por la política crediticia y por el nivel de la represión financiera, y por lo tanto interactuaría con los desarrollos macroeconómicos de la economía formal. Por ejemplo, un aumento de la tasa de inflación podría incrementar la oferta de fondos y la demanda de préstamos para el sector informal, reduciendo la tasa de interés real de los depósitos del sector formal y aumentando la demanda de divisas o de activos reales, tales como los inmuebles y la acumulación de acervos de bienes durables. El componente reactivo sería también más sensible a cualesquiera cambios de la regulación o del grado de la liberalización. El componente autónomo, que descansa más en la explotación de las ventajas de la información asimétrica y de los costos de transacción bajos, podría mostrarse menos sensible a los cambios de las políticas.

II.4.2. *Mercados paralelos de divisas*

En general las restricciones cambiarias y comerciales han sido ineficaces para preservar las reservas de divisas o apoyar una tasa de cambio inadecuada en los países en vías de desarrollo. La evasión ha sido endémica y se han expandido los mercados de divisas ilegales, derrotando el propósito mismo de los controles. Aunque, como en el caso de los mercados de crédito informales, la naturaleza de los mercados de dinero paralelos impide la recolección de datos detallados y confiables, tales mercados parecen ser un fenómeno común en el mundo en vías de desarrollo, cuyas características cualitativas están bien documentadas. En esta subsección examinaremos la naturaleza y el alcance de estos mercados y destacaremos sus características estructurales básicas.

Los mercados paralelos de divisas de los países en vías de desarrollo han surgido primordialmente como resultado de las restricciones impuestas al comercio exterior y de los controles de capital.[30] En el primer caso, el proceso se inicia cuando el gobierno trata de imponer regulaciones —tales como los procedimientos de licencias, las asignaciones administrativas de divisas y las prohibiciones— a los flujos comerciales. La imposición de aranceles y cuotas genera incentivos para el contrabando y la falsificación de facturas (a fin de reducir los aranceles a pagar), creando una demanda excedente de bienes a los precios ilegales de antes del impuesto. El comercio ilegal crea una demanda de divisas ilegales, lo que a su vez estimula su oferta y conduce a la creación y el establecimiento de un mercado de divisas paralelo si el banco central no puede satisfacer toda la demanda de divisas a la tasa de cambio oficial.[31] Bajo los controles de capital, el mercado paralelo se expande para convertirse en un elemento importante del financiamiento de la fuga de capital y las transacciones de cartera, siendo la moneda extranjera una protección contra el cambio político adverso y —en las economías de inflación elevada— una protección contra el impuesto inflacionario (véase el capítulo V).[32] Otros factores que ayu-

---

[30] Es posible que las restricciones comerciales hayan sido un factor decisivo en los países de bajos ingresos, mientras que los controles de capital pueden haber sido la causa predominante en los países de ingresos medios. Sin embargo, no hay pruebas empíricas que apoyen esta conjetura.

[31] La imposición de un arancel crea por sí misma incentivos para el contrabando, pero no crea incentivos para el surgimiento de un mercado paralelo de divisas (Bhagwati y Hansen, 1973). Por lo general tal mercado surgirá sólo si hay controles de divisas. Pero en el caso particular en que la venta o la compra de divisas legales requiere del comercio legal, la existencia de un arancel positivo puede ser suficiente para inducir actividades comerciales ilegales y transacciones de divisas ilegales (Pitt, 1984). Por lo que toca al análisis de equilibrio general de las interacciones existentes entre los mercados paralelos de bienes y de divisas, véanse Agénor (1995b) y Azam y Besley (1989).

[32] Los controles de capital en los países en vías de desarrollo se han justificado con diversos argumentos. Como se expuso en detalle en Mathieson y Rojas-Suárez (1993), tres consideraciones importantes son las siguientes: *1)* limitar el efecto perturbador del comercio exterior deriva-

dan a explicar el desarrollo de un mercado de divisas paralelo en circunstancias particulares incluyen las transferencias privadas en el contexto de una tasa de cambio sobrevaluada y las actividades ilegales. En Paquistán, por ejemplo, la rápida expansión del mercado ilegal de divisas a fines de los años setenta se considera a menudo como el resultado, sobre todo, de la gran entrada de las remesas de dinero de quienes trabajan en el Medio Oriente. En algunos países, el desarrollo del mercado ilegal de dólares se ha asociado estrechamente a las actividades relacionadas con las drogas (Grosse, 1982, y Melvin y Ladman, 1991).

Aunque son ilegales, los gobiernos de los países en vías de desarrollo toleran frecuentemente los mercados de divisas paralelos. El tamaño de este mercado depende del alcance de las transacciones sujetas a controles de cambio y del grado en que las autoridades hagan cumplir las restricciones. En los países donde los déficit grandes y crónicos de la balanza de pagos obligan al banco central a racionar las divisas entregadas al sector privado (porque las necesidades gubernamentales son grandes y deben satisfacerse prioritariamente), los mercados de divisas paralelos están generalmente bien desarrollados, con una tasa de cambio sustancialmente más depreciada que la tasa oficial. La gráfica II.8 muestra la evolución del precio mayor del mercado paralelo —la proporción en que la tasa paralela supera a la tasa oficial— en un grupo de países en vías de desarrollo. La gráfica muestra que el precio mayor, que depende a largo plazo de factores "estructurales" (tales como la estructura de los castigos y la cantidad de los recursos destinados a la aprehensión y la persecución de los delincuentes), experimenta grandes fluctuaciones a corto plazo, un fenómeno que a menudo refleja las características de los precios de los activos de la tasa de cambio paralela. En periodos caracterizados por la incertidumbre acerca de las políticas macroeconómicas o por la inestabilidad de las condiciones políticas y sociales, las tasas del mercado paralelo tienden a reaccionar rápidamente ante los cambios esperados en las circunstancias económicas futuras.[33]

En general, las transacciones de los mercados de divisas paralelos asumen la forma de operaciones en efectivo y en cheques. Las fuentes de la oferta y la demanda varían de un país a otro, y dependen fuertemente de la naturaleza y

---

do de la inestabilidad de la tasa de cambio asociada a los movimientos de capital volátiles e impedir las crisis de balanza de pagos; 2) mantener un alto grado de financiamiento de inversión nacional mediante el ahorro nacional, y 3) impedir la erosión de la base tributaria nacional (implícita y explícita). La primera consideración se discutirá en el capítulo VII, y las otras, en el capítulo V junto con las pruebas existentes sobre la eficacia de los controles de capital en los países en vías de desarrollo.

[33] La gráfica indica también que el precio mayor ha sido a veces sustancialmente negativo en algunos países, un hecho algo sorprendente porque las restricciones cambiarias del mercado oficial no se relacionan típicamente con la venta de divisas sino con su compra. Véase una elaboración de este tema en Montiel y otros (1993, pp. 30-31).

GRÁFICA II.8. *Precios mayores del mercado paralelo en países en vías de desarrollo (porcentajes)*

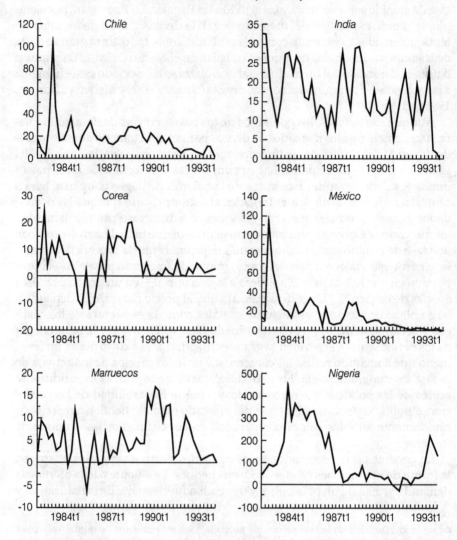

t1 = primer trimestre.
FUENTES: Fondo Monetario Internacional y *World Currency Yearbook*.

la eficacia de las restricciones cambiarias impuestas por las autoridades. La oferta ilegal de divisas proviene de cinco fuentes principales: la subfacturación de las exportaciones, el contrabando de las exportaciones, la sobrefacturación de las importaciones, los turistas extranjeros y la desviación de las remisiones por canales no oficiales.[34] Las estimaciones disponibles sugieren que el contrabando[35] y la subfacturación de las exportaciones, y la sobrefacturación de las importaciones constituyen las fuentes principales de la oferta en la mayoría de los países en vías de desarrollo.[36] Sin embargo, debe observarse que el incentivo para la sobrefacturación de las importaciones existe sólo cuando la tasa arancelaria de los bienes importados es suficientemente baja en relación con el precio mayor del mercado paralelo. En un país de elevadas barreras arancelarias, el incentivo del precio apunta a la subfacturación (el contrabando) de las importaciones en lugar de la sobrefacturación, siendo la excepción, por supuesto, el caso de las importaciones de bienes de capital, donde los aranceles son generalmente menores que el promedio, o incluso nulos. En consecuencia, se observa que la fuente principal de la oferta de divisas derivada del comercio ilegal es la subfacturación de las exportaciones. Cuando hay un impuesto sobre las exportaciones, la subfacturación permite que el exportador eluda el impuesto y venda las divisas ilegalmente adquiridas a un precio mayor; cuando hay un subsidio sobre las exportaciones menor que el precio mayor del mercado paralelo, la venta de divisas en el mercado paralelo compensará con creces la pérdida del subsidio. Así pues, para impuestos dados, entre mayor sea el precio del mercado paralelo, mayor será la propensión a la subfacturación de las exportaciones.

La demanda de divisas en el mercado paralelo deriva generalmente de cuatro componentes principales: importaciones (legales e ilegales), viajes de los residentes por el extranjero, diversificación de cartera y fugas de capital. La demanda de divisas para financiar importaciones legales deriva de la existencia del racionamiento en el mercado oficial de divisas. La demanda deriva también del deseo de financiar importaciones ilegales de bienes que están prohibidos o muy gravados, de modo que se introducen al país de contrabando. La confidencialidad inherente de las transacciones del mercado paralelo proporciona un incentivo para que los agentes lo utilicen a fin de ocultar actividades ilícitas. La motivación de la cartera es particularmente aguda en las economías de

---

[34] Los funcionarios gubernamentales pueden permitir también una desviación de divisas, del mercado oficial al paralelo, a cambio de sobornos y favores o aun realizar esta actividad ellos mismos.

[35] El contrabando puede realizarse con bienes ilegales o prohibidos. Las exportaciones de cocaína, por ejemplo, constituyen gran parte de las entradas no oficiales de dólares en algunos países latinoamericanos, según se cree. En Brasil se cree que el comercio ilegal (exportaciones de oro y de café, en particular) representa una gran porción de las entradas de divisas al mercado paralelo.

[36] El número de veces que los comerciantes facturan falsamente se obtiene típicamente mediante comparación de datos comerciales. Por ejemplo, el total de subfacturación de las exportaciones puede determinarse comparando el número de exportaciones de los principales socios comerciales, registradas en los datos del país asociado, con el de importaciones registradas en los datos nacionales. Cuando esta razón es menor que uno, eso prueba la subfacturación de las exportaciones. Tales comparaciones requieren ajustar los datos comerciales a los costos de transportación, la cronología de las transacciones y la clasificación de las transacciones.

elevada inflación y en los países donde prevalece gran incertidumbre sobre las políticas económicas, porque contar con divisas representa una protección eficiente contra los episodios inflacionarios (Phylaktis, 1991). Por último, la motivación de la fuga de capital deriva de la existencia de restricciones a las salidas de capital privado. Los intentos de evasión de las regulaciones oficiales se financian a través del mercado paralelo. Por supuesto, las motivaciones de la cartera y la fuga de capital se relacionan a menudo, como lo revela la experiencia de algunos países latinoamericanos grandes.

La existencia de un gran mercado de divisas paralelo tiene importantes implicaciones macroeconómicas.[37] Primero, implica diversos costos para el gobierno: un costo de ejecución, en el que se incurre tratando de contrarrestar las actividades del mercado paralelo y perseguir y castigar a los delincuentes; una pérdida de recaudación arancelaria (debida al contrabando y la subfacturación) y de la recaudación proveniente de los impuestos al ingreso y de los impuestos indirectos internos, y una reducción del flujo de divisas para el banco central, lo que disminuye la capacidad para importar a través del mercado oficial y servir la deuda externa. En la medida en que los mercados paralelos estimulan las actividades improductivas (tales como la corrupción de los funcionarios públicos), también conducen a una asignación no óptima de los recursos escasos.

Segundo, la existencia de un gran mercado paralelo de divisas debilita la eficacia de los controles de capital impuestos por el banco central. Formalmente, tiene efectos similares a un incremento de la movilidad del capital —lo que ayuda a acelerar la fuga de capital— y podría generar un incremento del grado de sustitución entre las monedas nacionales y las extranjeras. El potencial para la sustitución de monedas —definido como la capacidad de los residentes nacionales para cambiar entre la moneda nacional y la extranjera (véase el capítulo III)— se convierte en un procedimiento eficaz para eludir el impuesto inflacionario sobre la propiedad de saldos nacionales en efectivo. Por lo tanto, el cambio del dinero nacional al extranjero genera una pérdida de señoraje para el gobierno, lo que, para un déficit fiscal real dado, podría propiciar un incremento de la tasa inflacionaria.

Tercero, las tasas de cambio paralelas pueden tener un gran impacto sobre los precios internos. Dado que el comercio internacional ocurre a la tasa de cambio oficial (a través de los canales oficiales) y a la tasa del mercado paralelo (a través del contrabando), el precio interno de los bienes comerciables reflejará ambas tasas de cambio. Sin embargo, en la mayoría de los países donde prevalece el racionamiento de las divisas, la tasa de cambio oficialmente fijada no es relevante para la determinación de los precios de mercado de los

---

[37] Varios autores han discutido cómo implican los mercados paralelos de divisas en el bienestar. Véanse, por ejemplo, Feenstra (1985) y Greenwood y Kimbrough (1987), quienes se concentraron en los controles de comercio exterior. En cambio, Stockman y Hernández (1988) ofrecieron una discusión más general de los efectos de bienestar de los controles de cambios y de capital.

bienes comerciables. Tal tasa sólo mide las rentas captadas por aquellos (en general el gobierno y un pequeño grupo de importadores "privilegiados") que disponen de divisas a la tasa oficial. Si los precios internos de los bienes comerciables se basan en el costo marginal de las divisas —o en su valor de reventa implícito, es decir, la tasa del mercado paralelo—, el nivel agregado de los precios reflejará en gran medida el comportamiento de la tasa de cambio no oficial. En efecto, se ha observado que, en varios países africanos (en particular Ghana y Uganda), los precios de los bienes comerciables han tendido a reflejar la tasa de cambio prevaleciente en el mercado paralelo mejor que la del mercado oficial (Roberts, 1989). En la medida en que las tasas de cambio paralelas —que son muy sensibles a los cambios efectivos y esperados de las condiciones económicas— sean más volátiles que las tasas de cambio oficiales, los precios internos tenderán a mostrar un alto grado de inestabilidad, lo que podría afectar adversamente la toma de decisiones económicas. La gráfica II.9 muestra que, en efecto, los países que experimentan la mayor variabilidad de la tasa de cambio paralela tienden a exhibir también un grado mayor de variabilidad de los precios. Por supuesto, esta relación positiva no puede tomarse como prueba de una conexión causal, pero es consistente con la idea de que quienes fijan los precios internos toman en cuenta (directa o indirectamente) el comportamiento del costo marginal de las divisas al hacerlo.

Cuarto, puesto que hay dos precios a los que las divisas se pueden comprar y vender, las exportaciones cuyo valor se repatria a la tasa de cambio oficial se ven gravadas en relación con otras exportaciones. En consecuencia, el precio mayor del mercado paralelo se puede ver como un impuesto implícito sobre las exportaciones. En los países donde el banco central es un comprador neto de divisas, los impuestos implícitos a las exportaciones pueden constituir una gran porción de los recursos públicos. Esto sugiere la existencia de un intercambio potencial entre el precio mayor y la tasa de inflación en el financiamiento de un déficit fiscal real dado. En el capítulo XIX examinaremos las implicaciones de este intercambio para las estrategias de unificación del mercado de divisas.

Por último, es de esperarse que el mercado paralelo de divisas desempeñe un papel importante en el mecanismo de transmisión de las políticas macroeconómicas a corto plazo. Los modelos analíticos desarrollados en el capítulo VI examinarán los canales a través de los cuales la tasa de cambio paralela y la tasa de interés informal afectan la eficacia de las políticas macroeconómicas de corto plazo.

Este capítulo ha sentado las bases de los siguientes, porque cubren el material preliminar mediante identidades contables, estructuras de producción y características de los mercados agregados más importantes. La primera parte describió un marco contable general y derivó ciertas relaciones contables macroeconómicas fundamentales que se utilizarán en el resto del libro. La

GRÁFICA II.9. *Precio y tasa de cambio paralela variable*
(promedios de enero de 1980 a marzo de 1993)

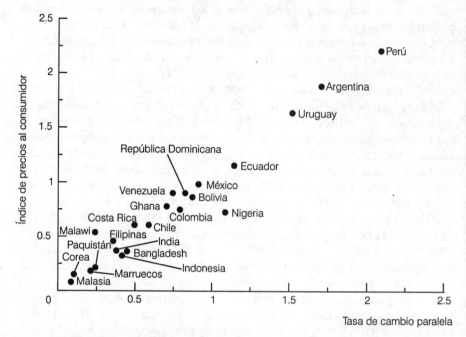

NOTA: Las variables son el índice de precios al consumidor y la tasa de cambio paralela entre el dólar y la moneda nacional al final del periodo. La variabilidad se calcula según el coeficiente de variación de cada variable.

FUENTE: Fondo Monetario Internacional y *World Currency Yearbook*.

segunda parte presentó una exposición simple de especificaciones alternativas de la estructura de la producción en modelos macroeconómicos de economía abierta, sosteniendo que una estructura de "economía dependiente" de tres bienes puede tener la mayor relevancia para la mayoría de los países en vías de desarrollo.

La tercera parte del capítulo se concentró en la estructura de los mercados de mano de obra. Mientras que una gran parte de la literatura del desarrollo se ocupa de cuestiones tales como la migración interna y externa, la investigación del comportamiento de los mercados de mano de obra, a corto plazo, en los países en vías de desarrollo, así como sus implicaciones macroeconómicas, ha sido limitada. Las pruebas aquí reseñadas sugieren que los mercados de mano de obra de los países en vías de desarrollo se caracterizan por la rigidez del salario nominal, antes que la del salario real. Las pruebas descritas en el capítulo siguiente, sobre el comportamiento de la oferta agregada, apoyan esta conclusión. También destacamos una fuente importante de las distorsiones de los mercados de mano de obra en los países en vías de desarrollo: la existencia de la segmentación en el mercado de mano de obra y los salarios no competitivos, que pueden explicar la ausencia de una relación estrecha, a corto plazo, entre los cambios de la producción y los de la tasa de desempleo. Estas cuestiones se discutirán más ampliamente en el capítulo XII.

La parte final se ocupó de los mercados financieros informales, que constituyen un fenómeno particularmente relevante en muchos países en vías de desarrollo. Las pruebas disponibles sugieren que el volumen de las transacciones de tales mercados representa a menudo una fracción sustancial de las transacciones totales de créditos y divisas. Discutimos las características principales y los papeles macroeconómicos de los mercados informales de crédito y divisas. Estas dos clases de mercados surgen por efecto de las restricciones que se imponen a las transacciones oficiales, por lo general en la forma de topes a los precios. Desempeñan importantes papeles macroeconómicos gracias a su flexibilidad y a su naturaleza visionaria. En los capítulos VI y XIII examinaremos algunos modelos analíticos que captan los canales a través de los cuales los mercados informales de crédito y divisas pueden alterar la transmisión de los choques de la política macroeconómica.

III. FUNCIONES DEL COMPORTAMIENTO

LA FORMULACIÓN DE UN MARCO macroeconómico completo, adecuado para el análisis de las políticas, no requiere sólo una descripción de las identidades contables básicas o las condiciones de equilibrio que deben satisfacerse al nivel de la economía agregada, sino también la especificación de las funciones del comportamiento de los agentes privados. A lo largo de los años ha surgido una literatura abundante que trata de formular y estimar modelos del comportamiento de los agentes privados en los países en vías de desarrollo. Mientras que la literatura anterior —en esta área y en muchas otras— se concentraba en la aplicación de conceptos y especificaciones convencionales utilizados en el mundo industrializado, los estudios más recientes se han caracterizado por una descripción sistemática (a nivel analítico y empírico) de algunas de las características estructurales específicas de los países en vías de desarrollo.

Este capítulo examinará la especificación y las pruebas empíricas de las funciones del comportamiento agregadas en los países en vías de desarrollo. La primera parte analizará la formulación de funciones de consumo y de ahorro, concentrándose particularmente en el papel de las restricciones de la liquidez y el crédito, y en el efecto de las tasas de interés sobre las decisiones de ahorro. La segunda parte discutirá los determinantes de la inversión privada, destacando el papel del racionamiento del crédito, la inestabilidad macroeconómica, los efectos de la incertidumbre y la irreversibilidad, y la relación existente entre la formación de capital privado y la inversión pública. La tercera parte examinará los determinantes de la demanda de dinero. Distinguirá entre los modelos convencionales, que hacen hincapié en los efectos de sustitución entre el dinero y los bienes reales, y los modelos más recientes que destacan el papel de los factores de sustitución de las monedas y la innovación financiera en la determinación de la demanda de saldos monetarios reales.

III.1. CONSUMO Y AHORRO

Como en los países industrializados, el consumo privado representa con mucho el componente más grande de la demanda agregada en los países en vías de desarrollo. Desde el punto de vista analítico, el consumo ocupa un papel estratégico en los modelos macroeconómicos, tanto en los países industrializados como en los países en vías de desarrollo. Por ejemplo, los efectos de la política fiscal sobre la demanda agregada dependen decisivamente de las propiedades de la función de consumo en todo modelo macroeconómico. En las naciones en vías de desarrollo, el comportamiento del consumo privado también ha recibido atención porque, a pesar del papel de los recursos externos, el grueso de la inversión nacional en casi todos estos países continúa siendo financiado por el ahorro nacional, uno de cuyos determinantes importantes es el consumo privado. Además, porque el déficit de la cuenta corriente de la balanza de pagos es por definición igual a la diferencia existente entre la inversión y el ahorro nacionales (véase el capítulo II), y el comportamiento del consumo privado también es fundamental para el proceso de ajuste externo.

El modelo convencional del consumo familiar utilizado ampliamente para los países industrializados postula una familia representativa que elabora un plan de consumo para maximizar la utilidad durante toda la vida, sujeto a una restricción presupuestaria intertemporal.[1] Con una utilidad aditivamente separable y sin incertidumbre la familia maximiza la utilidad de toda la vida, V, dada por

$$V = \sum_{t=0}^{T} \frac{u(c_t)}{(1+\rho)^t},$$ (1)

donde $u(\cdot)$ es una función cóncava de utilidad del periodo, c es el consumo real y ρ es una tasa constante de preferencia por el tiempo. Suponiendo una tasa de interés real constante, r, se maximiza la función V escogiendo una ruta de consumo $\{c\}_{t=0}^{T}$

$$\sum_{t=0}^{T} \frac{u(c_t)}{(1+r)^t} \leq a_0 + \sum_{t=0}^{T} \frac{y_t}{(1+r)^t},$$ (2)

donde a_0 es la riqueza inicial de la familia, en tanto que y denota el ingreso factorial disponible. La condición de primer orden para un óptimo está dada por la ecuación de Euler

$$u'(c_{t+1}) = \frac{1+\rho}{1+r} u'(c_t), \quad t = 1, \ldots, T-1$$ (3)

La condición (3) establece que la asignación del consumo entre los periodos debe ser tal que una unidad adicional de consumo haría la misma contribu-

---

[1] Véase en Deaton (1992b) una reseña extensa de una investigación reciente sobre el consumo. La presentación que sigue sintetiza los factores demográficos como, por ejemplo, las tasas de la dependencia. Nicola Rossi (1989) desarrolla y verifica un marco analítico que conecta las tasas de la dependencia, el consumo y las tasas del ahorro en los países en vías de desarrollo. Véase también Collins (1991).

ción a la utilidad de toda la vida, cualquiera que sea el periodo al que se asigne.[2] La ruta del consumo que resuelve el problema de optimación de la familia es la que satisface a la ecuación (3), para la que se obtiene (2) como una igualdad, de modo que no se desperdicia ningún ingreso. Desde el punto de vista heurístico, la condición (3) determina la forma de la ruta del consumo (la tasa de crecimiento del consumo), mientras que la ecuación (2), escrita como una igualdad, determina la altura de la ruta del consumo (el nivel inicial del consumo).

La propiedad fundamental de este modelo de consumo es su implicación de que las familias tenderán a suavizarlo; es decir, el consumo no estará necesariamente atado al ingreso corriente, como la función de consumo keynesiana simple (FCK). Con una utilidad marginal decreciente ($u'' < 0$) y un ingreso fluctuante, si el consumo se ata demasiado estrechamente al ingreso corriente se violará la ecuación de Euler (3), porque los periodos adyacentes de consumo elevado y bajo generarían proporciones de utilidades marginales $u'(c_{t+1})/u'(c_t)$ que serían mayores o menores que $(1 + \rho)/(1 + r)$. El modelo pronostica también que el efecto de los cambios del ingreso sobre el consumo corriente dependerá del momento en que ocurran tales cambios y la duración que de ellos se espere, porque estas características determinarán el impacto del cambio del ingreso sobre los recursos de toda la vida de la familia. Por último, el modelo no formula ningún pronóstico acerca de los efectos de los cambios de la tasa de interés sobre el comportamiento de consumo de las familias que son ahorradoras netas en el periodo corriente. Para tales familias, el efecto de sustitución (derivado del hecho de que el consumo "se inclina" hacia el futuro, de acuerdo con la ecuación (3) tendería a deprimir al consumo corriente, mientras que el efecto de ingreso (derivado de un alivio de la restricción presupuestaria intertemporal (2) tendería a incrementarlo. El efecto neto de un cambio en ρ sobre el consumo dependería de la fuerza relativa de estos dos efectos, lo que depende a su vez de las prioridades de la función de utilidad.

La aplicación de esta teoría en el contexto de los países en vías de desarrollo plantea cuatro problemas. El primero consiste en saber si las familias pueden, de hecho, emparejar el consumo. Esto depende del libre acceso a los préstamos, lo que puede inhibirse por la posible existencia de restricciones en la liquidez que impidan a las familias la movilización de recursos entre periodos. El segundo se relaciona con el alcance real de los horizontes de la planeación. Aunque las familias puedan emparejar el consumo a través del tiempo, es posible que no opten por hacerlo así durante periodos suficientemente largos para que haya gran diferencia. Así pues, la medida en la que el modelo antes

---

[2] Si se asigna al presente, la utilidad de toda la vida aumentaría en u'; si se asigna al periodo siguiente, generaría $(1 + r)$ unidades de consumo futuro y, por lo tanto $(1 + r)u'(c_{t+1})$, unidades de utilidad futura de valor $[(1+r)/(1+\rho)]u'(c_{t+1})$.

descrito se aleje del FCK simple, dependerá del alcance del horizonte de planeación, con mayores diferencias para los horizontes más largos. Por ejemplo, la relevancia de la equivalencia ricardina en aplicaciones particulares depende del alcance del horizonte de planeación de los consumidores (véase más adelante). El tercer problema se relaciona con la determinación empírica de los efectos de los cambios de la tasa de interés sobre el consumo. Para verificar la validez de la teoría, es necesario distinguir entre el efecto de las tasas de interés más elevadas sobre el *nivel* del consumo corriente, acerca del cual la teoría no formula ningún pronóstico, y el efecto sobre el *crecimiento* del consumo, que debería relacionarse positivamente con la tasa de interés. Por último, surge la cuestión de los efectos de la política fiscal sobre el consumo privado. Estos efectos no dependen sólo de las cuestiones ya listadas, sino también de la posibilidad de que el consumo público sea un argumento de la función de utilidad instantánea $u(\cdot)$ y, en el extremo, pueda ser un sustituto cercano del consumo privado, de modo que ocurra la "exclusión directa" del consumo privado por el consumo público.

Las encuestas de Gersovitz (1988) y Deaton (1989) sugieren varias razones por las que el comportamiento del consumo familiar en los países en vías de desarrollo puede diferir de tal comportamiento en los países industrializados. Las estructuras demográficas de las familias en los países en vías de desarrollo tienden a ser diferentes a las de los países industrializados. La familia individual tiende a ser mayor, y más generaciones tienden a vivir juntas, compartiendo los recursos. Esto tiene varias implicaciones para el comportamiento del consumo. Primero, si los recursos se comparten entre más de una generación integrante de la familia, no habrá necesidad de "amontonar" ahorros a fin de financiar la jubilación, porque el ingreso familiar tenderá a sostenerse a medida que una nueva generación trabajadora remplaza a la antigua. Segundo, dado que los recursos se combinan entre los miembros de la familia, esta proporciona un seguro a los individuos contra ciertos tipos de riesgos (como el riesgo de la salud) que quizá sólo podrían asegurarse imperfectamente en el mercado, y que de otro modo habría proporcionado una motivación para el ahorro familiar precautorio. Tercero, la relación existente entre generaciones de una sola familia vuelve más plausible el altruismo intergeneracional que se requiere para extender el horizonte de planeación de la familia más allá de la vida de la generación trabajadora actual, es decir, las familias de los países en vías de desarrollo pueden ofrecer una aproximación más cercana a la familia "dinástica" de Barro (1974).

Una segunda fuente de las diferencias existentes en el comportamiento del consumo entre los países desarrollados y los países en vías de desarrollo se relaciona con la observación de que los ingresos familiares del mundo en vías de desarrollo pueden ser más inciertos que en los países industrializados, por varias razones, como, por ejemplo, mayor participación de los ingresos agrícolas en los países en vías de desarrollo y mayor inestabilidad macroeconómica derivada tanto de choques externos (por ejemplo, la variabilidad de los términos de intercambio descrita en el capítulo I) como de choques de política macroeconómica interna. Esta clase de incertidumbre afecta a toda la familia y no puede diversificarse mediante la combinación del riesgo dentro de la familia. Así pues, como lo enfatiza Deaton (1989) en particular, una motivación para el ahorro precautorio puede ser más importante en los países en vías de desarrollo.[3]

Una tercera fuente de las diferencias podría derivar del fenómeno ampliamente observado de que muchas de las familias de los países en vías de desarrollo operan a niveles de ingreso cercanos a la mera subsistencia. Esto podría fortalecer la motivación para el emparejamiento del consumo, porque las consecuencias de una mala racha de ingresos en un periodo dado serían catastróficas en tales circunstancias. Por último, las diferencias del comportamiento de consumo podrían deberse también a la necesidad que tienen las familias de los países en vías de desarrollo de afrontar las implicaciones de la represión financiera (véase capítulo I). Así pues, aunque su motivación para emparejar el consumo puede ser fuerte, las familias podrían ver restringida su capacidad para transferir recursos a través del tiempo, debido a una incapacidad para obtener préstamos contra ganancias futuras y por los rendimientos reales muy bajos del ahorro corriente. Para ver cómo operan estos factores en la práctica, examinaremos ahora las pruebas sobre el comportamiento del consumo privado en los países en vías de desarrollo, concentrándonos en las cuestiones antes planteadas.

III.1.1. El emparejamiento del consumo

Como se indicó antes, en virtud de que la función de utilidad es cóncava, se observará el emparejamiento del consumo si las familias planean el consumo para varios periodos y tienen los medios necesarios para transferir recursos a través de los periodos. Así pues, las pruebas de que las familias emparejan el consumo sugieren que ambos factores están presentes. Estas pruebas asumen varias formas en los países en vías de desarrollo.

Primero, porque la alternativa al emparejamiento del consumo es el consumo del ingreso corriente, la prueba del emparejamiento del consumo provie-

---

[3] Como es sabido, mayor incertidumbre no implica necesariamente un ahorro mayor en el modelo aquí descrito. La familia maximiza la utilidad esperada cuando hay incertidumbre, de ahí que la ecuación de Euler fije que la utilidad marginal del consumo corriente es igual al valor esperado de la utilidad marginal de ahorro. El efecto de la incertidumbre sobre el consumo corriente dependerá de la fuente de la incertidumbre y de las propiedades de la función de utilidad instantánea. Por ejemplo, si la incertidumbre se refiere al ingreso futuro, existirá una motivación precautoria para ahorrar, por lo que la utilidad marginal será convexa (véase Gersovitz, 1988).

ne de verificaciones de la hipótesis del ingreso permanente (HIP). Para las naciones en vías de desarrollo se han realizado muchas de tales pruebas. De hecho, estas pruebas consisten en la estimación de la regresión

$$c = a_0 + a_1 y_p + a_2(y - y_p) + u, \tag{4}$$

donde c es el consumo per cápita real, y_p es el ingreso real permanente per cápita, y es el ingreso real corriente per cápita, y u es un término de perturbación. Bajo la HIP, el consumo es igual al ingreso permanente, de modo que $a_1 = 1$, mientras que $a_0 = a_2 = 0$. Bajo la FCK, donde el consumo depende del ingreso corriente y la distinción permanente/transitoria es irrelevante, $a_1 = a_2$ y $a_0 > 0$. Se han estimado ecuaciones de este tipo en diversas épocas para los países en vías de desarrollo, por ejemplo por Bhalla (1980) y Wolpin (1982) para las familias rurales de la India, por Musgrove (1979) para las familias urbanas de tres países sudamericanos, y más recientemente por Gan y Soon (1994) para Malasia y Singapur. En general, los resultados indican que la descomposición del ingreso es importante; es decir, la propensión al consumo del ingreso permanente supera a la propensión al consumo de ingreso corriente. Así, estos resultados son consistentes con la hipótesis de emparejamiento del consumo.[4] Sin embargo, al mismo tiempo la elasticidad del consumo respecto del ingreso permanente no aparece típicamente como uno (o la unidad) ni la propensión al consumo del ingreso transitorio aparece como cero. Así pues, mientras que las pruebas de este tipo apoyan el emparejamiento del consumo, la forma estricta de la HIP a menudo no se ve apoyada por los datos de los países en vías de desarrollo.[5]

Un segundo tipo de pruebas surge de los estudios del comportamiento del ahorro en varios países. Si el ahorro "acumulado" a lo largo del ciclo vital es en efecto importante, la teoría sugiere que los países que experimentan un crecimiento rápido de los ingresos per cápita deben exhibir tasas de ahorro relativamente elevadas porque las cohortes jóvenes que realizan el ahorro "amontonado" serán más prósperas que las cohortes viejas con tasas de ahorro menores, de modo que tendrán una porción mayor del ingreso agregado. Por una razón similar, los países que tienen una porción mayor de la población en los años de mayores ingresos deben exhibir tasas de ahorro mayores. Las pruebas

[4] Se encontraron resultados contrarios en un panel de diez países en vías de desarrollo de Schmidt-Hebbel y otros (1992), en el que concluyeron que el ingreso actual, antes que el de tendencia, explicaba las decisiones de consumo y ahorro de las familias de estos países. Sin embargo, otros resultados del mismo estudio fueron consistentes con el comportamiento de emparejamiento del consumo.

[5] Además, tanto Gan y Soon (1994) como Zuehlke y Payne (1989), cuyo estudio se centra en Brasil, la India, Corea y México, rechazan la versión de las expectativas racionales de la HIP (hipótesis del ingreso permanente), que ha sido popular en los países industrializados en años recientes (véase Abel, 1990).

intersectoriales de los países en vías de desarrollo son generalmente consistentes con estos pronósticos (véanse, por ejemplo, Fry, 1996; Aghevli y otros, 1990; y Schmidt-Hebbel y otros, 1992), lo que sugiere que el emparejamiento del consumo a lo largo del ciclo vital puede ser efectivamente importante en estos países.[6] Varios autores han elaborado también precisiones temporales que apoyan este mecanismo, como Lahiri (1989), quien estudió el comportamiento del ahorro en ocho países asiáticos en vías de desarrollo.

Un tipo de prueba muy diferente tiene que ver con las respuestas a los embates al ingreso. Como se sugirió antes, las modificaciones a los términos de intercambio, que emanan típicamente de los cambios ocurridos en los precios de los bienes primarios de exportación, han sido muy grandes en muchos países en vías de desarrollo en varias épocas. Por el papel del sector público en la producción de exportaciones estos embates no se transmiten siempre a los ingresos familiares. Pero cuando se ha hecho, la respuesta del consumo familiar es informativa en lo tocante al predominio de emparejamiento del consumo. Por ejemplo, Bevan y otros (1993) analizaron los efectos del auge del café de 1976-1979 sobre los agricultores de Kenia. Al contrario de la situación existente en la vecina Tanzania, el aumento de los precios internacionales del café se trasladó a los pequeños agricultores de Kenia, quienes así experimentaron un aumento accidental de su ingreso. Las pruebas reportadas por Bevan y otros indican que esta ganancia, entendida como temporal porque se sabía que la había causado una helada en Brasil, se ahorro en gran medida, como sería de esperarse si las familias campesinas trataran de emparejar el consumo.

III.1.2. *Longitud del horizonte de planeación y restricciones de la liquidez*

Las pruebas que sugieren que el emparejamiento del consumo ocurre en los países en vías de desarrollo implican que, en promedio, los horizontes de la planeación se extienden más allá de un solo periodo, y que por lo menos algunas familias pueden mover recursos intertemporalmente. Se dispone también de pruebas más directas sobre la dimensión de los horizontes de planeación y del predominio de las restricciones de la liquidez. Haque (1988), por ejemplo, elaboró una prueba empírica de la proposición de Yaari-Blanchard según la cual la probabilidad de la extinción dinástica mete una cuña entre los horizontes de planeación efectivos de los sectores públicos y privados (véase

---

[6] Sin embargo, esta prueba no es inequívoca. La dirección de la casualidad entre las tasas de ahorro y el crecimiento del ingreso per cápita puede adoptar cualquier sentido. Además, si el ahorro del ciclo vital explica estos resultados, el perfil del consumo por edades debería inclinarse relativamente más hacia los jóvenes en los países de crecimiento rápido que en los de crecimiento lento. Pero no parece ocurrir así en una muestra de varios países en vías de desarrollo en la que se dispuso de tales datos, como lo demuestra Deaton (1989).

Blanchard y Fischer, 1989, pp. 115-126), y la verificó para un grupo de dieciséis países en vías de desarrollo. En quince de los dieciséis casos no pudo detectarse tal cuña, lo que sugiere que el horizonte de planeación de las familias privadas era efectivamente infinito. Leiderman y Razin (1988) obtuvieron un resultado similar para el caso de Israel. Esta conclusión fue reforzada por Haque y Montiel (1989), quienes generalizaron el procedimiento de Haque para medir independientemente la dimensión de los horizontes de planeación de las familias que compartan el consumo total, atribuible a la "regla práctica", restringida por la liquidez, de que los consumidores gastan sólo su ingreso corriente. En una muestra de dieciséis países diferente a la de Haque, estos autores no pudieron rechazar la hipótesis nula de horizontes infinitos en ningún país. Entonces, en general, la prueba directa de la dimensión de los horizontes de planeación en las naciones en vías de desarrollo no parece inconsistente con la sugerencia de Deaton de que la construcción de la "familia dinástica" puede ser más relevante en el mundo en vías de desarrollo que en los países industrializados.

En cambio, la incidencia medida de las restricciones de la liquidez parece sustancialmente mayor en los países en vías de desarrollo. Corbo y Schmidt-Hebbel (1991) descubrieron que las variables que miden las restricciones de la liquidez incrementaban significativamente el poder explicativo de una ecuación que da cuenta del consumo agregado de trece países en vías de desarrollo que ya incluía los determinantes sugeridos por la teoría del emparejamiento del consumo. Este resultado sugiere la existencia de dos grupos consumidores: quienes emparejan el consumo a través del tiempo y aquellos cuyo consumo está limitado por los recursos corrientes.[7] El estudio de panel realizado por Schmidt-Hebbel y otros (1992) descubrió un papel importante para variables similares en la explicación de las tasas de ahorro familiares. Los autores interpretaron estas pruebas como fuertemente sugerentes de la presencia de restricciones de la liquidez. Haque y Montiel (1989) derivaron estimaciones en un punto de la porción del consumo total realizada por familias que simplemente gastan sus ingresos corrientes. Para catorce de sus dieciséis países la porción estimada excedió de 20% y en varios casos pasó de 50%. Estos valores son sustancialmente mayores que la estimación típica de 0.1 para los Estados Unidos. Las estimaciones de países específicos hechas por Haque y Montiel son del mismo orden de magnitud que las estimaciones regionales derivadas por Rossi (1988) con el enfoque de la ecuación de Euler (véase más adelante). Para los países de ingresos bajos, las estimaciones de Rossi estaban en el intervalo de 0.7-0.8; para los países de ingresos medios, los valores estaban en el intervalo más amplio, pero todavía relativamente elevado, de 0.2-0.8.

---

[7] Veidyanathan (1993), quien utilizó un grupo de casi sesenta países y datos anuales que cubren tres decenios, descubrió también que los consumidores del mundo en vías de desarrollo están sujetos a resultados de liquidez y de préstamos.

III.1.3. *Efectos de los cambios de la tasa de interés sobre el ahorro*

Como se indicó antes, la teoría del consumo descrita en esta sección es compatible con efectos positivos o negativos de los cambios de las tasas de interés sobre el ahorro, dependiendo del vigor de los efectos de ingreso y de su sustitución. Sin embargo, la cuestión es importante en los países en vías de desarrollo, porque un argumento frecuentemente esgrimido en apoyo de la elevación de las tasas de interés controladas en los sistemas financieros reprimidos o de la liberalización del sistema financiero en el contexto de los programas de estabilización y ajuste es que las tasas de interés reales más elevadas estimularán el ahorro interno.[8]

El enfoque empírico tradicional para esta cuestión ha sido la estimación de ecuaciones estructurales del ahorro, donde la tasa del ahorro se regresa sobre un conjunto de variables laxamente motivadas por la teoría antes descrita. Algunos autores que han utilizado este enfoque han encontrado pruebas de los efectos positivos de la tasa de interés sobre el ahorro en los países en vías de desarrollo, pero los efectos estimados tienden a ser pequeños.[9] Fry (1996), por ejemplo, estimó los efectos de algunas variables sobre las tasas de ahorro nacionales utilizando una muestra de precisiones temporales de sección transversal de catorce países asiáticos en vías de desarrollo, durante el periodo de 1961-1983. Descubrió que 1% de incremento en la tasa de depósito real elevaba la tasa del ahorro en cerca de 0.1%.[10] En cambio, varios estudios —véase Giovannini (1985) y Schmidt-Hebbel y otros (1992)— no han podido detectar un efecto positivo de la tasa de interés estadísticamente significativo.

Además los problemas convencionales de la crítica de Lucas que afrontan tales especificaciones, en el contexto del país en vías de desarrollo se complican también por la común falta de datos que permitan la desagregación de las

---

[8] Véase el capítulo XIV. La justificación de la liberalización no se basa sólo en este argumento porque la liberalización, independientemente de que el ahorro aumente o no, podría afectar a la eficiencia con la que se asigne un nivel dado de ahorro entre las oportunidades de inversión potenciales.

[9] Balassa (1990) ofrece una encuesta elaborada últimamente; véase una reseña reciente de las pruebas iniciales en Mikesell y Zinser (1973). El trabajo empírico sobre el comportamiento del ahorro en los países en vías de desarrollo y, particularmente, sobre la relación existente entre el ahorro y las tasas de interés se ha visto afectado por severas limitaciones de datos. Por regla general, los datos del ahorro se calculan, como renglón residual, tomando la diferencia existente entre el producto nacional bruto y el gasto en consumo o restando el déficit de la cuenta corriente (menos el ingreso factorial neto proveniente del exterior) de la inversión nacional bruta. En cualquier caso, los datos del ahorro agregado pueden estar sujetos a errores sustanciales de medición. Además, las tasas de interés nominales por estar reguladas a menudo tienden a exhibir escasa o ninguna variación durante periodos extensos.

[10] Tales hallazgos no se limitan a Asia. McDonald (1983) empleó datos temporales precisos y encontró efectos negativos de la tasa de interés sobre el consumo en diez de doce países latinoamericanos, mientras que Leite y Makonen (1986) obtuvieron resultados similares en seis países africanos. En ambos casos los efectos estimados fueron pequeños.

tasas del ahorro nacional en componentes privados y públicos, de modo que tal estimación se basa a menudo en el ahorro nacional, antes que en el privado. Esto hace que los resultados sean difíciles de interpretar. Una alternativa es la estimación directa de la elasticidad de sustitución intertemporal. Si la función de utilidad instantánea exhibe una aversión relativa al riesgo constante, la ecuación de Euler (3) relacionará la tasa de crecimiento del consumo a la diferencia existente entre la tasa de interés real y la tasa (constante) de la preferencia por el tiempo, con un factor de proporcionalidad igual a la elasticidad de sustitución intertemporal. Así la estimación de la ecuación de Euler puede generar una estimación de la elasticidad de sustitución intertemporal. Un efecto negativo de la tasa de interés requiere que esta elasticidad sea suficientemente grande para generar un efecto de sustitución que domine al efecto de ingreso positivo de las tasas de interés mayores sobre los ahorradores netos. Este enfoque tiene las virtudes de estimar directamente un parámetro "profundo" y utilizar datos del consumo, los que están disponibles por separado para el sector privado.

Giovannini (1985) estimó ecuaciones de Euler para dieciocho países en vías de desarrollo, encontrando una elasticidad de sustitución intertemporal estadísticamente significativa (con un promedio cercano a 0.5) sólo en cinco casos. Rossi (1988) modificó el procedimiento de Giovannini para tomar en cuenta las restricciones de la liquidez y la sustitubilidad directa entre el consumo privado y el consumo público. Su especificación generalizada originó estimaciones más grandes de la elasticidad de sustitución intertemporal para las regiones de países en vías de desarrollo, que las descubiertas por Giovannini para países individuales, pero Rossi concluyó que estas elasticidades eran todavía demasiado pequeñas para alterar la implicación de que los cambios de las tasas de interés real tendrían sólo efectos débiles sobre el consumo.

En un estudio más reciente, Ogaki, Ostry y Reinhart (1996) proporcionan estimaciones de los efectos de las tasas de interés reales en el ahorro empleando una gran relación cruzada de países. En su modelo, la elasticidad intertemporal de sustitución se hace para diferir con el nivel de riqueza. Encuentran un fuerte apoyo para la hipótesis que sostiene que la sensibilidad hacia el ahorro, ligada a las tasas de interés, se eleva con el nivel de ingreso. En países con bajo ingreso, el consumo parece estar más relacionado con consideraciones de subsistencia que a factores intertemporales: como resultado, los estimados de la elasticidad temporal de sustitución parecerían ser bajos. Esto sucede particularmente en países en donde las necesidades (alimentación principalmente) son altas dentro del gasto total. El rango de valores estimados obtenido por Ogaki, Ostry y Reinhart para la elasticidad temporal de sustitución es de hecho muy grande, variando desde cerca de 0.05 para Uganda y Etiopía (los países más pobres de la muestra) a un elevado 0.6 para Venezuela y Singapur. Incluso los estimados más altos permanecen, no obstante, demasiado pequeños, sugiriendo que el efecto de los cambios en las tasas de interés en el ahorro parecería permanecer débil, incluso en los países en desarrollo más avanzados.

III.1.4. *Consumo público y privado*

La última cuestión que abordaremos en esta sección es la posibilidad de que el consumo público sea un sustituto directo del consumo privado en los países en vías de desarrollo. McDonald (1983) proporcionó inicialmente ciertas pruebas consistentes con esta idea, pero el trabajo subsecuente no ha podido corroborar la hipótesis de que el consumo público afecta directamente los niveles del consumo privado; por ejemplo, véase Haque (1988) y Rossi (1988). En efecto, un estudio reciente de Karras (1994), que cubre gran número de países en vías de desarrollo, sugiere que el gasto de consumo privado y público parece ser complementario antes que sustituto.

III.2. INVERSIÓN PRIVADA

La inversión privada desempeña un papel importante en las naciones en vías de desarrollo por la misma razón que lo hace en los países industrializados: la inversión determina la tasa de acumulación del capital físico, de modo que es un factor importante para el crecimiento de la capacidad productiva. Además, en virtud de que la inversión es una actividad visionaria (que mira al futuro) con aspectos irreversibles, tiende a ser un componente volátil de la demanda agregada. En el mundo en vías de desarrollo, la asociación del crecimiento de la capacidad con la acumulación de capital físico se ha considerado tradicionalmente, si acaso, como más estrecha que en los países industrializados.[11] Recientemente ha aumentado el interés por el comportamiento y los determinantes de la inversión privada en las naciones en vías de desarrollo como una respuesta al colapso de la formación de capital privado en muchos países fuertemente endeudados durante la crisis internacional de la deuda y después.[12]

III.2.1. *Problemas de especificación*

Las funciones de inversión empíricas para los países industrializados han utilizado un enfoque de "acervo" o un enfoque de "flujo" (véase Abel, 1990). Bajo

---

[11] Véanse, por ejemplo, los modelos descritos en el capítulo XII.
[12] Véanse Bleaney y Greenaway (1993a) y Servén y Solimano (1993a). Como veremos en el capítulo XIII, el colapso de la inversión fue particularmente marcado en los países latinoamericanos demasiado endeudados.

el enfoque del acervo (conocido también como el enfoque neoclásico o "de acelerador flexible"), se supone que el capital instalado está disponible al precio p_k. Dada una tasa de descuento ρ y una tasa de depreciación δ, el periodo de renta del capital está dado por $\sigma = (\rho + \delta)p_k$. Sea que $\pi(k)$ denote la función de flujo de los beneficios, dada por

$$\pi(k) = py\big[k, n(w/p, k)\big] - wn\,(w/p, k), \tag{5}$$

donde p es el precio de la producción, w es el salario nominal, y $n(\cdot)$ es el nivel del empleo derivado de la maximización del beneficio condicional al acervo de capital existente. Entonces, el acervo de capital óptimo, k^*, satisfará

$$\pi'(k^*) = \sigma. \tag{6}$$

Dado un acervo inicial k_0 la inversión neta representa un ajuste gradual del acervo de capital efectivo al acervo deseado, y la inversión bruta se deriva sumando a esto una cantidad de inversión de reposición que es proporcional al acervo de capital inicial. En cambio, el modelo de flujo postula la existencia de una función convexa $h(I)$ que midel el costo total (en unidades de producción) del logro del nivel de inversión bruta I. Si el objetivo de la empresa es la maximización del valor presente $V(k)$ (utilizando la tasa de descuento ρ), de sus beneficios $\pi(k)$, cuando se restan los costos de la inversión $ph(I)$, entonces la tasa de inversión deberá satisfacer en todo momento

$$h'(I^*) = q/p, \tag{7}$$

donde $q = dV(k)/dk$ es el valor marginal del capital instalado en un periodo corriente, y q/p es el valor marginal de "la q de Tobin", la proporción del valor del capital instalado a su costo de reposición.

Los determinantes de la inversión en estas especificaciones incluyen, en la versión del acervo, los valores futuros esperados de la demanda agregada, el costo de uso del capital (con la versión simple anterior típicamente modificada para reflejar las políticas tributarias que afectan a la inversión), y la tasa salarial, así como el acervo de capital inicial. Estos determinantes interactúan en formas no lineales sugeridas por el modelo. En la versión del flujo, lo que importa es el valor marginal de la q de Tobin y los parámetros de la función de costo del ajuste.

A pesar de la importancia asignada a la inversión en los países en vías de desarrollo, se ha realizado relativamente poco trabajo empírico sobre los determinantes de la inversión privada en tales países. Esto podría ser imputable a una escasez de datos o a un hincapié excesivo en la inversión pública, dado el gran papel de las empresas públicas no financieras en muchos países en vías de desarrollo. Un obstáculo adicional es la necesidad de reformular las teorías de inversión, desarrolladas para los países industrializados, sin dejar de considerar las circunstancias típicas de los países en vías de desarrollo.[13]

Por varias razones se requiere la modificación de la teoría convencional de la inversión de los países industrializados. Primero, la influencia de las variables financieras sobre el comportamiento de inversión hace que la especificación de las funciones de inversión dependa, en gran medida, del ambiente institucional del sistema financiero. La típica ausencia de mercados accionarios y el predominio de la represión financiera en el mundo en vías de desarrollo implican que, ni la q de Tobin ni las funciones de inversión neoclásicas convencionales "de acelerador flexible", puedan aplicarse mecánicamente en los países en vías de desarrollo. El racionamiento del crédito o el costo de los fondos en los mercados financieros informales podría influir sobre el comportamiento de la inversión privada en muchos de tales países.

Segundo, dada la importancia de los bienes de capital importados en el mundo en vías de desarrollo, el racionamiento de las divisas y el costo de las divisas en los mercados "libres" no oficiales pueden ser también determinantes importantes del comportamiento de la inversión privada. Tercero, el papel de los bienes intermedios importados, en los países en vías de desarrollo, sugiere que la especificación de los precios relativos de los factores en las funciones de inversión empíricas no puede restringirse a la tasa salarial y al costo de uso de capital, sino que también debe tomar en cuenta el precio, en moneda nacional, y la disponibilidad de tales bienes.

La importancia de tomar en cuenta el papel de los bienes de capital importados en la explicación del comportamiento de la inversión ha sido demostrada por Servén (1990b), quien estudia el efecto de una devaluación de la tasa de cambio real sobre la formación de capital.[14] Demuestra Servén que el efecto a largo plazo de una devaluación real sobre la formación de capital privado es en general ambiguo. Que el acervo total de capital aumente o disminuya depende en particular del efecto de la depreciación real sobre el contenido de importación de los bienes de capital. A largo plazo es probable que el acervo de capital aumente en el sector de los bienes comerciables y disminuya en el sector de los bienes no comerciables. Sin embargo, a pesar de esta ambigüedad a largo plazo, una apreciación esperada de la tasa de cambio real proporciona el incentivo para una reasignación intertemporal de la inversión a través del tiempo. Cuando se espera una depreciación real, es probable que se inicie un auge

---

[13] Servén y Solimano (1993b) ofrecen una reseña de por qué en los países en vías de desarrollo surgen problemas de especificación cuando se formulan funciones de inversión.

[14] Las relaciones existentes entre la inversión, el costo real del capital y la tasa de cambio real han sido analizadas también por Cardoso (1993) y por Faini y De Melo (1992). Esta cuestión se examinará con mayor detalle en el capítulo VII, en el contexto de nuestra reseña de los efectos contractivos de la devaluación.

de la inversión si el contenido de importación de los bienes de capital es elevado en relación con el grado de movilidad del capital, porque la depreciación esperada induce un cambio hacia los bienes extranjeros. Al auge sigue luego un estancamiento cuando la depreciación se hace efectiva, porque la modificación de la tasa de cambio equivale a la eliminación de un subsidio sobre la inversión. Si hay gran movilidad del capital, la depreciación esperada promueve la fuga hacia activos extranjeros, y se observará el patrón opuesto.

Un cuarto factor que influye sobre la necesidad de reformular las teorías de la inversión, en el contexto del país en vías de desarrollo, deriva de la existencia del endeudamiento en muchos países, la que se ha citado a menudo como un factor que inhibe la inversión privada. Es posible que en la especificación del comportamiento de la inversión privada deba reflejarse la posibilidad de que se utilice la tributación confiscatoria futura, para financiar el servicio de la deuda en el futuro.[15]

Quinto, el gran papel del acervo de capital público sugiere la necesidad de incluir las relaciones de complementariedad-sustituibilidad existentes entre el capital público y el capital privado en las decisiones de la inversión privada. La relación existente entre la inversión pública y la inversión privada asume, en los países en vías de desarrollo, una importancia mayor que en los países industrializados, en virtud del papel más importante desempeñado por el gobierno en el proceso global de la formación de capital. Es incierto *a priori* si, en total, la inversión del sector público aumenta o disminuye la inversión privada. Por una parte, la inversión del sector público puede desplazar al gasto en inversión privada si utiliza recursos físicos y financieros escasos que de otro modo estarían disponibles para el sector privado. El financiamiento de la inversión del sector público, a través de los impuestos, la emisión de instrumentos de deuda o la inflación, puede reducir los recursos disponibles para el sector privado y deprimir así la actividad de inversión privada.[16] Además, el sector público puede generar una producción en el mercado que compita con la producción privada. Por otra parte, para mantener o expandir la infraestructura y la provisión de bienes públicos, la inversión pública tiende a ser complementaria de la inversión privada. La inversión pública de este tipo puede fortalecer las perspectivas de la inversión privada al incrementar la productividad del capital. No hay ninguna razón *a priori* para creer que la formación de capital público y privado sea necesariamente sustitutiva o complementaria. Además, la inversión pública puede estimular a la producción privada al incrementar la demanda de insumos y de otros servicios, y puede aumentar la disponibili-

---

[15] Véase, por ejemplo, Sachs (1989*a*). Sin embargo, Borensztein (1990) ha sostenido que el racionamiento del crédito en los mercados internacionales de capital pudo haber tenido un efecto más nocivo sobre la inversión nacional que la amenaza de la deuda, incluso en países muy endeudados.

[16] Por supuesto, los recursos disponibles para el sector privado no disminuirán en la medida en que los proyectos del sector público sean financiados con préstamos extranjeros blandos.

dad total de los recursos al expandir la producción agregada y el ahorro agregado. El efecto neto de la inversión pública sobre la inversión privada dependerá de los impactos relativos de estos diversos efectos.

Por último, la inestabilidad macroeconómica, a menudo inducida por factores políticos, ha sido identificada en el capítulo I como una característica importante del ambiente macroeconómico afrontado por los países en vías de desarrollo, y la incertidumbre resultante podría ejercer gran influencia sobre la inversión privada.[17] La tendencia a demorar la inversión irreversible en vista de la incertidumbre ha sido también fuertemente destacada en la literatura analítica reciente sobre la formación de capital, y se ha demostrado su existencia incluso cuando los inversionistas son agentes neutrales al riesgo (Dixit y Pindyck, 1994). Cuando el futuro es incierto, la demora implica un intercambio en los rendimientos de la inversión en el presente por las ventajas de estar en posibilidad de tomar una decisión mejor informada en el futuro. De manera específica y como se analiza más formalmente en el apéndice de este capítulo, la regla de inversión ante la presencia de irreversibilidad e incertidumbre requiere que las ganancias esperadas no sean menores que el costo del capital al usuario más el costo de la oportunidad de ejercitar la opción de invertir. Esta opción tiene un valor debido al retraso de la decisión, el inversionista puede escoger no invertir en futuros estados, cuya naturaleza haya llegado a parecer que las ganancias serán bajas; el retorno futuro esperado de la inversión entonces tiende a ser más alto con retraso que sin él. La opción no tiene valor si las opciones de inversión pueden revertirse, en tanto que el despojo puede tener lugar en los estados con bajas ganancias. Servén (1996) argumenta que las interacciones entre la inestabilidad, la irreversibilidad y la incertidumbre jugaron un papel significativo en el pobre desempeño inversor de la África subsahariana durante los ochenta y noventa.

Por supuesto, la relevancia empírica de fenómenos como estos diferirá entre los países y en diferentes puntos del tiempo. Sin embargo, los estudios existentes sobre la inversión privada en los países en vías de desarrollo no los han tomado siempre en cuenta, ni siquiera cuando parecen claramente relevantes; y en la medida en que lo han hecho, a menudo se ha realizado de una manera *ad hoc*, añadiendo nuevas variables a una regresión que especifica la inversión como una función lineal de las variables explicativas sugeridas por las teorías antes descritas, en lugar de reformular la teoría y estimar el modelo revisado de la inversión.

---

[17] Por ejemplo, Alesina y Tabellini (1989) han examinado analíticamente el efecto de la incertidumbre política sobre la inversión y la fuga de capital en los países en vías de desarrollo. Su análisis demuestra que la posibilidad de elegir un gobierno proclive a gravar el capital y las actividades productivas conduce a sustituir las inversiones nacionales productivas por consumo y fuga de capital, lo que reduce la producción nacional.

III.2.2. *Determinantes de la inversión privada: las pruebas*

Chhibber y Dailami (1993), y Rama (1993), han proveído recientemente una encuesta amplia de las funciones de inversión empíricas para los países en vías de desarrollo. Rama, en particular, examinó treinta y un estudios realizados en el periodo de 1972-1992. Los resultados de estos estudios deben interpretarse con cuidado. Todos ellos son vulnerables a la crítica de Lucas. Además, muchos de ellos utilizan funciones de inversión *ad hoc* que no derivan de un modelo específico, y el tratamiento de las expectativas es a menudo rudimentario. También abundan los problemas empíricos. En varios casos, la variable dependiente es la inversión total, antes que la inversión privada. Los datos son típicamente anuales, y las precisiones temporales disponibles son a menudo muy cortas (20-25 años), de modo que los grados de libertad tienden a ser escasos. En respuesta, varios estudios reúnen datos tomados en gran número de países. Por último, las técnicas de estimación no abordan siempre los problemas de la simultaneidad, los cuales en este caso no pueden dejar de ser severos, y los problemas de la correlación espuria sólo se abordan en los estudios más recientes.

Sin embargo, con los resultados de los estudios existentes tomados al pie de la letra y en vista de otras pruebas no reseñadas por Rama, parecen surgir las siguientes conclusiones tentativas. Primero, la demanda agregada desempeña un papel importante en el impulso de la inversión privada. Su coeficiente es casi siempre positivo y significativo en las funciones de inversión empíricas. Esto es consistente con la especificación convencional del "acelerador flexible" en los países industrializados. Segundo, los precios relativos de los factores (el costo de uso del capital, la tasa salarial y el precio de los insumos importados) intervienen en la versión de acervo de la función teórica de la inversión antes discutida. Rama subraya que la forma de la función de inversión teórica —y por ende la forma como intervienen los precios relativos de los factores— depende de las condiciones de la demanda afrontada por la empresa en esta especificación;[18] pero cualquiera que sea la naturaleza de tales condiciones, los precios de los factores son importantes. Sin embargo, la mayor parte del trabajo empírico sobre los países en vías de desarrollo examinado por Rama omitió esta variable o la especificó incorrectamente. Cuando se especificó correctamente, los coeficientes de los precios de los factores tendieron a contar con el signo correcto en las regresiones estimadas, pero no fueron siempre estadísticamente significativos (véase, por ejemplo, Shafik, 1992). Esto implica que se dispone ahora de información escasa sobre los efectos de las variables financieras en la formación de capital privado mediante el costo de uso del capital en los países en vías de desarrollo, lo que constituye una co-

---

[18] Es decir, que la empresa sea monopólica o perfectamente competitiva o que afronte una restricción de venta efectiva.

nexión fundamental entre los mercados financieros y la actividad económica real en los modelos macroeconómicos para los países industrializados.

Tercero, en los estudios reseñados por Rama se establece una conexión entre el sistema financiero y el comportamiento de la inversión privada, a través de una variable de crédito que se incluye típicamente en las funciones de inversión para los países en vías de desarrollo, a fin de captar el efecto de la represión financiera. Esta variable, incluida en diversas formas en veintiuno de los treinta y un ensayos reseñados, casi siempre mostró un coeficiente estadísticamente significativo con el signo esperado (véase, por ejemplo, Leff y Sato, 1988). Un estudio más reciente de Oshikoya (1994) sugiere que la disponibilidad del crédito tiene también un efecto grande sobre la inversión privada en África. Sin embargo, es posible que en tales casos la causación no sea unidireccional, porque los flujos crediticios efectivos pueden reflejar la demanda de crédito de las empresas inversoras, más que una oferta racionada.

Cuarto, en algunas de las funciones de inversión empíricas se incluyeron indicadores de la disponibilidad de divisas (como el acervo de reservas extranjeras o variables fantasmas para los controles de las importaciones), y en tales casos tendieron a comportarse como se esperaba. De nuevo, sin embargo, la interpretación de estas variables es problemática. Como señala Rama, tales variables podrían ser simplemente aproximaciones de políticas internas sensatas y sostenibles. Quinto, por lo que toca al acervo de capital público, once de los ensayos examinados por Rama abordaron la cuestión de la sustituibilidad-complementariedad con el capital privado, y siete de ellos encontraron un papel positivo para el acervo de capital público. Los primeros estudios, como los de Sundararajan y Thakur (1980) y Wai y Wong (1982), que trataban de medir el efecto de la inversión total de sector público sobre la formación de capital privado, produjeron resultados poco concluyentes,[19] pero los estudios más recientes de Cardoso (1993), Bleaney y Greenaway (1993a), Oshikoya (1994), Ramírez (1994) y Shafik (1992) han identificado un efecto positivo de la inversión pública sobre la formación de capital privado. Además, cuando se distingue entre la inversión pública en infraestructura y la de otras clases, se obtienen resultados más significativos. Blejer y Khan (1984), por ejemplo, al utilizar una muestra de veinticuatro países en vías de desarrollo para el periodo de 1971-1979, demuestran que un aumento de $1.00 en la inversión pública real en infraestructura aumentaría la inversión privada real en cerca de $0.25. Por otra parte, un aumento equivalente en otras formas de la inversión pública reduciría la inversión privada real en cerca de $0.3. Estos

---

[19] Sundararajan y Thakur (1980) descubrieron que el coeficiente del acervo de capital del sector público en la ecuación de la inversión privada es estadísticamente insignificante en los dos países (la India y Corea) que estudiaron. El coeficiente que mide la relación existente entre la inversión pública y la privada fue estadísticamente significativo sólo en un país (Grecia) de los cinco estudiados por Wai y Wong (1982).

resultados son consistentes con la hipótesis de que la inversión en infraestructura es complementaria de la inversión privada, mientras que los incrementos de otros tipos de la inversión gubernamental tienden a desplazar al sector privado.[20]

Por último, varios ensayos han incluido indicadores de la inestabilidad macroeconómica de diversos tipos, encontrando efectos negativos significativos sobre la inversión privada. Rodrik (1991), por ejemplo, aporta pruebas sugestivas de que la incertidumbre de los agentes económicos acerca de las intenciones futuras del gobierno afectan el comportamiento de la inversión en los países en vías de desarrollo. Aizenman y Marion (1993) han obtenido resultados similares utilizando una muestra de cuarenta países en vías de desarrollo y datos que cubren el periodo de 1970-1985. Larraín y Vergara (1993) han sostenido que la variabilidad de la tasa de cambio real (una medida popular de la inestabilidad macroeconómica) tiene un efecto adverso sobre la formación de capital privado. También se han econtrado pruebas del efecto de los embates externos y la deuda vigente sobre la inversión privada. Cardoso (1993) y Bleaney y Greenaway (1993a) han demostrado que las fluctuaciones de los términos de intercambio (a través de sus efectos sobre el ingreso real y la rentabilidad del sector exportador) también afectan a la inversión privada. Fitzgerald y otros (1994), Greene y Villanueva (1991), Oshikoya (1994), y Schmidt-Hebbel y Muller (1992) han encontrado un significativo efecto negativo de la proporción deuda/producción sobre la inversión, en apoyo a los efectos de la deuda vigente.[21] Sin embargo, las pruebas aportadas por Cohen (1993) sugieren que el propio acervo de la deuda no parece haber ejercido una influencia significativa sobre la inversión en los años ochenta, aunque es posible que el servicio de la deuda haya desplazado a la inversión. De acuerdo con los cálculos de Cohen, una transferencia de 1% de la producción a los acreedores externos, por parte de los países que restructuraron su deuda durante los años ochenta, redujo la inversión en el 0.3% de la producción.

III.3. LA DEMANDA DE DINERO

La especificación de la demanda de saldos monetarios reales desempeña un papel importante en el análisis macroeconómico para propósitos teóricos y

---

[20] La complementariedad existente entre la inversión pública y la privada tiene implicaciones importantes para el crecimiento y el empleo cuando las medidas de ajuste que tratan de reducir el déficit fiscal asumen la forma de severas reducciones de gasto público en infraestructura. Buffie (1992) ha sostenido que esta conexión podría explicar la prolongada recesión que se ha asociado, tras el estallamiento de la crisis de la deuda, a los programas de ajuste de los países latinoamericanos muy endeudados.

[21] Las pruebas no son de gran apoyo porque tales efectos no se atribuyen al gran acervo de la deuda como tal sino a la insolvencia (véase el capítulo XIII).

empíricos. Al nivel analítico, la función de demanda de dinero es un elemento fundamental en la formulación de muchas teorías macroeconómicas. Desde un punto de vista operativo, la determinación de una relación estable entre los saldos reales y otras variables macroeconómicas es un requerimiento esencial para la formulación de objetivos monetarios cuantitativos. El mecanismo de transmisión de los choques de la política monetaria (y más generalmente la administración macroeconómica) depende de las variables que determinan la demanda de saldos monetarios.

La estimación de la demanda de dinero en los países en vías de desarrollo ha generado una literatura abundante a través de los años, la que en general ha seguido los avances de los métodos econométricos y estadísticos, en particular el desarrollo de las técnicas de cointegración y la estimación de relaciones a largo plazo en la economía (véase Harvey, 1990). Iniciaremos esta sección discutiendo las pruebas existentes acerca de la especificación convencional de los modelos de demanda de dinero en los países en vías de desarrollo, y evaluaremos algunos de los estudios econométricos más recientes y sofisticados. Luego discutiremos el fenómeno de la sustitución de monedas y sus efectos sobre la demanda de saldos monetarios nacionales reales. Dada la extensión de la literatura existente sobre la demanda de dinero en las naciones en vías de desarrollo, no trataremos de ofrecer una relación amplia de los estudios existentes. Más bien, concentraremos nuestra atención en cuestiones metodológicas generales que surgen en este contexto particular, e ilustraremos la discusión con algunas referencias específicas.

III.3.1. *Modelos convencionales de la demanda de dinero*

Los modelos convencionales de la demanda de dinero en países en vías de desarrollo incluyen, por lo general, sólo el ingreso real como una variable de escala y la tasa de inflación como una variable de costo de oportunidad. Se excluyen las tasas de interés internas porque se supone que no existen activos financieros alternativos, de modo que la elección de tenencias de activos está limitada al dinero o los activos reales, tales como los inventarios de mercancías o los bienes de consumo durables, o porque las regulaciones gubernamentales asociadas a la represión financiera implican que tales tasas tienden a mostrar escasa variación a través del tiempo, de modo que su efecto potencial resulta difícil de determinar por métodos econométricos (Khan, 1980).

Los primeros estudios que trataron de introducir tasas de interés nominales en las funciones de demanda de dinero tuvieron escaso éxito. Por ejemplo, en los resultados reportados por Fair (1987) para siete países en vías de desarrollo, la variable de la tasa de interés fue significativa y de signo correcto sólo en un caso. Sin embargo, algunos estudios recientes han encontrado un efecto significativo de las tasas de interés sobre la demanda de dinero en naciones en vías de desarrollo de ingreso medio-alto —sobre todo en Asia y América Latina—, particularmente en aquellos países donde el sistema financiero ha alcanzado un grado relativamente elevado de diversificación y los mercados financieros han empezado a operar con relativa libertad frente a la intervención y las regulaciones gubernamentales. Por ejemplo, Arrau y otros (1995), José Rossi (1989), para Brasil, y Reinhart y Végh (1995), para Argentina, Chile y Uruguay, reportan efectos estadísticamente significativos de las variables de la tasa de interés sobre la demanda de saldos monetarios reales. En un estudio reciente de la demanda de dinero en Marruecos, Hoffman y Tahiri (1994) han sostenido que una tasa de interés extranjera puede servir también como el costo de oportunidad relevante para la tenencia de activos monetarios nacionales. Un resultado similar fue obtenido por Calvo y Mendoza (1996) para México.

Una limitación general de la mayoría de los estudios convencionales de la demanda de dinero en los países en vías de desarrollo deriva de la omisión del hecho de que, cuando los mercados de crédito informales son grandes, el costo de oportunidad relevante para la tenencia de saldos de efectivo es la tasa de interés del sector financiero informal y no la tasa de interés oficial. Esta omisión podría explicar el hecho de que los primeros estudios que utilizaron las tasas de interés oficiales no hayan tenido mucho éxito.[22] Además, eso suguiere que los estudios más recientes que utilizan las tasas de interés oficiales probablemente no proveerán estimaciones relevantes de la elasticidad de la demanda de dinero ante la tasa de interés. Van Wijnbergen (1982), por ejemplo, demostró que la tasa de interés del mercado informal tenía un efecto significativo sobre la demanda de depósitos a plazo en Corea. Sin embargo, la carencia de información temporal adecuada y precisa de las tasas de interés informales, en la mayoría de los países donde son grandes los mercados informales de crédito, ha impedido un uso sistemático de estos datos en la estimación de modelos de demanda de dinero.

Si excluimos las tasas de interés y suponemos un mecanismo de ajuste parcial de los niveles efectivos a los deseados, podrá expresarse la función de demanda de dinero convencional como:[23]

$$\ln m = \lambda a_0 + \lambda a_1 \ln y - \lambda a_2 \pi^a_{+k} + (1-\lambda)\ln m_{-1} + u, \tag{8}$$

[22] Algunos estudios anteriores trataron de utilizar una estimación de la tasa de interés vaciadora del mercado. Por ejemplo, Wong (1977) utilizó un índice de restricción crediticia, definido como el logaritmo natural del crédito interno a la producción.

[23] Como lo demuestran Goldfeld y Sichel (1990), una ecuación como (8) puede ser la solución de un problema de optimización, en el que los agentes minimizan la pérdida resultante de un desequilibrio entre los saldos monetarios efectivos y los deseados, dada la existencia de costos de ajuste. Suponemos aquí que el ajuste de la demanda de dinero hacia su valor de equilibrio ocurre en términos reales antes que en términos nominales.

donde m denota los saldos monetarios reales, y el ingreso real, π_{+k}^a la tasa de inflación esperada para los periodos adelantados k, u un término de perturbación, y $0 < \lambda < 1$ la velocidad del ajuste.

La estimación de la ecuación (8) plantea muchos problemas econométricos relacionados con la simultaneidad, la elección de variables aproximadas para las expectativas, etc.[24] La mayoría de los estudios de la función convencional de la demanda de dinero en los países en vías de desarrollo sugieren que la tasa de inflación esperada (a menudo estimada por la tasa de inflación efectiva y medida en términos de los precios del consumidor) es altamente significativa. Este resultado destaca la importancia de los efectos de sustitución entre los activos reales y los saldos monetarios reales.

Siguiendo los desarrollos recientes de las técnicas econométicas, muchos estudios recientes de la demanda de dinero en los países en vías de desarrollo, basados en la especificación convencional antes descrita y en algunas variantes de ella, han utilizado un enfoque de estimación en dos pasos (véase Harvey, 1990). Esencialmente, el primer paso consiste en la estimación de los determinantes a largo plazo de la demanda de dinero utilizando técnicas de cointegración. En el segundo paso, se utiliza el enfoque de "lo general a lo específico" para modelar series de tiempo dinámicas a fin de especificar la dinámica de la demanda de dinero a corto plazo. Este enfoque genera un modelo de corrección del error que distingue entre las propiedades de desequilibrio a corto y largo plazos de la función de demanda de saldos monetarios reales. El enfoque de dos pasos ha sido seguido por Asilis y otros (1993) para Bolivia, Domowitz y Elbadawi (1987) para Sudán, y Ahumada (1992) para Argentina, y por muchos otros. Esta literatura ofrece una especificación de la dinámica del corto plazo mucho más rica que la del marco de ajuste parcial simple antes utilizada, y típicamente genera ecuaciones de regresión que proveen mejores pronósticos del comportamiento de los saldos monetarios reales a corto plazo.[25] Sin embargo, las estimaciones paramétricas de largo plazo derivadas de este enfoque no parecen variar significativamente de las derivadas con técnicas menos sofisticadas. Además, a menudo surgen problemas para explicar en términos económicos las brechas excesivamente largas que aparecen en las ecuaciones estimadas de la demanda de dinero.

Los enfoques recientes del estudio de la demanda de dinero en los países en vías de desarrollo han tratado también de integrar variables explicativas

---

[24] Goldfeld y Sichel (1990) ofrecen una reseña amplia de los problemas econométricos que surgen cuando se estiman modelos de demanda de dinero.

[25] Otra implicación de las técnicas recientes es que aclaran en qué condiciones, sin dejar de utilizar la tasa inflacionaria como variable dependiente, determinada por el crecimiento en exceso de los saldos monetarios respecto a la demanda de dinero real, se constituyó, como procedimiento válido, la práctica de renormalización de la función de demanda de dinero (véase, por ejemplo, Darrat y Arize, 1990).

adicionales en la especificación convencional. Varios autores han tratado de capturar el papel de la innovación financiera; por ejemplo, Arrau y otros (1995) y Tseng y Corker (1991). El efecto de la variabilidad de la inflación sobre la demanda de dinero también ha sido investigado recientemente (Deutsch y Zilberfarb, 1994). Pero la cuestión que ha captado mayormente la atención, a nivel teórico y empírico, ha sido la demanda de tenencias de dinero nacional y de dinero extranjero.

III.3.2. *La sustitución de monedas y la demanda de dinero*

La sustitución de monedas —el proceso por el cual la moneda extranjera sustituye al dinero nacional como almacén de valor, unidad de cuenta y medio de cambio— se ha vuelto un fenómeno generalizado en muchos países en vías de desarrollo.[26] Este fenómeno se ha observado en países que difieren considerablemente en los niveles del desarrollo financiero, en el grado de integración y en los tipos de regímenes y prácticas de tasa de cambio con el resto del mundo. En algunos casos, sobre todo cuando han prevalecido durante largo tiempo tasas de inflación elevadas y variables, así como la incertidumbre acerca de las políticas nacionales, una gran parte de las ventas y los contratos nacionales se hace en moneda extranjera.[27]

El grado de sustitución de la moneda depende de varios factores. La motivación de las transacciones puede ser particularmente importante en economías pequeñas, muy abiertas. Más generalmente, en países donde la inflación es elevada y las oportunidades de diversificación de la cartera son limitadas, o existen topes para las tasas de interés internas, los activos denominados en moneda nacional pierden su capacidad de ofrecer una protección eficiente a través del tiempo. Si los costos de transacción incurridos en el cambio de los activos en moneda nacional a los activos en moneda extranjera son bajos, el grado de sustitución de la moneda tiende a ser elevado. La incertidumbre acerca de los desarrollos sociales y políticos, el temor de la expropiación de activos denominados en moneda nacional, y la necesidad potencial de salir del país, tienden a alentar las tenencias de moneda extranjera.[28] Como se indicó

[26] El término *dolarización* se utiliza también en muchos países latinoamericanos. Como lo han sugerido Calvo y Végh (1996a), este término debería referirse al uso de la moneda extranjera como unidad de cuenta y almacén de valor, mientras que "sustitución monetaria" debería utilizarse para denotar una etapa en la que, más allá de la dolarización, se utiliza la moneda extranjera como medio de cambio.

[27] Un factor adicional que puede ayudar a explicar el incremento de la sustitución de monedas se relaciona con los avances tecnológicos en los campos de la comunicación y de la administración financiera, que han reducido sustancialmente el costo de la transferencia de fondos a través de las fronteras de los países.

[28] Poloz (1986) ha elaborado un marco analítico en el que la sustitución de monedas surge como resultado de una motivación precautoria para la tenencia de saldos en efectivo.

en el capítulo anterior, la existencia de mercados de monedas informales facilita las transacciones en moneda extranjera y puede reforzar el proceso de sustitución entre activos en moneda nacional y activos en moneda extranjera.

III.3.2.1. *Depósitos en moneda nacional y en moneda extranjera*

En los países en vías de desarrollo se mantiene la moneda extranjera en efectivo "debajo del colchón", como depósitos en el sistema bancario nacional, o como depósitos en bancos extranjeros. Las estimaciones del acervo de moneda extranjera mantenido por ciudadanos privados resultan muy difíciles de obtener, aunque en casos particulares se han elaborado algunas estimaciones tentativas (véase, por ejemplo, Melvin, 1988). Es mucho más fácil obtener información sobre los depósitos denominados en moneda extranjera en los bancos nacionales —los datos disponibles se reportan generalmente en *International Financial Statistics*—, ya que tales depósitos se están permitiendo en un número creciente de países en vías de desarrollo. La gráfica III.1 muestra la evolución de tales depósitos, una gran parte de los cuales se mantienen en forma de depósitos a plazos que ganan intereses, en Egipto e Indonesia, en los últimos años. Otros países donde los individuos pueden tener legalmente depósitos bancarios en moneda extranjera son Bolivia, Líbano (donde la porción de los depósitos en moneda extranjera hechos en el sistema bancario nacional llegó en promedio al 63% del acervo monetario en sentido amplio entre 1989 y 1993), México y Singapur.[29] El Fondo Monetario Internacional ha recolectado y publicado datos sobre los depósitos en moneda extranjera mantenidos en el exterior por residentes de gran número de países en vías de desarrollo.[30]

Son bien conocidas las consecuencias a corto y largo plazos de un aumento de las tenenecias de divisas (Agénor y Khan, 1996).[31] A corto plazo, un aumento de los depósitos de divisas en el exterior, que equivale a una fuga de capital, puede tener efectos potencialmente desestabilizadores sobre las tasas de interés internas, la tasa de cambio y las reservas internacionales. Tal fuga puede crear una escasez de liquidez en el sistema bancario nacional, lo que a su vez ejercería una presión ascendente sobre las tasas de interés internas. La fuga tendería también a depreciar la moneda nacional bajo un régimen de

---

[29] Véase en Dodsworth y otros (1987) una discusión temprana de la evolución de los depósitos bancarios nacionales, en moneda extranjera, en los países en vías de desarrollo.

[30] Estos datos se definen como "depósitos bancarios de no bancos, a través de la frontera, por residencia del depositante" y se derivan de reportes sobre la distribución geográfica de los activos y pasivos extranjeros de los bancos de depósito, elaborados por las autoridades de gran número de centros bancarios internacionales.

[31] En los capítulos siguientes discutiremos las implicaciones de la dolarización, de la sustitución de monedas y de la tasa de cambio para la administración fiscal y monetaria en los países en vías de desarrollo.

GRÁFICA III.1. *Depósitos en moneda extranjera en los bancos nacionales*

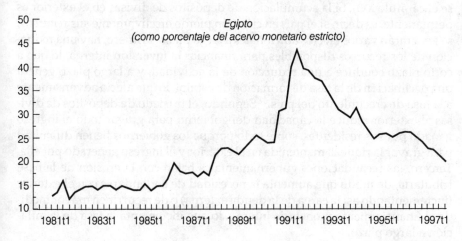

Egipto
(como porcentaje del acervo monetario estricto)

Indonesia
(como porcentaje de los depósitos bancarios
a la vista, a plazo y de ahorro)

t1 = primer trimestre.
FUENTE: Fondo Monetario Internacional.

tasa de cambio flotante. Si el gobierno está comprometido a defender una tasa de cambio particular, agotaría sus reservas. Además, cuando un país afronta la posibilidad de una crisis de balanza de pagos y no se toma una acción de política correctiva inmediata, los residentes del país, previendo una devaluación eventual y una inflación mayor o la imposición de controles de cambios, tenderán a aumentar sus transferencias al exterior. En consecuencia, en el momento mismo en que el país requiere recursos de divisas, se envían fondos al exterior, lo que acelera la erosión de las reservas oficiales y precipita la crisis (véase el capítulo XVI). Si la acumulación de depósitos de divisas en el exterior es permanente, es decir, si el país en cuestión pierde efectivamente sus recursos, se generarán varios efectos adicionales a largo plazo. Primero, hay una reducción de los recursos disponibles para financiar la inversión interna, lo que a corto plazo conduce a una reducción de la actividad, y a largo plazo genera una declinación de la tasa de formación de capital, lo que afecta adversamente a la tasa de crecimiento del país.[32] Segundo, el traslado de depósitos de divisas al exterior reduce la capacidad del gobierno para gravar todo el ingreso ganado por sus residentes, sobre todo porque los gobiernos tienen dificultad para gravar la riqueza mantenida en el exterior y el ingreso generado por ella. Tercero, las recaudaciones gubernamentales bajan con la erosión de la base tributaria, de modo que aumenta la necesidad de endeudarse con el exterior (incrementando así la carga de la deuda externa) o de recurrir en mayor medida al financiamiento monetario interno, lo que incrementa la tasa de la inflación a largo plazo.

En resumen, el grado de sustitución de las monedas tiene implicaciones importantes para muchos países en vías de desarrollo. La formulación de una medida correcta de las tenencias de divisas requeriría información adicional sobre los depósitos en moneda extranjera mantenidos en el exterior por residentes nacionales, además de los datos sobre los depósitos en moneda extranjera mantenidos en bancos nacionales, así como la información sobre los billetes extranjeros en circulación. Sin embargo, este último componente es casi imposible de estimar con algún grado de certeza. Los datos existentes sobre los depósitos totales en moneda extranjera proveen así sólo un límite inferior de la cantidad de saldos en moneda extranjera mantenidos por los residentes de los países en vías de desarrollo.

III.3.2.2. *Sustitución de monedas: las pruebas*

En los últimos años se ha realizado un gran número de estudios empíricos de la sustitución de monedas en países en vías de desarrollo a fin de aislar los factores que originan este fenómeno.[33] En muchos de estos estudios se estima la presencia de la sustitución de monedas, sin tratar de tomar explícitamente en

---

[32] Adviértase que un cambio de depósitos de moneda extranjera mantenidos en el sistema bancario nacional a depósitos mantenidos en el exterior tendría también un efecto adverso en el crédito interno y en otras variables macroeconómicas de corto y largo plazos. Rodríguez (1993) discute los efectos macroeconómicos asociados a un cambio de ubicación de los depósitos extranjeros.

[33] Véase una lista detallada de referencias en Agénor y Khan (1996), Calvo y Végh (1996a), y Giovannini y Turtlebloom (1994), quienes discuten también los datos referenciales de los países industrializados.

cuenta la posesión de divisas, debido en parte a las dificultades (antes mencionadas) que involucra la estimación amplia de los acervos existentes de tales activos. A fin de captar el efecto de la sustitución de monedas, con frecuencia los investigadores introducen, en una ecuación de demanda de dinero convencional, el diferencial de las tasas de interés nacionales y extranjeras, o bien, cuando no se dispone de información sobre las tasas de interés nacionales determinadas por el mercado, sólo la tasa esperada de depreciación de la tasa de cambio. Típicamente, esta última tasa se estima por la tasa efectiva de depreciación de la tasa de cambio (oficial o paralela), pero también se han utilizado varias medidas alternativas en la literatura. Blejer (1978), por ejemplo, mide la tasa de depreciación esperada de la moneda nacional utilizando desviaciones de la paridad del poder de compra, con los precios extranjeros valuados a la tasa del mercado paralelo. En su estudio sobre Argentina y México, Ramírez-Rojas (1985) utiliza el diferencial existente entre las tasas de inflación nacionales y extranjeras para aproximarse a la tasa esperada de la alteración de la tasa de cambio. Para México también utiliza el precio futuro a tres meses del dólar de los Estados Unidos en pesos, mientras que para Uruguay utiliza el diferencial existente entre la tasa de interés nacional pagada sobre depósitos denominados en moneda nacional y la tasa de interés nacional pagada sobre los depósitos en moneda extranjera. Phylaktis y Taylor (1993), utilizando una muestra de cinco países latinoamericanos durante los años setenta y ochenta, verificó la presencia de efectos de sustitución de monedas utilizando la tasa de depreciación de la tasa del mercado negro aumentada con la tasa de inflación extranjera como una variable explicativa. Las pruebas derivadas de este enfoque parecen apoyar la existencia de efectos significativos de sustitución de monedas en muchos países en vías de desarrollo.[34]

Algunos estudios han tratado también de utilizar datos sobre los depósitos en moneda extranjera dentro del país. Una ecuación de regresión típica asume la forma[35]

$$\ln(M / EF) = \lambda a_0 - \lambda a_1 \varepsilon^a + \ldots + (1 - \lambda) \ln(M / EF)_{-1} + u, \qquad (9)$$

donde M y F miden las posesiones de moneda nacional y de moneda extranjera, E es la tasa de cambio, ε^a es una tasa de depreciación esperada, u un

[34] Phylaktis y Taylor no encuentran pruebas sólidas en apoyo de la sustitución de monedas. Este resultado no es particularmente sorprendente, porque la muestra de estos autores se integra sólo con países de gran inflación. En tales condiciones, el factor dominante para la determinación de la demanda de dinero es a menudo precisamente la tasa inflacionaria esperada, la cual puede correlacionarse fuertemente con los movimientos de la tasa de cambio.

[35] La ecuación (9) puede ser derivada explícitamente de un marco de optimación, véanse Calvo (1985) y Rogers (1990). Marquez (1987) utiliza otra especificación al usar directamente una función de utilidad de elasticidad de sustitución constante en los saldos monetarios tanto nacionales como extranjeros.

término de perturbación, y $0 < \lambda < 1$ la velocidad del ajuste. La ecuación (9) relaciona a la tasa de las monedas inversamente con la tasa de depreciación esperada de la tasa de cambio (oficial o paralela), y con otras variables tales como los valores retrasados de la proporción de monedas. Típicamente se evita la inclusión de la tasa inflacionaria, que mide la tasa de rendimiento de los activos reales, como un regresor adicional, debido al alto grado de colinealidad existente entre la inflación y la tasa de depreciación de la tasa de cambio paralela u oficial. A veces se incluye el diferencial existente entre la tasa de interés nacional y la extranjera en los estudios que se ocupan de países para los que se dispone de datos sobre las tasas nacionales determinadas por el mercado, aunque es posible que la tasa de interés extranjera no sea una medida adecuada del costo de oportunidad de los activos denominados en moneda nacional si los movimientos de capital están restringidos. Sin embargo, en muchos casos se estima la ecuación (9) con la tasa de depreciación de la tasa de cambio oficial o paralela como la principal variable explicativa. Varios autores, por ejemplo Calomiris y Domowitz (1989), El-Erian (1988), Melvin (1988) y Ortíz (1983), reportan resultados estimados con varias formas de la ecuación (9) que utilizan una formulación convencional de ajuste parcial.[36] En términos estrictos, como lo señalan Calvo y Végh (1996a), las ecuaciones como (9) verifican la existencia de un fenómeno de dolarización antes que la sustitución de monedas por sí misma, ya que no captan el papel de las tenencias de moneda extranjera como un medio de cambio.

En algunos estudios, los datos sobre depósitos en moneda extranjera mantenidos dentro del país se complementan con la información disponible sobre los activos monetarios mantenidos en el exterior. Por ejemplo, en su estudio de la sustitución de monedas en América Latina, Savastano (1992), utiliza datos sobre depósitos en moneda extranjera mantenidos en el país y en los Estados Unidos. En su estudio de la dolarización en Argentina, Kamin y Ericsson (1993) utilizan una estimación del acervo de dólares que circulan en ese país (calculada a partir de los flujos bilaterales de monedas compilados por el Departamento del Tesoro de los Estados Unidos), además de los datos sobre depósitos en dólares.[37] Agénor y Khan (1996), en cambio, utilizan sólo datos sobre depósitos mantenidos en el exterior por los residentes de países en vías de desarrollo y estiman un modelo dinámico, orientado hacia el futuro, de la sustitución de monedas. El modelo de Agénor-Khan, que incluye el supuesto de las expectativas racionales, se desarrolla en dos pasos. La composición deseada

---

[36] Kamin y Ericsson (1993) realizaron más recientemente un estudio, basado en técnicas de cointegración, que trata de explicar por qué el grado de dolarización de Argentina no bajó a principios de los años noventa, a pesar de una reducción drástica de la inflación. Véase Guidotti y Rodríguez (1992) para una exploración teórica de este asunto.

[37] La importancia de tomar en cuenta los dólares en circulación, en los estudios de sustitución de monedas, es ilustrada por la creencia generalizada de que hasta 80% del acervo de billetes bancarios de los Estados Unidos podrían estar circulando fuera de dicho país.

de las tenencias de dinero se obtiene primero a partir de un modelo de optimación del comportamiento familiar. Luego se determinan las tenencias efectivas de monedas en un marco de costos del ajuste de varios periodos. La solución completa del modelo conduce a una especificación empírica que incluye elementos orientados hacia atrás y hacia adelante. Una de las características atractivas de la implantación empírica del modelo es el hecho de que no requiere información sobre la tasa de interés nacional. En la mayoría de los estudios, la carencia de una tasa de interés nacional adecuada ha inhibido la estimación de los modelos de sustitución de monedas que utilizan tasas relativas de rendimiento entre las monedas nacionales y las extranjeras con base en las tasas de interés. El enfoque adoptado por Agénor y Khan elude este problema particular. Se estima el modelo utilizando datos trimestrales para un grupo de diez países en vías de desarrollo (Bangladesh, Brasil, Ecuador, Indonesia, Malasia, México, Marruecos, Nigeria, Paquistán y Filipinas) mediante un procedimiento de errores en las variables. Los resultados tienden a apoyar la especificación teórica, indicando que la tasa de interés extranjera y la tasa de depreciación esperada de la tasa de cambio del mercado son factores importantes en la elección entre saldos monetarios nacionales y depósitos en moneda extranjera en el exterior.[38]

III.4. Funciones de oferta agregada

Durante los dos últimos decenios, la especificación de la función de oferta a corto plazo de la economía ha sido uno de los problemas más controvertidos en la macroeconomía de los países industrializados. Durante la mayor parte del tiempo, la controversia ha involucrado los méritos relativos de la "nueva macroeconomía clásica", con la función de oferta "de sorpresa" de Lucas, *vs.* las formulaciones keynesianas de "salarios rígidos" como aproximaciones empíricas al comportamiento de la oferta de la economía a corto plazo. Se discutía, por supuesto, la potencia de las políticas sistemáticas de demanda agregada para afectar la desviación de la actividad económica de su nivel de capacidad plena. En esta sección reseñaremos las pruebas existentes sobre este problema en el caso de los países en vías de desarrollo.

Se cree generalmente que el grado de rigidez de los salarios y los precios depende de la estructura institucional de los mercados de mano de obra. Como lo ha señalado Taylor (1980), el predominio de los contratos salariales interca-

---

[38] Agénor y Khan comparan también el modelo orientado hacia delante con un modelo de ajuste parcial convencional. La comparación de modelos alternativos se realiza basándose en pruebas de las propiedades de los residuos, las capacidades de la previsión y las verificaciones no incluidas. Los resultados indican que el modelo de expectativas racionales orientado hacia delante supera al modelo convencional de sustitución de monedas.

lados, yuxtapuestos, de varios periodos, propicia la rigidez del salario nominal medio. Corden (1989) y otros observadores han adoptado la idea de que los mercados laborales menos organizados de los países en vías de desarrollo hacen que la rigidez keynesiana del salario nominal sea menos probable en tales países que en los países industrializados con largas tradiciones de actividad sindical organizada. Por lo tanto, quizá sea más factible caracterizar a los mercados laborales de los países en vías de desarrollo como mercados de subastas. En tal caso, la función de oferta agregada a corto plazo de la "sorpresa" de Lucas, que postula una relación positiva entre la producción y los movimientos inesperados de los precios, podría tener una relevancia particular para los países en vías de desarrollo. Esto es así porque el modelo del comportamiento de la oferta agregada de Lucas requiere, además de la flexibilidad de precios y salarios, el supuesto fundamental incluido en la parábola de "la isla" de Lucas de que los trabajadores no son capaces de inferir el nivel agregado de los precios sobre la base de la información disponible contemporáneamente (véase Hoover, 1988). Mientras que este supuesto puede ser difícil de sostener en los países industrializados, donde la información macroeconómica agregada es accesible en forma amplia y barata, puede resultar más sostenible en el caso de las naciones en vías de desarrollo, donde los datos agregados son escasos, imperfectos y a menudo disponibles sólo con gran retraso.

La proposición de la ineficacia de la política económica asociada a la nueva macroeconomía clásica requiere, junto con la función de la oferta de Lucas, el uso de expectativas racionales de parte de los agentes económicos.[39] Se ha cuestionado la relevancia de este mecanismo para la formación de expectativas en los países en vías de desarrollo, debido en parte a la escasez de información antes mencionada. Sin embargo, es posible que este argumento implique simplemente una varianza mayor de los errores de pronóstico en el contexto de las economías en vías de desarrollo, antes que la persistencia de sesgos sistemáticos en tales errores. En todo caso, queda claro que, debido a las diferencias existentes en la estructura del mercado laboral o en los mecanismos utilizados para la formación de expectativas, poco puede inferirse acerca de la relevancia, para los países en vías de desarrollo, de la proposición de neutralidad de la política económica asociada a la nueva macroeconomía clásica y la función de la oferta de Lucas, a partir de la experiencia de los países industrializados.

Las verificaciones de la proposición de neutralidad para los países en vías de desarrollo han asumido dos formas. Las comparaciones entre regímenes han examinado la plausibilidad empírica de la propia función de oferta "de sor-

---

[39] Hoover (1988) proporciona una reseña particularmente útil del debate sobre la ineficacia de la política económica. Véase en Pesaran (1988) una evaluación crítica de la hipótesis de las expectativas racionales. Debe advertirse que el concepto muthiano de las expectativas racionales se ha adoptado y utilizado ampliamente en la macroeconomía contemporánea, a pesar de algunas deficiencias conceptuales bien conocidas de éste.

presa" utilizando datos de sección transversal, siguiendo el enfoque de Lucas (1973). Las verificaciones dentro de un mismo régimen han utilizado datos temporales precisos para países individuales y han examinado el poder de la política de previsión de la demanda agregada para afectar la desviación de la producción real efectiva frente a su nivel de capacidad, siguiendo a Barro (1978).

III.4.1. *Verificaciones entre regímenes*

Las evidencias del primer tipo, incluida la de Lucas (1973), por lo general incluyen gran número de países en vías de desarrollo. Estas pruebas utilizan una implicación de la parábola de "la isla" de Lucas: si los agentes conocen la distribución verdadera de los precios relativos y el nivel medio de los precios, pero sólo pueden observar su propio precio de venta (y no el nivel medio de los precios) al formular sus decisiones de oferta, afrontarán un problema de inferencia, porque su elección de oferta depende del precio relativo inobservable de lo que venden. Su pronóstico óptimo del nivel agregado de los precios será un promedio ponderado del precio que observan y la media de la distribución del nivel agregado de los precios, donde el peso asignado al propio precio de venta observado es igual a la proporción de la verdadera varianza de los precios relativos a la suma de las verdaderas varianzas de los precios relativos y del nivel medio de los precios. Por lo tanto, entre más variable sea la historia de la demanda nominal en la economía, más interpretarán los agentes un aumento observado en sus propios precios de venta como un cambio del nivel agregado de los precios antes que de los precios relativos, y menor será su respuesta de oferta. La función de oferta "de sorpresa" se escribe:

$$y = \tilde{y} + \gamma\left(p - p^a\right) + \lambda(L)y_{-1}, \tag{10}$$

donde y denota la producción efectiva, $\tilde{y}$ la producción "normal", p el nivel efectivo de los precios, p^a el nivel esperado de los precios (expresadas todas las variables en logaritmos). El parámetro γ es una función decreciente de la varianza de la demanda agregada. Por lo tanto, se pronostica que, en los regímenes de demanda agregada más inestable, la función de oferta agregada a corto plazo será más empinada en el espacio de precio-producción.

Lucas (1973) vio corroborado este pronóstico en una muestra de dieciocho países —seis de los cuales eran países en vías de desarrollo—, y observó en particular el pequeño tamaño de γ en Argentina y Paraguay, que aportaron sus dos únicas observaciones volátiles. Alberro (1981) extendió la muestra de Lucas a cuarenta y nueve países, confirmando sus resultados. La muestra de Alberro era de veintinueve países en vías de desarrollo, incluidos los seis países que aportaban las observaciones de demanda volátil. Tanto Lucas como Alberro juzgaron la conformidad de los datos con la hipótesis que se verificaba examinando correlaciones simples. Williams y Baumann (1986) verificaron la significación estadística de esta correlación en la muestra de Alberro utilizando métodos no paramétricos y descubrieron que la correlación medida era en efecto significativamente diferente de cero. Otra extensión del tamaño de la muestra, realizada por Ram (1984), incluyó cincuenta y ocho países en vías de desarrollo entre los setenta y nueve países de la muestra. Los resultados de Ram apoyaron también los pronósticos del modelo de Lucas.

También se han realizado verificaciones de la función de oferta de Lucas entre regímenes utilizando muestras integradas exclusivamente por países en vías de desarrollo. Jung (1985) refinó la prueba de Lucas observando que la pendiente de la curva de oferta agregada del modelo de Lucas no depende sólo de la varianza del ingreso nominal sino también de la varianza de los precios relativos y de la sensibilidad de la oferta a los cambios inesperados de los precios relativos. Por lo tanto, las pruebas entre regímenes deben examinar la correlación parcial entre la varianza del ingreso nominal y la pendiente de la curva de oferta, no la correlación simple medida por la mayoría de los autores. Jung realizó esta verificación en dos muestras separadas, integradas por diecinueve países industrializados y veintisiete naciones en vías de desarrollo. Descubrió una correlación parcial negativa para ambos grupos, un resultado consistente con la formulación de Lucas, pero la relación fue estadísticamente más débil para los países en vías de desarrollo que para los países industrializados.

En general, los datos de las comparaciones entre regímenes para los países en vías de desarrollo parecen consistentes con los pronósticos de la función de oferta de Lucas. Sin embargo, estas pruebas pueden proveer sólo un apoyo débil para el modelo, porque no discriminan entre hipótesis rivales. En particular, no está claro que una especificación keynesiana de la oferta a corto plazo sería inconsistente con el patrón de correlaciones descrito aquí. Por ejemplo, si la inflación elevada y variable indujeran un acortamiento de la duración de los contratos o una indización más generalizada, sería de esperarse que aumentara la pendiente de la curva de Phillips, generando un patrón similar de correlaciones. Para obtener resultados más definitivos deberá utilizarse una prueba que pueda discriminar entre estos modelos rivales del comportamiento de la oferta a corto plazo.

III.4.2. *Verificaciones dentro de un régimen*

Un enfoque alternativo a la verificación empírica de la función de la oferta de Lucas satisface este criterio. Siguiendo a Barro (1978), esta prueba se basa en una estimación de la ecuación de forma reducida, de la producción que surge de un modelo que incluye la función como su descripción del comportamiento de la oferta a corto plazo. Añadiendo a la función de oferta (10) una función de demanda agregada en la forma

$$y = \alpha\,(m+p) + Z \quad \alpha > 0, \tag{11}$$

donde m es el logaritmo de la oferta de dinero nominal y Z es un vector de otras variables que afectan la demanda agregada, obtenemos una ecuación de forma reducida para y:

$$y = \tilde{y} + a_1\!\left(m - m^a\right) + a_2\!\left(Z - Z^a\right) + a_3(L)y_{-1}, \tag{12}$$

donde m^a y Z^a denotan los valores esperados de m y Z respectivamente. Esta ecuación tiene la implicación de que sólo los cambios inesperados de m y Z pueden hacer que y se desvíe de su nivel de capacidad plena, contrariamente a lo que ocurre con la formulación keynesiana del "salario rígido", donde es irrelevante la distinción entre cambios esperados e inesperados de la demanda agregada. La proposición de la ineficacia de la política económica deriva de (12) porque la política sistemática de la demanda agregada, que surgiría de una regla de retroalimentación, sería prevista por los agentes económicos que conozcan la regla y por ende sería incapaz de generar cambios inesperados de m o Z. Por lo tanto, una prueba del modelo contra la alternativa keynesiana implica la estimación de (12) y la determinación de si la descomposición de los cambios de la demanda agregada en sus componentes esperados e inesperados tiene alguna importancia, es decir, si los cambios esperados de m y Z añaden poder explicativo a la regresión (12) tras la inclusión de los componentes inesperados. En virtud de que estas pruebas requieren la especificación de los cambios esperados de m y Z, la regla que gobierna el comportamiento de estas variables debe estimarse conjuntamente con (12). En virtud de que m es una variable de política, y en la medida en que se incluyan variables de política en Z, estas reglas implican regímenes de políticas estables, de modo que estas pruebas verifican la función de oferta "de sorpresa" dentro de un mismo régimen.

El pronóstico de que los cambios esperados de la demanda no deberían importar es una consecuencia de la función de la oferta. Sin embargo, las variables particulares que intervienen en la ecuación de producción de forma reducida en la que se basan las pruebas empíricas, y la forma en que lo hacen, dependen de la especificación completa del modelo. Así, las pruebas de esta clase representan verificaciones conjuntas de la función de oferta "de sorpresa" y del mecanismo de las expectativas supuestas, condicionadas a la especificación apropiada del resto del modelo, así como las ecuaciones de pronóstico para m y Z.

Se han elaborado pruebas dentro del mismo régimen, como las que acabamos de describir, para muchos países en vías de desarrollo. Sin embargo, gran parte del trabajo desarrollado en esta área se ha concentrado en los países latinoamericanos. Una prueba inicial de Barro (1979*a*) encontró una conexión entre el crecimiento monetario y la producción en México. Sin embargo, contrariamente a lo ocurrido con los resultados anteriores de Barro para los Estados Unidos, la distinción entre el crecimiento monetario esperado e inesperado no resultó importante, porque las ecuaciones de producción de forma reducida en m funcionaron tan bien como las de $(m - m^a)$. Barro no pudo encontrar conexiones fuertes entre el crecimiento monetario y la producción en Brasil ni en Colombia. En cambio, Hanson (1980) descubrió efectos estadísticamente significativos, aunque pequeños,[40] del crecimiento monetario inesperado sobre la producción en Brasil, Chile, Colombia, México y Perú, pero observó que diferentes procesos explicaban el crecimiento monetario en diferentes países. Hanson no verificó la importancia de la distinción esperado/inesperado. Sin embargo, los resultados de Edwards (1983), se asemejaron más a los de Barro. Después de tomar en cuenta el papel de los déficit fiscales en la causación del crecimiento monetario, que consideró particularmente importantes en los países en vías de desarrollo, Edwards descubrió efectos significativos del crecimiento monetario (esperado o no) en sólo tres de nueve países latinoamericanos, y para dos de ellos no fue posible distinguir entre los papeles de las variables esperadas e inesperadas. Canarella y Pollard (1989), utilizaron una muestra de dieciséis naciones latinoamericanas y descubrieron, en la mayoría de los casos, un efecto significativo del crecimiento monetario inesperado sobre la producción real, así como una relación negativa significativa entre el crecimiento inesperado del dinero y su previsibilidad, lo que apoya la hipótesis de Lucas.

Sheehey (1986) consideró también una muestra de dieciséis países latinoamericanos y utilizó un conjunto más amplio de predictores de la política monetaria que el empleado por sus antecesores. Sus resultados no apoyaron la función de la oferta de Lucas. El dinero inesperado ayudó a explicar los movimientos de la producción real en tres países, mientras que el dinero esperado lo hizo en cuatro países. Además, Sheehey sólo descubrió una asociación negativa débil entre la varianza del crecimiento monetario inesperado (como una medida de la volatilidad de la demanda agregada) y el efecto del dinero inesperado sobre la producción, lo que también plantea algunos interrogantes acerca del vigor de las pruebas entre regímenes.

Sheehey comparó las regiones que utilizaron el dinero inesperado con las que utilizaron el dinero esperado, en lugar de incluir a ambos en la misma ecua-

---

[40] Hanson sostuvo que una regla práctica razonable, basada en sus resultados, era que 10% de crecimiento monetario imprevisto provocaba una desviación de 1% en la producción en relación con su tendencia.

ción y utilizar pruebas de restricciones de exclusión, como se sugirió antes y como se ha hecho en otros ensayos. Choudhary y Parai (1991) utilizaron una muestra de tres países latinoamericanos y estimaron ecuaciones de producción de forma reducida que incluían términos contemporáneos y retrasados en el dinero inesperado y esperado. Posteriormente verificaron las restricciones de exclusión sobre los términos del dinero esperado, descubriendo que la hipótesis nula de que el dinero esperado no tenía ningún efecto podía rechazarse al nivel de 5% en once de sus trece países, y al nivel de 10% en todos los países. Chopra (1985) utilizó un procedimiento diferente. En lugar de estimar una ecuación de producción de forma reducida, estimó una ecuación del nivel de los precios de forma reducida utilizando la demanda agregada (el PIB nominal) como la variable de política, siguiendo el enfoque original de Lucas (1973). Demostró que, en una formulación keynesiana, esta ecuación contendría precios retrasados e impondría coeficientes iguales a los componentes de la demanda agregada esperados e inesperados mientras que la formulación de Lucas excluiría los precios retrasados y requeriría un coeficiente unitario para los movimientos esperados en la demanda agregada. Chopra verificó estas restricciones utilizando una muestra de trece países, cuatro de los cuales eran latinoamericanos. Descubrió que las restricciones impuestas por la formulación de Lucas eran consistentes con los parámetros estimados en sólo tres casos. En otros seis casos, estas restricciones se rechazaron en favor de la alternativa keynesiana. Los resultados fueron ambiguos para los demás países, porque la inflación retrasada importaba o el coeficiente de la demanda esperada era menor que 1, pero no las dos cosas.

III.4.3. *Una evaluación de las pruebas*

¿Cómo deberemos interpretar todas estas pruebas? Aunque las pruebas entre diversos regímenes apoyan la función de oferta de Lucas en los países en vías de desarrollo, no discriminan necesariamente contra una alternativa keynesiana. Las pruebas dentro de un mismo régimen que pueden utilizarse para ese propósito no se han aplicado siempre en esa forma. Cuando se han aplicado, el peso de la prueba para los países en vías de desarrollo parece sugerir, contra la conjetura de Corden (1989), que la alternativa keynesiana no se rechaza fácilmente en tales países. Sin embargo, la prueba es débil por dos razones. Primero, la cobertura geográfica de esta investigación ha sido muy limitada. A excepción del ensayo de Chopra (1985), todo el trabajo aquí descrito se ha concentrado en América Latina.[41] Obviamente, el comportamiento de la ofer-

---

[41] Cozier (1986) ofrece otro estudio que se concentra en un grupo más diversificado de países. Su análisis se basa en un modelo económico completamente especializado, que produce un

ta a corto plazo puede ser muy diferente en otras partes, porque las instituciones del mercado laboral pueden exhibir mayor uniformidad dentro de las regiones que entre regiones diferentes. Segundo, y más importante, las pruebas existentes para un solo régimen han representado a menudo una aplicación acrítica, a los países en vías de desarrollo, de ecuaciones de producción de forma reducida derivadas de modelos mcacroeconómicos simples de un país industrializado "representativo". Si el modelo relevante del país en vías de desarrollo es diferente, la ecuación de producción de forma reducida estará mal especificada y las verificaciones estadísticas estarán sesgadas en direcciones desconocidas.

Por ejemplo, si la movilidad de capital es elevada, ni el dinero esperado ni el inesperado deberían intervenir en una regresión de producción de forma reducida con un modelo "nuevo clásico" de economía abierta, mientras que la política fiscal y las tasas de interés extranjeras sí deberían intervenir.[42] En efecto, la incapacidad de varios de los estudios citados aquí para encontrar un papel significativo para el dinero inesperado, interpretada a veces por sus autores como algo inconsistente con la función de oferta "de sorpresa" o como derivado de una ecuación de pronóstico inadecuada para el crecimiento monetario, podría reflejar simplemente una elevada movilidad de capital.[43] Una verificación apropiada requiere una nueva especificación del modelo macroeconómico relevante de donde se deriva la ecuación de producción de forma reducida, a fin de evitar la mala especificación de esta última. Los modelos macroeconómicos "nuevos clásicos" para los países en desarrollo que incluyen los bienes intermedios racionados (Agénor, 1990a; Chopra y Montiel, 1986) y adoptan una estructura de producción "de economía dependiente" (Montiel, 1987), generan ecuaciones de producción de forma reducida que son muy diferentes de las estimadas en la literatura existente. La conclusión de que las características keynesianas son efectivamente relevantes en muchos países en vías de desarrollo podría defenderse con más confianza si tales modelos se generalizaran para obtener ecuaciones de producción de forma reducida que incluyeran a las hipótesis clásicas y keynesianas, lo que permitiría aplicar pruebas de restricciones de exclusión para discriminar entre ellas.

La especificación de funciones conductuales agregadas es un componente fundamental de todo modelo macroeconómico. En este capítulo hemos examinado la formulación de tales funciones en cuatro áreas principales: consumo

bien para la exportación e importa todos los bienes de consumo —supuestos bastante restrictivos, como se discutió en el capítulo II.

[42] Esto ha sido demostrado por Montiel (1991a), quien utiliza una estructura obtenida del modelo de "economía dependiente", desarrollado por Blejer y Fernández (1980).

[43] Los datos discutidos en el capítulo V sugieren efectivamente que la movilidad internacional de capital, aunque no es perfecta, puede ser muy elevada en muchos países en vías de desarrollo.

y ahorro, inversión, demanda de dinero y la oferta de producción a corto plazo. En cada caso empezamos por explicar cómo las características estructurales de los países en vías de desarrollo pueden generar ecuaciones conductuales específicas que difieren sustancialmente de las que suelen adoptarse en los países industrializados. Por ejemplo, las restricciones de la liquidez parecen desempeñar un papel más importante en el mundo en vías de desarrollo. En los países en vías de desarrollo, la inversión privada depende en mayor medida de factores tales como el grado de racionamiento del crédito o la disponibilidad de financiamiento bancario, la disponibilidad de divisas y el nivel de la inversión pública en infraestructura. Las variables del costo de capital suelen intervenir en las ecuaciones de la inversión con el signo correcto pero por lo general no son estadísticamente significativas. Por lo tanto, las tasas de interés pueden influir sobre la inversión privada sólo indirectamente, a través de su efecto sobre el rendimiento real de los activos financieros y por ende sobre el volumen del ahorro financiero. Por último, dado el grado de diversificación del sistema financiero en muchos países en vías de desarrollo, los determinantes principales de la demanda de dinero nacional son la tasa inflacionaria, que capta los efectos de sustitución entre el dinero y los bienes reales, y la tasa de depreciación de la tasa de cambio (oficial o paralela), que capta los efectos de la sustitución de monedas.

Una implicación metodológica general e importante de la discusión precedente, es que la estimación de las funciones conductuales, apropiadas, de forma reducida, requiere de una derivación explícita y cuidadosa de la teoría que se encuentra detrás de la especificación escogida. Con demasiada frecuencia, los estudios econométricos han consistido en una acción de variables en ecuaciones de regresión sin un marco analítico subyacente claro. Por ejemplo, la especificación de las ecuaciones de producción "nuevas clásicas" para los países en vías de desarrollo que incluyen bienes intermedios racionales (una característica importante de muchos países en vías de desarrollo) difiere sustancialmente de los modelos convencionales no sólo en el conjunto de las variables introducidas en la ecuación de estimación, sino también en la forma particular como tales variables entran en la regresión. La elección de los componentes, esperados o inesperados de una variable, que deban intervenir, no puede ser una decisión arbitraria, sino que ello debe derivar de un marco estructural explícito. Proporcionaremos otros ejemplos de este principio metodológico en nuestra discusión del trabajo empírico, que trata de medir el efecto de la devaluación sobre la producción (capítulo VII), y los determinantes del crecimiento a largo plazo (capítulo XVII).

APÉNDICE

INCERTIDUMBRE, IRREVERSIBILIDAD E INVERSIÓN:
UN EJEMPLO SENCILLO

Este apéndice presenta un ejemplo sencillo que ayuda a resaltar los efectos de incertidumbre e irreversibilidad en la inversión.[44] Considérese un mundo en que una firma de riesgo neutral debe decidir invertir en un proyecto irreversible (es decir, un proyecto en el que el costo inicial está totalmente hundido) a un precio p_K en el periodo $t = 0$. La tasa de retorno del proyecto en el periodo $t = 1$ y posterior es incierta, como resultado, de hecho, de la incertidumbre acerca de la demanda futura del producto generada por el proyecto.

De manera más precisa, supóngase que si la inversión toma lugar al inicio del periodo $t = 0$, desembocará en una ganancia conocida de R_0 al final del periodo y después una ganancia R desconocida en cada periodo futuro. Dada la información disponible en $t = 0$, el valor esperado del retorno futuro es $E_0 R$. El valor neto presente del retorno anticipado de flujo de efectivo se desplaza de manera asociada con el proyecto. V_0 es entonces

$$V_0 \equiv -p_K + \frac{R_0}{1+r} + \left[\frac{1}{1+r}\right]^2 \sum_{i=0}^{\infty} (1+r)^{-i} E_0 R,$$

donde r es la tasa de descuento (o, de manera equivalente, la tasa de retorno de una inversión alternativa). Reacomodando la expresión anterior tenemos

$$V_0 \equiv -p_K + \frac{R_0 + E_0 R/r}{1+r}. \tag{A1}$$

Aplicando un criterio de valor presente neto convencional se sugeriría que la firma debería invertir tanto como $V_0 > 0$, es decir, utilizando (A1):

$$R_0 - rp_K + \frac{E_0 R - rp_K}{r} > 0, \tag{A2}$$

en donde el término rp_K se puede interpretar (ante la ausencia de depreciación) como el costo de capital para el usuario. Si la inversión fuera totalmente reversible, entonces el futuro no importaría; la regla de decisión óptima sería entonces invertir ahora en tanto $R_0 - rp_K > 0$, es decir, en tanto el retorno actual exceda el costo de capital para el usuario. La presencia de irreversibilidad requiere considerar la diferencia entre la ganancia esperada, así como el costo del capital del usuario.

Aunque (A2) puede sostenerse en un sentido de *ex ante*, no puede en *ex post*; la razón es que hay una probabilidad no cero que en el periodo futuro $R - rp_K < 0$. La firma puede entonces quedar "atrapada" en una aventura sin ganancias. Si por lo tanto

---

[44] La presentación se basa ampliamente en Servén (1996). Véanse Caballero (1997) y Dixit y Pindyck (1994) para un análisis más detallado, pues incluyen casos de proyectos múltiples, decisiones de inversión incrementadas y problemas de agregación.

tiene incentivos para retrasar la inversión para aprender más acerca de los factores que afectan el retorno futuro —en nuestro ejemplo particular el estado de la demanda en el mercado para el producto.

Para ver como afecta la regla de decisión (A2), considere primero el caso en donde la firma sabe con certeza que la incertidumbre se desvanecerá totalmente en el periodo $t = 1$ y que los retornos del proyecto para $t > 1$ permanecerán constantes en el nivel conocido como $t = 1$. Suponga entonces que la firma decide no invertir hoy en absoluto y hacerlo el siguiente periodo si y sólo si el retorno conocido excede el costo de capital del usuario: en ese caso, el valor neto presente de la corriente anticipada de los flujos de efectivo, V_1, será dado por

$$V_1 \equiv \Pr(R > rp_K) \left\{ \frac{-P_k}{1+r} + \left[\frac{1}{1+r}\right]^2 \sum_{i=0}^{\infty} (1+r)^{-i} E_0(R \mid R > rp_k) \right\},$$

en donde $\Pr(R > rp_K)$ es la probabilidad de que el retorno del proyecto exceda el costo de capital, y $E_0(R \mid R > rp_K)$ el valor esperado de R, a condición de que el retorno del proyecto exceda el costo de capital. En el caso particular en que $\Pr(R > rp_K) = 0$ también tenemos $V_1 = 0$.

La comparación de la estrategia anterior con el caso previo puede hacerse calculando

$$V_1 - V_0 = \left(\frac{1}{1+r}\right) \left\{ \Pr(R \le rp_k) \frac{E_0(rp_K - R \mid R \le rp_k)}{r} - (R_0 - rp_K) \right\},$$

expresión que se obtiene utilizando el resultado estándar

$$E_0 R = \Pr(R > rp_K) E_0(R \mid R > rp_K) + \Pr(R \le rp_K) E_0(R \mid R \le rp_K).$$

A la firma le conviene más invertir hoy si $V_1 - V_0 < 0$, condición que puede reescribirse como

$$R_0 - rp_K > \Pr(R \le rp_K) \frac{E_0(rp_K - R \mid R \le rp_K)}{r}. \tag{A3}$$

La condición (A3) compara el *costo de la espera*, como se da en el retorno neto previsto en el periodo 0 por no invertir, $R_0 - rp_K$, con el *valor de la espera*, dado por el error irreversible que se revelaría mañana si los retornos son menores al costo de capital del usuario ($R \le rp_K$). El valor presente esperado de tal error se mide con el lado derecho de (A3): el error se comete con la probabilidad $\Pr(R \le rp_K)$; su tamaño por periodo esperado, dada la información de hoy, es $E_0(rp_K - R \mid R) \le rp_K$; y porque deriva a cada periodo dentro del futuro indefinido, se tiene que multiplicar por $1/r$ para transformarlo a los términos del valor presente. Conviene invertir inmediatamente sólo si el primer periodo de ganancia excede al costo de capital del usuario medido convencionalmente, por un margen que es lo suficientemente grande para compensar por el error irreversible, es decir, si el costo de esperar sobrepasa el valor de la espera.

Una implicación importante de (A3) es que la posibilidad de que en un futuro R pueda exceder rp_K no tiene efecto en el umbral de la inversión y por lo tanto no afecta la decisión de invertir hoy. De manera intuitiva, la razón para esta asimetría es que la opción para esperar no tiene valor en los estados en que invertir habría sido, de hecho, la decisión correcta —es sólo valiosa en aquellos estados en que invertir hoy hubiese sido *ex post* una "mala" decisión. Este valor opcional por la espera, δ, se da por[45]

$$\delta = \max(V_1 - V_0, 0).$$

Otra implicación importante del análisis anterior es que un incremento en la dispersión de la distribución de ganancias futuras —como resultado, de hecho, de una volatilidad macroeconómica incrementada— que eleva la posibilidad de "malos" resultados (esto es, $R \leq rp_K$) elevará el umbral crítico que la productividad marginal de capital debe alcanzar, y por lo tanto tiende a quitar presión de la inversión.[46] Se usaron argumentos de este tipo para justificar los niveles bajos de inversión observados en el África subsahariana en las décadas de 1980 y 1990 (Servén, 1996), especialmente en Ghana (Pattillo, 1997).

---

[45] La opción no tiene valor si $V_1 \leq V_0$, por lo que la decisión óptima es invertir hoy ($t = 0$).

[46] Este resultado, no obstante, no siempre se sostiene. Si el costo de oportunidad de la espera, R_0, es más incierto que conocido —como sería el caso de proyectos de inversión sujetos a intervalos para completarlos— y si la firma puede abandonar a futuro el proyecto por su alto costo, es decir si la inversión es sólo reversible en parte, entonces la inversión debe apresurarse, ya que hay mayor incertidumbre. La posibilidad de crear condiciones extremas favorables a R_0 aumenta la posibilidad de crear condiciones extremas adversas, sin embargo, la firma podría evitar esto si eleva el costo de espera y si finaliza el proyecto.

SEGUNDA PARTE

POLÍTICAS MACROECONÓMICAS DE CORTO PLAZO

IV. FUENTES DE FLUCTUACIONES MACROECONÓMICAS

EN LOS CAPÍTULOS ANTERIORES se ha documentado que los países en desarrollo no sólo experimentan sacudidas que difieren en tipo y amplitud de aquellas que se experimentan en los países industrializados; también el contexto macroeconómico local, en el cual se expresan estas sacudidas, tiende a ser bastante diferente en el marco del país en desarrollo, de lo que se asume típicamente en el análisis macroeconómico del país industrializado. De ahí que ambas fuentes de sacudidas macroeconómicas y sus mecanismos de propagación parezcan diferir en los países en vías de desarrollo. Hoy examinamos las implicaciones de estas diferencias por la naturaleza de las fluctuaciones macroeconómicas en los países en vías de desarrollo.

Este capítulo, basado en la investigación de Agénor, McDermott y Prasad (1997), ofrece un intento sistemático de documentar un amplio rango de regularidades en las fluctuaciones macroeconómicas para un grupo de países en desarrollo, con experiencias diversas con el cambio estructural, por el que los datos de calidad razonable pueden ensamblarse. Específicamente, el análisis de las regularidades del ciclo de negocios se basa en datos semestrales para un grupo de doce países de ingreso medio: Colombia, Chile, India, Corea, Malasia, México, Marruecos, Nigeria, Filipinas, Túnez, Turquía y Uruguay. Por otra parte, la decisión de emplear datos semestrales y no anuales impone una restricción adicional en el tamaño de la muestra, porque relativamente pocos países en vías de desarrollo producen indicadores semestrales de resultados. Además, el uso de datos semestrales proporciona series de tiempo suficientemente largas para inferencias estadísticas confiables. Los datos cubren un amplio margen de variables macroeconómicas e incluye los resultados industriales, precios, salarios, varios agregados monetarios, crédito al sector privado local, variables fiscales, tipos de cambio y variables de intercambio comercial. La relación entre las fluctuaciones económicas entre estos países y dos indicadores clave que aproximan la actividad económica en países industrializados —un índice del producto del país industrial y una medida de la tasa de interés mundial real— también se examinan.

El capítulo se organiza de la siguiente manera. La sección IV.1 describe los juegos de datos en detalle, junto con una cantidad de características económicas de los países incluidos en la muestra. La sección IV.2 presenta puntos estadísticos. La sección IV.3 inicia presentando estadísticas resumidas del comportamiento de los resultados y ofrece una caracterización de fluctuaciones macroeconómicas en el grupo de países seleccionados, además de contrastar los resultados con hechos estilizados, disponibles, de los ciclos de negocios en los países en vías de desarrollo y en los industrializados. La última parte del capítulo resume los resultados principales.

IV.1. LOS DATOS

La gráfica IV.1 contiene información acerca de un número de características económicas clave de la muestra de países estudiadas por Agénor, McDermott y Prasad (1997). Como los números sugieren, la mayoría de estos países podría caracterizarse, de manera razonable, como países de ingreso medio. Aunque la India y Nigeria tienen ingresos per cápita relativamente bajos, se incluyeron en la muestra porque están entre las economías de mercado más grandes de sus respectivos continentes. Las tasas de urbanización y las proporciones de resultados agrícolas como una parte del total del PIB indican que la agricultura es un sector importante pero no dominante en estas economías.

Los índices de resultados industriales se usan para medir las fluctuaciones en los ciclos de negocios.[1] Como se muestra en la gráfica IV.1, el sector manufacturero cuenta como una fracción significativa del PIB total en esos países. Con excepción de Nigeria, esta porción es mayor a 15% para todos los países de la muestra, comparada con la porción promedio de cerca de 25 a 30% en la mayoría de las economías industrializadas. Además, debido a que el producto del sector industrializado difícilmente corresponde al producto del sector de intercambio de bienes (excluyendo las necesidades primarias), y no se relaciona de manera cercana a lo que se piensa tradicionalmente como una sacudida del ciclo de negocios, ya sea exógena o determinada por políticas, argumentaríamos que esta variable es un poder para medir el ciclo total.

Una característica importante del grupo de países mostrados en la gráfica IV.1 es que aunque algunos de ellos (como México, Turquía y Uruguay) han tenido altos niveles de inflación en las dos décadas pasadas, ninguno tuvo episodios sostenidos de hiperinflación durante ese periodo. La gráfica IV.1 también ofrece información acerca del número de otros indicadores económicos, tales como gasto gubernamental y recaudación, crecimiento promedio de importaciones y exportaciones y rangos del servicio a la deuda externa. Para todos los países con excepción de Nigeria, el crecimiento en las exportaciones

---

[1] De hecho, pocos países proporcionan semestralmente datos del PIB. Más aún, generalmente el uso de datos del PIB para medir la actividad de los ciclos de negocios en el contexto de un país en vías de desarrollo puede resultar problemático. La agricultura, que en muchos casos (incluidos varios países de nuestra muestra) aún cuenta para una gran porción de resultados agregados, es más influida por condiciones climáticas que por factores cíclicos. Las mediciones pobres de los servicios o de las actividades de los sectores informales también pueden implicar desviaciones significativas.

GRÁFICA IV.1. *Indicadores económicos de algunos países en vías de desarrollo (datos referentes a 1993, a menos que se indique otra cosa)*

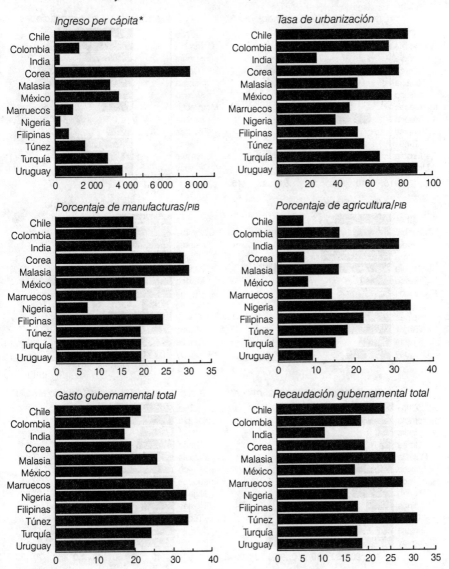

* En dólares estadunidenses.

GRÁFICA IV.1. *Indicadores económicos de algunos países en vías de desarrollo (datos referentes a 1993, a menos que se indique otra cosa) (conclusión)*

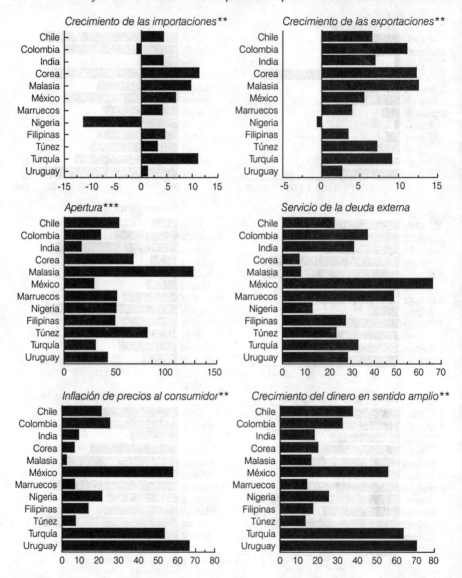

** Tasa media de crecimiento anual, porcentaje, 1980-1993.
*** Razón media anual, porcentaje, 1980-1993.
FUENTE: Agénor, McDermott y Prasad, 1997.

es un contribuyente importante para el crecimiento total del PIB. Las medidas estándar de apertura al comercio internacional, como se indica por el promedio del rango de apertura, definido como el rango de la suma de importaciones y exportaciones sobre el PIB, ilustran la importancia de las transacciones de comercio exterior para estos países.

IV.2. TÉCNICAS PARA CAMBIAR DE TENDENCIA

Para examinar las fluctuaciones económicas en las frecuencias de los ciclos de negocios, es necesario descomponer todas las series macroeconómicas en los componentes no estacionarios (tendencia) y estacionarios (cíclicos), porque ciertas caracterizaciones empíricas de los datos, incluyendo correlaciones cruzadas, son válidas sólo si los datos son estacionarios. En particular, como se muestra por Agénor, McDermott y Prasad (1997) los índices de resultados industriales para los países de la muestra no son estacionarios.

Para una serie dada, en muestras finitas, los componentes estacionarios obtenidos utilizando filtros diferentes pueden a menudo desplegar propiedades muy diferentes en las series de tiempo. Para revisar lo robusto de sus resultados Agénor, McDermott y Prasad (1997) usan tres filtros alternativos: una versión modificada del filtro Hodrick-Prescott (HP), el filtro de paso de banda y un método para cambiar de tendencia no paramétrico.[2] Todas estas técnicas de filtrado se pueden discutir en el marco de trabajo de una descomposición clásica de series de tiempo, dentro de su tendencia y componentes cíclicos.

IV.2.1. El filtro Hodrick-Prescott

Considérese una variable ajustada por estaciones x_t que pueda escribirse como la suma de un componente de la tendencia que no se ha observado, x_t^*, y un componente cíclico residual, x_t^c:

$$x_t = x_i^* + x_t^c. \tag{1}$$

El filtro estándar HP (véase Hodrick y Prescott, 1997) emplea una regla de ajuste en la que el componente de la tendencia se mueve continuamente y se ajusta gradualmente. De manera formal, el componente de la tendencia que no se observa, x_t^* se extrae resolviendo el siguiente problema de minimización:

---

[2] Agénor, McDermott y Prasad (1997) también utilizan el filtro de primera diferencia.

$$\min_{x_t^*} \sum_{t=1}^{T} (x_t - x_t^*)^2 + \lambda \sum_{t=2}^{T-1} [(x_{t+1}^* + x_t^*) - (x_t^* - x_{t-1}^*)]^2. \tag{2}$$

Así, el objetivo es seleccionar el componente de la tendencia que minimiza la suma de las desviaciones cuadradas de la serie observada, sujeta a la constricción que los cambios en x_t^*, varían gradualmente con el tiempo. El multiplicador Lagrange λ es un número positivo que penaliza los cambios en el componente de la tendencia. Mientras mayor es el valor de λ, se suaviza el resultado de la tendencia de la serie.

El filtro HP ha sido objeto de varias críticas. En particular, se ha argumentado que quita información potencialmente valiosa de las series de tiempo, y que puede impartir patrones cíclicos espurios a los datos. Más importante para nuestro propósito es la determinación del valor de λ. La práctica común en la literatura es λ a 1 600 para series de tiempo semestrales. No obstante, el imponer este valor específico (que se derivó de un examen de las propiedades de los datos resultantes en los Estados Unidos) para cada serie y cada país en otras muestras es algo arbitrario y puede reflejar una asunción implícita extremadamente estricta acerca del nivel de persistencia en x_t.

La perspectiva que siguen Agénor, McDermott y Prasad (1997) es escoger el valor de λ para cada serie individual, utilizando el método dependiente de datos, llamado validación cruzada generalizada. El principio básico de la validación cruzada es dejar fuera, uno a uno, los puntos de los datos y escoger el valor del parámetro suavizador bajo el cual los puntos de los datos perdidos se predicen mejor por los datos restantes. La virtud de este enfoque es que las asunciones *a priori* acerca del valor apropiado del parámetro suavizador no se requieren y este parámetro no tiene que sostenerse de manera constante a lo largo de la serie. De hecho, las estimaciones del parámetro suavizador por la aplicación del filtro HP modificado mostró un amplio rango de variación a lo largo de los países y a través de las series. De hecho, para las series de resultados industriales, los valores para este parámetro tuvieron un rango de 380 a 5 100 para los países de la muestra y estuvo cerca al valor "tradicional" de 1 600 sólo para un país.[3]

IV.2.2. El filtro de paso de banda

El filtro de paso de banda desarrollado por Baxter y King (1995), es esencialmente un promedio de movimientos que filtra "ruido" de alta frecuencia y "tendencias" de baja frecuencia, dejando detrás las fluctuaciones en las fre-

---

[3] Más detalles sobre la implementación de este filtro se proporcionan en Agénor, McDermott y Prasad (1997).

cuencias típicas del ciclo de negocios. El filtro se construye combinando un filtro de pase bajo y un filtro de pase alto e imponiendo restricciones que eliminan las fluctuaciones en las frecuencias más altas y bajas que las que corresponden a las frecuencias típicas del ciclo de negocios. Siguiendo a Baxter y King (1995), Agénor, McDermott y Prasad (1997) se usan frecuencias de corte que corresponden a 6 y 32 semestres.

IV.2.3. *El método no paramétrico*

Esta técnica emplea un método de estimación de regresión no paramétrica univariada, para estimar los componentes de la tendencia y los cíclicos de una serie, sin tener que especificar la forma funcional del componente de la tendencia de la serie, que subyace al grado de suavidad aplicado a los datos reales. Éste es un método flexible en tanto que permite el modelado de tendencias que involucran polinomiales del más alto orden sin imponer una forma de función particular en el componente de la tendencia. El método también puede extenderse para controlarse por las discontinuidades o puntos de cambio aislados en la serie (que pueden interpretarse, de hecho, como cambios de nivel en la serie que subyace).

IV.3. EVALUACIÓN DE LAS FLUCTUACIONES MACROECONÓMICAS

De acuerdo con gran parte de la literatura, Agénor, McDermott y Prasad (1997) miden el grado de comovimiento de una serie y_t con resultados industriales x_t por la magnitud del coeficiente de correlación $\rho(j), j \in \{0, \pm 1, \pm 2,...\}$. Estas correlaciones (como se reportó en las tablas analizadas anteriormente) están entre los componentes estacionarios de y_t y x_t, con ambos componentes derivados utilizando el mismo filtro. Una serie y_t se conoce como procíclica, acíclica o contracíclica, dependiendo si el coeficiente de correlación contemporáneo $\rho(0)$ es positivo, cero o negativo. Además, la serie y_t se conoce como fuertemente correlacionada contemporáneamente si $0.26 \leq |\rho(0)| < 1$, débilmente correlacionada contemporáneamente si $0.13 \leq |\rho(0)| < 0.26$ y contemporáneamente no correlacionada con el ciclo si $0 \leq |\rho(0)| < 0.13$.[4]

Los coeficientes de correlación cruzada $\rho(j), j \in \{0, \pm 1, \pm 2,...\}$, indican el cambio de fase de y_t relativa al ciclo en producción industrial. Nuevamente, de acuerdo con la literatura existente, decimos que y_t induce el ciclo por periodo(s) j si $|\rho(j)|$ es lo máximo para una j positiva, es sincrónico si $|\rho(j)|$ es lo má-

---

[4] El error estándar aproximado de estos coeficientes de correlación, computados bajo la hipótesis nula de que el coeficiente de correlación verdadera es cero, dado el número promedio de observaciones por país en la muestra, es como de 0.13.

ximo para $j = 0$ y hace intervalos en el ciclo si $|\rho(j)|$ es lo máximo para j negativa.[5]

El estudio se centra en las correlaciones cruzadas entre el resultado local y las variables siguientes:

a) Los ciclos de negocios de los países industrializados, esto es, la relación entre las fluctuaciones de los resultados industriales locales en los países de la muestra, y las variables que representan la actividad económica en los países industrializados mayores y la tasa de interés mundial real (que refleja las condiciones de crédito en los mercados internacionales de capital);

b) las variables del sector público, es decir, el gasto y recaudaciones del sector público. Una correlación contemporánea negativa entre el gasto del consumo del gobierno y el resultado (comerciable) industrial es consistente con la predicción de una variedad de modelos, tales como, de hecho, la clase de modelos de optimización intertemporal con movilidad de capital imperfecta y precios flexibles analizados en el capítulo XI;

c) salarios reales: de hecho los modelos keynesianos implican que los salarios reales son contracíclicos mientras los modelos de equilibrio del ciclo de negocios implican que los salarios reales son procíclicos; en contraste, los modelos del ciclo de negocios reales, así como los modelos macroeconómicos keynesianos nuevos con competencia imperfecta y marcas contracíclicas, por lo contrario, predicen salarios procíclicos (Romer, 1995). De manera más general, ciertamente las sacudidas de diferentes tipos pueden tener implicaciones muy distintas para lo cíclico del salario real. Las sacudidas tecnológicas tenderán a producir una conducta de salario real procíclica, en tanto que las sacudidas nominales (tales como sacudidas de suministro de dinero) generarán movimientos de salario real contracíclico;

d) precios e inflación; una literatura sustancial ha documentado la conducta contracíclica de precios en las economías industrializadas: la evidencia en la conducta de (el nivel de) precios se ve para proporcionar apoyo a modelos que apoyan el ciclo de negocios, incluyendo modelos del ciclo real del negocio que atribuyen un papel predominante a las sacudidas tecnológicas en la conducción de las fluctuaciones del ciclo de negocios (véase Romer, 1995). No obstante, también se ha argumentado que la correlación entre *inflación* y producto cíclico es la correlación apropiada para discriminar entre modelos de oferta y demanda del ciclo de negocios (Chadha y Prasad, 1994); y la inflación parece haber sido de hecho procíclica durante el periodo de la posguerra en las economías del G-7;

---

[5] El patrón de correlaciones líder-intervalos, y en particular el intervalo en el que la correlación positiva máxima ocurre, se podría interpretar como indicador de la velocidad con que las innovaciones en la variable se transmiten a la actividad real x_i.

e) agregados monetarios (dinero base, dinero restringido y la sacudida del dinero amplio), velocidad monetaria y crédito local para el sector privado. La última variable, en particular, es especialmente relevante para países con ingreso medio en donde la equidad de los mercados tiende a ser capitalizada de manera relativamente débil y el crédito del sector privado juega típicamente un papel importante en la determinación de la inversión y el financiamiento de las necesidades del capital de trabajo y, así, la actividad económica total, en especial en el sector industrializado (véase el capítulo VI);

f) variables del mercado exterior: en particular, las fluctuaciones en el comercio de mercancías (como se capturó en el rango de exportaciones a importaciones a precios actuales) y los términos de comercio (como se capturó a través de los índices del valor por unidad de las importaciones y exportaciones), y

g) tasas de intercambio nominales y realmente efectivas (aplicadas en el comercio). Las relaciones a corto plazo entre estas variables es crucialmente dependiente de las fuentes de fluctuaciones macroeconómicas. Sin embargo, es útil mirar las correlaciones incondicionales por dos razones. Primera, la firma y magnitud de correlaciones incondicionales podría ofrecer alguna indicación de los tipos de sacudidas que tienen fluctuaciones dominadas en un periodo particular de tiempos. Segunda, estas correlaciones podrían ayudar en la interpretación de correlaciones entre productos y variables de comercio.

IV.4. Resumen de los hallazgos

Agénor, McDermott y Prasad (1997) examinan las correlaciones cruzadas anteriores en el periodo de 1978:t1 a 1995:t4 para el grupo de países identificados previamente, utilizando los tres filtros descritos en la sección II.[6] Sus hallazgos principales pueden resumirse como sigue:

1. La volatilidad de la producción —medida por las desviaciones estándares del componente cíclico filtrado de la producción industrial— varía sustancialmente en los países en vías de desarrollo, pero en promedio es mucho mayor que el nivel típicamente observado en los países industrializados. Hay también una persistencia considerable (medida por los coeficientes de autocorrelación) de las fluctuaciones de la producción en los países en vías de desarrollo.
2. La actividad en los países industrializados tiene una influencia positiva pero relativamente débil sobre la producción en los países en vías de desa-

---

[6] Estos filtros, por construcción, generan componentes estacionarios que tienen media cero. Las series de producción, como todas las demás series de tiempo utilizadas, fueron privadas de la estacionalidad mediante el procedimiento X-11.

rrollo. Las tasas de interés reales en los países industrializados tienden a asociarse positivamente a las fluctuaciones de la producción en nuestra muestra de países.

3. El gasto gubernamental es contracíclico. Los ingresos gubernamentales son acíclicos en algunos países, y significativamente contracíclicos en otros: un fenómeno que parece difícil de explicar. El impulso fiscal (definido como la razón del gasto gubernamental al ingreso gubernamental) se correlaciona negativamente con el ciclo económico.

4. El comportamiento cíclico de los salarios nominales varía marcadamente entre los países y no es robusto entre los filtros. En cambio, los datos apoyan fuertemente el supuesto de los salarios reales procíclicos.

5. No hay ninguna relación consistente entre los componentes estacionarios de los niveles de producción y los precios, o entre los niveles de precios y la inflación. Las variaciones del nivel de precios y la inflación son contracíclicos en varios países y procíclicos en pocos países.

6. Las correlaciones contemporáneas entre el dinero (medido por varios agregados monetarios) y la producción son en general positivas, pero no muy fuertes, contra lo que revelan los datos de muchos países industrializados.

7. Las correlaciones contemporáneas entre la velocidad del dinero en sentido amplio y la producción industrial son fuertemente negativas entre todos los filtros para casi todos los países de nuestra muestra. Este resultado contrasta con el comportamiento débilmente procíclico de la velocidad observado en la mayoría de los países industrializados avanzados.

8. El crédito y la producción industrial nacionales se asocian positivamente en algunos países. Sin embargo, el vigor de la relación existente entre el crédito y la producción no es siempre robusto ante la elección del procedimiento de eliminación de la tendencia. En algunos países hay una correlación negativa entre estas dos variables.

9. No hay una correlación robusta entre los movimientos internacionales de mercancías (medidos por la razón de exportaciones a importaciones) y la producción. En algunos países las correlaciones contemporáneas son negativas (cualquiera que sea el filtro usado), mientras que en otros son fuertemente positivas las correlaciones contemporáneas, lo que indica posiblemente que las fluctuaciones de la producción industrial son impulsadas por la demanda de exportaciones y que las importaciones de mercancías son tan sensibles a las fluctuaciones de la demanda interna como en los países industrializados.

10. Los movimientos cíclicos de los términos de intercambio se correlacionan fuerte y positivamente con las fluctuaciones de la producción.

11. No hay patrones sistemáticos en las correlaciones contemporáneas entre las tasas de cambio nominales efectivas y la producción industrial; además, para la mayoría de los países estudiados, estas correlaciones no son

significativamente diferentes de cero. Se obtienen resultados similares para las tasas de cambio reales efectivas.

En general, nuestros resultados sugieren la importancia de los choques del lado de la oferta para el impulso de los ciclos económicos en los países en vías de desarrollo. Por supuesto, puede ser problemático el uso de coeficientes de relación cruzada como indicadores para la evaluación de la relevancia empírica de las teorías macroeconómicas orientadas hacia la demanda por comparación con las teorías orientadas hacia la oferta.[7] Los resultados tampoco son uniformes entre los países. En particular, mientras que las correlaciones negativas entre el precio y la producción en algunos países proveen apoyo para las interpretaciones de los ciclos económicos "reales" o del lado de la oferta, los países donde tales correlaciones son positivas tenderían a apoyar las interpretaciones "nominales" o del lado de la demanda.

Los resultados anteriores coinciden con los de varios países industrializados y los obtenidos por Hoffmaister y Roldós (1997) para Asia y América Latina; y Hoffmaister, Roldós y Wickham (1998) para el África subsahariana, lo que sugiere que en los países en vías de desarrollo la fuente principal de las fluctuaciones de la producción son los choques de la oferta, incluso a corto plazo.[8]

Este capítulo ha tratado de presentar y resumir las propiedades cíclicas de varias series de tiempo macroeconómicas para un grupo de doce países en vías de desarrollo (en su mayor parte de ingreso medio), utilizando tres métodos de eliminación de la tendencia con una sola variable, siguiendo a Agénor, McDermott y Prasad (1997). También se destacaron las semejanzas y diferencias observadas entre las fluctuaciones del ciclo económico en estos países y en los países industrializados.

Desde un punto de vista metodológico, conviene destacar que las correlaciones incondicionales existentes entre diversas variables y la producción nacional, tal como se discute aquí, podrían ser pequeñas porque promedian los efectos de diferentes tipos de choques. Por lo tanto, es importante desarrollar y estimar modelos estructurales, por ejemplo según los lineamientos de Hoffmaister y Roldós (1997), Hoffmaister y Végh (1996), y Rogers y Wang (1995),

---

[7] Generalmente, es posible que la covariación entre un conjunto de variables no dependa sólo de la naturaleza de los choques que perturban la economía sino también (bajo expectativas racionales) de la magnitud de la brecha existente entre la percepción (el anuncio) y la realización (ejecución) del choque.

[8] Hoffmaister y Roldós (1997) destacaron también que tanto los choques externos —en particular los choques de la tasa de interés mundial— como los de la demanda afectan más en América Latina que en Asia a las fluctuaciones de la producción. Hoffmaister, Roldós y Wickham (1998) sugieren que los choques externos —incluidas las modificaciones de los términos de intercambio— tienden a tener más impacto en la producción de las colonias francesas en África (CFA) que en la del resto del África subsahariana.

que tratan de separar los efectos de diferentes tipos de choques macroeconómicos sobre variables tales como los precios, la producción y las tasas de cambio en los países en vías de desarrollo. Sin embargo, los métodos existentes siguen siendo controversiales y todavía no tenemos modelos que separen convincentemente los diferentes tipos de choques. Por último, al nivel analítico, un avance natural sería la construcción de modelos de simulación estocásticos de equilibrio general para las economías en vías de desarrollo pequeñas y abiertas, a fin de evaluar si tales modelos (propiamente calibrados) pueden reproducir los hechos estilizados destacados en este libro. Como antes vimos, algunas de las correlaciones establecidas en este estudio (tales como el comportamiento contracíclico del gasto gubernamental) pueden explicarse efectivamente dentro del marco de algunas de las construcciones teóricas existentes. La construcción de modelos cuantitativos más generales, que sean capaces de explicar el tipo de regularidades del ciclo económico destacadas aquí, podría resultar importante para el diseño de políticas de estabilización y para la estabilización macroeconómica en los países en vías de desarrollo.

V. DÉFICIT PÚBLICOS, SOLVENCIA PÚBLICA Y MACROECONOMÍA

LA EVALUACIÓN DE LOS EFECTOS macroeconómicos de los déficit del sector público ha sido el tema de una literatura abundante, tanto en los países desarrollados como en los países en vías de desarrollo. La relación existente entre los déficit fiscales, el crecimiento monetario y la inflación, en particular, ha sido un elemento central de la concepción "ortodoxa" del proceso inflacionario, como vimos en el capítulo I. Más recientemente, la atención se ha centrado en el papel de opciones de financiamiento alternativas en el comportamiento de las tasas de interés reales y la sustentabilidad de los déficit fiscales, el impacto de los desequilibrios del sector público sobre la cuenta corriente y la tasa de cambio real, el papel de las expectativas acerca de las futuras políticas fiscales y monetarias en la dinámica de los precios, y la medida en que los bonos sean considerados "riqueza neta" por los agentes privados: la llamada proposición de la equivalencia ricardiana. Muchos de estos problemas son comunes a los países desarrollados y los países en vías de desarrollo, pero las diferencias estructurales existentes entre estos dos grupos —sobre todo, como vimos en el capítulo I, las diferencias existentes en la estructura de las finanzas públicas, el grado de diversificación del sistema financiero y la naturaleza de los arreglos institucionales prevalecientes entre el banco central y las autoridades fiscales— tienen implicaciones importantes para los términos del debate y la importancia de factores específicos en casi todos los sentidos.

Este capítulo discutirá la medición, la sustentabilidad y los efectos macroeconómicos de los déficit fiscales en los países en vías de desarrollo.[1] La restricción presupuestaria gubernamental se presentará en la sección V.1, y se derivarán conceptos alternativos del déficit. Nuestra discusión de la medición se concentrará en la evaluación de los semidéficit fiscales, un fenómeno común en muchos países en vías de desarrollo. La sección V.2 discutirá los factores determinantes de la sustentabilidad de los déficit fiscales (o más generalmente la solvencia del sector público), así como la consistencia global de los programas de estabilización. Los efectos macroeconómicos de los déficit fiscales son el tema de la sección V.3. Examinaremos en primer término la aplicabilidad teórica de la proposición de la equivalencia ricardiana y reseñaremos las pruebas empíricas relacionadas con los países en vías de desarrollo. Posteriormen-

---

[1] Por lo tanto, nos concentramos en los aspectos de estabilización de la política fiscal y las finanzas públicas, omitiendo los problemas de asignación y distribución (véase Goode, 1984).

te exploraremos la conexión existente entre los déficit fiscales, la política monetaria y la inflación, utilizando un modelo de economía cerrada donde el gobierno afronta una restricción de solvencia y debe ajustar la política económica general a una fecha bien definida en el futuro. También se examinará el impacto de los déficit del sector público sobre las tasas de interés reales y la inversión privada (a través de efectos de desplazamiento), utilizando un modelo de optimación de una pequeña economía abierta con nula movilidad del capital. La última parte de la sección V.3 se ocupará de la relación existente entre los déficit fiscales, la cuenta corriente y la tasa de cambio real.

V.1. La restricción presupuestaria gubernamental

Cuando las recaudaciones fiscales son menores que el gasto corriente y de capital (incluidos los pagos de intereses de la deuda pública), el gobierno incurre en un déficit que puede financiarse en diversas formas. La restricción presupuestaria gubernamental proporciona la conexión entre los impuestos, el gasto y las fuentes alternativas de financiamiento de los desequilibrios públicos. Ésta es una herramienta esencial para entender la relación existente entre la política monetaria y la política fiscal, y más generalmente los efectos macroeconómicos de los déficit fiscales. Empezaremos por ofrecer una derivación detallada de esta restricción, y luego examinaremos algunos problemas de medición que surgen a menudo en los países en vías de desarrollo. Nos concentraremos particularmente en los problemas relacionados con la medición de los llamados semidéficit fiscales. Luego examinaremos el papel del señoraje y el impuesto inflacionario como fuentes del financiamiento deficitario.

V.1.1. El déficit presupuestario consolidado

Consideremos una pequeña economía abierta que opera bajo un régimen de tasa de cambio predeterminado. El banco central proporciona préstamos para el gobierno general, que incluye a los gobiernos locales y al gobierno central. En general, el gobierno puede financiar su déficit presupuestario emitiendo bonos nacionales, obteniendo préstamos en el exterior o pidiendo prestado al banco central. La identidad presupuestaria consolidada del gobierno en general puede escribirse entonces como

$$\dot{L} + \dot{B} + E\dot{F}^g = P(g - \tau) + iB + i^* EF^g + i_c L, \tag{1}$$

donde L es el acervo nominal del crédito otorgado por el banco central; B es el acervo de la deuda pública interna, denominada en moneda nacional, que gana intereses; F^g es el acervo de la deuda pública externa, denominada en moneda extranjera, que gana intereses; g es el gasto público real en bienes y servicios (incluido el gasto corriente y de capital); τ es la recaudación tributaria real (excluidos los pagos de transferencia); i es la tasa de interés nacional; i^* es la tasa de interés extranjera; $i_c \leq i$ es la tasa de interés pagada por el gobierno sobre los préstamos del banco central; E es la tasa de cambio nominal y P es el nivel interno de los precios.[2] La ecuación (1) omite la existencia de la recaudación no tributaria y la de los donativos extranjeros, aunque estos componentes pueden ser considerables en algunas naciones en vías de desarrollo. Como se documentó en el capítulo I, la proporción de la recaudación no tributaria en el total de los recursos fiscales es mucho mayor en los países en vías de desarrollo que en los países industrializados. Más específicamente, Burgess y Stern (1993) estiman que la recaudación no tributaria representaba en 1987-1988 más de 50% del total de la recaudación en el Medio Oriente, 22% del total de la recaudación en Asia, 16% en África y 15% en el Hemisferio occidental.[3] Sin embargo, para simplificar, en la discusión que sigue excluiremos la recaudación no tributaria y los donativos extranjeros.[4]

El miembro derecho de la ecuación (1) muestra los componentes del gobierno general (gasto, impuestos, e intereses de la deuda interna y externa), mientras que el miembro izquierdo identifica las fuentes del financiamiento del desequilibrio fiscal. La restricción presupuestaria gubernamental indica así que el déficit fiscal se financia con un incremento de la deuda interna y externa que gana intereses, o con el crédito del banco central.

El balance del banco central de esta economía está dado por

$$M = L + ER - \Omega \tag{2}$$

donde M es el acervo nominal de la base monetaria (el dinero en posesión del público y las reservas en poder de los bancos comerciales), R es el acervo de reservas de divisas, y Ω son los beneficios acumulados del banco central o, lo que es lo mismo, su patrimonio neto. La ecuación (2) puede generalizarse en

---

[2] Nuestra presentación del balance del sector público omite activos tales como los recursos naturales y el capital de propiedad pública, componentes que en la práctica pueden ser importantes en algunos países. Buiter (1983) ha sostenido que la exclusión de tales activos y pasivos puede generar una estimación errada del patrimonio neto del gobierno, así como de sus restricciones financieras presentes y futuras. Excluimos también de los recursos públicos el ingreso en efectivo derivado del acervo de capital del sector público, así como las ventas de activos del sector público como una fuente de financiamiento del déficit presupuestario. (Véase el apéndice de este capítulo).

[3] La importancia de la recaudación no tributaria en los países del Medio Oriente se explica en gran medida por la importancia de las recaudaciones directas provenientes del petróleo, mientras que en otras regiones en vías de desarrollo deriva esencialmente de la participación estatal en actividades industriales o en la comercialización de productos agrícolas.

[4] Véase en Kimbrough (1986) un análisis conceptual de las implicaciones de la ayuda extranjera para la política fiscal.

la ecuación (11) del capítulo II incluyendo los préstamos del banco central a los bancos comerciales. Los beneficios del banco central son los intereses recibidos sobre sus préstamos al gobierno, sus ganancias de intereses sobre las reservas extranjeras, y las ganancias de capital derivadas de la revaluación de las reservas ER. En ausencia de costos de operación, la contrapartida de estos beneficios es un incremento del patrimonio neto del banco central, cuyo valor nominal se ve afectado también por las ganancias de capital derivadas de la depreciación de la tasa de cambio:

$$\dot{\Omega} = i^*ER + i_c L + \dot{E}R \tag{3}$$

donde, para simplificar, se supone que la tasa de interés ganada sobre las reservas es la misma que se paga sobre la deuda pública externa.

Como en el capítulo II, la obtención del déficit total del sector público requiere la consolidación de la restricción presupuestaria del gobierno general con la del banco central. Para tal efecto, deberán restarse los beneficios del banco central del déficit gubernamental general, y deberá deducirse el incremento de su patrimonio neto del incremento del pasivo del gobierno general. Por lo tanto, de las ecuaciones (1) y (3),

$$\dot{L} + \dot{B} + E\dot{F}^g - \dot{\Omega} = P(g - \tau) + iB + i^*E(B^g - R) - \dot{E}R. \tag{4}$$

De la ecuación (2), $\dot{L} = \dot{M} - E\dot{R} - \dot{E}R + \dot{\Omega}$. Sustituyendo este resultado en la ecuación (4), obtenemos.

$$\dot{M} + \dot{B} + E(\dot{F}^g - \dot{R}) = P(g - \tau) + iB + i^*E(F^g - R).$$

Definiendo la deuda pública externa como $F^* = F^g - R$, obtenemos

$$\dot{M} + \dot{B} + E\dot{F}^* = P(g - \tau) + iB + i^*EF^*. \tag{5}$$

Sobre la base de la ecuación (5), pueden derivarse varios conceptos presupuestarios de uso común.[5] El primer concepto se refiere al déficit fiscal primario (sin intereses). Medido en términos reales, está dado por

$$d \equiv \frac{D}{P} \equiv g - \tau \tag{6}$$

---

[5] El concepto más general del déficit del sector público es el cambio del patrimonio neto del gobierno, que es igual al valor presente esperado de todos los impuestos, incluida la recaudación de señoraje (que se discutirá más adelante), más el valor neto de los activos corrientes (incluidos los recursos naturales y el capital fijo), menos el valor corriente de todos los pasivos contingentes y no contingentes (Buiter, 1983). Sin embargo, en la práctica se han hecho pocos intentos de utilización de este concepto.

El déficit primario es importante para la evaluación de la sustentabilidad de los déficit gubernamentales y la consistencia entre los objetivos de la política macroeconómica, como antes vimos.

El segundo concepto, muy comúnmente utilizado, es el del déficit fiscal convencional, que es igual al déficit primario aumentado por los pagos de intereses sobre la deuda interna y externa del sector público. Medido en términos reales, el déficit fiscal convencional se define como

$$d \equiv g + i\left(\frac{B}{P}\right) + i^*\left(\frac{EF^*}{P}\right) - \tau. \tag{7}$$

Por último, el déficit fiscal operativo (corregido por la inflación) puede definirse como

$$d \equiv g + (i - \pi)\left(\frac{B}{P}\right) + i^*\left(\frac{EF^*}{P}\right) - \tau. \tag{8}$$

donde τ denota la tasa de inflación interna.[6]

El déficit operativo deduce del déficit convencional real el componente inflacionario de los pagos de intereses de la deuda interna. La justificación de este ajuste es la presunción de que los pagos de intereses inducidos por la inflación equivalen a los pagos de amortizaciones en su impacto económico; es decir, no representan ingreso "nuevo" para los tenedores de activos y se reinvierten voluntariamente en los bonos gubernamentales, de modo que no afectan al gasto agregado real. Puede interpretarse que el déficit operativo proporciona una medida aproximada de la magnitud del déficit que afrontaría el gobierno con una tasa de inflación nula.

En la práctica, la diferencia existente entre diversas medidas de la balanza fiscal puede ser sustancial. La gráfica V.1 muestra el comportamiento de los saldos fiscales primario y operativo de México en el periodo de 1965-1994. Las dos medidas se correlacionan bien hasta principios del decenio de 1980, pero luego surgen grandes divergencias. En 1988, por ejemplo, el saldo fiscal primario indica un superávit de 5.9% del PIB. En cambio, el saldo operativo indica un déficit de 3.6%, y el saldo convencional (que no se incluye en la gráfica) muestra un déficit de 12.4%. En Ghana, en 1981, el déficit convencional ascendió a 6.4% del PIB; el déficit primario a 4.3% y el saldo operativo a un superávit de 5.5% (Blejer y Cheasty, 1991, p. 1656).

[6] Con una inflación mundial nula, si la economía produce un solo bien y se da la paridad del poder de compra en términos absolutos y relativos —de modo que $E = P$ y $\varepsilon = \pi$, donde $\varepsilon \equiv \dot{E}/E$ denota la tasa de devaluación—, y se da continuamente la paridad del interés no cubierto (es decir, $i = i + \varepsilon$), la ecuación (8) se simplifica en

$$d \equiv g + (i - \pi)\left\{\left(\frac{B}{P}\right) + F^*\right\} - \tau$$

GRÁFICA V.1. *Balanza fiscal del sector público en México (en porcentaje del PIB)*

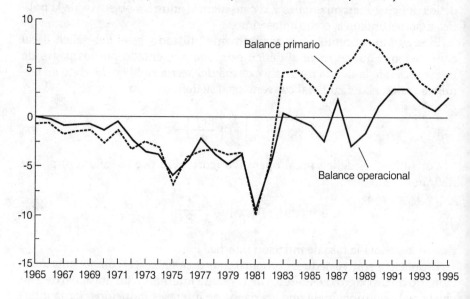

FUENTE: Fondo Monetario Internacional.

V.1.2. *La medición de los déficit fiscales*

La medición de los déficit fiscales en las naciones en vías de desarrollo plantea varios problemas conceptuales y prácticos, los cuales se agravan por la falta de uniformidad entre los países.[7] Por ejemplo, el déficit convencional se puede medir sobre una base de efectivo o sobre la base de los cargos (o las órdenes de pago). En el primer caso, el déficit es simplemente la diferencia existente entre el total de los flujos de gastos en efectivo y la recaudación fiscal. En el segundo caso, el déficit registra el ingreso ganado y los flujos de gasto, independientemente de que haya pagos en efectivo o no. La acumulación de retrasos en los pagos o la recaudación se refleja en déficit mayores cuando se mide sobre una base de cargos por comparación con una medida basada en el efectivo. Surge otro importante problema de medición en los países donde sean generalizados los controles de las tasas de interés o de los precios públicos y privados más importantes. En la medida en que el gasto se mida a los precios oficiales, el déficit podría subestimarse grandemente. La solución apropiada en esta caso consiste en determinar, para propósitos de la valuación, un precio

[7] Blejer y Cheasty (1991) ofrecen una descripción general de los problemas que surgen cuando se evalúa de la magnitud de los déficit fiscales.

"de sombra" adecuado para los bienes o servicios cuyos precios están sujetos a regulaciones gubernamentales. Pero ésta es a menudo una tarea hercúlea, cargada de dificultades empíricas y conceptuales. Por ejemplo, cuando hay un mercado de crédito informal, la valuación de los pagos de intereses de la deuda interna a la tasa controlada (menor) haría aparecer al déficit menor de lo que sería si se utilizara la tasa de interés determinada por el mercado. Pero en la medida en que la tasa de interés informal incluya un gran valor de riesgo debido a una alta probabilidad de moral o incumplimiento de los prestatarios privados, el déficit se sobreestimaría grandemente si el riesgo de incumplimiento de la deuda pública fuese bajo.

Puede ser también muy difícil en la práctica la determinación del grado de cobertura apropiado —es decir, económicamente significativo— del "sector público consolidado", tomando en cuenta algunas de las operaciones realizadas por diferentes entidades públicas. En ese sentido, una cuestión particularmente importante para las naciones en vías de desarrollo se relaciona con el tratamiento de las operaciones del banco central. En muchos países, los bancos centrales realizan diversas operaciones "semifiscales", tales como la recaudación implícita de impuestos (a través del sistema de tasa de cambio,[8] o mediante la imposición de requerimientos de reservas no remuneradas, como veremos en el capítulo VI), la administración de programas de subsidios gubernamentales, el servicio de la deuda y las transferencias, la provisión de crédito preferente, y los préstamos de emergencia al sistema financiero o a otras industrias que experimenten problemas de liquidez o de solvencia. Grandes pérdidas del banco central relacionadas con estas operaciones semifiscales son comunes en los países en vías de desarrollo, sobre todo en América Latina. En 1990, las pérdidas del banco central ascendieron a 2.2% del PIB en Chile, 5% en Jamaica y 3.6% en Uruguay. En el mismo año, el saldo del sector público no financiero registró un superávit de 3.8% en Chile y 0.5% en Uruguay, y un déficit de 1.3% en Jamaica. Las operaciones realizadas por intermediarios financieros públicos distintos del banco central pueden generar también considerables déficit semifiscales.

Los déficit semifiscales de los países en vías de desarrollo pueden superar a los déficit fiscales convencionales en su magnitud total. En Argentina, por ejemplo, los déficit semifiscales fueron aproximadamente tan grandes como

---

[8] Los impuestos implícitos a las transacciones de divisas se causan cuando los exportadores deben entregar sus divisas a precios menores que aquellos a los que algunos importadores pueden comprarlas al banco central. Lo contrario también ocurre con frecuencia: el banco central puede subsidiar a ciertos sectores vendiéndoles divisas a tasas menores que la pagada a los exportadores. En un sentido económico más amplio, el "impuesto" cobrado o el "subsidio" proveído pueden medirse en términos unitarios por el precio mayor del mercado paralelo, cuando existe un mercado informal de divisas que funciona bien. Como se mencionó en el capítulo II y se discutirá en el capítulo XIV, la existencia de tales impuestos tiene implicaciones importantes para la unificación de los mercados de divisas.

los déficit convencionales durante 1982-1985, llegando a 25% del PIB en 1982 y a 18% en 1984 (Easterly y Schmidt-Hebbel, 1994). En Chile, durante el mismo periodo, el déficit semifiscal llegó a más del doble del déficit convencionalmente medido (Blejer y Cheasty, 1991). En la medida en que estas operaciones semifiscales sean similares a otras actividades presupuestarias, deberían incluirse en una medida amplia del saldo del sector público. En la medida en que el uso del déficit del sector público consolidado no financiero, excluya las pérdidas y ganancias del banco central y otros intermediarios financieros públicos importantes de las operaciones semifiscales, puede ofrecer una imagen distorsionada de la situación fiscal.

En la práctica, la separación de las operaciones monetarias y semifiscales del banco central plantea ciertos problemas metodológicos difíciles, como el tratamiento apropiado de las ganancias o pérdidas de capital derivadas de los cambios de valuación —surgidos, por ejemplo, del efecto de las fluctuaciones de la tasa de cambio sobre el valor en moneda nacional de los activos externos netos—, o el procedimiento correcto para la estimación de las actividades semifiscales realizadas fuera de la cuenta de utilidades y pérdidas del banco central. En algunos países, las garantías de tasas de cambio o de préstamos otorgadas por el banco central permanecen completamente fuera de su balance. Además, por lo general, los gobiernos y los bancos centrales utilizan diferentes sistemas contables: las cuentas gubernamentales se llevan sobre la base del efectivo, mientras que las cuentas del banco central se llevan sobre la base de los cargos. La práctica presupuestaria actual, como señalan Robinson y Stella (1993) y Blejer y Cheasty (1991, pp. 1661-1663), es tal que cuando un banco central opera con ganancias, generalmente transfiere una porción sustancial de sus ganancias al gobierno. Sin embargo, cuando opera con pérdidas, el banco central generalmente echa mano de sus reservas (o imprime dinero) en lugar de recibir una transferencia del gobierno para cubrir el total o una parte de la pérdida. Tal tratamiento contable asimétrico podría sesgar gravemente la corrección del déficit fiscal medido de un país cuando las pérdidas del banco central son grandes. Se debe restaurar la simetría, y la cantidad total de las pérdidas del banco central deben incluirse en las cuentas gubernamentales a fin de evaluar correctamente el monto del déficit fiscal.

V.1.3. *El señoraje y el financiamiento inflacionario*

Un gobierno puede vivir largo tiempo [...] imprimiendo dinero. Es decir, por este medio puede obtener control sobre recursos reales, los que son tan reales como los obtenidos mediante la tributación. El método se condena, pero su eficacia, hasta cierto punto, debe admitirse [...] mientras que el público utilice dinero, el gobierno puede continuar recaudando recursos mediante la inflación [...] Lo que se recauda emitiendo billetes se toma del público del mismo modo que a través de un impuesto a la cerveza o un impuesto al ingreso. El público paga lo que el gobierno gasta. No existe ningún déficit que no se cubra (John Maynard Keynes).[9]

El señoraje es un impuesto implícito importante recaudado por el gobierno. Definido en términos amplios, el señoraje consiste en la cantidad de recursos reales que se apropia el gobierno mediante la creación de dinero básico. Con el acervo de dinero básico denotado por M y el nivel de los precios por P, se puede definir la recaudación del señoraje, S_{rec}, como

$$S_{rec} = \dot{M}/P = \mu m = \dot{m} + \pi m. \tag{9}$$

donde $\mu \equiv \dot{M}/M$ denota la tasa de crecimiento de la base monetaria y m denota los saldos monetarios reales. La primera expresión de la ecuación (9) define el señoraje como el cambio del acervo monetario nominal dividido por el nivel de los precios. La segunda expresión define el señoraje total como el producto de la tasa de crecimiento del dinero nominal y los saldos reales mantenidos por el público. Por analogía con la literatura de las finanzas públicas, a menudo se dice que μ es la tasa impositiva y que m, que es igual a la demanda de saldos en efectivo bajo el supuesto de un equilibrio en el mercado de dinero, es la base impositiva. La tercera expresión de la ecuación (9) representa el valor de los recursos extraídos por el gobierno como la suma del incremento del acervo real de dinero $\dot{m}$ y el cambio que había ocurrido en el acervo de dinero real con un acervo nominal constante, a causa de la inflación, πm. La última expresión representa el impuesto inflacionario, I_{imp}:

$$I_{imp} = \pi m, \tag{10}$$

de modo que

$$S_{rec} = I_{imp} + \dot{m}, \tag{11}$$

lo que implica que, en un estado estacionario (con $\dot{m} = 0$), el señoraje es igual al impuesto inflacionario.[10] En la medida en que la creación de dinero causa inflación, afectando así al valor real de los activos nominales, puede verse el señoraje como un impuesto sobre las tenencias de dinero nacional de los agentes privados.

Las gráficas V.2 y V.3 presentan datos sobre el señoraje, el impuesto inflacionario y el nivel de la inflación para un gran grupo de países desarrollados y en vías de desarrollo durante los años ochenta.[11] El cuadro muestra diferencias considerables, entre las naciones, en lo tocante al uso del señoraje. En los últi-

---

[9] Citado por Dornbusch (1993, p. 19).
[10] Muchos macroeconomistas utilizan los términos *señoraje* e *impuesto inflacionario* como sinónimos. Como lo demuestra la ecuación (11), éste es un hábito lamentable.
[11] Cukierman y otros (1992) presentan datos de los años setenta.

GRÁFICA V.2. *El señoraje y el impuesto inflacionario*
(promedios porcentuales durante 1980-1991 y 1992-1996)

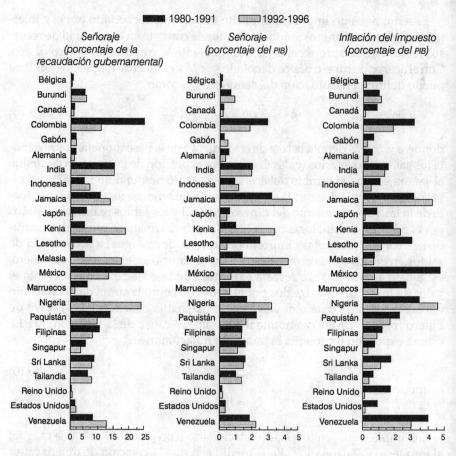

NOTA: El señoraje se calcula en términos del incremento del acervo de dinero básico, según el porcentaje de la recaudación total del gobierno o del PIB. La inflación se calcula según la tasa anual de cambio de los precios a los consumidores. El impuesto inflacionario se calcula así $\pi_t M_{t-1}$ entre el PIB.

FUENTE: Cálculos de los autores basados en *International Financial Statistics*.

mos años, el señoraje ha sido una fuente insignificante de la recaudación en todos los países industrializados, con la excepción de Italia. En cambio, en los países en vías de desarrollo, el señoraje representa una porción sustancialmente mayor de la recaudación tributaria y no tributaria del gobierno, sobre todo en la India, Paquistán y casi todos los países latinoamericanos. El señoraje y el impuesto inflacionario equivalen también a una gran fracción de la producción.

GRÁFICA V.3. *Inflación e impuesto inflacionario*
(promedio de 1980 a 1996)

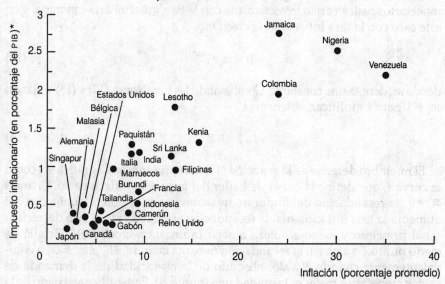

* El impuesto inflacionario se calcula así: $\pi_t M_{t-1}$ entre el PIB nominal. M es la base del acervo monetario, y la inflación es la tasa anual de cambio de los precios al consumidor.
FUENTE: Cálculos hechos por los autores con base en *International Financial Statistics*.

V.1.3.1. *El impuesto inflacionario óptimo*

Mientras que el impuesto inflacionario ha sido reconocido desde hace mucho tiempo como una fuente importante de la recaudación gubernamental (como lo sugiere la cita anterior de John Maynard Keynes), Phelps (1973) fue el primero en destacar que la tasa inflacionaria puede ser determinada *óptimamente* por los gobernantes en un contexto de finanzas públicas. Para mostrar cómo se desenvuelve su análisis, consideremos una economía donde no hay bancos comerciales, de modo que el dinero básico consiste sólo en los saldos de efectivo reales mantenidos por los agentes privados. Supongamos que la economía se encuentra en un equilibrio de estado estable, donde la tasa de crecimiento de la producción es cero, las expectativas se realizan, y la tasa inflacionaria es constante al nivel de π^s.[12] Por la ecuación (10), la recaudación del impuesto inflacionario es entonces igual a

$$I_{imp} = \pi^s m, \tag{12}$$

[12] Véase en Auernheimer (1974) una explicación explícita de los efectos de transición en la determinación de la tasa inflacionaria óptima.

Supongamos que la función de demanda de dinero sigue la especificación de Cagan (véase Blanchard y Fisher, 1989, pp. 195-196), de modo que los saldos monetarios reales varían inversamente con la tasa inflacionaria esperada, y en este caso con la tasa inflacionaria efectiva:

$$m = m_0 e^{-\alpha \pi^s}, \tag{13}$$

donde m_0 denota una constante. Combinando las ecuaciones (12) y (13) y fijando $m_0 \equiv 1$ para simplificar, obtenemos

$$I_{imp} = \pi^s e^{-\alpha \pi^s}. \tag{14}$$

El miembro derecho de la ecuación (14) se representa en la gráfica V.4 como la curva I, que define la curva de Laffer del impuesto inflacionario. Cuando $\pi^s = 0$, la recaudación del impuesto inflacionario es también igual a cero. Si aumenta la tasa inflacionaria, la recaudación aumenta (a una tasa decreciente) al principio y luego empieza a bajar (a una tasa creciente) más allá de cierto punto. Se alcanza la recaudación máxima cuando $dI_{imp}/d\pi^s = 0$, o equivalentemente cuando el valor absoluto de la elasticidad de la demanda de saldos monetarios reales es la unidad uno (punto A). Para cada nivel dado de la recaudación del impuesto inflacionario menor que el correspondiente al punto A, hay dos niveles de equilibrio de la inflación. La tasa inflacionaria única, maximizadora de la recaudación, es entonces igual a

$$\pi^s_{imp} = \alpha^{-1}. \tag{15}$$

que es la inversa de la semielasticidad de la demanda de dinero. Dado un supuesto específico acerca de la formación de las expectativas inflacionarias, puede estimarse fácilmente el parámetro α para países individuales (véase, por ejemplo, Rodríguez, 1991).

El análisis del impuesto inflacionario óptimo se ha extendido en varias direcciones. Se ha reconocido, por ejemplo, que los gobiernos gravan con el impuesto inflacionario no sólo las tenencias de dinero del público, sino también las reservas no ganadoras de intereses que imponen a los bancos comerciales. En el capítulo VI examinaremos la conexión existente entre los requerimientos de reservas y el impuesto inflacionario. Siguiendo lineamientos diferentes, Cox (1983) determina la tasa inflacionaria maximizadora de la recaudación (y el costo de bienestar asociado al financiamiento deficitario) en un modelo donde los bonos gubernamentales y los bonos de emisión privada son sustitutos imperfectos. Su análisis demuestra que las formulaciones tradicionales (que consideran sustitutos perfectos a la deuda privada y la deuda pública) pueden subestimar considerablemente la tasa inflacionaria maximizadora de la recau-

GRÁFICA V.4. *Inflación y recaudación proveniente del financiamiento inflacionario*

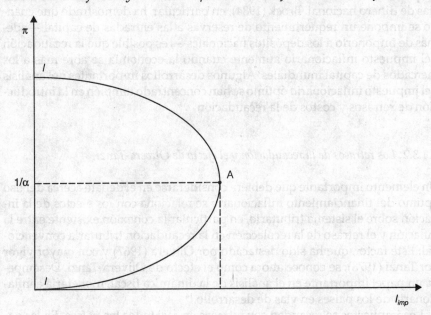

dación. Fischer (1983) examina cómo las consideraciones del impuesto inflacionario óptimo afectan la elección entre regímenes de tasas de cambio. También se ha explorado la conexión existente entre el impuesto inflacionario y la sustitución de monedas, que desempeña un papel generalizado en muchos países en vías de desarrollo.[13] Végh (1989a) examina si el uso del financiamiento inflacionario es óptimo cuando hay sustitución de monedas. Demuestra, en particular, que entre mayor sea el grado de la sustitución de monedas, mayor será el impuesto inflacionario óptimo para un nivel dado del gasto gubernamental. Además de examinar si la utilización del impuesto inflacionario resulta óptima cuando hay sustitución de monedas, algunos autores han estudiado el efecto de la sustitución de monedas sobre el nivel (y la variabilidad) de la recaudación del impuesto inflacionario. Khan y Ramírez-Rojas (1986), por ejemplo, demuestran que la tasa inflacionaria maximizadora de la recaudación es menor cuando hay sustitución de monedas, porque la elasticidad de la demanda de saldos monetarios nacionales reales es mayor en este caso, dado que la moneda extranjera también ofrece servicios de liquidez. Sin embargo, no siempre se aplica el argumento convencional de que un alto grado de sustitución de monedas reduce el rendimiento del impuesto inflacionario, porque los agen-

[13] Véase una discusión más detallada de estas cuestiones en Calvo y Végh (1996).

tes pueden redistribuir la composición de sus carteras en contra de las tenencias de dinero nacional. Brock (1984), en particular, ha demostrado que cuando se impone un requerimiento de reservas a las entradas de capital —además de imponerlo a los depósitos nacionales—, es posible que la recaudación del impuesto inflacionario aumente cuando la economía se abre más a los mercados de capital mundiales. Algunos desarrollos importantes del análisis del impuesto inflacionario óptimo se han concentrado también en la introducción de retrasos y costos de la recaudación.

V.1.3.2. *Los retrasos de la recaudación y el efecto de Olivera-Tanzi*

Un elemento importante que debiera considerarse en el debate acerca del uso óptimo del financiamiento inflacionario se relaciona con los efectos de la inflación sobre el sistema tributario, en particular la conexión existente entre la inflación y el retraso de la recolección en la recaudación tributaria convencional. Este factor, que ha sido destacado por Olivera (1967) y con mayor vigor por Tanzi (1978), se conoce ahora como el efecto de Olivera-Tanzi. Desempeña un papel importante en el análisis de la dinámica fiscal, monetaria e inflacionaria de los países en vías de desarrollo.[14]

Los impuestos se recaudan con retrasos en casi todos los países. En las naciones industrializadas, los retrasos de la recolección —que miden el tiempo que media entre el momento en que se calculan los impuestos causados y el momento en que se pagan efectivamente a la autoridad fiscal— varían en promedio desde un mes en algunos casos y para fuentes de tributación particulares (como los impuestos al ingreso que se retienen en la fuente) hasta seis a diez meses en otros casos (como los impuestos indirectos). En los países en vías de desarrollo, en cambio, el promedio de los retrasos de la recolección puede ser sustancialmente mayor. La porción de la recaudación generada por los impuestos recolectados con tasas progresivas y retenidos en la fuente es pequeña, y a menudo los impuestos se fijan a tasas específicas (como ocurre con los aranceles y los impuestos a productos). En tales condiciones, un incremento de la tasa inflacionaria hará bajar la recaudación tributaria real convencional, en una medida que dependerá del retraso medio de la recolección y de la carga tributaria prevaleciente, es decir, la razón inicial de los impuestos a la producción agregada. Formalmente, sea que n denote el retraso medio de la recolección de los impuestos convencionales medidos en meses, y que π_M denote la tasa

---

[14] Olivera (1967), tratando de explicar la inflación crónica de América Latina en los años sesenta, sostuvo que las recaudaciones nominales están fijas a corto plazo a resultas de los retrasos fiscales, de modo que su valor real baja con la inflación. Aghevli y Khan (1978) y Dutton (1971) se encontraron también entre los primeros economistas que destacaron el nexo existente entre los impuestos y la inflación.

inflacionaria mensual. El valor real de la recaudación tributaria convencional a un nivel de inflación igual a π^s sobre una base anual está dado por (Tanzi, 1978, p. 426).

$$Imp(\pi^s) = \frac{Imp(0)}{(1+\pi_M)^n} = \frac{Imp(0)}{(1+\pi^s)^{n/12}}, \tag{16}$$

donde *Impuesto* (0) denota el valor real de los impuestos convencionales a un tasa de inflación nula.[15] Por lo tanto, el total de la recaudación gubernamental, *I*, es igual a

$$I = \pi^s e^{-\alpha\pi^s} + \frac{Imp(0)}{(1+\pi^s)^{n/12}}. \tag{17}$$

Igualando a cero la derivada de la ecuación (17) respecto de π^s obtenemos el valor de la tasa inflacionaria que maximiza el total de la recaudación real, $\tilde{\pi}$:

$$dI/d\pi = (1-\alpha)e^{-\alpha\tilde{\pi}} - \left(\frac{n}{12}\right)\frac{Imp(0)}{(1+\tilde{\pi})\left(1+\dfrac{n}{12}\right)} = 0, \tag{18}$$

que es una ecuación no lineal en $\tilde{\pi}$. En la gráfica V.5 se representa una determinación gráfica de la solución. La curva *I* representa, como antes, la curva de Laffer del impuesto inflacionario. La curva *N* representa la recaudación de los impuestos convencionales, que depende negativamente de la inflación y se maximiza con una tasa inflacionaria nula (punto *F*). La curva *I* representa la suma horizontal de las curvas *I* y *N* y nos da la recaudación total. Como demuestra la gráfica, la tasa inflacionaria maximizadora de la recaudación total, $\tilde{\pi}$, es menor que la tasa que maximiza la recaudación derivada de la emisión de dinero, $1/\alpha$ (véase la ecuación 15). A ese nivel de inflación, la recaudación derivada del impuesto inflacionario es igual a *OB* (que es igual a *DC*), y la recaudación de los impuestos convencional es igual a *BC* (que es igual a *OD*). Dado que la recaudación derivada de los impuestos convencionales baja en *DF* a resultas de la mayor inflación, la contribución *neta* del impuesto inflacionario al total de la recaudación es sólo *FC*, que es menor que la contribución bruta *OB*. En efecto, la disminución de la recaudación convencional derivada de un incremento de la inflación puede ser tan grande que supere al incremento de la recaudación derivado del impuesto inflacionario, lo que da una *declinación* global de la recaudación real total. Los resultados de simulación proveídos por Tanzi (1978, 1988) demuestran que este desenlace es enteramente plausible bajo configuraciones paramétricas razonables. En la gráfica V.6 aparecen algunos de los resultados de Tanzi. Cuando el retraso de la recolección es de dos meses, la tasa inflacio-

---

[15] Una alternativa a la formulación de Tanzi consistiría en suponer que los impuestos convencionales están dados por $Imp(\pi^s)$ $Imp(0)e^{-\pi\pi^s}$.

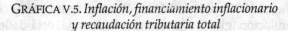

GRÁFICA V.5. *Inflación, financiamiento inflacionario
y recaudación tributaria total*

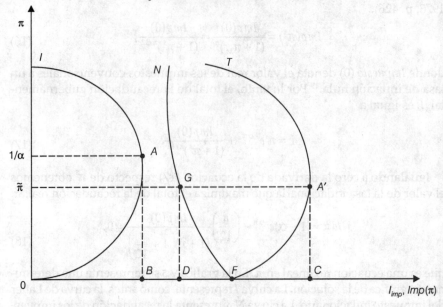

FUENTE: Adaptada de Tanzi, 1978, p. 435.

naria maximizadora de la recaudación total es igual a 70%. Cuando el retraso
de la recolección aumenta a seis meses, la tasa inflacionaria maximizadora de
la recaudación baja a 50%. En ese caso, la inflación a una tasa de 70% aumentaría la recaudación proveniente del impuesto inflacionario (de 6.1 a 7% del
PIB), pero el total de la recaudación tributaria disminuiría.[16]

¿Qué tan potencialmente relevante es el efecto de Olivera-Tanzi? Choudhry
(1991) reporta estimaciones (con base en una muestra de 18 países en vías de
desarrollo) de retrasos de la recolección para componentes diferentes de la
recaudación fiscal. El retraso medio de la recolección parece aproximarse a
seis meses para el total de la recaudación, pero varía ampliamente entre las
diferentes categorías de la recaudación. El retraso es mayor que el promedio
para los impuestos al ingreso, los impuestos a bienes y servicios nacionales,
aranceles y recaudación no tributaria (como las transferencias hechas por las
empresas públicas). Además, aunque aquí no se reportan estimaciones de países individuales, estos retrasos parecen variar considerablemente entre los

---

[16] En las simulaciones reportadas en la gráfica V.6, se supone que la tasa inflacionaria está
directamente bajo el control de la autoridad monetaria; es decir, se supone que es instantáneo el
efecto de retroalimentación de la creación de dinero a los precios. En la práctica, es posible que
no se justifique este supuesto, el cual podría sesgar los resultados considerablemente.

GRÁFICA V.6. *Inflación, financiamiento inflacionario y recaudación tributaria*

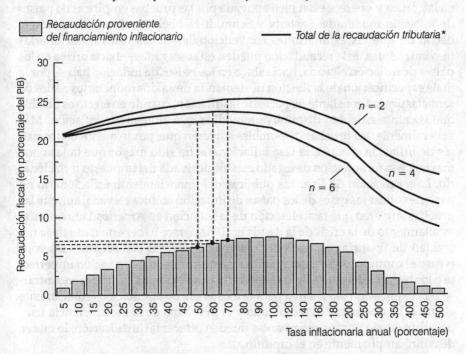

* *n* denota el retraso de la recaudación en meses. Los cálculos reportados suponen que $\alpha = 1$ y que la proporción del dinero al PIB y la proporción del total de la recaudación tributaria al PIB (ambas con una tasa inflacionaria nula) son iguales a 20 por ciento.

FUENTE: Adaptado de Tanzi, 1978, pp. 446 y 448.

países. En varios casos, las estimaciones econométricas indican que la erosión de la recaudación fiscal habrían contrarrestado sustancialmente los recursos generados por un aumento del rendimiento del impuesto inflacionario, y habría generado una disminución de la recaudación neta. Por lo tanto, en los países donde los retrasos de la recolección son elevados, la elevación del impuesto inflacionario podría resultar contraproducente, a resultas del efecto de Olivera-Tanzi.[17]

[17] Dixit (1991) ha sostenido que, en general, la presencia de retrasos en la recaudación no afecta sólo al nivel óptimo del impuesto inflacionario sino a toda la estructura tributaria. En tales condiciones, los costos de la recaudación asociados a diversos impuestos convencionales, antes que la recaudación generada por los diferentes impuestos, pueden convertirse en una consideración decisiva. En particular, la presencia de retrasos podría incrementar la carga excedente de los impuestos al ingreso, lo que justificaría una utilización del impuesto inflacionario mayor que la necesaria en ausencia de tales retrasos. Sin embargo, véase en Mourmouras y Tijerina (1994) una evaluación de la conjetura de Dixit.

La curva de Laffer del impuesto inflacionario convencional representada en la gráfica V.4 parece estar bien apoyada por las pruebas empíricas de países de inflación moderada. Easterly y Schmidt-Hebbel (1994) han destacado el hecho de que las estimaciones convencionales de las tasas inflacionarias maximizadoras de la recaudación pueden estar sesgadas —hacia arriba en los países de inflación elevada, hacia abajo en los países de inflación baja— por la mala especificación de la función de demanda de saldos monetarios reales de semielasticidad constante respecto de la inflación, cuando en efecto es posible que la semielasticidad disminuya a medida que aumente la inflación. Más generalmente, las pruebas disponibles sugieren que, por lo menos en los países de inflación elevada, la tasa inflacionaria ha sido mayor que la tasa que maximice la recaudación de estado estable derivada del impuesto inflacionario. La motivación de finanzas públicas del financiamiento inflacionario no parece explicar los casos de los países de inflación crónica elevada, aunque las pruebas sugieren que la aceleración de la inflación en América Latina tras el estallamiento de la crisis de la deuda en 1982 parece haber emanado de la necesidad de financiar obligaciones externas e internas con recursos internos (véase el capítulo XIV).[18] Por lo tanto, si se descartan la información imperfecta o los retrasos del ajuste de las expectativas inflacionarias, deberá encontrarse una explicación alternativa para la existencia de la inflación crónicamente elevada. La ausencia de credibilidad y el problema de la inconsistencia temporal afrontado por los gobernantes pueden ofrecer tal justificación, lo que se discutirá ampliamente en el capítulo XII.

V.1.3.3. *Costos de recolección y eficiencia del sistema tributario*

El uso del financiamiento inflacionario para financiar el gasto gubernamental y los déficit fiscales se ha justificado con diversos argumentos. El debate inicial sobre la conveniencia del financiamiento inflacionario se concentró en el costo de bienestar de opciones alternativas para el financiamiento del gasto público; véase Bailey (1956) y a Auernheimer (1974). Sin embargo, como señalara Aghevli (1977), si no se dispone de fuentes de recaudación alternativas, un análisis comparativo tendrá escasa relevancia. En la mayoría de las economías en vías de desarrollo, la base tributaria es inadecuada, la porción de los

---

[18] Dornbusch y Fischer (1993) y Dornbusch y otros (1990) adaptan la idea convencional de que la motivación de recaudación no explica la inflación elevada de los países en vías de desarrollo. Sin embargo, debe advertirse que, de acuerdo con los datos recientes proveídos por Phylaktis y Taylor (1992, 1993) para la hiperinflación taiwanesa de 1945-1949 y para algunos episodios recientes de alta inflación en América Latina (Argentina, Bolivia, Brasil, Chile y Perú), no puede rechazarse el supuesto de que la tasa inflacionaria media prevaleciente durante los años setenta y ochenta fue igual a la tasa $1/\alpha$ que maximiza la recaudación.

ganadores de ingresos pequeños es desproporcionadamente grande, y la evasión es endémica, lo que impide la imposición de una elevada carga tributaria a la población. La administración tributaria es débil, ineficiente, y a menudo está sujeta a un alto grado de corrupción (Goode, 1984). En tales condiciones, la comparación apropiada se establece entre el costo total del financiamiento inflacionario —tomando en cuenta las distorsiones introducidas en el propio sistema tributario por la inflación, como lo destaca Tanzi (1978)— y los beneficios, en términos del consumo adicional en el futuro, derivados de un nivel mayor del gasto gubernamental.

Puede ilustrarse con un marco simple el efecto de la eficiencia del sistema tributario sobre la tasa óptima del impuesto inflacionario. Supongamos que el gobierno afronta la restricción presupuestaria

$$g - \theta \iota y = \pi m,$$

donde g denota el gasto gubernamental, $0 < \iota < 1$ es la tasa convencional del impuesto al ingreso, $0 < \theta < 1$ es un coeficiente que refleja la eficiencia del sistema tributario —es decir, la fracción de los pasivos tributarios efectivamente cobrados— e y es la base tributaria. La porción $(1 - \theta)\iota$ representa los costos de recolección unitarios, que se desperdician por las ineficiencias del sistema tributario. El objetivo del gobierno es la maximización de la recaudación potencial, ιy, respecto de la tasa impositiva convencional y la tasa inflacionaria, sujeto a la restricción presupuestaria antes mencionada. Dado este objetivo, como lo ha demostrado De Gregorio (1993), una reducción de la eficiencia del sistema tributario (una disminución de θ) conduce en general a un incremento de la tasa inflacionaria óptima y a una disminución de la base del impuesto inflacionario. El efecto sobre la tasa impositiva óptima es ambiguo, pero la participación de las recaudaciones del impuesto al ingreso disminuye a medida que aumenta la participación de la recaudación proveniente del impuesto inflacionario en el total de los recursos. Así pues, aunque aumente la tasa impositiva convencional óptima, no superará los efectos de la disminución de la eficiencia sobre la recaudación derivada del impuesto al ingreso.

Se ha demostrado que el dilema entre la tributación directa explícita y el impuesto inflacionario persiste en contextos más generales, sobre todo por Aizenman (1987) y Végh (1989b). Ambos autores sostienen que una declinación de la eficiencia del sistema tributario eleva la tasa inflacionaria.[19] Végh, en particular, examina la relación existente entre el gasto gubernamental y el financiamiento inflacionario en un modelo donde diversos impuestos conven-

---

[19] En el mismo sentido, Fishlow y Friedman (1994) han demostrado que un alto grado de evasión del impuesto al ingreso (que típicamente aumenta con la tasa de crecimiento de los precios) elevará la tasa inflacionaria requerida para financiar un nivel dado del déficit fiscal.

cionales (como el impuesto al consumo) están sujetos a crecientes costos marginales de la recolección. En consecuencia, el impuesto inflacionario depende positivamente del nivel del gasto gubernamental. Por lo tanto, un mejoramiento de la eficiencia de la recolección de impuestos reduciría la utilización gubernamental del impuesto inflacionario como una fuente de recaudación.

El trabajo más reciente ha tratado de identificar el efecto de los factores políticos sobre la eficiencia del sistema tributario, además de las restricciones institucionales, como el grado de competencia de la administración pública. En la mayoría de las naciones en vías de desarrollo, los ganadores de ingresos elevados tienen un poder político considerable, lo que dificulta la aplicación gubernamental de las leyes tributarias. Cukierman, Edwards y Tabellini (1992) han ofrecido un análisis formal de la relación existente entre la eficiencia del sistema tributario —medida por la extensión en que se use el señoraje como fuente de la recaudación fiscal—, la inestabilidad política y la estructura económica. Su análisis indica que la eficiencia del sistema tributario en los países en vías de desarrollo está altamente correlacionada con la composición de la producción (los países que tienen un gran sector agrícola, por ejemplo, tienden a recurrir en mayor medida al señoraje que los países que tienen grandes sectores mineros y manufactureros) y con el grado de inestabilidad y polarización del sistema político. El grado de la apertura al comercio exterior y la tasa de urbanización tienen también efectos importantes sobre la eficiencia del sistema tributario. Por lo tanto, además de los factores estructurales y administrativos, los países que son más inestables en lo político tienden a recurrir en mayor medida al impuesto inflacionario como una fuente de la recaudación gubernamental.[20]

V.2. LA CONSISTENCIA DE LAS POLÍTICAS Y LA RESTRICCIÓN DE LA SOLVENCIA

La identidad del presupuesto de flujos del gobierno, antes derivada, es útil para la evaluación de la situación fiscal en cualquier momento dado, pero no resalta la naturaleza dinámica de la restricción financiera que afronta típicamente el sector público. Los gobiernos no pueden acumular indefinidamente deuda interna y externa. En consecuencia, afrontan una restricción presupuestaria *intertemporal*, que también impone restricciones a las rutas seguidas por diferentes componentes de la identidad presupuestaria. Además, la restricción del presupuesto de flujos impone requerimientos de consistencia a la formulación global de los objetivos de la política macroeconómica que deben tomarse en cuenta en el diseño de programas de estabilización. La primera

---

[20] Sin embargo, el enfoque de la capacidad de la debilidad política por explicar la persistencia del financiamiento del señoraje ha sido cuestionado por Cukierman (1992).

parte de esta sección examina la forma como puede derivarse la restricción de la solvencia para evaluar la sustentabilidad de la política fiscal. La segunda parte analiza los requerimientos impuestos por las restricciones del financiamiento a la formulación de los objetivos de la política macroeconómica.

V.2.1. La restricción de solvencia intertemporal

Como se muestra en la ecuación (5), el déficit del sector público consolidado puede definirse en términos reales como

$$\frac{\dot{M}}{P} + \frac{\dot{B}}{P} + \frac{E\dot{F}^*}{P} = g + i\left(\frac{B}{P}\right) + i^*\left(\frac{EF^*}{P}\right) - \tau. \tag{19}$$

La ecuación (19) puede reescribirse en términos del comportamiento de acervos y flujos por unidad de producción a través del tiempo, lo que nos da

$$\frac{\dot{M}}{Py} + \dot{b} + z\dot{f}^* = g - \tau + (i - \pi - n)b + (i^* + \varepsilon - \pi - n)zf^*, \tag{20}$$

donde las letras minúsculas representan las cantidades correspondientes expresadas en letras mayúsculas como una proporción de la producción nominal (es decir, $b \equiv B/Py$, por ejemplo), n la tasa de crecimiento de la producción real, $z = E/P$ la tasa de cambio real, y ε la tasa de devaluación. La cantidad $\dot{M}/P_y$ es el señoraje como una fracción de la producción.[21]

Sea que $d' \equiv (g - \tau)/y$ mida el déficit primario del sector público como una fracción de la producción, y el señoraje como una porción de la producción igual a $s \equiv \dot{M}/P_y$. La deuda pública total como una fracción de la producción puede definirse como $\Delta \equiv b + zf^*$.

Utilizando la identidad $d(zf^*)/dt \equiv z\dot{f}^* + \hat{z}zf^*$ —donde $\hat{z}$ denota la tasa de depreciación de la tasa de cambio real—, la ecuación (20) puede reescribirse como

$$\dot{\Delta} = (r - n)\Delta + d' + (i^* + \hat{z} - r)zf^* - s, \tag{21}$$

donde r es la tasa de interés real nacional. Definiendo el déficit primario aumentado como

---

[21] Si se da la paridad del poder de compra (de modo que $z \equiv 1$) y prevalece la paridad del interés no cubierto, la ecuación (20) se vuelve

$$\frac{\dot{M}}{Py} + \dot{b} + \dot{f}^* = g - \tau + (r - n)(b + f^*),$$

donde $r = i - \pi$ denota la tasa de interés real. Sin embargo, en lo que sigue nos concentraremos en la formulación más general (20).

$$d \equiv d' + (i^* + \hat{z} - r)zf^*, \tag{22}$$

obtenemos

$$\dot{\Delta} = (r - n)\Delta + d - s, \tag{23}$$

lo que indica que la diferencia existente entre el déficit primario (aumentado) más los pagos de interés sobre la deuda existente y la recaudación del señoraje debe ser financiada por los préstamos internos y externos.

Integrando hacia adelante la ecuación (23), obtenemos la identidad presupuestaria intertemporal del sector público:

$$\Delta = E \int_t^\infty (s_k - d_k) e^{-\int_t^k (r_h - n_h) dh} dk + \lim_{k \to \infty} E \Delta e^{-\int_t^k (r_h - n_h) dh}, \tag{24}$$

donde E denota el operador de las expectativas, condicionando a la información disponible en el periodo t. El gobierno es solvente si el valor presente esperado de los recursos de que dispondrá en el futuro para el servicio de la deuda es igual por lo menos al valor nominal de su acervo de deuda inicial. En estas circunstancias, el gobierno podrá servir su deuda en los términos del mercado. La solvencia requiere que los planes fiscales del gobierno satisfagan la restricción presupuestaria del valor presente

$$\Delta \leq E \int_t^\infty (s_k - d_k) e^{-\int_t^k (r_h - n_h) dh} dk,$$

o equivalentemente,

$$\Delta \leq PV(s, t, r - n) - PV(d, t, r - n), \tag{25}$$

donde

$$PV(x, t, r - n) \equiv E \int_t^\infty x_k e^{-\int_t^k (r_h - n_h) dh} dk$$

denota el valor presente en el momento t del flujo x, descontado a la tasa de descuento instantánea $(r - n)$. La ecuación (25) indica que la deuda pública debe ser (a lo sumo) igual al valor presente, en el momento t, de la recaudación del señoraje menos el valor presente, en el momento t, de los déficit primarios futuros (incrementados). Estas condiciones implican la condición de transversalidad

$$\lim_{k \to \infty} E \Delta e^{-\int_t^k (r_h - n_h) dh} \leq 0. \tag{26}$$

La ecuación (26) indica que, en el momento t, la expectativa del valor presente de la deuda pública (interna y externa) consolidada futura no puede ser positiva en el límite.

La ecuación (26) implica que, en última instancia, la proporción de deuda/producción debe crecer a una tasa *menor* que la tasa de interés real menos la tasa de crecimiento de la producción. Esta restricción descarta un juego de Ponzi indefinido: el gobierno no puede pagar eternamente el interés de su deuda interna y externa vigente simplemente endeudándose más. En algún punto, la deuda deberá servirse reduciendo los déficit primarios o incrementando la recaudación del señoraje.

La restricción de la solvencia —o equivalentemente la restricción presupuestaria intertemporal del gobierno— sólo asegura que la deuda existente se servirá en última instancia (mediante superávit primarios corrientes y futuros, o mediante el señoraje corriente y futuro); no implica que la deuda se pague efectivamente (Buiter, 1989). Una implicación lógica del análisis precedente es que la solvencia se asegura aunque la proporción de deuda a producción crezca a una tasa positiva, mientras que esta tasa permanezca por debajo del valor a largo plazo de la diferencia existente entre la tasa de interés real y la tasa de crecimiento real. Por lo tanto, un gobierno puede ser solvente a pesar de que su deuda vigente real y aun su proporción de deuda/producción estén creciendo sin límite. Si la tasa de interés real permanece por debajo de la tasa de crecimiento de la producción para siempre ($r < n$, para todo t), la condición (22) no será restrictiva: el gobierno podrá servir en cada periodo la deuda existente endeudándose más, ejecutando un programa de Ponzi "honesto". Sin embargo, supondremos que esta condición no se aplica durante un periodo de duración indefinida, excluyendo así los juegos de Ponzi.[22] La solvencia requiere eventualmente valores positivos para $s - d$, la diferencia existente entre la recaudación del señoraje y el déficit primario incrementado. Aunque no es necesario que se obtenga un superávit convencional para asegurar la solvencia, eventualmente se requerirán superávit operativos positivos en ausencia de una recaudación de señoraje. Más generalmente, el aseguramiento de la solvencia requiere la reducción del incrementado déficit primario (reduciendo el gasto gubernamental, incrementando la recaudación corriente neta o cambiando la composición de la deuda pública entre deuda interna y deuda externa) o el incremento del valor presente del señoraje futuro.

Para diferentes rutas de $r - n$ y para un valor presente dado de la recaudación de señoraje, en principio puede calcularse la magnitud del superávit primario requerido para la estabilización de la proporción de deuda/producción. Alternativamente, tratando la deuda y los superávit primarios como exógenos, puede calcularse el nivel de la recaudación de señoraje requerido para asegurar la solvencia con valores diferentes de $r - n$. Dependiendo de la forma supuesta de la función de demanda de dinero, tal opción tiene también implicaciones

---

[22] La condición $r > n$ es el requerimiento de que la economía sea dinámicamente eficiente en la macroeconomía de la economía cerrada (véase Blanchard y Fischer, 1989, pp. 103-164). Aunque la tasa de interés real puede permanecer por debajo de la tasa de crecimiento económico durante largos periodos en las economías de crecimiento rápido (como en el caso de los países asiáticos de industrialización reciente), tal situación no puede permanecer indefinidamente.

para la tasa inflacionaria. Sin embargo, en la práctica, el uso de la restricción de solvencia para determinar una ruta de la política fiscal sustentable está cargado de dificultades, lo que se debe en particular a la incertidumbre existente acerca de los flujos futuros de recaudación y gasto. En consecuencia, se han hecho pocos intentos para evaluar la sustentabilidad de los déficit fiscales a la luz de la restricción de la solvencia. Entre los pocos estudios de países en vías de desarrollo disponibles se encuentran los de Buiter y Patel (1992) para la India, y Haque y Montiel (1994) para Paquistán. En el capítulo XIV utilizaremos la restricción de la solvencia para discutir la crisis de la deuda y las elecciones de políticas que impuso a algunos de los países en vías de desarrollo fuertemente endeudados.

Algo quizá más importante: la solvencia es un criterio débil para la evaluación de la sustentabilidad de la política fiscal (Buiter, 1985). Varias reglas de política fiscal alternativas pueden ser consistentes con una restricción intertemporal dada, pero no todas ellas son necesariamente sostenibles a largo plazo.[23] Como se discutirá más adelante, la sustentabilidad de estrategias fiscales alternativas debe evaluarse en el contexto de la combinación total de la política macroeconómica, tomando en cuenta todos los objetivos macroeconómicos.

V.2.2. *Las restricciones del financiamiento y la consistencia de las políticas*

Por lo general los programas macroeconómicos consisten en una especificación de objetivos para la inflación, el crecimiento de la producción, el endeudamiento interno y externo, y la balanza de pagos en general. La existencia de tales objetivos impone ciertas restricciones al uso de fuentes alternativas de financiamiento del déficit del sector público. La restricción presupuestaria gubernamental determina así un nivel "financiable" o sostenible del déficit fiscal, dados los objetivos de las políticas de las autoridades. Si el déficit efectivo supera a su nivel sostenible, deberán abandonarse uno o todos los objetivos macroeconómicos, o deberá hacerse un ajuste en la política fiscal. Por ejemplo, para una magnitud dada del déficit fiscal, la restricción presupuestaria gubernamental permite la derivación de una tasa inflacionaria de "equilibrio" para la que no se requiere un ajuste fiscal. Sin embargo, dado un régimen de tasa de cambio fija, la limitación de las reservas de divisas determinará la ruta del crédito del banco central al gobierno y, a través de la restricción presupuestaria, la magnitud del déficit primario. La omisión del requerimiento de con-

---

[23] Véase Spaventa (1987). Además, es posible que algunas reglas que parecen sostenibles en un mundo de previsión perfecta no sean viables en un ambiente estocástico, como lo demuestra Bohn (1990).

sistencia entre la política fiscal, la inflación y el crecimiento del crédito implicado por una tasa de cambio fija conduciría, como veremos en el capítulo XVI, a recurrentes ataques especulativos y eventualmente a un colapso del régimen de tasa de cambio.

La identidad presupuestaria gubernamental derivada antes ofrece un marco contable conveniente para el análisis de los requerimientos de consistencia entre los déficit fiscales, la inflación, el crecimiento de la producción y la balanza de pagos en una pequeña economía abierta.[24] La ecuación (21) proporciona la herramienta analítica esencial. Por ejemplo, puede determinarse si una ruta de política fiscal es sostenible proyectando el curso futuro de la proporción de deuda/producción para pronósticos dados acerca de la evolución de la demanda de dinero (utilizando una de las especificaciones alternativas discutidas en el capítulo III), la tasa de inflación deseada, la tasa de interés real y la tasa de crecimiento de la economía. Si el análisis muestra que la proporción de deuda/producción aumenta de continuo, lo que violará tarde o temprano la restricción de la solvencia, se requerirá un ajuste fiscal o el de otros objetivos.

Si el objetivo de la política es el mantenimiento de una proporción fija de deuda/producción para la deuda interna y externa, la deuda real no podrá crecer más de prisa que la producción real. Utilizando la ecuación (21) junto con un objetivo de inflación (y por lo tanto un nivel dado de la recaudación proveniente de la creación de dinero), obtenemos el déficit primario más los pagos de intereses sobre la deuda interna y externa. Dado el nivel del déficit primario, se puede determinar la tasa inflacionaria a la que la recaudación proveniente del impuesto inflacionario cubre la diferencia existente entre las necesidades del financiamiento gubernamental y la emisión de deuda pagadora de intereses por parte del gobierno. Una estrategia similar conduciría a la determinación de la ruta apropiada del endeudamiento externo e interno, dados los objetivos del déficit primario y de la inflación. Cualquiera que sea la "regla de cierre" escogida, la ruta de las variables de la política resultante dependerá de ciertos supuestos acerca del comportamiento de las variables predeterminadas (crecimiento de la producción nacional, la tasa de cambio real, la inflación extranjera y las tasas de interés real extranjeras), y de la forma estimada de la demanda de saldos monetarios reales.

Las restricciones de la consistencia entre los diversos objetivos de la política macroeconómica y sus implicaciones para el financiamiento constituyen un aspecto esencial del diseño de los programas de reforma macroeconómica. Sin embargo, el hecho de que sea sostenible una ruta determinada de la política fiscal, dados otros objetivos macroeconómicos, no implica que ésta sea necesariamente la elección óptima (Fischer y Easterly, 1990). Por ejemplo, un

---

[24] Anand y Van Wijnbergen (1989) proveen una descripción detallada de los problemas metodológicos que surgen al derivar los niveles del déficit que son consistentes con las estrategias de la deuda interna y externa, una meta inflacionaria y diversos arreglos de la tasa de cambio.

déficit fiscal financiable puede ser tan grande que desplace a la inversión privada. La reducción de la proporción de deuda/producción sería una elección de política apropiada en tales condiciones, ya que atraería al gasto de capital privado y permitiría que la economía sostuviese una tasa mayor de crecimiento de la producción.

V.3. EFECTOS MACROECONÓMICOS DE LOS DÉFICIT FISCALES

Un punto de partida fundamental para el entendimiento de los efectos macroeconómicos de los déficit fiscales gubernamentales es la restricción de los recursos agregados de la economía o del ahorro-inversión analizada en el capítulo II, que muestra cómo los déficit públicos convencionales ($I^g - S^g$) se financian con los superávit del sector privado ($S^p - I^p$) y del resto del mundo, CA, donde CA es el déficit de la cuenta corriente:[25]

$$D \equiv (I^g - S^g) = (S^p - I^p) + CA. \tag{27}$$

La naturaleza de los efectos de grandes déficit públicos sobre la macroeconomía depende así de los componentes de esta ecuación que efectivamente se ajusten. El ajuste depende del alcance del financiamiento interno y externo, del grado de diversificación de los mercados financieros (que determina hasta cierto punto la elección entre el financiamiento con dinero o con bonos), y de la composición del déficit. Como vimos antes, las expectativas acerca de las futuras políticas gubernamentales desempeñan también un papel crítico en la transmisión de los déficit fiscales.

Empezaremos con la discusión de un problema central para el análisis subsecuente: la relevancia de la equivalencia ricardiana en el contexto de los países en vías de desarrollo. Luego examinaremos la conexión existente entre los déficit fiscales y la inflación, una relación que, como mencionamos antes, se ha considerado a menudo como un mecanismo fundamental en el proceso inflacionario de los países en vías de desarrollo. Luego nos ocuparemos de la relación existente entre los déficit fiscales, las tasas de interés reales y su efecto potencial de desplazamiento del gasto privado. Por último, discutiremos la conexión existente entre los déficit del sector público, la cuenta corriente y la tasa de cambio real.

---

[25] La ecuación (27) se deriva descomponiendo el ahorro nacional, S (definido en el capítulo II), en sus componentes privado y público, denotados por S^p y S^g, respectivamente, y reordenando los términos.

V.3.1. *La equivalencia ricardiana*

La proposición de la equivalencia ricardiana dice que los déficit y los impuestos son equivalentes en su efecto sobre el consumo (Barro, 1974). Los cambios de una sola vez en los impuestos no tienen ningún efecto sobre el gasto del consumidor, y una reducción de los impuestos genera un incremento equivalente en el ahorro. La razón es que un consumidor dotado de una previsión perfecta reconoce que el incremento de la deuda gubernamental derivado de un incremento en el gasto gubernamental o una reducción de los impuestos se pagará en última instancia con un aumento de los impuestos, cuyo valor presente sea exactamente igual al valor presente de la reducción de los impuestos. Tomando en cuenta el aumento implicado de los impuestos futuros, el consumidor ahorra ahora la cantidad necesaria para pagarlos mañana. La equivalencia ricardiana implica, en particular, que los déficit fiscales no tienen ningún efecto sobre el ahorro o la inversión agregados, o en consecuencia, a través de la identidad del ahorro y la inversión en el total de la economía que se presentó antes, sobre la cuenta corriente de la balanza de pagos.

Las condiciones requeridas para la aplicación de la equivalencia ricardiana son la existencia de horizontes de planeación infinitos, la certeza acerca de las futuras cargas tributarias, mercados de capital perfectos (o la ausencia de restricciones sobre los préstamos), expectativas racionales e impuestos no distorsionantes. Varios autores han demostrado la naturaleza restrictiva de estos supuestos. En particular, se ha demostrado que la proposición de la neutralidad de la deuda deja de aplicarse si los agentes tienen horizontes finitos, los mercados de capital son imperfectos, o la incertidumbre y los efectos distributivos desempeñan un papel generalizado en las decisiones de consumo y ahorro de los individuos.[26]

Hasta ahora, las pruebas disponibles para los países industriales y en vías de desarrollo no ofrecen gran apoyo para la hipótesis de la equivalencia ricardiana. Las pruebas de los países industrializados parecen ser en gran medida poco concluyentes (Seater, 1993). En los países en vías de desarrollo, donde los sistemas financieros están subdesarrollados, los mercados de capital están muy distorsionados o sujetos a la represión financiera, y los agentes privados están sujetos a considerable incertidumbre acerca de la incidencia de los impuestos, es improbable que muchas de las consideraciones necesarias para que se aplique la neutralidad de la deuda sean válidas. Como vimos en el capítulo III, las pruebas empíricas no han ofrecido gran apoyo para la proposición de la equivalencia ricardiana. Haque y Montiel (1989) rechazan la hipótesis nula de la neutralidad de la deuda en quince de un grupo de dieciséis países en vías de

---

[26] Véase en Leiderman y Blejer (1988), Haliassos y Tobin (1990), y Seater (1993), extensas discusiones de las condiciones bajo las cuales no se da la neutralidad de la deuda. Barro (1989) adopta una postura más favorable.

desarrollo. Veidyanathan (1993), quien utilizó un grupo de casi sesenta países y datos anuales que cubren tres decenios, Corbo y Schmidt-Hebbel (1991), y los estudios empíricos reseñados por Easterly y Schmidt-Hebbel (1994), no detectan en general ningún efecto significativo de los déficit públicos sobre el consumo privado.[27] Tanto Haque como Montiel y Veidyanathan sugieren que los consumidores de los países en vías de desarrollo están sujetos a restricciones de liquidez y de capacidad de endeudamiento.

V.3.2. *Déficit, inflación y la paradoja del "dinero difícil"*

Es correcta la famosa declaración de Milton Friedman en el sentido de que la inflación es siempre, y en todas partes, un fenómeno monetario. Sin embargo, los gobiernos no imprimen dinero caprichosamente a una tasa rápida. Generalmente imprimen dinero para cubrir su déficit presupuestario. El crecimiento rápido del dinero es concebible sin un desequilibrio fiscal subyacente, pero no es probable. Por lo tanto, la inflación rápida es casi siempre un fenómeno fiscal (Fischer y Easterly, 1993, pp. 138-139).

La relación existente entre los déficit fiscales y la inflación ha sido motivo de considerable atención en la macroeconomía del desarrollo. Examinaremos más adelante algunos de los problemas empíricos y analíticos que surgen en este contexto, en particular el papel de las expectativas de las políticas y las restricciones financieras. El capítulo X examinará el papel del ajuste fiscal en varios experimentos de estabilización recientes, y el capítulo XI examinará en mayor detalle la conexión existente entre los déficit fiscales y el crecimiento del dinero en el proceso inflacionario.

Una explicación común de las consecuencias inflacionarias de los déficit fiscales en los países en vías de desarrollo es la ausencia de mercados de capital suficientemente desarrollados que puedan absorber las nuevas emisiones de deuda gubernamental. Además, en algunos países se encuentra el banco central bajo el control directo del gobierno central y a menudo financia pasivamente los déficit públicos mediante la creación de dinero. Pero al nivel de cualquier país particular, es posible que no exista una conexión de corto plazo clara entre los déficit fiscales y la inflación. La correlación puede ser incluso negativa durante extensos periodos. El surgimiento de una correlación positiva a largo plazo no es tampoco un fenómeno claramente establecido. La gráfica V.7 descri-

---

[27] Los estudios reseñados por Easterly y Schmidt-Hebbel (1993) forman parte de un gran proyecto de investigación del Banco Mundial que trata de examinar las implicaciones macroeconómicas de los déficit fiscales. Los países incluidos en el proyecto (Argentina, Chile, Colombia, Costa de Marfil, Ghana, Marruecos, México, Paquistán, Tailandia y Zimbabwe) representan un conjunto bastante amplio de experiencias macroeconómicas y características estructurales de los países en vías de desarrollo.

GRÁFICA V.7. *Inflación y déficit fiscal*
(promedio de 1964 a 1992, porcentajes)

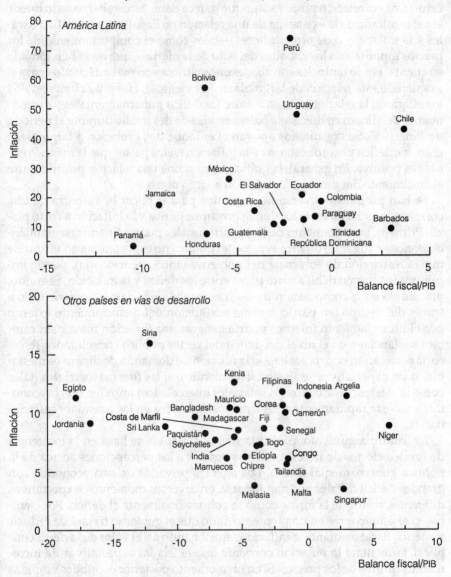

FUENTE: Fondo Monetario Internacional.

be la relación existente entre los déficit fiscales y la inflación, en el periodo de 1964-1992, para un grupo grande de países en vías de desarrollo. Se puede discernir una correlación positiva, aunque parece débil. Sin embargo, esto puede ser el resultado de la existencia de una relación no lineal entre los déficit fiscales y la inflación, o de otros factores —tales como el comportamiento de los precios mundiales o los choques del lado de la oferta— que no se han tomado en cuenta. Por lo tanto, los estudios econométricos son más adecuados para el examen de esta relación de largo plazo. Por ejemplo, Haan y Zelhorst (1990) investigaron la relación existente entre los déficit gubernamentales y el crecimiento del'dinero en diecisiete países en vías de desarrollo durante el periodo de 1961-1985. Sus resultados apoyan el enfoque de la relación a largo plazo entre los déficit presupuestarios y la inflación en los países que la *inflación elevada* es positiva. En general, la gráfica V.8 propone una relación positiva entre el crecimiento del dinero y la inflación a largo plazo.

Se han propuesto diversos argumentos para explicar la ausencia de una correlación estrecha entre los déficit presupuestarios y la inflación a corto plazo. Primero, un incremento de los déficit fiscales podría financiarse emitiendo bonos en lugar de dinero; aunque tal política no es sostenible en virtud de que la restricción de solvencia del gobierno (antes mencionada), puede implicar una relación débil a corto plazo entre los déficit y la inflación. Segundo, un cambio en la composición de las fuentes del financiamiento deficitario a través del tiempo (en particular una sustitución del financiamiento externo por el financiamiento interno) podría generar una inflación mayor sin cambios sustanciales en el nivel del déficit del sector público consolidado. Tercero, la correlación podría ser baja si la función de demanda de dinero es inestable, si las expectativas se ajustan lentamente, o si las fuerzas inerciales (tales como la existencia de contratos salariales intercalados) impiden que la economía se ajuste rápidamente a los cambios ocurridos en las presiones inflacionarias.

Un cuarto argumento, particularmente atractivo, se basa en la existencia de fuertes efectos de las expectativas ligados a las percepciones acerca de la política gubernamental futura. Los agentes privados de una economía con grandes déficit fiscales podrían forjarse, en diversos momentos, expectativas diferentes acerca de la forma como se cubrirá finalmente el déficit. Por ejemplo, si el público cree en un momento dado que el gobierno tratará de reducir su déficit fiscal mediante la inflación (erosionando así el valor de la deuda pública), aumentará la inflación corriente que refleja las expectativas de incrementos futuros de los precios. Si en un momento posterior el público empieza a creer que el gobierno implantará finalmente un programa eficaz de ajuste fiscal para reducir el déficit, las expectativas inflacionarias se ajustarán hacia abajo y bajará la inflación corriente, reflejando de nuevo las expectativas acerca del comportamiento futuro de los precios (Drazen y Helpman, 1990).

GRÁFICA V.8. *Inflación y amplio crecimiento monetario*
(promedio de 1964 a 1992, porcentajes)

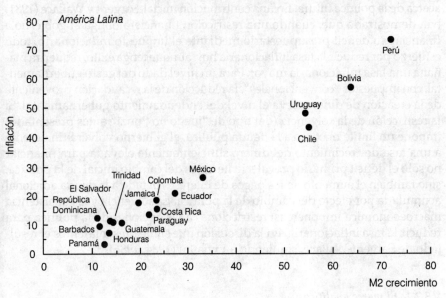

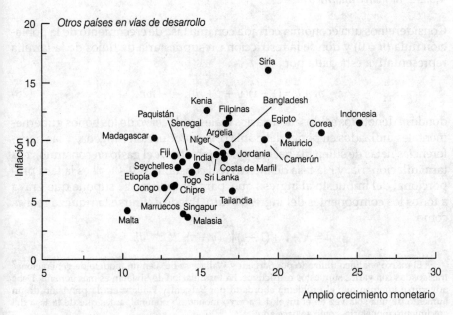

FUENTE: Fondo Monetario Internacional.

La "aritmética monetarista", o la llamada paradoja del dinero difícil, ofrecen un ejemplo particularmente bien conocido del papel de las expectativas acerca de la política futura. En una contribución inicial, Sargent y Wallace (1981) han demostrado que, cuando una restricción financiera obliga al gobierno a financiar su déficit presupuestario mediante el impuesto inflacionario, todo esfuerzo por reducir la tasa inflacionaria hoy, aunque tenga éxito, requerirá mañana una tasa inflacionaria mayor. Para un nivel dado del gasto gubernamental, con impuestos "convencionales", la reducción de la recaudación proveniente de la creación de dinero eleva el nivel del endeudamiento gubernamental. Si la restricción de la solvencia (del tipo de "juego no Ponzi" antes presentado) impone un límite máximo a la deuda pública, el gobierno volverá finalmente a una tasa de crecimiento del dinero suficientemente elevada para financiar no sólo el déficit primario prevaleciente antes del cambio inicial de la política, sino también el aumento de los pagos de intereses debido a la deuda adicional acumulada por efecto del cambio de la política. La solvencia y la consistencia macroeconómica imponen así restricciones a las opciones de la política para reducir la tasa inflacionaria. En la discusión que sigue presentaremos el resultado de Sargent-Wallace, siguiendo a Liviatan (1984, 1986).[28]

V.3.2.1. *El marco analítico*

Consideremos una economía cerrada con una tasa de crecimiento de la población nula ($n = 0$) y donde la restricción presupuestaria de flujos de la familia representativa está dada por

$$\dot{m} + \dot{b} = (1 - \iota)(y + \tau + rb) - c - \pi m, \tag{28}$$

donde m denota los saldos monetarios reales, b el acervo de los bonos gubernamentales indizados en poder del público, y la producción exógena, τ las transferencias netas de suma fija hechas por el gobierno, c el gasto en consumo, τ la tasa inflacionaria, y r la tasa de interés real constante.[29] $0 < \iota < 1$ es la tasa proporcional del impuesto al ingreso que, para simplificar, se supone que grava a todos los componentes del ingreso bruto. Puede definirse la riqueza real, a, como

$$a = m + b + (1 - \iota)\int_t^\infty (y + \tau)e^{-(1 - \iota)rh}dh.$$

[28] El marco analítico utilizado por Sargent y Wallace se basa en un modelo de generaciones traslapadas con varios supuestos restrictivos. La formulación de Liviatan es más general. Debe advertirse también que el problema abordado por Sargent y Wallace era la previsión de un aumento de una sola vez en el nivel del acervo monetario nominal, antes que de la tasa del crecimiento monetario, como se hace aquí.

[29] Véase en Fernández (1991a) un análisis de la aritmética monetarista de Sargent y Wallace con una tasa de interés real endógena.

Suponiendo que las transferencias son constantes a través del tiempo, obtenemos

$$a = m + b + (y - \tau) / r. \tag{29}$$

Las funciones de demanda de bienes y de dinero se definen como

$$c = \kappa a, \quad \kappa > 0, \tag{30}$$

$$m = (\rho - \kappa) a / i, \quad \rho > \kappa, \tag{31}$$

donde $i = (1 - \iota)r + \pi$ denota la tasa de interés nominal neta y ρ la tasa de preferencia por el tiempo, que aquí se supone igual a la tasa de interés real después de impuesto:[30]

$$\rho = (1 - \iota)r.$$

La condición de equilibrio en el mercado de bienes está dada por

$$c = y - g, \tag{32}$$

donde g, el gasto gubernamental distinto del pago de intereses, se supone constante a través del tiempo. La restricción presupuestaria gubernamental puede escribirse como

$$\dot{m} + \dot{b} = g - \iota y + (1 - \iota)(\tau + rb) - \pi m. \tag{33}$$

Por último, la dinámica del acervo monetario real está dada por

$$\dot{m} = (\mu - \pi)m, \tag{34}$$

donde $\mu \equiv \dot{M} / M$ denota la tasa de crecimiento del acervo monetario nominal.

En el Estado estable, $\dot{m} = \dot{b} = 0$, de modo que utilizando las ecuaciones (28) a (34) obtenemos, con $r = \rho / (1 - \iota)$,

$$\tilde{c} = y - g, \tag{35}$$

$$\tilde{m} = \frac{\rho - \kappa}{(1 - \iota)\rho + \mu} \left\{ \tilde{m} + \tilde{b} + r^{-1}(y + \tau) \right\}, \tag{36}$$

$$g - \iota y + (1 - \iota)(\tau + r\tilde{b}) = \tilde{m}, \tag{37}$$

[30] Liviatan deriva (30) y (31) de un contexto de optimización explícita. La condición $\rho = (1 - \iota)r$ asegura una solución estacionaria para el consumo. Adviértase que la elasticidad de los saldos monetarios reales ante la tasa de interés es igual a la unidad uno; véase en Drazen (1985) el análisis del caso general.

y $\pi^* = \mu$. En este sistema sólo hay dos ecuaciones independientes, mismas que se pueden utilizar para determinar los valores de Estado estable de la tasa inflacionaria (o de manera equivalente, la tasa de crecimiento del acervo monetario nominal) y los saldos monetarios reales para un nivel dado del acervo de bonos, o las soluciones para las tenencias monetarias reales y los bonos con una tasa inflacionaria dada. Pero cualquiera que sea la "regla de cierre" escogida, convendrá observar, para lo que sigue, que el consumo y la tasa de interés real son independientes de la tasa de crecimiento del acervo monetario nominal entre estados estables. Esto se implica para la tasa de interés real por el supuesto de que $r = \rho/(1 - \iota)$, y para el consumo por la condición de vaciamiento del mercado que requiere que $\tilde{c} = y - g$.

V.3.2.2. Déficit primario constante

Consideremos una reducción temporal en la tasa del crecimiento monetario durante el intervalo $(0, T)$, mientras se mantiene constante el déficit primario gubernamental en $\tilde{d}$, que es igual a

$$\tilde{d} = g - \iota y + (1 - \iota)\tau. \tag{38}$$

Después de T, se supone que el acervo de bonos gubernamentales reales se mantiene constante al nivel alcanzado en el periodo T. Por lo tanto, durante el intervalo $(0, T)$ μ es exógena y b endógena, mientras que para $t \geq T$ permanece constante el acervo de bonos al nivel b_T^+, y μ se vuelve endógena.[31]

El examen de los efectos de esta regla de política sobre la dinámica de la inflación y los saldos monetarios reales se realiza en dos etapas. Primero, sustituyendo la ecuación (34) en (33) obtenemos

$$\dot{b} = (1 - \iota)rb - \mu m - z_b, \tag{39}$$

donde $z_b = (1 - \iota)(y + \tau) - c$. Dado que la producción y el gasto público son constantes, el consumo privado también es constante —al nivel de $(y - g)$, por (32)— a lo largo de la ruta de equilibrio. Por lo tanto, z_b también es constante.

---

[31] El supuesto de que existe un límite superior para el acervo de bonos reales, b_T^+, que los agentes privados están dispuestos a mantener parece omitir que el acervo de la deuda interna puede tender al infinito sin violar la restricción de solvencia gubernamental, mientras que todo el ingreso de intereses recibido por el público pueda ser gravado con un impuesto de suma fija (McCallum, 1984). Sin embargo, si no es viable la tributación de suma fija, el financiamiento de los déficit fiscales con bonos y la acumulación de la deuda no pueden continuar indefinidamente (Erbas, 1989). En la medida en que los agentes privados perciban correctamente las restricciones afrontadas por el gobierno, también preverán todo intento de estabilización del nivel de la deuda pública en el futuro.

Dado que, por la ecuación (34), $\pi m = \mu n - \dot{m}$, las ecuaciones (30) y (31) implican, por la definición de la tasa de interés nominal,

$$\dot{m} = \left[\mu + (1 - \iota)r\right]m + z_m, \quad z_m = -\left(\frac{\alpha - \kappa}{\kappa}\right)(y - g), \tag{40}$$

donde z_m también es constante. Por la ecuación (30), un nivel de consumo constante implica que la riqueza real debe ser constante a lo largo de la ruta de equilibrio, de modo que $\dot{m} + \dot{b} = 0$. Esta condición puede verificarse añadiendo las ecuaciones (39) y (40), utilizando (29) y (30).

Supongamos que, a partir de un Estado estable donde $\mu = \mu^h$, la autoridad monetaria reduce la tasa del crecimiento monetario inesperadamente en el momento $t = 0$, hasta un valor $\mu^s < \mu^h$ durante el intervalo $(0, T)$. Aunque el nivel de los precios es enteramente flexible, los saldos monetarios reales no brincarán en $t = 0$, porque m_0 está determinado, según las ecuaciones (30) y (31), por el requerimiento de que el consumo permanezca constante y por el hecho de que b_0 no puede brincar por el impacto.[32] Se sigue de la ecuación (40) que a una reducción de la tasa de crecimiento del acervo monetario nominal implica $\dot{m} < 0$, de modo que los saldos monetarios reales estarán declinando a través del tiempo. Despejando la ecuación (40), obtenemos

$$m = \tilde{m}(\mu^s) + \left[m_0 - \tilde{m}(\mu^s)\right]e^{\left[(\mu^s + (1-\iota)r)t\right]}, \tag{41}$$

donde $m_0 < \tilde{m}(\mu^s) = -z_m / [\mu^s + (1-\iota)r]$. La ecuación (41) indica que los saldos monetarios reales estarán declinando a una tasa creciente en el intervalo $(0, T)$. De las ecuaciones (30), (31) y (32),

$$\pi = \left(\frac{\alpha - \kappa}{\kappa}\right)(y - g)m^{-1} - (1 - \iota)r, \quad 0 < t < T, \tag{42}$$

lo que implica que la tasa inflacionaria aumenta continuamente a lo largo del intervalo $(0, T)$.

La solución para $t \geq T$ se obtiene como sigue. Durante el intervalo $(0, T)$, b debe estar aumentando porque $\dot{m} < 0$ y $\dot{m} + \dot{b} = 0$. Dado que la última condición debe continuar aplicándose para $t \geq T$ y que el acervo de bonos debe continuar constante en b_T^+ para $t \geq T$, debemos tener $\dot{m} = 0$ para $t \geq T$. Por lo tanto, los saldos monetarios reales deben permanecer constantes, digamos al nivel de m_T^+, para $t \geq T$. La condición $\dot{m} = 0$ para $t \geq T$ se satisface ajustando discontinuamente la tasa del crecimiento monetario en T para satisfacer la ecuación (40):

---

[32] Sin embargo, como lo demuestra Liviatan (1986), la constancia de los saldos monetarios reales al impacto no se da necesariamente en condiciones más generales, sobre todo si el dinero y los bienes reales son sustitutos o complementos, o si el consumo es muy sensible a los cambios de la tasa de interés real.

$$\dot{m}_T = 0 = \left[\tilde{\mu} + (1 - \iota)r\right]m_T^+ + z_m. \tag{43}$$

Dado que $\dot{m} = 0$ para $0 \le t < T$, la ecuación (43) implica que $\tilde{\mu}$ debe estar por encima. Además, dado que $m_T^+ < m_0$, se sigue que

$$\mu^s < \mu^s < \tilde{\mu}, \tag{44}$$

lo que indica que la reducción de la tasa del crecimiento monetario durante el intervalo (0, *T*), por debajo de su valor inicial, deberá ser seguida en *T* por un incremento más allá de dicho valor.

Puede demostrarse también, utilizando la ecuación (42), que en el Estado estable posterior al ajuste permanecerá constante la inflación al nivel π_T^+, y que

$$\pi_T^+ > \pi_0, \quad t \ge T, \tag{45}$$

lo que indica que la tasa inflacionaria del Estado estable que prevalece más allá de *T* es mayor que en el Estado estable inicial. El incremento de la tasa inflacionaria ocurre durante el intervalo (0, *T*), ya que no puede ocurrir ningún brinco en el momento *T* a resultas de la previsión perfecta.

El meollo del análisis estriba en que una reducción temporal de la tasa del crecimiento monetario incrementa la tasa inflacionaria durante y después del cambio de la política. Intuitivamente, vemos que una reducción temporal del crecimiento monetario nominal se contrarresta por un incremento del financiamiento con bonos. Por lo tanto, una vez que se abandona la política temporal, el incremento de los pagos de intereses requiere que la recaudación del señoraje sea mayor para financiar el déficit, y esto, a su vez, requiere de una tasa inflacionaria mayor. La expectativa de una inflación mayor en el futuro implica una inflación mayor aunque se esté aplicando la política contractiva, porque de otro modo los meros brincos de nivel originarían beneficios arbitrarios.

V.3.2.3. *El déficit convencional constante*

Consideremos ahora lo que ocurre si lo que permanece fijo es el déficit con inclusión de los pagos de intereses —es decir, el déficit convencional—, antes que el déficit primario. Por lo tanto, si utilizamos la ecuación (37), la ecuación (38) se sustituye por

$$\tilde{d} = g - \iota y + (1 - \iota)(\tau + rb). \tag{46}$$

Para que la ecuación (46) se aplique continuamente con *b* endógena, suponemos que el gobierno hace ajustes compensatorios en sus pagos de transferencia a las familias, τ. Dado que el gasto y la producción del gobierno son constantes, la regla del financiamiento implica que $\tau + rb$ es constante, digamos al nivel Λ. Supondremos también, en el análisis siguiente, que la tasa del crecimiento demográfico, n, es positiva (y constante), en lugar de cero.[33]

Las ecuaciones (29) – (32) y (34) nos dan ahora, utilizando (46),

$$\dot{b} = -nb - \mu m + z'_b, \quad z'_b \equiv (1 - \upsilon)(y + \Lambda) - (y - g), \tag{47}$$

y la ecuación (40) no cambia. Para una μ dada, las ecuaciones (40) y (47) forman un sistema de ecuaciones diferenciales en b y m cuyo equilibrio de Estado estable es un punto de equilibrio. La pendiente de la ruta de equilibrio coincide en este caso con la pendiente de la curva $[\dot{m} = 0]$, como se observa en la gráfica V.9. Se alcanza el Estado estable en el punto E, para un valor dado de $\mu = \mu^h$. Los saldos reales pueden ahora brincar al impacto, porque las transferencias endógenas aseguran que la riqueza, y por lo tanto el consumo, permanecerán constantes al principio. Variando μ y manteniendo $\dot{m} = \dot{b} = 0$, podemos derivar valores alternativos de equilibrio a largo plazo de los saldos monetarios reales y el acervo de bonos. Alternativamente, para un valor dado de b, tratando a m y μ como endógenos podemos derivar la relación de Estado estable entre las tenencias reales de dinero y de bonos. Esta relación está dada por

$$m = (nb - z'_b - z_m) / (1 - \upsilon)r. \tag{48}$$

La ecuación (48) se representa por la curva MM en la gráfica V.10. El equilibrio inicial a largo plazo, con $\mu = \mu^h$, se obtiene en E en la gráfica.

Consideremos ahora, como antes, una reducción de la tasa del crecimiento monetario desde μ^h hasta μ^s en el intervalo $(0, T)$. La nueva solución de estado estable asociada a las ecuaciones (40) y (47), con $\mu = \mu^s$, se obtiene en el punto E', que también se ubica en MM. Con el impacto, aumentan los saldos monetarios reales, en asociación con una disminución del nivel de los precios y de la tasa inflacionaria del Estado estable inicial, y el sistema brinca del punto E al punto A. La economía sigue entonces una ruta divergente en el intervalo $(0, T)$, trasladándose a través del tiempo del punto A al punto B ubicado en la curva MM, que se alcanza exactamente en el periodo T. Si en ese momento el gobernante eleva la tasa de crecimiento del acervo monetario a algún valor $\mu^c > \mu^s$ y congela el acervo de bonos en b_T^+, el punto B representará un equilibrio de Estado estable.[34] Durante el periodo de transición, los saldos reales bajan mientras que el acervo de bonos y la tasa inflacionaria aumentan. Sin embar-

---

[33] El supuesto de una tasa de crecimiento de la población distinta de cero es necesario para evitar la dinámica degenerada en este caso.

[34] Mediante un razonamiento similar al desarrollado antes, puede demostrarse que debemos tener también $\dot{m} = 0$ para $t \geq T$. Por lo tanto, la segunda etapa del experimento monetario debe corresponder a un Estado estable.

GRÁFICA V.9. *Equilibrio del Estado estable con déficit convencional constante*

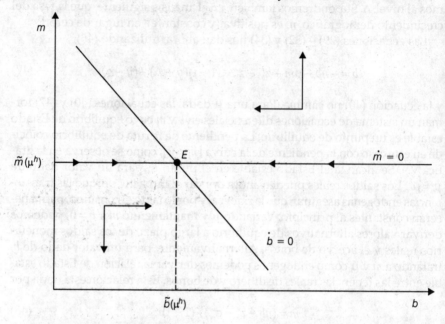

FUENTE: Adaptada de Liviatan, 1984, p. 13.

go, en el punto B permanecen los saldos reales por encima de su nivel de equilibrio original $\tilde{m}(\mu^{h})$, lo que implica que la tasa inflacionaria permanecerá permanentemente por debajo de su nivel de Estado estable inicial. En consecuencia, una reducción *temporal* de la tasa de crecimiento del dinero conduce a una reducción *permanente* de la tasa inflacionaria. Esencialmente, la diferencia con el caso anterior deriva del hecho de que, cuando se mantiene constante el déficit primario, el aumento de los pagos de intereses de la deuda pública se financia con el impuesto inflacionario y es por lo tanto inflacionario. En cambio, cuando se mantiene constante el déficit total, el aumento de los pagos de intereses de la deuda pública se financia con un aumento de los impuestos, lo que genera una utilización menor del impuesto inflacionario.

En el marco precedente, la definición de la política monetaria "dura" como una reducción de la tasa de crecimiento del acervo de dinero nominal conduce a un sistema que es dinámicamente inestable durante el intervalo $(0, T)$. La restricción de la solvencia requiere finalmente una congelación del acervo de bonos gubernamentales. En consecuencia, para $t \geq T$, la economía se "atasca" con un acervo de dinero menor, un acervo de bonos mayor, y una tasa inflacionaria permanentemente mayor. Liviatan (1986) demuestra que esta inestabilidad dinámica desaparece si se define una "política monetaria dura" como

GRÁFICA V.10. *Dinámica con déficit convencional constante*

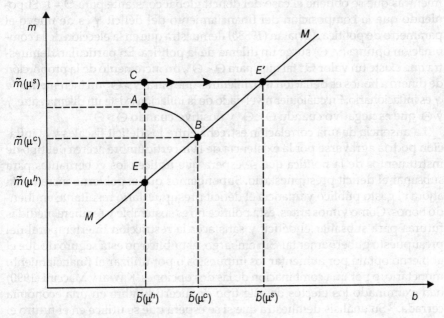

FUENTE: Adaptada de Liviatan, 1984, p. 14.

una reducción de la *participación* del financiamiento monetario del déficit gubernamental en el intervalo $(0, T)$. En esta formulación, la proporción del financiamiento monetario al financiamiento con bonos, γ, es exógena, mientras que la tasa de crecimiento del acervo de dinero nominal es endógena. La dureza monetaria se define ahora como una reducción temporal de γ. Liviatan demuestra que el modelo modificado es estable en la ruta de equilibrio, a condición de que la porción inicial del financiamiento monetario no sea demasiado pequeña. Demuestra también que, con un déficit primario constante, una dureza monetaria temporal conduce a un incremento inmediato pero temporal de la inflación, mientras que un endurecimiento permanente conduce a un incremento inmediato y permanente de la inflación. El primer resultado difiere de la paradoja de Sargent-Wallace antes derivada, donde se definió el dinero duro como una reducción de la tasa de crecimiento del dinero. Sin embargo, persiste el resultado referente a los déficit convencionales que derivamos antes: si se define el déficit con inclusión de los pagos de intereses de la deuda pública, se revierte la paradoja de Sargent-Wallace.

Puede obtenerse una generalización mayor si se escribe la meta del déficit como

$$\tilde{d} = g - \upsilon y + (1 - \iota)\tau + \Theta rb,$$

donde $0 < \Theta < 1$. Se obtiene así el caso del déficit primario constante para $\Theta = 0$, mientras que se obtiene el caso del déficit global constante para $\Theta = 1$. Suponiendo que la composición del financiamiento del déficit γ es de nuevo el parámetro de política, Liviatan (1988b) demuestra que en la elección de la combinación óptima (γ, Θ) surge un dilema de la política. En particular, demuestra que existe un valor Θ^* tal que, para $\Theta < \Theta^*$, un incremento de la proporción de dinero a bonos es deflacionario, mientras que para $\Theta > \Theta^*$ un incremento de γ es inflacionario. En cualquier nivel dado de la inflación existe un dilema entre γ y Θ, que es negativo cuando $\Theta < \Theta^*$ y positivo cuando $\Theta > \Theta^*$.

La ausencia de una correlación estrecha entre los déficit fiscales y la inflación podría agravarse por la existencia de la incertidumbre acerca del tipo de instrumentos de la política que se espera que utilicen los gobernantes para subsanar el déficit presupuestario. Supongamos que el gobierno incrementa ahora el gasto público y financia el déficit presupuestario resultante emitiendo bonos. Como vimos antes, esta política no es sostenible y requiere medidas futuras para subsanar el déficit y satisfacer la restricción intertemporal del presupuesto gubernamental. Sin embargo, el público no está seguro de que el gobierno optará por aumentar los impuestos o por utilizar el financiamiento monetario, o por una combinación de las dos opciones. Kawai y Maccini (1990) han examinado los efectos de este tipo de incertidumbre en una economía cerrada.[35] Su análisis demuestra que si se espera que se utilice en el futuro el financiamiento monetario "puro", la inflación mostrará una correlación positiva fuerte con los déficit fiscales. Pero si se espera que se utilice el financiamiento tributario, es posible que la inflación y los déficit se correlacionen en forma positiva o negativa.

V.3.3. *Déficit, tasas de interés reales y desplazamiento*

En los países donde el sistema financiero está relativamente desarrollado y las tasas de interés están determinadas por el mercado, la utilización del financiamiento de los déficit fiscales con deuda interna puede afectar grandemente a las tasas de interés reales. En Colombia, por ejemplo, los grandes déficit públicos del periodo de 1983-1986 parecen haber sido el factor principal del gran incremento de las tasas de interés reales durante ese periodo (Easterly y Schmidt-Hebbel, 1994). La experiencia de los países en vías de desarrollo fuertemente endeudados sugiere también que en los últimos años se ha financiado con deuda interna una porción sustancial de los déficit fiscales (Guidotti y Kumar, 1991).

---

[35] Véase también Drazen y Helpman (1990). Kawai y Maccini utilizan un marco de Blanchard-Yaari donde las familias tienen una vida de duración incierta (véase Blanchard y Fischer, 1989, pp. 115-126). Su análisis tiene también implicaciones importantes para la correlación existente entre los déficit y las tasas de interés reales, que se discutirá en seguida.

El aumento de la deuda pública interna ha incrementado el riesgo de la mora y reducido la confianza del sector privado en la sustentabilidad de la posición fiscal, lo que ha generado tasas de interés reales muy elevadas y nuevos deterioros fiscales: un mecanismo potencialmente desestabilizador (Fishlow y Morley, 1987). Sin embargo, la experiencia representada en la gráfica V.11 para cuatro países en vías de desarrollo de ingreso medio no es enteramente concluyente, aunque en algunos países parece mantenerse razonablemente bien la relación inversa existente entre las tasas de interés reales y los déficit fiscales, particularmente en Brasil, Corea y Tailandia.

La débil asociación existente entre los déficit fiscales y las tasas de interés reales puede derivar de las regulaciones del banco central que impiden un ajuste completo de las tasas de interés nominales a los niveles del mercado. En efecto, los impedimentos a la flexibilidad de la tasa de interés nominal son una característica común de los países en vías de desarrollo. También podría derivar de las expectativas existentes acerca de la política fiscal futura, antes que corriente. En la discusión que sigue presentamos un modelo macroeconómico simple que nos permite captar la dinámica de las tasas de interés reales inducida por las expectativas de las políticas.

V.3.3.1. *Expectativas, déficit y tasas de interés reales*

Consideremos una pequeña economía abierta donde hay sólo tres categorías de agentes: familias, el gobierno y el banco central. La producción nacional consiste en un bien de consumo comerciable y se supone fija al nivel de y durante el marco temporal del análisis. La paridad del poder de compra se aplica continuamente y los precios mundiales se normalizan a la unidad, lo que implica que el nivel de los precios internos es igual a la tasa de cambio nominal, que se devalúa a una tasa constante, predeterminada, ε, por el banco central. Las familias cuentan con dos categorías de activos en sus carteras: dinero nacional y un bono gubernamental indizado. El dinero nacional no genera intereses, pero la tecnología de las transacciones es tal que la tenencia de saldos en efectivo reduce los costos de liquidez asociados a la compra de bienes de consumo. El capital es perfectamente inmóvil internacionalmente.[36] El gobierno consume bienes finales, recauda impuestos al ingreso, y paga intereses sobre el acervo de bonos vigente. Financia su déficit fiscal emitiendo bonos o pidiendo prestado al banco central. Por último, los agentes tienen una previsión perfecta.

---

[36] Como se señalará en el capítulo siguiente, el supuesto de la movilidad nula del capital no tiene un buen fundamento empírico. Sin embargo, es una simplificación conveniente aquí y se relajará cuando discutamos la política de estabilización en el capítulo x, utilizando esencialmente una extensión del marco usado aquí.

GRÁFICA V.11. *Déficit fiscales y tasas de interés reales*

—— *Tasa bancaria de depósitos reales, en porcentaje anual (escala derecha)**

▨ *Balance fiscal gubernamental, porcentaje del PIB (escala izquierda)***

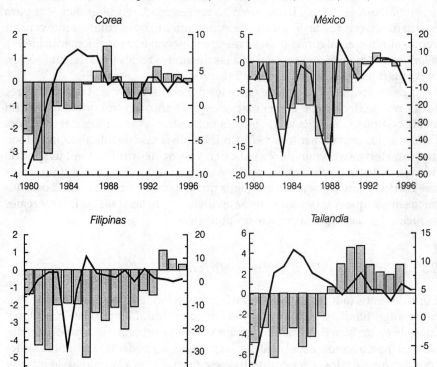

* Tasa de depósito bancario, oferta de tasas a clientes residentes para demanda o a plazos, o depósitos de ahorro.

** Para obtener el balance fiscal gubernamental, se calcula la diferencia entre *recaudación* y, si es aplicable, *subvención recibida, gastos* y *crédito menos rembolso.*

FUENTE: Fondo Monetario Internacional.

La familia representativa maximiza la utilidad descontada en un horizonte infinito:

$$\int_{t}^{\infty}[u(c, m)]e^{-\rho t}dt, \tag{49}$$

donde $\rho > 0$ denote la tasa de preferencia por el tiempo (que se supone constante) y c es el consumo y m el balance de dinero real y $u(\cdot)$ la función de la utilidad instantánea, la cual es estrictamente cóncava y satisface la condición de Inada. Para simplificar, asumiremos que la función se separa en c y m y es de la forma

$$u(c, m) = \frac{c^{1-\eta}}{1-\eta} + \chi \ln m, \quad \chi > 0$$

donde η, el coeficiente de aversión al riesgo relativo, es positivo y diferente de la unidad.[37]

La riqueza financiera real de la familia representativa, a, está dada por

$$a = m + b, \tag{50}$$

donde b denota el acervo real de bonos gubernamentales indizados. La restricción del flujo presupuestario expresa el cambio efectivo de la riqueza real como la diferencia existente entre el ahorro *ex ante* y las pérdidas de capital sobre los saldos monetarios reales:

$$\dot{a} = (1 - \iota)(y + \tau + rb) - c - \varepsilon m, \tag{51}$$

donde r denota la tasa de interés real, τ las transferencias de suma fija otorgadas por el gobierno, y la tasa del impuesto proporcional al ingreso. Para simplificar, los impuestos gravan el ingreso bruto a una tasa uniforme.

Utilizando (50), la ecuación (51) puede escribirse como

$$\dot{a} = (1 - \iota)\rho a + (1 - \iota)(y + \tau) - c - im, \tag{52}$$

donde $i = (1 - \iota)r + \varepsilon$ denota la tasa de interés nominal neta.

Las familias tratan a y, r, ε y τ como dadas y maximizan (49) sujetas a (52) escogiendo una secuencia $\{c, m, b\}_{t=0}^{\infty}$. El hamiltoniano para este problema puede escribirse como[38]

$$H = u(c, m) + \lambda\{(1 - \iota)\rho a + (1 - \iota)(y + \tau) - c - im\},$$

donde λ, la variable de coestado asociada a la restricción del flujo presupuestario, puede interpretarse como una medición de la utilidad marginal de la riqueza. Las condiciones de optimidad requeridas están dadas por

---

[37] Véase Blanchard y Fischer (1989, pp. 43-44). Con $n = 1$, la función $u(\cdot)$ se volvió

$$u(c, m) = \ln c + \chi \ln m.$$

[38] Véase una discusión del procedimiento de solución para este tipo de problema de optimización, por ejemplo, en Beavis y Dobbs (1990).

$$c^{-\eta} = \lambda, \quad \chi / m = \lambda i, \quad \lambda / \lambda = \rho - (1 - \upsilon)r,$$

junto con la condición de transversalidad

$$\lim_{t \to \infty} (e^{-\rho t} a) = 0.$$

Destacando que $\dot{\lambda} = -\eta \dot{c}^{\eta-1}$, las condiciones de optimidad pueden reescribirse como

$$\chi c^{\eta} / m^{\phi} = i, \tag{53}$$

$$\dot{c} / c = \sigma[(1 - \upsilon)r - \rho], \tag{54}$$

donde $\sigma = 1 / \eta$ mide la elasticidad de sustitución intertemporal en el consumo.

La ecuación (53) equipara la tasa marginal de sustitución entre el consumo y el balance real del dinero a la tasa de interés nominal, la cual mide la oportunidad del costo de la tenencia monetaria. La ecuación (54) muestra que las dinámicas de consumo se determinan por las diferencias entre la tasa de interés real después de los impuestos y la tasa de preferencia por el tiempo. Examinaremos más detalladamente el papel de σ, en determinación de la ruta dinámica del consumo en el capítulo XI.

La ecuación (53) puede escribirse como

$$m = \chi c^{\eta} / i, \tag{55}$$

que relaciona a la demanda de dinero inversamente con la tasa de interés nominal y positivamente con el nivel de las transacciones. El acervo monetario nominal debe satisfacer

$$M = D + ER, \tag{56}$$

donde D mide el acervo del crédito interno —otorgado por el banco central al gobierno—, y R mide el valor en moneda extranjera de los activos extranjeros netos mantenidos por el banco central. Los cambios del acervo de crédito real, d, están dados por

$$d = (\mu - \varepsilon)d, \tag{57}$$

donde μ denota la tasa de crecimiento del crédito nominal. Suponiendo para simplificar que los activos extranjeros netos y los préstamos otorgados al gobierno no ganan intereses, los beneficios netos de los bancos centrales consisten sólo en las ganancias de capital sobre las reservas, $\dot{E}R$, que se transfieren al gobierno. En términos reales, la restricción del presupuesto gubernamental está dada entonces por

$$\dot{d} + \dot{b} = g - \iota y + (1 - \iota)(\tau + rb) - \varepsilon m, \tag{58}$$

donde g denota el gasto público distinto de los intereses, que se supone constante. Combinando las ecuaciones (52), (56), (57) y (58) obtenemos la restricción presupuestaria global de la economía, que determina la evolución de la balanza de pagos:

$$\dot{m} = y - c - g. \tag{59}$$

Utilizando la ecuación (55), la condición de equilibrio del mercado de dinero puede resolverse para el equilibrio nominal de la tasa de interés real:

$$i = i(\overset{+}{c}, \overset{-}{m})$$

de la cual a su vez obtenemos la tasa de interés real:

$$r = [i(c, m) - \varepsilon]/(1 - \iota). \tag{60}$$

La ecuación (60) indica que un incremento en el consumo requiere un incremento en la tasa de interés real para mantener el equilibrio del mercado de dinero. Un aumento del acervo de dinero real, resultante de una expansión del crédito interno o de una acumulación de los activos externos netos, disminuye la tasa de interés real. Por último, una elevación de la tasa de devaluación requiere una disminución compensatoria de la tasa de interés real.

Supongamos que el banco central expande el crédito nominal para compensar al gobierno por la pérdida del valor real del acervo de crédito vigente derivada de la inflación ($\mu = \varepsilon$). Por lo tanto, $\dot{d} = 0$. A fin de asegurar la solvencia a largo plazo y eliminar los juegos de Ponzi, supongamos además que el gobierno se abstiene de emitir bonos para financiar su déficit fiscal ($\dot{b} = 0$) y en cambio ajusta el nivel de las transferencias netas a las familias para balancear el presupuesto. La ecuación (58) se vuelve entonces

$$\tau = (1 - \iota)^{-1}(\iota y - g + \varepsilon m), \tag{61}$$

donde para simplificar se normalizan a cero los acervos reales constantes del crédito y los bonos nacionales. La recaudación del señoraje es entonces igual a εm.

Las ecuaciones (54), (59) y (60), forman el primer orden de un sistema de ecuaciones diferenciales en c y m, que puede escribirse, utilizando una aproximación lineal en la vecindad del Estado estable:

$$\begin{bmatrix} \dot{c} \\ \dot{m} \end{bmatrix} = \begin{bmatrix} \sigma i_c & \sigma i_m \\ -1 & 0 \end{bmatrix} \begin{bmatrix} c - \tilde{c} \\ m - \tilde{m} \end{bmatrix},$$

donde una "~" es usada para denotar el valor del Estado estable. Alternativamente, note que de la ecuación (60) tenemos $c = \Phi(r, m)$, con Φ_r, $\Phi_m > 0$. Como resultado, $\dot{c} = \Phi_r \dot{r} + \Phi_m \dot{m}$. Combinando este resultado con (54) y (59) obtenemos, con $y = g = 0$.

$$\dot{c} = \Phi_r r - \Phi_m \Phi(r, \ m) = \sigma\Phi(r, m)[(1 - \upsilon)r - \rho].$$

Esta ecuación puede escribirse así:

$$\dot{r} = \Lambda(\overset{+}{r}, \overset{+}{m}).$$

El sistema dinámico en c y m puede entonces ser expresado en términos de r y m:

$$\begin{bmatrix} \dot{r} \\ \dot{m} \end{bmatrix} = \begin{bmatrix} \Lambda_r & \Lambda_m \\ -\Phi_r & -\Phi_m \end{bmatrix} \begin{bmatrix} r - \tilde{r} \\ m - \tilde{m} \end{bmatrix}. \tag{62}$$

Dada la solución de este sistema, se pueden calcular el comportamiento del consumo (de 61) y la ruta de las transferencias reales a través del tiempo. En lo que sigue supondremos que se aplica la condición de que el sistema (62) es una ruta de equilibrio estable, es decir, que el determinante de la matriz de coeficientes es negativo ($\Phi_r\Lambda_m - \Lambda_r\Phi < 0$). Como se observa en la gráfica V.12, esta condición requiere que la pendiente de la curva $[\dot{m} = 0]$ sea más empinada que la pendiente de la curva $[\dot{r} = 0]$. La ruta de equilibrio SS tiene una pendiente negativa, y el equilibrio de Estado estable se obtiene en el punto E. Como lo indica la ecuación (54), la tasa de interés real después de los impuestos debe ser igual a la tasa de preferencia por el tiempo en el punto E.

Supongamos que la economía se encuentra inicialmente en un equilibrio de Estado estable, y consideremos un choque de la política fiscal generado por un aumento permanente e inesperado del gasto gubernamental. El aumento del gasto público provoca con su impacto una demanda excedente de bienes que —siendo constante la producción nacional— requiere una disminución concomitante del consumo privado. Para que esto ocurra, deberá aumentar la utilidad marginal de la riqueza. A resultas del menor gasto privado, la tasa de interés real deberá bajar también para mantener el equilibrio en el mercado de dinero. A través del tiempo, incrementa el consumo, lo que conduce a una elevación gradual de la tasa de interés real —hasta que regrese a su valor inicial de Estado estable—. Las reservas extranjeras bajan durante todo el periodo de transición. La gráfica V.13 muestra el proceso de ajuste. El aumento del gasto público desplaza ambas curvas, $[\dot{r} = 0]$ y $[\dot{m} = 0]$ hacia la izquierda. La tasa de interés real brinca hacia abajo, desde el punto E hasta el punto A ubicado en la nueva ruta de equilibrio $S'S'$, y empieza a aumentar a lo largo de $S'S'$ hacia el nuevo Estado estable, punto E'.

GRÁFICA V.12. *Equilibrio del Estado estable con una movilidad del capital nulo*

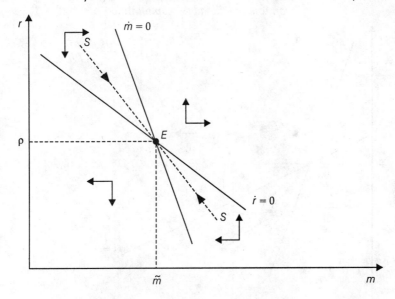

Consideremos ahora el caso en que el incremento del gasto gubernamental se anuncia en $t = 0$ para que ocurra en el periodo T en el futuro. Cualitativamente, los efectos de largo plazo son similares a los que describimos antes. Sin embargo, a corto plazo, la dinámica de la tasa de interés real dependerá del horizonte T. Si el horizonte está muy distante en el futuro, la tasa de interés real brincará hacia abajo en un punto tal como B, y seguirá bajando a lo largo de la ruta divergente BC durante el intervalo $(0, T)$. La economía llegará a la nueva ruta de equilibrio $S'S'$ (en el punto C) exactamente en el momento en que se realice el incremento del gasto público. En cambio, si el horizonte es corto, la tasa de interés real empezará a aumentar inmediatamente después de la baja inicial al punto B', a lo largo de la ruta divergente $B'C'$. Se llegará a la nueva ruta de equilibrio exactamente en el periodo T, como antes.

El meollo del análisis precedente es que las tasas de interés reales tenderán a fluctuar en reacción no sólo a los choques efectivos de la política fiscal, sino también a los cambios esperados en la posición fiscal. Por ejemplo, en la medida en que los agentes prevean correctamente un incremento del gasto público, por ejemplo, la tasa de interés real empezará a ajustarse inmediatamente, ocurriendo un efecto escaso cuando se implante efectivamente la medida de política. Por lo tanto, la correlación existente entre los déficit fiscales y las tasas de interés reales puede ser débil a corto plazo. Este efecto de las expectativas ofrece un elemento importante para el entendimiento de los datos mostrados en la gráfica V.11.

GRÁFICA V.13. *Incrementos permanentes y temporales del gasto gubernamental con una movilidad del capital nulo*

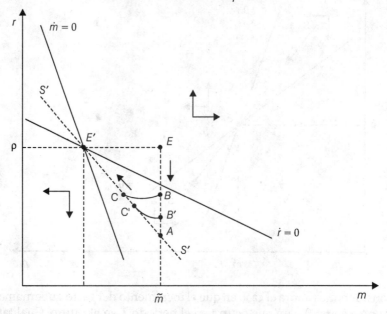

Es posible que las expectativas se relacionen no sólo con los cambio percibidos en los instrumentos de la política económica *per se,* sino también, y más generalmente, con la combinación de financiamiento que el gobierno pueda escoger en el futuro. Por ejemplo, el gobierno podría aumentar inicialmente el nivel del gasto público y financiar el déficit consiguiente emitiendo bonos durante un intervalo de tiempo $(0, T)$. En paralelo, podría anunciar su intención de reducir las transferencias netas a las familias o reducir su gasto en bienes finales para balancear el presupuesto, de tal modo que el acervo real de los bonos se mantenga constante a un nivel b_T^+ más allá del periodo T. Kawai y Maccini (1990) proveen un análisis formal del efecto de una secuencia alternativa de las políticas sobre el comportamiento de las tasas de interés reales en un modelo donde la inflación está endógenamente determinada. En su marco, el gobierno incurre en un déficit fiscal (provocado por una reducción de los impuestos o un aumento del gasto gubernamental) utilizando el financiamiento de los bonos durante un periodo transitorio, y lo elimina en una fecha futura dada incrementando los impuestos o recurriendo al financiamiento monetario.[39]

---

[39] En el marco de Kawai-Maccini se supone exógena la probabilidad subjetiva de que se utilice la monetización en el futuro. En un contexto diferente, Masson (1985) relaciona esta probabilidad con el tamaño del déficit en relación con la producción.

Cuando los agentes prevén que se utilizará la última opción, se elevará la tasa inflacionaria esperada y ello se traducirá en una elevación inmediata de las tasas de interés nominales. Esto induce a los tenedores de activos a reducir sus saldos monetarios e incrementar sus tenencias de bonos, lo que reduce la tasa de interés real. Así pues, aunque los déficit corrientes y las tasas de interés nominales están positivamente correlacionados, existe una relación inversa entre los déficit públicos corrientes y las tasas de interés reales. Dependiendo del estado de las expectativas de las políticas, los mayores déficit fiscales pueden reducir paradójicamente las tasas de interés reales. Además, en la medida en que varíe a través del tiempo la incertidumbre acerca de la opción de financiamiento que utilizará en el futuro el gobierno para cerrar la brecha fiscal, la correlación existente entre los déficit corrientes y las tasas de interés puede estar sujeta a grandes fluctuaciones.

V.3.3.2. *Déficit, inversiones y desplazamiento*

En los países donde las tasas de interés son relativamente flexibles, los grandes déficit públicos financiados con préstamos de los mercados de crédito nacionales ejercerán una presión ascendente sobre las tasas de interés reales y así reducirán la inversión y la producción privadas. En las economías financieramente reprimidas, donde la estructura de las tasas de interés se determina por una decisión gubernamental, el exceso de endeudamiento interno puede conducir también a un desplazamiento del gasto del sector privado, al implicar una reducción directa del monto del crédito asignado por el sistema bancario (véase el capítulo III). Además, cuando hay un mercado de crédito informal, las mayores restricciones de la disponibilidad de préstamos oficiales pueden generar una tasa de interés informal más elevada, lo que a su vez puede conducir a una elevación de los precios si los costos financieros tienen un gran efecto sobre las decisiones de fijación de los precios.[40] Por lo tanto, además de un impacto inflacionario, los grandes déficit fiscales pueden tener un efecto negativo sobre la producción. Sin embargo, el efecto adverso de los grandes déficit fiscales podría mitigarse si tales déficit reflejan predominantemente un incremento de la inversión pública y si, como vimos en el capítulo III, la inversión privada y la inversión pública son complementarias antes que sustitutivas. En general, por lo tanto, el que los déficit fiscales tengan un efecto negativo sobre la inversión privada, la producción y el crecimiento depende en gran medida de las fuentes del déficit y la composición del gasto gubernamental.

---

[40] Este resultado fue destacado por los economistas neoestructuralistas —véase por ejemplo Taylor (1983) y Van Wijnbergen (1982)— en su discusión de los efectos estanflacionarios de la política monetaria.

V.3.4. *Déficit, la cuenta corriente y la tasa de cambio real*

La relación existente entre los déficit fiscales y la cuenta corriente puede entenderse examinando la identidad de financiamiento derivada en la ecuación (27) y suponiendo por un momento que el ahorro privado neto está dado. En tales condiciones, si la oportunidad de obtener empréstitos nacionales es limitada, puede existir una correlación estrecha entre los déficit fiscales y los déficit de cuenta corriente.[41] La implicación es que una reducción de la disponibilidad de financiamiento externo —como ocurriera luego de la crisis de la deuda para gran número de países en vías de desarrollo— requiere un ajuste fiscal o un incremento de la inflación y de la recaudación del señoraje (véase el capítulo XIV).[42]

Varios modelos analíticos han tratado de conectar los déficit fiscales, los déficit externos y la tasa de cambio real. Por ejemplo, Carlos Rodríguez (1991) desarrolla un marco analítico que incluye varios mecanismos a través de los cuales afectan las políticas fiscales al gasto privado y a la acumulación de activos extranjeros. El déficit externo determina la tasa de cambio real consistente con el vaciamiento del mercado de bienes no comerciables. Una implicación importante de tales modelos es que el efecto de los déficit —o más generalmente, el efecto de la política fiscal— sobre la cuenta corriente y la tasa de cambio real no depende sólo del nivel sino también de la composición del gasto público (véase Montiel, 1986; Khan y Lizondo, 1987).[43]

También puede examinarse la conexión existente entre los déficit fiscales y la cuenta corriente a través de las expectativas existentes acerca de la política futura, como se destaca en las subsecciones anteriores sobre las tasas de interés reales y la paradoja del dinero difícil. Supongamos que el gobierno incurre en un déficit fiscal financiado con bonos durante un periodo limitado. La dinámica de la economía durante el periodo de transición depende de que el público espere que el gobierno cambie en el futuro a un régimen de financiamiento con impuestos o a un régimen de financiamiento con dinero (Kawai y Maccini, 1995). Si se espera que se utilice el financiamiento tributario para eliminar los

---

[41] Fischer y Easterly (1990) sostienen que así ocurrió en Bangladesh en los años ochenta.

[42] El supuesto de la equivalencia ricardiana —la independencia del consumo y la inversión privados de la combinación gubernamental de financiamiento con préstamos e impuestos— que reseñamos antes implica la ausencia de toda relación entre los déficit fiscales y la cuenta corriente. Si la deuda es neutral, las reducciones del déficit producidas mediante incrementos de los impuestos generarían una disminución igual del ahorro privado, dejando sin cambio a la cuenta corriente. De igual modo, las reducciones permanentes del gasto público generarían simplemente un incremento igual en el consumo privado, sin ningún efecto sobre la cuenta corriente. Sin embargo, señalamos antes que son endebles los datos empíricos en apoyo de la proposición de la neutralidad de la deuda.

[43] Los efectos intertemporales podrían alterar también el impacto del gasto gubernamental sobre la tasa de cambio real, como lo demuestran Frenkel y Razin (1992, capítulo XI) en un contexto más general.

déficit en el futuro, los déficit fiscales corrientes se asociarán a un déficit de la cuenta corriente. Por el contrario, si se espera que se recurra primordialmente al financiamiento con dinero —o señoraje—, los déficit fiscales podrían asociarse a los superávit de la cuenta corriente. Por lo tanto, surgen "déficit gemelos" sólo cuando los agentes privados esperen que el gobierno eleve los impuestos en el futuro para eliminar los déficit fiscales corrientes.

Las pruebas empíricas disponibles parecen sugerir la existencia de una relación positiva entre grandes déficit fiscales y grandes desequilibrios externos (Easterly y Schmidt-Hebbel, 1994). En un estudio reciente, Khan y Kumar (1994) han ofrecido un análisis econométrico del papel de los déficit públicos, junto con otras variables internas y externas, en la determinación de la cuenta corriente de los países en desarrollo no petroleros. El estudio combina datos anuales para cuarenta y dos países y cubre el periodo de los años setenta y ochenta. Para el grupo de países considerados como un todo, Khan y Kumar demuestran que los déficit fiscales tienen un efecto muy importante sobre el comportamiento de la cuenta corriente. Cuando se consideran agrupamientos regionales, se obtiene el efecto más fuerte para África y el Medio Oriente, mientras que no parece existir ningún efecto significativo para América Latina.[44] Cuando se separan los países de acuerdo con la composición de sus exportaciones, el efecto de los desequilibrios fiscales públicos sobre el déficit de la cuenta corriente parece ser mayor para los países que tienen una base de exportación más diversificada. Por lo tanto, las pruebas empíricas parecen sugerir que los déficit fiscales se asocian a menudo con un deterioro de la cuenta corriente de la balanza de pagos.

En este capítulo hemos examinado los efectos macroeconómicos de los déficit fiscales del gobierno. Hicimos en primer término una descripción de conceptos alternativos de los déficit fiscales. Señalamos que la definición del sector público y el tipo de las operaciones incluidas en la medición de los déficit fiscales tienen implicaciones importantes para el diseño, la aplicación y el monitoreo de los programas de reforma macroeconómica. Hemos sostenido también que las actividades semifiscales de recaudación y gasto del banco central, por oposición a sus operaciones puramente monetarias, deben incluirse en las cuentas del gobierno —y consiguientemente en las mediciones del déficit fiscal del mismo—, no sólo cuando afecten la cuenta de pérdidas y ganan-

---

[44] Los resultados de Khan y Kumar muestran un impacto positivo de los déficit fiscales sobre los desequilibrios de la cuenta corriente cuando la regresión se corre sólo para los años setenta, sin que aparezca ningún efecto significativo en los años ochenta. Sin embargo, el acervo de deuda externa parece altamente significativo en los años ochenta. Es posible que estos resultados reflejen el hecho de que los déficit fiscales se hayan financiado principalmente con déficit de la cuenta corriente en los años setenta, lo que luego impulsó una gran acumulación de deuda externa.

cias del banco central, sino también cuando tales actividades (relacionadas por ejemplo con las garantías de tasas de cambio o de préstamos) quedan fuera de la cuenta de pérdidas y ganancias.

El enfoque de las finanzas públicas para la determinación de la inflación destaca los aspectos de recaudación de ingresos de la creación de dinero, sobre todo en los países donde se considera ineficiente el sistema tributario. Se demostró que la tasa óptima del impuesto inflacionario, en el caso más simple, se relaciona inversamente con la elasticidad de los saldos monetarios reales ante la inflación. Sin embargo, quizá no sea posible ni deseable operar a ese nivel de inflación. En los países en vías de desarrollo, donde es pequeña la porción de la recaudación generada por los impuestos recolectados con tasas progresivas y retenidos en la fuente, y donde son importantes los impuestos de tasas específicas, la inflación puede reducir sustancialmente el valor real de la recaudación tributaria. Que la elección óptima del gobierno acerca de la combinación de los impuestos genere o no inflación sigue siendo una fuente de controversia al nivel empírico. En general, sin embargo, el análisis de los casos de hiperinflación recientes sugiere que estos episodios reflejan a menudo un esfuerzo desesperado para continuar gastando, antes que una decisión racional acerca de la combinación óptima de los impuestos.

Posteriormente examinamos la sustentabilidad de los déficit fiscales y los requerimientos de consistencia que deben imponerse a opciones de financiamiento alternativas en el contexto de un programa de ajuste macroeconómico. Se destacó el papel de los préstamos externos en el financiamiento de los déficit del sector público a través de la restricción presupuestaria gubernamental.[45] Una dependencia excesiva de los préstamos externos para el financiamiento de grandes déficit públicos puede conducir a una crisis de la deuda, como ocurriera a principios del decenio de 1980 (véase el capítulo XIV). Para asegurar la sustentabilidad de los desequilibrios fiscales se requiere fijar el déficit a un nivel que no requiera más financiamiento que el compatible con el endeudamiento externo e interno sostenible y con las metas existentes para la inflación y el crecimiento de la producción. Se obtiene la solvencia gubernamental cuando el valor presente de los pasivos netos del gobierno, presentes y futuros, es cero. Sin embargo, en la práctica, la evaluación de si se satisface o no la restricción de la solvencia es una tarea cargada de dificultades.

Por último, discutimos los efectos de los déficit fiscales sobre diversas variables macroeconómicas. Hay escaso apoyo teórico y empírico para la proposición de la equivalencia ricardiana en los países en vías de desarrollo. Los grandes desequilibrios del sector público pueden generar elevadas tasas de interés

---

[45] Además de las restricciones del financiamiento, el comportamiento gubernamental en los países en vías de desarrollo puede estar sujeto a restricciones políticas sobre sus opciones de gasto y de tributación (véase el capítulo XIV).

reales internas o una reducción del crédito bancario para el sector privado (un evento común en las economías financieramente reprimidas), desplazando así a la inversión privada. Pueden ser incluso inflacionarios si la tasa de interés del mercado informal de préstamos se eleva para eliminar la demanda excesiva de préstamos, y si los costos financieros afectan las decisiones de fijación de los precios. La relación entre los déficit fiscales, las tasas de interés reales, la inflación y la cuenta corriente, que es discernible a mediano y largo plazos —sobre todo en los países de inflación elevada—, puede aparecer relativamente débil a corto plazo. Una razón particularmente importante puede ser el estado cambiante de las expectativas acerca de las futuras políticas del financiamiento gubernamental. Parece existir una fuerte correlación positiva a mediano plazo entre los déficit fiscales y la inflación, así como entre los desequilibrios fiscales y los de la cuenta corriente.

El mensaje general de este capítulo es que una política fiscal adecuada es crucial para el logro de la estabilidad macroeconómica. Los déficit fiscales excesivos pueden generar inflación, crisis de la tasa de cambio y dificultades de la balanza de pagos, apreciación real de la tasa de cambio, crisis de la deuda externa y elevadas tasas de interés reales. Aunque la política fiscal debe perseguir varios objetivos (como la eficiencia económica y la equidad), además de la estabilización macroeconómica, la reforma tributaria se ha convertido en un objetivo a corto plazo antes que a largo plazo, porque ahora se percibe como algo esencial para un ambiente macroeconómico estable. Los capítulos XI y XII examinarán en mayor detalle la conexión existente entre los déficit fiscales, el crecimiento del dinero y la inflación, y el papel del ajuste fiscal en el incremento de la credibilidad de los programas antinflacionarios.

APÉNDICE

EFECTOS FISCALES DE LA PRIVATIZACIÓN

En muchos países en vías de desarrollo, la operación de las empresas de propiedad estatal (EPE) constituye un componente importante del presupuesto gubernamental. El papel de las EPE se expandió en muchos casos después de la independencia. El papel económico del Estado se percibió como algo importante por razones ideológicas y debido a la presunta productividad de los bienes públicos (infraestructura, salud, educación) en el desarrollo. Los términos de intercambio favorables, las bajas tasas de interés internacionales en los años setenta, dieron gran impulso a la inversión pública financiada con deuda en los PMD. Sin embargo, las EPE han mermado el presupuesto de muchos países, debido en parte a las malas inversiones, el colapso de los términos de intercambio durante los años ochenta, y diversos problemas estructurales. En muchos casos, la privatización se ha convertido en un instrumento atractivo para afrontar los déficit fiscales.[46] En efecto, la privatización es un conducto para que el gobierno pueda alcanzar un ajuste fiscal creíble. En este caso, la credibilidad deriva del hecho de que la fuente del déficit fue la ubicación de la empresa en el sector público, y la renacionalización sería costosa. Así pues, el gobierno puede "asegurar" un ajuste fiscal futuro (y presente) desprendiéndose de la empresa.

La observación más importante acerca de los efectos fiscales de la privatización es que tales efectos no son generalmente iguales a los ingresos de la privatización, esencialmente porque la medición de los efectos fiscales en esa forma no toma en cuenta los efectos (positivos o negativos) de la conservación de la empresa sobre el presupuesto gubernamental.

Para demostrar esto, recuérdese por la discusión anterior que (en ausencia del financiamiento con deuda) la restricción del presupuesto gubernamental puede escribirse como

$$-d + (\pi + n)m = (r - n)b, \tag{A1}$$

donde $-d$ es el superávit primario, π es la tasa inflacionaria, m son los saldos monetarios reales, r es la tasa de interés real, n es la tasa de crecimiento de la producción y b es el acervo de deuda pública.

Para simplificar, supongamos que el gobierno es propietario de una EPE solamente. Separando $-d$ en la porción aportada por la EPE y el resto del superávit, p^s, obtenemos

$$-d = p^s + (r_G - n)k_G, \tag{A2}$$

donde k_G es el acervo de capital de la EPE valuado al costo de reposición en relación con el PIB, y r_G es la razón del ingreso neto de la EPE (ganancias menos depreciación) a su acervo de capital, k_G. La cantidad $r_G - n$ es lo que el gobierno recibe permanentemente gracias a que la EPE mantiene una razón de capital producto k_G (ya que la EPE tiene que reinvertir nk_G en cada periodo).

Utilizando (A2), la restricción presupuestaria del sector público puede escribirse como:

$$p^s + (r_G - n)k_G + (\pi + n)m = (r - n)b. \tag{A3}$$

Por supuesto, la merma del presupuesto es mayor entre menor sea $r_G - n$. Esto ejerce presión sobre p^s.

¿Cómo sabremos si es buena idea (desde el punto de vista fiscal) la venta de k_G? Para contestar este interrogante debemos preguntarnos en cuál dirección tendría que moverse p^s para que la ecuación anterior se mantenga si el gobierno vende k_G. Como un primer paso, consideremos primero lo que le ocurriría a p^s si k_G fuese simplemente

---

[46] Pero los argumentos en favor de la privatización no son sólo fiscales. La eficiencia podría ser a menudo la consideración más importante. Algunos problemas estructurales hacen que resulte preferible la administración privada de muchas empresas, aunque en principio sea la propiedad pública compatible con la eficiencia económica. Incluso si una empresa pública es rentable, la economía podría beneficiarse con su privatización si la administración privada puede generar un rendimiento mayor aún.

regalada. Entonces no habría ningún ingreso de la privatización, pero ésta tendría todavía un efecto fiscal: el gobierno perdería un flujo de ingreso permanente mientras que $r_G > n$. Esto prueba que las implicaciones fiscales de la privatización no se limitan al efecto directo de la recaudación.[47]

Consideremos ahora el caso en que el gobierno vende k_G, y supongamos que la tasa de rendimiento privado del capital es $r_P - n$. Entonces el sector privado pagaría

$$Q = (r_P - n)/(r - n),$$

por k_G. Si $(r_P - n) < 0$, nadie comprará el capital de la EPE. Supongamos ahora que el acervo de la deuda es constante al nivel de b_0; la restricción presupuestaria del sector público (A3) puede rescribirse como:

$$-\frac{p^s + (r_G - n)k_G + (\pi + n)m}{r - n} = b_0.$$

Si el sector privado paga Q, el efecto de la venta será la sustitución de $(r_G - n)k_G/(r - n)$ por Qk_G en el miembro izquierdo. Por lo tanto, el impacto fiscal de la venta está dado por

$$\frac{\Delta p^s}{r - n} = -\left(Q - \frac{r_G - n}{r - n}\right)k_G.$$

Esto significa que se aligerará la posición fiscal del gobierno (será negativo el ajuste requerido en p^s) mientras que $r_P > r_G$, porque esto hará positivo al término que se encuentra entre paréntesis. Las lecciones son las siguientes:

1. Sólo puede venderse la EPE si el sector privado puede volverla rentable.
2. El gobierno podría encontrarse en una posición mejor (desde el punto de vista fiscal), aunque la EPE sea rentable.
3. La ganancia fiscal de la venta para el gobierno será:

   a) menor que el precio de venta si $r_G - n > 0$;
   b) negativa si $r_P < r_G$;
   c) igual al precio de venta si $r_G - n = 0$;
   d) mayor que el precio de venta si $r_G - n > 0$.

Regresando a la cuestión de la credibilidad, lo importante es que al vender una empresa que está incurriendo en pérdidas, el gobierno puede "asegurar" un ajuste fiscal futuro. Puede aumentar el superávit primario ahora y en el futuro al mismo tiempo, de modo que los acreedores no tienen que confiar en promesas de acciones

---

[47] Un interrogante más general consiste en saber si los ingresos de la privatización debieran considerarse como una forma de recaudación o como una forma de financiamiento similar a la emisión de un bono. Véase Mackenzie, 1998.

fiscales futuras que quizá no serían cumplidas por el mismo gobierno o por otro diferente. Es decir, puede ajustar *hoy* en un sentido de valor presente.

Convendrá hacer otras dos observaciones. Primero, es importante que se mida correctamente el impacto efectivo de la privatización sobre el presupuesto. El interrogante fundamental es la medida del impacto de la privatización sobre el superávit primario sustentable sin inclusión de la EPE. La respuesta está dada por

$$\Delta p^s = -(r-n)\left(Q - \frac{r_G - n}{r - n}\right)k_G.$$

Es decir, debe amortizarse el valor presente de la ganancia a fin de calcular el impacto sobre el superávit primario sustentable.

Segundo, que la privatización resulte conveniente o no es algo que no depende sólo de sus implicaciones fiscales. Más generalmente, depende de que los recursos implicados tengan o no un rendimiento *social* mayor en el uso del sector público o el del sector privado. Pero siempre que su rendimiento sea mayor, la decisión de conservar los recursos en el sector público o transferirlos al sector privado tendrá invariablemente implicaciones fiscales, y estas implicaciones deberán tomarse en cuenta cuando se analice la solvencia del sector público.

VI. MERCADOS FINANCIEROS, MOVILIDAD DEL CAPITAL Y POLÍTICA MONETARIA

UNA CARACTERÍSTICA ECONÓMICA fundamental que diferencia a los países desarrollados de los países en vías de desarrollo es la estructura de sus sistemas financieros.[1] El menú de los activos disponibles para los ahorradores privados en los países en vías de desarrollo, proveniente del sistema financiero formal, se limita a menudo al efectivo, los depósitos a la vista, los depósitos a plazo, y a veces los valores gubernamentales adquiridos en un mercado primario. Además de tener un alcance limitado, el sistema financiero está limitado a menudo por su tamaño y su distribución geográfica. Muchos individuos privados tienen así un acceso limitado a los bancos comerciales, que son con mucho las instituciones financieras organizadas dominantes, los que operan a menudo bajo estructuras de mercado oligopólicas y un alto grado de concentración. Existen otras instituciones especializadas, pero por lo general realizan una porción muy pequeña de la intermediación financiera total en la economía. Los mercados secundarios de valores y acciones son inexistentes o de alcance muy limitado, de modo que el crédito bancario y los fondos generados internamente proveen el grueso del financiamiento de las empresas privadas.[2] Los bancos comerciales operan a menudo bajo un gran conjunto de restricciones gubernamentales, tales como los topes legales de las tasas de interés de los préstamos, las elevadas proporciones de reservas y los requerimientos de liquidez igualmente restrictivos,[3] así como las restricciones impuestas a la composición de su cartera para orientar los recursos hacia ciertos sectores favorecidos. Además de estas restricciones legales que se imponen a los bancos, los agentes nacionales están impedidos a menudo para prestar o tomar préstamos en el exterior, y el banco central no entrega divisas para tal propósito. Las restricciones impuestas al grado de la movilidad del capital afectan

[1] Papademos y Modigliani (1983) ofrecen un marco macroeconómico comprensivo que incluye a la mayor parte de los tipos de activos encontrados en los sistemas financieros de los países industrializados.

[2] En cambio, el papel del crédito bancario en la estructura del capital corporativo varía considerablemente entre los países industrializados. De acuerdo con estimaciones recientes del Banco de Pagos Internacionales (*Annual Report*, junio de 1994), a fines de 1992, mientras que el crédito bancario ascendía a cerca de 30% de la deuda total de las corporaciones privadas no financieras de Canadá y los Estados Unidos, esta cifra llegaba a 63% en el Reino Unido, 68% en Italia, 74% en Japón, y muy por encima de 80% en Francia y Alemania.

[3] Los requerimientos de liquidez especifican que los bancos deben mantener tipos específicos de valores gubernamentales, en cantidades proporcionales a sus pasivos de depósitos, además de las reservas requeridas.

las conexiones existentes entre los precios de los activos nacionales y extranjeros. Más generalmente, tienden a surgir modos informales de la intermediación financiera en respuesta a las regulaciones gubernamentales. Como se destacó en el capítulo I, la escasez de activos, la debilidad de la diversificación institucional, la existencia de intervenciones gubernamentales extensas y el surgimiento de un sector financiero informal hacen que la naturaleza de los mercados financieros y su papel macroeconómico sean potencialmente muy diferentes en las naciones en vías de desarrollo.

Este capítulo examinará la naturaleza y las implicaciones de las diferencias existentes entre los países desarrollados y los países en vías de desarrollo en lo tocante a la estructura financiera. La primera parte definirá el concepto de la represión financiera y reseñará algunas de sus implicaciones macroeconómicas. Luego presentaremos una concepción de finanzas públicas de los intercambios existentes entre los impuestos convencionales, el grado de la represión financiera, los controles del capital y el impuesto inflacionario como opciones de financiamiento alternativas para los déficit presupuestarios. La tercera parte examinará la conexión existente entre los mercados financieros internos y externos de los países en vías de desarrollo, reseñando las pruebas existentes sobre el grado en que estos países se integran a los mercados mundiales de capital. La cuarta sección discutirá modelos alternativos de los mercados de crédito informales y los mercados paralelos de divisas. La última parte del capítulo examinará el mecanismo de transmisión de los instrumentos de la política monetaria en un contexto donde coexisten ambos tipos de mercados informales, a resultas de la represión financiera y los controles de capital.

VI.1. LA REPRESIÓN FINANCIERA: EFECTOS MACROECONÓMICOS

El término *represión financiera* se debe a los analistas que siguen a McKinnon (1973) y Shaw (1973). Estos autores presentaron los primeros intentos sistemáticos por tomar en cuenta algunas de las características específicas de los mercados financieros en los países en vías de desarrollo. Según McKinnon (1973), el sistema financiero de la mayoría de los países en vías de desarrollo está *reprimido* (mantenido de tamaño pequeño) por una serie de intervenciones gubernamentales que tienen el efecto de mantener muy bajas (y a menudo a niveles negativos) las tasas de interés que los bancos nacionales pueden ofrecer a los ahorradores. En gran medida, la motivación para este conjunto de intervenciones es de naturaleza fiscal; el gobierno desea promover activamente el desarrollo, pero carece de los medios fiscales directos para hacerlo, por falta de voluntad política o por las restricciones administrativas. El gobierno utiliza el sistema financiero para financiar el gasto de desarrollo en dos formas. Primero, imponiendo grandes requerimientos de reservas y liquidez a los bancos, crea una demanda cautiva de sus propios instrumentos que pagan y que no pagan intereses, respectivamente. Por lo tanto, puede financiar su propio gasto de alta prioridad emitiendo deuda. Segundo, manteniendo bajas las tasas de interés mediante la imposición de topes a las tasas de interés de los préstamos, crea una demanda excesiva de crédito. Luego requiere que el sistema bancario destine una fracción fija del crédito disponible para los sectores prioritarios. Este sistema tiene implicaciones para la eficiencia económica y para la distribución del ingreso.

La combinación de bajas tasas de rendimiento de los activos y elevados requerimientos de reservas implica que incluso un sistema bancario competitivo se vea obligado a ofrecer tasas de interés bajas sobre sus pasivos. En muchos países en vías de desarrollo, la combinación de bajas tasas de interés nominales sobre los depósitos y una inflación entre moderada y alta ha generado a menudo tasas de rendimiento negativas sobre los activos financieros nacionales, lo que tiene un efecto adverso sobre el ahorro y el proceso de intermediación financiera. Si la tasa de rendimiento disponible en el sistema financiero formal nacional representa el precio relativo intertemporal relevante en la economía, el que el ahorro aumente o disminuya dependerá de la relación familiar entre los efectos de ingreso y de sustitución en el consumo. Pero independientemente de la dirección del efecto sobre el ahorro, los topes de la tasa de interés introducen una cuña entre las tasas de rendimiento sociales y privadas de la acumulación de activos, distorsionando así las elecciones intertemporales en la economía. Además, los efectos de cartera de tales topes propician la disminución de la intermediación financiera, porque los ahorradores se ven inducidos a cambiar de la adquisición de créditos contra el sistema bancario, a la acumulación de activos reales, activos comerciados en los mercados informales y activos extranjeros. Una respuesta común de los gobernantes de las naciones en vías de desarrollo ha consistido en la declaración de ilegalidad de las tenencias de activos extranjeros y del sector informal. Como vimos en el capítulo II, estas restricciones han tenido escaso éxito. Los mercados financieros informales prosperan en muchos países en vías de desarrollo, y los controles del capital han resultado porosos.[4] Sin embargo, se ha estimulado artificialmente la demanda de activos reales, de modo que activos tales como el oro y los inmuebles desempeñan papeles importantes en las decisiones financieras de las familias en muchos de estos países.

Sin embargo, el incentivo inducido para mantener activos reales no implica el logro de elevados niveles de inversión. La razón es que, aunque la demanda teórica de inversión puede ser elevada, muchos inversionistas potenciales no podrán obtener financiamiento. Sus propios ahorros esperados pueden ser

---

[4] Véase en Mathieson y Rojas Suárez (1993) una reseña general de las pruebas existentes acerca de la eficacia de los controles del capital. Más adelante discutiremos el caso de los países en vías de desarrollo.

inadecuados para financiar grandes proyectos; es posible que el sistema financiero formal no tenga recursos disponibles, debido a la absorción por el gobierno de una gran parte del pequeño monto de los ahorros intermediados por los bancos comerciales y otras instituciones financieras; y los elevados costos potenciales de la operación en mercados informales, así como los costos de la evasión de los controles del capital, podrían volver antieconómico el financiamiento por estos canales. Por último, en ausencia del racionamiento por el sistema de los precios, no hay seguridad de que los proyectos de inversión efectivamente financiados por el sistema financiero formal obtendrán necesariamente rendimientos mayores que otros proyectos.

Las consecuencias de la represión financiera para la distribución del ingreso surgen porque este sistema transfiere recursos de los ahorradores efectivos y potenciales, así como de los prestatarios excluidos, a los prestatarios favorecidos que pueden adquirir recursos a las tasas de interés contratadas. Por supuesto, el más importante de estos últimos es el propio sector público. Pero también las empresas de los sectores prioritarios y los individuos bien conectados tenderán a beneficiarse del acceso privilegiado.[5] También obtienen ganancias los beneficiarios del gasto público adicional posibilitado por esta fuente de financiamiento del sector público, así como los contribuyentes potenciales que se verían afectados por la sustitución del *impuesto de la represión financiera* por impuestos más convencionales.

VI.2. Represión financiera, impuesto inflacionario y controles de capital

En la sección anterior discutimos la naturaleza de la represión financiera y su asociación con los controles del capital, pero no ofrecimos ninguna justificación general de su existencia. ¿Por qué optan los países por reprimir sus sistemas financieros e imponer obstáculos a la movilidad del capital, en vista de las ineficiencias que el uso de tales instrumentos de la política económica suele manifestar? Aquí sostendremos que la consideración de los aspectos fiscales de tales medidas es esencial para el entendimiento de las motivaciones que tienen los gobiernos para adoptarlas. Específicamente, consideraremos la determinación del grado de la represión financiera y la intensidad de los controles de capital como un problema fiscal que implica una elección entre instrumentos de tributación alternativos sujetos a restricciones apropiadas. Empezaremos por considerar la elección óptima entre la represión financiera y el

---

[5] Dado que la represión financiera crea una renta económica para los prestatarios favorecidos, surge una pérdida de eficiencia secundaria de las actividades estériles estimuladas por la existencia de tales rentas.

impuesto inflacionario en un modelo donde el objetivo del gobernante es la maximización del señoraje, dada la estructura de la cartera de los agentes privados. Luego consideramos un marco más general donde se utilizan los impuestos y los controles del capital convencionales como instrumentos de tributación adicional por parte del gobierno.

VI.2.1. *La represión financiera y el financiamiento inflacionario*

La relación existente entre el impuesto inflacionario (presentado en el capítulo V) y el grado de la represión financiera puede ilustrarse en un marco simple adaptado de Brock (1989).[6] Consideremos una economía cerrada donde los agentes privados mantienen saldos en efectivo y depósitos bancarios, cuando el primero de estos activos gana una tasa de interés nula. La producción se toma como dada y se normaliza a cero para simplificar. Los bancos están sujetos a un requerimiento de reservas fraccionales sobre los depósitos. Las funciones de demanda de activos para el efectivo, m, y los depósitos bancarios, d, pueden escribirse en forma general como[7]

$$m = m(\bar{i}, i \overset{+}{-} i_d), \tag{1}$$

$$d = d(\overset{+}{i}, i \overset{-}{-} i_d), \tag{2}$$

donde i denota la tasa nominal de los préstamos e i_d la tasa de los depósitos. Si los bancos no tienen costos de operación, la condición de beneficio nulo nos da

$$i = i_d / (1 - \mu), \quad 0 < \mu < 1, \tag{3}$$

donde μ denota la proporción de reserva requerida. Para simplificar, supongamos que las funciones de demanda de activos asumen la forma

$$\ln m = \alpha_0 - \alpha i, \quad \ln d = \beta_0 - \beta(i - i_d) = \beta_0 - \beta \mu i. \tag{4}$$

Supongamos que la tasa de interés real es constante e igual a cero. Por lo tanto, $i = \pi$, donde π denota la tasa inflacionaria (efectiva y esperada). El ob-

---

[6] Bencivenga y Smith (1992) y Roubini y Sala-i-Martin (1995) examinan la determinación del grado óptimo de la represión financiera en un contexto de crecimiento económico. Sin embargo, el último estudio trata la inflación como una estimación de la represión financiera, un supuesto que no resulta muy útil para nuestro propósito actual.

[7] Brock (1989) muestra cómo pueden derivarse las ecuaciones (1) y (2) de un problema de optimización simple donde los saldos y los depósitos en efectivo ofrecen servicios de liquidez que reducen los costos de las transacciones.

jetivo del gobernante es la maximización de las recaudaciones del impuesto inflacionario, las cuales están dadas por

$$S_{rec} = \pi(m + \mu d), \tag{5}$$

respecto de la tasa inflacionaria y la proporción de reservas[8] μ. La solución de este problema de maximización nos da

$$\partial S_{rec}/\partial \mu = 0 \Rightarrow \mu\pi = 1/\beta, \tag{6}$$

$$\partial S_{rec}/\partial \pi = 0 \Rightarrow \pi = \frac{1}{\alpha} + \frac{\beta\mu d}{\alpha m}\left(\frac{1}{\beta} - \pi\mu\right). \tag{7}$$

La ecuación (7) indica que, cuando la proporción de reserva es cero, la tasa inflacionaria de la recaudación es igual a $1/\alpha$, como la derivamos en el capítulo v. Pero si se utilizan ambos instrumentos, la tasa inflacionaria óptima puede ser mayor o menor que $1/\alpha$. La gráfica VI.1 muestra la determinación de los valores óptimos de ambos instrumentos de la política, los cuales se obtienen en la intersección de las dos curvas definidas por las ecuaciones (6) y (7). Dado que, en general, $\tilde{\mu} > 0$, existe un grado óptimo de la represión financiera, el que se intercambia (dentro de un intervalo dado) con el impuesto inflacionario óptimo para incrementar la demanda de dinero: la base del impuesto inflacionario.

En la práctica, los requerimientos de reservas no remuneradas, o remuneradas a una tasa fija, pueden representar una gran porción de la recaudación del señoraje. La gráfica VI.2 presenta datos sobre los requerimientos de reservas efectivos, en relación con los depósitos bancarios en los países desarrollados y en vías de desarrollo, así como una descomposición de la recaudación del señoraje.[9] La gráfica indica, primero, que los requerimientos de reservas sobre los depósitos bancarios suelen ser mucho mayores en los países en desarrollo que en los países industrializados, y que entre los países del primer grupo se observan las proporciones más elevadas en América Latina. Segundo, el cuadro indica que el señoraje recaudado sobre las reservas requeridas representa un gran componente de la recaudación total del señoraje en muchos países en vías de desarrollo, no sólo en América Latina (Chile, Colombia, Jamaica y Venezuela) sino también África (Lesotho y Somalia).

---

[8] McKinnon y Mathieson (1981) discuten el caso en que el objetivo de quien hace las políticas es la minimización de la tasa inflacionaria (en lugar de la maximización de la recaudación del impuesto inflacionario) respecto a la tasa de reservas requerida.

[9] Las proporciones de reservas efectivas de la gráfica VI.2 se calculan restando la línea 14a del *International Financial Statistics* (IFS), del FMI, de la línea 14 y dividiendo por la suma de las líneas 34 y 35, menos la línea 14a. El señoraje se calcula dividiendo los cambios de la línea 14 por la línea 99b. El componente monetario proviene de la línea 14a dividida entre 99b, mientras que el componente de reservas proviene de la línea (14-14a) dividida entre la línea 99b.

GRÁFICA VI.1. *Señoraje, proporción de reservas e impuesto inflacionario*

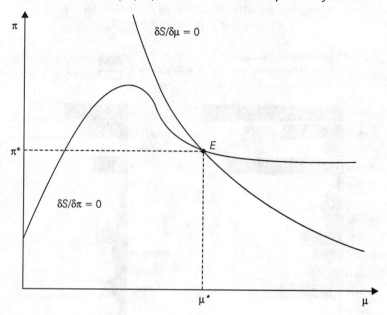

FUENTE: Adaptada de Brock, 1989, p. 113.

Otra fuente de recaudación de la represión financiera es el subsidio implícito del que se beneficia el gobierno al obtener acceso al financiamiento bancario a tasas de interés menores que las del mercado, y el impuesto implícito —recaudado a través del sistema bancario— a los depósitos bancarios del sector privado que se remuneran a tasas de interés menores que las del mercado. Esta fuente del impuesto de represión financiera puede ser complementaria del impuesto inflacionario antes que sustituta, como vimos en el caso de los requerimientos de reservas. Esto puede ocurrir, en particular, si el menú de los activos financieros disponibles para los tenedores de carteras es limitado, y si las tasas de interés reales son suficientemente negativas para incrementar la demanda de saldos monetarios reales, es decir, la base del impuesto inflacionario (Giovannini y de Melo, 1993).

VI.2.2. *Un enfoque general de las finanzas públicas*

La represión financiera del sistema financiero interno de los países en vías de desarrollo está acompañada casi siempre de controles de los movimientos internacionales del capital, a fin de impedir que las restricciones impuestas a las

GRÁFICA VI.2. *Proporción de reserva efectiva y señoraje*
(promedios durante 1980-1996 en porcentaje del PIB,
a menos que se indique otra cosa)

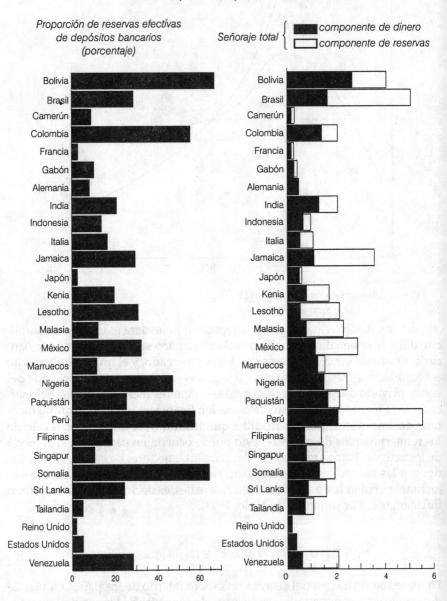

intermediarias financieras nacionales sean eludidas por medio de las intermediarias extranjeras. En la medida en que la imposición de restricciones a la movilidad del capital obliga a los agentes a mantener saldos en moneda nacional mayores que los que desearían mantener (lo que eleva la base del impuesto inflacionario), los controles de capital pueden considerarse como un impuesto a los tenedores de activos, cuyos costos y beneficios deben compararse con los de otros impuestos, explícitos e implícitos. Un marco unificador para entender la utilización de la represión financiera, los controles del capital y el impuesto inflacionario en los países en vías de desarrollo, requeriría así un modelo donde los gobernantes afronten algún tipo de restricciones para el uso de los impuestos regulares.

Para ilustrar las implicaciones básicas de tal marco, consideremos una estructura de cartera similar a la que describimos antes, con la adición de bonos extranjeros imperfectamente sustituibles. En tal contexto, los controles de capital pueden modificarse como un impuesto explícito al ingreso de intereses extranjeros o como un impuesto a las compras de activos extranjeros.[10] El aspecto fundamental del sistema tributario que debe tomarse en cuenta es la existencia de costos de recolección y aplicación, los que, por ejemplo en Aizenman (1987) y Végh (1989b), puede suponerse que son una función creciente y convexa del nivel de la recaudación. En cambio, otras formas de tributación a disposición del gobierno —la represión financiera y el impuesto inflacionario, que son impuestos implícitos, y los controles de capital— tienen costos de recolección bajos. El problema del gobierno consistiría entonces en la maximización de la recaudación del impuesto inflacionario, que es un objetivo de la recaudación total —a fin de financiar, por ejemplo, un nivel "mínimo" del gasto público—, o bien, como en los modelos normativos de Aizenman (1987) y Végh (1989b), la utilidad indirecta del consumidor representativo sujeta a su restricción presupuestaria. Un pronóstico general de este enfoque es que los controles de capital, la represión financiera y el impuesto inflacionario deban utilizarse concurrentemente con los impuestos regulares cuando sean suficientemente grandes los costos de la recolección o la aplicación de la última fuente de recaudación. Un aumento de los costos de recolección podría reducir también la utilización de los impuestos regulares en relación con otros instrumentos tributarios, mientras que un aumento del déficit (derivado por ejemplo de un aumento del gasto gubernamental) podría conducir a un uso más intensivo de todos los instrumentos de la tributación. El primer pronóstico correspondería a la idea intuitiva de que en una estructura tributaria ópti-

---

[10] Aizenman (1986) modela los controles de capital en el contexto de un régimen de tasa de cambio doble en el que los controles generan una cuña entre las tasas de cambio aplicadas a las transacciones de cuenta corriente y las de capital. Los controles de capital pueden modelarse también como una obligación de entrega de algunas categorías de exportaciones a una tasa de cambio más apreciada.

ma, las tasas tributarias más altas gravan las actividades que tengan los costos de recolección más bajos.

El marco unificado de las finanzas públicas señalado en la discusión anterior ayuda a destacar las consideraciones fiscales que se encuentran detrás de la existencia simultánea de los impuestos convencionales, la represión financiera, los controles del capital y el impuesto inflacionario. Por supuesto, los requerimientos de reservas cambian a menudo como resultado de consideraciones puramente monetarias (para reducir, por ejemplo, la liquidez excedente en la economía), mientras que a menudo se imponen controles de capital para impedir los ataques especulativos y el colapso eventual de una tasa de cambio fija (véase el capítulo XVI). Sin embargo, en un marco de largo plazo, la concepción fiscal puede ser el enfoque más sensato para entender el contexto de estos instrumentos de la política económica en los países en vías de desarrollo. Una de las implicaciones importantes de este enfoque es que la decisión de imponer un alto grado de represión financiera, lejos de ser una aberración, puede ser el resultado de una estructura tributaria óptimamente determinada. En tales condiciones, el éxito de la liberalización financiera requiere la implantación simultánea de reformas fiscales apropiadas: una cuestión que volveremos a examinar en el capítulo XVIII.

Giovannini y de Melo (1993), con el empleo de datos de veinticuatro países en vías de desarrollo durante el periodo de 1972-1987, han aportado evidencia sobre la recaudación generada por los controles de los flujos de capital y la represión financiera del sistema financiero nacional. Los controles de capital, aunados a las restricciones de las tasas de interés nacionales, generan un diferencial positivo entre las tasas de interés nacionales y las mundiales, proveyendo así un subsidio implícito para el financiamiento de la deuda interna del gobierno. Específicamente, los autores estiman la recaudación gubernamental derivada de la represión financiera y de los controles del capital como la diferencia existente entre el costo extranjero y el costo nacional de los fondos (que puede considerarse como una medida de los controles del capital y la tasa del impuesto de la represión financiera), multiplicada por el acervo nacional de la deuda del gobierno central.[11] Sus resultados sugieren que la tasa del impuesto de los controles de capital y la represión financiera varía considerablemente entre los países en vías de desarrollo, desde cerca de 4% en Tailandia y 6% en Corea, hasta 25% en Costa Rica, 45% en México y 55% en Turquía. La recaudación gubernamental proveniente de esta fuente difiere también ampliamente entre los países, como resultado de diferencias sustancia-

[11] La interpretación de la tasa de interés mundial como una medida del "verdadero" costo de los fondos es apropiada sólo si el país en cuestión no afronta un racionamiento de cantidades en los mercados de capital internacionales. Este supuesto puede ser válido para algunos de los países incluidos en la muestra considerada por Giovannini y de Melo, pero quizá no sea una aproximación confiable para algunos otros.

les en el tamaño de la deuda pública interna. En promedio, la recaudación proveniente de la represión del sistema financiero y los controles del capital asciende al 2% del PIB y al 9% de la recaudación gubernamental en los países en vías de desarrollo.[12]

VI.3. MOVILIDAD DEL CAPITAL: PRUEBAS EMPÍRICAS

La represión financiera tiende a inducir una disminución de la intermediación, la cual puede asumir la forma del surgimiento de un mercado interno de crédito informal o de la intermediación financiera a través de los mercados financieros externos. Como se sugirió en la sección anterior, los factores que inducen a los gobiernos a adoptar una política de represión financiera los llevarán a tratar de evitar los mercados financieros externos mediante la imposición de controles del capital, y en efecto tales controles han existido durante mucho tiempo en el mundo en vías de desarrollo. Sin embargo, a menudo se ha cuestionado su eficacia. En un extremo, si tales controles son eficaces y la economía está completamente cerrada, quedará descartada la intermediación financiera externa. Adoptando un enfoque de cartera simple, el costo marginal de los fondos en la economía se convierte en la tasa de interés en el mercado de crédito informal que, dado que corresponde a un activo no comerciable, se determina endógenamente dentro de la economía nacional. Por lo tanto, el costo marginal de los fondos en la economía puede verse influido por los choques monetarios, fiscales y de otras clases que ocurran en el país. En el otro extremo, si los controles son completamente ineficaces y prevalece la movilidad perfecta del capital (lo que significa que los activos financieros nacionales no monetarios son sustitutos perfectos de sus contrapartidas extranjeras, y que el ajuste de la cartera es instantáneo, posiblemente a pesar de la presencia de los controles formales del capital), la tasa de interés en el mercado de crédito informal debe ser igual a la tasa extranjera de paridad no cubierta, es decir, la tasa de interés extranjera exógena más la tasa de depreciación esperada de la moneda nacional. El costo marginal de los fondos en la economía estaría dado entonces por la tasa de paridad no cubierta y no se vería afectado por fenómenos internos, excepto en la medida en que tales fenómenos afecten a la tasa de depreciación esperada de la moneda nacional.

¿Cuál de estas situaciones es relevante en el mundo en vías de desarrollo? El grado de la apertura financiera difiere por supuesto entre los países y a

---

[12] Además, Giovannini y de Melo descubrieron que parece existir una relación positiva entre la tasa inflacionaria y la recaudación proveniente de la represión financiera y los controles de capital.

través del tiempo, pero es sorprendente la escasez del trabajo empírico que se ha emprendido para explorar esta cuestión en casos individuales. Los países en vías de desarrollo suelen tratarse, en el trabajo normativo y en el analítico, como completamente cerrados a los flujos de capital (con la posible excepción de los préstamos obtenidos de fuentes oficiales fuera del mercado o de los préstamos bancarios otorgados a sus sectores públicos) o como completamente integrados a los mercados financieros mundiales, con las tasas de interés internas determinadas por la paridad no cubierta de los intereses. La justificación de la primera concepción es que la gran mayoría de estos países mantienen restricciones legales formales sobre los movimientos del capital. De acuerdo con el *Annual Report on Exchange Arrangements and Exchange Restrictions* 1993 del Fondo Monetario Internacional, 130 de los 157 países en vías de desarrollo que son miembros de la institución tenían restricciones formales sobre los pagos de las transacciones de capital. Pero a pesar de tales controles, diversos tipos de pruebas sugieren que muchos países en vías de desarrollo distan mucho de estar financieramente cerrados. Esta sección reseñará las pruebas disponibles sobre este punto, las que asumen la forma de indicaciones del monto de los flujos brutos de capital, las pruebas de las condiciones de paridad de los intereses, las pruebas de la eficacia de la esterilización, y ciertas pruebas limitadas de las correlaciones existentes entre el ahorro y la inversión.

VI.3.1. *La magnitud de los flujos brutos*

En la medida en que el monto de los flujos de capital es indicativo del grado de la integración financiera, podemos utilizar los datos de episodios anteriores de grandes movimientos de capital hacia adentro y hacia afuera de los países en vías de desarrollo. En América Latina, por ejemplo, el pasado reciente ha presenciado varios episodios donde los flujos de capital en ambas direcciones han sido suficientemente grandes para convertirse en una fuente de gran preocupación política. Se incluyen aquí los periodos de acumulación sustancial de la deuda externa durante 1974-1982, las grandes entradas de capital a corto plazo asociadas a los programas de estabilización del Cono Sur en 1978-1982, las grandes salidas de capital privado asociadas al fenómeno de "fuga de capital" que afligiera a varios países latinoamericanos durante la primera mitad del decenio de 1980 y, más recientemente, un resurgimiento generalizado de las entradas de capital, sobre todo destinadas al sector privado (véase Calvo y otros, 1993). Cada uno de estos eventos ha generado una literatura abundante que documenta la medida en que estas economías se han ligado financieramente al mercado mundial de capital.

Podemos resumir las implicaciones de los episodios de flujos de capital midiendo, en un momento dado, los acervos brutos de los créditos financieros entre los países en vías de desarrollo y los mercados financieros externos que han originado. Para el grupo de quince países en vías de desarrollo fuertemente endeudados, el acervo de la deuda externa bruta equivalía en 1988 a cerca del 75% del PIB (véase Montiel, 1992). Para el mismo año, Rojas Suárez (1990) estimó que el total de los créditos externos de un grupo muy similar de países en vías de desarrollo, adquiridos en su mayor parte bajo la forma de fugas de capital privado, ascendía a cerca de dos tercios de su deuda externa, o cerca de la mitad del PIB. Rojas Suárez encontró una correlación elevada entre el acervo de la fuga de capital y una medida del riesgo de mora, lo que corroboraba los hallazgos de otros, como Cuddington (1986) y Dooley (1988), que han conectado las salidas de capital privado de los países en vías de desarrollo a las consideraciones de cartera.[13] Así pues, los datos de los flujos brutos, que desafortunadamente sólo existen para los principales países en vías de desarrollo endeudados, indican que estos países han exhibido un grado sustancial de apertura financiera, por lo menos *de facto*.

VI.3.2. *Pruebas de las condiciones de paridad de los intereses*

Las pruebas de las condiciones de paridad de los intereses constituyen el enfoque más común para la medición de la integración financiera en los países industrializados. En suma, si i denota la tasa de interés interna sobre un activo de cierto tipo, i^* la tasa de interés del activo extranjero correspondiente, y ε la tasa de depreciación esperada de la moneda nacional, entonces el rendimiento diferencial, d, entre la tenencia de activos nacionales y extranjeros, sin protección contra el riesgo cambiario en mercados de futuros, está dado por

$$d = i - i^* - \varepsilon.$$

Con una movilidad perfecta del capital, los rendimientos esperados de los activos nacionales y extranjeros deberán igualarse, de modo que d debe ser cero. Sin embargo, d no es directamente observable, ya que depende de la

---

[13] Se han utilizado diversas metodologías para medir la fuga de capital. La más común es el enfoque "residual" que identifica la fuga de capital con las entradas netas y las salidas netas de capital (déficit de la cuenta corriente más aumento de reservas del banco central). Un método alternativo es el enfoque de Dooley (1988) que identifica la fuga de capital como las salidas de capital no reportadas, es decir, los flujos que se ocultan a las autoridades nacionales. El enfoque de Dooley consiste en *a)* estimar el acervo de créditos privados totales contra extranjeros y *b)* restar los créditos reportados imputados del ingreso anual reportado, a fin de obtener el acervo de tenencias "no reportadas". Se definen los créditos totales como las salidas de capital acumuladas, más errores y omisiones, más la discrepancia existente entre dos medidas de la deuda externa: la reportada por el Banco Mundial y la derivada de los pasivos acumulados registrados de balanza de pagos. Chang y otros (1997), sin embargo, han demostrado que estas metodologías no generan en la práctica grandes discrepancias de medición.

expectativa ε que no se observa. Si esa expectativa se forma racionalmente, la paridad de los intereses no cubierta implica que $E(d / \Omega) = 0$, donde Ω es el conjunto de información utilizado en el pronóstico de ε. Por lo tanto, d no debería correlacionarse con ninguna información contenida en Ω. Las pruebas conjuntas de la paridad de intereses no cubierta y las expectativas racionales requieren la verificación de que d está correlacionado con variables de Ω. Para los países industrializados se han realizado muchas verificaciones de este tipo.

Sin embargo, para los países en vías de desarrollo se han realizado pocas. Lizondo (1983) verificó la paridad de los intereses cubierta y no cubierta para México, utilizando datos mensuales durante el periodo de 1977-1980. Basado en procedimientos convencionales, Lizondo pudo rechazar la hipótesis conjunta de la paridad de intereses no cubierta y las expectativas racionales, utilizando la tasa de futuros a un mes o el diferencial de intereses a un mes como predictor de la tasa efectiva en el futuro. Sin embargo, en virtud del "problema del peso" —una situación en la que una probabilidad distinta de cero de un cambio en la paridad futura produce un descuento a futuro sobre la moneda nacional (Krasker, 1980)— Lizondo no interpretó estos rechazos como necesariamente invalidantes de la hipótesis para México durante este periodo. Al verificar la paridad cubierta, Lizondo aplicó la metodología de Frenkel y Levich (1975), computando bandas neutrales alrededor de la tasa de interés de paridad cubierta con base en costos de transacción estimados y tabulando el número de las observaciones de las tasas de interés nacionales que caían fuera de tales bandas durante el periodo. Descubrió que el porcentaje era muy elevado, variando desde 75% para los certificados de Tesorería de un mes hasta 96% para los depósitos a plazo de tres meses. Lizondo pudo explicar este rechazo de la paridad cubierta en términos de las regulaciones legales consistentes en las restricciones de los depósitos previos sobre las transacciones de futuros y en los impuestos que gravaban las ganancias de capital de las divisas. La conclusión es que, aunque aparentemente no había oportunidades de ganancias desaprovechadas, las tasas nacionales podían alejarse sustancialmente de su paridad cubierta en México, durante el periodo estudiado. Sin embargo, más recientemente, Khor y Rojas Suárez (1991) descubrieron que, en el periodo de 1987 a 1990, los rendimientos de los bonos del gobierno de México, indizados en dólares, estaban cointegrados con los rendimientos al vencimiento de la deuda pública externa mexicana negociada en el mercado secundario. Esto sugiere que el grado de integración de México a los mercados financieros externos pudo haber aumentado en los últimos años.

Durante 1971-1984, Phylaktis (1988) obtuvo para Argentina, resultados similares a los de Lizondo para México. Utilizando la metodología de Dooley e Isard (1980), Phylaktis pudo explicar el 83% de la varianza trimestral del diferencial existente entre la tasa nacional de los depósitos a tres meses y su contrapartida de paridad no cubierta (utilizando a los Estados Unidos como país de referencia) mediante el uso de variables de cartera convencionales y variables fantasmas de etapas para los controles del capital. La implicación es que, aunque las variables financieras extranjeras influyeron sobre las tasas internas de Argentina durante los años setenta y principios de los ochenta (es decir que la economía estaba financieramente abierta), los activos extranjeros y nacionales eran sustitutos imperfectos, y ciertos tipos de controles del capital lograron incrementar el diferencial entre las tasas de rendimiento extranjeras y nacionales.

Apartándose de la metodología convencional, Edwards y Khan (1985) postularon que la tasa de interés interna efectiva de un país en vías de desarrollo podía expresarse como un promedio ponderado de la tasa externa (paridad no cubierta) y la tasa de interés interna que prevalecería en una economía financieramente cerrada. Esta última se expresó como una función de la oferta monetaria excedente y la tasa de inflación esperada. Cuando los determinantes de la tasa de interés de una economía cerrada se sustituyen en la expresión del promedio ponderado para la tasa de interés nacional, se obtiene una condición de "paridad" de los intereses de forma reducida que expresa la tasa de interés nacional como una función no sólo de la tasa extranjera, sino también de las condiciones monetarias nacionales. Este enfoque utiliza en efecto variables monetarias nacionales para explicar el mayor riesgo. La estimación de una forma reducida de este tipo permite detectar cualquier influencia que estas variables puedan ejercer sobre la tasa de interés nacional. Si se mantiene continuamente la paridad no cubierta, tales variables no deberían tener ningún poder explicativo en la forma reducida. En cambio, si la economía está completamente cerrada, la variable de la paridad no cubierta no debería intervenir. Edwards y Khan estimaron su modelo con datos trimestrales para Colombia (1968-1982) y Singapur (1976-1983). Descubrieron que, para Colombia, eran importantes las variables extranjeras y las nacionales, de modo que esta economía era "semiabierta"; para Singapur, sólo la tasa de interés extranjera ayudaba a explicar la tasa de interés nacional, como sería de esperarse bajo una fuerte integración financiera con los mercados de capital internacionales.

Una de las razones por las que no se han aplicado ampliamente las pruebas de la paridad de los intereses a los países en vías de desarrollo es que, bajo la represión financiera, las tasas de interés publicadas para el sistema financiero formal no se refieren a activos cuyas tasas de rendimiento se determinen en el mercado. Además, como mencionamos en el capítulo II, raras veces se dispone de tasas de interés determinadas en los mercados de crédito informales. En estas circunstancias, resulta difícil obtener inferencias acerca de la medida en que las tasas de interés vaciadoras del mercado en el sistema financiero nacional se vean afectadas por las condiciones financieras mundiales.

Recientemente, Haque y Montiel (1991) adaptaron la metodología de Edwards y Khan para permitir la verificación de la paridad de intereses no cubierta bajo tales circunstancias. Conservando el supuesto de que la tasa de interés nacional vaciadora del mercado (no observada) es un promedio ponderado estable de la tasa de autarquía y la paridad no cubierta, pudieron estimar los pesos relevantes sustituyendo la expresión resultante para la tasa vaciadora del mercado en la función de demanda de dinero y estimando la función no lineal resultante de variables observables. En esta aproximación, el peso correspondiente a la paridad no cubierta surge como el coeficiente de esta variable en la estimación de la función de demanda de dinero. Este coeficiente, que está restringido entre 0 y 1, indica el grado de la integración financiera, donde los valores que se aproximan a la unidad indican una integración financiera perfecta. En diez de los quince casos analizados por Haque y Montiel (utilizando datos para el periodo de 1969-1987) el peso de la tasa de paridad no cubierta no pudo distinguirse estadísticamente del valor unitario de la movilidad perfecta del capital. Para cuatro países de la muestra (Brasil, Jordania, Malta y Turquía), prevaleció durante este periodo un grado intermedio de integración financiera. El valor de cero de la autarquía financiera sólo dejó de rechazarse en un caso (el de la India). En general, estos resultados son consistentes con un grado sustancial de integración con los mercados financieros externos para los países considerados.

La metodología de Edwards-Khan y Haque-Montiel se aplicó a Corea y Taiwan por Reisen y Yeches (1993), y a Tailandia por Robinson (1991). En el primer caso se utilizaron datos trimestrales para el decenio de los años ochenta, y observaciones directas de la tasa de interés del mercado paralelo en estos países, encontrando un peso de 0.594 para la tasa de interés de paridad no cubierta en Corea y uno de 0.533 en Taiwan durante este periodo, en ambos casos distinguible de cero y de uno. Esto coloca a estos países en el grupo intermedio. Estimaciones realizadas con el filtro de Kalman sugirieron que el grado de integración alcanzó en Corea su máximo nivel durante el periodo de 1981-1984, pero fue relativamente constante para Taiwan a lo largo del decenio. Los hallazgos de Robinson para Tailandia fueron similares, con un peso para la tasa de paridad no cubierta de 0.590 durante 1978-1990.

Faruquee (1991) verificó los cambios ocurridos en el grado de la integración financiera, debido a la liberalización financiera interna de algunos países de la Cuenca del Pacífico. Utilizando observaciones mensuales, Faruquee construyó precisiones temporales de los diferenciales existentes entre las tasas de interés del mercado de dinero de Corea, Malasia, Singapur y Tailandia, y la tasa LIBOR del yen japonés a tres meses durante el periodo de septiembre de 1978 a diciembre de 1990. Los diferenciales medios fueron grandes y positivos para Corea y Tailandia, pero no para Singapur y Malasia. En los cuatro países, la media y la varianza de los diferenciales disminuyó en la segunda mitad del periodo examinado. La modelación de las precisiones temporales de los diferenciales reveló una constante positiva estadísticamente significativa para Corea y Tailandia solamente; los diferenciales coreanos mostraron una tendencia negativa también significativa durante el periodo. El comportamiento de reversión de la media fue débil en los cuatro países. En virtud de que los residuos de las estimaciones ARMA exhibieron una variabilidad menor en la segunda mitad del periodo, Faruquee reestimó los modelos de precisiones temporales utilizando un enfoque de heteroscedasticidad autorregresiva condicional (HARC) y descubrió que la varianza de los choques ante los residuos ARMA declinaba de forma monótona para Singapur, pero no para los otros países.[14] Sin embargo, en todos los casos, la varianza de los choques fue menor en 1990 que en 1980, lo que llevó a Faruquee a concluir que el grado de la integración financiera aumentó en estos países durante los años ochenta.

VI.3.3. Pruebas de la autonomía monetaria

Bajo la movilidad perfecta del capital, el *coeficiente de contención* que relaciona los cambios del acervo de activos nacionales del banco central con los cambios ocurridos en los flujos de reservas asume normalmente un valor de –1, porque toda expansión de los activos nacionales del banco central provocará una salida de capital contraria, de modo que no cambiará el acervo de dinero, lo que implicará una pérdida de la autonomía monetaria (véase Kreinin y Officer, 1978). Una rama de la investigación del problema de la movilidad del capital en los países en vías de desarrollo examina esta pérdida de la autonomía monetaria.

Con el empleo de un modelo estructural del sector financiero mexicano, Cumby y Obstfeld (1983) descubrieron que, durante el decenio de los años setenta, no se observó una movilidad perfecta del capital entre México y los Estados Unidos. Un ajuste lento de la cartera y la sustitubilidad imperfecta de los activos permitieron que México conservara por lo menos cierta autonomía monetaria a corto plazo durante ese periodo. En el curso de un trimestre, se descubrió que sólo de 30 a 50% de un incremento del crédito interno se filtró al exterior por la vía de las salidas de capital. Las estimaciones del modelo de balanza de la cartera obtenidas por Kamas (1986) para México indican también la ausencia de una pérdida de control monetario durante los años setenta. Rennhack y Mondino (1988) aplicaron el modelo de Cumby-Obstfeld a Colombia, utilizando datos trimestrales de 1975 a 1985, con resultados muy similares: el coeficiente de contención dentro de un trimestre llegó a cerca de 40%, y la autonomía monetaria se mantuvo por lo menos parcialmente incluso a largo plazo. El mismo enfoque produjo resultados muy diferentes en el

---

[14] Por lo que toca a los modelos econométricos ARMA y HARC, véase Harvey (1990).

caso de Malasia durante 1978-1981, donde Bini Smaghi (1982) encontró una contención de 70% para los cambios ocurridos en el acervo de crédito interno en el primer mes. Los resultados econométricos obtenidos por Kamas (1986) sugieren también una gran contención de la política monetaria a través de los flujos de reservas en Venezuela.

Por supuesto, una implicación del mantenimiento de cierto margen de acción para la política monetaria independiente es que los cambio inducidos por esa política en los agregados financieros internos afectarán a variables macroeconómicas distintas de la cuenta de capital. Por lo tanto, la identificación de los efectos macroeconómicos internos derivados de los choques de la política monetaria bajo tasas de cambio fijas provee una confirmación indirecta de la conservación de por lo menos cierto grado de autonomía monetaria. Boschen y Newman (1989), por ejemplo, descubrieron que las tasas de interés reales de Argentina se vieron significativamente afectadas por el crecimiento monetario inesperado durante el periodo de mediados de los años setenta a principios de los ochenta, con escasos indicios de un papel para las tasas de interés extranjeras.

Un enfoque reciente que trata de evaluar el grado de la autonomía monetaria sin recurrir a las estimaciones estructurales de los coeficientes de la contención se basa en pruebas de la causalidad. En ausencia de la autonomía monetaria bajo tasas de cambio fijas (es decir, bajo la integración financiera perfecta), los agregados financieros internos tales como el dinero o el crédito no debieran causar movimientos en el ingreso nominal en el sentido de Granger. Montiel (1989) y Dowla y Chowdhury (1991) han verificado esta hipótesis para varias naciones en vías de desarrollo.[15] El primero utilizó datos anuales para doce países durante 1962-1986 y recurrió a autorregresiones vectoriales del dinero en sentido amplio, el crédito interno, las reservas internacionales y el ingreso nominal. Se descubrió que el dinero o el crédito causó (en el sentido de Granger) el ingreso nominal en Bolivia, Chile, Ghana, Indonesia, México, Marruecos, Perú y Sierra Leona, pero no en la India, Paquistán, Turquía o Sudán. Dowla y Chowdhury utilizaron datos trimestrales para trece países en periodos muestrales de extensión variable durante 1957-1989. Descubrieron que algún agregado financiero interno (el dinero en sentido estricto, el dinero en sentido amplio, o el crédito interno) causaba, en el sentido de Granger, el producto interno real en Grecia, Costa de Marfil, Jordania, Corea, Malawi, México, Singapur y Túnez, pero no en Bangladesh, India, Israel, Malasia o Paquistán.

---

[15] También se han utilizado pruebas de causalidad de Granger para evaluar directamente la relación existente entre el crédito interno y las reservas extranjeras. Kamas (1986), por ejemplo, descubre una causalidad bidireccional entre estas dos variables para México y Venezuela. Este resultado sugiere una esterilización eficaz y un efecto de compensación significativo.

VI.3.4. *Correlaciones del ahorro y la inversión*

Un ensayo influyente de Feldstein y Horioka (1980) sostuvo que el grado de la movilidad del capital entre los países industrializados podía verificarse examinando el grado de la correlación existente entre las tasas del ahorro y de la inversión, con el razonamiento de que las tasas del ahorro y la inversión internos no debieran correlacionarse bajo la movilidad perfecta del capital. Varios investigadores que han construido tales pruebas —Dooley, Frankel y Mathieson (1987) y Summers (1988)— incluyeron varios países en vías de desarrollo en sus muestras de sección transversal y consideraron el efecto de la inclusión de tales países sobre sus resultados. Sorprendentemente, estos autores descubrieron que la inclusión de las naciones en vías de desarrollo reducía el vigor de la correlación del ahorro y la inversión en sus muestras. Esto era inesperado, porque estos países se percibían *ex ante* como menos integrados a los mercados mundiales de capital que los países industrializados.

Wong (1990) utilizó la misma metodología para examinar una muestra de sección transversal de cuarenta y cinco de estos países, con datos anuales promediados durante el periodo de 1975-1981. Sus resultados fueron consistentes con los que citamos antes. Para su muestra completa, se descubrió que la razón del ahorro no tenía ningún efecto estadísticamente significativo sobre la proporción de la inversión. Cuando se excluyeron cinco observaciones extremas, el coeficiente de regresión de la tasa de ahorro asumió el valor cercano a 0.6, estadísticamente diferente del valor de unidad de la autarquía y del valor de cero de la integración perfecta, pero todavía sustancialmente por debajo de lo que otros investigadores habían encontrado para los países industrializados.

Montiel (1994) trató de integrar las pruebas dispares de la movilidad del capital descritas antes en una visión comprensiva de los datos empíricos existentes sobre la movilidad del capital en los países en vías de desarrollo. Para una gran muestra de países, Montiel utilizó datos de flujos brutos, pruebas del arbitraje de intereses no cubiertos, correlaciones del ahorro y la inversión, y pruebas de la ecuación de Euler para evaluar el grado de la integración financiera de cada país. Sus resultados apoyan el meollo de la literatura existente: mientras que el grado de la integración financiera difiere marcadamente entre los países en vías de desarrollo, las conexiones financieras con los mercados mundiales de capital pueden documentarse ampliamente para tales países.

VI.3.5. *Resumen*

Resumiendo, las pruebas existentes para los países en vías de desarrollo sugieren que pocos de estos países, si acaso, pueden considerarse financieramente cerrados. Incluso en el caso de la India, donde la metodología de Haque-

Montiel no puede rechazar la hipótesis nula de la autarquía financiera, existen ciertas pruebas contrarias bajo la forma de una incapacidad similar para rechazar la proposición de que los grandes agregados financieros no causan la producción real en el sentido de Granger. En otras partes es más fuerte la prueba de la apertura financiera. Para países tales como Argentina, Colombia, Indonesia, Corea, México, Marruecos y Tailandia, las pruebas de las relaciones de arbitraje indican que las tasas de interés extranjeras desempeñan un papel importante, pero no necesariamente exclusivo, en la afectación de las tasas de interés nacionales, lo que sugiere que, aunque estas economías deben considerarse como financieramente abiertas, no se da la movilidad perfecta del capital. Otros datos de varios tipos son consistentes con esta conclusión para estos países. Por ejemplo, los flujos brutos han sido grandes (bajo la forma de deuda y de fuga de capital) en Argentina, Colombia y México, pero existen datos independientes que sugieren que todos estos países han conservado cierto grado de autonomía monetaria. De igual modo, aunque las pruebas del arbitraje no pueden descartar la movilidad perfecta del capital en Indonesia y Marruecos, los agregados financieros nacionales causan en el sentido de Granger la actividad interna de ambos países. Es posible que Brasil, Jordania, Malta y Turquía pertenezcan también a este grupo. En el otro extremo, los datos sugieren que Guatemala, Malasia y Singapur pueden representar ejemplos de la movilidad perfecta del capital. Las pruebas del arbitraje son consistentes con esta conclusión, y las pruebas de la autonomía monetaria no ofrecen datos en contrario para Guatemala o Malasia.

Cuando el grado de la represión financiera es elevado, tienden a desarrollarse mercados de crédito informales. De igual modo, cuando es elevada la intensidad de los controles del capital, tienden a surgir también mercados paralelos de divisas. En seguida examinaremos las implicaciones de la existencia de tales mercados para la conducción de la política monetaria.

VI.4. MODELOS DE CRÉDITO INFORMAL Y MERCADOS DE DIVISAS

Como se indicó en el capítulo II, los mercados informales de crédito y divisas desempeñan un papel importante en muchos países en vías de desarrollo. Por lo tanto, la incapacidad para integrar estos mercados en un marco sistemático y consistente puede conducir a un análisis errado de los efectos de las decisiones de la política macroeconómica. En esta sección presentaremos y discutiremos diversos modelos macroeconómicos que han tratado de tomar explícitamente en cuenta la existencia de los mercados financieros informales. Hasta hace poco tiempo, el enfoque aplicado en la literatura ha sido la consideración separada de ambos tipos de mercados. Organizaremos la discusión por lineamientos similares, empezando por los modelos que toman en cuenta a los mercados de crédito informales y continuando con los modelos que incluyen los mercados de divisas paralelos. En la sección siguiente presentaremos un modelo que incluye ambos tipos de mercados.

VI.4.1. *Modelos de mercados de crédito informales*

Las implicaciones macroeconómicas del dualismo financiero inducido por las regulaciones gubernamentales de las tasas de interés se han destacado en una serie de contribuciones de economistas neoestructuralistas, en particular Van Wijnbergen (1983*a*, 1983*b*) y Taylor (1983, 1990). Una idea fundamental de estas contribuciones es que, cuando existen mercados de crédito informales, las prescripciones de la política monetaria "ortodoxa" pueden conducir a resultados que difieren significativamente de los esperados.

VI.4.1.1. *Efectos estanflacionarios de la política monetaria*

La "crítica neoestructuralista" de la política monetaria ortodoxa (Taylor, 1983) se basa en la idea de que, en los países en vías de desarrollo que tienen un sistema de intermediación financiera mal articulado, el crédito desempeña un papel predominante como una fuente de fondos para las empresas, por lo que toca al capital de trabajo a corto plazo (como el financiamiento de acervos de materias primas, bienes semiterminados, importaciones de bienes intermedios y pagos adelantados a los trabajadores) y a la formación de capital fijo a largo plazo. Cuando hay racionamiento en el mercado oficial de crédito y prósperos mercados de préstamos no organizados, el canal de transmisión entre los instrumentos monetarios y el lado de la oferta de la economía por la vía del financiamiento crediticio de los requerimientos del capital de trabajo proporciona una conexión decisiva para evaluar los efectos de la política de estabilización. El financiamiento a través del mercado informal de préstamos implica que el costo del crédito (la tasa de interés informal) es un componente de los costos de los insumos. Las reglas de fijación de los precios con un margen de ganancia generarán entonces un efecto inmediato de elevación de costos de las elevadas tasas de interés informales sobre los precios. Además, un costo elevado del crédito no sólo aumentará los precios sino que también reducirá la producción real porque han aumentado los costos reales de los insumos. Este canal de transmisión, de los estrictos topes de créditos impuestos a los bancos comerciales por la vía del mercado informal de préstamos y los elevados costos del financiamiento del capital de trabajo al lado de la oferta de la economía, impone un sesgo estanflacionario a las políticas monetarias restrictivas. Esencialmente, esta conexión añade un aspecto adverso de choque de la oferta a las políticas de restricción monetaria, por encima de sus efectos más tradicionales de reducción de la demanda. Las políticas monetarias restrictivas encarecen el crédito, lo que a su vez aumenta los costos de los insumos; esto conduce por su parte a la elevación de los precios y la reducción de la producción, en relación con lo que ocurriría sin el canal del crédito del lado de la oferta. Este efecto se ha conocido como el efecto de Cavallo-Patman (Cavallo, 1981; Taylor, 1991).

Si el crédito otorgado por los mercados oficiales y paralelos es de corto plazo, el impacto estanflacionario de una política crediticia restrictiva por la vía de la conexión existente entre el crédito y el capital de trabajo se hará sentir rápidamente a través del sistema. Por el contrario, el impacto de restricción de la demanda suele operar sólo gradualmente: primero bajará la demanda agregada —o mejor dicho la inversión, porque el crédito al consumidor es a menudo limitado en los países en vías de desarrollo—, lo que disminuirá la producción y aumentará el desempleo a través del tiempo. Esto aflojará la presión del salario real y por ende la inflación después de cierto tiempo. Por lo tanto, la respuesta a una restricción de la política monetaria de un solo golpe podría ser una aceleración inicial de la tasa inflacionaria, tras de lo cual se impondrán los efectos de la demanda, generando un frenamiento de la tasa inflacionaria, como aparece en los resultados de simulación obtenidos por Van Wijnbergen (1985) con un modelo econométrico para Corea del Sur. Ambos efectos tienen un impacto negativo sobre la producción.

VI.4.1.2. *La política de la tasa de interés y la producción*

Otra área donde la "crítica neoestructuralista" ha despertado controversias es la de la política de la tasa de interés. McKinnon (1973) y Shaw (1973) han sido los defensores más prominentes de las tasas de interés elevadas en los países en vías de desarrollo: una política que ha sido caracterizada como un elemento esencial del pensamiento macroeconómico ortodoxo. El argumento de McKinnon-Shaw es que un aumento de las tasas de interés de los ahorros y los depósitos a plazo elevará la tasa del ahorro en los países en vías de desarrollo y, a la manera neoclásica convencional, incrementará la tasa del crecimiento económico. La elevación de las tasas de interés generará una entrada de depósitos en los bancos comerciales, lo que incrementará su capacidad para prestar y financiar la inversión.[16] Kapur (1977) ha sugerido que, además de aumentar la inversión en capital fijo, la mayor disponibilidad de crédito daría a los bancos la oportunidad de incrementar el financiamiento del capi-

---

[16] Conviene advertir que, en algunos de sus escritos más recientes, McKinnon (1993) destaca el efecto de las tasas de interés sobre la eficiencia, antes que el nivel, de la inversión. Véase una discusión más detallada de este punto en el capítulo XV.

tal de trabajo, una situación que puede conducir también a una tasa de crecimiento mayor. Burkett y Vogel (1992) y Mathieson (1980) proveen otras extensiones del enfoque de McKinnon y Shaw que captan la dependencia de las empresas en relación con el crédito para financiar sus compras o su capital de trabajo.

En contraste, Van Wijnbergen (1983b) ha sostenido que, si predominan los mercados de préstamos informales, una elevación de las tasas de interés oficiales generará una reducción de la intermediación financiera y tendrá un efecto adverso sobre la producción a corto y mediano plazos. Esencialmente, esto ocurre porque los mercados de crédito informales son más "eficientes" en la provisión de intermediación financiera que el sistema oficial de los bancos comerciales, porque los operadores de los mercados informales pueden evadir las regulaciones bancarias del gobierno.

La crítica formulada por Van Wijnbergen, de las políticas de tasas de interés elevadas, puede ilustrarse con un marco macroeconómico simple. Consideremos una economía cerrada donde hay cuatro categorías de agentes: familias, empresas, bancos comerciales y el banco central. A resultas de la represión financiera, un mercado de crédito informal coexiste con el mercado oficial, de modo que las familias pueden canalizar fondos directamente a las empresas. Los bancos comerciales prestan sólo a empresas y no operan en el mercado informal. El banco central fija tasas de interés y requerimientos de reservas a los préstamos de los bancos comerciales, y no proporciona crédito directo a los bancos ni al público. Las familias distribuyen su riqueza entre las tenencias de efectivo, los depósitos a plazo y los préstamos al mercado de crédito informal, tomando en cuenta su nivel de ingresos y las tasas de rendimiento de activos alternativos. La tasa de rendimiento del dinero es la negativa de la tasa de inflación esperada, $-\pi^a$ (que se supone constante); la tasa de rendimiento de los depósitos bancarios es la tasa de depósito real, $i_d - \pi^a$; y la tasa de rendimiento de los préstamos del mercado informal es la tasa de interés real paralela, $i_L - \pi^a$. Suponiendo, para simplificar, elasticidades unitarias de la riqueza, la distribución de la cartera puede describirse por las ecuaciones siguientes:

$$CU / A = h^C \left(\overset{+}{-\pi^a}, i_d - \overset{-}{\pi^a}, i_L - \overset{-}{\pi^a}, \overset{+}{y} \right), \tag{8}$$

$$D^p / A = h^D \left(\overset{-}{-\pi^a}, i_d - \overset{+}{\pi^a}, i_L - \overset{-}{\pi^a}, \overset{+}{y} \right), \tag{9}$$

$$L^p / A = h^L \left(\overset{-}{-\pi^a}, i_d - \overset{-}{\pi^a}, i_L - \overset{+}{\pi^a}, \overset{-}{y} \right), \tag{10}$$

$$h_k^C(\cdot) + h_k^D(\cdot) + h_k^L(\cdot) = 0, \quad k = 1, \ldots, 4 \tag{11}$$

$$h^C(\cdot) + h^D(\cdot) + h^L(\cdot) = 1, \tag{12}$$

donde CU denota las tenencias de dinero, D^p los depósitos de las familias en el sistema bancario, L^p los préstamos hechos al mercado informal, y el ingreso real, y A la riqueza nominal definida como

$$A = CU + D^p + L^p. \tag{13}$$

Las ecuaciones (8)-(10) suponen que los activos son sustitutos gruesos, siendo funciones positivas de su propia tasa de rendimiento y funciones negativas de la tasa de rendimiento de otros activos. La elasticidad-ingreso negativa de la oferta de préstamos en el mercado paralelo deriva del supuesto de una relación positiva entre el ingreso, por una parte, y el dinero y los depósitos a plazo por la otra —un supuesto que parece razonablemente bien apoyado por los datos empíricos disponibles— y de la restricción (11). La ecuación (12) es la restricción de la cartera.

Dado que el banco central no ofrece crédito a los bancos comerciales, los depósitos de las familias son la única fuente de fondos del sistema bancario. Estos depósitos —cuyo acervo efectivo se determina por el lado de la demanda del mercado— ganan una tasa de interés nominal igual a i_d y están sujetos a una proporción de requerimiento de reservas igual a μ. Por lo tanto, la función de oferta de crédito de los bancos comerciales es igual a[17]

$$L^s = (1 - \mu)D^p, \quad 0 < \mu < 1. \tag{14}$$

Los bancos comerciales prestan sólo a las empresas, cuya demanda de crédito tiene el propósito de financiar las tenencias de efectivo relacionadas con las necesidades de capital de trabajo. Se supone que estas necesidades dependen positivamente del salario de producto real, ω, y del nivel de la producción:

$$D^f = f\left(\overset{+}{\omega}, \overset{+}{y}\right) \tag{15}$$

Las empresas absorben todo el crédito ofrecido por los bancos comerciales. La demanda excedente se satisface en el mercado informal a una tasa de interés sustancialmente mayor que la tasa oficial.[18]

---

[17] Para simplificar, suponemos que los bancos no tienen reservas excedentes. Van Wijnbergen (1983b) considera el caso en que los bancos escogen entre las reservas libres y los préstamos, dependiendo de la tasa inflacionaria y la tasa de interés activa de los bancos.

[18] Adviértase que la demanda excedente en el mercado oficial se materializa en el mercado de crédito informal sólo si no son prohibitivos los costos percibidos de la realización de activida-

Se supone implícitamente que la cantidad total de los préstamos a las empresas (que es igual a $L^p + L^s$ en equilibrio) es el dinero de alta potencia. La base monetaria, M, es simplemente la suma del efectivo en circulación y las reservas de los bancos depositadas en el banco central.

$$M = h^c(\cdot)A + D^f + \mu D^p. \tag{16}$$

En este modelo hay dos condiciones para el vaciamiento del mercado. La primera se relaciona con el equilibrio entre la oferta y la demanda de dinero de alta potencia, y la segunda con la condición de equilibrio del mercado de crédito informal. De acuerdo con la ley de Walras, estas condiciones no son independientes, y en consecuencia debemos concentrarnos sólo en una de ellas.[19] Utilizando la condición de equilibrio del mercado de crédito informal y la ecuación (10), obtenemos:

$$h^L(-\pi^a, i_d - \pi^a, i_L - \pi^a, y)A = f(\omega, y) - L^s,$$

o utilizando las ecuaciones (9) y (14),

$$h^L(\cdot)A = f(\omega, y) - (1 - \mu)h^D(\cdot)A. \tag{17}$$

La diferenciación de la ecuación (17) y el uso de (11), implican

$$\left.\frac{di_L}{dy}\right|_{LL} = \frac{f_y - \left(h_y^L + (1-\mu)h_y^D\right)A}{\left[h_{i_L}^L + (1-\mu)h_{i_L}^D\right]A} > 0, \tag{18}$$

que determina la pendiente de la curva de equilibrio del mercado de crédito denotada por LL en la gráfica VI.3.

Para cerrar el modelo, supongamos que la producción se determina por la demanda y depende sólo de la tasa de interés real en el mercado informal de los préstamos:

$$y = -\alpha(i_L - \pi^a), \quad \alpha > 0, \tag{19}$$

que nos da

$$\left.\frac{di_L}{dy}\right|_{YY} = -1/\alpha < 0. \tag{20}$$

des informales. Como lo demuestra Frenkel (1990) en el caso de los mercados de dinero paralelos, la existencia de tales costos puede generar una relación sustancialmente diferente entre la demanda excedente en el mercado oficial y la demanda "efectiva" en el mercado informal. Para simplificar, omitiremos aquí estas complicaciones.

[19] Aunque hay tres activos distintos en el sistema, la oferta de crédito de los bancos es perfectamente elástica. Por lo tanto, la demanda de excedente de depósitos es idénticamente cero, y la ley de Walras sólo se aplica a los dos activos restantes.

GRÁFICA VI.3. *Determinación de la producción y la tasa de interés informal mediante el modelo de Van Wijnbergen*

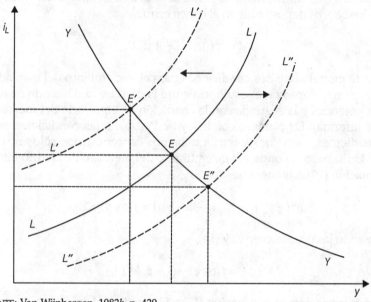

FUENTE: Van Wijnbergen, 1983*b*, p. 439.

La ecuación (20) determina la pendiente de la curva de equilibrio del mercado de bienes denotada por *YY* en la gráfica VI.3.

Las curvas *LL* e *YY* muestran combinaciones de la tasa de interés informal y la producción real que generan simultáneamente el equilibrio en el mercado de crédito informal y en el mercado de bienes. La posición de equilibrio de la economía se obtiene en el punto *E*, donde se intersecan las dos curvas.

Consideremos ahora lo que ocurre cuando, como lo aconsejan los seguidores de McKinnon-Shaw, el banco central eleva la tasa de interés oficial sobre los depósitos bancarios. Un incremento de i_d no cambia la posición de la curva *YY*, porque la demanda agregada es independiente de la tasa de los depósitos.[20] Sin embargo, sí genera una reasignación de la cartera porque cambia la tasa de rendimiento real de los depósitos bancarios y por ende la atracción relativa de diferentes activos. Específicamente, las familias tratarán de reducir sus tendencias de dinero y la oferta de préstamos en el mercado informal, y de incrementar sus tenencias de depósitos bancarios. El efecto neto del cambio de las tasas de depósitos sobre la posición de la curva *LL* está dado por

---

[20] Este resultando no se daría si, además de ser una función de la tasa de interés real del mercado informal, la demanda agregada fuese también una función de la riqueza real en virtud de los efectos inducidos sobre el premio del mercado paralelo.

$$\frac{di_L}{di_d}\bigg|_{LL,\, y=\bar{y}} = \frac{\mu h_{i_d}^L - (1-\mu)h_{i_d}^C}{h_{i_L}^C + h_{i_L}^D} 0,\tag{21}$$

que es en general ambiguo. El impacto neto del cambio de la tasa de interés sobre los depósitos a plazo depende de las elasticidades relativas de la demanda de los dos activos alternativos —tenencias de efectivo y préstamos en el mercado informal— ante los cambios de i_d. Esta condición puede escribirse como

$$sg\left\{\frac{di_L}{di_d}\bigg|_{LL,\, y=\bar{y}}\right\} = sg\left\{\mu h_{i_d}^L - (1-\mu)h_{i_d}^C\right\}.$$

Consideremos primero el caso en que, a resultas de la elevación de las tasas de los depósitos, las familias se alejan sobre todo de los préstamos en el mercado informal, de modo que $h_{i_d}^L / h_{i_d}^C > (1-\mu)/\mu$. La consecuencia de este alejamiento es una *declinación* de la oferta total de fondos a las empresas. Esto ocurre porque el mercado de crédito informal estaba proporcionando una intermediación financiera de "uno por uno" (porque los préstamos otorgados a través del mercado paralelo no están sujetos a requerimientos de reservas), mientras que los fondos depositados en los bancos comerciales generan sólo una intermediación parcial, por efecto de las regulaciones financieras. En consecuencia, se eleva la tasa de interés informal y baja la actividad económica, moviendo a la economía de la posición de equilibrio inicial en el punto E de la gráfica VI.3 al punto E'.[21]

Supongamos ahora que la elevación de las tasas de depósito hace que las familias se muevan hacia los depósitos bancarios y se alejen sobre todo de las tenencias de efectivo, $h_{i_d}^L / h_{i_d}^C < (1-\mu)/\mu$. Este desplazamiento genera un *incremento* de los préstamos reales de los bancos comerciales a las empresas, a pesar de una acumulación parcial de las reservas requeridas. La reducción de la demanda excesiva en el mercado oficial genera una baja en las tasas de interés del mercado de crédito informal y un incremento de la producción. La posición de equilibrio de la economía se mueve del punto E al punto E'' en la gráfica VI.3.[22]

[21] Por supuesto, si los bancos comerciales no están sujetos a requerimientos de reservas y el cambio de la cartera proviene sólo del mercado de crédito informal $\left(h_d^C = 0\right)$, el cambio de la tasa de interés de los depósitos bancarios no tendrá ningún efecto sobre la producción. En cambio, si el banco central impone un requerimiento de reserva de 100% ($\mu = 1$) sobre los depósitos bancarios, la producción se reducirá.

[22] El modelo se puede extender para considerar también lo que ocurre cuando el banco central permite que los bancos comerciales eleven su tasa de interés activa, i_c. En el marco utilizado aquí, las tasas activas no tienen ningún impacto sobre la demanda de crédito, porque el crédito bancario oficial se otorga a tasas de interés menores que las del mercado. Sin embargo, un cambio de las tasas activas altera la "renta de escasez" percibida por las empresas que se benefician del acceso pri-

El análisis anterior puede extenderse para mostrar que las políticas de tasas de interés elevadas pueden tener un efecto adverso sobre el crecimiento, esencialmente por su "efecto de desintermediación" (Van Wijnbergen, 1983a, 1983b).[23] Por lo tanto, el meollo del análisis es que una elevación de las tasas de los depósitos puede producir resultados opuestos a los esperados. La estructura financiera es un factor decisivo en este sentido. Cuando hay mercados de crédito informales, y dadas las regulaciones del banco central sobre los requerimientos de reserva, es fundamental que se determine el patrón de sustitución entre los diferentes activos. Por lo tanto, la liberalización financiera puede implicar riesgos considerables, sobre todo en los países en vías de desarrollo donde hay escasas pruebas empíricas sobre las funciones de demanda de la cartera.

VI.4.2. Modelos de los mercados de dinero informales

Las implicaciones macroeconómicas de los mercados de crédito informales fueron destacadas primero por los economistas neoestructuralistas, pero el análisis de los mercados paralelos de divisas ha despertado desde hace mucho tiempo el interés de los economistas ortodoxos. A través de los años se han puesto de relieve diversos aspectos de estos mercados. La teoría inicial, que evolucionó esencialmente a partir de la teoría del comercio internacional, destacaba el efecto de los impuestos y del contrabando sobre las transacciones ilegales con divisas. Más recientemente se ha hecho hincapié en el enfoque del equilibrio de la cartera que destaca el papel de la composición de los activos en la determinación de la oferta y la demanda de divisas en los mercados oficiales y paralelos.[24] Esta sección reseñará tales enfoques y destacará sus implicaciones principales para la administración monetaria y financiera a corto plazo.

---

vilegiado al mercado de crédito oficial para un nivel de crédito dado. Si los bancos pueden mantener reservas excedentes, un aumento de la tasa activa podría inducirlos a reducir estas reservas e incrementar sus préstamos a empresas. Este incremento podría tener un efecto expansivo.

[23] Owen y Solís Fallas (1989) han criticado el argumento de la eficiencia de Taylor y Van Wijnbergen citando la existencia de estructuras semimonopólicas en los mercados de crédito informales. Este argumento podría ser válido para los países en vías de desarrollo de ingresos bajos, pero puede perder algo de su relevancia en un contexto semiindustrializado. Véase una discusión más amplia de este punto en Kapur (1992) y en Liang (1988).

[24] Otros esfuerzos de integración de los mercados de dinero informales incluyen los modelos de equilibrio general computables, el enfoque monetario (que destaca el papel de los desequilibrios del mercado de dinero en la determinación del comportamiento de las tasas de cambio paralelas), y los modelos de sistemas de tasas de cambio de dos niveles que incluyen filtraciones entre mercados. La última categoría de modelos genera pronósticos cualitativamente similares a los derivados de los modelos de sustitución de monedas. Véase en Montiel y otros (1993) una discusión más detallada de estos enfoques alternativos.

VI.4.2.1. *El comercio ilegal y los mercados paralelos*

El mercado paralelo de divisas se especifica en los modelos de *comercio real* para reflejar, del lado de la demanda, las divisas necesarias para la importación de bienes ilegales y, del lado de la oferta, los ingresos de divisas provenientes de fuentes también ilegales como el contrabando o la subfacturación de las exportaciones, o bien la reventa de las divisas asignadas oficialmente (véase en particular Pitt, 1984). Por lo general, estos modelos omiten las interacciones del mercado paralelo de divisas con el resto de la economía y utilizan análisis anteriores de equilibrio parcial de un mercado de bienes de consumo sujeto a controles de precios y racionamiento (Michaely, 1954).

Las implicaciones de esta clase de modelos pueden explorarse sin dificultad en el marco desarrollado por Macedo (1987), quien considera una pequeña economía abierta donde los importadores y los exportadores sienten aversión por el riesgo y afrontan precios mundiales dados. En cada periodo, ambas categorías de agentes deben escoger las cantidades de bienes que se intercambiarán por los canales oficiales y las cantidades que se contrabandearán hacia el interior del país (para los importadores) o hacia el exterior (para los exportadores). El gobierno opera una agencia aduanal con el propósito de atrapar y procesar a los delincuentes. Como resultado de los costos administrativos prohibitivos, la agencia no puede impedir el contrabando, pero la tecnología de detección disponible es tal que la probabilidad de atrapar a los contrabandistas es una función creciente de la proporción de contrabando, es decir, la proporción de las cantidades negociadas ilegalmente con las cantidades negociadas legalmente. Cuando son atrapados, los delincuentes se ven sometidos a un castigo que consiste en la confiscación de una parte del valor de los bienes contrabandeados.

Consideremos primero al importador representativo. Operando en el mercado oficial, el importador puede obtener divisas a la tasa de cambio oficial fija, pero debe pagar un arancel *ad valorem*. Si opta por operar en el mercado paralelo, deberá adquirir divisas a una tasa de cambio más depreciada y afrontar una probabilidad π de ser atrapado por la agencia aduanal, en cuyo caso se le confiscará una porción ϕ de los bienes contrabandeados. El importador racional determina en primer lugar las cantidades óptimas de los bienes que importará legal e ilegalmente a fin de maximizar sus ganancias para valores dados del arancel ι_m, el premio del mercado paralelo, θ, y el margen de ganancia cargado a los consumidores nacionales. El margen de ganancia nacional es un promedio ponderado del premio del mercado paralelo y la tarifa arancelaria, de tal modo que el peso de esta última baja monotónicamente a medida que aumenta la proporción del contrabando de equilibrio.[25] Una con-

---

[25] Un aumento del costo mayor del mercado paralelo eleva el precio nacional del bien importado (efecto directo) pero reduce la proporción del contrabando, porque la demanda baja.

dición necesaria para la existencia de una solución con contrabando es $\pi \iota_m > \theta$. Dicho de otro modo, un importador realizará actividades de contrabando sólo si el arancel es tan elevado que conviene comprar divisas en el mercado paralelo con un costo mayor, dada la posibilidad de ser atrapado por la agencia aduanal.

Conceptualmente, los exportadores que sienten aversión por el riesgo afrontan un problema similar al que afrontan los importadores: deben determinar las proporciones de exportaciones que venderán al exterior por canales legales e ilegales, tomando en cuenta la posibilidad de ser atrapados —y por ende sometidos a un castigo—, el costo de producción de los bienes exportados y la tasa del impuesto a la exportación ι_x. Al igual que el importador, un exportador racional determina los niveles de las exportaciones legales y de las contrabandeadas a fin de maximizar sus ganancias. El precio nacional resultante de las exportaciones es un promedio ponderado de la tasa del arancel de exportación y el producto de la probabilidad de ser atrapado y el costo mayor del mercado paralelo. Una condición necesaria para una solución bien definida es ahora $\pi \iota_x < \theta$; es decir, la tasa del impuesto a las exportaciones ponderada por la probabilidad de ser atrapado debe ser menor que el costo mayor de las divisas en el mercado paralelo.

Se obtiene el equilibrio de flujos del mercado paralelo de divisas igualando el flujo agregado de la oferta y la demanda, que se deriva sumando la oferta y la demanda individual resultante de las operaciones de contrabando de exportadores e importadores (idénticos). El valor de equilibrio de la tasa de cambio paralela es el valor que iguale la demanda total a la oferta total. Las condiciones de optimación de primer orden para importadores y exportadores determinan la relación de largo plazo existente entre el costo mayor y las proporciones de contrabando. Dado que no haya flujos de capital entre la economía en cuestión y el resto del mundo, el equilibrio de la cuenta corriente a largo plazo impone dos condiciones adicionales. El valor de las exportaciones legales debe ser igual al valor de las importaciones legales, y el valor de las exportaciones ilegales debe ser igual al valor de las importaciones ilegales. Estas ecuaciones forman un sistema que permite la determinación simultánea de las proporciones de contrabando y el costo mayor del mercado paralelo a largo plazo. La última solución puede escribirse como

$$\tilde{\theta} = \theta(\overset{+}{\iota_m}, \overset{-}{\iota_x}; \pi, \phi). \tag{22}$$

La ecuación (22) indica que en el equilibrio de largo plazo, donde las exportaciones legales se igualan a las importaciones legales y las exportaciones exitosamente contrabandeadas pagan por las importaciones contrabandeadas planeadas, el costo mayor se determina por la estructura de los aranceles, los castigos y el riesgo de ser atrapado. Puede utilizarse para analizar los efectos de las políticas comerciales y las reglas de operación efectiva de las aduanas sobre el valor del costo mayor del mercado paralelo a largo plazo. Por ejemplo, un aumento de la tasa arancelaria de las importaciones, aumentará la demanda de divisas ilegales, incrementando su costo mayor. Una disminución de la tasa arancelaria de las exportaciones, reducirá el costo mayor a largo plazo. Las implicaciones de los cambios de los otros parámetros del modelo —la probabilidad de ser atrapado y la tasa del castigo— pueden examinarse de un modo similar (véase Macedo, 1987).

La discusión precedente sugiere que los modelos del comercio exterior real ofrecen un marco adecuado para un análisis del impacto de las restricciones comerciales, por oposición a los controles de cambios directos, sobre las tasas de cambio del mercado paralelo. La limitación básica de estos modelos es que el único propósito de las transacciones del mercado paralelo de divisas es el de permitir que ocurra el contrabando. Este enfoque supone así que no existe la motivación de la cartera, la que a menudo desempeña un papel importante en la determinación de la demanda de divisas en el mercado paralelo (véase más adelante). Además, no hay ningún mecanismo que provea una explicación satisfactoria del comportamiento del costo mayor a corto plazo, que es tomado como dado por exportadores e importadores en la mayoría de los modelos. Sin embargo, el enfoque puede extenderse en este sentido. Por ejemplo, Macedo (1987) extiende el modelo antes discutido y demuestra que aunque el costo mayor se determina a largo plazo por la estructura de los impuestos al comercio exterior, está dado a corto plazo por el requerimiento del equilibrio de la cartera. La parte siguiente de esta sección se concentrará precisamente en estos efectos de cartera.

VI.4.2.2. *Modelos de portafolio y de sustitución de monedas*

Dornbusch y otros (1983) destacaron el desarrollo del modelo de balanza de cartera del mercado paralelo de divisas. En esa obra se enfatiza el papel de la composición de la cartera en la determinación de las tasas de cambio paralelas, en contraste con el enfoque de los flujos que caracteriza a los modelos comerciales reales. El supuesto general que se encuentra detrás de esta clase de modelos es que las divisas son un activo financiero mantenido por los agentes como parte de una cartera diversificada, con fines de protección y de refugio de los fondos. La pérdida de confianza en los activos denominados en moneda nacional, las bajas tasas de interés reales internas, la incertidumbre acerca de la inflación, la tributación y el ambiente político pueden generar cambios abruptos en la demanda de divisas. Las expectativas acerca del futuro desempeñan un papel en la determinación de los cambios de la oferta y la demanda a corto plazo y en la explicación de la volatilidad de la tasa de cambio. Aunque la formulación de equilibrio parcial de Dornbusch y otros (1983) supone la existencia de activos nacionales y extranjeros que ganan intereses, las características esenciales del enfoque se contemplan mejor en un marco de "sustitución de monedas".[26] Ilustraremos las propiedades de esta clase de modelos mediante la descripción general de un modelo desarrollado por Kamin (1993).[27]

El modelo de Kamin incluye las interacciones del mercado paralelo de divisas con la esfera de la producción de la economía, proveyendo así una determinación endógena de la producción y la tasa de cambio real. El acervo de dinero nacional se determina también endógenamente en este modelo, y depende de los cambios ocurridos en las reservas del banco central —que son iguales a la cuenta corriente reportada— y de la tasa de crecimiento del crédito interno. La cuenta corriente no reportada determina el cambio ocurrido en el acervo de divisas mantenido en las carteras de los agentes privados. Se supone que el flujo de oferta de divisas en el mercado paralelo deriva de la subfacturación de las exportaciones. A su vez, la propensión a subfacturar depende positivamente del nivel del costo mayor. Como en los modelos comerciales reales, se supone que la probabilidad de detección aumenta a medida que se incrementan las transacciones fraudulentas, y esto se traduce en una creciente participación marginal de la subfacturación, aunque a una tasa declinante.

Las propiedades del modelo de Kamin pueden ilustrarse examinando el comportamiento a corto plazo de la tasa de cambio paralela en respuesta a una devaluación oficial. Consideremos primero el caso en que la devaluación es inesperada. El cambio de la paridad provoca una declinación del flujo de oferta de divisas en el sector privado (porque el costo mayor baja) a la tasa paralela inicial. Para que se mantenga el equilibrio de la cuenta corriente, se requiere una depreciación de la tasa paralela.[28] En el momento en que ocurre la devaluación, la tasa paralela se deprecia drásticamente. Luego, las pérdidas de divisas en la cuenta corriente elevan más aún la tasa de cambio no oficial, hasta que alcanza su nuevo nivel de equilibrio a largo plazo, al mismo

---

[26] Tales modelos han sido elaborados por Edwards (1989b), Kamin (1993), Kharas y Pinto (1989), Kiguel y Lizondo (1990), Lizondo (1987, 1991b) y Pinto (1989, 1991a). Es posible que la formulación analítica utilizada por Dornbusch y otros (1983) no sea adecuada para los países que tienen sistemas financieros subdesarrollados. Además, el proceso de sustitución de monedas ha cobrado importancia en los países en vías de desarrollo durante los últimos años, como vimos en el capítulo III.

[27] Frenkel (1990) elabora un marco de equilibrio parcial en el que deriva explícitamente la curva de demanda de divisas en el mercado paralelo. Véase también Nowak (1984).

[28] Un aumento de la tasa del mercado paralelo, dada la tasa de cambio oficial, incrementa la porción de las exportaciones canalizada a través del mercado informal de divisas por la vía de la subfacturación o el contrabando, aumentando el flujo del cambio de divisas. En cambio, bajará la demanda de importaciones y la porción de las mismas canalizada a través del mercado paralelo (a resultas de la sobrefacturación o el contrabando), lo que reducirá a su vez la demanda de flujo de divisas.

tiempo que las tenencias en divisa extranjera alcanzan su nuevo nivel de equilibrio a largo plazo, al mismo tiempo que las tenencias en divisa extranjera alcanzan su nuevo nivel de Estado estable. Si se prevé la devaluación (porque se anuncia en el periodo t_0 que ocurrirá en T, por ejemplo), la tasa de cambio paralela también brinca hacia arriba —aunque el tamaño del brinco es ahora menor— y las tenencias de divisas empiezan a aumentar. Después del brinco inicial, la tasa paralela continúa depreciándose mientras que los agentes privados acumulen divisas en sus carteras, hasta que la economía alcanza su nueva ruta de equilibrio, en el instante en que ocurre efectivamente la devaluación. A partir de este punto, la tasa paralela continúa depreciándose mientras que disminuyan las tenencias de divisas, porque la cuenta corriente no oficial se deteriora después de la devaluación. En la fecha del anuncio de la devaluación futura, la proporción de la subfacturación brinca hacia arriba y continúa aumentando a medida que se deprecia la tasa del mercado paralelo. Cuando se aplica efectivamente la devaluación, el costo mayor y la subfacturación bajan drásticamente, pero luego se recuperan parcialmente, porque la tasa del mercado paralelo continúa depreciándose, hasta que llega a su nuevo nivel de Estado estable. El comportamiento de la proporción de la subfacturación y la cuenta corriente oficial en el modelo de Kamin se representan en la gráfica VI.4.

En el modelo de Kamin, el impacto a largo plazo de una devaluación oficial, de una sola vez, de la tasa de cambio paralela es ambiguo. En general, depende del grado en que las transacciones fraudulentas reaccionen a los cambios del costo mayor, el programa de racionamiento impuesto por el banco central y la elasticidad de los volúmenes de la exportación ante los cambios de los precios relativos. Entre mayor sea la respuesta de la porción de la subfacturación ante el cambio del costo mayor del mercado paralelo, menor será la propensión del banco central a revender las remisiones oficiales de divisas; o entre menor sea la respuesta de las exportaciones, más probable será que la tasa del mercado paralelo se deprecie en respuesta a un cambio de la paridad.[29] Sin embargo, la depreciación de la tasa paralela será de ordinario menor que la devaluación oficial, lo que implica que el premio tenderá a bajar.

El análisis de Kamin ofrece un marco útil para la interpretación de algunos hechos aparentemente desconcertantes que rodean a gran número de episodios de devaluación de los últimos tres decenios en los países en vías de desarrollo. Las pruebas empíricas reunidas por Kamin (1988) sugieren que, antes de una devaluación oficial, las tasas de crecimiento de las exportaciones e importaciones medidas parecieron disminuir abruptamente, mientras que el saldo

---

[29] Kamin demuestra también que el resultado de Nowak (1984), según el cual se asociará una devaluación oficial a una apreciación de la tasa de cambio paralela, depende decisivamente del supuesto de que el banco central no acumula activos de divisas extranjeras.

GRÁFICA VI.4. *Devaluación, subfacturación y cuenta corriente*

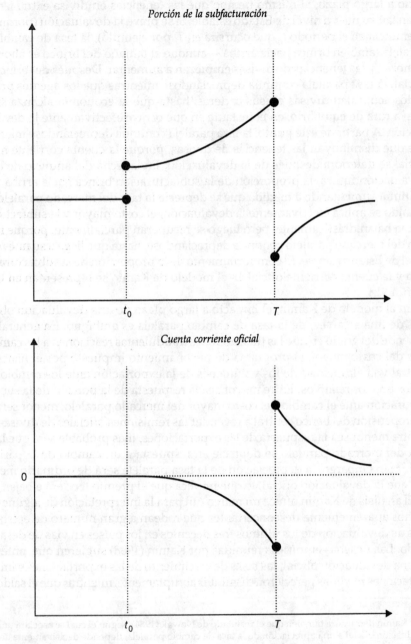

Porción de la subfacturación

Cuenta corriente oficial

FUENTE: Kamin, 1993, p. 160.

oficialmente medido de la cuenta corriente y las reservas de divisas oficiales parecieron deteriorarse. En los periodos siguientes al cambio de la paridad oficial, las exportaciones se recuperaron fuertemente y la cuenta corriente mejoró, mientras que las importaciones continuaron bajando, aunque a un ritmo menor, recuperándose sólo en el segundo año posterior a la devaluación. El comportamiento de la cuenta corriente difería así de lo que pronosticaría una teoría de la curva J.[30] Pero en el marco de Kamin (1993) puede explicarse sin dificultad el enigma. Su análisis sugiere que las políticas fiscales y monetarias expansivas en los periodos anteriores a la devaluación generan una apreciación de la tasa de cambio real (oficial) e incrementos del costo mayor en el mercado paralelo, lo que a su vez genera una reducción en el volumen de las exportaciones, un incremento de la subfacturación y un deterioro de la cuenta corriente oficialmente registrada.[31] La reducción de las exportaciones oficialmente remitidas genera crecientes pérdidas de reservas, lo que obliga a las autoridades monetarias a restringir las asignaciones de divisas para las importaciones. En la medida en que los agentes se convenzan de que el deterioro continuo de las cuentas externas conducirá a una devaluación de la tasa de cambio oficial, los cambios de la cartera en contra de los activos nacionales pueden inducir un aumento especulativo del premio del mercado paralelo, lo que acelerará la pérdida de reservas y reforzará la necesidad de un ajuste en la tasa de cambio oficial.[32] Después de la devaluación, baja el costo mayor del mercado paralelo, lo que reduce la propensión a la subfacturación y genera un gran incremento en las exportaciones oficialmente medidas. La gradual recuperación de las reservas permite que las autoridades incrementen las ventas de divisas, lo que generará una recuperación de las importaciones.

Se han hecho varios esfuerzos para evaluar empíricamente el efecto de una devaluación sobre el premio del mercado paralelo. En general, los datos apoyan la presunción de que las tasas del mercado paralelo se deprecian, pero menos que proporcionalmente, en respuesta a una devaluación de la tasa de

---

[30] El fenómeno de la curva J se refiere a una situación en la que una modificación de la tasa de cambio real (inducida por una devaluación oficial, por ejemplo) conduce primero a un deterioro de la balanza comercial y luego a un mejoramiento gradual. Una explicación común de este fenómeno se basa en la idea de que, en el momento en que ocurre un cambio del precio relativo, los bienes en tránsito y bajo contrato ya han sido comprados, y la terminación de estas transacciones domina a los cambios de la balanza comercial a corto plazo. A través del tiempo, a medida que aumentan las elasticidades comerciales, la balanza comercial empieza a mejorar. Sin embargo, las pruebas obtenidas por Bahmani-Oskooee y Malixi (1992) no ofrecen gran apoyo para los efectos de la curva J en los países en vías de desarrollo.

[31] Además de su impacto sobre la propensión a subfacturar las exportaciones, un aumento del costo mayor —sin un aumento equivalente de los precios nacionales— podría generar un efecto de riqueza positivo sobre la demanda agregada, lo que podría provocar un nuevo deterioro de la cuenta corriente de la balanza de pagos.

[32] Agénor (1994d) ofrece un marco que caracteriza al "ciclo de la devaluación" generado por los cambios especulativos ocurridos en el costo mayor del mercado paralelo.

cambio oficial, de modo que el premio baja inicialmente. Los datos sugieren también que esta reducción será sólo temporal si se mantienen las políticas fiscales y crediticias en un curso expansivo, lo que implica que una devaluación no puede reducir permanentemente el premio por sí sola. Estos hechos han sido bien documentados en los estudios de Edwards (1989a), Edwards y Montiel (1989) y Kamin (1993), con una gran muestra de episodios de devaluación en los países en vías de desarrollo.

VI.5. La política monetaria con mercados financieros informales

Los mercados informales de crédito y de divisas han sido generalmente modelados por separado, pero en realidad tienden a coexistir en muchos países en vías de desarrollo. Además, los datos sobre la movilidad del capital reseñados en la sección VI.3 sugieren que los activos del mercado de crédito informal y los activos de divisas se modelan probablemente mejor como sustitutos imperfectos, y que en la situación típica puede cambiar la cantidad de activos extranjeros en las carteras de los agentes privados nacionales, aunque no instantáneamente. Por lo tanto, una descripción completa del sistema financiero en una economía en vías de desarrollo "representativa" deberá considerar no sólo las interacciones entre los mercados financieros formales e informales, sino también las interacciones entre los mercados informales de crédito y de divisas. ¿Cómo opera la política monetaria en tal contexto? Esta sección explora tales problemas utilizando un marco simple de economía abierta con balance de la cartera que incluye las características descritas en las secciones anteriores de este capítulo.[33] Específicamente, el sistema financiero nacional está deprimido en el sentido descrito en la sección VI.1 y coexiste con un mercado de crédito informal. No hay mercados donde los agentes privados puedan intercambiar valores o acciones nacionales. Se aplican controles al capital, pero el sector privado ha podido evadirlos en el pasado hasta el punto de adquirir activos denominados en monedas extranjeras, los que se intercambian entre agentes privados en un mercado libre de divisas y son sustitutos imperfectos de los activos nacionales. En consecuencia (y de acuerdo con los datos reseñados en la sección VI.3), los movimientos de las tasas de interés extranjeras influyen sobre los mercados financieros nacionales.

Las autoridades monetarias poseen cuatro instrumentos directos de la política económica en este contexto: el nivel de las tasas de interés bancario ad-

[33] El marco analítico se toma de Montiel (1991b) y de Montiel y otros (1993, pp. 84-108). La versión del modelo descrita en esta sección toma como exógenas las expectativas y omite las filtraciones del mercado oficial de divisas al mercado informal. En la siguiente sección elaboraremos un marco más detallado que incluye los mercados informales.

ministradas, la proporción de reservas requerida, la cantidad del crédito otorgado por el banco central al sistema bancario comercial y la intervención en el mercado paralelo de divisas.[34] Además del canal de transmisión convencional de la política monetaria a través de los cambios de las tasas de intereses determinadas por el mercado (en este caso el mercado secundario), otros mecanismos de transmisión desempeñan también papeles importantes. Tales son los efectos de riqueza inducidos por cambios en el grado de la represión financiera, y los efectos que operan a través del costo mayor de la tasa de cambio en el mercado paralelo de divisas.

Se supone que la economía considerada es una pequeña economía abierta con cuatro tipos de agentes: las familias, el gobierno, el banco central y el resto del sistema bancario. Las autoridades mantienen una tasa de cambio oficial para las transacciones internacionales corrientes pero prohíben los movimientos de capital privados. Las familias privadas tienen acceso a cuatro activos: depósitos bancarios, préstamos en el mercado secundario, activos extranjeros y crédito bancario (que es, por supuesto, un pasivo para las familias). Se supone que el crédito bancario y los préstamos del mercado secundario son sustitutos perfectos en las carteras familiares. Esto implica que el crédito bancario y los préstamos del mercado secundario pueden tratarse como un solo activo, y que todos los efectos de "derrama" inducidos por el racionamiento, de los cambios del acervo de crédito bancario, se concentran en el mercado secundario de préstamos.

VI.5.1. *El marco analítico*

Se supone que las carteras financieras de las familias consisten en depósitos bancarios D^p, préstamos del mercado secundario, crédito bancario L^p y activos extranjeros F^p.[35] El valor de las carteras financieras de las familias, A, está dado por

$$A = D^p + sF^p - L^p,$$

[34] En los últimos años, muchos países en vías de desarrollo han empezado a adoptar procedimientos indirectos de administración monetaria, basados en el mercado. En Costa Rica, Indonesia, Kenia, Corea, México, Paquistán, Sri Lanka, Malasia, Filipinas y otros países, se han realizado subastas primarias de valores gubernamentales y del banco central. Sin embargo, sólo México ha adoptado operaciones genuinas de mercado abierto en el mercado secundario como un instrumento fundamental de la política monetaria. La mayoría de los demás países sigue utilizando principalmente el tipo de instrumentos directos de la política monetaria analizado aquí, con la posible excepción de Malasia, donde los depósitos gubernamentales constituyen un instrumento fundamental de la misma.

[35] Alternativamente, F^p podría interpretarse más ampliamente como un activo que tiene un precio flexible en moneda nacional, determinado por el mercado, que se negocia en mercados organizados por agentes bien informados. En este sentido, podría representar al oro o a la tierra, así como a las divisas.

donde s es el precio en moneda nacional de las divisas negociadas en el mercado paralelo. El equilibrio de la cartera requiere:

$$D^p / P = h^D(\overset{-}{i_L}, \overset{0}{a}; \overset{+}{i_d}, \overset{-}{\hat{s}^a}),\tag{23}$$

$$-L^p / P = h^L(\overset{-}{i_L}, \overset{+}{a}; \overset{-}{i_d}, \overset{-}{\hat{s}^a}), \quad 0 < h_2^L < 1\tag{24}$$

$$sF^p / P = h^F(\overset{-}{i_L}, \overset{+}{a}; \overset{-}{i_d}, \overset{+}{\hat{s}^a}), \quad 0 < h_2^F < 1\tag{25}$$

donde i_L e i_d son, respectivamente, la tasa de interés de los préstamos del mercado paralelo y la tasa de interés (controlada) de los depósitos bancarios; $\hat{s}^a$ es la tasa de depreciación (exógena) esperada de la tasa de cambio en el mercado paralelo; P es el nivel de los precios nacionales; y a es la riqueza privada real. Los signos de las tres primeras derivadas parciales de cada función reflejan el supuesto de que todos los activos son sustitutos aproximados.[36] Las derivadas parciales del conjunto de ecuaciones anteriores satisfacen las restricciones convencionales:

$$h_k^D(\cdot) + h_k^L(\cdot) + h_k^F(\cdot) = 0, \quad k = 1, 3, 4$$

$$h_2^L(\cdot) + h_2^F(\cdot) = 1.$$

La absorción privada, c, depende de la tasa de interés real de los préstamos y del nivel de recursos de las familias:

$$c = c(\overset{-}{i - \pi^a}, \overset{+}{a}),\tag{26}$$

donde π^a denota la tasa de inflación esperada, que también se toma como dada en el análisis siguiente. Los recursos de las familias consisten en la riqueza financiera real, a, y el ingreso factorial real. Sin embargo, se supone que la producción real es constante en este modelo de pleno empleo, de modo que el nivel (constante) del ingreso factorial real se omite de la función $c(\cdot)$.

Los impuestos y subsidios implícitos que la represión financiera impone a las familias se toman en cuenta como sigue. Sea que i_c denote la tasa de interés controlada del crédito bancario. Los individuos que tienen acceso a tal crédito reciben un subsidio de $(i_L - i_c)L^p$; es decir, el diferencial entre la tasa del mercado secundario y la tasa de los préstamos bancarios multiplicado por la cantidad del crédito bancario otorgado a los individuos que tienen un acceso

---

[36] Se supone que el dinero (bajo la forma de depósitos bancarios) se mantiene estrictamente para fines de las transacciones, de modo que el nivel de la riqueza financiera real interviene como una variable de escala para satisfacer las restricciones de redondeo de las funciones de demanda de préstamos y divisas en el mercado paralelo, pero no de depósitos.

MERCADOS FINANCIEROS Y MOVILIDAD DEL CAPITAL

privilegiado al mercado de crédito oficial. El valor presente de este subsidio está dado por $(i_L - i_c)L^p / i_L$, y esto representa una adición neta a la riqueza financiera de las familias.[37] Un índice Θ del grado de la represión financiera está dado por

$$\Theta = (i_L - i_c)/i_L, \tag{27}$$

es decir, Θ es el valor presente del subsidio, por unidad de crédito bancario, implicado por los topes de la tasa de interés prevalecientes. El valor presente del impuesto a las familias como depositantes está dado por $(\tilde{i}_d - i_d)D^p / \tilde{i}_d$, donde $\tilde{i}_d$ es la tasa de interés de los depósitos correspondiente a una tasa de interés de los préstamos de i_L bajo la condición de ganancias nulas para los bancos (véase más adelante la ecuación (31)). Esta condición puede utilizarse para demostrar que $(\tilde{i}_d - i_d)D^p / \tilde{i}_d = \Theta$, de modo que el grado de la represión financiera puede escribirse equivalentemente como una función de las tasas de préstamos activos o pasivos de los bancos, y el valor presente del impuesto que deben pagar los depositantes puede expresarse compactamente como ΘD^p.

Tomando en cuenta estos impuestos y subsidios, la riqueza financiera real de las familias puede expresarse como

$$a = \left(D^p + sF^p - L^p + \Theta L^p - \Theta D^p\right)/P$$
$$= \left[(1 - \Theta)(D^p - L^p) + sF^p\right]/P. \tag{28}$$

Así pues, los efectos de riqueza de la represión financiera dependen de que las familias sean acreedores netos ($D^p - L^p > 0$) o deudores netos ($D^p - L^p < 0$) del sistema bancario. Cuando $D^p - L^p > 0$, un incremento del grado de la represión financiera Θ reduce la riqueza de las familias porque el impuesto implícito que las grava a través de los topes impuestos a la tasa de interés de los depósitos supera al subsidio recibido por los prestatarios favorecidos.

Los activos bancarios consisten en las reservas mantenidas en el banco central, RR, y el crédito otorgado a las familias, L^p. Los pasivos de los bancos son los depósitos mantenidos por el público y el crédito recibido del banco central, L^{cb}. Por lo tanto el balance del sistema bancario está dado por

$$RR + L^p = D^p + L^{cb}. \tag{29}$$

Los bancos no tienen excesos de reservas. Dada una razón de reservas requerida de μ, las tenencias de reservas están dadas entonces por

---

[37] Ésta es en efecto una aproximación al verdadero valor presente del subsidio, que depende de la corriente total de tasas de interés y del crédito en el futuro. Esta aproximación es válida sólo bajo el supuesto de expectativas estáticas.

$$RR = \mu D^p, \quad 0 < \mu < 1. \tag{30}$$

Las reservas depositadas en el banco central no pagan intereses, pero el crédito otorgado al sistema bancario por el banco central paga un interés que, por conveniencia, se fija al nivel de la tasa de interés que los bancos cobran a sus clientes, i_c. Bajo estas condiciones, la condición de ganancias nulas para el sistema bancario está dada por

$$i_c = i_d / (1 - \mu). \tag{31}$$

El banco central determina la tasa de cambio oficial a un valor E. Todas las transacciones del comercio internacional se hacen a esta tasa. Si denotamos por R el acervo de reservas de divisas del banco central (medidas en moneda extranjera), y por $T(z)$ la balanza comercial —medida en unidades del bien nacional y tomada como una función creciente de la tasa de cambio real, $z = E/P$— como $T(z)$, el acervo de reservas de divisas evoluciona de acuerdo con[38]

$$E\dot{R} = PT(z). \tag{32}$$

Los activos del banco central incluyen las reservas de divisas y el crédito otorgado al sistema bancario, mientras que sus pasivos son las reservas mantenidas por el sistema bancario. Por lo tanto, el balance del banco central es

$$ER + L^{cb} = RR. \tag{33}$$

Dado que los préstamos otorgados por el banco central al sistema bancario ganan intereses, este ingreso deberá distribuirse en alguna forma. Se supone que se transfiere al gobierno, quien luego lo usa para comprar bienes nacionales. Dado que esta sección se ocupa de la política monetaria antes que de la política fiscal, el gobierno no puede hacer otra cosa que disponer de estos fondos. Denotando por g el gasto real del gobierno en bienes nacionales, la restricción presupuestaria gubernamental implica

$$Pg = iL^{cb}. \tag{34}$$

El modelo se cierra con la condición de que se vacíe el mercado de bienes nacionales. Denotando por y la producción real nacional, esta condición es

$$y - c(i_L - \pi^a, a) + g + T(z) = 0. \tag{35}$$

---

[38] Por supuesto, esto supone que las reservas de divisas no pagan intereses.

A fin de explorar cómo funciona la política monetaria en este marco, convendrá resumir el modelo en una forma más compacta. Sea $\theta = s/E$ denote (1 más) el costo mayor del mercado paralelo. Utilizando esta notación, y las ecuaciones (23)-(25), (29) y (30), pueden rescribirse las condiciones de equilibrio de los mercados informales de préstamos y de divisas como

$$h^L(i_L, a; i_d, \hat{\theta}^a) + zl^{cb} + (1-\mu)h^D(i_L; i_d, \hat{\theta}^a) = 0, \tag{36}$$

$$z\theta F^p - h^F(i_L, a; i_d, \hat{\theta}^a) = 0, \tag{37}$$

donde $l^{cb} = L^{cb}/E$ y $\hat{\theta}^a$ y (que es igual a $-\hat{s}^a$ aquí, porque la tasa de cambio oficial está fija) denota la tasa de cambio esperada en el costo mayor del mercado paralelo.

Luego, utilizando las ecuaciones (29) y (33) en (28), la riqueza financiera real de las familias se vuelve

$$a = [E(\theta F^p + R) + \Theta(L^{cb} - RR)]/P.$$

Así pues, los efectos de riqueza de la represión financiera dependen del exceso de préstamos del banco central al sistema bancario sobre las reservas mantenidas por los bancos comerciales. Intuitivamente, esto ocurre porque el crédito otorgado a las familias, L^p, puede superar a los depósitos, D^p, sólo si los recursos que el banco central pone a disposición de los bancos, L^{cb}, superan a los recursos extraídos por el banco central, RR. Utilizando las ecuaciones (23), (30) y (32), y haciendo $a^* = A/E$, podemos reescribir la ecuación precedente como

$$a = za^* = z[F + (\theta-1)F^p] + \Theta\{zl^{cb} - \mu h^D(i_L; i_d, \hat{\theta}^a)\}. \tag{38}$$

donde $F = R + F^p$ —así que $\theta F^p + R = F + (\theta-1)F^p$— son los activos extranjeros totales netos de la economía.

Con esta notación, la ecuación de equilibrio del mercado de bienes (35) se vuelve

$$y - c(i_L + \hat{z}^a, za^*) + i_c zl^{cb} + T(z) = 0, \tag{39}$$

donde se utiliza también la restricción del presupuesto gubernamental (34). $\hat{z}^a$ denota la tasa de depreciación esperada de la tasa de cambio real (que es igual al negativo de la tasa de inflación esperada aquí) y en lo que sigue se toma también como exógena.

Las ecuaciones (36) a (39), junto con la ecuación de balanza de pagos (32) y la definición del índice de la represión financiera Θ dada en (27), son la representación compacta del modelo. Las variables de la política monetaria son la tasa de interés administrada sobre los depósitos i_d, la proporción de reservas requeridas, los préstamos del banco central al sistema bancario l^{cb}, y la intervención del banco central en el mercado libre. El último valor se capta por el acervo de divisas a disposición del sector privado F^p, que el banco central puede alterar sujeto a la condición $dR = -dF^p$, porque el endeudamiento internacional neto de la economía, F, es una variable de estado en el sistema. Cuando el banco central vende divisas en el mercado paralelo, puede hacerlo a la tasa paralela o a la tasa oficial. En el último caso, las familias obtendrán una ganancia aleatoria.[39] Las variables endógenas del sistema son la tasa de interés de los préstamos del mercado secundario i_L, el grado de la represión financiera Θ, la balanza de pagos R, la tasa de cambio real z, y el premio θ. Los efectos de los instrumentos de la política monetaria sobre la demanda agregada se captan por sus efectos sobre la tasa de cambio real oficial z, porque $z = E/P$ y los cambios de P reflejan los desplazamientos de la demanda agregada, dado el supuesto del empleo pleno.

VI.5.2. *Cambios de los instrumentos de la política monetaria*

Bajo el supuesto de la previsión perfecta, el análisis de los efectos de cambio en los instrumentos de la política monetaria sobre la demanda agregada en la economía, que describimos antes, requeriría la solución del modelo hacia adelante del modo convencional, porque en este caso todas las rutas futuras de las variables de expectativas endógenas (la tasa de cambio real y el premio del mercado paralelo) deben conocerse para determinar sus valores iniciales. Dado que aquí sólo importa entender cómo funciona la política monetaria en el ambiente descrito, este proceso se volverá más transparente si rompemos los lazos con el futuro tomando a las expectativas como estáticas y concentrándonos en las interacciones existentes entre los sectores reales y los monetarios bajo este supuesto más simple.[40] Ahora examinaremos cómo afecta a su vez, a la demanda agregada, cada una de las variables de la política monetaria.

VI.5.2.1. *La expansión del crédito*

Consideremos primero una expansión del crédito otorgado al sistema bancario (un incremento de l^{cb}). Un incremento del crédito proporcionado a las fami-

---

[39] Las ventas a la tasa oficial pueden ser inadvertidas. Por ejemplo, el caso de las "filtraciones" del mercado oficial al paralelo, derivadas de la subfacturación de las exportaciones o la sobrefacturación de las importaciones, puede tratarse como una venta de divisas en el mercado paralelo a la tasa de cambio oficial. Agénor (1995b) y Bhandari y Végh (1990) presentan modelos que incluyen tales filtraciones.

[40] El modelo se resuelve bajo el supuesto de previsión perfecta en Montiel (1991b) y en Montiel y otros (1993, pp. 102-108).

lias por el sistema bancario crea una oferta excedente de préstamos en el mercado secundario, porque algunos prestatarios previamente activos en ese mercado pueden ser provistos ahora por el sistema bancario. La tasa de interés de los préstamos baja, y a medida que las familias se salen del mercado informal de préstamos hacia los activos extranjeros, el costo mayor aumenta. Esta combinación influye sobre la demanda privada a través de los efectos convencionales de la tasa de interés descritos en la sección VI.4 y a través de los efectos de riqueza, asociados en parte con los cambios ocurridos en el costo mayor (véase más adelante). Cuando se toma en cuenta la disposición del ingreso del banco central, se suma un tercer efecto bajo la forma de cambio en el consumo gubernamental.

El efecto de la tasa de interés surge de la influencia directa ejercida por la tasa del mercado secundario sobre el gasto privado, la cual es inequívocamente positiva porque baja la tasa de interés informal. El efecto de la riqueza surge de dos fuentes. Primero, el aumento del valor de las tenencias de activos extranjeros en el sector privado (inducido por el incremento del costo mayor) aumenta la riqueza real. Segundo, la reducción de la tasa de interés del mercado secundario o informal reduce el grado de la represión financiera, lo que refuerza el efecto positivo del incremento del premio sobre la riqueza privada real.

Sin embargo, también se verá afectada en este caso la base del impuesto de la represión financiera, debido a la expansión del crédito, que reduce la base, y al aumento de la demanda de depósitos resultante de la reducción de la tasa de interés del mercado informal, que la incrementa. La base del impuesto de la represión financiera puede aumentar o disminuir en este caso, dependiendo de las propiedades de las funciones de demanda de activos y de la proporción de reservas requerida. Por ejemplo, un aumento de la base del impuesto de la represión financiera ejercerá un efecto de riqueza negativo, cuya magnitud será menor entre menor sea el grado inicial de la represión financiera.

Por último, un incremento del crédito del banco central a los bancos comerciales aumenta las recaudaciones del sector público debido a los cobros de intereses sobre el acervo de crédito mayor otorgado por el banco central, y dado que el gobierno gasta esta recaudación adicional (que asciende a $i_c dl^{cb}$) en bienes nacionales, la demanda aumenta también.

VI.5.2.2. *Cambio en la tasa de interés administrada*

En principio, un incremento de la tasa de interés administrada sobre los depósitos tiene un efecto global ambiguo sobre la demanda. En el momento del impacto, un incremento de i_d generará una oferta excedente de divisas, porque los fondos son atraídos por el sistema financiero externo y se alejan de la tenencia de activos extranjeros. Sin embargo, la demanda neta de activos de préstamos en el mercado informal puede aumentar o disminuir. Aunque los préstamos bancarios aumentarán a medida que aumenten los depósitos, los préstamos otorgados por las familias disminuirán a medida que los tenedores de activos retiren fondos del mercado de préstamos y los canalizan hacia los depósitos. Dado que los bancos mantienen reservas mientras que los prestamistas que operan en el mercado informal no lo hacen, cada unidad movida por las familias del mercado de préstamos al sistema financiero nacional reduce la oferta neta de préstamos.[41] Sin embargo, en la medida en que los fondos atraídos por los bancos provengan de las tenencias de divisas, aumentará la oferta de préstamos. Por lo tanto, la clave para el efecto de impacto de los cambios ocurridos en i_d es, como en el modelo simple examinado antes, que las familias muevan fondos primordialmente del mercado de préstamos o de los activos en moneda extranjera, es decir, que los préstamos o las tenencias de divisas sean mejores sustitutos de los depósitos.

En el caso de la "dolarización" (donde la moneda extranjera y la moneda nacional son sustitutos cercanos), la expansión de los depósitos ocurrirá primordialmente a expensas de la moneda extranjera, antes que de los préstamos, y en este caso es probable que un incremento de i_d se traduzca en un incipiente exceso de oferta de préstamos en el mercado de crédito informal, lo que hará bajar las tasas de interés. Pero independientemente de que suba o baje la tasa de interés en el mercado de crédito informal, el efecto sobre el premio será negativo, lo que tiene un efecto de riqueza adverso sobre la demanda de bienes que se pasa por alto en los modelos que no integran al mercado paralelo de divisas con el mercado de crédito informal. Al mismo tiempo, dado que el grado de la represión financiera disminuye independientemente de que la tasa de interés del mercado informal suba o baje, hay también un efecto positivo sobre la riqueza, lo que vuelve ambigua la contribución global del efecto de la misma. Pero el efecto fiscal es siempre positivo porque aumenta el ingreso del banco central (y por ende el del gobierno) cuando se elevan las tasas de interés administradas. Por lo tanto, son ambiguos los efectos de equilibrio parcial de un incremento de i_d sobre la demanda agregada, incluso en el caso de la "dolarización", en el que baja la tasa de interés del mercado informal.[42]

---

[41] Como vimos en la sección VI.4, este análisis ha sido popularizado en la literatura neoestructuralista.

[42] Adviértase que la presencia de un efecto directo de McKinnon-Shaw, de i_d sobre el consumo, agregaría un efecto negativo de la tasa de interés sobre la demanda agregada, contribuyendo a la ambigüedad del resultado.

VI.5.2.3. *Cambio de la proporción de reserva requerida*

En virtud de que los bancos se ven obligados a reducir sus préstamos a las familias, un incremento de la proporción de reserva requerida, μ, genera una demanda excedente de préstamos del mercado informal y así eleva la tasa de interés de los préstamos con equilibrio de la cartera, ejerciendo un efecto negativo sobre la demanda por este conducto. El costo mayor de los activos extranjeros baja a medida que los individuos tratan de cambiar tales activos a los préstamos en el mercado de crédito informal. Aunque en este caso debe aumentar la tasa de interés del crédito bancario, como una consecuencia de la condición (31) de ganancias nulas, puede demostrarse que el incremento proporcional de la tasa de interés de los préstamos supera al de la tasa de interés del crédito bancario para pequeños valores iniciales de la proporción de reserva requerida, de modo que el grado de la represión financiera aumenta en este caso. El efecto de riqueza derivado del incremento del grado de la represión financiera y de la reducción del costo mayor es también negativo. Sin embargo, a resultas de la elevación de la tasa cobrada por el banco central sobre sus préstamos (lo que refleja la elevación de la tasa de interés de los préstamos de los bancos comerciales), aumentan la recaudación fiscal y el gasto gubernamental, lo que en parte contrarresta los efectos negativos de la demanda antes descritos.

VI.5.2.4. *Intervención en el mercado paralelo de divisas*

Las autoridades monetarias pueden generar un aumento de las tenencias de divisas del sector privado vendiendo algunas de sus reservas de divisas en el mercado de cambio libre. Un incremento de este acervo (mediante la intervención del banco central en el mercado paralelo) genera un incipiente exceso de oferta de divisas a medida que las familias tratan de restablecer su composición de cartera deseada. En consecuencia, se requiere una reducción del premio para restablecer el equilibrio. Dado que esto reduce el valor de las carteras de tenedores de activos, el efecto de escala hace que disminuya la demanda de préstamos como activos, lo que presiona hacia arriba a la tasa de interés del mercado informal.[43] La combinación de un aumento del grado de la represión financiera y una reducción del premio ejerce un efecto de riqueza negativo. La medida en que el efecto de riqueza negativo es contrarrestado por la

---

[43] Si las divisas se venden a la tasa oficial, esto se contrarrestará parcialmente por un efecto positivo de la riqueza sobre la demanda de préstamos para activos derivado de la ganancia accidental obtenida por las familias, lo que vuelve ambiguo el efecto sobre la tasa de interés informal. Sin embargo, si las ventas se hacen a la tasa de cambio libre, este efecto estará ausente, y la tasa de interés de los préstamos se elevará inequívocamente.

reducción de la base del impuesto de la represión financiera creada por la elevación de las tasas de interés depende, como en otros casos, del grado inicial de la represión financiera y de la elasticidad de la demanda de depósitos bancarios en relación con la tasa de interés del mercado de crédito informal.

VI.6. Un modelo de simulación
con mercados financieros informales

Esta sección extiende el análisis anterior y presenta un modelo macroeconómico completo con mercados financieros informales.[44] Debido a su complejidad, el modelo ampliado no puede resolverse analíticamente. Por lo tanto, recurriremos a un procedimiento numérico. Empezaremos con una descripción de la estructura del modelo y luego presentaremos los resultados de diversos experimentos de la política económica.

VI.6.1. *Estructura del modelo*

Como antes, consideramos una pequeña economía abierta con cinco categorías de agentes: productores, familias, el gobierno, el banco central y los bancos comerciales. La economía produce también dos bienes: un bien doméstico, que se utiliza sólo en el consumo nacional final, y un bien de exportación, sólo para las exportaciones. El acervo de capital de cada sector permanece fijo durante el tiempo del análisis, y la mano de obra es perfectamente móvil entre los sectores. Las familias consumen bienes domésticos y un bien final importado que es perfectamente insustituible por el bien doméstico. Los productores importan también un insumo intermedio que no se produce en el país.

El sistema financiero se caracteriza por la existencia de controles al comercio exterior y a la tasa de cambio, topes legales a las tasas activas y pasivas de los bancos, y la ausencia de mercados organizados de bonos y acciones. En consecuencia, los mercados informales de crédito y divisas coexisten con los mercados oficiales. Las transacciones comerciales del sector privado se realizan parcialmente en el mercado oficial de divisas a una tasa de cambio fija, mientras que el resto de las transacciones comerciales y todas las transacciones de capital se realizan en el mercado paralelo a una tasa de cambio que vacía el mercado. Dada la existencia de aranceles, controles de cambio y un costo mayor positivo de la tasa de cambio, las exportaciones y las importaciones de bienes finales se contrabandean parcialmente. El banco central raciona las ventas de

---

[44] Montiel y otros (1993) ofrecen más detalles sobre la estructura del modelo, así como los resultados de la simulación.

divisas para las compras de importaciones por parte de las familias, mientras que las ventas de divisas para las importaciones de bienes intermedios por parte de los productores nacionales y las importaciones gubernamentales no están sujetas a restricciones. Las tasas de interés de los activos y pasivos del sistema bancario están fijas por las normas legales aplicables, mientras que la tasa de interés de los préstamos del mercado paralelo se determina por las condiciones prevalecientes en el mercado.

VI.6.1.1. *La oferta agregada*

La tecnología de la producción de bienes domésticos y de exportación se caracteriza por una función Cobb-Douglas separable en insumos de capital, mano de obra e insumos intermedios importados.[45]

$$y_h = L_h^{\alpha_L} O_h^{\alpha_O} K_h^{1-\alpha_L-\alpha_O}, \ \alpha_L, \ \alpha_O < 1, \quad h = N, X,$$

donde y_h es la producción del sector h, K_h es el acervo de capital (que se supone constante), L_h es el empleo, y O_h son los insumos importados por el sector h. En lo que sigue normalizaremos el acervo de capital a uno.

Bajo el supuesto de la maximización del beneficio y la competencia perfecta, puede derivarse una ecuación de oferta que relaciona las producciones sectoriales y_N^s e y_N^s con el salario-producto real en el sector de los bienes domésticos y el precio relativo de los insumos importados (véase, por ejemplo, Islam, 1984). Estas funciones son dadas por

$$y_N^s = e^{(1-\alpha)^{-1}} P_N^\alpha P_O^{-\alpha_O} w^{-\alpha_L}, \quad \alpha = \alpha_L + \alpha_O < 1 \tag{40}$$

$$y_X^s = e^{(1-\alpha)^{-1}} P_X^\alpha P_O^{-\alpha_O} w^{-\alpha_n}, \tag{41}$$

donde P_N denota el precio del bien doméstico, P_X el precio nacional de las exportaciones, P_O el precio nacional de los bienes intermedios importados, y w la tasa del salario nominal.

Bajo el supuesto del país pequeño, el precio de las importaciones intermedias se determina exógenamente por los precios mundiales, mientras que el precio del bien doméstico se determina endógenamente en el mercado nacional. El precio nacional de las importaciones finales y el precio nacional de las exportaciones se determinan también endógenamente, a resultas de las activi-

---

[45] El supuesto de funciones de producción Cobb-Douglas es bastante restrictivo. Como veremos en el capítulo VII, en nuestra reseña de la controversia sobre la devaluación contractiva, una especificación más general de la tecnología de la producción puede ser importante para entender los efectos de los choques de la política económica del lado de la oferta.

dades de contrabando. Dado que el precio extranjero de las exportaciones, P_X^*, se fija en el mercado mundial, la demanda extranjera de exportaciones es infinitamente elástica y el volumen de las exportaciones se determina por la oferta. El precio de oferta nacional de las exportaciones se define como un promedio del precio de las exportaciones contrabandeadas, sP_X^*, ponderado por la proporción de las exportaciones contrabandeadas, $0 < \sigma < 1$, y el precio de las exportaciones oficiales después de impuestos, $E(1 - \iota_X)P_X^*$, (donde $0 < \iota_X < 1$ mide la tasa del impuesto a las exportaciones), ponderado por la proporción de las exportaciones que se venden legalmente en el exterior, $1 - \sigma$:

$$P_X = \left[s\sigma + E(1 - \iota_X)(1 - \sigma) \right] P_X^* \tag{42}$$

Los contratos laborales duran un periodo y se negocian un periodo antes, de modo que las empresas conocen la tasa salarial al inicio del periodo, es decir, antes de la realización de la producción y los precios de los bienes domésticos. Los salarios nominales se ajustan lentamente a su valor de equilibrio:

$$\Delta \ln w^* = \psi \left(\ln w^* - \ln w_{-1} \right), \quad 0 \le \psi \le 1. \tag{43}$$

El salario que vacía al mercado, w^*, se deriva de la condición de equilibrio en el mercado de mano de obra, derivando la demanda de mano de obra de cada sector de las condiciones de primer orden de la maximización del beneficio

$$w^* = \alpha_L \left(P_N y_N + P_X y_X \right) / n^s, \tag{44}$$

donde n^s denota la oferta exógena de mano de obra.

Las funciones de demanda para importaciones reales de bienes intermedios se derivan en ambos sectores de las condiciones de primer orden de la maximización del beneficio. El total de estos bienes importados, O, es así:

$$O = \alpha_O \left(P_N y_N + P_X y_N \right) / EP_O^*. \tag{45}$$

El nivel bruto de la producción nacional oficialmente registrada al costo de los factores excluye a la parte de la producción nacional para la exportación que se contrabandea ilegalmente. La producción agregada neta al costo de los factores Z se obtiene restando las importaciones reales de bienes intermedios de la producción agregada bruta registrada:

$$PZ = P_N y_N + (1 - \iota_X)(1 - \sigma) EP_X^* y_X - EP_O^*, \tag{46}$$

donde P denota el índice nacional de precios del consumidor, que se utiliza como el numerario.

El índice de los precios nacionales del consumidor se define como un promedio geométrico del precio del bien doméstico y el precio nacional de los bienes de consumo importados P_I:[46]

$$P = P_N^\delta P_I^{1-\delta}, \quad 0 < \delta < 1. \tag{47}$$

El precio en moneda nacional de los bienes de consumo importados depende del precio mundial de los bienes importados, P_I^* (que se determina exógenamente) y de un promedio ponderado de las tasas de cambio oficiales y paralelas:

$$P_I = \left(E^\Phi s^{1-\Phi}\right)P_I^*, \quad 0 < \Phi < 1, \tag{48}$$

donde la ponderación de la tasa de cambio oficial, se relaciona más adelante con la regla de racionamiento aplicada por las autoridades en el mercado oficial de divisas.[47]

VI.6.1.2. *La demanda agregada y el ingreso disponible*

Las familias tienen cuatro categorías de activos en sus carteras: billetes en moneda nacional CC, depósitos en el sistema bancario D^p, activos denominados en moneda extranjera F^p, y préstamos otorgados en el mercado de crédito informal. Los billetes en moneda nacional no ganan intereses y sólo se tienen para fines de las transacciones. Las tenencias de todos los activos se financian con el patrimonio neto de los agentes o pidiendo prestado al sistema bancario.[48] Según los lineamientos del modelo elaborado se supone que el crédito bancario L^p y los préstamos del mercado paralelo son sustitutos perfectos en las carteras de las familias.

El gasto total de las familias, TE^p, depende positivamente del ingreso disponible real, Y_{disp}, y de la riqueza real, A_{-1}/P, y negativamente de la tasa de interés real, definida como la diferencia existente entre la tasa de interés nominal en el mercado de crédito informal, i_L, y la tasa de inflación esperada en el periodo siguiente, π_{+1}^a:

---

[46] El índice de precios y las ecuaciones del comportamiento del consumo y de las importaciones que siguen reflejan el supuesto de que la función de utilidad instantánea para el consumo del sector privado es del tipo de Cobb-Douglas.

[47] Los precios de mercado de los bienes importados dependen del costo marginal de las divisas. Por lo tanto, una ecuación tal como (48) se aplicará cuando ciertas categorías de bienes puedan importarse libremente a la tasa de cambio oficial, mientras que otras categorías no lo pueden hacer. Si todos los bienes importados están racionados, Φ sería cero.

[48] Los préstamos extranjeros de agentes privados que se repatrían a través del mercado paralelo de divisas (como ocurriría en efecto) no afectan el modelo, porque sólo importan las tenencias privadas netas de activos denominados en moneda extranjera.

$$\ln TE^p = h_1 \ln Y_{disp} + h_2 \ln(A_{-1} / P) - h_3(i_L - \pi_{+1}^a), \tag{49}$$

donde $0 < h_1 < 1$. A su vez, el ingreso disponible real se define como la suma del ingreso factorial después de impuestos derivado de las actividades productivas legalmente registradas, $(1 - \iota)PZ$, el ingreso derivado del contrabando de exportaciones —que por lo tanto no se grava y es igual a las exportaciones ilegales en términos de divisas, valuadas a la tasa de cambio paralela, $\sigma s P_X^* y_X$— y los subsidios e impuestos implícitos recibidos por las familias (como acreedores y deudores del sistema bancario) como resultado de la existencia de controles de la tasa de interés:

$$PY_{disp} = (1 - \iota)PZ + \sigma s P_X^* y_X + q i_L [L_{-1}^p - (1 - \mu)D_{-1}^p]. \tag{50}$$

donde

$$q = (i_L - i_c)i_L, \quad 0 \le q \le 1. \tag{51}$$

Por lo tanto, el ingreso disponible depende del nivel del impuesto de represión financiera, q, discutido en este capítulo). Dado el gasto privado por (49), la demanda del bien doméstico y_N^d está dada por la suma del gasto privado real (determinado como una fracción del gasto total) y el gasto gubernamental real en bienes domésticos, g_N:

$$y_N^d = \delta PTE^p / P_N + g_N. \tag{52}$$

VI.6.1.3. La acumulación de activos y la riqueza financiera

La riqueza financiera de las familias, A, se define como la suma de las tenencias de billetes en moneda nacional, depósitos bancarios, crédito bancario y divisas:[49]

$$A = CC + D^p + sF^p - L^p. \tag{53}$$

La restricción presupuestaria de la familia representativa relaciona los cambios del flujo de la riqueza financiera con la porción del ingreso disponible que no se gasta (ahorro interno), el ingreso de intereses privado de los depósitos bancarios y las tenencias de activos denominados en moneda extranjera que se repatrían a través del mercado paralelo, los pagos de intereses del cré-

---

[49] Adviértase que las tenencias de divisas se valúan a la tasa de cambio del mercado paralelo. Adviértase también que, dado que los préstamos del mercado de crédito informal se negocian entre familias y empresas, se cancelan en la definición de la riqueza del sector privado.

dito bancario, y los cambios de valuación de las tenencias de divisas debidos a las fluctuaciones de la tasa de cambio paralela:

$$\Delta A = P(Y_{disp} - TE^p) + i_d D_{-1}^p + i_f^* sF_{-1}^p - i_c L_{-1}^p + F_{-1}^p \Delta s. \tag{54}$$

Se supone que las tenencias deseadas de activos denominados en moneda extranjera dependen negativamente de la tasa de interés sobre los préstamos del mercado paralelo y los depósitos bancarios, y positivamente de la tasa percibida de rendimiento de los activos extranjeros que pagan intereses i_f:

$$\ln\left(\frac{sF^p}{A-CC}\right) = \lambda_0 - \lambda_1 i_L - \lambda_2 i_d + \lambda_3 i_f, \tag{55}$$

donde i_f es igual a la tasa de interés mundial, i^*, y de la tasa de depreciación esperada de la tasa de cambio paralela, $\hat{s}_{+1}^a$:

$$i_f = i^* + \hat{s}_{+1}^a. \tag{56}$$

Las tenencias deseadas de depósitos bancarios, que sólo consisten en depósitos que ganan intereses, dependen positivamente de la tasa de los depósitos y negativamente de la tasa de interés de los préstamos del mercado informal y la tasa de rendimiento de los activos de divisas:

$$\ln\left(\frac{D^p}{A-CC}\right) = \eta_0 - \eta_1 i_L + \eta_2 i_d - \eta_3 i_f. \tag{57}$$

La demanda de billetes nacionales refleja una motivación de transacción pura, y se basa en el supuesto de que las actividades ilegales requieren un uso más intensivo de los billetes que las actividades legalmente registradas:

$$\ln(CC/P) = \varphi_0 + \varphi_1 \ \ln(Z) + \varphi_2 \ln(\sigma\theta P_X y_X), \tag{58}$$

donde $\theta = s/E$ es (uno más) el premio del mercado paralelo. Conviene advertir que las familiares restricciones de cierre para los componentes de la riqueza que ganan intereses se aplican sólo a los parámetros de las ecuaciones (55) y (57), y no a (58). En consecuencia, en las ecuaciones anteriores, sólo aparece la riqueza financiera que gana intereses como la variable de escala.

VI.6.1.4. *La cuenta corriente y la balanza de pagos*

En virtud de que ocurren transacciones comerciales fraudulentas entre la economía y el resto del mundo, el modelo distingue entre la cuenta corriente oficial y la cuenta corriente no reportada. Primero se determina la demanda de bienes de consumo importados por parte de las familias, I_m^p, como una porción constante del gasto total.[50]

$$I_m^p = (1-\delta)PTE^p/P_I.$$ (59)

El banco central provee acceso ilimitado a las divisas para el gobierno (para importaciones de bienes finales iguales a $P_I^* g_I$ en términos de divisas) y los productores (para importaciones de insumos intermedios), pero sólo satisface una fracción Φ de la demanda privada de bienes finales importados.[51] Las ventas totales de divisas, F_S, están dadas por

$$F_s = P_O^* O + P_I^* g_I + \Phi P_I^* I_m^p, \quad 0 \le \Phi \le 1.$$ (60)

Por lo tanto, la cuenta corriente oficialmente registrada (que se mide en términos de la moneda extranjera CA), se determina como la diferencia existente entre el valor de las exportaciones registradas y el ingreso de intereses de los activos netos extranjeros del sector público y el banco central, menos las ventas totales de divisas:

$$CA = (1-\sigma) P_X^* y_X + i^*(F_{-1}^g + R_{-1}) - F_S.$$ (61)

Dado que los flujos de capital a través del mercado oficial de divisas están prohibidos, el superávit de la cuenta de capital es igual al valor negativo de los cambios ocurridos en las tenencias netas de activos externos del sector público, ΔF^g, que se suponen exógenos. Esto, aunado a la cuenta corriente reportada, nos da el cambio de los activos extranjeros netos del banco central, ΔR:

$$\Delta R = CA - \Delta F^g.$$ (62)

Consideremos ahora la cuenta corriente no reportada. La oferta de divisas deriva de las exportaciones subregistradas. Se supone que el coeficiente de filtración, σ, depende positivamente de la proporción de la tasa de cambio $\theta = s/E$, y la tasa del impuesto a la exportación ι_X:

$$\sigma = 1 - \left[\frac{1-\iota_X}{\theta}\right]^v, \quad v > 1, \quad 0 \le \sigma \le 1.$$ (63)

---

[50] Esta especificación implica que la cantidad de bienes finales importados a través del mercado oficial depende de los cambios ocurridos en los precios relativos, mientras que la *participación* de tales bienes en el total del consumo privado no tiene esa dependencia.

[51] Adviértase que esta formulación implica una conexión bien definida entre el programa de racionamiento y la determinación del precio nacional de las importaciones.

La forma funcional particular adoptada aquí asegura que entre mayor sea la tasa del impuesto a las exportaciones, o entre mayor sea el costo más alto, mayor será la porción subfacturada. En general puede esperarse que la magnitud de estos efectos se relacione inversamente con los costos implícitos y explícitos percibidos de la participación en transacciones ilegales y con el grado de cumplimiento de las restricciones del intercambio. La forma funcional adoptada aquí supone que existen costos crecientes asociados a las actividades ilegales (como una probabilidad mayor de ser atrapado). Adviértase también que nuestra especificación implica que aun si el premio del mercado paralelo es cero, la existencia de un impuesto a la exportación proveería todavía un incentivo para subfacturar.

La demanda de divisas para importaciones finales de las familias que no se satisface en el mercado oficial se traslada al mercado paralelo. La diferencia entre la oferta y la demanda determina la cuenta corriente no reportada y por ende la tasa de cambio del acervo privado de activos denominados en moneda extranjera, ΔF^p:

$$\Delta F^p = \sigma P_X^* y_X + i^* F_{-1}^p - (1 - \Phi) P_I^* I_m^p. \tag{64}$$

VI.6.1.5. El sistema bancario

Los activos de los bancos comerciales consisten en las reservas mantenidas en el banco central RR y el crédito otorgado a las familias, mientras que sus pasivos son los depósitos de las familias y el crédito recibido del banco central L^p. El balance del sistema bancario comercial está dado entonces por:

$$RR + L^p = D^p + L^b. \tag{65}$$

La disposición de los bancos a aceptar depósitos es infinitamente elástica, lo que implica que el nivel efectivo de los depósitos mantenidos en el sistema bancario se determina en el lado de la demanda del mercado. Los bancos no mantienen reservas excedentes, pero están sujetos a una proporción de reservas requeridas sobre los depósitos:

$$RR = \mu D^p, \quad 0 < \mu < 1. \tag{66}$$

Las reservas mantenidas en el banco central no pagan intereses, pero el crédito otorgado a los bancos comerciales por las autoridades monetarias causa un interés que, por conveniencia, suponemos igual a la tasa de interés que los bancos cobran a sus clientes por los préstamos, i_c. Esta tasa está controlada por el banco central. La condición de beneficio nulo para el sistema bancario determina así la tasa de interés pagada sobre los depósitos bancarios, i_d:

$$i_d = (1-\mu)i_c. \tag{67}$$

El balance del banco central iguala la base monetaria (definida como la suma de los billetes en circulación más las reservas de los bancos comerciales) a la suma de las reservas internacionales (valuadas a la tasa de cambio oficial) y el acervo de crédito nacional otorgado al gobierno y a los bancos comerciales, menos el patrimonio neto del banco central, Ω:

$$CU + RR = ER + \left(L^g - L^b\right) - \Omega. \tag{68}$$

El crédito interno total L consiste en el crédito proporcionado por los bancos comerciales al sector privado, y el crédito otorgado por el banco central al sector público, y a los bancos comerciales:

$$L = L^p + \left(L^g + L^b\right). \tag{69}$$

Los cambios del patrimonio neto del banco central se determinan por la diferencia existente entre el ingreso de intereses de los activos extranjeros netos, el ingreso de intereses de los préstamos otorgados a los bancos comerciales y al gobierno, los cambios de valuación y las transferencias netas al presupuesto gubernamental, τ^g:

$$\Omega = \Omega_{-1} + i^*ER_{-1} + i_c\left(L_{-1}^g + L_{-1}^b\right) + R_{-1}\Delta E - \tau^g. \tag{70}$$

VI.6.1.6. *Los déficit fiscales y el crédito interno*

Las fuentes de ingresos gubernamentales en el modelo consisten en los impuestos al ingreso de las familias, los impuestos a las exportaciones registradas, el ingreso de intereses de las tenencias de activos denominados en moneda extranjera y las transferencias recibidas del banco central. El gasto consiste en las compras de bienes domésticos e importados, y en los pagos de intereses de la deuda pública interna. En consecuencia, el déficit gubernamental, GD, está dado por

$$GD = \iota PZ + i^*EF_{-1}^g + \iota_X(1-\sigma)EP_X^*y_X + \tau^g$$

$$- P_N g_N - P_I^* g_I - i_c L_{-1}^g. \tag{71}$$

El déficit se financia con préstamos del banco central o de los mercados mundiales de capital:

$$L^g = L_{-1}^g - GD + E\Delta F^g. \tag{72}$$

En los experimentos de simulación que se reportarán más adelante se supone que el gasto gubernamental es exógeno y que se impone un tope al financiamiento extranjero. Por lo tanto, los déficit se financian con crédito del banco central: una situación típica de muchos países en vías de desarrollo. La ecuación (72) determina así la evolución del crédito interno para el gobierno.

VI.6.1.7. La calibración del modelo

El modelo presentado antes resulta difícil de estimar; la estrategia adoptada por Montiel, Agénor y Haque (1993) es su calibración.[52] Los parámetros utilizados se basan en estimaciones econométricas disponibles siempre que sea posible, pero no pertenecen a ninguna economía particular del mundo real. Más bien, reflejan las condiciones de una gran variedad de sistemas posibles. Este enfoque puede describirse como una "simulación teórica" para destacar su complementariedad con la solución de pequeños modelos analíticos. El modelo se resuelve utilizando la técnica iterativa de Fair-Taylor que proporciona un procedimiento de solución relativamente robusto para los modelos donde los agentes están dotados de una previsión perfecta (véase Montiel y otros, 1993). Al adoptar este procedimiento, algunos parámetros fundamentales se sometieron al análisis de sensibilidad a fin de determinar la robustez de los patrones observados en el comportamiento del modelo. Sin embargo, debe tenerse en mente que el análisis de sensibilidad no puede "probar" en ningún sentido que los valores paramétricos escogidos sean valores "verdaderos", ni que las conclusiones derivadas sean completamente generales.

VI.6.2. Efectos de las políticas de estabilización

En el modelo descrito antes, el banco central conserva cinco instrumentos directos de la política económica: el nivel de las tasas de los préstamos bancarios que está controlado, la proporción de reservas requerida, la cantidad del crédito que otorga al sistema bancario comercial, la porción de las importaciones finales privadas que se satisface en el mercado oficial de divisas, y la tasa de cambio oficial. La autoridad fiscal determina la tasa del impuesto al ingreso y la tasa del impuesto a las exportaciones, así como los niveles del gasto en bienes nacionales e importados. En esta subsección discutiremos brevemente los resultados de los experimentos que implican cambios en algunas de estas variables. Específicamente, consideraremos los efectos de un aumento de 10%

[52] Mansur y Whalley (1984) ofrecen un análisis perspicaz de los pros y contras de los procedimientos de calibración frente a los de estimación, en el contexto de los modelos de equilibrio general computables (véase el capítulo XII).

en el gasto gubernamental en bienes domésticos, en el crédito del banco central a los bancos comerciales, y en la tasa de interés oficial de los préstamos, y de una devaluación de 10% en la tasa de cambio oficial. Estos choques representan medidas de política económica que se implantan rutinariamente en los países en vías de desarrollo, de modo que el entendimiento de sus efectos y de los mecanismos a través de los cuales se transmiten cuando hay mercados financieros informales es fundamental para el diseño de políticas macroeconómicas apropiadas en los países donde tales mercados se consideran importantes.

Los resultados de las simulaciones aparecen en Montiel, Agénor y Haque (1993, capítulo V) para diversas variables, incluidas la producción de bienes domésticos, el nivel de precios nacional, la tasa de interés informal y la tasa de cambio paralela.[53] En cada caso se anuncia la medida de política económica cinco periodos antes de su implantación y se le otorga una credibilidad completa. Este supuesto nos permite considerar el comportamiento dinámico de la economía en el periodo de transición entre el anuncio y la implantación efectiva del choque.

VI.6.2.1. *Gasto gubernamental en bienes nacionales*

Consideremos primero un aumento de 10% del gasto gubernamental en bienes nacionales (domésticos), financiado por el crédito del banco central, que durará un periodo y se anticipa plenamente. Como se aprecia en Montiel, Agénor y Haque (1993, capítulo V) el precio de los bienes domésticos empieza a aumentar antes del cambio de la política económica. Dado que el salario nominal se mantiene a su nivel inicial, el salario-producto real baja inequívocamente, lo que a su vez estimula la oferta de bienes domésticos. Este último efecto es más bien débil al principio, pero aumenta en el periodo precedente a la implantación del choque de gasto.

El aumento de la oferta de dinero nacional (asociado al aumento del gasto gubernamental financiado con crédito) conduce a una depreciación futura esperada de la tasa de cambio paralela y un aumento de la tasa de rendimiento esperada de los activos denominados en moneda extranjera. Los agentes se alejan entonces de los activos nacionales y se mueven a los activos denomina-

---

[53] El salario nominal se mantiene en su nivel de corrida básica, vaciador del mercado, en los tres primeros experimentos, lo que nos permite concentrarnos en los mecanismos de transmisión al sector real, fuera de la flexibilidad salarial como tal. Para el experimento de la tasa de cambio, se supone que los salarios se ajustan rápidamente a su nuevo nivel de equilibrio. Por último, en el estado estable inicial se supone que la represión financiera ofrece un subsidio neto para las familias (en lugar de gravar con un impuesto), lo que implica que los experimentos toman en cuenta la existencia de un déficit "semifiscal" —es decir, un exceso del gasto sobre el ingreso en el sector público financiero—, un fenómeno común en muchos países en vías de desarrollo (véase el capítulo V).

dos en moneda extranjera antes de que ocurra el choque. En consecuencia, la tasa de cambio paralela se deprecia, lo que eleva el precio nacional de los bienes importados. El aumento del costo mayor inducido por el incremento de la demanda de divisas disminuye la demanda de depósitos bancarios del sector privado, de modo que las familias cambian activos hacia el mercado informal de préstamos, lo que hace bajar la tasa de interés en el mercado informal. Estos fenómenos tienen efectos de ingreso y de riqueza que incrementan la demanda privada antes de la implantación del choque fiscal. El esperado aumento futuro de los precios nacionales refuerza la baja de la tasa de interés nominal, de modo que la tasa de interés real baja inicialmente. A su vez, la baja de la tasa real estimula aún más al gasto privado, contribuyendo al aumento anticipado de los precios nacionales.

Cuando se implanta el choque fiscal, el aumento del gasto gubernamental es expansivo directamente y a través de sus efectos monetarios. El aumento de la oferta monetaria refuerza el impacto expansivo directo del choque fiscal, y opera de nuevo a través del mercado informal de divisas, es decir, a través de una gran elevación del costo mayor. La tasa de interés paralela baja cuando se implanta la política económica, pero la tasa de interés real se eleva porque la eliminación del estímulo fiscal en el periodo siguiente genera una esperada disminución de los precios. Así pues, la naturaleza transitoria del choque disminuye su efecto expansivo entre los agentes orientados hacia adelante. Una vez eliminado el choque, el sistema vuelve a su equilibrio inicial sólo gradualmente, porque los efectos monetarios del aumento del crédito, por una sola vez, se disipan gradualmente a través de la balanza de pagos. Por último, las exportaciones de contrabando aumentan el flujo de divisas canalizado ilegalmente en la economía, pero esto se contrarresta con creces por un aumento de las importaciones de contrabando, lo que implica que el acervo de activos denominados en moneda extranjera disminuye a través del tiempo. Las implicaciones de este movimiento para la cartera tienden a sostener el aumento inicial de la tasa de interés paralela, manteniendo la presión ascendente sobre el costo mayor y prolongando el retorno al Estado estable inicial.

VI.6.2.2. *El crédito del banco central a los bancos comerciales*

Un aumento transitorio de 10% en el crédito del banco central a los bancos comerciales, completamente previsto, tiene efectos cualitativamente similares a los del aumento del gasto gubernamental financiado con crédito que examinamos antes, con la diferencia de que ahora se elimina el aumento del crédito después de un periodo. Durante el periodo de transición entre el anuncio y la implantación, aumentan la producción y los precios, la tasa de cambio paralela se deprecia y la baja de interés informal baja. Cuando ocurre efectivamente el aumento del crédito del banco central, se expanden los préstamos de los bancos comerciales al sector privado. En consecuencia, baja la demanda de crédito en el mercado informal, y la tasa de interés informal baja drásticamente. La reducción del impuesto de represión financiera reduce, a su vez, el subsidio implícito proporcionado por los controles de las tasas de interés, reduciendo así el ingreso disponible —porque las familias son deudores netos— y esto tiene un efecto negativo sobre el ahorro privado. Pero la baja de la tasa de interés informal reduce también la tasa de interés real, lo que tiene un efecto positivo sobre el gasto privado. El efecto neto es una expansión del gasto privado, lo que estimula la producción nacional y eleva los precios.

La baja de la tasa de interés del mercado paralelo da a los agentes el incentivo de moverse a los activos denominados en moneda extranjera, lo que eleva drásticamente el costo mayor. En virtud de que el acervo de activos extranjeros en manos del sector privado aumenta durante el periodo de transición, la terminación de la expansión del crédito deja al sector privado con una cartera más inclinada hacia las divisas que al principio, y la tasa de cambio paralela aumenta por encima de su nivel inicial en el proceso de restablecimiento del equilibrio de la cartera. La elevación de la tasa de cambio libre reduce la propensión a subfacturar las exportaciones, incrementa el flujo de divisas canalizado a través del mercado oficial, y reduce la tasa de acumulación de activos denominados en moneda extranjera.

VI.6.2.3. *La elevación de la tasa de interés de los préstamos*

Como vimos en este capítulo y en la sección anterior, los aumentos de las tasas de interés administradas han sido respaldadas por los seguidores de McKinnon-Shaw como un instrumento para la atracción de fondos hacia el sistema financiero organizado, lo que permitiría que los bancos aumentaran sus préstamos a los agentes privados y se estimulara así el crecimiento económico. Sin embargo, los economistas neoestructuralistas han sugerido que esta política económica podría reducir en efecto la cantidad total de los préstamos y tener un efecto adverso sobre la producción.

Montiel, Agénor y Haque (1993, capítulo V) muestran los resultados de un aumento temporal (sólo durante cinco periodos) esperado en las tasas de interés de los préstamos bancarios, en un punto porcentual. En este marco, un conducto fundamental del mecanismo de transmisión de este choque es el de los efectos de redistribución de la cartera que induce, como se destacó en este capítulo. Un aumento de la tasa de interés de los préstamos bancarios también eleva la tasa de interés pagada sobre los depósitos bancarios, a través de la condición de beneficio nulo. La elevación de la tasa de interés de los depósitos lleva a las familias a sacar sus fondos del mercado informal de préstamos y de los activos denominados en moneda extranjera para incrementar sus depósitos bancarios. En consecuencia, la tasa de interés informal se eleva cuando se implanta la medida y se incrementa la tasa de cambio paralela, ambas al impacto y, como ya sabemos, cuando se anuncia la medida por primera vez. En tanto aumenta la tasa de cambio paralela, baja el valor de la riqueza financiera en moneda nacional, en una medida que depende del peso de los activos en moneda extranjera de las carteras privadas. La reducción del valor nominal de la riqueza provoca una redistribución secundaria de las carteras, porque la demanda de activos que pagan intereses es linealmente homogénea en la riqueza financiera (no monetaria). En virtud de este efecto de riqueza, la demanda de depósitos bancarios puede aumentar o disminuir en términos netos. Dados los parámetros de conducta adoptados aquí, la combinación de elasticidades de sustitución bastante elevadas entre los depósitos nacionales y las divisas (es decir, el contexto de sustitución de las monedas) y de una importante participación de los activos extranjeros en las carteras privadas genera grandes efectos de riqueza y una reducción de los depósitos bancarios nacionales en el periodo del anuncio, que persiste aun después de la elevación de las tasas de interés de los préstamos bancarios.

Diversos factores explican los efectos contractivos de la elevación de las tasas de interés de los préstamos sobre la producción y los precios. Primero, el incremento de la tasa de cambio paralela reduce el valor real de la riqueza de las familias. Segundo, el aumento de la tasa de cambio reduce también el precio del productor de las exportaciones nacionales. Tercero, baja el subsidio implícito proporcionado por la represión financiera, porque el aumento de las tasas de interés de los depósitos supera al aumento de la tasa de interés en el mercado informal de préstamos. Este último ejerce efectos directamente contractivos sobre el gasto. En consecuencia, bajan la producción y los precios nacionales cuando se implanta la medida, así como inmediatamente después del anuncio.

VI.6.2.4. *Devaluación de la tasa de cambio oficial*

En el capítulo VIII destacaremos los aspectos controversiales de la devaluación de la tasa de cambio en los países en vías de desarrollo —sobre todo en relación con los movimientos de la producción real a corto plazo—. Ahora podremos ampliar la discusión de este punto considerando una devaluación permanente de 10%, plenamente esperada, de la tasa oficial cuando hay mercados financieros informales.[54]

---

[54] Se supone que el banco central retiene los beneficios de la devaluación, en lugar de trans-

Los resultados que aparecen en Montiel, Agénor y Haque (1993, capítulo V) indican que una devaluación oficial ejerce un efecto contractivo neto sobre la producción nacional a partir de su implantación. Sin embargo, también tiene un efecto expansivo durante el periodo de transición. Los canales por los que un cambio de la paridad oficial afecta a la producción real en este modelo son complejos. Primero, la devaluación oficial incrementa el precio real de los insumos importados, lo que genera un choque negativo de la oferta. Segundo, la devaluación eleva el nivel de los precios nacionales directamente a través de su impacto sobre el precio nacional de los bienes importados, incrementando así la demanda de moneda nacional. Para una oferta dada, esto hace que las familias saquen sus fondos de los depósitos, los préstamos del mercado paralelo y los activos en moneda extranjera. El resultado es una tasa de interés informal más elevada y un incremento de la tasa de cambio paralela.[55] La elevación de la tasa de interés informal tiene un efecto contractivo directo sobre el gasto privado, como lo hace también la reducción de la riqueza real privada provocada por una reducción del valor de los activos extranjeros en moneda nacional y por la elevación de los precios. Además, la producción del bien de exportación baja debido a que el incremento del precio de demanda de las exportaciones se ve frenado por la elevación de la tasa de cambio paralela, mientras que el precio de oferta de las exportaciones sufre el impacto pleno de la elevación del precio de los bienes intermedios importados. Sin embargo, al mismo tiempo, la elevación de la tasa de interés informal incrementa el subsidio implícito de la represión financiera y por ende el ingreso disponible privado real. Esto ejerce un impacto positivo sobre la demanda de bienes domésticos, como lo hace también el desplazamiento del gasto resultante de la depreciación real de la tasa de cambio oficial. Surge también un efecto de oferta positivo de una reducción del salario real. Sin embargo, dado el conjunto de los parámetros utilizados en los experimentos de simulación, estos efectos expansivos se ven superados por los efectos contractivos.

Mientras que la devaluación misma tiene un efecto contractivo neto, la previsión de un cambio en la paridad oficial es expansiva. La producción aumenta en el periodo precedente a la implantación de la devaluación porque se combinan para bajar la tasa de interés real el aumento esperado de los precios y el incremento de la tasa de cambio paralela tras la implantación. El aumento esperado de la tasa de cambio paralela disminuye la tasa de rendimiento de

_____

ferirlos al gobierno. De igual modo, como se mencionó antes, se supone que los salarios se ajustan con relativa rapidez —pero no instantáneamente— a su nuevo nivel de equilibrio. En consecuencia, está ausente un mecanismo frecuentemente citado a través del cual la devaluación puede afectar adversamente a la producción real (es decir, la indización automática del salario a los movimientos del nivel de los precios).

[55] Por lo tanto, el costo mayor del mercado paralelo baja a resultas de la devaluación de la tasa de cambio real y el incremento de la tasa de cambio libre.

los activos en moneda extranjera, lo que lleva a las familias a incrementar sus préstamos a través del mercado de crédito informal, de modo que baja inicialmente la tasa de interés informal. Junto con un aumento esperado en el nivel de los precios, esto baja la tasa de interés real e incrementa la demanda nacional en el periodo precedente al choque de la política económica. En virtud de que el cambio inducido en el nivel de los precios en este periodo es mucho menor que el brinco inducido en el nivel de los precios por la devaluación en el periodo subsecuente, sin embargo, estos efectos se vuelven progresivamente más débiles a medida que aumenta el tiempo que debe transcurrir antes de la implantación de la devaluación, y se ven superados en el periodo del anuncio por los efectos de riqueza negativos resultantes del incremento de la tasa de cambio paralela. Como destacaremos en el capítulo VIII, estos resultados ponen de relieve la importancia de una consideración adecuada de las características dinámicas y los fenómenos de expectativas en la evaluación de las consecuencias macroeconómicas de un ajuste de la tasa de cambio.

Por último, debe advertirse que aunque parecía relativamente complejo el modelo de simulación presentado antes, puede desarrollarse más aún en diversas direcciones. Por ejemplo, supusimos que el mercado de crédito informal sustituye a los préstamos del mercado formal con igual eficiencia social, como se hace en los modelos neoestructuralistas. Este supuesto puede estar justificado o no en la práctica. En los países donde el sistema bancario formal es muy oligopólico, los mercados de crédito informales (que a menudo tienen limitadas barreras para la entrada) pueden ser más competitivos y por ende más eficientes que los mercados oficiales. Sin embargo, en otros casos, sobre todo en los países en vías de desarrollo de bajos ingresos, los mercados de crédito informales se pueden caracterizar por la existencia de estructuras semimonopólicas (Owen y Solís-Fallas, 1989). La exploración de los efectos de estas diferencias de la estructura del mercado fortalecería nuestro entendimiento del papel macroeconómico de los mercados financieros informales.

Este capítulo ha examinado el papel de la represión financiera y la movilidad del capital en la transmisión de la política monetaria en los países en vías de desarrollo. La primera sección mostró que la represión financiera tiene diversas implicaciones macroeconómicas. En particular, se aseveró que tiene efectos negativos sobre la eficiencia del proceso de intermediación entre ahorradores y prestatarios, y afecta la distribución del ingreso porque transfiere recursos de los ahorradores a prestatarios favorecidos que adquieren recursos a las tasas de interés oficiales: el sector público, las empresas de sectores prioritarios y otros individuos bien conectados.

La sección VI.2 del capítulo trató de explicar por qué, dados los costos de eficiencia bien conocidos, un gobierno opta por reprimir su sistema financiero e imponer controles del capital. El enfoque propuesto se basa en la concepción fiscal de la inflación. Describimos un marco unificado de las finanzas públicas que destaca las consideraciones fiscales que explican la existencia simultánea de impuestos regulares, represión financiera, controles del capital y el impuesto inflacionario. Una implicación importante de nuestro análisis es que la represión financiera, comúnmente considerada como una política "irracional", puede ser en realidad la respuesta óptima de un gobierno que afronte una meta de gasto y una restricción de financiamiento, al mismo tiempo que se ve imposibilitado para incrementar su recaudación —debido a una administración fiscal débil— por medio de los impuestos convencionales.

La sección VI.3 proporcionó una breve reseña empírica de los estudios existentes sobre la movilidad del capital en los países en vías de desarrollo. Los datos sugieren que, a pesar de la existencia de controles del capital, pocos de estos países, si acaso, pueden considerarse financieramente cerrados. Por lo tanto, el supuesto de la movilidad imperfecta del capital, antes que el de la autarquía financiera, parece en general aplicable a los países en vías de desarrollo. En realidad, el supuesto extremo de la movilidad perfecta del capital puede considerarse como una simplificación analítica razonable para algunos países.

En la sección VI.4 describimos algunos modelos macroeconómicos que se ocupan de los mercados de crédito paralelos y de los mercados de divisas informales, respectivamente. Discutimos, en particular, la nueva concepción estructuralista según la cual el patrón de la sustitución de activos desempeña un papel fundamental en el entendimiento de los efectos de la liberalización de la tasa de interés sobre la producción y los precios a corto plazo. Se demostró que los modelos de cartera que se ocupan de los mercados monetarios paralelos revelan algunas implicaciones bastante generales e importantes para política macroeconómica. En un régimen de tasa de cambio fija, una política fiscal y crediticia expansiva genera una depreciación de la tasa de cambio paralela, una elevación de los precios, una apreciación de la tasa de cambio real oficial y una declinación del precio relativo de las exportaciones que se realizan por la vía del mercado oficial en relación con el de las exportaciones que se canalizan por el mercado paralelo. En consecuencia, disminuyen la proporción del valor de las exportaciones repatriado a la tasa de cambio oficial y las reservas extranjeras. Finalmente, el banco central se quedará sin reservas. En este punto la inconsistencia entre las políticas macroeconómicas expansivas y una tasa de cambio oficial determinada se volverá insostenible. Puede seguir una crisis de la balanza de pagos (véase este capítulo), y tendrán que implantarse medidas correctivas, por ejemplo, bajo la forma de un cambio de la paridad. Este proceso puede conducir, en efecto, a periodos recurrentes de ataques especulativos y crisis de devaluación.

La sección VI.5 del capítulo examinó el mecanismo de transmisión de la política monetaria en un contexto donde han surgido mercados informales de crédito y de divisas a resultas de la represión financiera y los controles de capital. El análisis demostró que los instrumentos de la política monetaria y los canales por los que se transmiten sus efectos a la demanda agregada difieren sustancialmente de la representación IS-LM convencional de los libros de texto para los países industrializados. Aunque los efectos de la tasa de interés desempeñan un papel importante en ambos contextos, en muchos países en vías de desarrollo operan tales efectos a través de mercados informales que no están directamente sujetos a las acciones del banco central. En este contexto, las operaciones de mercado abierto no son una herramienta de la política monetaria, porque el banco central no tiene en su cartera los préstamos del mercado informal. Por el contrario, este mercado se ve influido sólo indirectamente por el banco central a través del sistema bancario formal y el mercado libre de divisas. Más generalmente, el sistema bancario desempeña un papel central en la transmisión de los efectos de los cambios ocurridos en los instrumentos de la política monetaria, porque tres de los cuatro instrumentos examinados (los cambios de las tasas de interés administradas, los requerimientos de reservas y el crédito del banco central) están mediados en primera instancia por el sistema bancario.

La última sección desarrolló un modelo de simulación muy desagregado con mercados informales de crédito y de divisas. Calibramos el modelo utilizando en parte estimaciones paramétricas disponibles, y lo usamos para determinar los efectos dinámicos de varias medidas de la política macroeconómica. Los resultados cuantitativos ayudaron a destacar el papel crucial que los mercados financieros informales pueden desempeñar en el proceso de transmisión de los choques macroeconómicos.

Además de la naturaleza de los efectos de la tasa de interés y el papel del sistema bancario, el mecanismo de transmisión descrito en este capítulo contiene algunos elementos poco convencionales, bajo la forma de efectos de riqueza y fiscales. El primero surge de los cambios de valor de los acervos de divisas y de los impuestos y subsidios implícitos asociados a la represión financiera, mientras que el segundo implica la disposición del ingreso generado por las operaciones del banco central.

VII. REGÍMENES DE LA TASA DE CAMBIO: DATOS Y ALGUNOS ASPECTOS DE LA CREDIBILIDAD

EN LOS ÚLTIMOS AÑOS se ha generado una controversia renovada sobre el papel de la política de tasa de cambio en el ajuste macroeconómico. Se han revisado los argumentos tradicionales acerca de la elección entre los regímenes de tasa de cambio fija y flexible, a la luz de los efectos de credibilidad y reputación que pueden generar los arreglos formales. También se ha dedicado una atención considerable a las fuentes y las implicaciones de las inconsistencias que pueden surgir entre el régimen de tasa de cambio y otros instrumentos de la política macroeconómica. Algunos estudios teóricos y empíricos han destacado el efecto perverso que las devaluaciones pueden tener sobre la producción, aun cuando puedan conducir a un mejoramiento de la balanza comercial. Finalmente, la concentración en la competitividad y la adopción de metas de tasa de cambio real en varios países han suscitado diversos interrogantes relacionados con las implicaciones macroeconómicas más amplias de tales elecciones de política.

Este capítulo y el siguiente discutirán algunos problemas conceptuales asociados a la política de tasa de cambio en los países en vías de desarrollo.[1] La primera parte de este capítulo presentará una descripción breve de la evolución de los regímenes de tasa de cambio en estos países durante los dos últimos decenios y discutirá algunos de los factores que conducen a la adopción de un tipo particular de arreglo de la tasa de cambio. La segunda parte examinará el papel desempeñado por las consideraciones de la credibilidad en la adopción de un régimen de tasa de cambio y en la decisión de adherirse a una unión monetaria. La tercera parte discute el papel de la tasa de cambio.

VII.1. LA EVIDENCIA ACERCA DE LOS REGÍMENES DE TASAS DE CAMBIO

Desde el colapso del sistema de Bretton Woods a principios de los años setenta, el proceso de determinación de la tasa de cambio en los países en vías de desarrollo ha sido fundamentalmente diferente del observado en los países

---

[1] El capítulo XVII examina los factores que se encuentran detrás de las crisis monetarias. No examinamos aquí las consideraciones prácticas que intervienen en la evaluación de la conveniencia, la cronología y la magnitud de un cambio de la paridad. Véanse, por ejemplo, las contribuciones de Dornbusch y Helmers (1988).

industrializados. Durante la mayor parte de los dos decenios transcurridos desde entonces, los principales países industrializados han aplicado una política de flotación administrada, donde sus tasas de cambio se determinaban en gran medida por las fuerzas del mercado, aunque con intervenciones frecuentes del banco central. En cambio, la gran mayoría de los países del mundo en vías de desarrollo no abandonaron la política de determinación de una tasa de cambio oficial para sus monedas cuando se derrumbó el sistema de Bretton Woods. En lugar de permitir que los valores de cambio internacional de sus monedas se determine endógenamente por las fuerzas del mercado, la mayoría de las naciones en vías de desarrollo han conservado la tasa de cambio como un instrumento de su política económica.

En la práctica, el mantenimiento de una paridad oficial de la tasa de cambio no ha implicado la uniformidad de los arreglos de tasa de cambio en los países en vías de desarrollo. De hecho, en estos países ha existido un vasto conjunto de este tipo de arreglos, aunque han surgido algunos patrones sistemáticos entre los países y a través del tiempo.

Entre los países que han mantenido una paridad oficial, existe una distinción básica entre los que han defendido una fijación del tipo de cambio de su moneda con respecto a otra y los que han permitido que la tasa de cambio se deslice a través del tiempo. El primer enfoque incluye el uso de adhesiones a una sola moneda y a canastas de monedas alternativas (canastas preexistentes como el DEG o especiales que recurren típicamente a los pesos comerciales del país asociado). Tales adhesiones se han fijado literalmente durante largos periodos o se han ajustado periódicamente. Cuando se ha permitido la depreciación de la tasa de cambio, la fluctuación se ha relacionado con una sola moneda o con una canasta, y el ritmo de la fluctuación ha seguido una regla de retroalimentación bien definida (no discrecional) o ha sido discrecional. Cuando se ha aplicado una regla, a veces se ha dado a conocer al público y a veces no, mientras que cuando se ha utilizado la discreción se ha anunciado previamente la ruta futura de la tasa de cambio en algunas ocasiones y en otras no.

Es posible que la uniformidad central en lo tocante a los arreglos de tasa de cambio sea que la convertibilidad plena se ha alcanzado raras veces en el mundo en vías de desarrollo. Como se indicó en el capítulo VI, los controles de capital han sido muy comunes, y la convertibilidad de la cuenta corriente se ha abandonado a menudo en periodos de dificultades de la balanza de pagos. Por lo tanto, la paridad oficial se ha mantenido frecuentemente con la asistencia de un gran conjunto de controles de cambios. Como se sugirió en el capítulo II, una implicación de esto es que la paridad oficial coexiste típicamente con un mercado paralelo donde se negocian las divisas a precios que varían sustancialmente de la misma.

Una segunda observación importante es que las formas de los arreglos de tasas de cambio en los países en vías de desarrollo han tendido a evolucionar sistemáticamente a través del tiempo. Esta evolución se resume en términos generales en la gráfica VII.1. Inmediatamente después del colapso del sistema de Bretton Woods, la mayoría de las naciones en vías de desarrollo continuaron fijando el tipo con respecto de una sola moneda. En 1976, más de 60% del total de los países en vías de desarrollo que eran miembros del FMI lo hacían así. Más de dos tercios de esos países se adherían al dólar estadunidense. Cerca de la cuarta parte de los países en vías de desarrollo se adherían a un grupo de monedas, de modo que en total casi nueve de cada diez países en vías de desarrollo mantenían arreglos de adhesión. El cambio más importante a través del tiempo fue el alejamiento de la adhesión al dólar estadunidense, sobre todo en favor de lo que el FMI describe como "arreglos flexibles", que consisten predominantemente en diversas formas de deslizamiento pero también incluyen algunos casos de tasas flexibles (es decir, determinadas por el mercado). En 1997 62 de los 155 países en vías de desarrollo continuaban adheridos a una sola moneda o canasta de monedas. Al mismo tiempo, los arreglos flexibles se han vuelto más comunes; en 1997, 89 países (el 57% del total se clasificaban como operadores de una "flotación administrada" o una "flotación independiente", lo que se compara con un total de sólo 45 (o 35%) en 1989 y 20 (16%) en 1982. Sin embargo, en la práctica muchos países clasificados como "flotadores administrados" o "flotadores independientes" intervienen enérgicamente para administrar sus tasas de cambio; la verdadera flotación sigue siendo la excepción antes que la norma.

La tercera observación pertinente es que los patrones sistemáticos de arreglos de la tasa de cambio pueden observarse también entre las regiones del mundo en vías de desarrollo. La gráfica VII.2 examina la distribución geográfica de los regímenes de tasa de cambio de los países en vías de desarrollo durante el periodo de 1983-1997.[2] Las tasas de cambio fijas, adheridas a una sola moneda o a un grupo de monedas, han predominado en África. Esto se debe en parte a que los catorce países miembros de la Zona del Franco CFA mantuvieron una paridad fija frente al franco francés desde 1948 hasta principios de 1994.[3]

[2] Para algunos de los países del cuadro VII.2, se alteró durante este periodo la naturaleza del régimen de tasa de cambio. En tales casos, los países se clasifican de acuerdo con la forma del arreglo dominante durante el periodo.

[3] La Zona del Franco CFA consiste en dos grupos separados de países del África subsahariana y las Islas Comoros. El primer grupo incluye a los siete miembros de la Unión Monetaria de África Occidental (Benin, Burkina Faso, Costa de Marfil, Mali, Níger, Senegal y Togo), cuyo banco central (el BCEAO) tiene la responsabilidad de conducir una política monetaria común. El segundo grupo está integrado por los seis miembros de otro banco central común, el BEAC (Camerún, la República Centroafricana, Chad, el Congo, Guinea Ecuatorial y Gabón). Cada uno de los dos grupos y las Comoras mantienen monedas separadas: el franco de la Comunidad Financiera Africana para los países de la Unión Monetaria de África Occidental, el franco de la Cooperación Financiera de África Central para los países del BEAC, y el franco comoriano para las Comoras. Sin embargo, las monedas de los dos grupos y de las Comoras se designan comúnmente como el franco, CFA.

GRÁFICA VII.1. *Arreglos de tasa de cambio en los países en vías de desarrollo (número de países)*

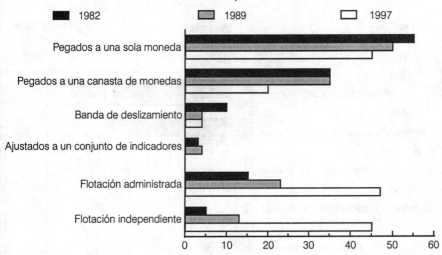

FUENTE: Fondo Monetario Internacional.

Sin embargo, varios países que no son miembros de la Zona del Franco continúan pegando el valor de sus monedas frente al dólar o frente a una canasta. Como se observa en la gráfica VII.2, en 1997 había 26 países de un total de 50 países africanos miembros del FMI (mientras que en 1989 eran 37 y en 1983 eran 43) continuaban pegando su moneda frente a una sola moneda extranjera o una canasta de monedas, mientras que 19 países eran considerados por el fondo como de flotación independiente (mientras que en 1989 eran cinco y en 1983 sólo había uno), lo que es una cifra algo engañosa en vista de que (como se indicó antes), varios de estos países intervienen a veces enérgicamente en los mercados de divisas. Varios países asiáticos adoptaron políticas de tasa de cambio más activas a fines de la década de los ochenta y principios de la siguiente. La gráfica VII.2 lista 12 países asiáticos pegados a una sola moneda o a una canasta de monedas en 1997 (mientras que en 1989 eran 14), ningún país que siguiera un arrastre no discrecional o una regla de ajuste basada en un conjunto de indicadores, y 16 países que tenían un régimen de flotación administrada o de flotación independiente (mientras que en 1989 eran 10 y en 1993 había 6). En cambio, los arrastres no discrecionales (o arrastre de acuerdo con un conjunto de reglas) eran mucho más comunes entre los países del Hemisferio Occidental a principios de la década de los ochenta. Pero en 1997 bajó a 11 el número de países con una tasa de cambio pegada a una sola moneda —esencialmente el dólar estadunidense—, mientras que en 1989 había 19 y en 1983 había 21) mientras que el número de países que operaban con un

GRÁFICA VII.2. *Arreglos de tasa de cambio en los países en vías de desarrollo*
(número de países)

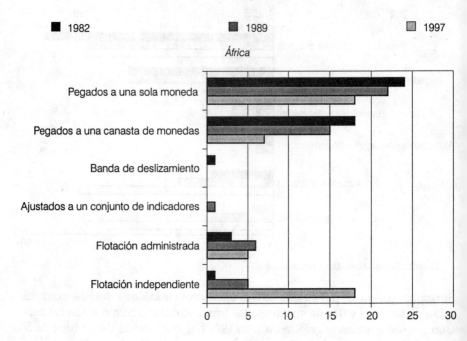

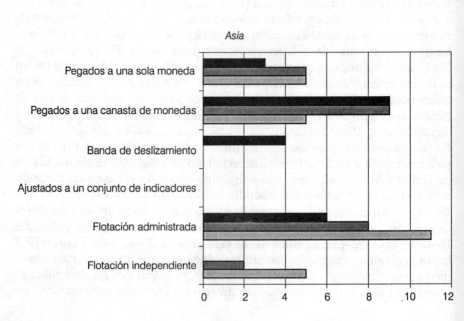

GRÁFICA VII.2. *Arreglos de tasa de cambio en los países en vías de desarrollo*
(número de países) (conclusión)

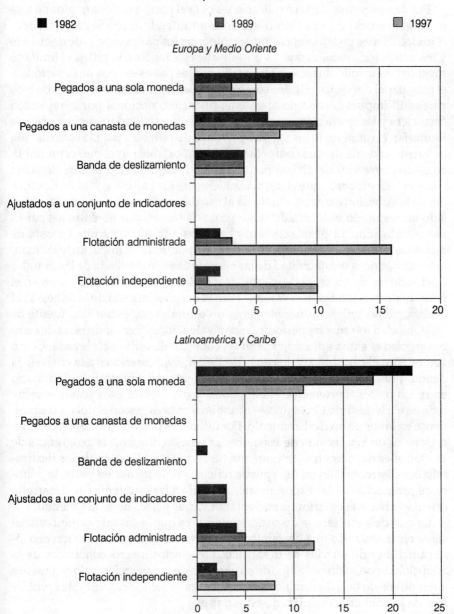

FUENTE: Fondo Monetario Internacional.

régimen de flotación administrada o de flotación independiente aumentaba a 21 (mientras que en 1989 había 9 y en 1983 sólo 6).

Pueden sugerirse varias explicaciones para el patrón de los arreglos de tasa de cambio antes descrito. Como se mencionó antes, la ausencia casi total de la flotación libre es una diferencia importante entre los países en vías de desarrollo y los países industrializados. Es posible que este fenómeno refleje el limitado nivel del desarrollo financiero alcanzado por los países en vías de desarrollo y el gran papel del sector público como proveedor de divisas en muchos de esos países. El impuesto cobrado al sistema financiero nacional por la represión financiera y las restricciones generalizadas de la actividad financiera privada limitarían el número de los agentes privados disponibles para la constitución de un mercado de divisas competitivo, y el importante papel del sector público como proveedor de divisas podría limitar la credibilidad de una flotación "limpia". Es probable que el desplazamiento de los países en vías de desarrollo, de la adhesión a una sola moneda al uso de una canasta de monedas, haya sido un resultado indirecto de la adopción de tasas flotantes entre los países industrializados. El desplazamiento hacia las adhesiones a una canasta de monedas puede ser el resultado de un intento por frenar el impacto de las fuentes externas de la inestabilidad de las tasas de cambio derivada de las grandes fluctuaciones de las tasas de cambio real de los países industrializados en el periodo posterior a Bretton Woods.[4] Pero el desplazamiento de la adhesión al deslizamiento refleja indudablemente un esfuerzo por evitar una fuente de inestabilidad interna: las periódicas sobrevaluaciones y crisis de tasas de cambio asociadas a una adhesión fija en un contexto de inflación elevada. Como veremos en el capítulo XIV, los años de 1982-1989, posteriores a la crisis de la deuda, presenciaron una dependencia creciente del impuesto inflacionario entre los países fuertemente endeudados, y muchos de esos países —sobre todo en el Hemisferio Occidental— abandonaron la adhesión al dólar estadunidense en favor de un deslizamiento. Por último, es posible que las variaciones regionales de la adhesión de las monedas reflejen diferencias geográficas de los patrones del comercio exterior, mientras que la utilización de los deslizamientos discrecionales en Asia puede reflejar, por lo menos en parte, la política de promoción de las exportaciones asociada a las estrategias de desarrollo orientado hacia el exterior que adoptaran varios países de Asia Oriental.

Lo que deja en claro la discusión anterior es que la tasa de cambio oficial sigue representando una herramienta importante de la política macroeconómica del mundo en vías de desarrollo. Los efectos macroeconómicos de la adopción de una adhesión fija, de su ajuste, o de la operación bajo regímenes alternativos de tasa de cambio deslizante, siguen siendo importantes problemas de la política económica de estos países.

---

[4] Véase una discusión más detallada en Aghevli y otros (1991).

VII.2. La credibilidad y la administración de la tasa de cambio

Los gobernantes de los países en vías de desarrollo afrontan típicamente un dilema cuando utilizan la tasa de cambio como un instrumento de la política económica. Una depreciación nominal puede mejorar la balanza comercial y la balanza de pagos, pero por lo general se asocia a una elevación del nivel de los precios, la que a su vez puede conducir a la inflación y minar en última instancia la competitividad externa. Por otra parte, el mantenimiento de la tasa de cambio fija para estabilizar los precios en presencia de un gran déficit de la cuenta corriente no es a menudo una opción viable si el país afronta una escasez de reservas de divisas o una restricción de los préstamos externos. Sin embargo, como se sostuvo en la sección anterior, la tasa de cambio sigue utilizándose como un instrumento de la política económica en los países en vías de desarrollo, muchos de los cuales se están alejando de la adhesión a una sola moneda para adoptar arreglos de tasa de cambio más flexibles, como las adhesiones a un grupo de monedas.[5]

A pesar de esta notable evolución hacia el uso discrecional de la tasa de cambio como una herramienta de la política económica, recientemente se han propuesto diversos argumentos en favor de la adopción de un régimen de tasa de cambio fija.[6] En los últimos tiempos se ha centrado el debate en el papel de la tasa de cambio como un ancla para el nivel de los precios nacionales, y en el "efecto de credibilidad" que una tasa fija puede tener sobre un programa antinflacionario cuando se establece claramente el compromiso de defender la paridad.[7] Si no hay credibilidad en el banco central, los agentes privados seguirán esperando una tasa inflacionaria elevada, lo que incrementará el costo de cualquier esfuerzo de estabilización de los precios nacionales. El establecimiento de la credibilidad significa el convencimiento del público de que el banco central no se desviará de su meta de tasa de cambio o de oferta monetaria a fin de obtener los beneficios asociados a corto plazo con

---

[5] Además de las razones aducidas en la sección anterior, es posible que algunos países hayan optado por arreglos más flexibles a fin de "disfrazar" la depreciación de la moneda nacional, o bien, de ahorrar a sus gobiernos los costos políticos de las devaluaciones anunciadas.

[6] Estos argumentos se refieren, en particular, al papel de la estabilidad de la tasa de cambio en la promoción de los flujos comerciales y la inversión extranjera. Véase en Aghevli y otros (1991) una reseña reciente de la literatura existente sobre la elección de un régimen de tasa de cambio.

[7] Esta literatura ha derivado en gran medida del trabajo seminal de Barro y Gordon (1983) sobre la política monetaria que destaca la interdependencia existente entre el comportamiento de los agentes privados, orientados hacia adelante, y los hacedores de políticas centralizados. En este contexto, surgen problemas de credibilidad debido al incentivo que tienen los gobernantes para buscar una ventaja estratégica y ganancias de corto plazo mediante el abandono de políticas previamente anunciadas, lo que genera problemas de inconsistencia temporal. Véase en Cukierman (1992) una reseña de esta literatura.

la inflación sorpresiva. Esto requiere que el público se convenza de que las autoridades tienen algún incentivo para abstenerse de introducir sorpresas monetarias.[8] Se ha sostenido que, al actuar como una restricción sobre las políticas macroeconómicas, una tasa de cambio fija podría fortalecer la credibilidad del compromiso del banco central de mantener una tasa baja y estable del crecimiento monetario.

Esta sección examinará los argumentos recientes en favor de un régimen de tasa de cambio fija que se basan en los problemas inflacionarios causados por la falta de credibilidad en quienes establecen las políticas. Presentaremos en primer término un modelo simple que nos permitirá establecer la proposición básica de la inconsistencia temporal y determinar el grado de credibilidad de una tasa de cambio fija examinando la manera en que quien determina las políticas se ve inducido a comportarse bajo diversas reglas de la política económica. Posteriormente, examinaremos la forma como puede aliviarse el "sesgo devaluatorio" generado por el problema de la inconsistencia temporal afrontado por el hacedor de las políticas mediante la creación de una "reputación" o por la necesidad de señalar un compromiso de política económica. Por último, examinaremos los costos y los beneficios de la unión a un arreglo monetario internacional en la que el país en cuestión renuncia al poder de alterar la tasa de cambio.[9]

VII.2.1. *La inconsistencia temporal y la política de tasa de cambio*

Consideremos una pequeña economía abierta que produce bienes comerciables y no comerciables (en el comercio exterior). La tasa de cambio de la economía se determina por quien elabora las políticas y cuyas preferencias se relacionan con la competitividad externa y la estabilidad de los precios. El precio en divisas de los bienes comerciables se determina en los mercados mundiales. Los agentes de los sectores no comerciables fijan sus precios para proteger su posición en relación con el sector de los bienes comerciables y para responder a los embates de la demanda interna. Los precios del sector de los bienes no comerciables se fijan *antes* de que quien determina las políticas fije la tasa de cambio.[10] La tasa inflacionaria interna, π, está dada por

$$\pi = \delta \pi_N + (1-\delta)(\varepsilon + \pi_T^*), \quad 0 < \delta < 1, \tag{1}$$

[8] Los problemas de la credibilidad se discutirán con mayor detalle en el capítulo XI, en el contexto de los programas antinflacionarios.

[9] El análisis que sigue se basa en Agénor (1994a).

[10] Sin este supuesto, las autoridades no tendrían ningún incentivo para ajustar la tasa de cambio. La rigidez de los precios podría derivar de diversos factores. Por ejemplo, la existencia de "costos del menú" podría impedir que los agentes revisaran los precios de los bienes no comerciables inmediatamente después de un ajuste de la tasa de cambio nominal.

donde ε denota la tasa de devaluación de la tasa de cambio nominal, π_N la tasa de incremento del precio de los bienes no negociables, π_T^* la tasa de incremento del precio de los bienes negociables, y $1 - \delta$ el grado de la apertura. La función de pérdidas del gobierno, L^g, depende de las desviaciones de la tasa de depreciación de la tasa de cambio real de una tasa de meta Θ, y de la tasa inflacionaria:

$$L^g = -\alpha[(\varepsilon + \pi_T^* - \pi_N) - \Theta] + \lambda\pi^2/2, \quad \alpha, \lambda \geq 0. \tag{2}$$

El objetivo establecido refleja el supuesto de que las autoridades acogerían con beneplácito un mejoramiento de la competitividad, derivado de una depreciación de la tasa de cambio real. La tasa de cambio de la tasa de cambio real entra linealmente en la función de pérdidas porque se supone que las autoridades otorgan una ponderación negativa a una apreciación real en relación con su meta.[11] El objetivo del gobierno es la minimización de su función de pérdidas dada por (2).

Los agentes del sector de bienes no comerciables cambian sus precios en reacción a las fluctuaciones del precio nacional (esperado) de los bienes comerciables, y a una perturbación exógena de la demanda de su sector d_N, que ocurre al principio del periodo y se conoce de inmediato. Por lo tanto, se supone que su función de pérdidas es

$$L^p = [\pi_N - (\varepsilon^a + \pi_T^*) - \phi d_N]^2/2, \quad \phi \geq 0, \tag{3}$$

donde ε^a denota la tasa esperada de depreciación de la tasa de cambio. El objetivo de los fijadores de precios es la minimización de L^p.

Cuando las autoridades deciden si devaluarán o no la tasa de cambio, conocen los precios fijados en el sector de los bienes no comerciables. Sustituyendo (1) en (2) y haciendo $\pi_T^* = 0$ para simplificar, la tasa óptima del ajuste de la tasa de cambio nominal, condicionada a π_N, está dada por[12]

$$\varepsilon = \frac{\delta}{1-\delta}\left[\frac{\alpha}{\lambda\delta(1-\delta)} - \pi_N\right]. \tag{4}$$

---

[11] Adviértase que, en el contexto de un periodo, la meta de la tasa de cambio real podría expresarse equivalentemente en una forma de nivel; la formulación de la tasa de cambio utilizada aquí es simplemente más fácil de manejar analíticamente.

[12] Adviértase que la ecuación (4) no sería independiente de Θ si fuese cuadrático el costo de las desviaciones de la meta de la tasa de cambio real en la función de pérdida (2). Adviértase también que el hacedor de políticas podría preocuparse no sólo por la competitividad del sector de bienes comerciables, sino también por los efectos benéficos de una apreciación de la tasa de cambio real. Por ejemplo, una apreciación real podría beneficiar a la economía reduciendo el costo de los bienes intermedios importados. Tales preocupaciones podrían captarse añadiendo un peso a la meta de la tasa de cambio en (2).

Por (3), la tasa óptima de la inflación en el sector de los bienes no comerciables, desde la perspectiva de los agentes de ese sector, es

$$\pi_N = \phi d_N + \varepsilon^a. \tag{5}$$

En un régimen discrecional (definido como aquel en el que el sector privado y las autoridades toman como dado el comportamiento del otro cuando toman sus propias decisiones), los valores de equilibrio de la tasa de inflación de los bienes no negociables y de la tasa de devaluación $(\tilde{\pi}_N, \tilde{\varepsilon})$ se encuentran imponiendo expectativas racionales $(\varepsilon^a = \varepsilon)$ a los agentes del sector de los bienes no comerciables y resolviendo simultáneamente las ecuaciones (4) y (5). Esto nos da

$$\tilde{\pi}_N = (\kappa + \phi d_N)/\Omega \geq 0 \tag{6}$$

$$\tilde{\varepsilon} = (\kappa - \upsilon \phi d_N)/\Omega \leq 0, \tag{7}$$

donde $\upsilon = \delta/(1 - \delta)$, $\Omega = \upsilon/\delta \geq 1$, y $\kappa = \alpha \upsilon / \lambda \delta (1 - \delta) > 0$.

Las ecuaciones (6) y (7) indican que, en ausencia de choques de la demanda, la política discrecional óptima requiere una tasa de devaluación positiva y conduce a una tasa de inflación positiva en el sector de los bienes no negociables. Cuando hay choques de la demanda, es decir, $d_N \neq 0$, el que la tasa de devaluación $\tilde{\varepsilon}$ sea positiva o negativa dependerá de la importancia relativa de la meta de tasa de cambio real y del objetivo de la inflación en la función de pérdidas del gobierno. Cuando predomina esta última —es decir, cuando λ es "elevada", cuando α es "baja", o más generalmente cuando $\alpha/\lambda < \delta(1 - \delta)\phi d_N$ —, es posible que la política óptima aconseje una apreciación de la tasa de cambio nominal.

Sustituyendo (6) y (7) en (1)-(3), obtenemos las soluciones para la tasa de inflación y la función de pérdidas de quien hace las políticas bajo la discreción:

$$\tilde{\pi} = \kappa/\Omega \tag{8}$$

$$\tilde{L}^g = \alpha(\phi d_N + \Theta) + \lambda(\kappa/\Omega)^2/2. \tag{9}$$

La ecuación (8) indica que la tasa inflacionaria de la economía es independiente del choque de la demanda y creciente con la ponderación relativa asignada a la competitividad en la función de pérdidas del que elabora las políticas, $\alpha/1$. La inflación es positiva porque, si fuese nula, el hacedor de las políticas tendría siempre un incentivo para devaluar. Esto ocurre porque, por (2), con una inflación nula, la ganancia derivada de una mayor competitividad supera a la pérdida derivada de una inflación mayor. Sabiendo esto, los agentes privados ajustarían π_N hacia arriba (véase la ecuación (5)), lo que implica que la inflación global debe ser positiva. Por lo tanto, quien determina las políticas incurrirá en una pérdida neta a menos que d_N asuma un gran valor negativo, lo que mejora la competitividad al mismo tiempo que reduce la tasa de incremento de los precios de los bienes no negociables.

Consideremos ahora el caso en que el gobierno puede comprometerse con una tasa de cambio predeterminada. Formalmente, esto significa que al minimizar su función de pérdidas toma en cuenta el efecto de su política anunciada sobre el comportamiento del sector privado, bajo el supuesto de que este sector cree que el gobierno no dará marcha atrás. En lugar de resolver (3) para un valor dado de π_N, el gobierno sustituye (5) en (3) y minimiza respecto a $\varepsilon(=\varepsilon^a)$. En este caso, el gobierno anunciará y mantendrá una tasa de cambio fija, o una tasa de devaluación $\varepsilon = 0$.[13] Si el sector privado cree en el anuncio y actúa sobre esa base, la ecuación (5) nos da $\overline{\pi}_N = \phi d_N$, lo que a su vez implica $\overline{\pi} = \delta \phi d_N$ y

$$\overline{L}^g = \alpha(\phi d_N + \Theta) + \lambda \overline{\pi}^2/2, \qquad (10)$$

o, si $d_N \equiv 0$,

$$\overline{L}^g = \alpha\Theta. \qquad (11)$$

Por (9) y (10), $\overline{L}^d \leq \tilde{L}^g$. Por lo tanto, el equilibrio sin devaluación da un valor de la función de pérdidas que es *menor* que el obtenido bajo el régimen discrecional no cooperativo cuando $d_N \equiv 0$. Esto refleja el hecho de que quien elabora las políticas no puede lograr la ganancia de competitividad buscada en el régimen discrecional, porque los fijadores de precios simplemente incrementan los precios de los bienes no comerciables en consecuencia. Por lo tanto, un compromiso irrevocable implica una ganancia bajo la forma de una tasa de inflación menor sin pérdida de la competitividad.[14]

Consideremos ahora el caso en que el gobierno anuncia al principio del periodo su intención de mantener fija la tasa de cambio (es decir, $\varepsilon = 0$), pero decide desviarse de esta política e imponer un cambio discrecional una vez que se han tomado las decisiones de precios. Si los fijadores de precios creen el anuncio de la devaluación nula, escogerán $\ddot{\pi}_N = \phi d_N$. Sustituyendo este resultado en (4), la tasa óptima de la devaluación escogida por el hacedor de políticas se vuelve

$$\ddot{\varepsilon} = \kappa - \upsilon \phi d_N. \qquad (12)$$

---

[13] Sin embargo, el gobierno estaría sujeto a un problema de credibilidad, lo que generaría un equilibrio discrecional si sólo anuncia una tasa de cambio fija. Para que surja el nuevo equilibrio, deberá percibirse que el compromiso es efectivo. Suponemos por el momento que esto puede lograrse, y más tarde volveremos sobre este punto.

[14] Sin embargo, si es suficientemente grande el efecto del choque de la demanda sobre los precios de los bienes no comerciables, la pérdida bajo el compromiso previo puede superar a la que se obtiene bajo la discreción, es decir, $\tilde{L}^g \leq \overline{L}^g$.

El valor minimizado de la función de pérdidas de quien elabora las políticas bajo este régimen de "engaños" es

$$L^g = -\alpha[\kappa - \phi d_N/(1-\delta) - \Theta] + \lambda \ddot{\pi}^2/2, \tag{13}$$

donde $\ddot{\pi} = (1-\delta)\kappa$.

Para $d_N \equiv 0$, puede verificarse que $\ddot{L}^g < \bar{L}^g < \tilde{L}^g$.[15] La solución discrecional genera la pérdida (*ex post*) más grande para las autoridades, lo que se traduce en una tasa positiva de devaluación y de inflación. En virtud de que la pérdida es menor cuando el gobierno logra "engañar" al sector privado que cuando se compromete sin dar marcha atrás, hay incentivo para desviarse de la meta de tasa de cambio fija si se puede lograr que los fijadores de precios crean que se respetará la paridad corriente, de modo que, para $d_N \equiv 0$, $\ddot{\epsilon} = \kappa > \tilde{\epsilon} = \kappa/\Omega > \bar{\epsilon} = 0$. Sin embargo, aunque la tasa de depreciación es *mayor* bajo el engaño que bajo la discreción, la tasa inflacionaria global es la misma bajo ambos regímenes $(\tilde{\pi} = \ddot{\pi})$, porque, para $d_N \equiv 0$, y $\tilde{\pi}_N = \kappa/\Omega > 0$. La tasa inflacionaria en el sector de los bienes no comerciables es *menor* cuando los fijadores de precios son engañados más que en el régimen discrecional. Además, bajo la discreción la tasa de depreciación de la tasa de cambio real es nula $(\tilde{\epsilon} - \tilde{\pi}_N = 0)$. Las autoridades no pueden alterar la tasa de cambio real mediante una devaluación nominal. En cambio, si puede engañarse al sector privado por el anuncio de una tasa de cambio fija, $\ddot{\epsilon} - \ddot{\pi}_N = \kappa$. Sin embargo, tal estrategia implica costos de reputación, un tema que examinaremos más adelante.

En la gráfica VII.3 se representan las tres soluciones diferentes.[16] En el espacio $\pi_N - \epsilon$, la curva PP refleja la función de reacción del sector privado (dada por la ecuación (4)) y tiene una pendiente positiva, mientras que GG representa la función de reacción del que define las políticas bajo la discreción (dada por la ecuación (5)) y tiene una pendiente negativa. El equilibrio no cooperativo se ubica en la intersección de las curvas GG y PP, es decir, en el punto A. La solución anterior al compromiso se obtiene en el punto B, mientras que la solución de "engaño" se obtiene en el punto C. La solución discrecional se caracteriza por un "sesgo devaluatorio". Los agentes privados saben que una vez que hayan fijado los precios de los bienes no comerciables, el hacedor de las políticas tendrá el incentivo para devaluar a fin de depreciar la tasa de cambio real y mejorar la balanza de pagos. Por lo tanto, fijan sus precios a un nivel mayor, hasta el punto en el que crean que las autoridades no estén dispuestas a cambiar una tasa inflacionaria más elevada por una tasa de cambio real más depreciada. La solución de compromiso previo, aunque no es la me-

---

[15] Para los choques de la demanda positivos, la pérdida bajo el engaño será siempre menor que la obtenida bajo la discreción ($\ddot{L}^g < \tilde{L}^g$), cualquiera que sea el valor de d_N.
[16] La gráfica supone que $\alpha/\lambda > \delta(1-\delta)\phi d_N$, lo que asegura que $\tilde{\epsilon} > 0$.

GRÁFICA VII.3. *Credibilidad y compromiso de los equilibrios alternativos*

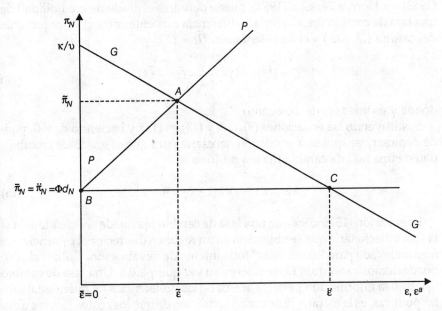

FUENTE: Agénor, 1994a, p. 7.

jor posible, ofrece un resultado mejor que el de la alternativa discrecional. Esto constituye un argumento en favor de una tasa de cambio fija, suponiendo que el compromiso puede hacerse irrevocable y que los fijadores de precios lo perciben como tal.[17]

VII.2.2. *La credibilidad de una tasa de cambio fija*

El compromiso previo con una regla de devaluación nula anunciada con antelación puede tener éxito sólo si las autoridades sufren algún castigo por desviarse de la regla. Una forma que puede asumir este castigo consiste en que, si el gobierno se aleja de la regla previamente anunciada, el público no creería sus anuncios en el periodo o los periodos siguientes, de modo que la economía revertiría al equilibrio discrecional. En tal contexto, una regla de devaluación nula —es decir, una meta de tasa de cambio fija— es creíble si la tentación de desviarse de la regla es menor que el valor descontado del "castigo"

---

[17] Adviértase que este es un argumento en favor de una tasa de deslizamiento nula bajo una tasa de cambio predeterminada, no un argumento en favor de una tasa predeterminada en lugar de una flexible.

asociado a la reversión al equilibrio discrecional. Siguiendo a Barro y Gordon (1983) y a Horn y Persson (1988), puede definirse el grado de credibilidad de una tasa de cambio fija, C, como la diferencia existente entre el valor presente del castigo ($\overline{L}^g - \hat{L}^g$) y el de la tentación ($\ddot{L}^g - \overline{L}^g$):

$$C = (\ddot{L}^g - \overline{L}^g) - \frac{\gamma}{1-\gamma}(\overline{L}^g - \tilde{L}^g) \tag{14}$$

donde γ es una tasa de descuento.

Sustituyendo las ecuaciones (9), (10) y (13) en (14), y haciendo $d_N \equiv 0$, puede demostrarse que una condición necesaria para que el grado de credibilidad de una tasa de cambio fija sea positivo es

$$\tilde{\pi} \geq 2\alpha(1-\gamma)/\lambda(1-\delta) > \overline{\pi} = 0. \tag{15}$$

La ecuación (15) indica que una tasa de cambio fija puede ser creíble sólo si la tasa inflacionaria que se obtendría en un régimen discrecional es suficientemente elevada para "desalentar" todo intento de devaluación. Utilizando (8), puede demostrarse que (15) requiere a su vez que $\gamma \geq 0.5$. Una tasa de cambio fija, bajo la información perfecta acerca de las preferencias de quien establece las políticas, es la estrategia óptima a condición de que los costos futuros de la mayor inflación no se descuenten suficientemente para que sean menores que la ganancia corriente de una depreciación de la tasa de cambio real resultante de una devaluación. La credibilidad requiere que los beneficios de una devaluación nominal a corto plazo se sacrifiquen a fin de asegurar la ganancia derivada de una inflación baja a largo plazo.[18]

VII.2.3. *Reputación, señalamiento y compromiso con la tasa de cambio*

Consideremos ahora cómo los factores de la reputación y las consideraciones del señalamiento pueden ayudar a mitigar el problema de la inconsistencia temporal afrontado por el hacedor de las políticas al escoger una política de tasa de cambio.[19]

Siguiendo a Rogoff (1989), supongamos que hay un continuo de tipos de hacedores de políticas que difieren en lo tocante al costo incurrido al dar marcha atrás a un compromiso de tasa de cambio fija. A medida que transcurre el

---

[18] Un aumento del grado de la "apertura" (medido por una reducción de δ) reduce la tentación de devaluar, porque incrementa el efecto de las modificaciones de la tasa de cambio sobre la inflación total, de modo que incrementa el castigo. Por lo tanto, es inequívocamente positivo el efecto neto de un aumento de la apertura sobre la credibilidad de la tasa de cambio.

[19] Agénor (1994a) ofrece una discusión más detallada de estas cuestiones.

tiempo, las creencias privadas se actualizan sobre la base de la política de tasa de cambio observada: entre más tiempo se adhiera quien hace las políticas a una tasa de cambio fija, menor será la tasa de devaluación esperada. Pero si se desvía una sola vez de la meta de la tasa de cambio fija, los agentes privados elevarán las expectativas de devaluación (hasta el nivel discrecional) para el futuro indefinido. Un proceso secuencial de este tipo lleva a los agentes a revisar continuamente hacia arriba el nivel de umbral del costo por debajo del cual suponen que el gobierno tendrá un incentivo para dar marcha atrás; a condición, por supuesto, de que no ocurra ninguna devaluación. En consecuencia, las expectativas de una devaluación tienden a bajar a través del tiempo. Aunque es posible que los agentes no descubran nunca el valor "verdadero" del costo asignado a la retractación de quien hace las políticas, el comportamiento de las expectativas crea un incentivo para comprometerse con una regla de tasa de cambio fija. La "reputación" se ve así como un mecanismo que conduce a una tasa de depreciación esperada progresivamente menor.[20] En este contexto, un gobierno que afronte un costo de retractación relativamente bajo podría verse tentado a devaluar en cuanto toma el poder. Pero si el horizonte de quien elabora las políticas es suficientemente largo, (o si la tasa de descuento es suficientemente elevada), la tentación de devaluar se reduce a causa de los costos resultantes de las elevadas expectativas de devaluación.

La implicación del análisis precedente es que incluso los que hacen las políticas y se preocupan por una meta de la balanza de pagos, pueden tender, al principio de su mandato, a actuar como si ese no fuese el caso, a fin de mantener la impresión (entre los agentes privados) de que la inflación es su meta primordial y, por lo tanto, reducir las expectativas. Sin embargo, los elaboradores de políticas de este tipo podrían devaluar cuando se aproxima el término de su mandato, tratando de mejorar la competitividad y elevar la producción. En este contexto puede "funcionar" una devaluación nominal mientras que el diseñador de las políticas mantenga la reputación de ser un fijador del tipo de cambio de su moneda respecto a otra, o mientras que el costo de la retractación del compromiso con la tasa de cambio no sea demasiado grande. El elemento decisivo del que depende este resultado es la falta de información del público acerca del gobernante: aunque las autoridades estén comprometidas a mantener una tasa de cambio fija, los agentes privados no pueden saberlo con certeza. En este contexto no se puede alcanzar la credibilidad completa. Sin embargo, esta línea de razonamiento sugiere también que los factores de la reputación pueden ayudar a mitigar el problema de la inconsistencia temporal. Un gobierno preocupado por una meta de balanza de pagos conserva

---

[20] En el marco de trabajo de Barro (1986), la reputación se define explícitamente en términos probabilísticos. Sin embargo, su modelo tiene la característica poco atractiva de involucrar una fase de estrategia de aleatoriedad por parte de quien elabora las políticas. Véase en Rogoff (1989) una discusión del análisis de Barro.

un incentivo para evitar el resultado discrecional al principio de su mandato porque de ese modo asegura un comportamiento de los precios más favorable por parte de los agentes privados.

Consideremos ahora una situación en la que sólo hay dos tipos de hacedores de políticas, quienes difieren en los pesos relativos que asignan a la meta "interna" (inflación) y la meta "externa" (la tasa de cambio real). Los del primer tipo, designados como elaboradores de políticas D ("devaluadores"), asignan un valor a la inflación baja y a una tasa de cambio real más depreciada. El segundo tipo, designado como elaboradores de políticas P de "peggers" o fijadores del tipo de cambio de su moneda respecto a otra, asigna una ponderación menor a la tasa de cambio real en su función de pérdidas. Los fijadores de precios no saben cuál es el tipo de gobierno que está actualmente en el poder, pero creen que es del tipo P. Con el paso del tiempo, los agentes privados observan la política de tasa de cambio y revisan su evaluación del tipo del hacedor de las políticas.

Cuando hay una información imperfecta acerca de las preferencias de quienes elaboran las políticas, como lo ha demostrado Vickers (1986), un hacedor de políticas que se preocupe más por la inflación podrá señalar esta preferencia al sector privado induciendo una recesión temporal. Los elaboradores de políticas que se preocupan relativamente más por la producción y el empleo no están dispuestos a soportar este costo, de modo que la señal transmite con éxito la preferencia de quien determina las políticas por la baja inflación. En el contexto del marco anterior, el análisis de Vickers sugiere que incluso un gobierno que se preocupe más por la inflación (es decir, un hacedor de políticas de tipo P) puede tener un incentivo menor para devaluar, contrariamente a lo que le parecería óptimo, con tal de señalar sus preferencias al público. Una forma en que el gobierno de tipo P podría revelar su identidad podría ser la selección de una política de tasa de cambio cuya reproducción no le parecería óptima al elaborador de políticas de tipo D. Por supuesto, tal política tendría un costo para el elaborador de políticas de tipo P, pero podría ser un instrumento de señalamiento creíble bajo ciertas circunstancias.

Supongamos, para simplificar, que el horizonte de la política económica está limitado a dos periodos. Pueden establecerse, sin dificultad, las condiciones precisas en las que el gobierno P se alejará de la respuesta óptima, de información perfecta, en el primer periodo, a fin de revelar correctamente su tipo (Agénor, 1994a). Devaluando por debajo de lo que consideraría óptimo, un gobierno antiinflacionario podrá señalar a los agentes privados, de inmediato e inequívocamente, su compromiso con la estabilidad de precios, y podrá obtener la ganancia de las menores expectativas inflacionarias en el segundo periodo.

El resultado anterior ofrece un argumento interesante en apoyo a un congelamiento de la tasa de cambio en los programas de estabilización, del tipo observado recientemente en muchos países latinoamericanos y en Israel (véase el capítulo X). La fijación de la tasa de cambio (o de manera más general, la reducción de la tasa de depreciación de la tasa de cambio) puede señalar con éxito el compromiso antinflacionario del hacedor de políticas, y así incrementar la credibilidad en un programa de estabilización. De hecho, una extensión del argumento sugiere que en última instancia podría ser benéfico que un gobierno *revalúe* su moneda para transmitir información inequívoca acerca de sus preferencias de política económica. Chile, por ejemplo, revaluó su moneda dos veces en 1977, tratando de demostrar la decisión del gobierno de combatir la inflación.

Sin embargo, hay algunas situaciones en las que las consideraciones del señalamiento no son importantes o son incapaces de mitigar el problema de inconsistencia temporal afrontado por los hacedores de políticas que operan bajo un régimen de tasa de cambio fija. De hecho, ambos tipos de elaboradores de políticas pueden tener una tasa elevada de preferencia por el tiempo, en cuyo caso las soluciones óptimas obtenidas bajo la información perfecta y las preferencias inciertas podrían no diferir mucho entre sí. Intuitivamente, esto ocurre porque los diseñadores de políticas del tipo D tienen un incentivo reducido para disfrazarse como de tipo P. Si los fijadores de precios entienden que el futuro está fuertemente descontado, los hacedores de políticas P no necesitan enviar una señal muy "fuerte" para distinguirse de los hacedores de políticas de tipo D. Otra situación, que a menudo es relevante para los países en vías de desarrollo, puede ser que, al implantar un programa antinflacionario, un país afronte un gran déficit de cuenta corriente y una restricción financiera. Si el déficit es insostenible y así lo perciben los agentes privados, una tasa de depreciación "elevada" parecerá inevitable y minará todo intento de señalamiento. Por último, hay otros procedimientos para que un gobierno de tipo P envíe señales que permitan al público identificar claramente sus preferencias: tales señales pueden enviarse por la vía de la remoción de los controles del capital, una reducción drástica del déficit presupuestario, o la designación de un banquero central "conservador". Los beneficios y los costos de estrategias de señalamiento alternativas se discutirán más ampliamente en el capítulo XII, en el contexto de los programas antinflacionarios.

VII.2.4. *Efectos de credibilidad de las uniones monetarias*

Un procedimiento alternativo para dotar de credibilidad a un régimen de tasa de cambio fija (y señalar el compromiso de quien establece las políticas con la baja inflación) consistiría en que las autoridades renunciaran a su poder de alterar la tasa de cambio. De hecho, esto podría lograrse formando una unión monetaria bajo la cual un grupo de países adoptan una moneda común y fijan su paridad frente a una moneda principal; para los países en vías de desarrollo, la Zona del Franco CFA, el Área Monetaria Común (que comprende a Sudáfrica, Lesotho, Namibia y Swazilandia) y el Área Monetaria del Caribe Oriental ofrecen ejemplos de tal arreglo.[21] Un procedimiento para que un gobierno establezca la credibilidad de una política antinflacionaria es la designación de un banquero central "conservador", que sienta gran aversión por la inflación (Rogoff, 1985). Se ha sostenido que la participación en una unión monetaria desempeña un papel equivalente: permite que los países miembros designen a un banquero central "fuerte", estableciendo la credibilidad mediante la conexión de la política monetaria de un país con las preferencias antinflacionarias del banco central dominante. Por lo tanto, al "atarse las manos" uniéndose a un arreglo de tasa de cambio fija, los hacedores de políticas que son considerados "débiles" pueden combatir las expectativas inflacionarias con mayor eficacia (Giavazzi y Pagano, 1988). En estas circunstancias, puede ser conveniente que las autoridades adopten un arreglo institucional que imponga grandes costos —políticos o de otra clase— a la retractación de tal compromiso previo. El punto general importante, destacado en esta línea de razonamiento, es que, para ser creíbles, tales arreglos monetarios deberán basarse en características institucionales que vuelvan costosa la alteración de la tasa de cambio.

Sin embargo, hay algunos costos asociados a la renuncia al empleo de la tasa de cambio como un instrumento de la política económica, sobre todo cuando hay grandes embates externos. La credibilidad del compromiso de un país con las "reglas del juego" de una unión monetaria, y por ende la medida en que la participación en una unión pueda superar los problemas de la inconsistencia temporal, debe depender de la naturaleza de tales costos. Examinaremos brevemente estas cuestiones extendiendo el modelo desarrollado previamente para captar las restricciones institucionales y macroeconómicas impuestas por un arreglo monetario internacional.

Supongamos que un país debe decidir si mantendrá o no fija su tasa de cambio en el marco de una unión monetaria con su principal socio comercial.[22] Supongamos, además, que la inflación del país socio es positiva (es decir, $\pi_T^* > 0$). Tanto el hacedor de políticas como los agentes privados se enteran de los cambios ocurridos en los precios extranjeros inmediatamente después del hecho, y por consiguiente toman sus decisiones. Para simplificar, sea $d_N \equiv 0$. La solución discrecional ahora está dada por

$$\tilde{\pi}_N = \kappa/\Omega \geq 0, \tag{16}$$

$$\tilde{\varepsilon} = \kappa/\Omega - \pi_T^* 0, \tag{17}$$

---

[21] Sin embargo, sigue siendo materia de controversia que estas zonas monetarias puedan considerarse óptimas. Por ejemplo, véase en Boughton (1993) una discusión del carácter óptimo de la Zona del Franco CFA.

[22] Se supone que el país extranjero no afronta problemas de inconsistencia temporal.

que nos da una tasa inflacionaria global igual a

$$\tilde{\pi} = \tilde{\pi}_N = \kappa/\Omega, \tag{18}$$

y una tasa de cambio real constante $\left(\tilde{\varepsilon} + \pi_T^* - \tilde{\pi}_N = 0\right)$. La pérdida consiguiente para el que hace las políticas es

$$\tilde{L}^g = \lambda(\kappa/\Omega)^2/2. \tag{19}$$

Si las autoridades deciden mantener una tasa de cambio nominal fija, y si los fijadores de precios asumen su compromiso con tal política ($\bar{\varepsilon} = 0$, $\bar{\pi}_N = \bar{\pi} = \pi_T^*$, de modo que $\bar{\varepsilon} + \pi_T^* - \bar{\pi}_N = 0$), la función de pérdida es igual a

$$L^g = \lambda(\pi_T^*)^2/2. \tag{20}$$

Una comparación de las ecuaciones (19) y (20) revela que la pérdida bajo un compromiso (creíble) para mantener la tasa de cambio fija es mayor que bajo la discreción cuando $\pi_T^* > \kappa/\Omega$, en cuyo caso el gobierno podría optar por retractarse de su compromiso con una paridad fija. Cuando el choque del precio extranjero es pequeño, su impacto inflacionario directo es limitado, y es también pequeña la tasa de apreciación de la tasa de cambio nominal requerida para contrarrestar su impacto en el régimen discrecional. Si el compromiso con la tasa de cambio fija es creíblemente aplicado, la tasa de apreciación de la tasa de cambio real es la misma bajo ambos regímenes. Pero el efecto global de la inflación sobre el compromiso previo es π_T^* (porque los precios de los bienes no comerciables se ajustan hacia arriba), mientras que bajo la discreción es κ/Ω.

El análisis sugiere que, para un hacedor de políticas preocupado por la inflación y la competitividad, la conveniencia del "atado de manos" como una solución para el problema de la inconsistencia temporal depende de ante quién se aten las manos. Cuando los miembros de la unión tienen tasas inflacionarias estables y bajas, el compromiso previo con una tasa de cambio fija podría ayudar a demostrar la decisión nacional de mantener la disciplina financiera. Pero cuando la economía está sujeta a grandes choques nominales, la ganancia de la credibilidad podría verse superada por el costo de la pérdida de autonomía.

En la práctica, los arreglos de tasa de cambio que involucran una adhesión por lo general incluyen una "cláusula de escape" o un mecanismo de contingencia que permite a los miembros desviarse de la paridad declarada bajo circunstancias excepcionales.[23] A fin de examinar esta cuestión en el contexto

---

[23] Tenemos un ejemplo en el sistema de Bretton Woods. Flood e Isard (1989) han discutido las

actual, supongamos que π_T^* es ahora una variable aleatoria que sigue una distribución uniforme a lo largo del intervalo $(0, c)$ y que ello se advierte *después* de que los agentes privados toman sus decisiones de precios. Supongamos también que el país en cuestión mantiene una paridad fija cuando los embates de los precios extranjeros son "pequeños", pero se le permite alterar la tasa de cambio fija discrecionalmente si el embate de los precios extranjeros es "grande". Por lo tanto, la probabilidad de que el mecanismo de contingencia sea invocado es entonces $q = \Pr(\pi_T^* \geq \mu)$ donde $0 \leq q \leq 1$, y μ denota un umbral dado. Bajo el supuesto referente a la distribución de π_T^* esta probabilidad está dada por

$$q = \Pr(\pi_T^* \geq \mu) = \int_\mu^c (1/c) d\pi_T^* = (c - \mu)/c. \tag{21}$$

Los fijadores de precios se forman expectativas antes de que ocurra el embate de los precios extranjeros. Si están conscientes de la regla de política económica aplicada por las autoridades, la tasa de depreciación esperada de la tasa de cambio estará dada por

$$\varepsilon^a = qE(\varepsilon | \pi_T^* \geq \mu) + (1 - q) \cdot 0,$$

o bien[24]

$$\varepsilon^a = \frac{q}{1 + \upsilon q}(\kappa - \Omega \overline{\pi}_T^*), \tag{22}$$

donde $\overline{\pi}_T^* = (\pi_T^* | \pi_T^* \geq \mu) = (c + \mu)/2$. Supongamos que, en aras del argumento, $\overline{\pi}_T^* \leq \kappa/\Omega$, de modo que $\varepsilon^a \geq 0$. La ecuación (22) indica que, cuando $q = 0$, la tasa de depreciación esperada es también cero. En cambio, cuando $q = 1$, la tasa de depreciación esperada es $\varepsilon^a = \kappa/\Omega - \overline{\pi}_T^*$, una solución que puede interpretarse como la tasa que prevalecería en el régimen puramente discrecional examinado antes con una tasa estocástica de inflación extranjera.[25] En general, mientras haya una probabilidad positiva menor que para que se invoque el mecanismo de contingencia, la tasa de depreciación esperada será menor que bajo la discreción pura porque $q < 1$. Cuando se activa la cláusula de escape, la política de tasa de cambio discrecional está dada por[26]

propiedades de las reglas de la política monetaria que combinan los mecanismos discrecionales con los manipulados por el gobierno.

[24] Minimizando las ecuaciones (2) y (3) con $d_N = \Theta = 0$ en lo tocante a π_N y ε, respectivamente, y sustituyendo a π_N en la primera ecuación, obtenemos $\varepsilon = \kappa - \upsilon \varepsilon^a - \Omega \pi_T^*$. Tomando la expectativa condicional de esta ecuación y despejando ε^a, obtenemos la ecuación (22).

[25] En términos estrictos, es la expectativa incondicional de la tasa de inflación extranjera (antes que π_T^*) lo que determina la tasa de la devaluación esperada en el régimen puramente discrecional. Sin embargo, la diferencia es pequeña si c es grande y puede omitirse para simplificar.

[26] La ecuación (23) se obtiene sustituyendo la ecuación (22) en la ecuación derivada antes para ε, $\varepsilon = \kappa - \upsilon \varepsilon^a - \Omega \pi_T^*$.

$$\tilde{\varepsilon} = \frac{\kappa + \Omega \upsilon q \bar{\pi}_T^*}{1 + \upsilon q} - \Omega \pi_T^*, \tag{23}$$

que es menor que el valor que prevalecería bajo la discreción pura (que se obtiene haciendo $q = 1$ en la ecuación (23)), porque las expectativas de devaluación son menores. Una implicación de la ecuación (23) es que, entre mayor sea q —o equivalentemente, entre menor sea μ—, más eficaz será el mecanismo de contingencia para mitigar el sesgo devaluatorio del régimen discrecional ($\partial \tilde{\varepsilon} / \partial q < 0$). Sin embargo, un valor elevado de q genera costos reales cuando los embates de los precios extranjeros son "pequeños". Para ilustrar este resultado, adviértase que, en un régimen puramente discrecional, la modificación *efectiva (ex post)* de la tasa de cambio real está dada, utilizando (22) y (23) con $q = 1$ y observando que $\tilde{\pi}_N = \varepsilon^a + \pi_T^*$,

$$\tilde{\varepsilon} + \pi_T^* - \tilde{\pi}_N = -\Omega(\pi_T^* - \bar{\pi}_T^*), \tag{24}$$

que refleja esencialmente los cambios inesperados de la tasa de inflación extranjera. En cambio, en un régimen donde existe la posibilidad de invocar un mecanismo de escape, la tasa efectiva de depreciación de la tasa de cambio real se determina por la magnitud del choque de los precios extranjeros. Si el valor realizado de π_T^* es suficientemente grande para activar el mecanismo de contingencia, las ecuaciones (18) y (19) implican

$$\tilde{\varepsilon} + \pi_T^* - \tilde{\pi}_N = \frac{\kappa(1-q) + q\Omega^2 \pi_T^*}{(1 + \upsilon q)} - \Omega \pi_T^*, \tag{25}$$

lo que indica (por comparación con (24)) que la tasa real de la depreciación es menor que bajo la discreción pura. Sin embargo, si π_T^* resulta ser "pequeño", las autoridades mantendrán fija la tasa de cambio nominal. En este caso, la modificación de la tasa de cambio real estará dada por $(\pi_T^* - \tilde{\pi}_N)$, es decir, $-\varepsilon^a$. La ecuación (22) indica así que, en "circunstancias normales", una alta probabilidad de la utilización del mecanismo de contingencia puede tener un efecto negativo sobre la competitividad, porque los precios de los bienes no comerciables se fijan a un nivel que podría ser mayor que el que tendrían si $\varepsilon^a = 0$. Por lo tanto, esto sugiere que, para que los mecanismos de escape puedan considerarse como parte de un arreglo de tasa de cambio, q no debe ser "demasiado elevada"; es decir, el umbral por encima del cual se permite un ajuste discrecional de la tasa de cambio no debe ser excesivamente bajo.

VII.3. Bandas de tasas de cambio

VII.3.1. *Justificación de las bandas de tasas de cambio*

Cuando la tasa de cambio se determina oficialmente, desempeña papeles macroeconómicos dobles que a menudo entran en conflicto entre sí. En general, como se destacó en la sección anterior, los cambios de la tasa de cambio nominal incluyen sobre el nivel de precios de la economía y sobre su tasa de cambio real. Pueden surgir conflictos potenciales de la política económica cuando un cambio dado en la tasa de cambio nominal hace que una de estas variables se mueva en la dirección deseada por los gobernantes, y el otro en la dirección contraria. Como vimos antes, un ejemplo familiar consiste en una devaluación nominal realizada para facilitar la depreciación de la tasa de cambio real, lo que simultáneamente tiene el efecto no deseado de incrementar el nivel de precios internos.

Este dilema de la política económica es bastante general, ya que surgirá siempre que se fije en la economía alguna otra variable nominal, de modo que no haya dicotomía entre los sectores reales y nominales de una economía. Aun cuando los precios internos sean plenamente flexibles, de modo que el ajuste de los precios relativos pueda ocurrir sin cambios en la tasa de cambio nominal —es decir, mediante cambios en los precios nominales de los bienes no comerciables—, no serán generalmente independientes los papeles nominales y reales de la tasa de cambio nominal. La razón es que en este caso el valor del nivel de precios interno puede influir indirectamente sobre el precio relativo de equilibrio de los bienes comerciables —por lo menos a corto plazo— a través de los efectos de riqueza (operando a través de componentes de la riqueza privada tales como la base monetaria y la deuda gubernamental no indizada). El conflicto surge en una forma más aguda aun cuando los precios de los bienes internos no comerciables son rígidos. En tales circunstancias, el logro de ajustes en la tasa de cambio real, al mismo tiempo que se conserva el papel de ancla nominal de la tasa nominal, podría requerir cambios indeseables en el nivel de los precios internos (para lograr una apreciación real) o un renacimiento temporal de la actividad económica (para lograr una depreciación real).

Los regímenes de tasa de cambio extremos del libro de texto, de tasas de cambio fijas y flexibles, optan esencialmente por uno de estos objetivos de la política económica a expensas del otro. Bajo tasas de cambio fijas, se utiliza la tasa de cambio nominal para proveer un ancla nominal para la economía, y los ajustes de los precios relativos utilizan el mecanismo de salarios y precios internos. Bajo tasas de cambio flexibles, la tasa de cambio nominal provee el ajuste de los precios relativos, mientras que la oferta monetaria provee el ancla nominal de la economía. Por supuesto, en las formas puras de estos arreglos (es decir, las juntas monetarias y las tasas flexibles con metas de oferta monetaria) no se administra activamente la tasa de cambio, y por lo tanto deja de funcionar como un instrumento de la política económica. Así pues, en tales casos se atiende el conflicto potencial de la política económica mediante la elección de régimen. Sin embargo, los países que administran activamente las tasas de cambio deben afrontar este dilema de la política económica, y cada vez en mayor medida han tratado de forjar mecanismos institucionales que preserven cierto grado de flexibilidad de la tasa de cambio a fin de promover el ajuste de los precios relativos, al mismo tiempo que conserven el papel de la tasa de cambio como un ancla nominal.

Las bandas de tasas de cambio anunciadas son uno de tales mecanismos que han sido adoptados por varios países en vías de desarrollo en años recientes. Este arreglo implica el anuncio de una paridad central, administrada ella misma en alguna medida, junto con un intervalo de fluctuación alrededor de esa paridad. El compromiso implícito de las autoridades es una intervención activa en los márgenes de la banda, a fin de impedir que la tasa de cambio se salga de tales márgenes. La implantación de una banda requiere también la adopción de un conjunto de reglas que guíen la intervención en el mercado de divisas —si es que hay alguna— dentro de la banda.

Combinando algunas características de las tasas de cambio fijas y flexibles, las bandas tratan de combinar las virtudes de ambos sistemas. Por comparación con las tasas de cambio fijas (es decir, las paridades sin bandas), las bandas de tasas de cambio permiten que la tasa de cambio facilite los ajustes *temporales* de los precios relativos y preserve cierto grado de autonomía monetaria, cuya magnitud depende del ancho de la banda. La materialización de estos beneficios depende de cómo se administre la banda. Si las autoridades tratan de mantener la tasa de cambio muy cerca de la paridad central, o permiten que se estanque en el tope o el fondo de la banda, ésta se comportará como una tasa de cambio fija, con respecto a los ajustes de los precios y a la autonomía monetaria. Por comparación con las tasas completamente flexibles (es decir, las "bandas" no efectivas sin paridades centrales), las bandas de tasas de cambio pueden en principio proveer un ancla nominal para el nivel de los precios internos, así como limitar el intervalo de fluctuación de las tasas de cambio nominales. De nuevo, el logro de estos dos objetivos depende de cómo se administren las bandas. Si se especifica la paridad central en términos del comportamiento de la tasa de cambio *real*, por ejemplo, el ancla nominal de la economía tendrá que ser provista por la oferta monetaria, como en el caso de las tasas flexibles. Por otra parte, el éxito de la banca en la estabilización de la tasa de cambio depende de su credibilidad.

El análisis clásico del efecto estabilizador que una banda de tasa de cambio creíble puede ejercer sobre las fluctuaciones de la tasa de cambio fue aportado por el modelo de la zona de meta de Krugman. Krugman (1991) demostró que una banda que sea perfectamente creíble y para la que ocurre la intervención sólo en el margen superior y el margen inferior, tenderá a exhibir un *efecto de luna de miel;* es decir, para un valor dado de los "fundamentales", la tasa de cambio nominal se aproximará a la partida central más de lo que ocurriría con tasas de cambio flexibles aun sin intervención, lo que significa que la presencia de la banda anunciada es por sí misma estabilizadora.[27] La razón de este resultado es que, cerca de los límites de la banda, incluso con un cambio esperado de cero en los fundamentales, la probabilidad de la intervención para impedir el movimiento fuera de la banda hará que los agentes esperen que la tasa de cambio revierta hacia la paridad central, esencialmente porque se permitirá que se realice plenamente un movimiento en la tasa de cambio, impulsado por los fundamentales, que tiende tener este efecto (es decir, que impulsa la tasa de cambio hacia la paridad central), mientras que no se permitirá un movimiento que tenga el efecto opuesto (es decir, que tienda a impulsar a la tasa de cambio hacia fuera de la banda). Tal expectativa restringirá por sí misma las fluctuaciones de la tasa de cambio. Krugman demuestra también que la sensibilidad de la tasa de cambio ante los fundamentales disminuye a medida que la tasa de cambio se aproxima a los límites de la banda (una propiedad conocida como la *pega suave).*[28] Así pues, de acuerdo con el modelo de Krugman, en una situación en la que sería lineal la relación existente entre la tasa de cambio y los fundamentales, el anuncio de una banda le daría por el contrario una forma de *S* (véase la gráfica VII.9 en el apéndice), quedando la tasa de cambio debajo del valor correspondiente de la tasa flexible cuando los cambios en los fundamentales la impulsen por encima de la paridad central, y por encima del valor de la tasa flexible cuando los cambios de los fundamentales lo impulsen por debajo de la paridad central. La conclusión de esto es que la implantación de una banda creíble tenderá por sí misma a ejercer un efecto estabilizador sobre los movimientos de la tasa de cambio.

VII.3.2. *Las bandas y la credibilidad de la política monetaria*

Aparte de la credibilidad de la banda misma, otra cuestión es cómo afecta la implantación de una banda (creíble) al problema de Barro-Gordon examina-

---

[27] El en apéndice de este capítulo aparece una breve descripción formal del modelo de zona de meta de Krugman.

[28] Esta propiedad surge porque, a medida que la tasa de cambio se aproxima a los márgenes de la banda, el cambio esperado en los fundamentales se vuelve discontinuo (debido al hecho de que la intervención esperada —ella misma un fundamental— contrarresta los efectos de otros fundamentales que tenderían a empujar a la tasa de cambio hacia fuera de la banda), mientras que el cambio esperado en la tasa de cambio no puede ser discontinuo (de otro modo se crearían oportunidades de arbitraje). Esto significa que la tasa de cambio debe ser insensible a los fundamentales en los márgenes de la banda (véase Svensson (1992)).

do antes en este capítulo. Específicamente, la cuestión es la siguiente: si el "atarse las manos" pegándose a una moneda de inflación baja puede hacer creíble una política antinflacionaria, evitando así el resultado discrecional socialmente inferior, ¿se perderá este resultado benéfico cuando se remplaza una tasa de cambio fija por una banda?

Sólo recientemente ha empezado a ocuparse de esta cuestión la literatura de la zona de meta, porque la investigación basada en el modelo de la zona de meta de Krugman tendía a restringir el alcance de la política monetaria a la administración de la banda (alterando los fundamentales en los márgenes para salvaguardar la banda o realizando una intervención intramarginal bajo la forma de "recostarse contra el viento"). Para considerar las implicaciones de una banda para la credibilidad antiinflacionaria de la política monetaria es necesario modelar esta última como dirigida hacia los objetivos convencionales de Barro-Gordon (es decir, permitir que las autoridades monetarias se comporten estratégicamente), constreñido por los requerimientos del mantenimiento de la banda, en lugar de los del mantenimiento de una tasa de cambio absolutamente fija.

Un ensayo reciente de Coles y Philippopoulos (1997) ha generalizado el análisis de Barro-Gordon al caso de las bandas. Sostienen estos autores que en este contexto las estrategias óptimas de la política monetaria dependen de la posición de la tasa de cambio dentro de la banda. Consideran dos casos: un caso determinista en el que la tasa inflacionaria del país socio no es estocástica, y un caso en el que la tasa inflacionaria del país "central" está sujeta a choques aleatorios. En el caso determinista, surge el resultado típico de Barron-Gordon cuando la tasa de cambio se encuentra inicialmente dentro de la zona de meta; es decir, las autoridades monetarias inflan en exceso hasta que la tasa de cambio alcance el margen superior de la banda. Una vez allí, la inflación nacional se iguala a la inflación extranjera, como bajo las tasas de cambio fijas. Este resultado sugiere que, desde la perspectiva de la resolución de los problemas de inconsistencia temporal, una zona de meta sería inferior a una tasa fija con bandas muy estrechas. Sin embargo, esta conclusión no se aplica al caso en el que el país socio experimenta choques inflacionarios estocásticos. La razón es que, si el país central experimenta un choque inflacionario negativo, esto podría restringir a la inflación interna al mover la tasa de cambio inmediatamente al tope de la banda, mientras que si experimenta un choque inflacionario positivo, la economía interna no tiene que seguirla necesariamente (como ocurriría bajo una tasa de cambio fija), porque la tasa de cambio puede apreciarse en el interior de una banda suficientemente amplia (y lo haría efectivamente si la tasa inflacionaria extranjera supera al "sesgo inflacionario" interno de Barro-Gordon). Coles y Philippopoulos demuestran que, frente a una inflación inestable del país socio, una banda tendería a estabilizar la tasa inflacionaria interna en relación con lo que ocurriría bajo tasas de cambio fijas, de modo que podría dominar a las tasas de cambio fijas y flexibles en lo tocante al bienestar.

VII.3.3. *Experiencia con las bandas de tasas de cambio*

Así pues, en teoría las bandas creíbles tienen el potencial de estabilizar las fluctuaciones de la tasa de cambio, en relación con lo que se observaría bajo tasas de cambio flexibles, así como para estabilizar la inflación interna en relación con lo que se observaría bajo tasas de cambio fijas. ¿Cómo han actuado las bancas de tasas de cambio en la práctica de los países en vías de desarrollo? Muchos de tales países han adoptado bandas en los últimos años. Los ejemplos más prominentes han sido Chile (1985), Israel (1989), México (1989) y Colombia (1991), pero también se han implantado bandas en Indonesia (1994), Brasil (1995), Ecuador (1994) y otros países.[29] A menudo se han implantado estas bandas tras la introducción de programas de estabilización basados en la tasa de cambio. Por lo tanto, representan la etapa de "flexibilización" de tales programas. Mientras que muchas de estas bandas comparten esta base común, las elecciones hechas por países individuales para la administración de sus bandas han sido diferentes. Estas elecciones cubren cinco dimensiones:

1. La definición de la paridad central debe enunciarse en términos de alguna moneda o canasta de monedas, de modo que la primera elección que debe hacerse se refiere a la composición monetaria de la canasta de referencia.
2. Si la tasa de inflación interna supera a la tasa de inflación de los socios comerciales y se espera que continúe haciéndolo, una paridad central inalterablemente fija no será una opción, y deberá elegirse entre los realineamientos discretos frecuentes de la paridad central y la adopción de una paridad central reptante.
3. Debe determinarse el modo del acomodo de la paridad central a choques permanentes que afecten a los determinantes "fundamentales" de la tasa de cambio real de equilibrio. Aparte de la identificación del conjunto relevante de fundamentales y la duración esperada de los cambios de estas variables, esto requiere también la cuantificación de la medida del ajuste requerido en la tasa de cambio real y el diseño de la ruta de ajuste para la paridad central.
4. Deberá determinarse el intervalo de fluctuación permitido de la tasa de cambio alrededor de la paridad central (es decir, el ancho de la banda).

---

[29] La experiencia de estos países ha sido reseñada por Helpman, Leiderman y Burman (1994); y Williamson (1996).

5. Por último, deberán establecerse las reglas que gobernarán la intervención en las divisas dentro de las bandas.

En el resto de esta sección evaluaremos las experiencias de varios de estos países (Chile, Colombia, Indonesia y México) con la administración de las bandas de tasas de cambio. Empezaremos por describir las elecciones que han tomado los países operadores de bandas en lo tocante a cada una de las cuatro cuestiones antes listadas; luego resumiremos las elecciones de la experiencia con las bandas de tasas de cambio.

VII.3.3.1. *La paridad central*

Todos los países antes mencionados han adoptado una paridad central reptante, una característica decisiva de las bandas de los países en vías de desarrollo que las distingue de las paridades nominales fijas que han caracterizado al Mecanismo Europeo de Tasa de Cambio. Pero las reglas que gobiernan el comportamiento de la paridad central han diferido entre los países.

La banda de tasas de cambio de *Chile* no empezó como una banda, sino como una pega reptante adoptada como parte de una nueva estrategia macroeconómica tras la crisis financiera experimentada por ese país en 1982. La crisis había surgido en parte por la existencia de una tasa de cambio real gravemente sobrevaluada, y con la pega reptante se intentaba salvaguardar la competitividad. Cuando se adoptó por primera vez la pega reptante en septiembre de 1982, la paridad central se fijó originalmente en términos del dólar estadunidense. Así permaneció la paridad central en términos de una canasta de monedas, con pesos de 45% para el dólar estadunidense, 30% para el marco alemán y 25% para el yen japonés. El cambio a una canasta reflejaba un esfuerzo por estabilizar la tasa de cambio real frente a las ilustraciones del valor internacional del dólar, así como para añadir incertidumbre a la tasa de cambio nominal a fin de desalentar las entradas de capital especulativas. Desde que se implantó la banda, se ha ajustado continuamente la paridad central, con depreciaciones diarias previamente anunciadas para el mes siguiente, determinadas en función de la diferencia existente entre la tasa inflacionaria interna *efectiva* durante el mes anterior y un pronóstico de la inflación extranjera durante el mes siguiente. Adviértase que, en virtud de que esto significa que la banda se especificaba esencialmente en términos "reales" (es decir, tratar de estabilizar la tasa de cambio real, antes que la nominal), la implicación es que la banda chilena no se utilizaba para proveer a la economía de un ancla nominal.[30] El ancla nominal era provista por la política monetaria.

---

[30] En el siguiente capítulo se discutirá la fijación de metas para la tasa de cambio real.

Además de estos ajustes continuos, se han implantado en Chile periódicas devaluaciones y revaluaciones discretas de la paridad central, como un reflejo de los cambios percibidos en los "fundamentales", asociados por ejemplo a las entradas de capital durante el decenio de 1990 (véase el capítulo XV). En enero de 1992 se realizó una revaluación discreta de 5%, y otra de 10% en noviembre de 1994. En ambos casos se revaluó la paridad cuando la moneda había pasado buen tiempo cerca del fondo de la banda. Como se muestra en la gráfica VII.4, tras de lo que resultó ser un "efecto tequila" relativamente efímero proveniente de la crisis mexicana de diciembre de 1994, disipada a principios de 1995, la tasa de cambio chilena volvió a su comportamiento anterior a la revaluación.[31] Cuando el valor internacional del dólar estadunidense empezó a aumentar a mediados de 1995, la paridad central chilena (que daba al marco y al yen un peso combinado de 55%) empezó a depreciarse, y la tasa de cambio se movió rápidamente hacia la mitad inferior de la banda. Durante la segunda mitad de 1996, la tasa de cambio se mantuvo consistentemente en el fondo de la banda. A principios de 1997, esto detonó otra revaluación.

En diciembre de 1995 se implantó un tipo de acomodo diferente a los cambios de los "fundamentales", cuando el Banco Central anunció que la tasa del deslizamiento se fijaría en el futuro a 2% por despojo del diferencial inflacionario, estableciendo así una tendencia a la apreciación secular de la tasa de cambio real. Esto trataba de contrarrestar un diferencial de la productividad favorable para Chile, y mantener así la tasa de cambio real alineada con su valor de equilibrio, como lo sugiere el efecto de Balassa-Samuelson.[32]

Colombia había mantenido un sistema de pega reptante o deslizante desde 1967 hasta 1991, el cual trataba esencialmente de estabilizar la tasa de cambio real. A principios del decenio de 1990, el país empezó a recibir grandes entradas de capital, las cuales estabilizó a un costo sustancial tratando de mantener la competitividad. A fin de reducir el costo de la esterilización, en junio de 1991 se introdujo un sistema por el que los vendedores de divisas recibían certificados de divisas (llamados *certificados de cambio*) en lugar de moneda nacional. Estos certificados podían redimirse en el banco central a la tasa de cambio prevaleciente a la sazón menos un descuento de 12.5%, conservarse hasta el vencimiento (originalmente tres meses, pero ampliado a un año en noviembre de 1991), o venderse por moneda nacional en un mercado libre. Las opciones de redención en el banco central introducían esencialmente una banda *de facto* para la tasa de cambio (definida como el valor en pesos de un dólar de *certificados)*. Una banda formal remplazó finalmente al sistema de

---

[31] En el capítulo XVII se discutirán la crisis mexicana de diciembre de 1994 y el "efecto tequila" asociado.
[32] El efecto de Balassa-Samuelson sugiere que los choques positivos de la productividad en el sector de bienes comerciados serían acompañados de una apreciación de la tasa de cambio real.

GRÁFICA VII.4. *Tasa de cambio nominal y bandas de intervención
en Chile, enero de 1995-julio de 1997
(pesos por dólar estadunidense)*

FUENTE: Fondo Monetario Internacional.

certificados en enero de 1994. La banda se estableció en relación con el dólar estadunidense y se implantó con una paridad central deslizante. La paridad central se fijó inicialmente igual a la tasa de cambio prevaleciente en la fecha en que se implantó la banda (24 de enero de 1991), lo que implicaba una revaluación cercana al 5%, porque esa tasa se encontraba cerca del margen inferior de la banda implícita de los *certificados*. La tasa inicial del deslizamiento se fijó en 11%, a fin de contrarrestar poco menos que la diferencia existente entre la inflación interna y la extranjera, permitiendo una apreciación real gradual en respuesta a las entradas de capital. A causa de continuas presiones provocadas por tales entradas, en diciembre de 1994 se revaluó la paridad central en 7%, fijándola de nuevo a la tasa prevaleciente en la fecha relevante, cuando la tasa de cambio se encontraba en el margen inferior de la banda, y su tasa de depreciación se aumentó a 13.5%, a fin de impedir cualquier apreciación real adicional. Como se muestra en la gráfica VII.5, el comportamiento subsecuente de la tasa de cambio dentro de la banda concuerda bastante bien

GRÁFICA VII.5. *Tasa de cambio nominal y bandas de intervención*
en Colombia, octubre de 1994-octubre de 1996
(pesos por dólar estadunidense)

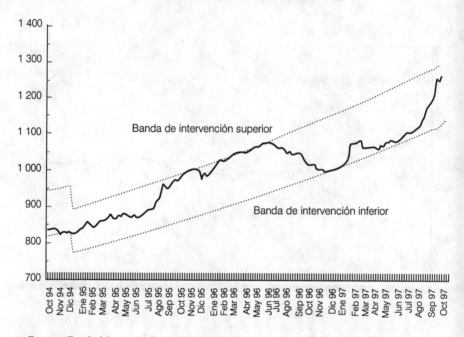

FUENTE: Fondo Monetario Internacional.

con la distribución en forma de U pronosticada por el modelo de zona de meta de Krugman. Las incertidumbres políticas surgidas a mediados de 1995 empujaron rápidamente a la tasa de cambio hacia el tope de la banda, donde permaneció cerca de un año. Luego, las presiones continuas de las entradas de capital movieron la tasa muy rápidamente hacia el fondo de la banda, lo que sugiere que los márgenes han sido efectivos en Colombia durante la mayor parte de este periodo.

La implantación de una banda de tasas de cambio en *Indonesia* fue comparativamente más reciente. Las autoridades indonesias lograron una sustancial depreciación real efectiva de la rupia a mediados del decenio de 1980, luego del estallamiento de la crisis internacional de la deuda. Desde entonces, la administración de la tasa de cambio se ha conectado al mantenimiento de la competitividad externa. De acuerdo con este objetivo, la tasa de cambio ha sido administrada mediante la utilización de una pega deslizante, depreciando la tasa de cambio nominal para mantener la tasa de cambio real a un nivel competitivo al contrarrestar un diferencial inflacionario que había sido desfavorable para Indonesia durante todo el periodo. El resultado fue una tasa de cambio real efectiva muy estable desde 1988 hasta el estallamiento de la crisis monetaria asiática en julio de 1997 (véase el capítulo XVI). En enero de 1994 se dio un primer paso para fortalecer la flexibilidad de la tasa de cambio mediante la introducción de una banda. La intervención del banco central en la tasa de cambio por medio de una banda se amplió de 10 a 20 rupias, permitiendo un intervalo de fluctuación cercano a 1% a ambos lados de la paridad central. La banda subsistió hasta agosto de 1997, cuando se eliminaron los márgenes de la intervención (véase la gráfica VII.6). Durante todo este periodo se fijó la paridad central en relación con una canasta de monedas no anunciada, y siguió depreciándose de acuerdo con los diferenciales inflacionarios, continuando la política de estabilización de la tasa de cambio real efectiva.

Mientras que la administración de las paridades centrales en las bandas de Chile y de Indonesia buscaba la competitividad, la banda de tasas de cambio aceptada por *Israel* buscaba la estabilización del nivel de precios desde su iniciación. La banda israelí surgió del programa de estabilización "heterodoxa" de ese programa. Israel fijó inicialmente la nueva tasa de cambio *(shekel)* siclodólar como parte del programa de estabilización en julio de 1985. Pero en agosto del año siguiente empezó a especificarse la paridad central en términos de una canasta de las monedas de los principales socios comerciales de Israel. Mientras que la tasa inflacionaria pudo reducirse, la convergencia hacia los niveles internacionales fue lenta, y la apreciación asociada de la tasa de cambio real condujo a devaluaciones discretas en 1987 y 1988.

En enero de 1989 se introdujo una banda formal con márgenes de fluctuación de ± 3%. En la gráfica VII.7 se muestra el comportamiento de la tasa de cambio dentro de esta banda. Hubo devaluaciones en el contexto de esta banda "horizontal" (es decir, no deslizante) en junio de 1989, en marzo y septiembre de 1990, y en marzo de 1991. En diciembre de 1991 se abandonó la banda "horizontal" y se permitió el deslizamiento de la paridad central. Pero al revés de lo que ocurriera en Chile, la tasa del deslizamiento se fijó en una tasa anual determinada por la diferencia existente entre la tasa inflacionaria *buscada* por el gobierno para el año siguiente y un pronóstico de la inflación extranjera. Como la inflación bajó en Israel, la tasa del deslizamiento se redujo correspondientemente.

Como en Chile, se ajustó discretamente la banda del deslizamiento de acuerdo con las percepciones de los cambios ocurridos en la tasa de cambio real de equilibrio subyacente. En el caso de Israel, estas percepciones tendían a asociarse a la liberalización comercial. En noviembre de 1992, julio de 1993 y mayo de 1995 (gráfica VII.7) se realizaron pequeñas devaluaciones discretas.

La adopción de una banda en *México* respondió a una sobrevaluación percibida de la moneda causada por el uso de la tasa de cambio como un ancla nominal en el programa de estabilización basado en la tasa de cambio em-

GRÁFICA VII.6. *Tasa de cambio nominal y bandas de intervención*
en Indonesia, 17 de octubre de 1997-7 de noviembre de 1997
(rupias por dólar estadunidense)

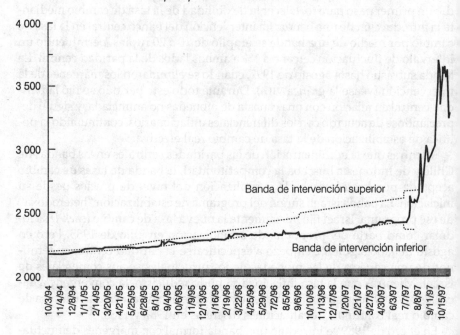

FUENTE: Fondo Monetario Internacional.

prendido en 1987. Como en Israel, la convergencia hacia las tasas inflacionarias de los socios comerciales fue lenta, y el resultado fue una apreciación creciente de la tasa de cambio real. Pero al revés de lo ocurrido en Israel, el gobierno mexicano no respondió con devaluaciones escalonadas. En cambio, en noviembre de 1991 México implantó una banda con un margen superior depreciante y un margen inferior estable. No se anunció ninguna paridad central. El extremo inferior de la banda se fijó en relación con el dólar estadunidense al valor que prevalecía en la fecha en que se adoptó la banda, y para el extremo superior se anunció una tasa predeterminada de depreciación en relación con el dólar, lo que implicaba un ancho de la banca gradualmente creciente. El cambio diario del valor del dólar estadunidense se fijó inicialmente en 20 centavos diarios cuando se adoptó la banda, y más tarde se incrementó a 40 centavos diarios en octubre de 1992, lo que tomaba en cuenta una acelerada tasa de depreciación anual del peso. Cuando estalló la crisis mexicana en diciembre de 1994, el ancho de la banda había aumentado a 14%. Durante la mayor parte del año anterior a la crisis —es decir, después del asesinato del candidato presidencial

GRÁFICA VII.7. *Tasa de cambio nominal y bandas*
de intervención en Israel,* enero de 1989-mayo de 1997
(nuevos siclos [shekel] por dólar estadunidense)

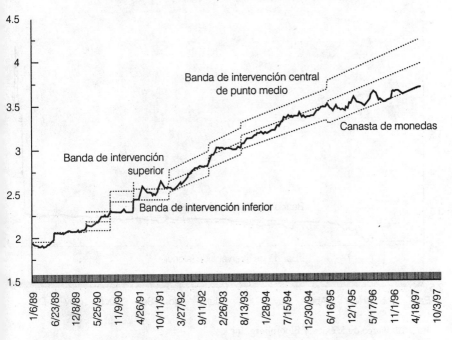

* Promedio semanal de tasas diarias, puesto al día 22 de octubre de 1997.
FUENTE: Autoridades israelíes y Fondo Monetario Internacional

Luis Donaldo Colosio en marzo—, la tasa de cambio se depreció hasta el tope de la banda, como se muestra en la gráfica VII.8, y permaneció allí hasta el estallamiento de la crisis en diciembre (véase el capítulo XVI).

VII.3.3.2. *El ancho de la banda*

En teoría, varios factores debieran influir sobre el ancho de la banda deseado. Se incluyen aquí el grado de la incertidumbre acerca de la tasa de cambio real de equilibrio, el alcance deseado para la autonomía monetaria (el que depende a su vez, en parte, de la disponibilidad de otros instrumentos de estabilización), y la varianza de los choques que los gobernantes desean absorber con una respuesta de los precios relativos.

En realidad, los anchos de las bandas tendieron a aumentar a través del tiempo en cada uno de los casos antes descritos. El ancho de la banca chilena

GRÁFICA VII.8. *Tasa de cambio nominal*
y bandas de intervención en México, 1994
(pesos por dólar estadunidense)

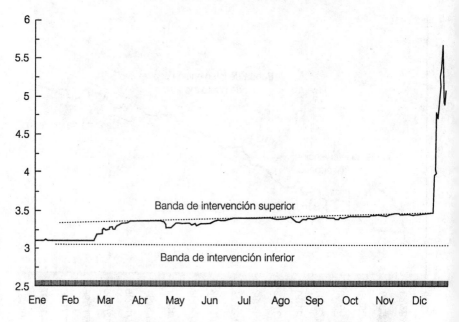

FUENTE: Banco de México y Bloomberg, Inc.

era muy escaso al principio, con un intervalo de fluctuación de ± 0.5% alrededor de la paridad central en agosto de 1984. Aumentó gradualmente a ± 2% en junio de 1985, y para 1992 había llegado a 10%. Colombia empezó con un ancho total de la banda de 12.5% bajo el sistema de *certificados de cambio*, pero amplió la banda a ± 7% cuando se coptó formalmente la pega deslizante a principios de 1994. Como se indicó antes, la banda indonesia se inició en 1994 con márgenes de fluctuación de 1% en ambos lados de la paridad central. La brecha del banco central entre las tasas de compra y de venta para el dólar estadunidense se amplió varias veces en 1995-1996, en respuesta a persistentes presiones de las entradas de capital. Los márgenes se incrementaron a 2% en junio de 1995, 3% en enero de 1996, 5% en julio y 8% en septiembre de 1996. Durante todo este tiempo, la rupia se mantuvo persistentemente en el extremo inferior de la banda (gráfica VII.6). De igual modo, el ancho de la banda "horizontal" israelí aumentó de 3% alrededor de la paridad central cuando se anunció inicialmente la banda en junio de 1989 a 5% en marzo de 1990. El ancho de la banda permaneció en ± 0.5% tras la adopción de la banda "diagonal" (deslizante) a fines de 1991. Sin embargo, el surgimiento de grandes entradas de capital durante 1995 llevó a las autoridades a ampliar la banda por razones similares a las que impulsaron el movimiento hacia una banda más amplia en Chile, a saber: preservar cierto grado de autonomía monetaria y crear incertidumbre acerca de la tasa de cambio nominal a fin de desalentar las entradas especulativas de corto plazo. La banda se amplió a ±7% en mayo de 1995. Finalmente, como se mencionó antes, la banda mexicana se amplió automáticamente a través del tiempo, porque su límite superior se depreciaba de continuo mientras que su límite inferior estaba fijo.

Todos estos países recibieron entradas de capital muy grandes durante el tiempo en que las bandas estuvieron en operación. En la mayoría de los casos, el incremento de los anchos de las bandas representaba un componente del intento de estabilización de la economía interna frente a tales entradas. Aunque ningún país adoptó tasas de cambio libremente flotantes en respuesta a las entradas, la ampliación de la banda cambiaria permitía que la tasa de cambio nominal absorbiera algo de la presión que de otro modo habría creado la llegada de las entradas para la expansión monetaria o la intervención esterilizadora.

VII.3.3.3. *Intervención intramarginal*

Por lo que toca a la intervención dentro de la banda, Chile y Colombia en particular parecen haber hecho uso de todo el ancho de la banda, de modo que la tasa de cambio se aproximaba regularmente al límite superior y al inferior. En Colombia, por ejemplo, la volatilidad de la tasa de cambio nominal aumentó marcadamente tras la adopción de la banda, lo que sugiere que la banda trataba parcialmente de reducir la escala de la intervención en el mercado de divisas. Israel estuvo mucho más activo restringiendo las fluctuaciones a una zona más estrecha dentro de la banda. De igual modo, México tendió también a intervenir para restringir las fluctuaciones de la tasa de cambio dentro de la banda hasta después de marzo de 1994, cuando la intensificación de las presiones de la salida de capital se contrarrestaron parcialmente, permitiendo que la tasa de cambio se moviera hacia el tope de la banda.

VII.3.4. *Lecciones de la experiencia*

Pueden resumirse como sigue las lecciones relevantes de la experiencia con las bandas de tasas de cambio en los países en vías de desarrollo (véase Helpman, Leiderman y Bufman:

1. La adopción de una banda es un compromiso de limitar la flexibilidad de la tasa de cambio nominal, no con una elección específica de un ancla nominal. Las bandas son así compatibles con una diversidad de pesos diferentes que pueden asignar las autoridades a los objetivos de la competitividad y la estabilidad de los precios. Las diferencias de tales pesos se reflejarán en diferencias en la administración de la paridad central. Esto significa que las bandas pueden asociarse —y se han asociado— a diversas experiencias con la tasa de cambio real. En México y Colombia, por ejemplo, donde la estabilización de la inflación ha sido un objetivo importante, la banda de tasas de cambio tendió a asociarse a una apreciación real bastante continua. En Chile, donde la competitividad externa era crucial durante los primeros años de la banda, la tasa de cambio real se depreció. Esta depreciación se revirtió después de que empezaron a llegar entradas de capital en 1989. La tasa de cambio real de Israel ha sido aproximadamente ·estable desde la adopción dela banda. Estas diferencias sugieren que la naturaleza deslizante de la paridad central —que permite esta diversidad de resultados de la tasa de cambio real y distingue estas bandas de sus correspondientes europeos— es una clave importante de su supervivencia hasta el presente en muchos de los países que la han adoptado.

2. El movimiento hacia una banda desde una tasa fija, o hacia una banda con una paridad central deslizante desde una con una paridad fija, no se ha asociado a una aceleración de la inflación. Así pues, la flexibilidad adicional de la tasa de cambio no se ha asociado obviamente a una pérdida de estabilidad de los precios. Este hallazgo es consistente con la idea de que la flexibilidad puede aumentar la credibilidad. Esta última idea se ve apoyada también por el hallazgo de Helpman, Leiderman y Bufman (1994) en el sentido de que la volatilidad de la tasa de interés declinó en Israel en el momento del cambio de una banda "horizontal" por una "diagonal".

3. Sin embargo, la adopción de una banda no representa una solución mágica de los problemas de credibilidad. Las bandas de Chile, Colombia, México e Israel se caracterizaron por periodos en los que surgieron expectativas de realineamiento —asociadas al comportamiento de "fundamentales" tales como el desempeño de la economía real, el monto de las reservas de divisas y la ruta de la tasa de cambio real—, aun antes de la crisis mexicana. Los ciclos largos de los diferenciales de la tasa de interés asociados en el tiempo a la renovación de los acuerdos del Pacto en México, así como el comportamiento de los diferenciales de las tasas de interés en Israel cerca del momento de los rendimientos, sugieren que, como esperarían quienes cuestionan la viabilidad de las tasas administradas, los mercados identifican los episodios de mal alineamiento y actúan rápidamente sobre las expectativas de una devaluación. En Colombia, por ejemplo, hubo dos revaluaciones (al principio y al final de 1994) cuando las presiones del mercado

eran fuertes y la tasa de cambio se encontraba en el extremo inferior de la banda.

4. Esto implica que es indispensable una administración activa de la paridad central para mantenerla en línea con la tasa de cambio real de equilibrio, a fin de preservar las bandas cuando la movilidad del capital es elevada. En los casos de Chile e Israel, dos aplicaciones exitosas de las bandas de tasas de cambio, se ajustó la paridad central en línea con los cambios percibidos en los fundamentales. En cambio, la crisis mexicana de diciembre de 1994 sugiere que las circunstancias no hacen siempre que las autoridades reaccionen con suficiente rapidez y ajusten sus paridades en magnitudes apropiadas.

La primera parte de este capítulo proveyó una descripción general de la evolución de los regímenes de tasa de cambio en los países en vías de desarrollo durante los últimos 20 años y discutió algunos de los criterios económicos que los gobernantes deben considerar al escoger entre diversos tipos de arreglos de la tasa de cambio.

Luego examinamos una cuestión importante de la política económica relevante para los países que adoptan regímenes de tasa de cambio fija: el problema es el de la inconsistencia temporal que surge por lo general en la conducción de la política de tasa de cambio en países en vías de desarrollo pequeños y abiertos. El análisis se basó en un modelo simple donde las interacciones existentes entre el comportamiento de fijación de los precios en el sector de los bienes no comerciables y las preocupaciones por el comportamiento de la tasa de cambio real tientan a los gobernantes a aplicar una activa política de tasa de cambio. En este contexto, surge la inflación porque los fijadores de precios temen racionalmente que las autoridades tratarán de devaluar a fin de depreciar la tasa de cambio fija. El análisis demostró también que, si es viable, un compromiso serio con una tasa de cambio fija se traduciría en una inflación menor sin pérdida de competitividad. Si el compromiso no es viable —o no es creíble—, el resultado se sesgará hacia un proceso inflacionario resultante de las devaluaciones de la tasa de cambio, aun en ausencia de embates. De modo que la estructura de los incentivos bajo un arreglo de adhesión o de estabilización artificial de precios, puede no ser propicia para la adopción de una tasa de cambio inmutablemente fija (con la consiguiente disciplina financiera), sino para las devaluaciones periódicas.

Se analizó el grado de credibilidad de una tasa de cambio fija bajo el supuesto general de que una regla de no devaluación es creíble sólo si el público la encuentra racional y cree que quienes elaboran las políticas tienen el incentivo necesario para adherirse a ella. La credibilidad puede lograrse si los hacedores de políticas se preocupan suficientemente por su reputación y ponderan las pérdidas futuras de su credibilidad con un mejoramiento de la competitividad a corto plazo. Cuando las preferencias del que hace las políticas son inciertas, evitar la devaluación podría ofrecer una señal valiosa al sector privado, incrementando así los incentivos para que las autoridades se adhieran a una meta de tasa de cambio anunciada. Discutimos también la lógica de la participación en un arreglo monetario internacional donde las tasas de cambio están permanentemente fijas. Se afirmó que una unión de tasa de cambio puede verse como un mecanismo que fortalece la credibilidad del responsable de las políticas que estabiliza artificialmente los precios al elevar el costo de las políticas inflacionarias. Los gobiernos pueden hacer compromisos irrevocàbles con las reglas de la zona, mientras que no pueden comprometerse previamente con reglas macroeconómicas de fuera del sistema a causa de los costos considerables asociados a la deserción. Sin embargo, las estrategias alternativas que tratan de establecer la credibilidad de una tasa de cambio fija tienen sus costos. Se dispone de pocos datos acerca del balance entre estos costos y beneficios.

La última parte del capítulo se ocupó del funcionamiento de los regímenes de bandas de tasas de cambio. Destacamos que las bandas combinan los beneficios de los regímenes de tasas de cambio fijas y flexibles, al preservar cierto grado de autonomía monetaria y proveer un ancla nominal para el nivel de precios internos, además de limitar el alcance de las fluctuaciones de las tasas de cambio nominales. Reseñamos la experiencia de cuatro países (Chile, Colombia, Indonesia y México) con las bandas de tasas de cambio y consideramos diversos factores relacionados con la operación de estos regímenes: la definición de la paridad central, el ancho de la banda, los factores que se encuentran detrás de los realineamientos de la paridad central y los cambios del ancho de la banda, y las reglas que gobiernan la intervención en el mercado de divisas. Las conclusiones principales de nuestro análisis son: *a)* la naturaleza deslizante de la paridad central en las diversas experiencias reseñadas aquí fue una razón importante para la supervivencia de los regímenes de bandas de tasas de cambio; *b)* el mayor grado de flexibilidad ofrecido por las bandas pareció haber incrementado la credibilidad de la política macroeconómica, pero la adopción de un régimen de bandas no alivia por sí sola los problemas de credibilidad "fundamentales", y *c)* en un mundo de gran movilidad del capital, el ajuste de la paridad central de acuerdo con los cambios ocurridos en los fundamentales puede ser esencial para asegurar la viabilidad del régimen de bandas.

APÉNDICE

MODELO DE LA ZONA DE META DE KRUGMAN

Podemos presentar una versión básica del modelo de Krugman de una zona de meta (Krugman, 1991) como sigue. Consideremos una economía de producción fija y precios flexibles. Bajo el tiempo continuo, y con aplicación de la paridad del poder de compra, la condición de equilibrio del mercado de dinero puede escribirse como

$$s = m + v + \alpha E(ds|\Omega)/dt, \tag{A1}$$

donde s es el logaritmo de la tasa de cambio nominal, m el logaritmo del acervo monetario nominal, E el operador de las expectativas, Ω el conjunto de información sobre el cual se forman las expectativas, y v una variable "residual" (digamos la velocidad) que capta determinantes de la demanda de dinero distintos del cambio esperado en la tasa de cambio, $E(ds|\Omega)/dt$. Se supone que el acervo monetario nominal es una variable de la política económica.

Supongamos que la variable de cambio, v, sigue una moción brauniana (el análogo de un paseo al azar en tiempo continuo). Consideremos el comportamiento de la tasa de cambio bajo diversos regímenes de tasa de cambio.

1. Bajo un régimen de flotación libre, m es constante; por (A1), la tasa de cambio sigue entonces también un proceso de moción brauniana y el cambio esperado en la tasa de cambio, $E(ds|\Omega)/dt$, es cero. Gráficamente, esto implica que la tasa de cambio se ubica a lo largo de la línea de 45° FF en la gráfica VII.9, que relaciona a s linealmente con los fundamentales, $m + v$.
2. Bajo un régimen de tasa de cambio fija, a fin de mantener constante a s, los gobernantes deben alterar el acervo monetario m de modo que se contrarresten los cambios en v. En este caso, el cambio esperado en la tasa de cambio es de nuevo cero, pero la gráfica de s frente a $m + v$ se concentra en un solo punto, tal como el punto A en la gráfica VII.9.
3. Bajo el régimen (básico) de zona de meta, la política del banco central consiste en mantener la tasa de cambio dentro del límite inferior y el límite superior de la banda, s_L y s_H cambiando el nivel del acervo monetario, m. Sin embargo, la intervención es sólo *marginal*; sólo ocurre cuando la tasa de cambio alcanza el límite inferior o el límite superior de la banda. En el primer caso se reduce la oferta monetaria, en el segundo se aumenta.[33] Mientras que la tasa de cambio se encuentre dentro de la banda, no hay intervención y la oferta monetaria es constante.

Supongamos que la zona de meta es simétrica y perfectamente creíble en el sentido de que los agentes creen que el límite inferior y el límite superior de la banda per-

---

[33] En el modelo básico de la zona de meta se supone que la intervención no se esterilizará porque afecta a la tasa de cambio a través de cambios en la oferta de dinero.

GRÁFICA VII.9. *Modelo básico de la zona de meta de Krugman*

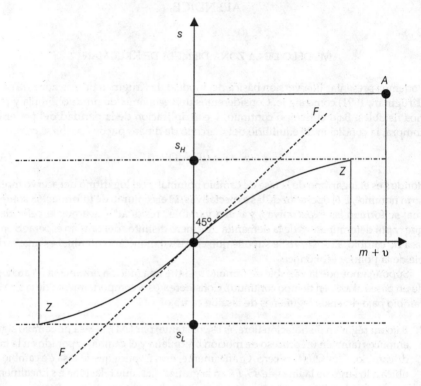

FUENTE: Adaptado de Svensson, 1992, p. 123.

manecerán fijos para siempre, y que la tasa de cambio permanecerá siempre dentro de la banda. Supongamos también que no hay tendencia en el proceso que caracteriza a v.[34] La tasa de cambio es así también una moción browniana sin tendencia, y su cambio futuro esperado es cero. Formalmente, la solución del modelo en este caso particular es una relación no lineal, en forma de S, entre la tasa de cambio y los fundamentales dada por

$$s = m + v + A\left\{\exp[\alpha(m+v)] - \exp[-\alpha(m+v)]\right\}, \tag{A2}$$

[34] De acuerdo con lo señalado por Svensson (1992, p. 122), el supuesto de que la v siga un movimiento browniano sin cambio de dirección implica esencialmente que *a)* la distribución entendida para v es continua a lo largo del tiempo y los saltos a cambios discretos no pueden darse; *b)* los cambios en v sobre cualquier intervalo de tiempo determinado son distribuidos como una variable aleatoria normal con un promedio de cero y una desviación proporcional a la duración del intervalo de tiempo.

donde $\alpha = \sqrt{2/\theta\sigma^2}$, siendo σ^2 la varianza de la innovación en los fundamentales y A un término constante. Esta curva, denotada ZZ en la gráfica VII.9, se pega suavemente a los límites superior e inferior de la zona de meta. La forma de S de ZZ caracteriza dos aspectos del modelo de Krugman: el efecto de *luna de miel* y las *condiciones de la pega suave.*

El efecto de luna de miel capta la idea de que, en una gráfica de s frente a los fundamentales $m + v$ (como en la gráfica VII.9) bajo un régimen de zona de meta plenamente creíble, s se encontrará en una curva *menos pronunciada* que la línea de 45° FF correspondiente al régimen de libre flotación (con $s = (m + v)$. La razón es que si s se encuentra cerca del límite superior de la banda (por encima de la paridad central) será mayor la probabilidad de que la tasa de cambio toque el límite de la banda y por lo tanto detone una intervención del banco central en el mercado de cambios. En consecuencia, la probabilidad de que la tasa de cambio se aprecie es mayor que la probabilidad de que se deprecie más aún. Así pues, los participantes en el mercado harán bajar la tasa de cambio hasta un nivel menor que el que ocurriría si fuese cero la probabilidad de la intervención, lo que implica que el nivel de s debe estar efectivamente por debajo del a línea de 45° FF. Un razonamiento similar revela que cuando s está más próximo al límite inferior de la banda, debe estar por encima de FF, es decir, más depreciado que el valor que prevalecería en un régimen de tasa de cambio flotante. La pendiente de ZZ es así menor que uno en todo momento. En consecuencia, el efecto de luna de miel implica que una zona de meta creíble es estabilizadora en el sentido de que (para cualquier alcance dado de las fluctuaciones en los fundamentales) la tasa de cambio es más estable que los fundamentales subyacentes; el intervalo de variación de la tasa de cambio es así menor que bajo un régimen de flotación libre.

Las condiciones de pega suave son esencialmente condiciones de frontera para la solución del modelo básico de zona de meta. Estas condiciones —que determinan el valor de la constante A en (A2)— implican que en el espacio $s - (m + v)$, la ruta permisible de la tasa de cambio debe "pegarse" suavemente al límite superior y al límite inferior de la banda. Este resultado es de nuevo bastante intuitivo: si la tasa de cambio tocara simplemente al límite de la banda en un ángulo, se ofrecería a los participantes del mercado una apuesta unilateral, porque saben que el banco central intervendría para llevar de nuevo a la tasa a la banda. En virtud de que los participantes del mercado empezarían a tomar posiciones *en anticipación* a la apuesta unilateral antes de que ocurriera, esto tenderá a operar en contra de la influencia de los fundamentales a medida que se aproximan los límites dela banda; por ejemplo, una moneda que se deprecia a causa de fundamentales débiles será llevada cerca del límite de la banda en anticipación del apoyo oficial. Así pues, la tasa de cambio se vuelve cada vez menos sensible a los movimientos de los fundamentales a medida que se aproximan los límites de las bandas y, en el límite, la pendiente de ZZ, que mide la sensibilidad de la tasa de cambio a los fundamentales, tiende a cero.

El modelo básico de la zona de meta presentado antes ha sido extendido en varias direcciones para tomar en cuenta la credibilidad imperfecta, los precios rígidos, la intervención intramarginal (es decir, la intervención que trata de hacer volver a la tasa de cambio a un valor de meta especificado dentro de la banda), etcétera; véase Svensson (1992), quien presenta una relación detallada. Por ejemplo, la inclusión de una intervención intramarginal, de "recostarse contra el viento", reduce sustancialmente el impacto de las condiciones de la pega suave. Esto es así porque, a medida que s se aproxima a los límites de la banda, se sabe ya que el banco central está interviniendo. Por lo tanto, la probabilidad percibida de alcanzar el límite de la banda es menor que bajo la intervención marginal. La probabilidad de una oportunidad de arbitraje sin riesgo será por ende menor, y la pendiente de la curva ZZ que relaciona a la tasa de cambio con los fundamentales se aproximará más a una línea recta, ocurriendo la pega suave sólo cuando la tasa de cambio está muy cerca de los límites de la banda.

Como otra extensión del modelo básico de la zona de meta, Werner (1995) consideró el caso en que la probabilidad de un realineamiento es una función creciente de la distancia de la tasa de cambio a la paridad central, como un porcentaje del ancho de la banda. Su análisis demostró que la relación existente entre los diferenciales de la tasa de interés a corto plazo y la tasa de cambio dentro de la banda puede ser no lineal, siendo al principio positiva y finalmente negativa. En cambio, el modelo no pronostica ninguna correlación entre la tasa de cambio dentro de la banda y los diferenciales de la tasa de interés a largo plazo.

VIII. ADMINISTRACIÓN DE LA TASA DE CAMBIO: DEVALUACIÓN CONTRACTIVA Y REGLAS DE LA TASA DE CAMBIO REAL

COMO SE INDICÓ en el capítulo anterior, pocos países en vías de desarrollo han optado por arreglos de tasa de cambio flexible luego del colapso del régimen de Bretton Woods. La mayoría de los países en vías de desarrollo mantienen una paridad fija frente a una sola moneda o una canasta de monedas anunciada, o bien administran activamente su tasa de cambio oficial de acuerdo con una regla no anunciada mediante la discreción de sus autoridades monetarias. Sin embargo, en virtud de que la tasa de cambio ocupa un lugar macroeconómico tan importante, las circunstancias en que se debería ajustar una tasa adherida a otra divisa, por una parte, y los principios que deben regir el comportamiento de una adhesión administrada, por la otra, siguen siendo temas de gran controversia. En este capítulo examinaremos, en particular, las controversias que rodean a los efectos macroeconómicos de la devaluación y de las reglas basadas en la paridad del poder de compra (PPC) para la administración de la tasa de cambio.

En el primer caso, las controversias sobre la devaluación tienen un largo linaje en la macroeconomía, centrándose, en los países industrializados, en la determinación de si una devaluación de la tasa de cambio mejoraría la balanza de pagos (Alexander, 1952). Este problema ha surgido también en el contexto de los países en vías de desarrollo, donde el "pesimismo de la elasticidad" sigue siendo debatido. Sin embargo, en los últimos años, después de la publicación de un ensayo influyente de Krugman y Taylor (1978), la controversia se ha centrado en los efectos de la devaluación sobre la producción real. Se analiza si una devaluación nominal, que logre mejorar o no la balanza comercial, tendería a tener efectos contractivos sobre la actividad económica. Krugman y Taylor describieron varios canales por los que podrían surgir efectos contractivos, desatando el debate de la "devaluación contractiva".

En el caso de las tasas de cambio administradas activamente, una regla común ha sido la de depreciar continuamente la tasa oficial a fin de contrarrestar cualquier diferencial entre las tasas de inflación nacionales y extranjeras. Tales reglas fijan así la tasa de cambio real y hacen que la tasa de cambio nominal siga al nivel de su PPC, de modo que se llaman reglas basadas en la PPC (PPP en inglés) o reglas de tasa de cambio real fija.[1] En virtud de que las

---

[1] Un buen ejemplo de país que ha seguido este tipo de regla de manera más o menos sistemá-

reglas basadas en el PPC indizan efectivamente la tasa de cambio nominal al nivel de los precios nacionales, eliminan una importante ancla nominal de la economía nacional. Por tal motivo se ha puesto en tela de duda su impacto sobre la estabilidad del nivel de los precios (e incluso su carácter determinador).

En las dos partes de este capítulo se examinan los problemas de la devaluación contractiva y de la orientación de la tasa de cambio real. En la sección VIII.1 se analiza la probabilidad de que una devaluación tenga un efecto contractivo sobre la producción real en un sistema de tasa de cambio fija considerando los canales de la demanda y la oferta por los que la devaluación afectaría a la actividad. La sección VIII.2 examina la respuesta de la tasa de inflación interna ante los embates reales en un contexto donde una tasa de cam- bio administrada sigue una regla basada en la PPC.[2]

VIII.1. DEVALUACIÓN CONTRACTIVA

Consideremos una pequeña economía abierta que opera bajo un sistema de tasa de cambio fija. Adoptaremos un marco de "economía dependiente" donde los bienes negociables y no negociables se producen con una mano de obra homogénea e intersectorialmente móvil, un capital específico de cada sector, e insumos importados. Los costos de producción pueden verse afectados también por la necesidad de financiar el capital de trabajo. La determinación del salario es crucial para el problema discutido aquí, y consideraremos diversos mecanismos para la determinación del salario nominal. Las familias poseen dinero, capital y valores extranjeros, y se emiten deuda recíprocamente. Este marco analítico es muy general y consistente con el contexto considerado en varios otros lugares de este libro. Las primeras dos partes de esta sección considerarán los efectos separados de una devaluación nominal sobre la demanda y la oferta agregadas de producción nacional, y la última parte reseñará la información empírica existente sobre los efectos contractivos de la devaluación en los países en vías de desarrollo.

VIII.1.1. *Efectos sobre la demanda agregada*

En una pequeña economía abierta que produce bienes comerciables y no comerciables, la curva de demanda afrontada por el sector de los bienes comerciables está dada por la ley de un solo precio:

tica es Jordania desde 1990. En América Latina, Brasil y Colombia también han adoptado reglas de tasa de cambio de vez en cuando, desde principios de 1960.

[2] El análisis de la sección VIII.1 se basa en gran medida en Agénor (1991) y Lizondo y Montiel (1989). La sección VIII.2 se basa en Montiel y Ostry (1991).

$$P_T = EP_T^*,$$

donde P_T es el precio de los bienes negociables en moneda nacional, E es la tasa de cambio nominal (unidades de moneda nacional por unidad de moneda extranjera), y P_T^* es el precio de los bienes negociables en moneda extranjera, que tomamos como igual a uno. La demanda agregada real de bienes no comerciables, que denotamos por d_N, consiste en la suma del consumo nacional c_N, inversión I_N y demanda gubernamental g_N de tales bienes:

$$d_N = c_N + I_N + g_N.$$

Esta parte de la sección VIII.1 examina los efectos de la devaluación sobre los componentes de esta ecuación. La demanda de consumo y de inversión se tratan por separado, y la demanda gubernamental se incluye en la discusión de la restricción presupuestaria gubernamental en la subsección sobre el consumo (bajo el rubro de "efectos a través de cambios en la recaudación tributaria real"). Por último, consideraremos el impacto sobre la tasa de interés nacional, que afecta al consumo y a la demanda de inversión.

VIII.1.1.1. *El consumo*

En esta subsección examinaremos los efectos de la devaluación sobre la demanda de consumo de los bienes no comerciables. Consideraremos una especificación *ad hoc* bastante general del comportamiento de las familias, donde la demanda de bienes no comerciables depende de la tasa de cambio real, $z = P_T/P_N$, donde P_N es el precio de los bienes no comerciables en moneda nacional; del ingreso factorial real recibido por las familias, y, menos los impuestos reales pagados por ellas *imp*; de la riqueza financiera real de las familias a; y de la tasa de interés real, $i - \pi^a$, donde i es la tasa de interés nominal nacional y π^a es la tasa de inflación esperada. Los posibles efectos distributivos sobre el consumo agregado se captan por un parámetro de cambio, denotado Θ. La demanda de consumo de bienes no comerciables asume entonces la forma general[3]

$$c_N = c_N(z, y - imp, i - \pi^a, a; \Theta) \tag{1}$$

---

[3] Aunque la ecuación (1) es una especificación *ad hoc* del comportamiento del consumo agregado, refleja hasta cierto punto el comportamiento de consumo implicado por un modelo de optimización, es decir, un modelo en el que la utilidad intertemporal es aditivamente separable, la tasa de preferencia por el tiempo es constante y la utilidad instantánea es de la familia de aversión constante al riesgo relativo.

Ahora examinaremos los efectos de la devaluación sobre cada uno de los argumentos de c_N.

VIII.1.1.1.1. *Efectos de los precios relativos*

Una devaluación nominal provoca ciertos cambios en los precios relativos que afectan a la demanda de bienes de producción nacional. Dentro del marco de "economía dependiente" adoptado en este capítulo, debemos distinguir el efecto del precio relativo sobre la demanda de bienes comerciables y de bienes no comerciables. La demanda *total* (nacional y extranjera) de bienes comerciables de producción nacional es perfectamente elástica y por lo tanto no se ve afectada por los precios relativos. Aunque la demanda nacional de estos bienes se ve afectada por los precios relativos, lo que es un efecto importante para la balanza de pagos, es la demanda total la que es relevante para la producción y el empleo en este sector. Pero los cambios de los precios relativos que afectan a la demanda nacional de bienes no comerciables afectarán a la demanda total de estos bienes, porque ambas demandas son lo mismo por definición. Por lo tanto, una devaluación tendrá un efecto de precio relativo sobre la demanda de bienes de producción nacional a través de su efecto sobre la demanda de bienes no comerciables. Una depreciación real de la moneda nacional (es decir, un incremento del precio relativo de los bienes comerciables a los no comerciables), mientras se mantiene constante el ingreso real, aumentará la demanda de bienes no comerciables, y viceversa. Esto implica una derivada parcial positiva, c_{N_z}, en la ecuación (1). Este efecto de sustitución, presente en la mayoría de los modelos, se excluye en Krugman y Taylor (1978) por el supuesto de que los consumidores demandan sólo bienes no comerciables.

VIII.1.1.1.2. *Efectos del ingreso real*

La devaluación produce también ciertos cambios en el ingreso real que afectan a la demanda de los bienes de producción nacional. Estos cambios del ingreso real pueden descomponerse en los que derivan de cambios en los precios relativos al nivel inicial de la producción y los que derivan de cambios en la producción a los nuevos precios relativos. En virtud de que estamos analizando los efectos sobre la demanda de la producción nacional, nos interesará primordialmente el cambio ocurrido en el ingreso real al nivel inicial de la producción, que proporciona el efecto de impacto. Omitiremos aquí los efectos que ocurren a través del cambio endógeno de la producción (es decir, los efectos del multiplicador keynesiano), porque el propósito del análisis es precisamente la investigación de los factores determinantes de la dirección cualitativa de tales cambios.

Para analizar el efecto de ingreso necesitamos algunas definiciones. El nivel de los precios se denotará por P, con

$$P = E^d P_N^{1-\delta}, \quad 0 < \delta < 1, \tag{2}$$

donde δ es la participación de los bienes comerciables en el consumo.[4] El ingreso real es igual a

$$y = y_N z^{-\delta} + y_T z^{1-\delta}, \tag{3}$$

donde y_N es la producción de bienes no comerciables e y_T es la producción de bienes comerciables.

El efecto de una devaluación real sobre el ingreso real de un nivel de producción dado es ambiguo. Diferenciando la ecuación (3) respecto de z con y_N e y_T constantes, obtenemos

$$dy / dz = z^{-1}(\alpha - \delta)(y_N z^{-\delta} + y_T z^{1-\delta}), \tag{4}$$

donde α es la participación de los bienes comerciables en el total de la producción:

$$\alpha = z y_T / (y_N + z y_T). \tag{5}$$

La ecuación (4) revela que el efecto de impacto sobre el ingreso real depende de que los bienes comerciables tengan una participación mayor en el consumo o en el ingreso. Claramente, son posibles varios resultados. Supongamos, por ejemplo, que no hay gasto en los bienes de inversión, de modo que el consumo y el gasto son lo mismo, y supongamos que no hay gasto del sector público, de modo que $c_N = y_N$. En este caso, el efecto neto sobre el ingreso real depende de que el consumo de bienes comerciables sea mayor o menor que y_T, es decir, de que haya un déficit o un superávit comercial. Si hay un déficit, $\delta > \alpha$, y el ingreso real disminuye con una devaluación real. La razón es que los bienes cuyo precio relativo ha aumentado (los bienes comerciables) tienen un peso mayor en el consumo que en el ingreso. La introducción de la inversión y del gasto público complica naturalmente estos resultados simples.

En los modelos con bienes comerciables y no comerciables, además del efecto ambiguo sobre el ingreso real derivado aquí para niveles de producción dados, también puede aumentar la demanda de bienes no comerciables en virtud del mayor nivel de la producción de bienes comerciables. En general, la producción de bienes comerciables aumentará mientras que el precio de su insumo no se eleve en la misma medida que la devaluación. Como veremos

---

[4] Por lo tanto, estamos suponiendo implícitamente que la función de utilidad de los consumidores es de la forma Cobb-Douglas. Véase el capítulo IX.

más adelante, esta última condición dependerá del grado de la indización salarial, las expectativas inflacionarias y otros factores.

VIII.1.1.1.3. *Efectos de los insumos importados*

La presencia de insumos importados es un factor adicional que podría tener un efecto negativo sobre la demanda de bienes de producción nacional tras una devaluación. La razón es que, bajo ciertas condiciones, los insumos importados hacen más probable que el efecto de ingreso real de una devaluación, discutido antes, sea negativo.

La modificación que introducen los insumos importados en el análisis anterior es que deben restarse de la producción nacional para obtener el ingreso nacional. Por lo tanto, una devaluación real afecta al ingreso real no sólo a través de los canales antes mencionados, sino también a través de los cambios del valor real de los insumos importados.

Hay dos efectos contrarios de una devaluación real sobre el valor real de los insumos importados. Por una parte, una devaluación real aumenta el precio relativo de los insumos importados en términos de la canasta de consumo, lo que incrementa el valor real del volumen inicial de los insumos importados. Por otra parte, si el precio de la mano de obra no aumenta en la misma medida que la devaluación, aumentará el precio relativo de los insumos importados, y los productores nacionales tendrán un incentivo para sustituir los insumos importados con mano de obra, reduciendo así el volumen de los insumos importados. Claramente, el efecto neto de estas dos fuerzas contrarias depende, entre otras cosas, del grado de sustituibilidad de los factores en la producción y de la medida en que una devaluación se transmita a los salarios.

Suponiendo que los bienes comerciables se producen con una cantidad fija de capital específico y con mano de obra, y que los bienes no comerciables se producen con un insumo importado y con mano de obra de acuerdo con una función de producción de elasticidad de sustitución constante (ESC) σ, Lizondo y Montiel (1989) demostraron que el efecto de una devaluación real sobre el ingreso real identificado en (4) se modifica cuando hay insumos importados por la inclusión de un término adicional dado por

$$z^{-\delta}J_N\left[\sigma-(1-\delta)\right],\tag{6}$$

donde J_N es el volumen de los bienes intermedios importados que se utilizan en el sector de los bienes no comerciables. La presencia de insumos importados contribuirá así a una reducción del ingreso real cuando $(1-\delta) > \sigma$. Queda claro que el efecto neto es ambiguo, y son posibles diversos resultados. Por ejemplo, si no hay sustitución en la producción (como en Krugman y Taylor, 1978), $\sigma = 0$ y el efecto neto es necesariamente negativo.

En resumen, el efecto neto sobre el ingreso real derivado de la presencia de insumos importados es ambiguo. Es más probable que sea negativo entre menor sea la elasticidad de sustitución entre los insumos importados y los factores primarios, y entre mayor sea la participación de los bienes no comerciables en el índice de precios.

VIII.1.1.1.4. *Efectos de la redistribución del ingreso*

Otro factor frecuentemente mencionado como una causa posible de una disminución de la demanda de bienes de producción nacional después de una devaluación es el de la redistribución del ingreso, de los sectores de alta propensión a gastar en bienes de este tipo a los sectores de baja propensión. Alexander (1952) reconoció la posibilidad de que la redistribución del ingreso afectara al gasto, y la incluyó como uno de los efectos directos de la devaluación sobre la absorción. Alexander discutió la redistribución del ingreso en dos direcciones, ambas asociadas a una elevación del nivel de los precios: primero, de los salarios a los beneficios a causa de los retrasos del ajuste de los salarios a la elevación de los precios; segundo, del sector privado al sector público a causa de la estructura tributaria existente. Si los receptores de beneficios tienen una menor propensión marginal a gastar que el sector público, la absorción disminuirá para un nivel dado del ingreso real. Sin embargo, adviértase que Alexander estaba interesado en los efectos sobre la balanza comercial y por lo tanto examinó el comportamiento del gasto total, mientras que aquí nos concentramos en la demanda de la producción nacional.

De los tipos de redistribución antes mencionados, examinaremos aquí el desplazamiento del ingreso de los salarios a los beneficios, dejando pendiente el desplazamiento del sector privado al sector público. La redistribución de los salarios a los beneficios ha sido examinada formalmente por Alejandro Díaz (1963) y por Krugman y Taylor (1978), y en ambos modelos el único efecto de impacto de una devaluación es la redistribución de un nivel dado del ingreso real de los salarios a los beneficios en virtud de una elevación de los precios, manteniendo constantes los salarios nominales. Ambos modelos demuestran que esto podría causar una reducción de la demanda de producción nacional si la propensión marginal a gastar en bienes nacionales es menor para los receptores de beneficios que para los asalariados.

Sin embargo, este no es el único tipo de efecto de redistribución del ingreso entre los trabajadores y los propietarios de capital que puede asociarse a una devaluación. Por ejemplo, en un modelo con bienes comerciables y no comerciables, salarios flexibles y capital específico del sector, una devaluación real reduciría los beneficios reales en el sector de los bienes no comerciables, aumentaría los beneficios reales en el sector de los bienes comerciables, y tendría un efecto ambiguo sobre los salarios reales. Los salarios reales aumentarían en términos de los bienes no comerciables pero disminuirían en términos de los bienes comerciables. Por lo tanto, las consideraciones sectoriales pueden volverse importantes, y no está claro *a priori* cuál sería el efecto de este tipo de redistribución sobre la demanda del bien de producción nacional. Cooper (1971) mencionó la posibilidad de una redistribución de los factores ocupados en las industrias puramente nacionales a los factores ocupados en las industrias exportadoras y competidoras con las importaciones, y reconoció que, aunque en algunos casos podría reducirse la demanda por esta razón, en circunstancias diferentes podría inducir un auge del gasto. Además, a largo plazo, cuando todos los factores de la producción son móviles, es posible que la redistribución del ingreso dependa de consideraciones tecnológicas. Por ejemplo, en un mundo de Heckscher-Ohlin, los salarios y los beneficios reales en términos de cualquiera de los dos bienes dependen de las intensidades de los factores con una mano de obra y un capital intersectorialmente móviles. Una devaluación real aumentará los pagos reales a los factores empleados intensivamente en el sector de los bienes comerciables y reducirá los pagos reales al otro factor. Todas estas consideraciones implican que el patrón de la redistribución puede cambiar a través del tiempo, a medida que se ajusta la economía a la nueva situación luego de una devaluación. Parece natural pensar en la redistribución del ingreso como un proceso dinámico que abarca las diversas situaciones mencionadas antes. Primero, los salarios nominales están fijos durante cierto tiempo después de una devaluación, luego se ajustan al nuevo nivel de los precios y los trabajadores se desplazan entre las ocupaciones, mientras que el capital sigue siendo específico del sector; por último, también el capital se desplaza a los sectores de mayores rendimientos.

Además de las cuestiones teóricas antes mencionadas, debemos considerar la importancia del efecto probable de la redistribución de los salarios a los beneficios sobre la demanda de la producción nacional. Alexander (1952) destacó que lo importante es la propensión marginal a gastar, de modo que incluso si los receptores de beneficios tienen una propensión marginal al consumo menor que la de los asalariados, los mayores beneficios pueden estimular la inversión, de modo que la redistribución del ingreso podría traducirse en un aumento de la absorción. Sin embargo, Alejandro Díaz (1963) sostuvo que el gasto de inversión está más sesgado aún que el gasto de consumo hacia los bienes comerciables, y en virtud de que el gasto en inversión es realizado por los receptores de beneficios, es probable que disminuya la demanda de bienes de producción nacional. Aunque se acepte esta proposición acerca de las relativas propensiones marginales al gasto en la producción nacional de los trabajadores y los propietarios del capital, debemos preguntarnos en seguida cuán importante es la redistribución del ingreso que generará un cambio en el patrón del gasto agregado. Sobre este punto, la información disponible no ofrece un apoyo firme para la hipótesis de la redistribución en contra de los salarios.

Utilizando datos de treinta y un episodios de devaluación, Edwards (1989*b*) demostró que en quince casos no hubo ningún cambio significativo en la distribución del ingreso, mientras que en ocho casos disminuyó significativamente la participación de los salarios en el PIB, y en otros siete casos aumentó significativamente tal participación.

VIII.1.1.1.5. *Efectos a través de cambios en la recaudación tributaria real*

En la medida en que la devaluación afecte a la carga tributaria real del sector privado, redistribuyendo así el ingreso del sector privado al sector público, los cambios ocurridos en la recaudación tributaria real representan otro canal por el que se puede generar un efecto contractivo sobre la actividad económica. Este efecto puede operar a través de la demanda de producción nacional o a través de su oferta, y en el primer caso a través del gasto de consumo privado o a través de la inversión privada. Hasta ahora, sólo el efecto de la devaluación sobre la carga tributaria real afrontada por los consumidores ha figurado prominentemente en la literatura, y aquí nos concentraremos en este efecto.

Como vimos en el capítulo I, muchos gobiernos de países en vías de desarrollo obtienen una porción sustancial de sus recaudaciones de los impuestos a la importación y a la exportación. Por lo tanto, como sostienen Krugman y Taylor (1978), una devaluación nominal que logre depreciar la tasa de cambio real incrementará la carga tributaria real del sector privado al incrementar el valor real de los impuestos al comercio exterior, para niveles dados de importaciones y exportaciones.[5] Sin embargo, este efecto depende de la presencia de impuestos *ad valorem*, antes que específicos, al comercio exterior. En la medida en que la devaluación nominal genere incrementos en el nivel de los precios internos, la presencia de impuestos específicos revertiría el efecto destacado por Krugman y Taylor, porque el valor real de los impuestos específicos no indizados bajaría como resultado del incremento del nivel general de los precios generado por una devaluación nominal.

Por supuesto, esto último es simplemente un ejemplo específico del efecto de Olivera-Tanzi discutido en el capítulo V, el que sorprendentemente ha desempeñado sólo un papel limitado en la literatura de la devaluación contractiva. Este efecto está presente cuando los retrasos de la recaudación de impuestos o las demoras del ajuste del valor nominal de los impuestos específicos hacen que disminuya el valor real de las recaudaciones de impuestos durante los periodos de precio al alza. En la medida en que las devaluaciones nominales

---

[5] Este resultado se dará continuamente, tras de considerar las respuestas cuantitativas de las importaciones y las exportaciones, mientras no sea demasiado grande la elasticidad-precio de la demanda de importaciones. Puede demostrarse fácilmente en un modelo donde los bienes comerciables se diferencien en exportables e importables, como se hace en Khan y Montiel (1987).

se asocien a explosiones inflacionarias, así sean temporales, sería de esperarse que el efecto de Olivera-Tanzi operara durante el periodo inmediatamente siguiente a la devaluación cuando los precios se están elevando. En virtud de que la carga tributaria real disminuiría a causa de este efecto, la devaluación ejercería un efecto expansivo a corto plazo sobre la demanda agregada a través de este canal.

Un tercer canal por el que la devaluación puede afectar a la demanda agregada por sus efectos sobre la carga tributaria real soportada por las familias es el de los cambios tributarios discrecionales causados por el efecto de un ajuste de la tasa de cambio sobre las finanzas gubernamentales. Para aclarar este punto, supongamos que, fuera de los impuestos al comercio exterior, todos los impuestos se cobran a las familias en sumas fijas. Para incluir los dos canales presentados antes, escribamos los ingresos tributarios reales del gobierno, denominados T_r, como

$$T_r = T_r(\overset{+}{z}, \overset{-}{\pi}, \overset{+}{\tau}),$$

donde τ es un parámetro que capta los efectos de los impuestos discrecionales y π es la tasa inflacionaria. Los dos primeros términos de la función $T_r(\cdot)$ captan los efectos del impuesto al comercio exterior y de Olivera-Tanzi. La restricción presupuestaria gubernamental asume la forma

$$T_r(z, \pi, \tau) \equiv g_N z^{-\delta} + g_T z^{1-\delta} + i^* z^{1-\delta} F^g - z^{1-\delta}(\dot{L}^g / E + \dot{F}^g), \quad (7)$$

donde g_T y g_N denotan el gasto gubernamental en los bienes comerciables y no comerciables, respectivamente; i^* la tasa de interés nominal; F^g la deuda externa pública neta; y L^g el acervo de las deudas gubernamentales netas con el banco central.[6]

La primera observación que debemos hacer a partir de la identidad (7) es que, en el caso de Krugman-Taylor, el incremento del valor real de los impuestos al comercio exterior, derivado de una devaluación real, no puede ser el fin de la historia. Como pone en claro la identidad (7), este incremento de $T_r(\cdot)$ debe compensarse en algún otro renglón del presupuesto gubernamental, porque la identidad (7) debe darse en todo momento. El efecto de un incremento de los impuestos al comercio exterior sobre la demanda agregada dependerá de la naturaleza de esta compensación. Por ejemplo, si la compensación asume la forma de una *reducción* de los impuestos discrecionales τ, dejando constantes las recaudaciones tributarias reales $T_r(\cdot)$, el efecto contractivo sobre la demanda agregada desaparecerá por completo. Otras compensaciones

---

[6] Como se explicó en el capítulo v, suponemos aquí que el gobierno no toma préstamos directamente del público.

posibles diferirán en sus consecuencias para la demanda agregada, en formas que exploraremos más adelante.

Una devaluación nominal que se traduce en una depreciación real podría afectar a todos los rubros del miembro derecho de la identidad $T_r(\cdot)$. Entre ellos, varios autores han señalado la importancia de la existencia de un acervo de deuda externa denominada en moneda extranjera en lo tocante a los posibles efectos contractivos de una devaluación nominal (véase Gylfason y Risager, 1984; Van Wijnbergen, 1986; y Edwards, 1989b). Pero en todos estos casos se ha tratado a la deuda externa como si la debiera el sector *privado*.[7] Como veremos en el capítulo XV, hasta el más reciente episodio de entrada de capitales, la mayor parte de la deuda externa de los países en vías de desarrollo la debe típicamente el sector público. De hecho, es probable que la sustitución de monedas y la fuga de capital hayan convertido al sector privado de muchos países en vías de desarrollo en un *acreedor* neto en términos de divisas. La distribución sectorial de la deuda puede omitirse, tratando toda la deuda como deuda privada, sólo en el caso de la equivalencia ricardiana completa, que discutiremos más adelante. Por el momento examinaremos las implicaciones de la deuda externa pública en ausencia de la equivalencia ricardiana.[8]

Si el sector público es un deudor externo neto, una devaluación real aumentará el valor real de los pagos de intereses al exterior. Como lo indica la identidad (7), el gobierno puede financiar tales pagos incrementados del servicio de la deuda aumentando la tributación, reduciendo el gasto, o aumentando sus préstamos del banco central o del exterior. Los efectos sobre la demanda agregada dependerán del modo del financiamiento. Si el gobierno opta por incrementar los impuestos discrecionales, los efectos sobre la demanda agregada serían contractivos porque el ingreso privado disponible bajaría. Este es implícitamente el efecto captando por Van Wijnbergen (1986), Edwards (1989b), y Gylfason y Risager (1984), cuando tratan toda la deuda como deuda privada y deducen los pagos de intereses del ingreso privado disponible. El efecto sobre el consumo privado sería similar al de un incremento de los impuestos discrecionales derivados de cualquiera otra causa. Como una segunda alternativa, los pagos incrementados del servicio real de la deuda podrían financiarse con una reducción del gasto gubernamental en bienes y servicios. Si esto asume la forma de una reducción del gasto en bienes *no comerciables*, los efectos contractivos sobre la demanda agregada superarían a los efectos asociados al financiamiento tributario, a menos que la propensión a gastar los impuestos se aproxime a la unidad. En cambio, si las reducciones del gasto recaen sobre los bienes *comerciables*, los efectos contractivos serían nulos, porque el

---

[7] Por supuesto, si tal deuda fuese de hecho del sector privado, F^g no aparecería en la identidad (7).

[8] Vimos en el capítulo V que este es el caso empíricamente relevante para la mayoría de los países en vías de desarrollo.

supuesto del país pequeño asegura que la demanda gubernamental sería remplazada por la demanda externa. Por último, los pagos incrementados del servicio real de la deuda podrían financiarse con préstamos otorgados por el banco central o por el exterior. En este caso, con la tasa de cambio fija a su nuevo nivel, los efectos contractivos tampoco aparecerían porque la contrapartida del incremento del flujo de crédito hacia el gobierno consistiría simplemente en una salida de reservas extranjeras en el primer caso, y en un incremento de la deuda pública externa en el segundo caso, sin ningún impacto sobre la demanda agregada en ningún caso.

Además del efecto sobre los pagos de intereses reales, la devaluación afectaría al valor real de los gastos gubernamentales en bienes y servicios. En virtud de que aumenta el valor real del gasto en bienes comerciables, mientras que baja en los bienes no comerciables, el efecto total dependerá de la composición del gasto gubernamental entre los bienes comerciables y los no comerciables. Si el efecto neto es un incremento del gasto real, se presentarían las mismas opciones de financiamiento que antes. Así ocurriría si el gasto gubernamental estuviese fuertemente inclinado hacia los bienes comerciables. En el caso alternativo, podría surgir, por ejemplo, una *reducción* de los impuestos discrecionales, con efectos expansivos consiguientes sobre la demanda agregada.

Por último, el efecto de una devaluación sobre los impuestos discrecionales dependerá también del régimen de política monetaria que esté vigente. Este canal es captado por el último término del miembro derecho de la identidad (7). Si el banco central adhiere el flujo de crédito al gobierno en términos *nominales,* la elevación de los precios que sigue a una devaluación nominal reducirá $\dot{L}^g/P$ y sugerirá un ajuste en el presupuesto gubernamental, posiblemente mediante un incremento de los impuestos discrecionales. Pero si se ajusta el flujo $\dot{L}^g$ para acomodar el aumento de los precios, no emanarán de esta fuente nuevos cambios en el presupuesto. La última opción que consideraremos es aquella en la que las ganancias de la valuación real para el acervo de reservas de divisas del banco central se trasladan al gobierno. En este caso podría *aumentar* $\dot{L}^g/P$, y las opciones del financiamiento incluirían una reducción tributaria expansiva.

VIII.1.1.1.6. *Efectos de la riqueza*

En virtud de que es de esperarse que un aumento de la riqueza incremente el consumo de las familias, una devaluación puede afectar también la demanda de los bienes de producción nacional a través de sus efectos sobre la riqueza real. Si el nivel del gasto nacional depende de la riqueza real, y las tenencias de activos del sector privado no están indizadas al nivel de los precios nacionales, una devaluación cambia el valor real de la riqueza existente y así afecta a la demanda de bienes nacionales.

A menudo se supone que la riqueza nacional coincide con el acervo nominal de dinero, de modo que el efecto de la riqueza se convierte en un efecto de saldos en efectivo reales. Alexander (1952) destacó este canal al analizar las consecuencias de una devaluación para la absorción. Señaló Alexander que una devaluación elevaría el nivel de los precios y así reduciría el acervo real de dinero. A su vez, esta reducción tendría dos tipos de efectos, tendiendo ambos a reducir la absorción: un efecto directo, cuando los individuos reducen sus gastos a fin de reponer sus tenencias monetarias reales al nivel deseado; y un efecto indirecto, cuando los individuos tratan de cambiar sus carteras de otros activos por dinero, elevando así la tasa de interés nacional en ausencia de una movilidad perfecta del capital. En esta discusión nos ocuparemos sólo del efecto directo, porque el otro efecto está incluido en nuestro análisis de la tasa de interés al final de esta sección.

El efecto del saldo de efectivo real ha sido ampliamente reconocido e incluido en la literatura de la devaluación contractiva. Por ejemplo, Gylfason y Schmid (1983), Hanson (1983), Islam (1984), Gylfason y Radetzki (1991), Buffie (1986*a*) y Edwards (1989*b*) toman en cuenta este efecto al incluir directamente los saldos en efectivo reales como un argumento de la función del gasto, o indirectamente mediante el uso de una función de atesoramiento. En todos estos casos, una devaluación, al elevar el nivel de los precios en presencia de un acervo nominal de dinero inicial dado, reduce los saldos en efectivo reales, ejerciendo así un efecto contractivo sobre la demanda.

Este resultado inequívoco debe modificarse si el sector privado mantiene otros tipos de activos cuyo valor nominal aumenta con una devaluación. Por ejemplo, supongamos que el sector privado tiene activos denominados en moneda extranjera en una cantidad F^p. Entonces, la riqueza real sería igual a

$$a = \frac{M}{P} + \frac{EF^p}{P} = z^{1-\delta}\left(\frac{M}{E} + F^p\right). \tag{8}$$

El cambio porcentual de la riqueza real, derivado de una devaluación nominal, sería entonces igual a

$$\hat{a} = (1 - \delta)\hat{z} - \lambda\varepsilon, \tag{9}$$

donde λ es la participación del dinero nacional en la riqueza del sector privado y ε es la tasa de devaluación. En virtud de que $\hat{z}$ está limitado arriba por ε (a menos que el precio de los bienes no comerciables baje con una devaluación, algo que no consideraremos aquí), la ecuación (9) tiene las implicaciones siguientes: si el dinero nacional es el único activo en la cartera del sector privado, $\lambda = 1$, una devaluación tendrá necesariamente un efecto negativo sobre la riqueza real y la demanda. Este fue el caso considerado antes. En cambio, si el sector privado tiene también activos denominados en moneda extranjera, el resultado es ambiguo. La fuente de la ambigüedad es que, aunque el valor real del acervo de dinero nacional disminuye por la elevación del nivel de los precios, el valor real del acervo de activos extranjeros aumenta mientras que el nivel de los precios nacionales no se eleve en la misma medida que la devaluación. Por lo tanto, el efecto sobre la demanda de bienes nacionales puede ser positivo o negativo. Es más probable que sea negativo entre mayor sea la participación de los bienes comerciables en el índice de precios δ, menor la depreciación real $\hat{z}$, y mayor la participación del dinero nacional en la rique-za del sector privado λ. La posibilidad de que el sector privado tenga activos extranjeros se incluye en varios otros aspectos de los análisis de las devaluaciones (véase en particular el capítulo VI), pero no ha recibido una atención suficiente en la literatura de la devaluación contractiva.[9]

Este marco es útil también para el examen de los efectos de la deuda externa. La presencia de la deuda externa del sector privado reduce la posición neta de activos extranjeros del sector privado F^p, incrementando así la participación del dinero nacional en la riqueza λ, y por lo tanto aumentando la probabilidad de que una devaluación tenga un efecto negativo sobre la riqueza real. Si el nivel de la deuda externa es tan elevado que se traduce en una posición neta negativa de los activos extranjeros del sector privado, λ será mayor que uno (o que la unidad) y una devaluación tendrá necesariamente un efecto negativo sobre la riqueza real y, en consecuencia, un efecto negativo a través del canal de la riqueza sobre la demanda de bienes nacionales. Por lo tanto, la presencia de la deuda externa del sector privado introduce otro canal a través del cual una devaluación puede tener efectos contractivos.

VIII.1.1.2. *La inversión*

Los efectos de una devaluación sobre la demanda privada de bienes no comerciables dependen también de la demanda de inversión para esta categoría de bienes emanada de los sectores de bienes comerciables y no comerciables. Para simplificar, supongamos que el acervo de capital de cada sector consiste en bienes comerciables y no comerciables combinados en proporciones fijas. Una unidad de capital en el sector de los bienes comerciables consiste en γ_N^T unidades de bienes no comerciables y γ_T^T unidades de bienes comerciables; mientras que en el sector de los bienes no comerciables, consiste el capital en γ_N^N de bienes no comerciables y γ_T^N de bienes comerciables. Entonces, los precios de una unidad de capital en el sector de los bienes comerciables P_{KT} y en el sector de los bienes no comerciables P_{KN} están dados por

---

[9] Como se indicó en el capítulo III, pueden ser en efecto muy sustanciales las tenencias de activos extranjeros en manos de residentes de países en vías de desarrollo muy endeudados.

$$P_{KT} = \gamma_N^T P_N + \gamma_T^T E, \tag{10}$$

$$P_{KN} = \gamma_N^N P_N + \gamma_T^N E. \tag{11}$$

Supongamos, como se indicó antes, que la producción de cada sector se realiza mediante la utilización de capital, mano de obra e insumos importados. El producto marginal del capital en los dos sectores está dado entonces por[10]

$$m_K^T = F_K^T (\bar{w}/E; \bar{K}_T), \tag{12}$$

$$m_K^N = F_K^N (\bar{w}/P_N, \bar{z}; \bar{K}_N), \tag{13}$$

donde w denota la tasa de cambio nominal.

A corto plazo el acervo de capital está fijo. Por las condiciones de primer orden de la maximización del beneficio, un aumento del salario-producto reducirá la demanda de mano de obra. El aumento consiguiente de la intensidad de capital de la producción hará que disminuya el producto marginal del capital. Un efecto similar deriva de un incremento del costo real de los insumos importados, z. Adviértase que esta variable no interviene en la ecuación (12), porque el precio de los insumos importados en términos de los bienes comerciables no se ve afectado por la devaluación.

En virtud de que la demanda de bienes de inversión se orienta inherentemente hacia el futuro, la demanda de inversión de hoy en cada sector dependerá de las rutas futuras esperadas de w, E, P_N y la tasa de interés nominal i. Bajo expectativas racionales, estas rutas pueden generarse sólo por la solución completa de un modelo. En virtud de que no presentamos tal solución aquí, examinaremos los problemas involucrados bajo el supuesto de que se espera que todos los precios relativos permanezcan a sus niveles posteriores a la devaluación. Bajo este supuesto, pueden expresarse las funciones de la inversión sectorial neta como

$$\hat{K}^T = q_T \left\{ \frac{E m_K^T / P_{KT}}{i + \eta - \pi_{KT}} - 1 \right\}, \quad q_T(0) = 0, q_T' > 0 \tag{14}$$

$$= q_T \left\{ \frac{E F_K^T (w/E; K_T) P_{KT}}{i + \eta - \pi_{KT}} \right\},$$

[10] Los signos de las derivadas parciales respecto de w/E, w/P_N y z, en las ecuaciones (12) y (13), suponen que los factores de la producción son complementarios en el sentido de que un aumento del uso de un factor incrementa la productividad marginal de los otros factores.

$$\hat{K}^T = q_N \left\{ \frac{P_N m_K^T / P_{KN}}{i + \eta - \pi_{KN}} - 1 \right\}, \quad q_N(0) = 0, \, q_N' > 0 \tag{15}$$

$$= q_N \left\{ \frac{P_N F_K^N (w / P_N, z; K_N) P_{KN}}{i + \eta - \pi_{KN}} - 1 \right\},$$

donde π_{Kh} denota la tasa de incremento del precio del capital en el sector h.

La demanda de inversión neta en cada sector depende de la proporción del producto marginal del capital a la tasa de interés real. La demanda de inversión bruta es la suma de la inversión neta y la inversión de reposición, donde se supone que la depreciación ocurre a la tasa uniforme $\mu > 0$ en ambos sectores. Las ecuaciones (14) y (15) pueden combinarse ahora con la inversión de reposición para obtener la demanda de inversión total en los bienes no comerciables:

$$I_N = I_N^T + I_N^N$$

$$= \gamma_N^T q_T \left\{ \frac{E F_K^T (w / E; K_T) P_{KT}}{i + \eta - \pi_{KT}} - 1 \right\} K_T + \mu(\gamma_N^T K_T + \gamma_N^N K_N) \tag{16}$$

$$+ \gamma_N^N q_N \left\{ \frac{P_N F_K^N (w / P_N, z; K_N) P_{KN}}{i + \eta - \pi_{KN}} - 1 \right\} K_N.$$

Ahora podremos examinar los efectos de una devaluación real sobre la demanda de inversión para los bienes no comerciables.

Branson (1986) y Buffie (1986*b*) han destacado que, dado que una porción sustancial de toda inversión nueva en los países en vías de desarrollo tenderá a consistir en bienes de capital importados, una depreciación real elevará el precio del capital en términos de los bienes nacionales, lo que desalentará la inversión nueva y ejercerá un efecto contractivo sobre la demanda agregada. Como es evidente en la ecuación (16), este análisis es válido sólo en el caso de la demanda de inversión que se origina en el sector de los bienes no comerciables. La situación es precisamente opuesta en el sector de los bienes comerciables, donde una depreciación real *disminuye* el precio de oferta real del capital medido en términos de la producción. En este sector, por lo tanto, este efecto estimula la inversión, de modo que el efecto neto sobre la demanda de inversión para los bienes no comerciables, de los cambios ocurridos en el precio de oferta del capital, es en principio ambiguo.

Otro conducto por el que la devaluación afecta a la demanda de inversión para los bienes no comerciables opera a través de los beneficios reales. El análisis de este conducto debe ser específico de un modelo en mayor medida que el anterior porque dependerá, por ejemplo, de la medida en que se suponga que se vacían los mercados de productos, es decir, de que las empresas operen o no en sus curvas de demandas de factores. La exposición anterior supone que sí operan de ese modo. En este caso, el rendimiento del capital es su producto marginal, mismo que depende del acervo de capital inicial, del salario-producto y, en el caso del sector de los bienes no comerciables, de la tasa de cambio real, que determina el precio de los insumos importados. Los efectos de los cambios ocurridos en los salarios-producto sobre los beneficios, y por ende sobre el gasto en inversión, fueron destacados por Van Wijnbergen (1986), Branson (1986) y Risager (1988). Tanto Van Wijnbergen como Branson contrastaron el caso de los salarios nominales fijos con aquel en el que hay cierto grado de indización salarial. En cambio, Risager examinó el efecto, sobre la inversión, de mantener constante el salario nominal durante el plazo fijo de cierto contrato inicial y restablecer luego el salario real inicial.

El resultado básico de estos estudios es que una devaluación puede aumentar o disminuir el salario-producto en el impacto, dependiendo de la naturaleza y el grado de la indización salarial. Con salarios nominales fijos, el salario-producto bajaría al impacto, y la inversión aumentaría a corto plazo, aunque se espere que el salario-producto original se restablezca en el futuro (Risager, 1988). Pero con la indización que otorga un peso significativo a las importaciones, el salario-producto podría aumentar, reduciendo así la inversión. Sin embargo, un resultado común en los modelos de "economía dependiente" con cierta flexibilidad del salario nominal es que una devaluación nominal genera una *reducción* del salario-producto en el sector de los bienes comerciables y un *incremento* del salario-producto en el sector de los bienes no comerciables (véase, por ejemplo, Montiel, 1987). En este caso, la inversión se vería estimulada en el primer sector y desalentada en el segundo, con efectos ambiguos sobre la demanda de inversión total para los bienes no comerciables.

Cuando hay insumos importados, operará un tercer conducto. El producto marginal del capital en el sector de los bienes no comerciables se verá afectado por una devaluación real a través de los mayores costos reales de tales insumos (Van Wijnbergen, 1986; Branson, 1986). El efecto es inequívocamente contractivo, porque el efecto depresivo de los beneficios en el sector de los bienes no comerciables no se ve contrarrestado por efectos positivos sobre los beneficios en el sector que produce bienes comerciables.

Por último, adviértase que, en el caso de una depreciación real que reduce el salario-producto en el sector de los bienes comerciables y lo incrementa en el sector de los bienes no comerciables, los tres efectos antes analizados (es decir, los efectos sobre el costo real del capital, el salario-producto y el costo de los insumos importados) tenderán a incrementar la inversión en el sector de los bienes comerciables y a disminuirla en el sector de los bienes no comerciables. Si estos efectos son suficientemente fuertes, la demanda de inversión total de los bienes no comerciables deberá aumentar cuando el capital es específico del sector. En este caso, un aumento de la demanda de inversión en el sector de los bienes comerciables podrá satisfacerse sólo con nueva producción. No puede compensarse con una inversión negativa *bruta* en el sector de los bienes no comerciables. Por lo tanto, siempre que una devaluación tenga un efecto dispar sobre los incentivos de la inversión sectorial suficiente para incrementar la inversión en el sector de los bienes comerciables en más que el nivel inicial de la inversión bruta en el sector de bienes no comerciables, la inversión total deberá aumentar, por adversos que sean los incentivos para la inversión en el sector de los bienes no comerciables.

VIII.1.1.3. *Tasas de interés nominales*

Puede esperarse que una elevación de la tasa de interés real disminuya el consumo privado de bienes no comerciables y el gasto en inversión para los bienes no comerciables por parte de los sectores de bienes comerciables y no comerciables. Aunque aquí se trata como exógeno al componente de inflación esperada de la tasa de interés real, en esta subsección examinaremos los efectos de la devaluación sobre la tasa de interés nominal. Para analizar tales efectos, convendrá distinguir entre el efecto corriente de una devaluación (futura) esperada y el efecto contemporáneo de una devaluación no esperada previamente. Ambos choques serán analizados aquí. El efecto de una devaluación sobre la tasa de interés nominal dependerá, por supuesto, fundamentalmente de las características de la estructura financiera de la economía, y muchos de los resultados diversos derivados en la literatura pueden imputarse a diferentes supuestos sobre estas características. Empezaremos por describir un marco bastante general (consistente con el que se describió en los capítulos II y V), de donde podrán derivarse varios casos especiales.

Supongamos que los residentes nacionales pueden tener activos financieros en forma de dinero, activos nacionales que ganen intereses, y créditos sobre los extranjeros que ganen intereses (denominados en moneda extranjera). Supongamos además que los activos nacionales que ganan intereses asumen la forma de préstamos otorgados por las familias a otras entidades del sector privado (otras familias y empresas). Los efectos de una devaluación sobre la tasa de interés nominal de estos préstamos, ya se trate de una devaluación corriente previamente inesperada o de una devaluación futura esperada, dependen decisivamente del grado de la movilidad del capital (es decir, de la medida en que los préstamos nacionales sean considerados por las familias como sustitutos perfectos de los activos extranjeros) y de la severidad de los costos de ajuste de la cartera. Supondremos que el ajuste de la cartera no cuesta nada y distinguiremos dos casos, ya sea que los préstamos nacionales y los activos extranjeros sean sustitutos perfectos o imperfectos.[11]

Si los préstamos y los activos extranjeros son sustitutos imperfectos, el equilibrio en el mercado de préstamos puede darse por la formulación bastante general[12]

$$h(\bar{i}, i^* + \overset{+}{\varepsilon}{}^a, \overset{+}{y}, \frac{M + \bar{E} F^p}{P}; \overset{+}{x}) = 0, \qquad (17)$$

donde $h(\cdot)$ es la función de demanda excedente real de los préstamos; i la tasa de interés nominal de los préstamos; $i^* + \varepsilon^a$ la tasa nominal de rendimiento de los activos extranjeros, consistente en la tasa de interés nominal extranjera i^* más la tasa de depreciación esperada de la moneda nacional ε^a; y el ingreso real; $(M + EF^p)/P$ la riqueza financiera real de la familia; y x un vector de variables adicionales que han sido incluidas en la función de demanda excedente de préstamos reales en la literatura de la devaluación contractiva (véase más adelante). Una elevación de i tiene un efecto negativo de precio propio sobre la demanda excedente de préstamos, mientras que un incremento de $i^* + \varepsilon^a$ eleva la demanda excedente de préstamos porque los prestatarios se desplazan hacia las fuentes de financiamiento nacionales mientras que los prestamistas tratan de poner más de sus fondos en activos extranjeros. Un aumento del ingreso nacional real hace que los prestamistas incrementen su demanda de dinero, lo que financian en parte reduciendo su oferta de préstamos, incrementando así la demanda excedente en el mercado de préstamos. Por último, en igualdad de otras circunstancias, un aumento de la riqueza financiera privada reduce la necesidad de financiamiento externo y provee a los prestamistas de fondos sobrantes, los cuales pueden colocar en préstamos y en activos extranjeros tras de satisfacer sus propias demandas de dinero. Este efecto reduce la demanda excedente en el mercado de préstamos.

Consideremos ahora el efecto de una devaluación sobre la tasa de interés nominal, i, a un nivel inicial dado del ingreso real, y, y el precio de los bienes no comerciables, P_N, con $\varepsilon^a = 0$. En el caso de una devaluación previamente inesperada, el efecto sobre la tasa de interés nacional dependerá, como puede verse de la ecuación (17), de la composición de la riqueza financiera de la familia. El que la demanda excedente real de préstamos aumente o disminuya depende de que la riqueza financiera real de las familias aumente o disminuya. La devaluación disminuirá el acervo monetario real pero incrementará el valor real de los activos extranjeros. Si se destina gran parte de la riqueza financiera familiar a la tenencia de saldos en efectivo, y si los bienes comer-

---

[11] Como se indicó en el capítulo VI, el supuesto de la sustituibilidad imperfecta parece empíricamente relevante para gran número de países en vías de desarrollo.

[12] El análisis siguiente podría realizarse equivalentemente en el contexto del mercado de dinero.

ciables tienen un gran peso en el consumo privado (de modo que el nivel de los precios, P, registra una gran elevación), el primer efecto predominará; disminuirá la riqueza financiera privada real, aumentará la demanda excedente real de préstamos y aumentará la tasa de interés nacional. Sin embargo, este resultado se revertirá si los activos extranjeros dominan en los balances de las familias o si los bienes comerciables tienen un peso pequeño en el consumo nacional (o si ocurren ambas cosas). En el modelo de Van Wijnbergen (1986), por ejemplo, las familias no tienen activos extranjeros; por lo tanto, una devaluación nominal eleva la tasa de interés nacional. En cambio, Buffie (1984a) obtuvo conclusiones opuestas precisamente porque supuso que las familias mantienen una porción sustancial de su riqueza en activos denominados en moneda extranjera.

Cuando la derivada parcial h_i, evaluada en $i = i^* + \varepsilon^a$, se aproxima al infinito negativo, los préstamos nacionales y los activos extranjeros se vuelven sustitutos perfectos en las carteras privadas. En este caso, la ecuación (17) se sustituye por

$$i = i^* + \varepsilon^a, \tag{18}$$

de modo que la paridad del interés no cubierta se aplica continuamente. En estas condiciones, una devaluación corriente previamente inesperada no tendrá ningún efecto sobre la tasa de interés nominal nacional. Este es el supuesto que aparece en los modelos de Turnovsky (1981), Burton (1983) y Montiel (1991a).

Los efectos de una devaluación futura esperada son claros. En el caso de la sustituibilidad imperfecta, esto se representa por un incremento de ε^a en la ecuación (17), manteniendo constante el nivel de la tasa de cambio. Por lo tanto, se eleva la tasa de interés nominal nacional. Si el efecto de precio propio h_i supera al efecto de precio cruzado $h_{i^*+\varepsilon^a}$, el incremento será menor que la devaluación esperada. Sin embargo, en el caso de la sustituibilidad perfecta, la tasa de interés nacional se elevará por el monto total de la devaluación esperada, como se indica en la ecuación (18).

La literatura sobre la devaluación contractiva ha hecho gran hincapié en la importancia del "capital de trabajo", en los países en vías de desarrollo, como una fuente de la demanda de préstamos, aplicando un principio fundamental de la escuela neoestructuralista (véase el capítulo VI). Esto introduce efectos de una devaluación corriente previamente inesperada que no se incluyeron en el análisis precedente. Estos efectos pueden captarse definiendo la variable x en la ecuación (17) como

$$x = x(\overset{+}{w}, \overset{+}{E}, \overset{-}{P}_N). \tag{19}$$

La variable x se convierte ahora en un índice de los requerimientos de capital de trabajo real que se suponen dependientes de la masa salarial y de las compras de insumos importados (véase la última parte de la subsección VIII.1.1.1). Un aumento de x incrementa la demanda de préstamos, un efecto que explica el signo positivo de h_x en la ecuación (17). Se supone que los requerimientos de capital de trabajo real aumentan cuando el salario nominal o el precio de los bienes comerciables en moneda nacional (o ambos) aumentan, y se supone que bajan cuando aumenta el precio de los bienes no comerciables. El signo positivo de x_E está de acuerdo con el supuesto convencional en la literatura de la devaluación contractiva. Sin embargo, adviértase que este signo impone restricciones a la participación de los insumos importados en los costos variables y a la elasticidad de sustitución entre la mano de obra y los insumos importados.

En virtud de que una devaluación corriente previamente inesperada está representada por un incremento de E y es también probable que incremente los salarios nominales, aumentará la demanda excedente real de préstamos, lo que presiona hacia arriba a la tasa de interés nacional. Así pues, el hecho de tomar en cuenta al capital de trabajo puede hacer que el impacto sobre las tasas de interés nominales sea positivo aunque los activos extranjeros figuren prominentemente en los balances del sector privado. Por lo tanto, las consideraciones del capital de trabajo incrementan la probabilidad de que la devaluación sea contractiva. Sin embargo, obsérvese que estas consideraciones se vuelven irrelevantes si los préstamos nacionales y los activos extranjeros son sustitutos perfectos —en cuyo caso se aplica la ecuación (18)— y no afectan el análisis de una devaluación futura esperada.

VIII.1.2. *Efectos sobre la oferta agregada*

Además de afectar a la demanda, como se describió en el análisis anterior, una devaluación afecta también a la oferta de bienes de producción nacional. Es probable que el costo de producción de esos bienes en moneda nacional aumente a medida que los precios de los factores de producción aumentan en respuesta a la devaluación. Esto puede considerarse como una elevación de la curva de oferta de esos bienes, lo que, aunado a una curva de demanda de pendiente negativa, se traduciría en un nivel de producción menor y una depreciación real menor que lo que ocurriría de otro modo. Una devaluación puede elevar la curva de oferta por tres conductos separados: incremento de los salarios nominales, uso de insumos importados, e incremento del costo del capital de trabajo.

VIII.1.2.1. *Efectos sobre el salario nominal*

En esta subsección examinaremos el efecto de una devaluación sobre el salario nominal en el contexto de un modelo general del que pueden derivarse como casos especiales los resultados específicos que aparecen en la literatura. Suponemos de nuevo un contexto de "economía dependiente", tomamos el capital como específico del sector y fijo a corto plazo, y permitimos que ambos sectores utilicen insumos importados. Con todas las variables en logaritmos, la demanda agregada de mano de obra es

$$
\begin{aligned}
n^d &= n_0 - d_1(w - e) - d_2(w - p_N) - d_3(e - p_N), \\
&= n - (d + d)(w - e) - (d + d)z,
\end{aligned}
\tag{20}
$$

donde n_0, d_1, d_2 y d_3 son parámetros positivos. Un incremento del salario-producto medido en términos de los bienes comerciables reduce la demanda de mano de obra en el sector de bienes comerciables reduciendo la producción en ese sector y alentando la sustitución de la mano de obra por insumos importados. La magnitud de d_1 depende de la participación de la mano de obra empleada en el sector de los bienes comerciables, de la intensidad de la mano de obra en la producción de ese sector, y de la elasticidad de sustitución entre la mano de obra y los insumos importados en la producción de bienes comerciables. El signo y la magnitud de d_2 se determinan similarmente, excepto que está involucrado el sector de los bienes no comerciables, por supuesto. Por último, d_3 capta el efecto de un incremento del precio de los insumos importados sobre la demanda de mano de obra en el sector de los bienes no comerciables. La demanda de mano de obra baja porque disminuye el nivel de la producción, pero aumenta a medida que la mano de obra sustituye a los insumos importados. El signo negativo de la ecuación (20) se aplicará cuando las elasticidades de sustitución sean suficientemente pequeñas para que el primer efecto predomine sobre el último. La magnitud de d_3 depende de esta elasticidad de sustitución, de la intensidad de mano de obra en la producción de bienes no comerciables, y de la participación de la fuerza de trabajo empleada en ese sector.

Pasando a la oferta agregada, suponemos que el salario nominal corriente está dado por

$$
\begin{aligned}
w &= \tilde{w} + s_1(n - n_0) + s_2 p^a + s_3(p - p^a) \\
&= \tilde{w} + s_1(n - n_0) + s_3 e - s_3(1 - \delta)e + (s_2 - s_3)[e^a - (1 - \delta)z^a],
\end{aligned}
\tag{21}
$$

donde $\tilde{w}$, s_1, s_2 y s_3 son parámetros positivos, todas las variables se expresan en logaritmos, y las expectativas de los valores corrientes se forman durante el periodo anterior. En el contrato descrito por la ecuación (21), el salario nominal corriente, w, consiste en un componente exógeno $\tilde{w}$ (que en adelante tomamos igual a cero, para simplificar) más un componente endógeno que depende del nivel del empleo, n, en relación con su nivel "natural" o de empleo pleno, n_0, de las expectativas de los precios para el periodo de contrato formado cuando se firmó el contrato, y del grado de indización (s_3) a los embates inesperados de los precios ($p - p^a$).

Cuando se imponen restricciones alternativas, se pueden derivar varios casos especiales de la ecuación (21):

1. Los salarios nominales exógenos se siguen de $s_1 = s_2 = s_3 = 0$.
2. Los salarios nominales predeterminados con contratos del tipo de Fischer (véase Blanchard y Fischer, 1989, pp. 415-416) están implicados por $s_2 = 1$ y $s_1 = s_3 = 0$.
3. Puede imponerse la indización de los salarios al nivel corriente de los precios en su forma más simple haciendo $s_1 = 0$ y $s_2 = s_3$. Como un caso especial, los salarios reales fijos se siguen de $s_1 = 0$ y $s_2 = s_3 = 1$.
4. La curva simple de Phillips, sin expectativas, se deriva con $s_2 = s_3 = 0$. Si el empleo estaba fechado en el periodo anterior, el salario nominal estaría predeterminado. Si, como en la ecuación (21), es importante el valor *corriente* del empleo, el salario nominal será endógeno.
5. Un modelo neoclásico del mercado de mano de obra puede producirse haciendo $s_2 = s_3 = 1$.
6. Por último, la versión de la curva de Phillips de Friedman-Phelps (véase Blanchard y Fischer, 1989, pp. 572-573) surge de $s_2 = 1$ y $s_3 = 0$.

En esta subsección impondremos sólo las restricciones de que $s_2 = 1$ y $s_3 < 1$, de modo que la inflación perfectamente prevista no tendrá ningún efecto sobre las demandas de salario real de los trabajadores y el grado de la indización a los precios corrientes es sólo parcial. Sustituyendo la ecuación (20) en la ecuación (21) y simplificando, el salario nominal de equilibrio implicado por este modelo más general es

$$w = e^a - \frac{1 - \delta + \Omega_{23}}{1 + \Omega_{12}} z^a + \frac{s_3 + \Omega_{12}}{1 + \Omega_{12}} (\bar{e} - e^a) - \frac{s_3(1 - \delta) + \Omega_{23}}{1 + \Omega_{12}} (z - z^a), \quad (22)$$

donde $\Omega_{12} = s_1(d_1 + d_2)$, y $\Omega_{23} = s_1(d_2 + d_3)$.

Esta formulación conduce inmediatamente a varias observaciones importantes. Primero, al evaluar los efectos de una depreciación de la tasa de cambio sobre el salario nominal, resulta crucial la medida en la que una depreciación nominal se traduzca en una depreciación real. El salario nominal de equilibrio después de una devaluación se determina simultáneamente con la tasa de cambio real de equilibrio, como se indica en la ecuación (22). La segunda observación es que, en ausencia de una indización perfecta (es decir, mientras que $s_3 < 1$), es importante distinguir, al evaluar los efectos de la devaluación sobre el salario nominal, si la devaluación corriente fue prevista con anterioridad o no. Si, como parece probable, el efecto de una devaluación esperada sobre la tasa de cambio *real* es menor que el de una devaluación inesperada, el impacto de una devaluación esperada sobre el salario nominal superará al de una modificación de la paridad inesperada.[13]

Sin embargo, la tercera observación importante es que en ninguno de los dos casos anteriores aumentará necesariamente el salario nominal. Esto destaca la importancia de un tratamiento integrado del mercado de mano de obra en la evaluación de la probabilidad de que la devaluación pueda ser contractiva. Para aclarar este punto, adoptamos el supuesto de trabajo de que el precio de los bienes no comerciables es constante tras el impacto. Esto simplifica la ecuación (22), la que ahora puede escribirse como

$$w = e^a - \frac{\delta + s_1(d_1 - d_3)}{1 + \Omega_{12}} e^a + \frac{s_3 \delta + s_1(d_1 - d_3)}{1 + \Omega_{12}} (\bar{e} - e^a), \qquad (23)$$

Adviértase que si $d_3 > d_1$, los efectos de una devaluación prevista y de una devaluación imprevista podrían ser negativos. Para ver cómo puede surgir esta posibilidad, adviértase por la ecuación (20) que si $d_3 > d_1$, un incremento de la tasa de cambio nominal E *reducirá* la demanda de mano de obra, dados los salarios y el precio de los bienes no comerciables. La razón es que un incremento de la demanda en el sector de los bienes comerciables se compensa con la reducción de la demanda en el sector de los bienes no comerciables. Esto último ocurre por el efecto de una elevación del precio de los insumos importados, lo que reduce el nivel de la producción y por ende la demanda de mano de obra en ese sector. Este efecto será dominante si es grande la participación de la mano de obra en el sector de los bienes no comerciables, si ese sector es relativamente intensivo en su uso de insumos importados, y si la elasticidad de sustitución de los insumos importados por la mano de obra en ese sector es pequeña. Adviértase que, independientemente de que d_3 supere a d_1 o no, la presencia de insumos importados en el sector de los bienes no comerciables tiende a frenar la elevación del salario nominal que tendería a acompañar a una devaluación. Este efecto actúa como una compensación del efecto contractivo de una devaluación sobre la oferta de bienes no comerciables que opera por el conducto del insumo importado (véase la subsección siguiente).

Como una observación final, adviértase de la ecuación (22) que si $d_1 > d_3$, mientras que una depreciación nominal (prevista o imprevista) genere una depreciación real menos que proporcional ($0 < dz/de < 1$), la elevación del salario nominal no será mayor que la elevación del precio de los bienes co-

---

[13] Para derivar este resultado, expresemos z^a como una función de e^a y $(z - z^a)$ como una función de $(\bar{e} - e^a)$ en la ecuación (22), y supongamos que se da la condición $dz^a/de^a \leq d(z - z^a)/d(\bar{e} - e^a)$.

merciables y no será menor que la elevación del precio de los bienes no comerciables. Es decir, el salario-producto bajará en el sector de los bienes comerciables y subirá en el sector de los bienes no comerciables.[14]

VIII.1.2.2. *Insumos importados*

En el caso de una devaluación, el precio de los insumos importados se eleva en el mismo porcentaje que la tasa de cambio, lo que aumenta los costos de producción de los bienes de producción nacional. La magnitud de este aumento de los costos depende de factores tecnológicos y de la medida en que el precio de otros factores de producción responda a la devaluación. Para ilustrar estas relaciones, utilizaremos un ejemplo específico.

Supongamos una economía que produce y consume bienes comerciables y no comerciables. Los bienes no comerciables se producen con insumos importados y "valor agregado", de acuerdo con una función de producción ESC con elasticidad de sustitución σ. Por su parte, el valor agregado se produce con una cantidad fija de capital específico y con mano de obra de acuerdo con una función de producción Cobb-Douglas. La participación de la mano de obra en el valor agregado se denota por γ. Se supone que los salarios nominales se determinan exógenamente y aumentan en una cantidad dada como resultado de la devaluación. En cambio, el rendimiento del capital es endógeno y varía para vaciar el mercado de ese factor.

Al analizar el efecto de una devaluación sobre la oferta de bienes no comerciables, investigamos el aumento de los costos, o del precio de oferta, para un nivel dado de la producción. Esta es la elevación de la curva de oferta de tales bienes. El incremento porcentual del precio de oferta es

$$\pi_N = \theta_j \varepsilon + \theta_w \hat{w} + \theta_k \hat{r}, \tag{24}$$

donde ε es el porcentaje de la devaluación nominal, $\hat{w}$ es el incremento exógeno de los salarios nominales, y $\hat{r}$ es el incremento endógeno del rendimiento del capital. En virtud de que la mano de obra y el capital se combinan de acuerdo con una función de producción Cobb-Douglas, y dado que el acervo de capital es constante, tenemos

$$\hat{r} = \hat{w} + \hat{n}.$$

[14] El cambio de w puede obtenerse diferenciando la ecuación (22) respecto de e^a o $(\bar{e} - e^a)$, imponiendo $dz^a / de^a < 1$ o $d(z - z^a) / d(\bar{e} - e^a) < 1$. El cambio del precio de los bienes comerciables es uno (o la unidad), mientras que el de los bienes no comerciables puede obtenerse de la definición de la tasa de cambio real, lo que implica, utilizando logaritmos, que $p_N = \bar{e} - z$.

La minimización del costo para un nivel dado de la producción implica

$$\hat{n} = \sigma\theta_J\left\{\theta_w + \theta_J\left[\sigma(1-\gamma)+\gamma\right]\right\}^{-1}(\varepsilon - \hat{w}),$$

y por lo tanto

$$\hat{r} = \hat{w} + \sigma\theta_J\left\{\theta_w + \theta_J\left[\sigma(1-\gamma)+\gamma\right]\right\}^{-1}(\varepsilon - \hat{w}). \tag{25}$$

La ecuación (25) es útil para el examen del efecto de la devaluación y el ajuste de los salarios sobre el rendimiento del capital. Si los salarios aumentan por el monto total de la devaluación ($\hat{w}=\varepsilon$), el rendimiento del capital aumentará también en la misma cantidad. La razón es simple. A la tasa inicial de rendimiento del capital, hay un incentivo para sustituir los insumos importados por valor agregado, y dentro del valor agregado para sustituir la mano de obra por el capital. Sin embargo, la cantidad del capital es constante, de modo que su tasa de rendimiento aumenta, hasta que se restablezca la proporción inicial de los salarios nominales a la tasa de rendimiento del capital, de modo que se restablezca también la proporción inicial deseada entre el capital y la mano de obra. Al final, $\hat{r} = \hat{w} = \varepsilon$, y se utiliza la misma combinación de insumos para generar el nivel dado de producción. Con una $\hat{r}$ diferente de $\hat{w}$ no habría un valor de equilibrio. Por ejemplo, supongamos que $\hat{r} < \hat{w}$. Entonces sería mayor la combinación deseada de capital y mano de obra, lo que aunado a un acervo de capital fijo implica un empleo menor, lo que a su vez implica un valor agregado menor. Para un nivel dado de la producción, esto implica un nivel mayor de los insumos importados. Pero este cambio en la utilización de los factores es inconsistente con el cambio de los precios de los factores. Dado que la tasa de rendimiento del capital aumentó menos que el salario nominal, el precio del valor agregado aumentó menos que el precio de los insumos importados, de modo que deberíamos esperar una disminución (en lugar de un aumento) en la intensidad del uso de insumos importados.

Si los salarios no aumentan en la cantidad total de la devaluación, la ecuación (25) indica que el rendimiento del capital aumenta más que los salarios nominales. La razón es que si la tasa de rendimiento del capital aumenta sólo en la misma cantidad que los salarios nominales, los productores desearán usar la misma proporción de capital/mano de obra. En virtud de que el acervo de capital está fijo, esto implica un nivel de empleo constante. Pero en virtud de que el precio del valor agregado bajaría en relación con el precio de los insumos importados, habría una demanda excedente de capital y de mano de obra. Estas demandas excedentes se satisfacen con un incremento en el uso de mano de obra y un nuevo incremento en el rendimiento del capital.

Utilizando la ecuación (25) para remplazar a $\hat{r}$ en la ecuación (24), y recordando que $\gamma\theta_k = (1-\gamma)\theta_w$ porque el capital y la mano de obra se combinan de acuerdo con una función Cobb-Douglas para producir valor agregado, obtenemos

$$\pi_N = \varepsilon - \gamma(1 - \theta_J)\left\{\gamma(1 - \theta_J) + \sigma(1 - \gamma) + \gamma\right\}^{-1}(\varepsilon - \hat{w}). \tag{26}$$

Por lo tanto, si los salarios aumentan en la cantidad total de la devaluación, la curva de oferta se elevará en el mismo porcentaje que la tasa de cambio. Si los salarios no aumentan en la cantidad total de la devaluación, la curva de oferta se elevará menos que la tasa de cambio, pero más que el incremento de los salarios, porque en este caso el rendimiento del capital aumenta más que los salarios, como vimos antes. En este caso está claro también, por la ecuación (26), que la elevación del precio de oferta será mayor entre mayor sea la participación de los insumos importados en los costos totales y, para una participación dada de los insumos importados, entre mayor sea la participación del capital en el valor agregado. La elevación del precio de oferta será también mayor entre menor sea la elasticidad de sustitución entre los insumos importados y el valor agregado.

La ecuación (26) supone que el valor agregado se produce con capital y mano de obra, de acuerdo con una función de producción Cobb-Douglas. Por lo tanto, se supone que la elasticidad de sustitución entre la mano de obra y el capital es igual a uno (o a la unidad). Si se supusiera en cambio una función ESC para la producción de valor agregado, cuando $\hat{w} < \varepsilon$ el aumento del precio de oferta sería mayor entre menor fuese la elasticidad de sustitución entre la mano de obra y el capital. La razón es que, entre menor sea esta elasticidad, mayor deberá ser el aumento del rendimiento del capital necesario para inducir a los productores a incrementar el empleo de mano de obra necesario para compensar una utilización menor de insumos importados.

La utilización de insumos importados en la producción de bienes comerciables no ofrece nuevas causas porque el precio de este tipo de insumo se mueve junto con el precio de la producción. Aun si suponemos la misma estructura de producción que la supuesta antes para los bienes no comerciables, el nivel de la producción dependerá del salario-producto, es decir, la proporción de los salarios nominales a la tasa de cambio. En consecuencia, si los salarios aumentan menos que el monto total de la devaluación, aumentará la producción de bienes comerciables (si se omiten las consideraciones del capital de trabajo), y viceversa.

VIII.1.2.3. *Efectos a través de los costos del capital de trabajo*

Varios autores de la escuela neoestructuralista, en particular Taylor (1983) y Van Wijnbergen (1983), han destacado que una devaluación nominal podría tener efectos contractivos sobre la oferta de producción nacional al incrementar el costo del capital de trabajo, es decir, al financiar los costos de la mano de obra y las compras de insumos importados. Para examinar cómo podría operar este efecto, consideremos primero el sector de los bienes no comerciables. La necesidad de financiar el capital de trabajo surge de un asincronismo entre los pagos y los ingresos: algo muy similar a la motivación utilizada a veces para justificar la demanda de dinero por parte de las familias (véase Blanchard y Fischer, 1989, capítulo IV). Supongamos que, en el sector de los bienes no comerciables, para financiar una masa salarial real $\omega_N n_N$ —donde $\omega_N \equiv w/P_N$ es el salario-producto en ese sector— y una suma real de insumos importados, zO_N, la empresa debe mantener acervos reales de préstamos vigentes por la cantidad de $h^n(i, w_N n_N)$ para los salarios reales y $h^o(i, zO_N)$ para los insumos importados.[15] Los beneficios de la empresa representativa están dados entonces por

$$\Pi_N = P_N y_N (n_N, O_N) - wn_N - EO_N - iP_N h^n(\cdot) + iP_N h^o(\cdot), \tag{27}$$

y las condiciones de primer orden para la maximización del beneficio son

$$dy_N / dn_N = \omega_N [1 + ih^n_{\omega_N n_N}(\cdot)], \tag{28}$$

$$dy_N / dO_N = z[1 + ih^o_{\omega_N n_N}(\cdot)], \tag{29}$$

Estas ecuaciones pueden resolverse para las funciones de demanda de mano de obra y de insumos importados:

$$n^d_N = n^d_N(\bar{\omega}_N, \overset{?}{z}, \bar{i}), \tag{30}$$

$$O^d_N = O^d_N(\overset{?}{\omega}_N, \bar{z}, \bar{i}). \tag{31}$$

Sustituyendo estas ecuaciones en la función de producción de bienes no comerciables de corto plazo obtenemos la función de oferta de bienes no comerciables de corto plazo:

$$y^s_N = y^s_N(\bar{\omega}_N, \bar{z}, \bar{i}). \tag{32}$$

Repitiendo este ejercicio para el sector de los bienes comerciables obtenemos una función de oferta de los bienes comerciables:

$$y^s_T = y^s_T(\bar{\omega}_T, \bar{i}), \tag{33}$$

donde $\omega_T \equiv w/E$.

[15] Se incluye un efecto negativo de la tasa de interés sobre la demanda de préstamos por analogía con la demanda de dinero de las familias para transacciones, pero tal cosa no es necesaria para el análisis que sigue. La demanda de préstamos y el costo de la tenencia de préstamos en la ecuación (27) debe depender de la tasa de interés *real* esperada, medida en términos de los bienes no comerciables. Pero en virtud de que estamos tratando como exógena a la inflación esperada, se suprime aquí el componente de la inflación esperada de la tasa de interés real por conveniencia de la notación.

La presencia de los costos de financiamiento del capital de trabajo tiene dos consecuencias importantes para la oferta que afectan a la probabilidad de una devaluación contractiva. La primera de ellas es el efecto de Cavallo-Patman presentado en el capítulo VI: una elevación de las tasas de interés de los préstamos aumenta los costos del financiamiento del capital de trabajo y eleva la curva de oferta de la producción. Este efecto se capta en el signo negativo de la derivada parcial de i en las ecuaciones (32) y (33). La magnitud del efecto depende de las propiedades de las funciones h^n y h^o.[16] Este efecto tiene varios aspectos importantes, en lo tocante a la devaluación contractiva:

1. El efecto de Cavallo-Patman aparecerá en relación con una devaluación corriente previamente inesperada sólo si la movilidad del capital es imperfecta. Si los activos nacionales y extranjeros que ganan intereses son sustitutos perfectos, la tasa de interés nominal nacional no se verá afectada por una devaluación de este tipo, y no se observará ningún efecto de Cavallo-Patman.
2. Si se *elevan* las tasa de interés nacionales, el efecto de Cavallo-Patman será el único conducto por el cual la devaluación puede tener efectos contractivos en el sector de los bienes comerciables.
3. Por último, el efecto de Cavallo-Patman constituye un segundo conducto, además de los efectos de los cambios de la tasa de interés sobre la demanda agregada, por el que una devaluación futura esperada podría afectar a la producción corriente. En el caso en que los activos nacionales y extranjeros que ganan intereses sean sustitutos imperfectos, una devaluación futura esperada *estimularía* la producción corriente en el sector de los bienes comerciables al disminuir la tasa de interés real esperada (medida en términos de los bienes comerciables). El que la producción corriente de bienes no comerciables aumente o disminuya dependerá de que la devaluación esperada aumente o disminuya la tasa de interés real esperada en términos de los bienes no comerciables.

La segunda consecuencia importante del financiamiento del capital de trabajo es el efecto de los costos del capital de trabajo sobre las *elasticidades* de las curvas de oferta sectorial a corto plazo dadas por las ecuaciones (32) y (33).[17] Este efecto se capta por las derivadas parciales cruzadas de estas ecuaciones de oferta. Es probable que la presencia de costos del capital de trabajo *reduzca*

---

[16] Para valores dados de i, $w_N n_N$ y zO_N, entre menores sean sus elasticidades respecto de la tasa de interés, mayor será el desplazamiento de las curvas de oferta de producción hacia arriba, causado por una elevación de i. De igual modo, los valores mayores de las derivadas parciales respecto de los costos reales de la mano de obra y del costo real de los insumos importadores, fortalecerían estos desplazamientos de la oferta hacia arriba.

[17] La conexión existente entre el capital de trabajo y la función de oferta se discutió en el capítulo VI .

las elasticidades de la oferta a corto plazo en ambos sectores, en virtud del aumento de los costos marginales asociado a la necesidad de financiar capital de trabajo adicional. Cuando se deprecia la tasa de cambio real, esta reducción de las elasticidades de la oferta será desfavorable para la expansión económica en respuesta a la devaluación en el sector de los bienes comerciables, pero la reducción puede ser favorable o desfavorable en lo tocante a la actividad del sector de los bienes no comerciables, dependiendo de que la demanda de tales bienes disminuya o aumente en respuesta a la devaluación.

VIII.1.3. *Los datos empíricos*

En la literatura se han utilizado cuatro enfoques empíricos diferentes para analizar los efectos contractivos de la devaluación. El primer enfoque empírico examina los cambios de la producción en el momento de la devaluación y suele llamarse la metodología de "antes y después". El segundo procedimiento, conocido como el enfoque de la "comparación" o el "grupo de control", compara el crecimiento de la producción en los países que devalúan con el de un grupo de países que no devalúan. La tercera estrategia aplica métodos econométricos a datos en rangos de tiempo para cuantificar el impacto de las modificaciones de la tasa de cambio sobre la producción real. Un cuarto enfoque, menos directo, utiliza modelos de simulación o ecuaciones de forma reducida para analizar los efectos de las variables de tasa de cambio sobre la producción.

VIII.1.3.1. *El enfoque de antes y después*

Uno de los primeros estudios que utilizaron el enfoque de antes y después fue el análisis realizado por Alejandro Díaz (1965) de la experiencia argentina en el periodo de 1955-1961. Díaz sostuvo que la devaluación del peso en 1959 fue contractiva porque indujo un cambio en la distribución del ingreso, a favor de los grandes ahorradores, lo que a su vez redujo el consumo y la absorción real.

En una contribución importante, Cooper (1971) examinó veinticuatro episodios de devaluación ocurridos en diecinueve países en vías de desarrollo entre 1959 y 1966, y evaluó estadísticamente la medida de la respuesta de la balanza comercial y la balanza de pagos, la inflación y los elementos de la demanda agregada. Los resultados de Cooper demostraban que la balanza comercial (medida en moneda extranjera) y la balanza de pagos mejoraron en la mayoría de los casos, pero también encontró la existencia de efectos contractivos después de una devaluación. Sin embargo, el estudio de Cooper tiene dos grandes deficiencias. Primero, sólo examinó los efectos de corto plazo o de impacto de una devaluación (es decir, los efectos que ocurren en el término de un año), aunque en la mayoría de los casos no puede esperarse que una devaluación produzca su efecto principal —ya no digamos su efecto único— en el año siguiente. Segundo, el enfoque de antes y después que utilizó se basaba en un supuesto estricto de *ceteris paribus*, lo que lo convertía en una técnica de inferencia poco confiable. Este tipo de enfoque no produce una estimación del efecto independiente de una depreciación de la moneda sobre la producción cuando otros determinantes (factores internos y externos) del resultado están cambiando entre el periodo anterior a la devaluación y el periodo posterior.

En un estudio amplio que utilizó el enfoque de antes y después, Killick, Malik y Manuel (1992) revisaron los resultados de 266 programas implantados durante los años ochenta con el apoyo del FMI, muchos de los cuales incluían la devaluación nominal como una medida clave de su política económica. El análisis de estos autores sugiere que los programas no tienen un efecto discernible sobre el crecimiento de la producción en el muy corto plazo, pero a plazo más largo (luego de tres o cuatro años) las tasas de crecimiento tienden a mejorar. Sin embargo, estos programas se asociaban también a una disminución sustancial de la participación de la inversión en la producción. Pero Killick y sus colegas atribuyeron el efecto positivo sobre la producción a un incremento de la productividad marginal del capital, antes que al ajuste de la tasa de cambio por sí mismo.

VIII.1.3.2. *El enfoque del grupo de control*

La metodología del grupo de control supera en principio la incapacidad del enfoque de antes y después para distinguir entre el efecto de la devaluación por sí misma y el efecto de otros factores sobre la producción. El supuesto básico es que los países que devalúan y los que no devalúan afrontan el mismo ambiente externo. Por lo tanto, al comparar los cambios de antes y después en el crecimiento de la producción de los países que devalúan con los observados en el grupo de control de países que no devalúan, se cancelará el efecto del ambiente externo (o de factores no relacionados con la devaluación misma), de modo que la diferencia en el desempeño de los grupos reflejará sólo el efecto de las modificaciones de la tasa de cambio.

Algunos estudios recientes que aplican el enfoque del grupo de control a la cuestión específica de la devaluación en los países en vías de desarrollo son los de Kamin (1988) y Edwards (1989b). La investigación de Kamin utiliza datos de un conjunto de 50 a 90 devaluaciones de una muestra de 107 devaluaciones ocurridas entre 1953 y 1983. Kamin realiza pruebas estadísticas formales para determinar la significación de los cambios ocurridos a través del tiempo en cada uno de los indicadores económicos considerados —para el desempeño del país que devalúa y la comparación con el desempeño del grupo—y de la diferencia existente entre los dos. Entre otros resultados contrarios a la intuición,[18] Kamin descubre que una contracción de la actividad económica, en el sentido de una disminución efectiva de los *niveles* de la producción, no es típica de las devaluaciones; la tasa de crecimiento permanece en general positiva. Segundo, los países que devalúan registran una declinación brusca y significativa del *crecimiento* de la producción, pero ello ocurre en el año anterior a la devaluación. Esta tasa menor parece mantenerse virtualmente sin cambio durante el año siguiente a la devaluación. En los años siguientes se eleva el crecimiento y mejora también en relación con el grupo testigo. En suma, los resultados ofrecen escasas pruebas en apoyo del aserto de que a las devaluaciones siguen contracciones considerables de la producción; parecen más típicas las recesiones antes de la devaluación.

Edwards (1989b, pp. 320-324) ofrece una perspectiva algo diferente al analizar la evolución de ciertas variables fundamentales durante los tres años anteriores y los tres años posteriores a dieciocho episodios de devaluación ocurridos entre 1962 y 1982 en América Latina. Al igual que Kamin, Edwards construye un grupo de control integrado por veinticuatro naciones en vías de desarrollo que mantuvieron una tasa de cambio nominal fija durante el mismo periodo, y compara su comportamiento con el de los países que devaluaron. En estas comparaciones se utilizan pruebas estadísticas no paramétricas (variantes de las pruebas U de Mann-Whitney para las diferencias de las medias). Sus resultados sugieren que la disminución observada en el crecimiento de la producción en los periodos que rodean a las devaluaciones podría no ser en efecto una consecuencia de las modificaciones de la tasa de cambio sino un reflejo de la imposición de restricciones al comercio exterior y al capital que han acompañado a menudo a las devaluaciones en los países latinoamericanos. Esta observación es importante en verdad; en los países en vías de desarrollo, las devaluaciones son casi siempre uno de varios componentes de un paquete de estabilización. Resulta entonces difícil separar el efecto de la devaluación misma del efecto de las políticas macroeconómicas y estructurales implantadas en unión de un cambio en la paridad nominal.

Varios estudios basados en el enfoque del grupo de control han examinado también el impacto de la devaluación sobre la producción en el contexto más amplio de los programas de estabilización apoyados por el FMI. En un estudio inicial, Donovan (1981) examinó doce devaluaciones apoyadas por el FMI en-

---

[18] Por ejemplo, Kamin demuestra que la reducción de los déficit comerciales que sigue a menudo a las devaluaciones es imputable a grandes incrementos de las exportaciones antes que a las disminuciones de las importaciones, un resultado que parece contradecir el "pesimismo de la elasticidad a corto plazo" convencional que se encuentra en gran parte de la literatura. Kamin (1993) ofrece una explicación de este enigma, basado en un análisis de la subfacturación y sobrefacturación de los flujos comerciales, y este punto se discutió en el capítulo V.

tre 1970 y 1976, comparando el desempeño de las economías que devaluaban con el de todos los países en vías de desarrollo que no son exportadores de petróleo. Entre otros resultados, Donovan descubrió que sólo se registraron reducciones significativas del crecimiento del PIB en los programas que buscaban específicamente la restricción de las importaciones. Sin embargo, en un estudio subsecuente (Donovan, 1982), donde la muestra de programas apoyados por el FMI se extendió a setenta y ocho (en el periodo de 1971-1980), descubrió que la tasa de crecimiento económico bajaba más que el promedio experimentado por los países en vías de desarrollo no exportadores de petróleo en las comparaciones de un año, pero menos que ese promedio en las comparaciones de tres años.

Gylfason (1987) utilizó también un enfoque de grupo de comparación en su estudio de treinta y dos programas apoyados por el FMI durante 1977-1979. Descubrió que las diferencias del crecimiento de la producción entre los países con programas FMI y el grupo de referencia de países sin programa no eran estadísticamente significativas. Khan (1990) realizó recientemente una evaluación amplia de los efectos de los programas apoyados por el FMI sobre la balanza de pagos, la cuenta corriente, la inflación y el crecimiento en un grupo de sesenta y nueve países en vías de desarrollo en el periodo de 1973-1988. Utilizando el análisis de regresión para aislar el impacto de las variables de la política económica sobre los agregados macroeconómicos, y realizando comparaciones de dos años (es decir, utilizando promedios de las variables en los periodos t y $t + 1$), Khan descubre que las modificaciones de la tasa de cambio real tienen un efecto negativo sobre la tasa de crecimiento de la producción, pero el coeficiente es pequeño y no muy significativo en términos estadísticos. Doroodian (1993) obtuvo resultados cualitativamente similares en un estudio de cuarenta y tres países durante el periodo de 1977-1983.

VIII.1.3.3. *Modelos econométricos*

Hasta ahora se han encontrado escasas pruebas econométricas de la relación existente entre la devaluación y la actividad económica real. Sheehey (1986) emplea una función de oferta del tipo de Lucas (véase el capítulo III) y utiliza datos de dieciséis países latinoamericanos para estimar el impacto sobre el crecimiento de la producción a corto plazo de la inflación imprevista, los cambios del costo relativo de las divisas y las fluctuaciones del ciclo económico en los países industrializados. Sus resultados parecen apoyar la hipótesis de la devaluación contractiva para América Latina, y sugieren un impacto fuerte de la actividad económica externa sobre las tasas de crecimiento real.

Un conocido estudio de Edwards (1986), que utiliza datos de doce países en vías de desarrollo en el periodo de 1965-1980, estima un modelo del comportamiento de la producción real. Sus resultados indican que las modificaciones de la tasa de cambio real tienen un efecto contractivo pequeño a corto plazo. Pero a mediano plazo se revierte por completo el efecto perverso. A largo plazo, las devaluaciones son neutrales. En un trabajo subsecuente, Edwards (1989b) desarrolló un modelo macroeconómico multisectorial de una economía dependiente con bienes intermedios importados, deuda externa e indización salarial para analizar el efecto de las devaluaciones sobre la producción y el empleo agregados. Los resultados de la regresión (basados en una muestra de doce países en vías de desarrollo, con datos anuales para el periodo de 1965-1984) corroboran sus hallazgos anteriores en el sentido de que las devaluaciones tienen un efecto contractivo a corto plazo sobre la producción real. Sin embargo, el resultado de la neutralidad a largo plazo sólo se encontró en dos casos.

Pero las pruebas econométricas de Edwards no establecen ninguna distinción entre los cambios previstos y los imprevistos del comportamiento de variables macroeconómicas fundamentales, una dicotomía que desempeña un papel crucial en el modelo desarrollado por Agénor (1991). En este modelo, el impacto de una devaluación real de la tasa de cambio sobre la producción real es muy diferente de los resultados obtenidos en la literatura antes examinada. En los modelos en que no desempeña ningún papel la distinción entre los movimientos previstos y los imprevistos (como los de Hanson, 1983; Schmid, 1982; y Gylfason y Schmid, 1983), el impacto de una devaluación es teóricamente ambiguo.[19] Este resultado deriva de dos factores opuestos: por una parte, una devaluación provoca un efecto expansivo a través de la demanda agregada (por la vía de los efectos de sustitución entre los bienes importados y los bienes nacionales, así como por su efecto sobre las exportaciones); por otra parte, a través de su efecto sobre el costo de los insumos intermedios importados, tiene un impacto negativo sobre la oferta agregada. En consecuencia, una devaluación puede ser contractiva aunque el efecto neto sobre la demanda agregada sea expansivo. En cambio, en el modelo de expectativas racionales desarrollado por Agénor (1991), la distinción entre las modificaciones esperadas e inesperadas de la tasa de cambio real desempeña un papel crucial. Una depreciación prevista de la tasa de cambio real, que puede verse como un "choque de la oferta" adverso, se traduce en una elevación del nivel esperado de los precios. En consecuencia, los trabajadores aumentan sus demandas salariales no-

---

[19] Sin embargo, debe hacerse hincapié en que la mayoría de los autores ha considerado el caso de una devaluación *nominal*, antes que una modificación *real* de la tasa de cambio, como lo hace Agénor. Aunque las pruebas empíricas proporcionadas por Cooper (1971), Kamin (1988), Himarios (1989) y Edwards (1989b) muestran que las grandes devaluaciones nominales se han asociado en general a una depreciación significativa (y en algunos casos permanente) de la tasa de cambio real, la distinción es crucial en un contexto teórico. La tasa de cambio nominal puede tratarse como exógena en un régimen de paridad fija, pero la tasa de cambio real es endógena.

minales. Por lo tanto, baja la demanda de mano de obra y de insumos importados, y por ende baja también la producción. En cambio, una devaluación imprevista no tiene ningún efecto sobre las expectativas de los precios o el salario real.[20] Sin embargo, genera un aumento imprevisto en la demanda nacional a medida que baja (inesperadamente) el precio relativo de la producción nacional. Esto implica, a su vez, una elevación imprevista de los precios, lo que estimula a la oferta agregada. Las pruebas econométricas del modelo, realizadas con una sección transversal de datos anuales que cubren 23 países en el periodo de 1976-1987, demuestran que una depreciación prevista de la tasa de cambio real tiene un efecto negativo sobre la actividad económica, mientras que una depreciación imprevista tiene un impacto positivo sobre la producción. Además, al revés de los resultados obtenidos por Edwards (1986), el efecto contractivo de las depreciaciones previstas sigue siendo significativo aun después de un año.

Las pruebas aportadas por los estudios econométricos apoyan en general la hipótesis contractiva, pero están sujetas a varias limitaciones metodológicas. Como sostiene Kamin (1988), el análisis de regresión de los rangos de tiempo, de los efectos de la tasa de cambio sobre la producción, puede ser inapropiado para caracterizar los episodios de devaluación. Primero, no nos dicen qué ocurrió durante un episodio de devaluación específico. Las tasas de cambio real se mueven más o menos continuamente a través del tiempo; sólo muestran un movimiento excepcional durante las devaluaciones. Segundo, por lo general las devaluaciones no sólo se asocian con otras políticas de estabilización, sino que son eventos grandes, aislados, que sólo ocurren esporádicamente; y su influencia, sobre todo en lo tocante a las expectativas, difiere cualitativamente de los ajustes de la tasa de cambio más lentos y rutinarios. Por último, es posible que los modelos anuales no utilicen el marco temporal apropiado para el examen de los efectos de las devaluaciones a *largo plazo*. Como se señaló antes, algunos estudios recientes, basados en enfoques empíricos, han examinado el impacto de los cambios de la moneda a largo plazo, en un periodo de tres años.

VIII.1.3.4. *Estudios de macrosimulación*

Los trabajos de Branson (1986), Gylfason y Schmid (1983), Gylfason y Risager (1984), Kamas (1992), Meller y Solimano (1987), y Solimano (1986) utilizan modelos macroeconómicos para examinar el efecto de la devaluación sobre el ingreso real. Gylfason y Schmid (1983), por ejemplo, construyen un modelo

---

[20] En consecuencia, el impacto negativo sobre la producción, de una depreciación esperada de la tasa de cambio real, es mayor en términos absolutos que el efecto expansivo de una depreciación inesperada.

macro log-lineal de una economía abierta con bienes intermedios. En su modelo, una devaluación tiene algunos de los efectos contrarios mencionados antes: por una parte, la devaluación genera un efecto expansivo a través de la demanda agregada; por la otra, una devaluación tiene un efecto negativo sobre la oferta agregada a través de su efecto sobre el costo de los insumos intermedios importados. Se evalúa la relevancia empírica del modelo para una muestra de diez países industrializados y en vías de desarrollo de ingreso medio, utilizando un procedimiento de calibración para estimar los parámetros fundamentales del modelo para cada país. Sus resultados revelan que una devaluación es expansiva (incrementa el ingreso real) en ocho de los diez países de la muestra. La excepción, entre los países en vías de desarrollo, es Brasil, donde no se satisface la condición de Marshall-Lerner. Por lo tanto, el impacto expansivo, a través de los efectos del desplazamiento del gasto producidos por una devaluación, parece dominar en general a los efectos contractivos. En cambio, Gylfason y Risager (1984) desarrollan un modelo que destaca los efectos de las modificaciones de la tasa de cambio sobre los pagos de intereses de la deuda externa. Utilizando también un procedimiento de calibración, estos autores demuestran que una devaluación tiende a ser expansiva en las economías desarrolladas, pero es en general contractiva en los países en vías de desarrollo. Gylfason y Radetzki (1991) obtienen un resultado similar para un grupo más grande de países en vías de desarrollo, en un modelo que destaca el papel de la indización salarial en la transmisión de las modificaciones de la tasa de cambio a los precios nacionales.

Además de los estudios de simulación con varios países, algunos autores han construido modelos específicos de un país para analizar la eficacia de las modificaciones de la tasa de cambio sobre la producción. Solimano (1986), por ejemplo, utilizando un modelo macroeconómico computable para Chile, demuestra que una devaluación de la moneda es contractiva a corto y mediano plazos. Su análisis se concentra en tres factores: la estructura del sector del comercio exterior en términos de la respuesta de los flujos comerciales a los cambios de los precios relativos, la intensidad relativa del valor agregado nacional respecto de los insumos importados en la producción de industrias exportadoras y competidoras con las importaciones, y el grado de la indización salarial. Branson (1986) obtiene también un efecto estanflacionario de la devaluación para Kenia, utilizando un modelo de dos sectores con precios rígidos, indización salarial y bienes intermedios importados. Roca y Priale (1987) han examinado dentro de un marco macroeconómico detallado la experiencia de Perú durante 1977-1978 y 1980-1982, un periodo en el que las autoridades peruanas trataron de reducir el déficit de cuenta corriente depreciando la tasa de cambio real mediante grandes devaluaciones nominales. En virtud de que una gran parte de los préstamos del sector empresarial estaba contratada en dólares, las devaluaciones sucesivas no sólo elevaron el precio de los insumos importados sino que condujeron también (como se analizó antes) a una elevación del costo real del crédito, lo que incrementaba el costo del capital de trabajo para las empresas fuertemente endeudadas y generaba un fuerte efecto estanflacionario.

Por último, Kamas (1992) estima un pequeño modelo macroeconómico para Colombia en el que se distinguen las exportaciones tradicionales de las no tradicionales, y modela el lado de la oferta en una forma más detallada que la de la mayoría de los estudios econométricos y de simulación anteriores. Su análisis indica que una devaluación nominal será más probablemente contractiva entre menor sea la elasticidad de sustitución entre el capital y la mano de obra, menor la elasticidad de sustitución entre los insumos importados y el valor agregado nacional, y mayor el grado de la indización salarial. En particular, si la elasticidad de sustitución a corto plazo entre el capital y la mano de obra es menor que la elasticidad a largo plazo, y si los salarios se ajustan rápidamente, la devaluación puede ser contractiva a corto plazo, aunque los efectos sobre la producción a largo plazo sean expansivos. Por lo tanto, es posible que los estudios anteriores, como los de Branson (1986) y Gylfason y Schmid (1983), donde se supone que la elasticidad de sustitución entre el capital y la mano de obra es igual a uno (como un resultado de las funciones de producción Cobb-Douglas), hayan sobrestimado el impacto expansivo de la devaluación.

La reseña anterior del trabajo empírico sugiere que las pruebas referentes al efecto contractivo de la devaluación sobre la producción real están mezcladas hasta ahora. La diversidad de los resultados puede atribuirse en parte a la diversidad de las metodologías de investigación empleadas en la literatura. Cada método está sujeto a varias limitaciones inherentes. Como se mencionó antes, los estudios que utilizan el enfoque de antes y después no toman en cuenta el comportamiento de otras variables tales como las políticas monetarias y fiscales, las perturbaciones externas y los cambios estructurales. Además, la concentración en el "antes" y el "después" dificulta más la detección de la causalidad entre variables. El enfoque del grupo de control resuelve algunos de los problemas de la metodología de antes y después, pero tiene también algunas limitaciones (véase Goldstein y Montiel, 1986). El problema crucial es que los países en vías de desarrollo que devalúan, difieren sistemáticamente de los países que no devalúan antes de un episodio de devaluación, y esto importa mucho en la evaluación del impacto de un cambio de la moneda sobre la producción. En principio, este problema puede resolverse (véase, por ejemplo, Gylfason (1987) y Khan (1990) en un contexto diferente), pero en la práctica surgen dificultades considerables. Los estudios que utilizan un enfoque de simulación tienen una gran ventaja por cuanto suelen proporcionar información considerable sobre la transmisión de las modificaciones de la tasa de cambio a la producción, contrariamente a lo que ocurre con los enfoques fácticos. Aunque la mayoría de los estudios realizados hasta ahora utilizan valores paramétricos imputados, lo que pone en tela de duda la confiabilidad de los resultados derivados de un conjunto de "conjeturas" y coeficientes que no se estiman consistentemente en un marco integrado, es posible que este enfoque siga brindando ideas importantes.

Los estudios econométricos realizados hasta ahora están sujetos también a varias limitaciones. La especificación de la ecuación de la producción es a menudo arbitraria (una estrategia que crea problemas bien conocidos de sesgos de simultaneidad y especificación) y no siempre ofrece una base rigurosa para distinguir entre los movimientos previstos e imprevistos de las variables. Sin embargo, esta distinción puede ser decisiva. Por ejemplo, los resultados obtenidos por Agénor (1991) ilustran el hecho de que el procedimiento arbitrario de sumar simplemente los componentes previstos con los imprevistos, sin una formulación explícita del marco macroeconómico subyacente, puede conducir a una especificación inadecuada de la ecuación de producción que se va a estimar. Además, los estudios existentes han considerado sólo algunos de los mecanismos que pueden explicar un efecto contractivo de la devaluación; en la primera parte de este capítulo se discutieron algunas otras conexiones, y sus implicaciones empíricas deben ser investigadas.

VIII.2. ORIENTACIÓN DE LA TASA DE CAMBIO REAL

Mientras que el debate sobre la devaluación contractiva tiene una larga historia, sólo recientemente ha empezado a recibir atención el análisis de las consecuencias, para la estabilidad macroeconómica, de las reglas basadas en la PPC para la administración de las tasas de cambio oficialmente determinadas. Dornbusch (1982) sostuvo, utilizando un marco de contratos traslapados del tipo de Taylor (véase Taylor, 1980), que la adopción de reglas basadas en la PPC tendería a estabilizar la producción y la balanza comercial a expensas no sólo de una mayor inestabilidad del nivel de los precios sino también de mayor persistencia de la respuesta de la producción y los precios ante los choques. Dornbusch (1982) sostuvo también que cuando hay insumos importados, tales reglas pueden fracasar incluso en la estabilización de la producción a corto plazo, al mismo tiempo que continúan desestabilizando los precios. Pero si la producción se desestabiliza, tendería a reducirse la persistencia.[21]

En los modelos analizados por Dornbusch, se supone que las autoridades controlan la tasa de cambio nominal y el acervo de dinero, los cuales pueden indizarse por separado al nivel de los precios nacionales. Mientras que el acervo monetario no esté perfectamente indizado al nivel de los precios, los embates

---

[21] La razón es que, con contratos salariales del tipo de Taylor, los salarios de nueva negociación responden a las fluctuaciones de la producción esperada durante la vida del contrato.

que recibe el sistema pueden generar movimientos grandes y persistentes en los precios, pero el nivel de Estado estable de los precios permanecería determinado. En cambio, Adams y Gros (1986) tratan la oferta monetaria como endógenamente determinada (a través de la balanza de pagos). Estos autores trabajan con una serie de modelos que incluyen supuestos variables acerca de la estructura de la producción, el grado de movilidad del capital y otras características estructurales, descubriendo que la adopción de reglas de tasa de cambio basadas en la PPC vuelve aleatoria a la tasa de inflación. Aunque concurren con Dornbusch en que el control de la oferta monetaria (a través de la esterilización) tendería a estabilizar el nivel de los precios, Adams y Gros descubren que tal control desestabiliza otras variables macroeconómicas fundamentales, tales como la cuenta corriente.

Una característica importante de los modelos analizados por Adams y Gros es la ausencia de un efecto de riqueza sobre el consumo. Una tercera vertiente de esta literatura, siguiendo a Lizondo (1991*b*), incluye tales efectos y demuestra que en su presencia permanecería determinada la tasa inflacionaria bajo la orientación de la tasa de cambio real, aunque una orientación del crédito nacional vuelva endógena a la oferta monetaria a través de la balanza de pagos. En esencia, el impuesto inflacionario remplaza a la tasa de cambio real como una variable endógena fundamental que asegura el logro simultáneo del balance interno y externo. En esta sección describiremos un modelo de este tipo, obra de Montiel y Ostry (1991), que describe cómo responde la tasa inflacionaria a diversos choques internos y externos bajo la orientación de la tasa de cambio real.

VIII.2.1. *El marco analítico*

Como en la primera parte de este capítulo, analizaremos el caso de una pequeña economía abierta donde empresas competitivas combinan mano de obra homogénea (disponible en una cantidad fija) y capital específico del sector para producir bienes no comerciables y bienes comerciables, utilizando una tecnología cóncava convencional. Sin embargo, para permitir la consideración de choques de los términos de intercambio, ahora adoptaremos el marco de tres bienes descrito en el capítulo II, separando los bienes comerciables en exportables e importables, suponiendo que los primeros se producen (pero no se consumen) en el país y los últimos se producen en el extranjero. Todos los precios son flexibles, lo que asegura el mantenimiento continuo del pleno empleo. El ingreso generado por la producción de los dos bienes es recibido por los consumidores, quienes lo utilizan para comprar bienes nacionales e importables. Las familias asignan una fracción constante de sus gastos totales a cada uno de los dos bienes en cada periodo, como lo harían, por ejemplo, si poseyeran funciones de utilidad Cobb-Douglas.

El valor real de los pagos totales de las familias depende del valor real del ingreso de los factores después de impuestos, la tasa de interés real y la riqueza financiera real. El ingreso factorial real consiste en el valor real de la producción de bienes exportables y bienes nacionales (domésticos) medidos en términos de la canasta de consumo. Es una función creciente de los términos de intercambio (el precio de las exportaciones en relación con el precio de las importaciones), de modo que podemos escribirlo como $y = y(\theta)$, donde θ denota los términos de intercambio e $y' > 0$. Por último, la riqueza financiera real de las familias en términos de los bienes importables, que denotamos por a, consiste en los saldos monetarios reales, m, más el valor real de los valores extranjeros, F^p, menos el valor real de los préstamos otorgados por el sistema bancario a las familias, L^p.

Medida en términos de los bienes de consumo, la riqueza financiera real puede expresarse como $z^\delta a$, donde z es el precio relativo de los bienes importables en términos de los bienes no comerciables (o la tasa de cambio real de los bienes importables) y δ es la participación de los bienes no comerciables en la canasta de consumo, de modo que z^δ es el precio relativo de los bienes importables en términos de la canasta de consumo. A fin de volver endógena a la oferta monetaria a corto plazo, suponemos que el capital es perfectamente móvil, lo que asegura que se mantendrá continuamente la paridad de la tasa de interés nominal. Bajo tasas de cambio nominales fijas, esto implica que la tasa de interés nominal nacional, que es igual a la tasa real r más la tasa de inflación π, es igual a la tasa de interés extranjera. La tasa de interés real nacional esta dada por $i^* + \delta\hat{z}$ donde $\hat{z}$ es la tasa de intercambio esperada y efectiva de la tasa de cambio real e i^* es la tasa de interés extranjera (constante). La última es a la vez una tasa de interés nominal y real, porque suponemos que la inflación extranjera es cero. La tasa de interés real nacional difiere de i^* porque la paridad de la tasa de interés real no se mantiene necesariamente ni siquiera bajo la movilidad perfecta del capital cuando se permite que varíe la tasa de cambio real.

El equilibrio de la economía puede analizarse a partir de dos relaciones, describiendo la acumulación de riqueza privada y el equilibrio en el mercado para los bienes no comerciables. La acumulación de riqueza privada medida en términos de bienes importables es igual al ingreso factorial real menos los impuestos reales de suma fija $y - \pi$, menos el gasto en consumo de las familias c, más las ganancias de intereses reales sobre las tenencias existentes de activos financieros no monetarios, menos la recaudación del impuesto inflacionario que recibe el banco central:[22]

$$\dot{a} = y - \tau - c(y - \tau, i^* + \delta\hat{z}, z^\delta a) + i^* a - (i^* + \varepsilon)m^d(y, i^* + \varepsilon), \qquad (34)$$

[22] En la ecuación (34), se han escogido las unidades de tal modo que todos los precios sean iguales a uno inicialmente.

donde $m^d(\cdot)$ es la demanda real de dinero, que depende de la tasa de interés nominal ($i^* + \varepsilon$, donde ε es la tasa de devaluación) y del ingreso real. Si la tasa de cambio nominal está literalmente fija, en lugar de seguir una adhesión deslizante a otra divisa, ε es igual a cero en la ecuación (34).

Se supone que el gobierno consume los mismos dos bienes que el sector privado y financia sus gastos recaudando impuestos, recibiendo transferencias del banco central y obteniendo préstamos. El presupuesto gubernamental debe satisfacer la restricción convencional de la solvencia intertemporal (véase el capítulo V). Aseguraremos que lo haga en una forma particularmente simple. Como veremos, los embates que consideraremos afectarán en primera instancia al presupuesto gubernamental a través de las transferencias recibidas del banco central. Supondremos que un cambio en el nivel de estas transferencias origina cambios de uno a uno en el gasto gubernamental en bienes importables, manteniendo así balanceado el presupuesto gubernamental. En este caso, la cuenta corriente de la balanza de pagos será igual al ahorro privado, porque no hay inversión en esta economía y se supone que los beneficios del banco central se transfieren al gobierno, quien los gasta en importaciones (es decir, el ahorro gubernamental es cero). Bajo tasas de cambio fijas, el ahorro privado será igual a la acumulación de activos $\dot{a}$. Por esta razón, nos referiremos a la ecuación (34) como la condición de la *balanza externa*.

En virtud de que los precios son flexibles, el mercado de bienes no comerciables deberá vaciarse continuamente:

$$y_N^s(\theta, z) = \delta z^{1-\delta} c(y - \tau, i^* + \delta\hat{z}, z^\delta a) + g_N, \tag{35}$$

donde $y_N^s(\cdot)$ denota la función de oferta de los bienes no comerciables y g_N es el nivel exógeno del consumo gubernamental de tales bienes. La ecuación (35) es la condición del *balance interno*. Las ecuaciones (34) y (35) determinan en conjunto la evolución de la tasa de cambio real y de la riqueza real en cada momento. La economía tiende hacia un equilibrio a largo plazo en el que z y a alcanzan un valor constante. Dado que la tasa de cambio real es constante en el Estado estable de la tasa de cambio fija, la tasa de inflación nacional debe ser igual a la tasa de inflación mundial, que en este caso es cero. Dado que $\hat{z}$ y $\dot{a}$ son ambas iguales a cero, bajo la orientación de la tasa de cambio nominal, las condiciones del balance interno y externo dadas por las ecuaciones (34) y (35) determinan en conjunto los valores de equilibrio de Estado estable de la tasa de cambio real y de la riqueza real. Estos valores cambiarán en respuesta a los cambios experimentados por las diversas variables exógenas del sistema, incluidos los términos de intercambio, las tasas de interés mundiales y los instrumentos de la política fiscal.

VIII.2.2. *Orientación de la tasa de cambio real*

Supongamos ahora que las autoridades escogen como su meta de tasa de cambio real el valor de z que corresponde al equilibrio de Estado estable bajo tasas de cambio fijas. Las condiciones que describen el equilibrio en este caso son las mismas que prevalecen bajo la orientación de la tasa de cambio nominal, pero su interpretación es muy diferente. En particular, dado que las autoridades están ahora comprometidas a ajustar la tasa de cambio nominal a fin de impedir que la tasa de cambio real se desvíe de su nivel orientado, el nivel de los precios nacionales ya no está atado al nivel mundial a través de la tasa de cambio nominal fija. En la ecuación (34), ε ya no es cero, como en la subsección anterior, sino que ahora debe ser remplazada por la tasa de inflación nacional π, que sigue siendo una variable endógena separada.[23] Al mismo tiempo, z se vuelve una constante, la que puede fijarse, para simplificar, igual a uno (o a la unidad). En este caso, $\hat{z}$ y z desaparecen de las ecuaciones (34) y (35). Además, aunque la riqueza privada *nominal* está predeterminada, la riqueza *real* puede cambiar a corto plazo, mediante cambios del nivel nacional de precios. Por lo tanto, a se convierte en una variable endógena, y el balance interno no se mantiene por cambios del precio relativo z, sino por cambios del nivel total de los precios, que se manifiestan a través de a. Esto significa que, mientras no cambien las variables exógenas y de política que afectan al mercado de bienes no comerciables, la condición $\dot{a} = 0$ deberá satisfacerse de manera continua, no sólo en el estado estable, a fin de mantener en equilibrio al mercado de los bienes no comerciables. En estas circunstancias, las ecuaciones (34) y (35) se vuelven

$$y(\theta) - \tau - c[y(\theta) - \tau, a; i^*] + i^*a - (i^* + \pi)m^d(\cdot) = 0, \qquad (36)$$

$$y_N(\theta) - \delta c[y(\theta) - \tau, a; i^*] - g_N = 0. \qquad (37)$$

Estas ecuaciones implican que cualquier acumulación de riqueza *nominal* por parte del sector privado deberá compensarse con una elevación del nivel de los precios. En otras palabras, la tasa de inflación nacional deberá satisfacer (36). La implicación es que los cambios inducidos por choques en el valor de equilibrio de la riqueza real requeridos para el mantenimiento del balance interno a través de (37) deberán compensarse con ajustes en la tasa inflacionaria

---

[23] La tasa inflacionaria nacional, π, puede expresarse como $\varepsilon - \delta\hat{z}$ bajo el supuesto de que la inflación extranjera es cero, donde $-\delta\hat{z}$ mide la contribución a la inflación agregada de la tasa de cambio del precio de los bienes no comerciables, que representa una fracción δ de la canasta de consumo. Bajo tasas de cambio fijas, $\varepsilon = 0$, y $\pi = -\delta\hat{z}$, que es también cero en el Estado estable con una tasa de cambio real constante. Por el contrario, bajo una meta de tasa de cambio real, $\hat{z}$ se vuelve cero y ε debe ser remplazada por π en la ecuación (34).

de la ecuación (36), porque π es la única otra variable endógena que aparece en esa ecuación. En suma, los choques reales tendrán ciertas consecuencias para la tasa de equilibrio de la inflación nacional bajo la orientación de la tasa de cambio real.

Consideremos, por ejemplo, un embate que eleve el nivel de los precios nacionales, lo que disminuirá el valor real de las tenencias de riqueza financiera del sector privado a. Por la ecuación (34), esto disminuirá el consumo y aumentará el ahorro privado, haciendo que $\dot{a}$ se vuelva incipientemente positiva. Esto haría a su vez que el consumo privado aumentara a través del tiempo, lo que generaría una demanda excedente incipiente de bienes no comerciables (ecuación (35)). A fin de mantener el equilibrio en el mercado de los bienes domésticos frente a esta presión incipiente de la demanda, los precios nacionales deberán aumentar con rapidez suficiente para mantener a la riqueza real continuamente en su nuevo nivel de equilibrio. Como en Lizondo (1991*b*), el impuesto inflacionario $\pi m^{d}(\cdot)$ deberá ser suficientemente elevado para inducir a los agentes privados a mantener voluntariamente el acervo de riqueza real necesario para vaciar el mercado de bienes no comerciables, dada la meta de la tasa de cambio real y dados los valores de las variables exógenas y los instrumentos de la política económica.

La determinación del equilibrio se ilustra en la gráfica VIII.1. Se supone que el nivel inicial de la tasa de cambio real satisface las ecuaciones (34) y (35), con $\hat{z}$ y a iguales a cero. Bajo el supuesto de que la inflación mundial es cero, la inflación nacional es también cero. En el eje vertical medimos la tasa de inflación nacional, π, y en el eje horizontal medimos el nivel de la riqueza real. La ecuación (37) se representa por la curva NN, la cual muestra que, dada la meta de la tasa de cambio real, sólo hay un nivel de activos reales que vaciará el mercado de los bienes domésticos. La condición de acumulación nula de riqueza privada real (ecuación (36)) se designa AA en la gráfica. La forma de "C" de esta curva refleja el hecho de que, para funciones plausibles de demanda monetaria, una elevación de la tasa inflacionaria aumentará el impuesto inflacionario $\pi m^{d}(\cdot)$ para tasas bajas de inflación, pero lo reducirá en cuanto la inflación se vuelva suficientemente elevada (véase el capítulo V). Por lo tanto, si consideramos un nivel de riqueza ligeramente menor que el consistente con la ecuación (36), de modo que $\dot{a} > 0$, se requerirá un aumento de la tasa inflacionaria para disminuir $\dot{a}$ a tasas de inflación bajas (de modo que AA tendrá pendiente negativa), pero se requerirá una reducción de la inflación para valores de π que sean suficientemente elevados (de modo que la curva AA tendría pendiente positiva en este caso). Suponemos que el gobierno, tras adoptar la meta de la tasa de cambio real, permanece en el equilibrio de inflación baja denotado por el punto E en la gráfica VIII.1, que corresponde a la posición de equilibrio de largo plazo bajo las tasas fijas de cambio.

GRÁFICA VIII.1. *El equilibrio bajo una regla de tasa de cambio real*

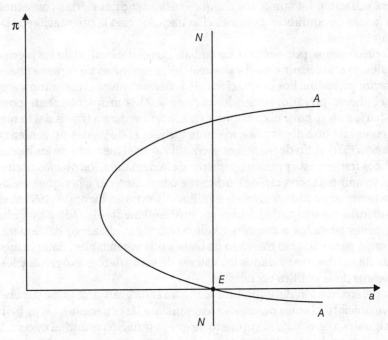

FUENTE: Montiel y Ostry, 1991, p. 881.

VIII.2.3. *Efectos de los choques macroeconómicos*

Lo que interesa saber, por supuesto, es cómo responderá la economía a los choques bajo el nuevo régimen de la política económica. Consideremos primero los efectos de un mejoramiento de los términos de intercambio (un aumento de θ). Esto eleva el nivel del ingreso factorial real y el del consumo pero, bajo el supuesto de que la propensión marginal al ahorro es positiva,[24] conduce a un aumento del ahorro privado y por ende a una incipiente acumulación de riqueza, cuya eliminación requiere un aumento de a (lo que incrementa el consumo) para satisfacer la condición $\dot{a} = 0$. Por lo tanto, en la gráfica VIII.2, la curva AA se desplaza hacia la derecha en respuesta a un mejoramiento de los términos de intercambio.

A fin de determinar el nuevo valor de equilibrio de la riqueza real, examinemos la condición de equilibrio en el mercado de los bienes no comerciables

[24] Se supone que la propensión marginal al ahorro sigue siendo positiva, aun después de considerar la pérdida del ingreso de intereses causada por el desplazamiento instantáneo de la cartera hacia el dinero que se produce por un aumento del ingreso familiar.

GRÁFICA VIII.2. *Efecto de un mejoramiento de los términos de intercambio*

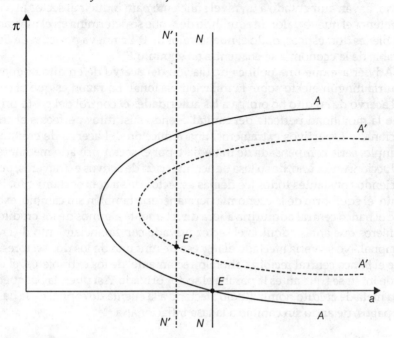

FUENTE: Montiel y Ostry, 1991, p. 886.

(ecuación (37)). Un mejoramiento de los términos de intercambio eleva el salario-producto real en el sector de los bienes domésticos y así provoca una reducción en la oferta de bienes no comerciables.[25] Además, aumenta el ingreso factorial real, lo que incrementa la demanda de bienes domésticos. Por lo tanto, los efectos de la oferta y la demanda conducen a una incipiente demanda excedente en el mercado de los bienes domésticos, lo que requiere una reducción de la riqueza real —generada por un aumento discreto de la tasa nominal de cambio— para restablecer el equilibrio en el mercado. Por esta razón, la curva NN se desplaza hacia la izquierda en la gráfica VIII.2, a $N'N'$.

La gráfica VIII.2 deja en claro que, al nivel original de la inflación, la riqueza privada real estaría aumentando. El hecho de que $\dot{a}$ sea incipientemente positiva genera presiones de demanda excedente en el mercado de bienes domésticos, lo que a su vez presiona hacia arriba a los precios nacionales. Sólo se

---

[25] El hecho de que $y_N^{s'} < 0$ puede demostrarse rigurosamente sustituyendo en la función de oferta de la producción el salario real de equilibrio como una función de los términos de intercambio.

restablecerá el equilibrio cuando la inflación, y por ende el impuesto inflacionario, hayan aumentado a un nivel suficiente para inducir al sector privado a mantener el nuevo valor de equilibrio de a, que se determina en el mercado de los bienes domésticos, dado el nuevo valor de θ. La nueva posición de Estado estable de la economía se encuentra en el punto E'.

Adviértase que una política de fijación del acervo de crédito nominal no tendría ningún efecto sobre la inflación nacional. La razón es que el control del acervo de crédito no otorga a las autoridades el control del gasto privado bajo la movilidad perfecta del capital. Siendo sustitutos perfectos el crédito nacional y los activos extranjeros, una reducción del acervo de crédito, por ejemplo, sería compensada de inmediato por el sector privado mediante una reducción, uno a uno, de su tasa de acumulación de activos extranjeros, permaneciendo constantes todos los demás aspectos de su comportamiento. Por lo tanto, el equilibrio de la economía permanecería también sin cambio, excepto que el banco central adquiriría ahora directamente algunos de los créditos extranjeros que antes adquiría el sector privado con financiamiento de crédito nacional. No se vería afectado el ingreso de ninguno de los dos sectores, porque el banco central recibiría ahora directamente, de los extranjeros, el ingreso de intereses que antes le pasaba el sector privado. Así pues, la búsqueda de una meta de crédito nominal sólo afectaría a la cuenta de capital de la balanza de pagos, dejando sin cambio a la tasa inflacionaria.[26]

Por lo general el ajuste de la balanza de pagos requiere de un ajuste en la tasa de cambio. Sin embargo, el papel de la política de tasa de cambio en el ajuste económico ha suscitado un debate considerable en los últimos años. En este capítulo se examinaron dos áreas donde la controversia ha sido particularmente intensa: los efectos de la devaluación sobre la producción y las reglas de la tasa de cambio real. La primera parte del capítulo se ocupó de la controversia sobre la devaluación contractiva. La concepción convencional sugiere que, al inducir una reasignación de los recursos del sector de los bienes no comerciables al sector de los bienes comerciables y ciertos cambios en la composición del gasto entre los bienes nacionales y los extranjeros, un cambio de paridad conduciría típicamente a una expansión de la producción. Sin embargo, el análisis demostró que hay diversos conductos macroeconómicos a través de los cuales un ajuste de la tasa de cambio puede ejercer efectos de producción adversos. Ofrecimos una reseña amplia de los diversos mecanismos en

---

[26] Montiel y Ostry (1992) examinan cómo pueden lograr los controles del capital que la política crediticia restrictiva sea más eficaz para reducir la inflación. Lizondo (1993) examina los efectos de otros tipos de embates bajo una meta de tasa de cambio real, en un modelo donde los activos nacionales y extranjeros son sustitutos imperfectos. El papel de los choques temporales de la política económica se discute en Calvo, Reinhart y Végh (1995), quienes examinan también empíricamente la experiencia de Brasil, Chile y Colombia.

operación, distinguiendo entre los efectos de la demanda y los de la oferta. También reseñamos las pruebas existentes en esta área y sugerimos que varios de los estudios existentes padecen graves problemas metodológicos.

La segunda parte del capítulo se ocupó de los efectos macroeconómicos de las reglas de tasa de cambio basadas en la PPC. El análisis de tales reglas en el contexto de un modelo macroeconómico simple sugiere que el ajuste a los embates reales, que de otro modo ocurriría a través de modificaciones de la tasa de cambio real, se produce en cambio a través de movimientos de la tasa inflacionaria. Dadas las perturbaciones reales permanentes, la evitación de estos efectos desestabilizantes sobre el nivel de los precios requiere que se mueva la meta de la tasa de cambio real de acuerdo con los movimientos del equilibrio de la tasa de cambio real. Indudablemente, los países que aplican reglas de la tasa de cambio real tratan de administrar la tasa de cambio para impedir que las tasas reales de meta —y de equilibrio— se desvíen demasiado entre sí. Sin embargo, dado el conocimiento detallado de la estructura económica que se requiere, la administración de la meta de tasa de cambio real en esta forma debe considerarse más como un arte que como una ciencia. Precisamente por esta razón, los países en vías de desarrollo que han adoptado reglas para la tasa de cambio real han tendido también a experimentar tasas inflacionarias más elevadas y variables que las de los países que han operado bajo regímenes de tasa de cambio fija o de adhesión deslizante a alguna divisa (véase Aghevli, Khan y Montiel, 1991). La conveniencia de la adopción de tales reglas diferirá entre los países según la frecuencia y la magnitud de los embates reales permanentes como los que hemos considerado aquí, y según las perspectivas existentes para la identificación de los efectos de tales choques sobre la tasa de cambio real de equilibrio subyacente.

IX. ESTABILIZACIÓN Y MERCADO DE TRABAJO

LA NATURALEZA Y EXTENSIÓN de la segmentación del mercado de trabajo en los países en vías de desarrollo han sido temas de gran discusión a través de los años, sobre todo en el contexto de la política de urbanización y la migración entre áreas rurales y urbanas. Como se indicó en el capítulo II, Harris y Todaro (1970) demostraron, en una contribución seminal, que la existencia de un salario mínimo efectivo en el sector urbano puede conducir, aunque el mercado de mano de obra rural sea competivo, a un diferencial salarial persistente entre los sectores rurales y urbanos, y al surgimiento de desempleo en el equilibrio. Además, es posible que la expansión de la demanda de mano de obra o la restricción del salario real en el sector urbano no restablezca el pleno empleo y aun pueda incrementar el desempleo.

Gran parte del trabajo reciente se concentró en el papel de la segmentación del mercado de mano de obra en el contexto de la reforma comercial y estructural.[1] Las implicaciones de diversos tipos de dualismo o segmentación de los mercados de mano de obra para la determinación a corto plazo de la producción y el empleo en una economía abierta en vías de desarrollo también han recibido una atención creciente en la literatura existente. Este capítulo discute algunas de tales implicaciones, concentrándose particularmente en el papel de la movilidad imperfecta de la mano de obra para la eficacia de los choques de la política macroeconómica.[2] Presenta un modelo dinámico de equilibrio general con un sector informal, mano de obra heterogénea, legislación de salario mínimo y movilidad imperfecta entre los sectores. La consideración explícita de las actividades del sector informal es una característica importante del modelo; el sector informal se ha vuelto más importante en muchos países en vías de desarrollo durante los años ochenta y principios de los noventa, como se ilustra en la gráfica IX.1 para un grupo de países latinoamericanos.

El resto del capítulo procede como sigue. La sección IX.1 presenta nuestro marco macroeconómico, que incluye varios aspectos importantes: un gran sector informal, producción y empleo del sector público, segmentación del mercado laboral (inducida por regulaciones gubernamentales y agentes fijadores de

---

[1] Edwards (1988), por ejemplo, examina las relaciones existentes entre las perturbaciones de los términos de intercambio, los aranceles y el mercado de mano de obra, bajo supuestos alternativos acerca de la formación de los salarios y la movilidad de los trabajadores.

[2] Demekas (1990) presentó uno de los primeros estudios que trataban de examinar las implicaciones de la segmentación del mercado de mano de obra en un marco de equilibro general. El análisis que sigue se basa en parte en los modelos desarrollados por Agénor y Aizenman (1999) y Agénor y Santaella (1998).

GRÁFICA IX.1. *Composición del empleo no agrícola en América Latina*

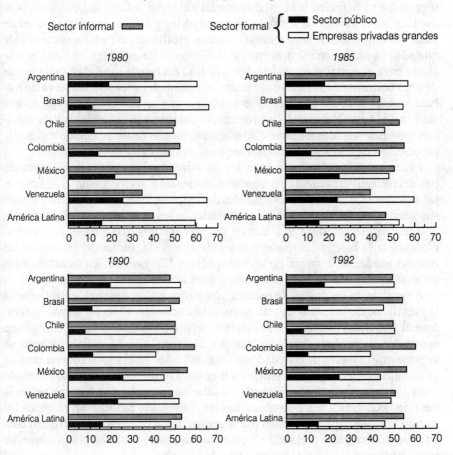

FUENTE: Agénor, 1998c.

salarios), una fuerza de trabajo heterogénea e imperfectamente móvil, y flexibilidad de salarios y precios en la economía informal. La sección IX.2 deriva la forma dinámica del modelo. La sección IX.3 examina los efectos a corto y largo plazos de una reducción permanente del gasto gubernamental en bienes no comerciables.

IX.1. EL MODELO

Consideremos una pequeña economía abierta en la que operan tres categorías de agentes: empresas, familias y el gobierno. La tasa de cambio nominal se deprecia a una tasa predeterminada por el gobierno. La economía tiene dos segmentos principales: la economía formal y el sector informal. Los bienes producidos en la economía formal son exportables y sólo se venden en el exterior.[3] Las empresas de la economía informal producen un bien no comerciable que sólo se utiliza en el consumo final. El precio de este bien es flexible y se ajusta para eliminar el exceso de demanda. El acervo de capital en cada sector de producción está fijo dentro del marco temporal del análisis. La fuerza de trabajo (que es también constante) es heterogénea y se integra por trabajadores calificados y no calificados. La producción del bien no comerciable y de servicios gubernamentales requiere sólo mano de obra no calificada, mientras que la producción de bienes exportables requiere ambas categorías laborales.

Existe un salario mínimo para los trabajadores no calificados, impuesto por decreto gubernamental, pero sólo se aplica en el sector formal. Las empresas de ese sector determinan los niveles del empleo de tal modo que maximicen sus ganancias. También fijan la tasa salarial de los trabajadores calificados en el sector formal (medida en términos del precio interno de los bienes exportables) sobre la base de consideraciones de eficiencia, tomando en cuenta las oportunidades de ingresos de los trabajadores.[4] En cambio, los salarios de los trabajadores no calificados del sector informal son enteramente flexibles.

A resultas de los costos de reubicación y congestionamiento, es imperfecta la movilidad de la fuerza de trabajo no calificada entre el sector formal y el informal. Los flujos migratorios se determinan por las oportunidades de ingresos esperadas, como han señalado Harris y Todaro (1970).[5] Específicamente, se supone que la oferta de trabajadores no calificados en el sector formal cambia gradualmente a través del tiempo en función del diferencial salarial esperado entre los sectores. Las expectativas de salarios y empleos se forman sobre la base de las condiciones prevalecientes en el mercado laboral. En el sector informal, que absorbe a todos los trabajadores no calificados que no hacen cola en busca de empleo en el sector formal, los salarios se ajustan continuamente para equilibrar la oferta y la demanda de trabajo.

El consumo familiar es una función de la riqueza, que consiste en la tenencia de bonos comerciables. Las familias proveen mano de obra de un modo inelástico y consumen, además del bien no comerciable producido en el sector

---

[3] La ausencia de un sector que compite con las importaciones en la economía formal puede racionalizarse según los lineamientos sugeridos por Agénor y Aizenman (1999), quienes suponen que las pérdidas de eficiencia inducidas por las barreras impuestas por el gobierno al comercio internacional —que no se modelan explícitamente aquí— son inicialmente tan elevadas que los bienes antes importables se han vuelto en efecto bienes no comerciables.

[4] Existe ahora una literatura voluminosa sobre los países desarrollados que considera al desempleo involuntario como la consecuencia de los salarios de eficiencia. Véase una discusión en Agénor (1996).

[5] Véase la discusión del capítulo II. Adviértase que en este contexto se utiliza el marco de Harris-Todaro para explicar los flujos migratorios entre el sector informal (urbano) y el sector formal (urbano), no entre el sector rural y el urbano.

informal, un bien final importado que es imperfectamente sustituible por el bien nacional. El gobierno consume bienes no comerciables e importados, y financia su gasto cobrando impuestos de suma fija a las familias.

IX.1.1. La economía formal

Como se indicó antes, la producción de la economía formal consiste en bienes exportables. Supongamos que el precio mundial de los bienes exportables es exógeno y se normaliza a la unidad. El precio interno de los bienes exportables es entonces igual a la tasa de cambio nominal, E. La tecnología de la producción en el sector de bienes exportables está dada por

$$y_X = y_X(en_S, n_U), \tag{1}$$

donde y_X es la producción de bienes exportables, n_S y n_U son los niveles de empleo de los trabajadores calificados y no calificados (medidos en unidades naturales) y e es el esfuerzo. La producción de bienes exportables ocurre bajo rendimientos decrecientes de la mano de obra, de modo que, en particular, $\partial y_X/\partial n_U > 0$ y $\partial^2 y_X/\partial^2 n_U^2$. Supongamos también que los trabajadores calificados y no calificados son complementos de Edgeworth, de modo que $\partial^2 y_X/\partial n_S \partial n_U > 0$.

Siguiendo a Agénor y Aizenman (1999), se define la función de esfuerzo por

$$e = 1 - \left(\frac{\Omega}{\omega_S}\right)^\gamma, \gamma > 0, \tag{2}$$

donde ω_S denota el salario-producto de los trabajadores calificados en el sector de bienes exportables, y $\Omega < \omega_S$ es el salario de reserva, o alternativamente el costo de oportunidad del esfuerzo. La ecuación (2) indica que un aumento del salario ganado por los trabajadores calificados en el sector formal, en relación con su salario de reserva, eleva el nivel del esfuerzo. El esfuerzo es también cóncavo en ω_S.

Sea ω_m el salario mínimo real (medido en términos del precio de los bienes exportables) ganado por los trabajadores no calificados en el sector exportador. Suponiendo que las empresas no incurren en costos de contratación o de despido, el problema de decisión es entonces.

$$\max_{\omega_S, n_S, n_U} \Pi_X = y_X\left\{n_U\left[1\left(\frac{\Omega}{\omega_S}\right)^\gamma\right], n_U\right\} - \omega_S n_S - {}_m^* n_{U'}$$

Las condiciones de primer orden para este problema de optimación son:[6]

$$\left(\frac{\partial y_X}{\partial n_S}\right)\left[1-\left(\frac{\Omega}{\omega_S}\right)^{\gamma}\right]=\omega_S, \tag{3}$$

$$\left(\frac{\partial y_X}{\partial n_U}\right)\left(\frac{\Omega}{\omega_S}\right)^{\gamma}=\gamma^{-1}n_S, \tag{4}$$

$$\partial y_X/\partial n_U = \omega_m^* \tag{5}$$

Pueden resolverse las condiciones del óptimo (3) y (4) para obtener:

$$\omega_S = \delta\Omega, \quad \delta \equiv \left(1+\gamma\right)^{1/\gamma} > 1, \tag{6}$$

lo que indica que, en el equilibrio, las empresas del sector formal fijan el salario de eficiencia para los trabajadores calificados a un nivel mayor que el costo de oportunidad del esfuerzo. En la gráfica IX.2 se presenta una determinación gráfica del salario de eficiencia.

Las ecuaciones (2) y (6) implican que, en el equilibrio, el esfuerzo es constante en

$$\tilde{e} = 1-\delta^{-\gamma} \equiv \gamma/\left(1+\gamma\right).$$

Supongamos ahora que el salario de reserva de los trabajadores calificados depende de un componente exógeno, Ω_0, y del salario real en la economía informal, ω_N, ambos medidos en términos del precio de los bienes exportables:

$$\Omega = \omega_N^\theta \Omega_0^{1-\theta}, \tag{7}$$

donde $0 \le \theta < 1$. Para simplificar, supondremos además que $\Omega_0 = 1$. Como veremos más adelante, el hecho de que θ sea cero o positivo desempeña un papel decisivo en la dinámica asociada a las políticas del ajuste fiscal.

La ecuación (7) puede sustituirse en la ecuación (6) para obtener el valor óptimo de ω_S

$$\omega_S = \delta\omega_N^\theta. \tag{8}$$

Sustituyendo las ecuaciones (7) y (8) en las ecuaciones (3) y (4), y resolviendo la ecuación resultante junto con (5), obtenemos las funciones de demanda de trabajadores calificados y no calificados en el sector formal:

---

[6] La ecuación (3) nos da la condición convencional de Solow, la cual indica que la elasticidad del esfuerzo respecto del salario-producto debe ser igual a uno en el equilibrio. Véase Agénor y Aizenman (1999).

GRÁFICA IX.2. *Productividad y salarios en el sector formal*

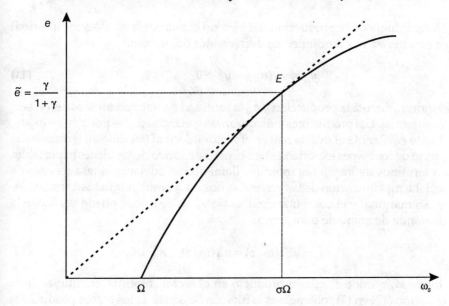

FUENTE: Adaptada de Agénor y Santaella, 1998, p. 272.

$$n_S^d = n_S^d(\bar{\omega}_N, \bar{\omega}_m^*), \quad n_U^d = n_U^d(\bar{\omega}_N, \bar{\omega}_m^*) \tag{9}$$

Un aumento del salario del sector informal reduce la demanda de trabajadores calificados y no calificados en el sector formal. A fin de generar el nivel óptimo de esfuerzo, un aumento de ω_N incrementa el salario de eficiencia pagado a los trabajadores calificados del sector formal. Este incremento reduce directamente la demanda de trabajadores calificados y, a resultas de la complementariedad gruesa, también la demanda de trabajadores no calificados. Un aumento del salario mínimo reduce no sólo la demanda de trabajadores no calificados sino también la demanda de trabajadores calificados por razones similares.

Sustituyendo (6) y (9) en (1), obtenemos

$$y_X^s = y_X^s(\bar{\omega}_N, \bar{\omega}_m^*), \tag{10}$$

lo que indica que un aumento del salario mínimo de los trabajadores no calificados o del salario que vacía al mercado en el sector informal reduce la producción de bienes exportables.

IX.1.2. *El sector informal*

La tecnología de la producción del bien no comerciable en el sector informal se caracteriza por rendimientos decrecientes del trabajo:

$$y_N = y_N(n_N), \quad y'_N > 0, \quad y''_N < 0, \tag{11}$$

donde y_N denota la producción y n_N la cantidad de trabajo empleada en el sector informal. Los productores maximizan las ganancias dadas por $z^{-1}y_N - \omega_N n_N$, donde ω_N denota el salario real en el sector informal (medido en términos del precio de los bienes exportables) y z el precio relativo de los bienes exportables en términos de los bienes internos, llamados en adelante la tasa de cambio real. La maximización de las ganancias nos da la familiar igualdad entre el ingreso marginal y el costo marginal, $\omega_N = y'_N / z$, de donde puede derivarse la demanda de mano de obra como

$$n_N^d = y'^{-1}_N(\omega_N z) = n_N^d(\omega_N z), \quad n_N^{d'} < 0, \tag{12}$$

donde $\omega_N z$ mide el salario-producto en el sector informal. Sustituyendo la ecuación (12) en (11) obtenemos la función de oferta de los bienes producidos en el sector informal:

$$y_N^s = y_N^s(\omega_N z). \quad Y_N^{s'} < 0. \tag{13}$$

Supongamos, de nuevo para simplificar, que sólo opera en cada sector una empresa (representativa). Utilizando las ecuaciones (10) y (14), puede definirse el ingreso factorial neto, y (medido en términos de los bienes exportables), como

$$y = y_X^s + z^{-1}y_N^s. \tag{14}$$

IX.1.3. *Consumo y riqueza*

En la economía hay una sola familia, cuyos miembros son todos los trabajadores. El gasto total en consumo de la familia, c (medido en términos del precio de los bienes exportables), se supone relacionado positivamente con la riqueza financiera, B^*:[7]

$$c = \alpha B^*, \quad \alpha > 0, \tag{15}$$

[7] Se adopta el uso de una función de consumo que depende sólo de la riqueza por razones de simplificación y facilidad del tratamiento. Agénor y Aizenman (1999) desarrollan un modelo alternativo con algunas de las mismas características que este de ahora y con familias optimizadoras.

La riqueza financiera de la familia consiste sólo en tenencias de un bono negociado internacionalmente, el que evoluciona a través del tiempo según

$$\dot{B}^* = i^* B^* + y - c - \tau, \tag{16}$$

donde i^* es la tasa de interés de los bonos (que se supone constante) y τ son los impuestos de suma fija establecidos por el gobierno.

La familia consume bienes importados (en la cantidad c_I), así como bienes internos (en la cantidad c_N). Suponiendo que la utilidad derivada del consumo de estos bienes está bien representada por una función Cobb-Douglas, la distribución del gasto total en consumo está dada por

$$c_I = (1 - \delta)c, \quad c_N = \delta z c, \quad 0 < \delta < 1, \tag{17}$$

donde δ mide la participación de los bienes internos en el gasto total.

IX.1.4. Mercado de bienes del sector informal

La condición de equilibrio del mercado de bienes no comerciables puede escribirse, utilizando las ecuaciones (13), (15) y (17), como:

$$y_N^s (\omega_N z) = \alpha \delta z B^* + g_N, \tag{18}$$

donde g_N denota el consumo público de bienes no comerciables. La ecuación (18) se resolverá más adelante para z.

IX.1.5. El mercado de mano de obra informal

Como se indicó antes, la demanda de mano de obra en el sector informal se deriva de la maximización de las ganancias y está dada por la ecuación (12). Como ya se indicó, la oferta de trabajadores no calificados en el sector formal, denotada por n_U^s, está predeterminada en cualquier momento dado. Así pues, la oferta de mano de obra no calificada en el sector informal está dada también en cualquier momento dado.

De acuerdo con la hipótesis del "desempleo de lujo" (Horton, Kanbur y Mazumdar, 1994), supongamos que los trabajadores calificados, incapaces para obtener un empleo en el sector formal, prefieren permanecer desempleados antes que buscar empleo en la economía informal.[8] La condición de equi-

---

[8] Véase en Agénor (1996) una reseña de la información existente sobre el desempleo califica-

librio del mercado de mano de obra en la economía informal está dada entonces por

$$n_U^p - n_U^s = n_N^d(\omega_N z), \tag{19}$$

donde n_U^p denota el número constante de trabajadores no calificados en la fuerza de trabajo. Resolviendo esta ecuación, obtenemos:

$$\omega_N = \kappa(\bar{z}, \overset{+}{n_U^s}), \quad \kappa_z = -1, \tag{20}$$

lo que indica que una depreciación de la tasa de cambio real tiene un efecto negativo sobre el salario del sector informal (de tal magnitud que el salario-producto permanece constante), mientras que un aumento del número de trabajadores que buscan empleo en la economía formal tiene un efecto positivo.

El mecanismo a través del cual emigran los trabajadores no calificados entre los sectores sigue la formulación de Harris y Todaro (1970) y relaciona los movimientos de los trabajadores al diferencial salarial esperado entre los sectores. Dado que en el sector público no hay rotación de empleos, el salario esperado en la economía formal es igual al salario mínimo ponderado por la probabilidad de ser contratado en el sector formal. Suponiendo que la contratación es aleatoria, esta probabilidad puede aproximarse por la razón de los trabajadores actualmente empleados a los que buscan empleo, n_U^d / n_U^s. El salario esperado en la economía informal es simplemente el salario vigente, ya que no hay barreras a la entrada en ese sector. Así pues, la oferta de trabajadores no calificados en el sector formal evoluciona a través del tiempo de acuerdo con

$$\dot{n}_U^s = \beta \left\{ \frac{\omega_m n_U^d}{n_U^s} - \omega_N \right\} \quad \beta > 0, \tag{21}$$

donde β denota la velocidad del ajuste.

La ausencia de búsqueda dentro del empleo en el sector informal se justifica en este contexto en diversas formas. Una consideración importante es la existencia de ineficiencias informativas, las que pueden derivar de la ausencia de instituciones capaces de procesar y proveer, de una manera oportuna, información relevante sobre las oportunidades de empleo a los solicitantes potenciales. En consecuencia, las actividades de búsqueda de los trabajadores no calificados del sector formal podrían requerir, literalmente hablando, la espera de ofertas de empleo a las puertas de la fábrica.

do en los países en vías de desarrollo. En general, por supuesto, que los trabajadores calificados que no ven satisfecha su solicitud de empleo en el sector formal decidan buscar empleo (como trabajadores no calificados) en la economía informal, dependerá de factores tales como la eficiencia de las actividades de búsqueda mientras se tiene un empleo, los efectos del desaliento y el grado de apoyo de los parientes.

IX.1.6. *El gobierno*

El gobierno consume bienes internos e importados, y financia su gasto mediante la recaudación derivada de impuestos de suma fija sobre las familias:

$$\tau - g_I - z^{-1}g_N = 0, \tag{22}$$

donde g_I denota las importaciones gubernamentales.

IX.2. LA ESTRUCTURA DINÁMICA

Para examinar las propiedades dinámicas del modelo descrito en la sección anterior, es conveniente rescribirlo en una forma más compacta. Como se verá más adelante, la dinámica del modelo puede formularse en términos de la magnitud de la fuerza de trabajo no calificada que busca empleo en la economía formal y de las tenencias de bonos comerciables en manos de las familias.

Por definición, $c = c_I + z^{-1}c_N$. Sustituyendo este resultado en la restricción presupuestaria de la familia representativa (ecuación (16)) obtenemos, junto con la condición de equilibrio del mercado de bienes no comerciables (ecuación (18)), (14) y la restricción presupuestaria gubernamental (ecuación (22)):

$$\dot{B}^* = i^*B^* + y_X^s - c_I - g_I,$$

que puede rescribirse, utilizando (10), (15) y (17), como

$$\dot{B}^* = [i^* - \alpha(1-\delta)]B^* + y_X^s(\omega_N, \omega_m^*) - g_I \tag{23}$$

A fin de determinar las soluciones vaciadoras del mercado a corto plazo, de la tasa de cambio real y los salarios reales en el sector informal (medidos en términos del precio de las exportaciones), sustituimos la ecuación (20) para ω_N en la condición de equilibrio del mercado de bienes no comerciables (ecuación (18)) para resolver z con valores dados de B^* y n_U^s. El resultado es

$$z = z(\bar{n}_U^s, \bar{B}^*; \bar{g}_N). \tag{24}$$

Por ejemplo, un aumento de la oferta de mano de obra no calificada en el sector formal crea una demanda excedente de mano de obra en la economía informal, presionando así a los salarios hacia arriba en ese sector. En consecuencia, la producción del sector informal disminuye y la tasa de cambio real deberá apreciarse (z deberá bajar) para mantener el equilibrio del mercado. Un aumento de las tenencias de bonos comerciables estimula el consumo de bienes internos y también requiere una apreciación real para mantener el equilibrio entre la oferta y la demanda.

Sustituyendo (24) en la ecuación (20) obtenemos:

$$\omega_N = \omega_N(\overset{+}{n_U^s}, \overset{+}{\bar{B}^*}; \overset{+}{g_N}).\tag{25}$$

Sustituyendo las ecuaciones (15), (17) y (25) en (23) obtenemos:

$$\dot{B}^* = [i^* - \alpha(1-\delta)]B^* + Y_X^s(n_U^s, B^*; g_N) - g_I,\tag{26}$$

con $\partial Y_X^s/\partial n_U^s = \partial Y_X^s/\partial B^* = 0$ si $\theta = 0$.

Por último, sustituyendo las ecuaciones (9) para y (25) para n_U^d y (25) para ω_N en la ecuación (21) obtenemos:

$$\dot{n}_U^s = \beta\Psi(\overset{-}{n_U^s}, \overset{-}{\bar{B}^*}; \overset{-}{g_N}).\tag{27}$$

Un aumento del salario informal ω_N tiene en general un efecto ambiguo sobre $\dot{n}_U^s$. Por una parte, aumenta directamente el rendimiento esperado del trabajo en el sector informal; por el otro, aumenta ω_S (a través del efecto de sustitución) y la demanda de mano de obra no calificada en el sector exportador, incrementando así la probabilidad de la contratación y el rendimiento esperado en al economía formal. El primer efecto dominará, como se supuso en (27), si a) la elasticidad de la demanda de mano de obra no calificada en relación con el salario calificado es suficientemente bajo; o b) si el coeficiente θ es suficientemente pequeño. Esta última condición se discutirá extensamente más adelante. Debe advertirse también que, al revés de (26), ninguna de las derivadas parciales en (27) se desvanece para $\theta = 0$.

La ecuación (27) muestra, en particular, que un incremento de n_U^s tiende a reducir los flujos migratorios hacia la economía formal a resultas de dos efectos. Por una parte, reduce la razón del empleo privado y por ende el salario esperado en el sector formal. Por el otro, reduce la oferta de mano de obra en el sector informal, lo que tiende a aumentar el salario vaciador del mercado, y por ende el costo de oportunidad de las colas.

Las ecuaciones (26) y (27) representan las ecuaciones dinámicas del sistema, definidas en términos de la magnitud de la fuerza de trabajo no calificada en el sector formal y de las tenencias de bonos comerciables valuados en términos de moneda extranjera. Utilizando una aproximación liberal alrededor del Estado estable obtenemos:

$$\begin{bmatrix} \dot{n}_U^s \\ \dot{B}^* \end{bmatrix} = \begin{bmatrix} \beta\Psi_{n_U^s} & \beta\Psi_{B^*} \\ \partial Y_X^s/\partial n_U^s & \Lambda \end{bmatrix} \begin{bmatrix} n_U^s - \tilde{n}_U^s \\ B^* - \widetilde{B}^* \end{bmatrix},\tag{28}$$

donde

$$\Lambda = i^* - \alpha(1 - \delta) + (\partial Y_X^s / \partial B^*).$$

El supuesto de que la tasa de interés mundial es suficientemente pequeña asegura que $\Lambda < 0$. Son condiciones necesarias y suficientes para que el sistema de ecuaciones diferenciales descrito por (28) sea localmente estable que la traza de su matriz de coeficientes, $\mathbf{A}$, sea negativa, y que su determinante sea positivo:

$$\mathrm{tr}\,\mathbf{A} = \Lambda + \beta \Psi_{n_U^s} < 0,$$

$$\det \mathbf{A} = \beta[\Lambda \Psi_{n_U^s} - \Psi_{B^*}(\partial Y_X^s / \partial n_U^s)] > 0.$$

La primera condición se satisface siempre; supondremos que se da la segunda condición, y más adelante se interpretará gráficamente.

IX.3. EL ESTADO ESTABLE

Se obtiene la solución de Estado estable del modelo por $\dot{B}^* = \dot{n}_U^s = 0$ en (26) y (27). Más directamente, (21) implica que en el Estado estable deberá estar en equilibrio la cuenta corriente, es decir, el superávit de la cuenta de servicios, $i^* \tilde{B}^*$, deberá ser compensado por un déficit comercial, $\tilde{c}_I + g_I - \tilde{y}_X^s$:

$$i^* \tilde{B}^* = \tilde{c}_I + g_I - \tilde{y}_X^s. \tag{29}$$

La ecuación (23) implica también que la razón de los salarios ganados por los trabajadores no calificados en el sector formal y el sector informal 8 en adelante (a razón de los salarios no calificados) debe ser igual a largo plazo a la inversa de la razón del empleo de esa categoría de mano de obra en la economía privada formal:

$$\omega_m / \tilde{\omega}_N = \tilde{n}_U^s / \tilde{n}_U^d. \tag{30}$$

Este resultado indica que, mientras que el salario mínimo sea mayor que el salario del sector informal ($\omega_m > \tilde{\omega}_N$), en el equilibrio habrá desempleo no calificado.[9]

Por último, por las soluciones de Estado estable de B^* y n_U^s, pueden derivarse los valores de equilibrio de las variables "de corto plazo", la tasa de cambio real y el salario real en la economía informal utilizando las ecuaciones (24) y (25).

---

[9] En nuestro contexto, la condición de que el salario mínimo sea mayor que el salario vaciador del mercado es en efecto necesaria para evitar una solución de esquina, o una situación donde ningún trabajador no calificado tenga incentivos para buscar empleo en la economía formal.

En la gráfica IX.3 se muestra una descripción gráfica del equilibrio de Estado estable para $\theta > 0$. La curva B^*B^* da las combinaciones de B^* y n_U^s para las que permanecen constantes las tenencias de bonos, mientras que la curva LL describe las combinaciones de B^* y n_U^s para las que no cambian a través del tiempo la magnitud de la fuerza de trabajo no calificada que busca empleo en el sector formal. La segunda condición para la estabilidad descrita antes requiere que B^*B^* sea más empinada que LL. Se obtiene el equilibrio de Estado estable en el punto E. En general, no puede excluirse la posibilidad de ciclos en el proceso de ajuste; para simplificar, en lo que sigue nos concentraremos sólo en las rutas no cíclicas. Si la posición inicial de la economía se encuentra, por ejemplo, en el punto A —caracterizado por un diferencial positivo entre el salario esperado en el sector formal y en el sector informal, y un déficit de cuenta corriente—, la transición hacia el Estado estable se caracterizará por un incremento gradual de las tenencias de bonos y de la magnitud de la fuerza de

GRÁFICA IX.3. *Equilibrio de Estado estable*

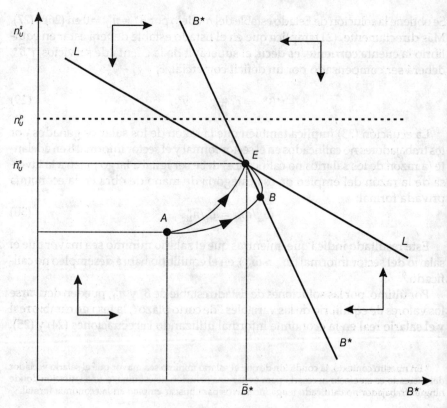

trabajo no calificada en el sector formal. Si $\theta = 0$, la curva B^*B^* es vertical, ya que en tal caso Y_X^s se vuelve independiente de ω_N, y por ende de n_U^s.

En la gráfica IX.4 se describe una posición de equilibrio parcial a largo plazo del mercado de mano de obra. El panel A describe las funciones de demanda de mano de obra en el sector formal. La curva de demanda de mano de obra calificada n_S^d tiene pendiente negativa porque se relaciona negativamente con ω_S, el salario ganado por los trabajadores calificados. La demanda de mano de obra no calificada en la economía formal es la curva de pendiente negativa n_U^d, porque los trabajadores calificados y no calificados son complementos aproximados. La oferta de trabajadores no calificados en el sector formal n_U^d, dada por la solución de la ecuación (21) a largo plazo, es proporcional a la demanda total de mano de obra en ese sector multiplicada por la razón del salario no calificado. Como se señaló antes, si esa razón es mayor que uno, n_U^s será mayor que n_U^d, surgirá el desempleo no calificado; este es el caso mostrado en el panel B. Restando n_U^s de la oferta total de trabajadores no calificados n_U^p, el panel B nos permite también determinar la oferta de mano de obra (y por ende el empleo efectivo) en la economía informal. Dada la curva de demanda de mano de obra en el sector informal n_N^d, se determina el salario vaciador del mercado en el punto C del panel C.[10] La relación positiva existente entre el salario de los trabajadores calificados y el salario del sector informal (para $\theta > 0$) aparece como la curva WW en el panel D. Así pues, en el equilibrio prevalece el desempleo de ambas categorías de la mano de obra, a pesar de la existencia de flexibilidad salarial en el sector informal. El desempleo calificado se indica en el panel A por la distancia que media entre la oferta de mano de obra calificada n_S^p y el punto de equilibrio en la curva de demanda n_S^d. El desempleo no calificado está dado por la diferencia que se muestra en el panel B entre la oferta total n_U^s y la demanda de mano de obra en el sector formal n_U^d. Así pues, el desempleo "cuasivoluntario" de los trabajadores calificados y el desempleo de "espera" de los trabajadores no calificados surgen en el equilibrio.[11]

IX.4. REDUCCIÓN DEL GASTO GUBERNAMENTAL

Analizaremos ahora el impacto y los efectos del Estado estable de una reducción permanente del gasto gubernamental en bienes internos, g_N, sobre la producción, la composición sectorial del empleo, y el desempleo.

[10] Por las ecuaciones (10) y (20), n_N^d es una función de z. Por la condición de equilibrio del mercado de bienes no comerciables (ecuación (18)), $z = z(\omega_N, \cdot)$, donde $|z'_{\omega N}| < 1$. Sustituyendo este resultado en (20), vemos que la curva n_N^d tiene pendiente negativa en el espacio $\omega_N - n_U$.

[11] Dado que en este marco no hay ningún programa de subsidios de desempleo, se supone implícitamente que los trabajadores desempleados a largo plazo pasan a una actividad de subsistencia (producción doméstica) o recurren a sus parientes para sobrevivir.

GRÁFICA IX.4. *Equilibrio en el mercado de trabajo*

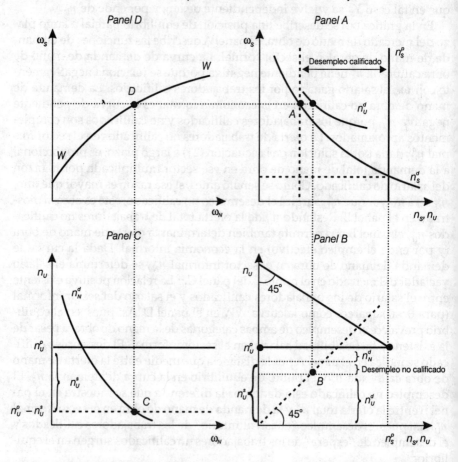

En general, son ambiguos los efectos a largo plazo del choque sobre las tenencias de bonos comerciables y la oferta de mano de obra no calificada en el sector formal.[12] La gráfica IX.5 ilustra un resultado posible, que corresponde al caso en el que θ no es demasiado grande. Tanto B^*B^* como LL se desplazan hacia la derecha. En el nuevo Estado estable son mayores las tenencias de bonos comerciables y la oferta de mano de obra no calificada en el sector formal.

El efecto inicial (para n_U^s y B^* dados) de una reducción del gasto gubernamental en bienes internos es una depreciación real discreta, lo que mantiene

[12] Formalmente, los efectos de Estado estable de este choque sobre el tamaño de la fuerza de trabajo no calificada en el sector formal y el acervo de bonos pueden derivarse de (26) y (27), con $\dot{B}^* = \dot{n}_U^s = 0$, y resolviendo para B^* y n_U^s como una función de g_N.

GRÁFICA IX.5. *Reducción del gasto gubernamental en bienes domésticos*

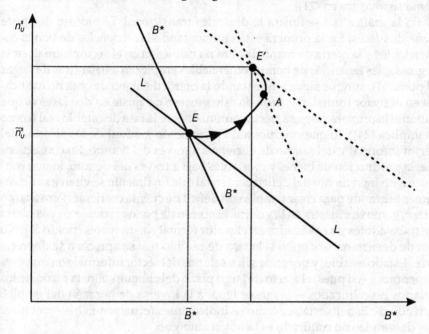

el equilibrio entre la oferta y la demanda de estos bienes (ecuación (24)). La depreciación real implica que ω_N debe bajar al impacto (ecuación (20)). El movimiento de z y ω_N debe ser en la dirección opuesta y compensarse exactamente entre sí, a fin de mantener el salario-producto $z\omega_N$ en el sector informal constante. Así debe ocurrir porque la oferta de trabajo (y por ende el empleo) en la economía informal no puede cambiar al impacto, de modo que n_U^s se ajusta sólo lentamente a través del tiempo. Al impacto, dado que el consumo total (como lo indica (15)) no puede cambiar, tampoco puede cambiar el consumo de bienes importados (véase (17)). Al mismo tiempo, la reducción de los salarios del sector informal tiende a reducir el salario de eficiencia en el sector formal, lo que conduce a un incremento de la demanda de ambas categorías de mano de obra y por ende a una expansión de la producción de bienes exportables. Así pues, la cuenta corriente pasa a un superávit ($\dot{B}^* > 0$), como se ilustra en la gráfica. El efecto de impacto sobre el flujo de trabajadores no calificados que buscan empleo en la economía formal es también positivo ($\dot{n}_U^s > 0$). La razón es que, como lo indica (9), una baja de ω_N reduce el ingreso esperado en el sector informal; al mismo tiempo, incrementa el ingreso esperado en el sector formal, porque aumenta la demanda de mano de obra no calificada en ese sector. Por lo tanto, el cambio del diferencial del ingreso esperado (que determina el efecto inicial sobre $\dot{n}_U^s$ es indudablemente positivo, como se muestra en (21)).

En la gráfica IX.5 se ilustra la dinámica transicional. El proceso de ajuste tiene dos fases. En la primera están aumentando las tenencias de bonos comerciables y la oferta de mano de obra no calificada en el sector formal; en la segunda, las tenencias de bonos comerciables empiezan a bajar (tras de llegar al punto A), aunque sigue aumentando la oferta de mano de obra no calificada en el sector formal. La razón de este proceso de ajuste en dos fases es que durante la primera fase se aprecia continuamente la tasa de cambio real (como lo implica (24)), lo que conduce a un incremento gradual de los salarios del sector informal y del salario de eficiencia a través del tiempo. En consecuencia, la producción de bienes exportables baja a través del tiempo, lo que conduce a un incremento del déficit comercial que finalmente se vuelve suficientemente grande para crear también un déficit de cuenta corriente. Pero a largo plazo, como se muestra en la gráfica, el acervo de bonos extranjeros y la oferta de trabajadores no calificados en el sector formal son mayores (punto E'). No puede determinarse a priori si la tasa de cambio real se aprecia o se deprecia en el Estado estable (y por ende si los salarios del sector informal son mayores o menores). Así pues, el efecto de largo plazo del choque sobre la razón de los salarios no calificados —la que es igual a la inversa de la razón del empleo privado de Estado estable, como se indicó antes (ecuación (30))— y el nivel del desempleo no calificado es también ambiguo.

El papel del mercado de mano de obra en el proceso del ajuste económico en los países en vías de desarrollo ha sido tema de renovado interés en los últimos años. Este capítulo ha estudiado los efectos de las políticas de ajuste fiscal en un marco macroeconómico que capta algunas de las características más prominentes de estos mercados. El modelo desarrollado aquí capta, en particular, la existencia de un sector informal que produce bienes no comerciables. Se introdujo la segmentación del mercado de mano de obra a través de la legislación de salario mínimo y la existencia de rigidez en el salario relativo del sector de bienes exportables, a resultas de consideraciones del salario de eficiencia. A pesar de la flexibilidad salarial en el sector informal, se mostró que en el equilibrio surge de ordinario un desempleo "cuasivoluntario" de los trabajadores calificados y no calificados. Surge el desempleo calificado porque el costo de oportunidad del ocio es bajo y/o el salario de reservación es mayor que el salario vigente en el sector informal, mientras que el desempleo no calificado deriva de consideraciones de "esperas" o "colas" en la tradición de Harris y Todaro (1970).

Se utilizó el modelo para estudiar los efectos de salario y empleo de una reducción del gasto gubernamental en bienes importados y una reducción de los gastos públicos en bienes nacionales. Tales choques han figurado a menudo prominentemente en los programas de estabilización y de ajuste estructural. El análisis demostró que una disminución del gasto gubernamental en importaciones conduce a un incremento de los activos financieros mantenidos por el sector privado, una disminución del desempleo calificado, un aumento de la producción en el sector formal o informal, pero también una disminución del empleo no calificado en la economía formal y un aumento de la tasa sectorial del desempleo de esa categoría de mano de obra, lo que deriva del hecho de que el empleo formal baja más que la reducción del tamaño de la fuerza de trabajo que busca empleos en el sector "moderno".

El análisis desarrollado antes podría extenderse en diversas formas. La función de consumo "cuasi-metzleriana" utilizada en el modelo implica que la propensión marginal al ahorro a corto plazo (con el ingreso disponible) es igual a uno. En consecuencia, aunque el ingreso privado cambia a resultas de una reducción del gasto gubernamental en bienes importados por ejemplo, la tasa de cambio real y el salario real en el sector informal no se ven afectados al impacto. Por lo tanto, un tratamiento más general de las decisiones de consumo privado podría ser útil —según los lineamientos del marco intertemporal descrito en el capítulo XI—, pero a costa de incrementar la complejidad del modelo. Otra extensión útil sería la introducción de tributación distorsionante, y suponer que las actividades del sector informal se gravan a una tasa menor (posiblemente cero) que la de las actividades del sector formal. Debido a que, como se mostró antes, las políticas de ajuste fiscal conducen típicamente a una reasignación de las actividades de producción y del empleo entre los sectores a largo plazo, también afectan a la recaudación tributaria. Tales cambios de la recaudación podrían tener implicaciones importantes para las fuentes alternativas del financiamiento del déficit, en particular el grado de utilización del impuesto inflacionario. Las extensiones de este tipo, junto con un trabajo empírico detallado sobre las elasticidades de la demanda de mano de obra, el grado de la movilidad de la mano de obra y el grado de la rigidez relativa del salario entre los sectores, son esenciales para mejorar nuestro entendimiento de los efectos agregados de los programas de ajuste sobre los salarios y el empleo.

TERCERA PARTE

ESTABILIZACIÓN: TEORÍA, DATOS Y MODELOS EMPÍRICOS

X. EXAMEN GENERAL
DE LOS PROGRAMAS DE ESTABILIZACIÓN

COMO INDICAMOS EN EL CAPÍTULO II, los niveles inflacionarios elevados son mucho más comunes entre los países en vías de desarrollo que en el mundo industrializado. Aunque los países latinoamericanos en vías de desarrollo han sido particularmente proclives al síndrome de la inflación elevada, el resto del mundo en vías de desarrollo no ha sido inmune. Las tasas de inflación por encima del 10% anual no sólo son comunes en las naciones en vías de desarrollo, sino que las tasas inflacionarias sostenidas mayores al 25% anual han aparecido periódicamente en los países en vías de desarrollo de África y Asia, así como en el Hemisferio Occidental.

El cuadro X.1 resume los principales episodios inflacionarios de los países en vías de desarrollo durante el periodo de 1980-1996. En el cuadro aparecen los años en que la tasa de cambio de los precios internos de un país rebasó 25%, y los países se listan por región geográfica. En África, Asia y el Medio Oriente, así como en el Hemisferio Occidental, se encuentran ejemplos de inflación elevada. Sin embargo, el cuadro también pone en claro que, mientras que para muchos países en vías de desarrollo los episodios de alta inflación son de corta duración (asociados a menudo con grandes modificaciones de los términos de intercambio o con la inestabilidad política), un pequeño grupo de países parece haber sufrido una inflación elevada "crónica" (expresión usada aparentemente por primera vez por Pazos, 1972) durante este periodo. Este grupo incluye a Argentina, Bolivia, Brasil, Chile, Ecuador, Ghana, Guyana, Israel, México, Paraguay, Perú, Turquía, Uruguay y Zaire. La mayoría de estos países se encuentran en Sudamérica, pero la experiencia de la inflación elevada crónica no se limita al Hemisferio Occidental.

Se han utilizado diversos enfoques para estabilizar la inflación elevada en el mundo en vías de desarrollo. Estos enfoques pueden clasificarse en general como populistas, ortodoxos (basados en el dinero y basados en la tasa de cambio) y heterodoxos. Los programas populistas se han concentrado en la intervención directa en el proceso de precios y salarios mediante la implantación de controles de los mismos, no necesariamente acompañados de ajustes en los desequilibrios fiscales subyacentes. En cambio, los programas ortodoxos se han ocupado exclusivamente de la corrección de "lo fundamental". Dichos programas contienen un intento de ajuste fiscal y aparecen en dos variedades. Los programas basados en el dinero utilizan restricciones de la tasa de expansión monetaria para proporcionar un ancla nominal a la economía, recurrien-

CUADRO X.1. *Incidencia de la inflación elevada en los países
en vías de desarrollo, 1980-1996*

País	Año	País	Año

África

País	Año	País	Año
Argelia	1991-92, 1994-95	Malawi	1987-88, 1994-95
Benin	1994	Mauricio	1980
Burkina Faso	1994	Mozambique	1988-95
Burundi	1996	Níger	1994
Camerún	1994	Nigeria	1984, 1988-89, 1992-96
Chad	1994	Senegal	1994
Congo	1994	Sierra Leona	1982-92, 1995
Costa de Marfil	1994	Somalia	1980-81, 1983-88
Etiopía	1991	Sudán	1980, 1982-85,
Gabón	1994		1988-1993
Gambia	1986	Tanzania	1980-91, 1993-95
Ghana	1980-81, 1983-84,	Togo	1994
	1987-90, 1995-96	Uganda	1981-82, 1984-92
Guinea Bissau	1988-93, 1995	Zaire	1980-84, 1986-96
Kenia	1992-94	Zambia	1986-96
Madagascar	1981-82, 1988, 1994-95	Zimbabwe	1992-93

Asia

País	Año	País	Año
Afganistán	1985, 1989-91	Filipinas	1984
Corea	1980	Sri Lanka	1980
Laos	1989-90	Vanuatu	1981
Mongolia	1993-94	Samoa Occidental	1980
Myanmar	1989, 1991, 1993, 1995		

Medio Oriente

País	Año	País	Año
Irán	1987-88, 1992,	Jordán	1989
	1994-96	Líbano	1985-92
Israel	1980-86	Siria	1986-88

Hemisferio Occidental

País	Año	País	Año
Argentina	1980-91	Haití	1994-95
Bolivia	1980-86	Honduras	1991, 1995
Brasil	1980-95	Jamaica	1980, 1984-85, 1991-92,
Chile	1980, 1983, 1985, 1990		1994, 1996
Colombia	1980-81, 1988-92	México	1980-88, 1990, 1995-96
Costa Rica	1981-83, 1991	Nicaragua	1980, 1983-91
Rep. Dominicana	1984-85, 1988-91	Paraguay	1985-86, 1989-90
Ecuador	1983-85, 1987-94	Perú	1980-93
El Salvador	1986	Suriname	1987, 1991-95
Guatemala	1986, 1990-91	Uruguay	1980-81, 1983-96
Guyana	1984, 1987-88	Venezuela	1987-96

NOTA: Aquí se define la inflación elevada como un cambio en el índice de precios al consumidor (IPC), que es mayor a 25% durante todo el año o los años en cuestión.
FUENTE: *International Financial Statistics.*

do a la tasa de cambio para mantener el balance externo. En cambio, los programas basados en la tasa de cambio recurren a la adhesión de la tasa de cambio a alguna divisa para proporcionar el ancla nominal. Los programas ortodoxos difieren también en lo tocante a la rapidez de su implantación. En el enfoque de "golpe" o "terapia de choque", se implanta el ajuste fiscal deseado de una sola vez, mientras que los programas "gradualistas" tratan de ubicar al déficit fiscal en una ruta descendente. El enfoque más reciente para la estabilización es la opción "heterodoxa", que combina varias características de los otros enfoques: corrección fiscal, un congelamiento de la tasa de cambio o una ruta previamente anunciada para la tasa de cambio, y políticas de ingresos bajo la forma de controles explícitos de precios y salario o de un "contrato social".

En este capítulo haremos una descripción general de la experiencia del mundo en vías de desarrollo en lo tocante a la estabilización de la inflación elevada.[1] Consideraremos cada uno de los enfoques de la estabilización por su turno. La sección X.1 describirá la experiencia de los programas populistas. Las dos secciones siguientes considerarán los programas ortodoxos, primero la versión basada en el dinero y luego la versión basada en la tasa de cambio. En la sección X.4 nos ocuparemos de los programas heterodoxos. El plan de convertibilidad de Argentina y el Plan Real de Brasil (dos de los programas principales implantados durante los años noventa) se discuten en las secciones X.5 y X.6. Concluiremos el capítulo con un resumen tentativo de las lecciones aprendidas de la experiencia de estabilización en los países en vías de desarrollo.

X.1. EL POPULISMO

Los programas de estabilización populistas han sido un elemento recurrente de la experiencia macroeconómica de los países en vías de desarrollo. Los programas macroeconómicos con un sabor populista pueden identificarse en diversos momentos en varios países del mundo en vías de desarrollo, pero los casos más conocidos se han observado en América Latina.[2] En términos estrictos, el populismo no evolucionó como un enfoque para la estabilización de la inflación elevada. Más bien, los programas populistas trataban de atacar un conjunto más amplio de problemas macroeconómicos, tales como el estancamiento de la producción, la distribución desigual del ingreso y la crisis

---

[1] En los capítulos XI y XII examinaremos los problemas analíticos asociados a la estabilización.

[2] Dornbusch y Edwards (1991) hacen una descripción de diversas experiencias. La discusión de esta sección se basa en Dornbusch y Edwards (1990), en la que se examinan en detalle las experiencias particulares de Chile bajo Allende (1970-1973) y Perú bajo García (1986-1989). Por lo que toca a Perú, véanse también Pastor (1992) y Cáceres y Paredes (1991).

externas, además de la inflación elevada. Sin embargo, tales programas han incorporado un enfoque distintivo para la estabilización de la inflación que aquí hace digna de consideración a esta clase de programas macroeconómicos. Específicamente, los programas populistas que discutiremos en este capítulo han tratado de combinar el crecimiento económico rápido con la baja inflación, aplicando simultáneamente políticas de demanda agregada estimulantes y restricciones de los incrementos de precios y salarios mediante controles administrativos.

El diagnóstico populista que conduce a esta prescripción de la política económica se basa en la idea de que la economía posee una cantidad sustancial de capacidad productiva no utilizada, debido a la deficiencia de la demanda agregada y al poder monopólico del sector manufacturero. Se cree que la demanda deficiente proviene de las políticas de demanda agregada demasiado restrictivas y de la desigual distribución del ingreso que reduce los ingresos de los asalariados, quienes se supone que poseen propensiones marginales al consumo mayores que las de los capitalistas. El remedio es la adopción de políticas fiscales expansivas (orientadas primordialmente hacia las necesidades de los pobres) y la elevación de los salarios. Aunque los beneficios por unidad pueden reducirse por el incremento de los costos laborales, no se consideran necesarios los incrementos de los precios porque los beneficios totales aumentarían con la expansión de la producción. Para asegurarse de que los precios no se eleven por el ejercicio del poder monopólico, los controles administrativos son la herramienta favorecida para diseñar las políticas.

X.1.1. *Chile bajo Allende (1970-1973)*

El programa populista del gobierno de la Unidad Popular encabezado por Salvador Allende, que asumió el poder en Chile en 1970, contenía los elementos siguientes:

1. Gran número de granjas fueron expropiadas en los términos de la Ley de Reforma Agraria previamente existente. Poco tiempo después se nacionalizaron grandes minas de cobre. El gobierno compró grandes bloques de acciones de grandes empresas manufactureras, y esta operación se financió mediante el crédito del banco central.
2. Se abandonó el sistema de adhesión deslizante que había utilizado el gobierno anterior, en favor de una tasa de cambio fija.
3. Se elevó en 48%, en términos reales, el promedio de los salarios del sector público en 1971. En virtud de que estos salarios se utilizaban como puntos de referencia en otros sectores de la economía, los salarios del sector privado también se incrementaron en ese año, en un promedio cercano a 40 por ciento.

4. Se incrementó grandemente el gasto gubernamental en la construcción, la agricultura y la seguridad social. El incremento del gasto público se financió también con crédito del banco central.
5. Se implantó un sistema generalizado de controles de precios.

Estas políticas dieron gran impulso a la economía chilena en 1971 (véase gráfica X.1). El PIB real creció 9%, el desempleo bajó a menos de 4%, y el salario real creció en 17%. La participación de los trabajadores en el ingreso total aumentó de 52% en 1970 a casi 62% en 1971. A pesar de esto, la tasa inflacionaria permaneció en 1971 aproximadamente al mismo nivel de 1970. Sin embargo, el déficit fiscal aumentó de 3% del PIB en 1970 a 11% en 1971, y la tasa anualizada del crecimiento de la oferta monetaria llegó a 100% en el cuarto trimestre de 1970. Además, el acervo de las reservas de divisas se redujo a la mitad. El gobierno nacionalizó gran número de empresas afectadas por disputas laborales.

La economía chilena estaba evidentemente sobrecalentada a fines de 1971, y la inflación se mantenía simplemente reprimida por los controles de precios. Para evadir tales controles surgió una considerable economía subterránea, lo que redujo la recaudación tributaria del gobierno. Los problemas fiscales se agravaron más aún por las pérdidas sufridas por las empresas nacionalizadas. La tasa inflacionaria rebasó el 200% en 1972, y la moneda se sobrevaluó gravemente. La fuga de capital contribuyó al drenaje del acervo de reservas internacionales. En agosto de 1972 se hizo un esfuerzo de estabilización que combinaba una gran devaluación con incrementos de los precios de los productos vendidos por las empresas del sector público y con instrucciones administrativas para incrementar la producción. Sin embargo, en el mismo mes el gobierno celebró un acuerdo con la federación nacional del trabajo por el que se elevarían los salarios nominales en octubre para compensar la inflación acumulada hasta ese momento, pactándose ajustes salariales más frecuentes para el futuro.

Para 1973, el déficit fiscal llegaba al 25% del PIB, la economía informal se había generalizado, y las reservas de divisas estaban a punto de agotarse. La inflación se disparó y la actividad real estaba declinando. La intranquilidad política atizada por la dislocación económica condujo finalmente al golpe de Estado que derrocó al gobierno en septiembre de 1973.

X.1.2. *Perú bajo García (1986-1990)*

La administración de García, quien asumió el poder en Perú en julio de 1985, heredó una economía caracterizada por alta inflación, gran desempleo y capacidad ociosa, salarios reales deprimidos y reservas de divisas agotadas. El

GRÁFICA X.1. *Indicadores macroeconómicos en Chile, 1970-1972*
(porcentajes, a menos que se indique otra cosa)

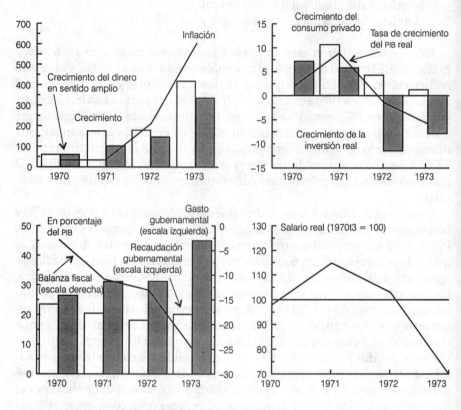

t3 = tercer trimestre.
FUENTE: Dornbusch y Edwards, 1990, p. 260, y FMI.

gobierno se propuso como objetivo primordial el logro de un crecimiento rápido y sostenido. Su programa macroeconómico combinaba los elementos siguientes:

1. Las tasas de cambio múltiples y fijas remplazarían a una sola tasa activamente administrada.
2. El servicio de la deuda externa se limitaría a una fracción de las exportaciones determinada de tal modo que fuese compatible con el crecimiento sostenido. El gobierno anunció que esta fracción se fijaría inicialmente en 10 por ciento.
3. La demanda agregada sería estimulada por incrementos de los salarios reales.

4. Los costos de las empresas se reducirían bajando las tasas de interés y los impuestos indirectos.
5. Se utilizarían políticas de ingresos para contener la inflación.

Al igual que en Chile, los resultados iniciales de esta estrategia fueron muy favorables (véase la gráfica X.2). El PIB real creció más de 9% en 1986 y otro 8% en 1987. La tasa inflacionaria se redujo en más de la mitad entre 1985 y 1986. Aumentaron el empleo y los salarios reales, estos últimos cerca del 30 por ciento.

Sin embargo, como en Chile las reservas de divisas empezaron a agotarse pronto. A medida que la inflación reprimida reducía los márgenes de beneficio, los subsidios cubrían la diferencia, lo que presionaba al presupuesto gubernamental. A pesar de los ajustes, los precios del sector público permanecían bajos en términos reales, y esto se sumaba a las reducciones de la recaudación tributaria real y las pérdidas del banco central en la operación del sistema de tasa de cambio múltiples[3] para hacer que el déficit global del sector público pasara de 6.5% del PIB en 1987 (véase la gráfica X.2). Los elevados déficit fiscales y los incrementos de los precios subsidiados atizaban la inflación, la que llegó a 114% en 1987 y finalmente explotó a principios de 1988. La sobrevaluación de la tasa de cambio, aunada al control de las tasas de interés nacionales, provocó una masiva fuga de capital, y las reservas internacionales se agotaban rápidamente. Una gran devaluación a fines de 1987 ayudó a atenuar estos problemas, pero contribuyó a una aceleración de la inflación al final de ese año y principios de 1988. A fines de 1988, la inflación alcanzaba una tasa anual de 6 000%. El caos económico condujo a un cambio de gobierno con la elección de Alberto Fujimori en abril de 1989.

X.2. LA ESTABILIZACIÓN ORTODOXA BASADA EN EL DINERO

La característica distintiva del enfoque ortodoxo para la estabilización es su hincapié en la administración de la demanda sin el uso de controles o directrices sobre los precios y salarios. La condición indispensable de la estabilización ortodoxa es el ajuste fiscal. Es importante recordar (como se notó en el capítulo V) que el crédito del banco central para el sector público es sólo una de las fuentes de la creación de dinero básico en los países en vías de desarrollo, aunque en la práctica es a menudo la más importante. La balanza de pagos y el crédito otorgado al sector privado son fuentes alternativas de la creación de

---

[3] Es decir, comprando divisas caras a los exportadores y vendiéndolas baratas a los importadores. Véase una discusión de los aspectos fiscales de las pérdidas del banco central en la sección V.1.

GRÁFICA X.2. *Indicadores macroeconómicos en Perú, 1985-1989*
(porcentajes, a menos que se indique otra cosa)

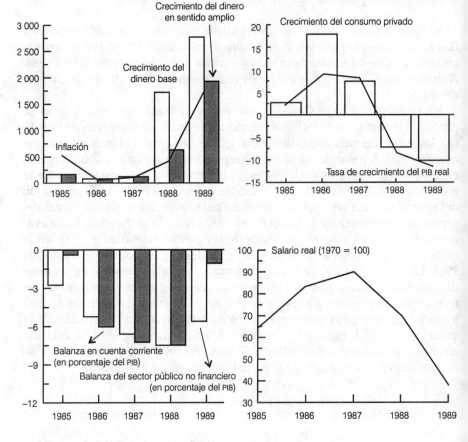

FUENTE: Cardoso y Helwege, 1992, p. 209; Cáceres y Paredes, 1991, p. 85, y FMI.

dinero, de modo que un ajuste fiscal que limite la petición de recursos del banco central por parte del sector público no implica necesariamente que el acervo monetario dejará de crecer. En otras palabras, el ajuste fiscal no implica por sí mismo el uso del dinero como un ancla nominal, y un programa que trate de reducir el déficit fiscal puede ir acompañado o no de metas para el crecimiento monetario. En consecuencia, en esta sección nos referiremos a los programas que tienen como columna vertebral al ajuste fiscal como programas ortodoxos, independientemente de que se acompañe o no tal ajuste con metas separadas para la tasa de crecimiento del dinero. Si bien el ajuste fiscal puede ser insuficiente para determinar una meta de crecimiento monetario, sí es necesario para el logro sostenido de tasas de crecimiento monetario compatibles con la baja inflación y la solvencia del sector público, como vimos en el capítulo V. Por lo tanto, los programas que recurren a una meta de crecimiento del dinero como un ancla nominal incluyen, por lo general, al ajuste fiscal. Los llamaremos programas ortodoxos basados en el dinero. El otro tipo de programa ortodoxo, que examinaremos en la sección siguiente, une el ajuste fiscal a una ruta programada para la tasa de cambio, sin ninguna meta explícita para la tasa de crecimiento de la oferta monetaria. Éstos son los programas ortodoxos basados en la tasa de cambio.

Los programas de estabilización ortodoxos basados en el dinero se han aplicado ampliamente en el mundo en vías de desarrollo.[4] Las dos aplicaciones recientes más conocidas han ocurrido en América Latina, bajo el gobierno de Pinochet en Chile (1973) y, más recientemente, en Bolivia (1986). En esta sección examinaremos los resultados de estos episodios.

X.2.1. *Chile (septiembre de 1973)*

El gobierno militar de Augusto Pinochet, que tomó el poder después del derrocamiento del gobierno de Allende en Chile, emprendió de inmediato un ataque ortodoxo contra la inflación, aunado a ciertas medidas estructurales. El déficit del sector público se redujo de cerca de 25% del PIB en 1973 a sólo 2.6% en 1975 (véase la gráfica X.3). La política de tasa de cambio trataba de mantener la competitividad externa de la economía, antes que de ofrecer un ancla nominal. La tasa de devaluación superó a la tasa inflacionaria durante todo el periodo de 1973-1975, y durante estos años la tasa de cambio real efectiva se depreció, en promedio, considerablemente más que durante el periodo de Allende. Además, la orientación del gobierno hacia el libre comercio impedía toda intervención directa en el proceso de sueldos y salarios que habrían implicado los controles de precios y salarios. Las medidas estructurales incluyeron una liberalización arancelaria que pretendía llegar a un arancel uniforme de 10% para 1979.

Los resultados de la contracción fiscal fueron sorprendentes. El PIB real bajó drásticamente en 1975, mientras que la tasa de desempleo aumentó a casi 17% de la fuerza de trabajo, mientras que en 1974 había sido de 4.5%. Durante el mismo periodo, el salario real disminuyó casi en una cuarta parte. Desafortunadamente, no se veía el éxito en el frente inflacionario. De hecho, la tasa infla-

---

[4] De hecho, por lo general los programas de estabilización apoyados con recursos del FMI han sido de este tipo. Tales programas han incluido tradicionalmente un objetivo fiscal y una meta de crédito interno, basada en una proyección (pero no necesariamente una meta) del crecimiento de la oferta monetaria. Véase una discusión más completa en el capítulo XII.

GRÁFICA X.3. *Indicadores macroeconómicos en Chile, 1973-1977*
(porcentajes, a menos que se indique otra cosa)

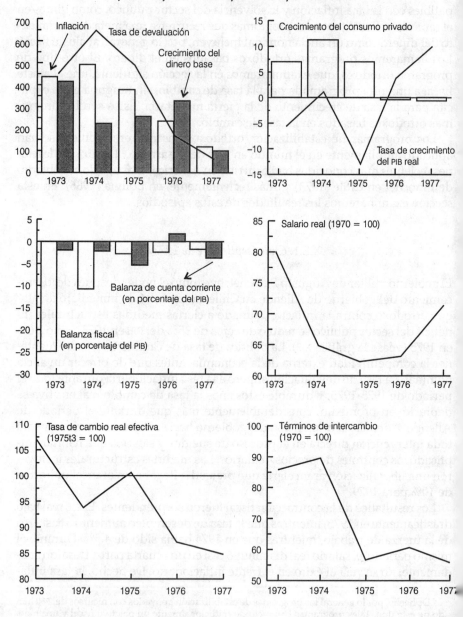

t3 = tercer trimestre.
FUENTE: Kiguel y Liviatan, 1988, p. 289, y FMI.

cionaria anual aumentó a casi 500% en 1974 (véase la gráfica X.3), antes de empezar a disminuir, pero la respuesta de la inflación fue lenta a corto plazo. Para 1977, tras cuatro años de severa austeridad fiscal, la tasa inflacionaria permanecía en el nivel de los tres dígitos. Se logró efectivamente frenar la tasa inflacionaria, pero la estabilidad de los precios estaba lejos. El éxito primordial del programa se obtuvo en el sector externo, donde se eliminó el déficit de cuenta corriente en el primer año. Aunque se registró de nuevo un déficit de cuenta corriente en 1975, éste tuvo mucho que ver con un severo deterioro de los términos de intercambio, y el superávit de la cuenta corriente volvió en 1976.

La característica fundamental de la experiencia chilena es que ni siquiera una corrección fiscal drástica y aparentemente creíble logró reducir la inflación con rapidez y sin dolor hasta los niveles internacionales, o por lo menos a niveles considerados aceptables por las autoridades chilenas. Se logró una corrección externa sustancial, pero los costos fueron grandes en términos de la producción y las ganancias fueron relativamente pequeñas en el frente de la inflación. Este patrón se ha repetido a menudo cuando se ha intentado la estabilización ortodoxa basada en el dinero en otras circunstancias de inflación elevada, como ocurrió en México en 1983 o en Brasil en 1983-1984.[5] Sin embargo, para el resultado de la estabilización ortodoxa es importante que la condición inicial sea sólo de inflación elevada, como en los casos discutidos aquí, o cercana a la hiperinflación. La característica distintiva de esta última es que la moneda nacional se ve ampliamente remplazada por la moneda extranjera como la unidad de cuenta, en el sentido de que los precios nacionales se indizan formal o informalmente a una tasa de cambio determinada por el mercado. En tales casos, se puede lograr una estabilización rápida de los precios, con costos mínimos en términos de la producción, estabilizando la tasa de cambio. La experiencia de Bolivia a mediados del decenio de 1980 ilustra este caso.

X.2.2. Bolivia (29 de agosto de 1985)

Contrariamente a lo que ocurría con muchos de sus vecinos, Bolivia no tenía una historia de inflación elevada crónica antes del decenio de 1980.[6] Este país es un gran exportador de minerales, y los movimientos favorables de los términos de intercambio que ocurrieron a principio del decenio de 1970 hicieron que el gobierno emprendiera un programa sustancial de inversión pública fi-

---

[5] El episodio mexicano se describe en la sección X.1.1; por lo que toca a Brasil, véase Kiguel y Liviatan (1988). La experiencia de estos países es efectivamente consistente con las pruebas existentes sobre los efectos macroeconómicos de los programas de estabilización apoyados por el FMI: la cuenta corriente mejora, el crecimiento económico se frena, y los efectos sobre la inflación son ambiguos. Véase Goldstein y Montiel (1986), Khan (1990) y Killick y otros (1992).

[6] Esta sección se basa en Sachs (1986). Véase también Pastor (1992).

nanciado con préstamos externos. La última parte del decenio de 1970 y la primera del decenio de 1980 se caracterizaron por una inestabilidad política extrema en Bolivia, con una sucesión de golpes y gobiernos militares. Las dislocaciones económicas asociadas a la inestabilidad política, aunadas a un desempeño poco satisfactorio de las empresas públicas no financieras creadas (o expandidas) a principios del decenio, condujeron a varios años caracterizados por elevados déficit fiscales, crisis externas e inflación creciente a fines de los años setenta y principios de los ochenta. La incapacidad de Bolivia para servir su deuda externa se tradujo en la cesación de las entradas de capital en 1982, cuando el déficit fiscal había alcanzado proporciones enormes (véase la gráfica X.4). El cambio en el modo de financiamiento de este déficit, de los préstamos externos al financiamiento de este déficit, de los préstamos externos al financiamiento monetario interno, desató una inflación explosiva. El proceso inflacionario se agudizó cuando un gobierno civil asumió el poder a fines de 1982 y afrontó las demandas sociales incrementadas de los trabajadores mientras carecía de medios políticos para recaudar fondos suficientes para financiar la satisfacción de estas demandas de una manera no inflacionaria. Esta situación culminó en una hiperinflación (en el sentido clásico de Cagan) a fines de 1984.

Una característica fundamental de la hiperinflación de Bolivia era la naturaleza del sistema de precios y salarios justo antes de la estabilización. A medida que se aceleraba la inflación, aumentaba la frecuencia del ajuste salarial, de modo que para el momento de la estabilización se estaban fijando los salarios sobre una base semanal o quincenal (Sachs, 1986). Además, en lugar de permitir que la tasa de cambio flotara cuando se agotaron las reservas de divisas, el gobierno decidió racionar la moneda extranjera. Esto provocó el surgimiento de un mercado informal sustancial, y el precio del dólar en el mercado paralelo se convirtió en el costo marginal de las divisas, determinando los precios de los bienes comerciables. Con los ajustes más frecuentes de sueldos y salarios, las modificaciones de la tasa de cambio paralelas empezaron a gobernar el comportamiento de la fijación de los sueldos y los salarios, porque ésta era con mucho el índice de precios más frecuentemente observado.[7] Dado que la tasa de cambio paralela se estaba depreciando rápidamente, el dólar se convirtió rápidamente en el almacén de valor preferido, y la velocidad monetaria aumentó drásticamente; la moneda nacional dejó de servir como unidad de cuenta o almacén de valor y se convirtió en poco más que un medio de cambio. Por lo tanto, la economía boliviana se había dolarizado efectivamente en 1985.

---

[7] Sachs (1986) estima que las modificaciones de la tasa de cambio del mercado paralelo explicaron hasta el 90% de los cambios ocurridos en el índice de precios del consumidor en el periodo precedente a la estabilización. Véase también Morales (1986).

GRÁFICA X.4. *Indicadores macroeconómicos en Bolivia, 1979-1986*
(porcentajes, a menos que se indique otra cosa)

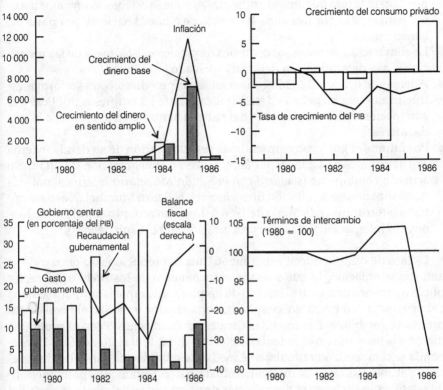

FUENTE: Datos fiscales tomados de Sachs (1986) y FMI. Todos los demás datos se tomaron de Kiguel y Liviatan, 1988, p. 275.

En agosto de 1985 se emprendió un drástico programa de estabilización por un nuevo gobierno civil que tomó el poder tras las elecciones adelantadas realizadas el mes anterior. El programa incluía los elementos siguientes:

1. Un ajuste fiscal que redujo el déficit al 6.3% del PIB, con un financiamiento externo que equivalía al 5.3% del PIB. El ajuste fiscal se lograría elevando los precio del sector público a los niveles mundiales, implantando un congelamiento salarial para los empleados del sector público y reducciones del empleo en el sector público, efectuando una reforma tributaria y una elevación de los impuestos (incluidos un nuevo impuesto al valor agregado y aumentos de impuestos para la empresa petrolera estatal), y remplazando las cuotas y las barreras no arancelarias con un sistema de aranceles uniformes como parte de una reforma comercial.

2. La unificación del régimen de tasa de cambio doble, aunada a la adopción de la convertibilidad libre en la cuenta corriente y la de capital. Se permitió que flotara la tasa de cambio unificada, aunque se estableció un valor máximo para el peso que desataría las ventas de moneda nacional por parte del banco central.

3. La eliminación de todos los controles de precios existentes, y de las restricciones a la determinación del salario privado.

4. Además de la liberalización comercial, se emprendieron otras reformas estructurales que incluían la descentralización de las empresas públicas y la eliminación de las restricciones del sistema bancario en lo tocante a la tasa de interés.

4. Por último, el gobierno emprendió la restructuración de su deuda externa con acreedores privados y públicos, así como la negociación de un nuevo acuerdo contingente (*standby*) con el Fondo Monetario Internacional y la normalización de su relación financiera con el Banco Mundial que se encontraba interrumpida. En junio de 1986 se logró un acuerdo con el Fondo Monetario Internacional y una restructuración con el Club de París.

La tasa de cambio oficial experimentó una depreciación súbita cuando se anunció la flotación, lo que sumado al incremento de los precios del sector público provocó una gran elevación de los precios durante la primera semana del programa. Sin embargo, después de una semana y media, el nivel de los precios se estabilizó. Las medidas fiscales adoptadas junto con el programa dieron a la tesorería un excedente de efectivo durante el resto de 1985. La economía se remonetizó gradualmente mediante entradas de capital durante el resto del año. Las tasas de interés nominal bajaron lentamente, permaneciendo relativamente elevadas durante más de un año, especialmente en vista del éxito logrado en el frente inflacionario. La tasa mensual de los préstamos, que había llegado a 45% en agosto, bajó a 21% en diciembre y después siguió bajando gradualmente, hasta llegar al intervalo de un dígito en junio de 1986. Una interpretación de los costos de la estabilización en términos de la producción se complica por las medidas estructurales que acompañaron al programa (en particular la restructuración de las empresas del sector público) y por el hecho de que durante la última mitad de 1985 Bolivia experimentó embates muy severos en sus términos de intercambio.

X.3. PROGRAMAS DE ESTABILIZACIÓN BASADOS EN LA TASA DE CAMBIO (CONO SUR)

La incapacidad de la estabilización ortodoxa para bajar la inflación rápidamente en los países de elevada inflación crónica condujo a la adopción de un enfoque alternativo para la estabilización en los países del Cono Sur de América Latina (Argentina, Chile y Uruguay) a fines de los años setenta. El fundamento intelectual de este enfoque era la teoría monetaria de la balanza de pagos (MABP), que en esa época estaba de moda en los círculos académicos.[8] Un aspecto importante del enfoque monetario era la creencia de que la paridad del poder de compra (PPC) se aplicaba más o menos continuamente. Bajo una PPC continua, el nivel de los precios nacionales se determinaría por la tasa de cambio, y la estabilización de la inflación requería entonces el frenamiento de la tasa de depreciación de la tasa de cambio. Asignándose a la tasa de cambio la tarea de asegurar la estabilidad de los precios, se lograría el equilibrio externo mediante una política restrictiva de la demanda agregada. Se supuso que el crecimiento de la producción dependía de las condiciones de la oferta nacional, de modo que se podría promover mediante reformas estructurales orientadas hacia el mercado. Por lo tanto, el paquete completo incluía una evolución predeterminada de la tasa de cambio y un ajuste fiscal y estructural. En particular, la liberalización comercial podía desempeñar un papel importante, porque la adopción de aranceles bajos y uniformes no sólo promovería el crecimiento económico sino que también apoyaría al objetivo de la estabilidad de los precios a través de la influencia de la ley de un solo precio.[9]

X.3.1. Chile (febrero de 1978)

El desencanto producido por la lenta reducción de la inflación a pesar de los esfuerzos de estabilización emprendidos durante los primeros años del régimen de Pinochet indujo a Chile a adoptar este enfoque a principios de 1978. La política fiscal restrictiva aplicada con anterioridad seguiría aplicándose vigorosamente, pero se abandonó el manejo activo de la tasa de cambio orientada hacia un objetivo externo, en favor de una sucesión de "tablitas" (tablas de modificaciones de la tasa de cambio previamente anunciadas), mismas que determinarían por adelantado la evolución de la tasa de cambio, utilizándola así como un ancla nominal para los precios nacionales. La tasa de devaluación se fijó por debajo de la tasa de inflación del mes anterior y se ubicó en una trayectoria descendente que llegaría a cero en junio de 1979, en cuyo momento la tasa quedaría fija. Irónicamente, la indización salarial, que había existido en Chile desde 1974 por lo menos, se fortaleció legalmente en 1979.

---

[8] Véase una reseña del enfoque monetario para la balanza de pagos en Frenkel y Mussa (1985), Kreinin y Officer (1978) y Wilford (1986).

[9] La experiencia de los países del Cono Sur a fines de los años setenta ha generado una voluminosa literatura interpretativa. Véase una descripción inicial en Foxley (1983) y Ramos (1986). Corbo y Melo (1989) y Solimano (1990) presentan relatos retrospectivos más recientes que resumen diversas opiniones sobre la experiencia del Cono Sur.

La rápida convergencia de las variables nacionales hacia sus contrapartes internacionales, contemplada en la MABP, no se observó en Chile después de 1978. Como se ve en la gráfica X.5, las tasas de interés nacionales bajaron efectivamente, pero permanecieron sustancialmente por encima de las tasas extranjeras ajustadas por la devaluación, a pesar de enormes entradas de capital hasta 1982. La tasa inflacionaria nacional también bajó, pero permaneció igualmente por encima de la inflación internacional más la tasa de devaluación. En consecuencia, la tasa de cambio real efectivo se incrementó fuertemente a pesar de la depreciación del dólar, con un incremento acumulado cercano a 30% desde principios de 1978 hasta mediados de 1982. Sin embargo, la depreciación del dólar arrastró al peso en 1979, y junto con una fuerte contracción fiscal durante ese año provocó un mejoramiento de la balanza comercial a corto plazo, gráfica X.5. Esto se revirtió en 1980, y el déficit comercial creció hasta el tercer trimestre de 1981. El crecimiento del PIB real se mantuvo sólidamente hasta fines de 1981.

El punto de inflexión para Chile llegó en el tercer trimestre de 1981. Una gran contracción del crédito nacional durante el primer trimestre del año logró esterilizar las entradas de capital y contraer la base monetaria. Para el tercer trimestre, las entradas netas de capital empezaron a bajar rápidamente. Corbo (1985b) atribuye la cesación de las entradas de capital a una combinación de factores, incluida la percepción de un aumento del riesgo crediticio en Chile (debido a los persistentes déficit corrientes, el estancamiento de la inversión y la incipiente crisis internacional de la deuda) y la terminación de los ajustes en la cartera de valores tras la adopción de la tablita. Las tasas de interés nominales aumentaron en Chile durante 1981, y dada la menor inflación durante el año, las tasas de interés reales se elevaron marcadamente. Una crisis financiera en la segunda mitad del año provocó un gran déficit del banco central financiado con la expansión crediticia. Para el cuarto trimestre de 1981, el crecimiento de la producción real se volvió negativo (véase la gráfica X.5).

La política de tasa de cambio se modificó finalmente el 14 de junio de 1981. El peso se devaluó frente al dólar en 18% y luego se fijó una depreciación de 0.8% mensual en relación con una canasta de monedas. Se suspendió la indización salarial. Sin embargo, estas medidas se juzgaron insuficientes y la fuga de capital condujo a la adopción de una tasa de cambio flotante dos meses más tarde. La depreciación continua, a pesar de la intervención del banco central, condujo a la imposición de restricciones a las transacciones con divisas, y finalmente a la sustitución de la flotación por una regla de tasa de cambio basada en la PPC, partiendo de un nivel inicial fuertemente depreciado. Por supuesto, la adopción de esta regla significa el abandono del intento de utilización de la tasa de cambio como un ancla nominal.

GRÁFICA X.5. *Indicadores macroeconómicos en Chile, 1977-1982*
(porcentajes, a menos que se indique otra cosa)

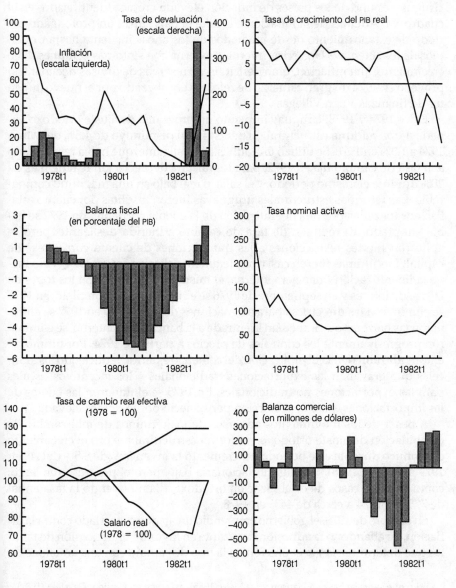

t1 = primer trimestre.
FUENTE: Végh, 1992, pp. 680-681.

X.3.2. *Uruguay (octubre de 1978)*

Uruguay es uno de los países de inflación elevada crónica identificados en el cuadro X.1. Además de la inflación elevada, el país sufrió un prolongado periodo de estancamiento desde mediados de los años cincuenta hasta principios de los setenta.[10] Una crisis interna y externa con síntomas comunes (bajo crecimiento, alta inflación, gran déficit fiscal, reservas de divisas declinantes) provocó en 1974 un gran esfuerzo de reforma encabezado por el nuevo ministro de finanzas Végh Villegas.

Entre 1974 y 1978, Uruguay implantó un programa de ajuste ortodoxo aunado a una reforma estructural. El déficit fiscal disminuyó de 4.5% del PIB en 1974 a 1.3% en 1978. Se utilizó una adhesión deslizante, que había remplazado a la tasa de cambio fija en 1972, para lograr una depreciación real de más de 20% durante el mismo periodo, y el salario real bajó en una magnitud comparable. Las reformas estructurales uruguayas fueron insólitas por cuanto estaban encabezadas por una liberalización de la cuenta corriente. En 1972 se había adoptado un régimen de tasa de cambio adherida deslizante, pero se aplicaron fuertes restricciones a las transacciones de cuenta corriente y de capital. Las últimas fueron casi completamente eliminadas en 1974. Vino luego la liberalización financiera interna; el mismo año se elevaron los topes de la tasa de interés y en septiembre de 1976 se eliminaron por completo; en 1975 se eliminaron las directrices para asignaciones del crédito, y en 1977 se eliminaron las barreras que impedían la entrada a la banca. En lo interno, se eliminaron progresivamente los controles de precios a partir de 1974. Por último, se emprendió también la liberalización del comercio exterior, reduciendo los aranceles que gravaban las exportaciones tradicionales y los incentivos fiscales para las exportaciones no tradicionales. En 1975 se eliminaron las cuotas de las importaciones, pero la protección permaneció por lo demás elevada.

A pesar de los movimientos adversos de los términos de intercambio, la combinación de ajuste ortodoxo y reforma estructural mejoró el crecimiento económico durante este periodo e incrementó la inversión (de 8.5% del PIB en 1974 a 16% en 1978).[11] La tasa inflacionaria bajó, pero el progreso fue lento, como en otros casos de estabilización ortodoxa, disminuyendo la tasa anual de 77% en 1974 a cerca de 44% en 1978.

En octubre de 1978, el gobierno emprendió un ataque concertado contra la inflación. Se abandonó la adhesión deslizante en favor de una sucesión de tablitas que determinarían la evolución de la tasa de cambio con una anticipación

[10] Lo que sigue se basa en Hanson y De Melo (1985), así como en Corbo y De Melo (1987).
[11] La inversión pública (asociada a un gran proyecto hidráulico) contribuyó a este resultado, como ocurrió también con el aflojamiento de 1974 y la eliminación final, en 1977, de las restricciones impuestas a las importaciones de bienes de capital como parte del programa de liberalización comercial.

de seis a nueve meses. Además, empezó a utilizarse la política comercial como una herramienta antinflacionaria. Todos los aranceles y recargos de las importaciones habrían de consolidarse en un arancel uniforme de 35% en 1985, utilizando reducciones aritméticas iguales, y se eliminaron los incentivos financieros para las exportaciones no tradicionales. Se entendía que la tablita se mantendría vigente mientras se reducían los aranceles (véase Hanson y de Melo, 1985). Al mismo tiempo, continuó el ajuste fiscal, de modo que en el curso de 1979 se remplazó el déficit del gobierno general por un superávit (véase la gráfica X.6).

La tablita implicaba una declinación de la tasa de devaluación durante 1979 y el primer trimestre de 1980. Sin embargo, no se lograron los resultados de una "convergencia" inmediata pronosticados por la MABP. Las tasas de interés de los depósitos en moneda nacional superaban a las tasas de interés de los depósitos en dólares en mayor medida que la tasa de devaluación, y este margen se mantuvo relativamente estable a través del tiempo. El resultado de la inflación a corto plazo fue decepcionante, ya que la tasa inflacionaria se aceleró durante 1979. Surgió entonces un aumento de la tasa de cambio real de más de 20% durante el curso del año. La combinación de aumento real y mal desempeño de los términos de intercambio, aunada al segundo choque internacional del precio del petróleo, provocó un deterioro de la balanza comercial durante 1979 y 1980 (véase la gráfica X.6), aunque las reservas de divisas aumentaron debido a sustanciales entradas de capital. El crecimiento de la producción real se mantuvo relativamente robusto, impulsado por un auge del consumo privado.

Después de 1979, la tasa inflacionaria empezó a bajar, pero como se indica en la gráfica X.6, la convergencia siguió siendo lenta y la inflación continuó excediendo a la tablita hasta el primer trimestre de 1982. La creciente sobrevaluación de la tasa de cambio y los déficit comerciales provocaron la expectativa de una devaluación, lo que, aunado a las señales de deterioro fiscal en 1981, revirtió las entradas de capital a principios de 1982. El incremento de los pagos del seguro social y los sueldos gubernamentales, aunado a la reducción de los impuestos al trabajo, provocó un gran incremento del déficit fiscal en 1982, lo que ligado al incremento acumulado del peso desde 1979 selló el destino del experimento de la tablita en Uruguay, porque las salidas de capital agotaron las reservas de divisas. La tablita se abandonó en noviembre de 1982.

X.3.3. *Argentina (diciembre de 1978)*

En Argentina, un gobierno militar depuso a la administración peronista en 1976.[12] La economía argentina estaba padeciendo en ese momento un creci-

---

[12] Fernández (1985) analiza el programa argentino. La discusión que sigue se basa en ese artículo.

GRÁFICA X.6. *Indicadores macroeconómicos en Uruguay, 1978-1982*
(porcentajes, a menos que se indique otra cosa)

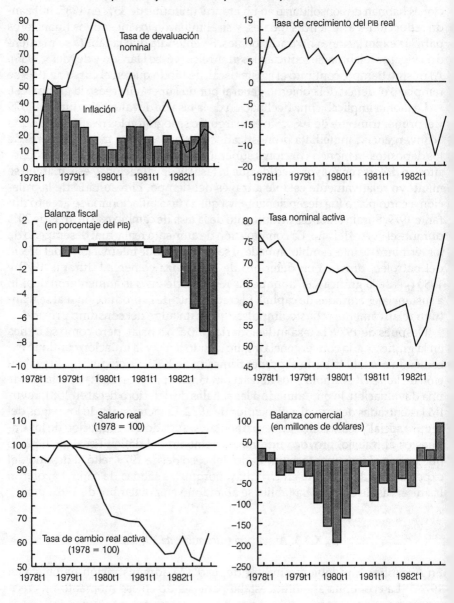

t1 =primer trimestre.
FUENTE: Végh, 1992, pp. 682-683.

miento económico bajo, inflación elevada y grandes desequilibrios externos. La economía estaba también fuertemente regulada y distorsionada. Los depósitos del sistema financiero se nacionalizaron, de hecho, por un sistema de requerimiento de reservas de 100%, por controles en la tasa de interés y por crédito dirigido. Florecían los arreglos financieros informales. Los precios y los salarios estaban administrativamente controlados. El sistema comercial abundaba en restricciones cuantitativas y tasas arancelarias dispares. Se aplicaban controles de cambio y existían tasas de cambio múltiples.

El nuevo gobierno, bajo el ministro de Finanzas Martínez de Hoz, trató de liberalizar y estabilizar la economía. En 1976 y 1977 el control de los precios se eliminó gradualmente (pero no el de los salarios), y se hicieron ajustes salariales discretos a intervalos dados. Los depósitos bancarios se descentralizaron en junio de 1977, y las tasas de interés se liberaron para que fuesen determinadas por el mercado. Se adoptó una proporción de reserva requerida uniforme de 45%, pero se compensó a los bancos con el pago de intereses sobre las reservas. En el curso del año se unificaron las tasas de cambio. Se liberalizaron las restricciones impuestas a los movimientos de capital, y entre 1977 y 1979 se eliminó la mayoría de los controles de capital. Se eliminaron gradualmente las cuotas y los requerimientos de depósitos previos para las importaciones. Se implantaron varias reformas tributarias, incluidos los ajustes inflacionarios para los pagos de impuestos, la simplificación de los impuestos al ingreso y la generalización del impuesto al valor agregado.

El 20 de diciembre de 1978 el gobierno anunció un nuevo conjunto de medidas para combatir la inflación, entre las que destacaban dos:

1. Se anunció una tablita para fijar la evolución de la tasa de cambio hasta fines de agosto de 1979. Anuncios posteriores determinaron la lista de la tasa de cambio para diciembre y todo el año de 1980, pero no se hizo ningún compromiso definitivo acerca de la duración de este sistema. La tasa de la devaluación se fijó en una tendencia declinante para todo el periodo.
2. Se anunció para los cinco años siguientes una lista de reducciones arancelarias graduales. El promedio de los aranceles debería bajar de 34% en 1980 a 16% en 1986, y los impuestos a la exportación se eliminarían en 1986.

La tablita logró frenar la inflación, la que disminuyó gradualmente de 175% en 1978 a un poco más de 100% en 1980. Esto ocurrió a pesar del ajuste fiscal muy limitado que se realizó en 1978 y 1979 (véase la gráfica X.7). Sin embargo, la convergencia de la tasa de interés no ocurrió, ya que el diferencial entre las tasas de interés nominales nacionales y extranjeras ajustadas por la devaluación siguió siendo sustancial durante 1979 y 1980 (Fernández, 1985). Durante el periodo inmediatamente siguiente a la implantación de la tablita, las entradas de capital alcanzaron tal magnitud que crearon un problema de control

GRÁFICA X.7. *Indicadores macroeconómicos en Argentina, 1976-1982*
(porcentajes, a menos que se indique otra cosa)

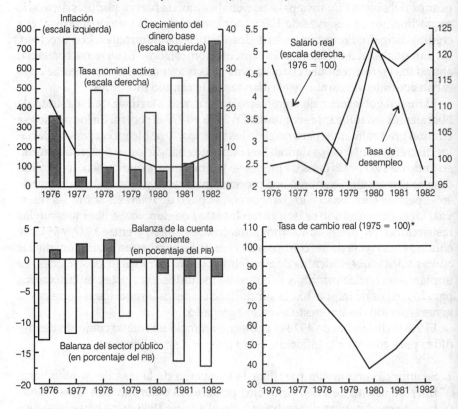

* Se define la tasa de cambio real como el índice de precios de las exportaciones sobre el índice de precios de los bienes no comerciables.
FUENTE: Fernández, 1985, y FMI.

monetario. Sin embargo, la convergencia de la tasa inflacionaria con la tasa de devaluación previamente anunciada fue muy lenta, y la apreciación de la tasa de cambio real y el deterioro de las cuentas externas resultantes (véase la gráfica X.7) atizaban las expectativas de una devaluación. Esto se agravó con una crisis financiera a principios de 1980 y un relajamiento, en ese año, de la escasa disciplina fiscal que se había logrado previamente. El resultado fue una salida masiva de capital en 1980. Este movimiento se financiaba con deuda externa pública, de modo que la deuda externa de Argentina aumentó sustancialmente durante el periodo de 1979-1981. Las expectativas de la devaluación se hicieron realidad en 1981, cuando se abandonó la tablita y se implantó una sucesión de devaluaciones discretas.

X.4. Los programas heterodoxos

Los programas de estabilización heterodoxos se han basado en la premisa de que la inflación tiene un fuerte componente inercial, de modo que aunque se corrija "lo fundamental" continuaría la inflación a tasas elevadas. En tal caso, las políticas restrictivas de la demanda agregada asociadas a la corrección de los elementos fiscales y monetarios fundamentales conducirían a una recesión profunda y quizá prolongada. El surgimiento de tal recesión no implicaría sólo ciertos costos económicos y políticos (como ocurriría con la persistencia de la inflación) sino que también pondría en tela de juicio el compromiso de las autoridades de perseverar en el esfuerzo antinflacionario. La inercia puede derivar de dos fuentes: la existencia de una indización explícita o implícita de las variables nominales (es decir, el salario nominal, la tasa de cambio nominal y los agregados monetarios nominales) hacia atrás, y una falta inicial de credibilidad.

Varias naciones en vías de desarrollo emprendieron programas heterodoxos a mediados y fines de los años ochenta. En esta sección examinaremos los más conocidos de estos programas: los de Argentina en junio de 1985, Israel en julio de 1985, Brasil en febrero de 1986 y México en diciembre de 1987. Aunque hubo diferencias importantes entre estos países, las semejanzas son notables. Se trata de países en vías de desarrollo de ingreso medio que, con la excepción de Argentina, había tenido un éxito económico considerable durante los años sesenta y setenta. En cada uno de ellos, el esfuerzo de estabilización se emprendió bajo lo que equivalía a un nuevo régimen político que asumió el poder luego de un periodo de crisis económica y política.[13] No todos estos países habían padecido una inflación elevada crónica, pero en todos ellos se aceleró la inflación en la primera mitad del decenio y había llegado a niveles de tres dígitos para el momento en que se emprendió el esfuerzo de estabilización. Todos estos países experimentaron un crecimiento económico decepcionante a principios de los años ochenta (aunque la experiencia de Brasil fue errática en ese sentido), y todos ellos afrontaron severos desequilibrios externos asociados a la crisis internacional de la deuda.

Los cuatro programas que examinaremos aquí tuvieron éxito inicialmente, ya que lograron una reducción sustancial de la inflación sin grandes costos en términos de la reducción de la actividad económica. Pero ahora se cree que sólo los programas de Israel y de México tuvieron un éxito perdurable.[14]

---

[13] Los gobiernos de Alfonsín, en Argentina, y de Sarney, en Brasil, habían remplazado recientemente a regímenes militares de larga duración, y el gobierno de Unidad Nacional de Israel se formó para afrontar una crisis política en los territorios ocupados. Aunque el gobierno de Salinas, en México, no significó una discontinuidad en la estructura política, representaba claramente un gran rompimiento con las políticas económicas aplicadas por los gobiernos anteriores.

[14] Knight y otros (1986) y Blejer y Cheasty (1988) ofrecen descripciones generales de la experiencia de la estabilización heterodoxa en los países en vías de desarrollo.

X.4.1. *Argentina (14 de junio de 1985)*

Como mencionaremos en la introducción de este capítulo, Argentina ha sido uno de los países de inflación elevada crónica en América Latina. El problema inflacionario se agravó a principios de los años ochenta por el colapso del experimento de Martínez de Hoz y la crisis internacional de la deuda. Cuando fue elegido el presidente Raúl Alfonsín en el otoño de 1983, la tasa inflacionaria alcanzaba un promedio de 250% anual. A principios de junio de 1985, la tasa inflacionaria mensual pasaba del 30%, lo que señalaba el fracaso del programa ortodoxo de estabilización gradual que el nuevo gobierno había tratado de implantar durante 1984. La atmósfera de crisis asociada a tasas de inflación tan elevadas condujo a la implantación del Plan Austral en junio de ese año. Sus características principales eran las siguientes:

1. Una gran devaluación aunada a un ajuste hacia arriba de los precios del sector público, más aumentos de los impuestos a las exportaciones y las importaciones. Estas medidas se aplicaron antes de la implantación del programa, y trataban de "corregir los precios" y contribuir al ajuste fiscal.[15]
2. La imposición de controles de precios y salarios de duración indefinida.
3. Un compromiso del gobierno de no tomar préstamos del banco central. Una reducción del déficit fiscal —fijado en el 2.5% del PIB para la segunda mitad de 1985, lo que implicaba un superávit primario— que se financiaría externamente.
4. La introducción de una nueva moneda, el austral, adherida al dólar (en 0.8 australes por dólar). El dinero y los depósitos a la vista se convirtieron el 14 de junio a una tasa de 1 000 pesos por un austral.
5. Los pagos diferidos incorporados en los contratos de préstamos nominales vigentes, denominados en pesos, se convirtieron a australes a una tasa que se depreciaba 29% por mes (una cantidad aproximadamente igual a la diferencia existente entre la tasa de inflación mensual del peso antes del programa y la tasa de inflación del austral esperada después del programa), a fin de evitar las redistribuciones a favor de los acreedores asociadas a un frenamiento drástico e inesperado de la inflación.[16]
6. Las tasas de interés controladas para los depósitos y los préstamos, que habían sido de 28 y 30% mensual respectivamente, se fijaron en 4 y 6%. Se esperaba que la disminución de las tasas de interés nominales contribuyera al ajuste fiscal, porque una parte importante del déficit global del sector

---

[15] La tasa de cambio se devaluó 18% y los precios de las gasolinas se elevaron 12% en la semana anterior al anuncio del programa.

[16] Esto se logró depreciando el peso para los fines de tales contratos en una tasa mensual de 29% en los meses siguientes a la implantación del programa.

público consistía en el déficit "semifiscal" del banco central incurrido a resultas del pago de intereses sobre las reservas requeridas (de alto nivel).
7. Se inició un proceso de renegociación de la deuda externa de Argentina.

Además del ajuste de los precios del sector público, la elevación de los impuestos al comercio exterior, y la reducción del déficit "semifiscal", el ajuste fiscal contaba con una reversión del efecto de Olivera-Tanzi (véase el capítulo V). No se contemplaban grandes reducciones del empleo en el sector público o del gasto en programas sociales, de modo que el grueso del ajuste fiscal debería provenir del lado de las recaudaciones. Se esperaba que el déficit global del sector público, que llegaba a casi 13% del PIB en 1984 y al 12% del PIB a principio de 1985, bajara al 2% para 1986. No se anunció ninguna meta para la tasa de crecimiento de la oferta monetaria.

El efecto sobre la tasa inflacionaria fue inmediato y profundo (gráfica X.8). En los nueve meses siguientes a junio, la inflación de los precios del consumidor alcanzó un promedio de 3% mensual. La actividad real, que había venido declinando durante la primera mitad del año, continuó haciéndolo en el tercer trimestre, pero se recuperó en el último trimestre, cuando la producción industrial alcanzó el mayor nivel del año. La demanda parecía haber sido impulsada por el consumo y las exportaciones. El déficit fiscal se redujo drásticamente en la segunda mitad de 1985 y los tres primeros trimestres de 1986 (Canavese y Di Tella, 1988). La oferta monetaria real creció drásticamente en la segunda mitad de 1985, debido a la acumulación de reservas de divisas y al crédito otorgado por el banco central al sistema bancario privado. El aumento de las reservas de divisas surgió de un considerable superávit comercial en la segunda mitad de 1985 y de las entradas de capital. Sin embargo, inmediatamente después de la estabilización, las tasas de interés reales eran muy elevadas: el promedio de la tasa de los préstamos pasó de 90% anual en el último trimestre de 1985.[17]

En enero de 1986, las autoridades avanzaron a la etapa de "flexibilización" del programa, anunciando una modificación del sistema de controles de precio y salarios. Para el primer trimestre se permitieron incrementos salariales de hasta 5% con un 5% adicional cuando lo justificaran los incrementos de la productividad. La inflación se había reducido marcadamente al impacto del Programa Austral, pero no se había erradicado por completo. Dado que entre julio de 1985 y marzo de 1986 hubo un incremento acumulado de los precios del consumidor de 24%, mientras la tasa de cambio y los precios del sector público permanecían congelados, aumentó la presión en favor de un ajuste de estos últimos.[18]

---

[17] Se regularon las tasas de interés activas y pasivas. Se impuso un tope de 4% mensual a los depósitos a 30 días, mientras que la tasa de los préstamos tendría un tope de 6 por ciento.
[18] El capítulo XII ofrece una explicación teórica de la persistencia de la inflación bajo los controles de precios, basada en los factores de la credibilidad.

GRÁFICA X.8. *Indicadores macroeconómicos en Argentina, 1984-1988*
(porcentajes, a menos que se indique otra cosa)

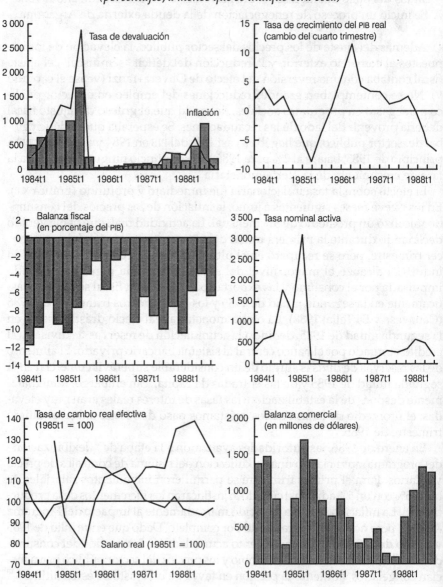

t1 = primer trimestre.
FUENTE: Végh, 1992, pp. 684-685.

Además, el gran superávit comercial que había surgido en 1985 se evaporó en 1986, lo que sugería una pérdida de competitividad. En consecuencia, el 4 de abril de 1986 se anunció una política de ingresos más flexible. Se incrementaron los precios del sector público, junto con una devaluación nominal de 4%. Luego vino una sucesión de minidevaluaciones y ajustes en los meses siguientes, a fin de impedir su erosión real. Se eliminaron los controles de precios por todas partes, excepto en las empresas más grandes, las que negociarían con el gobierno sus aumentos de precios basados en el comportamiento de los costos.

La inflación aumentó en 1986, de modo que la tasa mensual de cambio del índice de precios del consumidor alcanzó un promedio de 4.5% durante el segundo trimestre. Después de un aumento de 6.8% durante el mes de julio, el costo mayor del mercado libre de divisas, que había sido insignificante, se disparó a 30%. La expansión monetaria siguió siendo muy elevada, y aunque la tesorería no obtenía préstamos del banco central, éste financiaba el servicio de la deuda externa de algunas empresas públicas y los préstamos de las instituciones financieras públicas a los gobiernos provinciales, lo que alimentaba un crecimiento rápido y sostenido de la oferta monetaria. La tasa inflacionaria llegó a 8.8% en agosto.

El gobierno respondió incrementando la tasa de la devaluación nominal y elevando las tasas de interés controladas. En septiembre se trató de controlar el deslizamiento de la moneda. El gobierno anunció que las tasas de devaluación y de ajuste de los precios del sector público disminuirían en el futuro, y que se ejercería un control más estricto sobre los precios fijados por las grandes empresas industriales. Las directrices de los salarios trimestrales seguían vigentes. Además, se frenaría la tasa de expansión del crédito al sector privado. Entre octubre de 1986 y febrero de 1987 se mantuvo una política monetaria más restringida. Las tasas de interés reales se elevaron con rapidez, llegando en diciembre al 4% mensual. La producción industrial se frenó, y en consecuencia bajaron las recaudaciones de impuestos. El déficit fiscal aumentó en el cuarto trimestre, porque la erosión de los precios del sector público reforzaba los efectos de la reducción de las recaudaciones tributarias. Todavía no había ningún financiamiento directo por parte del banco central, pero el gobierno empezó a utilizar algunos depósitos previamente bloqueados en instituciones financieras públicas.

En febrero de 1987 se anunció una nueva congelación de precios y salarios, junto con una adhesión deslizante previamente anunciada de la tasa de cambio. Sin embargo, se anunciaron aumentos de los salarios y los precios del sector público en mayo, después de la designación de un líder sindical como secretario del Trabajo. La administración fiscal se complicó más aún por los movimientos adversos de los precios de las exportaciones, mismos que el gobierno trató de contrarrestar reduciendo los impuestos a las exportaciones, con efectos negativos para la recaudación. La postura de acomodo del gobierno frente a trabajadores y exportadores se agravaba por una postura de acomodo del banco central frente a las instituciones financieras, y se ofrecían grandes descuentos con dudosas perspectivas de pago (Heymann, 1989). Los grandes déficit del sector público y la reanudación de la administración monetaria laxa dieron nuevo impulso a la inflación. En agosto de 1987, la inflación de los precios del consumidor llegaba al 13% mensual, y para octubre había aumentado esa tasa a 20 por ciento.

Todavía se intentó otra estabilización en octubre, con un congelamiento de precios y salarios, pero con la intención de corregir el déficit presupuestal mediante aumentos de los impuestos y alguna privatización de empresas públicas. Se contemplaban también algunas medidas de estabilización del comercio exterior. Como es evidente en la gráfica X.8, estas medidas fiscales tuvieron escaso éxito, ya que el déficit pasaba de 10% del PIB en el primer trimestre de 1988. Se logró una reducción transitoria de la inflación, pero la inflación retornó con gran vigor cuando se relajaron los controles en enero de 1988. Para abril de ese año, la tasa inflacionaria mensual llegaba a 17 por ciento.

X.4.2. Israel (1 de julio de 1985)

Contrariamente a Argentina, Israel no había tenido una larga historia de inflación elevada. La inflación de tres dígitos no apareció en Israel sino a fines de los años setenta, lo que Fischer (1987) ha atribuido a la recepción de ayuda militar estadunidense a gran escala, a la adopción de una adhesión deslizante y a la liberalización financiera, lo que permitió un mayor acceso a la moneda extranjera y a los depósitos ligados a las divisas.[19] La experiencia israelí de principios de los años ochenta fue en muchos sentidos similar a la de Argentina: la economía experimentó un periodo de inflación elevada, un crecimiento lento y sucesivas crisis externas. La tasa inflacionaria mensual de los precios del consumidor alcanzó un promedio superior a 8% durante 1980-1984, pero se elevó a 15% en 1984 y permaneció al nivel de 14% durante la primera mitad de 1985. Como en Argentina, la inflación elevada acompañaba a un déficit fiscal sustancial, ya que el déficit global del sector público rebasó el 10% del PIB durante 1980-1984 y el 13% en 1985. La economía israelí estaba fuertemente indizada. Las cuentas de depósitos ligadas a las divisas (PATAM) sustituyeron a las cuentas denominadas en moneda nacional a principios de los años ochenta, lo que realmente indizaba la oferta monetaria. La indización salarial era antigua y generalizada. De hecho la tasa de cambio también esta-

---

[19] Por supuesto, esto último disminuiría la base del impuesto inflacionario (véase el capítulo V).

ba indizada a través de una regla basada en la PPC para la adhesión deslizante.[20] Como en Argentina, las autoridades respondieron a la aceleración de la inflación en 1984 y la primera mitad de 1985 con un programa heterodoxo anunciado a mediados del año.

Varios observadores han destacado que el programa de estabilización económica (PEE) israelí se inició con un conjunto de condiciones particularmente favorables, debido sobre todo a las acciones emprendidas antes del plan, pero también a los desarrollos externos favorables. Primero, una crisis militar en marcha en Líbano había llevado al poder, tras las elecciones de septiembre de 1984, a un gobierno de coalición representativo de los principales partidos. El gobierno de la Unidad Nacional no afrontaba ninguna oposición parlamentaria importante para el PEE. Segundo, durante una sucesión de "convenios en paquete" anteriores al PEE, el nuevo gobierno israelí había logrado implantar una devaluación sustancial real del siclo (shekel), así como una disminución del salario real en términos de los bienes comerciables (Liviatan, 1988b).[21] Esto, aunado a una reducción de la demanda nacional por efecto de la política monetaria restrictiva y la corrección del sistema tributario, contribuyó sin duda al estado favorable de la balanza comercial antes de la implantación del PEE.[22] También representaba una constelación favorable de los precios relativos desde el punto de vista del mantenimiento de la credibilidad de la tasa de cambio como un ancla nominal, una vez implantado el PEE, porque las expectativas de una devaluación inminente se frenarían en el caso de algún deslizamiento moderado de los salarios y los precios.

La credibilidad de la tasa de cambio aumentó también por la recepción de 1 500 millones de dólares de donativos de los Estados Unidos en 1985-1986, condicionada a la adopción de un programa de estabilización. Esta entrada de recursos externos equivalía a más de 3% del PIB. Además de la asistencia estadunidense, la depreciación del dólar ayudó a mantener la competitividad del nuevo siclo, y los movimientos favorables de los términos de intercambio de Israel, durante la primera parte del programa, aflojaban las restricciones externas de la economía.

Los componentes del PEE anunciado el 1 de julio eran los siguientes:

---

[20] Desafortunadamente, la indización efectiva en Israel no se extendió al sistema tributario, lo que contribuyó a un colapso de la recaudación tributaria real a principios de 1984, al acelerarse la inflación. Cukierman (1988) destaca este fenómeno.

[21] Estos "tratos en paquete" consistían en una serie de arreglos tripartitas entre el gobierno, la federación sindical y las organizaciones de empresarios que se concluyeron entre noviembre de 1984 y julio de 1985. Tales acuerdos incluían congelamientos de los precios y estipulan aumentos salariales. En virtud de que la moneda se devaluaba rápidamente durante ese periodo, los precios relativos más importantes cambiaron en la dirección indicada.

[22] Como se indicó, las recaudaciones tributarias aumentaron marcadamente durante los dos primeros trimestres de 1985.

1. Una gran reducción de déficit fiscal hasta abajo de su nivel de 1984. La reducción proyectada equivalía al 7.5% del PIB. El 80% del ajuste provendría de la reducción de subsidio y nuevos impuestos directos e indirectos, mientras que el resto provendría de la reducción del consumo gubernamental. Además, las implicaciones del ajuste fiscal para las reducciones del financiamiento monetario se fortalecían por la ayuda externa de los Estados Unidos.

2. El siclo israelí se devaluó 19% cuando se anunció el programa. Luego se congeló, al nivel de 1.5 nuevos siclos por dólar (con una banda de 2%), condicionado al acuerdo con la federación laboral (Histadrut) sobre la suspensión de los ajustes COLA y una evolución predeterminada del salario nominal.[23]

3. A fines del mes se negoció un acuerdo salarial. En virtud de que la combinación de la devaluación con las reducciones de los subsidios provocó una gran elevación de una sola vez del índice general de los precios, el acuerdo establecía una compensación de 14% al salario de julio el 1 de agosto, un aumento de 12% el 1 de septiembre, y aumentos salariales de 4, 4 y 3.5% el 1 de enero, el 1 de febrero y el 1 de marzo, respectivamente.[24] Además, se renovaría en diciembre una COLA de 80% del incremento del índice de precios del consumidor del mes anterior, con un umbral de 4%. El acuerdo salarial también se acompañó de un congelamiento y el control subsecuente de los precios de la mayoría de los bienes y servicios (cerca del 90% del total).

4. El Banco de Israel restringiría la expansión del crédito al sector privado, incrementando los requerimientos de reservas y la tasa de descuento. Adviértase que, aunque la oferta monetaria permaneció sin restricciones como en Argentina, aquí se hizo un esfuerzo para controlar el crecimiento del dinero a través de la expansión del crédito al sector privado. Una medida monetaria relacionada fue la prohibición de convertir los siclos en nuevos depósitos indizados a la moneda extranjera.

5. El programa incluía también un componente estructural: la eliminación de algunas restricciones a la negociación de la deuda pública interna. Con esto se trataba de promover el desarrollo de un mercado secundario para la deuda pública, mejorando el control monetario futuro mediante la ampliación de las operaciones de mercado abierto.

El programa de estabilización bajó la tasa inflacionaria mensual, de 14 a 2.5% en el impacto, y al intervalo de 1 a 2% a fines de 1985. Como en el caso de

---

[23] Se hace referencia a un "nuevo siclo" porque en agosto de 1985 se introdujo una nueva moneda, a la tasa de 1 500 siclos viejos por un siclo nuevo. Sin embargo, este cambio de la moneda no implicaba más que un cambio de numerario.

[24] A pesar del aumento salarial inicial, la devaluación y los aumentos de los precios subsidiados generaron una reducción de 20% en los salarios reales al impacto (Cukierman, 1988).

Argentina, los efectos de impacto negativo sobre la actividad real parecen haber sido ligeros. La producción industrial recuperó su nivel de principios de 1985 para el primer trimestre de 1986, y aunque la tasa de desempleo aumentó en el tercer trimestre, para el cuarto trimestre se encontraba cerca del nivel anterior al PEE. Se logró una sustancial corrección fiscal. Durante el primer año del programa, el déficit del sector público disminuyó en 9% del PIB. Para el cuarto trimestre de 1986 se había eliminado el déficit del sector público. El gasto real del sector público bajó durante el tercero y cuarto trimestres de 1985, pero la corrección fiscal descansó primordialmente en el incremento de las recaudaciones durante la segunda mitad del año. Del lado externo, aumentó la magnitud del superávit comercial que había surgido antes del programa, lo que ligado con la asistencia externa antes mencionada se tradujo en un superávit de la cuenta corriente. Como en el caso de Argentina, esto estaba apoyado por la cesación de las salidas de capital y las sustanciales entradas en cuenta de capital. En consecuencia, la acumulación de reservas hizo una contribución importante al crecimiento monetario. Como en Argentina, las tasas de interés reales fueron altas inmediatamente después de la implantación del programa. Las tasas mensuales nominales de los préstamos bancarios, que antes del programa excedían del 20%, declinaron gradualmente: a 16% en agosto, 12% en septiembre, 9% en octubre, 7% en noviembre y 5.5% en diciembre.

La descongelación de los precios se inició a principios de 1986. En enero de 1987 subsistían los controles para cerca del 46% del total de bienes y servicios (mientras que en tiempos normales fluctuaba esa cifra entre 20 y 25%).[25] La política fiscal siguió siendo restrictiva, porque el déficit global del sector público seguía una tendencia declinante (véase la gráfica X.9). Por otra parte, la oferta monetaria aumentó rápidamente durante el año, de modo que para diciembre de 1986 se encontraba la oferta real de M1 a dos y media veces su nivel de junio de 1985. Aunque en gran medida impulsada por las entradas de capital, ocurrió una rápida expansión del crédito otorgado al sector privado después de la primera mitad del año, parcialmente en respuesta a las presiones políticas generadas por las elevadas tasas de interés reales durante las primeras etapas del programa. El año en conjunto se caracterizó por un incremento sustancial de los salarios reales, cierta elevación real del siclo, una disminución de las tasas de interés reales y un incremento de la demanda agregada real, impulsada por el consumo privado. El aumento del salario real reflejaba las elevaciones de los salarios nominales por encima de las directrices convenidas. El mayor consumo privado y la elevación real del shekel contri-

---

[25] Véase Liviatan (1988b). Los bienes que tenían tradicionalmente precios controlados incluían los alimentos básicos, los servicios gubernamentales y los bienes producidos por los monopolios públicos.

GRÁFICA X.9. *Indicadores macroeconómicos en Israel, 1984-1987*
(porcentajes, a menos que se indique otra cosa)

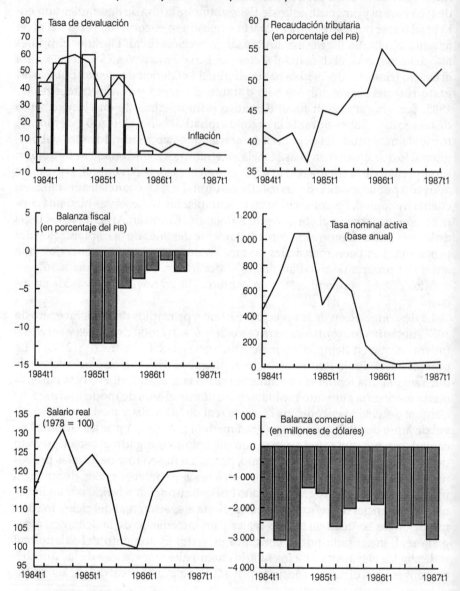

t1 = primer trimestre.

FUENTE: Datos sobre inflación, depreciación, recaudación tributaria, balanza comercial y salario real tomados de Cukierman, 1988. Datos sobre el déficit fiscal tomados de Liviatan, 1988. Tasa nominal activa tomada de Végh, 1992, p. 688.

buyeron a un deterioro de la cuenta corriente. El PIB real aumentó ligeramente durante el año, a pesar del incremento de la demanda, pero el crecimiento siguió siendo lento en comparación con la experiencia anterior. En agosto la adhesión al dólar se remplazó por una adhesión a una canasta de cinco monedas ponderadas por su participación en el comercio exterior, con el fin de aproximar más la tasa inflacionaria a la tasa de la OCDE durante un periodo de depreciación del dólar, para reducir así la tasa de crecimiento de los precios de las importaciones.

Sin embargo, en enero de 1987 el siclo se devaluó en 10% frente a la canasta, con el fin de corregir el aumento real acumulado durante el año anterior. Se firmó un nuevo acuerdo con empleadores y trabajadores, por el que los trabajadores renunciaban a la mitad de la COLA a la que tenían normalmente derecho, a resultas de la devaluación. Se evitaron los incrementos de los costos laborales para los empleadores reduciendo sus contribuciones para la seguridad social. A pesar de la devaluación, los incrementos de los precios durante el primer trimestre fueron en promedio menores que los del último trimestre de 1986 (véase la gráfica X.9), y la tasa inflacionaria se mantuvo estable durante el resto del año. El crecimiento del PIB real se aceleró en 1987 (a más de 5% anual, en comparación con el 3.5% de 1986), pero dado que se frenó la expansión de la demanda, no hubo ningún empeoramiento significativo del desempeño externo de la economía.[26]

Después de la devaluación de enero de 1987, el siclo se mantuvo fijo frente a la canasta de monedas durante casi dos años, hasta fines de 1988. En general, las tasas inflacionarias alcanzadas por el PEE de Israel durante la segunda mitad de 1985 fueron perdurables, y la tasa inflacionaria anual se fijó alrededor del 20%, incluso después de la eliminación gradual de los controles administrativos de los precios asociada al PEE. La continua restricción fiscal, el uso de la tasa de cambio como un ancla nominal, y las negociaciones tripartitas periódicas entre el gobierno, la federación laboral y los empleadores fueron características básicas del programa tras del "periodo de emergencia" inicial. Para febrero de 1989, el acuerdo con la federación laboral estipulaba un ajuste de COLA cada seis meses (en lugar de cada tres meses, como se había hecho antes), del exceso de la tasa inflacionaria acumulada sobre el 3%. El alarga-

---

[26] El consumo privado real aumentó 14% en 1986 y 7% en 1987. Se han ofrecido explicaciones opuestas para este fenómeno. Calvo (1987) y Calvo y Végh (1993b) sugieren que las reducciones de las tasas de interés nominales estimulan el consumo de servicios de liquidez, los que son complementarios de otros bienes y servicios a través de un mecanismo de efectivo adelantado. Liviatan (1988b) menciona la posibilidad de que la equivalencia ricardiana se haya dado en Israel, de modo que el incremento del consumo privado simplemente remplazó al consumo público. Por último, es posible que el aumento del consumo privado agregado responda a una redistribución del ingreso dentro del sector privado en favor de los asalariados. Véase en el capítulo XII una discusión más detallada del patrón de consumo y producción en los programas de estabilización.

miento de este periodo de ajuste demuestra el éxito del programa en lo tocante a la estabilización de las variables nominales.

Mientras que el PEE logró estabilizar la inflación a corto plazo sin grandes costos en términos de la producción, y lo hizo al mismo tiempo que se preservaba el equilibrio externo, el crecimiento económico después de la estabilización ha sido decepcionante. En 1985-1986 creció el PIB en cerca de 3.5% anual, un poco más que el promedio de 2.4% en el periodo de 1980-1984. Además, como se indicó antes, el crecimiento fue rápido en 1987. Sin embargo, 1988 fue un año de recesión, con un crecimiento de sólo 1.6%, y para el final del año la tasa del desempleo llegaba a 8%. Desde esa fecha, el crecimiento no ha sido impresionante, e Israel no ha recuperado las vigorosas tasas de crecimiento que alcanzara la economía antes del problemático periodo de los años ochenta.[27]

X.4.3. *Brasil (28 de febrero de 1986)*

La economía de Brasil había experimentado tasas inflacionarias de dos dígitos durante periodos prolongados antes de los años ochenta. Sin embargo, las tasas de la inflación anual acumulada llegaron a tres dígitos en los años ochenta, y aumentaron rápidamente durante la primera parte del decenio. Luego de pasar de 200% en 1983, la tasa inflacionaria anual se acercó a 300% en febrero de 1986. La escalada inflacionaria durante este periodo se ha asociado al segundo choque petrolero, a una gran devaluación en 1983 —asociada a un acortamiento del intervalo de la indización salarial—, después del establecimiento de la crisis de la deuda con embates de desabasto severo, y a los ajustes de precios del sector público (Cardoso y Dornbusch, 1987; Dornbusch y Simonsen, 1988). El crecimiento económico había sido irregular durante la primera mitad de los años ochenta, y como un gran deudor comercial, Brasil afrontaba también problemas externos severos.

El Plan Cruzado emprendido a fines de febrero de 1986 trataba de frenar rápidamente la inflación sin los costos asociados a los programas ortodoxos. Sin embargo, las autoridades pensaron que, debido a las medidas implantadas previamente, no se requería ningún ajuste fiscal adicional; más bien, el programa debería concentrarse en el freno de la inflación inercial. Las medidas anteriores consistieron en lo siguiente:

1. En diciembre de 1985 el Congreso aprobó un conjunto de cambios tributarios de los que se esperaba una reducción del déficit fiscal en 1986.[28]

---

[27] Por supuesto, el decepcionante crecimiento económico de Israel durante este periodo no es necesariamente imputable al programa de estabilización, ya que muchos otros eventos estaban ocurriendo en el país al mismo tiempo, en particular la *intifada* palestina en los territorios ocupados.

[28] Se incluían aquí las reducciones de la retención de impuestos destinadas a facilitar la

2. El Banco de Brasil, que era el agente bancario de la tesorería, ya no tenía acceso automático a los fondos del banco central. Por el contrario, tal acceso dependía ahora de recursos específicos, previamente definidos.

El Plan Cruzado contenía los aspectos siguientes:

1. Se introducía una moneda nueva, el cruzado, en sustitución del cruceiro (a la tasa de 1 000 cruceiros por cruzado), y su tasa de cambio se fijó indefinidamente en 13.84 cruzados por dólar.
2. Se congelaron los precios a sus niveles del 27 de febrero de 1986, y se abolió la mayor parte de las formas de la indización.
3. Los salarios de los contratos individuales sujetos a ajustes periódicos (que ocurrían típicamente a intervalos semestrales) se convirtieron de cruceiros a cruzados sobre la base de su valor real medio durante los últimos seis meses más un premio de 8% (16% para el salario mínimo). Se trataba de evitar el congelamiento de una estructura arbitraria de los salarios relativos derivada simplemente de la falta de sincronización de los ajustes salariales. Los salarios se aumentarían por el incremento acumulado del índice de precios del consumidor, siempre que ese incremento llegara a 20%. Aunque los salarios no estaban congelados, las negociaciones salariales se harían sólo anualmente (de modo que no habría tales negociaciones durante otro año). En el momento de la negociación salarial anual, los trabajadores tendrían automáticamente derecho a recuperar el 60% de la inflación anterior, mientras que los incrementos adicionales estarían sujetos a negociación.
4. Como en Argentina, se elaboró un sistema para convertir los pagos diferidos en cruceiros a cruzados. Para este propósito, se supuso que el cruceiro se depreciaría frente al cruzado a una tasa mensual de 14.4 por ciento.
5. Las tasas de interés se congelaron a los niveles prevalecientes el 28 de febrero de 1986.

Este programa tuvo un éxito espectacular a corto plazo. Como en el caso de los programas de Argentina e Israel, la inflación se detuvo virtualmente en el camino, y la inflación acumulada fue nula de febrero a junio (véase la gráfica X.10). Además, contrariamente a lo ocurrido en Argentina e Israel, la producción industrial aumentó rápidamente en los dos primeros trimestres posteriores a la implantación. Sin embargo, el desempeño fiscal no fue el esperado. Las autoridades habían esperado que las medidas tributarias de diciembre de 1985

indización de las obligaciones tributarias y un desplazamiento de la carga tributaria de los activos financieros, de los activos que no mantenían sus valores reales durante la inflación elevada a los que servían como protecciones contra la inflación (véase Blejer y Cheasty, 1988).

GRÁFICA X.10. *Indicadores macroeconómicos en Brasil, 1985-1987*
(porcentajes, a menos que se indique otra cosa)

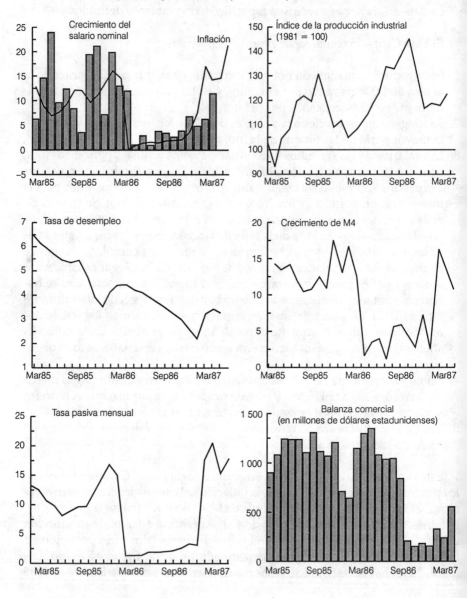

FUENTE: Modiano, 1988.

eliminaran un déficit presupuestal de 6% del PIB, pero la reducción de la retención del impuesto al ingreso y una dependencia creciente del gravamen a los activos financieros, cuya tenencia ya no era generalizada, acabaron con esa esperanza. Además, la congelación de los precios agravó las dificultades financieras de las empresas públicas. Los salarios y los subsidios del sector público aumentaron también más de lo que se había previsto. La expansión monetaria fue rápida, ya que incluso el amplio agregado monetario M4 aumentó 20% en los cuatro meses siguientes al anuncio del programa.[29]

Pronto aparecieron las señales del sobrecalentamiento en Brasil. El superávit comercial desapareció, y contrariamente a lo ocurrido en Argentina e Israel, los controles de precios y salarios parecen haberse traducido en escaseces.[30] A fines de 1986, el costo mayor del mercado paralelo estaba a más de 100%, y las tasas de interés nominales a corto plazo a 150% (Cardoso y Dornbusch, 1987). Un paquete de ajuste fiscal anunciado después de las elecciones de noviembre de 1986 recurría fuertemente a incrementos de los impuestos específicos de unos cuantos bienes, antes que a las disminuciones del gasto o las elevaciones del impuesto al ingreso, de modo que los efectos de estas medidas sobre el nivel de los precios minaron más aún la credibilidad del programa.[31] La inflación mensual llegó a 3.3% en noviembre de ese año (véase la gráfica X.10). Se reimplantó la indización para la tasa de cambio y los instrumentos financieros, y en diciembre se alcanzó el umbral de 20% para el ajuste salarial. En enero de 1987, la inflación mensual llegó a 17%, y los controles de precios se eliminaron en febrero. Durante los tres años siguientes, Brasil repitió varias veces la experiencia del Plan Cruzado. Dos programas (conocidos como los planes de Bresser y de Verano), basados en los controles de precio y salarios, lograron controlar brevemente la inflación, pero el problema fiscal persistente condujo inevitablemente el retorno de la inflación virulenta (véase la gráfica X.11). El plan implantado en 1994, Plan Real, tuvo más éxito, como veremos más adelante.

X.4.4. *México (diciembre de 1987)*

Antes de mediados de los años setenta, México había disfrutado varios decenios de estabilidad de los precios y crecimiento per cápita con un promedio de 3% anual. La estabilidad financiera de México se reflejaba en su manteni-

---

[29] Se esperaba el crecimiento rápido del acervo monetario en sentido estricto (M1) bajo un programa exitoso, a medida que la economía se remonetizaba. Sin embargo, M4 incluía activos indizados, cuya demanda debió haber bajado como parte del cambio de la cartera hacia M1.

[30] Modiano (1988) reporta tales escaseces en el caso de la leche, la carne y los automóviles nuevos, que se observaron ya en marzo de 1986.

[31] Según Modiano (1988), los precios de los automóviles aumentaron 80%, los de los cigarros hasta 120%, y los de las bebidas 100%. Los precios del sector público también se ajustaron hacia arriba.

GRÁFICA X.11. *Inflación y controles de precios en Brasil, 1984-1998*
(cambios porcentuales mensuales en los precios al consumidor)

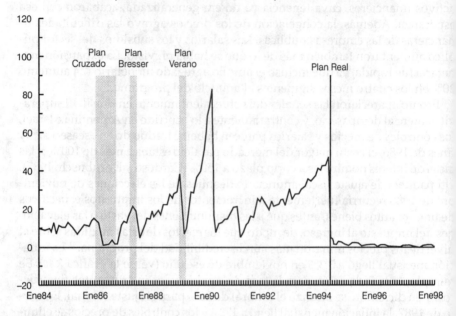

NOTA: Las áreas sombreadas indican periodos en los que estuvieron vigentes los controles de precios.
FUENTE: Fondo Monetario Internacional.

miento de una tasa de cambio fija frente al dólar durante todo el periodo de 1954 a 1976. Irónicamente, esta situación cambió con el descubrimiento de reservas petroleras sustanciales. El periodo de 1979-1981 se caracterizó por una política fiscal expansiva, una elevación de la tasa inflacionaria del orden de 20% (en donde se había establecido tras el cambio de régimen en 1976) al orden de 30%, una tasa de cambio real sobrevaluada y tasas de interés real nacionales negativas. La sobrevaluación y los bajos rendimientos nominales de los activos financieros nacionales provocaron una fuga masiva de capital durante ese periodo, financiada con préstamos externos.[32] Las dificultades externas de México provocaron una suspensión de la amortización de la deuda externa en agosto de 1982, lo que desató la crisis internacional de la deuda. La crisis provocó en México una explosión inflacionaria; para 1983 la tasa inflacionaria anual había llegado a 120 por ciento.

---

[32] De diciembre de 1979 a diciembre de 1982 la deuda externa mexicana aumentó más del doble, de 40 000 a 91 000 millones de dólares.

La administración de De la Madrid, que inició sus labores en 1982, trató de estabilizar la inflación y mejorar la capacidad de servicios de la deuda mediante el ajuste fiscal. Este proceso se dificultaba más por la declinación continua de los precios del petróleo durante ese periodo, culminando en algo cercano al colapso en 1986. Durante el periodo de 1982 a 1987, los gastos distintos de los intereses disminuyeron en casi 10% del PIB, con reducciones sustanciales de la inversión pública. Sin embargo, un aumento de los pagos de intereses implicó que la disminución total de los gastos llegara al 2% del PIB. En total, el déficit presupuestal primario experimentó un ajuste notable. El déficit primario había llegado al 8.5% del PIB en 1981, pero para 1987 se había convertido la balanza fiscal en un superávit de casi 5% del PIB, lo que representaba un ajuste fiscal de 13% del PIB durante el sexenio. El ajuste fiscal se acompañó de una activa administración de la tasa de cambio, y entre 1982 y 1985 se logró una depreciación acumulada de la tasa de cambio real cercana al 15%, acompañada de drásticas reducciones de los salarios reales (véase la gráfica X.12). Así pues, México aplicó un vigoroso programa de ajuste ortodoxo durante la administración de De la Madrid.

Desafortunadamente, los resultados fueron decepcionantes. La combinación de austeridad fiscal y movimientos adversos de los términos de intercambio produjo una reducción de los ingresos reales per cápita de 13 a 15% durante este periodo. La tasa inflacionaria disminuyó durante el periodo de tres años terminado en 1986, pero todavía se encontraba a un nivel muy elevado (en relación con la experiencia histórica de México) de 86%. Peor aún: el colapso de los precios del petróleo en ese año se sumó a una drástica aceleración de la inflación, de modo que para 1987 se encontraba la tasa anual en 180%, luego de seis años de austeridad fiscal.

El desempeño de la economía durante 1986-1987 impulsó a las autoridades a seguir un camino diferente: en diciembre de 1987 se anuncio el Pacto de Solidaridad Económica. El Pacto era un programa heterodoxo con las siguientes características:

1. Nuevo ajuste fiscal. El superávit primario debería aumentar en otro 3% del PIB, con el ajuste repartido aproximadamente por partes iguales entre las reducciones del gasto y los incrementos de las recaudaciones.
2. Una tasa de cambio fija durante 1988, luego de una discreta devaluación inicial.
3. Una congelación temporal (hasta fines de febrero) de los salarios, los precios del sector público y los precios de las mercancías de una canasta de bienes y servicios básicos. La congelación siguió a ciertos ajustes iniciales sustanciales y se convino en una negociación tripartita entre el gobierno y los representantes de trabajadores y empresarios. Después de febrero de 1988 se ajustarían los precios y los salarios de acuerdo con la inflación pro-

GRÁFICA X.12. *Indicadores macroeconómicos en México, 1982-1989*
(porcentajes, a menos que se indique otra cosa)

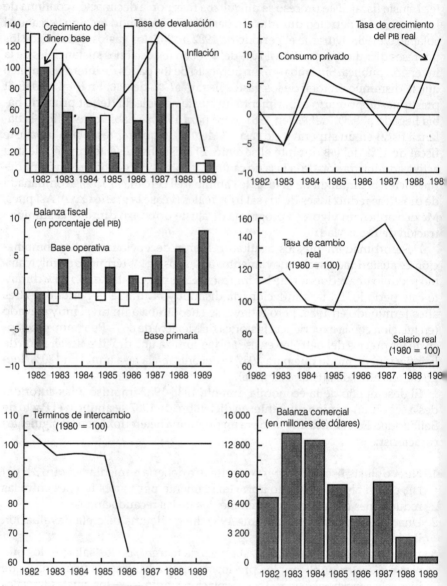

FUENTE: Kiguel y Liviatan, 1992*b*, y FMI.

yectada, haciéndose nuevos ajustes sólo si la inflación acumulada después de febrero superara en más de 5% a los ajustes de los salarios y los precios controlados.
4. Liberalización comercial. Este proceso, ya en camino, habría de fortalecerse con una reducción de los aranceles máximos de 45 a 20% y la eliminación casi total de todos los procedimientos de licencia de las importaciones.

El programa logró contener rápidamente a la inflación. La tasa inflacionaria mensual bajó de 15% en enero (que reflejaba los incrementos de los precios durante el mes de diciembre) a menos de 1% durante el resto del año. Se logró un mejoramiento del superávit primario (que se elevó de 5% del PIB en 1987 a casi 6% en 1988), aunque las elevadas tasas de intereses nacionales reales llevaron a un deterioro del saldo operativo (véase gráfica X.12). El crecimiento real, que había sido muy rápido en la segunda mitad de 1987, se frenó un poco en 1988 pero siguió siendo positivo y cobró impulso en 1989. El mantenimiento del congelamiento de la tasa de cambio durante el resto del año, aunado a una inflación positiva, se tradujo en una elevación de la tasa de cambio real cercana al 20% en el curso de 1988. Sumado a una baja del precio del petróleo, esto condujo a un deterioro de la balanza comercial en el primer año del programa. A principios de 1989 se sustituyó el congelamiento de la tasa de cambio por un sistema de incrementos absolutos constantes en el precio en pesos del dólar, lo que provocó una disminución gradual de la tasa de depreciación del peso. Aunque esta política logró estabilizar la tasa de cambio real, el incremento no se revirtió (véase gráfica X.12). El ajuste fiscal en México ha sido sostenido, y después de la firma de un acuerdo del Plan Brady con los acredores externos del país en 1989 (véase el capítulo XIV) y el anuncio de que se privatizarían los bancos previamente nacionalizados, empezaron a bajar las tasas de interés nacionales, lo que permitió que el déficit operativo reflejara el mejoramiento logrado previamente en el saldo primario. Al mismo tiempo, las entradas de capital se volvieron positivas y grandes, de modo que México pudo continuar financiando una balanza comercial negativa con acumulación de reservas de divisas. El progreso en el frente inflacionario ha sido perdurable, estabilizándose la inflación anual alrededor del 20%, en el periodo de 1989-1991.

X.5. EL PLAN DE CONVERTIBILIDAD DE ARGENTINA, 1991-1997

La incapacidad del Plan Austral para estabilizar la inflación en Argentina en 1985 hizo que en los años siguientes se implantaran varios planes de estabilización por la administración del presidente Raúl Alfonsín. Estos planes se toparon con obstáculos de credibilidad cada vez mayores y todos fracasaron, culminando en la hiperinflación —con tasas inflacionarias mensuales por encima de 200%— para el momento en que llegó al poder la nueva administración peronista de Carlos Ménem, en julio de 1989. La respuesta de la nueva administración a esta situación fue inicialmente un intento de estabilización mediante la aplicación de un programa ortodoxo de base monetaria, a partir de marzo de 1990. El programa mantenía la tasa de cambio flotante que había existido desde diciembre de 1989, y trataba de lograr la estabilización mediante una política monetaria muy restrictiva apoyada por el ajuste fiscal. El déficit global del sector público (incluidas las operaciones del banco central), que había pasado de 20% del PIB en 1989, se redujo a poco más de 4% del PIB en 1990 mediante una combinación de recortes del gasto, mejoramientos en la recaudación tributaria, y el repudio efectivo de gran parte de la deuda interna del sector público.[33] En el frente de la inflación se obtuvo un éxito espectacular, ya que la tasa inflacionaria mensual bajó de 95% en marzo de 1990 a sólo 11% en abril. Sin embargo, como ocurriera con otras estabilizaciones de base monetaria, la tasa inflacionaria no convergió a los niveles mundiales, permaneciendo fija en cerca de 10% mensual, y el crecimiento de la producción fue decepcionante. Además, la tasa de cambio real experimentó una apreciación muy marcada.

El deseo de lograr la convergencia con las tasas de inflación internacionales hizo que la administración cambiara de estrategia, elaborando un nuevo programa de estabilización —el Plan de Convertibilidad— que se implantó en marzo de 1991 bajo el liderazgo de Domingo Cavallo, el ministro de finanzas. Los elementos fundamentales del plan eran una tasa de cambio fija y una modificación de la ley orgánica del banco central. La tasa de cambio se fijó en 10 000 australes por dólar, y las modificaciones futuras de la tasa de cambio tendrían que ser autorizadas por el Congreso, ya no sólo por el banco central. El austral se volvió plenamente convertible para las transacciones corrientes y en cuenta de capital, y se legalizó el uso del dólar estadunidense como unidad de cuenta y medio de cambio. Más importante aún era el hecho de que se prohibió legalmente al banco central que imprimiera dinero para otorgar crédito al gobierno. El dinero sólo podría imprimirse para comprar divisas. En efecto, esto convertía al banco central argentino en una semijunta monetaria.[34] Otros elementos del paquete de estabilización tendían a ser estructura-

---

[33] Esto último se refiere al "Plan Bonex", que implicaba el cambio obligatorio de depósitos a plazo (sobre los que el banco central pagaba intereses contra las reservas requeridas) por bonos del sector público a un descuento sustancial. Véanse detalles en Uribe (1996).
[34] Varias lagunas de la legislación del banco central daban en efecto, al banco central argentino, facultades superiores a las de una junta monetaria pura. La deuda gubernamental denominada en dólares y mantenida por el banco central podría contarse (hasta cierta cantidad máxima) como reservas de divisas, y se permitía que el pasivo monetario del banco central excediera a su acervo de reservas de divisas —en un máximo de 20% entre 1991 y 1995, y de 33% después— en circunstancias excepcionales, una medida que trataba de permitir que el banco afrontara la dificultad financiera del sistema bancario nacional. Sin embargo, excepto durante la crisis del "efecto

les, antes que fiscales. Mientras que las cuentas fiscales mejoraron sustancialmente durante los primeros años del Plan de Convertibilidad, registrándose superávit globales en 1992 y 1993 (véase la gráfica X.13), este resultado reflejaba la respuesta endógena del presupuesto al rápido crecimiento económico y la recepción de ingresos por las privatizaciones. La política fiscal no se restringió apreciablemente durante este periodo. En efecto, de acuerdo con el Fondo Monetario Internacional (1998), la política fiscal fue moderadamente expansiva en los primeros años del plan, hasta que estalló la crisis del "efecto tequila" en 1995 (véase más adelante). Los aspectos estructurales del Plan de Convertibilidad incluían la reforma comercial,[35] la desregulación, la privatización,[36] y la reforma del sistema financiero.

El impacto del Plan de Convertibilidad sobre la inflación fue inmediato y sustancial. A partir de una tasa mensual de 11% en marzo, cuando se puso en práctica el plan, la inflación mensual había bajado a 1.5% a mediados del año. Para 1993, la tasa inflacionaria anual había bajado al nivel de un dígito, y para 1994 se había logrado la estabilidad efectiva de los precios, en el sentido de la convergencia con las tasas inflacionarias internacionales, cuando la tasa inflacionaria bajó a menos de 4% (véase la gráfica X.13). Una disminución marcada de las tasas de interés nominales internas en los meses siguientes a la implantación del plan sugería que el nuevo programa disfrutaba una credibilidad sustancial.

Sin embargo, el desempeño macroeconómico bajo el Plan de Convertibilidad se asemejaba en otros sentidos al experimentado bajo otros programas de estabilización basados en la tasa de cambio. La incapacidad para lograr la convergencia de la inflación a los niveles mundiales de inmediato implicaba una apreciación real muy grande, en vista de que la tasa de cambio nominal estaba fija (véase la gráfica X.13). Durante 1991-1994 se disparó el crecimiento de la producción, superando al 8% anual. La combinación de una tasa de cambio real muy apreciada y el auge de la economía provocó un giro marcado de las cuentas externas de la economía, ya que la balanza comercial pasó de un superávit de 3 700 millones de dólares en 1991 a un déficit de 2 870 millones de dólares (3% del PIB) en 1992, el primer déficit registrado por Argentina desde 1981. Para 1994, el déficit comercial había aumentado a cerca de 5% del PIB.

La apreciación de la tasa de cambio real y el deterioro de las cuentas externas parecían ser el talón de Aquiles del Plan de Convertibilidad hasta fines de

tequila" de 1995 (descrita más adelante), se mantuvo al nivel de 100% la cobertura en divisas del pasivo monetario del banco central.

[35] Se eliminaron los impuestos a las exportaciones y las restricciones cuantitativas a las importaciones, excepto en el caso de los automóviles, los textiles y los zapatos, y se redujeron marcadamente los aranceles medios, eliminando por completo los que afectaban a los bienes de capital e intermedios.

[36] Entre 1991 y 1994, el gobierno privatizó 90% de las empresas estatales, generando cerca de 20 000 millones de dólares en ingresos, los que se utilizaron en la reducción de la deuda (véase Fondo Monetario Internacional, 1998).

GRÁFICA X.13. *Indicadores macroeconómicos en Argentina, 1991-1996*
(porcentajes, a menos que se indique otra cosa)

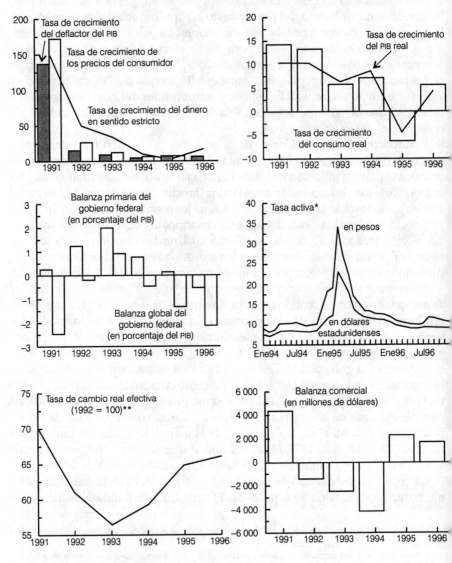

* Tasa activa primaria de 30 días.
** Un aumento es una depreciación.
FUENTE: Banco Central de Argentina y Fondo Monetario Internacional.

1994. Frente a los crecientes déficit de la cuenta corriente, el sostenimiento del plan dependía de la continuación de grandes entradas de capital. El plan afrontó un momento de definición en la segunda mitad de 1994 y la primera de 1995, cuando adversos eventos financieros externos redujeron las entradas de capital y desataron una crisis financiera interna.

Las reducciones de las entradas de capital por efecto de las disminuciones de las tasas de interés mundiales hicieron que se frenara en Argentina el crecimiento de los depósitos y se redujeran los precios de los bonos gubernamentales en la segunda mitad de 1994, lo que ponía en tensión al sistema financiero. La conjunción de la quiebra de un pequeño banco de mayoreo en noviembre de 1994 y la crisis financiera mexicana en diciembre del mismo año desató una gran crisis financiera. El mercado de valores nacional perdió 17% de su valor en los seis días siguientes a la devaluación del peso mexicano el 20 de diciembre, los diferenciales de los bonos Brady de Argentina se incrementaron, y las tasas de interés del mercado monetario interno se elevaron a más del doble a fines de diciembre, pasando de 12 a 25%. El acervo de depósitos en el sistema bancario argentino bajó casi un quinto en el primer trimestre de 1995, y las pérdidas de reservas de divisas del Banco Central llegaron a 5 000 millones de dólares durante este periodo. Hasta abril de 1995 no había en Argentina un seguro de depósitos explícito, y aunque a principios del decenio de 1990 se había fortalecido sustancialmente el marco regulador y supervisor del sistema bancario, las debilidades del sector bancario quedaron de manifiesto por la presencia de grandes márgenes de intermediación y una proporción elevada de préstamos insolutos, sobre todo en los bancos públicos que tenían cerca de dos quintos del total de los depósitos. Durante los primeros nueve meses de 1995, se vieron obligados a cerrar 34 bancos y seis instituciones financieras no bancarias. El resultado fue una severa restricción crediticia.

A pesar de la naturaleza aguda de esta crisis, el gobierno se adhirió al Plan de Convertibilidad. En el terreno fiscal se implantó un plan de austeridad que implicaba un aumento de la tasa del impuesto al valor agregado, el establecimiento de un impuesto de 3% a las importaciones, la eliminación de los subsidios a las exportaciones, y recortes de gastos por valor de 1 000 millones de dólares anunciados en enero de 1995, con una segunda ronda de recortes de similar tamaño implantada en marzo. El banco central fue creativo en la movilización de recursos para hacer préstamos a bancos en problemas, a pesar de la Ley de Convertibilidad. En lo interno, lo hizo induciendo a los bancos grandes a que compraran los activos de los bancos de mayoreo sin liquidez y entregaran adelantos a estos bancos a cambio de reducciones en los requerimientos de reservas. En lo externo, movilizó un paquete de rescate de 11 000 millones de dólares, y se enmendó en marzo la ley del banco central para otorgarle mayor flexibilidad en el empleo de estos recursos a fin de otorgar descuentos a los bancos en problemas. Sin embargo, la expansión crediticia fue insuficiente para evitar los efectos adversos, macroeconómicos o financieros, del "efecto tequila" en Argentina. Las tasas de interés internas alcanzaron niveles muy altos, ya que las tasas de interés pasivas pasaron de 11% a fines de 1992 a 22% a fines de marzo de 1995. El PIB real disminuyó 4.5% en 1995, mientras que en el periodo de 1991-1994 había crecido a una tasa media cercana 8%, y para final del año pasaba la tasa de desempleo del 16% de la fuerza de trabajo.

Pero si la contracción económica de Argentina fue severa en 1995, la economía se recuperó rápidamente. Para el segundo trimestre de 1996, ya era positivo el crecimiento anual, y las tasas de crecimiento volvieron al nivel de 8% en 1997, impulsadas por un auge de la demanda de inversión. El avance hacia la estabilidad de los precios continuó durante la crisis del "efecto tequila", y para la segunda mitad de 1997 era virtualmente estable el índice de precios del consumidor en Argentina. En el momento de escribir estas líneas, la adhesión al Plan de Convertibilidad parece haber permitido a Argentina alcanzar la virtual estabilidad de precios en el contexto de un crecimiento rápido, a pesar del impacto de un choque externo extremadamente severo.

X.6. EL PLAN REAL DE BRASIL, 1994-1997

Como vimos antes en el contexto de nuestro análisis del Plan Cruzado, la mayor parte de los intentos de Brasil por reducir la inflación durante el decenio de 1980 y principios del siguiente fracasaron debido a la insuficiencia de las políticas fiscales y monetarias contractivas. Los controles de precios y salarios sólo generaron bajas temporales de la inflación. En 1994 se puso en práctica un nuevo programa económico, el Plan Real. Este plan, basado en la adopción de un régimen de tasa de cambio fija, implantaba varias medidas que intentaban restringir las políticas fiscal y monetaria y reducir la inercia inflacionaria.

El programa se implantó en dos fases. La primera fase trataba de echar los cimientos para la reducción de la inercia inflacionaria, en particular los mecanismos de la indización retroactiva. Una preocupación fundamental de las autoridades era la de evitar los malos alineamientos de los precios relativos una vez que se eliminara la indización y se fijaran algunos precios. En una situación donde se estaban ajustando periódicamente los precios individuales sobre la base de la inflación pasada, los precios relativos se ajustaban de acuerdo con el ciclo de ajuste específico de precios individuales. En estas condiciones, era probable que la eliminación de la indización y la fijación de algunos precios condujeran a la mala alineación de los precios relativos. Las autoridades temían que una mala alineación significativa creara presiones para elevaciones de los precios que se habían quedado atrás en el periodo anterior a la desindización, lo que a su vez habría provocado una elevación del nivel general de precios, debilitando así la confianza en el programa de estabilización desde el principio. A fin de aliviar estos problemas, las autoridades decidieron introducir una nueva unidad de cuenta para sincronizar los ajustes de precios por toda la economía diariamente, antes de la desindización de la economía. La unidad de cuenta, unidad real de valor (URV), se introdujo el 1 de marzo de 1994 y se utilizó en la denominación de precios y contratos hasta el 30 de junio de 1994. La URV se definía como aproximadamente equivalente a 1 dólar; su valor en términos de cruceiros reales (la moneda brasileña en ese momento) se ajustaba diariamente por la inflación corriente estimada. El uso de la URV se implantó gradualmente; los salarios públicos y privados, así como el salario mínimo, fueron los primeros precios fijados en términos de URV en el momento de la introducción de la unidad de cuenta. En virtud de que las reglas anteriores para el ajuste salarial en una situación de alta inflación habían provocado grandes variaciones de los salarios reales durante el ciclo salarial en Brasil (cerca de cuatro meses), el nivel de los salarios y del salario mínimo en términos de URV se fijó inicialmente de tal modo que su valor real fuese igual al valor real medio durante los cuatro meses anteriores. Más generalmente, las autoridades permitieron que los contratos no financieros existentes se convirtieran libremente en URV por acuerdo entre las partes del contrato, mientras que los contratos iniciados entre el 15 de marzo y el 30 de junio de 1994 tendrían que ser denominados en URV. La conversión de algunos contratos no financieros se realizó rápidamente, mientras que otros contratos tales como rentas, colegiaturas escolares y planes de atención médica siguieron siendo denominados en cruceiros reales hasta el final de esta fase.

La URV se introdujo también gradualmente en las transacciones financieras, incluidos los certificados de depósito, los fondos mutuos de ingreso fijo a corto plazo, los depósitos interbancarios, el papel comercial y las operaciones del mercado de futuros.[37] A principios de mayo de 1994, una porción sustancial de las transacciones financieras se denominaba ya en URV. En total, la introducción de la URV condujo a la indización casi contemporánea de los contratos salariales y financieros y ayudó a sincronizar los ajustes de precios por toda la economía.

También las políticas financieras se restringieron durante la primera fase del programa. Las tasas de interés se elevaron sustancialmente; la tasa nominal de un día aumentó de 42% en febrero de 1994 a más de 50% en junio de 1994. En términos reales, las tasas de interés del mercado de un día promediaron 2.1% durante el segundo trimestre de 1994, mientras que durante el primer trimestre eran de 0.4%. La política fiscal se restringió igualmente a todos los niveles del sector público. El superávit primario aumentó durante la primera mitad de 1994 en 1.6 puntos porcentuales del PIB en relación con el periodo correspondiente del año anterior.

---

[37] Los depósitos a la vista y de ahorros no se convirtieron a URV.

La segunda fase del programa se implantó el 1 de julio de 1994. El cruceiro real y la URV fueron remplazados por una nueva moneda, el real, con una tasa de cambio flotante respecto del dólar estadunidense, sujeta a un tope superior (es decir, un nivel por encima del cual no se permitiría la depreciación de la moneda) de 1 real por dólar. Tras la introducción de la nueva moneda, todos los contratos y precios denominados en URV fueron convertidos a reales a una tasa de conversión de uno a uno. Los contratos denominados en cruzeiros reales a fines de junio de 1994 fueron convertidos también a reales, a la tasa de cambio prevaleciente a la sazón de 2 750 cruceiros por real. Se prohibió la indización de los contratos con periodos de ajuste menores de un año, aunque se establecieron arreglos transicionales para los contratos que contuvieran provisiones para ajustes periódicos. Se permitió la indización de los contratos financieros con periodos menores de un año, siempre que se basara en la tasa de interés de referencia (TIR), que se liga al rendimiento de los certificados de depósito de 30 días.

Los salarios públicos y privados, así como el salario mínimo (que se había fijado en URV al principio del programa), se convirtieron a una tasa de uno a uno en reales. El plan contemplaba que los salarios públicos y el salario mínimo se ajustaran el 1 de enero de 1995 por la inflación acumulada en términos de URV y reales durante el periodo de marzo a diciembre de 1994. También contemplaba que los salarios privados permanecieran fijos en reales hasta que se ajustaran en el contexto de los contratos colectivos en la fecha de aniversario de cada contrato. Los precios del sector público se congelaron indefinidamente.

La política monetaria se restringió considerablemente en vísperas de la introducción del real. El banco central estableció límites trimestrales para el crecimiento de la base monetaria hasta fines de marzo de 1995. Los requerimientos de reservas marginales aumentaron a 100% sobre los depósitos a la vista, y se estableció un requerimiento de reserva de 20% sobre el incremento de los depósitos a plazo y los saldos de los depósitos de ahorro. El programa fiscal del gobierno para 1994 contemplaba un superávit primario de 3.3% del PIB para todo el sector público, 0.7 puntos de porcentaje del PIB más alto que en 1993.

Como se ilustra en la gráfica X.14, el éxito del Plan Real fue casi inmediato. El crecimiento del crédito interno total y el del dinero en sentido amplio se frenó dramáticamente, de acuerdo con la inflación mensual, la que bajó de un promedio cercano a 45% durante el segundo trimestre de 1994 a 3.3% en agosto de 1994. Este resultado se debió en gran medida a la gran restricción de las políticas monetaria y fiscal y a la eliminación de la indización retroactiva que se había establecido en la fase preparatoria del plan.

El PIB real aumentó 3.1% (con el ajuste estacional) en el tercer trimestre de 1994 en relación con el segundo trimestre del año y 3.6% en el último trimestre. La producción industrial experimentó un gran incremento (como se indica en la gráfica X.14), llevando a niveles sin precedentes la utilización de la capacidad en el sector industrial. El aumento de la producción fue impulsado

GRÁFICA X.14. *Indicadores macroeconómicos en Brasil, 1990-1997**
(porcentajes, a menos que se indique otra cosa)

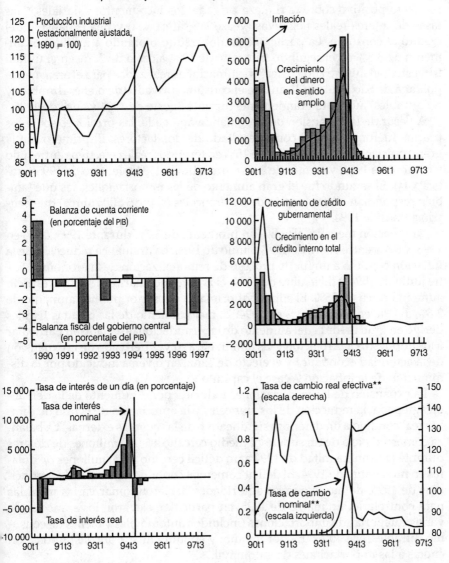

t1 = primer trimestre.
t3 = tercer trimestre.
* Todos los datos son trimestrales, excepto el del balance fiscal y el de la cuenta corriente.
** 1990 = 100; un aumento es una depreciación.
NOTA: La línea vertical representa la ejecución de la tercera fase del Plan Real (julio de 1994).
FUENTE: Fondo Monetario Internacional.

por una gran expansión de la demanda interna, ella misma promovida por diversos factores, sobre todo por la declinación del impuesto inflacionario y su efecto positivo sobre la riqueza privada, los incrementos salariales,[38] las tasas de interés reales negativas (véase la gráfica X.14) y una expansión del crédito al consumo. La participación del crédito otorgado a individuos aumentó de 3.5% en el segundo trimestre de 1994 a cerca de 7.5% en el último trimestre del mismo año.[39] Ciertas estimaciones realizadas para el área metropolitana de São Paulo indican que el consumo privado (de bienes durables y no durables) aumentó grandemente durante agosto de 1994 y abril de 1995.

A pesar de la expansión de la demanda agregada, las presiones sobre los precios fueron limitadas como resultado de dos factores. El primero fue la gran apreciación del real, cerca de 15% en términos reales efectivos entre julio y octubre de 1994, y en más de 30% entre julio de 1994 y febrero de 1995 (gráfica X.14). El segundo fue el gran aumento de las importaciones, las que también respondían a la reducción de los aranceles (sobre 5 500 rubros) que ocurrió a fines de 1994.

La inflación mensual alcanzó un promedio de 1.7% durante 1995, 0.3% en 1996, y 0.4% entre enero de 1997 y junio de 1998. La dramática reducción de la inflación condujo a un fuerte proceso de remonetización de la economía. Entre junio de 1994 y diciembre de 1994, el acervo monetario en sentido estricto aumentó cerca de 55%. El superávit primario del sector público aumentó de 2.6% del PIB en 1993 a 4.3% en 1994. El mejoramiento de las cuentas fiscales derivó en gran medida del aumento de la recaudación (asociado en particular a los impuestos a la rotación y las nóminas), a su vez derivado de la expansión de la actividad económica y el efecto de Tanzi en reversa inducido por la disminución de la inflación (véase el capítulo V).

La expansión de las importaciones inducida por el aumento de la demanda agregada, la reducción de los aranceles y la apreciación de la tasa de cambio real condujo a un deterioro significativo de las cuentas externas. La balanza comercial pasó de un superávit medio cercano a 1 000 millones de dólares durante la primera mitad de 1994 a un déficit cercano a 200 millones de dólares en noviembre de 1994. El déficit comercial continuó aumentando a principios de 1995, de modo que las autoridades debieron tomar varias medidas para controlarlo. En marzo de 1995, en particular, elevaron los aranceles de varias categorías de importaciones (incluidos automóviles y bienes de consumo durables), de 30 a 70% por un año; y en junio de ese año se impusieron cuotas a las importaciones de automóvil.

---

[38] En septiembre de 1994, por ejemplo, se incrementaron los salarios del sector público y el salario mínimo en 11 y 8%, respectivamente. Los salarios reales del sector privado (en particular los de las manufacturas) también aumentaron significativamente en la segunda mitad de 1994.

[39] Es posible que la falta de credibilidad también haya intervenido en la explicación del auge del consumo y la producción, como se discute en el capítulo XI.

El deterioro de las cuentas fiscal y externa sigue siendo la preocupación principal en el momento de escribir estas líneas. A pesar de cierto grado de flexibilidad introducido en el contexto de la política de tasa de cambio —se permitió la flotación del real después de los tres primeros meses de su introducción en julio de 1994 y, a partir de marzo de 1995, las autoridades brasileñas han mantenido un régimen de banda de tasas de cambio—, la tasa de cambio ha continuado apreciándose. En consecuencia, aunque la balanza comercial volvió al superávit a mediados de 1995, el déficit de la cuenta corriente ha aumentado de –0.3% del PIB en 1994 a –2.5 en 1995, –3.3% en 1996 y –4.2% en 1997. La política fiscal se debilitó en 1995, a resultas de incrementos en el gasto público de la seguridad social, en los gastos del gobierno federal en bienes y servicios, y grandes incrementos salariales de los gobiernos estatales y municipales. Luego de que en 1994 se alcanzó un pequeño superávit, el déficit del gobierno central aumentó a un promedio de 2.4% del PIB durante el periodo de 1995-1997. En enero de 1999, después de meses de presiones especulativas recurrentes, las autoridades se vieron obligadas a abandonar el régimen de bandas.

X.7. LECCIONES DE LA ESTABILIZACIÓN

La experiencia de la estabilización de la inflación en los países en vías de desarrollo nos brinda las lecciones siguientes.

El ajuste fiscal es necesario. En ausencia de un ajuste fiscal permanente, la inflación no se establece permanentemente a un nivel bajo. Esta conclusión surge claramente de las experiencias populistas de Chile y Perú; de la experiencia de Argentina bajo diversos enfoques para la estabilización, tomando en cuenta los programas heterodoxos reseñados aquí; y de la experiencia de Brasil bajo el ajuste heterodoxo. Por supuesto, un corolario de esta observación es que el establecimiento de anclas nominales basadas en los precios, tales como los congelamientos de la tasa de cambio y los controles de precios y salarios, no basta para estabilizar la inflación. La experiencia del populismo envía este mensaje claramente.

Los costos de la estabilización ortodoxa dependen de la naturaleza de la inflación vigente. Bajo la inflación elevada crónica, seguirán existiendo los contratos nominales, aunque con menor duración que en una situación de estabilidad de los precios. Si tales contratos poseen un elemento de conexión hacia atrás, o si el programa de estabilización carece de credibilidad, los contratos nominales impartirán una inercia al proceso de precios y salarios. Dicha inercia cesará de existir bajo la hiperinflación, cuando la moneda nacional deja de funcionar como la unidad de cuenta y los precios y salarios cambian con frecuencia por referencia a una tasa de cambio libremente determinada. En presencia de la inercia la adhesión a metas fiscales no inflacionarias bajo un programa basado en el dinero generará una recesión en el impacto y un mejoramiento de la cuenta corriente con una lenta convergencia de la inflación hacia su nivel de meta, como ocurriera en Chile a mediados de los años setenta. Bajo un programa basado en la tasa de cambio, se apreciará la tasa de cambio real y la cuenta corriente podrá mejorar o no, pero la convergencia de la inflación seguirá siendo lenta (la experiencia del Cono Sur). Cuando no hay inercia, que es el caso típico bajo la hiperinflación, la convergencia rápida de la inflación con costos mínimos en términos de la producción puede ocurrir con un programa fiscal creíble, como en Bolivia.

Los elementos heterodoxos (un congelamiento de la tasa de cambio acompañado de políticas de ingresos) pueden ser complementos útiles de un programa fiscal creíble para la estabilización de la inflación crónica, pero su utilización es peligrosa. Con un compromiso suficiente hacia un ajuste fiscal permanente, una suspensión de la indización y la adopción de políticas de ingresos pueden ayudar a establecer con rapidez una inflación baja al mismo tiempo que se evita el deterioro de la actividad económica a corto plazo asociado al ajuste ortodoxo en estas circunstancias, como lo demostraron Israel y México. El peligro es que el éxito del programa a corto plazo tiente a quienes elaboran las políticas a caer en el populismo, relajando la disciplina fiscal al mismo tiempo que recurren a los controles de precios y salarios para abatir la inflación, como en los programas heterodoxos de Argentina y Brasil. Esta ruta se topará rápidamente con las restricciones de la capacidad de producción nacional y del financiamiento externo, y es probable que deje al país en peores condiciones que antes del esfuerzo de estabilización. Es menos obvio que un ajuste heterodoxo bien ejecutado pueda evitar permanentemente los costos de la estabilización en términos de la producción, y éste sigue siendo un tema debatido. Por ejemplo, Kiguel y Liviatan (1992a) y Végh (1992) sostienen que los programas de estabilización basados en la tasa de cambio, ya sean ortodoxos o heterodoxos, tienden a evitar los costos reales del impacto en términos de la producción, sólo para experimentar una recesión más tarde.[40] Kiguel y Liviatan basan su opinión en las observaciones de dos estabilizaciones basadas en la tasa de cambio a lo largo de tres decenios, pero citan específicamente dos de los casos examinados aquí: la de Chile durante la estabilización del Cono Sur de fines de los años setenta y la reciente experiencia heterodoxa de Israel. En el capítulo XII exploraremos analíticamente esta cuestión, misma que ha llegado a conocerse como el ciclo de "auge y recesión" asociado a la estabilización basada en la tasa de cambio.

---

[40] Easterly (1995) ha sostenido que los programas de estabilización basados en el dinero se caracterizan también por una recuperación temprana de la producción. Sin embargo, utiliza una definición diferente (y más amplia) de la estabilización de la inflación —un movimiento de una situación en la que las tasas anuales de la inflación se colocan por encima de 40% durante dos años o más, a otra situación en la que las tasas inflacionarias anuales bajan a menos de 40% durante dos años o más—, lo que vuelve a sus resultados no estrictamente comparables con los de Kiguel y Liviatan (1992a) y Végh (1992).

XI. INFLACIÓN Y DINÁMICA A CORTO PLAZO

DESDE LA CONTROVERSIA monetarista-estructuralista de principios de los años sesenta, la naturaleza de los mecanismos que se encuentran detrás de la dinámica de la inflación ha sido tema de una voluminosa literatura teórica y empírica en los países en vías de desarrollo. Los aspectos decisivos del debate han sido, en los últimos años, las interacciones —y la falta de consistencia— entre las políticas fiscal, monetaria y de tasa de cambio; los factores estructurales (como el grado de movilidad del capital y la existencia de inercia en los salarios y los precios); los problemas de credibilidad y la posición de las expectativas acerca de las políticas futuras.

Este capítulo examinará diversos modelos del proceso inflacionario y estudiará la dinámica macroeconómica a corto plazo asociada a las políticas monetaria y de tasa de cambio. La primera parte empezará por contratar dos modelos de la inflación: el modelo "ortodoxo" o "monetarista", que se concentra en las interacciones existentes entre los déficit fiscales, la creación de dinero y la inflación; y el modelo "neoestructuralista", que destaca las conexiones existentes entre los estrangulamientos alimentarios, la distribución del ingreso y los conflictos sociales por la determinación de los salarios reales. Luego señalaremos que aunque estos modelos se consideran tradicionalmente como explicaciones rivales del proceso inflacionario, en realidad se pueden combinar en una forma que arroja dudas sobre las prescripciones de políticas que surgirían de los modelos estructuralistas simples. La segunda parte del capítulo se ocupará de los efectos de las reglas de las políticas monetaria y de tasa de cambio a corto y largo plazos.

Esa parte se iniciará con la presentación de un modelo de optimización de un solo bien con movilidad imperfecta del capital, que luego se extenderá a un marco de dos sectores y tres bienes. Además de la movilidad imperfecta del capital, el modelo ampliado capta varias características estructurales que, como hemos visto en capítulos anteriores, desempeñan un papel macroeconómico importante en el mundo en vías de desarrollo (como la rigidez del salario monetario y el comportamiento de fijación de los precios), de modo que ofrecen un marco conceptual útil para el análisis de las políticas de estabilización en los países en vías de desarrollo.

XI.1. Modelos del proceso inflacionario

La concepción "ortodoxa" del proceso inflacionario sostiene que la causa primordial de la inflación en los países en vías de desarrollo es la creación de dinero por parte de los gobiernos que afrontan limitadas opciones de préstamos (internos y externos) para financiar grandes déficit fiscales.[1] En cambio la tradición neoestructuralista de Cardoso (1981) y Taylor (1983, 1991) sostiene que la inflación deriva esencialmente del conflicto entre trabajadores y capitalistas por la distribución del ingreso entre los salarios y los beneficios reales.

Presentaremos en primer término la concepción ortodoxa, destacando el papel de las expectativas inflacionarias y el papel potencialmente desestabilizador de las rigideces fiscales. Luego discutiremos el enfoque neoestructuralista de la inflación. Por último mostraremos cómo pueden fundirse los dos modelos, introduciendo la restricción del presupuesto gubernamental en el modelo neoestructuralista. Un análisis del efecto de los subsidios a los alimentos sobre el comportamiento de la inflación en el modelo integrado destaca los pronósticos potencialmente engañosos que pueden derivar de la omisión de las restricciones del financiamiento en los modelos neoestructuralistas simples.[2]

XI.1.1. *Inflación, dinero y déficit fiscales*

Consideremos una economía cerrada con producción exógena. Supongamos que la función de demanda de dinero asume la forma semilogarítmica de Cagan utilizada en el capítulo V para el análisis del financiamiento inflacionario:

$$m = \exp(-\alpha\pi^a), \quad \alpha > 0, \tag{1}$$

donde $m \equiv M/P$, representando M el acervo de dinero básico y P el nivel de los precios. La tasa inflacionaria esperada es π^a. El gobierno no puede emitir bonos para el público y financia su déficit presupuestal primario, d, enteramente mediante el señoraje:

$$d = \dot{M}/P = \mu m, \tag{2}$$

---

[1] Los datos reseñados en el capítulo V demostraron que la conexión existente a corto plazo entre la inflación y los déficit fiscales es bastante tenue. Como vimos en ese capítulo, la relación parece darse razonablemente bien a mediano plazo, en parte porque está menos distorsionada por los cambios de corto plazo en la mezcla del financiamiento y por los efectos de las expectativas. Véase Shirvani y Wilbratte (1994) algunas pruebas directas de la relación existente a largo plazo entre el crecimiento del dinero y los incrementos de precios en los países en vías de desarrollo de inflación elevada.

[2] Para simplificar la presentación, en esta sección consideraremos una economía cerrada. La extensión de los resultados a una economía abierta no es una cuestión trivial, pero no afectaría cualitativamente las conclusiones más prominentes que se obtienen aquí.

GRÁFICA XI.1. *El señoraje y los equilibrios inflacionarios dobles*

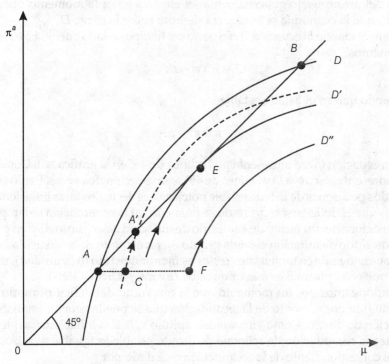

FUENTE: Adaptada de Bruno y Fischer, 1990, p. 355.

donde $\mu \equiv \dot{M}/M$. La combinación de (1) y (2) implica

$$d = \mu \exp(-\alpha \pi^a). \tag{3}$$

La ecuación (3) especifica cómo afecta el déficit fiscal primario a la tasa de equilibrio del crecimiento del acervo monetario, y por tanto al equilibrio de la tasa inflacionaria. Sin embargo, en la medida en que la demanda de saldos monetarios reales se relaciona inversamente con la tasa inflacionaria esperada, surge la posibilidad de soluciones múltiples para (3). Como veremos más adelante, de acuerdo con nuestra discusión del capítulo V, la existencia de una "curva de señoraje de Laffer" implica la existencia de dos tasas inflacionarias de Estado estable que genera cualquier monto dado del señoraje.

La ecuación (3) se representa en la gráfica XI.1, adaptada de Bruno y Fischer (1990). La curva D representa las combinaciones de μ y π^a para las que es constante el déficit primario. Dado que la ecuación (3) indica que $d = \mu$ cuando la tasa inflacionaria esperada es cero, el déficit se mide por la distancia existente entre el origen y la interceptación de la curva D con el eje μ. La restricción del presupuesto gubernamental es efectiva en cada momento dado, de modo que la economía se encuentra siempre sobre la curva D.

Diferenciando la ecuación (1) respecto del tiempo, y dado que $\dot{m} \equiv \dot{M}/P - \pi m$ obtenemos

$$\mu - \pi = -\alpha\dot{\pi}^a, \tag{4}$$

de modo que en el Estado estable

$$\pi = \pi^a = \mu. \tag{5}$$

La ecuación (5) se representa por la línea de 45° en la gráfica XI.1. Como ahí se representa, la curva D y la línea de 45° se intersectan dos veces. Por lo tanto, hay dos posiciones de Estado estable potencial, es decir, dos tasas inflacionarias en las que el déficit fiscal primario se financia con la recaudación del impuesto inflacionario: un punto de equilibrio de inflación baja (punto A) y un punto de equilibrio de inflación elevada (punto B). En el punto A, la elasticidad de la demanda de saldos monetarios reales es menor que uno (o la unidad), mientras que en el punto B es mayor que uno (Evans y Yarrow, 1981).

Supongamos por un momento que la magnitud del déficit primario está restringida por el monto de la recaudación que se puede generar mediante la creación de dinero. Como vimos en el capítulo V, la tasa inflacionaria que maximiza la recaudación de señoraje de Estado estable es igual a $\pi^s = 1/\alpha$, y el nivel correspondiente de la recaudación está dado por

$$d^s = \exp(-1)/\alpha.$$

Supongamos ahora que el déficit primario que el gobierno desea financiar está fijo a un nivel arbitrario $\bar{d}$. Dependiendo del monto del déficit buscado, puede haber cero, uno o dos equilibrios. En virtud de que el gobierno no puede obtener más que d^s en el equilibrio a largo plazo, no habrá Estado estable si $\bar{d} > d^s$. Para $\bar{d} = d^s$ o $\bar{d} < 0$, hay un solo Estado estable. Para $0 < \bar{d} < d^s$, habrá dos estados estables, y la economía puede "atascarse" en el equilibrio con inflación elevada (punto B). Para ver bajo cuáles condiciones se obtienen estos resultados a largo plazo, consideremos dos supuestos alternativos acerca de la formación de las expectativas inflacionarias.

XI.1.1.1. *Expectativas adaptadoras*

Consideremos en primer término el caso en el que las expectativas inflacionarias son adaptadoras:

$$\dot{\pi}^a = \beta(\pi - \pi^a), \quad \beta > 0. \tag{6}$$

La combinación de las ecuaciones (4), (3) y (6) determina —junto con una condición inicial apropiada— la evolución de la inflación efectiva y esperada, para un déficit fiscal primario dado. Por (4) y (6), los cambios de la inflación esperada se determinan por

$$\dot{\pi}^a = \beta(\mu - \pi^a) / (1 - \alpha\beta),$$

mientras que la tasa efectiva es

$$\pi = (\mu - \alpha\beta\pi^a) / (1 - \alpha\beta),$$

que da a entender que en el régimen permanente $\pi = \pi^a = \mu$.

Con un programa de expectativas de adaptación, el punto A es un equilibrio estable, mientras que B es inestable, si la velocidad del ajuste β es suficientemente baja ($\beta < 1/\alpha$). Los puntos ubicados a la derecha del punto B conducen a una ruta de hiperinflación. El gobierno imprime dinero a una tasa siempre creciente, lo que impide que la tasa inflacionaria esperada coincida en algún momento con la tasa efectiva de la elevación de los precios. Aunque los saldos monetarios reales (la base del impuesto inflacionario) disminuyen a una tasa creciente, el ritmo al que el gobierno imprime dinero es tan rápido que todavía puede financiar su déficit.[3]

Supongamos que la economía se encuentra inicialmente en un equilibrio estable con inflación baja (punto A), y consideremos el defecto de un aumento del déficit fiscal. Supongamos primero que el aumento es "pequeño", de modo que la curva D se desplaza hacia la derecha a D' pero sigue intersectando dos veces a la línea de 45°. El aumento del déficit fiscal conduce así a un brinco instantáneo en la tasa de crecimiento del dinero —y de la tasa inflacionaria efectiva— del punto A al punto C, y luego a un incremento gradual efectivo y de la tasa inflacionaria esperada del punto C al punto A'. Una vez que las expectativas empiezan a ajustarse, la demanda de saldos monetarios reales —que dependen, como se mostró en la ecuación (1), sólo en π^a— empieza a disminuir. A fin de compensar la reducción de la base del impuesto inflacionario, el gobierno debe imprimir dinero a un ritmo acelerado, hasta que se alcance el nuevo equilibrio. Se obtiene un resultado similar si el desplazamiento de la curva D es tal que sólo existe un punto de intersección con la línea de 45° (el punto E). En cambio, si el aumento del déficit fiscal es grande, es posible que la curva D no intersecte a la línea de 45° en absoluto (curva D"). No

---

[3] Cuando es muy elevada la rapidez del ajuste de las expectativas, el equilibrio con baja inflación se vuelve inestable, mientras que el equilibrio con inflación elevada se vuelve estable. Como lo señalan Bruno y Fischer (1990), si la rapidez del ajuste de las expectativas aumenta con la tasa inflacionaria, ambos equilibrios pueden ser estables.

hay entonces ningún estado estable, y la inflación seguirá creciendo continuamente. La economía brinca del punto A al punto F y sigue una ruta hiperinflacionaria, avanzando por la curva D'' hacia el noreste.

Si los bonos se pueden utilizar como una fuente adicional de financiamiento del déficit fiscal, aún se obtendrán equilibrios dobles si el gobierno fija la tasa de interés, pero una sola tasa inflacionaria de Estado estable se alcanza cuando el gobierno fija un ancla nominal para la economía; por ejemplo, fijando la tasa de crecimiento del acervo monetario nominal.[4] La existencia de equilibrios dobles es así una consecuencia de la elección gubernamental de reglas de política monetaria y fiscal, dado el proceso de formación de las expectativas inflacionarias. Este resultado tiene algunas implicaciones para la elección de un ancla nominal en los programas antinflacionarios, mismas que discutiremos en el capítulo siguiente.

XI.1.1.2. *La previsión perfecta*

Consideremos ahora el caso en que las expectativas inflacionarias son racionales, un supuesto que puede implantarse aquí haciendo $\beta \rightarrow \infty$ en (6) y permitiendo que los precios esperados y los reales brinquen al impacto. En este caso, se puede demostrar que el punto B es un equilibrio estable y el punto A es inestable. Más importante, sin embargo, es el hecho de que todos los puntos ubicados sobre la curva D son equilibrios potenciales de corto plazo, porque la tasa inflacionaria esperada inicial puede brincar ahora al impacto. Un aumento del déficit fiscal conduce en este contexto a un brinco instantáneo hacia un nuevo equilibrio, pero no hay ninguna garantía de que la economía se encontrará en alguna posición particular sobre la curva $D'D'$ (digamos en el punto A'). La inflación, sin mostrar ningún signo de inestabilidad, puede ser así innecesariamente elevada bajo la previsión perfecta.

La discusión anterior parece sugerir que los grandes déficit presupuestales pueden conducir a la hiperinflación sólo cuando los agentes privados tienen expectativas de adaptación, es decir, cuando cometen errores sistemáticos en el pronóstico de la inflación futura. En virtud de que el supuesto de las expectativas de adaptación es difícil de defender cuando la inflación es elevada o tiende a seguir una ruta inestable, esto parecería volver a la hiperinflación improbable en el modelo ortodoxo. Sin embargo, Bruno y Fischer (1990) y Kiguel (1989) han demostrado que los grandes déficit presupuestales pueden conducir a la hiperinflación incluso bajo la previsión perfecta, si hay un ajuste lento hacia el equilibrio en el mercado de dinero.

---

[4] Véase Bruno y Fischer (1990). Como lo demuestran Lee y Ratti (1993), todavía pueden surgir equilibrios dobles en lo tocante a otras variables de la economía, tales como los niveles de los saldos monetarios reales, las tenencias de bonos reales y las tasas de interés reales.

Siguiendo a Kiguel, supongamos que el mercado de dinero se ajusta gradualmente de acuerdo con

$$\dot{m}/m = \kappa(\ln m^d - \ln m), \quad k > 0, \tag{7}$$

donde m^d denota los saldos reales deseados, dados por la ecuación (1), y κ denota la velocidad del ajuste. La ecuación (7) puede escribirse equivalentemente como

$$\pi = \mu - \kappa(\ln m^d - \ln m), \tag{8}$$

lo que indica que la tasa inflacionaria se ajusta uno a uno con la tasa de crecimiento del acervo monetario nominal, pero se ajusta sólo parcialmente en respuesta a las diferencias existentes entre los niveles deseados y los niveles efectivos de los saldos monetarios reales. Por lo tanto, la tasa inflacionaria es rígida (pero no predeterminada), mientras que los saldos reales son predeterminados en un momento dado.

Despejando el logaritmo de la demanda de dinero en la ecuación (1), y utilizando la identidad $\dot{m} \equiv \dot{M}/P - \pi m$ en la ecuación (8), obtenemos

$$\dot{m} = \frac{\kappa}{\alpha\kappa - 1}(\alpha d + m\ln m). \tag{9}$$

La ecuación (9) se representa en la gráfica XI.2 para un valor del déficit igual a d_0 y $\kappa < 1/\alpha$. Hay dos equilibrios, uno inestable (punto A) y uno estable (punto B). Cuando la rapidez del ajuste es muy elevada ($\kappa \to \infty$), la ecuación (9) se vuelve

$$\dot{m} \simeq d + \alpha^{-1}m\ln m,$$

que, para $\dot{m} \simeq 0$, da una curva similar a D en la gráfica XI.1.

Consideremos ahora lo que ocurre cuando el gobernante aumenta el déficit primario a $d_1 > d_0$. La curva $[\dot{m} = 0]$ se desplaza hacia abajo, en tal medida que quizá ya no intersecte al eje horizontal. Dicho de otro modo, es posible que no haya ningún valor estacionario de la tasa inflacionaria que asegure una recaudación del impuesto inflacionario adecuada para financiar un déficit igual a d_1. En tales condiciones, el comportamiento del sistema será inestable, caracterizado por saldos monetarios reales decrecientes y tasas inflacionarias crecientes. Por lo tanto, un déficit demasiado grande puede conducir a una ruta hiperinflacionaria, como vimos antes en el caso de las expectativas de adaptación. Bajo la previsión perfecta, la inestabilidad potencial del proceso inflacionario depende crucialmente del supuesto de un ajuste lento en el mercado de dinero. El aumento del crecimiento monetario requerido para el financiamiento

GRÁFICA XI.2. *Déficit fiscales e inflación con ajuste gradual del mercado de dinero*

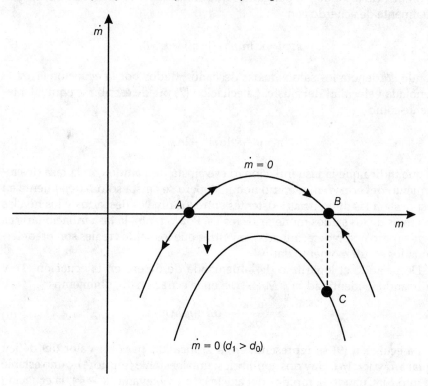

FUENTE: Kiguel, 1989, p. 152.

de un déficit mayor genera un exceso temporal de la oferta en el mercado de dinero, lo que conduce a una elevación de la inflación. La mayor tasa inflacionaria ejerce dos efectos opuestos sobre el equilibrio del mercado de dinero. Por una parte, reduce la oferta de saldos monetarios reales, lo que tiende a reequilibrar al mercado. Por la otra, conduce a una disminución de la demanda de saldos monetarios reales, lo que tiende a agravar el desequilibrio inicial. Cuando el sistema no posee un equilibrio estable a largo plazo, el último efecto domina al primero, y el resultado es una aceleración de la inflación, con un incremento continuo de la tasa de expansión del acervo de dinero nominal.[5] Como lo demuestra Kiguel (1989), la posibilidad de que la economía siga una ruta inflacionaria inestable se vuelve más probable si, como resultado del efecto de Olivera-Tanzi, discutido en el capítulo V, la erosión de la recaudación

---

[5] Dado que $\dot{m} = d - \pi m$, el señoraje es constante a lo largo de la ruta inestable. En el equilibrio estacionario donde $\dot{m} = 0$, el señoraje es igual al impuesto inflacionario.

tributaria genera una relación positiva entre el déficit fiscal primario y la tasa inflacionaria. La importancia del efecto de Olivera-Tanzi en los episodios de hiperinflación ha sido también destacada por Dornbusch (1993).

En resumen, el financiamiento monetario de los déficit fiscales puede conducir a varios equilibrios de Estado estable, dependiendo del mecanismo de formación de las expectativas y de la rapidez del ajuste del mercado de dinero. Por lo tanto, los gobiernos pueden encontrarse operando con una tasa inflacionaria innecesariamente elevada. Sin embargo, el mensaje fundamental del análisis es que la hiperinflación es un proceso inestable que surge de déficit fiscales grandes, insostenibles, financiados con la creación de dinero. En consecuencia, una característica esencial de los programas de estabilización en los países que padecen hiperinflación debe ser un ajuste fiscal considerable.

En los países en desarrollo pequeños y abiertos, un factor adicional que podría afectar directamente a la inflación es el de la tasa de cambio. Una depreciación nominal afecta directamente al precio de los bienes exportables y los que compiten con las importaciones en moneda nacional. También puede surgir un efecto indirecto, como se indicó en los capítulos I y VIII, si el costo de los insumos importados (tales como el petróleo y los bienes semiterminados) afecta directamente a las decisiones de los precios (véase más adelante). Aunque la tasa de cambio oficial esté fija, las fluctuaciones de la tasa de cambio no oficial pueden afectar a la inflación si los fijadores de los precios nacionales toman en cuenta el comportamiento del costo marginal de las divisas al fijar los precios (véase el capítulo II). Además, una depreciación de la tasa de cambio podría afectar también a la inflación elevando los salarios nominales mediante mecanismos de indización implícita o explícita.[6] En tales condiciones, es probable que una depreciación de la tasa de cambio real genere presiones inflacionarias. Los datos proporcionados por Darrat y Arize (1990), Dornbusch y otros (1990), Jorgensen y Paldam (1986), y Montiel (1989), apoyan la idea de que la tasa de cambio desempeña un papel importante en el comportamiento de la inflación a corto plazo en algunos países latinoamericanos de inflación crónica. Sin embargo, conviene destacar que tales datos no son inconsistentes con la presunción de que los déficit fiscales desempeñan un papel fundamental a largo plazo, como lo sostiene la "concepción fiscal" ortodoxa. De hecho, en los resultados presentados por Dornbusch y otros (1990), aunque casi el 46% de la variabilidad de la inflación ocurrida en México en el periodo de 1982-1987 se explica por las fluctuaciones de la tasa de cambio a corto plazo

---

[6] A su vez, la depreciación inicial de la tasa de cambio puede derivar de un choque externo, tal como un deterioro de los términos de intercambio o un aumento repentino de los pagos de la deuda externa. Dornbusch (1993) ha sostenido que en Argentina a principios de los años ochenta, por ejemplo, el deterioro de los términos de intercambio agravó el choque de la deuda externa y obligó a una depreciación de la tasa de cambio real.

(contra cerca de 12% de la estimación del déficit fiscal), las proporciones cambian a 40 y 55% en un horizonte más largo. De igual modo, para Bolivia durante el periodo de 1982-1986, las proporciones de la varianza de la inflación explicadas por las fluctuaciones de la tasa de cambio real y el déficit fiscal son 36 y 31%, respectivamente, a corto plazo, mientras que a largo plazo estas proporciones se vuelven 4 y 61 por ciento.

El modelo elaborado por Rodríguez (1978) ofrece un marco teórico para la explicación de este tipo de resultado. Si el déficit fiscal se financia mediante la creación de crédito por el banco central, como ocurre a menudo en los países en vías de desarrollo, la expansión monetaria conducirá a un incremento de los precios y una erosión progresiva de las reservas de divisas, lo que tarde o temprano impondrá una devaluación si el banco central tiene acceso limitado a los préstamos de los mercados internacionales de capital (véase el capítulo XVI). Puede desarrollarse una espiral de devaluación e inflación, en ausencia de medidas correctivas que traten de reducir el déficit. Por lo tanto, mientras que la causa "estimada" de la inflación puede parecer el ajuste de la tasa de cambio, el factor finalmente responsable de la inflación y la depreciación de la tasa de cambio puede derivar de las rigideces fiscales.

XI.1.2. *Oferta alimentaria, distribución y el ciclo de precios y salarios*

La conexión existente entre la inflación, la oferta alimentaria y las reclamaciones opuestas por la distribución del ingreso se encuentra en la base del enfoque neoestructuralista de la inflación. Esta sección presenta una versión modificada de un modelo elaborado por Cardoso (1981), quien ofrece una formalización particularmente clara de la concepción neoestructuralista.

Consideremos una economía cerrada que produce dos bienes: un bien agrícola, cuyo nivel de producción se denota por y_A, y un bien manufacturado, cuyo nivel de producción es y_I. La oferta alimentaria en el sector agrícola está dada a corto plazo por $\tilde{y}_A$, mientras que la producción del sector industrial está determinada por la demanda. Las condiciones de equilibrio en ambos mercados están dadas por

$$\tilde{y}_A = c_A^d(\overset{+}{y}, \overset{-}{\theta}), \quad \theta \equiv P_A/P_I,$$

$$y_I = c_I^d(\overset{+}{y}, \overset{+}{\theta}) + g,$$

donde $c_A^d(\cdot)$ denota la demanda alimentaria, misma que en general depende positivamente del ingreso factorial real, y, y negativamente del precio relativo de los bienes agrícolas, θ. $c_I^d(\cdot)$ representa el gasto privado en bienes manufacturados, mismo que depende positivamente del ingreso y del precio relativo.

El gasto autónomo del gobierno en bienes industriales se mide con g. El ingreso factorial real, medido en términos de bienes industriales, se define como

$$y = \theta \tilde{y}_A + y_I.$$

Supongamos, sin pérdida de generalidad, que el efecto directo de los cambio de θ sobre la demanda es cero y sea que $0 < \alpha < 1$ denota la propensión marginal al consumo. Midiendo la proporción del consumo gastada en bienes agrícolas por $0 < \delta < 1$, la condición de equilibrio del mercado alimentario se puede escribir como

$$\theta \tilde{y}_A = \delta \alpha y = \delta \alpha (\theta \tilde{y}_A + y), \tag{10}$$

mientras que la condición de vaciamiento del mercado para los bienes industriales es

$$y_I = (1 - \delta)\alpha(\theta \tilde{y}_A + y_I) + g. \tag{11}$$

A fin de examinar el proceso de ajuste dinámico y el comportamiento de la inflación, supongamos por el momento que los precios de los bienes industriales permanecen constantes y que la producción del sector industrial responde gradualmente a la demanda excedente de bienes manufacturados:

$$\dot{y}_I = \upsilon_I[\alpha(1 - \delta)(\theta \tilde{y}_A + y_I) + g - y_I], \quad \upsilon_I > 0. \tag{12}$$

De igual modo, los precios agrícolas responden gradualmente a la demanda excedente de alimentos:

$$\dot{P}_A/P_A = \upsilon_A[\delta \alpha(\theta \tilde{y}_A + y_I) - \theta \tilde{y}_A], \quad \upsilon_A > 0. \tag{13}$$

La tasa de cambio de los precios agrícolas es entonces igual a la tasas de cambio del precio relativo, $\dot{\theta}/\theta$, porque los precios de los bienes industriales permanecen constantes.

Las ecuaciones (12) y (13) constituyen un sistema que determina el comportamiento dinámico de la producción en el sector industrial y de los precios agrícolas a través del tiempo:

$$\begin{bmatrix} \dot{P}_A \\ \dot{y}_I \end{bmatrix} = \begin{bmatrix} -\upsilon_A(1 - \alpha\delta) & \upsilon_A\alpha\delta \\ \upsilon_I\alpha(1 - \delta) & -\upsilon_I(1 - \alpha(1 - \delta)) \end{bmatrix} \begin{bmatrix} P_A \\ y_I \end{bmatrix},$$

donde, para simplificar, $g = 0$, y los precios industriales se normalizan a la unidad. Para la estabilidad, la traza de la matriz de coeficientes debe ser negativa, y su determinante positivo.

GRÁFICA XI.3. *El equilibrio en el modelo neoestructuralista*

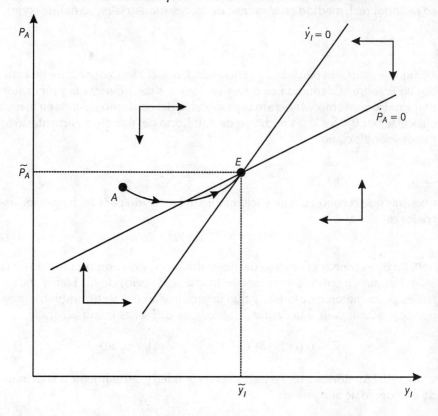

En la gráfica XI.3 se muestra el equilibrio de la economía. La curva $[\dot{P}_A = 0]$, que determina las combinaciones de la producción industrial y el precio relativo que mantienen el equilibrio en el mercado alimentario, tiene una pendiente positiva. Los puntos ubicados a la izquierda de esta curva se asocian a la oferta excedente de alimentos y a los precios decrecientes, mientras que los puntos ubicados a la derecha de ella indican una demanda excedente y precios de los alimentos crecientes. La curva $[\dot{y}_I = 0]$ representa la condición de equilibrio para el mercado del bien industrial. Esta curva tiene también una pendiente positiva, la que debe ser más empinada que la pendiente de la curva $[\dot{P}_A = 0]$ para asegurar la estabilidad global.[7] Los puntos situados a la iz-

---

[7] Formalmente, las pendientes de las curvas $[\dot{P}_A = 0]$ y $[\dot{y}_I = 0]$ están dadas, respectivamente, por

$$\left.\frac{dP_A}{dy_I}\right|_{\dot{P}_A = 0} = \frac{\alpha\delta}{1 - \alpha\delta}, \quad \left.\frac{dP_A}{dy_I}\right|_{\dot{y}_I = 0} = \frac{1 - \alpha(1 - \delta)}{\alpha(1 - \delta)}.$$

quierda de $[\dot{y}_I = 0]$ indican la demanda excedente de bienes industriales y una producción creciente, mientras que los puntos ubicados a la derecha de $[\dot{y}_I = 0]$ indican una oferta excedente de bienes manufacturados y una producción decreciente. El equilibrio de Estado estable de la economía se obtiene en el punto E.

Supongamos, por ejemplo, que la posición inicial de la economía se encuentra en el punto A de la gráfica IX.3, que representa una oferta excedente de alimentos y una demanda excedente de bienes manufacturados. El aumento de la producción en el sector industrial reduce la demanda de manufacturas, al mismo tiempo que aumenta el ingreso y la demanda de productos agrícolas, disminuyendo la oferta excedente en ese sector. La condición de estabilidad asegura que el efecto de ingreso generado por el incremento de la producción industrial no agravará el exceso inicial de la demanda en el mercado de bienes industriales. Por lo tanto, en este marco básico, los precios de los alimentos bajan al principio y luego suben, mientras que la producción industrial aumenta de continuo a través del tiempo, hasta que se alcanza el equilibrio de largo plazo. No hay ninguna tendencia hacia la inestabilidad, porque supusimos que los precios industriales permanecen constantes y omitimos el comportamiento de los trabajadores.

Supongamos ahora que las empresas del sector industrial fijan los precios con un margen fijo de ganancia γ sobre los costos laborales. Suponiendo, para simplificar, que el requerimiento unitario de mano de obra para la producción industrial se normaliza a la unidad, los precios industriales están dados por

$$P_I = (1 + \gamma)w, \quad \gamma > 0. \tag{14}$$

Supongamos también que los trabajadores tienen una meta de salario real constante ω^*, lo que implica que los salarios nominales están determinados por

$$w = \tilde{\omega}P, \tag{15}$$

donde P denota el índice de precios del consumidor, definido como

$$P - P_A^\delta P_I^{1-\delta}, \quad 0 < \delta < 1 \tag{16}$$

Utilizando las ecuaciones (14), (15) y (16), obtenemos el precio relativo requerido, consistente con la meta del salario real de los trabajadores:

$$\theta^* = [(1 + \gamma)\omega^*]^{-1/\delta}. \tag{17}$$

Calculando el determinante de la matriz de coeficientes dada anteriormente, establecemos que la relación existente entre las pendientes indicadas en el texto es suficiente para la estabilidad, porque siempre se da la condición sobre la traza de la matriz de coeficientes.

Se supone que la tasa de cambio de los salarios nominales está determinada por la diferencia existente entre la proporción de precios requerida θ^* y la tasa efectiva θ, de modo que, utilizando la ecuación (14), la tasa de cambio de los precios industriales π_I es igual a

$$\pi_I = \dot{w}/w = \kappa(\theta - \theta^*), \quad \kappa > 0, \tag{18}$$

donde κ mide la rapidez del ajuste salarial. Entonces θ^* es el precio relativo al que la inflación salarial es cero y los precios industriales permanecen constantes. Utilizando las ecuaciones (13) y (18) en la definición de θ, obtenemos

$$\dot{\theta}/\theta = \upsilon_A[\alpha\delta(\theta\widetilde{y}_A + y_I) - \theta\widetilde{y}_A] - \kappa(\theta - \theta^*). \tag{19}$$

La gráfica XI.4 presenta una solución diagramática del sistema integrado por las ecuaciones (12), (13) y (14). La curva AA es idéntica a la curva $[\dot{P}_A = 0]$ antes definida, y da las combinaciones del precio relativo y la producción industrial que aseguran un equilibrio continuo en el mercado de alimentos. Las curvas $[\dot{y}_I = 0]$ y $[\dot{\theta} = \theta]$ tienen pendiente positiva, con la primera más empinada para asegurar la estabilidad. La pendiente de la curva AA es, por construcción, también más empinada que la pendiente de la curva $[\dot{\theta} = \theta]$. Las dos curvas se intersecan en el punto B, donde la proposición efectiva de los precios relativos es igual al precio relativo requerido, θ, y el mercado de alimentos está en equilibrio. Las curvas $[\dot{y}_I = 0]$ y $[\dot{\theta} = \theta]$ se intersectan en el punto E, que determina un valor del precio relativo $\theta > \theta^*$. Por último, las curvas $[\dot{y}_I = 0]$ y AA se intersectan en el punto G.

Los puntos B, E y G no representan un equilibrio a largo plazo en esta economía. Supongamos que la economía se encuentra inicialmente en el punto G, donde los mercados de alimentos y de bienes industriales se encuentran en equilibrio pero los salarios reales son menores que el nivel deseado o, equivalentemente, el precio relativo efectivo es mayor que el nivel requerido. Por lo tanto, los salarios nominales aumentan, elevando los precios industriales y reduciendo el precio relativo de los bienes agrícolas. El efecto de ingreso negativo reduce la producción en el sector industrial. En el punto B, los salarios reales se encuentran en su nivel deseado y el mercado de alimentos se encuentra en equilibrio, pero la economía se caracteriza por la demanda excedente de manufacturas. La producción industrial empieza a aumentar, pero a medida que la economía se aleja del punto B (digamos hacia el punto C), el aumento del ingreso presiona hacia arriba al precio relativo de los productos alimenticios.

Si la economía se encuentra inicialmente en una posición tal como el punto F, correspondiente a una situación de demanda excedente en el mercado de alimentos, la presión ascendente sobre los precios agrícolas está acompañada

GRÁFICA XI.4. *El ciclo de precios y salarios en el modelo neoestructuralista*

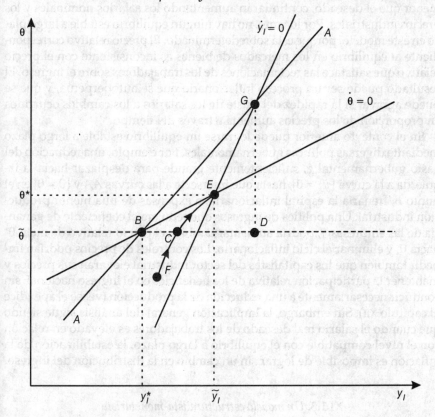

FUENTE: Adaptada de Cardoso, 1981, p. 275.

de un aumento de los salarios nominales, lo que a su vez conduce a una elevación de los precios industriales y a la mayor producción en ese sector. Pero mientras que la demanda excedente de alimentos siga siendo grande en relación con la diferencia existente entre el salario real efectivo y el deseado, los salarios nominales, y por ende los precios industriales, seguirán aumentando con menor rapidez que los precios agrícolas, de modo que el precio relativo θ aumentará a través del tiempo. La presión ascendente sobre el precio relativo genera una demanda excedente de manufacturas, y la producción industrial aumenta. Por lo tanto, la economía avanza hacia el punto E, donde se intersectan las curvas $[\dot{y}_I = 0]$ y $[\dot{\theta} = \theta]$, y tanto la producción industrial como el precio relativo permanecen constantes. Pero en ese punto, la demanda excedente de productos agrícolas —derivada del aumento del ingreso conectado con la expansión de la producción en el sector de los bienes industriales— mantiene una presión ascendente sobre su precio. Además, dado que el salario real es menor que el deseado, continuarán aumentando los salarios nominales y los precios industriales. Por lo tanto, no hay ningún equilibrio estable a largo plazo en este modelo, porque está sobredeterminado. El precio relativo correspondiente al equilibrio en los mercados de bienes es inconsistente con el precio relativo que satisface las reclamaciones de los trabajadores sobre el ingreso. El resultado puede ser un proceso inflacionario que se autoperpetúa, y que se puede agravar si la rapidez del ajuste de los salarios a los cambios ocurridos en proporción de los precios aumenta a través del tiempo.[8]

En el contexto anterior puede lograrse un equilibrio estable a largo plazo mediante diversas políticas gubernamentales. Por ejemplo, una reducción del gasto gubernamental g, suficientemente grande para desplazar hacia la izquierda a la curva $[\dot{y}_I = 0]$, hasta que intersecte a las curvas AA y $[\dot{\theta} = \theta]$ en el punto B, frenaría la espiral inflacionaria, a expensas de una menor producción industrial. Una política de ingresos que redujera el coeficiente de ganancia de las empresas γ, podría aumentar también el precio relativo de meta θ^* hacia $\tilde{\theta}$, y eliminar el ciclo inflacionario. Los controles de precios podrían impedir también que los capitalistas del sector industrial elevaran sus precios y mantener la participación relativa de los beneficios en el ingreso nacional, sin conducir necesariamente a una reducción de la producción (véase el apéndice al capítulo XII). Sin embargo, la implicación general del análisis sigue siendo que cuando el salario real deseado de los trabajadores es elevado en relación con el nivel compatible con el equilibrio a largo plazo, la estabilización de la inflación es imposible de lograr sin un cambio en la distribución del ingreso.

XI.1.3. Un modelo estructuralista-monetarista

Un supuesto crucial y generalmente implícito de los modelos neoestructuralistas de la inflación, incluida la versión modificada del modelo de Cardoso elaborado antes, es que la política monetaria acomoda plenamente los cambios ocurridos en el nivel de los precios. Ahora presentaremos un marco integrado que da cuenta explícitamente de la dinámica de la oferta monetaria en el modelo neoestructuralista elaborado antes. Esta extensión ofrece una conexión con el enfoque ortodoxo descrito con anterioridad y nos permite calificar algunas de las prescripciones de política económica comúnmente sustentadas por los economistas neoestructuralistas. La conexión existente entre los precios, el dinero y los déficit fiscales se representa introduciendo los subsi-

---

[8] En una extensión de su análisis a una economía abierta, Cardoso (1981) sostiene que una devaluación de la tasa de cambio real tiene sólo un efecto transitorio sobre la balanza comercial, pero puede generar un ciclo de precios y salarios similar al que se describe aquí.

dios alimentarios en el modelo y tomando en cuenta la restricción presupuestaria gubernamental.[9]

En presencia de un subsidio a la tasa $0 < s < 1$, el índice de precios del consumidor se define como

$$P = [(1-s)P_A]^d P_I^{1-\delta}. \tag{20}$$

Supongamos que el gobierno grava con un impuesto uniforme el ingreso factorial a la tasa $0 < \iota < 1$. Sus gastos consisten en su demanda de bienes industriales (en la cantidad g) y los subsidios alimentarios. La restricción del presupuesto gubernamental puede escribirse como

$$\dot{M} = P_I g + sP_A \tilde{y}_A - \iota(P_A \tilde{y}_A + P_I y_I),$$

que en términos reales es equivalente a

$$\dot{m} = g + (s-\iota)\theta\tilde{y}_A - \iota y_I - \pi_I m, \tag{21}$$

donde m denota los saldos monetarios reales medidos en términos de los precios industriales. Suponiendo que la demanda de productos alimenticios es una función positiva de los saldos monetarios reales, obtenemos la condición de equilibrio del mercado de alimentos en presencia de subsidios alimenticios:

$$(1-s)\theta\tilde{y}_A = \alpha\delta(1-\iota)(\theta\tilde{y}_A + y_I) + \lambda\delta m, \tag{22}$$

donde α es ahora la propensión al consumo del ingreso disponible y $0 < \lambda < 1$. El miembro izquierdo de esta expresión denota el valor de la oferta de alimentos después de los subsidios, medido en términos de los bienes industriales.[10] El último término del miembro derecho mide un efecto de saldo real.

La dinámica del ajuste de la producción en el mercado de manufacturas está dada ahora por

$$\dot{y}_I = \upsilon_I[\alpha(1-\delta)(1-\iota)(\theta\tilde{y}_A + y_I) + \lambda(1-\delta)m + g - y_I]. \tag{23}$$

Suponiendo que los trabajadores persiguen una meta de salario real como antes, el precio relativo requerido está dado ahora por

$$\theta^* = (1-\iota)^{-1}[(1+\gamma)\omega^*]^{-1/\delta} \tag{24}$$

---

[9] El análisis sigue a Parkin (1991) y a Srinivasan y otros (1989). Véase Taylor (1979, pp. 73-83) un análisis de los subsidios alimentarios y la inflación en un marco neoestructuralista convencional.

[10] En el análisis siguiente suponemos que $s < 1 - \alpha\delta(1-\iota)$, para asegurar que, en un nivel dado de la producción industrial, un aumento del precio relativo de los alimentos reduce la demanda excedente de productos agrícolas.

Tras sustituciones apropiadas, el comportamiento del precio relativo está determinado por

$$\dot{\theta}/\theta = \upsilon_A \left[\frac{\alpha\delta}{1-s}(\theta\tilde{y} + y_I) + \frac{\lambda}{1-s}m - \theta\tilde{y}_A \right] - \kappa(\theta - \theta^*). \qquad (25)$$

Utilizando (18), la ecuación (21) se puede acercar alrededor de la posición inicial (en $t = 0$) por

$$\dot{m} \simeq g + [(s - \upsilon)\tilde{y}_A - \kappa m_0]\theta - \upsilon y_I + \kappa(\theta_0 - \theta^*)m. \qquad (26)$$

Las ecuaciones (23), (25) y (26) constituyen un sistema dinámico en y_I, θ y m. En lugar de analizar el sistema completo, supongamos que el ajuste de la producción en el mercado de bienes industriales es instantáneo, es decir, $\upsilon_I \rightarrow \infty$. Despejando y_I en (23), con $\dot{y}_I = 0$, y sustituyendo el resultado en (25) y (26), obtenemos un sistema de dos ecuaciones diferenciales en θ y m.

En la gráfica XI.5 se describe el equilibrio. La curva $[\dot{\theta} = 0]$ tiene pendiente positiva porque un aumento de las tenencias de dinero incrementa la demanda de bienes agrícolas y manufacturados, de modo que el mantenimiento del equilibrio requiere un aumento del precio relativo de los alimentos. La curva $[\dot{m} = 0]$ tiene pendiente negativa bajo el supuesto de $(s - \upsilon)\tilde{y}_A > \kappa m_0$. En este caso la estabilidad global está asegurada.[11] En este contexto se puede demostrar que el efecto a largo plazo de aumentar la tasa de subsidio más que aumentar la inflación es ambiguo (véanse Parkin, 1991, y Srinivasan y otros, 1989). Por otra parte, el aumento de los pagos de subsidios incrementa el gasto gubernamental y reduce la diferencia existente entre la proporción real de los precios y su nivel requerido, lo que tiende a incrementar los saldos monetarios reales y a frenar la inflación salarial. Por otra parte, una actividad mayor en el sector industrial incrementa la recaudación del impuesto al ingreso y reduce el déficit fiscal, lo que presiona hacia bajo el crecimiento monetario. Sin embargo, si la tasa del subsidio es lo suficientemente elevada en un principio, se puede demostrar que elevarla aún más incrementará el alto nivel monetario y la inflación. Además, si los salarios son enteramente flexibles, el incremento de los subsidios otorgados a los alimentos será siempre inflacionario.

Así pues, el meollo del análisis anterior es que, cuando se toma en cuenta la conexión existente entre los subsidios, los déficit fiscales y la política monetaria, es posible que se deban calificar los pronósticos de los modelos neoestructuralistas que omiten la acumulación de activos y la restricción presupuestaria gubernamental. En particular, un aumento de los subsidios puede ser infla-

---

[11] Si $(s - \upsilon)\tilde{y}_A > \kappa m_0$, la estabilidad requiere que la pendiente de la curva $[\dot{m} = 0]$ sea mayor que la pendiente de la curva $[\dot{\theta} = 0]$.

GRÁFICA XI.5. *Equilibrio con subsidios en dinero*
y alimentos en el modelo neoestructuralista

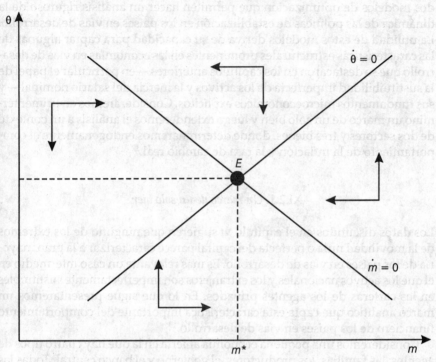

FUENTE: Srinivasan *et al.*, 1989.

cionario, cualquiera que sea el supuesto específico que se formule acerca de la formación de los salarios. Más generalmente, la discusión anterior sugiere que la combinación de los modelos ortodoxos y neoestructuralistas puede proporcionar nuevas luces sobre el proceso inflacionario. El énfasis en el conflicto social y la distribución del ingreso puede ser importante para entender los aspectos crónicos de la inflación en algunos países, mientras que la consideración de los efectos monetarios del financiamiento del déficit es esencial para entender en casi todos los casos el mecanismo de transmisión de los choques de la política económica a la tasa inflacionaria.

XI.2. LA DINÁMICA DE LAS REGLAS MONETARIAS Y DE TASA DE CAMBIO

Un aspecto fundamental del debate sobre la elección entre programas de estabilización basados en el dinero y basados en la tasa de cambio es el de la ruta dinámica implicada por diferentes elecciones de la política económica para la inflación, la producción y la cuenta corriente. En esta sección presentaremos dos modelos de optimización que permiten hacer un análisis riguroso de la dinámica de las políticas de estabilización en los países en vías de desarrollo. La utilidad de estos modelos deriva de su capacidad para captar algunas de las características estructurales prominentes en las economías en vías de desarrollo que se destacaron en los capítulos anteriores —en particular el papel de la sustituibilidad imperfecta de los activos y la inercia del salario nominal— y sus fundamentos microeconómicos explícitos. Consideraremos en primer término un marco de un solo bien y luego extenderemos el análisis a un contexto de dos sectores y tres bienes, donde determinaremos endógenamente el comportamiento de la inflación y la tasa de cambio real.[12]

XI.2.1. Un marco de un solo bien

Los datos discutidos en el capítulo VI sugieren que ninguno de los extremos de la movilidad nula o perfecta del capital parece caracterizar a la gran mayoría de los países en vías de desarrollo. Es más relevante un caso intermedio en el que los activos nacionales y los extranjeros son imperfectamente sustituibles en las carteras de los agentes privados. En lo que sigue presentaremos un marco analítico que capta esta característica importante del comportamiento financiero de los países en vías de desarrollo.[13]

Consideremos una pequeña economía abierta en la que hay cuatro tipos de agentes: las familias, los productores, el gobierno y el banco central. Todas las empresas y las familias son idénticas, por lo que su número se normaliza a la unidad para simplificar; la producción nacional queda fija durante el análisis, y la paridad del poder de compra no varía. Bajo un régimen de tasas de cambio predeterminadas la moneda nacional se deprecia a una tasa constante por la acción del banco central, cuyo acervo de activos extranjeros se ajusta para equilibrar la oferta y la demanda de las divisas. Bajo un régimen de tasas de cambio flexibles las reservas de divisas del banco central son constantes y la tasa de crecimiento del crédito es predeterminada.

---

[12] Se omiten aquí los mercados financieros informales que, según vimos en los capítulos III y VI, desempeñan un papel decisivo en el proceso de transmisión de la política monetaria en los ambientes donde tales mercados son importantes, debido en parte a las complejidades analíticas que introducen tales mercados (véase el capítulo XIII). La omisión pretende conservar así la maleabilidad.

[13] El modelo elaborado aquí se ha adaptado de Agénor (1997a) y representa una extensión del modelo con nula movilidad del capital elaborado en el capítulo V para analizar la relación existente entre los déficit fiscales, las expectativas de la política económica y las tasas de interés reales. Agénor (1997b) presenta los bancos comerciales en un plano similar.

Las familias tienen dos categorías de activos en sus carteras: dinero nacional y bonos del gobierno nacional. Como en el modelo con movilidad de capital nula elaborado en el capítulo V, el dinero nacional no genera intereses. La tasa de interés nacional se ajusta para mantener el equilibrio en el mercado de dinero, mientras que la tasa de rendimiento real de los bonos extranjeros se determina en los mercados mundiales del capital (como resultado del supuesto de país pequeño). El gobierno consume bienes y servicios, recauda impuestos de suma fija, y paga intereses de su deuda interna. Financia su déficit presupuestal emitiendo bonos nacionales, obteniendo préstamos del banco central.[14]

XI.2.1.1. *Las familias*

La utilidad de toda la vida de las familias, descontada, está dada por

$$\int_0^\infty \left\{ \frac{c^{1-\eta}}{1-\eta} + \chi \ln m \right\} e^{-\rho t} dt, \quad \rho, \chi > 0 \qquad (27)$$

donde ρ nuevamente denota la tasa constante de tiempo de preferencia y c el consumo. Como en el capítulo V, la función de utilidad instantánea toma la misma forma.

La riqueza nominal de la familia representativa A está dada por

$$A = M + B - EL^*,$$

donde M denota el acervo monetario nominal, B el acervo de bonos gubernamentales, y EL^* el valor en moneda nacional del acervo de bonos extranjeros (denotando por E la tasa de cambio nominal y por L^* el valor en moneda extranjera de los préstamos extranjeros obtenidos por la familiares). Denotando por $m \equiv M/E$ los saldos monetarios reales y por $b \equiv B/E$ el acervo real de bonos gubernamentales, puede definirse la riqueza real por

$$a = m + b - L^*. \qquad (28)$$

La restricción del flujo presupuestal está dada por

$$\dot{a} = y + ib - c - \tau - (i^* + \theta)L^* - (m + b)\varepsilon,$$

[14] Es posible que no sea apropiado para la mayoría de los países en vías de desarrollo el supuesto de que el gobierno puede financiar parcialmente su déficit fiscal emitiendo bonos (véase el capítulo V). Sin embargo, tal supuesto es relevante para varios países latinoamericanos y asiáticos de ingresos relativamente elevados. En todo caso, no nos concentraremos aquí en el financiamiento con bonos.

donde y denota la producción nacional (que es constante en $y(n^s)$), τ el valor real de los impuestos de suma fija, i la tasa de interés nacional nominal, y $\varepsilon \equiv \dot{E}/E$ la tasa de depreciación predeterminada de la tasa de cambio. El término $-(m+b)\varepsilon$ representa las pérdidas de capital sobre los acervos de dinero y de bonos nacionales derivadas de las modificaciones de la tasa de cambio.

El término $i^* + \theta$ mide el costo de los préstamos obtenidos en los mercados de capital mundiales, y consiste en una tasa de interés i^*, exógena y libre de riesgo, y un premio de riesgo θ que se define como

$$\theta = \theta(L^*, \cdot), \quad \theta_L, > 0 \tag{29}$$

donde se supone que el premio se relaciona positivamente con L^*.[15] Así pues, las familias nacionales obtienen más préstamos en los mercados de capital mundiales sólo a una tasa de interés más elevada. Este supuesto capta el riesgo individual de falta de pago: las opciones de préstamos del agente nacional están restringidas por su capacidad de pago.[16] El premio depende también de varias características familiares distintas del nivel del endeudamiento (como la composición de la familia), o de factores como el sentimiento del mercado hacia el país en cuestión, lo que es un factor de riesgo específico del país que refleja las percepciones de los prestamistas extranjeros sobre la confianza crediticia en aquél. Para simplificar, en esta etapa omitiremos estos otros factores.

Utilizando (28), podemos escribir la restricción presupuestaria de flujo como

$$\dot{a} = y + ra - c - \tau - (i^* + \theta - r)L^* - im, \tag{30}$$

donde $r = i - \varepsilon$ denota la tasa de interés real nacional.

Las familias tratan a $y, \varepsilon, i^*\, i$, y τ como dadas y maximizan (27) sujetas a (29) y (30) eligiendo una secuencia $\{c, m, b, L\}_{t=0}^{\infty}$. Las condiciones del óptimo requeridas están dadas por

$$m^d = \chi c^n / i \tag{31}$$

$$i = (i^* + \theta + \varepsilon) + L^* \theta_{L^*}, \tag{32}$$

$$\dot{c}/c = \sigma(r - \rho), \tag{33}$$

junto con la condición de transversalidad $\lim_{t \to \infty}(e^{-\rho t}a) = 0$.

---

[15] Es también plausible suponer que el premio es convexo en L^* (de modo que $\theta_{L^* L^*} > 0$), y que para L^* suficientemente elevado se alcanza finalmente una restricción de endeudamiento efectiva. En lo que sigue se supone que la economía opera en la porción de pendiente positiva de la curva de oferta de fondos, antes que en cualquier tope absoluto del endeudamiento, y que θ es continuamente diferenciable en ese intervalo.

[16] Véase una discusión más detallada en Agénor (1997a). El supuesto de que el premio (específico de cada familia) depende positivamente del nivel de la deuda del agente —antes que de la deuda total de la economía— conduce naturalmente al supuesto de que los agentes interiorizan el efecto de sus decisiones de endeudamiento sobre θ, como veremos más adelante.

La ecuación (31) es la función de demanda de dinero y se obtiene de la condición de que la tasa marginal de sustitución entre los saldos monetarios y el consumo sea igual al costo de oportunidad de la tenencia de dinero: la tasa de interés nominal de los bonos gubernamentales nacionales. La ecuación (33) es la ecuación de Euler convencional, la que muestra que el consumo aumenta o disminuye según que la tasa de interés real nacional sea mayor o menor que la tasa de preferencia por el tiempo.

La ecuación (32) es una condición de arbitraje que determina implícitamente la demanda de préstamos. A fin de entender su proceso de derivación, consideremos primero el caso en que las familias no afrontan ningún premio de riesgo en los mercados mundiales de capital ($\theta = 0$). En tal caso, el óptimo requiere de manera clara de $i = i^* + \varepsilon$. Si suponemos, por ejemplo, que $i > i^* + \varepsilon$, entonces los agentes contratarían préstamos de fondo en cantidades ilimitadas en los mercados mundiales de capital a fin de obtener un beneficio neto cuando compren bonos gubernamentales. Por el contrario, con $i < i^* + \varepsilon$ se obtendría una solución de esquina, por lo que las familias no contratarían ningún préstamo con prestamistas extranjeros. Por lo tanto, el equilibrio (con un nivel positivo de deuda externa) requiere de la igualdad entre el rendimiento marginal, i, y el costo marginal de los fondos (medido en términos de la moneda nacional), $i^* + \varepsilon$.

Supongamos ahora, como lo hicimos antes, que el premio aumenta con el nivel de la deuda privada. El óptimo requiere, como antes, que las familias contraten préstamos hasta el punto en el que el rendimiento marginal y el costo marginal de los préstamos sean iguales. Aquí, sin embargo, aunque el rendimiento marginal es de nuevo igual a la tasa de rendimiento de los bonos nacionales, el costo marginal de los préstamos está dado por $i^* + \theta + \varepsilon$ más el incremento del costo del servicio del acervo de préstamos existente inducido por el incremento marginal del premio del riesgo (derivado a su vez del incremento marginal de los préstamos), $L^*\theta_{L^*}$.

Dado que θ es una función de L^*, puede obtenerse el nivel óptimo de los préstamos de la ecuación (32), tomando una aproximación lineal a θ, de modo que

$$L^* = (i - i^* - \varepsilon)]/\gamma, \tag{34}$$

donde $\gamma = 2\theta_{L^*} > 0$. La ecuación (34) indica que el endeudamiento externo se relaciona positivamente con la diferencia existente entre la tasa de interés nacional y la suma de la tasa de interés mundial sin riesgo y la tasa de devaluación. Además, la demanda de préstamos extranjeros es proporcional al diferencial $i - i^* - \varepsilon$, con un factor de proporcionalidad que depende de la sensibilidad del premio del riesgo al nivel de la deuda privada.

XI.2.1.2. *El gobierno y el banco central*

No hay bancos comerciales en la economía, y el banco central presta sólo al gobierno. Por lo tanto, el acervo de dinero nominal es igual a

$$M = D + ER^*, \tag{35}$$

donde D denota el acervo del crédito nacional otorgado por el banco central al gobierno, y R^* denota el acervo de activos extranjeros netos, medido en términos de moneda extranjera. Los cambios del acervo de crédito real, $d \equiv D/E$, están dado por

$$\dot{d} = (\mu - \varepsilon)d, \tag{36}$$

donde μ denota la tasa de crecimiento del acervo de crédito nominal.

El banco central recibe intereses sobre sus tenencias de activos extranjeros y sus préstamos al gobierno. Para simplificar, suponemos que la tasa de interés pagada por el gobierno sobre los préstamos del banco central es igual a la tasa de interés del mercado de bonos nacionales. Por lo tanto, los beneficios reales del banco central son iguales a

$$\Pi^{cb} = (i^* + \varepsilon)R^* + id, \tag{37}$$

donde εR^* mide las ganancias de capital reales sobre las reservas.

Las fuentes de recaudación del gobierno consisten en impuestos de suma fija sobre las familias, transferencias del banco central. El gobierno consume bienes y servicios y paga intereses sobre su deuda interna. Financia su déficit presupuestal con préstamos del banco central o emitiendo bonos.[17] En términos nominales, la restricción del flujo presupuestal del gobierno puede escribirse como

$$\dot{B} + \dot{D} = E(g - \tau - \Pi^{cb}) + i(B + D),$$

donde g denota el gasto gubernamental distinto de los intereses, que se supone exógeno. En términos reales, y utilizando la ecuación (37), obtenemos

$$\dot{d} + \dot{b} \, \varepsilon m = g + rb - i^* R^* - \tau. \tag{38}$$

La ecuación (38) indica que el gasto gubernamental más los pagos de intereses netos sobre la deuda interna, menos los impuestos de suma fija, y el in-

---

[17] Excluimos así la posibilidad de que el gobierno se endeude en el exterior. Este supuesto puede ser particularmente adecuado para los países en vías de desarrollo más pequeños, que tienen sólo un acceso limitado a los mercados de capital internacionales.

greso de intereses sobre las reservas se debe financiar con la emisión de bonos, un incremento del crédito nacional real o la recaudación de señoraje. Al resolver la ecuación (38) obtenemos la restricción presupuestaria intertemporal del gobierno, que iguala el valor presente de las compras gubernamentales de bienes y servicios a las tenencias iniciales de activos netos más el valor presente de los impuestos de suma fija, sujeta al requerimiento de solvencia

$$\lim_{t \to \infty} be^{-rt} = 0.$$

Como vimos en el capítulo V, la restricción de la solvencia descarta los juegos de Ponzi indefinidos por parte del gobierno.

XI.2.1.3. *Equilibrio del mercado de dinero*

El cierre del modelo requiere la especificación de la condición de equilibrio del mercado de dinero:

$$m^s = m^d.$$

Dada (31), la ecuación anterior se puede despejar para obtener la tasa de interés nacional que vacía el mercado:

$$i = i(\overset{+}{c}, \overset{-}{m}). \tag{39}$$

lo que demuestra, como vimos en el capítulo V, que la tasa de interés nominal de equilibrio depende positivamente del consumo privado y negativamente del acerdo de saldos de efectivo reales.

XI.2.1.4. *Forma dinámica*

Sustituyendo (30), (35) y (38) en la restricción presupuestaria de flujo de la familia (28), obtenemos la restricción presupuestaria consolidada de la economía:

$$\dot{L}^* - \dot{R}^* = i^*(L^* - R^*) + \theta L^* + c + g - y, \tag{40}$$

que determina el comportamiento a través del tiempo del acervo total de deuda externa. Específicamente, la ecuación (40) indica que la contrapartida del déficit de cuenta corriente, que se da como la suma del déficit comercial $c + g + y$ y los pagos netos de intereses de la deuda externa vigente $i^*(L^* - R^*) + \theta L^*$, es el cambio del pasivo externo neto. Integrando la ecuación (40) obtenemos (bajo el supuesto de que la tasa de interés mundial sin riesgo permanece constante a través del tiempo) la restricción presupuestaria intertemporal de la economía

$$L_0^* - R_0^* = \int_0^\infty e^{-i^*}(y - c - g - \theta L^*)dt + \lim_{t \to \infty} e^{-i^*}(L^* - R^*).$$

La economía no puede permanecer indefinidamente endeudada con el resto del mundo, de modo que el segundo término de la expresión anterior debe ser cero. Así pues, la restricción presupuestaria intertemporal de la economía puede escribirse, con i^* constante a través del tiempo, como:

$$L_0^* - R_0^* = \int_0^\infty e^{-i^*}(y - c - g - \theta L^*)dt,$$

lo que indica que el nivel corriente de la deuda externa debe ser igual a la corriente descontada del exceso de la producción futura sobre la absorción interna ($c + g$), ajustada por la pérdida de recuros inducida por las imperfecciones del mercado de capital.

Las ecuaciones (33), (34), (36), (38), (39), y (40) describen la evolución de la economía a lo largo de cualquier ruta de equilibrio de previsión perfecta. El sistema puede rescribirse como:

$$L^* = [i(c, m) - i^* - \varepsilon]/\gamma, \tag{41}$$

$$\dot{c}/c = \sigma[i(c, m) - \varepsilon - \rho], \tag{42}$$

$$\dot{L}^* - \dot{R}^* = i^*(L^* - R^*) + \theta(L^*)L^* + c + g - y, \tag{43}$$

$$\dot{d} + \dot{b} + \varepsilon m = g + rb - i^* R^* - \tau, \tag{44}$$

$$\dot{d} = (\mu - \varepsilon)d, \tag{45}$$

$$m = d + R^* \tag{46}$$

Las ecuaciones (41)-(46) representan un sistema de ecuaciones diferenciales con seis variables endógenas: c, b, L^*, R^*, d y m. Conviene advertir que la cuenta de capital y la balanza de pagos global se definen en términos de los cambios ocurridos en el nivel de la deuda externa privada y las reservas oficiales a través del tiempo. Estas definiciones no captan las transacciones que ocurren discretamente bajo un régimen de tasas de cambio predeterminadas, como las que pueden reflejar una conversión instantánea de préstamos en moneda extranjera a saldos en efectivo nacionales. Específicamente, aunque está predeterminado el acervo total de deuda externa de la economía, $L^* - R^*$, las reservas oficiales y los préstamos externos privados pueden brincar en respuesta a movimientos repentinos de las tasas de interés nacionales. Un cambio instantáneo de la deuda privada de los mercados de capital mundiales se asocia así, bajo un régimen de tasas de cambio predeterminadas, con un movimiento opuesto en el nivel de las reservas externas oficiales mantenido por el banco central.

En lo que sigue, supondremos que el gobierno renuncia a la emisión de bonos para financiar su déficit ($b = 0$), y en cambio obtiene préstamos del banco central o varía los impuestos de suma fija para balancear su presupuesto. Dado este supuesto, el modelo puede operar de modos diferentes, dependiendo de la "regla de cierre" que se escoja: la tasa de devaluación se puede considerar predeterminada, o la tasa de crecimiento del acervo de crédito nominal puede considerarse predeterminada. Independientemente del modo particular escogido, se obtiene la solución de Estado estable fijando $\dot{c} = \dot{L}^* = \dot{R}^* = \dot{d} = 0$ en el sistema anterior. Como puede demostrarse fácilmente por las ecuaciones (42) y (45), la tasa de interés nacional real debe ser igual a la tasa de preferencia por el tiempo en el equilibrio a largo plazo:

$$\tilde{r} = \tilde{\iota} - \varepsilon = \rho, \tag{47}$$

y la tasa de crecimiento del crédito interno debe ser igual a la tasa de devaluación:

$$\mu = \varepsilon. \tag{48}$$

Los saldos monetarios reales son entonces iguales a

$$\tilde{m} = \tilde{m}(c, \rho + \varepsilon). \tag{49}$$

Sin embargo, otras reglas de cierre conducen a diferentes rutas dinámicas transitorias, como ahora veremos.

XI.2.1.5. *La regla de la devaluación*

Bajo una tasa de devaluación constante ($\varepsilon = \varepsilon^h$), la tasa de crecimiento del acervo de crédito debe ser endógena si los impuestos no se pueden ajustar para financiar el déficit fiscal ($\tau = \tau_0$). Si igualamos a cero, para simplificar, el acervo constante de bonos gubernamentales, la ecuación (44) implica que la evolución del acervo real de crédito a través del tiempo está dada por

$$\dot{d} = g - i^* R^* - \tau_0 - \varepsilon^h m. \tag{50}$$

La ruta de d dada por (50) puede ser sustituida en la ecuación (45) para determinar μ:

$$\mu = \varepsilon^h + \dot{d}/d.$$

Por (46), $\dot{m} = \dot{d} + \dot{R}^*$. Sustituyendo (50) en esta expresión, obtenemos

$$\dot{m} = R^* + g - i^*R^* - \tau_0 - \varepsilon^h m,$$

o usando (43):

$$\dot{m} = \dot{L}^* + y - c - \tau_0 - (i^* + \theta)L^* - \varepsilon^h m. \tag{51}$$

En virtud de que el acervo de bonos gubernamentales está normalizado a cero, la ecuación (28) implica que

$$m = a + L^*, \tag{52}$$

lo que puede sustituirse en (41) para obtener

$$L^* = [i(c, a + L^*) - i^* - \varepsilon^h]/\gamma,$$

Tomando una aproximación lineal a la función $i(.)$, obtenemos

$$L^* = (i_c c + i_m a - i^* - \varepsilon^h)/(\gamma - i_m),$$

o equivalentemente

$$L^* = \Phi(\overset{+}{c}, \overset{-}{a}; \overset{-}{\varepsilon^h}), \tag{53}$$

donde, haciendo $\beta \equiv 1/(\gamma - i_m) > 0$:

$$\Phi_c = \beta i_c, \quad \Phi_a = \beta i_m, \quad \Phi_\varepsilon = -\beta.$$

La sustitución de la ecuación (53) en (52) implica

$$m = a + L^* = h(\overset{+}{c}, \overset{+}{a}; \overset{-}{\varepsilon^h}), \tag{54}$$

donde

$$h_c = \Phi_c, \quad h_a = 1 + \Phi_a < 1, \quad h_\varepsilon = \Phi_\varepsilon.$$

Sustituyendo (54) en la ecuación (42) obtenemos

$$c = \sigma c\{i[c, h(c, a, \varepsilon^h)] - \varepsilon^h - \rho\} = G(\overset{+}{c}, \overset{-}{a}; \overset{-}{\varepsilon^h}), \tag{55}$$

donde

$$G_c = \sigma \tilde{c} \beta \gamma i_c, \quad G_a = \sigma \tilde{c} i_m h_a, \quad G_\varepsilon = -\sigma \tilde{c} \beta \gamma.$$

Por último, sustituyendo (53) y (54) en (51) y reordenando obtenemos

$$\dot{a} = \dot{m} - L^* = y - c - \tau_0 - [i^* + \theta(\Phi(c, a; \varepsilon^h))] \Phi(c, a; \varepsilon^h) - \varepsilon^h h(c, a; \varepsilon^h),$$

o equivalentemente

$$\dot{a} = \Psi(\overset{-}{c}, \overset{+}{a}; \overset{+}{\varepsilon^h}), \tag{56}$$

donde, denotando los valores iniciales de Estado estable por "~":

$$\Psi_c = -1 - (\tilde{\theta} + \tilde{L}^* \theta_{L^*}) \Phi_c, \quad \Psi_a = -(\tilde{\theta} + \tilde{L}^* \theta_{L^*}) \Phi_a - \varepsilon^h h_a,$$

$$\Psi_c = -(\tilde{\theta} + \tilde{L}^* \theta_{L^*}) \Phi_{\varepsilon^h} - \tilde{m},$$

donde suponemos que ε^h y $\tilde{m}$ son suficientemente pequeños.

Tomando una aproximación lineal de las ecuaciones (55) y (56) alrededor del estado estable inicial obtenemos el siguiente sistema en c y a:

$$\begin{bmatrix} \dot{c} \\ \dot{a} \end{bmatrix} = \begin{bmatrix} G_c & G_a \\ \Psi_c & \Psi_a \end{bmatrix} \begin{bmatrix} c - \tilde{c} \\ a - \tilde{a} \end{bmatrix} \tag{57}$$

El consumo es una variable orientada hacia adelante, mientras que la riqueza financiera se predetermina en cada momento, con un valor inicial a_0. El determinante del sistema (57) está dado por $G_c \Psi_a - G_a \Psi_c$ que debe ser negativo para que el sistema sea estable en un punto.

En la gráfica IX.6 se presenta una solución diagramática del modelo. La curva CC (a lo largo de la cual $\dot{c} = 0$) tiene pendiente positiva, al igual que la curva AA, a lo largo de la cual $\dot{a} = 0$. La ruta de equilibrio SS, que tiene pendiente positiva, es la ruta única que conduce al equilibrio de Estado estable (punto E).

Supongamos que la economía se encuentra inicialmente en una posición de equilibrio a largo plazo. Consideremos el efecto de una reducción permanente e inesperada de la tasa de devaluación, de ε^h a $\varepsilon^s < \varepsilon^h$, sin ningún cambio discreto en el nivel de la tasa de cambio. Utilizando las soluciones de Estado estable, se establece fácilmente que una reducción de la tasa de devaluación eleva a $\tilde{a}$ y reduce a $\tilde{c}$. Por las ecuaciones (41) y (47), el nivel de Estado estable de los préstamos externos privados está dado por

$$\tilde{L}^* = (\rho - i^*)/\gamma, \tag{58}$$

GRÁFICA XI.6. *Equilibrio en el modelo de un solo bien*

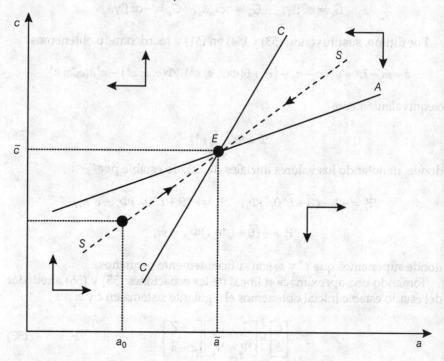

que es independiente de la tasa de devaluación. Pero dado que $\tilde{a}$ se eleva, también $\tilde{m}$ debe elevarse. La razón es que, por (47), la tasa de interés nominal debe ser igual en el Estado estable a la tasa de preferencia por el tiempo más la tasa de devaluación; por lo tanto, baja en la misma proporción que la tasa de devaluación, reduciendo así el costo de oportunidad de la tenencia de dinero y aumentando la demanda de saldos de efectivos.

Al impacto, la reducción de la tasa de devaluación incrementa los présta-mos externos privados al nivel inicial de las tasas de interés internas. En vir-tud de que la riqueza financiera privada no puede cambiar al impacto, este cambio de la cartera debe ser contrarrestado por un aumento de los saldos monetarios reales. Este ajuste instantáneo ocurre mediante compras de acti-vos en moneda extranjera por parte del banco central (la contrapartida de la entrada de capital asociada al endeudamiento externo) acompañado de un aumento discreto del acervo de dinero nacional. El consumo baja para colocar a la economía en la trayectoria convergente hacia el nuevo Estado estable. En virtud de que el acervo monetario real aumenta y el consumo disminuye, la tasa de interés nominal interna baja, pero menos que la tasa de devaluación, lo que implica una elevación de las tasas de interés reales internas. El aumento del endeudamiento externo incrementa el premio de riesgo afrontado por los agentes privados en los mercados de capital mundiales. En consecuencia, se deteriora la cuenta de servicios de la balanza de pagos. Al mismo tiempo, sin embargo, la reducción del consumo privado genera un mejoramiento de la balanza comercial. El efecto neto sobre los cambios de la riqueza financiera privada es positivo ($\dot{a}_0 > 0$), como puede inferirse de la ecuación (56). La tasa de crecimiento del acervo de crédito nominal baja al impacto.

En virtud de que el choque es permanente, la ruta de ajuste al nuevo Estado estable es monotónica. La dinámica transicional se ilustra en la gráfica XI.7. La economía se encuentra inicialmente en el punto E; la reducción de la tasa de devaluación desplaza a CC y AA hacia la derecha. Dado que la riqueza privada está predeterminada, el consumo brinca hacia abajo del punto E al punto B, localizado en la nueva ruta de equilibrio $S'S'$, y luego empieza a aumentar. La tasa de interés nominal debe aumentar a través del tiempo para permitir que la tasa de interés real vuelva a su valor inicial de Estado estable. Este aumento genera una disminución de los préstamos externos privados (salidas de capital), que retornan a su valor inicial. Durante la transición, la cuenta corriente permanece con superávit (en parte porque la disminución de los préstamos externos reduce el premio del riesgo y mejora la cuenta de servicios), el cual es suficientemente grande para compensar el déficit de la cuenta de capital. A través del tiempo, por lo tanto, aumentan las tenencias de activos extranjeros del banco central y el acervo de dinero real. A resultas del aumento de los saldos monetarios reales y la reducción de los préstamos externos, la riqueza financiera privada aumenta a través del tiempo. Suponiendo que la tasa libre de riesgo no es demasiado grande, la tasa de crecimiento del crédito nominal baja gradualmente a través del tiempo hacia la tasa de devaluación menor. Se alcanza el nuevo Estado estable en el punto E'.

XI.2.1.6. *La regla del crecimiento del crédito*

Bajo una regla de crédito nominal constante ($\mu = \mu^h$), las reservas extranjeras del banco central permanecen constantes ($\dot{R}^* = 0$), y la tasa de devaluación/inflación se determina endógenamente. Igualando a cero el nivel constante de las reservas oficiales para simplificar (así que $m = d$), la ecuación (41) nos da

$$\varepsilon = i(c, d) - i^* - \gamma L^* = \varepsilon(\overset{+}{c}, \overset{-}{d}, \overset{-}{L^*})$$

que se puede sustituir en la ecuación (45) para obtener[18]

---

[18] En virtud de que el acervo de crédito nominal crece a una tasa predeterminada, se obtiene la solución para el *nivel* de la tasa de cambio nominal una vez que se conoce la ruta del acervo de crédito real.

GRÁFICA XI.7. *Reducción de la tasa de devaluación*
en el modelo de un solo bien

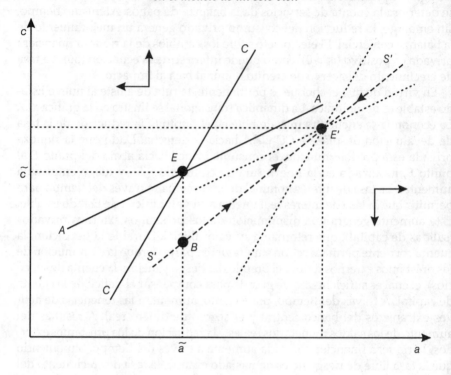

$$\dot{d} = [\mu^h - \varepsilon(c, d, L^*)]d. \tag{59}$$

La ecuación (59) determina los cambios del acervo de crédito real. Dado que $\dot{R} = 0$, la ecuación (43) puede escribirse como

$$\dot{L}^* = [i^* + \Theta(L^*)]L^* + c + g - y, \tag{60}$$

que determina los cambios del endeudamiento externo privado a través del tiempo. Por lo tanto, contrariamente a lo que ocurre en el caso anterior, el endeudamiento externo privado está predeterminado en cualquier momento. Para asegurar la solvencia del sector público, suponemos que las transferencias de suma fija se ajustan de continuo para mantener el equilibrio fiscal, de modo que, por las ecuaciones (44) y (45), y con $\dot{b} = b = 0$, $\tau = g - \mu^h d$.

Por lo tanto, el sistema dinámico consiste ahora en (42), (59) y (60). Por (41), $i - \varepsilon = \gamma L^* + i^*$; sustituyendo este resultado en (42) obtenemos

$$\dot{c}/c = \sigma(i - \varepsilon - \rho) = \sigma(\gamma L^* + i^* - \rho) = \Gamma(\overset{+}{L^*})$$

El sistema dinámico es entonces

$$\begin{bmatrix} \dot{c} \\ \dot{d} \\ \dot{L}^* \end{bmatrix} = \begin{bmatrix} 0 & 0 & \Gamma' \\ -\varepsilon_c \tilde{d} & -\varepsilon_d \tilde{d} & -\varepsilon_{L^*} \tilde{d} \\ 1 & 0 & \Theta \end{bmatrix} \begin{bmatrix} c - \tilde{c} \\ d - \tilde{d} \\ L^* - \tilde{L}^* \end{bmatrix}, \tag{61}$$

donde $\Theta = i^* + \tilde{\theta} + \tilde{L}^* \theta_{L^*}$.

El consumo y el acervo de crédito real son variables de brinco, de modo que para asegurar la estabilidad a lo largo de la ruta de equilibrio, el sistema (61) debe poseer dos raíces positivas y una negativa. A su vez, son condiciones necesarias y suficientes para este resultado que el determinante de la matriz de coeficientes en (61) sea negativo (lo que asegura una o tres raíces negativas) y que su traza sea positiva (lo que asegura por lo menos una raíz positiva). Siempre se dan ambas condiciones porque la traza es igual a $\Theta - \varepsilon_d \tilde{d} > 0$ y el determinante es igual a $\varepsilon_d \tilde{d} Q' < 0$.

Consideremos ahora una reducción de la tasa de expansión del acervo de crédito nominal, de μ^h a $\mu^s < \mu^h$. A largo plazo, como vimos antes, el endeudamiento externo privado está determinado sólo por la diferencia existente entre la tasa de preferencia por el tiempo y la tasa de interés mundial libre de riesgo, de modo que no cambia (ecuación (58)). En virtud de que la producción es constante, este resultado implica, empleando (60), que el consumo no cambia tampoco. Y por (59), la tasa de devaluación debe disminuir en la misma proporción que la tasa de crecimiento del crédito nominal, a fin de asegurar que el acervo de crédito real sea constante en el Estado estable. En consecuencia, la tasa de interés nominal interna disminuye también en la misma proporción que la tasa de crecimiento del crédito nominal.

Pero en virtud de que el consumo no cambia, la reducción del costo de oportunidad de la tenencia de dinero se asocia indudablemente con un incremento de los saldos monetarios reales, o equivalentemente, dado que las reservas oficiales son constantes, con un aumento del acervo de crédito real. Y en virtud de que el acervo de crédito nominal no cambia, la tasa de cambio nominal debe experimentar una apreciación discreta (una baja discreta de los precios). Por lo tanto, *no hay dinámica transicional*. La economía brinca de inmediato a un nuevo Estado estable, sin ningún efecto sobre el consumo, la cuenta corriente, el endeudamiento externo privado o la tasa de interés real interna. La tasa de depreciación baja instantáneamente al nivel menor de la tasa de crecimiento del crédito. La tasa de interés nominal baja también en la misma proporción que la tasa de crecimiento del crédito, y se asocia a un aumento de Estado estable de los saldos monetarios reales, resultante de una apreciación de la tasa de cambio nominal.[19]

Así pues, el meollo de la discusión anterior es que las reglas de la tasa de cambio y del dinero pueden conducir a rutas de ajuste muy diferentes para las principales variables bajo la movilidad imperfecta del capital. Los modelos basados en el enfoque monetario para la balanza de pagos —como el elaborado por Calvo y Rodríguez, 1977— poseen típicamente una propiedad de "equivalencia dinámica", en el sentido de que las soluciones del Estado estable y las rutas de ajuste asociadas a una regla monetaria o a una regla de tasa de cambio son idénticas.[20] En el modelo elaborado aquí, aunque cualquiera de las dos reglas para alcanzar una meta de tasa inflacionaria puede utilizarse a largo plazo —dada la restricción de solvencia del sector público—, el comportamiento de la economía durante el periodo de transición es completamente diferente.[21] Bajo una regla de crecimiento del crédito, no hay ningún ajuste de transición como tal; la economía brinca inmediatamente al nuevo Estado estable. En cambio, bajo una regla de tasa de cambio, hay dos tipos de ajustes: los que ocurren a través del tiempo y los que ocurren instantáneamente, a fin de mantener el balance de la cartera. Dependiendo de las restricciones afrontadas por los gobernantes a corto plazo, la naturaleza de la dinámica de transición puede determinar la adopción de una regla en lugar de la otra; la implicación de este resultado para la elección de un ancla nominal en los programas antiinflacionarios será examinada en el capítulo siguiente.

XI.2.1.7. *La dinámica con reglas de política fiscal alternativas*

La ruta de ajuste inducida por los choques de la política monetaria y de la tasa de cambio depende, entre otros factores, de las reglas de financiamiento que adopten los gobernantes para cerrar el déficit fiscal. Consideremos, por ejemplo, una situación en la que el gobierno (como antes) no emite bonos, y el banco central fija la tasa de crecimiento del crédito nominal para compensar al gobierno por la pérdida del valor del acervo de crédito real vigente deriva-

---

[19] Turnovsky (1985) obtiene resultados cualitativamente similares.

[20] En el capítulo XIII se discute en mayor detalle el enfoque monetario para la balanza de pagos.

[21] Auernheimer (1987), Kiguel (1987) y Velasco (1993) desarrollan también modelos en los que la ruta de ajuste depende de la regla de política económica prevaleciente. En particular, Kiguel desarrolla un modelo con un sector real endógeno y una movilidad imperfecta del capital, y muestra cómo varía la ruta de la tasa de cambio real bajo diversas reglas de la política económica. Velasco (quien supone una movilidad del capital nulo) sostiene que la elevación de las tasas de interés reales durante la transición al Estado estable determina el monto sustentable del déficit fiscal primario (sin intereses), lo que conduce a una ausencia de equivalencia también a largo plazo.

da de la inflación ($\mu = \varepsilon$). De modo que el gobierno ajusta endógenamente los impuestos de suma fija para cerrar el déficit fiscal. En este contexto, no puede distinguirse entre la política monetaria y la política de tasa de cambio. Sin embargo, esta regla de financiamiento satisface la condición de transversalidad del sector público antes expresada y es, por lo tanto, sostenible. Porque la regla del crédito implica que $\dot{d} = 0$, la ecuación (44), con $\dot{b} = b = 0$, se puede resolver para encontrar el nivel endógeno de los impuestos de suma fija:

$$\tau + \varepsilon m = g - i^* R^* \qquad (62)$$

donde εm representa de nuevo la recaudación del impuesto inflacionario. Como resultado de esta regla $\dot{m} = R^*$, es decir, los cambios del acervo monetario real reflejan sólo cambios de los activos extranjeros netos del banco central.

Agénor (1997b) provee un análisis del modelo anterior bajo la regla de financiamiento (62). En particular, Agénor demuestra que la dinámica de corto y largo plazos asociada a una reducción permanente y no esperada de la tasa de devaluación-tasa de crecimiento del crédito es cualitativamente similar a la descrita antes en nuestra discusión de una reducción de la tasa de devaluación con financiamiento crediticio del déficit presupuestario.

Otra regla fiscal sería el supuesto de que, después de un ajuste inicial de la política, el banco central financia su déficit durante un periodo transitorio mediante el financiamiento con bonos o con dinero, con la promesa de cambiar en una fecha futura a un nivel menor del gasto gubernamental o el financiamiento tributario. En el capítulo V examinamos este tipo de regla en el contexto de una economía cerrada, en nuestra discusión de la "aritmética monetarista".

XI.2.2. Un modelo de tres bienes con precios flexibles

Extenderemos ahora el análisis para considerar el caso en que la economía produce dos bienes, un bien no comerciable que se usa sólo para el consumo nacional y un bien de exportación cuya producción se exporta en su totalidad.[22] El acervo de capital en cada sector está fijo, mientras que la mano de obra es homogénea y perfectamente móvil. Las familias y el gobierno consumen bienes domésticos y un bien importado, imposible de sustituir, que no se produce en el país. Los precios del sector de bienes internos y los salarios nominales son perfectamente flexibles.

---

[22] Todos los demás supuestos del modelo de un solo bien —sobre todo en lo referente a la estructura de las carteras privadas— se conservan en este marco, mismo que sigue a Agénor (1997a). En aras de la sencillez y la claridad, omitimos la existencia de un sector que compite con las importaciones. Sin embargo, tal extensión sería útil para el análisis de los choques de los términos de intercambio, como vimos en el capítulo II.

XI.2.2.1. *Las familias*

La decisión de consumo de las familias sigue un proceso de dos etapas. En primer término determinan el nivel óptimo del consumo total, dada su restricción presupuestaria; luego distribuyen la cantidad óptima entre el consumo de bienes domésticos y el consumo de bienes importados.[23]

Bajo el supuesto de que la mano de obra tiene una oferta no elástica, la utilidad de toda la vida de la familia representativa, descontada, permanece como se expresó en la ecuación (27), donde c es ahora un índice del gasto en consumo total y los saldos de dinero reales, m, se miden en términos del precio de la canasta de consumo, P.

La riqueza financiera real de la familia representativa se define también como en (28):

$$a = m + b - l^*, \tag{63}$$

con a y b medidos en términos del precio de la canasta de consumo, y el endeudamiento externo real, l^*, se define ahora como $l^* \equiv EL^*/P$. La restricción presupuestaria del flujo está dada ahora por

$$\dot{a} = y + ib - c - \tau - (i^* + \theta)l^* - \varepsilon l^* - \pi a, \tag{64}$$

donde el ingreso factorial neto, y, se deriva más adelante, y $\pi \equiv \dot{P}/P$ es la tasa inflacionaria global. El término $-\pi a$ representa las pérdidas de capital en la riqueza total como resultado de la inflación, mientras que el término εl^* representa el incremento del valor en moneda nacional del pasivo externo resultante de la devaluación de la tasa de cambio.

Utilizando (63), la ecuación (64) se puede escribir como

$$\dot{a} = ra + y - c - \tau - (i^* + \theta + \varepsilon - i)l^* - im, \tag{65}$$

donde $r = i - \pi$ denota la tasa de interés real interna.

En la primera etapa del proceso de decisión del consumo, las familias tratan como dadas a $\pi, \varepsilon, y, i, i^*$, interioriza de nuevo el efecto de sus decisiones de préstamo sobre θ, y maximizan (27) sujetas a (29) y (65) escogiendo una secuencia $\{c, m, b, L^*\}_{t=0}^{\infty}$.[24] Las condiciones del óptimo son similares a las que derivamos antes:

$$m^d = \chi c^{\eta}/i = m(\overset{+}{c}, \overset{-}{i}) \tag{66}$$

---

[23] Deaton y Muellbauer (1980) enuncian las condiciones precisas del proceso de presupuestación en dos etapas del tipo considerado aquí para que sea bien definido.

[24] Para simplificar, se adopta el supuesto de que la familia escoge el valor en moneda extranjera de los préstamos externos. Sin embargo, adviértase que es natural conservar el supuesto de que el premio del riesgo depende del valor en moneda extranjera del endeudamiento externo privado, ya que refleja el comportamiento de los prestamistas extranjeros.

$$i = (i^* + \theta + \varepsilon) + L^* \theta_{L^*}, \tag{67}$$

$$\dot{c}/c = \sigma(r - \rho), \tag{68}$$

junto con la condición de transversalidad $\lim_{t \to \infty}(e^{-\rho t} a) = 0$. Utilizando de nuevo una aproximación lineal a θ, la ecuación (67) nos da una función de demanda de préstamos externos similares a (34):

$$L^* = (i - i^* - \varepsilon)/\gamma. \tag{69}$$

Las propiedades de las ecuaciones (66) y (69) son esencialmente las mismas que describimos en la sección anterior. Sin embargo, un importante elemento nuevo en este contexto es el hecho de que la ecuación intertemporal de Euler (68) implica que el crecimiento global del gasto depende de la tasa de interés real medida en términos del precio de la canasta de consumo. Por lo tanto, como lo destacara particularmente Dornbusch (1983), aun en ausencia de imperfecciones en el mercado de capital ($\gamma \to 0$), la presencia de bienes no comerciables impide la igualación de las tasas de interés reales internas y externas. Dicho de otro modo, los cambios diferenciales del precio relativo de los bienes no comerciables entre los países implican tasas de rendimiento real diferentes aun cuando las tasas de rendimiento nominal sean iguales.

En la segunda etapa del proceso de decisión de consumo, la familia representativa maximiza una función de subutilidad homotética $V(c_N, c_I)$, sujeta a la restricción presupuestaria estática

$$P_N c_N + E c_I = Pc,$$

donde P_N denota el precio del bien doméstico, y $c_I(c_N)$ el gasto en el bien importable (no comerciable). Dado que el precio en moneda extranjera del bien importable está normalizado a la unidad, el precio en moneda nacional es simplemente la tasa de cambio nominal.

Sea z el precio relativo del bien importable en términos del bien doméstico, es decir, $z \equiv E/P_N$. Dado que las preferencias intratemporales de la familia representativa son homotéticas, la razón deseada entre los bienes domésticos y los importables depende sólo de su precio relativo y no del gasto global. Por lo tanto:

$$V_{c_N}/V_{c_I} = z^{-1}.$$

Supongamos que la función de subutilidad es Cobb-Douglas, de modo que

$$V(c_N, c_I) = c_N^{\delta} c_I^{1-\delta},$$

donde $0 < \delta < 1$ denota la porción del gasto total que recae en los bienes domésticos. La composición del gasto deseada es entonces

$$c_N/c_I = \delta z/(1-\delta),$$

que puede sustituirse en la restricción presupuestaria intratemporal, $c = z^\delta$ $(c_I + c_N/z)$ para dar

$$c_N = \delta z^{1-\delta} c, \quad c_I = (1-\delta) z^{-\delta} c. \tag{70}$$

Por la función de subutilidad indirecta, la definición apropiada del índice de precios del consumidor es entonces (Samuelson y Swamy, 1974):[25]

$$P = P_N^\delta E^{1-\delta} = E z^{-\delta}, \tag{71}$$

de modo que la tasa inflacionaria es

$$\pi = \varepsilon - \delta \dot{z}/z. \tag{72}$$

XI.2.2.2. *La producción y el mercado laboral*

La tecnología para la producción de bienes comerciables y no comerciables se caracteriza por rendimientos decrecientes de trabajo:

$$y_h = y(n_h), \quad y_h' > 0, \quad y_h'' < 0 \quad h = N, X \tag{73}$$

donde y_h denota la producción del bien h y n_h la cantidad de mano de obra empleada en el sector h. Por las condiciones de primer orden para la maximización de la ganancia, las funciones de demanda de mano de obra sectoriales pueden derivarse como

$$n_X^d = n_X^d(w_X), \quad n_N^d = n_N^d(z w_X), n_N^{d'}, n_N^{d'} < 0, \tag{74}$$

donde w_X es el salario-producto en el sector de bienes exportables. Los salarios nominales son perfectamente flexibles, de modo que w_X puede encontrarse a partir de la condición de equilibrio del mercado de mano de obra:

$$n_X^d(w_X) + n_N^d(z w_X) = n^s,$$

---

[25] En términos estrictos, el índice del costo de la vida debiera incluir también el costo de oportunidad de la tenencia de saldos monetarios reales, es decir, la tasa de interés nominal interna. Este componente se omite, para simplificar.

donde n^s denota la oferta de mano de obra, que se toma de nuevo como constante. Esta ecuación implica que el salario-producto de equilibrio se relaciona negativamente con la tasa de cambio real:

$$w_X = w_X(z), \quad w'_X < 0, \quad |w'_X| < 1. \tag{75}$$

Sustituyendo este resultado en las ecuaciones (74), y advirtiendo que $d(zw_X)/dz = 1 + w'_X > 0$, obtenemos las ecuaciones de la oferta sectorial:

$$y^s_h = y^s_h(z), \quad y^{s'}_X > 0, \quad y^{s'}_N < 0. \tag{76}$$

XI.2.2.3. El gobierno y el banco central

Como antes, no hay bancos comerciales en la economía, y el banco central no provee crédito a agentes nacionales. La oferta monetaria real es igual entonces a

$$m^s = z^\delta R^* \tag{77}$$

Los beneficios reales del banco central $(i^* + \varepsilon)z^\delta R^*$, se transfieren totalmente al gobierno. Con un financiamiento de suma fija, e igualando a cero el acervo real constante de bonos gubernamentales, la restricción presupuestaria gubernamental puede escribirse como

$$\tau = z^\delta(g_I + g_N/z) - z^\delta(i^* + \varepsilon)R^*, \tag{78}$$

donde g_I y g_N denotan el gasto gubernamental en bienes importables y no comerciables, respectivamente.

XI.2.2.4. Condiciones de vaciamiento del mercado

El cierre del modelo requiere la especificación de las condiciones de equilibrio para el mercado de bienes domésticos y el mercado de dinero, resolviendo el último para la tasa de interés que vacía al mercado. La primera condición está dada por

$$y^s_N = \delta z^{1-\delta}c + g_N, \tag{79}$$

y, por (66) y (77), la tasa de interés que vacía el mercado está dada como antes por (39).

XI.2.2.5. *La forma dinámica*

El ingreso factorial real y (medido en términos de unidades del costo de la vida) está dado por

$$y = z^{\delta}(y_X^s + y_N^s/z). \tag{80}$$

Las ecuaciones (63) y (77) dan

$$a = z^{\delta}(R^* - l^*).$$

Aunque $R^* - l^*$ está predeterminado, la tasa de cambio real puede cambiar en una forma discreta; por lo tanto, la riqueza financiera a (o equivalentemente el valor en moneda nacional del acervo de activos extranjeros de la economía) puede brincar también al impacto.

Utilizando la definición anterior de a y la ecuación (72), obtenemos:

$$\dot{a} = z^{\delta}(\dot{R}^* - \dot{L}^*) + (\varepsilon - \pi)a.$$

Sustituyendo los resultados anteriores, junto con las ecuaciones (70), (78), (79) y (80) en (64), obtenemos

$$\dot{L}^* - R^* = i^*(l^* - R^*) + \theta(l^*, \cdot)L^* + (1 - \delta)z^{-\delta}c + g_I - y_X^s, \tag{81}$$

que representa la restricción presupuestaria consolidada de la economía. Como anteriormente, integrando la ecuación (81), sujeta a la condición de transversalidad $\lim_{t \to \infty}(L^* - R^*)e^{-i^*t}$, obtenemos la restricción presupuestaria intertemporal de la economía.

Por las ecuaciones (70) y (79), obtenemos la tasa de cambio real de equilibrio a corto plazo como

$$z = z(\bar{c}; \bar{g}_N), \tag{82}$$

donde

$$z_c = \delta/[y_N^{s'} - \delta(1 - \delta)\tilde{c}], \quad z_{g_N} = 1/[y_N^{s'} - \delta(1 - \delta)\tilde{c}].$$

Las ecuaciones (39), (68), (69), (72), (77), (81) y (82) describen el comportamiento de la economía a través del tiempo. Estas ecuaciones pueden resumirse como sigue:

$$L^* = [i(c, m) - i^* - \varepsilon]/\gamma, \tag{83}$$

$$\dot{c}/c = \sigma[i(c, m) - \varepsilon + \delta\dot{z}/z - \rho], \tag{84}$$

$$z = z(c; g_N), \tag{85}$$

$$\dot{D} = i^*D + \Theta(L^*)L^* + (1 - \dot{\delta})z^{-\delta}c + g_T - y_X^s(z), \tag{86}$$

$$m = z^\delta R^*, \tag{87}$$

La ecuación (78) determina los impuestos de suma fija residuales y $D = L^*$ $- R^*$ denota de nuevo la deuda externa neta.

Para condensar la forma dinámica en un sistema que implique sólo a c y D, adviértase que por la ecuación (87):

$$m = z^\delta(L^* - D), \tag{88}$$

o bien, utilizando la ecuación (83):

$$m = z^\delta\{[i(c, m) - (i^* + \varepsilon) - \gamma D]/\gamma\}. \tag{89}$$

Sustituyendo (85) en (89), obtenemos

$$m = z(c; g_N)^\delta\beta\{i_c c - (i^* + \varepsilon) - \gamma D\}, \quad \beta \equiv 1/(\gamma - i_m) \tag{90}$$

de modo que

$$m = \varphi(\overset{?}{c}, \bar{D}; i^* \overset{-}{+} \varepsilon, \bar{g}_N), \tag{91}$$

donde

$$\varphi_c = \beta(i_c + \delta\gamma z_c \tilde{R}^*), \quad \varphi_D = -\beta\gamma, \quad \varphi_{i^*+\varepsilon} = -\beta, \quad \varphi_{g_N} = \beta\delta\gamma z_{g_N} \tilde{R}^*.$$

Sustituyendo (91) en (84) obtenemos

$$\dot{c}/c = \sigma\{i[c, \varphi(c, D; i^* + \varepsilon, g_N)] - \varepsilon + \delta\dot{z}/z - \delta\}. \tag{92}$$

Supongamos que los cambios de g_N ocurren sólo de manera discreta. Por lo tanto, la ecuación (85) implica que $\dot{z} = z_c\dot{c}$ con $z_c < 0$. Sustituyendo este resultado en (92) obtenemos una ecuación dinámica que puede escribirse como

$$\dot{c} = G(\overset{+}{c}, \overset{+}{D}; \overset{+}{i^*}, \bar{\varepsilon}, \overset{+}{g}_N), \tag{93}$$

donde, con $\Delta = \sigma\tilde{c}/(1 - \sigma\tilde{c}\delta z_c) > 0$:[26]

$$G_c = (i_c + i_m\varphi_c)\Delta, \quad G_D = i_m\varphi_D\Delta,$$

---

[26] Adviértase que $i_c + i_m\varphi_c = \gamma\beta(i_c + i_m\delta z_c \tilde{R}^*) > 0$; por lo tanto, G_c es positivo independientemente de que m_c sea positivo o negativo. Adviértase también que $i_m\varphi_{i^*+\varepsilon} - 1 = -\beta\gamma < 0$.

$$G_{i^*} = i_m \varphi_{i^*+\varepsilon} \Delta, \quad G_\varepsilon = (i_m \varphi_{i^*+\varepsilon} - 1)\Delta, \quad G_{g_N} = i_m \varphi_{g_N} \Delta.$$

Sustituyendo la ecuación (91) en (83) obtenemos

$$L^* = \lambda(\overset{+}{c}, \overset{+}{D}; \overset{-}{i^*} + \varepsilon, \overset{+}{g_N}), \tag{94}$$

donde

$$\lambda_D = i_m \varphi_D / \gamma = -i_m \beta, \quad \lambda_{i^*+\varepsilon} = -\beta,$$

$$\lambda_c = (i_c + i_m \varphi_c)/\gamma = \beta(i_c + i_m \delta z_c \widetilde{R}^*), \quad \lambda_{g_N} = i_m \varphi_{g_N} / \gamma.$$

Por último, utilizando la ecuación (94), puede escribirse la ecuación (86) como

$$\dot{D} = \Psi(\overset{+}{c}, \overset{+}{D}; \overset{?}{i^*}, \overset{-}{\varepsilon}, \overset{+}{g_N}) - g_I, \tag{95}$$

donde

$$\Psi_c = -z_c[y_X^{s'} + \delta(1-\delta)\tilde{c}] + (1-\delta) + (\widetilde{\theta} + \widetilde{L}^*\theta_{L^*})\lambda_c,$$

$$\Psi_D = i^* + (\widetilde{\theta} + \widetilde{L}^*\theta_{L^*})\lambda_D, \quad \Psi_\varepsilon = (\widetilde{\theta} + \widetilde{L}^*\theta_{L^*})\lambda_{i^*+\varepsilon},$$

$$\Psi_{g_N} = -z_{g_N}[y_X^{s'} + \delta(1-\delta)\tilde{c}] + (\widetilde{\theta} + \widetilde{L}^*\theta_{L^*})\lambda_{g_N},$$

$$\Psi_{i^*} = \widetilde{D} + (\widetilde{\theta} + \widetilde{L}^*\theta_{L^*})\lambda_{i^*+\varepsilon}.$$

En general, la derivada parcial Ψ_{i^*} es ambigua. Por una parte, un incremento de la tasa libre de riesgo incrementa los pagos del servicio de la deuda en proporción del acervo inicial de deuda externa; por la otra parte, el componente del servicio de la deuda externa relacionado con el premio disminuye también junto con la demanda de préstamos extranjeros por parte de los agentes privados. El efecto neto sobre la cuenta corriente (y por ende la tasa de acumulación de deuda externa) no puede determinarse *a priori*. En la discusión que sigue, y a fin de concentrar la discusión en el caso de una economía muy endeudada, supondremos que el efecto neto es positivo ($\Psi_{i^*} > 0$); es decir, un aumento de la tasa de interés mundial libre de riesgo (a niveles dados de deuda y de consumo) incrementa el déficit en cuenta corriente.

Las ecuaciones (93) y (95) forman de nuevo un sistema dinámico en c y D, que puede linealizarse alrededor del Estado estable y escribirse como

$$\begin{bmatrix} \dot{c} \\ \dot{D} \end{bmatrix} = \begin{bmatrix} G_c & G_D \\ \Psi_c & \Psi_D \end{bmatrix} \begin{bmatrix} c - \tilde{c} \\ D - \widetilde{D} \end{bmatrix} \tag{96}$$

La estabilidad de la ruta requiere que $G_c \Psi_D - G_D \Psi_c < 0$. Se obtiene la solución de Estado estable haciendo $\dot{c} = \dot{D} = 0$ en las ecuaciones (93) y (95). Por la ecuación (72), la tasa inflacionaria de Estado estable y la tasa inflacionaria de los precios no comerciables son así iguales a la tasa de devaluación:

$$\tilde{\pi} = \tilde{\pi}_N = \varepsilon. \tag{97}$$

Como antes, en el Estado estable debe estar en equilibrio la cuenta corriente:

$$y_X^s(\tilde{z}) - (1 - \delta)\tilde{z}^{-\delta}\tilde{c} - g_I = i^*\tilde{D} + \Theta(\tilde{L}^*, \cdot)\tilde{L}^*. \tag{98}$$

La tasa de interés real (basada en el consumo) es de nuevo igual a la tasa de preferencia por el tiempo (ecuación (47)), y el nivel de Estado estable del endeudamiento externo de la familia está dado por (58).

El equilibrio de Estado estable se representa en la gráfica XI.8. La curva NN en el cuadrante noroeste representa combinaciones de consumo privado c y la tasa de cambio real z que son consistentes con el equilibrio en el mercado de bienes no comerciables (ecuación (82)), mientras que la curva LL en el cuadrante suroeste representa combinaciones del salario-producto en el sector de los bienes exportables w_X y la tasa de cambio real que son consistentes con el equilibrio del mercado de mano de obra (ecuación (75)). La interpretación de las curvas CC y DD en el cuadrante noreste es similar a la descripción proveída en la subsección anterior. En particular, los puntos ubicados a la derecha de CC representan situaciones donde la tasa de interés real nacional es mayor que la tasa de preferencia por el tiempo, el consumo está aumentando y la tasa de cambio real se está apreciando para eliminar el exceso de oferta de bienes no comerciables. En cambio, los puntos ubicados a la izquierda de CC representan situaciones de consumo declinante, oferta excedente de bienes domésticos, y una tasa de cambio real que se deprecia. La estabilidad de la ruta requiere de nuevo que la curva CC sea más empinada que la curva DD.

XI.2.2.6. *Choque de la política económica*

A fin de ilustrar el funcionamiento del modelo, consideremos primero un aumento permanente de g_N financiado con impuestos. Tal choque no tiene ningún efecto de largo plazo sobre la tasa de interés nominal nacional, la que permanece igual a la tasa de preferencia por el tiempo más la tasa de devaluación (véase la ecuación (47)). Tampoco tiene ningún efecto sobre el endeudamiento externo del sector privado que depende (como lo indicó la ecuación (58)) sólo de la diferencia existente entre la tasa de interés mundial libre de riesgo y la tasa de preferencia por el tiempo. Al nivel inicial de la tasa de cam-

GRÁFICA XI.8. *Equilibrio en el modelo de tres bienes*

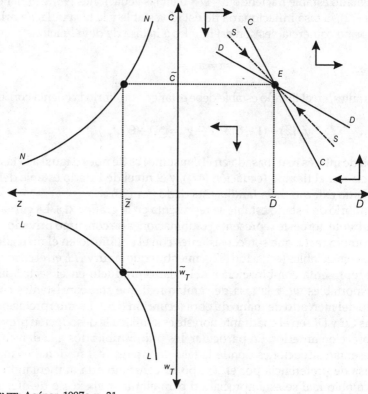

FUENTE: Agénor, 1997a, p. 31.

bio real, el consumo privado debe disminuir para mantener el equilibrio del mercado de bienes no comerciables. Por lo tanto, los saldos monetarios reales deben bajar, como lo indicó (49), porque las tasas de interés nacionales no cambian. La reducción del consumo privado es proporcionalmente menor que el aumento del gasto gubernamental, de modo que aumenta el gasto interno total en bienes domésticos y la tasa de cambio real se aprecia para mantener el equilibrio en el mercado de bienes domésticos.

Aunque la apreciación real tiende a reducir la producción de bienes comerciables, el superávit de la balanza comercial (que de nuevo se iguala al déficit inicial de la cuenta de servicios) debe aumentar para mantener el balance externo, porque aumenta el acervo de deuda de la economía D, y se deteriora la cuenta de servicios. Este aumento de la deuda deriva de una reducción de los activos extranjeros netos mantenidos por el banco central R^* (ya que no cambian las tenencias de activos extranjeros del sector priva-

GRÁFICA XI.9. *Aumento del gasto gubernamental en bienes domésticos*

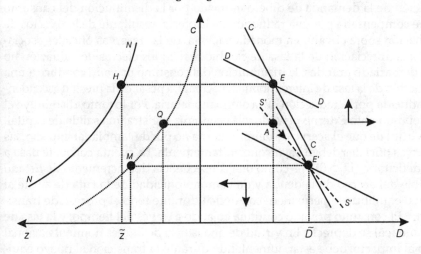

FUENTE: Agénor, 1997a, p. 40.

lo, L^*), el que absorbe la disminución de la demanda de saldos monetarios reales.

Al impacto, baja el consumo privado —en una medida que depende del grado de la sustitución intertemporal—, porque el aumento del gasto gubernamental incrementa el pasivo tributario de toda la vida de las familias y así reduce su riqueza de toda la vida. Pero la tasa de cambio real puede apreciarse o depreciarse ahora, dependiendo de que el gasto total en bienes no comerciables aumente o disminuya. Si el grado de sustitución intertemporal en el consumo σ es suficientemente bajo, el consumo privado cambiará relativamente poco al impacto, y el gasto total aumentará, conduciendo así a una apreciación de la tasa de cambio real al impacto.

La gráfica XI.9 ilustra la ruta de ajuste a un aumento permanente de g_N en el caso en que el grado de la sustitución intertemporal es en efecto suficientemente bajo para asegurar que la tasa de cambio real se aprecie al impacto. Las curvas CC y DD se desplazan hacia la izquierda en el panel noreste.[27] La curva NN en el panel noroeste se desplaza hacia dentro. El consumo privado brinca hacia abajo desde el punto E hasta el punto A ubicado en la nueva ruta de equilibrio S'S', y la tasa de cambio real brinca desde el punto H hasta el punto Q ubicado en la nueva curva NN. En el nivel inicial de las tasas de

[27] Como lo señala Agénor (1997a), el movimiento de la curva CC que se muestra en la figura se traza bajo el supuesto empíricamente plausible de que no son muy grandes los efectos de valuación (que representan el efecto indirecto del gasto gubernamental sobre los cambios del consumo privado, a través de su impacto sobre la tasa de cambio real).

interés y las reservas oficiales, el acervo monetario real baja al impacto; la reducción de la demanda de dinero inducida por la disminución del consumo se ve compensada por una reducción de la oferta, resultante de los efectos de valuación sobre el valor en moneda nacional de las reservas oficiales asociados a la apreciación de la tasa de cambio real. Si los efectos de valuación no son demasiado grandes, la disminución del consumo privado conduce a una reducción de la tasa de interés nominal nacional, a pesar de la presión ascendente inducida por la reducción de la oferta monetaria. Por lo tanto, disminuye el endeudamiento externo privado y la economía registra una salida de capital. En virtud de que el acervo de deuda externa no puede cambiar al impacto, las reservas oficiales deben bajar concomitantemente. La cuenta corriente pasa a ser deficitaria ($D_0 > 0$) y —como una consecuencia del incremento de Estado estable del acervo de la deuda y de la monotonicidad de la ruta de ajuste al nuevo equilibrio— permanece con déficit durante todo el proceso de transición.[28] El consumo privado continúa bajando a través del tiempo, y la tasa de cambio real se deprecia. En virtud de que la tasa de interés nominal nacional baja al impacto, debe estar aumentando durante la transición al nuevo equilibrio de largo plazo a fin de restablecer la igualdad entre la tasa de interés real y la tasa de preferencia por el tiempo. Así pues, el endeudamiento externo privado aumenta a través del tiempo y la economía experimenta entradas netas de capital que continuarán hasta que el endeudamiento privado en los mercados de capital mundiales vuelva a su valor inicial.

Consideremos ahora una reducción inesperada de la tasa de devaluación ε.[29] Supongamos primero que el choque es permanente. Como se demuestra formalmente en el apéndice de este capítulo, la reducción de ε no tiene en este caso efectos de largo plazo sobre la tasa de interés real o el endeudamiento externo privado. Pero aunque la tasa de interés real permanezca igual a la tasa de preferencia por el tiempo en el nuevo Estado estable, la tasa de interés nominal baja en la misma proporción que la tasa de devaluación. La disminución del costo de oportunidad de la tenencia de dinero aumenta la demanda de saldos en efectivo nacionales. Por lo tanto, el acervo oficial de activos externos netos debe aumentar; y dado que el endeudamiento externo privado

---

[28] La cuenta de servicios mejora indudablemente, porque baja el componente del servicio de la deuda externa relacionado con el premio, a resultas de la reducción del endeudamiento externo privado y de la propia reducción del premio por el riesgo. Por lo tanto, para que la cuenta corriente pase a ser deficitaria al impacto se requiere que la balanza comercial se deteriore suficientemente para superar el mejoramiento de la cuenta de servicios. Y dado que baje el consumo privado, la disminución de la producción de bienes comerciables (resultante de la apreciación de la tasa de cambio real) deberá superar a la disminución del consumo.

[29] Por supuesto, dado que el estado estable inicial se caracteriza aquí por un empleo pleno (los salarios son enteramente flexibles), no está claro cuáles sean los costos de la inflación (y por ende los beneficios de la desinflación). Sin embargo, dada la naturaleza ilustrativa del ejercicio, basta suponer la existencia de distorsiones implícitas asociadas a la tasa inicial de inflación-devaluación.

no cambia, la deuda externa de la economía debe ser menor en el nuevo Estado estable, lo que implica que el déficit inicial en la cuenta de servicios es también menor. A fin de mantener el balance externo, el superávit comercial inicial debe bajar, equivalentemente debe subir el consumo privado. El aumento del gasto privado conduce a una apreciación de la tasa de cambio real, y aumenta más aún la demanda de saldos en efectivos nacionales.

Al impacto baja el consumo, porque el efecto inmediato de la reducción de ε es una elevación de la tasa de interés real, de modo que se crea un incentivo para que la familia desplace el consumo hacia el futuro. La reducción de ε conduce también a un aumento discreto de la demanda privada de préstamos externos, lo que requiere un aumento compensatorio de las reservas oficiales (y por ende un aumento del acervo monetario real) de tal magnitud que el acervo de deuda de la economía permanece constante al impacto. Puesto que el consumo baja y el acervo monetario real sube, el efecto de impacto neto sobre la tasa de interés nominal es indudablemente negativo.[30]

La disminución del consumo requiere una depreciación de la tasa de cambio real para mantener el equilibrio entre la oferta y la demanda de los bienes domésticos. A resultas de la reducción del gasto privado y la expansión de la producción de bienes comerciables inducidas por la depreciación de la tasa de cambio real, aumenta el superávit de la balanza comercial. Al mismo tiempo, el efecto de ingreso negativo asociado al aumento del componente de los pagos de intereses relacionado con el premio (derivado a su vez del aumento del endeudamiento externo privado) incrementa el déficit inicial de la cuenta de servicios. Sin embargo la cuenta corriente mejora y la deuda externa disminuye ($\dot{D}_0 > 0$). Dado que el choque es permanente, la cuenta corriente permanece con superávit durante todo el proceso de ajuste. El consumo empieza a aumentar y la tasa de cambio real se aprecia. La tasa de interés real aumenta hacia su nivel inicial del Estado estable, dado por la tasa de preferencia por el tiempo.

El panel superior de la gráfica XI.10 ilustra la dinámica de este choque. CC y DD se desplazan hacia la izquierda. El consumo brinca hacia abajo desde el punto E y hasta el punto A al impacto, y luego empieza a aumentar. El acervo de deuda externa de la economía baja de continuo durante la transición al nuevo Estado estable, el que se alcanza en el punto E'.

En el panel inferior de la gráfica XI.10 se ilustra el caso en que la reducción de ε es temporal. De nuevo, dado que el choque es temporal, la respuesta de suavizamiento óptimo para la familia representativa consiste en reducir el consumo en menor medida de lo que lo haría si el choque fuese permanente. Dependiendo de la duración del intervalo $(0, T)$, son posibles dos rutas de ajuste. Si la duración del choque es breve, el consumo privado brincará hacia

---

[30] Si es suficientemente grande el grado de movilidad del capital (medido por γ), la tasa de interés nominal bajará aproximadamente lo mismo que la tasa de devaluación.

GRÁFICA XI.10. *Reducción de la tasa de devaluación*

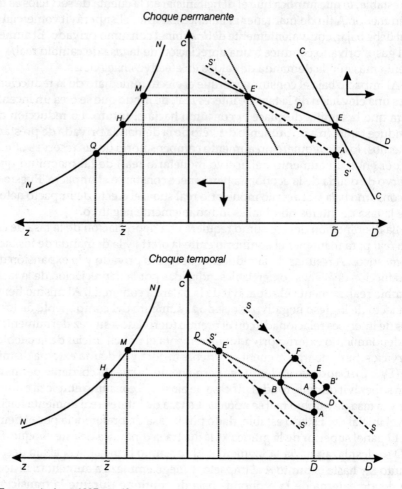

FUENTE: Agénor, 1997a, p. 43.

abajo del punto *E* al punto *A'* y empezará a aumentar hasta llegar al punto *B'* en la ruta de equilibrio original en *T*. La balanza comercial mejorará sólo ligeramente, porque la corta duración del choque otorga a los agentes escaso incentivo para alterar su ruta de consumo. Por lo tanto, la cuenta corriente se volverá deficitaria (debido al deterioro de la cuenta de servicios), y la deuda externa aumentará hasta que el choque se revierta. En adelante, el consumo seguirá aumentando y la cuenta corriente se volverá superavitaria hasta que la economía regrese al punto de equilibrio original *E*.

Por el contrario, si la duración del choque es suficientemente prolongada, el consumo privado brincará del punto E al punto A y empezará a aumentar hasta que se alcance en T el punto F sobre la ruta de equilibrio original. En adelante, el consumo empieza a disminuir a lo largo de la ruta de equilibrio original SS, llegando finalmente al punto de equilibrio original E. Mientras que la cuenta corriente permanece en superávit durante la primera fase del proceso de ajuste (entre A y B), se vuelve luego deficitaria (entre los puntos B y F). El punto B se alcanza antes del periodo T. En adelante, dado que el consumo baja entre los puntos F y E, la cuenta corriente permanece deficitaria y la deuda externa aumenta.[31]

Es importante destacar la diferencia existente entre los pronósticos de largo plazo del modelo bajo mercados de capital mundiales perfectos e imperfectos. En el primer caso (que corresponde a $\gamma \to 0$), se mantiene continuamente la condición de la paridad del interés no cubierta, $i = i^* + \varepsilon$, y el endeudamiento externo privado puede asumir cualquier valor *a priori*. El aumento de la demanda de saldos de efectivo reales inducido por la disminución del costo de oportunidad de la tenencia de dinero se logra mediante un incremento instantáneo de las tenencias de dinero y el endeudamiento externo: la familia representativa incrementa sus préstamos en los mercados de capital mundiales, generando así una entrada de capital que se monetiza cambiando las divisas por moneda nacional en el banco central (cuyas reservas de divisas aumentan en consecuencia) de tal modo que permanece constante el acervo neto de deuda de la economía. No hay efectos reales, y el proceso de ajuste no muestra ninguna dinámica; la economía brinca instantáneamente al nuevo Estado estable. Aunque cambia la composición de la deuda externa neta de la economía (aumentando la participación de las reservas oficiales de divisas), el acervo de la deuda misma no cambia, como tampoco lo hacen las variables reales.

En cambio, cuando hay imperfecciones en el mercado de capital, (es decir, con $\gamma > 0$), el valor del endeudamiento externo privado a largo plazo se "determina" por la diferencia existente entre la tasa de interés mundial libre de riesgo y la tasa de preferencia por el tiempo, de modo que no puede variar entre estados estables en respuesta a un cambio en la tasa de devaluación. Así pues, el incremento de los saldos en efectivo reales inducido por la reducción del costo de oportunidad de la tenencia de dinero no puede ocurrir directamente a través de una entrada única de capital y un incremento del endeudamiento externo privado, como se describió antes. Para que las reservas oficiales aumenten, como antes, y para que la oferta de dinero se iguale a la

---

[31] La disminución inicial del gasto y su aumento subsecuente, pronosticados por el modelo, es consistente con el comportamiento del consumo privado "en forma de U" observado después de la implantación del programa de estabilización de julio de 1985 en Israel, basado en parte en un congelamiento de la tasa de cambio; véase Helpman y Leiderman (1988, p. 27, y su figura 3).

incrementada demanda de dinero, se requiere ahora una secuencia de superávit en cuenta corriente. A su vez, dado que el aumento de las reservas oficiales implica una reducción de la deuda externa neta de la economía (el endeudamiento externo privado permanece constante), el menor déficit en la cuenta de servicios debe acompañarse de un superávit comercial menor, es decir, de un consumo privado mayor. Así pues, cuando los mercados de capital mundiales son imperfectos, el proceso de ajuste a una reducción de la tasa de valuación manifiesta la dinámica transicional y los efectos reales a largo plazo.

XI.2.3. Extensiones

El modelo de dos sectores elaborado antes puede extenderse para tomar en cuenta otras características consideradas relevantes para los países en vías de desarrollo. Consideraremos aquí la existencia de insumos intermedios importados y la rigidez de los precios en el sector de los bienes no comerciables.

XI.2.3.1. Insumos intermedios importados

Supongamos, por ejemplo, que los bienes no comerciables se producen con mano de obra n_N y materiales intermedios importados O_N, de acuerdo con una tecnología de coeficientes fijos. La función de producción está dada entonces por[32]

$$y_N = \min(n_N, \alpha O_N),$$

donde el parámetro $1/\alpha$ mide la cantidad de materiales intermedios que debe combinarse con una unidad de mano de obra para producir una unidad del bien doméstico. Prevalecen los rendimientos constantes a escala en el sector de los bienes no comerciables de acuerdo con esta formulación. Las funciones de demanda de factores están dadas por

$$n_N^d = y_N, \quad O_N^d = \alpha^{-1} y_N.$$

Suponiendo que el precio mundial de los insumos importados es igual a uno, el precio de los bienes domésticos estaría dado en el equilibrio por la condición de beneficio cero:

$$p_N = w + \alpha^{-1} E,$$

[32] Obstfeld (1986b) adopta una formulación similar.

lo que implica que $w/E = z - \alpha^{-1}$. Si las importaciones intermedias se tratan como bienes finales comerciables, las modificaciones de la ecuación de cuenta corriente son evidentes.

XI.2.3.2. *Precios rígidos*

En el modelo básico de tres bienes presentado antes supusimos que los precios de los bienes no comerciables eran perfectamente flexibles. Este supuesto es conveniente como un punto de referencia, pero no está necesariamente apoyado por los datos; en efecto, algunos economistas dirían que el grado de inercia de los precios puede ser sustancial a corto plazo. Discutiremos ahora brevemente cómo puede modificarse el modelo de tres bienes desarrollado antes para introducir los precios rígidos.

Por supuesto que los precios de los bienes exportables están dados en los mercados de capital mundiales, sólo necesitamos concentrarnos en la formación de los precios del sector de los bienes domésticos. Por lo tanto, supongamos ahora que el precio del bien no comerciable, P_N, está predeterminado y se ajusta sólo gradualmente en respuesta al desequilibrio del mercado de estos bienes. Específicamente consideremos la ecuación del ajuste de los precios:

$$\pi \equiv \dot{P}_N/P_N = \beta[\delta z^{1-\delta}c + g_N - y_N^s] + \varepsilon, \quad \beta > 0 \tag{99}$$

donde β denota la rapidez del ajuste. En el caso limitante de $\beta = 0$, el modelo opera en un modo "keinesiano" con precios fijos, mientras que el caso de la flexibilidad perfecta de los precios considerado antes corresponde a $\beta \to \infty$. En general, el supuesto de precios rígidos lleva consigo cierto mecanismo de racionamiento subyacente y la posibilidad de varios equilibrios racionados.[33] Sin embargo, no examinare aquí este punto.

Dado que por definición $\dot{z}/z = \varepsilon - \pi_N$, utilizando la ecuación (99) obtenemos

$$\dot{z}/z = \varepsilon - \beta(\delta z^{1-\delta}c + g_N - y_N^s) - \varepsilon = \Phi(\bar{c}, \bar{z}; \overset{0}{\varepsilon}, \bar{g}_N), \tag{100}$$

donde, en particular, $\Phi_c = -\beta\delta$. Así pues, al revés de lo que ocurre en el caso de la flexibilidad perfecta de los precios, la relación no se establece entre las *tasas de cambio* de la tasa de cambio real y el consumo, sino entre la tasa de cambio de z y el *nivel* de c.

---

[33] Por ejemplo, las empresas aumentarán de ordinario su producción sólo mientras que el costo marginal (el salario real vigente) no supere al precio del producto prevaleciente.

Además de (100), las otras ecuaciones del sistema dinámico son, según se derivó antes:

$$L^* = [i(c, m) - i^* - \varepsilon]/\gamma, \tag{101}$$

$$\dot{c}/c = \sigma[i(c, m) - \varepsilon + \delta\dot{z}/z - \rho], \tag{102}$$

$$\dot{D} = i^*D + \theta(L^*)L^* + (1 - \delta)z^{-\delta}c + g_I - y_X^s(z). \tag{103}$$

$$m = z^\delta R^*, \tag{104}$$

$$L^* = \Lambda(c, D; i^* + \varepsilon), \tag{105}$$

donde, como se demostró antes, Λ_c, $\Lambda_D > 0$ y $\Lambda_{i^*+\varepsilon} < 0$.

Eliminando L^* como antes, utilizando (101) y (104), obtenemos

$$m = z^\delta\{[i(c, m) - (i^* + \varepsilon) - \gamma D]/\gamma\},$$

que puede escribirse como

$$m = \varphi(\overset{+}{c}, \overset{+}{z}, \overset{-}{D}; i^* \overset{-}{+} \varepsilon),$$

donde, como antes, $\varphi_D = -\beta\gamma$ y $\varphi_{i^*+\varepsilon} = -\beta$ y ahora

$$\varphi_c = \beta i_c, \quad \varphi_z = \delta\tilde{R}^*, \quad \varphi_{g_N} = 0.$$

Sustituyendo este resultado en la ecuación (102), obtenemos

$$\dot{c}/c = \sigma\{i[c, \varphi(c, z, D, i^* + \varepsilon)] - \varepsilon + \delta\dot{z}/z - \rho\},$$

de modo que, utilizando (100):

$$\dot{c} = G(\overset{?}{c}, \overset{}{\bar{z}}, \overset{+}{\dot{D}}; \overset{+}{i^*}, \overset{-}{\bar{\varepsilon}}, g_N). \tag{106}$$

ahora $\Delta = \sigma\tilde{c} > 0$:[34]

$$G_c = (i_c + i_m\varphi_c\,\delta\Phi_c)\Delta, \quad G_z = (i_m\varphi_z + \delta\Phi_z)\Delta, \quad G_D = i_m\varphi_D\Delta,$$

$$G_{i^*} = i_m\varphi_{i^*+\varepsilon}\Delta, \quad G_\varepsilon = (i_m\varphi_{i^*+\varepsilon} - 1)\Delta, \quad G_{g_N} = \delta\Phi_{g_N}\Delta.$$

[34] Adviértase de nuevo que $i_m\varphi_{i^*+\varepsilon} - 1 = -\gamma\beta < 0$, y que en el caso en que $\tilde{R}^*$ es pequeño, $G_{g_N} \to 0$.

Aunque $i_c + i_m \varphi_c > 0$, el signo de G_c es en general ambiguo. G_z es también ambiguo. Si la rapidez del ajuste β es suficientemente elevada (como supondremos más adelante), $G_c, G_z < 0$.

Las ecuaciones (103) y (105) dan

$$\dot{D} = \Psi(\overset{+}{c}, \bar{z}, \overset{+}{D}; \overset{?}{i^*}, \bar{\epsilon}) - g_I, \tag{107}$$

donde Ψ_D, Ψ_{i^*} y Ψ_ϵ son como se dieron antes:

$$\Psi_D = i^* + (\tilde{\theta} + \tilde{L}^* \theta_{L^*}) \Lambda_D, \quad \Psi_\epsilon = (\tilde{\theta} + \tilde{L}^* \theta_{L^*}) \Lambda_{i^*+\epsilon},$$

$$\Psi_{i^*} = \tilde{D} + (\tilde{\theta} + \tilde{L}^* \theta_{L^*}) \Lambda_{i^*+\epsilon},$$

y ahora

$$\Psi_c = (1-\delta) + (\tilde{\theta} + \tilde{L}^* \theta_{L^*}) \Lambda_c, \quad \Psi_z = -y_X^{s'} - \delta(1-\delta)\tilde{c},$$

con $\Psi_{i^*} > 0$ que se supone positivo como antes.[35]

Las ecuaciones (100), (106) y (107) representan un sistema dinámico en c, z, y D. Como antes, linealizando el modelo alrededor del Estado estable obtenemos

$$\begin{bmatrix} \dot{c} \\ \dot{z} \\ \dot{D} \end{bmatrix} = \begin{bmatrix} G_c & G_z & G_D \\ \Phi_c & \Phi_z & 0 \\ \Psi_c & \Psi_z & \Psi_D \end{bmatrix} \begin{bmatrix} c - \tilde{c} \\ z - \tilde{z} \\ D - \tilde{D} \end{bmatrix}, \tag{108}$$

A fin de examinar las propiedades de estabilidad local del sistema linealizado, adviértase que el determinante de la matriz de coeficientes del sistema A puede escribirse como

$$|A| = -\Phi_c(\Psi_D G_z - \Psi_z G_D) + \Phi_z(\Psi_D G_c - \Psi_c G_D),$$

de donde puede establecerse, suponiendo que Ψ_D es inicialmente cercano a cero, que $|A| > 0$. En virtud de que $|A|$ es igual al producto de las raíces características del sistema, hay dos raíces con una parte real negativa o no hay ninguna raíz negativa. Supongamos que la rapidez del ajuste β es suficientemente grande para asegurar que la traza de la matriz de coeficientes del sistema trA, dada por

$$trA = G_c + \Phi_z + \Psi_D,$$

[35] Adviértase que ahora $\Psi_{g_N} = 0$.

es negativa. En virtud de que trA es igual a la suma de la raíces características del sistema, debe haber por lo menos una raíz con la parte real negativa. Por lo tanto, podemos concluir que hay exactamente dos raíces con partes reales negativas. Por lo tanto, dado que z y D son variables de Estado predeterminadas, el sistema es estable a lo largo de la ruta.

Con dos variables predeterminadas y una variable de brinco, no se pueden aplicar con seguridad las técnicas del diagrama de fase convencional, aunque la técnica de solución propuesta por Dixit (1980) puede ser útil en este caso para evaluar los efectos de impacto sobre el consumo. También podemos resolver el modelo numéricamente para examinar los efectos de corto y largo plazos del tipo de choques que consideramos antes.

Por último, otras extensiones —tales como la introducción de un efecto de oferta positivo del gasto gubernamental (Kimbrough, 1985) o de la inversión y acumulación de capital, de acuerdo con nuestra discusión del capítulo III— son posibles también, pero a costa de volver al modelo excesivamente complejo y difícil de resolver en términos analíticos. De nuevo, una solución numérica se convierte entonces en el único recurso.

Este capítulo ha ofrecido una reseña de diversos modelos del proceso inflacionario y examinado la dinámica de las reglas monetarias y de tasa de cambio. Presentamos en primer término los modelos monetarista y neoestructuralista del proceso inflacionario. El primero capta las relaciones dinámicas existentes entre los déficit fiscal, el financiamiento monetario y el proceso inflacionario, mientras que el segundo destaca los papeles de la oferta alimentaria elástica, la formación de los precios con un margen de beneficio, y las reclamaciones salariales reales en la generación de una espiral inestable de precios y salarios y en la inflación general. Posteriormente demostramos que un modelo híbrido, derivado esencialmente de la integración de la restricción presupuestaria gubernamental y la acumulación de activos en un modelo convencional neoestructuralista de dos sectores, proporciona un puente entre los dos enfoques y arroja dudas acerca de las implicaciones de algunos modelos más simples para la política económica.

Empezamos la segunda parte del capítulo con la presentación de un modelo de optimización de un solo bien, de una pequeña economía abierta con movilidad imperfecta del capital. Utilizando este marco, examinamos la ruta dinámica de la economía bajo reglas monetarias y de tasa de cambio. Una implicación importante del análisis es que, aunque ambos tipos de reglas pueden conducir a la misma meta inflacionaria a largo plazo, las dinámicas de transición asociadas a cada uno de ellos difieren en formas significativas. Luego extendimos el análisis a un marco de dos sectores y tres bienes con precios y salarios flexibles. El marco extendido se utilizó para analizar los efectos de los choques de gasto gubernamental y los cambios de la tasa de devaluación nominal a corto y largo plazos. También demostramos que el modelo de tres bienes podría extenderse más aún para introducir precios rígidos en el sector de los bienes no comerciables. Adoptamos la postura general de que este tipo de modelo ofrece un contexto útil para el análisis de las implicaciones de una gran diversidad de choques de la política macroeconómica a corto y largo plazos en los países en vías de desarrollo.

APÉNDICE

Este apéndice establece el impacto y los efectos de Estado estable de una reducción de ε en el modelo de tres bienes con precios flexibles.

Consideremos primero un choque permanente. La ecuación de la ruta estable, SS, del sistema dinámico (108) está dada por

$$c - \tilde{c} = \kappa(D - \tilde{D}), \tag{A1}$$

donde $\kappa \equiv (v - \Psi_D)/\Psi_c = G_D/(v - G_c) < 0$ y v denota la raíz negativa de (96). κ es la pendiente de la ruta estable SS.

Por la ecuaciones (93) y (95), puede establecerse que

$$d\tilde{c}/d\varepsilon = (\Psi_\varepsilon G_D - \Psi_D G_\varepsilon)/\Omega, \tag{A2}$$

$$d\tilde{D}/d\varepsilon = (\Psi_c G_\varepsilon - \Psi_\varepsilon G_c)/\Omega, \tag{A3}$$

donde $\Omega = G_c \Psi_D - G_D \Psi_c < 0$ a fin de asegurar la estabilidad de la ruta estable, y (como se explica en el texto) G_ε, $\Psi_\varepsilon < 0$. La demostración de que $d\tilde{c}/d\varepsilon > 0$ requiere demostrar que $\Psi_\varepsilon G_D - \Psi_D G_\varepsilon < 0$, o que

$$\Psi_\varepsilon/\Psi_D < G_\varepsilon/G_D = (i_m \varphi_{i^*+\varepsilon} - 1)/i_m \varphi_D = 1/i_m,$$

o equivalentemente

$$(\tilde{\theta} + \tilde{L}^*\theta_{L^*})\lambda_{i^*+\varepsilon} < i_m^{-1}[i^* + (\tilde{\theta} + \tilde{L}^*\theta_{L^*})\lambda_D].$$

Con $\lambda_D = -i_m\beta$ y $\lambda_{i^*+\varepsilon} = -\beta[\text{con } \beta \equiv 1/(\gamma - i_m)]$:

$$-\beta(\tilde{\theta} + \tilde{L}^*\theta_{L^*}) < i_m^{-1}[i^* - i_m\beta(\tilde{\theta} + \tilde{L}^*\theta_{L^*})],$$

o $i^* > 0$, que se da siempre. Por la condición de equilibrio del mercado de bienes domésticos:

$$d\tilde{z}/d\varepsilon = z_c d\tilde{c}/d\varepsilon < 0. \tag{A4}$$

Por la condición de Estado estable (47), $d\tilde{\imath}/d\varepsilon = 1$. Por (49):

$$d\tilde{m}/d\varepsilon = m_c d\tilde{c}/d\varepsilon + m_i < 0,$$

y por (A4), con $\tilde{z} = 1$:

$$dR^*/d\varepsilon = d\tilde{m}/d\varepsilon + \delta\tilde{m}(d\tilde{z}/d\varepsilon) < 0.$$

Este resultado implica, puesto que $d\tilde{L}^*/d\varepsilon = 0$:

$$d\tilde{D}/d\varepsilon = -d\tilde{R}^*/d\varepsilon > 0.$$

A fin de determinar los efectos de impacto de una reducción de ε, advertimos que por la ecuación (A1), y puesto que $dD_0/d\varepsilon = 0$:

$$dc_0/d\varepsilon = d\tilde{c}/d\varepsilon - \kappa(d\tilde{D}/d\varepsilon),$$

lo que implica que, utilizando (A2), (A3) y la definición de κ:

$$dc_0/d\varepsilon = [\Psi_\varepsilon(G_D + \kappa G_c) - vG_\varepsilon]/\Omega,$$

o equivalentemente, puesto que $G_D + \kappa G_c = \kappa v$:

$$dc_0/d\varepsilon = -v(G_\varepsilon - \kappa\Psi_\varepsilon)/\Omega > 0. \tag{A5}$$

Por lo tanto, por la condición de equilibrio del mercado de bienes no comerciables,

$$dz_0/d\varepsilon = z_c dc_0/d\varepsilon < 0, \tag{A6}$$

y por las ecuaciones (76), la producción de bienes no comerciables (exportables) disminuye (aumenta) al impacto.

Por la condición de equilibrio del mercado de dinero

$$di_0/d\varepsilon = (i_c + i_m\varphi_c)(dc_0/d\varepsilon) + i_m\varphi_{i^*+\varepsilon} > 0, \tag{A7}$$

dado que $i_c + i_m\varphi_c$ e $i_m\varphi_{i^*+\varepsilon}$ son ambos positivos. Puede establecerse que $di_0/d\varepsilon \to 1$ cuando $\gamma - 0$, y que $di_0 d\varepsilon < 1$ para $\gamma > 0$.

Por último, por la ecuación (83), y dado que $di_0 d\varepsilon < 1$:

$$dL_0^*/d\varepsilon = \gamma^{-1}\{(di_0/d\varepsilon) - 1\} < 0.$$

Dado que $dD_0/d\varepsilon = 0$, $dR_0^*/d\varepsilon = dL_0^*/d\varepsilon < 0$. Por lo tanto, utilizando (A7), y con $\tilde{z} = 1$:

$$dm_0/d\varepsilon = d(z_0^\delta R_0^*)/d\varepsilon = \delta\tilde{R}^*(dz_0/d\varepsilon) + dR_0^*/d\varepsilon < 0.$$

Consideremos ahora una reducción temporal de ε. La solución general del sistema (96) puede escribirse como para $0 \leq t \leq T$:

$$D = \tilde{D}_{t \leq T} + C_1 e^{v_1 t} + C_2 e^{v_2 t}, \tag{A8}$$

$$c = \tilde{c}_{t \leq T} + \kappa_1 C_1 e^{v_1 t} + \kappa_2 C_2 e^{v_2 t}, \tag{A9}$$

y para $t \geq T$:

$$D = \tilde{D}_0 + C_1' e^{v_1 t} + C_2' e^{v_2 t}, \tag{A10}$$

$$c_t = \tilde{c}_0 + \kappa_1 C_1' e^{v_1 t} + \kappa_2 C_2' e^{v_2 t}, \tag{A11}$$

donde $v_1 (= v)$ denota la raíz negativa y v_2 la raíz positiva del sistema, y $\kappa_h = G_D / (v_h - G_c)$, $h = 1, 2$. Las cuatro constantes arbitrarias C_1, C_2, C_1' y C_2' se determinan bajo los supuestos de que a) $C_2' = 0$ (para que se aplique la condición de transversalidad); b) D evoluciona continuamente a partir de su valor inicial dado $\tilde{D}_0 = D_0$, de modo que $D_0 = \tilde{D}_{t \leq T} + C_1 + C_2$; y c) las rutas temporales de c y D son continuas para $t > 0$. En particular, en el momento $t = T$, las soluciones de (A8) y (A10); y de (A9) y (A11), deben coincidir, generando otras dos ecuaciones que, junto con la condición anterior sobre D_0, determinan en forma única la solución para C_1, C_2 y C_1'. Las soluciones están dadas por:

para $0 \leq t \leq T$:

$$D = \tilde{D}_{t \leq T} - \chi \Delta (D_0 - \tilde{D}_{t \leq T}) e^{v_1 t} + \chi v_1 (v_2 - G_c)(D_0 - \tilde{D}_{t \leq T}) e^{v_2(t-T)},$$

$$c = \tilde{c}_{t \leq T} - \chi \Delta \kappa_1 (D_0 - \tilde{D}_{t \leq T}) e^{v_1 t} + \chi v_1 G_F (D_0 - \tilde{D}_{t \leq T}) e^{v_2(t-T)},$$

y para $t \geq T$:

$$D = D_0 - \chi (D_0 - \tilde{D}_{t \leq T}) e^{v_1 t} \{ \Delta - v_2 (v_1 - G_c) e^{-v_1 T} \},$$

$$c = \tilde{c}_0 + \kappa_1 (D - D_0),$$

donde

$$\chi = 1/G_c (v_2 - v_1), \quad \Delta = -\chi + v_1 (v_2 - G_c) e^{-v_2 T}.$$

XII. PROBLEMAS ANALÍTICOS
DE LOS PROGRAMAS ANTINFLACIONARIOS

EL REITERADO FRACASO de los esfuerzos antinflacionarios en los países en vías de desarrollo, sobre todo en América Latina, ha originado una voluminosa literatura que trata de explicar los mecanismos por los que podría ocurrir el colapso del programa. Mientras que la literatura inicial se concentraba en el papel de las inconsistencias de la política económica y de los mecanismos inerciales (como la indización salarial implícita o explícita orientada hacia atrás, y las expectativas inflacionarias de adaptación), los desarrollos más recientes han destacado el papel de la credibilidad y sus interacciones con las expectativas en lo tocante a la sustentabilidad y la viabilidad política de las políticas de estabilización gubernamentales.

Este capítulo se concentra en un conjunto selecto —pero representativo— de problemas que han sido considerados en la literatura reciente. La sección XII.1 se concentra en dos problemas que han atraído gran atención en las discusiones recientes de los programas de estabilización basados en la tasa de cambio: el patrón de auge y recesión de la producción (que discutimos en el capítulo X) y el comportamiento de las tasas de interés reales en el inicio de tales programas. Discutiremos las diversas interpretaciones de estos fenómenos que se han ofrecido en la literatura, en particular el papel de las expectativas acerca de las políticas gubernamentales futuras, y haremos una evaluación de puntos de vista alternativos. La sección XII.2 analiza el papel de los factores de credibilidad en la formulación y el diseño de los programas de estabilización. Reseñaremos mecanismos alternativos que se han sugerido para aumentar la credibilidad de tales programas, incluida la adopción de un enfoque de terapia de choque para propósitos de "señalamiento", el uso de anclas nominales múltiples, la mayor independencia del banco central y el recurrir a la asistencia extranjera.

XII.1. TÓPICOS DE LOS PROGRAMAS BASADOS EN LA TASA DE CAMBIO

Las experiencias de los programas de estabilización reseñadas en el capítulo X indicaban que aunque el uso de la tasa de cambio como un ancla nominal fundamental contuvo la hiperinflación a un costo relativamente pequeño en términos de la producción, el éxito en el uso de la tasa de cambio ha sido más limitado en los países de inflación crónica. Los experimentos con la tablita del

Cono Sur a fines de los años setenta, en particular, se asociaron a una disminución lenta de la tasa inflacionaria y una apreciación de la tasa de cambio real. Además, tales programas a menudo se han visto acompañados de una expansión inicial de la actividad económica, seguida de una contracción considerable. En el programa de estabilización basado en la tasa de cambio que se implantara en Marruecos en 1990, pudo discernirse también una expansión inicial seguida de un frenamiento considerable. La producción creció a una tasa anual de más de 10% en 1990 (mientras que en 1989 había crecido la producción sólo 1.5%), pero bajó a 2.4% en 1991, −4.1% en 1992 y 0.2% en 1993. El ciclo de auge y recesión parece haberse observado en los esfuerzos de estabilización exitosos y en los que finalmente fracasaron, y ha provocado gran interés entre los macroeconomistas del desarrollo.

El comportamiento de las tasas de interés reales en los programas de estabilización basados en la tasa de cambio ha sido también objeto de gran debate en las discusiones recientes del ajuste macroeconómico en los países en vías de desarrollo. Los datos representados en las gráficas XII.1 y XII.2 sugieren que las tasas de interés reales declinaron en el inicio del programa de los experimentos de la "tablita" del Cono Sur de fines de los años setenta, pero aumentaron marcadamente en los programas heterodoxos de los años ochenta implantados en Argentina, Brasil, Israel y México. Además, mientras que las tasas de interés reales mostraron una tendencia a aumentar gradualmente a través del tiempo en los experimentos iniciales, en los programas más recientes no parece haber surgido ningún patrón discernible.

En esta sección discutiremos diversos modelos analíticos que han tratado de explicar el comportamiento de la producción y de las tasas de interés reales en los programas de estabilización basados en la tasa de cambio. Un aspecto fundamental de estos modelos es el énfasis que se hace en los efectos dinámicos asociados a los anuncios de políticas absolutamente increíbles, o de manera más general el efecto de la variación de las expectativas acerca de las políticas gubernamentales presentes y futuras. En primer término examinaremos diversas interpretaciones del enigma del auge y de la recesión; posteriormente abordaremos las explicaciones del comportamiento de las tasas de interés reales.

XII.1.1. *El ciclo de auge y recesión*

El primer intento de explicación del ciclo de expansión y recesión que parece caracterizar a los programas antinflacionarios basados en la tasa de cambio (en particular los experimentos de la tablita) fue propuesto por Rodríguez (1982). Más recientemente, Calvo y Végh (1993a, 1993b) elaboraron una explicación diferente. Un aspecto fundamental del último enfoque es su hincapié en las interacciones existentes entre la falta de credibilidad (modelada como

GRÁFICA XII.1. *Tasas de interés reales en los experimentos de la tablita*
(tasas reales de los préstamos, porcentajes anuales)

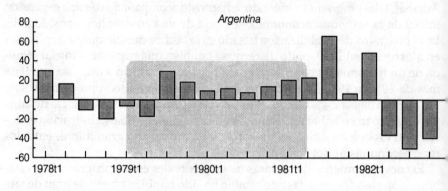

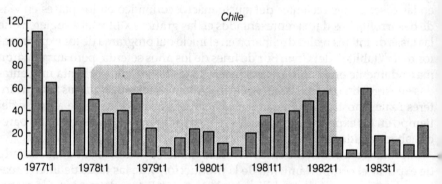

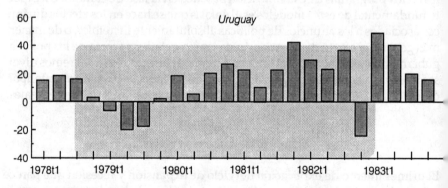

t1 = primer trimestre.
NOTA: Para calcular las tasas de interés reales, a la tasa de interés nominal de los préstamos se
le resta la tasa inflacionaria del trimestre siguiente. Las áreas sombreadas indican los periodos
en los que los programas estaban vigentes.
FUENTE: Végh, 1992.

GRÁFICA XII.2. *Tasas de interés reales en los experimentos heterodoxos
(tasas reales de los préstamos, porcentajes anuales)*

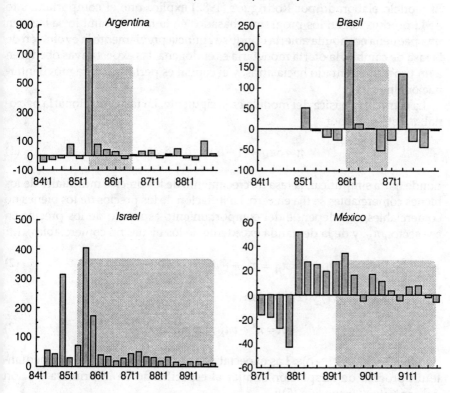

t1 = primer trimestre.
NOTA: Para calcular las tasas de interés reales, a la tasa de interés nominal de los préstamos se le resta la tasa inflacionaria del trimestre siguiente. Las áreas sombreadas indican los periodos en los que los programas estaban vigentes.
FUENTE: Végh, 1992.

una política temporal) y los efectos de sustitución intertemporales en la transmisión de los choques de la política económica a la esfera real de la economía.[1] Presentaremos en primer término el modelo de Rodríguez y luego haremos una exposición detallada del modelo de la "temporalidad" de Calvo y Végh, antes de evaluar los aspectos fundamentales de ambos modelos.

---

[1] Obstfeld (1985), cuya contribución se discutirá más adelante, destacó también el papel de la sustitución intertemporal en el consumo: dicho en términos simples, los agentes son sensibles a los cambios ocurridos en el precio relativo para el consumo en el presente más que en el futuro.

XII.1.1.1. *Expectativas, tasas de interés reales y producción*

El modelo elaborado por Rodríguez (1982) explica que el comportamiento de la producción en los programas basados en la tasa de cambio se basa en una pequeña economía abierta donde se anuncia previamente la evolución de la tasa de cambio, la oferta monetaria es endógena, las expectativas obedecen a un proceso orientado hacia atrás, y el capital es perfectamente móvil internacionalmente.

La estructura básica del modelo es la siguiente. La tasa inflacionaria nacional, π, está dada por

$$\pi = \delta\pi_N + (1-\delta)\varepsilon, \quad 0 < \delta < 1, \tag{1}$$

donde, para simplificar, la tasa de crecimiento de los precios mundiales de los bienes comerciables se fija en cero. La inflación de los precios de los bienes no comerciables, π_N, depende del comportamiento esperado de los precios en ese sector, π_N^a, y de la demanda excedente de los bienes no comerciables, d_N:

$$\pi_N = \pi_N^a + v'd_N, \quad v' > 0. \tag{2}$$

Las ecuaciones (1) y (2) nos dan

$$\pi = \pi^a + vd_N, \quad v = \delta v', \tag{3}$$

donde $\pi^a = \delta\pi_N^a + (1-\delta)\varepsilon$. Las expectativas de los precios se revisan mediante un proceso de adaptación similar al especificado en la primera sección del capítulo XI (ecuación (5)):

$$\dot{\pi}^a = \beta(\pi - \pi^a), \quad \beta > 0. \tag{4}$$

La oferta agregada se supone constante en $\tilde{y}$, y el gasto agregado c varía inversamente con la tasa de interés real esperada $r = i - \pi^a$, donde i denota la tasa de interés nominal y $c' < 0$. Se supone que la demanda excedente de bienes comerciables, d_T —que es igual al déficit de la balanza comercial— depende negativamente del precio relativo de estos bienes, definido como $z = E/P$.[2] La demanda excedente de bienes no comerciables está dada entonces por

$$d_N = c(r) - \tilde{y} - d_T(z) = d_N(\overset{+}{z}, \overset{-}{r}). \tag{5}$$

---

[2] Adviértase que el precio relativo en el modelo de Rodríguez *no* es la tasa de cambio real, porque el índice de precios P es un promedio ponderado de los precios de los bienes comerciables y no comerciables. Sin embargo, esto no tiene ningún efecto sustancial sobre los resultados, y aquí nos referiremos a z como la tasa de cambio real.

Sustituyendo la ecuación (5) en (3), obtenemos

$$\pi - \pi^a = vd_N(z, r), \tag{6}$$

lo que indica que los movimientos inesperados de la inflación se determinan exclusivamente por la demanda excedente de bienes domésticos.

En cualquier momento dado, la tasa de cambio real, z, está dada. A través del tiempo, cambia de acuerdo con

$$\dot{z}/z = \varepsilon - \pi. \tag{7}$$

Por último, la tasa de interés nominal nacional, i, está dada por la tasa de interés mundial constante, i^*, más la tasa de devaluación ε:

$$i = i^* + \varepsilon. \tag{8}$$

A fin de expresar el modelo en una forma compacta, diferenciamos la tasa de interés real respecto del tiempo y utilizamos (4) y (6), de modo que[3]

$$\dot{r} = \beta vd_N(z, r). \tag{9}$$

Utilizando la ecuación (8) y la definición de la tasa de interés real para sustituir a la tasa inflacionaria esperada en (6), obtenemos

$$\pi = i^* + \varepsilon - r + vd_N(z, r). \tag{10}$$

Por último, sustituyendo la ecuación (10) en (7), obtenemos

$$\dot{z}/z = r - i^* - vd_N(z, r). \tag{11}$$

Las ecuaciones (9) y (11) constituyen un sistema de ecuaciones diferenciales en la tasa de interés real y la tasa de cambio real. Para niveles dados de estas variables, la ecuación (10) determina la tasa inflacionaria.

En la gráfica XII.3 se representa el equilibrio de Estado estable del modelo. La curva $[\dot{r} = 0]$ se obtiene de la ecuación (9) y determina las combinaciones de la tasa de interés real y la tasa de cambio real para las que no hay demanda excedente en el mercado de los bienes no comerciables ($d_N = 0$). Esta curva tiene una pendiente positiva porque una depreciación de la tasa de cambio real genera una demanda excedente de bienes domésticos, lo que requiere un

---

[3] Al derivar la ecuación (9), se supone que la tasa de devaluación es constante a través del tiempo, de modo que, por (8), la tasa de interés nominal nacional es también constante.

GRÁFICA XII.3. *Equilibrio y ajuste en el modelo de Rodríguez*

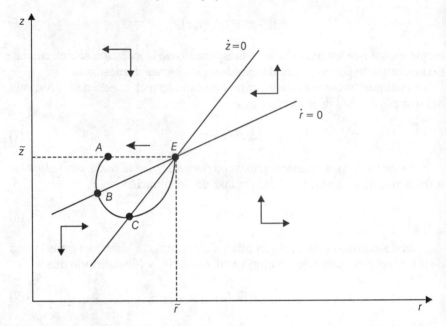

aumento de la tasa de interés real para restablecer el equilibrio. La curva $[\dot{z}=0]$, que se deriva de la ecuación (11), tiene también pendiente positiva y determina las combinaciones de la tasa de interés real y la tasa de cambio real con las que permanece constante esta última variable. Las ecuaciones (9) y (11) implican que en el Estado estable, la tasa de interés real nacional debe ser igual a la tasa de interés mundial ($\tilde{r}=i^*$), mientras que (10) implica que la tasa inflacionaria de largo plazo es igual a la tasa de devaluación. El sistema compuesto de (9) y (11) es (localmente) estable si la matriz de coeficientes definida por

$$\mathbf{M}=\begin{bmatrix} -\beta v(\partial d_N/\partial r) & -\beta v(\partial d_N/\partial z) \\ 1-v(\partial d_N/\partial r) & -v(\partial d_N/\partial z) \end{bmatrix}$$

tiene un determinante positivo y una traza negativa:

$$\det \mathbf{M}=\beta v(\partial d_N/\partial z)>0, \quad \operatorname{tr}\mathbf{M}=-v[(\partial d_N/\partial z)+\beta(\partial d_N/\partial r)]<0.$$

Siempre se satisface la condición referente al determinante de **M**, pero la condición sobre la traza de **M** no se sostiene necesariamente. Ello depende de que el efecto positivo de una depreciación de la tasa de cambio real contrarreste el efecto negativo de una elevación de la tasa de interés real sobre la demanda privada de los bienes no comerciables. El supuesto de que se da la condición sobre trM asegura la estabilidad (local) del equilibrio de la economía a largo plazo, el que se obtiene en el punto E de la gráfica XII.3. Consideremos ahora una disminución de la tasas de devaluación de ε^h a $\varepsilon^s < \varepsilon^h$. Los resultados de este experimento se muestran en la gráfica XII.3. El cambio de la tasa de devaluación no afecta la posición de las curvas $[\dot{r} = 0]$ y $[\dot{z} = 0]$, y por lo tanto no tiene ningún efecto sobre los niveles de equilibrio a largo plazo de la tasa de cambio real y la tasa de interés real. Sin embargo, la disminución de ε reduce la tasa de interés real nacional al impacto porque, con la tasa de inflación esperada dada, conduce a una reducción de uno a uno en la tasa de interés nominal. Por lo tanto, el sistema se mueve al impacto del punto E a una posición de equilibrio a corto plazo tal como el punto A, porque la tasa de cambio real está predeterminada. La baja inicial de la tasa de interés real genera una demanda excedente de bienes domésticos. La reducción de la tasa de devaluación tiende a reducir los precios, pero el surgimiento de una demanda excesiva tiende a incrementarlos; sin embargo, el efecto neto sobre la tasa inflacionaria es positivo, como lo indican las ecuaciones (10) y (8). La tasa inflacionaria efectiva se eleva subsecuentemente por encima de la tasa esperada, que también empieza a subir gradualmente. La elevación de la tasa inflacionaria esperada reduce más aún la tasa de interés real a través del tiempo, conduciendo en la primera fase a un proceso gradual de apreciación de la tasa de cambio real. Sin embargo, en la segunda fase, la demanda excedente de bienes no comerciables generada por la baja de la tasa de interés real empieza a reducir la tasa de apreciación de la tasa de cambio real, lo que conduce finalmente —suponiendo que se dan las condiciones de estabilidad antes señaladas— a la eliminación de la demanda excedente. El equilibrio del mercado de bienes no comerciables se restablece en el punto B. Sin embargo, la tasa de cambio real continúa aumentando durante cierto tiempo, porque la tasa inflacionaria nacional supera a la tasa de devaluación en el punto B. Esto provoca una oferta excedente de bienes no comerciables, una disminución de la tasa inflacionaria esperada y una elevación de la tasa de interés real (un movimiento de B a C). En el punto C, la tasa de cambio de la tasa de cambio real es cero, pero prevalece una oferta excedente. La inflación efectiva y esperada continúa bajando, lo que conduce a una depreciación de la tasa de cambio (lo que estimula la demanda de bienes domésticos y por ende reduce la oferta excedente) y a una nueva elevación de la tasa de interés real. A largo plazo, por lo tanto, la economía vuelve a su posición de equilibrio inicial en el punto E. El nuevo valor de estado estable de la tasa inflacionaria es, por contraste, igual a $\varepsilon^s < \varepsilon^h$.

El proceso de ajuste después de una reducción permanente de la tasa de devaluación se caracteriza así por un periodo de demanda excedente, es decir, por un auge a corto plazo. En el modelo de Rodríguez, la expansión de la demanda ocurre como una consecuencia inevitable del supuesto de expectativas vistas como retroceso. La reducción inicial de la tasa de devaluación provoca una disminución de la tasa de interés nominal y un brinco hacia abajo de la tasa de interés real —porque la tasa inflacionaria esperada es una variable predeterminada—, y por ende un aumento de la demanda de bienes no comerciables. Esta expansión de la demanda en el sector de bienes domésticos presiona hacia arriba a los precios nacionales. La apreciación consiguiente de la tasa de cambio real frena la expansión de la demanda y finalmente domina al efecto expansivo inicial, provocando una contracción de la demanda.[4]

Así pues, para que el sistema vuelva a su posición de equilibrio inicial, el auge inicial debe ser seguido por una contracción de la demanda inducida por una apreciación progresiva de la tasa de cambio real en la segunda fase del proceso de ajuste, la que deriva del hecho de que la tasa inflacionaria nacional supera a la tasa de devaluación.

XII.1.1.2. *La hipótesis de la "temporalidad"*

En una importante serie de contribuciones, Calvo y Végh (1993*a*, 1993*b*) han proporcionado una explicación diferente del ciclo de auge y recesión observado en los programas de estabilización basados en fundamentos de optimización rigurosa y expectativas futuras. La estructura analítica elaborada por Calvo y Végh es interesante por sí misma y, aunque representa en varios sentidos un marco menos general que el modelo de tres bienes desarrollado en el capítulo XI, vale la pena que se considere en detalle.[5] Como en el modelo de Rodríguez, consideremos una pequeña economía abierta que produce bienes comerciables y no comerciables. La familia representativa maximiza la suma de la utilidad descontada de toda la vida, con una utilidad instantánea separable en ambos bienes

$$\int_0^\infty [\ln(c_T, c_N)]e^{-\rho t}dt, \quad \rho > 0, \tag{12}$$

[4] Dornbusch (1982) obtiene un resultado similar en un modelo con precios rígidos y expectativas racionales, lo que sugiere que el supuesto de las expectativas de adaptación puede no ser el elemento fundamental para la explicación del patrón de auge y recesión en el modelo de Rodríguez (véase el análisis siguiente). Adviértase que si los precios son flexibles, la tasa de cambio real puede apreciarse al impacto, de modo que el efecto inicial neto de la reducción de la tasa de devaluación sobre la producción puede ser ambiguo. Este es esencialmente el resultado obtenido por Fischer (1986) en un modelo con expectativas racionales y contratos traslapados.

[5] En muchos sentidos, el marco de Calvo y Végh representa una extensión del modelo de efectivo adelantado presentado por Calvo (1986). En lo que sigue no discutiremos el papel de la sustitución de monedas en el marco de estos autores, a pesar de la importancia de este elemento en muchos países en vías de desarrollo, como se señaló en el capítulo III. Véase Calvo y Végh (1993*a*).

donde $c_N(c_T)$ denota el consumo de bienes no comerciables (comerciables). Las familias afrontan una restricción de dinero en efectivo adelantado, dada por

$$z^{-1}c_N + c_T \geq \alpha^{-1}m, \quad \alpha > 0, \tag{13}$$

donde la tasa de cambio real se define de nuevo como $z = E/P_N$.[6] m denota los saldos monetarios reales medidos en términos de los bienes comerciables.

Las familias mantienen un acervo, b^p, de bonos internacionalmente negociables, que gana una tasa de interés real constante, i^*, determinada en los mercados mundiales de capital. La riqueza financiera real en términos de los bienes comerciables, a, es entonces $a = m + b^p$. La restricción intertemporal de los recursos afrontada por el consumidor, que iguala sus recursos de toda la vida a sus gastos de toda la vida, está dada por

$$a_0 + \int_0^{\infty}\left[z^{-1}y_N + y_T + \tau\right]e^{-\rho t}dt = \int_0^{\infty}\left(z^{-1}c_N + c_T + im\right)e^{-\rho t}dt, \tag{14}$$

donde y_N denota la producción de bienes no comerciables (que se determina más adelante), y_T el nivel exógeno de la producción de bienes no comerciables, τ las transferencias reales del gobierno, e i la tasa de interés nominal nacional que, suponiendo que se satisface la condición de la paridad de intereses no cubiertas, está dada por

$$i = i^* + \varepsilon, \tag{15}$$

donde ε denota, como antes, la tasa de devaluación.

Las familias toman como dadas a a, y_T, y_N, τ, i y z, y maximizan (12) sujetas a la restricción del dinero en efectivo por adelantado (13) —que se satisface con la igualdad— y a la restricción de recursos de toda la vida (14), escogiendo una secuencia $\{c_N, c_T, m\}_{t=0}^{\infty}$. Suponiendo que la tasa de descuento subjetiva, es igual a la tasa de interés mundial ($\rho = i^*$), las condiciones de primer orden para este problema de optimización están dadas por

$$1/c_T = \lambda(1 - \alpha i), \tag{16}$$

$$c_N = zc_T, \tag{17}$$

donde λ puede interpretarse, como antes, como la utilidad marginal de la riqueza. La ecuación (16) iguala la utilidad marginal de los bienes comerciables con el producto de la utilidad marginal de la riqueza y su precio efectivo real, que se define como consistente en su precio de mercado, directo (igual a uno), y el costo de oportunidad de la posesión de α unidades de dinero necesarias

---

[6] Como antes, el precio del bien comerciable en moneda extranjera se fija en uno para simplificar.

para la realización de la transacción, αi. La ecuación (17) iguala la razón del consumo de bienes comerciables y no comerciables al precio relativo de bienes comerciables.

La producción de bienes no comerciables está determinada por la demanda. Se supone que la tasa de cambio de la inflación en el sector de los bienes no comerciables, π_N, se relaciona negativamente con la demanda excedente, la que se define como la diferencia entre la producción efectiva (determinada por el lado de la demanda del mercado) y su nivel de largo plazo, $\tilde{y}_N$:

$$\dot{\pi}_N = -\Theta(c_N - \tilde{y}_N) = \Theta(\tilde{y}_N - zc_T), \quad \Theta > 0, \tag{18}$$

donde la segunda igualdad se sigue de la ecuación (17). El mecanismo de los precios especificado en la ecuación (18) sigue el modelo de los precios y los salarios alternados elaborado por Calvo (1983).[7] Se basa en el supuesto de que las empresas del sector de bienes no comerciables determinan los precios de sus productos en una forma no sincronizada, tomando en cuenta la evolución futura esperada de la demanda y del precio medio prevaleciente en la economía. En cada momento dado, sólo un pequeño subconjunto de empresas puede cambiar sus precios individuales. El nivel de los precios es así una variable predeterminada en cualquier periodo dado, pero la inflación puede brincar, porque refleja los cambios de los precios individuales fijados por las empresas. Cuando se desarrolla la demanda excedente en el sector de los bienes no comerciables, de hecho, algunas empresas elevan sus precios individuales, y la inflación aumenta. Sin embargo, dado que el subconjunto de empresas que todavía deben ajustar sus precios ante el exceso de demanda disminuye rápidamente, la inflación de los precios de los bienes domésticos disminuye a través del tiempo. Por lo tanto, el cambio de la tasa inflacionaria de los bienes domésticos se relaciona inversamente con la demanda excedente de bienes no comerciables.

Formalmente, supongamos que hay gran número (técnicamente, un continuo) de empresas en el sector de los bienes no comerciables, indizadas en el intervalo entre 0 y 1. Así, pues, el número total de empresas en ese sector se normaliza a la unidad. Cada empresa produce un bien no almacenable a un costo variable de cero, cuya cantidad es determinada por la demanda. La probabilidad de recibir la señal de los precios dentro de n periodos a partir de ahora es $\delta \exp(-\delta n)$, donde $\delta > 0$. Bajo la previsión perfecta, el precio fijado por la empresa en el periodo t está dado por

$$V = \delta \int_0^\infty \left[p_N(s) + \kappa E_N(s) e^{-\delta(s-t)} ds, \quad \kappa > 0 \tag{19}$$

---

[7] La formulación de Calvo ha sido extendida para tomar en cuenta la indización parcial de los salarios. Véase Ambler y Cardia (1992).

donde V es el (logaritmo del) precio cotizado en t, $p_N(s)$ es el (logaritmo del) índice de precios de los bienes no comerciables (que se define más adelante) en el periodo s, y $E_N(s)$ denota la demanda excedente en el periodo s para los bienes no comerciables, definida como $E_N = c_N - \tilde{y}_N$. Si la señal de cambio del precio es independiente entre las empresas, la porción de los precios fijados en el momento s que no han sido modificados para el momento t está dada por $\delta e^{-\delta(t-s)}$. El (logaritmo del) índice de precios para los bienes no comerciables se define como el promedio ponderado de los precios cotizados en este momento. Por lo tanto,

$$p_N = \delta \int_t^{\infty} V_s e^{-\delta(s-t)} ds. \tag{20}$$

En la formulación anterior, p_N, dado por las cotizaciones de precios anteriores, es una variable predeterminada en el momento t. En cambio, V puede brincar cuando ocurra un cambio inesperado. Pero a lo largo de las rutas donde p_N y E_N se determinan en una forma única, V es una función continua del tiempo. Diferenciando (20) respecto del tiempo, obtenemos

$$\pi_N = \delta(V - p_N), \tag{21}$$

donde $\pi_N \equiv p_N$.[8] Es importante advertir que (21) se da en cualquier punto del tiempo; en particular, se da en los puntos del tiempo en los que E_N no es continua. Por lo tanto, no puede haber discontinuidades esperadas en π_N aunque haya discontinuidad esperada en E_N. Esta es una consideración importante cuando se evalúan posibles cambios temporales de la política económica.

En los puntos del tiempo donde E_N es continua, (19) puede ser diferenciada para obtener

$$V = \delta(V - p_N - \kappa E_N). \tag{22}$$

Se sigue de (21) y (22) que, en los puntos del tiempo en que E_N es continua, y haciendo $\Theta = \delta^2 \kappa > 0$, obtenemos

$$\dot{\pi} = -\Theta E_N = -\Theta(c_N - \tilde{y}_N),$$

que es la forma mostrada en (18).

A resultas de la fijación alternada de los precios en el sector de los bienes no comerciables, la tasa de cambio real está predeterminada a corto plazo. Diferenciando $z = E/P_N$ respecto del tiempo, obtenemos

$$\dot{z}/z = \varepsilon - \pi_N. \tag{23}$$

---

[8] Obsérvese que, en virtud de la ley de los grandes números, π_N no es estocástica.

El cierre del modelo requiere una especificación del comportamiento del gobierno. Bajo el supuesto de que el gobierno no compra bienes y paga a las familias los intereses de los activos extranjeros netos del banco central y la recaudación derivada de la creación de dinero, el valor presente de las transferencias gubernamentales está dado por

$$\int_0^\infty \tau e^{-\rho t} dt = b_0^g + \int_0^\infty (\dot{m} + \varepsilon m) e^{-\rho t} dt, \tag{24}$$

donde b_0^g denota el acervo inicial de bonos del gobierno. Combinando las ecuaciones (14), (15) y (24); definiendo el acervo total de bonos de la economía como $b = b^p + b^g$; e imponiendo la condición de transversalidad $\lim_{t \to \infty} e^{-\rho t} b = 0$, obtenemos la restricción total de los recursos:

$$b_0 + y_T/\rho = \int_0^\infty c_T e^{-\rho t} dt, \tag{25}$$

donde b_0 denota el acervo inicial de bonos de la economía. La ecuación (25) iguala el valor presente de los recursos comerciables al valor presente de las compras de bienes comerciables. Suponiendo además que se utilizan las transferencias para compensar a las familias por la depreciación de los saldos monetarios reales, obtenemos el saldo de cuenta corriente de la economía:[9]

$$\dot{b} = y_T + i^* b - c_T. \tag{26}$$

Por último, como en el marco de dos sectores elaborado en el capítulo XI y en el modelo de Rodríguez antes descrito, la tasa inflacionaria global se escribe como un promedio ponderado de la tasa de devaluación y la tasa de inflación de los precios de los bienes domésticos:

$$\pi = \delta \pi_N + (1 - \delta)\varepsilon, \quad 0 < \delta < 1, \tag{27}$$

donde la ponderación δ depende de la participación de los bienes domésticos en el gasto de consumo total.

---

[9] La restricción del presupuesto de flujos de la familia está dada por

$$\dot{m} + \dot{b}^p = z^{-1}(y_N - c_N) + y_T + i^* b^p - \tau - c_T - \varepsilon m,$$

mientras que la restricción del flujo gubernamental es

$$\dot{m} - \dot{b}^g = \tau - i^* b^g - \varepsilon m.$$

Fijando $\tau = \varepsilon m$ en la ecuación anterior, obtenemos $\dot{m} = \dot{b}^g - i^* b^g$. Sustituyendo estos resultados en la restricción de los flujos del consumidor y fijando $c_N = y_N$, obtenemos la ecuación (26).

La dinámica del modelo se determina por las ecuaciones (18), (23) y (26). En virtud de que la producción de bienes comerciables es exógena y el consumo de bienes comerciables depende, por la ecuación (16), sólo de la utilidad marginal de la riqueza —que varía a través del tiempo sólo como resultado de embates inesperados—[10] y de la tasa de interés nacional, el sistema es recursivo.[11] Para una evolución dada de c_T y ε, las ecuaciones (18) y (23) forman el bloque interdependiente, que puede escribirse como

$$\begin{bmatrix} \dot{z} \\ \dot{\pi}_N \end{bmatrix} = \begin{bmatrix} 0 & -\tilde{z} \\ -\Theta\tilde{c}_T & 0 \end{bmatrix} \begin{bmatrix} z \\ \pi_N \end{bmatrix} + \begin{bmatrix} \tilde{z}\varepsilon \\ \Theta\tilde{y}_N - \tilde{z}c_T \end{bmatrix}. \tag{28}$$

La primera hilera de (28) indica que, para que la tasa de cambio real permanezca constante a través del tiempo, la tasa de inflación de los precios de los bienes domésticos debe ser igual a la tasa de devaluación. La segunda hilera indica que el consumo de bienes no comerciables debe ser igual a la producción a largo plazo para que la tasa de inflación de los precios de los bienes domésticos permanezca constante a través del tiempo. Dado $\tilde{c}_T = \tilde{y}_N/\tilde{z}$, el determinante de la matriz de coeficiente es $-\Theta\tilde{y}_N < 0$. Por lo tanto, el sistema en la ruta es estable.

Reducción de ε: credibilidad plena

Como antes, supongamos que en el momento t anuncia el gobierno una reducción inmediata y permanente de la tasa de devaluación, de un valor inicial de ε^h a $\varepsilon^s < \varepsilon^h$. Calvo y Végh interpretan la naturaleza permanente del choque como indicativa de que el anuncio es enteramente creíble, en el sentido de que los agentes privados están convencidos de que la tasa de devaluación permanecerá efectivamente a su nivel menor en el futuro indefinido. A través de la condición de la paridad de los intereses (ecuación (15)), la reducción de la tasa de devaluación genera una baja concomitante de la tasa de interés nominal. En virtud de que el ajuste de la tasa de cambio tiene una credibilidad plena, los agentes privados esperarán que la tasa de interés nominal permanezca para siempre en su nivel más bajo. Aunque la reducción de la tasa de interés nacional equivale a una baja del precio efectivo del consumo, el hecho de que se espere que el ajuste de la tasa de cambio dure para siempre implica que los agentes privados no tienen incentivos para hacer nin-

---

[10] Partiendo de la restricción presupuestaria intertemporal y las condiciones óptimas, se puede derivar el precio de sombra de equilibrio de la riqueza como una función de variables predeterminadas o exógenas exclusivamente.

[11] El supuesto de que la producción de bienes comerciables es exógena puede parecer excesivo, en virtud de que la tasa de cambio real es endógena. Sin embargo, podría justificarse por las bajas elasticidades del comercio exterior a corto plazo. Si se hace endógeno a y_T, se rompería la recursividad del modelo.

guna sustitución intertemporal en el consumo. Dado que los recursos comerciables no cambian, el consumo de bienes comerciables permanece constante a través del tiempo. Del sistema (24) se sigue que, dado que c_T no se ve afectado por cambios permanentes de la tasa de devaluación, una baja de π_N que se iguale exactamente a la disminución de ε mueve de inmediato al sistema a un nuevo Estado estable. La tasa inflacionaria global de la economía, que es un promedio ponderado de la tasa inflacionaria de los bienes domésticos y de los bienes comerciables (ecuación (27)), también baja instantáneamente a sus nuevo nivel, ε^s. Por lo tanto, una reducción permanente e inesperada de la tasa de devaluación —o en la interpretación de Calvo-Végh, un programa de estabilización basado en la tasa de cambio enteramente creíble— reduce instantáneamente la tasa inflacionaria sin ningún costo real, de modo que es superneutral.[12] Además, este resultado se obtiene también si el sistema parte de una posición alejada de un Estado estable inicial.[13]

Una propiedad importante del modelo de Calvo-Végh es que el brinco inmediato de la inflación hacia abajo y la ausencia de efectos reales asociados a una reducción de la tasa de devaluación que se percibe como permanente, ocurren a pesar de la existencia de precios alternados de las empresas individuales orientadas hacia adelante. Por sí misma, la rigidez del nivel de los precios no implica la rigidez de la tasa inflacionaria.[14]

Reducción de ε: credibilidad imperfecta

Consideremos ahora el caso en que el gobierno anuncia en t una reducción de la tasa de devaluación, pero el público cree que el ajuste de la tasa de cambio se revertirá en algún periodo T en el futuro. Formalmente,

$$\begin{cases} \varepsilon = \varepsilon^s & \text{para } t_0 \le t < T \\ \varepsilon = \varepsilon^h > \varepsilon^s & \text{para } t \ge T. \end{cases}$$

[12] Sin embargo, si hay sustitución de monedas, una reducción permanente de la tasa de devaluación tendrá un efecto real al impacto. Como lo demuestran Calvo y Végh (1993a), tal circunstancia conduce a una sustitución en contra de las tenencias de moneda extranjera y a un efecto de riqueza positivo que estimula el gasto en consumo y a la producción. La tasa inflacionaria de los precios de los bienes domésticos puede aumentar también al impacto. Sin embargo, el modelo no puede pronosticar una recesión subsecuente en ese caso.

[13] No ocurriría así si se supusiera que la tasa de preferencia por el tiempo es endógena (independientemente de que la función de utilidad instantánea sea separable o no en el consumo y los saldos monetarios reales), como implica el análisis de Obstfeld (1981). En este caso, el aumento de los saldos monetarios reales asociados a una reducción permanente de la tasa de devaluación elevaría el nivel de la utilidad instantánea y volvería más impacientes a los agentes privados. El aumento del consumo conduciría a un déficit de cuenta corriente.

[14] En el marco sustancialmente diferente que destaca la fijación traslapada de precios y salarios, Ball (1994) ha demostrado también que, bajo la credibilidad plena, una baja de inflación rápida (una gran reducción de la tasa del crecimiento monetario) genera un auge antes que una recesión. En el modelo de Ball, como ocurre también aquí, la tasa inflacionaria está libre para brincar a pesar de la inercia del nivel de los precios.

GRÁFICA XII.4. *Dinámica del modelo de "temporalidad"*
de credibilidad imperfecta de Calvo-Végh

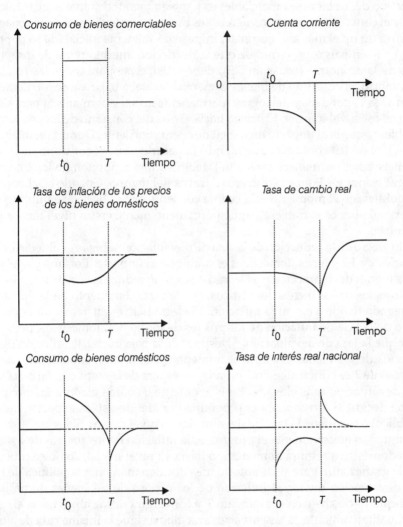

FUENTE: Calvo y Végh, 1993*b*, p. 17.

Calvo y Végh interpretan la creencia de que la política es temporal como algo derivado de la falta de credibilidad: una interpretación que examinaremos más adelante. El comportamiento dinámico del consumo, la cuenta corriente, la tasa de cambio real, y las tasas de inflación y de interés real asociadas a una política de tasa de cambio temporal se ilustran en la gráfica XII.4. Por la ecuación (15), la reducción temporal de la tasa de devaluación implica que la tasa de interés nominal es menor en el intervalo $(0, T)$. En consecuencia, el precio efectivo de los bienes comerciables es también menor durante el intervalo $(0, T)$, y el consumo de bienes comerciables brinca hacia arriba (véase la ecuación (16)), a un nivel más alto que el del ingreso permanente inicial (dado por $y_T + i^*b_0$). Sin embargo, en virtud de que la restricción intertemporal de los recursos de la economía (ecuación (25)) debe satisfacerse para todas las rutas de equilibrio, el consumo de bienes comerciables debe bajar subsecuentemente (para $t \geq T$) por debajo del ingreso permanente inicial y permanecer para siempre en ese nivel inferior. El brinco hacia arriba del consumo de bienes comerciables provoca al impacto un déficit de cuenta corriente. Durante el intervalo $(0, T)$, el déficit continúa aumentando (a pesar de que el consumo de bienes comerciables permanece constante) debido a una reducción de los intereses pagados por los bonos extranjeros a través del tiempo. Cuando se abandona la política, en el momento T, la cuenta corriente brinca hacia el equilibrio y el acervo de bonos extranjeros sigue permanentemente en un nivel menor que el inicial.

El efecto de la reducción de la tasa de devaluación sobre la evolución de los precios de los bienes domésticos es ambiguo al impacto. Por una parte, una tasa menor de depreciación de la tasa de cambio reduce la tasa de inflación de los precios de los bienes domésticos. Por la otra, el aumento de la demanda agregada tiende a elevar la inflación. El efecto neto es en general una reducción de la tasa de inflación de los precios de los bienes domésticos, pero menor que la tasa de devaluación.[15] Después de la baja inicial, la inflación de los precios de los bienes domésticos aumenta de continuo, suponiendo que el horizonte T es suficientemente grande, en espera de la reanudación de la tasa de devaluación más elevada. En el momento T, quien elabora las políticas debe decidir si abandonará el programa (validando así las expectativas del público) o mantiene la tasa de devaluación al nivel menor. Si las autoridades abandonan efectivamente el programa, la inflación de los precios de los bienes domésticos seguirá aumentando hacia su nivel inicial, como se muestra en la gráfica XII.4. Pero si las autoridades deciden mantener la política de tasa de devaluación menor, la inflación de los precios de los bienes domésticos brincará hacia abajo en el momento T y convergirá desde abajo hacia ε^s.

Cualitativamente, la tasa inflacionaria global sigue la misma ruta de ajuste durante el intervalo $(0, T)$ que la inflación de los precios de los bienes domésticos. El modelo de Calvo-Végh pronostica así que una reducción temporal de la tasa de devaluación (interpretada como un reflejo de la falta de credibili-

---

[15] En ausencia del efecto de la demanda agregada, la inflación de los precios de los bienes domésticos bajaría en la misma proporción que la tasa de devaluación, como ocurre con un choque permanente. La tasa inflacionaria global bajaría también uno a uno con la tasa de devaluación.

dad) conducirá a la inercia inflacionaria. Además, entre más temporal sea la política de tasa de cambio, o menor sea el grado de su credibilidad, menor será la baja inicial de la tasa inflacionaria.

En virtud de que la tasa de inflación de los precios de los bienes domésticos permanece sistemáticamente por encima de la tasa de devaluación, la tasa de cambio real aumenta durante el intervalo $(0, T)$. En el momento T, independientemente de que la política de tasa de cambio se revierta o no, la tasa de cambio real empieza a depreciarse. Si en ese momento no se abandona la política de una devaluación menor —y si los agentes privados se convencen de que tal política permanecerá indefinidamente—, la inflación de los precios de los bienes domésticos baja a un nivel menor que el de la tasa de devaluación, generando la depreciación real.

La tasa de interés real nacional, definida como la diferencia existente entre la tasa de interés nominal y la tasa de inflación de los precios de los bienes domésticos, baja al impacto porque la tasa de inflación de los precios de los bienes no comerciables baja menos que la tasa de devaluación y que la disminución concomitante de la tasa de interés nominal. La tasa de interés real nacional se eleva al principio y luego baja durante la transición, brincando hacia arriba cuando se llega al horizonte T, a resultas del brinco de la tasa de interés nominal. Dado que la inflación nacional aumenta gradualmente a través del tiempo, la tasa de interés real baja monotónicamente a partir de ese punto, hacia su valor de estado estable no modificado, dado por la tasa de interés mundial.

En virtud de que el precio relativo de los bienes domésticos en términos de los bienes comerciables no puede cambiar al impacto, el aumento del consumo de los bienes comerciables provoca un aumento proporcional en el consumo de bienes domésticos (ecuación (17)). La apreciación gradual de la tasa de cambio real conduce a una reducción del gasto privado en bienes domésticos a través del tiempo. Si el horizonte está suficientemente alejado en el futuro, puede ocurrir una recesión mucho tiempo antes de llegar a T. Si el horizonte es corto, la producción permanecerá por encima de su nivel de pleno empleo durante todo el periodo de transición. En el momento T, brinca hacia abajo el consumo de los bienes comerciables y no comerciables. Después de T, la tasa de cambio real empieza a depreciarse hacia su valor de largo plazo, lo que estimula el consumo de bienes domésticos. Por lo tanto, hay un auge inicial del consumo al que sigue luego una contracción, quizá antes de llegar a T. Entre menor sea T —o de acuerdo con la interpretación anterior, entre menor sea la credibilidad de la política antinflacionaria—, más pronunciados serán los efectos de sustitución intertemporales, y mayor será el aumento inicial del consumo de bienes comerciables y domésticos.

XII.1.1.3. *Una evaluación*

En gran medida, la explicación del ciclo de expansión y recesión proporcionada por Rodríguez descansa en una especificación arbitraria de las funciones de la conducta y la formación de las expectativas. Aunque es plausible bajo ciertas condiciones, el supuesto de un proceso de expectativas orientadas hacia atrás parece insostenible en el contexto de las economías que experimentan un programa amplio de ajuste macroeconómico. Sin embargo, como lo demuestran Calvo y Végh (1994), los resultados de Rodríguez se obtienen también si los precios son rígidos y las expectativas se orientan hacia adelante. No obstante, los pronósticos del modelo de Rodríguez pueden alterarse sustancialmente cuando las funciones de la conducta se derivan de un proceso de optimización microeconómica bien definido, en lugar de que simplemente se formulen. Utilizando un marco de optimización similar en muchos sentidos al que describimos antes, Calvo y Végh (1994) han sostenido que incluso cuando hay expectativas de precios orientadas hacia atrás —incorporadas en los contratos salariales, por ejemplo—, una reducción permanente de la tasa de devaluación podría tener un efecto contractivo, más que un efecto expansivo como lo pronostica Rodríguez. Esencialmente, se obtiene este resultado porque la apreciación de la tasa de cambio real tiene un efecto ambiguo sobre la producción. Por una parte, el incremento real tiene un impacto negativo, ya que incrementa el precio relativo de los bienes domésticos. Por la otra, estimula a la producción porque conduce a una reducción de la tasa de interés real nacional basada en el consumo.[16] El predominio del último efecto depende de que la elasticidad de sustitución intertemporal (que mide el grado en que los agentes están dispuestos a desplazar el consumo entre los periodos) sea mayor que la elasticidad de sustitución intratemporal entre los bienes comerciables y los domésticos. Por lo tanto, es posible que la existencia de expectativas orientadas hacia atrás no sea suficiente para explicar la expansión inicialmente observada en la producción.

El marco de Calvo-Végh provee una formulación conceptualmente atractiva de los mecanismos principales que operan en el comportamiento de la producción en los programas antinflacionarios basados en la tasa de cambio. Contrariamente a Rodríguez, quien supone expectativas orientadas hacia atrás, Calvo y Végh destacan el papel del comportamiento orientado hacia adelante y de las expectativas de reversiones futuras de la política económica. Además, el marco de Calvo-Végh puede extenderse para tomar en cuenta la incertidumbre acerca de la fecha de la reversión de la política económica —según los lineamientos de Drazen y Helpman (1988, 1990), por ejemplo—, de modo

---

[16] Mientras que la tasa de interés real determina el nivel de la demanda agregada en el modelo de Rodríguez, sólo determina su tasa de crecimiento en la formulación de Calvo y Végh (1994).

que puede ofrecer una explicación del comportamiento volátil de las variables agregadas en los programas que carecen de credibilidad. El perfil temporal de la inflación en forma de U pronosticado por el modelo de Calvo y Végh parece corresponder relativamente bien a la evidencia observada en varios esfuerzos de estabilización basados en la tasa de cambio que terminaron en un fracaso (véase el capítulo X). Además, el pronóstico de un déficit de cuenta corriente puede ser el único signo de que el programa de estabilización es insostenible en este tipo de modelo. Talvi (1997) ha destacado el hecho de que el auge del consumo inicial y la boyante actividad interna pueden generar un aumento considerable de la recaudación de impuestos y un superávit fiscal efectivo que podría persistir hasta el colapso de la tasa de cambio fija en que se basa el programa. Este aspecto del modelo contrasta con los pronósticos de los modelos convencionales de las crisis de balanza de pagos, como veremos en el capítulo XVI.[17]

La capacidad de la hipótesis de la temporalidad de Calvo y Végh para explicar el enigma del auge y la recesión depende de la medida en que el grado de la sustitución intertemporal pueda explicar los grandes cambios observados en el gasto de consumo privado. Sin embargo, las pruebas existentes sobre el conducto intertemporal destacado por Calvo y Végh no parecen proporcionar un fuerte apoyo para la teoría. El cuadro XII.1 resume los resultados de algunos estudios recientes que han tratado de estimar la elasticidad de sustitución intertemporal en los países en vías de desarrollo. Las estimaciones iniciales, basadas en varios supuestos restrictivos (en particular la exclusión de los factores monetarios), sugieren en general que la elasticidad de sustitución intertemporal es pequeña y no significativamente diferente de cero.[18] Las estimaciones más recientes, aparte de las obtenidas por Arrau (1990), sugieren que la elasticidad es relativamente baja pero estadísticamente diferente de cero.

En principio, aun con elasticidades de sustitución intertemporal bajas, los movimientos observados en las tasas de interés pueden ser suficientemente grandes para generar cambios sustanciales en el consumo. Pero mientras que muchos de los programas de estabilización implantados a mediados de los años ochenta (ya sea que hayan sido finalmente exitosos o no) se vieron acompañados de una baja sustancial de las tasas de interés nominales, las pruebas son menos categóricas en lo tocante a otros episodios, en particular los experimentos del Cono Sur. Reinhart y Végh (1995) han examinado esta hipótesis utilizando un análisis de simulación y han demostrado que, a pesar

[17] Una implicación práctica del análisis de Talvi es la importancia de concentrarse en una medida cíclicamente ajustada de la posición fiscal de un país para evaluar la sustentabilidad de un programa de estabilización.
[18] Una limitación de los estudios existentes que tratan de estimar las elasticidades de sustitución intertemporales es la ausencia de una distinción entre los bienes duraderos y los no duraderos. Es probable que esto sesgue las estimaciones econométricas en contra de la hipótesis de la temporalidad.

CUADRO XII.1. *Elasticidad de sustitución intertemporal,*
estimaciones para los países en vías de desarrollo

País	Estimación	Fuente
Argentina	0.2	Reinhart y Végh (1995)
	0.2	Giovannini (1985)
	0.6	Ogaki, Ostry y Reinhart (1996)
Brasil	0.0	Giovannini (1985)
	0.6	Ogaki, Ostry y Reinhart (1996)
Chile	0.2	Reinhart y Végh (1995)
	1.6	Arrau (1990)
	0.6	Ogaki, Ostry y Reinhart (1996)
Israel	2.9	Arrau (1990)
	0.2-1.3	Eckstein y Leiderman (1988)
	0.1	Giovannini (1985)
	0.6	Ogaki, Ostry y Reinhart (1996)
México	0.2	Reinhart y Végh (1995)
	0.6	Ogaki, Ostry y Reinhart (1996)
Uruguay	0.5	Reinhart y Végh (1995)
Datos de un panel[a]		
África	0.4	Ostry y Reinhart (1992)
Asia	0.8	*Id.*
América Latina	0.4	*Id.*
Datos de un panel[b]	0.1	Rossi (1988)
Datos de un panel[c]		
Países con ingreso bajo	0.3	Ogaki, Ostry y Reinhart (1996)
Países con ingreso medio	0.6	*Id.*
Países con ingreso alto	0.6	*Id.*

[a] África: Egipto, Ghana, Costa de Marfil y Marruecos; Asia: Sri Lanka, India, Corea, Paquistán y Filipinas; América Latina: Brasil, Colombia, Costa Rica y México.
[b] Bolivia, Brasil, Chile, Colombia, Ecuador, Paraguay, Perú, Uruguay y Venezuela.
[c] Véase Ogaki, Ostry y Reinhart (1996) para conocer los países de cada grupo.

de las elasticidades bajas, los cambios pronosticados en el consumo corresponden razonablemente bien a los cambios efectivos logrados por los cuatro programas heterodoxos implantados en los años ochenta (en particular Brasil, México e Israel), pero la correspondencia es escasa en los experimentos de la tablita. En general, las pruebas no parecen apoyar decisivamente la noción de que la falta de credibilidad —modelada como un ajuste de la política económica sujeto a una reversión futura— y los factores intertemporales explican el comportamiento de la producción en los programas basados en la tasa de cambio.[19]

Sin embargo, el que la elasticidad de sustitución intertemporal sea pequeña o grande puede ser menos importante que lo sugerido por la discusión anterior. Los resultados obtenidos por Calvo y Végh dependen también crucialmente del supuesto de que el dinero y el consumo son complementos en el sentido de Pareto-Edgeworth. En su marco, la familia representativa (que afronta una tasa de interés real constante) trata de mantener la utilidad marginal del consumo constante a través del tiempo. Para tal efecto, la familia debe cambiar la ruta del consumo si la tasa de devaluación —y por ende el costo de oportunidad de la tenencia de dinero— aumentará en una fecha futura bien definida, según se espera. La dirección de este cambio depende de que los bienes de consumo y los saldos monetarios reales sean sustitutos o complementarios. Si el consumo de bienes comerciables y los saldos monetarios reales son complementarios en el sentido de Pareto-Edgeworth, los agentes privados consumirán más cuando la tasa de interés nominal es temporalmente menor, lo que conducirá a un deterioro de la cuenta corriente. Este es el caso que Calvo y Végh consideran, implícitamente, al introducir el dinero a través de un requerimiento de efectivo adelantado. En cambio, si el consumo de bienes comerciables y los saldos monetarios reales son sustitutos en el sentido de Pareto-Edgeworth, los agentes reducirán su gasto de consumo luego de una baja temporal de las tasas de interés nominales. Una reducción temporal de la tasa de devaluación conduce en este caso a un superávit transitorio de la cuenta corriente, no a un déficit.[20]

Otra dificultad del marco de Calvo y Végh es el hecho de que los efectos dinámicos de una política perfectamente increíble dependen —además de las preferencias del consumidor y las reglas para la fijación de los precios— decisivamente del grado de la temporalidad, es decir, de la duración del intervalo en que se aplica la política. Esta característica del modelo es común en la literatura de la política temporal. Sin embargo, puesto que el periodo en que se cree que permanecerá la política está dado, la credibilidad es exógena. Como veremos en la sección siguiente, un aspecto fundamental de la credibilidad es precisamente el de las interacciones endógenas entre las decisiones de la política económica, los resultados económicos y el grado de la confianza que los

[19] Calvo y Végh (1993a) han demostrado que, además del canal intertemporal, la reducción de las tasas de interés nominales —inducida por una reducción de la tasa de devaluación— puede conducir también a un aumento del consumo si las familias afrontan restricciones de liquidez tales que se necesita efectivo para pagar los intereses. Tales restricciones afectan el consumo al reducir más aún el precio efectivo de los bienes consumidos y al bajar la tasa de interés real basada en el consumo. Sin embargo, no hay pruebas claras en apoyo de este efecto.

[20] Esta limitación del marco de temporalidad de Calvo y Végh es esencialmente similar a la destacada por Calvo (1986) y Obstfeld (1985) en un contexto diferente.

agentes privados otorgan al compromiso de las autoridades de terminar con la inflación. Es importante también que se tome en cuenta la existencia de la incertidumbre acerca del grado de temporalidad de un programa de estabilización basado en la tasa de cambio; Mendoza y Uribe (1996), utilizando la simulación numérica de una pequeña economía abierta de dos sectores —sin rigideces de precios o salarios, demuestran que la incertidumbre acerca de la duración del programa (una característica realista de la gran mayoría de los experimentos reales) puede bastar para provocar un ciclo de auge y recesión, un deterioro de la cuenta corriente y una apreciación de la tasa de cambio real.

Podemos hacer dos observaciones más generales acerca de los modelos del ciclo de auge y recesión presentados antes. Primero, en lugar de modelar la política de tasa de cambio como una secuencia de brincos de la tasa de devaluación, podría considerarse una reducción gradual de la tasa de devaluación: un enfoque que tal vez corresponda mejor a los experimentos de la tablita del Cono Sur (véase el capítulo X). Obstfeld (1985) ha estudiado la dinámica asociada a este tipo de política, utilizando un marco de optimización con vaciamiento continuo del mercado y previsión perfecta. Obstfeld destaca, como lo hacen Calvo y Végh, la importancia de los efectos de sustitución intertemporal en el consumo generados por una reducción gradual y permanente (y por ende plenamente creíble) de la tasa de devaluación. Tal política incrementa los saldos monetarios reales y, si el dinero y el consumo son sustitutos, el consumo aumenta al impacto y baja a través del tiempo. Inicialmente, se aprecia la tasa de cambio real y surge un déficit de cuenta corriente. Más adelante ocurre una depreciación real y una reducción gradual del déficit. Como antes, sin embargo, los pronósticos de Obstfeld dependen crucialmente del tratamiento del dinero y el consumo en la función de utilidad de las familias. En el análisis de Obstfeld, específicamente, la función de utilidad del consumidor pertenece a la clase de aversión relativa al riesgo constante y se define por

$$u(c, m) = \begin{cases} \dfrac{(c^{\alpha}m^{1-\alpha})^{1-\eta}}{1 - \eta} & \text{si } \eta < 1 \text{ o } \eta > 1 \\ \alpha \ln c + (1 - \alpha)\ln m & \text{si } \eta = 1 \end{cases},$$

donde $0 < \alpha < 1$ y la elasticidad de sustitución intertemporal, σ, es igual a $1/\eta$. Esta formulación implica que la elasticidad de sustitución intratemporal entre el consumo y el dinero es igual a uno. Cuando $\eta < 1$, el consumo y el dinero son complementos en el sentido de Pareto-Edgeworth (es decir, $u_{cm} > 0$), mientras que cuando $\eta > 1$ son sustitutos $u_{cm} < 0$. Si el dinero y los bienes reales son complementarios antes que sustitutos, las respuestas de la economía se revierten por completo ante una reducción gradual de la tasa de devaluación, a corto y largo plazos, como en el modelo de Calvo y Végh.

Un análisis más reciente de una reducción gradual de la tasa de devaluación es el de Roldós (1995, 1997), quien modela también al dinero mediante una restricción de efectivo adelantado: un supuesto funcionalmente equivalente a la postulación de la complementariedad entre el dinero y el consumo en las funciones de utilidad de las funciones. Una reducción gradual de la tasa de devaluación, enteramente creíble, implica en el modelo, como en el contexto de Obstfeld, una elevación de la tasa de cambio real y déficit sostenidos de cuenta corriente. Sin embargo, una característica importante del modelo elaborado por Roldós es el hincapié en los efectos de la política de tasa de cambio del lado de la oferta. Un auge inicial tiene lugar sólo cuando la elasticidad de sustitución intertemporal en la oferta de mano de obra es mayor que en el consumo; ocurre en ambos sectores de la producción —bienes comerciables y no comerciables— porque bajan los salarios reales. La reducción de la inflación eleva el valor marginal de la riqueza, lo que incrementa el costo de oportunidad del ocio e induce un aumento en la oferta de mano de obra en la fase inicial del programa. La nueva reducción de la tasa inflacionaria a través del tiempo provoca incrementos adicionales de la oferta de mano de obra. Contrariamente a lo que ocurre en el marco de Calvo y Végh, no ocurre una recesión más tarde.[21] El hincapié en la sustitución intertemporal de la oferta de mano de obra, antes que en el consumo, ofrece una interpretación potencialmente útil del reciente experimento mexicano de estabilización (así como otras experiencias basadas en la tasa de cambio que reseñamos en el capítulo X), que no se ha visto acompañado de una recesión temprana. Sin embargo, todavía no ha hecho ninguna verificación rigurosa de este canal, de modo que su importancia empírica no está clara.

El segundo punto describe el hecho que ni el modelo de Rodríguez ni el de Calvo y Végh, del ciclo de auge y recesión, incluyen a los bienes duraderos, aunque un colapso esperado de un programa de estabilización tenderá a tener efectos reales más pronunciados en presencia de los bienes duraderos. Intuitivamente, un aumento esperado de la tasa inflacionaria y del costo de oportunidad de las compras induciría de inmediato un aumento del gasto en bienes duraderos, una acumulación de inventarios en las empresas, e inversión en bienes de capital (máquinas y equipo, muy a menudo importados del exterior, como vimos en el capítulo I), lo que causaría un gran incremento en la absorción. Así pues, el entendimiento de la dinámica de los bienes duraderos inducida por las expectativas de cambios en los precios relativos es un elemento crítico para la evaluación de los efectos reales inducidos por la sustitución intertemporal en los programas de estabilización. Drazen (1990), por ejemplo, ha examinado el comportamiento de las importaciones de bienes

---

[21] Esto no es sorprendente porque Roldós considera sólo el caso en que el ajuste de la tasa de devaluación es enteramente creíble, o permanente.

duraderos en los programas antinflacionarios basados en la tasa de cambio. Su análisis sugiere que una congelación temporal de la tasa de cambio puede provocar grandes fluctuaciones en la producción nacional y las importaciones de bienes duraderos si existe incertidumbre acerca de la fecha en que terminará la congelación, y si se cree que está asociada a sustanciales variaciones de los precios relativos. Matsuyama (1991) ha demostrado que los programas de estabilización basados en la tasa de cambio pueden estar sujetos a efectos de "histéresis" en presencia de los bienes duraderos.[22] En tales condiciones, una reducción temporal de la tasa de devaluación puede tener un efecto permanente, porque tal cambio altera la condición inicial en algún momento posterior, cuando la política se ha abandonado y se ha remplazado por la política "antigua".[23]

Una fuente de la dinámica del sector real en los programas de estabilización basados en la tasa de cambio que debe explorarse a mayor profundidad, además de los canales del lado de la oferta, se relaciona con los efectos de riqueza de estos programas. Un estudio inicial de estas cuestiones fue elaborado por Helpman y Razin (1987). Su análisis se basó en el marco de Blanchard-Yaari que, como se discutió en el capítulo V, supone individuos de vida finita, de modo que no se da la equivalencia ricardiana. Demostraron estos autores que un congelamiento inesperado de la tasa de cambio genera ganancias de capital (debido a la disminución del impuesto inflacionario) para los agentes que viven ahora. La apreciación inesperada de la tasa de cambio aumenta el valor real de las tenencias nominales de activos, tales como los saldos monetarios. En virtud de que los agentes tienen un horizonte finito, este efecto de riqueza no se contrarresta completamente con los pasivos fiscales futuros. Por lo tanto, un congelamiento de la tasa de cambio genera un aumento del consumo privado y un deterioro de la cuenta corriente. En este marco, el aumento de los pasivos fiscales futuros se debe a la pérdida de reservas asociada al congelamiento de la tasa de cambio, la que se traduce en un aumento de la deuda y del servicio de la deuda; por lo tanto, se esperan disminuciones futuras del déficit presupuestario por medio de un aumento de los impuestos. El efecto del consumo deriva de una inclinación del perfil del consumo producida por la finitud de la vida de los consumidores. Con el paso del tiempo disminuye la porción de la población que se beneficia de la ganancia de capital,

---

[22] Se dice que un sistema dinámico exhibe la histéresis si el Estado estable depende de las condiciones iniciales.

[23] El hecho de que el Estado estable puede depender de las condiciones iniciales en los modelos de optimización con agentes de vida infinita y una tasa de descuento constante no se ha discutido en mucho detalle en la literatura existente. En particular, sus implicaciones para la evaluación de los choques temporales han recibido una consideración relativamente escasa (véase Turnovsky y Sen, 1991). Adviértase que en los modelos donde se elimina la igualdad entre la tasa de descuento y la tasa de interés mundial —como ocurre, por ejemplo, en Obstfeld, 1981, y los modelos óptimos presentados en el capítulo XI— por lo general no surgirá la histéresis.

mientras que aumenta la porción que está sujeta a las obligaciones fiscales, de modo que el consumo disminuye finalmente. El resultado final es un nivel de consumo temporalmente mayor, un deterioro de la cuenta corriente, pérdidas de reservas y un aumento de la deuda gubernamental.[24] Sin embargo, no se ha establecido plenamente la importancia impírica de esta teoría para la explicación del ciclo económico asociado a la estabilización basada en la tasa de cambio.

XII.1.2. El comportamiento de las tasas de interés reales

Como vimos en la introducción, el comportamiento divergente de las tasas de interés reales en los programas de estabilización basados en las tasas de cambio que se implantaron durante los años setenta y ochenta ha recibido relativamente poca atención en la literatura del ajuste macroeconómico en los países en vías de desarrollo. Examinaremos aquí dos modelos diferentes que tratan de explicar este enigma aparente. El primero se concentra en la falta de credibilidad y la presencia de anclas nominales adicionales, mientras que el segundo se concentra en las expectativas acerca de los choques futuros de la política fiscal.

XII.1.2.1. Credibilidad, anclas nominales y tasas de interés

Los modelos que tratan de explicar el ciclo de auge y recesión asociado a los programas basados en la tasa de cambio ofrecen pronósticos inequívocos acerca del movimiento inicial de las tasas de interés reales. En el modelo de Rodríguez, por ejemplo, una reducción permanente y enteramente creíble de la tasa de devaluación provoca una disminución inmediata de las tasas de interés reales, porque las expectativas de los precios están predeterminadas en cualquier momento dado. De igual modo, en el marco de la "temporalidad" de Calvo y Végh descrito antes, una estabilización de la tasa de cambio imperfectamente creíble conduce a una inequívoca disminución al impacto de la tasa de interés real nacional. A fin de conciliar su construcción teórica con el patrón divergente observado en los años setenta y ochenta, Calvo y Végh (1993*b*) sostienen que si

---

[24] Puede encontrarse un trabajo relacionado también en Helpman y Leiderman (1988), y en Drazen y Helpman (1988, 1990). Estos ensayos contemplan la estabilización como programa de dos etapas. La primera etapa es el manejo de la tasa de cambio con pocos otros ajustes, y la segunda es un ajuste fiscal o un abandono de la política de tasa de cambio. Estos modelos suponen individuos de vidas infinitas pero no se da la equivalencia ricardiana debido a distorsiones derivadas de expectativas de las diferentes formas del ajuste presupuestario. Por lo tanto, los efectos reales en el primer periodo variarán de acuerdo con la clase de herramienta fiscal que se espera sea utilizada en la segunda etapa para ajustar el presupuesto. Véase también la discusión que aparece más adelante.

el dinero se utiliza como un ancla adicional, como resultado de la imposición de controles de capital o de la adopción de una meta para el crédito, las tasas de interés reales podrían subir en lugar de bajar en el inicio de un programa basado en la tasa de cambio perfectamente increíble. Por ejemplo, si hay controles del capital, el acervo monetario se vuelve predeterminado. Un aumento de la demanda de dinero nacional asociado a una reducción de la tasa de devaluación requiere un ajuste de acomodo hacia arriba de las tasas de interés. En virtud de que la tasa de devaluación baja al impacto, las tasas de interés reales aumentarán generalmente.

Esta línea de argumentación puede resultar útil para el entendimiento de la gran elevación de las tasas de interés reales que ocurriera al principio de la estabilización israelí de mediados de los años ochenta. La política crediticia restrictiva adoptada por las autoridades al inicio del programa fue el principal factor de la elevación de las tasas de interés reales, según se cree ampliamente.[25] Sin embargo, no parece haber muchas pruebas en el sentido de que la política crediticia haya sido significativamente diferente en los programas implantados en los años setenta y ochenta en América Latina. Los controles de capital no se intensificaron aparentemente en el inicio de tales programas, por otra parte.

Una cuestión que no se ha apreciado debidamente en la literatura reciente se relaciona con las implicaciones fiscales de un programa de estabilización basado en la tasa de cambio, y con el hecho de que un ajuste de la tasa de cambio es, por lo general, sólo uno de los elementos de un paquete de estabilización global que incluye reformas comerciales, financieras y fiscales para reducir la inflación y mejorar la cuenta corriente. Una reducción inesperada de la tasa de devaluación conduce a un deterioro de la posición financiera del sector público, a través de la pérdida de señoraje y del incremento del costo real del servicio de la deuda de tasa fija emitida cuando las tasas de interés nominales eran elevadas (Velasco, 1993). Tarde o temprano, el gobierno deberá corregir el déficit fiscal así creado, mediante ciertos cambios de sus instrumentos de política económica, tales como la tasa de crecimiento del crédito interno, las transferencias de suma fija a agentes privados, las tasas del impuesto al ingreso o las reducciones del gasto. En un mundo orientado hacia adelante, las expectativas acerca de la naturaleza de los instrumentos que utilizarán probablemente las autoridades tendrán efectos inmediatos sobre el comportamiento de las tasas de interés reales.[26]

---

[25] Véase el capítulo VIII y Patinkin (1993). La postura del crédito restrictivo se generó por un aumento de la tasa de descuento y del nivel de los requerimientos de reserva sobre los depósitos bancarios, y por el fortalecimiento de las restricciones impuestas a los flujos de capital a corto plazo.

[26] En el capítulo IV se destacó la conexión existente entre las previsiones acerca de las políticas futuras y los resultados de la política corriente, en nuestra discusión de las conexiones existentes a corto plazo entre los déficit fiscales, la inflación y la cuenta corriente.

XII.1.2.2. *Expectativas, ajuste fiscal y tasas de interés*

Utilizando el modelo de un solo bien con movilidad imperfecta del capital elaborado en el capítulo XI, examinaremos aquí las implicaciones de un programa de estabilización en dos etapas para el comportamiento de las tasas de interés reales. Consideraremos la especificación donde los impuestos de suma fija se ajustan endógenamente para el presupuesto equilibrado.

Supongamos que la economía empieza en $t = 0$ en un Estado estable caracterizado por una tasa de devaluación "elevada" y un "alto" nivel del gasto guvernamental, g^h. En $t = 0$, el gobierno decide reducir la tasa de devaluación de ε^h a $\varepsilon^s < \varepsilon^h$. Al mismo tiempo que se implanta la reducción de la tasa de devaluación, el gobierno anuncia su intención de reducir permanentemente el gasto público de g^h a g^s en el futuro, en el periodo T o en algún momento posterior a T. El nuevo nivel de gasto g^s es del conocimiento común. Sin embargo, el público no cree enteramente el anuncio de la nueva política, y atribuye sólo cierta probabilidad $0 < \alpha < 1$ la reducción en el gasto sería la implantación efectiva. El coeficiente α puede verse así como una medida del grado de credibilidad del componente fiscal del programa de estabilización. Un valor de α cercano a la unidad indica que los agentes están casi seguros de que la reforma de la política se implantará finalmente, mientras que un valor cercano a cero indica que el público tiene escasa confianza en la intención del gobierno de reducir el gasto.

El nivel de gasto que se espera prevalezca después T es entonces igual a $\alpha g^s + (1 - \alpha)g^h$ (que es más bajo que g^h mientras que α sea positiva), y éste es el valor del gasto que afecta la dinámica de la economía para $t \geq T$. Como lo demuestra Agénor (1998*b*), la solución del sistema dinámico nos da un Estado "semi" estable, porque se asocia con un choque de la política económica que puede ocurrir o no en T o después. Una vez que se llega al periodo T, la nueva política se implanta o los agentes empezarán a creer que no se implantará nunca. La incertidumbre acaba por desaparecer, y α se vuelve uno o cero. Por lo tanto, habrá normalmente un brinco en todas las variables en algún momento posterior al periodo T, tras de lo cual la economía empezará a converger hacia su Estado estable "final". Aquí discutiremos sólo el estado semiestable, porque la atención se centra en el comportamiento de las tasas de interés reales a corto plazo. La solución del modelo durante el periodo de ajuste $0 < t < T$ es tal que la transición que ocurre en T está perfectamente prevista.

El efecto de impacto de un programa consistente en una reducción inmediata de la tasa de devaluación y el anuncio de una reforma fiscal futura sobre el valor marginal de la riqueza es en general ambiguo. Para entender la dinámica de las tasas de interés reales a corto plazo, consideremos dos casos extremos: α cercana a cero y α positiva. El caso en que α se aproxima a cero corresponde al caso de una reducción permanente e inesperada de la tasa de devaluación sólo en $t = 0$, como se describió en el capítulo XI. Por lo tanto (suponiendo que el grado de sustitución intertemporal es suficientemente bajo, como se indicó antes), el anuncio de un ajuste fiscal futuro que tiene escasa credibilidad implica que la tasa de interés real tenderá a bajar al impacto. En cambio, si α se aproxima a la unidad, y si la reducción inicial de la tasa de devaluación no es demasiado grande, puede demostrarse que la tasa de interés real después de impuestos aumentará al impacto. Entre mayor sea α, mayor será el incremento de la tasa de interés real.

El meollo del análisis precedente es entonces que, mientras α sea positiva, el movimiento neto de las tasas de interés reales al inicio de un programa de estabilización de dos etapas basado en la tasa de cambio, del tipo discutido aquí, es indeterminado. Dependiendo del grado de confianza en la reforma fiscal (así como el grado de sustitución intertemporal, la magnitud del ajuste inicial de la tasa de cambio, y la probable reducción del gasto público), las tasas de interés reales pueden subir o bajar. En la práctica, por lo tanto, las fluctuaciones de las tasas de interés reales no reflejarán sólo el tipo de las políticas que los agentes esperan que implante el gobierno en el futuro, sino también los cambios en la capacidad percibida de los gobernantes para ajustarse a sus anuncios. Por supuesto, resulta difícil la verificación empírica de la importancia del perfil temporal de la política fiscal destacado aquí, porque el econometrista no observa las expectativas de los cambios futuros de las políticas. Sin embargo, es posible que el mecanismo de ajuste descrito en la discusión precedente haya desempeñado un papel importante en el patrón contrastante, señalado en la introducción de este capítulo, en el comportamiento de las tasas de interés reales en los programas de estabilización basados en la tasa de cambio que se implantaran en los años setenta y ochenta. Como lo destacan muchos economistas, la falta de credibilidad ha sido un factor ubicuo en la dinámica de corto plazo asociada a estos experimentos. Sin embargo, aunque la mayoría de los observadores ha hecho hincapié en la carencia de credibilidad total sobre el ajuste de las tasas de cambio por sí misma, el análisis elaborado aquí se ha concentrado en la dimensión fiscal del problema de la credibilidad en estos programas. En el marco anterior, el ajuste inicial de la tasa de cambio es enteramente creíble, en el sentido de que se percibe como algo permanente. Lo que padece de una falta de credibilidad es el anuncio de un futuro recorte del gasto. Nuestro análisis sugiere así que, aunque el componente de política de tasa de cambio de un programa de estabilización basado en la tasa de cambio sea enteramente creíble, se observarán grandes fluctuaciones en las tasas de interés reales en el curso del proceso de ajuste si el grado de la confianza en el componente de política fiscal del programa varía a través del tiempo.[27]

[27] La variabilidad de las tasas de interés reales puede derivar también de la incertidumbre existente acerca de la fecha en la que se espera que se derrumbe el esfuerzo antinflacionario. Este resultado derivaría de los establecidos por Drazen y Helpman (1988, 1990).

XII.1.3. *Desinflación y salarios reales*

Como se discutió brevemente en el capítulo X, en los programas de estabilización implantados en los países en vías de desarrollo se han utilizado diversas formas de la política salarial. El Plan Austral de Argentina, de junio de 1985, fue precedido por un aumento de 22% en los salarios y una congelación subsecuente. Cuando los precios siguieron subiendo —aunque a un ritmo mucho menor—, las autoridades elevaron en 8.5% los salarios nominales hacia el final del año y luego adoptaron ajustes salariales trimestrales. El plan de estabilización de Israel, de julio de 1985, otorgaba una compensación de 50% por la inflación de ese mes, y luego se congelaron los salarios durante tres meses en un acuerdo trilateral entre el gobierno, la asociación de empresarios y la federación de trabajadores Histadrut. Los ajustes subsecuentes proveyeron una compensación parcial de la inflación previa de 4% o más. Al inicio del plan de Bolivia de agosto de 1985, el gobierno otorgó bonos y luego congeló los salarios. Más tarde aflojó las restricciones del despido de trabajadores, eliminó la indización salarial y fijó un salario mínimo muy bajo. El Plan Cruzado de Brasil, de febrero de 1986, establecía un bono inicial de 8% de los salarios para todos los trabajadores. Al mismo tiempo, se aumentó el salario mínimo en 16%. No se congelaron los salarios nominales, y se reanudaron las negociaciones salariales anuales (en lugar de semestrales). Los salarios se ajustarían automáticamente cuando la inflación llegara a 20%. Este detonador se activó por primera vez en diciembre de 1986, cuando se derrumbó el Plan Cruzado, en parte debido a los aumentos excesivos de los salarios del sector público. Como en Israel, el programa de estabilización de México implantado a fines de 1987 y principios de 1988 se basaba también en un acuerdo colectivo (el Pacto) entre trabajadores, patrones y gobierno. Así pues, mientras que en algunos casos los aumentos salariales iniciales fueron seguidos de un congelamiento salarial unilateral en el sector público (a veces seguido de nuevos ajustes, como en Bolivia), en otros casos la fijación de los salarios y los ajustes se basaron en un contrato social más o menos implícito entre los trabajadores y el Estado (los casos de Argentina y Brasil), o en un acuerdo explícito entre trabajadores, empresarios y el gobierno, como en Israel y México. Las gráficas XII.5 y XII.6 muestran el comportamiento de los salarios reales y la inflación durante los experimentos de "la tablita" y los experimentos heterodoxos de los años ochenta en Israel y México.

El comportamiento de los salarios reales en los programas de desinflación de los países en vías de desarrollo ha recibido una atención sorprendentemente escasa. Los estudios de los programas basados en la tasa de cambio han tendido a concentrarse en la explicación del comportamiento de la producción sobre la base de los efectos intertemporales asociados al comportamiento del consumo, haciendo escaso hincapié en los efectos de la estabilización del lado

GRÁFICA XII.5. *El equilibrio del Estado estable
con contratos orientados hacia atrás*

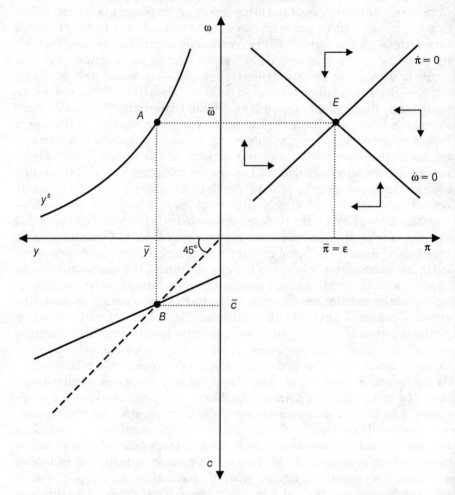

FUENTE: Agénor y Hoffmaister, 1997.

de la oferta. Sin embargo, como observara Agénor (1988*a*), los efectos de *largo plazo* de la política de estabilización podrían depender de la naturaleza de los contratos salariales. Una disminución de la tasa de devaluación nominal podría conducir a largo plazo a una contracción de la producción de bienes comerciables con contratos de salarios nominales orientados hacia atrás, pero a una expansión de la actividad con contratos orientados hacia adelante.

GRÁFICA XII.6. *Equilibrio del Estado estable*
con contratos orientados hacia adelante

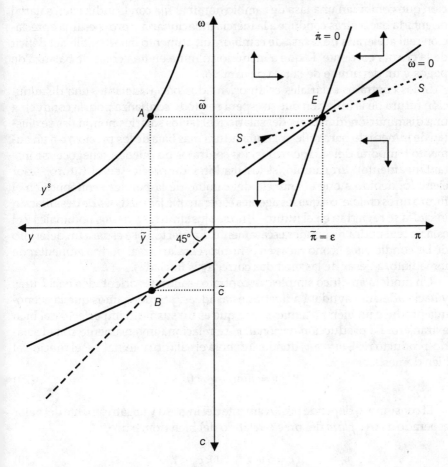

La dinámica de corto plazo de los salarios reales en un programa de estabilización basado en la tasa de cambio depende también crucialmente de la naturaleza de los contratos salariales. Si los contratos de salario nominal se orientan hacia atrás, una disminución de la inflación conduciría al principio a un aumento del salario real y luego a una disminución gradual a través del tiempo, a medida que los contratos empiezan, el aumento inicial del salario real podría agravar los costos asociados a la estabilización.[28] En efecto, una

---

[28] La relación inversa existente entre la tasa inflacionaria y el salario real surge sólo si permanece constante la frecuencia de los reajustes. Si esta frecuencia disminuye a resultas de la menor inflación, es posible que sea positiva la correlación entre los precios y los salarios reales.

lección crítica de la experiencia de varios países latinoamericanos a principios del decenio de 1980 (Chile en particular) es que los programas de estabilización que combinan una tasa de cambio nominal fija con la indización salarial orientada hacia atrás conduce a la inercia inflacionaria y provoca una apreciación real acelerada de la tasa de cambio y un aumento insostenible del déficit de la cuenta corriente, lo que a menudo culmina en una crisis de balanza de pagos y un derrumbe de la tasa de cambio.

Si los contratos salariales están orientados hacia adelante, una disminución futura de la inflación que se espera con toda confianza podría conducir a una disminución inmediata del salario real (si los salarios nominales se ajustan de inmediato para reflejar la ruta futura más baja de los precios) o a un aumento temporal del salario real (si los contratos no pueden renegociarse instantáneamente). En cambio, si los fijadores de precios en el futuro —por ejemplo, debido a que el anuncio del cambio de la política económica en el futuro no es creíble, o a que los agentes esperan que las medidas de desinflación iniciales se reviertan en el futuro—, no se ajustarán los salarios nominales y el salario real podrá responder escasamente. En efecto, si se espera un deterioro de las condiciones económicas en el futuro, el salario real podría aumentar de inmediato, a pesar de las medidas correctivas iniciadas.

Un modelo analítico simple con contratos salariales orientados hacia atrás y hacia adelante ayudará a ilustrar estas ideas.[29] Supongamos que la economía produce un bien no almacenable que es un sustituto imperfecto del bien extranjero. La producción nacional, y, se relaciona inversamente con el salario-producto real, $\omega = w/p$, donde w denota el salario nominal y P el precio del bien doméstico:

$$y = y(\omega), \quad y' < 0. \tag{29}$$

El consumo, c, depende positivamente del ingreso y negativamente del valor esperado a *largo plazo* del precio relativo del bien doméstico, z^*:

$$c = c(\overset{+}{y}, \overset{-}{z}{}^*) \quad 0 < c_y < 1. \tag{30}$$

z^* debe ser consistente con el precio relativo con el que se vacía el mercado de los bienes domésticos a largo plazo:

$$c[y(\tilde{\omega}), z^*] = y(\tilde{\omega}),$$

de donde obtenemos, utilizando (29):

$$z^* = c_{z^*}^{-1}(1 - c_y)y'\tilde{\omega} = \Phi(\tilde{\omega}), \tag{31}$$

---

[29] El modelo ha sido adoptado de Agénor y Hoffmaister (1997). El análisis de Agénor (1988*a*)

donde $\Phi' > 0$. Por lo tanto, un aumento del valor del salario real a largo plazo, que incrementa la demanda excedente del bien doméstico (ya que disminuye la oferta del producto más de lo que disminuye el consumo), conduce a un aumento del precio relativo esperado a largo plazo.

Supongamos que los cambios de la tasa inflacionaria π dependen de la demanda excedente de los bienes y de la tasa de depreciación de la tasa de cambio real:

$$\dot{\pi} = \kappa(c - y) + \Theta(\pi - \varepsilon), \tag{32}$$

donde κ, $\Theta > 0$. El primer efecto puede racionalizarse según los lineamientos del modelo de Calvo-Végh que discutimos antes. El segundo efecto podría asociarse al impacto de las modificaciones de la tasa de cambio sobre el precio interno de los insumos importado.

El salario nominal, w, se fija bajo dos mecanismos contractuales alternativos. Bajo el primer esquema, los contratos salariales se orientan hacia atrás y dependen sólo de los niveles de precios del pasado:

$$w = \rho \int_{-\infty}^{t} e^{-\rho(t-k)} P_k dk,$$

donde ρ es una tasa de descuento. Diferenciando esta ecuación respecto del tiempo, obtenemos

$$\dot{w} = \rho(w - P). \tag{33}$$

Bajo el segundo esquema, se supone que los contratos salariales nominales se orientan hacia adelante y dependen de los precios futuros:

$$w = \rho \int_{t}^{\infty} e^{\rho(t-k)} P_k dk,$$

lo que implica que

$$\dot{w} = \rho(P - w). \tag{34}$$

Dada la definición del salario real, su tasa de cambio a través del tiempo puede escribirse, bajo los contratos orientados hacia atrás, como

$$\dot{\omega}/\omega = -\rho\left(1 - \frac{1}{\omega}\right) - \pi,$$

y bajo los contratos orientados hacia adelante, como

$$\dot{\omega}/\omega = \rho\left(1 - \frac{1}{\omega}\right) - \pi.$$

demuestra que también se obtienen resultados de corto plazo cualitativamente similares a los obtenidos aquí en un contexto intertemporal (más complejo).

La solución de Estado estable se caracteriza por $\dot{\omega}=\dot{\pi}=0$ y el equilibrio en el mercado de bienes. Por lo tanto, bajo ambos tipos de contratos, la inflación y la tasa de crecimiento de los salarios nominales deben ser iguales a la devaluación en el equilibrio a largo plazo. Tomando una aproximación lineal alrededor del Estado estable obtenemos, con los contratos orientados hacia atrás:

$$\begin{bmatrix} \dot{\omega} \\ \dot{\pi} \end{bmatrix} = \begin{bmatrix} -\rho/\tilde{\omega} & -\tilde{\omega} \\ \kappa(1-C_y)y' & -\theta \end{bmatrix} \begin{bmatrix} \omega-\tilde{\omega} \\ \pi-\varepsilon \end{bmatrix} + \begin{bmatrix} 0 \\ \kappa c_{z^*}z^* + \theta\varepsilon \end{bmatrix}, \tag{35}$$

donde $\tilde{\omega}=(1+\varepsilon/\rho)^{-1}$ denota el nivel del salario real de Estado estable. Con los contratos orientados hacia adelante, el sistema está dado por

$$\begin{bmatrix} \dot{\omega} \\ \dot{\pi} \end{bmatrix} = \begin{bmatrix} \rho/\tilde{\omega} & -\tilde{\omega} \\ \kappa(1-C_y)y' & -\theta \end{bmatrix} \begin{bmatrix} \omega-\tilde{\omega} \\ \pi-\varepsilon \end{bmatrix} + \begin{bmatrix} 0 \\ \kappa c_{z^*}z^* + \theta\varepsilon \end{bmatrix}, \tag{36}$$

donde $\tilde{\omega}=(1-\varepsilon/\rho)^{-1}$.

La estabilidad del sistema dinámico (35) con contratos orientados hacia atrás requiere que el determinante de la matriz **A** de coeficientes sea positivo, y que su traza sea negativa:

$$\det \mathbf{A} = \theta\rho/\tilde{\omega} - \tilde{\omega}\kappa(1-c_y)y' > 0, \quad \operatorname{tr}\mathbf{A} = -(\theta+\rho/\tilde{\omega}) < 0.$$

Estas condiciones se satisfacen siempre aquí. En el sistema (36) con contratos orientados hacia adelante, dado que el salario real es ahora una variable de brinco, la estabilidad en la ruta de equilibrio requiere que el determinante de la matriz de coeficientes sea negativo:

$$\det \mathbf{A} = -\theta\rho/\tilde{\omega} - \tilde{\omega}\kappa(1-c_y)y' < 0.$$

Esta condición se interpreta gráficamente más adelante.

La gráfica XII.5 muestra el equilibrio a largo plazo del modelo bajo contratos orientados hacia atrás. En el panel noreste, la curva $\dot{\pi}=0$ muestra las combinaciones de la tasa inflacionaria y el salario real para las que no cambia a través del tiempo la tasa inflacionaria, mientras que la curva $\dot{\omega}=0$ muestra las combinaciones de π y ω para las que no cambia el salario real. La curva y^s en el cuadrante noroeste muestra la relación inversa existente entre la producción y el salario real (ecuación (29)). La función del consumo (ecuación (30)) se representa en el panel sudoeste (para un valor dado del precio relativo esperado a largo plazo, z^*). Los valores de equilibrio a largo plazo de la inflación y el salario real se obtienen en el punto E, con la producción determinada en el punto A y el consumo (que es igual a la producción) determinado en el punto B.

GRÁFICA XII.7. *Reducción en la tasa de devaluación con contratos orientados hacia atrás*

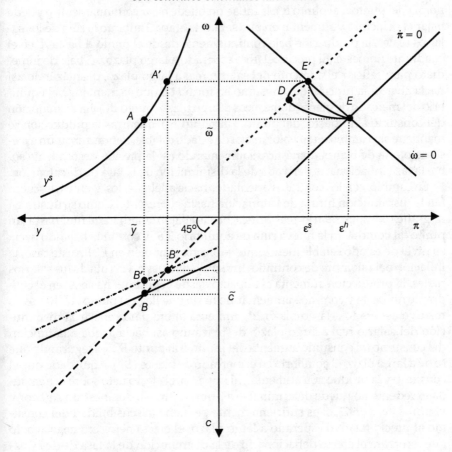

FUENTE: Agénor y Hoffmaister, 1997.

En una forma similar, la gráfica XII.6 muestra el equilibrio a largo plazo bajo contratos orientados hacia adelante. La curva $\dot{\omega}=0$ tiene ahora pendiente positiva en el cuadrante noreste. La estabilidad de la ruta de equilibrio requiere que la curva $\dot{\pi}=0$ sea más empinada que la curva $\dot{\omega}=0$. La ruta de equilibrio, denotada SS, tiene una pendiente positiva.

Consideremos ahora el efecto de un programa de desinflación que asume la forma de una disminución permanente e inesperada de la tasa de devaluación, de ε^h a $\varepsilon^s < \varepsilon^h$. En la gráfica XII.7 se muestra la dinámica bajo los contratos orientados hacia atrás. La curva $\dot{\pi}=0$ se desplaza hacia la izquierda. Ni la inflación ni el salario real cambian al impacto. Mientras que el salario real aumenta monotónicamente durante todo el proceso de ajuste (el que lleva a la economía del punto E al punto E'), la inflación puede bajar continuamente o puede bajar al principio y aumentar en una segunda etapa. Imitanto la ruta de los salarios reales, la producción baja continuamente desde el punto A hasta A' en el cuadrante noroeste. El precio relativo esperado a largo plazo, z^*, baja de inmediato para reflejar el aumento del salario real a largo plazo, desplazando así hacia abajo a la función del consumo en forma tal que se mantenga el equilibrio del mercado de bienes domésticos a largo plazo (punto B''). La disminución del consumo al impacto (del punto B al punto B'), mientras la producción se mantiene sin cambio en su valor inicial de estado estable, tiende a crear un exceso de oferta de bienes domésticos, aumentando así la presión descendente sobre la tasa inflacionaria derivada de la disminución de la tasa de devaluación.

En cambio, con los contratos orientados hacia adelante, los agentes descuentan la disminución futura de la inflación hasta el presente. Como se ilustra en la gráfica XII.8, el salario real brinca hacia abajo inmediatamente, hasta un punto tal como A en la nueva ruta de equilibrio $S'S'$ y continúa bajando hacia su nivel de estado estable menor, que se alcanza también en E'. En este caso, la inflación baja siempre de continuo. Imitando de nuevo a la ruta de los salarios reales, la producción aumenta al impacto desde el punto A hasta A' en el cuadrante noroeste y continúa aumentando hasta que llega al punto A''. El precio relativo esperado a largo plazo, z^*, aumenta ahora para reflejar la disminución del salario real a largo plazo, desplazando así hacia arriba a la función del consumo (el consumo aumenta del punto B al punto B') y asegurando que se dé a largo plazo el equilibrio en el mercado de bienes (B''). Aquí, dado que el consumo y la producción aumentan al impacto, el efecto neto sobre la demanda excedente no puede determinarse a priori. Como lo demuestran Agénor y Hoffmaister (1997), si es suficientemente pequeña la sensibilidad del consumo al precio relativo esperado a largo plazo, el efecto neto será negativo, lo que reforzará el efecto deflacionario de la disminución de la tasa de devaluación al impacto.

Así pues, mientras que el proceso de ajuste a una disminución de la tasa de devaluación conduce a un aumento gradual de los salarios reales con contratos orientados hacia atrás, conduce a un brinco inicial hacia abajo, seguido de una disminución continua de los salarios reales, con los contratos orientados hacia adelante. ¿Qué sugiere la experiencia acerca de la evolución de los salarios reales en el tipo de programas de estabilización basados en la tasa de cambio que analizamos antes. Las gráficas XII.9 y XII.10, que se relacionan con los experimentos de "la tablita" de fines del decenio de 1970 en América Latina y los experimentos heterodoxos de mediados del decenio de 1980 en Israel y México que reseñamos en el capítulo X, proveen un cuadro mezclado en ese sentido. Al principio de los experimentos de la tablita, los salarios reales perma-

GRÁFICA XII.8. *Reducción en la tasa de devaluación con contratos orientados hacia adelante*

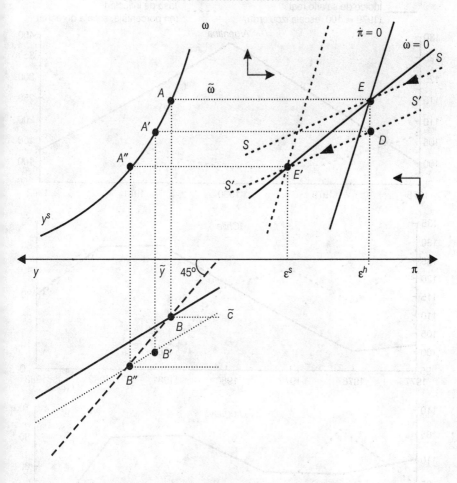

necieron estables (Uruguay) o aumentaron, mientras que en los experimentos ortodoxos bajaron.[30] No podemos evaluar la medida en que tales movimientos pueden verse como un reflejo del comportamiento orientado hacia atrás o hacia adelante y/o de la falta de credibilidad, sin contar con métodos econométricos apropiados. Desafortunadamente, a pesar de la importancia de esta cuestión para la política de estabilización, se han hecho muy pocos intentos

---

[30] Ocurrió también una marcada disminución inicial de los salarios reales en muchos programas basados en el dinero, como el programa implantado en Bolivia en agosto de 1985, Véase el capítulo X.

GRÁFICA XII.9. *Inflación y salarios reales en la tabla de experimentos*

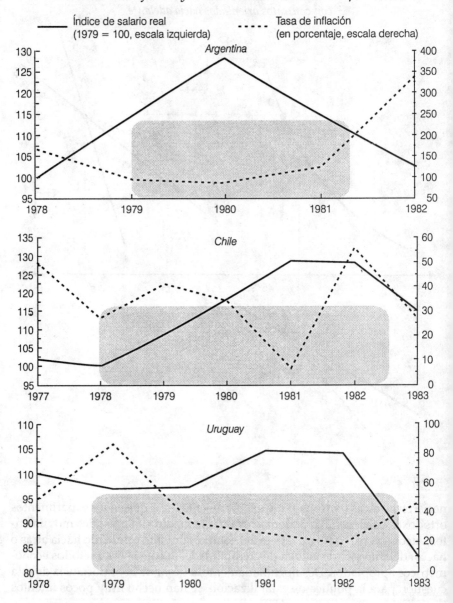

NOTA: Las áreas sombreadas indican los periodos en los que se aplicaron los programas.
FUENTE: Végh, 1992.

GRÁFICA XII.10. *Inflación y salarios reales en experimentos heterodoxos*

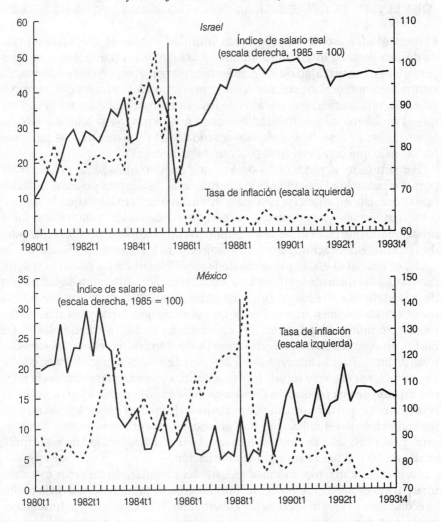

t1 = primer trimestre.
t4 = cuarto trimestre.
NOTA: La línea vertical indica el inicio del programa de estabilización.
FUENTE: Fondo Monetario Internacional.

de estimación del grado en que la formación de los salarios se oriente hacia atrás o hacia adelante en los países en vías de desarrollo. Las extensiones de la metodología propuesta por Moghadam y Wren-Lewis (1994) podrían resultar útiles en ese sentido.

XII.2. El papel de la credibilidad en los programas antinflacionarios

El reiterado fracaso de los programas antinflacionarios en los países en vías de desarrollo se ha imputado a menudo a la falta de confianza de los agentes privados en la capacidad de los gobiernos para perseverar en los esfuerzos de reforma y mantener un conjunto consistente de políticas a través del tiempo.[31] Además, una tradición de fracasos de los esfuerzos de estabilización sugiere que el problema de credibilidad que cada nuevo programa antinflacionario tiene que afrontar se vuelve más severo cada día, lo que refuerza las rigideces hacia abajo que caracterizan al proceso inflacionario.

Por supuesto, el medio más directo que pueden utilizar los gobernantes para dar publicidad a su intención de abstenerse de adoptar políticas inflacionarias consiste en anunciar una meta inflacionaria. Pero dado que la tasa inflacionaria no se encuentra bajo el control directo de las autoridades, una meta inflacionaria que no se ligue a compromisos con políticas específicas que puedan monitorearse fácilmente no será creíble para los agentes privados. Por lo tanto, es crucial el establecimiento de la credibilidad de las políticas macroeconómicas al inicio de un programa antinflacionario. Alterando la formación de expectativas sobre los precios, una política antinflacionaria creíble podría reducir sustancialmente los costos de las políticas monetarias y fiscales restrictivas en términos de la producción y el empleo a corto y mediano plazos. De hecho, una congelación creíble de la tasa de cambio podría reducir las expectativas de una inflación futura, reducir las tasas de interés nominales y en consecuencia, frenar el efecto recesivo de una política monetaria restrictiva. El establecimiento de una reputación de responsabilidad en la elaboración de políticas económicas es particularmente importante en los países donde los fracasos de los esfuerzos de estabilización han creado un escepticismo profundamente arraigado y una falta de confianza en la voluntad o la capacidad de los responsables de las políticas para reducir la inflación.

La literatura macroeconómica reciente ha considerado diversos mecanismos para el establecimiento o el fortalecimiento de la credibilidad de la política económica y la reputación de los gobernantes. Una característica fundamental de la literatura es que los agentes privados interaccionan estratégicamente con los gobernantes y determinan su comportamiento sobre la base de sus expectativas acerca del curso probable de las políticas corrientes y futuras (Cukierman, 1992). En esta sección examinaremos las implicaciones de esta literatura para la formulación y el diseño de programas antinflacionarios en los

---

[31] Varios autores han destacado la ausencia de credibilidad en política económica, entre ellos Blejar y Liviatan (1987), Dornbusch (1991), Sargent (1983), Van Wijnbergen (1988) y Végh (1992). Como se discutió antes, la ausencia de credibilidad es también un determinante fundamental de la dinámica de corto y largo plazos asociada a los programas de estabilización.

países en vías de desarrollo. La primera parte presentará una reseña de las diversas fuentes de los problemas de credibilidad. La segunda parte examinará diversos mecanismos que tratan de aliviar tales problemas en los programas de estabilización, incluyendo la adopción de un enfoque de terapia de choque para fines de señalamiento, la utilización de controles de precios como un ancla nominal adicional, el incremento de la independencia del banco central o la adhesión a una unión monetaria, y el recurso a la asistencia extranjera condicionada. La parte final resumirá las implicaciones principales del análisis para la política económica y proporcionará algunas observaciones adicionales.

XII.2.1. *Fuentes de los problemas de credibilidad*

Una noción fundamental que impregna a la literatura reciente sobre la credibilidad de la política macroeconómica es que, cuando el público no tiene confianza en la capacidad de los gobernantes para ejecutar un programa de estabilización recientemente anunciado, resulta más difícil frenar la inflación. Sin embargo, la "falta de confianza" y la "credibilidad imperfecta" se han definido de diversos modos en la literatura existente, dependiendo en parte del problema de que se trate. En el contexto de los programas antinflacionarios, el primer aspecto importante del problema de la credibilidad se relaciona con el programa mismo; específicamente, con las medidas de política económica a cuyo derredor se formula y con el grado en que tales medidas sean consistentes y sostenibles. Otros aspectos relevantes, relacionados con las interacciones que se establecen entre los gobernantes y los agentes privados, surgen como resultado de diversos supuestos acerca del comportamiento y las "características" de quienes ejecutan un programa que por lo demás es consistente (como la estructura de las preferencias en lo tocante a las políticas económicas y la reputación de los propios gobernantes), la estructura de la información y el ambiente de la política económica.

XII.2.1.1. *La inconsistencia interna*

Primero, puede surgir un problema de credibilidad cuando el público percibe que un programa de estabilización es inconsistente con otras políticas que se aplican simultáneamente. Un programa antinflacionario que no incluya medidas para limitar el déficit presupuestario del sector público carecerá típicamente de credibilidad porque los agentes privados entenderán su naturaleza inconsistente. Por ejemplo, el Plan Cruzado brasileño implantado en 1986 perdió credibilidad rápidamente porque los agentes privados advirtieron pronto las implicaciones inflacionarias de la postura fiscal expansiva adoptada por las autoridades desde el principio (véanse el capítulo X y Agénor y Taylor, 1993). Además, las inconsistencias existentes en la formulación *global* de un programa de reforma económica o una secuencia poco apropiada de las medidas de política económica pueden dañar la credibilidad del esfuerzo de estabilización, aunque los componentes del programa de reforma sean internamente consistentes.

XII.2.1.2. *La inconsistencia temporal*

Segundo, la falta de credibilidad puede derivar de un dilema de inconsistencia temporal afrontado por los gobernantes: su estrategia óptima *ex post* puede diferir de su estrategia *ex ante*. Por ejemplo, una vez que el sector privado ha fijado los salarios nominales, las autoridades pueden verse tentadas a desinflar menos de lo que habían prometido, a fin de generar ganancias en términos de la producción (Barro y Gordon, 1983). Este resultado se obtiene porque quien define las políticas se preocupa por la inflación y por el desempleo, y afronta una curva de Phillips aumentada por las expectativas. El que hace las políticas desea que todos los agentes esperen una inflación baja, a fin de aprovechar una relación favorable entre la inflación y el desempleo. Pero un anuncio de una política de inflación baja no es creíble. Una vez formadas las expectativas, el hacedor de las políticas tiene un incentivo para revocar el anuncio a fin de reducir el desempleo. Los agentes privados entienden el incentivo para la revocación, de modo que no creen el anuncio de la política en primer lugar.

Surge un problema de inconsistencia temporal similar en una pequeña economía abierta que opta por un arreglo de tasa de cambio fija, como vimos en el capítulo VII. Fijando la tasa de cambio, y por ende el precio nacional de los bienes comerciables, quien diseña las políticas trata de reducir las expectativas inflacionarias incorporadas en los precios establecidos en el sector de los bienes no comerciables de la economía. Sin embargo, los fijadores de precios y salarios entienden el incentivo del que hace las políticas para desviarse del anuncio de una tasa de cambio fija y devaluar la moneda a fin de depreciar la tasa de cambio real y estimular la producción, de modo que no creerán enteramente el anuncio inicial.

El incentivo del que determina las políticas para generar inflación no se basa necesariamente en consideraciones del empleo, como en el modelo de Barro y Gordon. Puede surgir también su deseo de reducir el valor real de la deuda pública nominal, o debido a consideraciones de señoraje. Barro (1983) ha elaborado un modelo simple que destaca el papel de la inflación en el financiamiento de los déficit gubernamentales.[32] Supongamos que la función de objetivos del gobierno asume la forma

---

[32] La formulación utilizada en el análisis subsecuente ha sido adaptada de Cukierman (1992). Bruno (1991) y Kiguel y Liviatan (1994*b*) han elaborado modelos similares. Heymann y Sanguinetti

$$L = \theta \mu m^d(\pi^a) - \exp(\kappa_1 \pi + \kappa_2 \pi^a), \tag{37}$$

donde todos los coeficientes se definen como positivos. μ denota la tasa de crecimiento del acervo de dinero nominal, π la tasa inflacionaria efectiva, π^a la tasa inflacionaria esperada, $m^d(\cdot)$ demanda de dinero y $\mu m^d(\cdot)$ la recaudación derivada de la creación de dinero, es decir, del señoraje (véase el capítulo v). El primer término de la función de pérdidas (37) representa el beneficio que el gobierno deriva de la inflación, el que se supone proporcional a la recaudación derivada de la creación de dinero. El segundo término capta dos clases de costos diferentes asociados a la inflación. El término de π refleja costos de menú (es decir, costos asociados a los cambios de los precios nominales) o costos asociados a los retrasos de la recaudación, derivados del efecto de Olivera-Tanzi discutido en el capítulo v. El término de π^a refleja los costos distorsionantes habituales de la inflación perfectamente prevista.

La demanda de saldos monetarios reales es del tipo de Cagan y está dada por

$$m^d(\pi^a) = \exp(-\alpha \pi^a). \tag{38}$$

Una vez establecidas las expectativas, $m^d(\pi^a)$ está dado y la condición de equilibrio en el mercado de dinero implica que $\pi = \mu$. Por lo tanto, el problema del gobierno consiste en maximizar (37) sujeto a (38) respecto de μ.

Consideremos ahora dos regímenes: el de la discreción y el de las reglas. Bajo la discreción, el gobierno no puede convencer a los agentes privados de que en el futuro seguirá un curso de acción determinado. En virtud de que no puede hacer un compromiso irrevocable, minimiza la ecuación (37) sujeto a (38) con un π^a dado. La solución implicada por este comportamiento está dada entonces por

$$\theta \exp(-\alpha \pi^a) - \kappa_1 \exp(\kappa_1 \beta \pi + \kappa_2 \pi^a) = 0.$$

En el equilibrio, $\mu = \pi = \pi^a$, de modo que la solución es

$$\mu^D = \pi^D = (\alpha + \kappa_1 + \kappa_2)^{-1} \ln(\theta/\kappa_1) > 0. \tag{39}$$

Por lo tanto, las tasas de la inflación y del crecimiento monetario pueden ser mayores que la tasa que maximiza el señoraje, $1/\alpha$, derivada en el capítulo v, si θ/κ_1 es suficientemente grande.

En el régimen "de reglas", el gobierno puede formular un compromiso irrevocable —y por ende creíble— acerca de su comportamiento futuro. Por lo tanto, interiorizará el efecto de sus decisiones actuales sobre las expectativas

(1994) consideran explícitamente el papel del gasto gubernamental y del efecto de Olivera-Tanzi en la determinación de la tasa inflacionaria discrecional óptima.

de precios formadas por los agentes privados al escoger su política óptima. Al imponer la condición de equilibrio $\pi = \pi^d$ en la función de pérdidas (37), el problema de decisión del gobierno se vuelve

$$\max_{\mu} L = \theta \mu m^d(\mu) - \exp[(\kappa_1 + \kappa_2)\mu] \tag{40}$$

sujeto a (38). Utilizando la aproximación $\ln(1 - \alpha\mu) \cong -\alpha\mu$ para $\alpha\mu$ suficientemente pequeña, nos da

$$\mu^R = \pi^R = (2\alpha + \kappa_1 + \kappa_2)^{-1} \ln[\theta/(\kappa_1 + \kappa_2)], \tag{41}$$

que puede ser menor que la tasa maximizadora de la recaudación, $1/\alpha$. Por las ecuaciones (39) y (41) es evidente que $\mu^D > \mu^R$, o que la tasa inflacionaria y la tasa de la expansión monetaria son mayores bajo la discreción que bajo las reglas.[33] La razón es que, bajo las reglas, el gobierno interioriza las consecuencias de sus acciones para la formación de las expectativas de los agentes privados. Formulando un compromiso creíble de abstenerse de acciones discrecionales, el diseñador de las políticas puede reducir las expectativas inflacionarias y alcanzar así una tasa inflacionaria menor.

Por lo tanto, la implicación general de los modelos que destacan el dilema de la inconsistencia temporal es que cuando los que hacen las políticas tienen un incentivo *ex post* para revocar sus promesas, los agentes racionales descontarán los anuncios de acciones de política económica futuras o las seguridades acerca de la continuación de las políticas actuales. En consecuencia, la inflación será difícil de reducir y por el contrario tendrá a ser persistente a través del tiempo.

XII.2.1.3. *La información asimétrica*

Una tercera fuente de los problemas de credibilidad es la información incompleta o asimétrica acerca de los propios hacedores de las políticas: es posible que los agentes privados no puedan evaluar la verdadera seriedad de aquéllos en su lucha contra la inflación (Barro, 1986). Al inicio de un programa de estabilización, los agentes privados no creen enteramente en el compromiso de las autoridades de reducir la inflación, y necesitan tiempo para verificar la nueva postura de la política económica y evaluar las "verdaderas" intenciones de quienes elaboran las políticas. La información imperfecta de esta clase puede ser particularmente común en algunos países en vías de desarrollo donde los hacedores de las políticas tienden a cambiar rápidamente, generando

---

[33] Puede demostrarse también que $L(\pi^D) - L(\pi^R) > 0$, lo que indica que el régimen de reglas es superior al régimen discrecional en términos de Pareto.

confusión acerca de los objetivos de la política económica y las preferencias de los propios gobernantes. Las capacidades de monitoreo imperfectas impiden que los agentes privados detecten tales preferencias, a menos que los responsables de las políticas las revelen públicamente. Si tienen un incentivo para hacerlo, podrán aprovecharse de esta ventaja informativa. Sin embargo, la implicación es que la capacidad de monitoreo imperfecta reduce el campo para la construcción de una reputación por parte de los responsables, sobre todo si los agentes privados aprenden sólo gradualmente, a través de un proceso de inducción hacia atrás (véase, por ejemplo, Cukierman, 1992). Sin una reputación de ser "serios" o "duros", los diseñadores de las políticas pueden encontrar dificultades para reducir las expectativas inflacionarias.

XII.2.1.4. La incertidumbre de la política económica y los choques estocásticos

Una cuarta fuente de problemas de credibilidad en los programas antinflacionarios es la incertidumbre que rodea al ambiente de la política económica y la previsibilidad de las medidas de tal política. En un mundo estocástico, aunque un programa se formule coherentemente y sea consistente en el tiempo —en el sentido de que los responsables de las políticas no tienen ningún incentivo para apartarse *ex post* de las medidas de política económica previamente anunciadas—, pueden ocurrir choques exógenos suficientemente grandes para "descarrilar" al programa (Dornbusch, 1991; Orphanides, 1992). Bajo tales circunstancias, es posible que los hacedores de las políticas que gozan de buena reputación no puedan reducir las expectativas de los precios y dotar de credibilidad a un programa de estabilización, a causa de la gran probabilidad de que embates vigorosos los obliguen a desviarse de sus metas. Tales choques pueden ser de naturaleza externa (como los cambios drásticos de los términos de intercambio de un país o las tasas de interés mundiales), pero también pueden derivar del propio ambiente de la política económica, sobre todo cuando las autoridades tienen un control imperfecto de los instrumentos de la política económica. Por ejemplo, el anuncio de una meta fiscal no será enteramente creíble si el gobierno no controla adecuadamente el nivel del gasto gubernamental, si las recaudaciones de impuestos están sujetas a considerable variación, inducida por factores deterministas o estocásticos (como los patrones estacionales o los cambios abruptos del clima). Los agentes privados entenderán las implicaciones de esta falta de control sobre los instrumentos de la política económica y evaluarán en consecuencia la probabilidad de que no se alcance la meta de la política.[34] Entre menor sea el grado de precisión en la manipula-

---

[34] En cierto sentido, la ausencia de credibilidad deriva de la incapacidad de los responsables de las políticas para comprometerse anticipadamente con acciones particulares en respuesta

ción de los instrumentos de la política económica, más probable será que los agentes privados prevean la posibilidad de un colapso futuro del esfuerzo de estabilización, y, por lo general, más rígida hacia abajo será la tasa inflacionaria. Así pues, la falta de previsibilidad de la política económica puede generar dudas acerca de la sustentabilidad del proceso de reforma y afectar el grado de credibilidad de un programa que por lo demás es consistente y viable.

XII.2.1.5. *La incertidumbre política*

Por último, puede surgir un problema de credibilidad cuando el público percibe que los responsables de las políticas no podrán implantar su programa porque su base política puede derrumbarse, como puede ocurrir cuando el gobierno se compone de una coalición de partidos con diferentes orientaciones políticas, o cuando la legitimidad está en duda. Aunque los agentes privados pueden creer en los objetivos económicos del gobierno y en las intenciones de la política económica, también evaluarán la viabilidad política de reformas macroeconómicas potencialmente dolorosas. Entre menos cohesivas sean las fuerzas políticas, o entre mayor sea la fuerza de los intereses creados, más severo será el problema de la credibilidad. Además, la falta de consenso político llevará a menudo a los agentes a esperar reversiones de las políticas económicas. Esta incertidumbre acerca de las políticas futuras tiene a su vez drásticas implicaciones para los efectos de los planes de estabilización a largo plazo. Las estrategias que se creen sostenibles tenderán a provocar respuestas económicas y políticas que refuercen el proceso de reforma, mientras que las estrategias que se crean reversibles tendrán el efecto opuesto.

En la práctica la obtención de pruebas ha resultado difícil, incluso de manera retroactiva, acerca del tipo particular del problema de credibilidad que afrontará un programa o un responsable de las políticas dados. La mayoría de los investigadores ha trabajado bajo la premisa general de que un programa antinflacionario creíble generará un cambio en el proceso que impulsa a una variable fundamental (precios, demanda de dinero, salarios nominales o tasas de interés, por ejemplo), mientras que un programa que carece de credibilidad no tendrá a menudo ningún efecto discernible.[35] Recientemente se ha logrado cierto progreso metodológico sustancial,[36] pero la escasez de técnicas

a diferentes estados del ambiente. En principio, los mecanismos enteramente contingentes podrían eliminar esta fuente del problema de la credibilidad, pero en la práctica resulta difícil la formulación de tales mecanismos.

[35] Esta aseveración no es necesariamente cierta. En los programas de estabilización basados en la tasa de cambio, la falta de credibilidad podría traducirse inicialmente en grandes efectos reales, antes que una gran reducción de la inflación, como han señalado Calvo y Végh (1993b) y Végh (1992).

[36] Véase Agénor y Taylor (1993), Baxter (1985) y Rojas (1990).

cuantitativas robustas crea problemas graves para la evaluación de la importancia práctica de fuentes alternativas de problemas de credibilidad y dificulta la formulación de respuestas de políticas apropiadas o la implantación de medidas correctivas. Sin embargo, estas dificultades prácticas vuelven más importante aun el fortalecimiento del diseño de programas antinflacionarios.

XII.2.2. *Fortalecimiento de la credibilidad de los programas antinflacionarios*

Se han formulado diversas propuestas para fortalecer la credibilidad en el contexto de los programas antinflacionarios. Una línea de investigación se ha concentrado en los procedimientos para incrementar la credibilidad (o en este caso la consistencia) del programa de reforma mismo, mediante la elaboración de cláusulas de contingencia apropiadas. La segunda línea de investigación, más amplia, se ha concentrado en los procedimientos para incrementar la reputación de las autoridades que ejecutan el programa. Esta subsección se ocupa primordialmente de la segunda línea de investigación, analizando la base conceptual de algunas de estas propuestas y evaluando sus implicaciones prácticas para las políticas. Primero, examinaremos la adecuación de un enfoque de terapia de choque para la estabilización como un procedimiento para señalar al público el "tipo" de los responsables de las políticas y fortalecer su reputación. Posteriormente discutiremos el papel de los controles de precios como un ancla nominal adicional. Tercero, evaluaremos las reformas institucionales, tales como un aumento del grado de autonomía del banco central o la adhesión a una unión monetaria. Por último, examinaremos el papel de las agencias externas y la asistencia extranjera condicionada en el alivio de la falta de credibilidad.[37]

XII.2.2.1. *El señalamiento y la sustentabilidad*

Se afirma a menudo que los responsables de las políticas deben romper radicalmente con el pasado para demostrar su compromiso con la estabilización de los precios (Rodrik, 1989). Esto significa que las autoridades no sólo deben abstenerse de acomodarse a la inflación desde el principio a fin de sostener el

---

[37] En todo este apartado, la discusión se centra en los países cuyos responsables de las políticas deben luchar contra una inflación elevada, más que con la hiperinflación. Kiguel y Liviatan (1992*b*) han sostenido que la credibilidad se establece más fácilmente en el último caso. En los países de inflación crónica, donde los mecanismos inerciales están bien desarrollados —tales como los contratos trasladados y la indización implícita o explícita—, el público tiende a creer que los programas antinflacionarios se pueden posponer, lo que reduce su credibilidad. En cambio, la naturaleza misma de la hiperinflación lleva a menudo a los agentes privados a creer que el proceso no es sostenible.

esfuerzo de estabilización (y lograr finalmente el control de la inflación), sino que quizá deban tomar medidas más drásticas que las que de otro modo escogerían. Tal curso de acción puede ser especialmente necesario cuando una serie de esfuerzos frustrados ha vuelto al público sumamente escéptico acerca de la capacidad y el compromiso de quienes hacen las políticas para acabar con la inflación, o cuando el sector privado no tiene ningún punto de referencia para evaluar las acciones de los responsables. En tales casos, el hecho de que "se tome el toro por los cuernos" aceptando una recesión puede ser percibido por el sector privado como una prueba de la determinación de las autoridades de mantener una inflación baja (Vickers, 1986). En una economía donde la inflación se ve atizada por el financiamiento monetario del gasto gubernamental excesivo, un ajuste excesivo en el sector fiscal puede proporcionar también una señal importante acerca del compromiso de las autoridades de mantener bajo control al déficit presupuestario. El drástico ajuste fiscal de México, de un déficit operativo equivalente al 4.5% del PIB en 1988 a un superávit de 2.6% en 1990 y 3.3% en 1992, se considera generalmente como un elemento esencial para transmitir credibilidad al programa de estabilización iniciado a fines de 1987.[38]

Sin embargo, es posible que la utilización de políticas monetarias y fiscales excesivamente restrictivas, a fin de enviar señales al público acerca de las preferencias de los responsables de las políticas, agrave el problema de la credibilidad en lugar de ayudar a aliviarlo. Primero, las medidas de política económica excesivamente duras pueden crear expectativas de que tales decisiones no sean sostenibles y se reviertan finalmente. Como discutiremos con mayor detalle más adelante, el ajuste excesivo (como disminuciones excesivas en el gasto público) puede incrementar el desempleo y minar el apoyo político para reformas dolorosas. Segundo, si la incertidumbre acerca de las autoridades financieras actuales se refiere a su capacidad para comprometerse con políticas previamente anunciadas (y no a la preocupación relativa de las autoridades acerca de la expansión de la producción), el comportamiento óptimo podría ser el acomodo parcial a las expectativas inflacionarias, antes que la adopción de una postura excesivamente restrictiva en lo tocante a la política monetaria (Cukierman y Liviatan, 1991). En efecto, cuando hay una probabilidad percibida de que el gobierno en el poder se desvíe de su política económica previamente anunciada, las expectativas inflacionarias estarán sujetas a un sesgo hacia arriba; dado que a los responsables de las políticas (ya se consideren "fuertes" o "débiles") no les gustan las recesiones, es óptimo que se acomoden a estas expectativas.[39]

---

[38] También se han mencionado como mecanismos de señalamiento la imposición de controles de precios y el nombramiento de un banquero central "conservador" (opciones que discutiremos más adelante). Sólo consideraremos por ahora el uso de instrumentos ortodoxos de la política económica para propósitos del señalamiento.

[39] Además, cuando las características percibidas de los responsables de las políticas (es decir,

De igual modo, aun en ausencia de incertidumbre acerca de los responsables mismos, la existencia de contratos laborales con cláusulas de indización salarial orientadas hacia atrás puede conducir al acomodo parcial (De Gregorio, 1995). Más generalmente, el argumento del señalamiento para un enfoque de "gran estruendo" sobre la estabilización descansa en el supuesto de que el comportamiento de los que hacen las políticas depende primordialmente de sus preferencias en materia de política económica, es decir, del peso que asignan a la estabilidad de los precios en relación con la producción. Sin embargo, en la práctica, las decisiones de política económica se ven afectadas también por el estado de la economía, que depende a su vez de la postura global de la política económica. En la medida en que la disminución de la producción asociada a un enfoque de terapia de choque tenga un efecto adverso sobre las perspectivas de reelección de los responsables en turno, podría debilitar la credibilidad al generar la expectativa de que las políticas vigentes se reflejarán tarde o temprano (Blanchard, 1985). Ni siquiera un gobernante "duro" puede desentenderse del costo asociado al desempleo elevado, sobre todo cuando las políticas tienen efectos persistentes (Drazen y Masson, 1994).

En un ambiente donde las reformas crean grandes costos de corto plazo para grandes segmentos de la población, hay tentaciones para revertir —o por lo menos desviar— los objetivos iniciales del problema, sobre todo cuando los responsables en turno no pueden comprometer previamente, con facilidad, a los gobiernos futuros con una ruta de ajuste específica. Aunque la estabilización de los precios convenga al país a largo plazo, la miopía (como la preocupación exclusiva de los responsables en turno con sus perspectivas de reelección) puede inducir a las autoridades a alterar o abandonar su programa de reforma inicial. Además, en el contexto de los planes de estabilización donde los déficit fiscales son la causa principal de la inflación, las opciones del señalamiento pueden ser más limitadas de lo que se cree a menudo. En tales casos, constantemente se requieren reformas fiscales estructurales (como la ampliación del sistema tributario, la privatización de empresas públicas o la alteración de la distribución de los sueldos y salarios del sector público para fortalecer el control del gasto gubernamental) para volver creíbles los esfuerzos de control del déficit fiscal. Pero tales reformas no pueden implantarse de la noche a la mañana, y sólo pueden fortalecer la credibilidad lentamente.

Es la persistencia a través del tiempo lo que importa para el establecimiento de la reputación de quienes elaboran las políticas, antes que el grado de

sus preferencias en materia de política económica) difieren ampliamente entre los diferentes "tipos", el señalamiento podría no ser la estrategia óptima (Andersen, 1989). Incluso si tales características no son demasiado diferentes, el señalamiento en el marco de Vickers (1986) podría no ser óptimo. Esto se aplica en particular cuando quienes diseñan las políticas descuentan fuertemente las ganancias futuras y no creen conveniente soportar los costos inmediatos de una política antinflacionaria más vigorosa (véase el capítulo VI).

restricción de las medidas de política económica implantadas al inicio de un programa de estabilización. Las medidas de ajuste macroeconómico que no se consideran sostenibles desde el punto de vista político y económico (dentro de los límites impuestos por un régimen democrático) no pueden ser creíbles y pueden conducir al fracaso automático (Buffie, 1994). Un elemento decisivo para asegurar la sustentabilidad es la secuencia apropiada de las medidas de estabilización en el contexto del esfuerzo de reforma global para minimizar las distorsiones que acompañan a menudo a tales programas. Por ejemplo, el ajuste microeconómico y los cambios institucionales pueden ser necesarios en algunos casos antes que las reformas de la política macroeconómica para asegurar que la estrategia de reforma global sea consistente y transmita credibilidad al paquete de estabilización. La secuencia apropiada de las acciones de política económica en la esfera estructural y la macroeconómica puede resultar crucial para convencer a los agentes privados de que la estabilización se logrará finalmente. Hasta cierto punto, el aseguramiento de la irreversibilidad de las reformas macroeconómicas asegura su sustentabilidad. La secuencia de las medidas de ajuste, en forma tal que resulte costosa para los gobernantes futuros la reversión de las decisiones ya tomadas por un gobierno reformista, incrementa la credibilidad de un programa antinflacionario.

XII.2.2.2. Controles de precios

La discusión del capítulo X indicó que los controles de precios se han utilizado reiteradamente (en efecto desde principios de los años sesenta) en los programas antinflacionarios implantados en los países en vías de desarrollo, a pesar de sus costos microeconómicos bien conocidos.[40] Un argumento típico de los responsables de las políticas —o sus asesores— en favor de la utilización de topes de los precios es la noción de que la persistencia de la inflación deriva de la existencia de una indización salarial retrasada y de expectativas orientadas hacia atrás. La presencia de factores inerciales significa que los esfuerzos de combate a la inflación, mediante políticas monetarias y fiscales restrictivas exclusivamente, tendrán fuertes efectos recesivos, lo que imposibilita que tales políticas continúen más allá de un corto plazo. Sin embargo, los argumentos teóricos más recientes justifican el uso temporal de controles de precios como un mecanismo de "transición" hacia un equilibrio con inflación baja (Bruno y Fischer, 1990), como un instrumento de coordinación (Dornbusch y Simonsen, 1988) y como un medio para la obtención de ganancias políticas y

---

[40] Sin embargo, dependiendo de la estructura del mercado, los controles de precios podrían conducir a una expansión de la producción a corto plazo, como lo destaca Helpman (1988). Véase una discusión de este resultado en el apéndice de este capítulo.

la generación de apoyo político (Jonung, 1990), y —más de acuerdo con nuestro interés aquí— como un procedimiento para incrementar la credibilidad.[41]

La utilización de controles de precios (además del control de la oferta monetaria o la tasa de cambio) como un ancla nominal para fortalecer la credibilidad ha sido destacada por Blejer y Liviatan (1987) y Persson y Van Wijnbergen (1993). En el análisis de Blejer y Liviatan, la falta de credibilidad deriva de la gran asimetría de la información a disposición del público y la que tienen quienes elaboran las políticas. Al inicio de un programa de estabilización, los agentes privados no creen enteramente el compromiso de las autoridades de combatir la inflación, y necesitan tiempo para verificar la nueva posición de la política económica. Una congelación de los precios otorga a los responsables un periodo durante el cual podrán convencer al público —mediante la adopción y el mantenimiento de políticas monetarias y fiscales restrictivas— de la seriedad de sus metas de política económica.[42] Persson y Van Wijnbergen ofrecen un análisis de teoría de los juegos de los mecanismos que permiten a los controles ayudar al establecimiento de la credibilidad, basado en el modelo de señalamiento elaborado por Vickers (1986). En el marco de estos autores, los hacedores de las políticas deben señalar su voluntad de aceptar una recesión a fin de ganar credibilidad en que ellos no recurrirán a medidas inflacionarias ni cederán a la presión para revertir su postura de política económica. La utilización temporal de controles de precios y salarios (además de una política monetaria restrictiva) permite que los responsables disminuyan el costo del señalamiento de su compromiso de bajar la inflación.

El ejemplo más frecuentemente citado de una aplicación exitosa de los controles de precios es la estabilización israelí de 1985, durante la cual se congelaron todas las variables nominales (incluida la tasa de cambio) (véase el capítulo X). Además de una profunda contracción fiscal (incluida una reducción de los subsidios) y una devaluación inicial, el gobierno anunció no sólo una congelación del crédito sino también su intención de mantener la tasa de cambio fija, con el entendimiento de que los sindicatos suspenderían temporalmente las cláusulas de COLA y congelarían los salarios durante pocos meses. Este último acuerdo se condicionaba a su vez a la implantación de topes en los precios. El acuerdo tripartita entre el gobierno, los empleadores y los sindicatos formaba la base de una drástica reducción de la inflación. Las ganancias a corto plazo, en términos de una reducción rápida de la inflación y un fortale-

---

[41] De hecho, Kiguel y Liviatan (1992b) han sostenido que en las economías de inflación elevada, la fijación traslapada de los precios no es la causa primordial de la persistencia. En tales economías, los contratos tienen una duración muy corta y están muy sincronizados. En opinión de estos autores, la inercia deriva principalmente de los problemas de credibilidad y coordinación.

[42] Al reducir rápidamente la tasa inflacionaria, los controles de precios y salarios conducen a un mejoramiento del déficit fiscal en términos reales (como resultado de la operación en reversa del efecto de Olivera-Tanzi), lo que incrementa la credibilidad en el componente fiscal del ajuste.

cimiento de la credibilidad gubernamental, derivadas de la aplicación exitosa de los controles de precios, superaban a las distorsiones creadas por los topes de los precios.[43]

Además de los numerosos problemas prácticos asociados a la imposición y la eliminación de los controles de precios (como el mecanismo de aplicación y la duración de la etapa de flexibilización), el debate sobre si los controles de precios mejoran la credibilidad está lejos de haber terminado. En el marco de Blejer-Liviatan (1987), por ejemplo, la utilización de controles de precios y salarios puede resultar contraproducente, porque una congelación no permite que el público aprenda si se ha logrado una restricción fiscal suficiente, es decir, si la inflación se ha detenido realmente o sólo se ha reprimido temporalmente. En efecto, los controles pueden alargar el tiempo requerido para que las expectativas se ajusten a un nuevo equilibrio. Además, el efecto de los controles de precios en lo tocante al fortalecimiento de la credibilidad puede desvanecerse si los responsables de las políticas no pueden o no quieren controlar todos los precios de la economía, y si los fijadores de precios orientados hacia adelante en el sector "libre", no controlado, entienden los incentivos para alejarse de una política de control de precios previamente anunciada en un esfuerzo por reducir los costos macroeconómicos asociados a una congelación de los precios (Agénor, 1995a). Paradójicamente, la imposición de controles de precios en tal marco puede conducir a la inercia inflacionaria.

Para ilustrar este resultado, consideremos una economía que produce gran número de bienes homogéneos, una proporción de los cuales (como los bienes producidos por empresas públicas) está sujeta a controles de precios directos por parte del responsable. Como se discute en Helpman (1988) y en Van Wijnbergen (1988), la economía posee mercados no competitivos y empresas fijadoras de precios en el sector "libre". El diseñador de las políticas, que tiene un incentivo para reducir la inflación mediante la imposición de controles directos de los precios, cuenta con una ventaja de información sobre el sector privado —debido, por ejemplo, a una mejor capacidad de monitoreo— y fija los precios controlados *después* del surgimiento de choques en la economía. Se supone que una reducción de la tasa inflacionaria incrementa el apoyo político, mientras que la pérdida de peso muerto del exceso de demanda —derivada de la mala asignación y de los recursos destinados al racionamiento por medios distintos de los precios— disminuye ese apoyo porque se reduce el ingreso agregado real. Se escogen los topes de precios para maximizar el apo-

---

[43] Bruno (1991) ha sostenido que el congelamiento de todas las variables nominales, distintas de la tasa de cambio, fue de corta duración, y que pocos meses después del choque inicial ocurrieron cambios significativos en los precios relativos, en primer lugar un aumento del salario real y un incremento real. Pero las autoridades lograron mantener una tasa inflacionaria menor, lo que sugiere que el señalamiento de intenciones serias y compromiso previo del gobierno constituyó el beneficio más importante del congelamiento sincronizado en la etapa inicial del esfuerzo de estabilización.

yo político derivado del mantenimiento de los precios bajos, contra la oposición derivada de esta pérdida de peso muerto. Cuando los precios se fijan por debajo de su nivel de equilibrio, hay incentivos para que los vendedores evadan los controles, de modo que el gobernante debe aplicar vigorosamente los topes —a un costo que no sea prohibitivo— para hacerlos efectivos. Las empresas del sector libre o no controlado restringen los incrementos de sus precios, más allá del aumento esperado de los precios controlados, a fin de evitar controles más restrictivos en el futuro.

Sea que p^c denota el logaritmo de un índice del subconjunto de los precios fijados por quien diseña las políticas en el periodo t, y sea $\tilde{p}^c \geq p^c$ el precio de equilibrio que vacía el mercado, es decir, el precio en ausencia de controles de precios. La pérdida de peso muerto D, debida a los topes de precios —la pérdida de los excedentes del consumidor y el productor (según Marshall) cuando la demanda excedente y el racionamiento distinto de los precios conducen a la mala asignación o el desperdicio de los recursos— puede aproximarse por

$$D = \eta(p^c - \tilde{p}^c)^2, \quad \eta > 0, \tag{42}$$

suponiendo que la pérdida de peso muerto es mayor entre mayor sea la desviación (al cuadro) entre los precios efectivos y los de equilibrio.[44] Se supone que el precio de la tasa de cambio que vacía al mercado está determinado por

$$\tilde{\pi}_c = c + v \tag{43}$$

donde $\tilde{\pi}_c \equiv \tilde{p}_{-1}^c$, c es un término constante y v un choque estocástico de la demanda, que se supone no correlacionado serialmente con media cero y varianza constante. Se supone que es de conocimiento común la distribución de probabilidad de donde se extrae v.

Los fijadores de precios en el sector "libre" fijan sus precios p^f, de modo que se proteja su posición relativa y sin conocer el valor realizado de v, de modo que

$$\pi_f \equiv p^f - p_{-1}^f = E_{-1}\pi_c, \tag{44}$$

donde $E_{-1}x$ denota la expectativa condicional de x basada en la información disponible hasta el final del tiempo $t - 1$.[45]

---

[44] Sin embargo, este tipo de medida ofrece sólo un límite inferior para la pérdida de peso muerto porque supone que las cantidades producidas a precios controlados van a dar a las manos de los consumidores que las valúan más, y porque excluye el costo de los recursos destinados al racionamiento por medios distintos de los precios.

[45] La información existente hasta $t - 1$ es común a quien elabora las políticas y al sector privado, y se supone que incluye todos los datos relevantes sobre los incentivos y las restricciones del responsable.

Haciendo $\pi \equiv p - p_{-1}$, la tasa de cambio del nivel de los precios nacionales se puede definir como

$$\pi = \delta\pi_c + (1 - \delta)\pi_f, \quad 0 \leq \delta \leq 1, \tag{45}$$

donde δ denota la intensidad de los controles de precios, es decir, la proporción de los bienes a los que imponen las autoridades controles de precios.

Mientras que los agentes del sector de precios flexibles fijan sus precios sin conocer el valor realizado del choque de la demanda, quien define las políticas fija precios controlados *después* de observar el choque. Se supone que el responsable utiliza los precios controlados para contrarrestar algo del efecto de v sobre la pérdida muerta, por ejemplo mediante la elevación inesperada de estos precios cuando v resulta positiva.

Las preferencias del que determina las políticas implican una relación de intercambio entre la inflación y el peso muerto resultante del exceso de demanda y de los controles de precios. Específicamente, el responsable trata de minimizar la función de pérdida esperada

$$L = E(D + \theta\pi^2), \quad \theta > 0,$$

o bien, utilizando (42) y (43),

$$L = E[\eta(\pi_c - \tilde{\pi}_c - v)^2 + \theta\pi^2]. \tag{46}$$

Bajo la discreción, el responsable de las políticas escoge una tasa de incremento de los precios controlados tal que se maximice la diferencia existente entre el apoyo político resultante de una reducción de la tasa inflacionaria y la oposición política resultante de la pérdida de peso muerto. Formalmente, en cada periodo se escoge π_c para minimizar (46) sujeta a (45), sin tomar en cuenta las políticas anunciadas, y tomando como dadas las expectativas del sector privado. En el régimen discrecional, la tasa de cambio de los precios controlados está dada entonces por

$$\pi_c = \frac{\eta}{\eta + \delta^2\theta} \left\{ \tilde{\pi}_c + v - \frac{\delta\theta(1 - \delta)}{\eta}\pi_f \right\}. \tag{47}$$

La ecuación (47) indica que, bajo la discreción, la función de reacción del gobernante aconseja que se fijen los precios controlados a un nivel menor que el de equilibrio, lo que genera una pérdida de peso muerto. Por supuesto, esto se debe al costo inflacionario de un aumento de los precios controlados. El grado de acomodo de los choques de la demanda se relaciona inversamente con el coeficiente relativo de la aversión a la inflación, θ/η. De igual modo, entre mayor sea el nivel (predeterminado) de los precios del sector libre, menor será la tasa de cambio de los precios controlados.

Consideremos ahora el caso (mencionado en lo que sigue como el régimen de "compromiso") en el que el responsable adopta una regla de fijación de los precios que asume la forma[46]

$$\pi_c = \phi_0 \tilde{\pi}_c + \phi_1 v. \tag{48}$$

Las autoridades seleccionan valores de ϕ_0 y ϕ_1 que minimizan la expectativa incondicional (46) sujeta a (48) y, por las ecuaciones (44) y (48), $\pi_f = E_{-1}\pi_c = \phi_0 \tilde{\pi}_c$. Puede demostrarse que los valores óptimos son[47]

$$\phi_0 = \eta/(\eta + \theta), \quad \phi_1 = \eta/(\eta + \delta^2 \theta), \tag{49}$$

donde $\phi_0 > 0$ y $\phi_1 < 1$. Una comparación de las ecuaciones (47) y (49) muestra que, bajo la regla (48), quien hace las políticas se acomoda a los choques de la demanda en la misma medida que lo hace bajo la discreción, pero los cambios sistemáticos del precio de equilibrio se acomodan en menor medida. Esto es así porque, bajo el compromiso, el responsable puede inferir la respuesta endógena de los fijadores de precios en el sector libre a través de las expectativas de los precios.

El valor medio (*ex post*) de la tasa inflacionaria en el régimen de compromiso está dado por

$$E\pi = \phi_0 \tilde{\pi}_c + \phi_1 \delta v,$$

y la pérdida (incondicional) esperada es

$$L^c = [\eta(\phi_1 - 1)^2 + \theta(\delta\phi_1)^2]\sigma_v^2 + [\eta(\phi_0 - 1)^2 + \theta\phi_0^2]\tilde{\pi}_c^2, \tag{50}$$

donde σ_v^2 denota la varianza de v.

Bajo la discreción, los precios controlados se fijan por (47). Bajo las expectativas racionales, la solución óptima es tal que

$$\pi_f = \kappa\tilde{\pi}_c, \quad 0 < \kappa < 1, \tag{51}$$

$$\pi_c = \kappa\tilde{\pi}_c + \lambda v, \quad 0 < \lambda < 1, \tag{52}$$

---

[46] En un contexto lineal-cuadrático como el considerado aquí, la regla óptima también será lineal como en (47).

[47] Adviértase el supuesto de que la elección de la regla de política económica se hace antes de la realización del choque de la demanda, aunque el nivel efectivo de los precios controlados se fija después de observar v.

donde $\lambda = \eta/(\eta + \delta^2\theta) = \phi_1$ y $\kappa = \eta/(\eta + \delta\theta)$.[48] Bajo la discreción y bajo el compromiso, una congelación completa de los precios ($\pi_c = 0$) es óptima cuando el peso asignado a la inflación en la función de pérdida del hacedor de las políticas es muy elevado, es decir, $\theta \rightarrow \infty$.

El valor medio (ex post) de la tasa inflacionaria bajo la discreción está dado por

$$E\pi = \kappa\tilde{\pi}_c + \lambda\delta v,$$

con una pérdida (incondicional) esperada dada por

$$L^D = [\eta(\lambda - 1)^2 + \theta(\delta\lambda)^2]\sigma_v^2 + [\eta(\kappa - 1)^2 + \theta\kappa^2]\tilde{\pi}_c^2, \tag{53}$$

Una comparación de las ecuaciones (53) y (50) revela que, dado que $\kappa > \phi_0$, $L^D > L^C$. La naturaleza de este resultado puede explicarse como sigue. A menos que exista un arreglo irrevocable que obligue al responsable de las políticas a ajustar los precios para mantener la igualdad entre la oferta y la demanda, existirá la tentación de bajar los precios controlados más allá de su nivel de equilibrio para frenar las expectativas inflacionarias y reducir la inflación global. Sin embargo, una vez que ocurre el choque de la demanda, se forman las expectativas y se fijan los precios en el resto de la economía, quien hace las políticas tendrá un incentivo para elevar los precios controlados y reducir la pérdida de peso muerto —o el costo político— asociada a los topes. Los agentes privados entienden este incentivo y esperarán que las autoridades sigan el régimen discrecional, cualquiera que haya sido el régimen anunciado. En consecuencia, los precios de equilibrio del sector no controlado se fijan a un nivel mayor que el que existiría si el régimen de compromiso fuese enteramente creíble: en $\kappa\tilde{\pi}_c$ en lugar de $\phi_0\tilde{\pi}_c$ (ecuación (51)). Por lo tanto, la inflación es mayor bajo la credibilidad imperfecta e implica una pérdida adicional de la política económica.[49]

---

[48] Adviértase que π_f en (51) difiere de π_c en (52) sólo por el último término, porque los choques de la demanda no pueden ser previstos por los fijadores de precios en el sector de precios flexibles. Tales fijadores de precios toman plenamente en cuenta el componente sistemático de la política de controles de precios, lo que implica que el objetivo del responsable de las políticas, de reducir la pérdida de peso muerto, crea sólo inflación y no ganancias reales.

[49] Este resultado supone que la regla aplicada en el régimen del compromiso es el resultado de un proceso de optimización. Si las autoridades adoptan una regla ad hoc —del tipo de $\pi_c = 0$, por ejemplo—, no habrá en general ninguna razón para que el sector privado sospeche que las autoridades se apartarán de ella, porque se ha descartado el proceso de optmización de donde deriva el incentivo para dar marcha atrás. Por lo tanto, el resultado de esta operación no está claro y es posible que no genere ninguna superioridad definitiva entre el régimen de "compromiso" y el "discrecional". Sin embargo, dado que el hacedor de las políticas ha escogido arbitrariamente una política, los agentes privados advertirán finalmente que nada impide la elección de una política diferente en el futuro, en una forma igualmente arbitraria.

El resultado anterior ayuda a explicar el hecho de que, como se muestra en la gráfica X.11 para el caso de Brasil, la inflación puede seguir siendo positiva bajo una congelación parcial. La explicación convencional de este fenómeno sigue los lineamientos de Paus (1991), quien examina la experiencia de Perú durante el Plan de Emergencia implantado en 1985-1986. En opinión de Paus, el intento de frenar la inflación aplazando los ajustes de los precios determinados por el gobierno condujo a un déficit creciente del sector público no financiero. El aumento del déficit tuvo un efecto expansivo sobre la oferta monetaria, lo que mantuvo las presiones inflacionarias. Sin embargo, la explicación propuesta aquí no se basa en la existencia de una política monetaria de acomodo. Los fijadores de precios en el sector "libre" entienden el incentivo que tiene el responsable de las políticas para elevar los precios controlados después de que el sector privado haya tomado sus decisiones de precios: la reducción de la pérdida de peso muerto que implican los topes. Por lo tanto, elevan sus precios más de lo que los elevarían si estuviesen convencidos del compromiso del responsable con la regla de precios previamente anunciada. En consecuencia, la magnitud de la "inercia inflacionaria" deriva de la falta de credibilidad de los topes de precios, y en general se relaciona inversamente con la proporción de los precios sujetos al control.[50, 51]

Si quien elabora las políticas pudiera formular un compromiso irrevocable con una regla de fijación de los precios en el sector controlado, la inflación sería menor bajo una congelación parcial. Pero los compromisos unilaterales suelen carecer de credibilidad. De acuerdo con nuestra discusión del capítulo VII sobre la política de tasa de cambio, los mecanismos que implican fuerzas de reputación (y estrategias de "castigo") podrían proporcionar una tecnología del compromiso que alivie el problema de la inconsistencia temporal discutido antes, y podrían ofrecer un sustituto del acuerdo irrevocable.

En la práctica a menudo se han utilizado los controles de precios como un sustituto, antes que un complemento, del ajuste monetario y fiscal, como en los programas populistas descritos en el capítulo X. Los controles de precios han sido a menudo eficaces para bajar rápidamente la inflación a corto plazo, pero el éxito inicial ha resultado difícil de sostener en muchos casos, debido a una falta de persistencia en las reformas de la política macroeconómica. Los agentes privados han advertido rápidamente que no serían muy eficaces los inten-

---

[50] Por lo tanto, $\partial(L^D - L^C)/\partial\delta < 0$. Adviértase que, por las ecuaciones (49), (51) y (52), bajo una congelación completa se tiene $\delta = 1$ y $\phi_0 = \kappa$, de modo que los regímenes discrecionales y de compromiso producen el mismo resultado. Esto se sigue trivialmente del hecho de que el sesgo inflacionario de un régimen discrecional desaparece cuando hay topes amplios.

[51] Agénor (1995a) demuestra, además, que la intensidad de los controles de precios para minimizar la pérdida asociada a una política monetaria discrecional se puede escoger. Pero esto conduce a la imposición efectiva de topes de precios sólo si el costo de su imposición no es demasiado elevado, o si el peso asignado a las distorsiones de los precios en la función de pérdidas del responsable de las políticas es suficientemente pequeño.

tos de legislar sobre los precios, y esto ha conducido a menudo a un rápido resurgimiento de la inflación. La experiencia reseñada en el capítulo X sugiere que en Argentina, Brasil y Perú, los experimentos con paquetes de estabilización que incluyeron a los controles de precios y salarios durante los años ochenta fracasaron en gran medida por la incapacidad de los responsables de las políticas para sostener la disciplina fiscal y monetaria requerida para que la baja de la inflación a corto plazo fuese sostenible. Bajo Alan García en Perú, se utilizaron los controles de precios y salarios como sustitutos, no como complementos, de medidas más ortodoxas. Se permitió que los salarios reales aumentaran sustancialmente, y se logró poco con el intento de mantener bajo control el gasto público. Cuando la presión ejercida sobre los precios obligó finalmente al relajamiento de los controles, se inició una nueva espiral inflacionaria. Brasil provee un ejemplo similar. Como se documentó en el capítulo X, las autoridades implantaron a fines de los años ochenta tres programas antinflacionarios que dependían en medida importante de los controles de precios: el Plan Cruzado en 1986, el Plan Bresser en 1987 y el Plan Verano en 1989. Sin embargo, en virtud de que la congelación de los precios no se acompañó de reformas de la política macroeconómica adecuadas, la tasa inflacionaria brincó luego de un breve periodo de descenso inflacionario. Tras el colapso de los planes de Bresser y de Verano, la inflación regresó fortalecida, lo que llevó a muchos observadores a concluir que el uso reiterado de los controles de precios había disminuido su eficacia, porque los agentes económicos pudieron prever los incrementos de precios que seguirían a la etapa de flexibilización.

XII.2.2.3. *La independencia del banco central*

Los encargados de las políticas que afrontan problemas de credibilidad para demostrar su capacidad y su compromiso inequívoco con una reforma, podrían designar a un banquero central "conservador" con aversión bien conocida contra la inflación, y cuyo control diario de la política monetaria esté relativamente libre de presiones políticas o interferencias de los ministros principales en el poder (Rogoff, 1989). Un banco central independiente con un mandato claro y bien difundido para mantener la estabilidad de los precios ofrece un mecanismo institucional que podría reducir los incentivos para desviarse de las reglas.

Una idea similar, analizada en el capítulo VII, es que un país de inflación elevada se integre a una unión monetaria con un mecanismo de tasa de cambio fija y renuncie al poder de conducir una política monetaria independiente. Transfiriendo su autonomía en lo tocante a la política monetaria y de tasa de cambio a un banco central que goce de buena reputación, un país de inflación elevada puede "tomar prestada" la credibilidad y señalar así su propio compromiso con la estabilidad de los precios, lo que reduciría en relación con una estrategia puramente nacional— el costo de la reducción de la inflación medida en términos de las pérdidas de producción y de empleo. En el contexto de los países en vías de desarrollo, donde el financiamiento de los déficit fiscales por el banco central es a menudo la causa original de la inflación, este argumento tiene un peso considerable.[52] La designación de un banquero central independiente podría eliminar la tentación de recurrir a la expansión monetaria para obtener una ganancia a corto plazo en términos de la producción, disminuir el incentivo para recurrir al impuesto inflacionario, y "obligar" al gobierno a implantar la reforma fiscal. Además, las dificultades políticas asociadas a los programas de estabilización podrían ser menos severas cuando el proceso de decisión de la política económica está relativamente centralizado y aislado de las presiones de diversos grupos de interés. Este argumento ayuda a destacar la importancia de las reformas institucionales para fortalecer la credibilidad de los programas de ajuste macroeconómico.

Varios estudios empíricos recientes han demostrado que la independencia del banco central contribuye significativamente a explicar las variaciones de la tasa inflacionaria entre los países. Los países cuyo banco central disfruta del mayor grado de autonomía parecen tener los niveles más bajos y la menor variabilidad de la inflación.[53] Las reformas institucionales que tratan de fortalecer la autonomía del banco central se han implantado en varios países durante los últimos años. Por ejemplo, la reforma de 1989 en Chile otorga un alto grado de independencia legal al banco central. Una legislación que otorgaba la autonomía al banco central se promulgó en Venezuela a fines de 1993, y en Paquistán a principios de 1994. Una reforma constitucional concedió la autonomía del Banco de México, la cual entró en vigor el 1 de abril de 1994.

Sin embargo, sigue debatiéndose la medida en que los responsables de las políticas debieran "atarse las manos" designando a un banquero central (o a alguien que elabore las políticas) bien conocido por su aversión contra la inflación para convencer al público de su compromiso de ejecutar un programa nacional antinflacionario. La independencia del banco central es sólo uno de

[52] Los datos presentados por Cukierman (1992) sugieren que ha habido un grado sustancial de acomodo de la inflación en el comportamiento del crédito del banco central en los países en vías de desarrollo, por comparación con lo que ocurre en los países industrializados.

[53] Véase, por ejemplo, Alesina y Summers (1993) y Cukierman (1992). En los estudios empíricos se mide la independencia del banco central en términos de diversos factores, tales como los mecanismos existentes para el nombramiento del gobernador y la junta de directores, la rotación de los gobernadores del banco central, el mecanismo existente para la aprobación de la conducción de la política monetaria (la medida en que el banco central esté libre de la intervención del gobierno o el Parlamento), los requerimientos estatutarios del banco central en lo tocante a su objetivo básico y al financiamiento del déficit presupuestario (incluido el hecho de que se cobren o no intereses sobre el financiamiento del déficit), y la existencia de un tope para el total de préstamos otorgados por el banco central al gobierno.

varios instrumentos institucionales que pueden implantarse para asegurar la estabilidad de los precios y fortalecer la credibilidad de la política macroeconómica. Aunque la sustitución de las acciones discrecionales por un marco de política económica basada en reglas y ejecutada por un banco central independiente (nacional o extranjero) puede ayudar a reducir la percepción de arbitrariedad y consolidar así la confianza en el proceso de la elaboración de políticas, el efecto de señalamiento de tal cambio del régimen de la política económica puede ser débil si prevalece el secreto en las operaciones diarias de la institución. Más importante es el hecho de que la adhesión a las reglas rígidas implantadas por un banco central nacional o extranjero puede producir resultados menos que óptimos (por comparación con las reglas contingentes) en una economía sujeta a embates aleatorios. Es posible que se requieran cláusulas de escape para las acciones discrecionales, aunque debe tenerse mucho cuidado en la definición de las condiciones bajo las cuales debieran aplicarse tales cláusulas, a fin de evitar los efectos secundarios negativos.[54] Por último, como lo destacan Swinburne y Castello-Branco (1991), la independencia del banco central no puede garantizar por sí misma la credibilidad de la política monetaria. Esto depende de la postura global de la política macroeconómica. De hecho, si la política fiscal adoptada por el ministerio de finanzas se percibe como inconsistente con la meta antinflacionaria de la institución monetaria, no se podrá lograr la credibilidad, ni siquiera con un banco central independiente.

XII.2.2.4. *El control externo y la asistencia extranjera*

Las peticiones de asistencia extranjera se han considerado tradicionalmente como el resultado de una necesidad de generar recursos financieros y en menor medida, como el resultado de la existencia de cláusulas de condicionalidad cruzada en algunos acuerdos bilaterales. Más recientemente se ha reconocido que los problemas de credibilidad pueden ser también un elemento importante de la explicación de que los países que implantan programas de estabilización busquen la participación de instituciones extranjeras y se sometan al control externo. Al condicionar la asistencia extranjera a metas específicas de la política económica, los diseñadores de las políticas pueden fortalecer su reputación. Un agente externo que tenga la reputación de ser "duro" puede proporcionar un mecanismo de compromiso para la ejecución de los programas, aumentar la confianza de los agentes privados en las intenciones de las autoridades, y —al incrementar, mediante la amenaza de sanciones, el costo de la desviación de una meta inflacionaria previamente especificada— ayu-

---

[54] Véase Lohmann (1992) y el análisis del capítulo VI.

dar a reducir la inflación (Cukierman y Liviatan, 1992). En cierto sentido, este argumento extiende simplemente el enfoque del banquero conservador discutido antes, de modo que se relaciona con el argumento del señalamiento que se encuentra detrás del enfoque de terapia de choque para las reformas macroeconómicas. La diferencia es que aquí la condicionalidad implica una amenaza —la negación del apoyo para la restructuración de la deuda externa del país, por ejemplo— que puede fortalecer la determinación de los responsables de las políticas a cumplir con el acuerdo.[55] Una agencia externa puede sostener una amenaza eficaz más allá de la vida probable de un gobierno dado, y también puede imponer un resultado peor por comparación con el de un banquero central designado si el acuerdo se derrumba.

Dornbusch y Fischer (1986) han destacado que, en los episodios de estabilización anteriores a la segunda Guerra Mundial, los préstamos extranjeros —o la perspectiva de recibirlos— servían más como una señal que como una necesidad inherente. Son ejemplos típicos el préstamo de la Liga de las Naciones a Austria en 1922 y el préstamo polaco de 1927. Las pruebas formales recientes apoyan la existencia de un factor de credibilidad en la explicación del hecho de que los gobiernos recurrieran a la sanción extranjera durante los programas de estabilización implantados en algunos países europeos en los años veinte (Santaella, 1993). Por lo que toca a los episodios de estabilización recientes, se ha sostenido que uno de los factores que ayudaron a establecer rápidamente la credibilidad del programa israelí de 1985 fue el incremento de la ayuda externa estadounidense que fortaleció la confianza del público en el programa en general y en particular, en la capacidad del gobierno para adherir la tasa de cambio y soportar con éxito los posibles ataques especulativos contra la moneda israelí (Cukierman, 1988; Patinkin, 1993).

Sin embargo, surgen diversas dificultades potenciales para la evaluación del efecto de la asistencia extranjera en cuanto al fortalecimiento de la credibilidad. Primero, a menudo se percibe (con razón o sin ella) que las consideraciones políticas desempeñan un papel decisivo en la decisión de otorgar un apoyo financiero externo a ciertos países. En consecuencia, el mecanismo de cumplimiento proporcionado por la asistencia extranjera puede ser insuficiente para ayudar a los agentes privados a evaluar el "tipo" de quienes elaboran las políticas, es decir, si los responsables están genuinamente preocupados por alcanzar su meta antinflacionaria. Segundo, al relajar la restricción presupuestaria en el conjunto de la economía, tal asistencia puede llevar al gobierno a expandir su papel redistributivo, lo que puede agravar las distorsiones y debilitar endógenamente al programa (Rodrik, 1989). Tercero, si el grado de la

---

[55] Por lo general la asistencia extranjera depende de una serie de acciones que deben tomarse antes de que se desembolsen los préstamos, a fin de calibrar el compromiso de los diseñadores de las políticas con las reformas macroeconómicas.

condicionalidad impuesta a la ayuda extranjera es excesivo, puede surgir la incertidumbre acerca del apoyo externo, lo que generará demoras en la estabilización y aumentará la probabilidad del colapso del programa (Orphanides, 1996). Este escenario puede ocurrir, en particular, si el capital extranjero desempeña un papel importante en la determinación del nivel de la actividad económica nacional. En la medida en que las condiciones impuestas a la asistencia extranjera parezcan demasiado estrictas, las expectativas inflacionarias seguirán siendo elevadas, lo que deprimirá a la demanda agregada y aumentará el desempleo. A su vez, el aumento del desempleo puede debilitar el apoyo político y afectar a la viabilidad del esfuerzo antinflacionario.

XII.2.2.5. *La secuencia y el apoyo político*

El diseño y la implantación subsecuente de un programa antinflacionario requieren que los encargados de las políticas tomen ciertas decisiones acerca de la distribución del ingreso. En ausencia de un amplio consenso político en apoyo del programa, tales decisiones son difíciles de tomar, y el plan de estabilización será en consecuencia más difícil de implantar. Para que un programa sea viable, deberán ser políticamente aceptables la magnitud y la composición de los efectos distributivos de las reformas macroeconómicas. La credibilidad de los programas de estabilización depende en gran medida del grado de la cohesión política en el país y de la legitimidad y el apoyo popular disfrutados por el gobierno.

Los factores políticos desempeñan un papel crucial de los enfoques de terapia de choque y de ajuste gradual para la estabilización que discutimos antes, en el contexto de los argumentos de señalamiento para el fortalecimiento de la credibilidad. El dilema político puede resumirse en los términos siguientes. Por una parte, las medidas drásticas pueden ayudar a generar credibilidad con rapidez en el proceso de reforma, sobre todo cuando se implantan durante la "luna de miel" de una administración nueva con el público, cuando la población está tal vez más dispuesta a aceptar los costos asociados a las medidas dolorosas. Además, los beneficios iniciales del ajuste drástico pueden superar a los costos que se asociarían a la persistencia de la inflación a un nivel mayor, así como otros costos sociales y económicos que derivarían del choque de las políticas. Por otra parte, las decisiones de políticas muy costosas, desde un punto de vista social y económico, corren el riesgo de derrumbar el consenso político y pueden conducir a una reversión de la política económica en una etapa posterior.

Una estrategia gradualista podría carecer también de credibilidad precisamente por la misma razón que un enfoque de terapia de choque puede no ser creíble: los gobiernos futuros pueden verse tentados a adoptar reversiones discrecionales de las políticas. Sin embargo, los costos en términos de la producción y el empleo pueden ser menores con un enfoque gradual creíble que con un enfoque de terapia de choque, lo que permitirá que los responsables de las políticas mantengan el consenso social y político necesario para el sostenimiento de las reformas.[56] Desde la perspectiva de la credibilidad, es probable entonces que las circunstancias, bajo las cuales es preferible un enfoque de terapia de choque para la estabilización a una estrategia más gradual, varíen entre los países y a través del tiempo.

Aunque un apoyo político amplio es esencial para el éxito sostenido de las reformas macroeconómicas,[57] a menudo resulta difícil establecer un consenso político al principio de un programa antinflacionario.[58] Como señalamos antes, cuando los líderes políticos recién elegidos disfrutan un periodo de gran popularidad, los tratamientos de choque económico tienen una probabilidad mayor de ser aceptados que los programas de ajuste prolongados. En general, sin embargo, el apoyo político tiende a disiparse con rapidez si se reducen o cortan los gastos destinados a programas básicos tales como la educación, la salud y los servicios sociales, para lograr metas fiscales, o si el desempleo alcanza niveles muy elevados a corto plazo. Para cualquier país, la rapidez óptima del ajuste macroeconómico dependerá de diversos factores económicos y políticos (como la estructura de la economía, las preferencias del responsable de las políticas y el grado del consenso político). En la práctica resulta muy difícil determinar el ritmo "óptimo" de la reforma, pero se ha sostenido que deben tomarse en cuenta dos consideraciones generales en el diseño de los programas de estabilización. Primero, como antes vimos, es crucial que la secuencia de las reformas macroeconómicas y estructurales minimice la baja de producción a corto plazo.[59] Segundo, puede ser también importante la implantación de un programa de compensación para los más afectados, es

---

[56] En principio, el costo asociado al mantenimiento de la austeridad durante un periodo prolongado, bajo un enfoque gradual, puede ser tan elevado como el costo de corto plazo asociado a un enfoque de terapia de choque si la producción se recupera rápidamente tras la estabilización. Sin embargo, en la práctica, a menudo los agentes privados descuentan fuertemente los beneficios futuros, en cierto sentido forzando a los responsables de las políticas a concentrarse en los costos de corto plazo.

[57] Patinkin (1993), por ejemplo, destaca el papel crucial desempeñado por el "gobierno de unidad nacional", formado en septiembre de 1984, en el éxito del programa de estabilización israelí de 1985.

[58] Sin embargo, como lo señalan Drazen y Grilli (1993), los periodos de inflación muy elevada —o más generalmente los periodos de severas crisis económicas, como lo destacan Williamson y Haggard (1994)— crean incentivos para la resolución del conflicto social y así facilitan la introducción de reformas económicas. En cambio, las políticas que tratan de reducir el costo de la inflación (como los mecanismos de indización generalizada) pueden elevar la tasa inflacionaria y generar demoras en la adopción de las reformas.

[59] Obviamente, si los responsables de las políticas no están dispuestos a aceptar ninguna contracción de la producción y el empleo a corto plazo —por razones electorales, por ejemplo—, no podrá lograrse la credibilidad.

decir, colocar redes de seguridad sociales que incluyan (entre otras opciones) subsidios orientados para los productos alimenticios esenciales o transferencias de efectivo para los grupos vulnerables, a fin de proteger a quienes sean menos capaces de absorber los costos del ajuste macroeconómico (las familias de bajos ingresos, los pensionados y los trabajadores desempleados). Esta última parece ser una de las lecciones principales de la literatura reciente sobre la economía política de los programas de estabilización (Haggard y Kaufman, 1989).[60]

Sin embargo, aunque la equidad ofrece una fuerte justificación para la selección de grupos específicos de la población, los programas que tratan de evitar la imposición de severos costos económicos a los grupos considerados vulnerables no serán necesariamente más creíbles (aunque la red de seguridad social sea eficaz en términos de su costo), porque es posible que los grupos beneficiados no sean los más influyentes del país en términos políticos. La selección de grupos específicos para la protección puede imponerse a corto plazo grandes costos a otros grupos dotados de mayor poder político y puede mirar la credibilidad y la sustentabilidad del programa tanto como —y quizá más— el desentendimiento de las necesidades de los grupos vulnerables. Como señalan Alesina y Drazen (1991), a medida que los grupos tratan de echarse recíprocamente la carga de la estabilización, pueden generarse graves demoras en el esfuerzo de estabilización, lo que conduciría finalmente a un colapso completo.

XII.2.3. *Lecciones de la política económica*

La mayoría de los economistas cree que los encargados de las políticas económicas pueden acelerar el proceso antinflacionario y reducir sus costos en términos de la producción si logran la credibilidad al principio del programa. Los meros pronunciamientos acerca de las políticas monetarias y fiscales no son creíbles, porque los agentes privados entienden que los responsables tienen incentivos obvios para hacer falsos anuncios y porque no es probable que el público preste atención a los pronunciamientos que no estén apoyados por medidas concretas. Quienes elaboran las políticas podrán ganarse una reputación antinflacionaria sólo si establecen una historia de políticas consistentes de baja inflación, lo que a su vez requiere la formulación de programas creíbles. La implantación de un programa antinflacionario creíble ayuda a proporcionar un ancla para las expectativas de los precios, conduce a una reduc-

---

[60] Como sostiene Haggard (1991, p. 248), "la compensación de los perdedores... puede resultar menos costosa que la oposición política que mina los programas". Por supuesto, es importante el diseño mismo del programa de red de seguridad. Los gastos asociados a estos mecanismos no debieran impedir la estabilización macroeconómica.

ción de los grandes costos mayores de riesgos que tienden a mantener las tasas de interés a niveles muy elevados, y limita los efectos recesivos de las políticas monetarias y fiscales restrictivas. Aunque algunos de los resultados analíticos de la literatura macroeconómica reciente sobre la credibilidad son sensibles a supuestos particulares (referentes a la estructura de la economía, la especificación de las preferencias de quienes hacen las políticas y los agentes privados, y la existencia de asimetrías informativas), y a pesar de las severas limitaciones de la literatura empírica sobre los modelos de credibilidad existentes, pueden obtenerse algunas conclusiones tentativas y algunas lecciones generales para la política económica, del análisis precedente, para la formulación y el diseño de programas antinflacionarios.

Las diversas opciones propuestas recientemente no han creado entre los economistas un consenso acerca del procedimiento óptimo para transmitir credibilidad a un programa antinflacionario o fortalecer la reputación de los responsables de las políticas. Por ejemplo, a menudo se ha sostenido que para reducir efectivamente las expectativas inflacionarias de acuerdo con la meta antinflacionaria (y facilitar así la transición a una inflación baja), una política de nueva implantación no sólo debe parecer creíble sino que también debe ir acompañada de señales claras que informen al público de las acciones del gobierno. En ese sentido, un ajuste excesivo en el sector fiscal se considera a veces como transmisor de una señal ambigua acerca del compromiso de los responsables para continuar con la estabilización. Sin embargo, la reducción creíble de los déficit presupuestarios a menudo requiere la implantación de medidas estructurales para ampliar el sistema tributario, privatizar empresas estatales y romper los monopolios. Tales medidas se llevan tiempo y tienen costos políticos elevados. Además, las medidas que parecen demasiado severas se perciben a menudo como insostenibles.[61] Lo que importa es la persistencia, antes que el alcance de las medidas políticas iniciales. Las discontinuidades de la política económica representan el obstáculo más serio para el establecimiento de la credibilidad. Es también importante una secuencia apropiada entre las reformas estructurales y macroeconómicas, porque los cambios microeconómicos e institucionales deben ser precedidos a menudo de reformas macroeconómicas para asegurar el éxito y transmitir credibilidad. En particular, aunque la independencia del banco central no evita la necesidad de asegurar una coordinación estrecha entre los que hacen las políticas en un régimen descentralizado, sí ayuda a crear confianza en la meta de la estabilidad de los precios.

---

[61] En cierto sentido, el intento de establecer la credibilidad por la vía del señalamiento es un problema "de dos filos": las medidas que no sean suficientemente "audaces" no servirán, pero las medidas que se perciban como excesivamente duras generarán expectativas de reversiones futuras.

Del mismo modo, se ha sostenido que en virtud de que los programas orto-doxos reducen a menudo la inflación lentamente en los países de inflación crónica, un resultado que tiende a minar el apoyo para la estabilización, es decir, la imposición de controles de precios al inicio de un programa podría ser benéfica. Reduciendo la inflación rápidamente, los controles de precios podrían proveer a los responsables de un "espacio de respiro" antes de la in-troducción de medidas fiscales y monetarias adicionales destinadas a fortale-cer el esfuerzo de estabilización. Sin embargo, este argumento no tendrá mu-cho peso si la congelación es completa y los fijadores de precios son agentes orientados hacia adelante. Además, por lo general, los países han utilizado los controles de precios como sustitutos del ajuste fiscal, lo que en muchos casos conduce a un colapso del esfuerzo de estabilización y un resurgimiento de la inflación. Las reformas institucionales que tratan de eliminar los meca-nismos inerciales (como las leyes de la indización salarial y las provisiones de indización financiera) siguen siendo esenciales para romper la inflación per-sistente en los países de inflación crónica.

Para apoyar un plan de estabilización, los diseñadores de las políticas re-curren a menudo a la asistencia extranjera, mediante un acuerdo bilateral con-dicional entre una agencia externa y el gobierno. La asistencia extranjera condi-cional tiene dos funciones. La primera consiste en condicionar los créditos a la implantación de reformas de la política macroeconómica, y la segunda con-siste en ofrecer una señal acerca de la seriedad del programa y dar así credibi-lidad a los encargados de las políticas. Sin embargo, es posible que la segunda dimensión no opere si se cree que ciertas consideraciones políticas han des-empeñado un papel muy importante en la decisión de proporcionar la ayuda extranjera. De hecho, la primera función puede reducir la credibilidad si el grado de la condicionalidad es tan estricto que los agentes privados llegan a creer que las autoridades no podrán alcanzar sus metas de política económi-ca. Así pues, por lo que toca a su impacto sobre la credibilidad, es posible que la condicionalidad no provea un mecanismo inequívoco para asegurar el éxi-to de los programas de estabilización.

Por último, aunque muchos economistas creen que los programas de esta-bilización debieran acompañarse de redes de seguridad social destinadas a proteger a los grupos más vulnerables contra los efectos de las reformas macro-económicas, los programas que tienen tales características no son necesaria-mente más creíbles que otros, porque es posible que los grupos seleccionados no tengan gran influencia política, si fuera el caso, sobre las perspectivas de reelección de quienes están en el poder.

El público debe ser claramente informado, al principio de un programa de estabilización, de que se está introduciendo un nuevo régimen económico. Este entendimiento ayudará a asegurar que el comportamiento del sector pri-vado refuerce el proceso de reforma, lo que a su vez incrementará la credibilidad del programa. En consecuencia, las medidas de política económica deben estructurarse para indicar tempranamente que se están introduciendo grandes cambios. Aunque el señalamiento de un rompimiento con las políticas inflacionarias del pasado puede requerir una restricción considerable de las políticas monetarias y fiscales, el énfasis debe ponerse en las acciones estructurales difíciles de revertir que demuestren claramente la dirección de las reformas, antes que en las políticas macroeconómicas excesivamente restrictivas. Tales políticas estructurales deben tratar de eliminar las causas principales de los desequilibrios fiscales, porque la persistencia de los déficit fiscales hace menos probable el éxito de las reformas subsecuentes. Por último, el hecho de que la estabilización genere a menudo sólo beneficios de largo plazo (que los agentes miopes descuentan a menudo) significa que las condiciones económicas prevalecientes deberían tener alguna influencia sobre el desempeño de la estrategia. Un programa que funcione bien en varias situaciones alternativas posibles parece preferible a un programa diseñado para un escenario específico. En consecuencia, es posible que las contingencias deban considerarse más sistemáticamente en la formulación de los programas antinflacionarios. Es quizá más importante la necesidad de integrar factores políticos al diseño de los programas de estabilización. El entendimiento de las interacciones endógenas entre la credibilidad, las decisiones de la política macroeconómica y el ambiente político puede ser el reto fundamental que afrontan ahora los diseñadores de programas.

XII.3. LA LUCHA CONTRA LA INFLACIÓN Y LAS ANCLAS NOMINALES

Los datos reseñados en el capítulo X sugirieron que, en varios casos, la fijación de la tasa de cambio fue un factor decisivo para el frenamiento de la hiperinflación. En condiciones menos extremas, si fuera el caso, ¿deberá preferirse la tasa de cambio a una meta monetaria nominal? Nuestro análisis en el capítulo XI, acerca de los efectos dinámicos asociados a diversas reglas de estabilización y la reseña anterior de las fuentes de problemas de credibilidad, proporcionan elementos esenciales que afectan la elección de un ancla nominal en los programas antinflacionarios. Nos concentraremos, en particular, en la elección entre una tasa de cambio y una regla de la oferta monetaria que (como vimos en el capítulo X) representan los dos tipos principales de los programas ortodoxos de estabilización.

La elección entre diversas anclas en los programas de estabilización depende, en general, de cuatro consideraciones principales: la naturaleza de los choques que tienden a afectar a la economía durante el proceso antinflacionario, el grado de la posibilidad de control de diferentes instrumentos de la política económica, la ruta de ajuste dinámico de la economía inducida por el uso de tales instrumentos, y el grado intrínseco de credibilidad de las elecciones respectivas.[62] Estos factores no son independientes, como lo sugiere el análisis de la sección anterior.

El papel de las perturbaciones estocásticas potenciales en la elección entre la tasa de cambio y la oferta monetaria como un ancla nominal ha sido examinado por Fischer (1986) en un modelo de una economía abierta con contratos laborales alternados. Demuestra Fischer que, en general, la elección entre la fijación del acervo monetario o la de la tasa de cambio nominal depende de la naturaleza y el grado de persistencia de los choques que probablemente afectarán a la economía, así como del grado de la indización salarial. De hecho, cuando las perturbaciones surgen primordialmente en el sector real, los precios tienden a ser más estables durante el proceso antinflacionario cuando la tasa de cambio nominal está fija. Pero bajo cualquiera de las dos estrategias, la rigidez salarial incrementa el costo de la desinflación en términos de la producción. El análisis de Fischer se basa en la indización *ex ante*, pero en la práctica la indización salarial generalmente se hace *ex post*, ajustando el salario corriente a los cambios de los precios ocurridos en el pasado.[63] Más recientemente, Fischer (1988) examinó el papel de la indización salarial *ex post* en la conducción de programas de reducción de la inflación basados en un decremento del acervo monetario. La indización, *ex ante* o *ex post*, acelera la respuesta de la economía ante la baja de la inflación. En las primeras etapas del programa de estabilización, la indización *ex post* reduce la magnitud de la recesión causada por una reducción permanente e inesperada de la tasa de crecimiento del acervo monetario, pero tiende a contar con un efecto recesivo a largo plazo. Aunque Fischer no examina las implicaciones de una indización *ex post* para los programas antinflacionarios basados en la tasa de cambio, un resultado probable es que también incremente el costo de tales programas a largo plazo, en términos de la producción. En todo caso, sin embargo, los choques estocásticos son —por definición— difíciles de pronosticar en la práctica, de modo que quizá la estrategia de basar la elección de un ancla nominal sólo en las perturbaciones esperadas no sea óptima. De acuerdo con este criterio, un enfoque preferible sería probablemente la utilización de ambas anclas, a menos que se consideren muy bajas la variabilidad y la probabilidad de la presentación de alguna categoría de choque.

La medida en que los diseñadores de las políticas puedan controlar sus instrumentos de política económica puede ser una consideración importante

---

[62] Un factor adicional que debe tomarse en cuenta en la discusión de la elección entre anclas nominales en los países en vías de desarrollo es la existencia de la sustitución de monedas. Este problema se discute extensamente en Calvo y Végh (1996*a*), quienes sugieren que la existencia de un alto grado de sustitución de monedas podría conducir a la adopción de una regla de tasa de cambio.

[63] En consecuencia, el salario real tiende a aumentar cuando se reduce la tasa inflacionaria, por ejemplo al inicio de un programa antinflacionario. Véase Simonsen (1983).

en la elección entre las reglas monetarias y las de tasa de cambio. En general, el banco central no puede controlar directamente la oferta monetaria, mientras que la fijación de la tasa de cambio puede hacerse con relativa rapidez y sin costos sustanciales. Como indicamos antes, la percepción pública de una falta de precisión en la manipulación de los instrumentos podría afectar la credibilidad del programa antinflacionario. Entonces, por tal razón, la fijación de la tasa de cambio puede parecer preferible a la fijación del acervo monetario. Sin embargo, los responsables de las políticas deben ser también capaces de convencer a los agentes privados de que podrán defender la paridad declarada. Si los agentes no confían en la capacidad de las autoridades para hacerlo, ocurrirán ataques especulativos, lo que finalmente obligará al abandono de la tasa de cambio fija (véase el capítulo XVI). Es posible que la imposición de controles a las transacciones en divisas no sea un remedio apropiado, si el racionamiento en el mercado oficial conduce al surgimiento de un mercado paralelo con una tasa más depreciada, porque la "señal" que se supone transmitida a los fijadores de precios mediante la fijación de la tasa de cambio oficial estará distorsionada. De hecho, este problema ha sido recurrente en los programas de estabilización de los países en vías de desarrollo.

Es tal vez más importante el caso de que la elección de un ancla nominal afecte a la ruta de ajuste de la economía, y por ende al resultado final del programa de estabilización. Como se ilustró en el modelo de un solo bien con movilidad imperfecta del capital elaborado en el capítulo anterior, la dinámica transitoria asociada a las reglas monetarias y de la tasa de cambio diferirá, por lo común, en formas significativas. De igual modo, en el marco de la "temporalidad" de Calvo y Végh antes descrito, los programas de estabilización basados en la tasa de cambio pueden conducir a una expansión inicial y a una recesión posteriormente, mientras que los programas basados en el dinero se caracterizan invariablemente por una contracción inicial de la producción. Otro ejemplo de la importancia de considerar, al elegir entre las anclas nominales la ruta dinámica inducida por diversas opciones de la política económica, ha sido presentado por Bruno y Fischer (1990), quienes consideran una versión ampliada del modelo "ortodoxo" de la inflación elaborado en la primera sección del capítulo XI y suponen que los bonos pueden utilizarse, además del dinero, como una fuente de financiamiento del déficit fiscal. Su análisis sugiere que existen equilibrios dobles si el gobierno trata de fijar la tasa de cambio real, pero que puede obtenerse un equilibrio único si el gobierno fija un ancla nominal para la economía, de hecho fijando la tasa de crecimiento del acervo de dinero nominal o la tasa de depreciación de la tasa de cambio nominal. En tales condiciones, el equilibrio que se obtiene bajo la previsión perfecta es estable en un punto, mientras que el proceso inflacionario es globalmente estable (con expectativas de adaptación lenta) bajo una depreciación fija de la tasa de cambio nominal. Se obtienen resultados semejantes con el uso de una regla a través de la cual se ajusta la tasa de cambio nominal a la tasa de inflación por adaptación. Así pues, asegurando que la política económica persiga una meta nominal apropiada, el gobierno puede evitar los costos de la operación a una tasa inflacionaria que es mayor que la requerida por los elementos fundamentales.[64] Lächler (1988) ofrece otro ejemplo acerca de la forma como la elección de un ancla nominal afecta a la ruta dinámica de la economía durante el ajuste.

La consideración de los factores de la credibilidad en la elección entre diversas anclas nominales es quizá la más crucial de todas, porque interacciona con la ruta del ajuste y con el grado del posible control de los instrumentos de la política económica. De hecho, en nuestra discusión de la dinámica de la tasa de interés real vimos que el grado de la credibilidad de los anuncios de la política fiscal desempeña un papel decisivo en el comportamiento de la economía a corto plazo, en los programas de estabilización basados en la tasa de cambio. En el marco de Calvo y Végh antes discutido, la credibilidad —o su ausencia— desempeña un papel importante en la elección entre metas monetarias y de tasa de cambio. En ese marco, un problema fundamental que surge cuando se utiliza la tasa de cambio como un ancla nominal es la apreciación real que se produce cuando la tasa inflacionaria de los precios de los bienes domésticos es rígida hacia abajo —como en el modelo de dos sectores con contratos salariales orientados hacia atrás y precios determinados con un margen de ganancia que presentamos en el principio—, debido en parte a la expansión inicial de la producción que acompaña a menudo a estos programas. Esto podría debilitar de inmediato la credibilidad de una política que trate de fijar la tasa de cambio, porque los agentes esperarán futuras devaluaciones nominales para el realineamiento de los precios relativos. En cambio, en las estabilizaciones basadas en el dinero hay una recesión inmediata, lo que podría debilitar endógenamente la credibilidad del programa, si el costo es elevado a corto plazo en términos de la producción y el empleo. Cuando la falta de credibilidad es generalizada, es posible que no importe mucho la elección entre el dinero y la tasa de cambio; la inflación permanecerá elevada cualquiera que sea el ancla. Pero una regla de tasa de cambio es más eficaz para la disminución de la inflación si hay cierto grado de credibilidad en el programa; en este caso, la expansión inicial y la presión sobre la tasa de cambio real hacia arriba se ven frenadas. Sin embargo, bajo tal régimen de política económica pueden surgir grandes efectos de sustitución intertemporal, los que propician grandes déficit de cuenta corriente. Si los responsables de las políticas no pueden financiar el incremento de las importaciones, y surge el racionamiento en el mercado oficial de divisas, las fluctuaciones de la tasa de cambio del merca-

---

[64] Sin embargo, como lo sostienen Lee y Ratti (1993), esto podría ocurrir a una tasa de interés mayor que la necesaria, con un efecto potencial adverso sobre la producción.

do paralelo podrían distorsionar severamente la señal que se pretendía enviar a los fijadores de precios mediante una tasa de cambio fija.

En este capítulo se reseñan algunos de los problemas analíticos que surgen en los programas antinflacionarios. En la primera parte nos concentramos en dos "enigmas" que han caracterizado a los programas de estabilización basados en la tasa de cambio, a saber: el patrón de auge y recesión de la producción real y el comportamiento de las tasas de interés reales. Elaboramos dos explicaciones alternativas del comportamiento de la producción y evaluamos la capacidad de estos modelos (desde la perspectiva empírica y la teoría) para explicar los hechos observados. También ofrecemos una explicación del patrón de comportamiento diverso de la tasa de interés real en los programas basados en la tasa de cambio durante los años setenta y los iniciados en los años ochenta, que descansaban en la confianza de los agentes privados en los anuncios de políticas fiscales futuras.

Consideramos una secuencia de la política económica en dos etapas donde el responsable de las políticas implanta una reducción inmediata y permanente en la tasa de devaluación como el primer paso de un programa antinflacionario. Al mismo tiempo, se anuncia la intención de aumentar la tasa del impuesto al ingreso en alguna fecha futura. Sin embargo, los agentes privados no creen enteramente el anuncio en lo tocante al componente de política fiscal del programa, y atribuyen cierta probabilidad a la perspectiva de que las autoridades no implantarán la reducción previamente anunciado en el gasto. Vimos que el comportamiento de las tasas de interés reales al inicio del programa depende en particular del grado de la confianza pública (o grado de la credibilidad) en el anuncio de quienes elaboran las políticas. Cuando los agentes creen que es improbable la implantación del aumento de los impuestos, las tasas de interés reales nacionales tenderán a bajar si el grado de sustitución intertemporal es suficientemente elevado. En cambio, cuando los agentes privados creen con un alto grado de certeza que se implantará efectivamente el aumento de la tasa del impuesto al ingreso, las tasas de interés reales pueden elevarse al impacto. Así pues, es posible que el comportamiento de las tasas de interés reales al inicio de los programas de estabilización basados en la tasa de cambio no refleje las expectativas existentes acerca de la sustentabilidad del ajuste inicial de la tasa de cambio, sino el grado de la confianza que los agentes privados asignen a la implantación futura de las medidas fiscales que pueden anunciarse junto con el conjunto inicial de medidas deflacionarias.

El papel de los factores de la credibilidad en los programas antinflacionarios ha sido tema de gran debate en los últimos años. Presentamos aquí una reseña detallada de las fuentes de problemas de credibilidad en la segunda parte del capítulo, y examinamos las propuestas recientes para el fortalecimiento de la credibilidad de los programas de estabilización. Destacamos el papel de las reformas institucionales (como la independencia del banco central o la eliminación de los mecanismos de indización orientados hacia atrás) y la naturaleza ambigua de las prescripciones para un "señalamiento claro" de un cambio de régimen. Las medidas de política económica drásticamente restrictivas no son necesariamente mejores que las medidas graduales si los agentes se sienten escépticos acerca de su sustentabilidad, a causa de sus repercusiones sociales y políticas. Para convencer a los agentes privados de que un gobierno es serio en lo tocante a la reserva se requiere algo más que la mera aplicación de una terapia de choque en un momento dado; se requiere la continuidad de la política económica. La percepción de posibles reversiones futuras es probablemente el aspecto más nocivo de la falta de credibilidad. Una secuencia apropiada de las reformas macroeconómicas y estructurales que tratan de mantener el apoyo político nacional es esencial para el aseguramiento de la sustentabilidad del proceso antiinflacionario.

Por último, utilizamos las conclusiones de las discusiones analíticas anteriores para analizar la elección entre diversas anclas nominales. La elección entre anclas está esencialmente limitada a la fijación de la tasa de cambio nominal o de la oferta monetaria, y depende de diversas consideraciones: la naturaleza de las perturbaciones que afectan a la economía, el grado de la posibilidad de control de los diversos instrumentos de la política económica, la ruta del ajuste dinámico de la economía que tales instrumentos inducen, y su credibilidad. La fijación de la oferta monetaria es difícil (porque el banco central no controla todos los elementos del acervo monetario) y típicamente implica una recesión a corto plazo. La tasa de cambio es un precio muy visible y puede controlarse con relativa facilidad sin restricciones a los movimientos comerciales y de capital, pero genera una expansión inicial y un déficit de cuenta corriente, lo que podría mejorar o empeorar la credibilidad del programa. Es posible que otras anclas, como los controles de precios y salarios, no funcionen si padecen el mismo tipo de problemas de credibilidad que los instrumentos que tratan de complementar.

APÉNDICE

EFECTOS DE LOS CONTROLES DE PRECIOS SOBRE LA PRODUCCIÓN

Examinaremos aquí, utilizando una presentación diagramática, cómo influyen las diferencias de la estructura de mercado y la intensidad de los controles de precios sobre los niveles de producción luego de la imposición de topes de precios. El análisis, que sigue a Helpman (1988), contrasta los efectos de los controles de precios sobre la

GRÁFICA XII.11. *Controles de precios en mercados competitivos y monopólicos*

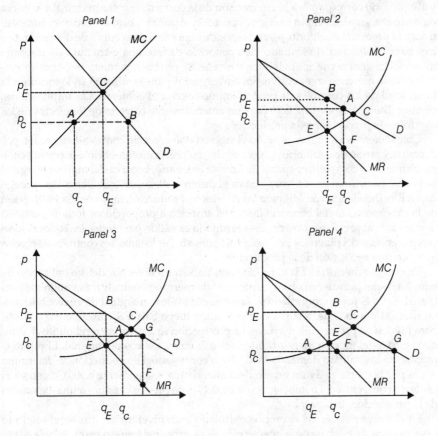

producción en los mercados competitivos y los monopólicos. Nos concentraremos en el caso en que sólo se controlan los precios de los productos, mientras que los precios de los insumos permanecen constantes.

La gráfica XII.11 describe una industria bajo estructuras de mercado competitivas y monopólicas. El panel 1 describe a la industria competitiva, con gran número de productos y consumidores. MC es la curva de costo marginal u oferta, y D es la curva de demanda de la industria, con el precio p_E, y la cantidad q_E, de equilibrio determinados en la intersección de las dos curvas (punto C). Supongamos ahora que el gobierno fija el precio en p_c, por debajo del precio de equilibrio p_E. Al nivel del precio controlado hay un exceso de demanda del bien equivalente a AB. La cantidad efectivamente negociada en el mercado está dada por la función de oferta (en el punto A). Por lo tanto, la producción está determinada por la oferta en este régimen.

Los paneles 2, 3 y 4 de la gráfica XII.11 describen una industria monopólica donde hay una sola empresa que afronta una multitud de consumidores. En los tres paneles, la curva del ingreso marginal MR se encuentra por debajo de la curva de demanda D, y el equilibrio corresponde a la intersección de la curva de ingreso marginal y la curva de costo marginal, en el punto E (por oposición al punto C bajo condiciones competitivas). El precio de equilibrio, p_E, corresponde al punto B de la curva de demanda. Los tres paneles ilustran el resultado bien conocido de que una estructura de mercado monopólica genera precios más altos y niveles de producción menores por comparación con un mercado competitivo. Sin embargo, los paneles difieren en lo tocante a la intensidad de los controles de precios impuestos por el gobierno. Las implicaciones de tales diferencias son cruciales para un entendimiento correcto de los efectos de los controles de precios sobre la producción.

Consideremos en primer término el caso en que el precio controlado p_c, se fija por debajo del precio de equilibrio p_E, pero arriba del precio de equilibrio que prevalecería en un mercado competitivo (panel 2). En este escenario, la curva del ingreso marginal se vuelve horizontal en el nivel p_c, hasta el punto A de la curva de demanda, y luego baja a F, coincidiendo con MR para los niveles de producción mayores. La motivación de la maximización del beneficio lleva a la empresa a proporcionar toda la cantidad demandada al precio controlado. Este resultado es válido para todos los topes de precios por encima del punto C y por debajo del punto B. Por lo tanto, los controles de precios generan una expansión de la producción.

En el segundo caso se fija el precio controlado a un nivel por debajo del precio de equilibrio que prevalecería bajo estructuras de mercado competitivas y monopólicas (panel 3). En el precio controlado p_c, la curva del ingreso marginal de vuelve horizontal hasta el punto G de la curva de demanda y luego baja a F, coincidiendo con MR para niveles de producción mayores. La producción se determina en el punto A, donde la curva del ingreso marginal interseca a la curva del costo marginal. El punto G representa la cantidad demandada al precio controlado. La producción se determina ahora por la oferta y hay un exceso de demanda (correspondiente a AG), como en el contexto competitivo. La imposición de controles de precios conduce a una expansión de la producción, de q_E a q_c.

En el tercer caso se fija el precio controlado a un nivel menor que en el segundo caso, es decir, por debajo de la intersección de la curva del ingreso marginal y la curva del costo marginal (panel 4). Al precio controlado p_c, el punto A representa la intersección de la curva del ingreso marginal (la línea original que parte de p_c) con la curva del costo marginal, mientras que el punto G corresponde a la cantidad demandada. De nuevo, la producción se determina por la oferta y hay un exceso de demanda en una cantidad equivalente a AG. Sin embargo, la imposición de controles de precio conduce ahora a una disminución de la producción (de q_E a q_c).

Así pues, dependiendo de la intensidad de los controles de precios, hay tres resultados posibles bajo una estructura de mercados monopólicos. En el primer escenario, mientras que el tope del precio se encuentre por encima del precio de equilibrio competitivo, no hay exceso de demanda, la producción se determina por la demanda, y los controles conducen a una expansión de la producción. En el segundo y el tercer escenario, donde el precio controlado se fija a niveles menores, hay un exceso de demanda, la producción se determina por la oferta, y surgen escaseces. Sin embargo, mientras que la producción aumenta en el segundo escenario, el tercero implica una disminución de la productividad. En general, por lo tanto, los efectos de los controles de precios sobre la producción dependen de la estructura del mercado, así como de la severidad de estos controles y la estructura de los costos de producción.

Los resultados anteriores se obtienen en un contexto de equilibrio parcial, donde se imponen topes sólo a los precios de los productos, mientras que los precios de los insumos se mantienen constantes; también se omiten las interacciones entre los mercados. Una reducción equiproporcional de los precios de todos los insumos y productos para cualquier industria dada dejaría su producción intacta independiente de la estructura del mercado.[65] Además, cuando se introducen consideraciones del equilibrio general, una reducción uniforme de los precios podría afectar a la producción a través de sus efectos sobre la demanda y la oferta agregadas. En general, el efecto de los controles de precios sobre la oferta agregada de la producción final dependerá de la estructura de mercado, como vimos antes, y del monto de la disminución de los precios de los insumos en relación con el precio del producto final. Por lo que toca a la demanda agregada, la disminución del nivel general de los precios podría aumentar las tenencias monetarias reales y estimular la demanda agregada a través del efecto de saldo real. En la medida en que las expectativas inflacionarias se vean frenadas por los controles, las tasas de interés bajarán y la demanda de saldos monetarios reales aumentará. Con un acervo monetario nominal dado, el aumento de la demanda de dinero provocará una nueva presión descendente sobre los precios. Sin embargo, en la medida en que los controles de precios disminuyan el ingreso real esperado, pueden tener un efecto negativo sobre la demanda agregada. Así pues, el efecto neto de una elevación del nivel general de los precios sobre el producto agregado puede ser positivo o negativo, dependiendo de las condiciones iniciales. En general, el efecto de los controles de precios sobre la producción agregada dependerá del tamaño del sector competitivo en relación con el tamaño del sector monopólico, así como de la estructura de los costos de producción y la extensión y la intensidad de los controles de precios en diversas industrias.

Los efectos de los controles de precios sobre la producción dependerán también de la existencia de mercados de bienes paralelos. La demanda excedente en los mercados oficiales tiende a derramarse hacia los mercados informales, provocando allí una elevación de los precios al igual que un aumento de la producción. Como se indicó en la parte principal de este capítulo, si el nivel de los precios nacionales depende de los precios del mercado oficial y del mercado paralelo, el propósito mismo de los controles (una disminución de la tasa inflacionaria) puede verse derrotado por la existencia de tales mercados.

---

[65] Sin embargo, el análisis precedente seguiría siendo válido mientras que los precios de los productos bajen más que los precios de los insumos.

XIII. MODELOS EMPÍRICOS DE ESTABILIZACIÓN

COMO SE SEÑALA en la introducción, la administración macroeconómica de los países en vías de desarrollo ha sido un área de investigación abundante en los últimos años. Sin embargo, se encuentra fuera del alcance de la economía del desarrollo tradicional que se ha ocupado más del crecimiento y el cambio estructural. En este capítulo abordaremos la interconexión entre la macroeconomía a corto plazo y el crecimiento económico a mediano plazo en los países en vías de desarrollo, principiando con una descripción general de los modelos que han tratado de integrar estos intereses en un marco operativo y cuantificable. El capítulo XVII abordará explícitamente el crecimiento a largo plazo, mientras que los capítulos XVIII y XIX considerarán la interacción entre la macroeconomía a corto plazo y el crecimiento a largo plazo en el contexto de una reforma estructural.

El reto fundamental de la política macroeconómica afrontado por muchos países en vías de desarrollo es el logro de la estabilización y el ajuste con un costo mínimo en términos del ingreso real. En el pasado, esto tendía a referirse a la reducción de la inflación y el mejoramiento de la cuenta corriente, al mismo tiempo que se evitaban las pérdidas de ingresos a corto plazo derivadas de una demanda agregada deficiente. Sin embargo, más recientemente, la decepcionante experiencia de crecimiento a mediano plazo de muchos países en vías de desarrollo (fuera de Asia Oriental) ha hecho que la atención se traslade al mantenimiento o la reactivación del impulso de crecimiento de la economía a largo plazo. Específicamente, en lugar de tratar simplemente de evitar la generación de una brecha entre la producción real efectiva y potencial durante el proceso de estabilización, los responsables de la macroeconomía se han preocupado cada vez más por el sostenimiento o la promoción de la tasa de crecimiento subyacente de la capacidad productiva misma.

Por supuesto, el crecimiento ha sido siempre la preocupación primordial de los economistas del desarrollo. Después de todo, la economía del desarrollo se ocupa del logro de nivel deseable de crecimiento económico bajo un conjunto particular de circunstancias históricas. Típicamente, sin embargo, la generación del crecimiento de la capacidad se ha considerado por separado de la cuestión de la estabilización. En la literatura tradicional se han tratado a menudo los problemas del crecimiento bajo supuestos de pleno empleo y a menudo en el contexto de modelos reales. En el capítulo XVII consideraremos los modelos de crecimiento de este tipo, en relación con nuestra discusión de la "nueva literatura del crecimiento". Sin embargo, lo que ha cobrado un interés particular para economistas y gobernantes del mundo en vías de desarrollo es la interacción existente entre la estabilización, el ajuste y el crecimiento. Por lo tanto, en este capítulo examinaremos las herramientas analíticas disponibles para abordar estas cuestiones en las aplicaciones prácticas de los países en vías de desarrollo.

Los modelos macroeconómicos de corto plazo se identifican como tales por el supuesto de que la capacidad productiva es exógena. En cambio, el estudio de la interacción existente entre la estabilización y el crecimiento requiere la especificación de modelos de mediano plazo. Estos modelos contienen dos características esenciales. Primero, la capacidad productiva se trata como endógenamente determinada. Esto requiere la especificación de las tecnologías de producción, a través de una sola función de producción agregada o de funciones de producción sectoriales separadas. Tales funciones relacionan el nivel de la producción a toda capacidad con el acervo de factores productivos y la productividad total de los factores. La segunda característica de los modelos de mediano plazo es un conjunto de relaciones que explican la tasa de acumulación de los factores productivos y la tasa de cambio de la productividad total de los factores como funciones de los valores corrientes y futuros separados de las variables macroeconómicas y los instrumentos de la política económica. Por ejemplo, las ecuaciones que explican la tasa de acumulación del capital físico asumen típicamente la forma de funciones de inversión (véase el capítulo III).

Dadas esas dos características, la interacción existente entre la estabilización, el ajuste y el crecimiento en los modelos de mediano plazo es la siguiente: dados los valores predeterminados de la productividad total de los factores y el acervo de factores productivos, el equilibrio de la economía a corto plazo determina simultáneamente los niveles de la producción y el empleo, además del nivel de los precios, la cuenta corriente y la tasa de inversión neta en nuevos factores productivos. A su vez, la tasa de inversión neta determina el acervo de los factores productivos en el periodo siguiente, que junto con los valores actualizados de la productividad total de los factores determina el nivel de la capacidad productiva del periodo siguiente. Así pues, el crecimiento de la capacidad productiva entre este periodo y el siguiente depende de las características del equilibrio a corto plazo de este periodo, y en particular de la tasa de inversión neta generada en ese equilibrio. Los modelos de mediano plazo con una dinámica de este tipo se distinguen de los modelos de largo plazo por su capacidad para abordar los problemas de la estabilización y el ajuste a corto plazo simultáneamente con el problema del crecimiento de la capacidad a largo plazo.

En este capítulo examinaremos cuatro tipos de modelos macroeconómicos que se han utilizado durante largo tiempo en los países en vías de desarrollo y que en general tienen estas características. Tales son los modelos del "Banco y el Fondo", los modelos de "brechas", los modelos macroeconómicos y los modelos de equilibrio general computables. Del análisis anterior se deduce que el éxito de tales modelos en la iluminación de las interacciones existentes entre la estabilización y el crecimiento en los países en vías de desarrollo depende de tres aspectos:

1. La especificación de los determinantes de la capacidad productiva.
2. La descripción de las fuerzas determinantes de la tasa de acumulación de los activos productivos y de la productividad total de los factores.
3. La calidad de la descripción que hace el modelo del equilibrio de la economía a corto plazo.

Todos los modelos que examinaremos se han aplicado con frecuencia en la formulación de políticas económicas para las naciones en vías de desarrollo; sostendremos que todos ellos están sujetos a limitaciones que restringen su utilidad para la guía de la política económica y para el trabajo analítico como modelos de mediano plazo.

XIII.1. MODELOS DEL BANCO Y DEL FONDO

Entre los modelos más austeros que tratan de cuantificar los efectos de los programas de estabilización y de las políticas de crecimiento a mediano plazo se encuentran los del Fondo Monetario Internacional y el Banco Mundial. Luego de reseñar las características básicas del modelo elaborado por cada una de estas instituciones multilaterales, examinaremos la posible combinación de las características principales de los dos enfoques.[1]

XIII.1.1. El modelo de programación financiera del FMI

La provisión de asesoría a los países en vías de desarrollo, en lo tocante a la política macroeconómica, es una responsabilidad importante del Fondo Monetario Internacional. Además, el Fondo otorga apoyo financiero a los programas de estabilización que satisfacen ciertos criterios: deben ser consistentes con los principios establecidos en los artículos de acuerdo de la institución y deben ofrecer una perspectiva de pago convincente. Esta asistencia se condiciona al cumplimiento, por parte del país prestatario, de un conjunto de criterios del desempeño cuantitativo de la política económica elaborados en consulta con el Fondo e incluidos en un programa financiero (o contingente). El diseño de tal programa y la especificación de tales criterios descansan en un marco conceptual llamado "programación financiera".

---

[1] Agénor (1999) proporcionará una discusión más minuciosa acerca de los modelos de Fondos Bancarios.

El modelo de programación financiera más simple se diseña para determinar la magnitud de la expansión del crédito nacional requerida para alcanzar una meta deseada de la balanza de pagos bajo una tasa de cambio predeterminada: el régimen que, como vimos en el capítulo VII, ha sido característicamente adoptado en los países en vías de desarrollo.[2] El modelo es en efecto una variante del Enfoque Monetario de la Balanza de Pagos, EMBP (o MABP, Monetary Approach of Balance Payment), que en efecto fue inventado en el Fondo.[3] La primera ecuación del modelo es la identidad contable para el sistema bancario que iguala los activos —en forma del crédito para el sector no bancario, D, y los derechos contra extranjeros, R— a los pasivos monetarios, M:

$$M = D + ER, \qquad (1)$$

donde E es la tasa de cambio nominal. En esta relación, R y M son endógenas y D es una variable de política exógena bajo el control de las autoridades monetarias. La segunda ecuación es la definición de la velocidad, v, como el PIB nominal, Y, dividido por el acervo monetario:

$$v = Y/M. \qquad (2)$$

En la versión del MABP del Fondo, el mercado de dinero debe estar en un equilibrio de flujo (pero no necesariamente de acervo):

$$\Delta M = v^{-1}Y - v_{-1}^{-1}Y_{-1}. \qquad (3)$$

Bajo los supuestos de que la tasa de cambio nominal y la velocidad son constantes, y la producción nominal es exógeno, el modelo puede resolverse para encontrar el cambio del acervo de reservas internacionales R como una función de v y de Y, así como del instrumento de la política monetaria D:

$$E\Delta R = v^{-1}\Delta Y - \Delta D. \qquad (4)$$

Alternativamente, dado un valor de meta para el cambio de las reservas (la balanza de pagos) y las proyecciones para v e Y, la expansión requerida del acervo de crédito puede derivarse de

$$\Delta D = v^{-1}\Delta Y - E\Delta R. \qquad (5)$$

---

[2] La descripción de los modelos de programación financiera que sigue se basa en Khan y otros (1990).

[3] Véase Fondo Monetario Internacional (1987). Se encuentra una reseña del enfoque monetario en Frenkel y Mussa (1985), Kreinin y Officer (1978) y Wilford (1986). En el apéndice de este capítulo se discute el pronóstico principal del enfoque monetario.

GRÁFICA XIII.1. *El modelo de Polak*

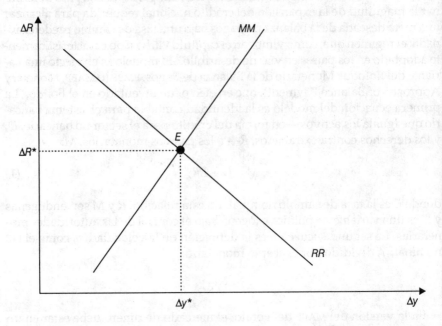

Como se indicó antes, la producción nominal es exógena en esta versión del modelo. Una versión ampliada, llamada el "modelo de Polak", también considera endógena a la producción nominal (Polak, 1957). Escribimos la identidad de la balanza de pagos como

$$\Delta R = X - \alpha(Y_{-1} + \Delta Y) + \Delta F, \quad 0 < \alpha < 1. \tag{6}$$

Se supone que las exportaciones netas tienen un componente autónomo X, y un componente que depende negativamente del ingreso nominal corriente, expresado como el valor del último periodo más el cambio ΔY. Las entradas de capital netas ΔF son exógenas. Con la producción nominal endógena y la identidad de la balanza de pagos añadida, el modelo de Polak consiste en dos ecuaciones con las dos incógnitas, ΔR y ΔY.

En la gráfica XIII.1 se ilustra la interacción existente entre la condición de equilibrio en el mercado de dinero (4) y la identidad de la balanza de pagos (6) en la determinación del ingreso nominal y de la balanza de pagos. La ecuación (4) se describe como la curva MM de pendiente positiva, mientras que (6) es la curva RR de pendiente negativa. Los valores de equilibrio de la balanza de pagos y el cambio del ingreso nominal se determinan por el punto de intersección E. Se puede demostrar fácilmente que, en este modelo, un aumento de la tasa de expansión del crédito causará un deterioro en la balanza de pagos y un aumento del ingreso nominal, mientras que un aumento de las entradas exógenas de divisas mejorará la balanza de pagos y aumentará el ingreso nominal. Esta forma "Polak" del modelo de la programación financiera puede recibir un cierre "clásico" —es decir, puede despejarse el nivel de los precios nacionales, tomando a la producción real como exógena— o un cierre "keynesiano", donde se despejan los cambios de la producción real, tomando como dado el nivel de los precios.[4]

XIII.1.2. *El modelo MEMR del banco mundial*

El modelo de programación financiera del FMI puede interpretarse como un modelo de estabilización y ajuste a corto plazo. En este contexto, el "ajuste" se refiere a la balanza de pagos, mientras que la "estabilización" se refiere al nivel de los precios en el modo clásico y a la producción real en el modelo keynesiano. No contiene ninguna función de producción agregada y no determina la producción a toda capacidad. En cambio, el modelo estándar mínimo revisado MEMR (RMSM, Revised Minimum Standard Model, por sus siglas en inglés) del Banco Mundial se ha utilizado desde hace largo tiempo para generar proyecciones macroeconómicas en los reportes económicos de países elaborados en el Banco. El MEMR hace hincapié en la determinación de si el financiamiento interno y externo a disposición de un país particular es adecuado para el logro de una meta de crecimiento económico.

La característica analítica fundamental del MEMR se refiere así a la conexión existente entre el financiamiento y la capacidad de crecimiento. La más simple de tales conexiones está contenida ya en la identidad de la balanza de pagos (6). Interpretando a Y como la producción real, si se toman como exógenas las exportaciones autónomas netas ($X = \tilde{X}$), el crecimiento de la economía se determina por el volumen del financiamiento externo, $\Delta F - \Delta R$.[5] Luego se utiliza el MEMR para calcular el volumen del ahorro interno requerido para sostener este incremento de la producción. Suponiendo una función de producción de Harrod-Domar de coeficientes fijos en el capital y la mano de obra, tomando al capital como el factor escaso, un aumento de la capacidad requiere una inversión nacional I de

$$I = \sigma \Delta Y, \tag{7}$$

---

[4] Véase una discusión más extensa en Khan y otros (1990).

[5] Alternativamente, dada una meta de incremento de la producción, puede utilizarse la ecuación (6) para derivar el volumen requerido del financiamiento externo, $\Delta F - \Delta R$.

donde σ es la proporción incremental de capital-producto (PICP). Denotando por C y S el consumo y el ahorro nacionales, respectivamente, podemos utilizar la identidad contable del ingreso nacional

$$I = (Y - C) + (\alpha Y - \tilde{X}), \tag{8}$$

y la definición del ahorro

$$S = Y - C, \tag{9}$$

para encontrar el volumen del ahorro interno requerido para alcanzar un incremento dado de la capacidad productiva:

$$S = \tilde{X} - \alpha Y_{-1} + (\sigma - \alpha)\Delta Y. \tag{10}$$

S es una función creciente de ΔY, porque σ es un número que fluctúa típicamente alrededor de 3-4, mientras que α es una fracción. Dado que el ahorro mismo se relaciona linealmente con la producción en el modelo keynesiano,

$$S = S_A + sY, \quad 0 < s < 1, \tag{11}$$

el marco resultante puede utilizarse para derivar el nivel del ahorro autónomo requerido para sostener un incremento de la producción a toda capacidad:

$$S_A = \tilde{X} - \alpha Y_{-1} + [\sigma - (\alpha + s)]\Delta Y. \tag{12}$$

XIII.1.3. Un modelo simple del Banco y del Fondo

El MEMR consiste en las ecuaciones (6), (7) a (9) y (11), es decir, las cuatro ecuaciones nuevas introducidas aquí más la identidad de la balanza de pagos utilizada antes. El modelo puede utilizarse en diversas formas, la más común de las cuales es la modalidad de "necesidades de financiamiento" descrita antes. Por ejemplo, considerando exógenos (como metas de la política económica) a ΔR y ΔY, mientras que ΔF y S son endógenos, el modelo se resuelve en la modalidad de "necesidades de financiamiento". Si ΔR está limitado desde abajo, ΔF y S son exógenos, ΔY endógeno y (8) fija un valor mínimo para la inversión, el modelo se resuelve en la modalidad de "dos brechas" (véase más adelante). Otra aplicación del MEMR puede combinarse con el modelo de la programación financiera para derivar un modelo simple de ajuste y crecimiento del Fondo y del Banco.

Continuemos interpretando Y como la producción real y supongamos que el ahorro autónomo S_A es exógeno. Entonces puede resolverse la ecuación (12) para obtener la tasa de crecimiento de la capacidad, ΔY. El crecimiento de la capacidad productiva se determina al modo neoclásico por la disponibilidad del ahorro (nacional y extranjero, por la vía de S_A y $\tilde{X}$) y la productividad de la inversión, dada por σ. Esta tasa de crecimiento de la capacidad puede introducirse al modelo de Polak dado por las ecuaciones (4) y (6). En virtud de que Y se interpreta ahora como la producción real, y que (4) involucra al ingreso nominal, debe rescribirse como

$$E\Delta R = v^{-1}[(P_{-1} + \Delta P \, \Delta Y + Y_{-1}\Delta P] - \Delta D \tag{13}$$

donde P es el nivel de los precios nacionales. El modelo resultante puede resolverse en dos formas: si las entradas de capital son exógenas y el nivel de los precios nacionales es endógeno (6), nos da la balanza de pagos ΔR y (13) nos da el nivel de los precios nacionales. Por otra parte, si el nivel de los precios nacionales es exógeno y las entradas de capital son endógenas (13), nos da la balanza de pagos y (6) el nivel de las entradas de capital.

XIII.2. MODELOS DE "TRES BRECHAS"

El método de la "brecha de financiamiento" incluido en el MEMR, que determina los niveles de producción viables con las divisas disponibles, es el enfoque más venerable para la proyección del crecimiento de la producción real en los países en vías de desarrollo. Sin embargo, los modelos "de brecha" son cercanos contendientes. Los primeros análisis de esta tradición, llamados modelos de "dos brechas" a causa de su concentración en las divisas y el ahorro interno como restricciones alternativas del crecimiento, datan de Chenery y Strout (1966). Más recientemente, la dimensión fiscal de la crisis de la deuda de los años ochenta (véase el capítulo XIV) ha originado un nuevo miembro de esta clase de modelos, llamado "de tres brechas" porque añade a las dos restricciones anteriores una tercera bajo la forma de una brecha fiscal. En esta sección describiremos un modelo de tres brechas elaborado por Bacha (1990).[6]

En el modelo de Bacha, la disponibilidad de divisas se liga directamente con la tasa de crecimiento de la capacidad productiva y sólo indirectamente con el nivel de la producción real efectiva, lo que contrasta con el enfoque de las "necesidades de financiamiento" descrito antes. La relación PICP descrita en la ecuación (7) se conserva, pero ahora se supone que la inversión requiere bienes de capital importados.

$$Z = \delta I, \quad 0 < \delta < 1, \tag{14}$$

---

[6] Taylor (1991, capítulo VIII) elabora un enfoque diferente. Taylor (1994) ofrece una reseña útil de los modelos de brechas.

donde Z denota el nivel de las importaciones de bienes de capital. Sea que X denote el nivel de las exportaciones menos otras importaciones (no de capital), y J la suma del servicio de la deuda externa, las transferencias y los cambios de las reservas de divisas (denotados previamente por ΔR). Entonces, por (14) y la identidad de la balanza de pagos, tenemos

$$I = (1/\delta)[X + (\Delta F - J)].$$ (15)

Supongamos que X está sujeto al límite superior X^*, determinado por la demanda externa. Entonces (15) se convierte en la desigualdad

$$I \le (1/\delta)[X^* + (\Delta F - J)],$$ (16)

que representa la restricción de las "divisas" para la inversión y, por ende, por la ecuación (7), para el crecimiento de la capacidad.

La restricción del "ahorro" se deriva como sigue: por las identidades contables de la balanza de pagos y el ingreso nacional (6) y (8) (debidamente modificadas para incluir a J y la especificación modificada de la demanda de importaciones en este modelo), tenemos

$$I = Y - C - G - (\Delta F - J),$$

donde G denota el gasto gubernamental. Si definimos el ahorro privado como $S^p = Y - \tau - C$, donde τ es la recaudación tributaria neta del gobierno, la ecuación anterior se vuelve

$$I = S^p + (\tau - G) - (\Delta F - J).$$

Tomando como exógeno al consumo privado y observando que Y está limitado por arriba por la producción a toda capacidad, se concluye que S^p es una función creciente de la producción y está limitado por arriba por el ahorro privado con la producción a toda capacidad, $\tilde{S}^p$. Esto significa que I está también limitada por arriba, de modo que

$$I \le \tilde{S}^p + (\tau - G) - (\Delta F - J),$$ (17)

lo que representa la restricción del ahorro para la inversión.

Por último, para derivar la "restricción fiscal", supongamos que el dinero básico es el único activo financiero disponible para el sector privado en esta economía, de modo que la restricción presupuestaria del sector privado puede escribirse como

$$S^p - I^p = \Delta M / P,$$ (18)

donde I^p representa la inversión privada y M es el acervo de dinero básico. Se supone que el cambio de M está dado por

$$\Delta M = M(\pi, \theta), \quad 0 < \theta < 1, \tag{19}$$

donde π denota la tasa de inflación y θ la "propensión al atesoramiento", es decir, la porción de todo incremento del ingreso que se destina a la acumulación de saldos en efectivo. En este caso, todos los flujos de capital extranjero llegan al gobierno, y la restricción presupuestaria del sector público consolidado puede escribirse como

$$I^g = M(\pi, \theta) + (\tau - G) + (\Delta F - J), \tag{20}$$

donde I^g es la inversión pública que, sumada a la inversión privada, nos da la inversión total:

$$I = I^p + I^g. \tag{21}$$

La clave para la derivación de la restricción fiscal es el supuesto de que la inversión privada y la pública son complementarias, de modo que la inversión privada está limitada por arriba por el nivel de la inversión pública:

$$I^p \le k^* I^g, \tag{22}$$

donde k^* es la proporción del capital privado al público en el acervo de capital compuesto. Por las ecuaciones (20) a (22), la restricción fiscal de la inversión total asume la forma

$$I \le (1 + k^*)[M(\pi, \theta) + (\tau - G) + (\Delta F - J)]. \tag{23}$$

Este modelo determina simultáneamente el nivel de la producción, la cuenta corriente, la tasa de crecimiento de la capacidad productiva y la tasa de inflación. Los modelos "de brecha" se concentran en las implicaciones para tales variables de diversos niveles del financiamiento extranjero ($\Delta F - J$). Para ilustrar los mecanismos que operan aquí, consideremos la gráfica XIII.2, donde se describe el comportamiento de la variable endógena central I frente a ($\Delta F - J$). Las ecuaciones (16) y (17) se representan como las curvas FF y SS, correspondientes a las restricciones de las divisas y del ahorro, respectivamente. La pendiente de SS es uno (o la unidad), como puede verificarse en la ecuación (17), mientras que la de FF es $1/\delta$, que es mayor que uno porque δ es una fracción. Las posiciones relativas de las dos curvas se basan en el supuesto de que $(1/\delta)X^* < \tilde{S} + (\tau - G)$. Las áreas marcadas debajo de las curvas representan las regiones viables para I (es decir, los valores de I que satisfacen las des-

GRÁFICA XIII.2. *El modelo de tres brechas*

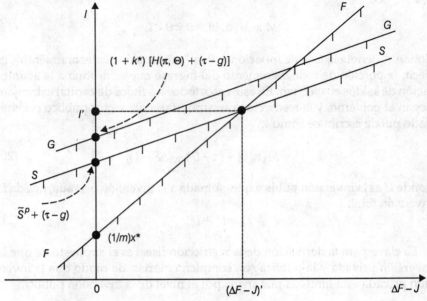

FUENTE: Adaptado de Bacha, 1990, p. 291.

igualdades respectivas). Si las entradas extranjeras netas son $(\Delta F - J)'$, ambas restricciones son efectivas y la inversión es I'. A la izquierda de $(DF - J)'$, la restricción de las divisas es efectiva. La inversión (y por ende el crecimiento de la capacidad) está determinada por la disponibilidad de divisas. Dado que la inversión será así menor que el nivel que satisfaría (17) como una igualdad, y dado que los otros componentes de la demanda agregada están fijos, la economía sufrirá la capacidad excedente keynesiana, y la producción efectiva estará dada por

$$Y = C + (1 - \delta)I^c + X^*, \tag{24}$$

donde I^c es el nivel efectivo (restringido) de la inversión. Por otra parte, si supera $(\Delta F - J)$ a $(\Delta F - J)'$, la economía estará restringida por el ahorro interno. La inversión se determinará ahora a lo largo de SS, y se producirá a toda capacidad. La variable libre en este caso es la de las exportaciones netas, que se ven restringidas por la demanda nacional y están dadas por

$$X = Y^* - C + (1 - \delta)I^s \tag{25}$$

donde I^s denota el nivel de la inversión restringido por el ahorro.

Esta parte del análisis reproduce esencialmente el modelo de dos brechas de Chenery y Strout. ¿Cómo encaja aquí la "brecha fiscal"? Geométricamente, la desigualdad (25) se representa por un área limitada por arriba por una curva (llamémosla GG) con pendiente $1 + k^*$ e interceptación vertical $(1 + k^*)[M(\pi, \Theta) + (\tau - G)]$. La cantidad $1 - k^*$ puede ser mayor o menor que $1/\delta$, de modo que GG puede ser más empinada o más plana que FF. Por otra parte, las curvas GG y SS tienen la misma pendiente. Sin embargo, sus alturas relativas dependen de los valores de π y k^*. Aunque la restricción presupuestaria del sector privado (18) implica que $\tilde{S}^p > M(\pi, \Theta)$ mientras que I^p sea positiva, la diferencia existente entre $\tilde{S}^p$ y $M(\pi, \Theta)$ disminuye con π. Por lo tanto, un valor mayor de π aumenta la altura de GG en relación con SS. Un valor mayor de k^* tiene un efecto similar.

Hay varios procedimientos para incluir la restricción fiscal en el modelo. El procedimiento más simple y más acorde con el análisis de las "dos brechas" consiste en tratar a π como una variable endógena que asegura que (23) se da como una igualdad. En este caso, el papel de la restricción fiscal es simplemente la determinación de la tasa inflacionaria. Dado el valor de I, las ecuaciones (21) y (22) en forma de una igualdad determinarían los niveles de I^p o I^g, y dada la última, (23) tomada como una igualdad determinaría a π. Geométricamente, el análisis de las dos brechas antes descrito no se modifica, pero los cambios endógenos de π mueven a la curva GG para interceptar a cualquiera de las otras dos curvas que sea efectiva en un punto situado directamente encima del valor relevante de $(\Delta F - J)$. En este caso, un aumento de $(\Delta F - J)$ no sólo aumentaría la tasa de crecimiento a toda capacidad elevando I (como en el enfoque de las dos brechas), sino que también reduciría la tasa inflacionaria al permitir que el gobierno se financie externamente, en lugar de hacerlo a través del impuesto inflacionario.

Alternativamente, si π es una variable exógena de la política económica, GG actuará como una restricción independiente. Si la restricción fiscal no es efectiva, entonces k es la variable libre; dadas I e I^g, la inversión privada I^p está determinado, y el valor efectivo de k implicado por I^p e I^g puede ser menor que k^*. Si la restricción fiscal no es efectiva, entonces un aumento de $(\Delta F - J)$ incrementará el crecimiento a toda capacidad, porque la recepción del financiamiento extranjero generará una inversión pública mayor, lo que a su vez inducirá más inversión privada. Aumentará el nivel efectivo de la producción, a través de los efectos de la demanda keynesiana emanados de los mayores niveles de la inversión privada y pública, lo que acercará a la economía a la utilización plena de la capacidad, y las exportaciones netas bajarán.

XIII.3. MODELOS MACROECONOMÉTRICOS

Los modelos considerados en la sección XIII.1 utilizan en gran medida identidades contables y son muy austeros en su utilización de parámetros de conductas. Los pocos parámetros utilizados no suelen estimarse econométricamente, sino que se calculan como simples promedios históricos o como porciones durante algún periodo reciente. En cambio, los modelos de la sección XIII.2 requieren un poco más de estructura de conducta, y algunos de los parámetros de los modelos de tres brechas se han estimado econométricamente en sus aplicaciones. Estas dos clases de modelos son fáciles de utilizar y tienen la virtud de imponer cierta disciplina al análisis de las interacciones existentes entre la estabilización, el ajuste y el crecimiento en las circunstancias de países específicos, pero ambos omiten una cantidad sustancial de estructura y comportamiento económicos.

Sobre todo, tales modelos son deficientes a mediano plazo a causa de su especificación de los determinantes de la capacidad productiva y de la tasa de acumulación de los factores productivos. En ambos casos, la función de producción es del tipo de Harrod-Domar de coeficientes fijos, y ninguna de las dos familias de modelos contiene una función de inversión independiente que describa el comportamiento de los agentes que efectivamente toman la decisión de acumular factores productivos. En ambos modelos se trata a la inversión en capital físico como un residuo. El modelo estilizado del Banco y del Fondo trata a la inversión como determinada por el ahorro disponible, mientras que el modelo de tres brechas la deriva residualmente del ahorro, la disponibilidad de divisas o el presupuesto gubernamental, dependiendo de cuál sea la restricción efectiva.

En el contexto de las naciones industrializadas, la forma convencional del análisis de fenómenos macroeconómicos dinámicos complicados, como los dos de la estabilización, el ajuste y el crecimiento, es la utilización de modelos macroeconómicos. A menudo se utilizan simulaciones de tales modelos para explorar las relaciones de la política económica en contextos dinámicos complejos. En los últimos años se han estimado muchos modelos macroeconómicos para los países en vías de desarrollo en lo individual y en grupos. Aunque la vanguardia está sustancialmente menos avanzada en el contexto de los países en vías de desarrollo que en los países industrializados, tales modelos pueden representar una herramienta alternativa para el análisis sistemático de los problemas planteados en este capítulo en cualquier aplicación particular. En consecuencia, en esta sección haremos una breve descripción de la estructura de modelos macroeconómicos "representativos" para los países en vías de desarrollo.[7]

---

[7] Véase en Montiel (1993) una reseña crítica de la literatura y referencias a diversos tipos de

XIII.3.1. *La estructura de la producción*

La gran mayoría de los modelos macroeconómicos para países en vías de desarrollo se han construido de acuerdo con los lineamientos de la estructura de la producción de Mundell-Fleming, a pesar de varias dudas (discutidas en el capítulo I) acerca de su relevancia para la mayoría de las economías en vías de desarrollo.[8] Por ejemplo, se supone que la economía está especializada en la producción de un solo bien doméstico, que es un sustituto imperfecto del bien extranjero. El bien de producción nacional puede consumirse dentro del país o exportarse, y los residentes nacionales consumen generalmente el bien doméstico y el bien extranjero.

XIII.3.2. *La oferta agregada*

En muchos modelos macroeconométricos para los países en vías de desarrollo, la función de producción agregada asume una de dos formas. Una familia de modelos llamados MEMR-X, elaborados como sucesores del MEMR en el Banco Mundial, conservan el supuesto de la PICP constante.[9] Más comúnmente, se especifica la producción a toda capacidad como una función del capital K, la mano de obra N, y un bien intermedio importado O:

$$Y = F(N, O; K), \qquad (26)$$

con propiedades neoclásicas convencionales.[10] Empíricamente, esta función recibe comúnmente una forma de Cobb-Douglas o ESC. El acervo de capital está predeterminado a corto plazo y crece endógenamente como resultado de la inversión neta. El nivel de la productividad total de los factores y la fuerza de trabajo crecen exógenamente, y los bienes intermedios importados están

modelos macroeconométricos para los países en vías de desarrollo, en los que se basa esta sección. Los modelos econométricos para los países en vías de desarrollo han sido efectivamente de dos tipos en general. El texto discute lo que podría describirse como modelos "de oferta agregada IS-LM de economía abierta". No se discute aquí una clase enteramente diferente de modelos denominados "de desequilibrio monetario" en Montiel (1993), porque estos modelos no tratan en general como variables endógenas al crecimiento de la capacidad productiva y la acumulación de capital. En el apéndice a este capítulo se describe el modelo prototipo del "desequilibrio monetario", elaborado por Khan y Knight (1981).

[8] Las excepciones son raras, aunque muchos modelos de Mundell-Fleming para los países en vías de desarrollo contienen un sector exportador tradicional que se trata efectivamente como un enclave. Véanse modelos aplicados de "economía dependiente", para los países en vías de desarrollo, en Adams y Adams (1990), Haque y otros (1994) y Montiel (1993).

[9] Véanse los modelos de Servén y Solimano (1993b) para Chile, Everaert y otros (1990) para Turquía, y Elbadawi y Schmidt-Hebbel (1991) para Zimbabwe.

[10] Véase, por ejemplo, Kwack (1986), Easterly y Kongsamut (1991) y Vines y Warr (1993).

disponibles en el mercado mundial en una oferta infinitamente elástica a un precio exógeno en moneda extranjera.[11]

La determinación del precio en moneda nacional del bien doméstico depende de la forma como se modele el lado de la oferta de la economía a corto plazo. En los modelos macroeconométricos más simples, se describe el lado de la oferta por los lineamientos keynesianos del precio fijo o clásicos de precio flexible. Sin embargo, la versión keynesiana simple no tiene ninguna dinámica surgida de la expansión de la capacidad productiva, porque se supone que la producción está enteramente impulsada por la demanda. Así pues, tales modelos suponen explícitamente un horizonte de corto plazo y no son adecuados para abordar las cuestiones que nos interesan en este capítulo.[12] En la versión clásica se supone un empleo pleno continuo, y la producción del bien doméstico está determinada por el acervo de capital heredado, la magnitud de la fuerza de trabajo y el precio del bien intermedio importado. Más generalmente, se describe el comportamiento de la oferta a corto plazo mediante una ecuación de precio variable por el margen de ganancia. Se supone que el precio del bien doméstico se determina por los costos unitarios más un factor de ganancia que depende de la tasa de utilización de la capacidad en la economía:

$$P = P(\overset{+}{w}, \overset{+}{P_o}, \overset{+}{Y/Y_c}), \tag{27}$$

donde w es el salario nominal, Y_c es la producción a toda capacidad, y P_O es el precio en moneda nacional del bien intermedio importado.[13] Con esta especificación, la curva de oferta agregada de la economía a corto plazo es una función de pendiente positiva del nivel de la producción real, y se desplaza verticalmente por los cambios ocurridos en el salario nominal o en el precio en moneda nacional de los insumos importados.

En la ecuación (27) están predeterminados el salario nominal y el nivel de la producción a toda capacidad, mientras que el nivel de la producción y el nivel de los precios nacionales se resuelven simultáneamente. En cambio, el precio de los bienes intermedios importados depende sólo de su precio exógeno

---

[11] Adviértase que la función de producción agregada descrita aquí no incluye el acervo de capital público como un argumento separado, no refleja los fenómenos requeridos para la generación del crecimiento de Estado estable "endógeno" (como se discutió en el capítulo XV), y no permite que la productividad total de los factores responda a las políticas corrientes. Hay algunas excepciones a la omisión del acervo de capital público; véase, por ejemplo, Easterly y Kongsamut (1991) y Haque y otros (1994).

[12] Vial (1989) presenta una reseña de modelos de este tipo utilizados en América Latina a fines de los años ochenta.

[13] Ecuaciones de precios de esta forma se incluyen en los modelos econométricos elaborados para varios países latinoamericanos y caribeños por el proyecto conjunto de modelación PNUD/ILPES (véase García, 1986). Tal especificación se estimó también para Kenia por Elliott y otros (1986), y se encuentra detrás de las ecuaciones de precios de forma reducida estimadas por Conway (1987) para Turquía, y por Vines y Warr (1993) para Tailandia.

en moneda extranjera y de la tasa de cambio. Ya describimos la evolución de la producción a toda capacidad. El comportamiento de los salarios nominales se basa a menudo en una curva de Phillips aumentada por las expectativas:

$$\frac{\Delta w}{w} = \omega \left[\frac{N(\overset{+}{Y}; \overset{+}{K}, P_o)}{N^s}, \overset{+}{\pi^a} \right], \tag{28}$$

donde N^s denota a la fuerza de trabajo, la tasa inflacionaria esperada, y $N(\cdot)$ el empleo efectivo, que se determina a partir de las decisiones de minimización del costo de las empresas.[14] El enfoque más común para la modelación de la formación de expectativas en los modelos macroeconométricos para países en vías de desarrollo ha sido la utilización de expectativas de adaptación.[15]

XIII.3.3. *La demanda agregada*

El lado de la demanda de los modelos macroeconométricos para países en vías de desarrollo tiende a tener un aire de *IS-LM*, a menudo con ajustes *ad hoc* de las relaciones de conducta para captar características específicas de las economías en vías de desarrollo. Del lado *"IS"*, el comportamiento del consumo privado, la inversión privada, las exportaciones y las importaciones está generalmente motivado por consideraciones convencionales de libro de texto, con una variación sustancial entre los modelos existentes en lo tocante a la especificación del consumo y de la inversión. El lado financiero o *"LM"* de estos modelos es típicamente problemático, con dificultades particulares planteadas por la modelación de la represión financiera y la movilidad del capital.

El conjunto de determinantes del consumo incluye al ingreso disponible, Y_{disp}, la tasa de interés real r, y algún tipo de variable de la riqueza real $a = A/P$:

$$C = C(\overset{+}{Y_{disp}}, \overset{-}{r}, \overset{+}{a}), \quad 0 < \partial C / \partial Y_{disp} < 1. \tag{29}$$

Sin embargo, no hay ningún consenso particular sobre la especificación del comportamiento del consumo privado, y las especificaciones varían —incluso dentro de la clase de modelos MEMR-X mencionados antes— desde tratar el consumo como una simple fracción del ingreso disponible (Everaert y otros, 1990) hasta incluir, además de las variables listadas antes, otras variables que reflejan restricciones de la liquidez y posibles efectos de equivalencia ricardiana

---

[14] La especificación del bloque de precios y salarios descrita aquí se utiliza, por ejemplo, en modelos para Corea por Elliott y otros (1986) y para Chile por Condon y otros (1990). Véanse también los modelos de Chile y Venezuela descritos por Vial (1989).

[15] Hay varias excepciones recientes a esta regla. Montiel (1993) reseña los modelos macroeconómicos aplicados a los países en vías de desarrollo que utilizan expectativas racionales.

(Elbadawi y Schmidt-Hebbel, 1991).[16] Cuando se incluye la riqueza, el valor nominal de la riqueza privada A, es una variable predeterminada que evoluciona a través del tiempo en respuesta al ahorro privado, derivado de la sustitución de (29) en la restricción presupuestaria del sector privado.

Como se ha sugerido en varios puntos de este capítulo, la especificación del comportamiento de la inversión es crucial en los modelos de estabilización y crecimiento. Los modelos macroeconométricos difieren de los discutidos previamente en su inclusión de una función de inversión independiente.[17] El conjunto de determinantes del gasto en inversión privada incluye la producción real, un término de costo del capital, q, y el acervo de capital retrasado:

$$I = I(\overset{+}{y}, \bar{q}, \bar{K}_{-1}).\tag{30}$$

Sin embargo, de nuevo hay gran variación en los modelos existentes, incluso entre los de cosecha reciente, que van desde el trato de la inversión como proporcional a la producción en un extremo hasta la inclusión, además de las variables listadas antes, del acervo de capital público (para captar posibles complementariedades entre el capital privado y el capital público) y el racionamiento del crédito en el otro extremo.

Más generalmente, las funciones de inversión en los modelos macroeconométricos para los países en vías de desarrollo padecen las deficiencias características de la literatura sobre la inversión en el mundo en vías de desarrollo, como vimos en el capítulo III. Son características significativas de estas funciones de inversión su omisión de variables orientadas hacia adelante y de la probable irreversibilidad de la inversión en capital fijo. Más generalmente, mientras que la inclusión de funciones de inversión independientes es un paso adelante de estos modelos en relación con los que examinamos antes, las funciones efectivamente incluidas en los modelos macroeconométricos no están firmemente basadas en el comportamiento intertemporal de maximización del beneficio por parte de las empresas. Además, varios aspectos estructurales de importancia potencial para el entendimiento de la acumulación de capital en las naciones en vías de desarrollo no se tratan adecuadamente en las funciones de inversión incluidas en los modelos macroeconométricos. Así ocurre con el efecto de la existencia de una deuda externa vigente sobre la inversión; el papel de factores complementarios tales como la infraestructura,

---

[16] Por ejemplo, Elliott y otros (1986) y Vines y Warr (1993) modelan el consumo como una función del ingreso disponible y el acervo de dinero real disponible. Haque y otros (1991) incluyen en su función de consumo a las tasas de interés y el ingreso disponible, pero omiten una variable de la riqueza.

[17] Sin embargo, hay algunas excepciones; por ejemplo, el modelo MEMR-X de cierre "positivo" elaborado por Servén y Solimano (1990b) para Chile deriva la inversión como residualmente igual al ahorro.

el capital humano y los insumos importados, y el papel de la represión financiera.

Por lo que toca a los demás componentes de la demanda agregada, el tratamiento del sector de comercio exterior tiende a ser bastante uniforme en los modelos macroeconométricos para países en vías de desarrollo. Las exportaciones se determinan por el ingreso extranjero y el precio relativo del bien doméstico, mientras que las importaciones dependen del mismo precio relativo y del PIB nacional real. Algunos modelos —como el de Elliott y otros (1986) y el de Haque y otros (1990)— incluyen una medida de la disponibilidad de reservas de divisas en la función de demanda de importaciones, a fin de captar la intensidad del racionamiento en el mercado oficial de divisas.

La especificación del sector financiero —la porción "LM" de estos modelos IS-LM— es generalmente muy rudimentaria. La desagregación institucional incluye comúnmente al banco central y a los bancos de depósito. El balance del banco central se encuentra en la base del sector financiero, conectando el cambio de sus pasivos (dinero básico) a los cambios de sus activos (activos extranjeros netos que cambian a través de la balanza de pagos, y activos nacionales que cambian primordialmente a través del financiamiento del déficit fiscal por parte del banco central). Por lo general, se supone que la demanda de dinero depende del PIB real y de una tasa de interés nominal nacional que a menudo se trata como endógena en la forma convencional del libro de texto. No es común encontrar en los modelos macroeconométricos una modelación cuidadosa de la represión financiera, ni la existencia de mercados informales.[18] El tratamiento común de la movilidad del capital deja fuera de las funciones de demanda de activos nacionales a las tasas de interés extranjeras, tomando como exógenos a los flujos de capital. Pero tanto la especificación de los mercados financieros nacionales como sus interacciones con los mercados mundiales de capital desempeñan papeles importantes en la determinación del costo de capital, de modo que el sector financiero es crucial para el análisis de la relación existente entre la estabilización y el crecimiento económico.

Así pues, aunque los modelos macroeconométricos existentes mejoran a los modelos de las secciones XIII.1 y XIII.2, generalizando la función de producción e incluyendo una función de inversión independiente, en muchos sentidos no proveen un marco adecuado para el análisis de las interacciones existentes entre la estabilización, el ajuste y el crecimiento. Más importante aún es el hecho de que ni las funciones de producción agregadas ni las funciones de inversión incluidas en los modelos existentes reflejan importantes fuerzas que influyen sobre el crecimiento de la capacidad y la acumulación de activos

---

[18] De nuevo, hay algunas excepciones. El mercado de crédito informal desempeña un papel importante en el modelo de Van Wijnbergen (1985) para Corea, y Agénor (1990b) elabora un modelo macroeconométrico con un mercado paralelo de divisas y lo estima para una muestra de datos de intervalos de tiempo y de sección transversal de países en vías de desarrollo.

productivos en los países en vías de desarrollo, y otras características de los modelos existentes —como la estructura de la producción, el tratamiento de las expectativas y la especificación del sistema financiero— provocan dudas acerca de su capacidad para captar los efectos de la estabilización sobre las variables endógenas que afectan las decisiones de acumulación.

XIII.4. MODELOS DE EQUILIBRIO GENERAL COMPUTABLES

Los modelos macroeconométricos convencionales para los países en vías de desarrollo como los que describimos en la sección anterior tienden a exhibir el nivel de agregación convencional en los modelos macroeconómicos en general. Por ejemplo, los modelos individuales mencionados en la sección XIII.3 no contienen generalmente más de dos bienes de producción nacional, y los factores de la producción tienden a agregarse en un capital, en una mano de obra y materias primas importadas que son homogéneas. Un enfoque de modelación alternativo que abarca toda la economía de los países en vías de desarrollo es la construcción de modelos de equilibrio general computables (EGC). Los modelos EGC son esencialmente modelos microeconómicos aplicados, diseñados para el estudio de problemas tales como los efectos de varios tipos de choques externos o intervenciones de la política económica sobre la asignación de los recursos y la distribución del ingreso.[19]

Una distinción fundamental entre los modelos EGC y los modelos macroeconométricos se encuentra en el nivel de agregación supuesto por los bienes y los factores. Los modelos EGC son muy desagregados del lado de la demanda y del lado de la oferta. Del lado de la oferta, tales modelos tienden a contener gran número de actividades de producción y factores de producción distintos, incluyendo por ejemplo mano de obra y tierra heterogéneas.[20] La oferta de importaciones se desagrega también en diferentes tipos de bienes que pueden comprarse en el mercado mundial, los que pueden diferir en su grado de sustituibilidad con los bienes domésticos. El comportamiento de maximización del beneficio de las empresas genera funciones de oferta sectoriales para diversos tipos de factores. Del lado de la demanda se distinguen diferentes tipos de familias por la naturaleza de su propiedad de factores de producción. La maximización de la utilidad por clases individuales de familias genera la demanda de bienes nacionales y extranjeros, así como funciones de oferta para diferentes tipos de factores. La demanda mundial de bienes nacionales puede exhibir diferentes elasticidades del precio para diferentes bienes, lo

---

[19] Véanse reseñas recientes de la literatura existente sobre los modelos EGC en Bandara (1991) y en Decaluwé y Martens (1988).
[20] Por ejemplo, un modelo EGC elaborado para Venezuela por Bourguignon y otros (1983) contenía sesenta y cinco actividades productivas diferentes.

que permite que la economía nacional ejerza un poder de mercado sobre algunos bienes pero no sobre otros. Los ajustes de los precios relativos desempeñan un papel central en los modelos EGC, pero el equilibrio del mercado puede ser completamente walrasiano, ajustándose los precios relativos para vaciar todos los mercados, o algunos mercados pueden no vaciarse debido a la presencia de rigideces de los precios.

Una segunda distinción fundamental entre los modelos EGC tradicionales y los modelos macroeconométricos se refiere a sus propiedades dinámicas. Los modelos EGC se orientan hacia la solución de ejercicio de estática comparada periodo por periodo. No resuelven un equilibrio walrasiano intertemporal completo, con optimización intertemporal por parte de las familias, las empresas y el gobierno, sujetos a restricciones presupuestarias intertemporales.[21] Sin embargo, en virtud de que los modelos EGC tratan de representar economías reales, en los modelos existentes sí aparecen fenómenos macroeconómicos de naturaleza explícitamente intertemporal, como el ahorro y la inversión. Pero estos fenómenos se modelan tradicionalmente de un modo rudimentario. Se supone que las familias privadas ahorran una fracción fija de sus ingresos (la que puede diferir entre las categorías de familias), el consumo público es exógeno, y la inversión es a menudo exógena o se determina por la tasa de ahorro.

Estos supuestos tienen una implicación importante: dado que las familias no gastan todo su ingreso en cada periodo, y que las decisiones de inversión y de consumo público son independientes, los modelos EGC requieren un mecanismo macroeconómico de periodo por periodo para conciliar el ahorro y la inversión agregados (en la terminología de la literatura EGC, una regla de "cierre"). Dewatripont y Michel (1987) clasifican los cierres potenciales en cuatro tipos: keynesiano (el salario real se ajusta al cambio del ingreso agregado, lo que permite que el ahorro se iguale a la inversión exógena, pero es posible que el mercado de mano de obra no se vacíe), johanseniano (el consumo público o privado endógeno iguala el ahorro total a la inversión exógena), kaldoriano (no se paga a los factores sus productos marginales) y clásico (la inversión se determina por el ahorro). La sensibilidad de los resultados numéricos a la elección particular de una regla de cierre no está siempre clara, y es posible que varíe según el problema de que se trata (véase Adelman y Robinsson, 1988).

Desafortunadamente, ninguno de estos mecanismos deja a los modelos EGC tradicionales particularmente muy adecuados para el análisis de las conexiones existentes entre la estabilización, el ajuste y el crecimiento. La cuestión de los efectos de la estabilización y el ajuste sobre la decisión de acumular activos productivos no puede abordarse adecuadamente bajo ninguno de estos

---

[21] Véase en Dewatripont y Michel (1987) una evaluación del papel de la optimización intertemporal en los modelos EGC.

cierres, porque todos ellos dejan a la inversión exógena o se determinan por el ahorro. El examen de las conexiones existentes entre la estabilización y el crecimiento en el contexto de un modelo de equilibrio general requiere la inclusión de una función de inversión independiente que responda endógenamente a variables macroeconómicas corrientes y esperadas, como ocurre en los modelos macroeconométricos de la sección anterior. En virtud de la omisión de estas conexiones intertemporales, la dinámica de los modelos EGC tradicionales tiende, de hecho, a ser demasiado simple para captar las complejas interacciones existentes entre la estabilización, el ajuste y el crecimiento. El problema walrasiano que se resuelve en cada periodo es estático, de modo que el equilibrio general de cada periodo es una función de un conjunto de variables predeterminadas que evolucionan exógenamente a través del tiempo.

Obviamente, estas dificultades de los modelos EGC no son inherentes a la metodología, sino que simplemente reflejan la orientación predominantemente microeconómica y de estática comparada de un solo periodo de los modelos EGC tradicionales, la que estimula especificaciones simples de los fenómenos macroeconómicos tales como el ahorro y la inversión. En los últimos años, los modelos EGC han empezado a incluir relaciones macroeconómicas más sofisticadas. Varios de los modelos EGC "neoestructuralistas" de Taylor (1990), así como los modelos "micro-macro" más neoclásicos que siguen a Bourguignon y otros (1992), incluyen relaciones macroeconómicas tradicionales, en particular una función de inversión independiente que depende de una variable financiera, lo que origina interacciones *IS-LM*.[22] Esta modificación aproxima en gran medida a los modelos EGC recientes a los modelos de simulación macroeconómica de la "economía dependiente" mencionados en la sección anterior (véase Montiel, 1993). Estas innovaciones enriquecen considerablemente la dinámica macroeconómica exhibida por los modelos EGC, pero la macroeconomía de estos modelos sigue siendo relativamente simple. En contraste con el comportamiento de optimización estática supuesto para las funciones de oferta y demanda sectoriales dentro de un periodo, el comportamiento dinámico sigue siendo bastante simple y *ad hoc*. Sigue ausente la optimización intertemporal de parte de las familias o las empresas basada en expectativas orientadas hacia adelante. Así pues, mientras que los modelos EGC recientes están mejor equipados que los modelos macroeconométricos convencionales para manejar los fenómenos microeconómicos para los que fueron diseñados, como los efectos de la liberalización comercial sobre la asignación sectorial de los recursos, no ofrecen todavía un vehículo satisfactorio para el estudio de la estabilización y el crecimiento.

---

[22] Véase en Robinson (1991) un análisis de estos modelos recientes.

El propósito de este capítulo ha sido examinar diversos acercamientos empíricos a la estabilización y el crecimiento. La primera parte revisó los modelos de Fondos Bancarios. La segunda analizó los modelos de "tres brechas" (*three gap*). El tercero se enfocó en modelos macroeconómicos, y el cuarto consideró modelos calculables de equilibrio general.

Un resultado clave de nuestra discusión es que ninguno de los enfoques de modelación a mediano plazo que se han utilizado ampliamente en el mundo en vías de desarrollo es hasta ahora adecuado para abordar eficazmente las complejas interacciones dinámicas involucradas en la relación existente entre la estabilización y el crecimiento. Sólo se podrá avanzar cuando mejore el entendimiento cuantitativo de la conexión existente entre las políticas estructurales y la productividad total de los factores, cuando se haga una nueva especificación de las funciones sectoriales de producción e inversión para reflejar los avances recientes de nuestro entendimiento de los determinantes del crecimiento en los países en vías de desarrollo y de los factores que afectan a la acumulación de capital, y se avance en la macroeconomía de desarrollo a corto plazo. Mientras tanto, todos los esfuerzos de integración de la estabilización a corto plazo y el crecimiento a largo plazo en un marco coherente a mediano plazo seguirán cargados de dificultades.

APÉNDICE

EL MODELO DE DESEQUILIBRIO MONETARIO DE KHAN-KNIGHT

Un marco macroeconómico cuantitativo que se ha utilizado en diversas maneras por varios autores, para estimar los efectos de las políticas de estabilización en los países en vías de desarrollo, es el modelo de "desequilibrio monetario" elaborado por Khan y Knight (1981), que se basa en el enfoque monetario para la balanza de pagos.[23] En su forma más simple, dicho enfoque pronostica que, en una pequeña economía abierta que opera bajo un régimen de tasa de cambio fija, una reducción del crédito interno será completamente contrarrestada a largo plazo por los flujos internacionales de reservas que restablecen el acervo monetario al nivel deseado por el público. En consecuencia, esta política no tendría ningún efecto duradero sobre las desviaciones de la producción de su nivel de capacidad plena. Sin embargo, durante el proceso del ajuste, es probable que la reducción del crédito interno afecte a los precios y genere variaciones sustanciales de la producción. La magnitud y la duración de estos efectos dependen

---

[23] Véanse las referencias proporcionadas en Montiel (1993). Otras aplicaciones del modelo de desequilibrio monetario son las de Blejer (1977), Keller (1980), Lipschitz (1984), Sassanpour y Sheen (1984) y Sundararajan (1986).

FIGURA XIII.1. *Estructura lógica del modelo de Khan-Knight*

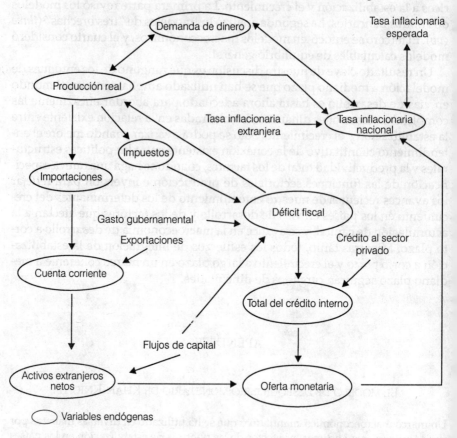

en general de diversos factores tales como el grado de utilización de la capacidad productiva, la rapidez del ajuste en los activos extranjeros resultante de cambios en el acervo del crédito, la sensibilidad de la inflación ante los desequilibrios del mercado de dinero, y la sensibilidad de la demanda agregada y sus componentes ante los cambios de los saldos monetarios reales. El modelo de Khan-Knight supone la existencia de una conexión entre la política fiscal y la política monetaria (a través de la restricción del presupuesto gubernamental), y considera explícitamente la composición de la balanza de pagos.

En la figura XIII.1 aparece un esquema de flujos del modelo. Por definición, los cambios de la oferta monetaria son iguales a los cambios del crédito al gobierno, los cambios en el crédito al sector privado, y las variaciones de las reservas internacionales. Los cambios del crédito otorgado al gobierno están ligados a los déficit fiscales, suponiendo exógeno el financiamiento extranjero. La demanda de dinero se relaciona con el ingreso real y la tasa inflacionaria esperada, la que según se supone sigue un proceso de adaptación. Esta formulación sigue los lineamientos de la especificación "convencional" analizada en el capítulo III, la que supone que la medida relevante del costo de oportunidad de la tenencia de dinero en los países en vías de desarrollo es la tasa de rendimiento de la tenencia de activos reales.

De modo convencional, la demanda de importaciones depende del ingreso real y de los precios relativos, mientras que las exportaciones se determinan por la actividad extranjera y (en algunas variantes del modelo) la proporción de los precios de las exportaciones (expresados en moneda nacional) a los precios nacionales, que captan la rentabilidad de la producción de exportaciones. Los cambios de los activos extranjeros netos se determinan por la balanza comercial más la cuenta de servicios (que se supone exógena) y el cambio del endeudamiento externo neto del sector privado y el sector público. La tasa inflacionaria se relaciona con la oferta excedente de saldos monetarios reales y la tasa inflacionaria en el exterior, que se mide por la tasa de crecimiento de los precios de las importaciones ajustada por la tasa de depreciación de la tasa de cambio nominal. Las desviaciones de la producción de su nivel de capacidad plena responden a la oferta excedente de saldos monetarios y (en algunas versiones del modelo de Khan-Knight) al déficit fiscal. Los cambios del crédito interno derivan de cambios en los derechos de los bancos comerciales sobre el sector privado y (como se indicó antes) en el financiamiento del déficit presupuestario gubernamental por el banco central. La recaudación tributaria es una función de la actividad económica, mientras que el gasto público se trata como exógeno. La especificación del modelo asegura que, a largo plazo, la producción estará a toda capacidad, prevalecerá el equilibrio en el mercado monetario, y la inflación nacional se determinará por la inflación extranjera. Una reducción del crédito interno tiene también un efecto de uno a uno sobre los activos extranjeros netos del banco central a largo plazo, como lo pronostica el enfoque monetario para la balanza de pagos.

CUARTA PARTE

DEUDA EXTERNA, FLUJOS DE CAPITAL Y CRISIS MONETARIAS

XIV. CRISIS DE LA DEUDA DE LOS AÑOS OCHENTA

LA SUSPENSIÓN DE PAGOS de parte de México a sus acreedores bancarios extranjeros, en agosto de 1982, desató una crisis internacional de la deuda que durante el decenio siguiente dominó a la elaboración de políticas macroeconómicas en los países en vías de desarrollo fuertemente endeudados. La crisis asumió la forma de una reducción repentina y drástica en el volumen de los préstamos voluntarios de los acreedores bancarios extranjeros a los países en vías de desarrollo. Los bancos comerciales extranjeros se habían involucrado fuertemente en los préstamos a países en vías de desarrollo durante los años setenta, sobre todo bajo la forma de préstamos sindicados a tasas de interés variables típicamente expresadas como diferenciales específicos sobre la tasa interbancaria ofrecida en Londres, TIOL (LIBOR, es decir, London Interbank Offered Rate). La crisis creó un periodo durante el cual muchas naciones fuertemente endeudadas del mundo en vías de desarrollo vieron reducir de manera considerable su crecimiento económico, con grandes contracciones de la inversión nacional, sustanciales salidas de capital y, en algunos casos, tasas inflacionarias cuantiosamente incrementadas.

La crisis de la deuda originó una literatura profesional voluminosa que se ocupó de gran cantidad de problemas, como las causas de la crisis, sus consecuencias macroeconómicas para los países endeudados, su evolución probable y las perspectivas de su resolución. En este capítulo analizaremos la macroeconomía de la deuda de los países en vías de desarrollo. Dado que la literatura de la deuda y el alcance de los temas que cubre son tan vastos, no intentaremos una reseña abarcadora sino que sólo presentaremos lo que consideramos una perspectiva unificadora sobre los problemas de la deuda que toman a la deuda externa como un problema fiscal. Esto conecta los temas cubiertos en este capítulo con los que consideramos en el capítulo v.[1]

Nuestro enfoque para el problema de la deuda externa ha sido motivado por varias observaciones. Gran parte de análisis del problema de la deuda orientada hacia la política económica se centró en la cuestión de si la crisis era un problema de solvencia o de liquidez. Sin embargo, como ha observado Kletzer (1988), los países en vías de desarrollo endeudados eran claramente solventes, en el sentido de que el valor presente de sus recursos potenciales (medidos por el valor descontado de los flujos de la producción real, por

---

[1] La conexión existente entre la crisis de la deuda, la inflación y los déficit fiscales en países muy endeudados ha sido destacada también por diversos autores, entre ellos Cardoso (1992), Cardoso y Fishlow (1990), Cooper (1991), Dornbusch (1993) y Reisen (1989).

ejemplo) era muchas veces mayor que el de sus obligaciones de deuda.[2] Si estos países eran solventes, hay necesidad de explicar el por qué de su falta de liquidez, es decir, por qué los acreedores externos ya no estarían dispuestos a sostener el ritmo de sus préstamos.

Un enfoque para este problema consiste en distinguir entre la *capacidad* de pago y la *voluntad* de pagar. Por ejemplo, mientras que los países endeudados pueden haber sido solventes (capaces de pagar), el hecho de la inmunidad soberana tiene la implicación de que, dado que no se dispone de sanciones legales para obligar al pago a los deudores soberanos, del tipo que puede aplicarse a los deudores nacionales, los contratos de deuda negociados con tales deudores deben ser autoexigibles; es decir, los deudores deben considerar conveniente cumplir sus obligaciones de pago. En esa perspectiva, la crisis de la deuda puede interpretarse como una situación en la que la voluntad de pagar declinó (por diversas razones), desatando un proceso de recontratación. Gran parte de la literatura teórica sobre la deuda ha seguido este enfoque, modelando esencialmente el proceso de los préstamos otorgados a estados soberanos. Kletzer (1988) ofrece una reseña excelente de esta literatura.

Otra solución del problema de la solvencia y la liquidez se basa en un examen de la cuestión desde una perspectiva más desagregada. Así, mientras que los *países* deudores podían haber sido solventes, los *gobiernos* deudores quizá no lo eran. La relevancia de esta perspectiva se apoya en la observación empírica de la enorme proporción de la deuda externa vigente en los países en vías de desarrollo fuertemente endeudados en el momento del estallamiento de la crisis internacional de la deuda que estaba a cargo de los sectores públicos de estos países. Como lo indica la gráfica XIV.1, cerca de tres cuartas partes del total de la deuda externa bruta a mediano y largo plazos, de los países fuertemente endeudados (PFE) como un grupo, en 1982, representaban un pasivo directo del sector público o tenían una garantía del mismo sector. Esto sugiere que el enfoque de la crisis desde una perspectiva fiscal puede generar ideas que tenderían a permanecer ocultas si se tratara al país deudor como un solo agente; de manera particular, la crisis podría verse como un problema de solvencia del deudor.

En este capítulo se sostiene que los factores fiscales desempeñaron un papel fundamental en la determinación de la cronología, la extensión y las implicaciones macroeconómicas de la crisis. Además, el ajuste fiscal puede desempeñar, en la resolución de los problemas macroeconómicos asociados a la deuda externa, un papel más fundamental que el que podría inferirse sólo de su contribución a la estabilización a corto plazo. Específicamente, las implicaciones fiscales a largo plazo de las operaciones de reducción de la deuda y del

---

[2] Presentamos algunos datos sobre este punto en la segunda parte de la sección XIV.3 .

GRÁFICA XIV.1. *Participación de la deuda y de la deuda públicamente garantizada en el total de la deuda en los países fuertemente endeudados*

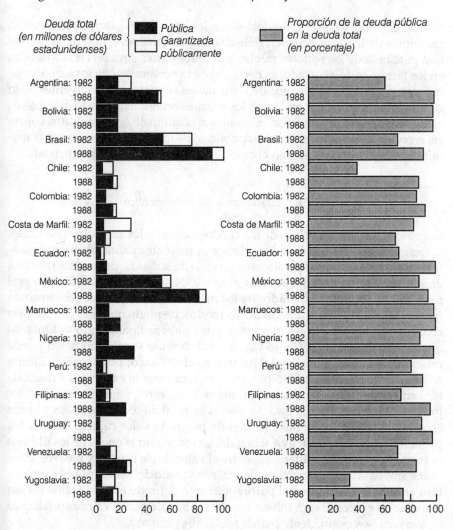

FUENTE: Montiel, 1992, y Banco Mundial.

servicio de la deuda (RDSD), recientemente emprendidas por varios países fuertemente endeudados (PFE), bajo el Plan Brady (véase la sección XIV.3), serán un determinante primordial del éxito de tales operaciones.

XIV.1. EL ORIGEN DE LA CRISIS DE LA DEUDA

El cese del flujo de préstamos netos, de los acreedores externos a los PFE a principios de los años ochenta, reflejaba una drástica reversión de la capacidad percibida de los sectores públicos de estos países para servir sus deudas en los términos del mercado; es decir, desde la perspectiva de los acreedores, los sectores públicos de varios de estos países se volvieron insolventes. Esto condujo a una situación en la que los agentes económicos, tanto extranjeros como nacionales, se volvieron renuentes a la adquisición de créditos contra las economías (no sólo los sectores públicos) de los PFE. Esta renuencia se manifestaba, entre otras cosas, en el cese del financiamiento externo privado.

XIV.1.1. *La solvencia del sector público*

Como vimos en el capítulo V, desde la perspectiva de los acreedores neutrales al riesgo se percibe que el sector público es solvente cuando el valor presente de sus pagos futuros esperados del servicio de la deuda, descontado a la tasa de interés segura, es igual al valor nominal de su deuda total.[3] Sólo en este caso los rendimientos esperados de los préstamos otorgados al gobierno son iguales al costo de oportunidad de los fondos, de modo que sólo en este caso continuarán los acreedores existentes y los nuevos financiando voluntariamente al sector público. Como vimos en el capítulo V, esta condición puede relacionarse con la situación del balance total del sector público. Este último no incluye sólo todos los activos y pasivos actualmente existentes y negociables en el mercado (que asumen la forma de acervos), sino también el valor presente (descontado a la tasa de interés segura) de todos los flujos futuros esperados de ingresos y obligaciones de pagos. El valor capitalizado de los primeros representa un activo actual del sector, mientras que el de los últimos es un pasivo actual. La diferencia entre el valor de los activos y pasivos, definidos ambos en esta manera, es el patrimonio neto del sector público en sentido amplio. Mientras que el patrimonio neto definido en esta forma no sea negativo, el gobierno será solvente, en el sentido de que el valor capitalizado de sus recursos es suficiente para liquidar sus pasivos.

En el caso del sector público de un país muy endeudado, podemos hacer una manipulación simple de la identidad presupuestaria del sector, como en la sección XIV.2, para demostrar que los recursos destinados por el sector público al servicio de su deuda (intereses y amortización) en cada periodo son

---

[3] El término de "tasa de interés segura" se refiere a la tasa de interés aplicable a los activos que están libres del riesgo de impago, como los certificados de tesorería.

iguales a la suma de su superávit presupuestario privado y su ingreso de señoraje. Utilizando la notación del capítulo v, esto puede escribirse como

$$(r-n)\Delta - \dot{\Delta} = s - d, \tag{1}$$

donde Δ denota la deuda pública total (interna y externa), d es el déficit primario, y s es la recaudación del señoraje, todo expresado como proporciones del PIB, mientras que r es la tasa de interés real en el momento t y n es la tasa de crecimiento del PIB real. La condición de solvencia, dada en el capítulo v, puede escribirse para los fines que ahora interesan como

$$PV(s-d; r-n, t) \geq \Delta, \tag{2}$$

donde la tasa de descuento efectiva es ahora $r - n$, la diferencia entre la tasa de interés real y la tasa de crecimiento del PIB real.

Dados valores constantes de la proporción del superávit primario y el señoraje al PIB, el resultado anterior implica que el valor presente de los pagos del servicio de la deuda será infinito siempre que la tasa de crecimiento del PIB real supere a la tasa de interés real. Esto es así porque los ingresos derivados de la emisión de deuda nueva serían siempre más que suficientes para el servicio de la deuda existente a la tasa de interés del mercado sin incrementar la proporción de la deuda al PIB. En este caso, la solvencia está garantizada para cualquier acervo inicial de la deuda, independientemente del valor que alcance la suma del superávit primario y la recaudación de señoraje. En otras palabras, cuando la tasa de crecimiento del PIB real supera a la tasa de interés real, el requerimiento de la solvencia no impone ninguna restricción a los valores futuros de la suma del superávit primario y la recaudación de señoraje del sector público, esencialmente porque la deuda existente puede servirse con la venta de deuda nueva, antes que con los recursos propios del sector público. Por otra parte, cuando la tasa de interés supera a la tasa de crecimiento del PIB real, los ingresos provenientes de la venta de deuda nueva a una proporción constante de la deuda al PIB no son suficientes para servir la deuda antigua, de modo que el sector público deberá servir la deuda utilizando sus propios recursos, es decir, generando superávit primarios y recaudaciones de señoraje suficientemente grandes. La condición de solvencia descrita antes determina las magnitudes que deben tener los recursos futuros recaudados por estos medios, de modo que actúa como una restricción del valor presente de los superávit primarios y la recaudación de señoraje futuros.[4]

---

[4] Véase en Cohen (1994) un análisis detallado de los papeles de la tasa de interés real y de la tasa de crecimiento económico en la imposición de una restricción de solvencia a los prestatarios soberanos.

XIV.1.2. *Aplicación a la crisis de la deuda*

La causa inmediata de la crisis de la deuda fue una reversión de la relación existente entre la tasa de interés real "segura" en los mercados internacionales de capital y la tasa de crecimiento del PIB real en los PFE (véase Sachs, 1989*b*). Durante la mayor parte del decenio de los años setenta, la tasa de interés real a largo plazo de los países industriales fue mucho menor que la tasa de crecimiento del PIB real registrada por los PFE como un grupo, según se observa en la gráfica XIV.2.[5] En estas circunstancias, los sectores públicos de estas economías podían servir su deuda existente mediante nuevos préstamos, sin necesidad de generar sus propios recursos fiscales para tal propósito. La ausencia de restricciones de solvencia sobre la política fiscal de estos países se manifestaba en grandes déficit fiscales de muchos de ellos durante este periodo (Montiel, 1992). Esto sugiere que, para un gran subconjunto de los PFE, el origen de la crisis se encuentra en el sector público —con excepción de Chile y Venezuela—. Colombia experimentó también déficit fiscales relativamente pequeños, por lo menos hasta fines de los años setenta.

A principios del nuevo decenio, las políticas monetarias restrictivas de muchos países industrializados, destinadas a combatir las consecuencias inflacionarias del segundo choque petrolero, se combinaron con las políticas fiscales expansivas de Estados Unidos para revertir la relación existente entre la tasa de interés real y la tasa de crecimiento de los PFE. Como se observa en la gráfica XIV.2, las tasas de interés reales a largo plazo empezaron a elevarse sustancialmente por encima de la tendencia de las tasas de crecimiento real registrada por estos países. En estas circunstancias, el servicio de la deuda existente mediante nuevos préstamos se habría convertido en un esquema Ponzi, donde la proporción deuda-PIB posiblemente habría aumentado sin límite. No podría esperarse que los acreedores aceptaran tal programa, ya que ello implicaría que el valor presente de las transferencias de recursos netas que recibirían por sus nuevos préstamos sería menor que el valor nominal de tales préstamos. Por lo tanto, los deudores del sector público de los PFE consideraron necesario empezar a servir la deuda con sus propios recursos. Esto significaba que no podría sostenerse el desempeño fiscal anterior. Un ajuste fiscal creíble, que ofreciera la perspectiva de generar, por la vía de los superávit primarios y la recaudación del señoraje, recursos suficientes para el servicio del gran acervo de deuda que se había acumulado durante el decenio anterior, era necesario para mantener la solvencia de los prestatarios del sector público de estos países.

---

[5] La tasa de interés real representada en la gráfica XIV.2 es el promedio anual de la serie mensual de los rendimientos reales anuales *ex post* de los bonos del gobierno de los Estados Unidos a treinta años (línea 61 del *International Financial Statistics* del FMI), deflactados por el índice de precios de mayoreo de los Estados Unidos. Las tasas del crecimiento económico medio de los países muy endeudados se tomaron de FMI, *World Economic Outlook*.

GRÁFICA XIV.2. *Tasas de crecimiento y de interés reales en los países en vías de desarrollo muy endeudados, 1973-1985 (cambio anual, porcentajes)*

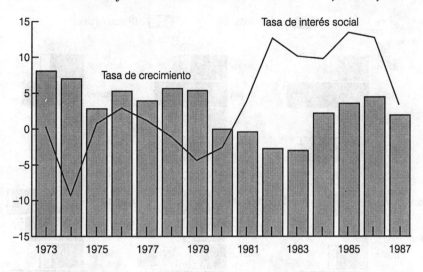

FUENTE: Montiel, 1992.

La severidad del problema de ajuste que afrontaba el sector público de los PFE se agravaba por el hecho de que el sector público de muchos de estos países había adquirido también una cantidad sustancial de deuda interna. La gráfica XIV.3 indica que en varios de los países muy endeudados, incluidos los principales deudores externos (Argentina, Brasil, México y Filipinas), la deuda interna contribuía más de 10 puntos de porcentaje del PIB a la carga total de la deuda del sector público en 1982. Podemos dar una definición más precisa a la relación existente entre la magnitud de la carga del ajuste y la magnitud del total de la deuda bruta vigente. Sea que d^* denote el superávit primario "permanente", es decir, un valor constante del superávit primario igual en valor presente a una corriente dada de superávit primarios futuros. Entonces, por la ecuación (2), la solvencia requiere que el superávit primario permanente se exprese por

$$d^* = (r - n)\Delta - (n + \pi)m^*, \tag{3}$$

donde r y n son, respectivamente, la tasa de interés real a largo plazo y la tasa de crecimiento real de la economía a largo plazo, la tasa inflacionaria de "equilibrio" escogida por quienes elaboran las políticas, y m^* la inversa de la velocidad del dinero básico correspondiente a la tasa inflacionaria π.

GRÁFICA XIV.3. *Proporción de la deuda pública*
conforme al PIB *en los países muy endeudados*

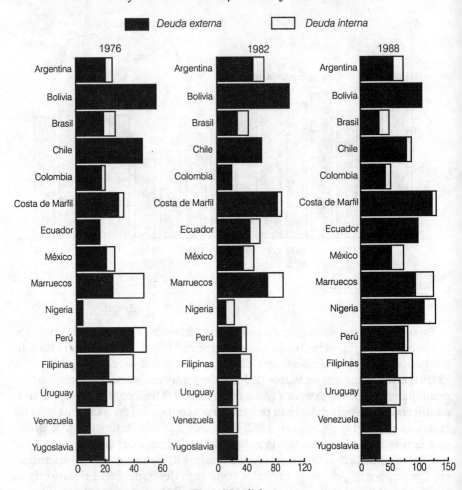

FUENTE: Guidotti y Kumar, 1991, y Banco Mundial.

El cuadro XIV.1 presenta estimaciones del superávit primario permanente de los quince PFE en 1982, así como del nivel medio del superávit primario de cada país durante el periodo precedente al estallamiento de la crisis de la deuda.[6] El superávit permanente requerido era mayor de 6% del PIB en cinco

[6] Para los fines de estos cálculos, se toma la tasa inflacionaria "de equilibrio" como la tasa inflacionaria más baja y sostenida, experimentada por estos países durante 1968-1982, y la estimación de la velocidad del dinero básico se derivó de la velocidad asociada a estas tasas de inflación.

CUADRO XIV.1. *Valores efectivos y sostenibles del superávit*
primario en los países muy endeudados, 1982 (porcentaje del PIB)

País	Efectivo [a]	Sostenible
Argentina	−7.6	7.3
Bolivia	−6.5	8.3
Brasil	−5.5	1.9
Chile	1.9	6.9
Colombia	−3.4	1.0
Costa de Marfil	−7.3	6.7
Ecuador	−4.5	1.8
México	−4.7	2.7
Marruecos	−8.6	6.3
Nigeria	—	2.2
Perú	−5.2	3.1
Filipinas	−4.7	3.6
Uruguay	—	2.6
Venezuela	2.6	1.9
Yugoslavia	—	1.5

[a] Los promedios de Argentina, Chile, México y Perú corresponden al periodo 1974-1982; el promedio de Filipinas, al periodo 1981-1982, y los promedios de todos los demás países al periodo de 1976-1982.
FUENTE: Montiel, 1992.

casos: Argentina, Bolivia, Chile, Costa de Marfil y Marruecos. En los casos de Bolivia, Costa de Marfil y Marruecos, esto se debe a un acervo muy grande de la deuda total en relación con el PIB. En los casos de Argentina y Chile, refleja una combinación de gran deuda (mayor de 60% del PIB) y lento crecimiento medio registrado durante el periodo (1968 a 1982), utilizado para estimar la tasa de crecimiento a largo plazo. Claramente, con la excepción de Venezuela, en todos estos países se hizo necesario un ajuste fiscal sustancial para preservar la solvencia del sector público cuando las tasas de interés internacionales se elevaron a principios de los años ochenta.

La crisis de la deuda reflejaba esencialmente la evaluación del mercado de que no se estaba realizando el ajuste fiscal necesario en muchos de los PFE. Consideremos lo que ocurre cuando cambian las condiciones (en alguna manera no especificada) de tal modo que la condición de solvencia (2), que antes se satisfacía, ahora se viola de antemano. Supongamos, en particular, que el superávit primario permanente esperado es menor que el valor indicado por la ecuación (3). Bajo las nuevas condiciones, el sector público será insolvente en un sentido *ex ante*; es decir, su patrimonio neto total será negativo. Sin embargo, el mercado asegurará que el patrimonio neto no sea negativo *ex post*. El ajuste puede adoptar varias formas. Si el programa fiscal en perspectiva no se modifica, el sector público podría repudiar su deuda interna en una medida suficiente para que el valor nominal de su deuda total restante sea igual a lo que puede esperar que podrá servir en términos de valor presente bajo ese programa.[7] A falta de esto, el mercado valuará simplemente la deuda en una cantidad igual al valor descontado del servicio esperado. Dado que, por hipótesis, esto es menor que el valor nominal de la deuda, esta se venderá con un descuento. El descuento es precisamente la diferencia existente entre el valor presente de los superávit primarios futuros más las recaudaciones de señoraje y el valor nominal de la deuda.

Cuando la deuda existente se vende con un descuento, se le negarán fondos nuevos al sector público. En la medida en que no pueda asegurarse creíblemente a los préstamos nuevos una posición privilegiada en relación con la deuda existente, los créditos nuevos serían inmediatamente descontados a la par con la deuda existente. Por lo tanto, no entrarían al mercado voluntariamente nuevos prestamistas. Aunque podría haber algunos incentivos para que los acreedores *existentes* incrementen su exposición, no lo harían individualmente (véase Krugman, 1988). Así pues, la ausencia de un ajuste fiscal condujo a la cesación de los préstamos voluntarios, es decir, a la crisis de la deuda.

XIV.2. LA RESPUESTA DE LA POLÍTICA ECONÓMICA Y LAS IMPLICACIONES MACROECONÓMICAS

El análisis anterior sugiere que los descuentos sustanciales que se han aplicado a la deuda externa de los países en vías de desarrollo desde que surgiera el mercado secundario para estos créditos, a mediados de los años ochenta, reflejan la percepción de que el grado del ajuste fiscal en respuesta a la reversión de la relación existente entre la tasa de interés real externa y la tasa de crecimiento a largo plazo de los países en vías de desarrollo, no ha sido suficiente para restablecer la solvencia del sector público de estos países. En principio, la respuesta fiscal puede asumir muchas formas. Ante una crisis, el ajuste se puede posponer mientras se pueda encontrar una clase de acreedores a la que pueda inducirse (u obligarse) para que proporcione financiamiento. Si el ajuste no se pospone, se podrían reducir los déficit primarios del sector público mediante diversos tipos de reducción del gasto y aumento de la recaudación, o el servicio de la deuda puede financiarse recurriendo en mayor medida al impuesto inflacionario. En virtud de que estas respuestas alternativas

---

[7] Esto podría asumir la forma de un impuesto de una sola vez sobre el capital. Por supuesto, la opción del repudio existe sólo para la deuda interna, porque el gobierno nacional carece de medios legales para obligar a los acreedores externos a renunciar a sus créditos.

ante la necesidad del ajuste fiscal tienen implicaciones macroeconómicas muy diferentes, las consecuencias macroeconómicas de la crisis de la deuda para los países en vías de desarrollo han dependido en gran medida de la naturaleza de la respuesta fiscal.[8]

Como se observa en Montiel (1992), la transferencia externa neta de recursos se volvió negativa en muchos de los PFE tras el estallamiento de la crisis de la deuda. En vista de que la deuda externa de estos países era pública en gran medida, esto sugiere que los sectores públicos de los PFE podrían haber empezado a servir su deuda externa parcialmente con sus propios recursos. En efecto, como se indica también en Montiel (1992), los incrementos de los superávit primarios del sector público eran comunes en estos países después de 1982. Sin embargo, como vimos antes, este ajuste era insuficiente para mantener la solvencia del sector público en la mayoría de los casos. Hay por lo menos dos razones para ello. Primero, aunque la transferencia de recursos se volvió negativa en muchos casos, el servicio de la deuda fue menor que la cantidad contratada, de modo que abundaron las moras y las restructuraciones. Segundo, es posible que el financiamiento de la transferencia de recursos haya generado en los acreedores la percepción de que ni siquiera las transferencias logradas eran sostenibles.

En particular, muchos países recurrieron al impuesto inflacionario, antes que al superávit primario, para financiar los pagos del servicio de la deuda. La tasa inflacionaria se aceleró después de 1982 en la mayoría de los países fuertemente endeudados, particularmente en América Latina (Chile y Colombia fueron excepciones notables). Es posible que los acreedores se hayan sentido justificadamente escépticos acerca de que los deudores se resignaran a vivir eternamente con los elevados niveles inflacionarios asociados.[9]

Además, en la medida en que el superávit primario aumentaba efectivamente, la carga del esfuerzo del ajuste era soportada a menudo de manera desproporcionada por la inversión pública (véase Easterly, 1989). Entre los países fuertemente endeudados para los que se dispone de datos, la inversión pública bajó durante los años ochenta —a veces en una forma drástica— en todos ellos, excepto en Chile y Colombia (Montiel, 1992). Conviene advertir que, desde la perspectiva de los acreedores, lo que importa es el valor presente de todos los superávit primarios futuros, no el valor del superávit en un año dado. En efecto, la reducción de la inversión pública incrementará el superávit en un año dado, pero sólo podrá aumentar la medida relevante del valor presente en la medida en que se espere que la tasa de rendimiento de la inversión en efectivo sea menor que la tasa de descuento, es decir, en la medi-

---

[8] Véase por ejemplo Easterly (1989).

[9] Además, como vimos en el capítulo V, existen varios mecanismos a través de los cuales puede erosionarse el rendimiento del impuesto inflacionario a través del tiempo.

da en que la inversión potencial no satisfaga una prueba del mercado. Aunque muchos proyectos potenciales de los países endeudados corresponden indudablemente a esta descripción, sigue siendo cierto que, mientras que los proyectos de inversión cancelados no sean puro consumo, el aumento del superávit primario a corto plazo supera a su aumento permanente bajo este modo de ajuste.

Por último, la reducción del financiamiento externo se remplazó en parte por los préstamos internos en varios países fuertemente endeudados. Easterly (1989) documenta la importancia de esta respuesta en los casos de Argentina, Brasil, Chile, México, Marruecos y Yugoslavia. Esta utilización de los préstamos internos explica en parte el incremento, reportado en la gráfica XIV.3, de la participación de la deuda interna en el total de la deuda del sector público de estos países entre 1982 y 1988. Adviértase que, en la medida en que tal deuda fue adquirida voluntariamente por residentes nacionales, debe haberse considerado como la más antigua de la deuda externa o debe haberse vendido a una tasa de interés suficientemente elevada para contrarrestar el descuento inmediato de su valor nominal (véase Dooley, 1986).[10] En cualquier caso, el servicio de esta deuda agrava la insolvencia percibida del sector público desde el punto de vista de los acreedores externos.

Cuando el ajuste fiscal no es completo y los créditos contra el sector público se venden con un descuento de su valor nominal original, la forma como los acreedores manejen sus créditos legales se convierte en un asunto de considerable importancia desde un punto de vista macroeconómico. Si los acreedores no renuncian a estos créditos (es decir, si no se cancela la deuda), entonces la diferencia existente entre el valor nominal de la deuda y su valor corriente de mercado permanece como un crédito no pagado contra el sector público, que se repartirá en una forma incierta entre los acreedores financieros del sector (externos e internos) y los agentes nacionales bajo la jurisdicción del gobierno. Esto significa, en particular, que no pueden descartarse: un nuevo ajuste fiscal, mayores niveles del impuesto inflacionario, o futuras recaudaciones de capital a fin de resolver esta "amenaza de la deuda". En este contexto, todos los activos al alcance de la autoridad fiscal del país endeudado corren el riesgo de una confiscación futura (es decir, a través de la tributación o de una requisa de capital), de modo que todos esos activos están en peligro (véase Sachs, 1989b; Dooley, 1986). En consecuencia, los inversionistas demandarán altas tasas de rendimiento para decidirse a mantener créditos —financieros o reales— sobre la economía afectada. Esto implica que la inversión privada será baja,

---

[10] Sin embargo, en muchos países puede haber sido involuntaria la adquisición de deuda interna, bajo la forma de las reservas requeridas de las instituciones financieras privadas. En este caso, por supuesto, el grado del "ajuste" fiscal está subestimado, porque tales requerimientos de reservas equivalen a una tributación disfrazada del sistema financiero (véase el capítulo VI).

las tasas de interés reales determinadas por el mercado nacional serán elevadas y, a menos que se implanten controles de capital efectivos, puede esperarse que la fuga de capital sea sustancial.[11]

Los datos compilados por Montiel (1992) sugieren que estas consecuencias ocurrieron efectivamente en los países fuertemente endeudados durante el periodo siguiente al estallamiento de la crisis de la deuda. Desde principio de los años ochenta, los PFE han experimentado un periodo prolongado de inversión privada baja aunada a una acumulación sustancial de activos externos por parte de residentes nacionales. Con la sola excepción de Colombia, donde el frenamiento fue menor, la inversión privada bajó drásticamente en todos los países fuertemente endeudados para los que se dispuso de datos después de 1982. La medida de la fuga del capital privado utilizada por Montiel (1992) es la sugerida por el énfasis hecho aquí en la dimensión fiscal del problema de la deuda. Tomado de Dooley y Stone (1993), y basado en Dooley (1988), este cuadro trata como fuga de capital sólo a las salidas de capital privado que no remiten ingresos, tomando así como motivación de la fuga de capital el deseo de evadir la tributación interna en perspectiva. Según esta medida, sólo Chile, Ecuador y Uruguay evitaron episodios sustanciales de fuga de capital durante este periodo.

XIV.3. Resolución de la crisis: el Plan Brady

XIV.3.1. *Descripción del plan*

Los efectos distorsionantes de la crisis de la deuda sobre la economía nacional y sus implicaciones para el crecimiento económico de los países fuertemente endeudados (PFE) generaron el apoyo internacional para un plan de solución propuesto por el ex secretario del Tesoro de los Estados Unidos, Nicholas Brady, en marzo de 1989. Reconociendo que no podía esperarse que la deuda existente fuese servida en sus términos originales (una expectativa incorporada en los descuentos sustanciales en la deuda de los países en vías de desarrollo que se negociaba en el mercado secundario y que empezó a crecer rápidamente después de 1986), y que la "amenaza" de los créditos por encima del valor presente de los pagos futuros esperados del servicio de la deuda era la fuente de tales distorsiones, el Plan Brady implicaba la reducción de tales créditos mediante la disminución de la deuda hasta niveles más realistas.

---

[11] No se ha determinado el margen existente para los controles de capital efectivos en los países en vías de desarrollo. Los datos examinados en el capítulo V sugieren que tales controles han sido en gran medida ineficaces.

Bajo el Plan Brady, cada uno de los gobiernos de los países en vías de desarrollo participantes inicia negociaciones con los bancos comerciales que son sus acreedores para restructurar los términos de sus obligaciones. El comité negociador de los bancos y el gobierno convienen en un "menú" de activos que se ofrecerán a los bancos acreedores individuales a cambio de la deuda existente, y en los términos en que deberá realizarse el intercambio. Una vez convenidos los términos, cada banco individual podrá decidir cuáles de los diversos activos aceptará a cambio de sus créditos. El menú incluye típicamente un bono de tasa fija emitido a la par con la deuda existente, pero que paga una tasa de interés menor que la tasa que se proyectaba aplicar a la deuda existente; un bono de tasa variable emitido con un descuento sobre el valor nominal de la deuda existente; y una opción de "dinero nuevo" que permite al banco conservar sus créditos actuales en los términos corrientes a cambio del compromiso de una cantidad designada de dinero nuevo por dólar de exposición corriente. El elemento de "disminución" de tales tratos implica la reducción del valor nominal de los bonos de interés variable, la reducción del servicio de la deuda sobre los préstamos a la par, y la pérdida de capital debida al descuento inmediato aplicado a los préstamos nuevos. Típicamente, los nuevos bonos que se emitirían en estas transacciones (conocidos como "bonos Brady") tienen garantías para el principal y los intereses revolventes: las primeras mediante la compra de bonos cupón cero de la Tesorería de los Estados Unidos, por parte del deudor, para garantizar el pago del principal, y mediante el bloqueo de depósitos en el Banco de la Reserva Federal de Nueva York para garantizar el pago de los intereses durante un periodo futuro especificado, renovado a través del tiempo. Los fondos para estos "fortalecimientos" de la calidad de los créditos bancarios sobre los deudores se proporcionan con reservas de los propios países deudores o mediante préstamos de organismos internacionales o países industrializados individuales. Los últimos recursos representan el apoyo operativo proporcionado por la comunidad internacional al Plan Brady.

XIV.3.2. *Efectos macroeconómicos: problemas conceptuales*

¿Cuáles son las implicaciones macroeconómicas probables de las operaciones de reducción de la deuda y el servicio de la deuda (RDSD) realizadas a través del Plan Brady para los países que las emprenden? Para abordar esta interrogante es necesario trazar distinciones conceptuales claras entre los diversos mecanismos a través de los cuales un gran acervo de deuda pública puede ejercer efectos macroeconómicos. Podemos identificar tres de tales mecanismos.

Sea que V denote el valor de mercado de la deuda externa del sector público. Bajo el supuesto simplificador de que la deuda interna es cero, V es el valor presente de los superávit primarios futuros esperados del sector público más la recaudación de señoraje:[12, 13]

$$V = PV(s - d; r - n, t).$$ (4)

El valor nominal de la deuda puede descomponerse luego en la porción que corresponde a su valor de mercado y la "deficiencia" $\Delta - V$:

$$\Delta = (\Delta - V) + V.$$ (5)

Por lo tanto, $S = \Delta - V$ es el valor presente de la "carga tributaria no asignada" (Dooley, 1986) asociada a la deuda, mientras que V corresponde a la porción de la carga del pago que los agentes nacionales esperan soportar.

El primer canal de transmisión opera a través de V. Un gran valor de V, independientemente de la magnitud de S, implica la expectativa de sustanciales superávit primarios futuros o de recaudaciones de señoraje. En la medida en que estos superávit se generen mediante la tributación distorsionante o la reducción de los niveles del gasto público productivo, bajará la tasa de rendimiento esperada de la acumulación de activos privados nacionales y disminuirá la eficiencia de la asignación de los recursos nacionales.[14] Este efecto está presente aun cuando se espera confiadamente que la deuda será servida en su totalidad (es decir, cuando $S = 0$). En este caso, en realidad, el efecto aparece precisamente porque se espera el servicio pleno de la deuda, pero se espera lograrlo mediante instrumentos distorsionantes. Conviene advertir que, en ausencia de impuestos de suma fija, todo servicio de la deuda preexistente tenderá a lograrse por medios más o menos distorsionantes.[15] El objetivo de

[12] El papel de la deuda interna en el análisis que sigue depende de que se otorgue antigüedad a la deuda externa o a la deuda interna. Si se otorgara antigüedad a la deuda interna, el valor presente de los pagos esperados por los acreedores internos tendría que restarse del miembro derecho de la ecuación (4). Si ambos tipos de deuda tuvieran la misma antigüedad, el miembro derecho de (4) se multiplicaría por la participación de la deuda externa en el total de la deuda. Tal como aquí aparece, (4) equivale a tratar como más antigua a la deuda externa. Para evitar la consideración clara, pero laboriosa, de cada uno de estos casos, simplemente suponemos que la deuda interna es inexistente.

[13] No se intenta explicar aquí por qué el sector público opta por pagar, es decir, por qué V no es cero. La literatura de la deuda contiene una discusión extensa de esta cuestión, incluyendo las sanciones a disposición de los acreedores externos que les permiten apropiarse de una parte del ingreso nacional (véase Sachs, 1984; Kletzer, 1988). Se supone que, en la medida en que tales sanciones recaigan sobre el sector privado, el sistema político asegura que el gobierno las interiorice.

[14] Como vimos en el capítulo v, la observación de que un incremento del acervo de la deuda del sector público implica una tributación distorsionante en el futuro es un argumento común en contra de la equivalencia ricardiana.

[15] Adviértase, de paso, que estos argumentos no implican que toda acumulación de deuda pública sea nociva para el crecimiento económico. En la medida en que la deuda pública financie inversiones que satisfagan una prueba de mercado, o se utilice para la regularización del

la política pública debería ser la minimización de los efectos distorsionantes asociados a un nivel dado de V. Este es un problema común de las finanzas públicas.

Cuando el sector público no es solvente, estos efectos corresponden sólo a la porción de la deuda que se espera sea servida. El componente restante de la "amenaza de la deuda" no genera tales efectos porque no se espera que el sector público recoja recursos nacionales para servirlo.

El mecanismo precedente opera a través del valor presente del servicio futuro esperado de la deuda asociado a un gran acervo de deuda, y estaría presente aunque no se estuviesen haciendo ahora pagos del servicio de la deuda. Más generalmente, ese mecanismo es independiente del perfil temporal de los pagos efectivos del servicio de la deuda. Para un valor dado de V, cuando el sector público es insolvente (es decir, cuando $S > 0$), el costo impuesto a la economía nacional para lograr la transferencia V será mayor entre más pronto se hagan los pagos. Esto es así porque, cuando el sector público es insolvente, no podrá obtener préstamos voluntarios de acreedores individuales en los términos del mercado. En esta situación de racionamiento del crédito, la tasa de descuento intertemporal utilizada por el sector público superará a la tasa de interés del mercado libre de riesgos. Por lo tanto, todos los pagos corrientes del servicio de la deuda hechos por el sector público tendrán un alto costo de oportunidad intertemporal, es decir, serán más costosos para la economía (en términos de las oportunidades de inversión pública sacrificadas o de la tributación distorsionante) que los pagos de igual valor presente (descontados a los costos de los fondos de los acreedores) que se hagan más adelante. Así pues, este tipo de efecto de liquidez surge cuando la insolvencia lleva al racionamiento del crédito y está presente aun cuando el servicio de la deuda se financie eficientemente (en la forma menos distorsionante) por el sector público.

Al igual que en el caso del primer mecanismo descrito antes, estos efectos de liquidez se agravan cuando las restricciones políticas o de otra clase impiden el financiamiento eficiente de los pagos del servicio de la deuda. El servicio efectivo de la deuda requiere la movilización de recursos, lo que puede lograrse en una forma más o menos distorsionante, por ejemplo mediante la reducción de impuestos o subsidios ineficientes por una parte, o imponiendo tasas tributarias elevadas sobre una base estrecha. Como se indicó antes, la utilización de modos ineficientes para el financiamiento de las transferencias netas negativas de recursos después de 1982, como la disminución de la inversión pública y la utilización del impuesto inflacionario, puede haber ejercido un efecto independiente que contribuyó a las nocivas consecuencias macroeconómicas

consumo público en respuesta a un choque transitorio negativo sobre el ingreso, los recursos para el servicio de la deuda estarán disponibles en el futuro sin necesidad de incrementar la carga distorsionante de la tributación.

de la crisis de la deuda bajo la forma de una reducción de la inversión y el crecimiento para la mayoría de los PFE durante los años ochenta.

Un tercer mecanismo, conceptualmente diferente, entra en operación cuando el sector público es insolvente, y se asocia con el componente de la "amenaza de la deuda" *S*. Al revés de *V*, este componente de la deuda no ejerce efectos macroeconómicos distorsionantes incrementando el valor esperado de los impuestos futuros; estos efectos ya están incluidos en *V*. Intuitivamente, supongamos que el gobierno podría comprometer previamente su programa fiscal futuro, de modo que los agentes privados no tengan ninguna incertidumbre acerca de sus obligaciones tributarias futuras. En este contexto, el nivel de los impuestos futuros esperados y la amenaza de la deuda están inversamente relacionados: entre mayor sea el nivel de los impuestos futuros esperados, menor será el descuento de la deuda en el mercado secundario. Esto es así porque los mayores impuestos para los residentes nacionales incrementan el superávit primario, fortaleciendo así la solvencia del sector público. En estas circunstancias, una gran amenaza de la deuda —un descuento sustancial de la deuda en el mercado secundario— sugiere precisamente que la carga tributaria esperada en el futuro es baja. Implícitamente, se trata a los agentes nacionales como reclamantes preferidos de los recursos del sector público, y la carga de los impuestos nacionales distorsionantes se alivia "gravando" a los acreedores extranjeros.

En cambio, la existencia de un componente de "deficiencia" de la deuda afecta a la economía nacional a través de otros dos canales. El primero, analizado en la abundante literatura existente sobre la amenaza de la deuda, se relaciona con los incentivos de quienes elaboran las políticas en tales circunstancias. En el apéndice de este capítulo se presenta un modelo formal de los efectos de la amenaza de la deuda sobre la economía nacional; aquí haremos sólo una descripción intuitiva de sus pronósticos. Para un valor dado del servicio futuro esperado de la deuda *V*, los efectos sobre la economía nacional dependen de que *V* surja del servicio de un pequeño acervo de deuda en términos contractuales (de modo que $\Delta = V$) o de la expectativa de que un acervo mayor de deuda será servido sólo parcialmente en algunos estados de la naturaleza (de modo que $\Delta > V$). Específicamente, cuando hay una deficiencia ($S > 0$), el valor efectivo del servicio futuro de la deuda es incierto. Dado que los recursos que los acreedores podrán extraer del sector público nacional tenderán a aumentar cuando los resultados macroeconómicos nacionales son favorables, los acreedores captarán alguna fracción de las ganancias de las buenas políticas macroeconómicas, y esta posibilidad actúa como un impuesto sobre los rendimientos de tales políticas, lo que desalienta a los hacedores de las políticas en lo tocante a su implantación. En términos de nuestra notación, el valor esperado de este impuesto ya está captado en *V*, pero el papel de $S > 0$ consiste en introducir una distribución para el valor efectivo del servicio futuro de la deuda alrededor de V. El efecto de desaliento deriva del hecho de que el servicio efectivo de la deuda tenderá a aumentar bajo las "políticas económicas buenas" hasta un máximo de Δ.

Sin embargo, algunos cálculos simples sugieren que el valor máximo del "impuesto adicional de la amenaza de la deuda" potencial sobre la economía nacional tenderá a ser pequeño en total. Denotando por $\theta = V/\Delta$, el precio en el mercado secundario de un peso de deuda, y expresando la proporción del superávit primario más el señoraje al PIB como $s - d = \iota - g$, donde ι es la proporción del valor presente de las recaudaciones tributarias netas más el señoraje al valor presente del PIB, y g es la proporción del valor presente del gasto "exhaustivo" (consumo más inversión) del sector público al valor presente del PIB, podemos escribir la ecuación (4) como

$$\theta = (\iota - g)y, \tag{6}$$

donde y es el valor presente del PIB. Esto puede expresarse como

$$gy + \Delta = \iota y + (1 - \theta)\Delta. \tag{7}$$

El miembro izquierdo de esta expresión representa el valor presente de los "usos de fondos" del sector público (obligaciones de pago), consistente en el valor presente de su programa de gasto exhaustivo y el valor nominal de su deuda. El miembro derecho representa sus "fuentes de fondos", consistentes en los impuestos netos (incluido el señoraje) sobre los residentes nacionales y su "tributación" de los acreedores bajo la forma de deficiencias en el servicio de la deuda. Dadas las obligaciones de pago del sector público, una elevación de la tasa de tributación ι sobre los agentes nacionales reduce la deficiencia $1 - \theta$ y viceversa, como se indicó antes.

Por último, factorizando a y hacia afuera del miembro derecho de (7), obtenemos

$$gy + \Delta = \left[\iota + (1 - \theta\frac{\Delta}{y})\right]y. \tag{8}$$

El segundo término dentro del paréntesis rectangular del miembro derecho representa la "tasa tributaria adicional de la amenaza de la deuda" potencial sobre los residentes nacionales. Es la porción de las obligaciones de pago del sector público que ahora se espera que recaigan sobre los acreedores externos. Pero sólo lo haría así si la porción $(1 - \theta)$ de la deuda se perdona. Mientras que esta "deficiencia" permanezca en los libros, representará un impuesto no asignado, y en particular un impuesto potencial sobre las actividades económicas nacionales. Sin embargo, su magnitud no es grande. Utilizando estimaciones bastante conservadoras, incluyendo una tasa de descuento de 5% (correspondiente a $r - n$) para el PIB, una proporción de deuda-PIB de 0.6 (véase la gráfica XIV.3) y un precio en el mercado secundario de 40 centavos por peso, obtendremos un "impuesto de la amenaza de la deuda" potencial representativo, sobre los residentes nacionales, de menos de 2% del valor presente del PIB.

El cuadro XIV.2 presenta estimaciones detalladas de este impuesto para diversos valores de $r - n$ para todos los PFE con datos disponibles. Estas estimaciones se basan en valores del precio en mercado secundario, y de la proporción de deuda externa-PIB, a fines de 1988. La tasa tributaria efectiva aumenta con la tasa de interés real, que disminuye el valor presente de los recursos nacionales futuros, y declina con la tasa de crecimiento del PIB. Pero incluso con el valor relativamente elevado de 7% para $r - n$, la tasa tributaria alcanza valores máximos superiores al 6.5% del PIB sólo en los países más pequeños (Bolivia y Costa de Marfil), donde la proporción deuda-PIB era en extremo elevada y la deuda se consideraba a la sazón como casi desprovista de todo valor en el mercado secundario. Para los deudores más grandes (Brasil y México), la tasa tributaria máxima de la "amenaza de la deuda" se encuentra en el intervalo de 1% a 2% del PIB.

Ciertamente es discutible la medida en que una pérdida adicional máxima de esta magnitud podría proporcionar un serio desaliento para la adopción de políticas de otro modo deseables. Sin embargo, el hecho de que el impuesto adicional máximo sea pequeño no descarta en modo alguno los efectos de desaliento sobre quienes elaboran las políticas. Entre otras cosas, lo que importa finalmente es el impuesto marginal que los acreedores puedan imponer a los incrementos potenciales del ingreso nacional. Aunque el impuesto adicional máximo puede ascender a una pequeña fracción del valor presente del PIB, puede representar una fracción grande de cualesquiera adiciones al PIB que pudieran lograrse mediante políticas mejoradas.

La existencia de un impuesto potencial de amenaza de la deuda adicional podría afectar no sólo a los incentivos de los que hacen las políticas, sino también a los de individuos privados. ¿Desalentaría el impuesto marginal que los acreedores pueden imponer a la economía en conjunto —y por ende la tasa tributaria marginal que pueden afrontar los elaboradores de las políticas— la realización de nuevas actividades productoras de ingreso por parte de individuos privados? La respuesta a esta interrogante es: probablemente no. Para ver por qué, supongamos para simplificar que la actividad económica nacional existente se grava a una tasa fija uniforme. Es improbable que las actividades nuevas se graven diferentemente de las antiguas, de modo que puede esperarse que afronten la tasa tributaria media por toda la economía. Mientras que los acreedores pueden extraer una gran porción del incremento del ingreso de la economía, lo que se traducirá en una tasa tributaria marginal

CUADRO XIV.2. *Tasa del impuesto de la amenaza de la deuda en los países muy endeudados (porcentaje)*

País	Valor de $r - n$			
	7.00	5.00	3.00	1.00
Argentina	3.09	2.21	1.32	0.44
Bolivia	6.57	4.70	2.82	0.94
Brasil	1.26	0.90	0.54	0.18
Chile	2.40	1.71	1.03	0.34
Costa de Marfil	6.65	4.75	2.85	0.95
Ecuador	5.97	4.27	2.56	0.85
México	2.07	1.48	0.89	0.30
Marruecos	3.39	2.42	1.45	0.48
Perú	5.09	3.63	2.19	0.73
Filipinas	2.20	1.57	0.94	0.31
Uruguay	1.17	0.84	0.50	0.17
Venezuela	2.09	1.49	0.90	0.30

FUENTE: Los datos originales se obtuvieron del Banco Mundial. Los cálculos se describen en el texto.

elevada en la percepción de quienes hacen las políticas, esta carga sería soportada igualmente por las actividades privadas nuevas y antiguas, mediante un incremento de la tasa tributaria media aplicable a ambas. Incluso con una tasa tributaria marginal elevada extraída por los acreedores sobre los incrementos del ingreso nacional, el cambio de la tasa tributaria media por toda la economía, asociado a cualquier proyecto nacional particular, tenderá a ser infinitesimal, de modo que no sería interiorizado por los agentes privados que contemplan nuevas actividades. De esto se deduce que es improbable que el "impuesto adicional de la amenaza de la deuda" sea una importante fuente directa de desaliento para los agentes individuales. Así pues, el argumento convencional de la "amenaza de la deuda" se aplica al comportamiento de los responsables de las políticas pero no al de los agentes individuales.

Mientras que la tasa tributaria aplicable a las nuevas actividades económicas privadas quizá no difiera de la tasa tributaria media de toda la economía pro efecto del potencial "impuesto adicional de la amenaza de la deuda", el valor futuro de esta tasa tributaria nacional media estará sujeto a la incertidumbre en cuanto exista una "deficiencia", y la propia incertidumbre acerca de los impuestos futuros puede desalentar las nuevas actividades económicas privadas. Las cifras del cuadro XIV.2 sugieren que quizá el intervalo de la variación potencial de la tasa tributaria media asociada al servicio de la "deficiencia" no sea grande, pero es posible que tales cifras subestimen el grado de la incertidumbre involucrada para los agentes privados, por varias razones. Primero, si fracasan las negociaciones con los acreedores externos, los costos de las sanciones para la economía nacional podrían ser mayores que la deficiencia. Segundo, en la medida en que una transferencia a los acreedores externos sea financiada ineficientemente por el sector público, los costos para los residentes nacionales superarán al valor de la transferencia. Por último, la incertidumbre (al nivel microeconómico) asociada a la incidencia de los impuestos sobre las actividades individuales podría superar a la incertidumbre asociada a la tasa tributaria media. Esto es así porque, dado que no se espera que la deficiencia sea derivada bajo el régimen actual de la política económica, el servicio de esta deuda podría señalar un cambio de régimen, que implique nuevos impuestos por ejemplo, como parte de una reforma fiscal. Dado que sería difícil prever la distribución de la tributación distorsionante en el nuevo régimen de política fiscal, se genera un potencial para grandes pérdidas individuales, aunque el cambio de la carga media de la tributación no sea grande en sí mismo.

La incertidumbre adicional acerca de los impuestos futuros para los agentes privados nacionales, asociada a la deficiencia de S, representa un conducto separado por el que S podría afectar adversamente a la economía nacional, por encima de cualesquiera efectos de desaliento sobre los responsables de las políticas. En presencia de tal incertidumbre, las actividades privadas irreversibles tales como la inversión en capital fijo y la adquisición de créditos sobre el sistema financiero nacional (que podrían sujetarse más tarde a controles del capital) tendían a posponerse hasta que se resuelva la incertidumbre. Este efecto podría explicar el comportamiento de la inversión privada y la fuga de capital en los PFE a principio de los años ochenta.[16] Se han acumulado pruebas de que la incertidumbre de este tipo puede disuadir las actividades económicas privadas que tengan un aspecto irreversible.[17]

De acuerdo con este razonamiento, los costos de la insolvencia *ex ante* del sector público por sí misma (por oposición a los costos derivados del servicio esperado de la deuda) surgen del racionamiento del crédito y de las distorsiones introducidas en las decisiones de los elaboradores de las políticas y los agentes económicos individuales por la incertidumbre asociada a la deficien-

---

[16] Sin embargo, se exageraría probablemente si se atribuyeran todas estas dislocaciones al "efecto de la incertidumbre", porque no se tomaría así en cuenta el posible papel del tipo de ajuste fiscal emprendido por los PFE después de 1982. Como se sugirió antes, es posible que el modo del ajuste fiscal haya desempeñado un papel independiente en la generación de resultados macroeconómicos desfavorables. La separación de los efectos directos de la amenaza de la deuda sobre las economías de los países muy endeudados, de los efectos indirectos transmitidos a través del tipo de ajuste fiscal, sigue siendo una tarea de investigación inconclusa.

[17] Por lo que toca a los efectos de la tributación potencial sobre la fuga de capital en los países en vías de desarrollo, véase Dooley (1988). Rodrik (1991) presenta un análisis de los efectos negativos de la incertidumbre sobre la inversión privada de los países en vías de desarrollo; véase también el capítulo III.

cia (en un sentido de valor presente) entre los recursos del sector público y sus obligaciones.

En este contexto, las operaciones RDSD, definidas ampliamente para incluir no sólo las operaciones financieras asociadas a la conversión de la deuda, sino también todo el conjunto de condiciones macroeconómicas ligadas a las operaciones del tipo del Plan Brady, pueden hacer varias contribuciones.

Desde el punto de vista del país deudor, la primera y más obvia de las contribuciones sería la reducción del valor presente de los pagos futuros esperados del servicio de la deuda V. Esto libraría al país no sólo de la carga de efectuar la transferencia externa de recursos, sino también de la "carga secundaria" asociada a la tributación distorsionante. Dado que así se beneficiarían los residentes del país a expensas de los acreedores externos, las operaciones RDSD de naturaleza voluntaria no tenderán a producir este resultado. En efecto, es posible que las condiciones fiscales ligadas a los programas de ajuste negociados que condicionan las operaciones RDSD del Plan Brady incrementaran el valor de V. Obsérvese que el efecto de la operación sobre V no puede inferirse sólo de los precios del mercado secundario (porque tales precios dependen de V y del valor nominal de la deuda Δ), ni del valor de mercado de la deuda inmediatamente después de la operación (porque una parte de los pagos recibidos por los acreedores puede provenir de donativos de terceros o de préstamos blandos). El efecto sobre V debe extraerse del valor de la deuda después de la operación (incluidos todos los pagos adelantados), descontando el elemento de donativo (si hay alguno) existente en las contribuciones de terceros.

Dado V, una segunda contribución potencial de las operaciones RDSD sería la restricción del exceso de la "carga secundaria" asociada al financiamiento de la transferencia de V a los acreedores del sector público. Esto podría lograrse mediante las condiciones fiscales ligadas al programa de ajuste. En particular, tales condiciones debieran tratar de asegurar que la transferencia se efectúe con un costo de distorsión mínimo. Ningún indicador singular bastaría para medir el grado del éxito en este sentido, pero son bien conocidos los principios generales del financiamiento público relevantes: la promoción de un sistema tributario que descanse en una base amplia y en tasas impositivas bajas y uniformes, la sustitución de las cuotas de importaciones por aranceles bajos y uniformes, y la protección de los programas de inversión pública que satisfagan una prueba de mercado.

Por supuesto, la meta final de las operaciones RDSD debiera ser la eliminación de la amenaza de la deuda, suprimiendo así las distorsiones asociadas al racionamiento del crédito y los efectos que desalientan a los responsables de las políticas y a los agentes individuales. De hecho, la contribución potencial más importante de las operaciones RDSD puede ser la resolución del problema de distribución asociado a la "carga tributaria no asignada" y, en la mayor medida posible, eliminar esta fuente de incertidumbre. En este sentido, y de acuerdo con el razonamiento anterior, un indicador singular razonable del éxito de tales operaciones podría ser la reducción porcentual de la deficiencia (el descuento del mercado secundario multiplicado por el acervo de la deuda vigente) que generan.

Por último, en la medida en que se espere que permanezca una deficiencia a la conclusión de una operación RDSD, los efectos positivos de la operación desde el punto de vista del país deudor dependerán de sus implicaciones para el flujo de efectivo.

XIV.3.3. *Una descripción de algunos tratos iniciales del Plan Brady*

Desde que se anunció el Plan Brady en marzo de 1989 hasta diciembre de 1997, treinta y tres países en vías de desarrollo restructuraron su deuda con los bancos comerciales en los términos del plan. La reducción de la deuda se logró mediante recompras (compras de la deuda a menos que su valor nominal), intercambios de bonos a valor nominal descontado pero servidos en términos del mercado, e intercambios de bonos a la par con tasas de interés menores que las del mercado.[18] El otorgamiento de garantías puede considerarse también como un pago adelantado de la deuda. En el caso de varios países pequeños (Guyana, Mozambique, Níger y Uganda), las operaciones del Plan Brady eliminaron efectivamente la deuda de la banca comercial, siempre mediante recompras. Pero en el caso de varios países más grandes, la reducción total de la deuda equivalió a menos de la mitad del valor nominal de la deuda. En el resto de esta sección examinaremos más detenidamente los primeros cinco tratos del Plan Brady, ninguno de los cuales eliminó por completo la deuda de la banca comercial.

Las primeras cinco negociaciones RDSD bajo el Plan Brady fueron concluidas por Costa Rica, México, Filipinas, Uruguay y Venezuela.[19] De los cuatro sentidos mencionados antes, en que tales operaciones podrían haber contribuido al alivio de los problemas macroeconómicos afrontados por estos países, puede cuantificarse directamente la medida en que tres de ellos se han logrado. Tales son el cambio de V, la reducción de la deficiencia y el cambio del perfil temporal de los pagos del servicio de la deuda. Es mucho más difícil de determinar la medida en que las condiciones fiscales ligadas a los programas de ajuste macroeconómicos asociados a las operaciones RDSD puedan ofrecer la perspectiva de reducir la carga secundaria derivada del financiamiento de V. Se requiere la determinación de una contrafáctica fiscal en cada caso, así como un examen detallado de las condiciones fiscales ligadas a cada progra-

---

[18] Para detalles de los términos de estos acuerdos, véase Banco Mundial (1998).
[19] Véanse los detalles de las negociaciones individuales en Claessens y otros (1992). Por lo que toca a la negociación de México, véase también Claessens y Van Wijngerben (1993).

ma y una evaluación de la eficacia probable de la condicionalidad para la generación de estos resultados deseables.

Conceptualmente, el cambio de V se puede medir como el cambio del valor de mercado del total de la deuda externa menos los pagos en efectivo por adelantado, menos el "dinero nuevo" (de fuentes oficiales o comerciales), menos los donativos (o sus equivalentes si los hay) recibidos de terceros.[20] Sin embargo, surgen varios problemas en la aplicación de esta definición, dos de los cuales son particularmente importantes. Primero, la deuda oficial no se negocia en un mercado secundario, de modo que el efecto de las operaciones RDSD sobre el valor de la deuda oficial existente y nueva requiere que se formule un supuesto acerca de su calidad preferente en relación con la deuda de los bancos comerciales "elegible" a mediano y largo plazos. Segundo, el precio de mercado *ex ante* de la deuda bancaria no puede observarse inequívocamente, ya que debe depurarse de los efectos de las expectativas de las operaciones. Claessens y otros (1992) han estimado el cambio de V resultante de las operaciones RDSD en los primeros cinco programas negociados. El cuadro XIV.3 presenta sus estimaciones del aumento de V para cada uno de los cinco países del Plan Brady, basadas en los supuestos alternativos de que la deuda oficial es la de mayor antigüedad y de que la deuda comercial y la deuda oficial tienen la misma antigüedad.

La primera columna del cuadro supone que la deuda oficial no está sujeta a un riesgo de país, mientras que la segunda columna supone que la deuda comercial y la oficial tienen la misma preferencia. Aunque las diferencias entre las dos columnas son sustanciales, lo que sugiere que las estimaciones son muy sensibles a este supuesto, estos resultados implican que V aumentó en todos los casos. Esto no sería sorprendente en el contexto de intercambios de deuda estrictamente voluntarios (véase Bulow y Rogoff, 1990), pero los tratos del Plan Brady contenían algunas cláusulas que trataban de evitar los problemas del gorrón y de dar a estas operaciones ciertos aspectos de concertación. Estos resultados implican entonces que los bancos comerciales han conservado una cantidad sustancial de poder de negociación.

Independientemente de lo que ocurra con V, los argumentos anteriores indican que la reducción de la deficiencia provee potencialmente un beneficio independiente para los países muy endeudados, mejorando la estructura de incentivos de los responsables de las políticas y reduciendo el nivel de la incertidumbre para los agentes privados. Dado que la deficiencia es la diferencia existente entre el valor nominal de la deuda y su valor de mercado, puede disminuirse reduciendo Δ o incrementado V. Habiendo considerado antes los

---

[20] Adviértase que, cuando se mide en esta forma, un pago adelantado inicial hecho con los recursos propios del país, no tendría ningún efecto sobre V, porque el valor de mercado de la deuda bajaría en la cantidad del pago. Esto refleja una reducción de los recursos disponibles para el servicio de la deuda en el futuro.

CUADRO XIV.3. *Cambios en V derivados de las operaciones*
RDSD en los países del Plan Brady (en millones de dólares)

País	Deuda oficial preferente	Igual preferencia
Costa Rica	193	907
México	2 189	8 074
Filipinas	451	3 112
Uruguay	53	392
Venezuela	2 444	5 345

FUENTE: Claessens y otros, 1992.

efectos sobre *V*, ahora examinaremos los cambios de Δ, expresados como una fracción de la deficiencia original en los primeros cinco países del Plan Brady. Esta información se presenta en el cuadro XIV.4. Este cuadro se construye sobre la base del supuesto de que toda la deuda externa tiene la misma preferencia. Por lo tanto, se calcula la deficiencia total multiplicando el acervo total de la deuda externa vigente en el momento en que se emprendieron las negociaciones sobre la RDSD (columna 1) por el descuento del mercado secundario de la deuda de los bancos comerciales a mediano y largo plazos prevaleciente en ese momento (1 menos el precio de la deuda reportado en la columna 2). La columna 4 presenta la reducción total de la deuda neta en cada uno de los países, calculada por Fernández-Arias (1992). Esto se expresa como una proporción de la deficiencia original en la columna final. En total, la reducción de la deuda neta como porcentaje de la deficiencia original fue mayor en Costa Rica e insignificante en Filipinas. Más importante es el hecho de que la reducción total de la deuda neta ascendió a un tercio o menos de la deficiencia original en cuatro de los cinco países.

Combinando el cuadro XIV.3 con la cuarta columna del cuadro XIV.4, resulta obvio que las primeras operaciones RDSD bajo el Plan Brady tenían objetivos limitados. En particular, no buscaban la eliminación total de la deficiencia. La deficiencia total, que aparece en la tercera columna del cuadro XIV.4, no se eliminó en ninguno de los cinco países examinados. La medida en que se redujo la deficiencia disminuyendo Δ por una parte, o aumentando *V* por la otra, depende de cuál de las estimaciones del incremento de *V* reportado en el cuadro XIV.3 se utilice. En vista de la limitada escala de las operaciones, no es sorprendente que la deuda de estos países continúe vendiéndose con un descuento en el mercado secundario.

En este sentido, el perfil temporal de los pagos del servicio de la deuda asociado a estas operaciones se vuelve relevante. Desafortunadamente, como se indica en Fernández-Arias (1992), bajo supuestos contrafácticos razona-

CUADRO XIV.4. *Reducción de la deuda mediante operaciones* RDSD
en los países del Plan Brady (en porcentaje de la deficiencia inicial)

País	Deuda	Precio	Deficiencia	Reducción neta de la deuda	Reducción de la deuda (porcentaje de la deficiencia)
Costa Rica	4.8	0.56	2.1	1.0	47.3
México	100.4	0.36	64.3	16.6	25.8
Filipinas	29.4	0.46	15.9	0.5	3.1
Uruguay	3.6	0.36	2.3	0.7	30.4
Venezuela	34.8	0.30	24.4	4.3	17.7

FUENTE: Fernández-Arias, 1992.

bles, cada una de estas operaciones parece haber tenido efectos de liquidez adversos durante los primeros cuatro años: los pagos externos aumentaron en cuatro de los cinco países (siendo Filipinas la excepción) durante el primer año, y sólo disminuyeron moderadamente durante los tres años siguientes.

En resumen, la crisis de la deuda estalló debido a una percepción generalizada de que los sectores públicos de muchos RDSD se volvieron efectivamente insolventes en el ambiente internacional modificado de principios de los años ochenta por sus grandes acervos de deuda externa e interna, y por restricciones políticas internas que impedían un ajuste fiscal creíble a las nuevas circunstancias. La crisis tuvo graves repercusiones para la inversión y el crecimiento en los países deudores, debido en parte al hecho de que la propia insolvencia del sector público tiene consecuencias macroeconómicas directas para la economía nacional al generar desalientos para la adopción de políticas de ajuste apropiadas e incertidumbre para los agentes privados. Pero además la cesación del financiamiento externo debida a la insolvencia condujo a una crisis de liquidez que requería alguna forma de ajuste fiscal como una cuestión de necesidad contable. La respuesta fiscal efectiva ante los aspectos de liquidez de la crisis —que involucraba un financiamiento interno mayor, el impuesto inflacionario y la reducción de la inversión pública— fue muy ineficiente en muchos países, lo que generó la fuga de capital, una inversión baja y un crecimiento lento, sin conducir a un servicio pleno de la deuda, efectivo o potencial, ni acabar con el problema de la insolvencia. La capacidad del sector público de muchos países para seguir obteniendo préstamos internos luego de la retirada de los acreedores externos, así como la medida en que las dislocaciones macroeconómicas de los países deudores se debían a los efectos directos de la "amenaza de la deuda", antes que a la naturaleza de la respuesta fiscal ante los aspectos de liquidez de la crisis, siguen siendo materia de la investigación futura.[21]

Bajo el Plan Brady, se percibía que las soluciones de la crisis —y la eliminación de sus efectos macroeconómicos nocivos— implicaban alguna combinación de cancelación del valor nominal de la deuda y aumento del servicio potencial de la deuda del sector público con un costo mínimo de distorsión para la economía nacional. Los primeros programas RDSD implantados bajo el Plan Brady representaron sólo soluciones parciales del problema, cerrando sin eliminar la brecha existente entre el valor nominal de la deuda externa y el valor presente del servicio potencial de la deuda del sector público. Lo hicieron en parte reduciendo el primero y en parte aumentando al último. Sin embargo, no fue sustancial su contribución al alivio de los problemas de liquidez inmediatos de los deudores. Así pues, es posible que la contribución potencial más importante de tales programas haya sido la reducción, a través de la condicionalidad de la política económica asociada a los recursos proporcionados por las instituciones financieras internacionales, de la carga secundaria asociada a la transferencia interna de recursos hacia el sector público.

APÉNDICE

EFECTOS DE INCENTIVO DE UNA AMENAZA DE LA DEUDA

El argumento de que la existencia de una amenaza de la deuda crea desalientos para la inversión interna en el país deudor, y que el perdón de la deuda puede estimular la inversión interna e incrementar los pagos efectivamente recibidos por los acreedores, ha sido formulado por varios economistas, pero se asocia originalmente con Jeffrey Sachs (1984). Podemos resumir ese argumento con el modelo simple de dos periodos utilizado en Sachs (1989b). Supongamos que el gobierno deudor maximiza la utilidad descontada $U(\cdot)$ derivada del consumo nacional en cada periodo:

$$U(c_1, c_2) = u(c_1) + \rho u(c_2), \tag{A1}$$

donde $u(\cdot)$ es una función de utilidad cóncava convencional, c denota el consumo nacional en el periodo t, y $0 < \rho < 1$ es un factor de descuento. El país entra al primer periodo con un acervo de deuda existente, lo que origina una obligación contractual de pago de D_0 durante el segundo periodo. En el primer periodo no se debe ningún pago del servicio de la deuda. Los pagos efectivos a los acreedores originales en el

[21] Como se indicó antes, no está clara la medida en que pueda verse al financiamiento interno como el resultado de transacciones voluntarias en el mercado.

segundo periodo están dados por R, donde $R < D_0$. La cantidad que efectivamente debe pagarse surge de negociaciones entre el gobierno y sus acreedores originales.[22] En el segundo periodo, el gobierno paga R a sus acreedores originales, más el servicio de cualquier deuda adicional que contraiga con nuevos acreedores en el primer periodo. Sin embargo, el gobierno no puede comprometerse a pagar más de una fracción $0 < \delta < 1$ del ingreso del país durante el segundo periodo, por concepto del servicio total de la deuda. Si esta restricción se vuelve efectiva, se pagará a todos los acreedores en proporción a su exposición, lo que implica que ninguna clase de acreedores (originales o nuevos) tiene mayor antigüedad.

En estas condiciones, el gobierno deudor, actuando como un planeador, debe decidir cuánto invertirá y tomará prestado durante el primer periodo, sujeto a las restricciones siguientes:

$$c_1 = f(k_0) + D_1 - I_1, \tag{A2}$$

$$c_2 = f(k_0 + I_1) - (1 + r^*)D_1 - R, \tag{A3}$$

donde k_0 es el acervo de capital inicial al principio del periodo 1, I_1 es la inversión durante el periodo 1, D_1 es el nuevo endeudamiento durante el periodo 1, r^* es la tasa de interés mundial libre de riesgo, y $f(\cdot)$ es una función de producción neoclásica convencional, con $f' > 0$ y $f'' < 0$. Hay también una restricción de la oferta de crédito que el gobierno debe satisfacer, ya que sólo dispondrá de préstamos nuevos si los nuevos acreedores esperan que se les pagará totalmente. Dadas las obligaciones existentes con los acreedores originales, esto requiere

$$(1 + r^*)D_1 < f(k_0 + I_1) - R. \tag{A4}$$

Mientras se aplique la condición (A4), el nuevo endeudamiento D_1 es una variable de elección para el gobierno, porque los fondos están disponibles en una oferta infinitamente elástica a la tasa de interés r^*. Pero si no se aplica, el país no podrá obtener ningún préstamo porque los nuevos acreedores no podrían recibir la tasa de rendimiento del mercado al prestar a este país.[23]

Si se aplica la condición (A4), las condiciones de primer orden para un máximo son

$$-u'(c_1) + \rho u'(c_2)f'(k_0 + I_1) = 0, \tag{A5}$$

$$u'(c_1) - \rho(1 + r^*)u'(c_2) = 0. \tag{A6}$$

A fin de despejar I_1, sustituimos (A6) en (A5) y simplificamos. La inversión nacional está dada entonces implícitamente por

$$f'(k_0 + I_1) = 1 + r^*. \tag{A7}$$

---

[22] Tales negociaciones no se explican por el modelo. De hecho, su propósito es la evaluación de las consecuencias de diversos valores de R para ambas partes.

[23] Recuérdese que tales acreedores no pueden ser los más antiguos, de modo que, si se viola (A4), se les pagaría $(1 + r^*)D_1\{\delta f(k_0 + I_1)/[(1 + r^*)D_1 + R]\} < (1 + r^*)D_1$.

La sustitución de la ecuación (A7) en (A6) define implícitamente los préstamos del primer periodo como una función de R. Intuitivamente, un aumento de R reduce el consumo del segundo periodo, ya que disminuye los recursos disponibles para el consumo en ese periodo. Esto incrementa la utilidad marginal del consumo del segundo periodo y así incrementa el incentivo para posponer el consumo. Esto puede lograrse reduciendo los préstamos del primer periodo, de modo que D_1 baja. Formalmente,

$$D_1 = d(R), \quad -1 < d' = \frac{-\rho f' u''(c_2)}{u''(c_1) + \rho(1 + r^*)f' u''(c_2)} < 0. \tag{A8}$$

Adviértase también que $-1 < (1 + r^*)D_1 < 0$. Por lo tanto, mientras que la condición (A4) puede aplicarse para valores bajos de R, un aumento de R reduce el miembro derecho de la ecuación (A4) en mayor medida que el miembro izquierdo. Habrá así algún valor crítico de R, digamos R^*, donde la condición (A4) se aplicará como una igualdad. Para $R > R^*$, la condición (A4) se violará. Supongamos ahora que $R = D_0 > R^*$; es decir, en ausencia de una cancelación de la deuda inicial, el servicio de la deuda debida a los acreedores originales es tal que el servicio total de la deuda en el segundo periodo superaría a la cantidad que el país está dispuesto a pagar. En este caso, dado que todos los acreedores experimentarían una deficiencia, no entrarán nuevos acreedores. Las restricciones (A2) y (A3) se vuelven ahora

$$c_1 = f(k_0) - I_1, \tag{A9}$$

$$c_2 = (1 - \delta)f(k_0 + I_1). \tag{A10}$$

En este régimen de crédito racionado, la única elección del gobierno se refiere al nivel de la inversión del primer periodo. La condición de primer orden está dada en este caso por

$$-u'[f(k_0 + I_1)] + \rho(1 - \delta)u'[(1 - \delta)f(k_0 + I_1)]f'(k_0 + I_1) = 0. \tag{A11}$$

Para demostrar que el perdón de la deuda puede incrementar la inversión y mejorar la situación de ambas partes, sea que $\tilde{I}_1$ denote la solución de la ecuación (A10). El servicio total de la deuda para los acreedores originales es en este caso $\tilde{R} = \delta f(k_0 + \tilde{I}_1)$, que se asume menor que D_0. Si los acreedores originales hubiesen cancelado inicialmente la obligación de la deuda del país hasta esta cantidad, en lugar de insistir en el pago completo, la restricción (A10) se volvería

$$c_2 = f(k_0 + I_1) - \tilde{R}, \tag{A12}$$

con la condición de primer orden:

$$-u'[f(k_0 + I_1)] + \rho(1 - \delta)u'[f(k_0 + I_1) - \tilde{R}]f'(k_0 + I_0) = 0. \tag{A13}$$

Sustituyendo $\tilde{R} = \delta f(k_0 + \tilde{I}_1)$ en la ecuación (A13) y calculando $dI_1/d\delta < 0$, puede demostrarse fácilmente que la inversión aumenta cuando se reduce la obligación contractual de la deuda de D_0 a $\tilde{R}$. La razón es que, cuando la deuda contractual no se sirve completamente, los acreedores externos reclaman una parte de cualquier producción adicional proveniente de la nueva inversión, lo que aplica esencialmente un impuesto distorsionante bajo la forma de la fracción en (A10), que disminuye el incentivo del gobierno para invertir. La inversión adicional aumenta el bienestar nacional porque, por la ecuación (A11), $-u'(c_1) + \rho u'(c_2)f'(\cdot) > 0$ cuando se evalúa esta expresión en $\tilde{I}$ y $\tilde{R}$, lo que implica que la inversión adicional incrementa el bienestar. Así pues, el perdón de la deuda incrementa el bienestar nacional sin perjudicar a los acreedores originales; es decir, el perdón de la deuda es un mejoramiento en términos de Pareto. Con un incremento de R a un punto ligeramente por encima de $\tilde{R}$ (pero debajo de D_0), el país deudor podría permanecer en mejor situación que en ausencia del perdón, al mismo tiempo que aumenta el valor del servicio de la deuda para los acreedores originales por encima de lo que habrían recibido sin el perdón de la deuda. En esta forma, la eliminación del efecto distorsionante de la amenaza de la deuda puede mejorar la situación de ambas partes.

XV. ENTRADAS DE CAPITAL:
EFECTOS MACROECONÓMICOS
Y RESPUESTAS DE LA POLÍTICA ECONÓMICA

LA ACUMULACIÓN DE DEUDA EXTERNA que finalmente condujo a la crisis de la deuda internacional se debió a un episodio de grandes entradas de capital a los países en vías de desarrollo bajo la forma de préstamos bancarios sindicados, destinados casi exclusivamente a prestatarios del sector público. Como se explicó en el capítulo anterior, la crisis de la deuda generó un periodo prolongado de racionamiento del crédito externo para los países fuertemente endeudados, caracterizado por crecimiento lento y gran inflación. Muchos observadores pronosticaron entonces que estos países no recobrarían el acceso a los mercados de capital internacionales durante largo tiempo, quizá varios decenios. Pero algo sorprendentemente, la implantación de restructuraciones de la deuda bajo el Plan Brady, iniciada en 1989, coincidió casi exactamente con un nuevo episodio de entradas de capital en los países en vías de desarrollo, cuya magnitud rivalizaba en muchos casos con la de los préstamos anteriores a la crisis de la deuda. Sin embargo, las nuevas entradas de capital tenían un carácter muy diferente de las del episodio anterior. Lo que era tal vez más sorprendente, en vista de los enormes costos económicos asociados a la crisis de la deuda, los países receptores no vieron como una bendición total el resurgimiento de las entradas de capital. En efecto, se percibía que la llegada de grandes cantidades de capital extranjero planteaba grandes desafíos al manejo macroeconómico interno.

Este capítulo examina la naturaleza de las nuevas entradas de capital y reseña los desafíos macroeconómicos planteados por su llegada, así como las respuestas de la política económica de los países receptores. Se organiza el capítulo en cuatro secciones. La primera sección provee una descripción general de la magnitud y la composición de las nuevas entradas de capital, destacando el contraste con los movimientos de capital que precedieron a la crisis de la deuda. La sección XV.2 examina las explicaciones propuestas para el resurgimiento de los flujos de capital hacia los países en vías de desarrollo, reseñando la literatura empírica existente sobre este punto. En la sección XV.3 exploramos el desafío planteado por las entradas, así como las opciones de la política económica a disposición de los países receptores y su respuesta efectiva.[1] En

---

[1] La sección XV.1 se basa en Fernández-Arias y Montiel (1996); la sección XV.2, en Montiel y Reinhart (1998), y la sección XV.3, en Montiel (1996).

la última sección reseñamos el desempeño macroeconómico de estos países a lo largo de este episodio. Un problema importante que pasó al primer plano en relación con las entradas de capital de principios de la década de 1990 fue el de la vulnerabilidad de los países receptores a las reversiones repentinas del flujo de capital, es decir, a las crisis monetarias. En el capítulo XVI examinaremos este problema.

XV.1. Entradas de capital a principios de la década de 1990

En esta sección examinaremos las características del episodio reciente de entrada de capital, según la experiencia de una amplia muestra de países. Luego de describir en términos generales los ambientes externos e internos modificados (en relación con los episodios anteriores) en los que se han producido los nuevos flujos de capital hacia los países en vías de desarrollo, discutiremos su magnitud, cronología, destino regional y por países, composición de sus activos y destino sectorial. Por último, examinaremos los resultados macroeconómicos obtenidos por una muestra de países receptores durante este episodio.

XV.1.1. El contexto interno y externo

El episodio de entrada de capital de principios del decenio de 1990 surgió en un ambiente internacional muy diferente del que caracterizara al episodio anterior iniciado en los años setenta y al del periodo de 1982-1989, con cambios sustanciales en las economías de los países industrializados prestamistas y de los países en vías de desarrollo receptores. Tales cambios abarcan los ambientes económicos y reguladores de ambos conjuntos de países.

El periodo de 1989-1993 fue de lento crecimiento en el mundo industrial en conjunto. las estimaciones del FMI indican que la tasa de crecimiento del PIB real, que llegara en 1988 al 4.4% para el grupo de países del G-7 en conjunto, promedió 2.8% en 1989-1990 y 1.1% en 1991-1993. En los Estados Unidos se empleó la política monetaria en forma contracíclica durante ese periodo, y tanto la tasa de interés nominal como la real bajaron a niveles muy reducidos en ese país después de 1988. Lo mismo ocurrió con las tasas de rendimiento de otros activos, tales como los inmuebles. Las tasas de interés nominales de corto plazo alcanzaron en 1989 un nivel máximo de 9.1%, y para 1993 habían bajado a 3.2%. Las tasas de largo plazo bajaron también extraordinariamente, a cerca de la mitad. Por lo que toca al ambiente del comercio internacional, los países en vías de desarrollo en conjunto, y en particular los de Asia y América Latina, experimentaron movimientos adversos en sus términos de intercambio en el periodo de 1988-1993. Para los países en vías de desarrollo en conjunto, el deterioro acumulado llegó a 5.5% durante ese periodo. Pero a pesar del lento crecimiento de los países industrializados y del deterioro de los términos de intercambio, las exportaciones asiáticas y latinoamericanas crecieron rápidamente al principio de este episodio.[2]

En lo tocante al ambiente de la regulación, la liberación financiera ocurrida en los países industrializados (según el examen de Goldstein y Mussa, 1993) provocó algunos cambios que volvieron a los mercados de capital de esos países más hospitalarios hacia los prestatarios de los países en vías de desarrollo. Por ejemplo, varios países industrializados relajaron sus regulaciones de las emisiones públicas extranjeras en sus mercados de capital. La regla 144A de la Comisión de Valores y Cambio y la Regulación S de los Estados Unidos eliminaron las posposiciones de pagos y facilitaron el registro y el pago de dividendos (véase El Erian, 1992). En Japón se relajaron las normas de clasificación del crédito de mercado para las emisiones de bonos públicos, y en Suiza se eliminaron los requerimientos de la clasificación mínima (véase Jaspersen y Ginarte, 1993). Todos estos cambios facilitaron el acceso de los prestatarios de países en vías de desarrollo a los mercados de capital de los países industrializados. Además, es probable que la ratificación esperada del Tratado de Libre Comercio de América del Norte (TLCAN), con la intención anunciada de incluir en el futuro cercano a otros países latinoamericanos a parte de México, operara en la misma dirección, por lo menos en América Latina.

Como veremos en los capítulos siguientes, muchos de los países en vías de desarrollo realizaron por su parte cambio sustanciales en sus regímenes de política económica, avanzando hacia el mejoramiento de la administración macroeconómica y la liberación generalizada. Como vimos en el capítulo anterior, durante el episodio de entrada de capital anterior a 1982 se generalizaron los incrementos de los déficit fiscales y la inflación. Sin embargo, antes del episodio de entrada de capital del decenio de 1990, la inflación y los déficit fiscales habían sido reducidos, y había aumentado la tasa del crecimiento económico, como lo señala Edwards (1994c) en el caso de América Latina. La composición de las exportaciones se había vuelto más diversificada en muchos países. Por ejemplo, en Chile, Colombia y México, la exportación principal representaba cerca de la mitad del total de las exportaciones a principios de la década de 1980, y sólo cerca de un tercio al final de ese decenio (Kuczynski, 1992). Entre los cambios estructurales realizados por los países en vías de desarrollo durante la última parte del decenio de 1980 se encontraba la eliminación de las restricciones impuestas a la propiedad extranjera que habían obstruido las entradas de inversión extranjera directa. México eliminó muchos de tales impedimentos en 1991, mientras que Chile lo había hecho varios años atrás.

---

[2] Así ocurrió también durante el episodio que precedió a la crisis de la deuda.

Además, en varios países se emprendió una liberalización más amplia de la cuenta de capital, como veremos en el capítulo XIX.

XV.1.2. Características de las nuevas entradas

XV.1.2.1. *Magnitud*

La medición del monto de las entradas de capital plantea varios problemas conceptuales: si la medida relevante debiera captar tanto los flujos privados como los públicos, si los flujos debieran medirse en términos brutos o netos, si además de los cambios ocurridos en los pasivos de los residentes nacionales debieran incluirse también los cambios ocurridos en sus activos extranjeros, y en el último caso si debiera considerarse a las reservas de divisas como parte de tales activos. En las gráficas XV.1 a XV.3 reportamos los cambios netos ocurridos en los pasivos de los agentes nacionales frente a acreedores extranjeros privados, a fin de describir las entradas recientes.

¿Cuál fue entonces la magnitud de las entradas nuevas, y cómo se compararon con las que precedieron a la crisis de la deuda? La respuesta es que tales entradas fueron muy grandes por comparación con los años precedentes del decenio de 1980, pero algo menores que en los años precedentes a la crisis de la deuda de 1982 cuando se miden como una proporción de las exportaciones o del producto nacional. Para ver esto, convendrá considerar el periodo de 1990-1994 como una base para la medición de las entradas de capital en el episodio de los años noventa, el periodo de 1978-1981 para la medición de las entradas de capital en el auge que precediera a la crisis de la deuda, y el periodo de crisis de la deuda de 1982-1989.

En el conjunto del mundo en vías de desarrollo, el promedio de las entradas de capital (basado en los flujos netos provenientes de fuentes privadas, de largo y corto plazos) aumentó en 1.5 puntos de porcentaje del PNB a partir de los niveles prevalecientes durante la crisis de la deuda para llegar a casi 3% del PNB. Para este grupo de países, la mayor parte del "auge" ocurrió en 1992-1993, cuando el total de las entradas alcanzó un promedio de 3.8% del PNB, lo que constituyó un incremento notable sobre el valor de 1.7% de 1990-1991. En efecto, aunque las entradas de todo el periodo de 1990-1993 fueron algo menores, en relación con el PNB, que las observadas antes de la crisis de la deuda, las magnitudes fueron muy similares en el periodo de 1992-1994.[3]

---

[3] Conviene observar que lo que se mide en cada caso es la magnitud de los flujos *ex post*, que son endógenos respecto de diversas intervenciones de la política económica. Por lo tanto, aunque los flujos sean movidos por eventos externos a los países receptores, estas cifras no deben interpretarse como medidas de la magnitud de un choque externo.

GRÁFICA XV.1. *Flujos netos anuales de capital privado a largo plazo**

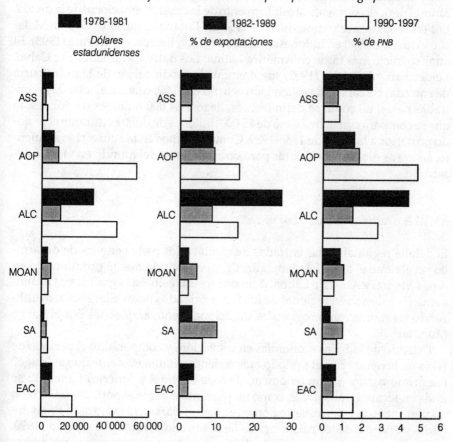

* ASS: África subsahariana; AOP: Asia Oriental y Pacífico; ALC: América Latina y Caribe; MOAN: Medio Oriente y África del Norte; SA: Sur de Asia; EAC: Europa y Asia Central.
FUENTE: Banco Mundial.

XV.1.2.2. *La cronología*

La cronología del episodio más reciente no tendió a ser uniforme entre los países. Como indicamos antes, en 1991 se esboza ya una modificación de la experiencia anterior para el conjunto de países en vías de desarrollo, pero el cambio sólo se hizo evidente en 1992-1993. Sin embargo, en algunas regiones ocurrió un cambio discernible antes de esa fecha. El nuevo auge de las entradas de capital se manifestó primero en Asia, una región cuyos países en vías de desarrollo no perdieron en general el acceso a los mercados de capital mundiales durante el periodo siguiente al estallamiento de la crisis internacional de la deuda. Las entradas se aceleraron durante 1988 en Tailandia, durante 1989 en Malasia, y durante 1990 en Indonesia, de acuerdo con Bercuson y Koenig (1993). El auge se inició más tarde en América Latina. Los datos compilados por Calvo, Leiderman y Reinhart (1992) sugieren que la modificación de la experiencia de entradas de capital de esta región ocurrió en 1990, cuando el total de las entradas netas, tal como se definió antes, llegó a 24 000 millones de dólares, lo que se compara con un máximo de 15 000 millones de dólares durante el periodo posterior a la crisis de 1983-1989. Como veremos en la subsección siguiente, las cosas están menos claras para otras regiones del mundo en vías de desarrollo.

XV.1.2.3. *Destino regional y por países*

El detalle regional de las entradas de capital a los países en vías de desarrollo revela que el auge fue generalizado, pero especialmente pronunciado en Asia Oriental y América Latina. A fin de mostrar esto, en la gráfica XV.1 examinamos la asignación regional de los flujos privados netos a largo plazo, utilizando las definiciones regionales tradicionalmente empleadas por el Banco Mundial.

Dejando de lado las economías en transición, y comparando el periodo de crisis de la deuda con el periodo más reciente, resulta evidente que el "auge" fue primordialmente un fenómeno de Asia Oriental y América Latina. Ya se mida en términos absolutos, como un porcentaje de las exportaciones o como un porcentaje del PNB, estas regiones recibieron claramente el grueso de las entradas de capital de los países en vías de desarrollo durante el decenio de 1990.

Dentro de cada región, las entradas tendían a concentrarse en varios países en vías de desarrollo grandes. En el periodo de 1989 a mediados de 1993, por ejemplo, el 85% del total de flujos de cartera hacia Asia Oriental se dirigió a China, Indonesia, Corea y Tailandia, mientras que en América Latina fueron Argentina, Brasil, México y Venezuela los países que recibieron casi 95% de los flujos de cartera durante el mismo periodo (Gooptu, 1994).

XV.1.2.4. *Composición de los activos*

La gráfica XV.2 presenta nuestras estimaciones de la composición general de los activos de la cartera adquirida por inversionistas extranjeros privados en países en vías de desarrollo durante el episodio de entradas de los años noventa, descomponiéndose los flujos en inversión extranjera directa (IED), flujos de

GRÁFICA XV.2. *Flujos de capital hacia los países en vías de desarrollo*
(en miles de millones de dólares)

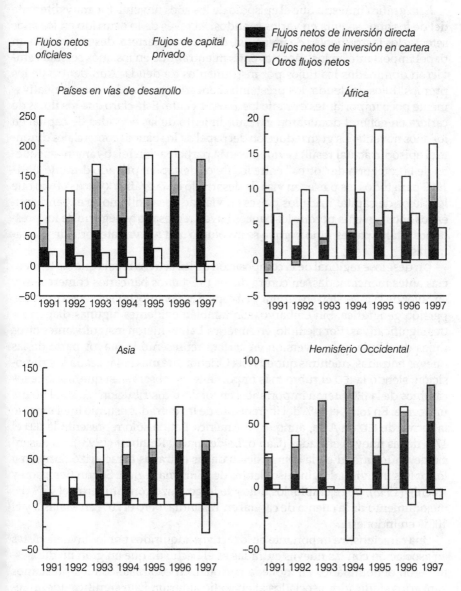

FUENTE: Fondo Monetario Internacional.

cartera (bonos y acciones) y otros. Estos últimos consisten principalmente en préstamos bancarios.

Esta gráfica muestra que el episodio de los años noventa fue muy diferente del de los años setenta en varios sentidos. Al revés de lo ocurrido en los años setenta, los instrumentos de inversión, directa y de cartera, desempeñaron un papel importante en los años noventa, mientras que en los años setenta estuvieron dominados los flujos por instrumentos de deuda. Aun dentro de los propios flujos de deuda, los préstamos bancarios sindicados fueron relativamente poco importantes durante los años noventa. Está claro que los flujos de cartera en general dominaron el resurgimiento de las entradas de capital en los años noventa. La gran reducción del papel de los bancos comerciales durante el episodio actual resulta evidente en la participación relativamente pequeña de la categoría de "otros" entre los flujos de capital privado durante 1991-1997 para todos los países en vías de desarrollo en la gráfica XV.2. Es obvio que los flujos de capital hacia los países en vías de desarrollo no se expandieron en los años noventa porque los bancos hayan regresado al negocio de los préstamos a tales países, sino porque se involucró una nueva categoría de prestamistas.

Un desglose regional de la composición de los activos revela que las tendencias antes mencionadas, en contra de los préstamos bancarios comerciales y en favor de la inversión en cartera y en capital accionario, tuvieron una gran dispersión geográfica. Sin embargo, son también evidentes algunas disparidades significativas. Por ejemplo, en América Latina fueron insignificantes otros flujos de deuda, y la inversión en cartera representó la mayor parte de las nuevas entradas, mientras que en Asia Oriental fue más balanceada la composición, siendo la IED el rubro más importante. Se observa así que, aunque los cambios de la IED fueron importantes en total, su distribución regional no fue uniforme. En total, el 44% del incremento de las entradas asumió inicialmente la forma de IED en Asia, aunque en América Latina sólo representó la IED el 17% de las nuevas entradas (Calvo, Leiderman y Reinhart (1993)). La ausencia de uniformidad en la composición de las entradas caracterizó también a los países individuales, incluso dentro de la misma región. Según Bercuson y Koenig (1993), por ejemplo, los flujos de largo plazo constituyeron el 45% del mejoramiento de la cuenta de capital en Tailandia, pero el 70% en Malasia y el 100% en Indonesia.

Una característica importante de los activos adquiridos por los inversionistas en asociación con las nuevas entradas es el hecho de que en gran medida estuvieron denominados en moneda nacional, en contraste con los préstamos bancarios sindicados asociados al episodio anterior. Esto significa que, al revés de lo ocurrido en el episodio anterior, los acreedores externos se expusieron al riesgo de la tasa de cambio, específicamente el riesgo de una devaluación repentina. Este problema ha sido destacado por Dooley, Fernández-Arias y Kletzer (1994), y se ilustra bien con las recientes crisis mexicana y asiática. En el capítulo XVI volveremos a ocuparnos de este punto.

XV.1.2.5. *Destino sectorial*

La gráfica XV.3 presenta nuestras estimaciones de la porción de las entradas de capital privado a largo plazo que se dirigió hacia el sector privado de la economía receptora (excluyendo la inversión garantizada por el sector público). Como lo indica la gráfica, durante el episodio reciente ocurrió un cambio drástico en la composición sectorial de las entradas de capital, tanto en relación con el periodo de la crisis de la deuda como en relación con el episodio de la entradas anteriores. En el episodio más reciente, más de dos tercios del financiamiento externo se dirigió hacia el sector privado, lo que se compara con sólo cerca de dos quintos en los dos periodos anteriores. La identidad sectorial del prestatario ofrece de lejos el contraste más marcado entre el episodio de las entradas actuales y la experiencia anterior, lo que tiene implicaciones importantes para la política económica de los países recptores.

XV.2. FACTORES IMPULSORES DE LAS ENTRADAS DE CAPITAL

XV.2.1. *Factores "de atracción", factores "de impulso" y cambios de integración financiera*

Las explicaciones del nuevo auge de los flujos de capital hacia los países en vías de desarrollo en los primeros años del decenio de 1990 se han concentrado en dos tipos de factores llamados "de impulso" y "de atracción". Los factores "de atracción" son los que atraen capital del exterior a resultas de mejoramientos de las características de riesgo y rendimiento de los activos emitidos por los países en vías de desarrollo deudores, mientras que los factores "de impulso" son los que operan reduciendo el atractivo de los préstamos a países industriales deudores. Estos dos conjuntos de factores podrían operar en el contexto de un grado dado de integración financiera del país receptor con los mercados de capital mundiales. Un tercer factor que podría haber operado es un cambio en ese grado de integración a resultas de los cambios reguladores descritos en la sección anterior o de otros factores. En esta sección describiremos las diversas explicaciones que se han ofrecido para el resurgimiento de los flujos de capital, y luego reseñaremos los datos existentes sobre este punto.

La identificación de los factores que se encuentran detrás del nuevo auge de los flujos de capital es importante no sólo por razones de la economía positiva, sino también para la formulación de políticas, el tema de la sección si-

GRÁFICA XV.3. *Destino sectorial de los flujos netos*
de capital privado a largo plazo (porcentajes)

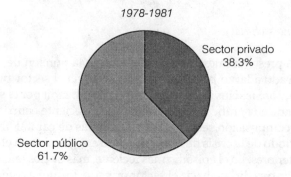

1978-1981

Sector privado
38.3%

Sector público
61.7%

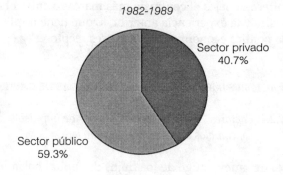

1982-1989

Sector privado
40.7%

Sector público
59.3%

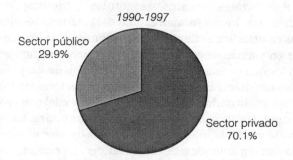

1990-1997

Sector público
29.9%

Sector privado
70.1%

FUENTE: Banco Mundial.

guiente. Podríamos vernos tentados a pensar que los flujos atraídos al país receptor por factores "de atracción" internos no plantean un problema de política económica porque representan un restablecimmiento de la calidad crediticia, es decir, la rectificación de las condiciones adversas reflejadas en la crisis de la deuda, mientras que los flujos "expulsados" de los países de origen constituyen un choque externo que puede revertirse fácilmente, de modo que ameritan una respuesta de la política económica. Sin embargo, esto sería incorrecto. La distinción entre factores "de atracción" y "de impulso" no tiene necesariamente un contenido normativo. En virtud de que ambas categorías generales de factores pueden englobar una gran diversidad de fenómenos nacionales y extranjeros, las implicaciones de bienestar asociadas a los factores "de impulso" y "de atracción" dependen de fenómenos específicos de "atracción" o de "impulso" que están operando, no de que el origen del choque sea interno o externo.

XV.2.1.1. *Factores "de atracción"*

Por ejemplo, si las tasas de sustitución entre el riesgo y el rendimiento sociales en la economía interna mejoran por la reforma económica, las entradas de capital atraídas por los mayores rendimientos internos incrementarían el bienestar porque reflejarían los préstamos incrementadores de la riqueza para el financiamiento de nuevas oportunidades de inversión interna de alto rendimiento que antes no estaban disponibles y/o de financiamiento incrementador del bienestar para el suavizamiento del consumo motivado por incrementos de la riqueza nacional inducidos por la reforma. De igual modo, es posible que las características de los derechos sobre agentes nacionales adquiridos por prestamistas extranjeros hayan mejorado a resultas de la eliminación de distorsiones que generan brechas entre las tasas de rendimiento sociales y privadas. Por ejemplo, si los problemas de la deuda vigente crearon una brecha entre las tasas de rendimiento sociales y privadas en los países fuertemente endeudados, es posible que la solución de tales problemas en el contexto de acuerdos del Plan Brady haya permitido que las tasas de rendimiento privadas reflejaran los rendimientos sociales con mayor fidelidad y ayudara así a crear el incentivo para un renovado flujo de capital. Incluso un cambio exógeno en las preferencias de la cartera nacional podría provocar entradas de capital incrementadoras del bienestar. Por ejemplo, un choque de la demanda de dinero nacional (bajo la forma de un incremento de la demanda de dinero) podría atraer entradas de capital haciendo que bajen los precios de los activos nacionales que pagan intereses. En este caso, la entrada de capital posibilita la absorción del cambio ocurrido en las preferencias de la cartera nacional y de nuevo sería incrementadora del bienestar.

Por otra parte, como ha sostenido vigorosamente Dooley (1996), la adopción de tasas de cambio fijas y de garantías de los depósitos en el contexto de un sector financiero liberalizado pero mal supervisado podría crear una oportunidad para que los prestamistas extranjeros obtuvieran tasas de rendimiento privadas elevadas y seguras que no reflejan los rendimientos sociales de los recursos que transfieren a la economía prestataria. Este es un caso de un factor "de atracción" que reduce el bienestar.

Así pues, las implicaciones de bienestar de los flujos de capital movidos por factores "de atracción" dependen de que tales factores reflejen la eliminación de una distorsión previamente existente, un cambio exógeno en un ambiente no distorsionado, o la introducción de una nueva distorsión.

XV.2.1.2. Factores "de impulso"

El factor "de impulso" más frecuentemente citado, entre los que mueven las entradas de capital hacia los países en vías de desarrollo, es un deterioro de las características de riesgo y rendimiento de los activos emitidos por los deudores de países industrializados. Esto podría ocurrir, por ejemplo, en respuesta a factores cíclicos que deprimen temporalmente las tasas de rendimiento de los activos en el país prestamista. El colapso de los valores de activo en Japón al inicio de la recesión actual en ese país, la disminución de las tasas de interés en los Estados Unidos a resultas de la política monetaria expansiva adoptada en respuesta a la recesión de 1990-1991, y la reducción de las tasas de interés en el Reino Unido luego de que la libra salió del ERM en septiembre de 1992, habrían tenido el efecto de empujar al capital hacia el exterior en busca de rendimientos más elevados a corto plazo. Desde la perspectiva del país en vías de desarrollo, esto representa un choque financiero externo que puede ser bienvenido o no, dependiendo de las circunstancias del país. El choque es favorable para los países que habían visto restringido el crédito y permanecían fuertemente endeudados. Sin embargo, su origen cíclico amenaza con volverlo temporal. Por lo tanto, una cuestión importante para la política económica de los países prestatarios, planteada por los choques de este tipo, consiste en saber si es probable que la respuesta privada interna tome óptimamente en cuenta la posibilidad de la reversión.

Un factor "de impulso" diferente, con implicaciones diferentes para la política económica, se relaciona con los cambios ocurridos en la estructura financiera de los países exportadores de capital. El incrementado papel de los prestamistas institucionales tales como los fondos mutuos y de pensiones en su carácter de intermediarios financieros, así como la mayor importancia de la intermediación bursátil, podrían representar un cambio secular que favorece los préstamos a los mercados emergentes por razones ligadas a la diversifi-

cación de las carteras. Si esto es así, y dada la participación relativamente pequeña de los mercados emergentes en las carteras de los prestamistas institucionales, las implicaciones para la sustentabilidad serían muy diferentes de
las asociadas a los factores cíclicos. En la medida en que los flujos recientes
han sido generados por factores estructurales "de impulso", es probable que
los flujos se mantengan a niveles elevados durante largo tiempo.

XV.2.1.3. Integración financiera

Por último, el resurgimiento de los flujos de capital podría reflejar un incremento de la integración financiera debido a la eliminación de barreras que
impiden los flujos de capital a través de las fronteras. Tales barreras pueden
surgir a resultas de elecciones de política económica o de las condiciones tecnológicas que afectan, por ejemplo, a los costos de la información. Como antes vimos, la liberalización de la cuenta de capital se había adoptado generalmente como resultado de las decisiones de política económica explícitas en
los países industriales y en vías de desarrollo al iniciarse el episodio de entradas de capital de los años noventa. Aunque pudiera parecer que la eliminación de tales restricciones mejora indudablemente el bienestar, podría no ser
así si las restricciones previamente existentes reflejaran una respuesta de óptimo condicionado a otras distorsiones de la economía, por ejemplo las distorsiones del mercado financiero antes mencionadas.

XV.2.2. Los datos empíricos

Se ha iniciado una cantidad sustancial de investigaciones para documentar
empíricamente la importancia de factores específicos que han impulsado las
entradas de capital en el episodio actual. Sin embargo, no ha surgido ningún
consenso general acerca de los papeles relativos que puedan haber desempeñado diversos factores en momentos diferentes. Esta subsección provee una
descripción general de los hallazgos principales de esta literatura.

Gran parte del trabajo empírico sistemático sobre el problema de la causación ha tratado de identificar si los cambios que detonaron los episodios de entradas de capital recientes se originaron en los países acreedores o en los deudores. Un ensayo de Fernández-Arias (1996) provee un marco analítico útil para
la consideración de esta cuestión. Se supone que los flujos de capital ocurren
potencialmente bajo la forma de transacciones en diversas clases de activos,
indicados por s, donde $s = 1, ... n$. El rendimiento interno de un activo de tipo
s se descompone en un rendimiento esperado del "proyecto", D_s, y un factor
de ajuste por la "calidad crediticia del país", C_s, que fluctúa entre cero y uno.

El rendimiento del proyecto depende inversamente del vector **F** de flujos netos hacia proyectos de todos tipos (de acuerdo con un argumento de productividad marginal decreciente), mientras que el factor de la calidad crediticia en una función negativa del vector de pasivos de todos tipos al final del periodo, denotado por **S**. Los flujos de capital voluntarios (componentes del vector **F**) se determinan por la condición de arbitraje:

$$D_s(d, \mathbf{F})C_s(c, \mathbf{S}_{-1} + \mathbf{F}) = R_s(R), \qquad (1)$$

donde R_s es el costo de oportunidad de los fondos de tipo s en el país acreedor, que depende presuntamente de las condiciones financieras del país acreedor (aproximadas por la tasa de interés externa libre de riesgo a largo plazo, R), mientras que c y d son factores de cambio asociados a la calidad crediticia del país y al clima económico interno, respectivamente. La convención adoptada es que las funciones D_s, C_s y R_s son crecientes en estos parámetros del cambio. Adviértase que en este marco se determinarán los flujos de capital por c, d y R, es decir, por factores internos que operan al nivel del proyecto y del país, y por factores financieros externos. Los supuestos anteriores implican que los componentes del vector **F** son crecientes en d y c, pero decrecientes en R y $\mathbf{S}_{-1}$.

Se supone que el factor de calidad crediticia del país, c, refleja el valor presente esperado de los recursos disponibles para pagos externos. Si tales recursos crecen a la tasa **g** a partir de un valor inicial W, c estará dado por:

$$c = W/(R - \mathbf{g}). \qquad (2)$$

Cuando la calidad crediticia es suficientemente baja, la solución de la ecuación (1) anterior podría implicar entradas de capital muy bajas o salidas de capital (valores negativos de diversos componentes de **F**) de una magnitud que suponga transferencia de recursos que el país no está dispuesto a realizar. En este caso, cesarían los flujos de capital voluntarios de tales tipos, y la condición se convertiría en una desigualdad que ya no determina los flujos de capital correspondientes (involuntarios). Esta observación es importante para entender que las entradas podrían ser impulsadas desde afuera, pero no uniformes entre los países en vías de desarrollo. En un mundo donde algunos países tienen calidad crediticia y otros no la tienen, una reducción de R generaría mayores flujos de capital sólo para los países que satisfagan el requerimiento de la calidad crediticia.

Los datos empíricos han proveído un fuerte apoyo para el papel de R en la determinación de **F**, aunque la investigación más reciente ha sugerido que el factor del país específico d y el factor "mixto" c han desempeñado también papeles importantes. El primer ensayo que enfocó la cuestión empíricamente fue el de Calvo, Leiderman y Reinhart (1993). Sostuvieron estos investigadores que los factores internos son indudablemente importantes en la atracción de entradas, pero tales factores no pueden explicar por qué ocurrieron entradas en países que no habían emprendido reformas o por qué, cuando las reformas se iniciaron antes, las entradas sólo se iniciaron en 1990. Por lo tanto, los investigadores citados destacaron el papel de los factores externos. Su análisis formal asumió la forma siguiente:

1. El análisis del componente principal estableció un grado significativo de movimiento sincronizado entre las reservas extranjeras y las tasas de cambio reales para diez países latinoamericanos durante 1990-1991. El primer componente principal explicaba una porción mayor de la variación observada en las diez series de reservas y tasa de cambio real durante 1990-1991 que en 1988-1989. Sin embargo, en el caso de la tasa inflacionaria disminuyó la intensidad del movimiento sincronizado en el periodo más reciente.
2. Los primeros componentes principales de las series de reservas y tasa de cambio real exhibieron una gran correlación de dos variables con diversas variables financieras estadunidenses utilizadas como indicadores de las tasas de rendimiento externo.
3. En países individuales, las pruebas de causalidad de Granger indicaron muy frecuentemente que las reservas causan a las tasas de cambio reales y no a la inversa. Este patrón se aplicó también a los primeros componentes principales de los dos conjuntos de series.
4. Las VAR estructurales que incluyen a las reservas, las tasas de cambio reales y los primeros dos componentes principales de las variables financieras de los Estados Unidos sugirieron que los factores externos ejercieron influencias causales sobre las variables internas, y tanto las descomposiciones de la varianza como las funciones de respuesta al impulso indicaron que los factores externos desempeñaron un papel importante en la explicación de los movimientos de las reservas y de la tasa de cambio real.

Se obtuvieron conclusiones similares en el trabajo subsecuente de Fernández-Arias (1996), y el de Dooley, Fernández-Arias y Kletzer (1994). Fernández-Arias utilizó el modelo antes descrito para descomponer las entradas de cartera (bonos y acciones) posteriores a 1989 para 13 países en vías de desarrollo en porciones imputables a los cambios ocurridos en c, d y R (descubrió que los cambios ocurridos en S_{-1} no hacían ninguna contribución a la explicación de los cambios ocurridos en los flujos). Lo hizo regresando las desviaciones de tales flujos de sus valores de 1989 con las desviaciones correspondientes de la tasa de interés externa y del precio de la deuda en el mercado secundario (basado en un modelo simple de repartición de la carga que conectaba a c con esta variable), utilizando estimaciones de panel de efecto fijo para las que se interpretó el término de la interceptación como el cambio ocurrido en el clima interno de la inversión d. Para el país en vías de desarrollo "promedio" de la muestra, los cambios ocurridos en las tasas de interés internacionales resultaron ser la fuerza dominante en la explicación de los auges de entradas de capital, explicando más del 60% de la desviación de tales flujos del nivel de 1989. Otro 25% se debió a los cambios ocurridos en la calidad crediticia, quedando sólo cerca de 12% por explicar para las mejoras del clima de inversión interno. Además, cuando se tomó en cuenta el papel de las tasas de interés externas en la determinación del precio de la deuda en el mercado secundario utilizado como el indicador de la calidad crediticia, descomponiendo así a este último en componentes interno y externo, el 86% del auge de las entradas se atribuyó a los movimientos de las tasas de interés externas.

Dooley, Fernández-Arias y Kletzer (1994) utilizaron un enfoque algo diferente, basado en la descomposición antes mencionada de la calidad crediticia en sus componentes interno y externo. Sostuvieron estos autores que el precio de la deuda de bancos comerciales es una aproximación sensible a las entradas de capital, porque los cambios ocurridos en la demanda de préstamos a los países en vías de desarrollo, ya emanaran de cambios en los factores internos o externos, debieran reflejarse en estos precios. Así pues, en lugar de explicar las entradas de capital directamente, estos investigadores trataron de explicar el comportamiento de los precios del mercado secundario sobre la deuda desde 1989 que, de acuerdo con su interpretación de la relación existente entre tales precios y los flujos de capital, han aumentado marcadamente. Descubrieron que virtualmente todo el aumento del precio podía explicarse por las reducciones del valor nominal de la deuda y de las tasas de interés internacionales, dejando casi nada por explicar mediante mejoramientos del ambiente interno.

Sin embargo, estos hallazgos acerca del papel de los factores externos han sido cuestionados. Schadler, Carkovic, Bennett y Kahn (1993), por ejemplo, sostuvieron que aunque los fenómenos externos pueden haber sido importantes, tales influencias no pueden considerarse dominantes, esencialmente por dos razones. Primero, observaron estos investigadores que la cronología, la persistencia y la intensidad de las entradas han variado considerablemente entre los países que han recibido flujos, lo que sugiere que los inversionistas han respondido a los cambios ocurridos a través del tiempo en ciertos factores específicos de cada país. Segundo, señalaron que los auges de las entradas de capital no han sido universales dentro de las regiones de países en vías de desarrollo, de modo que los acreedores externos han discriminado en alguna medida al distribuir sus fondos entre los países.

El marco analítico antes decrito es útil para aclarar estas interrogantes. La solución de forma reducida para F, a partir de la ecuación (1) para el país i, asume la forma

$$F_i = F(c_i, d_i, R; S_{-1}),$$ (3)

lo que implica

$$F_i = F_c dc_i + F_d dd_i, F_R dR + F_S dS_{i-1}.$$ (4)

Adviértase que las derivadas parciales de F dependen de los valores de c, d y S_{-1} específicos de cada país, así como de R. Esto significa que las diferencias observadas en las variaciones de las entradas de capital entre países son enteramente compatibles con un papel primordial del factor de "impulso" R. Por otra parte, las diferencias observadas en la cronología y la persistencia de los cambios ocurridos en las entradas de capital sugieren en efecto cierto papel para los cambios ocurridos en los factores de "atracción".

Otra rama de la literatura de "impulso-atracción" ha tratado de estimar directamente la ecuación (3). Chuhan, Claessens y Mamingi (1998), por ejemplo, trataron de separar los papeles de los factores internos y externos en la generación de entradas de capital de cartera. Utilizando los flujos mensuales de bonos y acciones de los Estados Unidos a nueve países latinoamericanos y nueve asiáticos en el periodo de enero de 1988 a julio de 1992, estimaron estos investigadores regresiones de panel separadas que explicaban los flujos de bonos y acciones como funciones de variables específicas de cada país (la calidad crediticia del país, el precio de su deuda en el mercado secundario, la razón de precio-ganancia en el mercado de valores nacional, y el premio del mercado negro), así como variables externas (tasas de interés y actividad industrial en los Estados Unidos). Descubrieron que los flujos de bonos (pero no los flujos de acciones) respondían fuertemente a la calidad crediticia del país, mientras que las razones de precio-ganancia eran uniformemente importantes. Sin embargo, las tasas de interés de los Estados Unidos también aparecían significativamente con el signo negativo teóricamente esperado en todas las regresiones. A fin de evaluar la importancia relativa de las variables internas y externas, estos investigadores computaron la suma de los coeficientes estandarizados de los dos conjuntos de variables, descubriendo que las variables internas y externas han sido casi igualmente importantes en América Latina, pero las variables internas tuvieron sumas de coeficientes estandarizados tres o cuatro veces mayores que las de las variables externas en Asia, para los flujos de bonos y acciones. Desafortunadamente, como señalara Fernández-Arias (1996), la atribución de la variación de las variables financieras específicas de cada país a los choques internos, como lo hacen Chuhan, Claessens y Mamingi, es incorrecta porque la calidad crediticia del país, indicada por el precio de la deuda en los mercados secundarios, depende fuertemente de factores externos.

Hernández y Rudolf (1994) aportaron datos más sólidos en apoyo del papel de los factores internos en la atracción de entradas de capital. Señalando que el trabajo anterior tendía a omitir una especificación cuidadosa de los factores internos, Hernández y Rudolf examinaron la medida en que los indicadores convencionales de la calidad crediticia podían explicar las entradas de capital a largo plazo para una muestra de 22 países en vías de desarrollo en el periodo de 1986-1993. Utilizaron para el efecto dos metodologías:

Primero, dividieron su muestra de países en grupos de grandes receptores de entradas de capital (GREC) y pequeños receptores de entradas de capital (PREC). Descubrieron que el primer grupo tenía tasas de ahorro interno dos veces mayores que las del segundo grupo, invertía una proporción mucho mayor de su PNB, exhibía déficit fiscales y tasas inflacionarias significativamente menores, tenían menores acervos de deuda y mayores acervos de reservas de divisas, así como tasas mayores de crecimiento de las exportaciones. Los países GREC eran también más estables, en el sentido de que mostraban una variabilidad menor de la inflación y la tasa de cambio real, así como un índice menor de riesgo político.

Segundo, ordenaron sus datos en un panel de observaciones anuales y así estimaron ecuaciones de flujo de capital para una amplia categoría de flujos de largo plazo en función de las tasas retrasadas del consumo y la inversión nacionales, las tasas de interés externas y la razón de la deuda externa neta (deuda bruta menos reservas de divisas) al PNB, la variabilidad de la tasa de cambio y la presencia de un arreglo de bonos Brady. Descubrieron un papel estadísticamente significativo (aunque no estimado muy precisamente) para los indicadores de la calidad crediticia nacional, pero ningún papel para la tasa de interés externa.

Por último, los datos más recientes del Banco Mundial (1997) sugieren que los factores que impulsan a las entradas han venido cambiando a través del tiempo, y en particular que los factores internos pueden haber desempeñado un papel más prominente durante 1994-1995. Adoptando la metodología de Calvo, Leiderman y Reinhart, el Banco descubrió que los flujos de cartera trimestrales de los Estados Unidos a 12 mercados emergentes de Asia Oriental y América Latina se caracterizaron por un grado sustancial de movimiento sincronizado (medido por la proporción de la variación captada por el primer componente principal) durante 1990-1993, y que el primer componente principal de estas series se correlacionaba muy negativamente con el primer componente principal de un conjunto de rendimientos activos estadunidenses representativos. Estos dos hallazgos son consistentes con los de Calvo, Leiderman y Reinhart para este periodo, antes descritos. Sin embargo, en el periodo de 1993-1995 se volvieron mucho más débiles los movimientos sincronizados entre los flujos de cartera (la contribución del primer componente principal baja de 75 a 45% de la varianza), y la correlación con los rendimientos de los activos estadunidenses invirtió sus signos y se volvió mucho más débil. La implicación es que los factores peculiares de cada país pueden haber desempeñado un papel mucho mayor en años recientes que en los primeros años del episodio de entradas.

XV.2.3. *Una evaluación*

Los datos formales apoyan fuertemente la concepción "de impulso" de que la declinación de las tasas de interés estadunidenses ha desempeñado un papel importante al empujar los flujos de capital hacia países en vías de desarrollo. Los datos más fuertes en apoyo de la concepción "de atracción" durante los primeros años del episodio de las entradas son los proveídos por Hernández y Rudolf (1994). Sin embargo, estos datos no son necesariamente inconsistentes con la concepción "de impulso", a pesar del mal desempeño de la tasa de interés estadunidense en sus regresiones de flujo de capital.[4] Específicamente, su concentración en los flujos de capital a largo plazo y el peso otorgado al periodo de 1990-1996 en sus datos sugieren que sus resultados podrían aplicarse primordialmente a los flujos de IED y no necesariamente a otros tipos de flujos de capital tales como los flujos de cartera o de corto plazo.[5]

Sin embargo, la importancia aparente de los factores "de impulso" no impide la relevancia de los fenómenos "de atracción". En efecto, como vimos en capítulos anteriores, mientras que los factores "de impulso" podrían ayudar a explicar la cronología y la magnitud de las entradas de capital nuevo, los factores "de atracción" son necesarios para explicar la distribución geográfica de los flujos durante este tiempo. Las diferencias observadas en los niveles de las entradas de capital entre los países y dentro de los países a través del tiempo señalan la importancia de las características específicas de cada país (o periodo) para la absorción de capital externo.

XV.3. RESPUESTAS DE LA POLÍTICA ECONÓMICA: PROBLEMAS Y DATOS

XV.3.1. *Opciones de la política económica*

Casi todos los países en vías de desarrollo que han participado en el episodio de las entradas de capital de los años noventa mantuvieron una tasa de cam-

---

[4] Estos datos contradicen también los resultados de Calvo y Reinhart (1996), quienes descubren que la tasa de interés estadunidense es también significativa en periodos muestrales más largos (1970-1993 en su caso) para explicar los flujos de capital hacia un grupo de 11 países latinoamericanos.

[5] Edwards (1990) ha destacado también la importancia empírica de algunos factores económicos y políticos internos en la explicación de la IED.

bio nominal oficialmente determinada en inicio del episodio de las entradas. El desafío macroeconómico planteado a tales países por la llegada de entradas de capital era la posibilidad de que tales entradas provocaran un sobrecalentamiento, es decir, una expansión excesiva de la demanda agregada, lo que se traduciría en un incremento de la inflación interna y una apreciación de la tasa de cambio real. El mecanismmo a través del cual podrían tener este efecto las entradas es el siguiente: con una tasa de cambio predeterminada, grandes entradas de capital tenderán a generar un superávit global de la balanza de pagos. A fin de evitar una apreciación de la tasa de cambio nominal, el banco central tendría que intervenir en el mercado de divisas para comprar el exceso de oferta de divisas a la tasa de cambio prevaleciente. *Ceteris paribus*, esto provocaría una expansión de la base monetaria. La expansión de la base conduciría al crecimiento de los grandes agregados monetarios, lo que atizaría una expansión de la demanda agregada. A su vez, esto presionaría hacia arriba al nivel de los precios internos. Estando fija la tasa de cambio nominal, la elevación de los precios internos implicaría una apreciación de la tasa de cambio real.

La intervención de la política económica puede romper esta cadena causal en varios puntos. Un procedimiento útil para la organización del menú de políticas disponible para que las autoridades resistan el surgimiento del sobrecalentamiento dependerá del punto donde intervenga el gobierno a lo largo de la cadena de transmisión antes descrita. Por lo tanto, las intervenciones de la política económica pueden clasificarse como sigue:

1. Políticas destinadas a restringir la entrada neta de capital, restringiendo las entradas brutas de capital o promoviendo las salidas brutas de capital. Tales políticas incluyen la imposición de controles administrativos a las entradas de capital, así como la eliminación de diversas restricciones a las salidas de capital. También pueden incluir la ampliación de las bandas de la tasa de cambio a fin de incrementar la incertidumbre.

2. Políticas que tratan de restringir la entrada neta de *divisas* (acumulación de reservas) alentando una compensación en cuenta corriente para un superávit en cuenta de capital. La liberalización comercial y la apreciación de la tasa de cambio nominal tendrían este efecto. En el límite (tasa de cambio flexibles), la última medida podría evitar toda acumulación de divisas.

3. Políticas que aceptan la acumulación de reservas asociada a un superávit de la balanza de pagos pero tratan de aliviar sus efectos sobre la base monetaria. Esto equivale a una intervención estabilizadora, al igual que los esfuerzos que se hagan para limitar la utilización de la ventana de descuentos del banco central.

4. Políticas que aceptan un incremento de la base pero tratan de restringir sus efectos sobre los grandes agregados monetarios. Los incrementos de los

requerimientos de reservas y las restricciones cuantitativas del crédito son ejemplos de tales políticas.

5. Políticas que aceptan una expansión monetaria pero tratan de contrarrestar los efectos expansivos sobre la demanda agregada que pudieran provocar inflación y/o apreciación de la tasa de cambio real. Esto se refiere esencialmente a la contracción fiscal.

XV.3.1.1. *Restricciones de las entradas brutas*

La imposición de controles de capital es algo controversial, pero podría justificarse tal medida en relación con el bienestar. El requerimiento fundamental para que los controles mejoren el bienestar es la presencia de una distorsión preexistente que genere un nivel excesivo del endeudamiento externo. Esto podría ocurrir , por ejemplo, cuando el mero hecho del endeudamiento externo cree exterioridades. Si los costos de la falta de cumplimiento de un contrato de préstamo internacional son compartidos por agentes distintos del agente prestatario, los actos individuales de endeudamiento externo tendrán efectos externos negativos en la economía nacional. Dado que los agentes nacionales individuales no interiorizan tales efectos, tenderán a endeudarse en exceso. Los controles de capital, bajo la forma de un impuesto sobre los préstamos externos, harían efectivamente que los agentes interioricen los costos que sus decisiones de endeudamiento externo imponen a otros. En consecuencia, representarían una intervención de política económica óptima. Diversos argumentos de óptimo condicionado pueden esgrimirse también en favor de los controles de capital. Surgen tales argumentos cuando el endeudamiento externo magnifica las consecuencias de bienestar negativas de una distorsión interna preexistente que no se puede remover. Por ejemplo, las distorsiones existentes en el sistema financiero interno pueden hacer que los recursos tomados en préstamo en el exterior se inviertan en formas socialmente improductivas en la economía nacional. Si no puede removerse la distorsión causante del problema, una opción de óptimo condicionado podría ser la limitación del endeudamiento externo.

Además de la consideración del óptimo, el uso de controles de capital afronta la cuestión de viabilidad. Muchos economistas han cuestionado la viabilidad de la intervención directa con los flujos de capital, alegando que los controles podrían ser evadidos fácilmente. La verificación de esta proposición se complica por el hecho de que la eficacia de los controles dependerá probablemente de muchos factores, entre ellos el hecho de que los controles se impongan a las entradas o a las salidas, que los controles hayan sido impuestos previamente, que su cobertura sea total o parcial, y muchas otras consideraciones. La conclusión es que la eficacia de los controles tenderá a diferir entre países y a través del tiempo, lo que dificulta la obtención de resultados generales.[6]

Dooley (1996) ha reseñado recientemente los datos existentes sobre la eficacia de los controles. Concluye que los controles pueden ser eficaces en el sentido de preservar cierto grado de autonomía monetaria interna (es decir, influyendo sobre los diferenciales de los intereses), pero encuentra escasas pruebas de que los controles hayan ayudado a los gobiernos a alcanzar objetivos de la política económica o mejorar el bienestar económico en las formas delineadas antes.

XV.3.1.2. *Aliento a las salidas brutas*

Las cuestiones relevantes son la eficacia y el logro del óptimo en el caso de la liberalización de las restricciones impuestas a las salidas, aunque surgen en una forma algo diferente. Primero, en paralelo con el caso anterior, es posible que las restricciones a las salidas no sean eficaces. Antes del episodio de los años noventa, la información existente sobre este punto era dudosa. Por ejemplo, Mathieson y Rojas-Suárez (1993) se ocuparon directamente de la cuestión para varios países en vías de desarrollo y concluyeron que los controles sobre las salidas han tendido a resultar ineficaces para promover la fuga de capital. Estos investigadores verificaron si la fuga de capital respondía a los fundamentos económicos del mismo modo en países con y sin fuertes restricciones a las salidas de capital, con resultados mezclados. Descubrieron que, mientras que los fundamentales continuaban influyendo sobre las salidas de capital aun en presencia de los controles, las respuestas a los desequilibrios fiscales eran más lentas, y las respuestas al riesgo de la falta de pago eran más débiles, en los países con fuertes controles de capital.

Pero aun si las restricciones a las salidas fuesen eficaces, es posible que su remoción no tenga el efecto deseado de reducir las entradas netas, porque el acto mismo de remover tales restricciones podría atraer entradas adicionales. Dos conjuntos de argumentos se han aducido para sugerir cómo podría ocurrir esto. Labán y Larraín (1997) han señalado que la presencia de controles eficaces sobre las salidas vuelve irreversibles las entradas. Si son inciertas las políticas futuras sobre el rendimiento de los préstamos para los agentes nacio-

---

[6] El incentivo para evadir depende de las diferencias existentes entre las tasas de rendimiento externas e internas, y por lo tanto de las políticas financieras externas e internas. A su vez, la viabilidad de la evasión depende de la estructura del comercio exterior (que afecta el alcance de la subfacturación y la sobrefacturación), la estructura del sistema financiero interno (que afecta la posibilidad de la evasión al alterar los canales de la intermediación financiera), y de la eficacia de los mecanismos de vigilancia. Tales factores explican que la eficacia de los controles tienda a diferir entre los países y a través del tiempo.

nales, se vuelve valiosa la opción de mantener fondos en el exterior mientras se resuelve la incertidumbre, de modo que los acreedores extranjeros podrían abstenerse de prestar en esta situación. La remoción de las restricciones impuestas a las salidas elimina la irreversibilidad y así incrementa el rendimiento relativo de los préstamos internos al eliminar el valor de la opción de espera. Por su parte, Bartolini y Drazen (1997) han sostenido que, puesto que los controles de las salidas se mantienen a menudo por razones fiscales (facilitar la recaudación de los impuestos de la represión financiera), los inversionistas extranjeros interpretarán su remoción como una señal de que es menos probable la tributación del capital en el futuro, lo que induce entradas de capital.

Desde el punto de vista del óptimo, una literatura abundante sobre la secuencia de la liberalización económica durante el decenio de 1980 concluía que la liberalización de las salidas de capital debiera ser uno de los últimos pasos de la liberalización económica, esencialmente por razones fiscales. El argumento era que, mientras no se lograra la estabilidad fiscal interna, sería necesario recurrir a las recaudaciones de la represión financiera. La apertura financiera, que otorga a los tenedores de activos nacionales una alternativa al sistema financiero interno, reduce los ingresos que pueden recaudarse de la represión financiera, de modo que se requiere una tasa de inflación mayor para financiar un déficit fiscal dado. Las distorsiones introducidas por una tasa inflacionaria mayor pueden ser más costosas que las asociadas a los controles de las salidas de capital (McKinnon y Mathieson, 1981).

XV.3.1.3. Liberalización comercial

Desde una perspectiva macroeconómica, la liberalización del comercio exterior disminuye directamente el precio de los bienes importables en moneda nacional, y podría disminuir indirectamente el precio de los bienes no comerciables (a través de un efecto de sustitución). Como vimos antes, en la medida en que induzca un déficit comercial, la liberalización absorbe una parte de las divisas generadas por la entrada de capital, aliviando al mismo tiempo las presiones monetarias. La cuestión más controversial que surge en lo tocante a la liberalización comercial como un instrumento para la restricción de la entrada neta de divisas se refiere a la eficacia. En virtud de que la balanza comercial es la diferencia entre el ahorro y la inversión nacionales, el efecto de la liberalización comercial sobre la balanza comercial son ambiguos, dependiendo de muchas características estructurales de la economía nacional y de la naturaleza del programa de liberalización. Lo primero incluye la importancia de los bienes no comerciados, las intensidades factoriales de los sectores, la naturaleza de las políticas fiscales acompañantes y la magnitud de las rigideces del mercado laboral. Lo último incluye la incidencia de los aranceles (si recaen sobre bienes intermedios o finales) y sus rutas futuras proyectadas.

Por ejemplo, Ostry (1991) demuestra que si los aranceles temporales sobre bienes intermedios se reducen, y los bienes comerciables son más intensivos en bienes intermedios y de capital que los bienes no comerciables, el efecto del programa de liberalización será un incremento del ahorro y una reducción de la inversión, de modo que mejorará indudablemente la balanza comercial. La reducción de los aranceles sobre los bienes intermedios provocará una apreciación real a corto plazo a medida que se expande el sector de los bienes comerciables, absorbiendo recursos del sector no comerciado. Esta apreciación real hará que los agentes esperen una depreciación real más grande a través del tiempo, porque la política comercial futura no se ha visto afectada. En consecuencia, la tasa de interés real se eleva y el consumo se inclina hacia el futuro, incrementando el ahorro interno. A su vez, el aumento del consumo futuro causa una apreciación real futura que, en relación con el equilibrio no perturbado, desplaza el capital del sector de bienes comerciados al de bienes no comerciados en el futuro. Dado que el sector de bienes comerciables es relativamente intensivo en el capital, la implicación es una reducción de la inversión agregada actual. Ya que el ahorro es mayor y la inversión menor, la balanza comercial mejora indudablemente.

Este ejemplo podría parecer artificioso, pero sólo ilustra el principio general de que en teoría es sin duda posible que una liberalización comercial mejore la balanza comercial. La experiencia de los países que han liberalizado, como lo resumen por ejemplo Thomas, Matin y Nash (1990), sugiere que este resultado es algo más que una curiosidad teórica.

XV.3.1.4. *Flexibilidad de la tasa de cambio*

En cambio, la alternativa de inducir una compensación de la cuenta corriente a las entradas de capital mediante la flexibilidad de la tasa de cambio nominal plantea cuestiones relacionadas con el óptimo antes que con la eficacia. Las implicaciones potencialmente inflacionarias de las entradas de capital pueden evitarse por completo absteniéndose de intervenir en el mercado de divisas. Si permite una apreciación (temporal) de la tasa de cambio nominal en respuesta a un choque favorable de la tasa de interés externa (restringiendo la escala de la intervención en las divisas), se reducirá y quizá se revertirá el efecto expansivo del choque externo sobre la demanda interna agregada, al apreciarse la tasa de cambio real. Una entrada de capital derivada de una reducción de las tasas de interés externas se convierte en un choque deflacionario bajo tasas de cambio enteramente flexibles. Este resultado será deseable si las condiciones macroeconómicas internas son tales que los gobernantes tratan de evitar el estímulo a la demanda agregada. Así pues, en la medida en que se permitan las entradas de capital, la conveniencia de la intervención en las divisas dependerá en parte de los requerimientos de la estabilidad macroeconómica.

Sin embargo, el dilema se refiere a las implicaciones para la asignación interna de los recursos. Si las autoridades permiten que se aprecie la tasa de cambio nominal en respuesta a las entradas de capital, la rentabilidad del sector de los bienes comerciados se verá obviamente afectada de un modo adverso. Aparte de posibles consideraciones de la economía política, los gobernantes pueden tener dos razones para preocuparse por este resultado: primero, si se cree que la entrada de capital será temporal, una apreciación de la tasa de cambio oficial podría tender a agravar los efectos de cualesquiera distorsiones internas previamente existentes, lo que sesgará la asignación de los recursos internos en contra del sector de los bienes comerciados (y hará que el valor "de sombra" de las divisas supere a su valor oficial).[7] Segundo, cuando las entradas de capital son temporales, la apreciación consiguiente de la tasa de cambio real será también temporal, y cualesquiera reasignaciones costosas de los recursos inducidas por los cambios ocurridos en la rentabilidad relativa de los sectores de bienes comerciados y no comerciados tendrían que revertirse más tarde. Dado que tales costos representan costos fijos desde la perspectiva de los agentes privados, no se emprenderían las reasignaciones consiguientes de los recursos si no se percibe que los incentivos para hacerlo serán duraderos. En virtud de que los agentes privados encontrarán conveniente evitar los costos de una reasignación transitoria de los recursos, el ruido introducido en las señales de los precios relativos al permitir una variabilidad excesiva de la tasa de cambio nominal podría reducir la eficiencia de la asignación de los recursos.

La discusión precedente trata a la tasa de cambio como un instrumento de la política de estabilización a corto plazo. Sin embargo, la tasa de cambio desempeña también otro papel en las economías pequeñas abiertas: el de un ancla nominal. En efecto, este papel es a menudo prominente en los programas de estabilización, y a menudo se han elaborado arreglos institucionales para fortalecer la credibilidad del ancla. Cuando la tasa de cambio desempeña tal papel, se trata de saber si los arreglos institucionales son suficientemente flexibles para permitir que la tasa se mueva, y en su caso si las percepciones del compromiso antiinflacionario de las autoridades se vería en efecto en peligro por una apreciación de la tasa nominal (aunque pueda tener que revertirse más tarde si la entrada es temporal). La preocupación sería que incluso una apreciación puede transmitir la señal de que la tasa de cambio no es inmutable.

---

[7] Si la entrada es "permanente", es posible que la apreciación real asociada sea contrarrestada por una apreciación de la tasa de cambio real de equilibrio, de modo que no aumentaría necesariamente la diferencia existente entre la tasa de cambio "de sombra" y su valor oficial.

XV.3.1.5. *La esterilización*

Las autoridades monetarias pueden tratar de evitar el estímulo de la demanda agregada con una tasa de cambio fija mediante la intervención esterilizadora de las divisas. El empleo de esta política plantea varios interrogantes sobre viabilidad. Primero, al mantener las tasas de interés internas por arriba de lo que serían de otro modo, la esterilización tenderá a magnificar la entrada acumulada de capital. Entre mayor sea la movilidad del capital, mayor será la acumulación de reservas asociada a la intervención esterilizadora. Segundo, la intervención esterilizadora tiene costos cuasifiscales, ya que el banco central cambia activos nacionales de alto rendimiento por reservas de bajo rendimiento. La magnitud de estos costos será mayor entre mayor sea la movilidad del capital y más amplia la brecha entre las tasas de rendimiento internas y externas. Así pues, está en juego también la viabilidad fiscal de esta política. Tercero, aun si la esterilización logra limitar la expansión monetaria interna, es posible que no aísle a la economía de los efectos de las entradas de capital. Esto sería cierto bajo dos conjuntos de circunstancias:

1. Si los activos nacionales que pagan intereses son sustitutos perfectos entre sí, el aislamiento fracasaría si el choque que detona las entradas afecta a la demanda de dinero nacional. En este caso, cuando cambia la demanda de dinero pero la oferta está fija, cambiarían las tasas de interés internas;
2. Si los activos nacionales que pagan intereses son sustitutos imperfectos, una entrada de capital podría asociarse a un cambio en la composición de la demanda de activos nacionales que pagan intereses y con un incremento de la demanda total de tales activos. En este caso, a menos que la composición de los activos nacionales emitidos en operaciones de esterilización sea igual a la demandada por los acreedores, se alteraría la estructura de los rendimientos de los activos nacionales.

La información empírica citada antes en este libro, en el sentido de que la mayoría de los países en vías de desarrollo se han caracterizado por la movilidad imperfecta del capital en los últimos decenios, implica que la intervención esterilizadora ha sido una opción de política económica viable para estos países. En general, los estudios que han examinado la eficacia de la esterilización directa han apoyado esta conclusión. Sin embargo, es posible que esta situación haya cambiado por la reciente liberalización de la cuenta de capital en muchos países en vías de desarrollo, en el sentido de incrementar el grado efectivo de la integración financiera para los países que liberalizan. Así pues, queda por verse si la esterilización sigue siendo viable después de la liberalización.

XV.3.1.6. *Políticas para influir sobre el multiplicador del dinero*

Si por razones fiscales o de otra índole es incompleta la esterilización, la implicación de una entrada de divisas es una expansión de la base monetaria. La expansión monetaria puede evitarse todavía mediante una reducción conmensurada del multiplicador del dinero lograda mediante un incremento de los requerimientos de reservas u otras restricciones de la expansión crediticia por parte del sistema bancario. Los interrogantes de la viabilidad surgen aquí en varias formas: primero, es posible que los incrementos de los requerimientos de reservas tengan escaso efecto si los bancos tienen ya reservas excesivas. Segundo, si los requerimientos de reservas se cambian selectivamente para diferentes componentes de las carteras de pasivos de los bancos, sus efectos podrían ser evadidos porque los acreedores bancarios cambian a activos que no se vean afectados por los cambios de los requerimientos de reservas. Por último, aunque los cambios de los requerimientos de reservas se apliquen ampliamente entre los pasivos bancarios, podría producirse la expansión del crédito interno a través de instituciones no bancarias (desintermediación). El margen para hacerlo —y por ende para evitar un incremento de la demanda agregada interna— depende de la sofisticación del sistema financiero nacional.

Por lo que toca al óptimo, las medidas orientadas hacia el multiplicador del dinero evitan los costos cuasifiscales, pero lo hacen a través de la tributación implícita del sistema bancario. Las implicaciones económicas de este impuesto dependerán de la forma como se reparta en última instancia la carga tributaria entre los accionistas bancarios, sus depositantes y sus clientes de préstamos. Sin embargo, el efecto probable de esta política es una contracción del sistema financiero nacional, un resultado contrario a la tendencia hacia la liberalización financiera en la mayoría de las economías reformadoras, y algo que podría tener implicaciones diversas para el crecimiento económico.

XV.3.1.7. *La contracción fiscal*

Si no se evita la expansión monetaria interna, o si se transmite un estímulo financiero expansivo hacia el exterior del sistema bancario, la estabilización de la demanda agregada requerirá una contracción fiscal. En este contexto surgen también interrogantes sobre la viabilidad y lo óptimo. Por lo que toca a la viabilidad, es posible que el proceso presupuestario de la mayoría de los países no sea capaz de responder con suficiente rapidez, y es posible que los retrasos de la respuesta agraven los problemas de estabilización creados por los movimientos volátiles del capital. Segundo, aunque pueda cambiarse la política fiscal, los efectos deseados sobre la demanda interna (y por ende sobre la tasa de cambio real) surgirán —es decir, la política será eficaz— sólo si los recortes del gasto recaen sobre los bienes no comerciados.

Desde la perspectiva de lo óptimo, surgen interrogantes similares en el caso del ajuste fiscal como en el de las modificaciones de la tasa de cambio, a saber: ¿debiera diseñarse la política fiscal de modo que se fijen las expectativas de la inflación y la tributación a largo plazo, o debiera tener la política objetivos contracíclicos? En principio, estas metas no son mutuamente excluyentes, ya que las desviaciones de corto plazo frente a la posición fiscal de mediano plazo pueden diseñarse de tal modo que se logren los objetivos de la estabilización. Sin embargo, el problema es que si el gobierno carece de credibilidad, la adhesión a la postura de mediano plazo frente a los choques podría ser el camino más seguro para lograrlo. En resumen, el problema consiste en saber si el logro de la credibilidad fiscal es compatible con la adopción de reglas de retroalimentación para la política fiscal.[8] Por último, si se adopta el objetivo de la estabilización, debieran evitarse los cambios de las tasas impositivas marginales en respuesta a entradas de capital temporales, ya que las fluctuaciones de tales tasas distorsionarían las elecciones intertemporales.

XV.4. VARIACIONES EN LAS RESPUESTAS DE LA POLÍTICA ECONÓMICA

Esta sección examina la frecuencia con la que se adoptaron las políticas de cada uno de estos tipos por los países que experimentaron auges de entradas de capital, así como las modalidades de su implantación. La discusión que sigue se basa en una muestra de catorce países en vías de desarrollo que experimentaron auges de entradas de capital durante los últimos años. Los países incluidos en la muestra son aquellos para los que se dispone fácilmente de información sobre las respuestas de la política económica. Se trata de Indonesia, Corea, Malasia, Filipinas y Tailandia en Asia Oriental, así como Argentina, Bolivia, Brasil, Chile, Colombia, Costa Rica y México en América Latina. Los flujos de capital hacia otras regiones son más recientes y se dispone de menor información sobre tales países, pero también se incluye a Egipto y Sri Lanka. Como un grupo, estos países recibieron más del 70% de los flujos de inversión en cartera y directa hacia los países en vías de desarrollo durante 1989-1993. Montiel (1996) provee un resumen de las medidas de política económica tomadas en países individuales.

---

[8] Adviértase que si tal regla se aplicara simétricamente, ello implicaría que las salidas de capital provocarían una respuesta fiscal *expansiva*.

XV.4.1. *Medidas para impedir las entradas brutas*

Varios países adoptaron controles, impuestos u otros impedimentos de las entradas, los cuales asumieron muchas formas. La más directa de tales formas es la restricción cuantitativa del endeudamiento externo. Tal restricción se adoptó en Sri Lanka durante 1993, en respuesta a las entradas, aprovechando los controles de divisas que permanecían aun después de que había ocurrido una liberalización sustancial de la cuenta de capital. También Indonesia restringió el endeudamiento externo de las entidades del sector público en 1991. En México, los controles cuantitativos asumieron la forma de límites a los pasivos bancarios de divisas. Aunque esta medida pudo haber representado un componente prudencial de la supervisión bancaria, también ayuda a restringir las entradas de capital a través del sistema bancario. Por último, durante varios meses de 1994, Malasia impuso un amplio conjunto de restricciones cuantitativas a las entradas, incluyendo las ventas de valores en el extranjero por empresas nacionales no financieras, así como la limitación de los pasivos bancarios en moneda extranjera.

En lugar de recurrir a las restricciones cuantitativas, algunos países han establecido impuestos explícitos o implícitos sobre el endeudamiento externo, incrementando así el costo de tales transacciones para los agentes nacionales y/o extranjeros.[9] La forma más común asumida por tales medidas es el requerimiento de que los bancos con pasivos en moneda extranjera mantengan en el banco central una cuenta no remunerada, igual a una razón especificada de tales pasivos. Tales requerimientos han sido adoptados en Chile (1991 y después), Colombia (1993) y México (1991).[10] En cada uno de estos países se complementaron los requerimientos de reservas con otras medidas para incrementar el costo del mantenimiento de pasivos en moneda extranjera. Chile aplicó un impuesto de estampillas a los préstamos extranjeros, mientras que Colombia impuso una "comisión" a la venta de divisas al banco central. Otros procedimientos para gravar al endeudamiento externo fueron la extensión de la retención de impuestos a los intereses pagados sobre préstamos externos en Tailandia (1990), y la imposición de topes a las tasas de interés sobre los depósitos mantenidos por instituciones extranjeras como parte del programa comprensivo de controles de capital de Malasia en 1994. Brasil implantó en noviembre de 1993 "impuestos de Tobin" explícitos, es decir, impuestos a las transacciones con divisas aplicables a ciertas clases de transacciones financieras. El alcance de estos impuestos se expandió en octubre de 1994, pero se redujo de nuevo en respuesta a la crisis mexicana de principios de 1995.

---

[9] En otros casos se han aplicado medidas de este tipo, además de los controles cuantitativos.
[10] En el caso mexicano, los requerimientos de reservas se aplicaron sólo a los pasivos del sistema bancario denominados en moneda extranjera.

Por último, algunos países trataron de desalentar las entradas *incrementando el riesgo* asociado al endeudamiento externo. Como lo describimos en el capítulo VII, Chile, Colombia y México adoptaron bandas de tasas de cambio y las ampliaron durante el episodio de las entradas. Chile, en particular, permitió una extensa variación de la tasa de cambio dentro de su banda, mientras que los otros países intervinieron más sistemáticamente dentro de la banda a fin de estabilizar la ruta de la tasa de cambio. Indonesia (1991) restringió el empleo de las facilidades *swap* de los bancos comerciales e incrementó su costo al aumentar los riesgos, para tales bancos, del mantenimiento de una exposición a las monedas extranjeras.

Dos aspectos notables de estas experiencias son el hecho de que los controles cuantitativos y los impuestos a las entradas brutas no se adoptaron en general al inicio del episodio de las entradas, sino después de que una respuesta alternativa preferida —típicamente la intervención esterilizadora— se había debilitado o abandonado, y que los controles de capital no se han vuelto necesariamente permanentes una vez establecidos. Malasia, por ejemplo, desmanteló el conjunto de controles impuestos a principios de 1994 en ese mismo año, mientras que Brasil redujo el alcance de sus impuestos a las transacciones financieras en marzo de 1995.

XV.4.2. *Aliento a las salidas bruta*

Muchos países *relajaron los controles sobre las salidas de capital.* Corea ha promivido la inversión externa de residentes nacionales, mientras que Corea, Malasia y Tailandia han acelerado el pago de su deuda externa. Tailandia, Chile y Colombia eliminaron varias restricciones que afectaban a las salidas de capital. Esto implicó medidas tales como la autorización explícita para que los residentes invirtieran en el exterior, la eliminación de restricciones a la repatriación de capital e intereses por parte de inversionistas extranjeros directos, la remoción de topes existentes para los gastos en turismo de los residentes, la eliminación de los requerimientos de entrega de las divisas provenientes de las exportaciones, la extensión del periodo de compras adelantadas de divisas por parte de los importadores, y otras. Filipinas eliminó todas las restricciones impuestas al empleo de divisas para transacciones corrientes y de capital.

Muchas de estas medidas fueron alentadas por los auges de las entradas, pero en muchos casos representaban una continuación de un proceso de liberalización que ya estaba en marcha cuando las entradas empezaron a llegar. Sin embargo, es digno de mención el hecho de que las reformas financieras de naturaleza estrictamente interna no se aceleraron de ordinario en respuesta a las entradas, y en algunos casos la respuesta de la política económica a las entradas fue en efecto contraria a las medidas de liberalización anteriores. Así ocurrió con los incrementos de los requerimientos de reservas en muchos países, así como con la imposición de topes a las tasas de interés activas en Colombia, por ejemplo.

XV.4.3. Medidas para reducir la acumulación de reservas

XV.4.3.1. Política comercial

Varios países *redujeron sus aranceles* durante el periodo de las grandes entradas. Así ocurrió en Corea, Malasia, Filipinas, Tailandia, Chile, Colombia y Costa Rica, aunque sólo Filipinas, Tailandia, Colombia y Costa Rica parecen haberlo hecho específicamente en respuesta a las entradas.

XV.4.3.2. Política de tasa de cambio

Además de la liberalización comercial, varios países permitieron una *apreciación nominal* de sus monedas, o por lo menos un frenamiento de su tasa de depreciación nominal. Esto implica una disminución de la intervención en el mercado de divisas por parte del banco central, y por ende una presión menor sobre la base monetaria derivada de la acumulación de reservas. Tres observaciones son relevantes en lo tocante a la aplicación de esta política:

1. Ningún país abandonó una paga determinada en favor de un régimen de libre flotación en el curso del episodio del auge, excepto en respuesta a una crisis monetaria (Costa Rica experimentó con una flotación, pero sólo temporalmente). En todos los países continuó la intervención oficial. Por otra parte, como se mencionó antes, el dilema planteado entre la preservación de la tasa de cambio a fin de estabilizar las expectativas de los precios y la autorización de su apreciación a fin de absorber las presiones monetarias se resolvió en el caso de algunos países mediante el empleo de *bandas de tasas de cambio*. Brasil, Chile, Colombia, Indonesia y México utilizaron bandas con la intención de concentrar las expectativas de los precios alrededor de la paridad central predeterminada, al mismo tiempo que se permitían movimientos (apreciación) dentro de la banda para absorber algo de la presión generada por las entradas de capital. Colombia, Indonesia y México introdujeron bandas de tasas de cambio durante sus episodios de auge, mientras que Chile amplió su banda previamente existente.

2. En la muestra de países utilizada aquí, la apreciación nominal fue más común en América Latina (Bolivia en 1991, Chile en 1990-1992 y de nuevo en 1994, Colombia en 1991 y 1994, Costa Rica en 1992, y México en 1991) que

en Asia Oriental (Corea en 1987-1989, Malasia en 1993, y Filipinas en 1992), posiblemente como un reflejo del peso mayor imputado a una inflación que a una meta de competitividad. A su vez, el peso relativo otorgado a la estabilidad de los precios en América Latina refleja los esfuerzos de estabilización que ya estaban en marcha en la región.[11]

3. En general, las magnitudes de las apreciaciones nominales han sido pequeñas. Las excepciones fueron revaluaciones de 5 y 7% en Colombia en 1994 y una revaluación mayor de 9% en Chile en 1994.

XV.4.4. Medidas para restringir el crecimiento de la base monetaria

Con mucho, la respuesta más común a la recepción de entradas de capital ha sido la *intervención esterilizadora*. Esto refleja en gran medida la combinación de un régimen cambiario caracterizado por tasas oficiales predeterminadas y una preocupación de la política económica por la inflación y la apreciación de la tasa de cambio real. Todos los países examinados aquí, a excepción de Argentina y Bolivia, aplicaron la intervención esterilizadora. Tal intervención asumió la forma de ventas de valores gubernamentales o del banco central a los bancos comerciales (intervención en el mercado interbancario), cambio de los depósitos gubernamentales de los bancos comerciales al banco central, elevación de las tasas de interés de los activos y pasivos del banco central, y reducción del acceso a los redescuentos. Las transferencias de depósitos gubernamentales al banco central han sido particularmente comunes en Asia Oriental. Tales transferencias ocurrieron en Indonesia, Malasia y Tailandia. En Filipinas, el gobierno tomó préstamos del sector privado a fin de hacer depósitos en el banco central, conduciendo así operaciones de mercado abierto en nombre de este último. Otra versión se utilizó en México, donde se depositaron en el banco central los ingresos provenientes de sus privatizaciones durante 1991, esterilizando así las entradas mediante la venta de activos *reales*. La reducción del acceso a la ventana de descuento fue empleada por Corea (1986-1988) y Tailandia (1989-1990). Chile, Colombia, Indonesia y Malasia se mostraron particularmente agresivos al principio en su búsqueda de la esterilización cuando se aceleraron las entradas, tratando de contrarrestar todos los efectos de las entradas de capital sobre la base monetaria, mientras que más tarde Chile, al igual que Corea, México, Filipinas y Tailandia no eran tan ambiciosos, tratando sólo de aliviar los efectos sobre la base.

Los países que recibían entradas sustanciales tendían a recurrir a la intervención esterilizadora poco tiempo después de que las entradas empezaran a

---

[11] Sin embargo, esto podría reflejar al conjunto de países examinados. Según Calvo, Leiderman y Reinhart (1993), la apreciación nominal se aplicó también en Singapur y Taiwan.

llegar, a menudo en el primer año. Indonesia, Malasia, Tailandia, México y Egipto aplicaron durante más tiempo la política de esterilización, mientras que Chile y Colombia aflojaron la política monetaria en el segundo año de los episodios de entrada de capital. Indonesia finalmente aflojó a mediados de 1993, y Egipto lo hizo a mediados de 1994, pero Chile ya había reducido para mediados de 1990 la intensidad de la esterilización, y Colombia lo hizo a fines de 1991. Los observadores han atribuido el cambio de política a sus costos cuasifiscales, a los efectos de la esterilización que magnifica el monto de las entradas. Sin embargo, un patrón claro en la experiencia de los países es que la intensidad de la esterilización se empleó de un modo contracíclico.

Un aspecto notable de los episodios de esteriliazación es que los países lograron mantener elevadas las tasas de interés internas a pesar de las entradas de capital, en algunos casos inlcuso por encima del nivel prevaleciente antes de las entradas (Colombias es un caso claro). Esto sugiere que, independientemente de su conveniencia, la esterilización siguió siendo una opción realista para estos países, por lo menos a corto plazo; es decir, la movilidad internacional del capital no era perfecta ni siquiera después de una liberalización sustancial. Sin embargo, hay pruebas (Glick y Moreno, 1994) de que la movilidad del capital es mayor a largo plazo que a corto plazo, de modo que la esterilización podría representar en efecto sólo una opción temporal en la mayoría de los casos.

XV.4.5. *Reducción del multiplicador del dinero*

Los cambios de los requerimientos de reservas han asumido diversas formas, desde la modificación de las razones de reservas requeridas para todos los depósitos en moneda nacional hasta la elevación de los requerimientos de reservas marginales sobre los pasivos de los bancos en moneda extranjera. Esto último se entiende mejor como una forma de control del capital, ya que establece un impuesto discriminatorio sobre una clase particular de los pasivos bancarios que no trata de desalentar los préstamos en general sino de restringir tales pasivos. Los incrementos en los requerimientos de reservas generales se implantaron en Corea (1988-1990), Malasia (1989-1994), Filipinas (1990), Chile (1992), Colombia (1991) y Costa Rica (1993). Aparte de tales restricciones uniformes del crecimiento del crédito, se emplearon restricciones a la expansión de tipos de préstamos específicos (controles del crédito) en Corea, Malasia y Tailandia. Estas economías tenían una larga historia de empleo del crédito restringido como un instrumento de la política monetaria. Entre los países de mayores requerimientos de reservas, los multiplicadores del dinero bajaron durante el periodo de auge en Corea y Malasia, se mantuvieron estables en Filipinas, Colombia y Sri Lanka, y subieron sólo en Chile.

XV.4.6. *Política fiscal retrospectiva*

Dado que los esfuerzos de estabilización en marcha en América Latina implicaban la restricción fiscal, resulta difícil identificar casos específicos en los que se adoptara la *política fiscal restrictiva* en respuesta a las entradas de capital. Costa Rica podría ser uno de tales casos. Mientras que Argentina y México restringieron su política fiscal durante los episodios de auge, ambos países implantaron fuertes programas de estabilización que no habían alcanzado todavía sus objetivos inflacionarios cuando empezaron a recibirse las entradas. En cambio, la restricción fiscal fue un componente importante de la respuesta de la política económica en varios países de Asia Oriental que no estaban realizando un esfuerzo de estabilización frente a la inflación elevada. La restricción ocurrió en Indonesia (1990-1994), Malasia (1988-1992), Filipinas (1990-1992) y Tailandia (1988-1993). De los países de Asia Oriental incluidos aquí, sólo Corea no implantó una restricción fiscal adicional durante el episodio del auge.

XV.5. RESULTADOS MACROECONÓMICOS

¿Qué lograron estas medidas en lo tocante a la preservación de la estabilidad macroeconómica frente a las entradas? Montiel (1996) hace una descripción general de los resultados macroeconómicos. Las reservas de divisas oficiales aumentaron en todos los países y, como sería de esperarse, el aumento fue mayor en los países que recurrieron en mayor medida a la intervención esterilizadora. En cambio, la compensación de las entradas de capital por medio de la cuenta corriente fue mayor en Argentina, Bolivia y Costa Rica (en 1992-1993), países que esterilizaron debidamente o no lo hicieron en absoluto. Sin embargo, las aceleraciones del crecimiento monetario —el canal de transmisión fundamental descrito antes— no parecen haber sido tan universales o persistentes. Entre los países de este estudio, Indonesia, Malasia, Argentina, Bolivia, Chile y Sri Lanka registraron aceleraciones del crecimiento de la base monetaria en promedio durante el periodo del auge. El crecimiento de la base monetaria se mantuvo frenado en Tailandia en mayor medida que en Malasia e Indonesia, mientras que el crecimiento del dinero en sentido amplio se aceleró en los tres países.

El crecimiento de la base monetaria tendió a acelerarse en varios países (por ejemplo, en Filipinas, Colombia, Costa Rica y México) antes de que la esterilización cobrara fuerza. Pero una vez adaptada la política monetaria a la persistencia de las entradas, los países receptores lograron en general mantener frenado el crecimiento de la base monetaria. Como se indicó antes, los periodos de gran aceleración del crecimiento de la base monetaria tendieron a responder a las condiciones económicas internas, de modo que parecían reflejar las intenciones de la política económica, en lugar de ser subproductos inevitables de los auges de entradas de capital. Así pues, la lección es que, si bien es real la amenaza de expansión de la base monetaria a resultas de un incremento de las entradas de capital, la intervención esterilizadora se ha empleado con éxito casi en todas partes para retener el control de la base monetaria.

El éxito no es tan evidente en lo tocante al comportamiento del multiplicador del dinero. En siete de los catorce países examinados, el multiplicador del dinero aumentó efectivamente durante el periodo, un resultado contrario a lo que se habría requerido para contrarrestar el crecimiento acelerado de la base monetaria. Es cierto que los incrementos de los requerimientos de reserva no figuraron prominentemente en ninguno de estos casos (hasta recientemente en Malasia), pero las reducciones sostenidas del multiplicador del dinero no han sido sustanciales en ninguno de los países examinados, a pesar de que los requerimientos de reservas se elevaron al principio del episodio del auge en algunos de ellos (por ejemplo en Corea y Filipinas en 1990). En general, entonces, el control del crecimiento de la oferta de dinero se ha logrado restringiendo el crecimiento de la base, no reduciendo el multiplicador del dinero.

A pesar de la limitada expansión de la base monetaria, los precios de las acciones se elevaron durante las primeras fases de los episodios, tanto en Asia como en América Latina. Esto sugiere que quizá los controles, la esterilización y los incrementos que los requerimientos de reservas no lograron impedir la transmisión del choque expansivo de la demanda a las economías receptoras, aunque se haya evitado el crecimiento explosivo del dinero. A pesar de lo que parece ser un auge generalizado en los mercados activos, no hubo ningún caso de aceleración drástica de la inflación durante el episodio de las entradas. Pero esto no implica que todos estos países registraran un desempeño inflacionario satisfactorio: es posible que algunos de ellos hayan dejado de alcanzar tasas inflacionarias que podrían haber sido obtenibles de otro modo.

Fuera de Asia Oriental fue generalizada la apreciación significativa de la tasa de cambio real. En América Latina, Chile experimentó una apreciación moderada, pero el grado de la apreciación fue grande en Argentina y México. En Asia, todos los países examinados evitaron una apreciación real, aunque la tasa de cambio real se apreció temporalmente en Filipinas. Los resultados de la inflación y la tasa cambio real pueden conciliarse como un reflejo de la combinación de una aceleración limitada del crecimiento de los agregados monetarios (debida a las políticas antes descritas) y el empleo de la tasa de cambio como un ancla nominal. La restricción fiscal parece haber ayudado a evitar una apreciación real mayor y una inflación más rápida, sobre todo en varios países de Asia Oriental (Indonesia, Malasia, Filipinas y Tailandia).

Los incrementos de los déficit en cuenta corriente han sido comunes durante los episodios de las entradas. Se registraron déficit mayores en Corea, Malasia, Filipinas, Tailandia, Argentina, Bolivia, Costa Rica, México y Egipto.

En América Latina, cerca de la mitad del impacto monetario del superávit de la cuenta de capital asociado al episodio de las entradas ha sido contrarrestada por un aumento del déficit de cuenta corriente. Sin embargo, a pesar de cierto incremento de la inversión en la mayoría de los países latinoamericanos, la oleada actual de entradas de capital no parece haberse asociado a un auge de la inversión (privada o pública) en la región (véase también Calvo, Leiderman y Reinhart (1993, 1996)). Así pues, los incrementos de los déficit de cuenta corriente han absorbido una reducción del ahorro interno. En cambio, las tasas del ahorro fueron estables en los países de Asia Oriental y se incrementaron fuertemente en Tailandia. Varios países latinoamericanos parecen haber experimentado auges del consumo impulsados por el consumo del sector privado. Así ocurrió en Argentina, Bolivia, Chile y México, pero no en Colombia. En Asia Oriental, sólo Filipinas experimentó un auge similar. También Egipto parece haberlo hecho.

XV.6. LECCIONES DE LA POLÍTICA ECONÓMICA

Un esfuerzo sistemático por obtener lecciones acerca de la eficacia y el carácter óptimo de la política económica, a partir de esta experiencia, requerirá una asociación de políticas individuales a sus resultados en países particulares, y la asignación de beneficios y costos a tales efectos. La transferencia de estas lecciones a otras partes requerirá además la interpretación de tales efectos de la política económica en términos de las estructuras y circunstancias de los países implicados. Ésta es esencialmente una empresa de estudio de un caso particular que escapa a los límites de este capítulo. Por el contrario, las lecciones que reportaremos en esta sección son las que han obtenido algunos observadores de las experiencias de países individuales y las que pueden inferirse superficialmente de los patrones de elecciones de política económica y los resultados macroeconómicos en diversos países. Se refieren tales lecciones a la eficacia, antes que al carácter óptimo.

Consideremos en primer término las políticas que tratan de intervenir directamente para limitar las entradas netas de capital: los *controles de capital* y la *liberalización de las salidas*. La experiencia descrita aquí arroja alguna luz sobre los problemas bien conocidos que discutimos antes en relación con los costos y beneficios de cada uno de ellas.

En el caso de los *controles de capital*, los costos potenciales consisten en distorsiones macroeconómicas introducidas cuando tales controles no representan una respuesta de la política económica de óptimo pleno o de óptimo condicionado (véase Fernández-Arias y Montiel (1996)). Existe ahora escasa información sobre la magnitud de tales costos para los países que han recibido recientemente grandes entradas. Sin embargo, resulta revelador el hecho de que los países que recurrieron a los controles lo hicieron *a)* después de haber liberalizado las transacciones de capital y *b)* después de haber reducido la aplicación de otras medidas (típicamente la intervención esterilizadora) para contrarrestar los efectos de los flujos. La implicación es que los gobernantes de estos países percibieron que los costos de la intervención directa eran menores que los de la esterilización.

Por otra parte, que los controles generen algún beneficio en absoluto es algo que depende de su eficacia. Hay algunas pruebas indirectas sobre este punto. El hecho de en que varios casos (por ejemplo, Corea en 1992) hayan seguido entradas sustanciales a la remoción de los controles, y que las entradas se hayan frenado tras la reimplantación de los controles (Chile en 1991 y Malasia en 1994) sugiere que los controles *pueden* funcionar, por lo menos en algunos casos y por lo menos temporalmente. En Chile, además, se ha afirmado que los controles alteraron la composición de los flujos en favor de los de más largo plazo.

Por lo que toca a la *liberalización de las salidas,* ya se plantearon antes dos cuestiones: ¿Importará la liberalización, si las restricciones anteriores no lograron restringir las salidas? ¿Y son eficaces tales restricciones en la limitación de las entradas netas, dado que podrían atraer más entradas al mismo tiempo que promueven las salidas? Los datos episódicos sugieren (débilmente) que tales restricciones pueden ser importantes, pero podrían tener escaso efecto sobre los flujos netos de capital.

Lo que queda claro por la experiencia de los países es que a la eliminación de las restricciones impuestas a las salidas siguieron entradas sustanciales en muchos países, una experiencia que también ha caracterizado a los países industrializados, como lo demuestran Bartolini y Drazen (1997). De acuerdo con los datos existentes ahora, resulta imposible saber si la eliminación de las restricciones impuestas a las salidas disminuyeron las entradas netas en alguna medida importante, pero queda claro que tal eliminación no representó una solución completa para el problema de las entradas en ninguno de los países que la realizaron. La observación que acaba de hacerse —en el sentido de que el episodio de las entradas fue precedido a menudo por una liberalización de la cuenta de capital que incluía la eliminación de las restricciones impuestas a las salidas— es ciertamente consistente con la idea de que la eliminación de tales restricciones simplemente atrae entradas adicionales.

Por lo que toca a las medidas tomadas para limitar el supéravit global de la balanza de pagos, aunque el déficit de la cuenta corriente aumentó marcadamente en la mayoría de los países examinados, resulta difícil atribuir esto a medidas directas tales como la *liberalización comercial.* Estaban ocurriendo al mismo tiempo muchas otras cosas que impedirán tal atribución y, como se sugirió antes, incluso el efecto teórico de la liberalización sobre la balanza comercial es ambiguo. Por el contrario, la lección que surge de la experiencia se refiere a la liberalización comercial como una variable endógena antes que exógena.

Está claro que, a pesar de las ambigüedades teóricas antes descritas, la liberalización comercial se ve inhibida a menudo por una restricción percibida de la balanza de pagos. Por lo tanto, un incremento de las entradas de capital ofreció a varios países una buena oportunidad para aplicar la liberalización comercial, y por lo menos ocho de los catorce países examinados lo hicieron así (Montiel, 1996). Contra los temores expresados en la literatura de la secuencia de los años ochenta, no puede documentarse para este grupo de países ningún caso de grandes reversiones de la liberalización comercial. Incluso en el caso de Filipinas, donde se impuso un recargo a las importaciones en medio del episodio de las entradas, esto ocurrió en el contexto de una tendencia general hacia la liberalización dentro del país.

Por lo que toca al empleo de la *tasa de cambio* para lograr el mismo resultado, las lecciones son varias:

1. La adopción de una banda de tasas de cambio provee una opción que combina la función de la tasa de cambio como un ancla nominal con un mecanismo que permite que los movimientos de la tasa de cambio absorban algunas de las presiones ejercidas por las entradas de capital en el mercado de divisas. Entre los países que operaron con bandas, ninguno experimentó una aceleración de la inflación a resultas de la flexibilidad adicional permitida para los movimientos de la tasa de cambio nominal. Una interpretación de esta experiencia es que la flexibilidad adicional adquirida a través de las bandas puede adquirirse a un costo cercano a cero en términos de la función de ancla nominal de la tasa de cambio.

2. El ajuste de la tasa de cambio nominal se limitó esencialmente a dos países en el grupo considerado (Chile y Colombia). En consecuencia, la apreciación de la tasa de cambio real se logró en gran medida mediante ajustes del nivel de los precios. Sin embargo, muchos países lograron evitar la apreciación real en el curso del episodio de las entradas. Así pues, mientras que la apreciación real podría ser inevitable finalmente si se sostienen las entradas, la pérdida de competitividad no tiene que absorberse de inmediato. Más adelante examinaremos el papel de la política fiscal en la generación de estos resultados.

3. No es nítida la conexión existente entre la apreciación real y el surgimiento de déficit de cuenta corriente. Por una parte, la evitación de la apreciación real no ha implicado necesariamente la evitación de cuenta corriente. El surgimiento de grandes déficit de cuenta corriente no se limitó a los países que experimentaron apreciaciones reales (Malasia y Tailandia tuvieron grandes movimientos adversos en la balanza de cuenta corriente con tasas de cambio reales estables). Por otra parte, los dos países que experimentaron una apreciación muy sustancial de la tasa de cambio real (Argentina y México) exhibieron también déficit de cuenta corriente muy grandes.

Las lecciones concernientes a la intervención esterilizadora son diversas. Una lección importante es que la esterilización ha sido claramente posible a pesar de la liberalización de la cuenta de capital y la gran magnitud de las entradas crecientes. En efecto, muchos países registraron una elevación de las tasas de interés internas durante el periodo de la esterilización. Esto podría reflejar la operación de factores "de atracción" que incrementaran la demanda interna de dinero (véase Frankel, 1994). Así pues, la movilidad perfecta del capital no parece caracterizar todavía a ninguno de los países examinados.

Sin embargo, muchos países no mantuvieron sus políticas agresivas de esterilización consistentemente durante el periodo de las entradas. Esto sugiere que la esterilización no fue una panacea, a pesar de su popularidad generalizada entre los países que experimentaron grandes entradas. En ausencia de datos sobre los costos cuasifiscales, no puede descartarse como una explicación la importancia de las rigideces fiscales que hicieron de los costos cuasifiscales de la esterilización una carga demasiado pesada, pero que queda claro que también han intervenido ciertos cambios de las circunstancias económicas internas que volvieron más atractivas a las tasas de interés más bajas.

Por último, está en tela de duda la eficacia de la esterilización para aislar a las economías de los efectos de los choques financieros externos. En general, la esterilización no parece haber aislado por completo, a las economías receptoras, de los efectos de las entradas de capital. Los mercados de activos, en particular, registraron de ordinario grandes incrementos de valor durante los periodos de las entradas. Esto es consistente con una historia de sustituibilidad imperfecta en la que los acreedores extranjeros demandan activos financieros nacionales diferentes de los emitidos por el banco central en el curso de sus operaciones de esterilización.

Por lo que toca a la *política fiscal*, la experiencia reseñada sugiere que no ha sido un instrumento muy flexible para responder a las entradas. No muchos países pudieron restringir en mayor medida su política fiscal en respuesta a las entradas, y cuando así pudieron hacerlo, los cambios ocurridos en la postura fiscal no fueron de ordinario grandes por comparación con los ajustes fiscales anteriores de los países involucrados. Esto podría reflejar la acción de diversos factores, incluida la "fatiga de la estabilización" derivada del sustancial ajuste fiscal que muchos países habían realizado ya con anterioridad al episodio de las entradas, o consideraciones de la economía política que dificultan la austeridad fiscal cuando la restricción externa no es efectiva.

Pero cualesquiera que sea la razón de la naturaleza de la respuesta fiscal, es posible que la ausencia de una restricción fiscal adicional haya desempeñado un papel importante en la generación de los resultados de la tasa de cambio. La apreciación real se evitó en todos los países de Asia Oriental que restringieron su política fiscal en respuesta a las entradas, al igual que en Costa Rica. La frecuencia de la apreciación real en otras partes apoya la implicación de la teoría en el sentido de que, cuando hay entradas de capital, la evitación de la apreciación real requiere una contracción fiscal para liberar la oferta requerida de bienes no comerciados sin un cambio del precio relativo.

Sin embargo, la política fiscal restrictiva no fue suficiente para evitar una apreciación real. La apreciación real acompañó a la mayor restricción fiscal en Argentina y Egipto, pero ambos países estaban en medio de la estabilización tras una inflación elevada, y es probable que el comportamiento de la tasa de cambio real reflejara la inercia inflacionaria. Si esta interpretación es correcta, la implicación es que la apreciación real habría sido más severa en estos países si la política fiscal hubiese sido menos restrictiva.

Uno de los procesos más importantes de la macroeconomía de los países en vías de desarrollo durante el decenio de 1990 fue la transición de varios países grandes, de una posición cercana a la autarquía financiera inducida por la crisis de la deuda internacional, a un grado bastante avanzado de integración con los mercados de capital mundiales que se tradujo en nuevos flujos muy grandes de capital privado hacia tales países. La transición fue encabezada por los países de Asia Oriental que se habían visto mucho menos afectados por la crisis de la deuda que los países grandes de América Latina, pero muchos de estos últimos empezaron pronto a participar también en el episodio de nuevas entradas de capital. Hasta la fecha, sin embargo, gran número de países pobres pequeños, sobre todo en el África subsahariana, permanecen mucho menos integrados a los mercados financieros internacionales.

Las nuevas entradas de capital fueron movidas por una combinación de factores de impulso y de atracción, así como por innovaciones tecnológicas e institucionales en los países acreedores y deudores que facilitaron los flujos de capital a través de las fronteras. Al contrario de lo que ocurriera en la situación anterior a la crisis de la deuda, los flujos de capital tendieron a dirigirse hacia los prestatarios del sector privado en países en vías de desarrollo, y a consistir en flujos de cartera y de capital accionario primordialmente, antes que en préstamos bancarios sindicados.

Estas entradas de capital han planteado importantes desafíos macroeconómicos para los países receptores, principalmente bajo la forma del potencial para el sobrecalentamiento macroeconómico y de un incremento de la volatilidad macroeconómica. Los países han respondido con una gran diversidad de medidas macroeconómicas para preservar la estabilidad, desde la imposición de restricciones a las entradas hasta la autorización de una mayor flexibilidad de la tasa de cambio en el contexto de bandas de tasas de cambio, una extensa intervención esterilizadora en el mercado de divisas, y una restricción de las políticas fiscales. En general, tales medidas han logrado preservar la estabilidad macroeconómica frente a las entradas, y el periodo de las entradas ha sido generalmente uno de menor inflación y mayor crecimiento para los países receptores.

Sin embargo, la mayor integración financiera han vuelto también, a los países en vías de desarrollo, vulnerables a las reversiones de los flujos de capital y las crisis de la tasa de cambio, y el nuevo régimen financieramente integrado ha presenciado algunos ejemplos dramáticos de tales eventos. En el capítulo siguiente se describen los aspectos analíticos de la crisis monetaria y se examinan varios episodios recientes.

APÉNDICE

Reducción de la tasa de interés mundial libre de riesgos en el modelo de tres bienes

Puede emplearse el modelo de tres bienes desarrollados en el capítulo XI para evaluar los efectos de una reducción de las tasas de interés mundiales (o de los factores "de impulso" discutidos en el texto) sobre los flujos de capital, la acumulación de activos y la tasa de cambio real (véase Agénor, 1998d). Específicamente, puede emplearse el modelo para examinar las reducciones permanentes y temporales de la tasa de interés mundial de riesgo, i^*.

En el contexto descrito antes, los efectos de largo plazo de una reducción permanente de i^* son una reducción del consumo, una depreciación de la tasa de cambio real y un incremento de la deuda externa. El efecto inicial de la reducción del costo del endeudamiento en los mercados de capital mundiales en un incremento del endeudamiento externo privado. A primera vista, el efecto neto del choque sobre el servicio de la deuda externa —y por ende la cuenta de servicios— parecería ambiguo por dos razones. Primero, como vimos en el capítulo XI, una reducción de i^* tiene dos tipos de efectos parciales: por una parte, al nivel inicial del acervo de deuda externa de la economía reduce los pagos de intereses a acreedores extranjeros; por la otra, dado que el aumento del endeudamiento externo privado eleva el componente relacionado con el premio, $\theta \tilde{L}^*$, tiende a incrementar los pagos de intereses a acreedores extranjeros. Como se indicó antes, se supone que el primer efecto domina al segundo, de modo que la cuenta de servicios tiende a mejorar. Segundo, en virtud de que el acervo de deuda de la economía aumenta también, el servicio de la deuda a la tasa inicial libre de riesgo tiende a aumentar igualmente. El último efecto domina al primero, de modo que el efecto neto es un deterioro de la cuenta de servicios.

Por lo tanto, a fin de mantener el balance externo a largo plazo, debe aumentar el superávit comercial inicial (que se iguala al déficit inicial de la cuenta de servicios). A su vez, al nivel inicial de la tasa de cambio real (y por ende de la producción de bienes comerciables), el consumo debe bajar. Esto conduce a una depreciación de la tasa de cambio real, lo que estimula la producción de bienes comerciables y mejora más aún la balanza comercial. En virtud de que la tasa de interés nominal permanece constante a $\rho + \varepsilon$ (como vimos antes), los saldos monetarios reales bajan también, al igual que las reservas oficiales, porque la tasa de cambio real se deprecia. Dado que está aumentando el endeudamiento externo de los agentes mantenidos por el banco central, la deuda externa de la economía aumenta indudablemente.

Al impacto, una reducción permanente de la tasa de interés mundial aumenta el gasto privado y conduce a una apreciación de la tasa de cambio real. La razón es que los efectos de riqueza e intertemporales asociados a este choque operan en la misma dirección: la reducción de i^* no sólo alienta a los agentes a ahorrar menos y consumir más ahora (el efecto intertemporal), sino que también reduce la carga de la deuda y genera un efecto de riqueza positiva.[12] Aunque la balanza comercial de la cuenta de servicios se mueve en direcciones opuestas (la primera se deteriora, mientras que la última mejora), el efecto neto es un déficit de cuenta corriente al impacto, y por ende un aumento de la deuda externa. La economía experimenta una entrada de capital privado compensada por un aumento de las reservas oficiales de tal magnitud que el acervo de deuda de la economía permanece constante al impacto. Dado que aumentan el consumo y el acervo de dinero real, el efecto neto sobre las tasas de interés internas es en general ambiguo. Si el grado de la sustitución intertemporal es suficientemente bajo (de modo que el consumo aumenta relativamente poco), la tasa de interés interna aumentará al impacto.

La ruta dinámica del consumo, la deuda y la tasa de cambio real se ilustran en el panel superior de la gráfica XV.4. Tanto CC como DD se desplazan hacia la izquierda, pero la primera se desplaza más que la segunda en términos algebráicos. El consumo brinca hacia arriba desde el punto E al punto A, y la tasa de cambio real se aprecia de H a Q. Dadas la naturaleza permanente del choque y la naturaleza monotónica del proceso de ajuste, la cuenta corriente permanece en déficit (mientras que aumenta la deuda externa de la economía) a lo largo de todo el periodo de transición; el consumo baja hacia su nuevo y más bajo nivel de Estado estable, y la tasa de cambio real se deprecia: ambos efectos contribuyen a una reversión gradual del deterioro inicial del déficit comercial.

El panel inferior de la gráfica XV.4 ilustra la dinámica de una reducción temporal de la tasa de interés mundial. En virtud de que la duración esperada del choque es importante para la ruta del ajuste, consideremos primero el caso en que es suficientemente largo el periodo T durante el cual baja i^*. La economía sigue la ruta designada como $EABF$, con el consumo brincando hacia arriba al impacto y bajando continuamente después, hasta alcanzar el punto F en el periodo T. Puesto que se sabe que el

---

[12] De nuevo, según la discusión del capítulo XI, se supone que una reducción de la tasa de interés mundial libre de riesgo conduce a un mejoramiento de la cuenta de servicios al impacto. Este efecto es en general ambiguo, porque reduce los pagos de intereses sobre la deuda externa total de la economía (que está dada al impacto) pero incrementa el endeudamiento externo privado, aumentando así directa e indirectamente el componente del servicio de la deuda externa relacionado con el premio.

Como se discute extensamente en Agénor (1998*d*), si la economía es inicialmente un acreedor neto del resto del mundo, el efecto de impacto de una reducción de la tasa libre de riesgo sobre el consumo es ambiguo, porque el efecto de riqueza y la intertemporal operan en direcciones opuestas.

GRÁFICA XV.4. *Reducción de la tasa de interés mundial libre de riesgo*

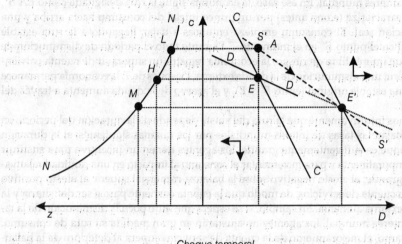

Choque permanente

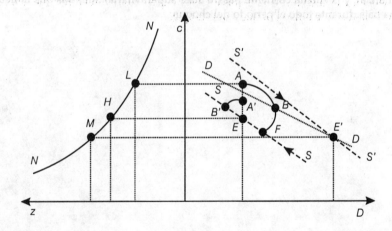

Choque temporal

FUENTE: Agénor, 1997, p. 36.

choque es temporal, la respuesta óptima de las familias es un aumento del consumo al impacto menor de lo que sería si el choque fuese permanente. La tasa de cambio real se deprecia gradualmente (de *L* a *M*), tras una apreciación discreta inicial. La cuenta corriente pasa a ser deficitaria durante la primera fase del periodo de transición; sin embargo, la depreciación real de la moneda y la disminución del consumo conducen progresivamente a un restablecimiento de la balanza externa (en el punto *B*, donde $\dot{D} = 0$). En adelante, la economía genera un superávit de cuenta corriente, y el acervo de la deuda declina continuamente a través del tiempo, hasta que se alcanza el equilibrio inicial (punto E).

Supongamos ahora que es relativamente corto el periodo, T, durante el cual baja la tasa de interés mundial. En ese caso, la economía sigue la ruta designada como EA'B', que se caracteriza (como antes) por un brinco inicial del consumo hacia arriba y una apreciación real. El comsumo empieza entonces a bajar, llegando a la ruta estable original en el punto B' en el momento T. Durante todo el periodo de disminución de la tasa de interés libre de riesgo, la economía registra un superávit de cuenta corriente, es decir, una disminución de la deuda externa. Después de T, la economía permanece en la ruta estable original (entre B' y E), y el acervo de la deuda aumenta a través del tiempo.

Vemos intuitivamente que la ruta del ajuste depende de la duración del periodo en el que bajan las tasas de interés mundiales por las razones siguientes: si la duración del choque es suficientemente grande, los agentes tienen un incentivo para sustituir intertemporalmente y para incrementar el consumo al impacto en una cantidad relativamente grande; el efecto negativo sobre la balanza comercial supera al efecto positivo sobre la cuenta de servicios, de modo que la cuenta corriente pasa a ser deficitaria y la deuda externa aumenta. En cambio, si se espera que dure poco la disminución de la tasa de interés mundial, los agentes no ajustarán en gran medida su ruta de consumo. Por lo tanto, el mejoramiento de la cuenta de servicios supera al deterioro de la balanza comercial, y la cuenta corriente pasará a ser superavitaria, mientras que la deuda externa baja durante todo el periodo del choque.

XVI. ATAQUES ESPECULATIVOS
Y CRISIS DE LA TASA DE CAMBIO

LAS FUENTES Y LAS IMPLICACIONES de las inconsistencias que pueden surgir entre el régimen de la tasa de cambio y otros instrumentos de la política macroeconómica han recibido considerable atención en los últimos años: las crisis monetarias ocurridas desde principios del decenio de 1990 (sobre todo en México, como veremos más adelante) han hecho resurgir el interés por los modelos de los ataques especulativos y las crisis de la tasa de cambio. Dos corrientes parecen dominar ahora la literatura. Los modelos "convencionales" tienden a destacar las inconsistencias existentes entre las políticas fiscal, monetaria y de tasa de cambio, y el papel de los ataques especulativos que "obligan" a abandonar la pega de una moneda. En cambio, los modelos más recientes destacan la vulnerabilidad de los sistemas de tasas de cambio aun en presencia de políticas macroeconómicas consistentes y fundamentos del mercado sólidos. Estos últimos modelos toman explícitamente en cuenta las preferencias de los gobernantes y los dilemas que afrontan en sus objetivos de política económica. En este contexto, se percibe una "crisis" de tasa de cambio (una devaluación o la adopción de un régimen de tasa flotante) como una decisión óptima *ex ante* para el gobernante. Estos modelos destacan también el papel de los mecanismos que se realizan por sí mismos, los equilibrios múltiples y los factores de la credibilidad. Por ejemplo, un aumento arbitrario de las expectativas inflacionarias (inducido por un incentivo percibido para el relajamiento de las políticas monetaria y fiscal frente a un desempleo persistente) podría elevar las tasas de interés internas en tal medida que el costo de la preservación de la pega (el sacrificio de la posibilidad de estimular la producción mediante una elevación de los precios y una reducción de los salarios reales) se vuelve tan grande que las autoridades podrían considerar óptima la devaluación o el abandono total de un régimen de tasa de cambio fija. Las expectativas del mercado podrían asumir entonces las características de las profecías que se cumplen por sí solas.

Este capítulo está organizado en cinco secciones. La primera discute cómo las inconsistencias de la política macroeconómica podrían provocar ataques especulativos recurrentes y en última instancia el colapso de una tasa de cambio fija. La segunda parte examina la "nueva" generación de modelos de las crisis monetarias. Empieza por considerar un modelo simple que ilustra las interacciones entre las preferencias de los gobernantes (en presencia de un dilema de inflación-desempleo) y las expectativas que se cumplen por sí solas. Luego considera las conexiones existentes entre la credibilidad y la reputación (como vimos en el capítulo XII) y la decisión de devaluar. La tercera parte discute brevemente los esfuerzos que se han hechos recientemente para integrar los modelos "antiguos" y "nuevos" de las crisis monetarias. La cuarta parte señala algunas experiencias de América Latina con las crisis monetarias del decenio de 1980 y las crisis más recientes del peso mexicano (diciembre de 1994) y el bat tailandés (julio de 1997). La última parte presenta algunas reflexiones sobre el papel de la política macroeconómica en el combate a la volatilidad del mercado financiero.

XVI.1. El enfoque convencional

Una proposición fundamental de la macroeconomía de la economía abierta es que la viabilidad de un régimen de tasa de cambio fija requiere el mantenimiento de la consistencia a largo plazo entre las políticas monetaria, fiscal y de tasa de cambio. El crecimiento "excesivo" del crédito interno conduce a una pérdida gradual de las reservas de divisas y en última instancia al abandono de la tasa de cambio fija, una vez que el banco central queda incapacitado para seguir defendiendo la paridad. Durante el último decenio, una abundante literatura formal se ha ocupado de las consecuencias a corto y largo plazos de políticas macroeconómicas incompatibles para la balanza de pagos de una pequeña economía abierta en la que los agentes son capaces de prever las decisiones futuras de los gobernantes. En un ensayo pionero, Krugman (1979) demostró que bajo un régimen de tasa de cambio fija, la creación de crédito interno en exceso del crecimiento de la demanda de dinero puede conducir a un ataque especulativo repentino contra la moneda que obligue al abandono de la tasa de cambio fija y la adopción de un régimen de tasa flexible. Además, este ataque ocurrirá siempre *antes* del momento en el que el banco central se habría quedado sin reservas en ausencia de la especulación, y ocurrirá en una fecha bien definida.

Esta sección examina las implicaciones de la literatura de las crisis de balanza de pagos para el entendimiento del colapso de los regímenes de tasa de cambio de los países en vías de desarrollo.[1] En primer término elaboramos un modelo de un solo bien con pleno empleo, de una economía pequeña y abierta, que especifica el marco teórico básico utilizado para el análisis de las crisis de balanza de pagos. Luego resumimos algunas extensiones importantes de este marco, a saber: la naturaleza del régimen de tasa de cambio posterior al colapso, las implicaciones de una crisis de tasa de cambio esperada para la producción y la cuenta corriente, y el papel de los controles impuestos al en-

---

[1] Esta sección se basa en gran medida en Agénor y Flood (1994).

deudamiento y el capital externos. Por último, reseñamos brevemente las recientes crisis de tasa de cambio en Argentina, Brasil, Chile y México.

XVI.1.1. *El modelo básico*

Consideremos una pequeña economía abierta cuyos residentes consumen un solo bien comerciable. La oferta interna del bien es exógena, y su precio en moneda extranjera está fijo (al nivel de uno, por ejemplo). El nivel de los precios internos es igual a la tasa de cambio nominal, a resultas de la paridad del poder de compra. Los agentes tienen tres categorías de activos: dinero nacional (que no se tiene en el exterior), y bonos nacionales y extranjeros, los cuales son perfectamente sustituibles. No hay bancos privados, de modo que el acervo monetario es igual a la suma del crédito interno emitido por el banco central y el valor en moneda nacional de las reservas de divisas mantenidas por el banco central. Las reservas de divisas no ganan intereses, y el crédito interno se expande a una tasa de crecimiento constante. Por último, los agentes tienen una previsión perfecta.

El modelo se define por el siguiente conjunto de ecuaciones:

$$m - p = y - \alpha i, \alpha > 0, \tag{1}$$

$$m = \gamma d + (1 - \gamma)R, 0 < \gamma < 1, \tag{2}$$

$$\dot{d} = \mu > 0, \tag{3}$$

$$p = e, \tag{4}$$

$$i = i^* + \dot{e}. \tag{5}$$

Todas las variables, excepto las tasas de interés, se miden en logaritmos. m denota el acervo de dinero nominal, d el crédito interno, R el valor en moneda nacional de las reservas de divisas mantenidas por el banco central, e la tasa de cambio presente *(spot)*, p el nivel de los precios, y la producción exógena, i^* la tasa de interés interna.

La ecuación (1) relaciona la demanda real de dinero positivamente con el ingreso y negativamente con la tasa de interés interna. La ecuación (2) es una aproximación logarítmica lineal a la identidad que define el acervo de dinero como el acervo de reservas y el crédito interno, el que crece a la tasa μ (ecuación 3). Las ecuaciones (4) y (5) definen respectivamente a la paridad del poder de compra y la paridad del interés no cubierto.

Haciendo $\delta = y - i^*$ y combinando las ecuaciones (1), (4) y (5), obtenemos

$$m - e = \delta - \alpha \dot{e}, \ \delta > 0. \tag{6}$$

Bajo un régimen de tasa de cambio fija, $e = \bar{e}$ y $\dot{e} = 0$, de modo que

$$m - \bar{e} = \delta, \tag{7}$$

lo que indica que el banco central absorbe cualquier cambio de la demanda de dinero nacional mediante la compra o la venta de reservas de divisas al público.[2] Utilizando las ecuaciones (2) y (7), obtenemos

$$R = (\delta + \bar{e} - \gamma d)/(1 - \gamma), \tag{8}$$

y utilizando (6),

$$\dot{R} = -\mu/\Theta, \ \Theta \equiv (1 - \gamma)/\gamma. \tag{9}$$

La ecuación (9) indica que si la expansión del crédito interno es excesiva (es decir, si supera a la tasa de crecimiento de la demanda de dinero, la que depende de δ como se indica en la ecuación (7), y aquí se supone igual a cero), las reservas disminuyen a una tasa proporcional a la tasa de expansión del crédito. Por lo tanto, cualquier acervo finito de reservas de divisas se agotará en un lapso finito.

Supongamos que el banco central anuncia en el momento t que dejará de defender a la tasa de cambio fija actual tras de que las reservas lleguen a un límite inferior R_l, en cuyo punto se retirará del mercado de divisas y permitirá que la tasa de cambio flote libremente en adelante. Con una tasa de crecimiento del crédito interno positiva, los agentes racionales esperarán que, sin especulación las reservas bajarán finalmente al límite inferior, y por lo tanto preverán el colapso final del sistema. A fin de evitar las pérdidas derivadas de una depreciación abrupta de la tasa de cambio en el momento del colapso, los especuladores forzarán una crisis *antes* de que se alcance el límite inferior de las reservas. El problema consiste entonces en determinar el momento exacto en el que se abandonará el régimen de tasa de cambio fija o, equivalentemente, el momento de la transición a un régimen de tasa de cambio flotante.

La duración del periodo de transición puede calcularse mediante un proceso de inducción hacia atrás, el que ha sido formalizado por Flood y Garber (1984). En el equilibrio, bajo la previsión perfecta, los agentes no pueden esperar nunca un brinco descrito en el nivel de la tasa de cambio, ya que un brinco

---

[2] Dado que el capital es perfectamente móvil, el acervo de divisas puede brincar discontinuamente a medida que los agentes privados reajustan sus carteras en respuesta a choques actuales o esperados.

los proveería de rentables oportunidades de arbitraje. En consecuencia, el arbitraje en el mercado de divisas requiere que la tasa fija prevaleciente inmediatamente después del ataque sea igual a la tasa fija prevaleciente en el momento del ataque. Formalmente, el momento del colapso se encuentra en el punto donde la "tasa flotante de sombra", que refleja los fundamentales del mercado, sea igual a la tasa fija prevaleciente. La tasa flotante de sombra es la tasa de cambio que prevalecerá con el acervo de crédito actual si las reservas hubiesen bajado al nivel mínimo y se permitiera que la tasa flotara libremente. Mientras que la tasa de cambio fija esté más depreciada que la tasa flotante de sombra, el régimen de tasa fija será viable; más allá de ese punto, la tasa fija no es sustentable. La razón es que si la tasa flotante de sombra baja más allá de la tasa fija prevaleciente, los especuladores no se beneficiarían si impulsaran el acervo de reservas del gobierno hasta su límite inferior y precipitaran la adopción de un régimen de tasa flotante, ya que experimentarían una pérdida de capital instantánea sobre sus compras de divisas. Por otra parte, sí la tasa flotante de sombra se encuentra por encima de la tasa fija, los especuladores experimentarían una ganancia de capital instantánea. Ni las ganancias de capital ni las pérdidas esperadas a una tasa infinita son compatibles con un equilibrio de previsión perfecta. Los especuladores competirán entre sí para eliminar tales oportunidades. Este tipo de comportamiento conduce a un ataque contra el equilibrio, que incluye la condición de arbitraje de que la tasa fija anterior al ataque debe ser igual a la tasa flotante después del ataque.

Por lo tanto, un primer paso consiste en encontrar la solución para la tasa de cambio flotante de sombra, que puede escribirse como

$$e = \kappa_0 + \kappa_1 m, \tag{10}$$

donde κ_0 y κ_1 son los coeficientes no determinados todavía y, por (2), $m = \gamma d + (1 - \gamma)R_l$ cuando las reservas llegan a su nivel más bajo.[3]

Tomando la tasa de cambio de la ecuación (10) y advirtiendo por la ecuación (2) que bajo un régimen de tasa flotante $\dot{m} = \gamma d$, obtenemos

---

[3] En general, la solución para la tasa de cambio puede derivarse —suponiendo que no hay burbujas— utilizando la expansión hacia adelante de la ecuación (6) y la definición de m cuando las reservas alcanzan su nivel mínimo:

$$e = (\gamma/\alpha)\int_t^\infty [d_h + (1 - \gamma)R_l - \delta]\exp[(t - h)/\alpha]dh,$$

o utilizando la ecuación (3),

$$e = (\gamma/\alpha)\int_t^\infty [d + (k - t)\mu + (1 - \gamma)R_l - \delta]\exp[(t - h)/\alpha]dh,$$

que expresa la tasa de cambio de sombra como el "valor presente descontado" de los fundamentales futuros. Integrando esta expresión en partes se obtiene la ecuación (13) más adelante.

$$\dot{e} = \kappa_1 \gamma \mu. \tag{11}$$

Por lo tanto, en el régimen posterior al colapso, la tasa de cambio se deprecia de un modo sostenido y proporcional hasta llegar a la tasa de crecimiento del crédito interno. Sustituyendo (11) en (6), con $\delta = 0$ para simplificar, obtenemos

$$e = m + \alpha \kappa_1 \gamma \mu. \tag{12}$$

Comparando las ecuaciones (12) y (10), obtenemos

$$k_0 = \alpha \gamma \mu, \; \kappa_1 = 1.$$

Por la ecuación (3), $d = d_0 + \mu t$. Utilizando la definición de m dada antes y sustituyendo en la ecuación (12), obtenemos

$$e = \gamma(d_0 + \alpha \mu) + (1 - \gamma)R_l + \gamma \mu t. \tag{13}$$

El régimen de tasa de cambio fija se derrumba cuando la paridad prevaleciente, $\bar{e}$, se iguala a la tasa flotante de sombra, e. Por (13), se obtiene el momento exacto del colapso, t_c, haciendo $\bar{e} = e$, de modo que

$$t_c = [\bar{e} - \gamma d_0 - (1 - \gamma)R_1]/\gamma \mu - \alpha,$$

o bien, dado que por las ecuaciones (2) y (7) $\bar{e} = \gamma d_0 + (1 - \gamma)R_0$,

$$t_c = \Theta(R_0 - R_l)/\mu - \alpha, \tag{14}$$

Donde R_0 denota el acervo de reservas inicial.

La ecuación (14) indica que entre mayor sea el acervo inicial de las reservas será menor el nivel crítico, o entre menor sea la tasa de expansión del crédito será mayor el tiempo que debe transcurrir para que ocurra el colapso. Si no hay demanda de dinero "especulativa", $\alpha = 0$, y el colapso ocurrirá cuando las reservas bajen al nivel mínimo. La (semi) elasticidad de la demanda de dinero en relación con la tasa de interés determina la magnitud del desplazamiento hacia debajo de los saldos monetarios y las reservas que ocurre cuando se derrumba el régimen de tasa de cambio fija y la tasa de interés nominal brinca para reflejar una depreciación esperada de la moneda nacional. Entre mayor sea α, más pronto estallará la crisis.[4]

---

[4] Adviértase también que entre mejor sea la proporción inicial del crédito interno en el acervo monetario (entre mayor sea γ), más pronto llegará el colapso. Sin embargo, γ, aparece en nuestra forma reducida como un artificio de la linealización logarítmica, y se utiliza en el mode-

Así pues, el análisis implica que el ataque especulativo ocurre siempre antes del punto en el que el banco central habría alcanzado el nivel mínimo de reservas en ausencia de la especulación. Utilizando la ecuación (8) con $\delta = 0$, obtenemos el acervo de las reservas justo antes del ataque (es decir, en t_c^-):[5]

$$R_{t_c^-} \equiv \lim_{t \to t_c^-} R_{t_c} = (\bar{e} - \gamma d_{t_c^-})/(1 - \gamma),$$

donde $d_{t_c^-} = d_0 + \mu t_c^-$, de modo que

$$R_{t_c^-} = [\bar{e} - \gamma(d_0 + \mu t_c^-)]/(1 - \gamma). \tag{15}$$

Utilizando la ecuación (14), obtenemos

$$e^- - \gamma d_0 = \gamma \mu(t_c^- + \alpha) + (1 - \gamma)R_l. \tag{16}$$

Finalmente, combinando (15) y (16) obtenemos

$$R_{t_c^-} = R_l + \alpha \mu/\Theta. \tag{17}$$

La gráfica XVI.1 ilustra el proceso de una crisis de balanza de pagos bajo el supuesto de que el nivel mínimo de las reservas es cero.[6] El panel superior de la figura representa el comportamiento de las reservas, el crédito interno y el acervo de dinero antes y después del cambio de régimen, mientras que el panel inferior representa el comportamiento de la tasa de cambio. Antes del colapso en t_c el acervo de dinero es constante, pero su composición varía porque el crédito interno aumenta a la tasa μ y las reservas disminuyen a la tasa μ/Θ. Un instante antes del cambio de régimen, ocurre un ataque especulativo y tanto las reservas como el acervo de dinero disminuyen en $\alpha\mu/\Theta$. Dado que $R_l = 0$, el acervo de dinero es igual al crédito interno en el régimen posterior al colapso. Como se muestra en el panel inferior de la gráfica XVI.1, la tasa de cambio permanece constante en $\bar{e}$, hasta que ocurre el colapso. La ruta que continúa a través de AB y luego da un brinco discreto en la tasa de cambio, BC, corresponde al escenario del "colapso natural" ($\alpha = 0$). Cuando hay especulación, la transición ocurre antes, en A, lo que impide que la tasa de cambio se modifique en una forma discreta. Los especuladores, que prevén una reducción de las reservas hasta su nivel crítico, evitan las pérdidas que resultarían

lo principalmente para convertir la tasa de crecimiento del crédito exógena a una tasa de crecimiento de la oferta monetaria.

[5] R es discontinuo en el momento t_c. Es positivo cuando se aproxima desde abajo y brinca hacia abajo en su nivel crítico R_l en t_c.

[6] Recuérdese que R denota el logaritmo del acervo de reservas de divisas, de modo que es simplemente una convención contable fijar $R_l = 0$.

GRÁFICA XVI.1. *El proceso de una crisis de balanza de pagos*

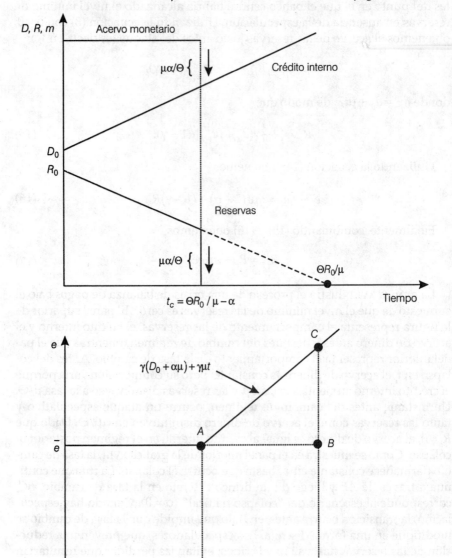

FUENTE: Agénor y Flood, 1994, p. 230.

de la modificación discreta de la tasa de cambio atacando a la moneda en el punto en el que la transición a la flotación es suave, es decir, donde la tasa de cambio flotante de sombra se iguala a la tasa fija prevaleciente.[7]

XVI.1.2. *Extensiones del marco básico*

La literatura de las crisis de balanza de pagos ha refinado y extendido la teoría básica presentada aquí en diversas direcciones. Esta subsección examina algunas de las áreas en las que se ha desarrollado esta literatura. En primer término considera diversos supuestos acerca del régimen de tasa de cambio después del colapso, concentrándose en el caso de un periodo (perfectamente previsto) de flotación temporal después del colapso, seguido de un restablecimiento de la pega. Luego discutimos los efectos reales de un colapso de la tasa de cambio, y el papel de los préstamos externos y la imposición de controles de capital como medidas de la política económica destinadas a posponer (o impedir) la presentación de una crisis de balanza de pagos.[8]

XVI.1.2.1. *La esterilización*

Un supuesto fundamental del modelo de Krugman-Flood-Garber es que la oferta de dinero disminuye, en línea con la demanda de dinero, en el momento del ataque a la moneda. Sin embargo, si las pérdidas de reservas se esterilizan por completo, *no* ocurrirá tal brinco discreto. Este caso ha sido estudiado por Flood, Garber y Kramer (1996). Su análisis demuestra que el régimen de tasa de cambio fija no es viable; en cuanto los agentes entiendan que el banco central planea esterilizar un ataque especulativo eventual, atacarán *de inmediato*. Para ver eso, consideremos la condición de equilibrio del mercado de dinero (6), con $\delta = 0$. Si el acervo monetario es constante a resultas de la investigación esterilizadora (digamos en $m = m_s$) y la tasa de cambio está fija, esta condición se vuelve.

$$m_s - \bar{e} = 0,$$

Mientras que, en el régimen de tasa flotante posterior al ataque, con $\dot{e} = \mu$:

$$m_s - e = -\alpha\mu.$$

---

[7] Este análisis puede extenderse fácilmente para considerar el caso en que el régimen anterior al colapso es un arreglo de pega deslizante. Véase, por ejemplo, Connolly y Taylor (1984).

[8] Un área que ha recibido mucha atención en los últimos años es la de la conexión existente entre las crisis bancarias y las crisis de la tasa de cambio. Véase una discusión de los problemas analíticos implicados, y un examen de los datos reunidos hasta ahora, en Kaminsky y Reinhart (1988) y en Goldstein y Turner (1996).

Restando la segunda expresión de la primera, obtenemos

$$e - \bar{e} = \alpha\mu > 0.$$

Así pues, si la oferta monetaria no cambia cuando ocurre el ataque, la tasa de cambio de sombra (consistente con el equilibrio del mercado de dinero) superará siempre a la tasa de cambio fija prevaleciente, provocando así un ataque inmediato. Añadiendo un premio de riesgo al modelo anterior, Flood, Garber y Kramer (1996) demuestran que el modelo ampliado con esterilización puede ser compatible con una tasa de cambio fija. Esencialmente, el premio del riesgo se ajusta para mantener constante la demanda de dinero, así como la esterilización mantiene constante a la oferta de dinero. Un elemento de su análisis es que, en virtud de que no cambia la oferta de dinero, y la tasa de cambio no puede brincar (aunque sí se modifica la velocidad de su cambio, $\bar{e}$), la tasa de cambio interna no puede brincar tampoco, lo que contrasta con el marco convencional.

XVI.1.2.2. Regímenes alternativos después del colapso

La literatura teórica anterior sobre las crisis de balanza de pagos se ha concentrado en la transición de una tasa de cambio fija a una tasa flotante después del colapso. Sin embargo, la experiencia real sugiere varios escenarios alternativos. Luego del derrumbe del sistema de tasa fija, el banco central puede devaluar la moneda, implantar un arreglo de tasa de cambio doble, o adoptar un régimen de pega deslizante. En general, la cronología de una crisis depende del arreglo de tasa de cambio particular que los agentes esperan que adopte el banco central luego de que una disminución de sus reservas ha obligado al abandono de la tasa fija inicial. Con fines de ilustración, examinaremos el caso en el que, tras permitir que la moneda flote durante cierto periodo, el banco central regresa al mercado de divisas y fija la tasa de cambio en un nivel nuevo, más depreciado (Obstfeld, 1984).

Supongamos que se conocen con certeza la duración del periodo de flotación transitorio, denotado por T, y el nivel $\bar{e}_H > \bar{e}$ al que se pegará la tasa de cambio al final de la transición.[9] El momento t_c en el que ocurre el ataque especulativo se calcula, como antes, por un proceso de inducción hacia atrás. Sin embargo, este principio impone ahora dos restricciones en lugar de una sola. Primero, como antes, la tasa fija inicial, $\bar{e}$, debe coincidir con la tasa flo-

---

[9] Nótese que la nueva tasa de cambio fija, para ser viable, debe ser mayor (es decir, más depreciada) o igual que la tasa que habría prevalecido si hubiese habido una flotación permanente después de la crisis.

tante de sombra relevante, es decir, $\bar{e} = e_{t_c}$. Segundo, en el momento $t_c + T$, la tasa de cambio fija nueva previamente anunciada, $\bar{e}_H$, debe coincidir también con la tasa flotante provisional, $\bar{e}_H = e_{t_c+T}$.[10] El último requerimiento actúa como una condición terminal sobre la ecuación diferencial de la tasa de cambio.

En la discusión anterior, cuando se suponía que la política del banco central implicaba el abandono de la tasa fija y la adopción de una tasa flotante permanece después, la tasa flotante de sombra estaba dada por la educación (12). Ahora, bajo un régimen de flotación transitoria, la tasa de sombra está dada por

$$e = \kappa_0 + \kappa_1 m + C \exp(t/\alpha),\ t_c \leq t \leq t_c + T \qquad (18)$$

Don C es una constante indeterminada.[11] Por lo tanto, la solución completa debe especificar los valores para t_c y C. Estos valores se obtienen imponiendo $\bar{e} = e_{t_c}$ y $\bar{e}_H = e_{t_c+T}$ a la ecuación (18).[12] Las soluciones para t_c y C son

$$t_c = (\bar{e} - \alpha\gamma\mu - \gamma d_0 - \Omega)/\gamma\mu, \qquad (19)$$

$$C = \Omega \exp(-t_c/\alpha), \qquad (29)$$

donde $\Omega = [(\bar{e}_H - \bar{e}) - \gamma\mu T]/[\exp(T/\alpha) - 1]$.

La ecuación (19) indica que el momento del colapso se liga a la magnitud de la devaluación esperada $(\bar{e}_H - \bar{e})$ y a la duración de la flotación transitoria.[13] Las crisis ocurren más temprano entre mayor sea la devaluación esperada: la ecuación (19) muestra que, entre mayor sea la tasa de cambio esperada después de la devaluación, más pronto ocurrirá el ataque especulativo $(\partial t_c/\partial e_H < 0)$.[14] En general, la relación existente entre el momento del colapso y la extensión

[10] Como antes, esto está implicado por la ausencia de beneficios del arbitraje, lo que descarta los cambios discretos esperados en la tasa de cambio.

[11] El último término de la ecuación (18) representa un componente de "burbuja especulativa" que se descartó de la solución (13) al imponer la condición de transversalidad $C = 0$. La imposición de la condición terminal $\bar{e}_H = \bar{e}_{t_c+T}$ requiere ahora $C \neq 0$.

[12] Formalmente, dado que $\kappa_0 = \alpha\gamma\mu$ y $\kappa_1 = 1$, estas restricciones están dadas por

$$\bar{e} = \alpha\gamma\mu + \gamma(d_0 + \mu t_c) + C \exp(t_c/\alpha),$$

$$\bar{e}_H = \alpha\gamma\mu + \gamma[d_0 + \mu(t_c + T)] + C \exp[(t_c + T)/\alpha].$$

La manipulación directa de estas ecuaciones nos da las soluciones para C y t_c dadas en las ecuaciones (19) y (20).

[13] Adviértase que las ecuaciones (19) y (20) dan una solución para el momento del colapso que equivale a (17) con $R_1 = 0$ y para $T \to \infty$, porque en ese caso $\Omega \to 0$ y $(1 - \gamma)R_0 = \bar{e} - \gamma d_0$.

[14] Si $\bar{e}_H$ es suficientemente elevada, es posible que $t_c \leq 0$. En este caso, el ataque especulativo ocurre en el momento en que los especuladores se enteran de que la tasa de cambio fija no puede ser defendida indefinidamente.

del intervalo de la tasa flotante depende de los parámetros del modelo; es negativa para *T* pequeña y positiva para *T* grande. Pero si la flotación transitoria es suficientemente breve, ocurrirá un ataque especulativo contra la moneda nacional en cuanto los agentes privados adviertan que la tasa de cambio actual no podrá sostenerse indefinidamente.

XVI.1.2.3. *Efectos reales de un colapso esperado*

Los datos existentes sugieren que las crisis de balanza de pagos se asocian a menudo a grandes movimientos de la cuenta corriente durante los periodos precedentes a tales crisis y durante los periodos siguientes. Típicamente, tienden a surgir grandes déficit externos a medida que los agentes ajustan su patrón de consumo, además de ajustar la composición de sus tenencias de activos financieros, previendo una crisis. Por ejemplo, como lo sugiere la experiencia de Argentina, Chile y México que reseñamos antes, los movimientos de la tasa de cambio real y de la cuanta corriente pueden ser muy dramáticos. Tales movimientos podrían proveer una explicación del hecho de que los ataques especulativos sean precedidos a menudo por un periodo durante el cual se pierden reservas oficiales de divisas a un ritmo acelerado.

Un marco conveniente para el examen de los efectos reales de las crisis de tasa de cambio fue desarrollado por Willman (1988), quien supone que la producción interna está determinada por la demanda, se relaciona positivamente con la tasa de cambio real, e inversamente con la tasa de interés real.[15] La balanza comercial depende positivamente de la tasa de cambio real, pero negativamente de la demanda agregada. Los precios se fijan como un margen de ganancia sobre los salarios y los costos de los insumos importados. En una variante del modelo, los salarios nominales se determinan a través de contratos orientados hacia el futuro.[16] Bajo la previsión perfecta, un colapso futuro esperado afectará a los salarios de inmediato, y por lo tanto afectará a los precios, la tasa de cambio real, la producción y la balanza comercial. En el momento en que ocurre el colapso, la inflación brinca hacia arriba, la tasa de depreciación de la tasa de cambio real brincia hacia abajo, y la tasa de interés real disminuye. En consecuencia, la producción aumenta mientras que la balanza comercial se deteriora. Pero dado que los contratos salariales se orientan hacia el futuro, los aumentos futuros esperados en los precios se descuentan hasta el presente y afectan a los salarios corrientes. Por lo tanto, los precios empiezan a ajustarse antes de que ocurra el colapso. La tasa de interés real baja gradual-

---

[15] Otros modelos que se concentran en los efectos de un colapso esperado sobre la tasa de cambio real son los de Claessens (1991), Connolly y Taylor (1984) y Calvo (1987).

[16] En el marco de optimación de dos sectores elaborado en el capítulo IX se utiliza una formulación de los contratos salariales similar a la que propone Willman.

mente y experimenta un brinco hacia abajo en el momento en que ocurre el colapso, como se indicó antes. La declinación de la tasa de interés real *(ex post)* tiene un efecto expansivo sobre la actividad interna antes de que ocurra el colapso. Sin embargo, la producción depende también de la tasa de cambio real. La elevación sostenida de los precios internos provoca una apreciación de la moneda nacional, lo que tiene un efecto adverso sobre la actividad económica y puede superar al efecto positivo sobre la producción derivado de una tasa de interés real menor. Si los efectos de los precios relativos son fuertes, podría ser negativo el impacto neto de un colapso esperado sobre la producción. La pérdida continua de competitividad, a menos que se asocie a una disminución de la demanda agregada (y por ende a una presión descendente sobre la demanda de importaciones), implica un deterioro de la balanza comercial en los periodos que preceden al colapso del régimen de tasa de cambio fija. El déficit comercial aumenta más aún en el momento en que ocurre la crisis y, junto con una depreciación gradual de la tasa de cambio real, regresa después a su nivel de Estado estable. La apreciación gradual de la tasa de cambio real hasta el momento del colapso y la depreciación subsecuente pronosticada por el modelo de Willman explican bastante bien los movimientos observados en la tasa de cambio real durante los episodios de crisis en países como Argentina a principios del decenio de 1980, como veremos más adelante.

El papel de los efectos de la sustitución intertemporal para el entendimiento de los efectos reales de las crisis de tasa de cambio ha sido aclarado recientemente por Kimbrough (1992), quien utiliza un marco de optimación en el que el dinero reduce los costos de las transacciones. Kimbrough demuestra que los efectos de un ataque especulativo esperado sobre el comportamiento de la cuenta corriente dependen crucialmente de la diferencia existente entre la elasticidad-interés de la demanda de dinero y la elasticidad intertemporal de sustitución en el consumo. Si la última supera a la primera, un ataque especulativo esperado incrementa el consumo y los saldos reales en el momento en que los agentes advierten que la tasa de cambio fija se derrumbará finalmente, y ello conduce a un deterioro continuo de la cuenta corriente hasta que el ataque ocurre efectivamente. En cambio, si la elasticidad-interés de la demanda de dinero supera la elasticidad intertemporal de situación en el consumo, el resultado es una reducción inicial del consumo y los saldos monetarios reales, y un mejoramiento inmediato y continuo de la cuenta corriente hasta el momento del ataque especulativo y el colapso de la tasa de cambio fija. Una implicación del análisis de Kimbrough es que los ataques especulativos anticipados pueden no estar asociados con efectos reales similares en todos los países y en todas las épocas. Sin embargo, como veremos más adelante para el caso de varios países latinoamericanos, los ataques especulativos y las inminentes crisis de balanza de pagos se han asociado a menudo, en la práctica, con grandes déficit de cuenta corriente.

XVI.1.2.4. *Endeudamiento, controles y posposición de una crisis*

Los países que afrontan dificultades de balanza de pagos pueden recurrir a menudo al endeudamiento externo para complementar la cantidad de reservas disponibles, a fin de defender la paridad oficial, o pueden imponer restricciones a las salidas de capital tratando de limitar las pérdidas de reservas de divisas. En el modelo básico elaborado antes, se supone que hay un nivel crítico, conocido por todos, por debajo del cual ya no se permite la disminución de las reservas de divisas. Sin embargo, es posible que no exista tal umbral imperativo. Por lo menos en principio, un banco central que afronte un mercado de capital perfecto puede aumentar las reservas de divisas a su disposición obteniendo préstamos de corto plazo. Por lo tanto, también son viables las reservas (netas) negativas.

En efecto, el acceso perfecto a los mercados de capital internacionales implica que, en cualquier momento dado, las reservas del banco central pueden volverse negativas sin violar la restricción de solvencia intertemporal del gobierno. Así, el acceso ilimitado a los préstamos podría posponer o evitar el colapso de un régimen. Sin embargo, la tasa de crecimiento del crédito interno no puede mantenerse permanentemente por encima de la tasa de interés mundial, porque ello conduciría a una violación de la restricción presupuestaria del gobierno, (Obstfeld, 1986c). En este sentido, una política crediticia excesivamente expansiva conduciría todavía finalmente al colapso de un régimen de tasa fija.[17] Además, aun con mercados de capital perfectos, la cronología de los préstamos es muy importante para la naturaleza de los ataques especulativos. Supongamos que el costo de intereses del servicio de la deuda externa supera a la tasa de interés pagada sobre las reservas. Si el endeudamiento ocurre justo antes de que la tasa de cambio fija se habría derrumbado sin los préstamos, es probable que la crisis se posponga. Si el endeudamiento ocurre suficientemente antes del momento en que el régimen de tasa fija se habría derrumbado en ausencia de los préstamos, la crisis ocurriría más temprano. Por supuesto, el apresuramiento del colapso se relaciona con el costo del servicio de la deuda externa para el déficit del sector público, lo que aumenta la tasa de crecimiento del crédito interno (Buiter, 1987).

En la práctica, la mayoría de los países en vías de desarrollo afrontan restricciones para obtener préstamos en los mercados de capital internacionales. La existencia de un acceso limitado al financiamiento externo tiene implicaciones importantes para el comportamiento de la inflación en una economía cuyos agentes están sujetos a una restricción presupuestaria intertemporal. Consideremos, por ejemplo, a un país que no puede obtener préstamos exter-

---

[17] Ize y Ortiz (1987) han examinado también la relación existente entre los ataques especulativos y la solvencia del sector público en una economía con deuda que paga intereses.

nos y donde el banco central transfiere sus beneficios netos al gobierno. Si ocurre un ataque especulativo, el banco central perderá su acervo de reservas, y bajarán a cero sus beneficios derivados de las percepciones de intereses sobre tales reservas después del colapso. En consecuencia, el ingreso neto del gobierno disminuirá y el déficit presupuestario empeorará. Si se financia el déficit con un incremento del crédito interno —una situación típica para un país en vías de desarrollo con acceso limitado a los préstamos internos y externos—, la tasa de inflación después del colapso superará a la tasa prevaleciente en el régimen de tasa de cambio fija antes del colapso, lo que incrementará la recaudación del impuesto inflacionario para compensar la reducción del ingreso de intereses (Van Wijnbergen, 1991).

Como se indicó antes, a menudo se han utilizado controles de capital para limitar las pérdidas de reservas de divisas y posponer el colapso de un régimen. Tales controles se han impuesto en forma permanente o temporal luego de que el banco central ha experimentado pérdidas considerables, o cuando la moneda nacional experimenta fuertes presiones en los mercados de divisas.[18] Con los controles permanentes, como lo han demostrado Agénor y Flood (1994), entre mayor sea el grado de los controles de capital, más tardará la tasa de cambio fija en derrumbarse. Esto es así porque los controles reducen la magnitud del brinco futuro esperado en la tasa de interés nominal interna y el desplazamiento consiguiente de la demanda de dinero.

El efecto de los controles de capital temporales sobre la cronología de la crisis de balanza de pagos ha sido estudiado muy recientemente por Bacchetta (1990), quien demostró que las restricciones temporales de los movimientos de capital pueden tener efectos reales pronunciados. En un mundo de previsión perfecta, los agentes adivinarán la introducción de controles en cuanto adviertan la inconsistencia fundamental existente entre la política fiscal y la tasa de cambio fija. Sin embargo, ahora es muy importante distinguir entre el caso en que se adivina perfectamente la cronología del cambio de política económica y el caso que no ocurre así. Si los controles toman por sorpresa a los agentes, las salidas de capital serán remplazadas crecientemente por mayores importaciones en cuanto se implanten tales controles, lo que conducirá finalmente a un deterioro de la cuenta corriente hasta que ocurra un colapso "natural". Por lo tanto, la tasa acelerada del agotamiento de las reservas extranjeras a través de la cuenta corriente precipitará la crisis, lo que frustrará el objetivo inicial de los controles. Si se anuncian previamente los controles del capital —o si los agentes pueden adivinar correctamente el momento preciso en que se implantarán los controles— podrá ocurrir un ataque especula-

---

[18] Los controles de capital han tenido a menudo una naturaleza permanente en los países en vías de desarrollo; véase, por ejemplo, Edwards (1989b) por lo que toca a los países latinoamericanos. En los países industrializados, sobre todo en Europa, se han utilizado de ordinario controles temporales.

tivo justo antes de la imposición de los controles, a medida que los agentes tratan de reajustar sus carteras y evadir las restricciones. De nuevo, tal ataque frustrará el propósito mismo de los controles de capital y podrá precipitar en efecto el colapso del régimen (Dellas y Stockman, 1993).

La teoría de las crisis de balanza de pagos se ha extendido en muchas otras direcciones, sobre todo en las áreas de la incertidumbre (sobre el umbral crítico de las reservas, por ejemplo, o sobre la regla de la política crediticia) y los cambios de régimen (véase Agénor y Flood, 1994). La introducción de la incertidumbre acerca del crecimiento del crédito interno provee un canal a través del cual pueden explicarse los grandes incrementos de las tasas de interés nominal internas que típicamente proceden a una crisis de tasa de cambio.[19] Pero además de ser consistente con la elevación de las tasas de interés antes de la crisis, la introducción de la incertidumbre en los modelos del colapso tienen varias implicaciones adicionales. Primero, la transición a un régimen de tasa flotante se vuelve estocástica, lo que implica que el momento del colapso es una variable aleatoria que no puede determinarse como antes. Segundo, habrá siempre, en general, una probabilidad positiva de un ataque especulativo en el periodo siguiente, lo que a su vez produce un descuento de la moneda nacional a futuro, el llamado "problema del peso" (Krasker, 1980) que mencionamos en el capítulo VI. Los datos existentes sugieren en efecto que el premio a futuro —o como un indicador alternativo de las expectativas de tasas de cambio en los países en vías de desarrollo, el premio del mercado paralelo— en los mercados de divisas tiende a aumentar mucho tiempo antes del cambio de régimen. Tercero, el grado de incertidumbre acerca de la política crediticia del banco central desempeña un papel importante en la velocidad con la que se agotan las reservas del banco central (Claessens, 1991). En un contexto estocástico, las pérdidas de reservas superan a los incrementos del crédito interno debido a que aumenta la probabilidad de un colapso del régimen. Como se indica antes, tal patrón se ha observado a menudo en las crisis reales.

Los modelos anteriores de las crisis de balanza de pagos se han limitado generalmente a la consideración de una tasa exógena de crecimiento del crédito de la que se ha supuesto, a menudo implícitamente, que refleja las "restricciones". La naturaleza aparentemente inevitable del colapso de un régimen que implica tal supuesto afronta una dificultad conceptual: ¿por qué los gobernantes no tratan de impedir la crisis ajustando sus políticas fiscal y crediticia? Por ejemplo, en el modelo básico elaborado antes no han desarrollado nada que obligue al banco central a flotar la moneda y abandonar la tasa de cambio fija prevaleciente en el momento en que las reservas alcancen su

---

[19] Han habido muchas aplicaciones del modelo estocástico de las crisis de tasa de cambio. Véase, en particular, Cumby y Van Wijnbergen (1989) por lo que toca Argentina, y Blanco y Garber (1986), Connolly y Fernández (1987), y Goldberg (1994) por lo que toca a México.

límite inferior crítico. Por el contrario, el banco central podría optar por cambiar su regla de política crediticia (antes de que se agoten las reservas) para volverla consistente con una meta de tasa de cambio fija. Algunos modelos recientes de crisis de balanza de pagos han considerado en efecto los cambios endógenos de este tipo en la política monetaria. Drazen y Helpman (1988), y Edwards y Montiel (1989), en particular, han hecho hincapié en que el supuesto de que las autoridades optan por ajustar la tasa de cambio en lugar de modificar la mezcla de política macroeconómica subyacente puede proveer sólo una solución temporal. En última instancia, si el nuevo régimen de tasa de cambio es inconsistente con el proceso de política fiscal subyacente, se necesitará un nuevo régimen de política económica.

Por último, un área que ha recibido gran atención en la literatura reciente es la posibilidad de equilibrios múltiples. En lugar de suponer que la política crediticia es exógena, como en el modelo básico de Krugman-Flood-Gaber, varios autores han explorado la implicación de una regla de política crediticia exógena. Específicamente, Obstfeld (1986c) ha examinado el caso en que el crecimiento interno es consistente con la viabilidad indefinida de la tasa de cambio fija mientras se mantenga el régimen ($\mu = 0$), pero dependiendo del colapso de la tasa de cambio fija, la pérdida de la disciplina hace que aumente la tasa de crecimiento del crédito interno ($\mu \geq 0$). En tal contexto, pueden surgir equilibrios múltiples. La tasa de cambio fija puede sobrevivir indefinidamente si los tenedores de activos creen que no se derrumbará. En cambio, si los agentes privados creen que ocurrirá un colapso, la corrida contra las reservas oficiales derrumbará al régimen, detonando el cambio contingente en el crecimiento del crédito interno y validando el ataque.

Formalmente, consideremos el caso en que $\mu = 0$ en el marco básico desarrollado antes. Por (14), $t_c = \infty$, y el régimen sobrevive indefinidamente. Supongamos que dependiendo de un colapso de la tasa de cambio fija, los agentes esperan que el crecimiento del crédito sea $\mu_c > 0$ y que $\Theta(R_0 - R_l)/\mu_c < \alpha$, de modo que $t_c < 0$. Entonces ocurrirá un ataque inmediato; la solución para la tasa flotante después del ataque brincará hacia arriba, o por lo menos empezará a depreciarse con suficiente rapidez para ratificar la reducción repentina del acervo de dinero interno. Así pues, las creencias de los agentes privados acerca de la viabilidad de la tasa de cambio fija se convierten en un elemento fundamental para la determinación de la cronología de la crisis. Los desplazamientos entre equilibrios alternativos pueden justificarse por sí mismos: la economía puede desplazarse de un equilibrio en el que las expectativas de devaluación sean bajas y la pega sea sustentable, a un equilibrio en el que las expectativas de devaluación sean elevadas y la pega se vuelva imposible de defender.

En los últimos años se han extendido en varias direcciones los modelos de las crisis monetarias con equilibrios múltiples. La subsección siguiente discute las características principales de estos modelos.

XVI.2. GOBERNANTES OPTIMIZADORES Y CRISIS QUE SE GENERAN POR SÍ SOLAS

Una característica fundamental de la literatura reciente sobre las crisis monetarias ha sido, además de una concentración en los equilibrios múltiples, una modelación explícita de las preferencias de los gobernantes y de las reglas de la política económica. En este contexto, se supone que los gobernantes obtienen beneficios de una pega de la moneda —por ejemplo, "importando" el sesgo antinflacionario del banco central extranjero—, pero también afrontan otros objetivos de la política económica, como el nivel del desempleo y de las tasas de interés internas. Así pues, dependiendo de las circunstancias que afronte, los gobernantes pueden considerar óptimo el abandono de la paridad oficial. De acuerdo con este enfoque, la presentación de una "crisis" de tasa de cambio no se relaciona con la existencia de un nivel de reservas suficiente. Más bien, el abandono de la pega es el resultado de la implantación de la pega durante otro periodo, y debe decidir si la abandona o no, dados los pesos relativos asignados a cada objeto de la política económica. De ordinario se considera que esta decisión depende de la realización de un conjunto de choques internos o externos particulares. Para un costo dado asociado al abandono de la pega monetaria, existe un conjunto de valores para el (los) choque(s) que vuelven óptimo el mantenimiento de la pega. Sin embargo, para realizaciones suficientemente grandes del (los) choque(s), la pérdida de flexibilidad asociada al uso discrecional de la tasa de cambio podría superar a la pérdida en que se incurre al abandonar la pega; en tales circunstancias, al gobernante le resulta óptimo operar un cambio de régimen.

XVI.2.1. *El dilema producción-inflación*

Un marco tratable que permite entender las características principales de los modelos con gobernantes "racionales" y el papel de los factores que se materializan por sí solos es el modelo desarrollado por Obstfeld (1996), que destaca el dilema de producción (o desempleo) o inflación.

Supongamos que la función de pérdidas del gobierno está dada por

$$L = (y - \tilde{y})^2 + \theta \Delta e^2 + c, \theta > 0 \tag{21}$$

donde y es la producción, $\tilde{y}$ es la meta de producción del gobernante, e es la tasa de cambio y c un costo fijo asociado a los cambios de la paridad oficial. La producción se determina por una curva de Phillips aumentada por las expectativas.

$$y = \bar{y} + \alpha(\varepsilon - \varepsilon^a) - u, \tag{22}$$

donde $\bar{y}$ es el nivel "natural" de la producción. $\varepsilon \equiv \Delta e$, ε^a es la expectativa acerca de ε, de los fijadores de precios internos, y u es un choque con media cero. Como en los modelos del tipo Barro-Gordon, suponemos que $\tilde{y} > \bar{y}$.

Los fijadores de precios forman sus expectativas antes de observar el choque u. En cambio, el gobernante escoge e después de observar el choque. Una devaluación tiene un costo de c^d, y una revaluación tiene un costo de c^r.

Omitimos al principio el término c de (21). Estando predeterminada ε^a, el gobernante escoge

$$\varepsilon = \frac{\alpha(\tilde{y} - \bar{y} + u) + \alpha^2 \varepsilon^a}{\alpha^2 + \theta}, \tag{23}$$

lo que implica un nivel de producción igual a

$$y = \bar{y} + \frac{\alpha^2(\tilde{y} - \bar{y}) - \theta v - \alpha\theta\varepsilon^a}{\alpha^2 + \theta},$$

y una pérdida por la política escogida (con el superíndice D que indica la calidad discrecional);

$$L^D = \frac{\theta}{\alpha^2 + \theta}(\tilde{y} - \bar{y} + u + \alpha\varepsilon^a)^2.$$

Si el gobierno renuncia al uso de la tasa de cambio, la pérdida por la política es

$$L^F = (\tilde{y} - \bar{y} + u + \alpha\varepsilon^a)^2.$$

Consideremos ahora el costo fijo c. Cuando existen costos fijos, la ecuación (23) sólo opera si u es tan grande que $L^D + c^d < L^F$, o tan pequeña que $L^D + c^r < L^F$. Así pues una devaluación (revaluación) para $u > u^d$ ($< u^r$), donde

$$u^d = \frac{1}{\alpha}\sqrt{c^d(\alpha^2 + \theta)} - (\tilde{y} - \bar{y}) - \alpha\varepsilon^a,$$

$$u^r = -\frac{1}{\alpha}\sqrt{c^r(\alpha^2 + \theta)} - (\tilde{y} - \bar{y}) - \alpha\varepsilon^a.$$

Supongamos que u se distribuye uniformemente en el intervalo $(-v, v)$. La expectativa racional del ε, del periodo siguiente, dada la expectativa de los fijadores de precios ε^a, está dada por

$$E\varepsilon = E(\varepsilon|u < u^r)\Pr(u < u^r) + E(\varepsilon|u > u^d)\Pr(u > u^d),$$

o bien, utilizando la ecuación (23)

GRÁFICA XVI.2. *Equilibrio múltiple de autorrealización*
en un modelo de crisis de tasa de cambio

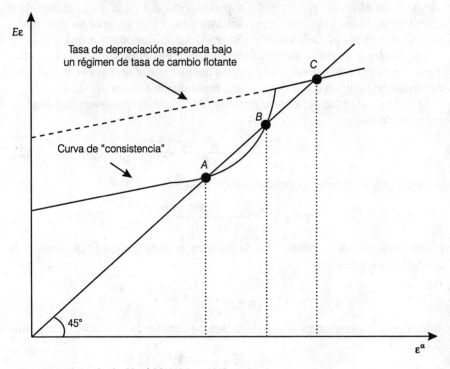

FUENTE: Adaptado de Obstfeld, 1996, p. 1043.

$$E\varepsilon = \frac{\alpha}{\alpha^2 + \theta}\left[\left(1 - \frac{u^d - u^r}{2v}\right)(\tilde{y} - \bar{y} + \alpha\varepsilon^a) - \frac{u^{d2} - u^{r2}}{4v}\right]. \tag{24}$$

En el equilibrio pleno, $E\varepsilon = \varepsilon^a$. La ecuación (24) se muestra en la gráfica XVI.2. Como lo ha demostrado Obstfeld (1996), la pendiente de la curva, haciendo $\Delta = \alpha^2 + \beta$, está dada por:

$$\frac{dE\varepsilon}{d\varepsilon^a} = \alpha^2\Delta^{-1}\left[\frac{\alpha}{2} + \frac{\alpha}{2\mu}(\tilde{y} - \bar{y} + \alpha\varepsilon^2)\right] \begin{array}{l} \alpha^2\Delta^{-1} \quad \text{para } u^r > -v \\ \quad \text{para } u^r = -v. \\ \alpha^2\Delta^{-1} \quad \text{para } u^d = -v \end{array}$$

Por lo tanto, hay tres equilibrios posibles (o más precisamente, tres tasas de depreciación esperada de equilibrio) de este modelo, correspondientes a tres probabilidades diferentes de las magnitudes de la devaluación y el realineamiento, condicionadas a que ocurra una devaluación. Estos equilibrios se denotan por los puntos A, B y C en la gráfica. Una vez que ε^α sea suficientemente elevada para que u^d permanezca en $-v$, la función de reacción del gobierno estará dada por (23) y la tasa de depreciación esperada será la misma que bajo un régimen de tasa de cambio flexible, la que se obtiene haciendo $\varepsilon = \varepsilon^a$ en (23):

$$\varepsilon = \frac{\alpha(\tilde{y} - \bar{y} + u)}{\theta}.$$

Para asegurar que exista el equilibrio C en la gráfica XVI.2 —una condición necesaria para que existan las multiplicidades—, se requiere la restricción

$$\beta^{-1}\Delta(\tilde{y} - \bar{y}) - v \geq \alpha^{-1}\sqrt{c^d \Delta},$$

una condición que puede interpretarse como la indicación de que si los agentes privados se forman una expectativa de la tasa media de depreciación de la tasa de cambio flotante, ésta ocurrirá mientras que el costo fijo de la devaluación no sea demasiado elevado.

XVI.2.2. *La deuda pública y las crisis de autorrealización*

Es un ensayo importante, Cole y Kehoe (1996) han elaborado un modelo de las crisis monetarias de autorrealización donde el acervo de deuda pública desempeña un papel central. Específicamente, el modelo destaca el papel de la corta duración media de la deuda externa pública de un país que permite a una pérdida potencialmente temporal de la confianza de los inversionistas producir una crisis económica severa y persistente. La implicación de un análisis es que pueden evitarse las crisis financieras (del tipo que ocurriera en México en diciembre de 1994, como veremos más adelante) si los gobiernos diversifican la estructura de plazos de su deuda en una medida suficiente para asegurar que sólo una pequeña parte de tal deuda se venza durante cualquier periodo particular.

En el modelo de Cole-Kehoe, el gobierno hereda cierta cantidad de deuda externa que deberá pagar, refinanciar o repudiar.[20] Estos investigadores se concentran en el caso en que el acervo inicial de deuda pública es tan grande que no se puede pagar en un periodo o puede pagarse inmediatamente sólo a

---

[20] Para los fines de esta discusión, es importante distinguir entre el repudio de una deuda, que es una decisión de no pagarla en absoluto en ninguna fecha futura, y la falta de pago de una deuda, un término más amplio que podría incluir no sólo al repudio sino también acciones tales como el pago de sólo una parte del principal o los intereses de la deuda o la extensión unilateral del vencimiento de la deuda. Cuando Cole y Kehoe utilizan el término *default*, están hablando en efecto de un repudio (véase más adelante).

costo de una pérdida de bienestar muy considerable. Sin embargo, aunque costoso, el repudio de la deuda (que puede reducir permanentemente la productividad de la economía) puede ser preferible al pago o el refinanciamiento bajo ciertas circunstancias. Además, el gobierno no puede comprometerse creíblemente a no repudiar la deuda en una fecha futura si el repudio resulta ser la "mejor" estrategia en esa fecha.

Cole y Kehoe demuestran que si la deuda inicial es suficientemente grande, es posible que el modelo admita resultados de equilibrio múltiple, dependiendo de la naturaleza de las expectativas de los prestamistas extranjeros. Si los prestamistas extranjeros esperan que el gobierno sea capaz de servir sus deudas, los bonos gubernamentales se vencerán a un precio moderado y al gobierno le resultará óptimo refinanciarlos en lugar de repudiarlos. En cambio, si los prestamistas creen, por cualquier razón, que el gobierno no podrá servir sus deudas, no estarán dispuestos a prestarle. En tales condiciones, el gobierno no podrá refinanciar su deuda y quizá le resultará óptimo repudiarla en lugar de aceptar la pérdida de consumo grande (y posiblemente inviable) que sería necesaria para pagar pasivos externos con el ingreso corriente del país. Así pues, las expectativas de los prestamistas extranjeros en el sentido de que el gobierno no podrá servir su deuda se materializan por sí solas; cuando los prestamistas tienen esta expectativa, el gobierno se vuelve en efecto reacio o incapaz de servir su deuda. Esta situación puede surgir *estocásticamente*; es decir, puede haber equilibrios en lo que esperan los prestamistas que el gobierno pueda pagar sus deudas, en cuyo caso el gobierno las refinancia y no ocurre ninguna crisis, pero ocasionalmente los prestamistas pueden esperar que el gobierno no tenga capacidad para pagar, en cuyo caso el gobierno no podrá refinanciar la deuda y optará por repudiarla, produciendo una crisis. Formalmente, estos estados "malos" de la naturaleza se ligan a la realización adversa de una variable indicadora espuria: una mancha, es decir, un evento aleatorio aparentemente menor como la renuncia de un ministro económico muy importante. Sin embargo, sólo puede haber una crisis, porque luego de que el gobierno ha repudiado su deuda (perdiendo así su reputación) ya no tendrá ninguna razón para pedir nuevos préstamos.

En el modelo de Cole-Kehoe puede ocurrir una crisis financiera en una fecha particular sólo si es muy grande el monto de la deuda que debe refinanciarse en esa fecha particular. Por lo tanto, la modificación de la estructura de los vencimientos de la deuda puede impedir el estallamiento de las crisis. Si el gobierno refinancia su deuda inicial emitiendo bonos con vencimientos diversificados, sólo una fracción de tal deuda tendrá que ser refinanciada en cualquier fecha futura particular. En tales condiciones, aún si los prestamistas llegan a creer (por cualquier razón) que el gobierno no podrá refinanciar su deuda, el gobierno podrá pagar la deuda que se venza con su ingreso corriente sin incurrir en costos de bienestar tan grandes que lo motiven a repudiar su deuda. No existirá entonces ningún equilibrio en el que se materialicen por sí solas las creencias de los prestamistas en el sentido de que el gobierno no podrá pagar y no podrá ocurrir ninguna crisis.

En la literatura reciente sobre las crisis autorrealizadas se han discutido varias otras fuentes de dilemas de la política económica. Algunas de tales fuentes, en particular, se basan directa o indirectamente en los efectos (adversos) de la elevación de las tasas de interés. Por ejemplo, los bancos pueden verse presionados si las tasas de interés del mercado se elevan inesperadamente. A fin de evitar un rescate costoso, el gobernante puede tratar de implantar una devaluación rápida. O bien, si los precios internos son rígidos, una elevación de las tasas de interés nominales podría implicar elevaciones de las tasas reales de corto plazo, y estas últimas podrían generar presiones devaluatorias autorrealizables (véase Ozkan y Sutherland, 1998). En todos estos modelos, los "fundamentales", que según se supone reflejan las preferencias del gobernante y la estructura de la economía, afectan a la multiplicidad de los equilibrios. Pero el gobernante no puede alcanzar su equilibrio preferido si las expectativas del mercado se concentran en un equilibrio inferior. Además, las manchas solares (definidas antes) podrían desplazar a la tasa de cambio de una posición en la que es vulnerable a realizaciones muy malas de choque —un fenómeno muy poco probable *ex ante*— a otra posición en la que es tan baja la producción en ausencia de una devaluación que inclusive los choques "pequeños" inducirán a las autoridades a devaluar o adoptar un régimen de tasa flotante.

XVI.2.3. *Credibilidad, reputación y crisis monetarias*

Masson y Drazen (1994) han destacado el papel de los factores de la credibilidad y la reputación en modelos de crisis monetarias con gobernantes optimizadores (a través de su efecto sobre las expectativas de la tasa de cambio). La noción de la credibilidad utilizada por estos modelos consiste en dos elementos: una evaluación del "tipo" de gobernante (que se llamaría reputación) y (dado el tipo de gobernante) una evaluación de la probabilidad de que un gobernante decida efectivamente adherirse a las políticas anunciadas en presencia de choques adversos. En el contexto considerado aquí, el compromiso de la política económica es el de mantener una tasa de cambio pegada en presencia de choques contra las reservas. Esta subsección discute una extensión del enfoque de Drazen-Masson hecha por Agénor y Masson (1999), que examina el comportamiento de las expectativas de tasas de cambio en los periodos precedentes a la crisis del peso mexicano de diciembre de 1994.[21]

---

[21] La noción de credibilidad utilizada por Agénor y Masson (1999) no es en modo alguno la

FIGURA XVI.1. *Factores de credibilidad y reputación*
en un modelo de crisis de la tasa de cambio

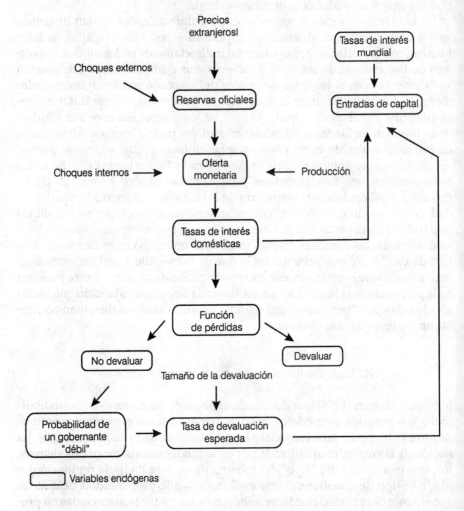

En la figura XVI.1 se ilustra la estructura del modelo de Agénor-Masson. Formalmente, sea que la función de pérdidas de un periodo del gobernante, L, esté dada por

$$L = (i - \tilde{i})^2 + \theta \Delta e, \; \theta > 0 \qquad (25)$$

única posible. Como se indicó en el capítulo XI, Cukierman y Liviatan (1991), por ejemplo, utilizan un concepto alternativo según el cual se define la credibilidad como la capacidad del gobierno para comprometer previamente sus acciones, es decir, su capacidad para convencer a los agentes privados de que aplicará políticas que pueden ser inconsistentes a través del tiempo.

donde i es la tasa de interés de los activos denominados en moneda nacional (donde $\tilde{i}$ es su nivel deseado), e es (el logaritmo de) la tasa de cambio nominal (medida como las unidades de moneda nacional por unidad de moneda extranjera) y el peso θ puede asumir uno de dos valores θ^w y θ^T, para los gobiernos débiles y fuertes respectivamente, con $\theta^T > \theta^w$.

Sean R las reservas oficiales, cuyo cambio depende del diferencial existente entre la tasa de interés nacional i y la tasa de interés extranjera i_t^* más la devaluación esperada ε^α, de los precios relativos y de un choque aleatorio u:

$$\Delta R = \alpha(i - i^* - \varepsilon^a) + \gamma(e + p_{-1}^* - p_{-1}) - u_1, \tag{26}$$

donde $\alpha, \gamma > 0$. $p(p^*)$ denota el logaritmo de los precios nacionales (extranjeros).

La tasa de interés nacional se determina por la condición de equilibrio del mercado de dinero nacional, que está dada por

$$i = \delta_0 - h, \tag{27}$$

donde h denota (el logaritmo de) el acervo de dinero básico definido en proporción a la producción nominal del periodo anterior, el que, suponiendo una esterilización parcial, puede relacionarse con su valor rezagado y con los cambios de las reservas oficiales:

$$h = \mu_1 h_{-1} + \mu \Delta R + u_2, \, 0 < \mu_1 < 1, \mu > 0, \tag{28}$$

donde u_2 es un término aleatorio.[22]

Normalizando a cero los términos constantes, las ecuaciones (26), (27) y (28) nos dan

$$i = \Omega^{-1} \{-\mu_1 h_{-1} + \alpha\mu(i^* + \varepsilon^a) - \gamma\mu(e + p_{-1}^* - p_{-1}) + u\}, \tag{29}$$

donde $\Omega = 1 + \alpha\mu$, y $u \equiv \mu u_1 - \delta u_2$.

Sea L^F el valor de la función de pérdidas si la tasa de cambio se mantiene fija, y sea L^D el valor de tal función cuando la tasa de cambio se devalúa. Por lo tanto, el gobierno devalúa cuando $L^D - L^F < 0$.

A fin de determinar L^D y L^F, adviértase primero que, por la ecuación (29), si las autoridades no devalúan (de modo que $\Delta e = 0$), las tasas de interés nacionales se encuentran en el nivel:

$$i^F = \Omega^{-1} \{-\mu_1 h_{-1} + \alpha\mu(i^* + \varepsilon^a) - \gamma\mu z_{-1} + u\},$$

---

[22] Con la esterilización plena, $\mu = 0$. Más adelante se discuten las implicaciones de la esterilización plena para el funcionamiento del modelo.

donde se define la competitividad z como $e + p^* - p$.

Si, por el contrario, las autoridades optan por devaluar, $e = e_{-1} + d$, donde se supone que el monto de la devaluación d es exógeno. En tal caso, utilizando el resultado anterior, tenemos

$$i^D - \tilde{i} = (i^F - \tilde{i}) - \Omega^{-1}\gamma\mu d,$$

lo que demuestra que las tasas de interés nacionales son menores, en relación con su nivel deseado, cuando las autoridades devalúan (ya que el nivel de las reservas, y por ende el acervo de dinero, son mayores) que cuando no devalúan. El segundo paso es la sustitución de la expresión anterior en la ecuación (25), de modo que

$$L^D - L^F = \frac{\mu\gamma d}{\Omega}\left\{\frac{\mu\gamma d}{\Omega} - 2(i^F - i)\right\} + \theta d. \tag{30}$$

Por las expresiones anteriores, puede demostrarse que $L^D - L^F < 0$ sólo cuando

$$\varepsilon > \tilde{\varepsilon} \equiv \mu_1 h_{-1} + \kappa - \alpha\mu(i^* + \varepsilon^a) + \gamma\mu z_{-1}, \tag{31}$$

donde $\kappa = \Omega\tilde{i} + \mu\gamma d/2 + \theta\Omega^2/2\gamma\mu$. Dado que puede θ asumir uno de los valores, θ^w o θ^T (lo que indica un gobierno débil o fuerte, respectivamente), $\tilde{\varepsilon}$ (a través de κ) depende del tipo de gobernante.

La tasa de devaluación esperada es el producto de la probabilidad de la devaluación ρ y el monto de la devaluación d. La evaluación de la probabilidad de la devaluación por parte del sector privado, ρ, es igual a la probabilidad de un gobierno débil multiplicada por la probabilidad de que un gobierno débil devalúe, ρ^w más un término correspondiente para un gobierno fuerte:

$$\rho = \pi\rho^w + (1 - \pi)\rho^T. \tag{32}$$

La tasa de devaluación esperada es entonces

$$\rho d \equiv \varepsilon^a = [\pi\rho^w + (1 - \pi)\rho^T]d. \tag{33}$$

Por la ecuación (31), puede definirse ρ^h, como sigue, para $h = w, T$:

$$\rho^h = \Pr(u > \tilde{u}^h).$$

Si se supone que u sigue una distribución en el intervalo $(-v, v)$, con $2v > \alpha\mu d$, entonces

$$\rho^h = (v > \tilde{u}^h)/2v. \tag{34}$$

Utilizando las ecuaciones (31) a (34), podemos despejar ρd:

$$\varepsilon^a = \frac{d}{1 - \alpha\mu d/2v}\left\{\frac{\pi(\kappa^T - \kappa^w)}{2v} + \frac{1}{2v}[v - \kappa^T - \mu_1 h + \alpha\mu i^* - \gamma\mu z_{-1}]\right\}, \quad (35)$$

donde $\kappa^T > \kappa^w$.

La ecuación para la tasa de devaluación esperada que puede estimarse está dada entonces por

$$\varepsilon^a = a_0 + a_1\pi + a_2 i^* + a_3 z_{-1} + a_4 h_{-1} + \zeta, \quad (36)$$

donde $a_1 > 0, a_2 > 0, a_3 < 0, a_4 < 0$, y ζ es un término de error. Así pues, dada la evaluación del tipo de un gobierno π, un nivel mayor para el acervo monetario de principios del periodo o una depreciación de la tasa de cambio real disminuye la tasa de devaluación esperada, mientras que un valor mayor para la tasa de interés extranjera la incrementa.

La ecuación de actualización para la probabilidad de un gobierno débil, π, se deriva de la actualización bayesiana:

$$\pi = \frac{1 - \rho_{-1}^w}{(1 - \rho_{-1}^w)\pi_{-1} + (1 - \rho_{-1}^T)(1 - \pi_{-1})}\pi_{-1}. \quad (37)$$

La sustitución de (34) para ρ^w y ρ^T en la ecuación (37) y la linealización nos da

$$\pi = b_1\pi_{-1} + b_2 i_{-1}^* + b_3 z_{-2} + b_4 h_{-2} + \zeta', \quad (38)$$

donde $0 < b_1 < 1, b_2 < 0, b_3 > 0, b_4 > 0$, y ζ' es un término de error. La ecuación de actualización para π tiene el signo opuesto (por comparación con la ecuación 36) para los valores rezagados de la tasa de interés extranjera, la tasa de cambio real y el acervo monetario, siempre que no haya ocurrido ninguna devaluación. Por ejemplo, la disposición a aceptar una pérdida de competitividad sin devaluar se considera como un indicio de que los gobernantes tienen menos probabilidades de ser débiles, lo que conduce a un valor menor de π.

XVI.3. UN MARCO "INTERGENERACIONAL"

Flood y Marion (1999) han propuesto recientemente un marco "intergeneracional" para el análisis de las crisis monetarias. Sostienen estos investigadores que la diferencia fundamental entre el enfoque "antiguo" y el "nuevo" es que el primero supone que el compromiso con una tasa de cambio fija *no varía con el estado*, mientras que el segundo supone que tal compromiso *depende del estado*, una caractística que capta bien los datos sugerentes de que los gobernantes responden a diversos objetivos.

Un procedimiento para conectar las dos generaciones de modelos, como sugieren Flood y Marion (1999) consiste en hacer el nivel de umbral de las reservas en el enfoque convencional una función de un variable que capta el estado del ciclo económico (tal como el nivel del desempleo y la tasa inflacionaria). Endogeneizando R_I (en lugar de suponer que es fija como en el modelo convencional) se implica que el gobernante podría afectar el comportamiento de la tasa de cambio de sombra a través del tiempo (y por lo tanto la magnitud del brinco de la tasa de cambio de la que depende un ataque especulativo) mediante su elección del nivel de reservas que desea comprometer para defender la paridad, o equivalentemente el nivel en el que opta por abandonarla.[23] Aunque los beneficios potenciales que podrían obtener los especuladores siguen siendo la fuerza impulsora de los ataques especulativos en este marco, el estado de la economía influye también sobre la cronología de las crisis monetarias, como en los modelos de la nueva generación.

Otra propiedad atrayente del marco intergeneracional propuesto por Flood y Marion es que tal marco restringe el grado aparentemente grande de la arbitrariedad (asociada a los factores de autorrealización) que caracteriza la cronología de los ataques especulativos en los modelos de segunda generación. Hay intervalos en los que ocurren equilibrios múltiples, pero esto ocurre sólo si (algunos de) los fundamentales están suficientemente desalineados. Desde el punto de vista de los gobernantes, este parece ser un pronóstico más sensato que el hecho simple de destacar el papel de las "manchas solares". Sin embargo, no necesita más investigación para conciliar plenamente las dos generaciones de modelos.

XVI.4. LA EXPERIENCIA DE LAS CRISIS DE TASA DE CAMBIO

Ahora resumiremos brevemente las experiencias recientes de las crisis de tasa de cambio y de balanza de pagos en cuatro países en vías de desarrollo durante los años ochenta (Argentina, Brasil, Chile y México), así como la crisis del peso mexicano de diciembre de 1994 y la crisis del bat tailandés de 1996. En muchos sentidos, las experiencias anteriores son bastante representativas de las características "convencionales" de estos fenómenos. En cambio, las crisis más recientes ilustran la importancia de los factores de autorrealización, como se destaca en la literatura reciente.

---

[23] En términos estrictos, la elección del nivel de umbral de las reservas es la elección de los parámetros que conectan a R_I con la variable que capta el estado de la economía.

XVI.4.1. *Los años ochenta*

La experiencia argentina de principios del decenio de 1980 ha sido bien documentada por varios autores tales como Connolly (1986) y Cumby y Van Wijnbergen (1989). Como vimos con mayor detalle en el capítulo X, las autoridades argentinas adoptaron en diciembre de 1978 un programa de estabilización que trataba de detener la inflación acelerada (por encima de 300 anual) y un déficit enorme del sector público. Un aspecto fundamental del programa era la fijación de la tasa de cambio, la que se ajustaba sobre la base de una tasa deslizante y declinante previamente anunciada. Tras un periodo de relativo éxito, una serie de quiebras bancarias a principios de 1980 desató una crisis financiera. La tasa de crecimiento del crédito otorgado al sector financiero se elevó marcadamente a principios de 1980, lo que minó la confianza en el régimen de tasa de cambio. Grandes y recientes pérdidas de reservas coincidieron con el aumento del crédito interno. La pérdida de la confianza se reflejó en una elevación marcada de las tasas de interés pagadas a los depósitos en pesos en relación con las tasas extranjeras ajustadas por la tasa de devaluación anunciada. Al mimo tiempo, el periodo anterior al colapso se caracterizó por un gran incremento del premio del mercado paralelo (a partir de principios de 1981), tasas inflacionarias muy elevadas, y una apreciación sostenida de la tasa de cambio real. La balanza de cuenta corriente pasó de un superávit de 1 900 millones de dólares en 1978 a déficit de 500 millones de dólares en 1979 y 4 800 millones de dólares en 1980. En junio de 1981 se abandonó la política de pega deslizante, a lo que siguió la adopción temporal de un régimen de tasa de cambio doble.

La crisis del cruzado brasileño ocurrió en octubre de 1986, cerca de ocho meses después del lanzamiento del Plan Cruzado en febrero de ese año (véase el capítulo X). El plan trataba de fijar todos los precios, incluida la tasa de cambio nominal. Pero al igual que en otros casos, el crédito interno aumentó rápidamente durante todo el periodo anterior al colapso. Durante 1986 se expandió el crédito interno en más de 40% mientras que las reservas de divisas del banco central declinaban de nuevo aceleradamente. Las reservas extensas netas disminuyeron cerca de 5 800 millones de dólares durante 1986. El Plan Cruzado se abandonó en octubre de 1986, con una devaluación del cruzado. El premio del mercado paralelo aumentó sostenidamente, cerca de 30% en marzo de 1986 hasta más de 100% en el mes anterior a la devaluación.

La crisis del peso chileno ocurrió en junio de 1982 y, como en el caso de Argentina, parece haber sido precipitada por una serie de quiebras bancarias (véase Velasco, 1987). El banco central respondió a las quiebras con grandes incrementos de la tasa de creación de crédito interno, la cual llegó a cerca de 100% en el último trimestre de 1981. La aceleración de la expansión del crédito interno coincidió con una apreciación de la tasa de cambio real y crecientes pérdidas de reservas extranjeras por parte del banco central durante algunos meses, antes de que la tasa de cambio efectiva se derrumbara el 15 de junio de 1982. La erosión de la confianza en el régimen de tasa de cambio se reflejaba en la ampliación continua del diferencial existente entre la tasa *spot* y la de futuros del peso chileno, así como en una elevación del premio del mercado paralelo antes del colapso.

La crisis del peso mexicano que ocurriera en febrero de 1982 se vio acompañada por una devaluación de 28% frente al dólar estadunidense (véase Goldberg, 1994). De nuevo la turbulencia en el mercado de divisas fue precedida por grandes incrementos de la tasa de creación de dinero por parte del banco central y por pérdidas de reservas en los meses anteriores al colapso. Se estimó que las pérdidas trimestrales de reservas del banco central ascendieron a 39 000 millones de pesos, 44 000 millones y 140 000 millones, respectivamente, en los últimos tres trimestres de 1981. Al mismo tiempo, el diferencial porcentual entre la tasa *spot* y la tasa de futuros del peso empezó a crecer apreciablemente durante el último trimestre de 1981, ocurriendo el diferencial mayor, como sería de esperarse, inmediatamente antes del colapso. La aceleración gradual de la tasa de inflación interna (que aumentó del 1.4% en junio de 1981 a 1.9% en noviembre de ese año y 4.9% en enero de 1982) condujo a una apreciación sostenida de la tasa de cambio real y un deterioro del déficit de cuenta corriente, que llegó a 16 000 millones de dólares en 1981, mientras que en 1980 sólo llegaba a 10 700 millones de dólares. Las autoridades mexicanas abandonaron el sistema de tasa de cambio semifija el 12 de febrero de 1982, permitiendo que la tasa de cambio flotara libremente. Sin embargo, las continuas salidas de capital provocaron una depreciación de 67% del peso frente al dólar a fines de febrero de 1982. En agosto de 1982 se implantó un régimen de tasa de cambio doble, cuando el banco central se había quedado virtualmente sin reservas.

Esta breve reseña de algunos datos empíricos sugiere la existencia de varias semejanzas en los procesos que conducen a las crisis de tasa de cambio en los países en vías de desarrollo. Primero, en los periodos que conducen a la crisis, la inflación nacional es elevada —y a veces creciente—, mientras que las reservas internacionales tienden a bajar aceleradamente, reflejando la política crediticia demasiado expansiva, los crecientes déficit de cuenta corriente, y las percepciones fortalecidas del derrumbe final del régimen. Segundo, las previsiones de una crisis se traducen en un premio de los futuros o un premio del mercado paralelo que puede alcanzar niveles muy elevados en los periodos inmediatamente precedentes al colapso del régimen. En consecuencia, las tasas de interés internas tienden a aumentar sustancialmente en los periodos inmediatamente precedentes a la crisis de la tasa de cambio. Tercero, hay importantes efectos reales asociados a las crisis de balanza de pagos. La tasa de cambio real tiende a apreciarse (y la cuenta corriente tiende a deteriorarse) durante el periodo de transición. El comportamiento de la tasa de cambio real (así como el comportamiento de las tasas de interés) tiende a afectar a la producción nacional. El análisis teórico desarrollado en las secciones anteriores provee una explicación de estos efectos.

XVI.4.2. La crisis del peso mexicano en 1994

Durante los dos últimos decenios, México ha operado como un cencerro para los cambios que ocurren en el ambiente financiero internacional afrontado por los países en vías de desarrollo. En el preludio de la crisis de la deuda internacional de 1974-1981, México encabezó el proceso de acumulación de deuda bancaria externa y era el más grande deudor entre los países en vías de desarrollo cuando estalló la crisis. La crisis misma se desenvolvió de acuerdo con los eventos que ocurrían en México: fue desatada por el anuncio de México de que no podía servir su deuda externa en agosto de 1982, y el principio de su terminación —por lo menos para los deudores más grandes— lo marcó el acuerdo de una negociación Brady entre México y sus acreedores bancarios extranjeros en 1989 (véase el capítulo XIV). Esta fecha marcó también el inicio de un nuevo régimen financiero internacional para los países en vías de desarrollo, en el que el capital de cartera y la inversión extranjera directa fluyeron abundantemente hacia el sector privado de varios países que previamente habían emprendido programas serios de estabilización y reformas estructurales orientadas hacia el mercado. De nuevo, México estaba en la vanguardia, recibiendo el 30% del total de flujos de cartera hacia los países en vías de desarrollo en el periodo de 1989 a mediados de 1993.

Estos flujos terminaron abruptamente en diciembre de 1994, cuando México experimentó una severa crisis financiera, con repercusiones en todos los mercados financieros internacionales. Esta crisis, al igual que la crisis tailandesa de 1997 que se describe en la sección siguiente, provee ilustraciones útiles de los tipos de fenómenos captados por los modelos de crisis de la nueva generación, donde las preferencias de los gobernantes entre diversos objetivos macroeconómicos forman parte de los "fundamentales" determinantes de la cronología de los ataques especulativos y los cambios de régimen.

XVI.4.2.1. Antecedentes: la reforma estructural y el pacto de solidaridad

Aunque México había sido tradicionalmente un país de inflación baja, las políticas fiscales expansivas asociadas a la bonanza petrolera después de 1976 provocaron una combinación de inflación elevada, fuga de capital y rápida acumulación de deuda externa. El inicio de la crisis de la deuda internacional, detonada por la incapacidad del país para servir su deuda, anunció un periodo de tres años de desempeño económico muy malo, con una inflación de tres dígitos y crecimiento negativo. En 1985 se implantó finalmente un programa de reforma y estabilización ortodoxa. La reforma estructural fue amplia y profunda, incluyendo el ajuste fiscal, la privatización, la liberalización comercial y financiera, así como la reforma del régimen de inversión extranjera. Los objetivos fundamentales de la política macroeconómica fueron la estabilización de la inflación y una reactivación del crecimiento basada en los mejoramientos de la eficiencia económica.

Como se describió en el capítulo IX, luego de que un programa ortodoxo inicial de estabilización de la inflación tuviera resultados decepcionantes, México cambió a un enfoque heterodoxo en 1987. El componente heterodoxo fundamental de este plan fue un acuerdo (Pacto) entre el gobierno, los empresarios y los trabajadores que trataba de romper la inercia inflacionaria estableciendo tres anclas nominales influidas por cada conjunto de agentes. El gobierno trató de restringir los incrementos de los precios del sector público y de la tasa de cambio, a condición de que los trabajadores y los empresarios restringieran los salarios y los precios. El componente de la tasa de cambio condujo finalmente a un sistema de minidevaluaciones diarias, previamente anunciadas, de una tasa de cambio oficialmente determinada, que incrementaba el precio del dólar en montos absolutos fijos por día (y por lo tanto en montos porcentuales decrecientes).[24]

La liberalización y la reforma institucional del sector financiero eran componentes fundamentales de las reformas estructurales de México. La liberalización financiera se hizo por etapas. El proceso se inició en noviembre de 1988, cuando se eliminaron los límites cuantitativos impuestos a las aceptaciones bancarias. En abril de 1989 se adoptaron medidas más extensas, aboliendo los controles existentes sobre las tareas de interés y los vencimientos de los instrumentos bancarios tradicionales, remplazando los requerimientos de reservas sin intereses por una razón de liquidez de 30%, eliminando las restricciones de los préstamos otorgados al sector privado, y cesando los préstamos bancarios obligatorios para el sector público a tasas de interés preferentes. En septiembre de 1991 se redujo la razón de liquidez sobre los depósitos vigentes a fines de agosto, y se eliminó por completo para los depósitos nuevos. Una enmienda constitucional promulgada a mediados de 1990 permitió la propiedad privada completa de los bancos. Otras leyes promulgadas durante ese año facilitaron la formación de compañías financieras tenedoras. Esto permitió la reprivatización de varios bancos grandes que habían sido nacionalizados en septiembre de 1982. Para julio de 1992 había sido privatizado el último de los dieciocho bancos que antes eran propiedad del gobierno.

[24] Entre enero de 1989 y mayo de 1990, la depreciación diaria fue de un peso; entre mayo y noviembre de 1990, fue de 80 centavos; entre noviembre de 1990 y noviembre de 1991, fue de 40 centavos.

México recuperó el acceso a las entradas de capital voluntarias a gran escala en segunda mitad de 1989. El superávit global de la cuenta de capital de México pasó de 8% del PIB en el periodo de 1991-1993. La inversión extranjera directa encabezó el auge de 1989 y siguió siendo importante durante todo el episodio de las entradas, pero los flujos de cartera aumentaron rápidamente a través del tiempo y dejaron muy atrás a la IED para 1991. Los certificados de depósitos en los bancos mexicanos privatizados y los bonos gubernamentales de corto plazo denominados en pesos (Cetes), cuya adquisición por extranjeros se había permitido en 1991, fueron componentes importantes de estos flujos de corto plazo.

XVI.4.2.2. Respuestas de la política económica a las entradas de capital, 1989-1993

La respuesta de la política económica a las entradas de capital estaba fuertemente influida por el objetivo del sostenimiento del esfuerzo de estabilización. El gobierno se adhirió fielmente a su estrategia de estabilización basada en la tasa de cambio, manteniendo la trayectoria descendente de la depreciación nominal durante la mayor parte del periodo y tratando de contener los incrementos del nivel de precios interno mediante una intervención esterilizadora en el mercado de divisas. La tasa inflacionaria bajó continuamente, pero siguió superando a la tasa de depreciación a lo largo de este periodo, de modo que se incrementó la apreciación real, como se muestra en la gráfica XVI.3. A fines de 1991 se adoptó una política de tasa de cambio más activa, bajo la forma de una banda. Se estableció un límite inferior para el valor del dólar al nivel alcanzado el 11 de noviembre, y se utilizaron minidevaluaciones subsecuentes para definir un tope (véase el capítulo VII). Por lo tanto, la banda se ampliaría a través del tiempo, a un ritmo determinado por la tasa de devaluación diaria. Sin embargo, en el momento en que se introdujo la banda se redujo la tasa de depreciación diaria de 40 a 20 centavos (es decir, de 5 a 2.4% anual). En relación con las políticas anteriores, estas medidas disminuyeron la tasa máxima de depreciación de la tasa de cambio y dieron a ésta un margen mayor para moverse hacia abajo. La nueva política de la tasa de cambio implicaba así una tasa nominal más apreciada y potencialmente más variable. La inflación había bajado al intervalo de un dígito en 1993, pero continuaba superando a la tasa de depreciación nominal tras la adopción de la banda, y el peso seguía apreciándose en términos reales.

El periodo de 1989-1993 se caracterizó no sólo por una sustancial apreciación acumulada del peso, sino también por un deterioro significativo de la cuenta corriente de la balanza de pagos a pesar del mejoramiento sostenido de las finanzas del sector público (gráfica XVI.3). El deterioro de la cuenta corriente surgía así de un exceso de la inversión privada sobre el ahorro. Mien-

GRÁFICA XVI.3. *Indicadores macroeconómicos en México, 1988-1994*

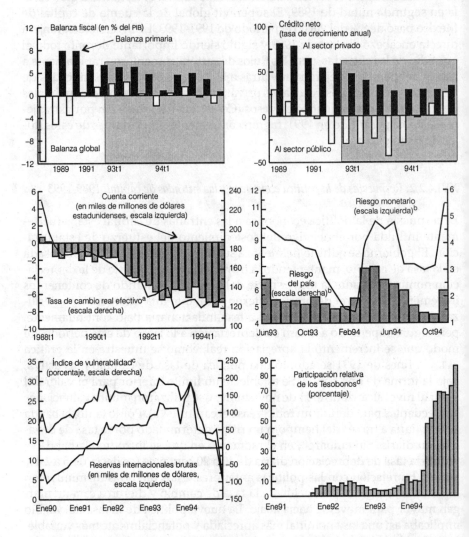

[a] 1980 = 100, un aumento es una depreciación. Índice basado en los costos laborales unitarios.

[b] Para calcular el riesgo monetario, a los Cetes a 91 días se les resta la tasa de los Tesobonos a 91 días. Para calcular el riesgo del país, a la tasa de los Tesobonos a 91 días se le resta la tasa de los certificados de depósito (CD) a tres meses de los Estados Unidos. Ambos indicadores se basan en los promedios mensuales de las tasas de las subastas semanales.

[c] Reservas internacionales brutas menos Tesobonos y dividido por el acervo de dinero básico.

[d] En el acervo total de Cetes y Tesobonos se incluyen residentes y no residentes.

FUENTE: Fondo Monetario Internacional y OCDE.

tras que el ahorro privado superaba a la inversión en 1% del PIB en 1989, esta situación se había revertido con creces para 1992, año en el cual el sector privado incurrió en un déficit global de 10.6% del PIB. Muy poco de este viraje puede atribuirse a un incremento de la inversión privada. El culpable era más bien una dismunción del ahorro privado hasta el nivel de 8.6% del PIB durante este periodo (pasando de 13.6 a 5%). A pesar de los avances logrados en el frente de la inflación y de sus extensas reformas estructurales, México no registró una aceleración sostenida del crecimiento económico cuando se aceleraron las entradas de capital. Tras aumentar a más de 4% en 1990 (el primer año completo de grandes entradas), el crecimiento se frenó en cada uno de los años siguientes. Por lo tanto, la aceleración del crecimiento económico se había convertido en 1994 en una preocupación importante de las autoridades mexicanas.

XVI.4.2.3. *La crisis de la balanza de pagos*

La crisis de balanza de pagos experimentada por México a fines de 1994 se debió a la interacción de tres conjuntos de factores:

1. Las condiciones iniciales a principios de 1994, en particular el crecimiento lento, un sistema financiero frágil, un déficit de cuenta corriente persistentemente elevado, una reducción de la tasa de ahorro nacional y una tasa de cambio real muy apreciada;
2. choques externos e internos que ocurrieron durante el curso del año;
3. la naturaleza de las respuestas de la política económica a estos choques.

Las condiciones iniciales y los choques no hubieran sido por sí solos suficientes para detonar una crisis de balanza de pagos si la respuesta de la política económica hubiese sido distinta de lo que fue. Más adelante sugeriremos que el crecimiento persistentemente lento, aunado a la fragilidad del sistema financiero, interactuó con factores políticos para explicar en parte por qué respondieron las autoridades mexicanas como en efecto lo hicieron ante el desafío de política económica planteado por los enfoques de choques adversos en el contexto del déficit de cuenta corriente persistentemente elevado y la apreciación de la tasa de cambio real.

XVI.4.2.3.1. *Condiciones iniciales*

El peso mexicano se apreció fuertemente en términos reales durante 1988-1993 (como se indicó antes), el déficit de cuenta corriente alcanzó un nivel muy elevado que no se esperaba disminuyera en 1994. Otro aspecto importante de la experiencia mexicana antes de la crisis fue que las reformas implantadas después de 1985 no condujeron a una reanudación rápida y sostenida del crecimiento económico a corto plazo. Esto puede atribuirse en parte a la política monetaria restrictiva que trataba de impedir que las entradas de capital impulsaran una expansión monetaria que minaría las metas inflacionarias del gobierno. Las tasas de interés internas se mantuvieron en efecto relativamente elevadas durante 1992-1993. Para 1993, la economía mexicana se encontraba en recesión, con un crecimiento menor de 0.5% para el conjunto del año y un crecimiento negativo durante la segunda mitad. El tercer aspecto fundamental del ambiente económico mexicano a principios del año era el frágil estado del sistema financiero. El sistema financiero recién privatizado y liberalizado experimentó un periodo de expansión muy rápida durante 1991-1994, a pesar de las elevadas tasas de interés reales prevalecientes. Los préstamos crecieron a una tasa media anual de 24%, muy por encima de la tasa media de crecimiento del PIB nominal (gráfica XVI.3). En un contexto en el que se habían eliminado los requerimientos de reservas, el multiplicador del dinero en sentido amplio, que había brincado en 1989 en el contexto de los pasos iniciales de la liberalización del sistema financiero, siguió aumentando con gran rapidez en el periodo de 1989-1993, alcanzando en 1993 un valor más de tres veces mayor que el de 1988. Desafortunadamente, la calidad de muchos de estos préstamos era cuestionable. Aunque la ley de Instituciones de Crédito de 1990 incluía provisiones que limitaban la concentración del riesgo crediticio, asegurando la separación de intereses entre la banca y otras actividades, y evitando conflictos de intereses entre la banca y otras actividades, y evitando conflictos de intereses entre los administradores bancarios, las provisiones para préstamos vencidos crecieron al 27% anual durante este periodo, y la exposición abierta a los préstamos (préstamos vencidos menos provisiones) aumentó de 41 a 74% del capital de los bancos, en un contexto donde puede haber prevalecido una provisión deficiente. Además, acerca del 18% de los depósitos bancarios estaban denominados en dólares, de modo que los pasivos bancarios eran muy sensibles a las modificaciones de la tasa de cambio. Así pues, la condición del sistema financiero mexicano era en extremo frágil para 1994.

La apreciación real, el crecimiento lento y la fragilidad del sistema financiero pueden haber estado relacionados. Por ejemplo, Dornbusch y Werner (1994) atribuyeron el desempeño de crecimiento de la economía mexicana a los efectos de la apreciación real sobre la reducción de la demanda en el sector de los bienes domésticos, así como a la persistente elevación de las tasas de interés reales, lo que reflejaba presumiblemente, en los mercados de capital muy abiertos de México, por lo menos en parte una expectativa de depreciación real en el futuro. A su vez, se culpa a la combinación de elevadas tasas de interés reales y crecimiento lento por un deterioro de los balances de las empresas, y por lo tanto también de los balances de los bancos.

XVI.4.2.3.2. *Choques*

Entre los choques relevantes para el desempeño económico mexicano y la formulación de la política económica en 1994 se encontraba uno ocurrido en noviembre de 1993: la aprobación del TLCAN por el Congreso de los Estados Unidos. Dado que este asunto era políticamente contencioso en los Estados Unidos, la aprobación no se había dado por sentada, y en efecto perdió México sustanciales reservas de divisas (5 000 millones de dólares) en octubre, cuando los acreedores extranjeros se protegieron contra la posibilidad de que no se ratificara el Tratado. Junto con el acceso de México al GATT y su ingreso a la OCDE se miraba al TLCAN —quizá sobre todo por los propios gobernantes mexicanos— como un compromiso institucional que tendería a ser percibido por el sector privado como un "sellamiento" de las reformas económicas de México. La importancia de esto consistía en convencer a los inversionistas potenciales de que la adquisición de capital *real* en México era una buena inversión, es decir, que el valor de opción asignado a la espera en lugar de la requisición irreversible de activos fijos en la economía mexicana había disminuido grandemente debido a la reducción sustancial de la incertidumbre acerca de las reversiones futuras de la política económica. Se esperaba que con la aprobación del TLCAN empezarán a rendir frutos las reformas anteriores bajo la forma de una gran aceleración de la inversión fija.

Desafortunadamente, este choque favorable fue seguido por una sucesión de choques muy desfavorables, tanto internos como externos. Los más severos de estos choques surgieron en meses sucesivos durante el primer trimestre del año. El levantamiento de Chiapas, el 1 de enero, creó en el peor de los casos la posibilidad de un severo conflicto social, y en el mejor, la probabilidad de un relajamiento fiscal y monetario para hacer frente a los problemas económicos del sur del país. Luego vino en febrero un cambio muy evidente en la postura de la política monetaria de los Estados Unidos bajo la forma de una sucesión de incrementos de la tasa de interés decretados por la Fed a principios de ese mes y continuados a lo largo del año, lo que provocó un aumento acumulado de las tasas de los Cetes de seis meses desde febrero hasta el final del año. Pero el choque más severo fue el asesinato del candidato presidencial del partido gobernante, Luis Donaldo Colosio, el 23 de marzo.

Los efectos económicos de estos choques eran previsibles: las mayores tasas de crecimiento en los Estados Unidos y la incrementada incertidumbre política y económica en México elevaron las tasas de rendimiento de los Estados Unidos ajustadas por el riesgo, en relación con los activos mexicanos. Los ajustes de cartera correspondientes, por parte de inversionistas mexicanos y extranjeros, provocaron ajustes de precios y cantidades que asumieron las formas siguientes:

1. Los Cetes a tres meses, que habían experimentado una declinación gradual de los rendimientos durante el primer trimestre de 1994 (alcanzando en febrero un nivel mínimo cercano a 10% anual), vieron aumentar su rendimiento hasta el nivel de 17-18% entre marzo y las elecciones presidenciales de agosto. El rendimiento de los Cetes disminuyó en adelante, pero permaneció en el nivel de 15% hasta diciembre.

2. México empezó el año de 1994 con reservas de divisas que ascendían a cerca de 25 000 millones de dólares, alcanzando un nivel máximo cercano a 29 000 millones de dólares durante el primer trimestre, luego de la aprobación del TLCAN (gráfica XVI.3). Pero siguiendo una ruta similar a la del rendimiento de los Cetes, las reservas de divisas del banco central disminuyeron en 12 000 millones de dólares entre febrero y abril.

3. Por último, la tasa de cambio, que había estado aproximadamente en el punto medio de su banda a fines de 1993, brincó al tope de la banda a fines de marzo y permaneció allí (véase la gráfica VII.6).

Significativamente, como se observa en la gráfica XVI.3, parece ser que los eventos del primer trimestre llevaron a los acreedores a temer la devaluación y el incumplimiento de sus obligaciones por parte del gobierno mexicano. Lo primero es evidente en el gran incremento del diferencial existente entre los Cetes denominados en pesos y los bonos del gobierno mexicanos indizados al dólar (Tesobonos). Lo segundo se sugiere por la elevación de los rendimientos de los bonos Brady mexicanos y del diferencial de rendimiento entre los Tesobonos y los certificados de la Tesorería de los Estados Unidos de vencimientos similares. La sugerencia es que, a pesar de los logros fiscales del gobierno mexicano y su bajo nivel de endeudamiento, los tenedores de bonos Brady mexicanos y de Tesobonos no parecían convencidos de que sus créditos seguirían siendo servidos puntualmente en caso de una crisis.

XVI.4.2.3.3. *Respuesta de la política económica*

Estas pérdidas de reservas pueden interpretarse como el preludio de un ataque especulativo a fondo. Como se mencionó antes, en un contexto estocástico, cuando son inciertas la cronología y la magnitud de una devaluación futura, el periodo que precede al colapso de una tasa de cambio fija se ve precediendo a menudo por pérdidas de reservas sostenidas y elevadas tasas de interés nominales internas. Posibles respuestas a tal ataque serían la defensa de la pega con una restricción del crédito o su abandono (devaluando o adaptando un régimen de tasa de cambio diferente). Si los activos mexicanos y extranjeros que pagan intereses se hubiesen considerado sustitutos perfectos por los mercados de capital privados en 1994, la restricción crediticia podría haber reducido efectivamente las tasas de interés nominales en México, debido a la eliminación de las expectativas de devaluación y del riesgo de la tasa de cambio, ya que se habría fortalecido la sustentabilidad de la pega. Con una inercia suficiente en el proceso inflacionario, las tasas de interés reales internas habrían bajado también. Pero con una sustentatibildad imperfecta, la restricción crediticia habría elevado las tasas de interés reales en México, frenando el crecimiento de los componentes de la demanda agregada sensibles a la tasa de interés y quizá causando una contracción de la oferta (al incrementar los costos del financiamiento del capital de trabajo). El efecto habría sido una profundización de la recesión, con efectos particularmente negativos sobre la inversión, posiblemente cierta presión ascendente sobre el nivel de los precios emanada del lado de la oferta de la economía, y la tensión consiguiente sobre el sistema financiero. Por otra parte, el abandono de la pega habría representado una gran revisión de la estrategia inflacionaria, y en particular se habría percibido que el gobierno renegaba del Pacto de Solidaridad manipulando una sorpresa inflacionaria para trabajadores y empresas.

Estas opciones habrían sido desagradables para cualquier gobierno en tiempos normales, pero lo eran más aún en el contexto de una elección presidencial, cuyos resultados eran inciertos y en el que una derrota del partido gobernante habría sido de proporciones cataclísmicas, ya que significaría el fin de seis decenios de gobierno unipartidista. Atrapado entre dos opciones indeseables con consecuencias políticas desagradables, el gobierno respondió a los acontecimientos del primer trimestre en dos formas:

1. En el terreno de la política monetaria optó por mantener el curso, aferrándose a su ruta de tasa de cambio y esterilizando las salidas de divisas mediante una acción contraria a lo que había hecho previamente para contrarrestar los efectos monetarios de las entradas, es decir, expandiendo el crédito interno. Los datos sugieren que la función de reacción de las autoridades monetarias —que incluía específicamente la esterilización de los cambios de las reservas brutas— fue estable a lo largo de 1994 (véase Kamin y Rogers, 1996). Durante 1994, la esterilización asumió la forma de un incremento sustancial de las actividades de préstamo por parte de los bancos de desarrollo, financiadas por el crédito del banco central. Esto puede verse en el panel superior derecho de la gráfica XVI.3, que muestra una expansión sustancial del crédito neto otorgado al sector público por primera vez desde 1991.

2. Otro componente de la respuesta de la política económica se encontraba en el área del manejo de la deuda. Se evitaron las implicaciones fiscales del surgimiento de premios por el riesgo cambiario en las tasas de interés internas remplazando los Cetes que se vencían con deuda a corto plazo indizada al dólar (Tesobonos), que pagaban tasas de interés mucho menores. En virtud de que los Cetes mismos eran de corto plazo relativamente, fue muy rápida la transformación de la estructura de la deuda, como se mues-

tra en el panel inferior derecho de la gráfica XVI.3. El cambio de la composición monetaria y el vencimiento de la deuda hacia la indización al dólar y los vencimientos de corto plazo después del primer trimestre resultó dramático, provocando un aumento de los Tesobonos en la deuda interna, de 5% al principio del año, a 55% al final.

Una justificación de esta estrategia se basaba en la esperanza de que un auge de la inversión después de la firma del TLCAN o de las elecciones, aunado a avances de la productividad largamente esperados, generara un resurgimiento del crecimiento económico que validara a la tasa de cambio real y volviera sustentable al déficit de la cuenta corriente. La plausibilidad de esta posición se consolidó con el fuerte crecimiento de las exportaciones no petroleras y la gran participación de los bienes de capital en las importaciones mexicanas.

XVI.4.2.3.4. *La crisis*

El comportamiento de los flujos de capital, así como los premios por el riesgo de la tasa de cambio y el de la falta de pago surgidos en los instrumentos mexicanos en el curso de 1994, indican que se estaban generando presiones especulativas. El valor obviamente insostenible de la cuenta corriente volvía inevitable alguna forma de ajuste: sólo la forma y el momento estaban en duda. Se necesitaría alguna forma de reducción del gasto y/o de cambio del gasto si no ocurría el auge esperado en el crecimiento económico después del TLCAN. El punto fundamental es que los rendimientos de los activos invertidos en México —por residentes extranjeros y nacionales— dependería de la forma que asumiera ese ajuste. Suponiendo que no ocurriría un repudio abierto de la deuda, se habría requerido alguna combinación de la contracción fiscal y/o monetaria y la devaluación nominal para obtener el ajuste requerido. Desde la perspectiva de los acreedores que tenían activos denominados en pesos, la más peligrosa de estas opciones es obviamente la última, ya que implica un gravamen para el capital de los acreedores en pesos con canastas de consumo denominadas por lo menos parcialmente en dólares. El enorme ajuste fiscal emprendido ya en México, la amenaza de una crisis financiera que plantearía una recesión interna severa, y la gran apreciación real acumulada del peso, creaban la probabilidad de que el ajuste incluyera finalmente un componente de devaluación nominal. Además, dado que no era probable que los costos de la devaluación en términos de la credibilidad perdida por las autoridades fuesen sensibles a la magnitud de la devaluación final, y puesto que era grande el grado de la sobrevaluación que se percibía, era por lo menos posible que la magnitud de la devaluación final fuese también grande.

La consideración decisiva acerca de la cronología de la crisis era el cambio de administración política luego de las elecciones presidenciales de agosto.

No sólo estaba en tela de duda el resultado de las elecciones, sino que incluso si el partido gobernante conservara el poder, se desconocía el compromiso de la nueva administración de preservar el curso de la estrategia antinflacionaria —una estrategia estrechamente asociada a la administración de Salinas y su Secretario de Hacienda, Pedro Aspe—. Un escenario que no podría desatarse incluso con el triunfo del partido gobernante era que la saliente administración de Salinas implantara la devaluación entre las elecciones de agosto y el acceso al poder de la administración de Zedillo en diciembre, absorbiendo así los costos políticos del cambio de curso y otorgando a la nueva administración la oportunidad de iniciar su periodo sin ese lastre. Dado el clima de incertidumbre que prevalecía entre los acreedores de México, cualquier señal de que la nueva administración pudiera considerar una revisión de la política de tasa de cambio tendría a detonar un ataque especulativo. En efecto, se enviaron varias de tales señales —quizá inadvertidamente—por ambas administraciones en el curso del año.

La evolución de las políticas fiscal y cambiaria durante 1994 sugería que la administración saliente estaba más dispuesta a considerar un ajuste de la tasa de cambio nominal que otra ronda de contracción fiscal en el diseño de una estrategia de ajuste. Por una parte, las sustanciales salidas de capital durante el curso del año no detonaron un ajuste del superávit primario. Por la otra, se permitió la depreciación de la tasa de cambio hasta el tope de su banda durante el segundo trimestre, lo que representaba una depreciación nominal de cerca de 8% frente al dólar durante este periodo. Como se indicó antes, el peso pasó luego la mayor parte del resto del año cerca del tope de su banda de fluctuación.

Respecto a la nueva administración, pudo hacer una primera indicación de sus intenciones cuando el secretario de Hacienda Aspe fue remplazado por Jaime Serra Puche, el anterior secretario de comercio, quien había negociado el TLCAN con los Estados Unidos. Podría haberse esperado razonablemente que el nuevo secretario otorgara un peso mayor al papel de asignación de la tasa de cambio, por oposición a su papel como ancla nominal, que su predecesor.

El resultado de estos acontecimientos fue una nueva pérdida de divisas entre agosto y diciembre. A principios de diciembre, el acervo de divisas había bajado al nivel de los 10 000 millones de dólares, y se elaboró un índice de vulnerabilidad motivado por la literatura reciente sobre las crisis de tasa de cambio, calculado como la razón del acervo de activos líquidos netos denominados en moneda extranjera (las reservas de divisas menos los Tesobonos vigentes) a la base monetaria. Este índice, que es tal que una declinación refleja una vulnerabilidad mayor ante una corrida contra las reservas, había bajado los niveles más bajos alcanzados durante el decenio de los años noventa.[25] El 20

---

[25] Calvo y Mendoza (1996), y Kaminsky y Reinhart (1998) han propuesto otro índice de la vulnerabilidad. Este índice es esencialmente un indicador de la posición de liquidez de un ban-

de diciembre se aumentó en 15% el nivel superior de la banda de tasa de cambio mexicana. Esto fue percibido por los mercados como demasiado poco y demasiado tarde. Por lo tanto, el resultado fue la detonación del ataque especulativo final. Luego de dos días de rápidas pérdidas de reservas, el peso se vio obligado a flotar.

XVI.4.3. *La crisis monetaria de Tailandia*

La crisis monetaria mexicana fue el resultado de un complejo conjunto de circunstancias: condiciones iniciales que creaban una vulnerabilidad ante el ataque especulativo, choques adversos, y elecciones de política económica hechas entre objetivos internos rivales en medio de un año de elecciones. Pero los ingredientes fundamentales fueron una tasa de cambio sobrevaluada y un sistema financiero frágil. Lo primero implicaba la necesidad de un ajuste, mientras que lo último restringía severamente la forma que podría asumir el ajuste de magnificar los probables costos macroeconómicos internos de una defensa tradicional de elevada tasa de interés de la tasa de cambio pegada. Desafortunadamente, estos ingredientes no resultaron ser sui géneris. Poco tiempo después de la crisis mexicana, un conjunto similar de circunstancias interactuaba para producir un resultado similar en Tailandia.

XVI.4.3.1. *Antecedentes*

Como se documentó en el capítulo anterior, las entradas de capital al Asia Sudoriental aumentaron grandemente a principios del decenio de 1990, desempeñando las entradas de corto plazo un papel cada vez mayor a través del tiempo. La inflación creciente y los déficit de cuenta corriente en aumento incrementaron las preocupaciones por el sobrecalentamiento macroeconómico en toda la región. La respuesta de la política macroeconómica interna consistió en la implantación de políticas monetarias restrictivas, lo que sostenía las tasas de interés internas a niveles relativamente elevados. En virtud de que los países de la región seguían persiguiendo metas de la tasa de cambio nominal (a pesar de ocasionales declaraciones oficiales en contrario), la restricción monetaria significaba esencialmente la esterilización de los superávit de balanza de pagos, realizada por diversos medios. En el caso de Tailandia en particular, la intensidad de la esterilización se incrementó en 1993, cuando el

co central que garantiza el valor de la moneda y los pasivos del sistema bancario. Consiste en el monto de los activos en divisas (reservas) líquidos del banco central en relación con sus pasivos potenciales en divisas, que en estas circunstancias es el acervo total de dinero en sentido amplio.

país experimentó un auge de entradas de capital privado asociado a la creación de la Facilidad Bancaria Internacional de Bangkok (BIBF, por sus siglas en inglés). Una implicación de una mezcla de políticas que recurría tan fuertemente a la política monetaria para restringir la expansión de la demanda agregada era una intensificación de las entradas de corto plazo inmediatas por el sistema financiero nacional.[26]

La demanda de préstamos se sostuvo a pesar de las tasas de interés reales relativamente elevadas a resultas del surgimiento de la inflación de precios de los activos asociada a la expansión financiera rápida y deficientemente supervisada en la primera mitad del decenio de 1990. Pero el legado de esta situación fue un sistema financiero con prestatarios cuya calidad crediticia y el valor de cuyos avales dependían fuertemente de los valores inflados de los activos. Esto hacía que el patrimonio neto de estas instituciones fuese vulnerable a una corrección hacia debajo de los precios de los activos nacionales. Tal corrección podría hacerse en dos formas: mediante una revaluación negativa de las corrientes de ingresos asociadas a estos activos, o mediante un incremento de las tasas de descuento aplicadas a estas corrientes de ingresos. La segunda de estas formas empezó a operar a fines de 1995, cuando la gran restricción monetaria seguía elevando las tasas de interés internas por toda la región. En efecto, debido a las altas tareas de interés, el desempeño del mercado de valores en el conjunto de la región se volvió deficiente en 1994-1995.

La combinación de una liberalización financiera poco apropiada, que se traducía en un exceso de intermediación, y una flexibilidad fiscal inadecuada que se traducía en una utilización desproporcionada de la restricción monetaria para combatir el sobrecalentamiento, frenaba los valores de los activosnacionales e incrementaba el acervo de los pasivos extranjeros de corto plazo. En Tailandia, como en México, estos errores de la política económica no implicaban la necesidad de una crisis (es decir, no constituían condiciones *suficientes* para una crisis), pero sí creaban un estado de vulnerabilidad que se centraba en el sector financiero. Sin embargo, en ausencia de choques negativos, una crisis habría sido evitable, o por lo menos posponible. Pero un tercer error de la política económica, en el área del manejo de la tasa de cambio, empujó la vulnerabilidad hasta el punto de rompimiento.

El mantenimiento de una tasa de cambio real competitiva había sido una columna vertebral de la estrategia de desarrollo de Asia Sudoriental desde mediados del decenio de 1980. Una manifestación del sobrecalentamiento macroeconómico en Tailandia, durante 1994-1995, era el hecho de que la tasa inflacionaria interna, aunque relativamente baja según los patrones latinoamericanos, seguía siendo mayor que la prevaleciente en los socios comercia-

---

[26] Véanse Montiel y Reinhart (1998) los datos disponibles para diversos países acerca de las conexiones existentes entre la esterilización y la magnitud de las entradas de corto plazo.

les del país. En ausencia de cambios en los fundamentales de la tasa de cambio real, el hecho de no contrarrestar este diferencial inflacionario mediante la depreciación nominal habría implicado por sí solo una apreciación de la tasa de cambio real y la pérdida de competitividad consiguiente. Esta combinación de fragilidad del sector financiero, rigidez fiscal y apreciación de la tasa de cambio real recuerda los ingredientes de la crisis mexicana de diciembre de 1994.

XVI.4.3.2. *Los eventos detonantes*

Las condiciones suficientes para una crisis profunda de la tasa de cambio se presentaron en Tailandia bajo la forma del surgimiento de condiciones externas adversas. Estas condiciones tenían componentes de mediano y corto plazos.

XVI.4.3.2.1. *Desarrollos de mediano plazo*

Un desarrollo fundamental a mediano plazo era el hecho de que Tailandia parece haber estado experimentando una pérdida de competitividad externa durante la primera mitad de la década de 1990. El factor decisivo en este sentido era el surgimiento de China como un gran exportador de manufacturas intensivas en mano de obra. En virtud de que este desarrollo implica que, a fin de seguir siendo competitiva, Tailandia habría tenido que exportar a precios más bajos, ello equivale a un deterioro de los términos de intercambio en su efecto sobre la tasa de cambio real de equilibrio a largo plazo. La implicación es que la tasa de cambio real de equilibrio a largo plazo se depreciaría. Dada la apreciación moderada de la tasa de cambio real bilateral efectiva frente al dólar, esto implica una brecha creciente entre la tasa de cambio real de equilibrio a largo plazo y la tasa efectiva. Esto se ilustra en la gráfica XVI.4, tomada de Tanboon (1998). La línea sólida de esta figura describe la tasa de cambio real de equilibrio efectiva estimada para Tailandia (EREER). La gran depreciación evidente durante el decenio de 1990 fue impulsada por los efectos de la mayor competencia de China (véase Tanboon, 1998). En cambio, la tasa de cambio real efectiva (REER) es relativamente estable durante este periodo, lo que implica que para 1995 había surgido una sobrevaluación del baht tailandés cercana al 30 por ciento.

XVI.4.3.2.2. *Desarrollos a corto plazo*

El choque directamente observable que precedió a la crisis monetaria tailandesa fue un colapso del crecimiento de las exportaciones. El mal desempeño de las exportaciones se extendió por toda la región del Sureste Asiático en 1996. El

GRÁFICA XVI.4. *Tasas de cambio reales de equilibrio,*
efectivas y estimadas en Tailandia, 1970-1995

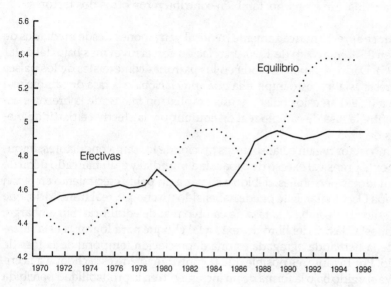

FUENTE: Tanboon, 1998.

crecimiento de las exportaciones asiáticas se frenó marcadamente en la primera mitad de 1996 (en términos de dólares, 7% de crecimiento, mientras que
en 1995 había llegado a 20%), a pesar de las expectativas en contrario, no se
recuperó a medida que terminaba el año.

Las implicaciones fueron las siguientes:

1. El escaso crecimiento de las exportaciones implicaba un crecimiento reducido del PIB a través de canales tradicionales. Esto reducía las corrientes de
ingresos esperadas en asociación con los activos nacionales, y frenaba los
valores de los activos nacionales a través de este canal, lo que reforzaba el
impacto negativo de las elevadas tasas de interés internas.
2. El escaso crecimiento de las exportaciones introducía también un elemento de ruido en los cálculos de la competitividad a mediano plazo. En la medida en que el frenamiento de las exportaciones haya reflejado una pérdida
de la competitividad, sugería que la brecha existente entre la tasa de cambio real efectivo y el de equilibrio puede haber sido mayor de lo que se pen-
saba anteriormente.

¿Por qué se frenó el crecimiento de las exportaciones? Las posibles fuentes
de la pérdida de competitividad incluyen las mencionadas antes —es decir,

los efectos inflacionarios del sobrecalentamiento (no compensados por la depreciación de la tasa de cambio nominal) y el crecimiento de la capacidad exportadora china. Sin embargo, también contribuyeron otros dos factores:

1. El dólar se apreció marcadamente frente al yen japonés desde mediados de 1995 (en 35% en agosto de 1996, en relación con el nivel más bajo del dólar en 1995). Dado el papel de Japón en los patrones comerciales de los países del sureste asiático, esto implicaba una apreciación de la tasa de cambio real efectiva (REER) en estos países, y una ampliación mayor de la brecha existente entre la tasa de cambio real de equilibrio y la efectiva a partir de mediados de 1995.
2. El último factor fue un colapso de los precios de los semiconductores, imputado por la prensa al exceso de capacidad mundial y a un mercado débil de computadoras personales, debido a su vez a un pobre crecimiento en Japón y Europa Occidental. Este puede haber sido un choque real transitorio, que por sí solo no afectaba a la tasa de cambio real de equilibrio. Sin embargo, la respuesta clásica del libro de texto a tal choque para lograr la estabilización de la demanda agregada es una depreciación temporal de la tasa de cambio. Por lo tanto, es posible que la contribución de este choque a la crisis haya surgido bajo la forma de un incremento en la probabilidad percibida de una devaluación.

El resultado es que los choques negativos durante 1996 tuvieron dos efectos:

1. Ampliaron la brecha percibida entre el valor efectivo y el equilibrio de la REER, mediante una apreciación de la REER efectiva y mediante una depreciación de la REER de equilibrio percibida;
2. Incrementaron la vulnerabilidad de los sectores financieros al deprimir los valores de los activos y debilitar los balances de las instituciones financieras de la región.

En otras palabras, los choques culminaron con el surgimiento de una vulnerabilidad muy similar a la del caso mexicano analizado antes. El surgimiento de malos alineamientos aparentes implicaba la percepción, en los mercados financieros, de que podría haber ajustes a la tasa de cambio nominal, mientras que la fragilidad del sector financiero sugería que los costos de la resistencia a tan mal alineamiento, bajo la presión de la especulación, serían probablemente percibidos como algo prohibitivamente elevado por las autoridades de la región. Estos dos factores volvían inevitables los ajustes de la tasa de cambio nominal. La forma del ajuste dependería del manejo de la situación por parte de las autoridades.

XVI.4.3.3. *Surgimiento y administración de la crisis*

Dadas la brecha percibida entre la tasa de cambio real efectiva y la de equilibrio, y la presencia de factores que aconsejaban una sobredepreciación transitoria de la tasa de cambio efectiva, resultaba prudente que los agentes, en el curso normal de sus actividades, se protegieran contra la posibilidad de una devaluación sacando sus activos del baht. Dado que este hecho incrementaría por sí mismo la probabilidad de un movimiento de la tasa de cambio (al consumir las reservas del banco central), otros agentes tendrían la oportunidad de ganar dinero obteniendo préstamos en bahts. Que tales transacciones resultaran rentables *ex ante* era algo que dependía de las expectativas de los mercados acerca de la decisión de las autoridades de mantener el valor de la moneda incrementando el costo de tales transacciones mediante elevaciones de las tasas de interés internas. Como en México, es aquí donde la vulnerabilidad del sistema financiero nacional y el frenamiento económico nacional desempeñaron papeles fundamentales. En virtud de que las tasas de interés elevadas habrían perjudicado a los balances y los flujos de efectivo de las instituciones financieras nacionales, los participantes del mercado habrían percibido que el combate contra un ataque especulativo mediante este método tradicional habría sido juzgado demasiado costoso por las autoridades, sobre todo a la luz del compromiso tradicional de la región con el objetivo de la competitividad.

Para mediados de 1996, los problemas de las exportaciones de la región empezaban a recibir una atención generalizada. El doctor Mahathir Mohammad, primer ministro de Malasia, previno en agosto que impondría controles a las importaciones si el programa voluntario no lograba reducir el déficit comercial de su país. En Corea, las exportaciones bajaron durante el mes de julio por primera vez en 42 meses. Los primeros indicios de problemas monetarios en Tailandia surgieron a fines de julio y principios de agosto de 1996, detonados por preocupaciones por la competitividad de las exportaciones de la región. Luego de un reporte sombrío sobre las perspectivas económicas expedido por el Banco de Tailandia, el banco central se vio obligado a gastar 1 000 millones de dólares en apoyo al baht.[27, 28] Pero al final del mes, el Banco poseía todavía 38 400 millones de dólares en reservas cambiarias. Sin embargo, en septiembre degradó Moody's la deuda externa a corto plazo de Tailandia,

---

[27] El Banco de Tailandia revisó el crecimiento real del PIB proyectado para 1996, de 8.3% pronosticado antes a 7.8%, y revisó el crecimiento proyectado para las exportaciones a 10.2%, lo que se compara con el 17.4% proyectado anteriormente y el 23.6% en 1995.

[28] Noticias anteriores habían afectado a la rupia indonesia (pero por razones idiosincrásicas, por ejemplo cuando un viaje del presidente Suharto al exterior para recibir atención médica provocó preocupaciones por la inestabilidad política) y al ringit malayo a principios de enero de 1996, cuando se conoció el monto del déficit de cuenta corriente de Malasia.

señalando los problemas del sector financiero y la rápida acumulación de la deuda externa durante 1995 (equivalente a un incremento del 40.7% en el acervo de la deuda vigente durante el curso del año, para llegar a 41 100 millones de dólares al final del año).

Mientras que la crisis monetaria de México se desarrolló durante un periodo de 10 meses en 1994, la crisis de Tailandia duró casi un año completo (agosto de 1996 a julio de 1997), antes de culminar en el abandono de la paridad de la tasa de cambio. En el curso de ese año, las noticias sobre el desempeño de las exportaciones, el crecimiento económico y los problemas del sector financiero se volvieron progresivamente peores, y los episodios de salidas se volvieron progresivamente más severos. A medida que se frenaba el crecimiento y las tasas de interés internas se mantenían a niveles elevados para defender la moneda, el mercado de valores bajaba, perdiendo 35% de su valor durante 1996. Desafortunadamente, el manejo de la crisis por parte del gobierno dejó mucho qué desear desde su estallamiento hasta el abandono final de la pega el 2 de julio de 1997 y después. Se cometieron errores fundamentales en las dos áreas vulnerables: las políticas de la tasa de cambio y las políticas hacia el sector financiero.

XVI.4.3.3.1. *Política de la tasa de cambio*

El mayor error del gobierno fue el intento de mantener el valor nominal del baht durante casi un año. Su adhesión a la pega de la tasa de cambio en el contexto de expectativas de devaluación generó grandes salidas de capital y tasas de interés internas muy elevadas que, a través de sus efectos sobre la posición de liquidez del gobierno y el balance del sistema financiero, incrementaban la incertidumbre y la inestabilidad resultantes de la flotación final del baht. A pesar de la presión ejercida sobre la moneda a mediados de 1996 y de nuevo en febrero de 1997, a fines de marzo de 1997 el Banco de Tailandia continuaba reportando reservas de divisas por un valor de 38 000 millones de dólares, casi sin cambio en relación con el nivel de julio de 1996. Cuando se puso a flotar el baht en julio de 1997, las reservas habían bajado oficialmente a sólo 33 000 millones de dólares. Pero más tarde se hizo evidente que las reservas se mantenían mediante grandes transacciones *swap*, dejando al Banco con un acervo de pasivos futuros en dólares por encima de 23 000 millones de dólares tras la flotación de la moneda. La pérdida de liquidez creaba incertidumbre en el mercado tras la flotación del baht, acerca de si el país podría cumplir sus grandes obligaciones externas de corto plazo en el caso de que los agentes privados no restructurarán una porción considerable de tales obligaciones, y esta vulnerabilidad percibida ante una crisis de liquidez minaba el valor de la moneda después de la flotación.

Además, a pesar de su adhesión efectiva a un valor fijo para el baht durante casi un año, el gobierno incrementó el costo de esta política para sí mismo al enviar señales claras de que su compromiso con la pega de la tasa de cambio no era firme. Por ejemplo, en enero de 1997 el gobierno anunció su intención de revaluar el régimen de la tasa de cambio cuando la economía recuperara su fuerza, seis meses antes de que se modificara efectivamente el régimen.

XVI.4.3.3.2. Política del sector financiero

Dada la política de la tasa de cambio, el segundo error fundamental fue la posposición de la resolución de los problemas del sistema financiero. El gobierno negó inicialmente (durante la mayor parte de 1996) la vulnerabilidad de los 15 bancos comerciales y las 90 compañías financieras del país. Sin embargo, como se mencionó antes, el mantenimiento de la tasa de cambio fija requería tasas de interés internas muy elevadas, lo que a su vez continuaba minando el valor de los activos mantenidos por el sistema financiero que el gobierno estaba tratando de sostener (véase más adelante). En consecuencia se puso en peligro la solvencia de las tasas financieras y los bancos, lo que se sumaba al acervo de activos no pagados del sector financiero y al costo eventual de la resolución de las dificultes del sector.[29] El aumento de este costo acumulativo perjudicaba la posición fiscal del gobierno, y este pasivo no resuelto era una segunda fuente de incertidumbre que incrementaba la inestabilidad en el periodo siguiente a la fecha en que se permitió finalmente la flotación de la moneda, además de magnificar la carga fiscal final asociada con la crisis.

Gran parte de la historia de la política económica aplicada de mediados de 1996 a mediados de 1997 en Tailandia se refiere a la evaluación de las políticas aplicadas al sistema financiero. Dado que esta era el área de vulnerabilidad fundamental, la credibilidad de la pega de la tasa de cambio y en consecuencia las implicaciones para las salidas de capital y para las tasas de interés internas dependían de las políticas dirigidas hacia el sector financiero.

A fines de 1996, los precios de las acciones del sector financiero reflejaban una gran falta de confianza por parte del mercado. La respuesta inicial de la política gobernacional fue inadecuada, consistiendo en una regulación impuesta en diciembre, en cuyos términos sólo los bancos (pero no las compañías financieras más expuestas) debían revelar el monto de sus préstamos malos, y la adopción en enero de 1997 de una serie de medidas que trataban de impulsar artificialmente los valores de las propiedades. Esto último representaba esencialmente un esfuerzo por evadir el problema tratando de sostener el valor de los activos del sistema financiero nacional, en lugar de reconocer y asignar las pérdidas de capital de los bancos y compañías financieras, y recapitalizar

---

[29] En marzo de 1997, el Servicio de Calificación de Standard and Poor's estimó en 6% del PIB el costo para el gobierno de un rescate de las instituciones insolventes; en agosto había aumentado esa cifra a 12-15% del PIB.

al sector financiero bajo un régimen de supervisión y regulación más estricto. En enero de 1997 el gabinete anunció la creación de un fondo gubernamental para la compra de una parte de la deuda inmobiliaria mala a las compañías financieras, financiada con la venta de bonos garantizados por el gobierno. El tiro salió por la culata, porque la medida señalaba la intención del gobierno de rescatar a algunas de estas compañías y porque revelaba inadvertidamente los desacuerdos internos acerca de la política económica: mientras que el gabinete anunciaba que el banco central contribuiría al fondo, este último negó públicamente que lo haría. A fines de febrero de 1997, los depositantes iniciaron una corrida contra las compañías financieras tailandesas, transfiriendo depósitos a los bancos relativamente más seguros (cerca del 10% de los préstamos bancarios se otorgó a desarrolladores inmobiliarios, mientras que esta cifra llegaba al 25% en las compañías financieras) y moviendo el dinero al exterior. Como sería de esperarse, en febrero se renovó la presión sobre el baht. El Banco de Tailandia respondió restringiendo la política monetaria. Las elevadas tasas de interés provocaron una sucesión de crisis financieras detonada por la disminución de los valores inmobiliarios. El banco central, ocupado en su función de prestamista de última instancia, otorgó créditos a estas instituciones por un valor total estimado más tarde en 15 700 millones de dólares. Sin embargo, la crisis de liquidez de las compañías financieras culminó con la quiebra de Finance One, la mayor compañía financiera del país, a pesar de su acervo relativamente pequeño de préstamos malos a fines de febrero, mientras que en abril asumió el gobierno la responsabilidad del Banco de Comercio de Bangkok, que tenía 2 000 millones de dólares de préstamos malos. El gobierno asumió estos préstamos malos.

Tras las dificultades de Finance One, se impusieron estrictos requerimientos de aprovisionamiento a todas las instituciones financieras, y se pidió a diez compañías financieras pequeñas que incrementarán su capital. Sin embargo, no se exigió la revelación pública de la magnitud de la cartera de préstamos malos entre las compañías financieras.

En mayo se adoptaron nuevas medidas, pero resultaron meras tapaderas. Se impusieron controles de capital bajo la forma de instrucciones a los bancos nacionales para que no vendieran bahts a extranjeros en el mercado *swap*. Se trataba de combatir la especulación desalentando las posiciones cortas sobre el baht en el mercado *spot* compensadas con posiciones largas en el mercado de futuros. Se anunciaron recortes de gastos para contrarrestar las caídas de la recaudación tributaria debidas al frenamiento económico, lo que indicaba que el gobierno estaba sacrificando incluso el empleo de los estabilizadores automáticos en su esfuerzo por apuntar a la moneda. Por último, se creó un fondo financiado por los bancos para apuntalar al mercado de valores.

Ammuay Viravan, el Ministro de Finanzas, renunció el 18 de junio, quejándose de la interferencia política, y fue remplazado por Thanong Bidaya, ex presidente de un gran banco comercial que había sido uno de los más emproblemados del país. A pesar de las preocupaciones del mercado porque estas conexiones llevaran al suavizamiento de las regulaciones impuestas antes al provisionamiento y la adecuación del capital, el gobierno empezó en efecto a señalar una postura más firme hacia el sector financiero a fines de junio. Se suavizaron las leyes para absorber la confiscación en compañías en dificultades, y se ordenó a 16 compañías financieras que suspendieran sus operaciones y buscaran socios para fusiones en el término de 30 días. El gobierno indicó que se permitiría la quiebra de las compañías financieras en problemas que no se fusionaran. Esto sugería por primera vez que, mientras continuaba la garantía implícita de los depósitos bancarios, no se rescataría a los accionistas de las compañías financieras.

Desafortunadamente, las medidas adoptadas para el sector financiero a fines de junio resultaron demasiado poco y demasiado tarde. El banco central anunció en junio que sus reservas brutas de divisas habían caído a 33 300 millones de dólares en el curso de cinco meses seguidos de déficit de balanza de pagos, sin incluir los pasivos de divisas a corto plazo bajo la forma de *swaps* realizados para sostener al baht. Finalmente, el 2 de julio se permitió la flotación del baht. El primer día cayó más de 16%, y en el espacio de un mes se depreció en más de 25%. Pero a pesar de la flotación, no habían terminado los problemas del país. La escasez de liquidez y la acumulación de préstamos malos en el sector financiero dejaban un rastro considerable de incertidumbre, y las autoridades intervinieron para tratar de evitar una depreciación excesiva del baht. En lugar de avanzar hacia la reducción de las tasas de interés internas, aprovechando la flotación incrementó el banco central su tasa de descuento en dos puntos de porcentaje. A pesar de la insistencia del gobierno en que no requería la asistencia del FMI, todavía el 7 de julio, la incertidumbre que rodeaba a los problemas fiscales y de liquidez lo llevaron a iniciar negociaciones con el Fondo el 28 de julio, y una semana después se convino en un programa.

Este capítulo ha tratado de examinar las causas y las consecuencias de ataques especulativos en los mercados de divisas y las crisis de balanza de pagos, fenómenos que han ocurrido reiteradamente en muchos países en vías de desarrollo, sobre todo en América Latina y (más recientemente) en Asia. Distinguimos entre los modelos "convencionales" de las crisis monetarias, que destacan las inconsistencias de la política macroeconómica, y los modelos de "la nueva generación" que destacan el papel de las preferencias por ciertas políticas y los factores de autorrealización.

Elaboramos un modelo analítico simple para describir el proceso "convencional" que conduce a tales crisis. El análisis demostró que bajo una previsión perfecta acerca de las políticas aplicadas por las autoridades monetarias, una modificación del régimen de tasa de cambio, de una tasa fija a una flotante, será precedida de un ataque especulativo contra la moneda. Además, la cronología de tales ataques es enteramente previsible: el arbitraje intertemporal asegura que el cambio de régimen ocurrirá suavemente. Su cronología depende del acervo de reservas extranjeras comprometidas por el banco central a la defensa de la paridad declarada. Luego se extendió el marco analítico básico para examinar las implicaciones de supuestos alternativos acerca del régimen posterior al colapso, los efectos reales asociados a las crisis de tasa de cambio esperadas, y el papel de los controles de capital y los préstamos externos en la posposición o la evitación de tales crisis.

La literatura convencional sobre los ataques especulativos provee importantes lecciones para la política macroeconómica bajo un régimen de tasa de cambio fija. Las crisis de balanza de pagos, en lugar de ser eventos erráticos derivados de choques exógenos, pueden ser el resultado de equilibrio del comportamiento maximizador de agentes racionales que afrontan una inconsistencia fundamental entre la política monetaria y la de tasa de cambio. En los periodos que preceden a un colapso final, es probable que los ataques especulativos ocurran reiteradamente, reflejando periodos alternados de confianza y desconfianza en la capacidad del banco central para defender la paridad oficial, y ciertos cambios en el grado de incertidumbre existente acerca de las políticas presentes y futuras del banco central. Medidas tales como los préstamos externos y los controles de capital podrían fortalecer temporalmente la viabilidad de una tasa de cambio fija, pero no impedirán el colapso final del sistema si no se adopta una mezcla consistente de políticas macroeconómicas, que además deberá ser sustentable a la luz de la restricción presupuestaria intertemporal afrontada por el gobierno.[30] Entre más se demoren los ajustes fundamentales de la política económica, mayores serán los costos potenciales del colapso de un régimen.

Luego discutimos varios modelos "de la nueva generación", que destacan el papel de las preferencias de los gobernantes y de la autorrealización. Se presentaron los modelos elaborados por Obstfeld (1996) y por Cole y Kehoe (1996). El primero destaca el dilema de producción inflación; el segundo destaca la deuda pública interna. Luego describimos el modelo elaborado por Agénor y Masson (1999) que destaca el dilema existente entre el costo de la devaluación y el costo de los cambios de la tasa de interés en la decisión de devaluar. Un aspecto fundamental del marco de Agénor-Masson es el hecho de que permite una descomposición de la tasa de devaluación esperada en

---

[30] En efecto, la imposición de controles de capital podría incluso "salir el tiro por la culata" al adelantar el colapso de la tasa de cambio fija si los agentes privados adivinan la medida con gran anticipación. De igual modo, el endeudamiento externo podría precipitar una crisis de tasa de cambio si el incremento asociado del costo de servicio de la deuda pública eleva la tasa de crecimiento del crédito interno.

dos partes: *a)* la probabilidad de que las autoridades no asignen un peso elevado a la estabilidad de la tasa de cambio, y *b)* la probabilidad de que un choque exógeno, digamos contra los flujos de capital, haga de una devaluación la "mejor" política, dados los beneficios y los costos captados por la función de pérdidas del gobernante. La evaluación del tipo de las autoridades supone al día utilizando la inferencia bayesiana durante el periodo en el que se mantiene la pega, y tomando en cuenta las probabilidades relativas de que los dos tipos de gobernantes desean mantener la tasa de cambio anunciada.

La última parte del capítulo proveyó una descripción general de varios episodios de crisis monetarias. Empezamos con una breve descripción de los datos del decenio de 1980 y nos concentramos en dos grandes crisis del decenio de 1990: la crisis del peso mexicano de diciembre de 1994 y la crisis del baht tailandés de julio de 1997. Sostuvimos que la crisis monetaria mexicana fue el resultado de un complejo conjunto de circunstancias: condiciones iniciales generadoras de vulnerabilidad ante los ataques especulativos, choques internos rivales en medio de una elección presidencial. Sin embargo, los factores principales fueron una tasa de cambio sobrevaluada (lo que condujo a un gran déficit de cuenta corriente), un gran acervo de pasivos en moneda extranjera a corto plazo, y un sistema financiero frágil.

Sostuvimos también que, en ciertos sentidos, factores fundamentales similares operaron durante la crisis del baht tailandés.

CRECIMIENTO, REFORMAS ESTRUCTURALES Y POLÍTICA ECONÓMICA

XVII. POLÍTICA MACROECONÓMICA
Y CRECIMIENTO A LARGO PLAZO

LA GRAN DISPERSIÓN DE LAS TASAS de crecimiento de la producción entre los países es un hecho económico bien documentado. Países que en una época tenían niveles similares de ingreso per cápita han seguido luego patrones muy divergentes: algunos aparentemente atrapados en una "trampa de subdesarrollo" o un estancamiento a largo plazo, mientras que otros pueden sostener elevadas tasas de crecimiento. El contraste existente entre las experiencias de los países en vías de desarrollo de Asia y África durante la posguerra es particularmente notable en este sentido. En 1960, los ingresos reales medios per cápita de los países asiáticos y africanos eran aproximadamente similares. Treinta años más tarde, el ingreso per cápita había aumentado a más del triple en Asia y sólo moderadamente en África.[1] Sólo durante los dos últimos decenios, la producción real creció más del 6% anual en Asia, lo que se compara con un promedio de 2.8% en África y 3.7% en América Latina (cuadro XVII.1). El ingreso per cápita declinó en todas las regiones en vías de desarrollo durante los años ochenta, excepto en Asia, donde aumentó a cerca de 5% anual. Dentro de las regiones existen también disparidades considerables. En 1950, el ingreso per cápita de Costa Rica era la mitad del de Argentina. Para 1990, el ingreso per cápita había aumentado a más del triple en Costa Rica, mientras que en Argentina sólo se había duplicado. Botswana mantuvo una tasa media de crecimiento de 5% anual durante los años setenta y ochenta, mientras que el conjunto de África alcanzaba una tasa media de crecimiento de 2.8 por ciento.

Los enfoques neoclásicos tradicionales, que atribuyen el crecimiento al progreso tecnológico exógeno, no pueden explicar las grandes disparidades del ritmo del crecimiento económico entre los países. En los últimos años se han hecho esfuerzos considerables para entender las fuentes del crecimiento económico y explicar los patrones divergentes observados entre los países. Esta investigación ha destacado la existencia de diversos mecanismos "endógenos" que promueven el crecimiento económico, y ha sugerido nuevos papeles para la política pública.[2] Esta literatura ha crecido rápidamente, y en el contexto de este libro resulta imposible ofrecer una reseña amplia de los diversos enfo-

---

[1] Sólo entre los "Cuatro Tigres" (Hong Kong, Corea del Sur, Singapur y Taiwan) el ingreso per cápita real se multiplicó más de cuatro veces entre 1960 y 1990.
[2] El resurgimiento de la teoría del crecimiento puede atribuirse en gran medida a las contribuciones influyentes de Lucas (1988), Grossman y Helpman (1991) y Romer (1986).

CUADRO XVII.1. *Desempeño del crecimiento en los países en vías de desarrollo*

	1971-1981	1982-1992	1971-1992
Total de países en vías de desarrollo			
PIB real	5.6	4.0	4.8
PIB real per cápita	3.1	1.7	2.4
Por región			
África			
PIB real	3.7	1.9	2.8
PIB real per capita	0.9	−0.9	0.0
Asia			
PIB real	5.9	6.7	6.3
PIB real per cápita	4.0	4.8	4.4
Medio Oriente y Europa			
PIB real	6.0	2.9	4.4
PIB real per cápita	2.6	−0.6	1.0
Hemisferio Occidental			
PIB real	5.9	1.6	3.7
PIB real per cápita	3.2	−0.5	1.3
Por composición de las exportaciones			
Exportadores de combustibles			
PIB real	6.1	2.3	4.2
PIB real per cápita	2.8	−0.6	1.1
No exportadores de combustibles			
PIB real	5.5	4.7	5.1
PIB real per cápita	3.3	2.6	2.9
Por criterios financieros			
Acreedores netos			
PIB real	6.7	3.5	5.1
PIB real per cápita	2.8	−0.5	1.1
Deudores netos			
PIB real	5.5	4.1	4.8
PIB real per cápita	3.2	1.9	2.5

NOTA: Cambios porcentuales anuales. Los datos se refieren a 90 países que producen 95% de las manufacturas de los países en vías de desarrollo. Los agregados son promedios ponderados, porque las ponderaciones se basan en la valuación de la PPC de los PIB de los países.
FUENTE: Fondo Monetario Internacional.

ques que se han elaborado.[3] En este capítulo examinaremos algunas de las características prominentes de la "nueva literatura" del crecimiento, y sus implicaciones para efectos de las políticas macroeconómicas en el proceso de crecimiento. La primera parte del capítulo proporcionará una breve reseña del modelo de crecimiento neoclásico y examinará las pruebas disponibles, con base en la metodología derivada del enfoque neoclásico, sobre las fuentes del crecimiento en los países en vías de desarrollo. La segunda parte presentará una reseña analítica de la literatura reciente, enfocada en el papel del capital humano y los factores financieros en el proceso de crecimiento. La tercera parte reseñará los datos econométricos recientes sobre las conexiones existentes entre las políticas macroeconómicas y el crecimiento a largo plazo, y destacará algunos de los problemas metodológicos afrontados por muchos de los estudios disponibles. En la conclusión se hará una evaluación provisional de la literatura reciente y se sugerirán algunas áreas de investigación que pueden resultar fructíferas para el entendimiento de los mecanismos del crecimiento económico en los países en vías de desarrollo.

XVII.1. EL MODELO DE CRECIMIENTO NEOCLÁSICO

El modelo de crecimiento neoclásico fue elaborado por Solow (1956) y Swan (1956). Se basa en una función de producción agregada, de rendimientos constantes a escala, que combina la mano de obra y el capital (con rendimientos marginales decrecientes) en la producción de un bien compuesto. Se supone que el ahorro es una fracción fija de la producción y que la tecnología mejora a una tasa exógena. Sea que Y denote la producción total, L el número de trabajadores empleados en el proceso de producción, K el acervo de capital, y supone que la función de producción es Cobb-Douglas, de modo que

$$Y = AK^{\alpha}L^{1-\alpha}, \quad 0 < \alpha < 1,$$

donde A mide el nivel de la tecnología. La producción por trabajador, $y = Y/L$, es dado por

$$y = Ak^{\alpha}, \tag{1}$$

donde k denota la proporción de capital-mano de obra.

La acumulación de capital está dada por

$$\dot{k} = sy - (n + \delta)k, \quad 0 < s, \delta < 1, \tag{2}$$

[3] Barro y Sala-i-Martin (1995) ofrecen una reseña extensa de la nueva economía del crecimiento.

donde s denota la propensión al ahorro, $n > 0$ la tasa exógena de crecimiento de la población, y δ la tasa de depreciación del capital físico. La ecuación (2) incluye la condición de equilibrio del mercado de bienes o, equivalentemente, la igualdad entre la inversión, I y el ahorro, $I = sy$.

Supongamos por el momento que A es constante a través del tiempo. Sustituyendo la ecuación (1) en (2) y dividiendo ambos miembros de la expresión resultante por k, obtenemos la tasa de crecimiento del acervo de capital-mano de obra, g_k.

$$g_k \equiv \dot{k}/k = sAk^{\alpha-1} - (n+\delta). \tag{3}$$

de donde puede derivarse la tasa de crecimiento del producto por trabajador como

$$g_y \equiv \dot{y}/y = \alpha \dot{k} A k^{\alpha-1}/Ak^\alpha = \alpha g_k.$$

En la gráfica XVII.1 se ilustra el comportamiento del acervo de capital por trabajador. La línea horizontal en $n + \delta$ es la *línea de depreciación*, mientras que la curva $sAk^{\alpha-1}$ puede llamarse la *curva del ahorro*. El supuesto de rendimientos marginales decrecientes del capital asegura que la curva del ahorro tiene una pendiente negativa. Como lo implica (3), la tasa de crecimiento de la razón de capital-mano de obra es la diferencia existente entre las dos curvas. El punto de intersección de las dos curvas determina el valor de estado estable de la razón de capital-mano de obra.[4]

Más generalmente, si la tecnología (como la población) crece a una tasa constante, puede demostrarse que, en el modelo de Solow-Swan, los valores de la producción de Estado estable por trabajador efectivo y la proporción de capital-mano de obra efectiva son también constantes y proporcionales a la tasa del cambio tecnológico (aumentador de la mano de obra). Aunque la tasa de ahorro no tiene ningún efecto sobre la tasa de crecimiento per cápita a largo plazo, sí afecta (positivamente) al *nivel* del ingreso per cápita en el Estado estable.[5] Además, el modelo implica que los países con tecnologías de producción similares y con tasas de crecimiento del ahorro y de la población comparables deberían converger hacia niveles de ingreso per cápita de Estado estable similares. Esta propiedad de convergencia significa que los países pobres que empiezan con un nivel de vida relativamente bajo y una proporción de capital-mano de obra más baja crecerán más de prisa durante la transición, a

---

[4] Bajo las condiciones convencionales de Inada, la curva del ahorro es vertical en $k = 0$ y se aproxima al eje horizontal para $k \to \infty$. En virtud de que la curva del ahorro asume todos los valores entre cero e infinito, debe cruzar la línea de la depreciación por lo menos una vez; y en virtud de que la curva del ahorro tiene pendiente negativa a lo largo de todo el intervalo $(0, \infty)$, cruza a la línea de depreciación una sola vez. Véase Romer (1995).

[5] Los cambios de las tasas de ahorro afectan también a la tasa de crecimiento a corto plazo. Pero a largo plazo, un aumento de la tasa de ahorro conduce sólo a un aumento proporcional de la proporción capital/producto.

GRÁFICA XVII.1. *Acumulación de capital en el modelo de crecimiento Solow-Swan*

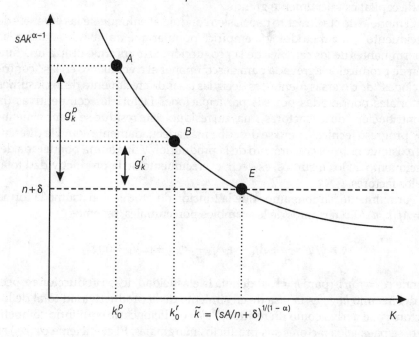

medida que alcanzan a los países ricos, pero en última instancia llegarán ambos grupos al mismo nivel de ingreso per cápita.[6] Gráficamente como se ilustra en la gráfica XVII.1, un país "pobre" que empiece con un acervo de capital de k_0^p tiene una tasa de crecimiento inicial mayor (medida por la distancia g_k^p) que la de un país "rico" que empiece con un acervo de capital de k_0^r y una tasa de crecimiento de g_k^r. El país pobre crecerá más de prisa que el país rico durante la transición. Pero si ambos países poseen el mismo nivel de tecnología, A, la misma tasa de ahorro, s, la misma tasa de depreciación, δ, y la misma tasa de crecimiento demográfico, n, ambos convergirán al mismo nivel de Estado estable del acervo de capital, $\tilde{k}$. Intuitivamente, ocurre la convergencia porque, con rendimientos marginales decrecientes del capital, cada incremento

---

[6] Esta implicación del modelo de crecimiento neoclásico es válida independientemente de que los países estén cerrados o abiertos al comercio internacional. El modelo pronostica también que la convergencia puede ocurrir con mayor rapidez si los países están abiertos y tienen acceso pleno a los mercados internacionales de capital. La escasez relativa del capital y la menor proporción de capital-mano de obra en los países pobres implican una tasa mayor de rendimiento del capital, lo que genera entradas de capital, acelerada acumulación de capital y mayor crecimiento. Pero si un país sólo puede obtener préstamos para financiar una parte de su capital (por ejemplo, si la inversión en capital humano debe ser financiada con ahorro interno), la versión de economía abierta del modelo de crecimiento neoclásico produce esencialmente la misma tasa de convergencia que el modelo de economía cerrada. Véase Barro y Sala-i-Martin (1995).

del acervo de capital genera grandes adiciones a la producción cuando el acervo de capital es inicialmente grande.

El modelo de crecimiento neoclásico condujo al enfoque de las "fuentes de crecimiento", una metodología empírica popular que trataba de analizar las determinantes de los cambios de la producción. Este enfoque utiliza una función de producción agregada para descomponer el crecimiento en las "contribuciones" de diversas fuentes, es decir, las tasas de crecimiento de los insumos factoriales ponderadas por sus participaciones factoriales competitivas (la "contribución" de los factores), más un residuo. Este residuo se llama a menudo "progreso técnico", pero se describe más adecuadamente como la diferencia existente entre el crecimiento de la producción y una suma ponderada del crecimiento de los insumos, es decir, el crecimiento de la productividad total de los factores.

Formalmente, supongamos que la función de producción asume la forma $y = Af(k, n)$.[7] En términos de los cambios porcentuales, tenemos

$$g \equiv \dot{y}/y = \frac{\dot{A}}{A} + Af_k\frac{\dot{k}}{y} + Af_n\frac{\dot{n}}{y} = g_A + \alpha_k g_k + \alpha_n g_n, \tag{4}$$

donde $\alpha_h = f_h h/y$ (para $h = k, n$) denota la elasticidad de la producción respecto del insumo h. g_A es la tasa de crecimiento de la productividad total de los factores y se deriva como un residuo. Bajo condiciones de equilibrio competitivo, se paga a los factores sus productos marginales. El coeficiente $\alpha_k (\alpha_n)$ es así igual a la participación del ingreso de la mano de obra (del capital) en la producción total. Si hay rendimientos constantes a escala, la suma de todos los coeficientes de participación debe ser igual a uno. Con una tecnología de producción Cobb-Douglas como la que se describe en la ecuación (1), el supuesto de que se paga a los factores de la producción sus productos marginales implica que $\alpha_k = 1 - \alpha_n$, y que la participación de la mano de obra corresponde al parámetro α.

Las hipótesis de una función de producción agregada con rendimientos a escala constantes y mercados factoriales competitivos (e integrados) son restrictivas, sobre todo en el contexto de un país en vías de desarrollo. Pero aunque las técnicas que toman en cuenta el crecimiento económico no pueden ser tomadas demasiado literalmente, sí pueden ser sugerentes. En efecto, a través de los años, en los países industrializados y en vías de desarrollo se ha realizado gran número de estudios basados en la metodología de las fuentes del crecimiento. Chenery (1986) reseñó muchos de los estudios realizados en los años sesenta y setenta. La estimación del promedio (no ponderado) derivado de

---

[7] Se supone así que el progreso técnico es "neutral en el sentido de Hicks", o sea que incrementa la producción obtenible con una combinación dada de capital y mano de obra sin afectar sus productos marginales relativos.

los estudios compilados por Chenery indica que la participación del capital se aproxima al 40%, comparado con cerca de 30% para los países industrializados, lo que indica que la función de producción exhibe rendimientos marginales del capital significativamente decrecientes. En promedio, el crecimiento del acervo de capital parece tener un efecto limitado sobre el crecimiento de la producción. Sin embargo, la contribución media del residuo parece sustancialmente menor que en los países desarrollados. En cambio, la mayoría de los países tienen una elevada tasa de crecimiento del insumo de mano de obra.

El estudio de Chenery también presenta que las estimaciones de la participación del capital varían considerablemente entre los países, fluctuando desde 26% para Honduras hasta más de 60% para Singapur. Los datos sugieren también que el efecto de la acumulación de capital sobre el crecimiento económico varía sustancialmente entre los países, desempeñando aparentemente un papel limitado en Ecuador y otro mucho más importante en Turquía, por ejemplo. La contribución de la productividad total de los factores al crecimiento económico varía también sustancialmente entre los países, siendo pequeña en países como Venezuela y considerable en Ecuador, Corea, Taiwan y Filipinas, donde explica cerca de la mitad del crecimiento total.

Un estudio más reciente, que utiliza la metodología de las fuentes del crecimiento, es el de Elías (1992), quien examina el proceso de crecimiento en siete países latinoamericanos (Argentina, Brasil, Chile, Colombia, México, Perú y Venezuela) en el periodo de 1940-1985. Este estudio considera diferentes clases de insumos de mano de obra y capital, y define un componente bruto y otro de calidad para cada uno de ellos. En el caso de la mano de obra, el componente bruto es la suma aritmética del empleo en varias características (como la educación, el sexo y la edad), mientras que para el capital es la suma aritmética de diferentes categorías de capital. El componente de calidad de cada insumo se establece considerando sus diversas características.[8] El componente de calidad capta así los cambios ocurridos en la composición de los factores de la producción a través del tiempo.

Los resultados obtenidos por Elías para el periodo de 1940-1980 presentan que el crecimiento de la producción alcanzó un promedio de 5.3% anual para el grupo en conjunto. La calidad de la mano de obra aumentó en promedio 1.4%, y la cantidad de la mano de obra aumentó en 2%. Aunque la calidad del capital bajó aparentemente 0.4%, su cantidad creció más de 4% anualmente. Dada la participación media de la mano de obra, de 40%, la mano de obra contribuyó 1.3% a la tasa media del crecimiento económico. La contribución

---

[8] La tasa de cambio de la calidad de la mano de obra se determina como la suma ponderada de los cambios que ocurren en la participación de cada una de las características consideradas en la composición de la fuerza de trabajo. Los pesos son la proporción del salario unitario de cada clase de mano de obra a la tasa salarial media del total de la fuerza de trabajo. Se utiliza un procedimiento similar para derivar la tasa de cambio del componente de la calidad del acervo de capital.

total del capital fue de 2.5%. Por lo tanto, el progreso tecnológico aportó 1.5% de la tasa de crecimiento. Así pues, para el grupo en conjunto, el capital hizo la contribución mayor (47%) al crecimiento de la producción, mientras que la contribución de la mano de obra fue aproximadamente similar a la de la productividad total de los factores. El capital hizo una contribución mayor al crecimiento debido a su cantidad y a su participación. En cambio, la calidad de la mano de obra desempeñó un papel más importante en el crecimiento del insumo laboral.

En el cuadro XVII.2 se presentan datos para un grupo más amplio de países en vías de desarrollo. Aparece allí la descomposición del crecimiento de la producción de tendencia o potencial para los países en vías de desarrollo durante los años setenta y ochenta. Los datos sugieren que, en total, la contribución del capital al crecimiento potencial de la producción fue la más importante, mientras que la productividad total de los factores aportó al crecimiento aproximadamente lo mismo que la mano de obra. Estos resultados son similares a los obtenidos por Elías (1992). Sin embargo, hay claras diferencias entre las regiones. La productividad total de los factores explica sólo una porción insignificante del crecimiento en África y el Medio Oriente, pero hace una contribución sustancial al crecimiento en Asia (más del doble que la mano de obra y casi lo mismo que el capital).

En el modelo de crecimiento neoclásico reseñado antes, el capital exhibe rendimientos marginales decrecientes en el proceso de producción. Esta característica del modelo hace que no pueda explicar las grandes variaciones observadas entre los países en lo tocante al ingreso per cápita o a las tasas de crecimiento, ni el hecho de que los países pobres no parezcan crecer más de prisa que los países ricos (gráfica XVII.2).[9] Además, el crecimiento de la producción es independiente de la tasa de ahorro y se determina sólo por factores demográficos (la tasa de crecimiento de la población) y por la tasa del progreso tecnológico. Pero dado que el crecimiento de la población y el cambio tecnológico se suponen exógenos, el modelo no explica los mecanismos que generan el crecimiento de Estado estable, y por lo tanto no permite una evaluación de los mecanismos por los que las políticas gubernamentales pueden influir potencialmente sobre el proceso de crecimiento. El supuesto de que la tasa de

---

[9] El modelo de crecimiento neoclásico pronostica sólo una convergencia "condicional", es decir, una tendencia del ingreso per cápita a convergir entre los países sólo después de controlar los determinantes del nivel del ingreso de Estado estable: la tecnología de la producción y las tasas del ahorro y el crecimiento demográfico. La ausencia de una correlación significativa entre la tasa de crecimiento del ingreso per cápita y el nivel del ingreso existente en un periodo de referencia (como se indica en la gráfica XVII.2), no puede interpretarse entonces como una prueba en contra de la hipótesis de la convergencia. De hecho, la investigación reciente ha encontrado fuertes pruebas en apoyo de la convergencia condicional. Véase Barro y Sala-i-Martin (1995), Khan y Kumar (1997), Knight y otros (1993) y Mankiw y otros (1992). Véase Quah (1996) para una visión opuesta.

CUADRO XVII.2. *Descomposición del crecimiento de tendencia de la producción en los países en vías de desarrollo (promedio del cambio porcentual anual)*

	1971-1981	1982-1992	1971-1992
Total de países en vías de desarrollo			
Tendencia del PIB	6.0	4.2	5.2
Contribución del capital	3.1	2.0	2.5
Contribución de la mano de obra	1.6	1.3	1.3
Productividad total de los factores	1.3	1.0	1.3
Por región			
África			
Tendencia del PIB	4.5	2.3	3.4
Contribución del capital	2.9	1.0	1.9
Contribución de la mano de obra	1.4	1.5	1.3
Productividad total de los factores	0.2	–0.2	0.2
Asia			
Tendencia del PIB	6.2	6.8	6.5
Contribución del capital	2.9	2.9	2.8
Contribución de la mano de obra	1.4	1.1	1.1
Productividad total de los factores	1.9	2.9	2.6
Medio Oriente y Europa			
Tendencia del PIB	6.5	3.3	5.0
Contribución del capital	4.6	2.1	3.3
Contribución de la mano de obra	1.9	1.6	1.6
Productividad total de los factores	—	–0.4	—
Hemisferio Occidental			
Tendencia del PIB	6.2	1.6	4.0
Contribución del capital	3.0	1.0	1.9
Contribución de la mano de obra	2.0	1.3	1.5
Productividad total de los factores	1.3	–0.7	0.5

NOTA: Un promedio móvil de tres años del PIB real define la producción de tendencia. Por lo que toca a la cobertura, véanse las notas del cuadro XVII.1.

FUENTE: Fondo Monetario Internacional.

crecimiento de la producción es independiente de la tasa de ahorro choca también con los datos existentes, los que sugieren que los países en vías de desarrollo de alto crecimiento tienden a tener tasas de ahorro marcadamente mayores que los países de inversión y mayores tasas de crecimiento del volumen de las exportaciones).

La nueva literatura del crecimiento aborda estas limitaciones del modelo neoclásico proponiendo diversos canales por los que el crecimiento de Estado estable surge endógenamente. Discutiremos en primer término el papel de las

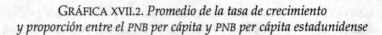

GRÁFICA XVII.2. *Promedio de la tasa de crecimiento*
y proporción entre el PNB per cápita y PNB per cápita estadunidense

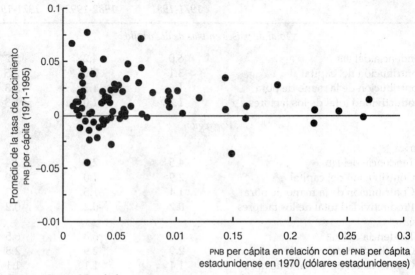

FUENTE: Banco Mundial.

exterioridades y el supuesto de rendimiento constante a escala en las nuevas teorías. Examinaremos el papel de la acumulación de capital humano y del conocimiento; y las interacciones existentes entre el crecimiento económico y el desarrollo financiero; la política pública y el crecimiento económico y la estabilidad macroeconómica, la volatilidad y el crecimiento macroeconómicos.

XVII.2. LAS EXTERIORIDADES Y LOS RENDIMIENTOS CRECIENTES

En la nueva literatura del crecimiento se han utilizado dos enfoques generales para relajar el supuesto de los rendimientos decrecientes del capital impuesto en el modelo de crecimiento neoclásico básico. El primero consiste en considerar todos los insumos de la producción como alguna forma de capital reproducible, incluido no sólo el capital físico (como se destaca en el marco neoclásico básico) sino también otros tipos, en particular el capital humano (Lucas, 1988) o el "estado del conocimiento" (Romer, 1986). Un modelo de crecimiento simple con estos lineamientos es el llamado modelo *AK* propuesto por Rebelo (1991), que resulta cuando se hace $\alpha = 0$ en la ecuación (1):

$$y = Ak, \tag{5}$$

donde $k = K/L$ como antes, pero K se interpreta ahora como una medida amplia del capital: una medida compuesta del acervo de capital físico y humano. La función de producción es así lineal y exhibe rendimientos constantes a escala, pero no tiene rendimientos decrecientes del capital. A es de nuevo un parámetro que capta los factores que afectan el nivel de la tecnología.[10]

Utilizando la acumulación de capital de la ecuación (2), puede demostrarse que el crecimiento per cápita del Estado estable es igual a

$$g_k = sA - (n + \delta)$$

con la tasa de crecimiento de Estado estable per cápita dada por

$$g_y = sA - (n + \delta) \tag{6}$$

lo que implica que la tasa de crecimiento es, para $sA > n + \delta$ positiva (y constante excesivamente) y que el nivel del ingreso per cápita aumenta sin límite. Una implicación importante del modelo AK es entonces que, al revés de lo que ocurre en el modelo neoclásico, un aumento de la tasa de ahorro aumenta permanentemente la tasa de crecimiento per cápita. Además —y de nuevo por oposición del modelo de crecimiento neoclásico, que pronostica que los países pobres debieran crecer más de prisa que los países ricos—, el modelo AK implica que las naciones pobres, cuyo proceso de producción se caracteriza por el mismo grado de sofisticación tecnológica que el de otras naciones, crecen siempre a la misma tasa que los países ricos, independientemente del nivel inicial del ingreso. Así pues, este modelo *no* pronostica la convergencia aunque los países compartan la misma tecnología y se caractericen por el mismo patrón de ahorro, un resultado que parece concordar bien con los datos empíricos.

El modelo AK ha sido muy popular en la literatura del crecimiento endógeno y se ha extendido en varias direcciones. Rebelo (1991), por ejemplo, ha examinado las implicaciones de una consideración separada de la producción de bienes de consumo, el capital físico y los bienes de capital humano. Su análisis demuestra, en particular, que el crecimiento endógeno de Estado estable se obtiene si un "núcleo" de bienes de capital se produce de acuerdo con una

---

[10] Otra ruta para la obtención de una ecuación como (5) consiste en postular que una creciente variedad o calidad de la maquinaria o de los insumos intermedios contrarresta la propensión hacia los rendimientos decrecientes. En esta interpretación, K representa ahora la variedad o calidad de los insumos. La investigación y el desarrollo experimental son necesarios para la obtención de esta diversidad y las empresas destinan mano de obra calificada a esta actividad. A fin de asegurar que los gastos en investigación y desarrollo experimental que generan estos insumos sean recuperados (bajo la forma de rentas) por las empresas que realizan tales actividades, se supone que los mercados operan bajo la competencia monopólica. Véase Grossman y Helpman (1991) y Romer (1990).

tecnología de rendimientos constantes a escala y sin el uso de factores no reproducibles. Dicho de otro modo, un crecimiento positivo requiere sólo que exista un subconjunto de bienes de capital cuya producción ocurra bajo rendimientos constantes a escala y no requiere el uso de insumos no reproducibles.

El segundo enfoque para la generación endógena del crecimiento consiste en la introducción de efectos de filtración o exterioridades en el proceso de crecimiento. La presencia de exterioridades implica que si, por ejemplo, una empresa dobla sus insumos, la productividad de los insumos de otras empresas aumentará también. La introducción de los efectos de filtración conduce a un relajamiento del supuesto de los rendimientos decrecientes del capital.[11] En la mayoría de los modelos, las exterioridades asumen la forma de un conocimiento tecnológico general disponible para todas las empresas, las que lo utilizan para desarrollar nuevos métodos de producción. Una excepción a esta especificación es Lucas (1988), donde las exterioridades asumen la forma del aprendizaje público, que incrementa el acervo de capital humano y afecta la productividad de todos los factores de la producción.[12] Otra excepción es Barro (1990), quien introduce las exterioridades asociadas a la inversión pública.

La presencia de exterioridades se asocia estrechamente a la existencia de rendimientos crecientes a escala en la función de producción. Sin embargo, una implicación importante de la descripción anterior es que, en los modelos que exhiben efectos de filtración y exterioridades, el crecimiento sostenido no deriva de la existencia de efectos externos, sino del supuesto de rendimientos constantes a escala en todos los insumos de producción que puedan acumularse. Como lo destaca Rebelo (1991), los rendimientos crecientes no son así necesarios ni suficientes para la generación del crecimiento endógeno.

XVII.3. EL CAPITAL HUMANO, CONOCIMIENTO Y CRECIMIENTO

XVII.3.1. *La producción del capital humano*

Una fuente particular de las exterioridades que se ha destacado en la literatura del crecimiento reciente es la acumulación de capital humano y su efecto sobre la productividad de la economía. Lucas (1988) ofrece uno de los esfuer-

[11] Una diferencia crítica entre esta clase de modelos y la de los modelos basados en el capital reproducible es el hecho de que la existencia de exterioridades conduce a menudo a un equilibrio competitivo que no es óptimo, lo que crea un campo para la intervención gubernamental a fin de incrementar el bienestar. Véase el análisis siguiente del modelo de Lucas.

[12] Verspagen (1992) ofrece una presentación taxonómica de los enfoques alternativos que tratan de incluir las exterioridades y los rendimientos crecientes a escala en la literatura del crecimiento económico. También analiza varios enfoques para la modelación del proceso de innovación, entre otros el concepto de la "escalera de la calidad" de Grossman y Helpman (1991).

zos mejor conocidos para la incorporación de los efectos de filtración de la acumulación de capital humano, en un modelo basado en la idea de que los trabajadores individuales son más productivos, independientemente de su nivel de habilidad, si otros trabajadores tienen más capital humano.

Una presentación simplificada del modelo de Lucas es la siguiente.[13] El capital humano se acumula mediante la "producción" explícita: una parte del tiempo de trabajo de los individuos se destina a la acumulación de habilidades. Formalmente, sea que k denote el capital físico por trabajador y que h denote el capital humano por trabajador o, más generalmente, el capital de "conocimiento". El proceso de producción se describe por

$$y = Ak^{\sigma}[uh]^{1-\sigma}, \quad 0 < u < 1, \tag{7}$$

donde u denota la fracción del tiempo que destinan los individuos a producir bienes. Como antes, el crecimiento del capital físico depende de la tasa de ahorro ($I = sy$), mientras que la tasa de crecimiento del capital humano se determina por la cantidad de tiempo destinada a su producción.

$$\dot{h}/h = \alpha(1-u), \quad \alpha > 0. \tag{8}$$

En esta economía, la tasa de crecimiento a largo plazo del capital y de la producción por trabajador es $\alpha(1-u)$, la tasa de crecimiento del capital humano, y la razón del capital físico al capital humano convergen hacia una constante. A largo plazo, el nivel del ingreso es proporcional al acervo inicial de capital humano en la economía. En esta formulación particular, la tasa de ahorro no tiene ningún efecto sobre la tasa de crecimiento.

La implicación importante del efecto externo capturado en el modelo presentado por Lucas (1988) es que, bajo un equilibrio puramente competitivo, su presencia conduce a una subinversión en capital humano porque los agentes privados no toman en cuenta los beneficios externos de la acumulación de capital humano. La tasa de crecimiento de equilibrio es así menor que la tasa de crecimiento óptima, debido a la existencia de exterioridades. En virtud de que la tasa de crecimiento de equilibrio depende de la tasa de inversión en capital humano, la exterioridad implica que el crecimiento sería mayor con mayor inversión en capital humano. Esto conduce a la conclusión de que se requieren políticas gubernamentales (subsidios) para incrementar la tasa de crecimiento de equilibrio hasta el nivel de la tasa de crecimiento óptima. Un subsidio gubernamental para la formación de capital humano o para la educación

---

[13] La formulación original de Lucas (1988) se presenta en un marco de optimización donde los agentes privados determinan su ruta de consumo maximizando su utilidad, sujetos a una restricción intertemporal de los recursos. Sin embargo, la conclusión principal de su análisis puede obtenerse suponiendo una tasa de ahorro constante, como en Lucas (1993).

escolar podría conducir potencialmente a un aumento sustancial de la tasa del crecimiento económico.[14]

XVII.3.2. La producción de conocimiento

Romer (1986) ha propuesto otro enfoque para la evaluación del papel desempeñado por los efectos externos en el proceso de crecimiento. En su marco, la fuente de la exterioridad es el acervo de conocimientos antes que un acervo agregado de capital humano. El conocimiento es producido por individuos, pero dado que el conocimiento de nueva producción puede mantenerse secreto, en el mejor de los casos, sólo en una forma parcial y temporal, la producción de bienes y servicios depende no sólo del conocimiento privado sino también del acervo agregado de conocimientos.[15] Las empresas o los individuos recogen sólo parcialmente los frutos de la producción de conocimientos, de modo que un equilibrio de mercado se traduce en una subinversión en la acumulación de conocimientos. En la medida en que el conocimiento pueda relacionarse con el nivel de la tecnología, el marco de Romer puede considerarse como un esfuerzo para determinar endógenamente la tasa del progreso tecnológico. En un trabajo posterior, Romer (1990) explica también endógenamente la decisión de invertir en el cambio tecnológico, utilizando un modelo basado en una distinción entre un sector de investigación y el resto de la economía. En ese marco, las empresas no pueden apropiarse todos los beneficios de la producción de conocimientos, lo que implica que la tasa de rendimiento social supera a la tasa de rendimiento privado de ciertas formas de la acumulación de capital. Podría utilizarse entonces un programa de impuestos y subsidios para elevar la tasa de crecimiento.

Siguiendo a Romer (1994, pp. 104-110), puede describirse como sigue una versión simplificada del modelo de Romer (1990). Considérese una economía con dos sectores de producción: un sector que produce bienes, que utiliza capital físico, conocimientos y mano de obra en el proceso de producción, y un sector que produce conocimientos, utilizando los mismos insumos para expandir el acervo de conocimientos. En el sector productor de conocimientos se utiliza una fracción χ_L de la fuerza de trabajo, y en el sector productor

---

[14] Lucas (1988) elabora también un segundo modelo que supone una estructura del cambio tecnológico diferente. En este marco alternativo, toda la acumulación de capital humano ocurre a través del adiestramiento en el trabajo, o en el aprendizaje por la experiencia, no por el tiempo que asignen los trabajadores a esta acumulación. Por lo tanto, es el tiempo destinado directamente a las actividades de producción lo que determina la tasa de crecimiento.

[15] La existencia de exterioridades del conocimiento plantea la cuestión de si existe algún incentivo para la producción de innovaciones. Romer supone que las empresas o los individuos ocupados en la producción de conocimientos disfrutan cierto grado de poder monopólico (digamos mediante la protección de las patentes), lo que asegura la apropiabilidad temporal.

de bienes se utiliza una fracción $1 - \chi_L$. Del mismo modo, una fracción χ_K de la reserva de capital se utiliza en el sector productor de conocimientos, y una fracción $1 - \chi_K$ se utiliza en el sector productor de bienes. El acervo total de conocimientos, A, puede utilizarse simultáneamente en ambas actividades de producción.

Suponiendo una tecnología estándar de Cobb-Douglas, la producción en el sector productor de bienes está dada por

$$Y = [(1 - \chi_K)K]^{\alpha}[A(1 - \chi_L)L]^{1-\alpha}, \quad 0 < \alpha < 1, \tag{9}$$

lo que implica por lo tanto rendimientos constantes del capital y del trabajo efectivo)

La producción de nuevos conocimientos (que se capta mediante cambios en A), se determina por la forma de Cobb-Douglas *generalizada*.

$$\dot{A} = B(\chi_K K)^{\beta}(\chi_L L)^{\eta}A^{\theta}, \quad B > 0, \beta \geq 0, \eta, \theta \geq 0, \tag{10}$$

donde B es un parámetro de desplazamiento.

Esta especificación implica que la función de producción de conocimientos podría exhibir o no rendimientos constantes a escala del capital y la mano de obra: puede haber rendimientos crecientes, dependiendo de los valores de los parámetros β, η y θ. Además, el grado en que los incrementos del acervo de conocimientos existente afecten a la producción de nuevos conocimientos no está restringido *a priori* en la ecuación (10); θ puede ser igual a uno (en cuyo caso $\dot{A}$ es proporcional a A), o estrictamente mayor o menor que uno.

Como en el modelo de Solow-Swan, la tasa de ahorro, s, es constante. Además, supongamos que no hay depreciación del acervo de capital. En consecuencia,

$$\dot{K} = sY, \quad 0 < s < 1. \tag{11}$$

Por último, el crecimiento demográfico se toma de nuevo como exógeno:

$$\dot{L} = nL, \quad n \geq 0. \tag{12}$$

Puede advertirse que el modelo anterior contiene al modelo de Solow-Swan, con una función de producción Cobb-Douglas, como un caso especial.[16]

En virtud de que hay dos variables de acervo endógenas, K y A, el análisis de este modelo resulta un poco más complicado que el del modelo de Solow-

---

[16] Haciendo $\beta = \eta = \chi_K = \chi_L = 0$, y $\theta = 1$, la función de producción para la acumulación de conocimientos se vuelve $\dot{A} = BA$, lo que implica que A crece a una tasa constante. Las otras ecuaciones asumen la misma forma que en el modelo de Solow-Swan, con $\delta = 0$.

Swan. Empezamos por sustituir la función de producción (9) en (11), de modo que

$$\dot{K} = \phi_K K^\alpha A^{1-\alpha} L^{1-\alpha}, \quad \phi_K \equiv s(1-\chi_K)^\alpha (1-\chi_L)^{1-\alpha}.$$

Dividiendo ambos miembros de esta expresión por K, obtenemos

$$g_K \equiv \frac{\dot{K}}{K} = \phi_K \left\{ \frac{AL}{K} \right\}^{1-\alpha} \tag{13}$$

Por lo tanto, la tasa de crecimiento del acervo de capital depende de la razón de trabajo efectivo-capital, AL/K; su tasa de cambio está dada entonces por

$$\dot{g}_K = (1-\alpha)(g_A + n - g_K), \tag{14}$$

lo que demuestra g_K está aumentando (disminuyendo) si $g_A + n - g_K$ es positivo (negativo), y permanece constante ($\dot{g}_K = 0$) a través del tiempo si $g_A + n = g_K$. La curva KK de la gráfica XVII.3 muestra las combinaciones de g_A y g_K para las que g_K es en efecto constante a través del tiempo. La pendiente de KK es uno; arriba (debajo) de KK, g_K está disminuyendo (aumentando).

Del mismo modo, dividiendo ambos miembros de la ecuación (10) por A obtenemos

$$g_A \equiv \frac{\dot{A}}{A} = \phi_A K^\beta L^\eta A^{\theta-1}, \quad \phi_A \equiv B\chi_K^\beta \chi_L^\eta,$$

lo que implica que

$$\dot{g}_A = \beta g_K + \eta n + (\theta - 1)g_A. \tag{15}$$

La ecuación (15) demuestra que g_A está aumentando (disminuyendo) si la expresión del miembro derecho es positiva (negativa), y constante si esa expresión es cero. La curva AA de la gráfica XVII.3 muestra las combinaciones de g_A y g_K para las que g_A es constante a través del tiempo. La pendiente de AA es $(1-\theta)/\beta$, que es en general ambigua en cuanto al signo; la figura supone que $\theta < 1$, de modo que la pendiente de AA es positiva. Encima (debajo) de AA, g_A está aumentando (disminuyendo), como lo indican las flechas en la figura.

Como se observó antes, la función de producción (ecuación (9)) exhibe rendimientos constantes a escala en los conocimientos y el capital. Así, pues, la existencia de rendimientos netos a escala crecientes, decrecientes o constantes A y K depende de que la función de producción de conocimientos, ecuación (10) exhiba rendimientos constantes a escala. Esta ecuación puede reescribirse como

$$\dot{A} = K^\beta A^\theta (qL^\eta), \quad q \equiv B\chi_K^\beta \chi_L^\eta,$$

GRÁFICA XVII.3. *Dinámica de capital y conocimiento en el caso I:* $\beta + \theta < 1$

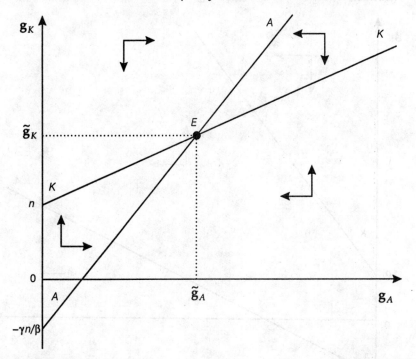

FUENTE: Romer, 1995, p. 107.

lo que demuestra que el grado de los rendimientos a escala de A y K en la producción de conocimientos nuevos es $\beta + \theta$. Por lo tanto, debemos considerar los tres casos por separado, dependiendo de que $\beta + \theta$ sea menor, igual o mayor que uno.

1. Si $\beta + \theta < 1$, entonces $(1 - \theta)/\beta$ es mayor que uno y la curva AA es más empinada que KK. Este caso se ilustra en la gráfica XVII.3. Como lo indica la dirección de las flechas, cualesquiera que sean los valores iniciales de g_A y g_K, convergirán hacia el punto de equilibrio E. Los valores de equilibrio $\tilde{g}_A$ y $\tilde{g}_K$ se obtienen haciendo $\dot{g}_A = \dot{g}_K = 0$ en las ecuaciones (14) y (15), y están dados por

$$\tilde{g}_A = \frac{\beta + \eta}{1 - (\theta + \beta)}n, \quad \tilde{g}_K = n + \tilde{g}_A.$$

Por la ecuación (9), el producto agregado y el producto por trabajador están creciendo a tasas dadas por

GRÁFICA XVII.4. *Dinámica de capital y conocimiento en el caso II:* $\beta + \theta > 1$

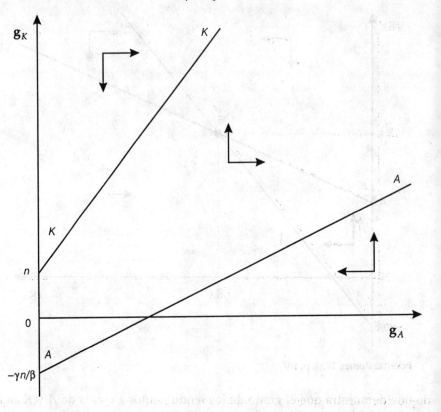

FUENTE: Romer, 1995, p. 108.

$$\tilde{g}_Y = \alpha \tilde{g}_K + (1 - \alpha)(n + \tilde{g}_A) = \tilde{g}_K,$$

$$\tilde{g}_{Y/L} = \tilde{g}_K - n = \tilde{g}_A.$$

Así pues, la tasa de crecimiento de la economía es endógena; es una función creciente de la tasa de crecimiento de la población y es cero si n es cero. Las fracciones de la fuerza de trabajo y del acervo de capital utilizadas en el sector productor de conocimientos, χ_L y χ_K, no tienen ningún efecto sobre la tasa de crecimiento, como no lo tiene tampoco la tasa de ahorro, s.

2. Si $\beta + \theta > 1$, divergirán las curvas AA y KK, como se ilustra en la gráfica XVII.4. Cualquiera que sea la posición inicial de la economía, finalmente entrará a

la región ubicada entre las dos curvas. Una vez que esto ocurre, las tasas de crecimiento de A y K (y por lo tanto la tasa de crecimiento de la producción) aumentan sin límite. No puede haber un crecimiento de Estado estable.
3. Si $\beta + \theta = 1$, entonces $(1 - \theta)/\beta$ es también igual a uno y AA y KK tienen la misma pendiente. Si n es positiva, KK se encuentra por arriba de AA, como se ilustra en el panel superior de la gráfica XVII.5. En este caso, la dinámica es similar a la que se obtiene con $\beta + \theta > 1$; no hay un nivel de crecimiento de Estado estable. Si $n = 0$, AA y KK son idénticas, como se representa en el panel inferior de la gráfica XVII.5. Entonces, cualquiera que sea la posición inicial de la economía, finalmente se llega a una ruta de crecimiento balanceado. Además, puede demostrarse que esta ruta es única, y que la tasa de crecimiento de la economía sobre esta ruta depende de todos los parámetros del modelo (Romer, 1995, p. 110). En particular, un aumento de la tasa de ahorro aumenta la tasa de crecimiento de la economía.[17]

Así pues, la consideración de la existencia de un sector productor de conocimientos podría ayudar a explicar la correlación positiva observada entre las tasas de ahorro y la tasa del crecimiento económico, indicados en la gráfica XVII.6, un fenómeno que el modelo estándar de Solow-Swan no puede explicar, como se señaló antes.

XVII.4. Efectos de la intermediación financiera

Los economistas del desarrollo han destacado desde hace mucho tiempo la importancia del desarrollo financiero para el crecimiento económico. Pero mientras que la literatura inicial reconocía esta conexión —McKinnon (1973), Shaw (1973) y el análisis del capítulo XIX—, sólo recientemente ha empezado a cobrar forma una formulación rigurosa de las interacciones existentes entre los factores financieros y el crecimiento económico, en el contexto de la nueva generación de teorías del crecimiento endógeno.[18]

Un procedimiento simple para la introducción de factores financieros en un modelo de crecimiento, siguiendo a Pagano (1993), consiste en suponer que una fracción del ahorro, $1 - \mu$, se "pierde" como resultado de las actividades de desintermediación financiera:

$$\mu s y = I, \quad 0 < \mu < 1. \tag{16}$$

[17] Un aumento de la tasa del crecimiento demográfico aumenta también la tasa de crecimiento de la economía a largo plazo. En cambio, un aumento de χ_K o de χ_L tiene un efecto ambiguo.
[18] Véase en Levine (1997) una reseña informativa de la literatura reciente sobre el desarrollo financiero y el crecimiento económico.

GRÁFICA XVII.5. *Dinámica de capital y conocimiento en el caso* II: $\beta + \theta = 1$

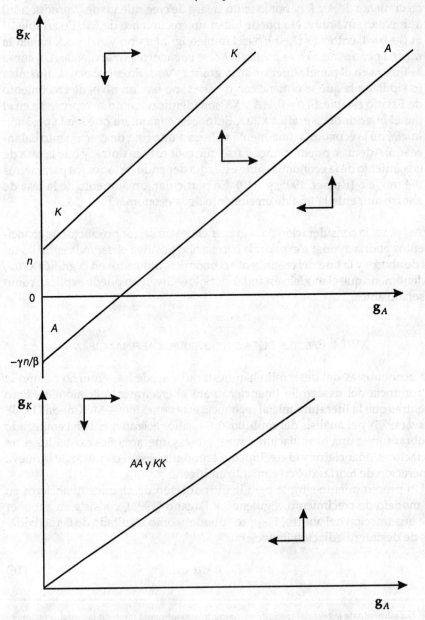

FUENTE: Romer, 1995, p. 109.

GRÁFICA XVII.6. *Índice de ahorro y crecimiento*
de reducción per cápita, 1971-1995

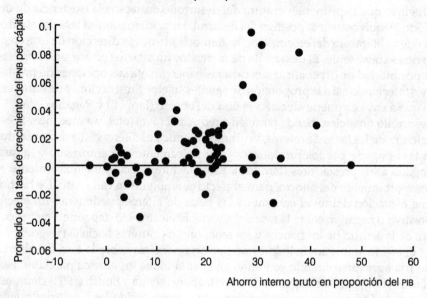

FUENTE: Banco Mundial.

Suponiendo que la tecnología de la producción se describe por rendimientos del capital constante a escala, como en el modelo de Rebelo, la tasa de crecimiento per cápita del estado estable es ahora igual a

$$g = s\mu A - \delta. \tag{17}$$

La ecuación (17) proporciona un marco conveniente para el análisis de los diversos canales por los que el desarrollo financiero puede afectar al crecimiento económico. Primero, el desarrollo financiero puede aumentar la tasa del ahorro, s. Segundo, puede aumentar A, la productividad marginal del acervo de capital. Tercero, puede conducir a un incremento de la proporción del ahorro asignada a la inversión (o equivalentemente, a un aumento de μ), un fenómeno que podría llamarse el efecto de "conducto", en el espíritu de McKinnon (1973), quien destacaba el uso de los depósitos bancarios a la vista y a plazo como un conducto para la acumulación de capital por parte de las empresas que padecían una restricción crediticia, lo que podríamos llamar el efecto de "conducto".

XVII.4.1. *Efectos sobre la tasa del ahorro*

Mientras que la primera literatura del desarrollo destacaba la existencia de un efecto inequívocamente positivo del desarrollo financiero sobre la tasa del ahorro, la nueva literatura del crecimiento ha demostrado que la dirección de este efecto no es consistente. El desarrollo de mercados financieros ofrece a las familias la posibilidad de diversificar sus carteras e incrementa sus opciones de préstamos, afectando así a la proporción de agentes sujetos a restricciones de liquidez, lo que a sus vez puede afectar a la tasa del ahorro (Jappelli y Pagano, 1994). El desarrollo financiero tiende también a reducir el nivel total, y a modificar la estructura de las tasas de interés, lo último al reducir el diferencial existente entre la tasa pagada por los prestatarios (que típicamente son empresas) y la tasa pagada a los prestadores (familias). Estos factores afectan inevitablemente el comportamiento del ahorro, pero el efecto es ambiguo en cada caso. De hecho, una elevación del nivel general de las tasas de interés puede tener un efecto positivo o negativo sobre la tasa del ahorro. El efecto neto depende, en particular, de la actitud de los bancos y los tenedores de carteras hacia el riesgo.[19]

El efecto ambiguo de la intermediación financiera sobre la tasa del ahorro podría agravarse cuando se toman en cuenta todos los efectos parciales asociados al desarrollo financiero. De hecho, Bencivenga y Smith (1991) demuestran que el efecto directo del surgimiento de las actividades bancarias puede ser una disminución de la tasa del ahorro. Sin embargo, como se destacó en el capítulo anterior, si se toma en cuenta al mismo tiempo el impacto positivo del desarrollo financiero sobre la productividad del capital y la eficiencia de la inversión (véase la discusión siguiente), el efecto neto sobre el crecimiento podría ser positivo.

XVII.4.2. *Efectos sobre la asignación del capital*

La inversión y el crecimiento de producción tienden a ser positivamente semejantes en los países en vías de desarrollo como lo muestra la gráfica XVII.7. El papel de los intermediarios financieros en este contexto es facilitar la asignación eficiente de los recursos a los proyectos de inversión que provean el rendimiento marginal del capital más elevado. En el marco anterior, la intermediación financiera aumenta la productividad media del capital A (y por ende

---

[19] Las pruebas reseñadas en el capítulo III sobre el ahorro en los países en vías de desarrollo sugieren que la conexión existente entre las tasas de interés y las tasas de ahorro es tenue en el mejor de los casos. Conviene advertir que, en sus escritos más recientes, McKinnon (1993) parece adoptar la idea de que el efecto positivo de las tasas de interés reales elevadas sobre el crecimiento económico deriva del mejoramiento de la eficiencia de la inversión, antes que de las mayores tasas de ahorro. Véase también Fry (1996) y Polak (1989).

GRÁFICA XVII.7. *Inversión y crecimiento de producción per cápita,*
1971-1995

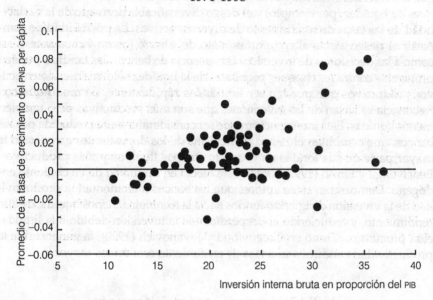

FUENTE: Banco Mundial.

la tasa del crecimiento económico) en dos formas: al recolectar, procesar y
evaluar la información relevante sobre proyectos de inversión alternativos; y
al inducir a los empresarios, a través de su función de compartir el riesgo, a
invertir en tecnologías más riesgosas pero más productivas.

La conexión existente entre el papel informativo de la intermediación financiera y el crecimiento de la productividad ha sido destacado por Greenwood y Jovanovich (1990). En su modelo, el capital puede invertirse en una
tecnología segura, de bajo rendimiento, o en una tecnología riesgosa, de alto
rendimiento. El rendimiento de la tecnología riesgosa se ve afectado por dos
tipos de choques: un choque agregado, que afecta a todos los proyectos por
igual, y un choque específico del proyecto. Al revés de lo que ocurre con los
empresarios individuales, los intermediarios financieros que tienen grandes
carteras pueden identificar el choque agregado de la productividad e inducir
así a sus clientes a seleccionar la tecnología más apropiada para la realización
efectiva del choque. La asignación más eficiente de los recursos canalizados a
través de los intermediarios financieros eleva la productividad del capital y
por ende la tasa de crecimiento de la economía.

Otra función crítica de la intermediación financiera consiste en que permite
que los empresarios combinen sus riesgos (Pagano, 1993). Esta función de "ase-

guramiento" deriva del hecho de que los intermediarios financieros permiten que los inversionistas compartan el riesgo no asegurable (derivado de los choques de liquidez, por ejemplo) y el riesgo diversificable derivado de la variabilidad de las tasas de rendimiento de diversos activos. La posibilidad de compartir el riesgo afecta al comportamiento del ahorro (como vimos antes), así como a las decisiones de inversión. En ausencia de bancos, las familias pueden protegerse contra los choques peculiares de la liquidez sólo invirtiendo en activos productivos que puedan ser liquidados rápidamente, de modo que con frecuencia se alejan de las inversiones que son más productivas pero también menos líquidas. Esta ineficiencia puede ser considerablemente reducida por los bancos, que combinan el riesgo de liquidez de los depositantes e invierten la mayor parte de sus fondos en proyectos menos líquidos y más productivos. Bencivenga y Smith (1991) captan este efecto en un marco de crecimiento endógeno. Demuestran estos autores que los bancos incrementan la productividad de la inversión dirigiendo fondos hacia la tecnología menos líquida, de alto rendimiento, y reduciendo el desperdicio de la inversión debido a la liquidación prematura. Como en Greenwood y Jovanovich (1990), la ganancia de la productividad conduce a una tasa de crecimiento económico mayor.[20]

XVII.4.3. El efecto de "conducto", la represión financiera y el crecimiento económico

La intermediación financiera opera como un impuesto —a la tasa $1 - \mu$ en la ecuación (17)— en la transformación del ahorro en inversión. La intermediación financiera tiene así un efecto disuasivo del crecimiento económico porque los intermediarios se apropian una porción del ahorro privado. En gran medida, los costos asociados a la intermediación financiera representan pagos (tales como honorarios y comisiones) que son recibidos por los intermediarios a cambio de sus servicios. Sin embargo, un problema importante en los países en vías de desarrollo puede ser el hecho de que tal absorción de recursos deriva de la tributación explícita e implícita —como las altas tasas de requerimientos de reservas, como vimos en el capítulo V— y de las regulaciones excesivas que conducen a costos mayores y, por ende, a las actividades de intermediación ineficientes.[21] Como se destacó en el capítulo XIX, en la medida en que las

---

[20] Alternativamente, el riesgo de liquidez de los consumidores puede compartirse por la vía de un mercado de valores. En el modelo elaborado por Greenwood y Jovanovic (1990), por ejemplo, el mercado de valores permite que los agentes reduzcan el riesgo de la tasa de rendimiento al promover la diversificación de las carteras.

[21] Adviértase que incluso si las rentas o los impuestos implícitos extraídos por los intermediarios financieros y el gobierno se gastaran en inversión antes que en consumo, la absorción de recursos podría tener todavía un efecto adverso sobre el crecimiento, sobre todo si la productividad del capital es mayor en el sector privado que en otras partes.

reformas del sistema financiero conducen a una reducción del costo y las ineficiencias asociadas al proceso de intermediación (es decir, a un aumento de μ), el resultado será una elevación de la tasa de crecimiento económico.

El papel de la represión financiera en el contexto de los modelos de crecimiento ha recibido gran atención recientemente. Como vimos en el capítulo VI, la represión financiera es en gran medida un fenómeno fiscal. En los países donde la recolección de los impuestos convencionales es costosa, los gobiernos optan a menudo por reprimir sus sistemas financieros para incrementar la recaudación, aunque reconozcan los efectos nocivos de tales políticas para el crecimiento económico. Roubini y Sala-i-Martin (1995) han destacado esta idea, en un modelo donde se contempla la inflación como una estimación de la represión financiera.[22] Además, las restricciones de las elecciones de las carteras bancarias pueden reducir el volumen y la productividad de la inversión —al disminuir el volumen de los fondos canalizados hacia los intermediarios financieros receptores de depósitos y causar una distribución menos eficiente de cualquier volumen dado de tales fondos—, obstruyendo así el crecimiento económico (Courakis, 1984).

XVII.4.4. *Desarrollo financiero y crecimiento: datos empíricos*

A fin de comprobar tales aseveraciones, la investigación reciente ha explorado la relación empírica existente entre la "profundización" financiera y el crecimiento económico, estimando regresiones del crecimiento entre países donde están controlados otros determinantes del crecimiento a largo plazo y en las que aparecen medidas alternativas de la profundidad financiera como variables explicativas.

Dos ensayos de King y Levine (1993a, 1993b) han hecho un esfuerzo particularmente comprensivo. Estos autores consideran cuatro medidas diferentes de la profundidad financiera (la razón de los pasivos líquidos del sistema financiero PIB, la porción del crédito total otorgada por los bancos y no por el banco central, la porción del crédito total recibida por el sector privado, y la razón del crédito recibido por las empresas privadas al PIB), y examinan la medida en que tales indicadores contribuyen a explicar el crecimiento del PIB real a larzo plazo, la participación de la inversión en el PIB, y la tasa de crecimiento de la productividad total de los factores, tras controlar los determinantes con-

---

[22] Sin embargo, como vimos en el capítulo VI, este supuesto podría no ser válido porque en general el impuesto inflacionario y el impuesto de la represión financiera pueden ser instrumentos de tributación sustituibles. De hecho, una estimación alternativa a la represión financiera, utilizada por Easterly (1993), es la tasa de interés real, calculada sobre la base de las tasas de interés nominales oficiales. Como se sugirió en el capítulo VI, una medida adecuada de la represión financiera debería tomar en cuenta el diferencial de la tasa de interés existente entre el mercado de crédito oficial y el informal.

vencionales del crecimiento en una muestra de 77 países con datos para el periodo de 1960-1989. El hallazgo sorprendente fue que todos los indicadores de la profundidad financiera resultaron estadísticamente significativos con efectos positivos económicamente grandes sobre la variable que se quiere explicar, lo que constituye una prueba sólida de las influencias existentes entre la profundidad financiera por una parte y la acumulación de recursos y el crecimiento de la productividad por la otra parte. Además, esta asociación no reflejó una causación en reversa, del crecimiento económico a los indicadores financieros, porque se obtuvieron resultados similares cuando se emplearon en las ecuaciones del crecimiento los valores iniciales (en lugar de los contemporáneos) de los indicadores de la profundidad financiera. Así pues, en general parece bastante fuerte en el examen entre países la relación entre la profundidad financiera y el crecimiento económico a largo plazo, mediante el incremento de la acumulación de recursos y el fortalecimiento del crecimiento de la productividad.

XVII.5. Estabilización de la inflación y crecimiento económico

Es de esperarse que las tasas inflacionarias elevadas disminuyan el crecimiento económico a través de diversos mecanismos que pueden influir sobre la tasa de acumulación de capital y la tasa de crecimiento de la productividad total de los factores. Por ejemplo, Fischer (1993) ha sostenido que, dado que la inflación muy elevada no sirve a ningún propósito económico útil y puede causar algún daño económico, un gobierno que la tolere ha perdido el control macroeconómico, y esta circunstancia tenderá a disuadir la inversión nacional en capital físico. Otros autores han sostenido que la inflación elevada significa una inflación inestable y precios relativos volátiles, lo que disminuye el contenido de información de las señales de los precios y por ende distorsiona la eficiencia de la asignación de recursos, lo que podría tener efectos nocivos sobre el crecimiento de la productividad total de los factores durante periodos prolongados.

Presentaremos aquí una versión simplificada de un modelo elaborado por De Gregorio (1993) que capta la conexión existente entre la inflación —que depende inversamente del grado de la eficiencia del sistema tributario— y el crecimiento económico.

Consideremos una economía cerrada integrada por familias, empresas y el gobierno. Las familias no conservan dinero pero tienen un bono indizado emitido por el gobierno.[23] El capital es el único insumo en el proceso de producción, caracterizado por rendimientos constantes a escala. Las empresas conservan

---

[23] El supuesto de que las familias no conservan dinero se formula sólo para simplificar. Como lo demuestra De Gregorio, en el contexto considerado aquí, el comportamiento de las familias en relación con la inflación no tiene ningún efecto sobre la tasa de crecimiento económico. En efecto, si sólo los consumidores afrontaran costos de transacción, la productividad marginal del

dinero porque reduce los costos de transacción asociados a las compras de equipo nuevo. El capital es inmóvil, de modo que la inversión nacional debe ser igual al ahorro nacional. Por el momento, se supone que la inflación es exógena.

La familia representativa maximiza el valor presente de la corriente de utilidad

$$\int_0^\infty \frac{c^{1-\eta}}{1-\eta} e^{-\rho t} dt, \quad 0 < \eta < 1, \tag{18}$$

sujeta a la restricción del flujo presupuestario

$$\dot{b} = (1 - \iota)(y + rb) - c - \tau, \tag{19}$$

donde $\sigma \equiv 1/\eta$ denota la elasticidad de la sustitución intertemporal, b el acervo real de bonos gubernamentales indizados, $0 < \iota < 1$ la tasa del impuesto al ingreso, r la tasa real de rendimiento de los bonos, y el ingreso total de los factores, y τ los impuestos netos de suma fija pagados por las familias. Para simplificar, suponemos que los impuestos al ingreso gravan con la misma tasa a todos los componentes del impuesto bruto.

La maximización de (18) sujeta a (19) nos da

$$\dot{c}/c = \sigma[(1 - \iota)r - \rho]. \tag{20}$$

Como en el modelo AK discutido antes, se supone que la producción exhibe rendimientos constantes a escala:

$$y = Ak. \tag{21}$$

Las empresas requieren dinero para comprar nuevos bienes de capital. El costo (bruto) de la inversión de I unidades es así igual a $I[1 + v(m/I)]$, donde m denota los saldos monetarios reales. Las propiedades de la función $v(\cdot)$ que caracterizan la tecnología de las transacciones son $v' < 0$, $v'' > 0$: la posesión de dinero reduce los costos de las transacciones pero implica rendimientos decrecientes. La empresa representativa maximiza el valor presente descontado, menos el costo de oportunidad de sus tenencias de saldos monetarios. Este último está dado por $(r + \pi)m$, donde π es la tasa inflacionaria. Por lo tanto, la empresa maximiza:

$$\int_0^\infty \left[Ak - \left\{ 1 + v\left(\frac{m}{I}\right) \right\} I - (r + \pi)m - \dot{m} \right] e^{-rt} dt, \tag{22}$$

capital y por ende la tasa de interés real no dependerían de la tasa inflacionaria, y no habría ningún efecto de la inflación sobre el crecimiento.

sujeta a $\dot{k} = I$. La solución nos da

$$-v'\left(\frac{m}{I}\right) = r + \pi \Rightarrow m = \Phi(r + \pi)I, \quad \Phi' = -1/v'' < 0, \tag{23}$$

$$\dot{q}/q = r - (A/q), \tag{24}$$

$$q = 1 + v\left(\frac{m}{I}\right) - \frac{m}{I} v'\left(\frac{m}{I}\right), \tag{25}$$

donde q denota el precio de sombra del capital (Abel, 1990). La ecuación (23) define la demanda de dinero de la empresa. Dado que los flujos de efectivo no están sujetos a la tributación directa, el costo de oportunidad de la tenencia de dinero está dado por la suma de la tasa de interés real antes de impuestos más la tasa inflacionaria. La ecuación de arbitraje (24) puede despejarse (tras imponer la condición de transversalidad relevante) para mostrar que el precio de sombra del capital es igual al valor presente descontado del producto marginal del capital. La ecuación (25) indica que q supera a la unidad (el precio del bien compuesto) debido a la existencia de costos de las transacciones en que se incurre al comprar una unidad nueva de capital.

Sustituyendo la ecuación (23) en (25), obtenemos

$$q = 1 + v[\Phi(\cdot)] + (r + \pi)\Phi(\cdot) = q(r + \pi), \tag{26}$$

donde $q' > 0$. La ecuación indica que q es constante —digamos en $\tilde{q}$— si la tasa inflacionaria es constante. Por la ecuación (24), la tasa de interés real es en este caso igual a

$$\tilde{r} = A/\tilde{q}. \tag{27}$$

La restricción del presupuesto gubernamental está dada por

$$\dot{m} + \dot{b} = g - \iota y - \tau - \pi m, \tag{28}$$

donde g denota el gasto público, que se toma como una fracción constante de la producción. En lo que sigue supondremos también que el gobierno renuncia al uso de bonos para financiar su déficit ($\dot{b} = 0$), y que por el contrario ajusta los impuestos de suma fija continuamente para mantener el equilibrio fiscal.

La restricción agregada de los recursos de la economía está dada por

$$y = c + \left\{1 + v\left(\frac{m}{I}\right)\right\}I + g. \tag{29}$$

Utilizando el sistema de ecuaciones anterior, puede establecerse que el consumo, la producción y el capital crecen a una tasa constante en el Estado estable, que es igual a[24]

$$g = \sigma[(1 - \iota)\tilde{r} - \rho], \qquad (30)$$

que es también la tasa de crecimiento de los saldos monetarios reales. El modelo no tiene una dinámica de transición; es decir, la economía crece continuamente a la tasa dada por la ecuación (30).

Este modelo genera una relación inversa entre el crecimiento de la producción y la tasa inflacionaria, como puede verificarse en las ecuaciones (26), (27) y (30). Esta relación se debe al efecto negativo de la inflación sobre la rentabilidad de la inversión. Una tasa inflacionaria mayor eleva el precio "efectivo" de los bienes de capital, lo que (además de su precio de mercado) incluye el costo de oportunidad de la tenencia de dinero para facilitar las compras de bienes de capital. El aumento de los costos de las transacciones eleva el valor de sombra del capital instalado, reduce la inversión y disminuye la tasa del crecimiento económico.[25]

Barro (1997) ha revisado recientemente la información existente sobre la relación entre inflación y crecimiento en diversos países.[26] Examina Barro un conjunto de datos de 100 países con observaciones anuales sobre datos macroeconómicos desde 1960 hasta 1990. Construye un conjunto de datos de panel en los periodos de 1965-1975, 1976-1985 y 1986-1990. Aunque su interés primordial es la relación existente entre la inflación y el crecimiento a largo plazo, sus regresiones de panel controlan gran número de variables explicativas adicionales, incluyendo las condiciones iniciales, algunos factores exógenos contemporáneos y un conjunto variado de variables de políticas y resultados macroeconómicos, como se sugirió antes.[27] Su hallazgo fundamental es que, en igualdad de todo lo demás, un aumento de 10% en la tasa inflacionaria disminuye el crecimiento a largo plazo en cerca de 0.025% anual. Descubre Barro que es el nivel de la inflación, antes que su variabilidad, lo que afecta adversamente al crecimiento económico. Aunque esta relación negativa entre el crecimiento y la inflación elevada (en el sentido de que el efecto de la inflación desaparece cuando se excluyen tales observaciones), Barro no puede rechazar la hipótesis de que el efecto parcial de la inflación sobre el crecimiento económico es el mismo a todos los niveles de inflación. Además, los resultados

[24] Véanse los detalles en De Gregorio (1993). Para asegurar un crecimiento positivo, suponemos que $(1 - \iota)\tilde{r} > \rho$.

[25] De Gregorio (1993) elabora también un marco donde la inflación afecta a la eficiencia de la inversión, antes que su nivel.

[26] Véase también en De Gregorio (1992) un estudio concentrado en América Latina.

[27] Los resultados de Barro se basan en una técnica de variable instrumental que utiliza valores rezagados de las variables explicativas como instrumentos.

son robustos en lo tocante a la exclusión de unos cuantos países de inflación muy elevada.

Un aspecto interesante del trabajo de Barro que dota de credibilidad a la interpretación de una correlación parcial negativa entre la inflación y el crecimiento económico, como un reflejo de la causación del crecimiento por la inflación, es la introducción de ciertos instrumentos nuevos para la inflación. Barro utiliza la historia colonial previa (bajo la forma de variables fantasmas separadas para el pasado colonial español o portugués, o de otra clase). Estas variables no tienen obviamente ninguna correlación con las innovaciones en la experiencia de crecimiento reciente, y resultan correlacionadas con la experiencia inflacionaria a largo plazo. Sin embargo, cuando se utilizan estas variables como instrumentos de la tasa inflacionaria, subsisten sus resultados anteriores. Para lo que aquí interesa, es relevante el hecho de que este instrumento no es simplemente una aproximación a la ubicación en América Latina, ya que la inclusión de una variable fantasma regional latinoamericana no cambia los resultados.

El trabajo de Barro provee una prueba bastante sólida de que la inflación sostenidamente baja es en efecto propicia para el crecimiento económico mayor. Sin embargo, esto no implica necesariamente que deba esperarse que la *transición* de una inflación elevada a una inflación baja se asocie a una *aceleración* contemporánea del crecimiento económico. Es concebible que los efectos de la desinflación favorables para el crecimiento se materialicen sólo con un rezago, de modo que el crecimiento podría ser efectivamente lento durante la transición, y quizá durante algún tiempo después, antes de alcanzar los niveles mayores sugeridos por los datos de diversos países que se describieron antes. Esta cuestión es relevante para los países latinoamericanos porque la estabilización de la inflación en la región, como parte de la reforma macroeconómica general, sigue siendo un fenómeno relativamente reciente. ¿Qué dice entonces la información acerca de los efectos de crecimiento de la transición de una inflación elevada a una inflación baja?

Esta cuestión ha sido investigada recientemente por Bruno y Easterly (1998), quienes se preguntan específicamente qué ocurre con el crecimiento económico cuando la inflación pasa de dos o más años de tasas mayores de 40% anual a tasas menores de esa cifra que se sostienen durante dos años por lo menos. Su metodología implicó la compilación de una muestra de países que habían logrado tal estabilización exitosa en el periodo de 1961 a 1992 y la comparación de sus tasas de crecimiento con el promedio mundial antes, durante y después de sus episodios inflacionarios. Sus hallazgos fundamentales fueron que, en línea con la información internacional, el crecimiento económico disminuyó en un promedio de 2.8% durante el episodio de inflación elevada, pero aumentó en un promedio de 3.8% durante una estabilización exitosa. Este patrón se repitió para el crecimiento de la productividad total de los factores, pero la razón de inversión —que tendió a encontrarse por debajo del promedio durante el episodio de inflación— no aumentó luego por encima del promedio mundial. La conclusión general de estos autores es que la razón del sacrificio podría ser efectivamente positiva —es decir, que el crecimiento se acelera durante la estabilización y poco después— cuando el nivel inicial de la inflación es elevado (mayor de 40%). Así pues, la información sugiere que podría haber beneficios de corto y largo plazos para al crecimiento económico, asociados a la disminución de la inflación desde niveles que a menudo han sido alcanzados por los países latinoamericanos antes del inicio de las recientes reformas macroeconómicas implantadas en la región. Debe esperarse que el componente de estabilización de la inflación, de las políticas de reforma orientadas hacia el mercado, promueva el crecimiento económico.

XVII.6. EL TAMAÑO DE GOBIERNO Y EL CRECIMIENTO ECONÓMICO

Como se destacó en la Parte 3 de este libro, la estabilización de la inflación implica la necesidad de disminuir los déficit fiscales. Sin embargo, los déficit pueden disminuir reduciendo los gastos o aumentando las recaudaciones. Por supuesto, la diferencia entre los dos enfoques es el tamaño resultante del sector gubernamental. ¿Hay alguna diferencia para la experiencia subsecuente del crecimiento económico a largo plazo según el enfoque que se aplique, es decir, tiene el tamaño del gobierno alguna relación directa con la tasa de crecimiento económico a largo plazo?

Hay algunas razones analíticas para creer que sí podría haber alguna diferencia. En particular, cuando se mantiene constante el déficit fiscal, los mayores gastos gubernamentales implican la necesidad de recaudaciones adicionales. Dado que tales recaudaciones se obtendrían mediante una tributación distorsionante, se esperaría que esto disminuya la tasa de crecimiento a través de efectos adversos sobre la eficiencia de la asignación de recursos. Por otra parte, algunos gastos gubernamentales pueden ser directamente productivos. Por ejemplo, los gastos gubernamentales en salud y educación podrían interpretarse mejor como inversiones en capital humano. Otros gastos gubernamentales podrían representar una inversión en "capital social" bajo la forma de instituciones que salvaguarden los derechos de propiedad. Este razonamiento sugiere que el nivel y la composición de los gastos gubernamentales podrían ser importantes para el crecimiento económico a largo plazo. Además, en la medida en que los gastos productivos se financien con impuestos distorsionante, el efectivo del gobierno más grande sobre el crecimiento económico a largo plazo será teóricamente ambiguo.

Barro (1991) es una referencia convencional de la literatura empírica que examina la relación existente entre el tamaño del gobierno y el crecimiento económico. Este estudio es particularmente relevante para lo que nos interesa aquí, porque examina los efectos de crecimiento de diversos componentes de los gastos gubernamentales y porque se ocupa explícitamente de la causación en reversa.

Barro construye una muestra de sección transversal de 72 países promediando datos anuales del periodo 1960-1985, como es habitual, examina los coeficientes de diversas variables del gasto gubernamental (como razones del PIB) cuando otros determinantes del crecimiento a largo plazo están controlados en la regresión. Los gastos gubernamentales se separan en inversión gubernamental, consumo gubernamental con exclusión del gasto en defensa y educación, el gasto en defensa y educación por sí solo, y el gasto en pagos de transferencia. *Ex ante*, Barro interpreta el consumo gubernamental con exclusión de la defensa y la educación como algo que entra directamente en las funciones de utilidad, pero no en las funciones de producción, de modo que se esperaría que esta variable y la de las transferencias afectaran adversamente al crecimiento a través de los efectos distorsionantes de la tributación. En cambio, la inversión gubernamental y el gasto en defensa y educación incrementan los recursos productivos (en el caso de la defensa, presumiblemente salvaguardando los derechos de propiedad) y por lo tanto, dada la carga de tributación asociada a su financiamiento, tendrían efectos ambiguos sobre el crecimiento económico. Los resultados empíricos son mixtos. Como sería de esperarse, la inversión gubernamental tiene una correlación parcial positiva y estadísticamente significativamente con el crecimiento, mientras que la correlación parcial del consumo gubernamental fuera de la defensa y la educación es negativa y significativa. Ni el gasto en educación ni el gasto en defensa resultaron relacionados con el crecimiento a largo plazo en la muestra de Barro. Sorprendentemente, el gasto en pagos de transferencia se relaciona positivamente con el crecimiento, pero Barro interpreta esto como un ejemplo de la causación en reversa. Cuando se controla el nivel inicial del ingreso per cápita, un crecimiento medio mayor durante el periodo de la muestra implicaría un nivel mayor del ingreso per cápita durante este periodo. La ley de Wagner afirma que la elasticidad-ingreso de la demanda de servicios gubernamentales es mayor que uno, y por lo tanto esto crearía una causación en reversa, del crecimiento económico al nivel del gasto gubernamental en las regresiones del crecimiento entre países. Sin embargo, Barro confirma la ley de Wagner en su muestra sólo para el caso de las transferencias, por lo tanto concluye que la causación en reversa es importante sólo para esta variable.

El trabajo subsecuente de Barro (1997) ha tendido a confirmar este efecto negativo del consumo gubernamental sobre el crecimiento económico a largo plazo. Sin embargo, al revés de lo que ocurre con el caso de la inflación, donde el consenso profesional es sólido, la interpretación de estos resultados sigue siendo dudosa, sobre todo debido a la posibilidad de una causación en reversa.

Como han señalado varios autores, para identificar el efecto separado del tamaño gubernamental sobre el crecimiento económico se requiere un instrumento apropiado, es decir, una variable que influya sobre la demanda de servicios gubernamentales a un nivel dado del ingreso, pero que no ejerza por sí misma una influencia directa sobre el crecimiento económico a largo plazo. No ha sido fácil encontrar tales instrumentos. Por lo tanto, mientras que la correlación parcial negativa entre el consumo gubernamental y el crecimiento económico ha sido verificada por muchos investigadores, la interpretación de este hallazgo sigue siendo ambigua.

XVII.7. LA APERTURA COMERCIAL Y EL CRECIMIENTO ECONÓMICO

Es probable que la cuestión del efecto de la apertura comercial (liberalización del comercio internacional) sobre el crecimiento económico sea la más extensamente investigada de todas las que discutiremos aquí. Las conexiones teóricas existentes entre la apertura y el crecimiento han sido el tema de una cantidad sustancial de trabajo en los últimos años. Dos mecanismos son dignos de mención. Primero, bajo condiciones de apertura financiera, un aumento de la apertura *comercial*, que se traduce en un gran sector nacional de bienes comerciados, podría disminuir el premio por el riesgo que los acreedores externos exigen por prestar a la economía nacional. Bajo los supuestos neoclásicos, esto podría generar un mayor acervo de capital de Estado estable en la economía nacional y por lo tanto un crecimiento más rápido, impulsado por la acumulación, durante la transición. En el contexto de los modelos de crecimiento endógeno, la exportación y la importación —que incrementaban la exposición de la economía nacional a nuevas tecnologías— podrían facilitar su adopción e incrementar así la tasa de crecimiento de la productividad. La implicación es que la liberalización comercial, que promueve la apertura comercial, debiera inducir no sólo una elevación del *nivel* del ingreso sino también, por lo menos durante un periodo no insignificante, un aumento de su tasa de crecimiento. Una cantidad sustancial de datos empíricos apoya esta conjetura. Convendría reseñar tres estudios recientes particularmente útiles.[28]

El primero de ellos es el de Dollar (1992), quien considera como una definición relevante de la apertura aquella que combina un régimen comercial liberal con una tasa de cambio real relativamente estable. Para medir la orientación del régimen comercial hacia el exterior, utiliza Dollar las desviaciones de Summers-Heston de los niveles de precios en relación con los valores que se pronosticarían con una regresión de los niveles de precios sobre el PIB per cá-

---

[28] Otros estudios que demuestran la importancia de la correlación existente entre la orientación hacia afuera y el crecimiento económico son los de Edwards (1993*b*), Khan y Kumar (1997), Knight y otros (1993) y Lee (1993).

pita y una medida de la densidad demográfica. La justificación es que un régimen comercial distorsionado generaría una tasa de cambio real apreciada, y por ende un nivel de precios artificialmente elevado. Acorde con esta interpretación, descubre Dollar que los países en vías de desarrollo asiáticos tendieron a tener los regímenes comerciales más liberales, y los africanos los regímenes menos liberales de acuerdo con esta medida, mientras que los países latinoamericanos se ubicaban en un lugar intermedio. Este autor mide el efecto de la apertura sobre el crecimiento estimando una regresión transversal para 95 países en vías de desarrollo donde se supone que el crecimiento económico medio durante el periodo de 1976-1985 depende de la razón de la inversión al PIB durante este periodo, así como de su medida de las distorsiones comerciales y una medida de la variabilidad de la tasa de cambio real. El resultado principal es que el aumento de las distorsiones comerciales y el de la variabilidad de la tasa de cambio real tiene efectos negativos estadísticamente significativos y económicamente grandes sobre el crecimiento económico de los países en vías de desarrollo.

El segundo estudio es el de Sachs y Warner (1995). Este estudio considera cuáles factores determinan si los países con bajo ingreso per cápita lograrán la convergencia, es decir, si crecerán más de prisa que los países más ricos, permitiendo así que sus niveles de vida converjan finalmente a los niveles alcanzados por los países más ricos. Sachs y Warner sostienen que dos condiciones son decisivas para el logro del crecimiento rápido: la preservación de los derechos de propiedad privada y la apertura comercial. Su metodología implica la clasificación de los países de su muestra (integrada por 117 países en total) en dos grupos: los que salvaguardaron los derechos de propiedad y mantuvieron la apertura comercial durante el periodo de 1970-1989 (a los que llaman estos autores "calificadores"), y los que no lo hicieron ("no calificadores").[29] Descubrieron los autores que la apertura comercial tendía a ser la característica definitoria de los dos grupos, ya que casi todos los países que no calificaron por el criterio de la apertura fracasaron también por el criterio político. Durante el periodo de su muestra, los calificadores crecieron mucho más rápidamente, como un grupo, que los no calificadores, y tanto la variable política como la comercial tuvieron significativos efectos parciales sobre el crecimiento en una regresión de varios países que controló otros determinantes del crecimiento económico. Pero su hallazgo más relevante para nuestros propósitos

---

[29] Se considera que los países salvaguardan los derechos de propiedad si no tienen una estructura económica socialista, no han experimentado trastornos internos extremos bajo la forma de revoluciones, golpes, intranquilidad cívica crónica o guerras prolongadas, y no imponen a sus ciudadanos privaciones extremas de los derechos civiles o políticos, tal como los define el criterio de Freedom House. Los países se consideran comercialmente abiertos si no tienen una alta porción de las importaciones cubierta por restricciones de cuotas, no tienen monopolios estatales exportadores, no tuvieron una estructura económica socialista y no exhiben un premio para las divisas en el mercado negro superior a 20 por ciento.

es que, de los 88 países de su muestra, con la única excepción de Haití, ninguno de los países que mantuvieron sustancialmente abierto su comercio exterior dejó de crecer a menos de 2% anual durante el periodo de 1970-1989. Sachs y Warner concluyen que la salvaguardia de los derechos de propiedad y el mantenimiento de un régimen comercial abierto no sólo propician el crecimiento sino que constituyen condiciones *suficientes* para el logro del crecimiento económico rápido.

Estos dos estudios no se ocupan de la dirección de la causalidad entre el crecimiento económico y la apertura. Hay varios mecanismos que podrían implicar un efecto positivo del crecimiento sobre la apertura, o a través de los cuales otros factores impulsarían la apertura y el crecimiento en la misma dirección. Si estos mecanismos explican la correlación positiva documentada en la literatura entre la apertura y el crecimiento, se debilitaría la argumentación a favor de la orientación hacia el exterior como una política promotora del crecimiento económico. Un estudio reciente de Frankel, Romer y Cyrus (1996) se ocupó de esta cuestión utilizando un modelo de gravedad para instrumentar la apertura en una ecuación de crecimiento de diversos países. Estos autores continuaron encontrando una fuerte correlación positiva entre el componente exógeno de la apertura y el crecimiento económico, lo que implica que gran parte de los datos empíricos reflejan efectivamente la causación desde la apertura hacia el crecimiento, acorde con la interpretación de política económica mencionada antes.

XVII.8. Unificación de la tasa de cambio y crecimiento económico

La profundización financiera se ve impulsada por la eliminación de las restricciones que afectan a las instituciones financieras, asociadas a las políticas de represión financiera. Un conjunto separado de restricciones impuestas a los intercambios financieros, que se aplican a todas las clases de agentes económicos nacionales, incluye a las transacciones de divisas. Las restricciones impuestas a tales transacciones han asumido diversas formas, pero quizá la más común de ellas haya implicado a las transacciones de cuenta de capital en la balanza de pagos. Como se describió en capítulos anteriores, los países han restringido la utilización de divisas en las transacciones de cuenta de capital por diversas razones, y de ordinario han intensificado tales restricciones cuando las distorsiones económicas internas han creado fuertes incentivos para que los residentes saquen fondos del país, es decir, realicen la fuga de capital. En presencia de tales incentivos, los agentes privados han tratado de eludir las restricciones impuestas a los movimientos de capital intercambiando divisas fuera de los mercados oficiales, lo que genera mercados de divisas paralelos donde se negocian las divisas con un premio sustancial sobre su valor oficial.

La eliminación de las restricciones impuestas a las transacciones con activos nacionales podría tener efectos importantes sobre el crecimiento económico. Mientras que la eliminación de las restricciones impuestas a las entradas de capital puede generar recursos adicionales para la inversión, la eliminación de las restricciones impuestas a las salidas podría paradójicamente tener el mismo resultado, al asegurar a los acreedores extranjeros que podrán repatriar sus fondos cuando lo deseen, y al tranquilizar a los inversionistas nacionales y extranjeros acerca de que su capital estará menos sujeto a la tributación (capítulo XV). Un efecto más sutil es que la mayor liquidez proveída a los residentes nacionales por la mayor integración entre los mercados financieros nacionales y extranjeros podría inducirlos a emprender proyectos de inversión menos líquidos pero más productivos que los que habrían emprendido bajo la autarquía financiera. Por último, la integración financiera podría afectar al crecimiento económico indirectamente al promover mercados financieros nacionales más profundos, lo que reforzaría los beneficios de la profundización financiera para el crecimiento económico que se describieron antes.

Las pruebas de diversos países sobre los efectos del suavizamiento de las restricciones cambiarias sobre el crecimiento económico son de dos tipos. El primer tipo implica la utilización del premio de las divisas en el mercado paralelo como una aproximación a las restricciones de cuenta de capital en las regresiones del crecimiento económico de varios países. El segundo tipo implica la evaluación de si la integración financiera internacional afecta al crecimiento económico a través del canal indirecto de la promoción de la profundidad financiera nacional. Esto implica la verificación de si las medidas de la integración financiera internacional pueden ayudar a explicar las diferencias de las variables de la profundidad financiera entre los países, relacionadas ellas mismas con el crecimiento económico a largo plazo.

Gran número de estudios incluyen el premio del mercado paralelo como una variable explicativa en las regresiones del crecimiento entre países, proveyendo datos del primer tipo. Una referencia particularmente útil es Levine y Zervos (1996). Este estudio es importante porque se concentró específicamente en los efectos de las políticas sobre el crecimiento económico utilizando una gran muestra de 119 países, y en la verificación de los efectos del premio del mercado paralelo tuvo el cuidado de investigar la robustez de su papel; es decir, estos autores verificaron si cualesquiera efectos negativos del premio paralelo sobre el crecimiento reflejaban un efecto independiente, o un efecto que desaparecía cuando se incluían en la regresión otras variables de la política económica. Esto resulta particularmente relevante en el presente caso porque un premio paralelo grande podría reflejar una gran diversidad de distorsiones causadas en la economía por la política económica, específicamente en lo tocante al régimen comercial. Sin embargo, Levine y Zervos descubrieron que el premio tenía una robusta correlación parcial negativa con el crecimiento a largo plazo, es decir, una correlación que sobrevive bajo gran diversidad de medidas de las distorsiones de la política económica que se incluyen en la regresión. La implicación es que las restricciones de las divisas ejercieron un efecto negativo independiente sobre el crecimiento en su muestra.

De Gregorio (1992) proveyó recientemente pruebas del segundo tipo al explicar las diferencias entre países en una gran diversidad de medidas de la profundidad financiera sobre la base de un conjunto de variables de control (PIB per cápita inicial, la tasa inflacionaria media y una medida de la apertura comercial), así como varias medidas del grado de la integración financiera internacional para cada uno de los países de su muestra. De Gregorio descubrió que tres de sus medidas de integración internacional tenían una correlación parcial estadísticamente significativa con las medidas de la profundidad financiera e interpretó esto como una prueba a favor del efecto indirecto antes descrito. Pero no encontró ninguna prueba de un efecto directo de la apertura sobre el crecimiento.

El tema del crecimiento económico ha suscitado un renovado interés en los últimos años. En este capítulo hemos reseñado las teorías convencionales del crecimiento económico más recientes. La teoría neoclásica tradicional sostiene que el crecimiento económico deriva del progreso tecnológico exógeno. En cambio, la literatura reciente destaca la existencia de diversos canales por los cuales puede surgir el crecimiento de estado estable en una forma endógena.

Las nuevas teorías del crecimiento han generado avances significativos en nuestro entendimiento del proceso de crecimiento. Han destacado la importancia de la invención, la acumulación de capital humano, el desarrollo de nuevas tecnologías y la intermediación financiera como importantes determinantes del crecimiento económico. Las pruebas empíricas reseñadas aquí, de hecho sugieren que los países que crecen más de prisa destinan una porción mayor de la producción a la inversión (en capital físico y humano), tienen una inflación menor y un ambiente macroeconómico más estable, y son más abiertas que los países de crecimiento lento.

Una implicación general de las teorías recientes es que los países que ahorran e invierten más crecerán más de prisa a largo plazo. Las políticas públicas destinadas a estimular el ahorro, en particular las que tratan de incrementar la eficiencia de la intermediación financiera, pueden tener un efecto sostenido sobre el ingreso per cápita. Aunque es todavía demasiado temprano para medir el éxito de los esfuerzos recientes en la explicación de la diversidad de las experiencias de crecimiento entre los países —las pruebas disponibles no son todavía concluyentes en muchos sentidos, y no permiten discriminar entre modelos alternativos— y para decidir cómo debieran diseñarse las políticas para influir sobre la tasa de crecimiento, surgen ya algunas conclusiones tentativas. La estabilidad macroeconómica y la eliminación de las distorsiones estructurales, sobre todo en el sector financiero, promueven el crecimiento económico al mejorar los incentivos para el ahorro y la inversión, así como la eficiencia de la inversión. También parece relativamente robusta la prueba de que los países orientados hacia el exterior parecen crecer con mayor rapidez que otros.

A un nivel más amplio, la experiencia de los países de Asia Oriental ofrece varias lecciones sobre el conjunto de políticas favorables para el crecimiento y el desarrollo rápidos. La inversión privada sostenida (inducida por altos niveles de ahorro financiero nacional) y el crecimiento rápido del capital humano (impulsado por el incremento del gasto público en la educación primaria y secundaria) fueron los motores principales del crecimiento, pero otros factores desempeñaron también, en forma directa o indirecta, un papel importante en lo que se ha conocido como el "milagro de Asia Oriental" (Banco Mundial, 1993). La administración macroeconómica prudente, el crecimiento rápido y el mejoramiento de la productividad en el sector agrícola, las intervenciones gubernamentales selectivas en la esfera industrial y en el funcionamiento de los mercados financieros —como la adopción de tasas de interés reales bajas y los programas crediticios dirigidos en las primeras etapas del crecimiento económico—, un marco legal confiable, cambios en la estructura de incentivos del régimen del comercio exterior, inversión pública en infraestructura, apertura a la tecnología extranjera, distorsiones limitadas de los precios, y la capacidad para adaptar las políticas a circunstancias cambiantes, contribuyeron a una acumulación más rápida y eficiente de capital privado y al mayor crecimiento de la productividad en Asia Oriental (Banco Mundial, 1993). Persiste la controversia acerca de la naturaleza y la extensión de la participación del sector público en el proceso de crecimiento de Asia Oriental (Sachs, 1987), pero parece haber un acuerdo general en el sentido de que la intervención gubernamental que trata de eliminar los obstáculos de los mecanismos del mercado u otras fuentes de las fallas del mercado no es nociva para el crecimiento económico.

Al nivel analítico, varios temas de particular relevancia para los países en vías de desarrollo ameritan nuevas investigaciones. Como lo destaca Pagano (1993), un problema fundamental es el de la explicación endógena del grado del desarrollo financiero y su evolución a través del tiempo. El papel de la distribución del ingreso, la infraestructura de la producción y la estabilidad política son también áreas que merecen una consideración cuidadosa. En las naciones en vías de desarrollo, la infraestructura inadecuada (en particular el abasto de electricidad y de agua, la red de transportación y los servicios telefónicos) es a menudo un impedimento crítico para el crecimiento económico y quizá explique en gran medida la baja productividad de los factores que ha sido observada a menudo. Por lo tanto, existe un potencial para la acción gubernamental no sólo a través de la provisión de educación sino también mediante la provisión de servicio de infraestructura. Por último, el papel de las actividades informales en la promoción del crecimiento económico ha recibido escasa atención.[30] Como se señaló reiteradamente en capítulos anteriores, la represión financiera conduce típicamente al surgimiento de mercados de crédito informales que, aunque quizá menos eficientes que los mercados oficiales, han ayudado a aliviar el impacto de tales restricciones. Una tributación excesiva tiende también a impulsar las actividades económicas subterráneas. Es posible que el examen del papel de los mercados financieros, laborales y de productos informales, en un contexto de mediano y largo plazos, ofrezca aportaciones valiosas en el proceso de crecimiento de los países en vías de desarrollo.

---

[30] Van Wijnbergen (1983*a*, 1983*b*) es uno de los pocos autores que analizan el papel de los mercados informales de crédito en un contexto de crecimiento. Obviamente, su análisis no se benefició de los avances más recientes de la economía del crecimiento.

XVIII. COMERCIO, FINANZAS Y REFORMAS AL MERCADO CAMBIARIO

EL RECONOCIMIENTO DE LOS EFECTOS adversos de las estrategias de sustitución de importaciones ha llevado a un número creciente de países en vías de desarrollo a adoptar políticas comerciales propicias para un régimen de comercio exterior más liberal.[1] Una reducción de las barreras comerciales (como los aranceles y las cuotas de importaciones) promueve un ajuste de los precios relativos y una reasignación de los recursos en favor del sector productor de bienes exportables. A largo plazo, el éxito de la liberalización comercial conduce a una expansión de las exportaciones y una contracción de la actividad en las industrias que compiten con las importaciones, así como a una transferencia global de recursos de los sectores productores de bienes no comerciables a los sectores productores de bienes comerciables. Como se estableció en el capítulo anterior, la evidencia sugiere que un régimen comercial más abierto puede estar asociado con tasas más altas de crecimiento económico a largo plazo.

Mientras que las reformas comerciales tratan de mejorar la asignación de recursos a largo plazo, la administración macroeconómica se ocupa de la determinación a corto plazo de la producción, la inflación y la balanza de pagos. A pesar de esta diferencia de enfoque, la conducción de la política macroeconómica interactúa en formas significativas con el diseño de las reformas comerciales. La adopción de políticas comerciales más liberales, como una reducción de la protección nominal, implica por lo general costos de producción y empleo a corto plazo, lo que puede impedir el logro de los objetivos macroeconómicos o imponer severas restricciones a la manipulación de los instrumentos de la política macroeconómica.

La primera parte de este capítulo revisa la literatura reciente, teórica y empírica, en torno a las reformas comerciales, haciendo énfasis en sus implicaciones macroeconómicas a corto y mediano plazos. Empezaremos por reseñar brevemente algunos datos recientes sobre la liberalización comercial. Luego analizaremos los efectos de las reformas de la política comercial sobre la producción y el empleo, utilizando un modelo macroeconómico simple.[2]

---

[1] Los efectos adversos de las políticas de sustitución de importaciones han sido bien documentados en la literatura del comercio internacional y el desarrollo económico: una estructura industrial fuertemente dependiente de las importaciones de bienes intermedios y de capital, con crecimiento lento de las exportaciones y recurrentes dificultades en la balanza de pagos, así como severas distorsiones de la asignación. Véase por ejemplo Bruton (1989).

[2] No discutiremos aquí en una forma sistemática las implicaciones de la liberalización co-

En el capítulo XVII describimos un caso analítico para la proposición de que un sistema financiero sano puede funcionar como un estímulo poderoso para el crecimiento económico a largo plazo, y revisamos la evidencia empírica de dicho asunto. El reconocimiento creciente de los efectos distorsionantes de la intervención gubernamental en los mercados financieros y de cambio de los países en vías de desarrollo, ha generado, indudablemente en años recientes numerosos intentos de liberalización del sistema financiero, el régimen de tasa de cambio y los movimientos internacionales de bienes y capital en esos países. En la segunda y tercera parte de este capítulo se reseñará la literatura teórica y empírica reciente sobre las reformas financieras y cambiarias, haciendo hincapié en las implicaciones macroeconómicas a corto y mediano plazos de políticas últimamente pensadas para promover el crecimiento a largo plazo. La segunda parte se concentrará en los efectos de la liberalización monetaria y financiera interna. Discutiremos en particular la experiencia de los países del Cono Sur de América Latina a fines de los años setenta, la que ha generado una vasta literatura a través de los años. Aunque gran número de otros países en vías de desarrollo han dado algunos pasos, durante los años ochenta y principios de los noventa, para desregular sus mercados financieros internos, muchos aspectos de la experiencia del Cono Sur han sido afrontados en otras partes del mundo en vías de desarrollo, y nuestra discusión se organizará de tal modo que se obtengan amplias lecciones para la política económica.

En la tercera parte se examinará la unificación de los mercados dobles de divisas con segmentos oficiales y paralelos, prestando atención particularmente a los afectos inflacionarios de tales reformas a corto y mediano plazos.

XVIII.1. REFORMAS COMERCIALES: ALGUNOS DATOS RECIENTES

El Banco Mundial completó recientemente (Papageorgiu y otros, 1990) un extenso estudio de la liberalización comercial en 19 países, durante 36 episodios de reforma emprendidos en países en vías de desarrollo entre la segunda Guerra Mundial y 1984. El estudio sugiere que, a pesar de grandes diferencias de las circunstancias históricas bajo las cuales se implantaron los esfuerzos de reforma, los episodios de liberalización exitosos se han caracterizado por su naturaleza comprensiva, la eliminación sistemática de las restricciones cuantitativas de las importaciones, la estabilidad política, las políticas macroeconómicas prudentes (déficit fiscales limitados), el mantenimiento de las restricciones impuestas a los movimientos de capital hasta que las reformas comerciales estu-

mercial para el bienestar. Véase Edwards y Van Wijnbergen (1986), Kähkönen (1987), Rodrik (1987) y Ostry (1991). Rodrik, en particular, examina los efectos de la reforma comercial para el bienestar en un modelo donde las rigideces de precio y salarios conducen al desempleo keynesiano, como ocurre también en el marco que elaboraremos aquí.

viesen suficientemente avanzadas, y una considerable depreciación inicial de la tasa de cambio real (seguida de una relativa estabilidad en adelante). Además, no parece haber pruebas sólidas acerca de que la liberalización se asociara con grandes reducciones del empleo y con la contracción de la producción a corto plazo. La evidencia recopilada por Papageorgiou y otros (1990), en particular, muestra que, con excepción de Chile, el empleo del sector manufacturero no disminuyó durante el año de implantación de la reforma, y en muchos casos creció en una forma relativamente pronunciada durante el año siguiente.[3] La balanza de pagos mejoró también considerablemente en la mayoría de los casos, porque el crecimiento de las exportaciones superó al de las importaciones.

Desde mediados de los años ochenta se han implantado reformas comerciales de largo alcance en el mundo en vías de desarrollo. Antes de la reforma, en la mayoría de estas naciones había extensas barreras comerciales (aranceles elevados, restricciones cuantitativas sobre las importaciones, y extensos controles sobre las transacciones con divisas). En América Latina y el Caribe hubo un conjunto de episodios particularmente interesante.[4] Debido en parte a las diferentes condiciones macroeconómicas, la extensión y la cronología de las reformas difirió considerablemente entre los países. En Perú, por ejemplo, donde el régimen comercial existente antes de la reforma estaba severamente distorsionado, la reforma fue extensa. La reforma de la política de importación consistió en un desmantelamiento de las barreras no arancelarias tales como las restricciones cuantitativas y los controles de cambios, y en la eliminación de exenciones generalizadas. La reforma de la política de exportación implicó una reducción o eliminación de las barreras de precios y cuantitativas de las exportaciones, y la introducción o el mejoramiento de los incentivos existentes para la promoción y la diversificación de las exportaciones.

En el cuadro XVIII.1 se muestran algunos indicadores del régimen comercial antes y después de las reformas más recientes de 15 países latinoamericanos y caribeños. Las tasas arancelarias medias (o las tasas de protección nominal) disminuyeron extraordinariamente, sobre todo en Brasil, Costa Rica y Colombia.[5] El número de las tasas arancelarias de Brasil se redujo de dieciocho antes de la reforma (en 1990) a nueve a fines de 1993. En Colombia, el número de las tasas arancelarias bajó de veintidós en 1990 a cuatro en 1992. La

---

[3] Edwards (1993a) ha sostenido que el efecto negativo sobre el empleo que se ha asociado a la liberalización comercial en Chile pudo haber derivado de la naturaleza segmentada del mercado de mano de obra, que ha impedido el ajuste a corto plazo.

[4] Son también interesantes las experiencias recientes de Bangladesh, Egipto (donde se inició la reforma comercial en 1986) y Ghana, donde se inició la reforma en 1983. En los dos últimos países, la liberalización comercial ha sido muy gradual.

[5] Los datos del cuadro XVIII.1 se refieren sólo a los cambios ocurridos en los impuestos legales. Estos datos subestiman la verdadera extensión de la liberalización de las importaciones, ya que no toman en cuenta la eliminación generalizada de los recargos y otras restricciones cuantitativas.

CUADRO XVIII.1. *Indicadores de los regímenes comerciales antes y después de la reforma*

País	Arancel medio[a]		Intervalo de los aranceles		Apertura[b]	
	Antes	Después	Antes	Después	Antes	Después
Argentina	42	15	15-115	5-22	38.6	54.3
Bolivia	12	8	—	5-10	51.5	83.9
Brasil	51	21	0-105	0-65	21.1	25.3
Chile	35	11	35	11	44.9	56.3
Colombia	61	12	0-220	5-20	28.2	32.7
Costa Rica	53	15	0-1 400	5-20	58.7	78.9
Ecuador	37	18	0-338	2-25	48.7	50.8
Guatemala	50	15	5-90	5-20	31.3	35.6
Honduras	41	15	5-90	5-20	62.8	61.8
Jamaica	—	20	—	0-45	105.5	163.5
México	24	13	0-100	0-20	22.6	34.3
Paraguay	—	16	—	3-86	51.0	63.1
Perú	—	17	0-120	5-25	30.4	41.6
Uruguay	32	18	10-55	12-24	38.0	45.1
Venezuela	37	19	0-135	0-50	49.3	53.3

[a] Promedio ponderado de las tasas arancelarias legales, en porcentaje.
[b] Proporción de importaciones más exportaciones conforme al PIB.
NOTA: "Antes" corresponde al año anterior a la reforma, y "después", al año posterior a la reforma. El año anterior a la reforma es 1984 para Chile; 1985 para Bolivia, Costa Rica, Guatemala, Honduras y México; 1987 para Brasil y Uruguay; 1986 para Argentina; 1988 para Paraguay y Perú; y 1989 para Ecuador y Venezuela. El año posterior a la reforma es 1990 para México; 1991 para Argentina, Bolivia, Chile, Jamaica, Paraguay y Venezuela; y 1992 para todos los demás países.
FUENTE: Alam y Rajapatirana, 1993.

dispersión de los aranceles se redujo también sustancialmente, sobre todo en Colombia, Costa Rica y Ecuador. El grado de la apertura aumentó considerablemente, como resultado de una expansión de las exportaciones y las importaciones en términos reales. Esto es especialmente notable porque muchas de las reformas implantadas en América Latina se introdujeron en un contexto macroeconómico difícil: inflación elevada, actividad económica frenada, dificultades de balanza de pagos y escasas reservas de divisas. En Bolivia, por ejemplo, la tasa inflacionaria llegaba a más de 1 000% anual, y en Brasil a más de 200%, en el primer año de la reforma. Sin embargo, casi todos los episodios de reforma comercial consignados en el cuadro se vieron precedidos por una depreciación marcada de la tasa de cambio real o se asociaron a ella.[6] Por ejem-

[6] Véanse los detalles en Alam y Rajapatirana (1993). Perú, donde la tasa de cambio real se

GRÁFICA XVIII.1. *Volúmenes comerciales*
y tasa de cambio real en Chile, 1980-1996

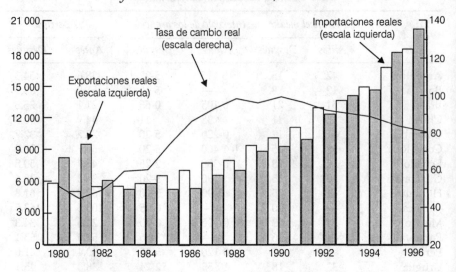

NOTA: La tasa de cambio real efectiva de base 100 = 1990 (un aumento es una depreciación). Las importaciones y las exportaciones reales son medidas "libre a bordo" (FOB, *free on board*), en millones de dólares estadunidenses y a precios de 1990.
FUENTE: Fondo Monetario Internacional.

plo, la gráfica XVIII.1 muestra en el caso de Chile la continua depreciación real y la fuerte expansión de los volúmenes de la exportación que ocurrieron luego de la reciente ronda de liberalización comercial. Así pues, las pruebas proporcionadas por la experiencia reciente de los países latinoamericanos y caribeños acerca del papel crucial desempeñado por una depreciación inicial o concomitante de la tasa de cambio real corroboran la reseña extensa ofrecida por Papageorgiou y otros (1990) y los resultados de un proyecto de investigación más reciente del Banco Mundial resumido por Corden (1993).

XVIII.2. LIBERALIZACIÓN COMERCIAL, RIGIDEZ SALARIAL Y EMPLEO

Aunque una de las conclusiones principales del estudio extenso resumido por Papageorgiou y otros (1990) es que los costos de la reforma de liberaliza-

incrementó a pesar de una depreciación sustancial de la tasa de cambio nominal, representa la única excepción. Un factor que se encuentra detrás de la elevación real de la moneda peruana es la gran entrada de capital atraído por las tasas de interés relativamente elevadas inducidas por la política monetaria restrictiva (véase Pastor, 1992).

ción comercial en términos de la producción y el empleo a corto plazo parecen ser menos marcados de lo que comúnmente se cree, hay diversos canales potenciales a través de los cuales pueden tener, tales reformas, efectos contractivos a corto plazo. En la medida en que tales costos puedan tener un efecto adverso sobre la sustentabilidad del proceso de ajuste, conduciendo posiblemente a reversiones repentinas de las políticas o al abandono del esfuerzo de reforma, es importante entender los mecanismos a través de los cuales podrían operar tales efectos. En lo que sigue utilizaremos un modelo macroeconómico simple elaborado por Buffie (1984*b*) para estudiar los efectos de la liberalización comercial sobre la producción y el empleo. El modelo provee un tratamiento bastante detallado del lado de la producción de la economía, de modo que es particularmente adecuado para el examen de los efectos reales de la reforma comercial. Una implicación fundamental del modelo es que la reforma comercial (que a menudo incluye medidas para depreciar la tasa de cambio real) eleva el precio relativo de los insumos importados y, si los salarios no son perfectamente flexibles, puede conducir a una contracción de la producción.

XVIII.2.1. *El marco analítico*

Consideremos una economía que produce bienes negociables y no negociables que utiliza tres factores de producción: capital, mano de obra y un insumo intermedio que no se produce en el país. El acervo de capital es específico del sector y está fijo dentro del marco temporal del análisis. Para simplificar, los insumos importados no están sujetos a aranceles y su precio nacional, P_J, es igual a la tasa de cambio nominal E. El precio mundial de los bienes comerciables se fija en los mercados mundiales, y el precio nacional está dado por

$$P_T = (1+\alpha)E, \tag{1}$$

donde $\alpha > 0$ es un coeficiente que mide la extensión en que los aranceles a la importación y los subsidios a la exportación han elevado el precio nacional del bien comerciable por encima de su nivel en el mercado mundial.

Suponiendo que la producción de cada sector está a cargo de empresas competitivas que operan con una tecnología de rendimientos constantes a escala, las demandas sectoriales de factores pueden escribirse como

$$L_h = y_h(L_h, J_h, K_h)C_w^h(w, \rho_h, E), \tag{2}$$

$$K_h = y_h(L_h, J_h, K_h)C_p^h(w, \rho_h, E), \tag{3}$$

$$J_h = y_h(L_h, J_h, K_h)C_E^h(w, \rho_h, E), \tag{4}$$

donde $h = N, T$ se refiere a los sectores productivos, y_h es la producción del sector h, C^h es la función de costo unitario del sector h, w es el salario nominal, y ρ es la tasa de renta del capital en el sector h.[7] Sea que P_h denote los precios finales en el sector h. La condición de beneficio cero nos da

$$P_h = wC_w^h + \rho_h C_\rho^h + EC_E^h. \tag{5}$$

En las ecuaciones (2) y (5) pueden despejarse los niveles de producción y de demanda factorial, así como la tasa de renta del capital en función del salario nominal, el precio de los insumos importados (la tasa de cambio nominal) y el precio de los bienes finales.

Las familias consumen ambas categorías de bienes y mantienen sólo dinero nacional en sus carteras. Suponiendo preferencias homotéticas y una función de utilidad separable en bienes y dinero, las funciones de demanda sectorial relativas pueden definirse como funciones homogéneas de grado cero en los precios:

$$D_h/A = d_h(P_N, P_T), \quad 0 \leq d_h \leq 1, \tag{6}$$

donde A, el gasto nominal agregado, se define por

$$A = P_N y_N^s + P_T y_T^s - EJ - (M - M^d), \tag{7}$$

donde J denota las importaciones totales de bienes intermedios. La ecuación (7) indica que el gasto agregado es igual a la diferencia existente entre el ingreso factorial neto y el atesoramiento, que depende de la diferencia existente entre los saldos monetarios efectivos (M) y deseados (M^d).[8] A su vez, se supone que los saldos deseados dependen del ingreso factorial neto:

$$M^d = P_N y_N^s + P_T y_T^s - EJ. \tag{8}$$

Los salarios nominales están indizados al nivel de los precios, el que se define como un promedio geométricamente ponderado de los precios de los bienes comerciables y los bienes no comerciables:

$$w = \tilde{w}(P_N^\delta E^{1-\delta})^\gamma, \quad \tilde{w} > 0, 0 < \delta, \gamma < 1. \tag{9}$$

---

[7] La obtención de los resultados mostrados en las ecuaciones (2)–(4) requiere la utilización del lema de Shephard, según el cual las funciones de demanda de insumos que minimizan el costo están dadas por las derivadas parciales de la función de costo respecto de los precios relevantes. Véase Buffie, 1984b.

[8] Véase una discusión detallada de la función de atesoramiento y su utilización en la macroeconomía de la economía abierta en Dornbusch y Mussa (1975) y en Frenkel y Mussa (1985).

Por último, la condición de vaciamiento del mercado para el mercado de bienes no comerciables puede escribirse como

$$y_N^s = Ad_N(P_N, P_T), \tag{10}$$

que determina el precio de los bienes no comerciables. Diferenciando logarítmicamente las ecuaciones (6)-(8) y simplificando, obtenemos en términos de las tasas de cambio

$$\hat{L}_h = \hat{\rho}_h \Theta_K^h (\sigma_{LK}^h - \sigma_{KK}^h) + \varepsilon \Theta_j^h (\sigma_{LJ}^h - \sigma_{KJ}^h) + \hat{w} \Theta_L^h (\sigma_{LL}^h - \sigma_{LK}^h), \tag{11}$$

donde Θ_j^h denota la participación del factor j en el total de los costos de producción del sector h, y σ_{ij} la elasticidad de sustitución parcial entre los factores i y j. ε denota la tasa de devaluación.

Utilizando (5) para sustituir a $\hat{\rho}_h$ y reordenando, obtenemos (véanse los detalles en Buffie, 1984b):

$$\hat{L}_h = \mathbf{L}_h(\overset{+}{\pi}_h, \overset{?}{\varepsilon}, \overset{-}{\hat{w}}), \quad \hat{J}_h = \mathbf{J}_h(\overset{+}{\pi}_h, \overset{-}{\varepsilon}, \overset{?}{\hat{w}}). \tag{12}$$

Las derivadas parciales obtenidas antes son funciones de las elasticidades de sustitución entre factores. El signo de los términos de los precios cruzados es indeterminado *a priori*, debido a la posible divergencia habitual entre los efectos de producción y de sustitución. En virtud de que las funciones de demanda de los factores son homogéneas de grado cero, la suma de todas las derivadas parciales en cada ecuación es igual a cero.

Por la ecuación (9), la tasa de cambio de los salarios nominales está dada por

$$\hat{w} = \gamma[\delta\pi_N + (1-\delta)\pi_T]. \tag{13}$$

Las ecuaciones (7)-(10), (12) y (13) pueden resolverse simultáneamente para obtener $\hat{L}_h$, $\hat{J}_h$, $\hat{w}$, y π_N, como una función de π_T o ε. Debido a que las soluciones son bastante complicadas en general, nos concentraremos en dos casos particulares.

XVIII.2.1.1. *Salarios nominales fijos*

Supongamos que los salarios nominales están fijos ($\gamma = 0$) y que, para simplificar, los insumos importados se utilizan sólo en el sector de los bienes comerciables.[9]

---

[9] Como lo demuestra Buffie (1984b), la introducción de insumos importados en el sector de bienes no comerciables no afecta la naturaleza cualitativa del análisis.

Se modela la liberalización comercial como una reducción de los aranceles de las importaciones y los subsidios de las exportaciones, aunada a una devaluación nominal. Se supone que el paquete se diseña en forma tal que la reducción de los aranceles es menor que la tasa de devaluación, lo que implica un aumento del precio nacional de los bienes comerciables, y por ende de los insumos importados.

Si los salarios nominales están fijos, el efecto del programa de reforma comercial sobre el empleo en el sector de los bienes comerciables es indeterminado. Por una parte, la devaluación neta conduce a una disminución del salario-producto, lo que estimula la demanda de mano de obra. Sin embargo, por otra parte, la liberalización conduce también a un incremento del precio relativo de los insumos importados. Que el efecto neto sea positivo o negativo depende del patrón de sustitución entre los factores y del efecto sobre la producción bruta. Si la función de producción en el sector de los bienes comerciables es separable en los factores primarios y los insumos importados, la condición que determina si el empleo aumenta o disminuye en el sector de los bienes comerciables está dada por

$$\pi_T - \varepsilon\theta_{JT} \gtreqless 0, \tag{14}$$

donde θ_{JT} denota la participación de los insumos importados en los costos de producción del sector de bienes comerciables. Pero si la función de producción *no* es separable y los insumos de capital e importados son mejores sustitutos que la mano de obra y los insumos importados, la condición (14) no es suficiente para garantizar un incremento de la demanda de mano de obra y el empleo.

La condición para que aumente el empleo tras la liberalización comercial es que el efecto expansivo, de cambio del gasto, domine al "efecto de atesoramiento" inducido por el cambio de los precios relativos y el efecto de reducción del gasto inducido por el efecto de ingreso negativo (que a su vez surge del cambio de los precios relativos), así como por la disminución potencial del empleo en el sector de los bienes comerciables. Si la elasticidad de precio cruzado de la demanda (compensada) de los bienes no comerciables es suficientemente grande, el efecto neto de la liberalización será una expansión del empleo en el sector de los bienes no comerciables. En cambio, si la elasticidad de precio cruzado de la demanda de bienes no comerciables es pequeña, el efecto neto de la reforma comercial sobre el empleo tenderá a ser negativo. Así pues, el efecto global de la liberalización sobre el empleo es en general ambiguo en una economía donde el capital está inmóvil a corto plazo y los salarios nominales son rígidos.

XVIII.2.1.2. *Salarios flexibles*

Supongamos ahora que los salarios pueden ajustarse libremente a los cambios de los precios, y que sólo el sector de los bienes comerciables utiliza insumos intermedios importados. Entonces los efectos de la liberalización comercial se vuelven más inciertos aún que con los salarios nominales rígidos. El salario-producto podría aumentar en el sector de los bienes comerciables, reduciendo más aún la demanda de mano de obra en ese sector. En el sector de los bienes no comerciables, en la medida en que el efecto de ingreso negativo asociado a un empleo menor en el sector de los bienes comerciables y el posible incremento del salario-producto compensen el efecto de cambio del gasto de la liberalización, el empleo podría bajar también. Por lo tanto, en este marco de dos sectores, una declinación global del salario real del consumidor —es decir, una baja del salario nominal dividido por el índice de precios del consumidor— puede asociarse a un aumento del empleo en la economía. Los experimentos de simulación realizados por Buffie (1984*b*) para paquetes de reforma que impliquen grados diversos de reducciones arancelarias y devaluaciones, y para diversos grados de indización salarial y elasticidades de sustitución entre los factores, sugieren que, en un gran número de casos plausibles, los efectos contractivos sobre el empleo pueden ser suficientemente grandes para contrarrestar los efectos expansivos. En particular, la rigidez del salario real aumenta considerablemente la contracción del empleo a corto plazo que se asocia a la liberalización comercial, a menos que haya un alto grado de sustitución entre la mano de obra y los insumos importados.

Aunque los datos disponibles hasta ahora no sugieren que las reformas comerciales hayan tenido un gran efecto adverso sobre el empleo a corto plazo, el análisis anterior indica que las interacciones existentes entre el proceso de formación de los salarios y la estructura de las actividades de producción podrían conducir a resultados macroeconómicos indeseables. Es importante advertir que aunque la liberalización comercial implique costos de ajuste a corto plazo, todavía puede resultar benéfica a largo plazo, porque las elasticidades de sustitución entre los insumos de la producción son generalmente mayores que a corto plazo. Sin embargo, es importante que se ponderen cuidadosamente los costos potenciales a corto plazo y se diseñe el proceso de reforma de tal modo que se minimicen tales costos. En el capítulo XX examinaremos la implicación de este principio general para la sustentabilidad y el ritmo óptimo de la reforma, tomando en cuenta los factores políticos y la necesidad de mantener la credibilidad en el proceso de ajuste.

XVIII.3. LIBERALIZACIÓN MONETARIA Y FINANCIERA

En el capítulo VI describimos la represión financiera como un régimen de política económica consistente con la imposición de elevados requerimientos de reservas a los bancos y los topes legales a sus tasas de préstamos activos y pasivos. Esa descripción era adecuada para el propósito de ese capítulo, que era el examen de la operación de la política monetaria bajo tal régimen. Sin embargo, en la práctica, la represión financiera consiste en un conjunto más amplio de restricciones legales sobre el comportamiento de los bancos. Además de las indicadas antes, se imponen restricciones a la competencia en la industria bancaria y a la composición de las carteras bancarias. Las primeras asumen la forma de barreras a la entrada en el sistema bancario y a la propiedad pública de los bancos, mientras que las últimas consisten en requerimientos de que los bancos realicen ciertas formas de préstamos y en la prohibición de que adquieran otros tipos de activos. Las primeras incluyen la imposición de "proporciones de liquidez", requiriendo que los bancos inviertan una porción especificada de sus carteras en instrumentos gubernamentales, así como los préstamos dirigidos a sectores productivos específicos, típicamente el sector exportador o la agricultura.

Park (1991) traza una distinción útil entre la reforma monetaria y la liberalización financiera en tal contexto. Define una reforma monetaria como un aumento de las tasas de interés controladas hasta niveles cercanos al de equilibrio, mientras se conservan las demás restricciones sobre el comportamiento de los bancos. En cambio, la liberalización financiera consiste en un conjunto de reformas mucho más ambicioso que trata de eliminar por lo menos algunas de las restricciones restantes sobre el comportamiento de los bancos. La liberalización financiera plena implica la privatización de las instituciones financieras públicas, la eliminación de las restricciones que impiden la entrada a la industria bancaria (incluidas algunas que impiden el acceso a bancos extranjeros), algunas medidas destinadas a vigorizar la competencia en los mercados financieros, la reducción de los requerimientos de reservas legales, la eliminación de los préstamos dirigidos, y la liberación de las tasas de interés oficiales.

La reforma monetaria y diversas formas de la liberalización financiera se están volviendo cada vez más comunes en el mundo en vías de desarrollo. En el capítulo VI se trataron problemas analíticos referentes a los efectos de la reforma monetaria sobre el equilibrio macroeconómico a corto plazo. En cambio, esta sección se concentrará en una revisión de las pruebas empíricas existentes acerca de los efectos de la reforma monetaria como una política estructural —es decir, una política diseñada para fortalecer el crecimiento económico a mediano plazo mediante la promoción de la acumulación y el uso eficiente de activos productivos— y acerca de las lecciones que han surgido de la experiencia de la reforma y la liberalización en los países en vías de desarrollo.

XVIII.3.1. *La reforma monetaria*

Los argumentos en favor de la reforma monetaria como una política estructural que conduzca a una ruta de crecimiento más elevada son obra de McKinnon (1973) y de Shaw (1973). Tales argumentos pueden resumirse brevemente como sigue: en un contexto donde los instrumentos de ahorro disponibles en el sistema financiero formal se limitan al efectivo, los depósitos a la vista y los depósitos a plazo, la elevación de las tasas de interés controladas hasta niveles cercanos al de equilibrio podría inducir un incremento de la tasa de ahorro, así como un cambio en las carteras, en contra de los inventarios, los metales preciosos, las divisas y los préstamos en el mercado paralelo, y a favor del sistema financiero formal. Las altas tasas de interés reales derivadas de la reforma incrementarían efectivamente la inversión total, en lugar de reducirla, porque la necesidad de acumular fondos para emprender inversiones cuantiosas hace que el dinero y el capital sean activos complementarios, antes que sustitutos (como lo subraya McKinnon), o porque se genera un efecto de "disponibilidad de crédito" (el conducto destacado por Shaw). Este último efecto opera como sigue: cuando las tasas de interés se encuentran por debajo del nivel de equilibrio, la inversión total está limitada por el ahorro disponible. Al incrementar el ahorro total y atraerlo hacia el sistema bancario, las tasas de interés reales más elevadas aumentarían la inversión al incrementar la disponibilidad del crédito. Además, después de la reforma monetaria se emprenderían muchos proyectos de alto rendimiento que antes no se financiaban, porque los bancos tienen economías de escala frente al mercado informal en lo tocante a la recolección y el procesamiento de información acerca de los prestatarios. Por lo tanto, los bancos son más eficientes que el mercado informal para canalizar fondos hacia proyectos de inversión de alto rendimiento. La conclusión es que el crecimiento económico se fortalece porque el aumento del ahorro incrementa la inversión y porque mejora la calidad de ésta.

Así pues, de acuerdo con estos argumentos, la elevación de las tasas de interés controladas debiera incrementar la demanda de depósitos nacionales a plazo y de ahorro, lo que debiera aumentar la cantidad y mejorar la calidad de la inversión nacional, lo que a su vez incrementa la tasa de crecimiento. Las pruebas de estas proposiciones asumen dos formas. Los estudios econométricos han examinado cada una de estas proposiciones por separado, y a veces han explorado la conexión existente entre el objetivo inmediato de la política económica (tasas de interés reales más elevadas) y los objetivos intermedios o finales bajo la forma de la inversión y el crecimiento económico. Otro tipo de pruebas evalúan la experiencia de los países que han emprendido reformas monetarias.

Los estudios econométricos se emprendieron en relación con estas proposiciones poco después de su formulación inicial por McKinnon y Shaw. Vogel y Buser (1976) razonaron que, bajo la represión financiera, una tasa de inflación mayor debiera reducir la inversión privada, porque se asociaría a tasas de interés reales menores. Sin embargo, encontraron escasas pruebas de este efecto en una muestra de 16 países latinoamericanos. Pero al mismo tiempo descubrieron que la inflación afectaba significativamente la demanda de depósitos a plazo y de ahorro en estos países, y que el nivel de la inversión dependía positivamente de la tasa de acumulación de depósitos a plazo y de ahorro. Los autores interpretaron esto último como prueba de las hipótesis de la complementariedad y la disponibilidad de crédito. Galbis (1979) también verificó la hipótesis de la complementariedad directa de McKinnon, en este caso incluyendo la tasa de inversión en las funciones de demanda de dinero de 19 países latinoamericanos. Encontró escaso apoyo para la proposición, ya que el coeficiente de la inversión era significativamente positivo sólo en cuatro de los casos. Al igual que Vogel y Buser, Galbis no pudo encontrar efectos negativos de la inflación sobre los niveles de la inversión, en regresiones de la inversión en intervalos de tiempo o en secciones transversales. En una muestra conjunta de intervalos de tiempo y secciones transversales de 20 países en vías de desarrollo, Lanyi y Saracoglu (1983) descubrieron que los incrementos de la tasa de interés real de los depósitos aumentaban las tasas de ahorro nacionales, y que la tasa de interés real de los depósitos tenía un coeficiente positivo y significativo en una regresión de la tasa de crecimiento sobre la tasa de interés de los depósitos.

Fry (1996) realizó un estudio sistemático de las pruebas econométricas, examinando cada paso del conjunto de proposiciones que conectan a la reforma monetaria con el crecimiento económico. Utilizando regresiones combinadas de intervalos de tiempo y sección transversal en varias muestras de países asiáticos, Fry concluyó que los datos revelaban un débil efecto positivo de las tasas reales de los depósitos sobre el ahorro nacional, pero un fuerte efecto positivo sobre la demanda de dinero y la oferta de crédito. A su vez, la oferta de crédito tenía un fuerte efecto positivo sobre la inversión, lo que corroboraba el efecto de la "disponibilidad de crédito". Sin embargo, Fry no encontró ninguna prueba del efecto de "complementariedad" de McKinnon, que verificó incluyendo la tasa de inversión en una función de demanda de dinero. Por último, Fry descubrió pruebas de dos tipos en apoyo del mejoramiento de la calidad de la inversión. Primero, las tasas de interés reales de los depósitos se correlacionaban positivamente con la proporción incremental de producto-capital (PICP), tomada como una estimación de la eficiencia de la inversión. Segundo, la tasa de interés real de los depósitos tenía un efecto positivo sobre el crecimiento económico en una regresión simple de una variable sobre la otra. En un estudio más reciente, concentrado en un conjunto más amplio de países se obtuvieron resultados similares.

En la mayoría de los estudios que comprenden esta literatura, se ha estudiado en esta forma simple la conexión existente entre las tasas de interés reales de los depósitos y el crecimiento económico. Sin embargo, el hallazgo de una correlación positiva puede ser consistente con la causación de las tasas de interés por el crecimiento, o con un tercer factor común (como la inflación) al crecimiento y a las tasas de interés. Gelb (1989) exploró esta cuestión en mayor detalle, utilizando una muestra de sección transversal de 34 países en vías de desarrollo con datos de 1965 a 1985. Como en otros estudios, Gelb descubrió que las tasas de interés reales de los depósitos tenían fuertes efectos positivos sobre el crecimiento y la PICP, pero efectos positivos más débiles sobre la proporción de inversión. Además, descubrió también que la inclusión de variables adicionales debilitaba los efectos de las tasas de interés sobre la inversión, pero no sobre la PICP. En general, concluyó que el efecto de la eficiencia sobre la inversión, y no el efecto sobre el volumen total de la inversión, explicaba la relación positiva existente entre las tasas de interés reales y el crecimiento. Descubrió también que la inclusión de otras medidas de la distorsión debilitaba la relación existente entre las tasas de interés reales y el crecimiento, aunque seguía siendo positiva. De igual modo descubrió que una elevación de la tasa de interés real de los depósitos aumentaba la porción del ahorro interno canalizada a través del sistema financiero formal, y que esta porción tenía sobre el crecimiento un efecto más fuerte que el del nivel del ahorro mismo, lo que interpretó como el establecimiento de la conexión causal entre las tasas de interés reales de los depósitos y el crecimiento económico, es decir, a través de una intermediación más eficaz hacia la inversión de mayor productividad.

Sin embargo, Dornbusch y Reynoso (1993) han sugerido otra interpretación de tales resultados. Estos autores señalaron que, en un modelo de crecimiento neoclásico, el crecimiento del producto per cápita puede escribirse como

$$\hat{y} - n = \alpha\left[\left(\frac{I}{y}\right)\left(\frac{K_{-1}}{y}\right)^{-1} - n\right],$$

donde y es el producto real, K el acervo de capital, I la inversión neta, n la tasa de crecimiento de la fuerza de trabajo, y α la participación del capital. Así pues, lo que importa para el crecimiento contemporáneo es la eficiencia media, no marginal, del capital, y es probable que tal eficiencia mejore sólo con gran lentitud, mediante el mejoramiento de la eficiencia de la inversión.[10] Su inter-

[10] Este argumento se basa en la utilización de la función de producción neoclásica convencional. La nueva literatura del crecimiento endógeno ha ofrecido algunos ejemplos de tecnologías

pretación de la correlación existente entre las tasas de interés reales de los depósitos y el crecimiento es que la inflación elevada impide el crecimiento primordialmente a través de las distorsiones inducidas por la incertidumbre.

Los resultados de Gelb, y los argumentos de Dornbusch y Reynoso en conjunto, dejan la confirmación de los efectos de la reforma monetaria sobre el crecimiento en un estado de indefinición. Una interpretación podría ser la siguiente. Las altas tasas de interés real de los depósitos es improbable que tengan efectos fuertes sobre la tasa de ahorro. Los resultados antes citados y las pruebas más detalladas reseñadas en el capítulo III son consistentes con esta conclusión. Sin embargo, la reforma monetaria induce aparentemente ciertos cambios en las carteras hacia los instrumentos financieros nacionales. Pero es posible que esto no tenga un gran efecto sobre el volumen de la inversión. Hay pocas pruebas en favor del efecto de "complementariedad", y aunque el efecto de la "disponibilidad de crédito" está más fuertemente apoyado por los datos —en el sentido de que, en igualdad de circunstancias, un aumento de la oferta de crédito se correlaciona positivamente con el nivel de la inversión (véase también el capítulo III)—, la ausencia de una relación positiva entre las tasas de interés reales de los depósitos y la inversión pone en tela de juicio que esta correlación deba interpretarse como un apoyo al canal de la "disponibilidad de crédito". Por último, aunque una correlación positiva entre las tasas de interés reales de los depósitos y el crecimiento parece ser una característica de los datos de los países en vías de desarrollo, la interpretación de esta relación es problemática. Es posible que tal correlación refleje alguna contribución del efecto de eficiencia discutido antes, pero es posible que la tasa de interés real de los depósitos esté actuando también como una estimación de distorsiones más generales, incluidas las incertidumbres asociadas a la inflación elevada e inestable.

Como sería de esperarse, las pruebas episódicas asociadas a los casos de reforma monetaria en países específicos no ofrecen un veredicto claro, esencialmente porque no se dan las condiciones de *ceteris paribus*. Como una ilustración, consideremos la reforma monetaria coreana de 1965. Como se describe en McKinnon (1976), las tasas nominales de los depósitos y los préstamos habían estado adheridas a niveles bajos en Corea antes de la reforma, lo que generaba tasas reales fuertemente negativas en 1963-1964. Las tasas nominales se revisaron hacia arriba, pero no se liberaron, en septiembre de 1965, y las restricciones del crédito dirigido se redujeron pero no se eliminaron, lo que califica este episodio como una reforma monetaria antes que como una liberalización financiera completa. Las tasas de rendimiento reales se elevaron marcadamente después de la reforma, la proporción del dinero en sentido amplio al PIB se multiplicó

de la producción tales como la función *"AK"* que se describe en el capítulo XVII, para la que este argumento perdería su fuerza porque el producto marginal del capital es igual a su producto medio. Sin embargo, la relevancia empírica de estas alternativas a la especificación neoclásica convencional no se ha determinado aún.

por 7 entre 1964 y 1969, el ahorro privado aumentó, y el crecimiento económico experimentó una aceleración muy fuerte. McKinnon interpretó esto como una corroboración del efecto positivo de la reforma monetaria sobre el crecimiento económico, por los canales antes mencionados. Giovannini (1985) llegó a conclusiones diferentes. Destacó que la mayor parte del incremento del ahorro nacional observado en Corea después de 1965 surgió en el sector público, debido a una corrección fiscal. Señaló además que el incremento medido del superávit de las familias después de la reforma era un evento singular concentrado en 1966, y que la correlación existente entre el superávit y la tasa de interés real era negativa después de ese año. Concluyó entonces que el incremento medido del ahorro puede haberse debido al registro de un cambio de las carteras, en contra del mercado informal, como un cambio del ahorro.

XVIII.3.2. *La liberalización financiera*

Contrariamente a lo que ocurre con la reforma monetaria, las pruebas de los efectos de la liberalización financiera son en su mayor parte episódicas. Aún así, ha surgido un consenso acerca de las lecciones que pueden aprenderse de la experiencia de los países en vías de desarrollo, basada primordialmente en las reformas financieras emprendidas en los países del Cono Sur de América Latina a fines de los años setenta. El consenso está representado por Villanueva y Mirakhor (1990), quienes sostienen que el éxito de la liberalización financiera requiere la estabilidad macroeconómica y un sistema fuerte y eficaz de supervisión bancaria como condiciones previas, y que el éxito es más probable si se eliminan gradualmente los controles de las tasas de interés mientras se establecen estas condiciones.[11] Se cita a Sri Lanka y a Corea como países que avanzaron gradualmente hacia la liberalización financiera, mientras se establecían las condiciones previas requeridas. En ausencia de estas condiciones, es probable que la liberalización financiera completa se asocie a grandes elevaciones de las tasas de interés reales, la quiebra de instituciones financieras y la pérdida del control monetario. Los primeros ejemplos de estos resultados son las liberalizaciones del Cono Sur, así como las experiencias de Filipinas y Turquía. Las dificultades del sector bancario, enfrentadas por varios países en vías de desarrollo (incluidos México, Venezuela y Tailandia) en años más recientes, también han ayudado a señalar la importancia de la estabilidad macroeconómica y la adecuada supervisión bancaria.[12]

[11] Véase también a Galbis (1993), Leite y Sundararajan (1990), y Sundararajan y Baliño (1991). Galbis llama a esta convergencia de opiniones el "consenso de Washington", porque surgió de la experiencia de las instituciones prestamistas internacionales en la promoción de las reformas financieras.
[12] Véase la discusión en Goldstein y Turner (1996).

El argumento es el siguiente: La inestabilidad macroeconómica incrementa la varianza y la covarianza entre los proyectos financiados por los bancos. Esto aumenta el riesgo de las carteras bancarias. Si los depósitos no están asegurados o no se asigna al seguro un precio correcto, un análisis con los lineamientos del modelo de Stiglitz-Weiss del racionamiento del crédito bajo asimetrías de la información pronostica que los bancos reducirían las tasas de interés y racionarían el crédito más severamente.[13] En cambio, con un seguro de los depósitos de precio inadecuado, el azar moral inducirá a los bancos a elevar las tasas de interés para atraer depósitos y financiar proyectos de alto riesgo, porque en efecto sólo tienen una apuesta: si los proyectos prosperan, los dueños de los bancos reciben los beneficios, mientras que si no lo hacen, el gobierno paga la cuenta de los depositantes y los dueños de los bancos sólo arriesgan su limitado capital. Este resultado puede evitarse cuando se asigna un precio correcto al seguro de los depósitos, porque así se obliga a los bancos a pagar el alto riesgo que sus elecciones de cartera imponen al gobierno, obligándolos a interiorizar las consecuencias de sus acciones. El mismo resultado podría lograrse mediante una supervisión bancaria adecuada, aunque el seguro de los depósitos sea gratuito o tenga un precio inadecuado.[14]

Villanueva y Mirakhor (1990), para ilustrar estos puntos, citan las experiencias contrastantes de los países del Cono Sur y de Filipinas y Turquía, por una parte, y por otra la de Malasia. Todos estos países avanzaron hacia la liberalización plena de las tasas de interés en un periodo muy corto. En Argentina, Chile y Uruguay, la rápida eliminación de los topes de las tasas de interés y los controles del crédito, entre mediados y fines de los años setenta,[15] se vio acompañada del relajamiento de la supervisión bancaria y la extensión explícita (Argentina) o implícita (Chile) de los seguros de depósitos, todo ello en el contexto de una inflación elevada y un desempeño económico poco satisfactorio. En efecto, las medidas de liberalización financiera se acompañaron de innovadores programas de estabilización macroeconómica en los tres países (véase el capítulo X). Las dificultades macroeconómicas anteriores no implicaban sólo las incertidumbres asociadas a la iniciación simultánea de programas de estabilización, sino también que las carteras de los bancos incluían ya un número extraordinario de préstamos malos, que efectivamente reducía el capital bancario e incrementaba los problemas del azar moral creados por el seguro de los depósitos. En todos los

---

[13] Véase en Jaffee y Stiglitz (1990) una discusión detallada del modelo de Stiglitz-Weiss. En una extensión reciente de su análisis, Stiglitz y Weiss (1992) han demostrado que incluso si los prestamistas pueden variar simultáneamente los requerimientos de avales y las tasas de interés cobradas a los solicitantes de préstamos, el racionamiento del crédito sigue siendo un resultado de equilibrio en presencia de los problemas de la selección adversa y los incentivos.

[14] Este resultado se evitaría por la supervisión mediante la imposición de normas de reservas para préstamos malos y para la adecuación del capital, lo que incrementa las pérdidas potenciales de los accionistas cuando los bancos hacen préstamos riesgosos.

[15] Chile inició su proceso de liberalización en 1974, Argentina en 1975 y Uruguay en 1976.

países del Cono Sur, las tasas bancarias activas subieron rápidamente a niveles reales elevados, a lo que siguieron los préstamos a empresas en graves problemas, de modo que las quiebras se volvieron comunes. En todos los casos, los programas de liberalización y estabilización se derrumbaron en medio de una crisis financiera a principios de los años ochenta. Las liberalizaciones de Filipinas y Turquía en los años ochenta, se realizaron en circunstancias similares y en una forma semejante. Como sería de esperarse, produjeron resultados similares.[16]

Los casos exitosos ilustran también los principios generales. Aunque la liberalización financiera se realizó rápidamente en Malasia desde fines de 1978, este país tenía una larga tradición de estabilidad macroeconómica y supervisión bancaria. La transición a un sistema financiero liberalizado se hizo suavemente, sólo con un incremento moderado de las tasas de interés reales y sin quiebras generalizadas que culminaran en un desastre financiero.[17, 18] Por otra parte, al igual que los países del Cono Sur, Sri Lanka (en 1977) y Corea (en 1981) emprendieron la liberalización a partir de condiciones iniciales caracterizadas por un desempeño macroeconómico poco satisfactorio. Sin embargo, al revés de lo ocurrido en los países del Cono Sur, ambos países asiáticos eliminaron gradualmente las restricciones de las tasas de interés al mismo tiempo que perseguían la estabilidad macroeconómica y una regulación más estricta y prudente de los bancos. En ambos países se permitió una flexibilidad mayor (aunque no una liberalización plena) sólo después de que se había logrado la estabilidad macroeconómica y se había fortalecido el mecanismo de supervisión.

XVIII.4. UNIFICACIÓN DE LOS MERCADOS DE DIVISAS

Como vimos en capítulos anteriores, los intentos de imposición de restricciones cambiarias y comerciales en los países en vías de desarrollo han conduci-

---

[16] Véase en Denizer (1994) una discusión de la experiencia de Turquía en el campo de la liberalización financiera, con énfasis particular en el papel de la estructura del mercado y de la competencia en la industria bancaria.

[17] Mathieson (1980) destacó la necesidad de que los responsables de las políticas apliquen un programa gradual de liberalización financiera a fin de limitar el riesgo de las quiebras generalizadas.

[18] Como lo señaló Cho (1986) en un análisis del modelo de Stiglitz-Weiss, la liberalización de la tasa de interés no elimina por completo el racionamiento del crédito porque, a tasas de interés suficientemente elevadas, el riesgo adicional podría hacer que los beneficios esperados de los bancos fuesen menores. El problema podría agravarse por el hecho de que las empresas podrían carecer de toda oportunidad alternativa para obtener recursos de capital destinados a su inversión. Por lo tanto, Cho sugiere que debería promoverse el desarrollo de los mercados de valores junto con la liberalización del sistema financiero. Una dificultad potencial con las conclusiones de Cho es que los mercados de valores no se utilizan ampliamente en los países en vías de desarrollo como fuentes primarias del capital, como sí ocurre en los países industrializados (véase el capítulo V). Sin embargo, los datos recientemente proporcionados por la Corporación Financiera Internacional sugieren que, en países tales como Corea, México, Tailandia y Turquía, es posible que los fondos de inversión hayan superado al financiamiento con deuda o a los fondos internamente generados (como una proporción de los gastos de inversión neta) durante los años ochenta.

do casi invariablemente al surgimiento de un mercado ilegal de divisas, cuya existencia implica diversos costos: alta volatilidad de las tasas de cambio y de los precios, creación de incentivos para la realización de actividades estériles, o desviación de las remisiones del valor de las exportaciones del mercado oficial al mercado paralelo, y pérdida de la recaudación tributaria. La evidencia citada en el capítulo XVII liga tal fenómeno a la reducción de tasas de crecimiento a largo plazo. El reconocimiento creciente de estos efectos adversos ha llevado a los responsables de las políticas de muchos países en vías de desarrollo a buscar procedimientos para la unificación de los mercados oficiales y paralelos de las divisas.

El proceso de unificación de la tasa de cambio tiene como objetivo final la absorción y legalización del mercado paralelo de divisas, así como la eliminación de las ineficiencias y la fragmentación del mercado asociadas a una actividad semiilegal, para obtener así una asignación eficiente de los ingresos de divisas. En la práctica, los esfuerzos de unificación han asumido a menudo la forma de la adopción (por lo menos durante un periodo transitorio) de una tasa de cambio flotante uniforme.[19] El trabajo analítico en esta área ha revelado que el impacto de tal cambio de la política económica sobre el comportamiento de la tasa de cambio y la inflación, a corto y largo plazos, es en general ambiguo. Discutiremos en primer término la dinámica de la unificación del mercado de divisas a corto plazo; luego examinaremos sus efectos a largo plazo.

XVIII.4.1. *La dinámica de la unificación a corto plazo*

Los efectos a corto plazo de una adopción futura, previamente anunciada, de un arreglo unificado de tasa de cambio flexible, han sido examinados por Lizondo (1987), Kiguel y Lizondo (1990), y Agénor y Flood (1992). Presentaremos aquí un modelo simple que nos permitirá identificar los principales factores que afectan la dinámica del precio y de la tasa de cambio asociada al proceso de unificación.[20] Después de presentar el modelo, discutiremos el comportamiento del costo mayor y de las reservas extranjeras antes y después de la reforma.

---

[19] En teoría, la unificación puede asumir también la forma de la adopción de una tasa de cambio fija uniforme al inicio de un régimen de adhesión deslizante —donde los cambios de los activos extranjeros netos vacían el mercado oficial—, pero pocos países en vías de desarrollo han utilizado estas opciones en los últimos años.

[20] El modelo se basa en supuestos muy similares a los que se encuentran detrás de los modelos de cartera de los mercados de divisas informales, discutidos en el capítulo II. Este modelo se elabora con mayor detalle en Agénor y Flood (1992), quienes estudian también las implicaciones reales de las reformas de la tasa de cambio. Agénor y Ucer (1998) analizan el caso en que el régimen posterior a la reforma es un arreglo de flotación administrada.

XVIII.4.1.1. *El régimen de dos tasas antes de la reforma*

Consideremos una pequeña economía abierta que opera con un régimen informal de tasa de cambio doble donde una tasa de cambio oficial, adherida, coexiste con una tasa de cambio paralela, determinada libremente. La tasa oficial se aplica a las transacciones de cuenta corriente autorizadas por las autoridades, mientras que la tasa paralela se utiliza en las transacciones de cuenta de capital y para el resto de los rubros de la cuenta corriente. Los agentes tienen una previsión perfecta y mantienen en sus carteras saldos en moneda nacional y en moneda extranjera. La producción nacional consiste en un solo bien exportable y se toma como exógena. En cada periodo, los exportadores entregan una porción dada de sus ganancias de divisas a la tasa de cambio oficial y repatrían el resto por la vía del mercado paralelo.

Formalmente, el modelo se describe por las siguientes ecuaciones log-lineales, donde todos los parámetros se definen como positivos:

$$m - p = \alpha \dot{s}, \tag{15}$$

$$m = \gamma R + (1 - \gamma)d, \quad 0 < \gamma < 1, \tag{16}$$

$$p = \delta s + (1 - \delta)e, \quad 0 < \delta < 1, \tag{17}$$

$$\dot{R} = -\Phi(s - e), \tag{18}$$

$$\dot{d} = 0, \tag{19}$$

donde m denota el acervo de dinero nominal, d el crédito nacional, R el acervo de activos extranjeros netos mantenidos por el banco central, p el nivel de los precios nacionales, e la tasa de cambio oficial, y s la tasa de cambio paralela. Todas las variables se miden en logaritmos.

La ecuación (15) describe el equilibrio del mercado de dinero. La ecuación (16) es una aproximación log-lineal que define el acervo de dinero nacional como un promedio ponderado del crédito nacional y las reservas extranjeras. La ecuación (17) indica que el nivel de los precios depende de la tasa de cambio oficial y la tasa de cambio paralela. Esto deriva del supuesto de que algunas transacciones comerciales se realizan en el mercado paralelo, donde el precio de estas importaciones refleja el costo marginal de las divisas, es decir, la tasa paralela. Por lo tanto, se aplica el supuesto de la paridad del poder de compra con una tasa de cambio compuesta, y el nivel de los precios extranjeros se ha fijado igual a uno (de modo que su logaritmo es cero) para simplificar.[21] La

---

[21] Alternativamente, el coeficiente δ puede verse como una aproximación a la porción de las

ecuación (18) describe el comportamiento de los activos extranjeros netos. El efecto negativo del costo mayor —definido como la diferencia existente entre la tasa de cambio oficial y la tasa de cambio paralela— sobre el comportamiento de las reservas deriva de su impacto sobre la subfacturación de las exportaciones. Entre mayor sea la tasa de cambio paralela en relación con la tasa oficial, mayor será el incentivo para falsificar las facturas de las exportaciones y desviar los ingresos de las exportaciones hacia el mercado paralelo.[22] Por último, la ecuación (19) indica que el acervo de crédito es constante a través del tiempo.

En el sistema de tasa de cambio doble anterior a la reforma, la tasa de cambio paralela orientada hacia adelante s, y el nivel predeterminado de las reservas oficiales R, son variables endógenas, mientras que la tasa de cambio oficial e, se supone fijada por las autoridades. Después de la reforma, en el régimen de tasa de cambio flexible unificada, $s = e = \varepsilon$, y las reservas permanecen constantes. Examinaremos ahora el comportamiento de las variables endógenas en los dos regímenes.

Con d como constante y resolviendo (15)-(19), obtenemos

$$
\begin{bmatrix} \dot{s} \\ \dot{R} \end{bmatrix} = \begin{bmatrix} \delta/\alpha & -\gamma/\alpha \\ -\Phi & 0 \end{bmatrix} \begin{bmatrix} s \\ R \end{bmatrix} + \begin{bmatrix} \Omega \\ \Phi_e \end{bmatrix},
\tag{20}
$$

donde $\Omega = -(1-\gamma)d/\alpha + (1-\delta)e/\alpha$. Desde el momento en que lo que determina la matriz del coeficiente es $-\gamma\Phi/\alpha < 0$, el sistema (20) es estable en un punto, con una raíz negativa (denotada por v_1) y una raíz positiva, v_2. Despejando para obtener las soluciones particulares, obtenemos

$$
s = \tilde{s} + C_1 e^{-v_1 t} + C_2 e^{-v_2 t},
\tag{21}
$$

$$
R = \bar{R} + \kappa_1 C_1 e^{-v_1 t} + \kappa_2 C_2 e^{-v_2 t}, \quad \kappa_1 > 0, \kappa_2 < 0
\tag{22}
$$

donde C_1 y C_2 son coeficientes todavía indeterminados, y $\tilde{s} = e$ y $\bar{R} = [e - (1-\gamma)d]/\gamma > 0$ denota los valores de Estado estable de la tasa paralela y de las reservas de divisas.

Supongamos en primer término que el sistema de tasa doble existente se espera que dure para siempre. La estabilidad requeriría entonces que se fijara

---

[22] transacciones realizadas ilegalmente en el mercado paralelo, en relación con el total de las transacciones del comercio exterior. El valor de δ resultante de la interpretación dada en el texto tenderá a aproximarse más a la unidad que el valor obtenido con esta interpretación alternativa.

[22] Un modelo más general de cambios de las reservas incluiría un término positivo (digamos Ω) en la ecuación (18), a fin de captar la política del banco central en lo tocante a la asignación de las transacciones entre los mercados. Entre mayor sea la proporción de las exportaciones —y menor la proporción de las importaciones— legalmente asignadas al mercado oficial, mayor sería Ω. Tal formulación implicaría un costo mayor positivo en el estado estable que se deriva más adelante.

$C_2 = 0$ en las soluciones (21) y (22). La utilización de una condición inicial de las reservas, R_0, nos permite determinar a C_1. La ruta de equilibrio de la economía en este escenario es la única ruta no explosiva SS (que pasa por el punto estacionario E) se presenta en la gráfica XVIII.2. Para un costo mayor positivo (negativo), las reservas están bajando (aumentando), como lo indican las flechas que apuntan hacia el oeste (este) en la gráfica. La ruta de equilibrio SS tiene una pendiente positiva (igual a $-\Phi v_1$) y es más plana que la curva $[\dot{s}=0]$. El incremento en la elasticidad del interés α rota las curvas $[\dot{s}=0]$ y SS en el sentido de las manecillas del reloj. Un incremento en d desvía la curva $[\dot{s}=0]$ y el punto de equilibro E hacia la izquierda. Un incremento en la propensión a subfacturar Φ se traduce en una rotación de SS en el sentido de las manecillas del reloj. Finalmente, una devaluación del tipo de cambio oficial lleva a un cambio ascendente de la curva $[\dot{R}=0]$ y desvía la curva $[\dot{s}=0]$ hacia la derecha. A largo plazo, una devaluación conduce a una depreciación equiproporcional del tipo de cambio paralelo y a un incremento en las reservas.

Si los responsables de las políticas anuncian su intención de cambiar a un arreglo de tasa flotante en una fecha futura bien definida, los agentes orientados hacia adelante preverán el abandono del sistema de tasa doble. En ese caso, el coeficiente C_2 no será cero. Por el contrario, como se demuestra más adelante, los coeficientes C_1 y C_2 se determinarán de tal modo que se satisfagan las restricciones impuestas por una transición perfectamente prevista al régimen posterior a la reforma.

XVIII.4.1.2. *El régimen de tasa flexible posterior a la reforma*

Sea que $T > 0$ denote la flecha de la transición futura anunciada en el periodo $t = 0$, es decir, el instante inicial en el que los elaboradores de las políticas intentan cambiar al régimen de tasa flexible. En el sistema de tasa flexible posterior a la reforma, $\varepsilon = e = s$, una condición que nos da, por la ecuación (18), $\dot{R}=0$. Por lo tanto, las reservas permanecen constantes más allá de $t \geq T$ en, digamos, el nivel R_T^+. Bajo estos supuestos, la tasa de cambio flexible unificada está determinada por

$$\alpha\dot{\varepsilon} - \varepsilon = -m_T^+, \quad t \geq T \tag{23}$$

donde

$$m_T^+ = \gamma R_T^+ + (1-\gamma)d, \quad t \geq T. \tag{24}$$

La ecuación (23) es una ecuación diferencial lineal en ε, cuya solución es

GRÁFICA XVIII.2. *El equilibrio del Estado estable antes de la reforma*

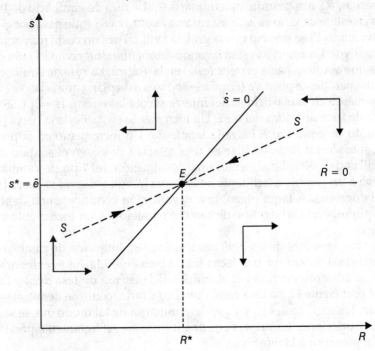

FUENTE: Agénor y Flood, 1992, p. 930.

$$\varepsilon = Ce^{t/\alpha} + m_T^+, \quad t \geq T. \tag{25}$$

Para descartar burbujas especulativas se requiere que $C = 0$. Por lo tanto, la tasa de cambio vigente en el instante en que la economía cambia a un régimen de tasa flotante unificada es

$$\varepsilon_T^+ = m_T^+, \quad t \geq T, \tag{26}$$

que depende de la fecha de la reforma, porque está linealmente relacionada con el acervo terminal de reservas en T. La relación existente entre las reservas y la tasa de cambio unificada en el momento T define una "curva terminal", denotada CC en el análisis que sigue, cuya pendiente es igual a γ.[23]

---

[23] Lai y Chang (1994) sugirieron el uso de la curva terminal CC en el modelo de unificación de Agénor-Flood.

XVIII.4.1.3. *La dinámica en espera de la reforma*

Examinaremos ahora cómo evolucionarán las reservas y el costo mayor cuando los agentes prevén perfectamente la transición de un régimen de tasa doble a un sistema flexible. Esencialmente, esto requiere el establecimiento de condiciones que "conecten" a los dos regímenes. En este modelo hay dos requerimientos: una condición inicial para las reservas R_0, y una condición de continuidad de los precios, que impide un brinco de la tasa de cambio paralela en el momento en que se implante la reforma:

$$R_0 = \tilde{R}_0, \quad s_T = \varepsilon_T^+, \quad t \geq T. \tag{27}$$

Las condiciones (27) nos permiten determinar las constantes C_1 y C_2 en las soluciones de las reservas y la tasa de cambio paralela obtenidas para el régimen de tasa doble. Haciendo $t = 0$ en la ecuación (22), $t = T$ en las ecuaciones (21) y (22), y utilizando (26) y (27), obtenemos

$$\kappa_1 C_1 + \kappa_2 C_2 = \tilde{R}_0 - \tilde{R}, \tag{28}$$

$$\tilde{R} + \kappa_1 C_1 e^{-v_1 T} + \kappa_2 C_2 e^{-v_2 T} = \tilde{s} + C_1 e^{-v_1 T} + C_2 e^{-v_2 T}. \tag{29}$$

Resolviendo este sistema, obtenemos

$$C_1 = [(1 - \kappa_2)e^{v_2 T}(\tilde{R}_0 - \tilde{R}) - \kappa_2(\tilde{R} - e)]/\Delta, \tag{30}$$

$$C_2 = [\kappa_1(\tilde{R} - e) - (1 - \kappa_1)e^{v_1 T}(\tilde{R}_0 - \tilde{R})]/\Delta, \tag{31}$$

donde $\Delta = \kappa_1(1 - \kappa_2)e^{v_1 T} - \kappa_2(1 - \kappa_1)e^{v_1 T}$.

Sustituyendo las ecuaciones (30) y (31) en las ecuaciones (21) y (22) obtenemos las soluciones para la tasa de cambio paralela y las reservas extranjeras antes de la reforma, es decir, para $0 \leq t < T$. Como lo indican las ecuaciones (30) y (31), estas soluciones dependen de la relación existente entre el valor inicial de las reservas $\tilde{R}_0$, y su valor de Estado estable en el régimen de tasa doble (permanente) $\tilde{R}$, así como del nivel inicial del crédito interno, porque $-R - e = -(1 - \gamma)(d - e)/\gamma$. Un caso realista para los países en vías de desarrollo es una situación inicial en la que existe un premio positivo hasta un instante antes del anuncio de la reforma futura, es decir, cuando $s_0 > e = \tilde{s}$. A partir de las soluciones anteriores (o directamente de la gráfica XVIII.2), puede verificarse que tal condición se satisface para $\tilde{R}_0 > \tilde{R}$.

Suponiendo que se da esta condición, debemos considerar dos casos, dependiendo de las posiciones iniciales de la ruta de equilibrio SS y de la curva terminal CC. La gráfica XVIII.3 ilustra el caso en que CC es más empinada que

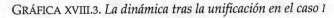

GRÁFICA XVIII.3. *La dinámica tras la unificación en el caso* I

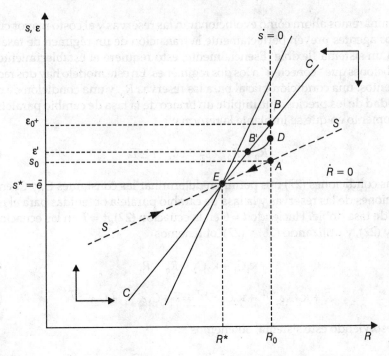

SS.[24] En tal situación, $e < s_0 < \varepsilon_T^+$. Un anuncio en $t = 0^+$, de una reforma futura en T, genera una depreciación inmediata de la tasa de cambio paralela —en relación con su ruta previamente anticipada— y una baja gradual de las reservas.

El comportamiento dinámico en anticipación de la reforma en este escenario se ilustra en la gráfica XVIII.3. Como supusimos antes, la economía antes del anuncio de la reforma es tal que $\tilde{R}_0 > \tilde{R}$ (correspondiente a un costo mayor positivo) y se ubica en un punto tal como A en la ruta de equilibrio SS. La posición del equilibrio de Estado estable en el régimen posterior a la unificación depende de la distancia de la fecha de transición T. Consideremos primero el caso en que la reforma ocurre "de la noche a la mañana", es decir, en que $T \rightarrow 0^+$. Tras el anuncio, la economía se mueve de inmediato a su Estado estable posterior a la reforma. La tasa de cambio paralela brinca del punto A al

---

[24] Adviértase que aquí la curva CC (cuya pendiente es igual a γ) no puede ser más empinada que la curva $[\dot{s} = 0]$ (cuya pendiente es igual a γ/δ), porque se asume $\delta < 1$. Sin embargo, en el contexto más general discutido por Agénor y Flood (1992) sí existe esta posibilidad y afecta a la dinámica del sistema a corto plazo.

punto B (ubicado en CC), sin cambio alguno en el acervo inicial —y por lo tanto final— de las reservas, y con una tasa de cambio unificada igual a ε_{0^+}.

Consideremos ahora el caso en que T es positivo. En el momento en que se anuncia la reforma futura, la tasa de cambio paralela se deprecia instantáneamente (brincando a un punto tal como D) y se aprecia continuamente durante el periodo de transición hacia el punto B' sobre la curva CC, que se alcanza —sin nuevos brincos— en el momento en que se implanta la reforma, T. La tasa de cambio unificada es igual a ε', que está más apreciada que ε_{0^+}. Por último, si se anuncia que la reforma de la tasa de cambio ocurrirá en el futuro muy distante —es decir, para $T \to \infty$—, el anuncio no tendrá ningún efecto sobre la ruta de la tasa de cambio paralela y la de las reservas. La economía permanecerá en la posición inicial A tras el anuncio, y luego avanzará por la ruta de equilibrio original SS, hacia el punto E.[25] Por lo tanto, hay tres posibles rutas asociadas a la unificación cuando la curva terminal CC es más empinada que SS. Mientras que las reservas bajan de continuo, la tasa de cambio del mercado paralelo puede brincar instantáneamente hacia un nivel de equilibrio más depreciado, apreciarse continuamente luego de una depreciación inicial, o apreciarse de continuo sin ningún brinco inicial hacia la tasa de cambio unificada. En el segundo escenario, la tasa de cambio unificada puede estar por arriba o por abajo de la tasa de cambio paralela inicial, dependiendo de la duración del periodo de transición y de los valores de los parámetros.

Consideremos ahora el caso en que la curva terminal CC es más plana que la ruta de equilibrio inicial SS. Este caso, que se ilustra en la gráfica XVIII.4, corresponde a $s_0 > \varepsilon_T^+ > e$. Si la reforma ocurre de la noche a la mañana, la tasa de cambio paralela se apreciará de inmediato y brincará del punto A al punto B ubicado en CC. Si la reforma se anuncia previamente, el brinco hacia abajo inicial es del punto A a un punto tal como D, seguido de un movimiento a lo largo de la trayectoria inestable DB' durante el periodo de transición. En este escenario, por lo tanto, el proceso de transición se caracteriza por la disminución de las reservas y un incremento continuo de la tasa de cambio paralela, con o sin brinco inicial hacia abajo, dependiendo de la duración del periodo de transición.

En resumen, el comportamiento de la tasa de cambio paralela a corto plazo, en anticipación de la reforma, depende del estado de las expectativas acerca de la cronología de la reforma, la posición inicial de la economía, la duración del periodo de transición entre el anuncio y la implantación de la reforma, y la postura de la política macroeconómica que los agentes esperan que adopten los responsables de las políticas en el régimen posterior a la reforma. Si el intento de unificación se prevé plenamente, los agentes, a fin de evitar pérdi-

---

[25] Para mostrar estos resultados formalmente, hagamos $T \to \infty$ en las ecuaciones (30) y (31). De igual modo, haciendo $T \to 0$ en estas ecuaciones, obtenemos $s_0 \to \varepsilon_T^+$ y $R_0 \to \tilde{R}_0$.

GRÁFICA XVIII.4. *La dinámica tras la unificación en el caso* II

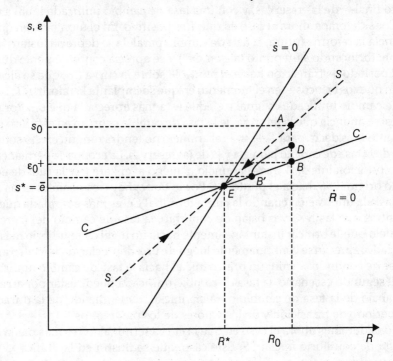

das de capital, ajustarán sus carteras hacia los activos denominados en moneda extranjera si se esperan que la tasa de cambio flotante uniforme sea más depreciada que la tasa paralela existente, y hacia los activos denominados en moneda nacional si se espera que esa tasa sea más elevada. Como resultado de este ajuste de las carteras, la tasa del mercado paralelo se depreciará o se incrementará de inmediato (en el momento en que se anuncie el intento de unificación o cuando se formen las expectativas), en el último caso hacia el nivel que los tenedores de activos esperen que alcance la tasa flotante después de la unificación. Tras el brinco inicial, y si se sabe que la reforma se aplicará en el futuro cercano, la tasa del mercado paralelo se depreciará o se incrementará continuamente hacia la tasa de cambio unificada durante la transición a la unificación.[26]

La razón del brinco de la tasa de cambio paralela tras el anuncio de la reforma se explica como sigue. Si, por ejemplo, la tasa de cambio unificada asocia-

---

[26] En el marco más general elaborado por Agénor y Flood (1992), la tasa de cambio paralela puede también, durante el periodo de transición, incrementarse primero y depreciarse luego en una segunda fase.

da a una reforma de la noche a la mañana está más depreciada que el nivel inicial de la tasa de cambio paralela y de la tasa de cambio oficial, los agentes advierten que la reforma futura podría implicar una depreciación de la tasa de cambio oficial, una elevación de los precios y, por lo tanto, una reducción de los saldos monetarios reales. Bajo la previsión perfecta, estos efectos futuros se reflejan de inmediato en la magnitud de la depreciación esperada —y efectiva— de la tasa paralela, lo que lleva a los agentes a reducir su demanda de moneda nacional. Pero dado que el acervo monetario inicial es constante (las reservas no pueden brincar $t = 0$), el equilibrio sólo podrá mantenerse en el mercado de dinero si ocurre una elevación inmediata de los precios, o si se deprecia la tasa de cambio paralela.

En la práctica, es posible que no se conozca perfectamente la fecha futura en la que ocurrirá la reforma. Los tenedores de activos pueden sentirse también inseguros acerca del tipo de régimen de tasa de cambio que adoptarían las autoridades tras el intento de reforma. Por ejemplo, en lugar de suponer que las autoridades adoptarán un sistema de tasa de cambio flotante unificada, los tenedores de activos podrían contemplar una transición a un régimen de tasa de cambio fija uniforme. Un resultado probable de la introducción de la incertidumbre acerca de la fecha de la reforma o de la naturaleza del régimen que existirá después de la transición es que las expectativas de la reforma provoquen un brinco en la tasa de cambio paralela en el momento en que se implante la reforma, así como movimientos volátiles de la tasa de cambio antes de la transición si este tipo de incertidumbre varía a través del tiempo. En tales condiciones, puede resultar particularmente difícil la interpretación de los movimientos de la tasa de cambio paralela a corto plazo. Las fluctuaciones erráticas de las tasas de cambio inducidas por la incertidumbre acerca de la fecha de la reforma o el régimen que existirá después de la unificación pueden distorsionar las decisiones de cartera y tener un efecto inflacionario adverso.

XVIII.4.2. *Los efectos de la unificación a largo plazo*

Los efectos macroeconómicos a largo plazo de la unificación del mercado de cambios dependen esencialmente de las implicaciones fiscales de la reforma de la tasa de cambio, como lo destaca Pinto (1989, 1991a). El análisis de Pinto se basa en un modelo cuyas características básicas son similares a las del modelo de corto plazo elaborado antes. Además, sin embargo, Pinto modela explícitamente el comportamiento del gobierno y supone que hay racionamiento en el mercado oficial de divisas. En el marco de Pinto, el gobierno compra bienes importados y utiliza las divisas entregadas por los exportadores para pagarlas. Las divisas sobrantes se venden al sector privado a la tasa de cambio oficial. Por lo tanto, las reservas permanecen constantes a través del tiempo, y la dinámica de la oferta monetaria se determina por la política crediticia.

La producción de exportaciones, que ocurre bajo una tecnología de rendimientos constantes a escala, se contrabandea en parte y se vende en parte en el mercado oficial. En consecuencia, el costo mayor del mercado paralelo actúa como un impuesto implícito sobre las exportaciones realizadas por los canales oficiales. Dado que los exportadores afrontan costos marginales crecientes del contrabando, la asignación de la producción entre el mercado oficial y el paralelo se determina igualando los rendimientos marginales. Pinto demuestra que, en el equilibrio, la proporción de las exportaciones contrabandeadas se relaciona positivamente con el costo mayor del mercado paralelo.

Los agentes privados gastan una fracción fija de su riqueza en el consumo de bienes importados. El gobierno financia su déficit mediante el crédito del banco central:

$$D = E(G - \tau),\qquad(32)$$

donde E denota la tasa de cambio oficial, G las importaciones gubernamentales y τ los ingresos de los impuestos convencionales y explícitos. La ecuación (15) implica que

$$\dot{m} = G - \tau - \varepsilon m,\qquad(33)$$

donde m mide el acervo monetario real en términos de la tasa de cambio oficial y ε es la tasa constante de la depreciación oficial. La ecuación (16) indica que, en el Estado estable ($\dot{m} = 0$), el déficit presupuestario se financia por el impuesto inflacionario εm.

La identificación de la recaudación del impuesto implícito a las exportaciones en el estado estable requiere pasar del déficit "registrado", medido en términos de la tasa de cambio oficial (ecuación (32)), al déficit "verdadero" medido en términos de la tasa de cambio paralela. Sea que θ denote (1 más) el costo mayor del mercado paralelo, la "verdadera" pérdida de capital del sector privado a largo plazo, a resultas del impuesto inflacionario, es $\varepsilon \tilde{m}/\theta$. De igual modo, mientras que los impuestos oficialmente registrados son iguales a $E\tau$, la carga tributaria real es igual a $\tau/\tilde{\theta}$. Si el valor del costo mayor a largo plazo es positivo ($\tilde{\theta} > 1$), la "verdadera" carga fiscal impuesta por el impuesto inflacionario y los impuestos convencionales es menor que la registrada. Pero dado que el gasto gubernamental real no depende del costo mayor, la diferencia existente entre la carga tributaria "registrada" y la "verdadera" es el impuesto implícito a las exportaciones, $G - \tau/\tilde{\theta} - \varepsilon \tilde{m}/\tilde{\theta}$. Dado que $G - \tau = \varepsilon \tilde{m}$, esta expresión es igual a $G(1 - 1/\tilde{\theta})$. Equivalentemente, la restricción presupuestaria gubernamental en el estado estable puede escribirse como

$$G = \tau + \varepsilon \tilde{m} = \tilde{\theta}\left(\frac{\tau}{\tilde{\theta}} + \frac{\varepsilon \tilde{m}}{\tilde{\theta}} \right) = G\left(1 - \frac{1}{\tilde{\theta}} \right) + \frac{\tau}{\tilde{\theta}} + \frac{\varepsilon \tilde{m}}{\tilde{\theta}}, \tag{34}$$

lo que muestra explícitamente cómo sirve el impuesto implícito a las exportaciones para financiar el gasto gubernamental. Si la elasticidad de la demanda de dinero nacional es menor que uno, existirá una relación de intercambio entre la tasa del impuesto inflacionario y el costo mayor para un nivel dado del déficit fiscal. Dicho de otro modo, una disminución del impuesto implícito a las exportaciones deberá compensarse por un aumento de la tasa inflacionaria (una devaluación). A causa de la unificación, el gobierno pierde la recaudación tributaria implícita en el costo mayor, $G(1 - 1/\tilde{\theta})$. Entre mayor sea el impuesto implícito a las exportaciones antes de la reforma, mayor será el brinco de la inflación tras la unificación, porque el responsable de las políticas trata de compensar una baja de la recaudación con un incremento del financiamiento monetario del déficit fiscal y un impuesto mayor sobre las tenencias de dinero nacional.

El hincapié de Pinto en la relación del intercambio existente entre el costo mayor y la inflación en el proceso de unificación sigue siendo válido en general si se sustituye el supuesto de que los agentes están sujetos al racionamiento en el mercado oficial de divisas por la hipótesis de que el mercado oficial se vacía mediante cambios en las reservas de divisas (Lizondo, 1991a).[27] Sin embargo, aunque el hincapié en la tributación implícita de las exportaciones parece justificado en vista de la experiencia de algunos países en vías de desarrollo, el análisis de Pinto omite otra fuente importante del impuesto o el subsidio implícitos asociados a los regímenes informales de tasas de cambio dobles. Como lo destacan Agénor y Ucer (1998), los impuestos a las importaciones constituyen una fuente importante de recaudación para los países en vías de desarrollo, sobre todo en el África subsahariana. En muchos países se utiliza la tasa de cambio oficial antes que la tasa del mercado paralelo, para fines de la valuación aduanal (la que, como se indicó en el capítulo II, se correlaciona a menudo en gran medida con los precios nacionales). El uso de la tasa de cambio oficial para la valuación de las importaciones en relación con el pago de impuestos ofrece un subsidio implícito a los importadores. En la medida en que los subsidios proporcionados por este conducto sean grandes

[27] Un aspecto aparentemente controversial del análisis de Pinto podría ser su supuesto de un costo mayor positivo en el Estado estable. Esta propiedad no surge en el modelo de corto plazo elaborado antes, ni se da en el marco de optimización elaborado por Bhandari y Végh (1990). Sin embargo, Agénor (1995b) ha demostrado que el resultado de Bhandari y Végh no es una implicación natural de los modelos de optimización una vez que se introducen en el análisis las importaciones ilegales, además de la subfacturación de las exportaciones. Intuitivamente, esto ocurre porque el requerimiento de equilibrio en la cuenta corriente no reportada (la cual determina la tasa de cambio de las tenencias de divisas) no implica necesariamente la ausencia de un diferencial de tasa de cambio. En consecuencia, el costo mayor es igual a cero sólo en circunstancias particulares.

en relación con la recaudación generada por el impuesto implícito a las exportaciones, el efecto neto a largo plazo de la unificación del mercado de divisas, puede ser una disminución (antes que un aumento) de la tasa inflacionaria interna. En efecto, los datos reportados por Agénor y Ucer (1998) parecen sugerir que, antes de la unificación, se registraron considerables pérdidas semifiscales netas en muchos países que operaban mercados de divisas informales.

XVIII.4.3. *Datos sobre los intentos de unificación*

La experiencia de los países en vías de desarrollo con la unificación del mercado de divisas ha atraído grandemente la atención en años recientes. Ha habido gran interés por la experiencia de los países del África del sur del Sahara a mediados de los años ochenta.[28] Aunque algunos de estos países siguieron una ruta gradual hacia la unificación, la mayoría de ellos optó por un enfoque "de la noche a la mañana", lo que implicaba la flotación de la tasa de cambio oficial y la eliminación simultánea de los controles de cambios. En Ghana, por ejemplo, la unificación asumió la forma de devaluaciones grandes pero ampliamente espaciadas durante casi cuatro años (abril de 1983 a marzo de 1987), con una flotación "de la noche a la mañana" implantada en la última etapa, acompañada por reducciones del déficit fiscal. En cambio, en Nigeria se dejó flotar la moneda de la noche a la mañana, en septiembre de 1986.

La experiencia de los países del África del sur del Sahara indica, primero, que en algunos de ellos —sobre todo en Sierra Leona y Zambia, donde se implantó un arreglo de flotación en julio de 1986 y septiembre de 1985, respectivamente— la unificación de la tasa de cambio condujo a un incremento de la inflación. Segundo, los datos sugieren que el costo mayor del mercado paralelo se elevó sustancialmente en los meses anteriores al intento de unificación y bajó drásticamente tras la implantación de la reforma. La tasa de cambio flotante unificada que surgió inmediatamente después de la implantación de la reforma se aproximó mucho, en algunos casos, a la tasa paralela existente antes de la reforma, lo que implica que la disminución del premio se debía esencialmente a una gran depreciación de la tasa de cambio oficial. Así ocurrió particularmente en Nigeria. Sin embargo, a pesar de una baja pronunciada al impacto, luego resurgió un costo mayor considerable en algunos países, particularmente en Ghana, Sierra Leona, Somalia y Zambia.

Otros países que han unificado recientemente sus mercados de divisas, adoptando un arreglo de tasa de cambio flotante, son Egipto (a principios de

---

[28] Estos países son Gambia, Ghana, Nigeria, Sierra Leona, Somalia, Zaire y Zambia. Agénor (1992), Ghei y Kiguel (1992), Roberts (1989) y Pinto (1989, 1991*b*) han examinado estas experiencias.

1991), Guyana (marzo de 1990), la India (marzo de 1993), Irán (marzo de 1993), Jamaica (septiembre de 1991), Madagascar (mayo de 1994), Perú (agosto de 1990), Sri Lanka (agosto de 1990), Trinidad y Tobago (abril de 1993) y Venezuela (marzo de 1989).[29] Antes de la flotación, estos países tenían restricciones generalizadas para el comercio internacional y las divisas, tales como los requerimientos de entrega del valor de las exportaciones, procedimientos de licencias de importaciones y prohibiciones de bienes específicos. Estas restricciones provocaron una diversión considerable de las divisas hacia el mercado paralelo, creando en algunos casos severos problemas de balanza de pagos. En Jamaica, por ejemplo, el déficit de la cuenta corriente en relación con las exportaciones llegó casi a 30% en 1989, mientras que un año antes tenía un superávit. La proporción de las reservas oficiales a las importaciones bajó de 12% en 1988 a menos de 7% en 1989.

La experiencia de Jamaica, Guyana y Sri Lanka es particularmente reveladora. Además de las dificultades de balanza de pagos, el periodo anterior a la reforma se caracterizó por una inflación creciente en los tres países. En Jamaica, la tasa inflacionaria (medida en términos del índice de precios del consumidor) aumentó de 8% en 1988 a 13% en 1989 y 22% en 1990. En Sri Lanka, la inflación aumentó de 8% en 1987 a un promedio de 13% en 1988-1989 y 21% en 1990. El costo mayor del mercado paralelo también exhibió una tendencia ascendente en estos países: aumentó de 18% en 1987 a 22% en 1988 y 28% en 1989 en Jamaica. En Guyana, el costo mayor aumentó de cerca de 50% en 1989 a 130% en 1990. En Sri Lanka, el diferencial de la tasa de cambio brincó de 2% en 1987 a un promedio de 25% en los tres años siguientes.

En los tres países, la adopción de un sistema de tasa de cambio flotante se vio acompañada de un relajamiento sustancial de las restricciones comerciales y en cuenta de capital. El sistema introducido por Jamaica era un arreglo interbancario de flotación total, mientras que Guyana y Sri Lanka adoptaron un enfoque más gradual para la implantación de un régimen de tasa flotante. Su enfoque consistía en la exclusión de ciertos tipos de transacciones del mercado interbancario (Guyana) o la restricción de los márgenes de las fluctuaciones de la tasa de cambio (Sri Lanka). Tras la implantación de la reforma, el costo mayor del mercado paralelo bajó considerablemente, hasta un promedio de 40% en Guyana, 7% en Jamaica y 1% en Sri Lanka, durante el año siguiente. Sin embargo, la proporción de importaciones-reservas se recuperó marcadamente sólo en Guyana. La balanza de pagos total se deterioró en los tres casos. Hubo también una apreciable aceleración de la inflación en Guyana y Jamaica, mientras que la tasa inflacionaria bajaba considerablemente en Sri Lanka. En los primeros casos, ocurrió al mismo tiempo una gran aceleración

---

[29] Véase una reseña de varias de estas experiencias en Agénor y Ucer (1998), y en Kiguel y O'Connell (1994).

del crecimiento del dinero, de 21% en 1990 a más de 50% en 1991 en Jamaica, y de 50% en 1989 a un promedio de 80% en 1990-1991 en Guyana.

Los modelos analíticos antes presentados proveen una base formal para la interpretación de los datos empíricos existentes sobre el comportamiento a corto plazo de la inflación y del costo mayor observado durante el proceso de unificación. Es posible que el incremento de la inflación observado en algunos casos no se deba a la eliminación de la recaudación semifiscal derivada del impuesto implícito a las exportaciones (como lo destaca Pinto, 1991*a*, 1991*b*), sino de la incapacidad de los responsables de las políticas para controlar el déficit presupuestario primario (es decir, el gasto gubernamental) y la tasa de expansión de la oferta monetaria (Agénor y Ucer, 1998). Así ocurrió probablemente en varios experimentos de unificación realizados en países del África subsahariana. El aumento del costo mayor en los periodos anteriores a la reforma puede interpretarse, en parte, como el resultado de las expectativas acerca de la cronología del proceso de reforma y acerca de la magnitud y la dirección de los movimientos de la tasa de cambio oficial y de la tasa paralela tras la implantación. Como vimos previamente, ante la posibilidad de una depreciación futura de la tasa de cambio paralela, por ejemplo, los tenedores de activos tenderían a modificar sus carteras en contra de los activos denominados en moneda nacional, lo que haría que la tasa paralela se depreciara inmediatamente y que el costo mayor aumentara. El hecho de que la tasa de cambio del mercado paralelo no diera un gran "brinco" en algunos casos, en el momento de la implantación de la reforma, es consistente con la intuición de que los agentes privados pronosticaron la cronología de la reforma con un grado de precisión relativamente elevado. En el momento de la implantación, sólo se ajusta la tasa de cambio oficial en una forma discreta, porque la mayor parte de los efectos de la modificación del régimen de tasa de cambio ha sido ya descontada por agentes orientados hacia adelante en el mercado paralelo. Por último, el resurgimiento de un costo mayor considerable después de la reforma ocurrió en los países donde el crecimiento monetario no se mantuvo bajo control, se mantuvieron o reintrodujeron controles de cambios, y la inflación se elevó sustancialmente.

En los últimos años, gran número de países en vías de desarrollo ha adoptado políticas tendientes a la liberalización de regulaciones en transacciones externas en bienes y servicios, sistemas financieros internos, así como regulaciones aplicables a las transacciones externas, divisas y movimientos de capital. Este capítulo ha hecho una reseña general de los principales problemas de la política económica involucrados en la implantación de tales reformas, haciendo hincapié en sus aspectos macroeconómicos a corto y mediano plazos.

Las reformas comerciales (esencialmente la reducción de los aranceles de las importaciones y la eliminación de las cuotas de importaciones) han sido relativamente exitosas en muchos países en vías de desarrollo. Aunque las pruebas reseñadas aquí no parecen indicar que los costos a corto plazo en términos de la producción y el empleo han sido grandes, sostuvimos que en ciertas circunstancias puede surgir un efecto contractivo que no debiera descartarse como una mera curiosidad. Vimos que el grado de la rigidez del salario real y el patrón de la sustitución de los insumos en el proceso de producción ofrecen dos elementos esenciales para entender cómo pueden surgir costos reales a corto plazo. En particular, un alto grado de rigidez de los salarios reales eleva el costo de la liberalización comercial en términos del empleo a corto plazo. Además, la falta de movilidad de la mano de obra a corto plazo podría agravar el incremento del desempleo que puede derivar de la eliminación de la protección nominal para las industrias que compiten con las importaciones. Así pues, el aseguramiento de la flexibilidad del mercado de mano de obra puede ser una condición necesaria para el éxito de un programa de liberalización (Edwards, 1989a). Finalmente, notamos que el argumento de oportunidad para la liberalización comercial a través de la reducción de tarifas puede verse limitada por sus efectos adversos en déficit fiscales. Lo anterior no parece estar apoyado por la evidencia disponible.

Se sostuvo aquí que la reforma financiera puede asumir la forma limitada de elevar las tasas de interés controladas para aproximarlas a los niveles que vaciarían el mercado (a la que llamamos reforma monetaria), o la forma más amplia de la eliminación de todas las restricciones impuestas al sistema financiero. Los datos no soportan en general la idea de que la primera forma fortalece el crecimiento económico al incrementar el *volumen* del ahorro y la inversión nacionales; que se produzca tal efecto mediante el mejoramiento de la *eficiencia* de la formación de capital es una cuestión no resuelta. La reforma financiera más completa debe emprenderse con cuidado. Cuando hay una garantía explícita o implícita de los depósitos, una liberalización financiera completa con inadecuada supervisión bancaria podría alentar una excesiva asunción de riesgos entre las instituciones financieras nacionales y conduciría a crisis financieras, sobre todo si al ambiente macroeconómico es inestable.

Nuestro análisis de la unificación de los mercados de divisas indicó que el comportamiento de las tasas de cambio oficiales y paralelas, la inflación y los déficit presupuestarios en los periodos anteriores y siguientes al proceso de unificación depende en sentidos importantes de la formación de expectativas y la postura percibida en la política económica a corto plazo, así como la estructura de los déficit presupuestarios a mediano plazo. El costo mayor del mercado paralelo representa un impuesto implícito a las exportaciones repatriadas por los conductos oficiales, porque los gobiernos de los países en vías de desarrollo son típicamente compradores netos de divisas al sector privado. Para un déficit fiscal dado, y suponiendo que la elasticidad de la demanda de dinero ante la inflación es menor que uno, existe una relación de intercambio entre el costo mayor y la inflación, lo que representa un impuesto sobre los saldos en moneda nacional. El proceso de unificación, que implica la pérdida del impuesto implícito sobre las exportaciones, puede traducirse así en una elevación sustancial (y permanente) de la tasa inflacionaria y la tasas de depreciación de la tasa de cambio, si las autoridades tratan de compensar una baja de la recaudación con un incremento del financiamiento monetario. Sin embargo, los gobiernos ofrecen también un subsidio implícito a los importadores al gravar las importaciones a la tasa de cambio oficial y no a la tasa de cambio paralela. El efecto neto sobre la inflación es así ambiguo en general. Más generalmente, la liberalización del mercado de cambio elimina no sólo los incentivos existentes para la desviación de las divisas del mercado oficial al paralelo, sino también las distorsiones asociadas a las actividades estériles —como el soborno de funcionarios gubernamentales para obtener acceso a las divisas, o a los funcionarios aduaneros para evadir los aranceles—, incrementando así la eficiencia de las transacciones económicas.

XIX. ESTABILIZACIÓN Y AJUSTE DE LA ECONOMÍA POLÍTICA

> El resurgimiento de la economía política como un campo discernible, con una literatura significativa, integrada y matemáticamente rigurosa, representa la reintegración a un paradigma refinado de las características de la realidad que los economistas descartaron para facilitar la teorización.
>
> ORDESHOOK, 1990, p. 10

ALGUNOS DESARROLLOS RECIENTES de la corriente principal de la macroeconomía han destacado el papel de los factores políticos en la determinación de las decisiones de la política gubernamental.[1] Tales decisiones se contemplan como el resultado de acciones colectivas que derivan, a través de las instituciones políticas, de un proceso de agregación de las preferencias individuales acerca de la política económica. En las democracias representativas, el proceso electoral es un mecanismo por el que tales preferencias se transmiten a los responsables de las políticas. En los países industrializados, el énfasis en las elecciones presidenciales y los resultados macroeconómicos ha generado una literatura extensa sobre el "ciclo de asuntos políticos".

La investigación reciente sobre los programas de estabilización y ajuste estructural en los países en vías de desarrollo ha destacado también el papel de los factores políticos en el resultado de las reformas de la política económica. Esta literatura creciente ha arrojado mucha luz sobre los factores que explican el nivel y la inestabilidad de la inflación, el establecimiento de los instrumentos de la política macroeconómica, y la adopción y el colapso de programas antinflacionarios y reformas estructurales. La primera parte de este capítulo reseñará el enfoque general utilizado en esta literatura. La segunda y la tercera partes se ocuparán, respectivamente, de los modelos analíticos y de las pruebas empíricas sobre los ciclos económicos inducidos por las elecciones en los países en vías de desarrollo.

---

[1] Véanse, por ejemplo, Alesina (1991) y Whitehead (1990). El efecto de los factores políticos sobre las decisiones de la política pública ha sido desde hace mucho tiempo el problema central de la literatura de la "elección pública", sobre todo en el análisis del comportamiento de búsqueda de rentas. Sin embargo, la concentración en problemas macroeconómicos es más reciente.

XIX.1. Política, política económica y ajuste

En el análisis de los programas de estabilización y ajuste estructural de los países en vías de desarrollo se ha prestado mucha atención a los incentivos políticos y las restricciones institucionales que afrontan los responsables de las políticas. La justificación de tal escrutinio ha sido claramente expresada por Bates (1990, p. 44):

> [...] Debemos examinar los incentivos políticos que determinan las elecciones económicas de los políticos; porque [...] los políticos no son agentes perfectos de los intereses económicos sino que tienen sus propios incentivos políticos distintivos. Por lo tanto, debemos entender la naturaleza de los problemas políticos que los políticos tratan de resolver cuando elaboran la política económica. También debemos examinar las ideologías que motivan sus intervenciones. Si los políticos toman la iniciativa, debemos desplazar nuestra atención de las fuerzas económicas que demandan la intervención política a las fuerzas políticas que la proporcionan.

Dos áreas donde se ha destacado recientemente el papel de los factores políticos son las de la decisión de adoptar (y a veces abandonar) programas de ajuste estructural, y el efecto de la inestabilidad política sobre la inflación y los déficit presupuestarios.[2]

XIX.1.1. *La economía política del ajuste estructural*

Las políticas de estabilización y ajuste, independientemente de sus efectos benéficos a mediano y largo plazos para el país en conjunto, implican la imposición de costos a corto plazo y tienen importantes consecuencias sociales, políticas y distributivas.[3] Las políticas típicamente defendidas en el contexto de los programas de ajuste estructural (como la reforma del sector público, la devaluación, la eliminación de las juntas de comercialización o la reducción de los subsidios alimentarios) pueden amenazar a los electores que sostienen a los líderes políticos. De hecho, la privatización de empresas públicas implica comúnmente la pérdida de empleos —o de posiciones privilegiadas— cuando el desempleo puede ser ya elevado. El ajuste de la tasa de cambio real mediante una devaluación nominal puede elevar los precios de los alimentos y el

---

[2] Véase Frey y Eichenberger (1992), y Roemer y Radelet (1991). El papel de las elecciones en particular se examinará más adelante.

[3] Véase Bates (1990), Corden (1990), Nelson (1990), Nelson y Waterbury (1988), y Haggard y Kaufman (1989, 1990). En el capítulo X examinamos la relación existente entre la distribución del ingreso, la inestabilidad política y la credibilidad de los programas de estabilización.

costo de las importaciones en gran medida, creando penurias para las familias urbanas de ingresos bajos. Los incrementos de los precios de los productores agrícolas pueden aumentar también el costo de los alimentos para los trabajadores urbanos, por lo menos a corto plazo. Por lo tanto, un problema fundamental de la economía política de los programas de ajuste estructural ha sido el de la determinación de la forma cómo puedan absorberse estos choques, y cuáles pueden resultar difíciles de afrontar por diferentes tipos de gobiernos. Sin un entendimiento adecuado de las consecuencias políticas de las reformas estructurales, la alienación potencial de importantes electorados podría poner en peligro el proceso de ajuste en sus inicios y conducir a un retorno al *statu quo* (Haggard y Kaufman, 1989).

Típicamente, los gobiernos tratan de controlar los resultados económicos a fin de crear o mantener su apoyo político. Racionalmente, los políticos defienden la intervención gubernamental porque la imposición de regulaciones del mercado podría facilitar la construcción de organizaciones políticas. Los gobernantes tratan de institucionalizar sus regímenes creando redes de relaciones patrón-cliente a fin de obtener el apoyo necesario para mantenerse en el poder (Bates, 1990). Los líderes recompensan a sus seguidores políticos leales o a quienes consideran importantes para conservar su posición mediante la intervención estatal directa en la economía (como los súbditos,[4] el acceso privilegiado a empresas públicas y la asignación selectiva de licencias para el comercio exterior), que asegure que los recursos fluyan hacia estos grupos. La intervención de esta clase genera típicamente sistemas de asignación de los bienes mediante la coerción estatal, un proceso que impide al mercado la transmisión de información mediante señales de los precios. Desde esta perspectiva, las políticas económicas desastrosas pueden verse como "arreglos" para la reducción de la inestabilidad política potencial (Bates, 1990).

En cambio, las reformas económicas implican cambios políticos importantes que pueden debilitar la estructura de poder de los líderes hasta un nivel inaceptable. Bates (1990) ha destacado que el ajuste estructural crea un clima político volátil en el que debe tomarse en serio la amenaza, así sea de perturbaciones menores. Un grupo que tenga lazos estrechos con ciertos líderes podría experimentar una "reversión de posición" durante el ajuste estructural al perder su acceso privilegiado a los recursos públicos. Por ejemplo, la elevación de los impuestos puede ser benéfica para el crecimiento económico y el empleo (si se invierte productivamente la recaudación adicional), pero también puede conducir a la pérdida de apoyo político. De igual modo, una vez liberalizados los precios, ya no podrán utilizarse los subsidios alimentarios o de otros bienes básicos de la población urbana para impedir disturbios civi-

---

[4] Los gobiernos fijan a menudo los precios de los alimentos por debajo del precio "verdadero" del mercado a fin de subsidiar a los trabajadores urbanos, quienes podrían ser políticamente importantes para el régimen.

les. Pero la población urbana es importante si los gobernantes desean conservar el control de las ciudades y permanecer en el poder. Los regímenes que dependen de una combinación de coerción y patronazgo para permanecer en el poder se vuelven más represivos cuando se realiza el ajuste estructural, por comparación con los gobiernos constitucionalmente elegidos. De hecho, dado que quizá no se puedan conservar las redes clientelistas previamente establecidas en el nuevo ambiente, es posible que los líderes no tengan más remedio que reprimir a algunos de sus antiguos partidarios a fin de mantener la estabilidad. Por lo tanto, es posible que la represión real resultante del ajuste estructural no derive del apaciguamiento de los disturbios alimentarios cuando se instituyen por primera vez los paquetes de austeridad, sino de la eliminación de algunas de las medidas no coercitivas que los gobiernos podían utilizar previamente para mantener bajo control a grupos potencialmente amenazadores.[5]

El mensaje central de la literatura reciente es que el ajuste estructural implica también ciertos cambios en el sistema político, lo que podría implicar un cambio no sólo en la estructura del poder relativo sino también en el mecanismo por el que los líderes se relacionan con sus partidarios. El ajuste estructural se lleva tiempo, y aunque en última instancia podría promover el crecimiento económico y mejorar el bienestar de todos los grupos, implica costos a corto plazo. Los programas de ajuste, ya se centren en la eficiencia o en el bienestar, fracasarán si no reconocen la interdependencia de la eficiencia, el bienestar y la viabilidad política.[6] Sin un entendimiento adecuado de la lógica política del ajuste estructural, resulta difícil entender por qué los programas de reforma a largo plazo pueden volverse poco atractivos para los líderes políticos más allá de cierto punto —el llamado fenómeno de la fatiga del ajuste— aunque se absorban los costos de corto plazo. Por lo tanto, no sólo deben diseñarse los programas de modo que se ajusten a condiciones económicas particulares, sino que también deben tomar en cuenta la estructura política.

XIX.1.2. *Inestabilidad política, inflación y déficit fiscales*

El papel de los factores políticos en la determinación de la inflación y la magnitud de los déficit presupuestarios en los países en vías de desarrollo ha reci-

---

[5] Nelson y Waterbury (1988) examinan los factores políticos que condujeron al éxito o al fracaso de los esfuerzos de ajuste de 19 gobiernos en 13 países durante los años ochenta (Argentina, Brasil, Colombia, Costa Rica, Chile, República Dominicana, Jamaica, México, Perú, Filipinas, Ghana, Nigeria y Zambia).

[6] Edwards y Santaella (1993) ofrecen algunas pruebas de que la inestabilidad política debilita la capacidad de un gobierno para implantar un ajuste exitoso. Véase también Williamson y Haggard (1994).

bido gran atención recientemente. Haggard (1991) y Haggard y Kaufman (1990), por ejemplo, han sostenido que Argentina, Brasil, Uruguay y Chile (antes de Pinochet) muestran patrones de inflación que se correlacionan con eventos políticos, combinando generalmente dos o tres de los mecanismos políticos que pueden minar la administración macroeconómica estable: fuertes movimientos laborales conectados a partidos políticos polarizados, graves inseguridades de la permanencia en el puesto, y una propensión hacia el gobierno con fuertes orientaciones redistributivas. En el caso de Argentina, la incapacidad para estabilizarse en medio de una inflación endémica ha ido de la mano con la continuación de la polarización y la inestabilidad políticas, y con la incapacidad de todos los grupos para consolidar su poder efectivamente (Dornbusch y de Pablo, 1989).

La relación existente entre la inestabilidad política y los déficit presupuestarios ha sido examinada por Edwards y Tabellini (1991) y por Roubini (1991). Ambos estudios sostienen que los gobiernos integrados por coaliciones grandes, efímeras e inestables de partidos políticos se asocian a grandes déficit presupuestarios. En particular, Roubini (1991) demuestra que los déficit presupuestarios de los países en vías de desarrollo se ven fuertemente influidos por el grado de la inestabilidad política (medida por un índice de la cohesión y la estabilidad políticas del gobierno, y por la probabilidad de golpes militares), así como por consideraciones de las finanzas públicas, sin ningún efecto directo aparente de las elecciones.[7]

XIX.2. LOS CICLOS DE LA ESTABILIZACIÓN POLÍTICA

Un tema dominante en la literatura de la economía política de los países en vías de desarrollo ha sido el de la fragilidad del poder político, a pesar de movimientos recientes, en varios países, hacia los sistemas democráticos, y el de los recursos que los políticos tratan de utilizar para asegurar la reelección. Por ejemplo, Ames (1987, pp. 98-99) escribe:

Los ejecutivos latinoamericanos [...] alcanzan raras veces la seguridad y la autonomía de sus contrapartes en las naciones industrializadas. Si un ejecutivo representa un régimen civil competitivo, las probabilidades de que su partido elija a su sucesor son escasas, y es igualmente escasa la posibilidad de que se implante un paquete de políticas que mejore significativamente tales probabilidades. Cuando los líderes elegidos competitivamente afrontan elecciones intermedias, el propio costo del proceso político distorsiona los presupuestos y fortalece las presiones inflacionarias.

---

[7] Sin embargo, debe destacarse que las correlaciones empíricas entre la inestabilidad política y la económica no establecen una causalidad unidireccional.

Como señalamos antes, las políticas contractivas diseñadas para reducir la inflación imponen sustanciales costos políticos, sobre todo cuando sus beneficios económicos son pequeños y surgen con lentitud. Cuando un gobernante afronta la reelección, se verá tentado a manipular los instrumentos de la política económica para obtener ganancias electorales: una estrategia propicia para el surgimiento de ciclos económicos políticos. En términos generales, un ciclo económico político se refiere a las fluctuaciones de los agregados macroeconómicos (tales como la producción, el empleo y la tasa inflacionaria), inducidas por la política económica, que se sincronizan con la cronología de grandes elecciones. Los primeros modelos consideraban que estos ciclos derivaban esencialmente de un intento deliberado de los gobiernos en el poder para manipular a la economía para obtener ganancias electorales. Los funcionarios elegidos —o más generalmente los partidos políticos que apoyan a los políticos gobernantes— han sido descritos como esencialmente preocupados por la maximización de sus perspectivas de reelección.[8] Sin embargo, estos primeros modelos de los ciclos económicos políticos se basaban en varios supuestos restrictivos, en particular el supuesto de un electorado "irracional". En cambio, los enfoques analíticos más recientes han incluido el supuesto de los votantes racionales y orientados hacia adelante, y han destacado el papel de las asimetrías informativas entre los agentes. Estos modelos generan pronósticos similares a los de la literatura inicial, pero destacan la sincronización existente entre la cronología de las elecciones y los ciclos de los instrumentos de la política económica, antes que los ciclos de los resultados macroeconómicos. En esta sección examinaremos diversas teorías del ciclo económico político y sus implicaciones para los instrumentos de la política macroeconómica. El análisis considerará primero los modelos tradicionales, "oportunistas", y luego se concentrará en los modelos más recientes, de "equilibrio", con asimetrías informativas.

XIX.2.1. *Los modelos "oportunistas"*

Los modelos oportunistas de los ciclos económicos políticos suponen que los políticos sólo se interesan por permanecer en su cargo. Examinaremos en primer término el modelo "tradicional", que destaca la relación existente entre la inflación y el desempleo en una economía cerrada. Luego elaboraremos un marco que pone de relieve el papel de la política de tasa de cambio y la relación existente entre la inflación y la competitividad.

---

[8] Nordhaus (1975) ofrece el primer análisis sistemático de este tipo de ciclo. Véanse en Alesina (1991) y en Nordhaus (1989) reseñas recientes de esta literatura.

XIX.2.1.1. *Elecciones, inflación y desempleo*

El primer modelo oportunista de los ciclos económicos políticos fue elaborado por Nordhaus (1975). El modelo se basa esencialmente en una curva de Phillips aumentada por las expectativas y en expectativas orientadas hacia atrás. Los votantes tienen una distribución de preferencias que depende de la inflación y el desempleo. Supongamos que las elecciones ocurren cada T periodos, manteniendo fijo a T a través del tiempo para simplificar. La función de votación agregada, que relaciona la probabilidad de la reelección del gobernante en turno con los resultados económicos, está dada por

$$V_0(T) = -\int_0^T (u^2/2 + \theta\pi)e^{\rho t}dt, \quad \theta > 0, \tag{1}$$

donde u denota la tasa de desempleo, π la tasa inflacionaria, ρ la tasa de "pérdida de memoria" de los votantes, y θ el peso asignado a la inflación en relación con el desempleo.[9] Para simplificar, se supone que la tasa inflacionaria efectiva interviene linealmente en la función de votación y que la tasa inflacionaria "deseada" (relacionada, de hecho, con consideraciones del señoraje) es cero. La curva de Phillips aumentada por las expectativas está dada por

$$\pi = \delta_0 - \delta_1 u + \pi^a, \tag{2}$$

donde π^a denota la tasa inflacionaria esperada. El supuesto de las expectativas orientadas hacia atrás, o de la inercia en las preferencias de los votantes, se capta mediante la especificación de un proceso de expectativas de adaptación:

$$\dot{\pi}^a = \alpha(\pi - \pi^a), \quad \alpha > 0. \tag{3}$$

El gobierno en el poder maximiza (1) sujeto a la relación de intercambio existente entre la inflación y el desempleo (2) y a la formación de las expectativas (3). Sustituyendo la ecuación (2) en (1), podemos escribir el problema de decisión como

$$\max_u V_0(T) = -\int_0^T [u^2/2 + \theta(\delta_0 - \delta_1 u + \pi^a)]e^{\rho t}dt, \tag{4}$$

sujeto a (33). El hamiltoniano se define como

$$H(u, \pi^a, \lambda, t) = -[u^2/2 + \theta(\delta_0 - \delta_1 u + \pi^a)]e^{\rho t} + \lambda\alpha(\pi - \pi^a),$$

---

[9] ρ es una tasa de descuento orientada hacia atrás, no hacia adelante, y corresponde a la tasa a la que los votantes descuentan el desempeño del pasado.

donde λ es la variable de coestado, que puede interpretarse como la medida de la ganancia electoral marginal derivada de una reducción de la tasa inflacionaria esperada. Las condiciones necesarias para un óptimo interior están dadas por[10]

$$\partial H/\partial u = 0 \Rightarrow u = \delta_1(\theta - \alpha\lambda)e^{-\rho t}, \tag{5}$$

$$\dot{\lambda} = -\partial H/\partial \pi^a \rightarrow \dot{\lambda} = \theta e^{\rho t}, \tag{6}$$

$$\lambda_T = 0, \tag{7}$$

sujetas, por (2) y (3), a

$$\dot{\pi}^a = \alpha(\delta_0 - \delta_1 u). \tag{8}$$

La condición terminal (7) indica que en el momento T ya no hay ninguna ganancia electoral derivada de la reducción de la tasa inflacionaria.[11] La solución de las ecuaciones diferenciales (6) y (8), sujeta a (5), la condición terminal (7) y una condición inicial de la tasa inflacionaria π_0^a, es

$$u = \left(\frac{\theta\delta_1}{\rho}\right)[\rho - \alpha + \alpha e^{-\rho(t-T)}], \tag{9}$$

$$\pi^a = \pi_0^a + \alpha\left[\delta_0 - \frac{\delta_1^2\theta(\rho-\alpha)}{\rho}\right]t - \left(\frac{\alpha\delta_1}{\rho}\right)^2 \theta e^{\rho T}(1 - e^{-\rho t}), \tag{10}$$

$$\lambda = \theta(e^{\rho t} - e^{\rho T})/\rho. \tag{11}$$

Las ecuaciones (2) y (9)-(11) determinan el comportamiento de la inflación y el desempleo en el curso de un ciclo de elecciones.[12] El desempleo y la inflación bajan suavemente en los periodos que conducen a las elecciones (ya que es mejor reducir estas variables al final del ciclo, a fin de ejercer el máximo impacto sobre los votantes) y suben bruscamente después de la elección. Así pues, a lo largo de varios ciclos eleccionarios, la inflación y el desempleo exhiben un patrón zigzagueante.[13] Suponiendo que la tasa de desempleo se rela-

---

[10] Dada la concavidad, estas condiciones son también suficientes.

[11] Técnicamente, (7) se aplica porque no hay condición de punto final sobre la tasa inflacionaria esperada. Véase, por ejemplo, Beavis y Dobbs (1990, capítulo VII).

[12] Adviértase que, por la ecuación (9), $\dot{u} = -\alpha\theta\delta_1 e^{-\rho(t-T)}$. Por lo tanto, el desempleo baja, de un nivel inicial (que se obtiene haciendo $t = 0$ en la ecuación (9) de $u_0 = (\theta\delta_1/\rho)(\rho - \alpha + \alpha e^{\rho T})$, a $u_T = \theta\delta_1$. Pero dado que, por la ecuación (2), la tasa natural (que se obtiene fijando $\pi = \pi^a$) está dada por δ_0/δ_1, el nivel del desempleo al final del ciclo electoral diferirá en general de la tasa natural, lo que implica inestabilidad de la tasa inflacionaria.

[13] La pendiente del perfil temporal de la inflación y el desempeño es mayor entre mayor sea

ciona inversamente con el nivel de la demanda agregada, el modelo pronostica que los gobernantes aumentarán el gasto gubernamental (y por ende la demanda agregada) en los periodos anteriores a la elección, a fin de explotar la curva de Phillips a corto plazo. Después de las elecciones ocurrirá una contracción del gasto para reducir la inflación: una política que conduce al mismo tiempo a una recesión y un incremento del desempleo.[14]

La discusión precedente asumió que la duración del ciclo electoral T permanece fijo. De cualquier manera, en muchos países, los periodos electorales no tienen una duración constante. Aunque en general existe un límite institucional de este periodo, la mayoría de las constituciones también contienen disposiciones que permiten que los políticos involucrados disuelvan prematuramente todos los cuerpos legislativos y convoquen a nuevas elecciones antes de que se llegue al límite establecido. Las circunstancias en las que puede darse una disolución parlamentaria prematura (determinando nuevas fechas para elecciones) son a) una decisión presidencial, como cuando las cámaras legislativas alcanzan un punto muerto; b) una petición hecha por el primer ministro o por la coalición mayoritaria del Parlamento; c) cuando un voto de censura o de desconfianza se adelanta al Parlamento. Es razonable asumir que en tales circunstancias el gobierno ignora cuál es la duración exacta del ciclo electoral, y la percibe como una variable aleatoria (con una ley de probabilidad bien definida). Lächler estudia un caso así en un modelo similar al que se describió y que mostró dos resultados principales: a) la amplitud de los movimientos en la tasa de desempleo es menor con T incierta, que en el caso anterior; b) a pesar de que el desempleo es todavía muy elevado como consecuencia de una elección y subsecuentemente menor, esta caída necesita no ser monótona sobre el periodo electoral en su totalidad. Dicho de otra manera, los ciclos de negocio inducidos por política tienden a ser menos pronunciados en amplitud, así como en regularidad, cuando la duración del periodo electoral es incierto.

Un caso alternativo es aquel en el que el gobierno mismo puede decidir el momento preciso en el que se llevan a cabo las elecciones. En este caso, como se demuestra en Chappell y Peel (1979), las implicaciones se oponen a las obtenidas con un ciclo electoral aleatorio: los ciclos de negocio inducidos tienden a ser más regulares que con un periodo electoral fijo.

ρ, y se vuelve plana para $\rho \to 0$, a medida que el gobernante en el poder otorga cada vez menos peso al efecto de la inflación futura sobre la decisión presente de los votantes.

[14] Es importante tener presente que la naturaleza de los ciclos depende decisivamente de la estructura de las preferencias de los votantes. En el modelo de Nordhaus, en lugar de expandir la economía antes y después de una elección, el gobernante en el poder podría aplicar una política antiinflacionaria (es decir, una política fiscal restrictiva) si los votantes perciben a la inflación como el problema económico más apremiante. Véase por ejemplo Neck (1991).

XIX.2.1.2. *Las elecciones y los ciclos de la devaluación*

Un área particularmente interesante, en la que pueden buscarse los ciclos de los instrumentos de la política económica sincronizados con los ciclos eleccionarios en los países en vías de desarrollo, es la de la política de tasa de cambio. En lo que sigue elaboraremos un modelo de economía política simple de la devaluación con contratos orientados hacia atrás.[15] Consideremos una pequeña economía abierta que produce bienes no comerciables y comerciables. Sea que denote la tasa inflacionaria, definida como

$$\pi = \delta\pi_N + (1-\delta)\varepsilon, \quad 0 < \delta < 1, \tag{12}$$

donde π_N es la tasa inflacionaria de los precios de los bienes no comerciables y ε es la tasa de devaluación de la tasa de cambio nominal. Para simplificar, suponemos que la inflación mundial es cero. Los incrementos de los precios de los bienes no comerciables están determinados por la tasa de crecimiento de los salarios nominales, $\pi_N = \omega$. A su vez, la tasa de crecimiento de los salarios nominales se fija en una manera similar a la del mecanismo contractual orientado hacia atrás, que discutimos en el capítulo XII, de modo que sólo depende de las tasas inflacionarias pasadas:

$$\omega = \mu \int_{-\infty}^{t} e^{-\mu(t-T)}\pi_h dh, \quad \mu > 0, \tag{13}$$

donde μ es un factor de descuento. Diferenciando (13) respecto del tiempo obtenemos

$$\omega = -\mu(\omega - \pi). \tag{14}$$

El gobierno en el poder maximiza la función de votación agregada sujeto a la ecuación de los precios de equilibrio y a la ecuación determinante del comportamiento de los salarios. Se fija la tasa de devaluación de tal modo que se maximicen los votos en la víspera de la elección. Las elecciones ocurren cada T periodos. La popularidad se relaciona inversamente con la diferencia existente entre la tasa de crecimiento de la producción real (que depende de la tasa de modificación de la tasa de cambio real $\varepsilon - \pi_N$) y su tasa de crecimiento de tendencia, y con la inflación.[16] Fijando en cero el crecimiento de tendencia de la producción, el objetivo gubernamental es entonces la maximización de la función de votación

$$V_0(T) = -\int_0^T [(\varepsilon - \pi_N)^2/2 + \theta\pi^2/2]e^{\rho t}dt, \tag{15}$$

---

[15] En muchos sentidos, el modelo es similar al utilizado en el capítulo VI para examinar la credibilidad de los regímenes de tasa de cambio. Véase un modelo diferente en Van der Ploeg (1989), quien destaca el papel de los efectos de la curva J.

[16] Así pues, se supone como antes que la tasa inflacionaria "deseada" es cero.

donde θ denota el peso relativo que los gobernantes en el poder asignan a la inflación en relación con la producción, mientras que ρ es de nuevo la tasa de pérdida de la memoria. Utilizando la ecuación (12) y $\pi_N = \omega$, el problema de decisión se vuelve

$$\max_{\varepsilon} - \int_0^T [(\varepsilon - \omega)^2/2 + \theta[\delta\omega + (1 - \delta)\varepsilon]^2/2] e^{\rho t} dt, \qquad (16)$$

sujeto, por (12) y (14), a

$$\dot{\omega} = -\kappa(\omega - \varepsilon), \quad \kappa \equiv (1 - \delta)\mu, \qquad (17)$$

y una condición inicial para ω_0. Formando el hamiltoniano del sistema y denotando por λ la variable de coestado (que mide la ganancia electoral marginal resultante de una reducción de la tasa de crecimiento de los salarios), las condiciones necesarias (y suficientes, por la concavidad) para un óptimo están dadas por

$$\frac{\partial H}{\partial \varepsilon} = [1 + \theta(1 - \delta)^2]\varepsilon - [1 - \theta\delta(1 - \delta)]\omega + \kappa\lambda = 0, \qquad (18)$$

$$\dot{\lambda} = -\rho - \partial H/\partial\omega,$$

$$= [1 - \theta\delta(1 - \delta)]\varepsilon - (1 + \theta\delta^2)\omega + (\kappa - \rho)\lambda, \qquad (19)$$

$$\lambda_T = 0, \qquad (20)$$

sujeto a (17) y a la condición inicial ω_0. La condición de transversalidad (20) indica que en el momento T ya no deriva ninguna ganancia electoral de una reducción de la tasa de crecimiento de los salarios nominales. Combinando las ecuaciones (18) y (20), obtenemos

$$\varepsilon_T = \frac{1}{1 + \theta(1 - \delta)^2}[1 - \theta\delta(1 - \delta)]\omega_T \leq \omega_T. \qquad (21)$$

Tomando la derivada de tiempo de la ecuación (18) y utilizando (17), (18) y (19), obtenemos el siguiente sistema de ecuaciones diferenciales lineales de primer orden en ε y ω:

$$\begin{bmatrix} \dot{\varepsilon} \\ \dot{\omega} \end{bmatrix} = \begin{bmatrix} \kappa - \rho & -\alpha \\ \kappa & -\kappa \end{bmatrix} \begin{bmatrix} \varepsilon \\ \omega \end{bmatrix}, \qquad (22)$$

donde $\alpha \equiv [1 + \theta(1 - \delta)^2]^{-1}[(\kappa - \rho)\{1 - \theta\delta(1 - \delta)\} - \kappa\theta\delta]$. Suponemos aquí que $\kappa > \rho$.

La ecuación (22) puede resolverse sujeta a una condición dada de la tasa de cambio de los salarios nominales y la condición terminal (21). Una condición necesaria y suficiente para la obtención de la estabilidad de ruta estable es que el determinante de la matriz de coeficientes que aparece en (22) sea negativo.[17] Si α es negativa, esta condición se satisfará siempre. Si α es positiva, necesitamos que $\alpha/(\kappa - \rho) < 1$, una condición que se interpretará gráficamente más adelante. Suponiendo que se da esta condición, la solución completa de (22) está dada por

$$\omega = \tilde{\omega} + C_1 e^{v_1 t} + C_2 e^{v_2 t}, \tag{23}$$

$$\varepsilon = \tilde{\varepsilon} + \left[\frac{(\kappa - \rho) - v_1}{\alpha}\right] C_1 e^{v_1 t} + \left[\frac{(\kappa - \rho) - v_2}{\alpha}\right] C_2 e^{v_2 t}, \tag{24}$$

donde $v_1 < 0$ y $v_2 > 0$ son las raíces del sistema y $(\tilde{\omega}, \tilde{\varepsilon})$ las soluciones de Estado estable. Dado que la inflación mundial es cero, los dos valores de Estado estable son también cero. Para asegurar la existencia de un ciclo estacionario se requiere fijar $\omega_0 = \omega_T$ en las expresiones anteriores. Utilizando la condición terminal (21), pueden resolverse entonces las ecuaciones (23) y (24) para encontrar los términos constantes C_1 y C_2.

El comportamiento de la tasa de devaluación y de la tasa de cambio de los salarios nominales durante el ciclo electoral se representa en la gráfica XIX.1 para $\alpha > 0$, y en la gráfica XIX.2 para $\alpha < 0$. Las curvas $[\dot{\varepsilon} = 0]$ y $[\dot{\omega} = 0]$ representan combinaciones de ε y ω para las que la tasas de devaluación y la tasa de cambio de los salarios nominales, respectivamente, permanecen constantes. La condición de estabilidad en la ruta estable antes ofrecida, requiere que la curva $[\dot{\omega} = 0]$ sea más empinada (en sentido absoluto) que la curva $[\dot{\varepsilon} = 0]$. En ambas gráficas la ruta de equilibrio se denota por SS. Tiene una pendiente positiva para $\alpha > 0$ y una pendiente negativa para $\alpha < 0$.

La ruta de la tasa de devaluación durante un ciclo electoral se representa en ambas gráficas por la secuencia ABC. Inmediatamente después de tomar posesión del cargo, el gobernante baja la tasa de devaluación, la que brinca del punto A al punto B.[18] La tasa inflacionaria también brinca hacia abajo, y la producción disminuye. Dado que los contratos están orientados hacia atrás, los salarios no pueden cambiar instantáneamente. En los periodos anteriores a la contienda electoral, cuando la producción se vuelve cada vez más impor-

---

[17] El requerimiento de que el sistema sea estable en la ruta asegura que, si la duración del ciclo electoral tiende hacia el infinito, el sistema evolucionaría a lo largo de una ruta única hacia los valores de equilibrio de la tasa de devaluación y el crecimiento del salario nominal.

[18] El brinco de la tasa de devaluación es finito debido a la existencia de un costo positivo de la inflación en la función de votación agregada (el parámetro θ), lo que implica que no sería óptimo inducir un ajuste arbitrariamente grande de la tasa de cambio en cualquier momento del ciclo electoral, porque ello significaría un costo correspondientemente grande para los votantes. Pero adviértase que el brinco inicial hacia abajo no es suficientemente grande para colocar a la economía en la ruta estable SS. Esto ocurre sólo si $T \to \infty$, en cuyo caso la economía brinca inmediatamente a su posición de Estado estable.

GRÁFICA XIX.1. *El ciclo de devaluación electoral en el caso I:* $\alpha > 0$

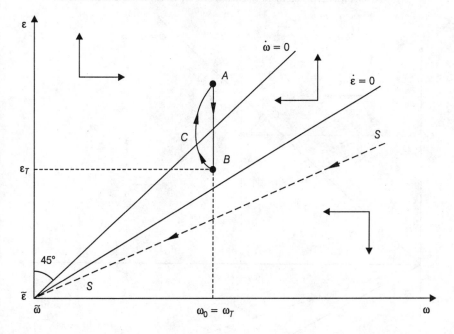

tante en opinión de los votantes, la tasa de la devaluación se aumenta a un ritmo creciente. Los salarios bajan inicialmente —hasta el punto C, ubicado en la curva $[\dot{\omega}=0]$— para responder al brinco inicial hacia abajo de la tasa de devaluación, y luego empiezan a aumentar. La economía regresa eventualmente al punto A, al que se llega un instante antes del periodo T, y se inicia un nuevo ciclo. Adviértase que en T, como lo indica la ecuación (21), la tasa de devaluación se mantiene por debajo de la tasa de cambio de los salarios nominales. La interpretación intuitiva de este resultado es que un gobierno preocupado por sus perspectivas de reelección tenderá a estimular la producción hasta el último momento, antes de la contienda electoral.

Por lo tanto, los pronósticos del modelo oportunista de los ciclos de devaluación presentado antes son cualitativamente similares a los del modelo original de Nordhaus: en los periodos anteriores a la elección, el gobierno incrementará la tasa de depreciación de la tasa de cambio nominal a fin de depreciar la tasa de cambio real y estimular a la producción. Después de las elecciones ocurrirá un gran incremento de la tasa de cambio nominal a fin de reducir la tasa de crecimiento de los precios. En consecuencia, inmediatamente después de la elección habrá una recesión. Sin embargo, una diferencia importante (de la que nos ocuparemos más adelante) es que, en el modelo oportunista de los ciclos de devaluación, los factores inerciales no reflejan las

GRÁFICA XIX.2. *El ciclo de devaluación electoral en el caso II:* $\alpha > 0$

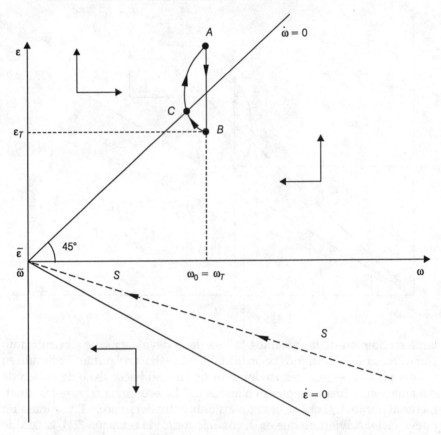

expectativas de los votantes orientadas hacia atrás (como en el modelo original de Nordhaus), sino que son una consecuencia de los mecanismos institucionales de fijación de los salarios.

XIX.2.2. *Modelos con asimetrías informativas*

La investigación reciente sobre los modelos político-económicos explica los ciclos de asuntos políticos sobre la base de dos supuestos fundamentales. Primero, los votantes son racionales y orientados hacia adelante; segundo, están mal informados acerca de las preferencias y los objetivos de los gobernantes en lo tocante a la política económica. Ambos supuestos desempeñan un papel importante en la generación de ciclos electorales en las nuevas teorías. En el modelo de Nordhaus descrito antes, el supuesto de que los votantes son racionales y orientados hacia adelante implica que evaluarán a los candidatos sobre la base de su desempeño esperado en el *futuro*. Las implicaciones del supuesto de la previsión perfecta pueden evaluarse formalmente fijando $\alpha \to \infty$ en las ecuaciones de solución (9)-(11). Bajo las condiciones de estabilidad habituales, esto implica que no habrá propiamente ningún "ciclo". Por lo tanto, la racionalidad de las expectativas en los modelos oportunistas del tipo de Nordhaus niega por sí misma la existencia de un ciclo económico político, porque los agentes pueden "ver" más allá de la fecha de la elección cuál será el cambio de la política económica requerido para reducir la inflación.

Además del supuesto de las expectativas racionales, los desarrollos recientes de la teoría de los ciclos económicos políticos han destacado la existencia de asimetrías informativas entre los responsables de las políticas y los votantes. Los modelos más importantes de esta clase, que utilizan un marco de teoría de los juegos, son los de Rogoff y Sibert (1988) y Rogoff (1990).[19] En estos modelos, los gobiernos son también oportunistas en el sentido de que se preocupan por sus perspectivas de reelección, pero hay una asimetría informativa crítica: los votantes no conocen con precisión el "tipo" del gobernante en el poder (es decir, el nivel de "competencia" del gobierno, definido como su eficiencia para reducir el "desperdicio" en las decisiones fiscales y para proporcionar bienes públicos), una característica que para el gobernante es una información perfecta. Por lo tanto, el gobierno en el poder tiene un incentivo para "señalar" su competencia —ya que los votantes prefieren racionalmente responsables de políticas más competentes— manipulando el gasto gubernamental (o más generalmente las tasas de los impuestos, los precios de los servicios públicos, etcétera) antes de las elecciones. Por lo tanto, surge un ciclo electoral en los gastos gubernamentales derivado de una asimetría informativa acervo de la competencia del gobierno en el poder por lo que toca a la provisión de bienes públicos.[20] Los efectos inflacionarios de una política expansiva se sienten con cierto retraso, de modo que sólo ocurren después de la elección. Además, en el modelo de Rogoff (1990), el aumento del gasto gubernamental para propósitos de señalamiento puede asumir la forma de un aumento preelectoral de los gastos de "consumo" o de las transferencias muy "visibles" —que afectan de inmediato al ingreso disponible—, y de una reducción del gasto en "capital", que afecta al bienestar individual sólo con retrasos. Por lo tanto, los ciclos del gasto pueden asumir también la forma de distorsiones en la composición de los gastos públicos. En este tipo de modelo,

---

[19] Véase también a Cukierman y Meltzer (1989), quienes sostienen que la asimetría de la información entre los votantes y el gobierno deriva del monitoreo imperfecto de los choques que afectan a la economía. Terrones (1989) extiende el análisis de Rogoff (1990) para tomar en cuenta las fechas de elecciones endógenas.

[20] Adviértase que si hay financiamiento monetario, un ciclo de gasto se asociará también con un ciclo monetario.

los votantes juzgan el desempeño del gobierno en el poder observando los resultados macroeconómicos presentes y pasados; por lo tanto, están orientados hacia atrás como en los modelos oportunistas del tipo de Nordhaus.

En consecuencia, la implicación común de los modelos de ciclos económicos políticos "racionales", tanto los tradicionales como los más recientes, es la existencia de una manipulación sistemática de los instrumentos de la política económica antes de las elecciones, en particular el gasto gubernamental.[21] Sin embargo, una diferencia importante entre el enfoque oportunista y el "racional" es que el tipo de ciclos presupuestarios que ocurren, por ejemplo, en el modelo de Rogoff (1990), no tienen que ocurrir sistemáticamente en cada elección. Este resultado es particularmente útil para entender la ausencia de pruebas estadísticas robustas observada a menudo en los análisis empíricos, como veremos más adelante. Otra diferencia importante es el hecho de que el ciclo electoral "racional" se reflejará en el patrón de los instrumentos de la política económica, pero no necesariamente en el comportamiento de la producción, la inflación o el empleo.

Esta breve reseña de las teorías "antiguas" y "nuevas" del ciclo económico político conduce a varias consideraciones importantes. Primero, en los países en vías de desarrollo donde los gobiernos son elegidos a través de un proceso democrático, los gobernantes en el poder pueden afrontar el mismo tipo de incentivos para la reelección que sus contrapartes de los países industrializados. En consecuencia, por lo menos en principio, debería operar el mismo tipo de fenómeno del ciclo de asuntos políticos. Segundo, es posible que el factor inercial en los modelos oportunistas no deriva de las expectativas orientadas hacia atrás por sí mismas, sino (como se reconoce explícitamente en nuestro modelo de los ciclos de devaluación) de la naturaleza de los contratos laborales o de otras formas de rigideces del mercado, como los precios rígidos o la inercia de los flujos comerciales (Van der Ploeg, 1989). En tales condiciones, aunque el sector privado se oriente hacia adelante y prevea racionalmente los eventos económicos y políticos futuros, una estrategia de maximización del voto por parte de los gobernantes en el poder podría conducir todavía a ciclos económicos políticos. Por último, aunque en los modelos oportunistas examinados aquí es importante la orientación ideológica de los partidos políticos —y de los gobiernos en el poder— para el establecimiento de la política económica sólo a través de sus efectos posibles sobre los pesos relativos asignados a los objetivos de la política económica en la función de objetivos, algunos estudios recientes han tratado de considerar una situación donde los gobiernos en el poder no se interesan sólo por sus perspectivas de reelección sino

---

[21] En efecto, las teorías recientes no proveen pronósticos precisos acerca de si una expansión fiscal preelectoral ocurrirá a través de una reducción de los impuestos o un incremento de los gastos gubernamentales.

también por su compromiso ideológico (Nordhaus, 1989). Esta línea de investigación podría ser particularmente relevante cuando no es posible identificar a los partidos con preferencias ideológicas específicas.

XIX.3. LOS CICLOS ECONÓMICOS INDUCIDOS POR LAS ELECCIONES: LAS PRUEBAS

Los esfuerzos empíricos que han tratado de determinar la existencia de ciclos sistemáticos políticamente inducidos en los resultados macroeconómicos y los instrumentos de la política económica —en países desarrollados y en vías de desarrollo— han obtenido resultados mezclados en el mejor de los casos. En esta sección reseñaremos algunas pruebas empíricas disponibles para el mundo en vías de desarrollo y ofreceremos nuestras propias estimaciones econométricas. Nuestro análisis se concentra en el efecto de los ciclos de elecciones presidenciales sobre el gasto gubernamental en tres países latinoamericanos: Colombia, Costa Rica y Venezuela.

XIX.3.1. *Las pruebas informales*

Aunque los ciclos electorales regulares no constituyen la norma en los países en vías de desarrollo,[22] hay varios ejemplos de sistemas pluripartidistas institucionalizados con ciclos electorales presidenciales estables en estos países, sobre todo en América Latina: Chile (antes y después de Pinochet), Colombia, Costa Rica, México y Venezuela.[23] Costa Rica y Venezuela constituyen buenos ejemplos de una democracia liberal, representativa y constitucional en América Latina. Colombia ha sido una democracia durante la mayor parte de los 160 años transcurridos desde su independencia, y ha sido un sistema bipartidista desde cerca del decenio de 1840. El Partido Conservador y el Partido Liberal se han alternado en el poder durante la mayor parte de ese tiempo. Desde 1886, el país ha tenido un fuerte poder Ejecutivo dirigido por un presidente que se elige para periodos de cuatro años en elecciones nacionales. En 1958, los líderes de los dos partidos principales convinieron en la creación de un mecanismo que aseguraría la alternancia presidencial entre ellos. El acuerdo especificaba que la Presidencia se alternaría cada cuatro años y que los puestos más altos del gabinete y de las agencias públicas se repartirían entre los candidatos de los dos partidos. El arreglo duró casi veinte años; se

---

[22] De hecho, Ames (1987, p. 12) señala que, entre 1945 y 1982, las administraciones de América Latina terminaron su periodo con elecciones en 82 casos y con golpes militares en 51 casos.
[23] Véase un análisis de los sistemas políticos latinoamericanos en Diamond y Linz (1989).

cree que su legado persiste aun ahora en muchos aspectos del gobierno y de la administración pública (Whitehead, 1990). Costa Rica ha disfrutado también de un sistema electoral estable durante largo tiempo. Al igual que en Colombia, las elecciones presidenciales ocurren cada cuatro años. Venezuela es la más antigua de las democracias sudamericanas y una de las más estables. Desde 1958, el sistema ha exhibido una continuidad institucional considerable. En cuatro elecciones consecutivas, el partido de oposición derrotó y remplazó al gobierno en el poder (1968, 1973, 1978 y 1983). En México, el presidente sólo puede ser elegido para un periodo de seis años, aunque el mismo partido ha permanecido en el poder durante varios decenios.

Los politólogos han aportado muchas explicaciones descriptivas del efecto de las elecciones en la política macroeconómica de este grupo de países. Por ejemplo, Whitehead (1990) ha sostenido que el gasto del gobierno central mexicano sigue un patrón cíclico: aumenta en el primer presupuesto de un nuevo presidente, baja durante los dos años siguientes, y aumenta de nuevo en la prisa por completar proyectos antes de la terminación del periodo. En este ciclo, las medidas de austeridad tienden a ocurrir en el año 1 de cada presidencia (1971, 1977 y 1983, por ejemplo), porque el nuevo presidente adopta medidas políticamente impopulares para "purgar" los excesos anteriores. En el segundo y el tercer años de la presidencia se emprenden nuevos proyectos de gastos para dotar de patronazgo y popularidad al nuevo presidente: 1972-1973, 1977-1978 y 1984-1985 presenciaron programas de reactivación económica, más débiles en el último caso debido a la crisis económica, pero todavía perceptible. El último año de la Presidencia tiene a menudo un carácter desordenado, derivado de la falta de control sobre los gastos.

Haggard y Kaufman (1990) han sostenido que Chile ofrece probablemente uno de los casos más evidentes de un ciclo económico bien definido, inducido por las elecciones. En cuatro de los episodios chilenos considerados por estos autores (1953-1955, 1958-1959, 1962-1964 y 1968-1970), las elevaciones de la inflación al final de un periodo presidencial podían imputarse a los programas expansivos establecidos el llegar al cargo un nuevo presidente. Dado que estos programas se emprendieron bajo condiciones recesivas, inicialmente lograron estimular el crecimiento sin tener gran efecto sobre la inflación. Pero en la segunda mitad de cada administración la expansión empezaba a toparse con los límites de la capacidad productiva existente. Con las elecciones encima, los gobiernos en el poder acomodaban las demandas inflacionarias de sindicatos y empresas. Cada presidente dejaba así el cargo en un contexto de estanflación, y el ciclo se iniciaría de nuevo bajo su sucesor. Dos de estos ciclos involucraron a gobiernos populistas, porque en los dos últimos episodios también se polarizó crecientemente el sistema partidista. Haggard y Kaufman han sostenido también que, en Uruguay, los incrementos inflacionarios de 1968 y 1973 se vieron precedidos por grandes incrementos de los salarios del sector público y por los déficit fiscales implantados por los gobiernos en el poder durante las campañas electorales de 1967 y 1971.

XIX.3.2. *Evidencias econométricas*

Los modelos econométricos que tratan de verificar la existencia de ciclos político-económicos en los países en vías de desarrollo son recientes y se han concentrado en gran medida en la determinación de ciclos en los instrumentos de la política macroeconómica —el gasto gubernamental en particular—, antes que en la producción, la inflación y el desempleo.[24] Un supuesto fundamental de estos estudios es que —de acuerdo con el modelo oportunista reseñado antes— una política fiscal expansiva, bajo la forma de un aumento de las transferencias, los subsidios u otros componentes del gasto gubernamental, deriva del deseo de los políticos de expandir la producción y generar apoyo político en los periodos preelectorales.[25]

Ames (1987) proporciona uno de los primeros esfuerzos en esta dirección, concentrándose en el caso de 17 países latinoamericanos entre 1947 y 1982. Su análisis empírico ofrece cierto apoyo para el supuesto de que los gobiernos tienden a alterar la composición del gasto gubernamental para lograr ganancias electorales.[26] Karnik (1990) provee resultados econométricos en apoyo del supuesto de que el gasto gubernamental de la India ha sido sensible al ciclo electoral. Más recientemente, Edwards (1994) ha aportado un análisis cuantitativo de los ciclos económicos políticos de Chile durante el periodo de 1952-1973. Una innovación importante del enfoque de Edwards es el hecho de que no considera sólo las elecciones presidenciales sino también las elecciones parlamentarias. También combina la motivación ideológica con las preocupaciones de la reelección en su modelo de regresión, y encuentra pruebas en apoyo de ambas.

---

[24] Por lo que toca a los países industrializados, véase a Alesina y otros (1993), quienes consideran una muestra de 18 economías. Señalan estos autores que, aunque hay escasas pruebas de los efectos preelectorales sobre la producción y el empleo, hay ciertas pruebas de un "ciclo presupuestario político" (o de una política fiscal "laxa") antes de las elecciones, así como un ciclo monetario.

[25] Una explicación de la concentración en el gasto público consiste en suponer que, en virtud de las rigideces y diversos retrasos del sistema tributario, las tasas fiscales no se pueden ajustar instantáneamente. O bien, podría afirmarse que, debido a un alto grado de evasión de los impuestos, los cambios de las tasas impositivas no tienen gran efecto sobre el comportamiento de los agentes. En ambos casos, no pueden manipularse las tasas impositivas para obtener ganancias electorales de corto plazo.

[26] Además de examinar la hipótesis de que los gobiernos en el poder responde a las elecciones próximas incrementando los gastos reales, Ames verifica también el supuesto de que los gobiernos recientemente elegidos recompensan a sus seguidores y por lo tanto incrementan el gasto público tras tomar posesión. Los intentos de Ames por establecer el segundo supuesto no son muy exitosos. De hecho, demuestra que el gasto *declinó* en realidad después de las elecciones, como lo pronostica el modelo oportunista.

XIX.3.2.1. *Los ciclos electorales y el gasto gubernamental*

A fin de fortalecer nuestro entendimiento del efecto de los factores políticos sobre la aplicación de los instrumentos de la política económica, proporcionaremos nuestras propias pruebas econométricas de un modelo de comportamiento del gasto público para un grupo de países que no se ha estudiado hasta ahora sistemáticamente: Colombia, Costa Rica y Venezuela. Como se indicó antes, estos países han mantenido regímenes constitucionales con un ciclo electoral regular e institucionalizado. El supuesto fundamental, como se indicó antes, es que una política fiscal expansiva (que asume la forma de un aumento de las transferencias o de los subsidios, por ejemplo) puede derivar del deseo de los políticos de expandir la producción y generar apoyo político en los periodos preelectorales. Como una medida alternativa del gasto gubernamental total, se examina también el comportamiento del crédito interno neto otorgado al gobierno. Por último, nos ocuparemos de los cambios ocurridos en la composición del gasto público a fin de determinar si, como lo sugiere Rogoff (1990), algunos componentes del gasto tienden a seguir un ciclo electoral más pronunciado.

La tasa de crecimiento del gasto público en Colombia, Costa Rica y Venezuela aparece en la gráfica XIX.3, junto con las fechas de las elecciones presidenciales durante el periodo de 1970-1990.[27] No parece surgir *a priori* ningún patrón claro. Sin embargo, esto no resulta sorprendente si se consideran los diversos factores económicos que pueden influir sobre el comportamiento del gasto público a corto plazo, junto con las posibles consideraciones políticas. Para tomar en cuenta tales factores se requiere la especificación de un marco econométrico más formal.

Un buen punto de partida para la formulación de un modelo político-económico del gasto gubernamental puede encontrarse en la obra de Ames (1987). En la edición previa de este libro seguimos a Ames y desarrollamos un modelo que conecta los movimientos del gasto público del gobierno central con factores políticos y económicos. Específicamente, consideraremos un marco donde las fluctuaciones del gasto total dependen de la cronología de las elecciones y del comportamiento de los recursos presupuestarios potenciales. Se supone que la tasa de crecimiento del gasto del gobierno central en el momento t, $\Delta \ln G$, depende de la siguiente serie de variables:

1. La tasa de cambio del gasto gubernamental en el periodo precedente, $\Delta \ln G_{-1}$, que toma en cuenta las "restricciones administrativas" y puede reflejar la tendencia de los burócratas a expandir de continuo el gasto público.

---

[27] Las elecciones ocurren en mayo en Colombia, cada cuatro años a partir de 1970, y en febrero del mismo año en Costa Rica. En Venezuela, las elecciones ocurren en diciembre cada cinco años, a partir de 1973.

GRÁFICA XIX.3. *El gasto gubernamental y el ciclo electoral en América Latina (cambios porcentuales anuales)*

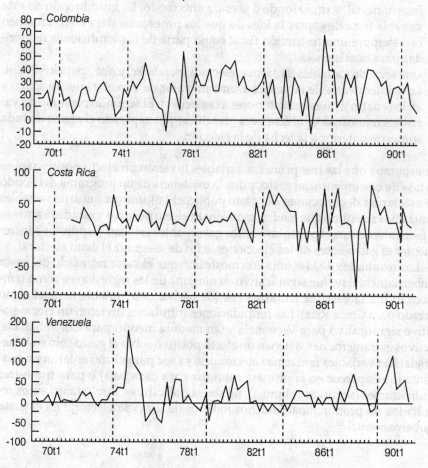

t1 = primer trimestre.
NOTA: la línea vertical punteada indica los datos de las elecciones presidenciales.
FUENTE: Fondo Monetario Internacional.

2. La tasa de cambio de la recaudación fiscal en el periodo precedente, $\Delta \ln T_{-1}$, que toma en cuenta una "restricción de recursos" sobre el plan de gasto del gobierno.

3. La tasa de cambio de los activos extranjeros netos durante el periodo precedente, $\Delta \ln R_{-1}$, que toma en cuenta la "restricción de las divisas" que puede afrontar el gobierno si el gasto público tiene un elevado componente importado.

4. Una variable fantasma, FMI, que asume un valor de 1 en todos los trimestres durante los cuales celebre el país un arreglo con el Fondo Monetario Internacional, y un valor de 0 si es de otro modo. La introducción de esta variable trata de captar la idea de que los programas del Fondo imponen casi siempre una restricción fiscal como parte de las condiciones requeridas para la asistencia.

5. Una serie de variables fantasmas electorales, *tot-elec*, y *elec*$_{-h}$ para $h = 0, ..., 4$. La primera variable fantasma asume un valor de 1 en el trimestre actual y en los cuatro trimestres anteriores a la elección. El segundo conjunto de variables fantasmas se utiliza para identificar por separado el efecto de cada trimestre anterior a la fecha de la elección.

Se esperaba que las tres primeras variables tuvieran un efecto positivo sobre la tasa de crecimiento del gasto, y que la existencia de un programa del Fondo se asociaría a declinaciones del gasto público. El último conjunto de variables fantasmas se estimó que tendría también un efecto positivo y estadísticamente significativo hasta el punto en que los gobernantes estaban dispuestos a incrementar el gasto antes de las elecciones, a fin de asegurar el éxito electoral.

Los resultados de la estimación mostraron que el valor retrasado del gasto gubernamental no fue significativo en ninguna de las regresiones, como tampoco lo fue la variable fantasma FMI (de hecho, esta variable tiene el signo errado para Costa Rica). Las recaudaciones tributarias tuvieron un efecto positivo significativo para Venezuela y (en medida menor) para Colombia. Los activos extranjeros netos tienen un efecto positivo sobre el gasto sólo en Venezuela. Las variables fantasmas electorales, ya sea para el año anterior en conjunto (que aparece en la primera columna para cada país) o para trimestres individuales (segunda columna), no son significativas. Por lo tanto, estos resultados no proporcionan muchos indicios de un ciclo electoral en el gasto gubernamental.[28]

XIX.3.2.2. *Determinantes del crédito interno para el gobierno*

Un segundo enfoque que seguimos para la verificación de un ciclo electoral en el gasto gubernamental consiste en la utilización de la tasa de crecimiento del crédito interno neto para el gobierno central, $\Delta \ln L$, como un indicador del gasto público. Este enfoque se basa en varios supuestos. Primero, con una capacidad de recaudación fiscal dada y limitadas opciones para obtener prés-

---

[28] Adviértase que dado que los datos no pueden distinguir entre las autorizaciones de los gastos y la ejecución efectiva de las decisiones del gasto público, es posible que ocurra un aumento de los gastos después de las elecciones. Sin embargo, no se observa aquí tal cosa.

tamos, los cambios del gasto se financian a menudo con crédito interno. Segundo, el Banco Central puede ser —como ocurre a menudo en los países en vías de desarrollo— en gran medida dependiente del poder Ejecutivo, y quizá no pueda resistir la presión gubernamental para que monetice los déficit presupuestarios. Por último, un argumento adicional en favor de la utilización del crédito interno para el gobierno como una medida alternativa y "más amplia" el gasto público se relaciona con la posibilidad de que el gobierno en el poder recurra al gasto "extrapresupuestario", lo que es una práctica bastante común en los países en vías de desarrollo. Tales gastos no se registrarían típicamente en las estadísticas presupuestarias como tales, pero el cambio del crédito interno para el gobierno podría captarlos.

Cuando la tasa de cambio del crédito interno para el gobierno se utiliza como variable dependiente (con el mismo conjunto de regresores que antes), los resultados de la estimación indican que, en general, el coeficiente de determinación no se eleva. Pero las otras pruebas de diagnóstico indican una especificación algo plausible, aunque algunas evidencias de una persistente autocorrelación de los residuos se fundaron para Venezuela. El valor retrasado del crecimiento del crédito fue significativo en casi todos los casos. En cambio, los impuestos y las reservas extranjeras no fueron significativos. La variable fantasma FMI tuvo el signo correcto y significativo al nivel de 10% en el caso de Costa Rica. La variable fantasma electoral total es significativa sólo en el caso de Colombia. Todas las variables fantasmas trimestrales son significativas al nivel de 5% por lo menos para un trimestre en todos los casos: el cuarto trimestre para Colombia, y el segundo trimestre para Costa Rica y Venezuela. Por lo tanto, los resultados proveen un apoyo limitado para el supuesto de que los gastos responden al ciclo electoral.

XIX.3.2.3. *Las elecciones y la composición del gasto público*

Los resultados econométricos resumidos arriba no permiten distinguir entre el ciclo presupuestario oportunista clásico y el ciclo presupuestario del equilibrio político. Pero como se señaló primero, además de pronosticar los ciclos inducidos por las elecciones en los instrumentos de la política gubernamental, el análisis de Rogoff (1990) ofrece otra implicación verificable: los gobiernos en el poder tienden a sesgar la política del gasto antes de la elección hacia los gastos corrientes (tales como las transferencias) y en contra de la inversión pública. Hay escasas pruebas sobre este tipo de efecto en los países en vías de desarrollo. En uno de los pocos estudios que conocemos, Ames (1987) sostuvo que la participación de los sueldos y salarios gubernamentales en el total del gasto aumentó en Costa Rica antes de cada elección, excepto en la de 1965. Examinaremos ahora esta cuestión para los tres países que estamos considerando.

En la edición previa de este libro, presentamos los resultados de la estimación de un modelo econométrico que relaciona el logaritmo de la participación de los salarios, los sueldos y las transferencias en el total del gasto gubernamental, ln s; con su valor retrasado un periodo (una medida de la inercia), ln s_{-1}; la tasa actual del crecimiento económico (que capta los efectos cíclicos sobre la composición del gasto), $\Delta \ln y$; y una variable fantasma, *elec*, que asume el valor de 1 en el año en que ocurren elecciones presidenciales y 0 si es de otro modo.[29] Los resultados revelan que la especificación parece razonable para Costa Rica y Venezuela, pero no para Colombia; las pruebas de diagnóstico indican la existencia de una correlación serial en los residuos en el último caso. La tasa de crecimiento de la producción no es significativa en ninguna ecuación, aunque tiene el signo negativo esperado. Las estimaciones sugieren también que no hay ningún efecto significativo de la variable fantasma electoral sobre la composición del gasto público.

Podemos resumir los resultados como sigue. No parece comprobarse el supuesto de que el gasto gubernamental responde a las preocupaciones de los gobernantes en el poder por la reelección. Cuando la variable dependiente es el crédito neto otorgado al gobierno, parece existir cierta prueba estadística de un efecto positivo del ciclo electoral. Sin embargo, la prueba no es muy fuerte. Por último, no parece haber ningún cambio sistemático en la composición de los gastos públicos en los periodos anteriores a las elecciones presidenciales. La naturaleza poco concluyente de nuestros resultados concuerda con el estudio reciente de Alesina y otros (1993), quienes no encuentran muchas pruebas en favor de un ciclo electoral en el gasto gubernamental de los países desarrollados. Es posible que las conclusiones obtenidas aquí deban interpretarse en una forma similar: la ausencia de resultados estadísticos robustos podría reflejar el hecho de que los gobiernos no manipulan el gasto sistemáticamente, sino sólo cuando los resultados de la elección parecen muy inciertos para los gobernantes que buscan su reelección.

Otra explicación podría seguir los lineamientos sugeridos por Ames (1987), quien sostiene que mientras los gobernantes en el poder de los regímenes plurales de los países industrializados avanzados pueden tratar efectivamente de maximizar sus probabilidades de reelección sincronizando las decisiones de la política económica con el ciclo eleccionario (es decir, estimulando la producción y reduciendo el desempleo en los periodos precedentes a la elección), los gobiernos de los países en vías de desarrollo gastan a menudo para reclutar y retener seguidores. La preocupación de los líderes políticos por su propia supervivencia no es necesariamente mayor justo antes de las elecciones. Las reclamaciones afrontadas por los gobiernos como resultado de

---

[29] También se realizó la estimación con el valor retrasado de *elec* y el valor retrasado de $\Delta \ln y$, pero los resultados obtenidos fueron similares a los reportados aquí.

las presiones del electorado van más allá de las demandas cíclicas impuestas por las elecciones. Por lo tanto, no existe necesariamente alguna conexión sistemática entre las elecciones y los ciclos de la política macroeconómica.

Pero antes de emitir un juicio definitivo, debiéramos extender en varias direcciones el tipo de análisis empírico desarrollado aquí. Primero, podrían utilizarse otras medidas del gasto gubernamental, incluyendo por ejemplo el gasto de las empresas paraestatales.[30] Segundo, podría introducirse un "índice de popularidad" en la ecuación, a fin de examinar el efecto que los cambios de la popularidad pueden tener sobre la propensión del gobierno a manipular los instrumentos de la política económica. Sin embargo, las encuestas de opinión sobre cuestiones políticas son raras en los países en vías de desarrollo, y esta extensión podría resultar particularmente difícil.[31] Tercero, debiera examinarse también el papel de las elecciones legislativas intermedias, como lo ha hecho Edwards (1994). Cuarto, hay algunos factores institucionales importantes que debieran tomarse en cuenta, en particular el grado de la independencia del Banco Central y la estructura del proceso presupuestario. Quinto, podría convenir la investigación de los efectos "partidistas" que en las democracias industriales parecen haber desempeñado un papel importante en el comportamiento de los instrumentos de la política macroeconómica.[32]

La literatura reciente de la economía política de los programas de estabilización y del ajuste estructural ha identificado diversos canales por los que las características formales del sistema político afectan a la administración macroeconómica. Aunque las pruebas disponibles no parecen ofrecer un fuerte apoyo para la idea de que los instrumentos de la política económica y los resultados macroeconómicos en los países en vías de desarrollo responden sistemáticamente a los objetivos políticos de los gobernantes en el poder, se acepta generalmente que los resultados económicos reflejan elecciones restringidas por las instituciones políticas, y que las reformas económicas tienen consecuencias políticas a largo plazo. Es posible que ocurra la manipulación preelectoral de los instrumentos de la política gubernamental, pero no nece-

---

[30] Alternativamente, podría resultar útil la consideración del gasto gubernamental con inclusión y exclusión de los pagos de intereses de la deuda pública. Sin embargo, no hay a priori ninguna razón para creer que ciertos componentes del gasto —como los pagos de intereses— no se alteren, o demoren, cuando el gobierno se preocupa esencialmente por las perspectivas de su reelección.

[31] Véase en Karnik (1990) un intento de medición de la popularidad del gobierno en los países en vías de desarrollo.

[32] Véase Alesina y otros (1993). Sin embargo, los efectos partidistas no son particularmente relevantes cuando las fuerzas de coaliciones desempeñan un papel importante en el proceso electoral. Por ejemplo, para los tres países latinoamericanos considerados aquí, resulta difícil identificar claros cambios ideológicos de la "izquierda" a la "derecha", derivados de las tendencias populistas de los gobiernos en el poder.

sariamente en una forma sistemática debido a la existencia de restricciones que no son contingentes. Una implicación importante del análisis es la necesidad de evaluar *ex ante* la viabilidad política de los planes de estabilización. Como se destacó en el capítulo XII, el contexto político en el que se implantan los planes de estabilización y los programas de ajuste estructural debe tomarse en cuenta en el diseño de estos programas para asegurar la sustentabilidad del esfuerzo de reforma.

XX. SECUENCIA Y VELOCIDAD DE LAS REFORMAS

LOS PROGRAMAS DE REFORMA ESTRUCTURAL han planteado varios problemas sustantivos, relacionados en particular con la secuencia apropiada de las reformas, la rapidez óptima con la que debieran avanzar las políticas de liberalización y la conducción de la política macroeconómica en una economía que está experimentando un extenso ajuste estructural.

Mientras que los capítulos precedentes se han concentrado en gran medida en los efectos macroeconómicos de corto y mediano plazos de reformas específicas (en el sistema financiero interno y los regímenes de tasa de cambio y de comercio), la determinación del ritmo apropiado de la reforma, y del orden secuencial de políticas específicas que los gobernantes deben seguir cuando implantan programas de reforma comprensiva, plantean también importantes interrogantes prácticos y conceptuales. Principiaremos este capítulo examinando los problemas planteados por la secuencia de las reformas, concentrándonos en la medida en que el éxito de los programas de reforma dependa del orden de la liberalización. Luego discutiremos la determinación del ritmo apropiado de la reforma cuando hay costos de ajuste, y analizaremos el papel de la crebilidad y la sustentabilidad en este contexto.

XX.1. LA SECUENCIA DE LAS REFORMAS

La existencia de costos del ajuste y de restricciones políticas o administrativas impide de ordinario el enfoque más conveniente para la reforma: la eliminación simultánea de todas las distorsiones. Así pues, la determinación de la secuencia apropiada de las reformas de la política económica es un problema práctico inevitable para los gobernantes, y podría tener una importancia considerable para el éxito de cualquier programa de ajuste. El problema de la secuencia implica normalmente varias dimensiones: primero, la cronología de la liberalización del mercado financiero interno y la cuenta de capital de la balanza de pagos; segundo, la apertura de la cuenta comercial y la de capital; y tercero, la secuencia de los programas de ajuste macroeconómico y de las reformas estructurales.

XX.1.1. *Estabilización macroeconómica, reforma financiera y apertura de la cuenta de capital*

Entre los macroeconomistas del desarrollo existe un amplio consenso acerca de que las debilidades del presupuesto gubernamental deben corregirse antes de que pueda eliminarse la represión financiera, porque la pérdida de las recaudaciones tributarias de ésta podría hacer que se asociara al surgimiento de una inflación elevada. Así pues, un primer principio para la secuencia es que la estabilización macroeconómica debiera preceder a la reforma financiera. Además, como sostuvimos en el contexto del problema de la carga de la deuda en el capítulo XIV, la confianza del inversionista en la permanencia de un régimen de política económica que salvaguarde su propiedad es necesaria para impedir la fuga de capital. Esto sugiere que el ajuste fiscal debiera preceder también a la eliminación de las restricciones impuestas a las salidas de capital. Incluso en ausencia de una insolvencia fiscal potencial, la reducción de la base del impuesto inflacionario resultante de la sustitución de tenencias denominadas en moneda nacional por activos extranjeros podría provocar una explosión inflacionaria si las rigideces fiscales impiden el ajuste del déficit primario.[1] Este argumento puede extenderse a la relación existente entre la estabilización y la liberalización de la cuenta de capital más generalmente. Como vimos en el capítulo XV, se requiere una flexibilidad adecuada de los instrumentos de la política económica —especialmente de la política fiscal— para contrarrestar los efectos de los movimientos de capital, ya se trate de entradas o salidas. Si no se logra la consolidación fiscal antes de la apertura de la cuenta de capital, es posible que más tarde resulte imposible (debido a las reacciones de los acreedores) adoptar una política fiscal menos restrictiva en respuesta a choques contractivos tales como las elevaciones de las tasas de interés externas. La implicación es que debiera lograrse la consolidación fiscal antes que la liberalización financiera interna y externa.

Existe también un consenso amplio acerca de que el sistema financiero interno debe ser reformado —liberando las tasas de interés internas, incrementando la utilización de instrumentos indirectos para los propósitos del control monetario, y fortaleciendo las instituciones y los mercados financieros internos, según los lineamientos discutidos en el capítulo XVIII— antes de abrir la cuenta de capital de la balanza de pagos. Si se mantienen por decreto gubernamental las tasas de interés reales internas muy por debajo de los niveles

---

[1] Sin embargo, Brock (1984) ha sostenido que la apertura de la cuenta de capital no conduce necesariamente a una reducción de la recaudación del impuesto inflacionario. Por ejemplo, los mayores requerimientos de reservas sobre los depósitos bancarios mantenidos por los no residentes podrían compensar una reducción de la base del impuesto inflacionario (tenencias denominadas en moneda nacional) inducida por un grado mayor de sustitución entre la moneda nacional y la extranjera.

mundiales, la eliminación de los controles de capital provocará salidas de capital sostenidas y finalmente una crisis de la balanza de pagos. La incertidumbre acerca de la sustentabilidad de la reforma, que podría ser particularmente aguda en las primeras etapas de un programa de liberalización, podría exacerbar el grado de la volatilidad de los movimientos de capital y empeorar la crisis. Esta es una de las lecciones principales de la experiencia de los países del Cono Sur durante el turbulento periodo de fines del decenio de 1970 a principios del decenio de 1980 (Hanson, 1992).[2]

Otro argumento en favor de la reforma del sistema financiero interno antes de abrir la cuenta de capital tiene que ver con la evitación del endeudamiento externo empobrecedor. Específicamente, si el sistema financiero interno está reprimido, o ha sido inadecuadamente liberalizado (es decir, liberalizado sin los mecanismos institucionales apropiados para asegurar la regulación y supervisión adecuadas) como vimos en el capítulo XV, todas las entradas de capital resultantes podrían asignarse mal en la medida en que sean intermediadas por el sistema financiero interno. El resultado podría ser que la tasa de rendimiento social del uso de estos fondos externos sea menor que el costo de estos fondos para la economía nacional, de modo que los residentes nacionales serían más pobres que en ausencia de tal endeudamiento.

En general, entonces, la secuencia sugerida por estos argumentos aconsejaría el ajuste fiscal en primer término, seguido por la reforma financiera interna y la liberalización de la cuenta de capital sólo después de que se hayan completado los dos primeros pasos.

Fischer y Reisen (1994) han aconsejado recientemente una secuencia de reforma más sutil y articulada. De manera consistente con lo que se ha dicho aquí, sostienen estos autores que se requiere el control fiscal antes de que se abra la cuenta de capital, porque sin tal control la represión financiera provocaría salidas de capital o inflación. Además, la posible pérdida de autonomía monetaria con una cuenta de capital completamente abierta no dejaría instrumentos para la política de estabilización si la política fiscal no puede aplicarse con flexibilidad. Estos dos argumentos se esgrimieron antes. Pero estos autores sostienen que, aun si la apertura financiera dejara alguna autonomía monetaria interna (porque los activos nacionales y los extranjeros son sustitutos imperfectos), la apertura de la cuenta de capital debiera posponerse en vista de la necesidad de establecer y profundizar mercados internos de dinero y de valores para permitir la esterilización de las entradas y salidas de capital, así como para desarrollar el sistema bancario interno, a fin de asegurar que la apertura financiera no provoque la elevación de las tasas de interés y el exceso de intermediación financiera. Esto último significa:

---

[2] La reforma financiera implantada en Indonesia a principios del decenio de 1980 ocurrió después de la apertura de la cuenta de capital. Sin embargo, un manejo macroeconómico prudente impidió los efectos desestabilizadores de los flujos de capital especulativos (Hanna, 1994).

1. La aplicación de la competencia para promover la eficiencia de asignación en el sector financiero.
2. El fortalecimiento de la regulación y supervisión prudente, y el establecimiento de sistemas legales y contables para afrontar los riesgos sistémicos.
3. La eliminación de los préstamos malos en exceso, a fin de incrementar el valor de franquicia de los bancos.

Fischer y Reisen concuerdan así con la idea de que la estabilización macroeconómica y la reforma financiera interna deben preceder a la apertura de la cuenta de capital, pero su secuencia de reforma propuesta no pospone todos los pasos para la apertura de la cuenta de capital hasta que se haya logrado la estabilización y la reforma financiera interna. En efecto, sostienen estos autores que la liberalización de la inversión extranjera directa (IED) y del financiamiento del comercio exterior deben lograrse en primer término. Estas medidas se consideran esenciales para el desarrollo (debido a las filtraciones benéficas de la IED y los beneficios de la apertura comercial), con la probabilidad de plantear pocos problemas macroeconómicos y del sector financiero. Además, sostienen que la consolidación fiscal es el siguiente paso más importante por dos razones: primero, como vimos antes, se necesita tal consolidación para prescindir de las recaudaciones de la represión financiera y para proveer un instrumento de estabilización. Segundo, se requiere una posición fiscal saludable para afrontar los problemas potenciales de préstamos malos en el sector financiero reformado. Viene luego la implantación de medidas para el mejoramiento de la regulación y la supervisión bancarias. En virtud de que esto lleva tiempo, debe hacerse temprano. Luego de alcanzada la estabilidad macroeconómica, de que se hayan establecido los mecanismos institucionales apropiados para el sector financiero interno, y de que se hayan resuelto los problemas de préstamos malos, podrán liberarse las tasas de interés. En estas condiciones, el exceso de intermediación surgido de los problemas del azar moral no debiera causar gran preocupación. Al mismo tiempo que se liberan las tasas de interés internas, las autoridades deberán tomar medidas para promover la profundización de los mercados de valores. Una vez instalados los instrumentos internos de alto rendimiento, sin problemas de deuda excesiva que detonen una fuga de capital, será prudente liberalizar las salidas de capital y completar la reforma financiera interna (tras de haber liberado las tasas de interés y eliminado los préstamos malos, esto significa esencialmente una reducción de los requerimientos de reservas). En este punto podrá permitirse la entrada de bancos extranjeros al sistema financiero nacional.

Por último, una vez incrementada la competencia bancaria gracias a la liberación de la entrada, la integración del mercado de crédito promovida por esta competencia, ejerciendo los bancos un juicio crediticio independiente tras la resolución de los problemas de préstamos malos, la regulación prudente que impida los préstamos indebidos, y la reducción de las tasas de interés gracias a la estabilización, podrá completarse el proceso de liberalización abriendo las entradas de capital de corto plazo. Con esta secuencia, sostienen Fischer y Reisen que se logrará la convergencia de la tasa de interés, los recursos externos nuevos se asignarán eficientemente, y las crisis serán menos probables.

XX.1.2. *Liberalización de la cuenta de capital y de la cuenta corriente*

El debate sobre la secuencia apropiada de la liberalización de la cuenta corriente y la cuenta de capital se vio estimulado en gran medida por la experiencia de los países asiáticos (sobre todo Corea e Indonesia) en los años sesenta, y de los programas de reforma aplicados en los países del Cono Sur de América Latina a fines del decenio de 1970.[3] Entre el último grupo de países, Argentina y Uruguay abrieron su cuenta de capital antes de eliminar los impedimentos de las transacciones del comercio exterior. En cambio, Chile redujo las barreras del comercio internacional antes de eliminar los controles de capital. A fines del decenio de 1960 también Corea abrió su cuenta comercial antes de relajar los controles de los movimientos de capital, mientras que Indonesia redujo sus barreras comerciales y al mismo tiempo eliminó la mayoría de los controles de los movimientos de capital.

La apertura de la cuenta de capital antes de liberalizar el régimen del comercio exterior no es, en general, una estrategia de reforma conveniente. Si (como vimos) se liberaliza el sistema financiero nacional antes de eliminar los controles de capital, es probable que ocurran masivas entradas de capital, lo que provocará un incremento de las reservas y, si no se esteriliza tal incremento, promoverá la expansión monetaria, la inflación interna y una apreciación sostenida de la tasa de cambio real.[4] Sin embargo, como vimos en el capítulo XVIII, una liberalización exitosa de la cuenta comercial requiere generalmente

---

[3] Edwards (1984, 1989) provee una discusión comprensiva del debate de la secuencia a la luz de la experiencia de los países del Cono Sur. Véanse descripciones más recientes en Falvey y Kin (1992), Galbis (1994) y Hanson (1992).

[4] Si el país que experimenta la liberalización tiene un acceso limitado a los mercados financieros internacionales, o si es baja la credibilidad del proceso de reforma (en virtud de las percepciones de futuras reversiones de la política económica), la apertura de la cuenta de capital podría conducir a una fuga de capital antes que a entradas de capital, las que estarían limitadas por el mayor riesgo de la repatriación. Las salidas de capital sostenidas conducirían a una depreciación de la tasa de cambio real, cuyo efecto sobre los flujos comerciales podría no ser suficientemente grande para evitar una continua pérdida de reservas, y finalmente una crisis de balanza de pagos si no se restringe la política monetaria (véase Park, 1994). Este resultado inhibiría entonces el proceso de la liberalización comercial. En la práctica, sin embargo, la experiencia más común en los países en vías de desarrollo, luego de la eliminación de las restricciones impuestas a los flujos de capital, ha sido una apreciación de la tasa de cambio real.

una *depreciación* real de la moneda nacional para contrarrestar el efecto adverso de las reducciones de la protección arancelaria sobre la balanza de pagos, y estimular así las exportaciones y frenar las importaciones.[5] Por el contrario, la apreciación real que tiende a asociarse con la eliminación de los controles de capital tiende a reducir la rentabilidad de las industrias exportadoras y a tener un efecto adverso sobre la reasignación de los recursos, alargando así —y aun descarrilando— el proceso de ajuste. Aunque se implanten simultáneamente las reformas de la cuenta corriente y la cuenta de capital, la respuesta lenta del sector real ante los cambios de los precios relativos a corto plazo y la respuesta relativamente más rápida de los flujos de capital significa que el resultado neto será probablemente una apreciación de la tasa de cambio real.[6] Es entonces conveniente que se realice primero la apertura de la cuenta corriente, seguida por la apertura gradual de la cuenta de capital. Edwards (1984) y Mckinnon (1973, 1993) han sido los defensores principales de la idea de que los aranceles debieran reducirse antes de eliminar los controles de capital.[7]

Otra línea de argumentación que apoya la posición de Edwards y Mckinnon se basa en los efectos potenciales de la secuencia de liberalización de la cuenta corriente y la cuenta de capital sobre la producción. Como sostiene Rodrik (1987), por ejemplo, la liberalización comercial podría tener un efecto contractivo a corto plazo si es precedida o acompañada por la liberalización de la cuenta de capital. El mecanismo destacado por Rodrik es el efecto de la reforma comercial sobre la tasa de interés real. En ausencia de restricciones a los movimientos de capital, la liberalización comercial equivale a una elevación de la tasa de interés aplicable al consumo si se espera que el precio de los bienes comerciables baje en relación con su nivel actual. La sustitución intertemporal lleva a los agentes privados a reaccionar cambiando el gasto del presente al futuro. Si hay capacidad de producción ociosa y la producción está determinada por la demanda, el resultado será una contracción de la actividad y un incremento del desempleo. Es un contexto de mediano plazo, Krueger (1985) ha sostenido que la liberalización de los movimientos de capital en un país donde la razón de capital/mano de obra es baja reduce la tasa de rendimiento del capital, la tasa de acumulación y, por ende, el crecimiento a largo plazo. La apertura de la cuenta corriente en primer término podría estimular la producción suficientemente para compensar este efecto negativo.

---

[5] Sin una depreciación real, el aumento de las importaciones conduciría a un deterioro de la cuenta corriente, lo que podría provocar prolongadas dificultades de balanza de pagos, o presiones para la reimplantación de los aranceles, lo que afectaría la credibilidad del programa de estabilización.

[6] Los datos econométricos aportados por Morandé (1988,1992) apoyan la idea de que las entradas de capital han sido la causa principal de la apreciación del peso chileno a fines del decenio de 1970. Véase también McNelis y Schmidt-Hebbel (1993).

[7] Véase también Khan y Zahler (1983, 1985).

Un problema importante que ha surgido en el debate sobre la secuencia de las reformas de la cuenta comercial y la cuenta de capital —un problema relevante para toda la literatura que se ocupa de la secuencia de las reformas de la política económica— se refiere al papel de las consideraciones intertemporales y al efecto de diversos tipos de distorsiones existentes antes de la reforma. Varios autores —entre ellos Edwards (1989), Khan y Zahler (1985), Edwards y Van Wijnberger (1986)— han tratado de tomar en cuenta estas cuestiones. Como sería de esperarse, el caso de la secuencia de "la cuenta corriente primero, la cuenta de capital después" no es tan claro como se describió antes, y depende del tipo y el grado de las distorsiones iniciales. Sin embargo, se ha demostrado que la apertura de la cuenta de capital podría no ser óptima en muchas circunstancias. Edwards y Van Wijnbergen (1986), por ejemplo, han demostrado que el relajamiento de los controles de capital cuando hay aranceles amplifica las distorsiones existentes, mientras que la secuencia contraria es generalmente neutral o puede ser incluso positiva.

Los efectos intertemporales pueden derivar también de la falta de credibilidad en uno o varios componentes de la estrategia secuencial que conduce a la liberalización de la cuenta de capital y la cuenta corriente. Este aspecto ha sido destacado muy vigorosamente por Calvo (1987a, 1989). Su análisis sugiere que si una reforma dada no es creíble para los agentes privados, la adopción de otras medidas de liberalización podría reducir efectivamente el bienestar. Por ejemplo, si se liberaliza la cuenta de capital en un momento en que el público cree que una reducción de los aranceles será revertida en el futuro, ello hará que los agentes privados utilicen las entradas de capital para financiar grandes importaciones de bienes, sobre todo de bienes durables. La falta de credibilidad desempeña así el papel de una distorsión intertemporal. La cuenta de capital no debiera liberalizarse antes de que los agentes hayan alcanzado un grado de confianza suficiente en la sustentabilidad del programa de liberalización comercial. Así pues, la credibilidad no afecta sólo a la rapidez de la reforma (como veremos más adelante), sino también a la estrategia secuencial óptima.

Una omisión importante del debate de la secuencia es el hecho de que, como se documentó en el capítulo VI, la movilidad del capital en los países en vías de desarrollo podría ser mayor que lo sugerido por la intensidad de las restricciones legales, porque los agentes emplean canales alternativos, no oficiales, para transferir fondos hacia y desde el resto del mundo. La apertura *de facto* de la cuenta de capital significa que la eliminación de las restricciones legales de los controles de capital podría no tener gran efecto sobre la estructura de la cartera de los agentes privados —suponiendo que el riesgo percibido en las transacciones que se hacen a través de canales no oficiales no es demasiado elevado—, y que la aceleración de las entradas de capital a través de los canales oficiales podría reflejar simplemente una desviación de los flujos que antes transitaban por canales ilegales (pero tolerados). De igual modo, en la medida en que gran parte del comercio exterior se realice por canales no oficiales ilegales, es probable que la eliminación de aranceles afecte sobre todo a la distribución de las transacciones entre los mercados oficiales y los no oficiales. En tales condiciones, la cuestión del orden apropiado de la secuencia se vuelve esencialmente la de determinar las ganancias de eficiencia real que obtendría la economía bajo estrategias alternativas al legalizar actividades previamente ilegales.

XX.1.3. *Estabilización macroeconómica y reforma comercial*

La información empírica discutida antes sugiere que las reformas comerciales exitosas deben ser precedidas o acompañadas, en general, por una depreciación de la tasa de cambio real. Las devaluaciones reales aseguran la sustentabilidad del proceso de liberalización al reducir la demanda excesiva de bienes importables inducida por la eliminación de los aranceles. La tasa de cambio real no es en sí misma una variable de la política económica, pero puede ser influida por las devaluaciones nominales y las políticas restrictivas de la demanda. Así pues, el ajuste de la tasa de cambio constituye un elemento fundamental de un programa de liberalización comercial. Este es precisamente el mecanismo que empleamos para formalizar la reforma comercial en nuestra discusión anterior que se concentró en los efectos de producción y empleo a corto plazo de las políticas comerciales.

La estabilización se considera generalmente como una condición necesaria para la implantación de un programa de liberalización comercial a fondo. Tres argumentos suelen esgrimirse en defensa de esta proposición (véase Mussa, 1987; Rodrik, 1995), Primero, la inestabilidad macroeconómica —que típicamente conduce a tasas inflacionarias elevadas y variables— distorsiona las señales transmitidas por los cambios de los precios relativos generados por las reformas comerciales. Segundo, en la medida en que la liberalización comercial asuma la forma de sustanciales reducciones arancelarias y pueda tener un efecto adverso sobre la recaudación tributaria, los grandes desequilibrios macroeconómicos iniciales podrían limitar severamente el alcance de las medidas que pueden tomarse y el ritmo de las reducciones arancelarias. Tercero, la devaluación real que acompaña a la liberalización se produce a menudo por grandes devaluaciones nominales, lo que podría agravar la inflación si las políticas monetaria y fiscal no son suficientemente restrictivas. Además, las devaluaciones afectan el papel de la tasa de cambio como un ancla nominal, y podrían dañar la credibilidad del esfuerzo de estabilización. La última consideración es en gran medida un reflejo del dilema discutido en el capítulo VII entre la estabilización de la inflación y la expansión de la producción.

Difícilmente podrá negarse el efecto adverso de la inestabilidad macroeconómica, pero el argumento de que la disminución de la recaudación proveniente de los aranceles y los impuestos a la exportación inducida por la liberalización comercial podría complicar el manejo macroeconómico a corto plazo a causa de su impacto sobre el déficit fiscal no es tan evidente como se cree a menudo. Por una parte, es cierto que en muchos países en vías de desarrollo constituyen los impuestos al comercio exterior una fuente importante de la recaudación gubernamental (véase la gráfica I.8). La disminución de la recaudación podría generar en efecto, en estos casos, un incremento del financiamiento monetario y de la inflación. Pero por la otra parte, la liberalización comercial podría generar también un incremento de la producción y de la recaudación interna, incluso a corto plazo. Primero, la eliminación de las restricciones cuantitativas impuestas a las importaciones y el efecto sobre la producción podrían ser tales que el incremento de la base tributaria (el volumen de las importaciones) compense con creces la reducción de las tasas arancelarias, generando un aumento global de la recaudación. Segundo, la reducción de las tasas arancelarias cuando son ya muy elevadas reduce los incentivos del contrabando, la subfacturación y la realización de actividades de búsqueda de renta (tales como el cabildeo en favor de exenciones para las importaciones), hasta el punto de que la recaudación tributaria podría aumentar, como pronosticaría la curva de Laffer. En efecto, Greenaway y Milner (1991) no encuentran ninguna relación significativa entre la reforma comercial y el monto de la recaudación obtenida de los impuestos al comercio exterior en los países en vías de desarrollo.

Sin embargo, el objetivo fiscal podría ser relativamente importante en las primeras etapas del proceso de liberalización de algunos países, y podría afectar al ritmo y la extensión de la reforma arancelaria. Cuando es importante la preocupación por el impacto fiscal de la reforma comercial, las reducciones arancelarias debieran hacerse por pasos, mediante la implantación de reducciones graduales en el nivel global y la estructura de los aranceles, siguiendo el ritmo de la expansión de la base tributaria interna. A medida que surgen a través del tiempo otras fuentes de recaudaciones internas, disminuirá la importancia relativa del objetivo fiscal, lo que permitirá acelerar el ritmo de la reforma comercial y de la eliminación de los aranceles (Falvey y Kim, 1992). Así pues, el ritmo de la reforma comercial podría verse restringido en las primeras etapas por la magnitud del ajuste fiscal.

Un elemento importante de la cronología de las reformas comerciales y macroeconómicas es el papel de los factores de la credibilidad. Como vimos extensamente en el capítulo XII, la credibilidad de un programa de desinflación podría verse dañada si no se toman medidas estructurales apropiadas antes de la adopción de una política monetaria y fiscal restrictiva. De igual modo, la ejecución de reformas arancelarias sin gran confianza en el manejo macroeconómico creará dudas acerca de la sustentabilidad global del proceso de reforma.[8] El hecho de que, como se señaló antes, las reformas comerciales requieran una depreciación de la tasa de cambio real, se considera a menudo como una fuente de conflictos desde el punto de vista de la credibilidad. Cuando se impone la depreciación real mediante una devaluación nominal, la elevación del precio de los bienes comerciables se traducirá de ordinario en un aumento temporal de la inflación, lo que podría confundir a los agentes en lo tocante al compromiso de los gobernantes con la estabilidad macroeconómica. Sin embargo, es posible que el dilema implicado en el empleo de las devaluaciones nominales no sea tan agudo como parece. En particular, Rodrik (1995) ha sostenido que en los países donde la fuente de la rigidez de los salarios nominales es una falta de confianza en la política macroeconómica, es probable que un compromiso creíble con una tasa de cambio fija atenúe, en lugar de agravar, el conflicto potencial entre la liberalización comercial (que requiere una devaluación real) y la estabilidad de la tasa de cambio, lo que es necesario para que la tasa de cambio desempeñe su papel de ancla nominal para los fijadores de precios nacionales.

Sin embargo, en la práctica surgen dos problemas. Primero, la ausencia de una reforma fiscal no parece explicar los fracasos de la liberalización en algunos países en vías de desarrollo, en particular los del Cono Sur. Por ejemplo, Fernández (1985) ha sostenido que el programa de liberalización implantado en Chile a fines del decenio de 1970 no impidió una crisis financiera, a pesar de que el presupuesto del gobierno central pasó a ser superavitario al inicio del programa. Segundo, las reformas comerciales se han implantado de hecho en unión de programas de estabilización macroeconómica, no después de haber logrado la estabilización. Bolivia y México (como lo documenta Ten Kate, 1992) son dos ejemplos recientes. Así pues, es posible que la cuestión de la determinación de la cronología apropiada entre las reformas estructurales y el ajuste macroeconómico sea hasta cierto punto un artificio. La seguridad del éxito de las reformas comerciales requiere el mantenimiento de un ambiente macroeconómico de apoyo (políticas monetaria y fiscal restrictivas), no sólo al inicio del programa sino también en una forma continua, a fin de asegurar que la depreciación real asociada no se vea minada por la presión ascendente sobre los precios internos. Como se destacó en el capítulo XII, la consistencia entre la política macroeconómica y las reformas comerciales (o más generalmente, estructurales) es esencial para fortalecer la credibilidad y asegurar el éxito del programa de reforma *global*.

---

[8] A su vez, la falta de credibilidad acerca de la sustentabilidad de la reforma comercial podría tener un efecto adverso sobre el ahorro y la inversión privados. Aizenman (1992) discute el papel de señalización que podrían desempeñar los gastos de capital en un marco donde el riesgo de reversión de la política económica se traduce en incertidumbre acerca de los aranceles futuros.

XX.2. INCERTIDUMBRE Y GRADUALISMO

Varios autores han destacado los efectos de la incertidumbre en el proceso de la reforma económica, como se indicó en los capítulos precedentes. En gran medida, la incertidumbre se ha asociado a la credibilidad imperfecta de los gobernantes. Algunos autores han sostenido que el aseguramiento de una reforma consistente y creíble podría incluso ser más importante que la determinación de la rapidez y la secuencia óptimas de las reformas.

Conley y Maloney (1995) han sostenido, por el contrario, que incluso con la credibilidad plena de los gobernantes subsistirá una fuente de incertidumbre importante (con efectos potencialmente grandes sobre la rapidez de las reformas): la que se relaciona con el efecto de la reforma sobre la estructura de la economía. La reforma implica típicamente una modificación de los parámetros fundamentales de la economía. Estos cambios ocurren de ordinario a través del tiempo y sus magnitudes precisas no se perciben plenamente de inmediato; mientras tanto, los agentes deben basar sus decisiones en sus expectativas acerca del impacto de tales cambios.

Conley y Maloney han destacado lo que esto implica para la rapidez de la reforma en un ilustrativo modelo de dos periodos de una economía que está inicialmente cerrada en su sector financiero y donde las políticas gubernamentales son enteramente creíbles. El programa de reforma tiene dos partes. La primera afecta al sector real (e indirectamente a la cuenta de capital); esta parte causa, en el modelo, un incremento de una sola vez en el producto marginal del capital. La segunda parte del programa es una liberación total de la cuenta de capital, lo que permite a los agentes privados suavizar su consumo intertemporal obteniendo y haciendo préstamos en los mercados de capital mundiales. Se desconoce *ex ante* la magnitud exacta del aumento de la productividad marginal del capital; por lo tanto, los agentes privados deben hacer un pronóstico acerca de su tamaño, a fin de determinar su ruta de consumo (óptima). Conley y Maloney suponen que la distribución previa de los agentes corresponde exactamente a la distribución objetiva del nuevo producto marginal del capital, la que tiene ahora una media y una varianza mayores que antes de la implantación del programa.

Formalmente, supongamos que sólo hay en la economía un bien de consumo y que la función de utilidad del agente representativo está dada por

$$U(c_1, c_2) = c_1^{1/2} + \delta c_2, \tag{1}$$

donde c_1, (c_2) denota el consumo en el periodo 1 (2), y $\delta > 0$ es el factor de descuento. El agente está dotado también con ω en el primer periodo. Puede consumir ω enteramente o ahorrarlo e invertirlo para el consumo del periodo 2. Las restricciones presupuestarias son entonces

$$c_1 = \omega - s, c_2 = F(s), \tag{2}$$

donde s es el ahorro y $F(s)$ es la función de producción, la que satisface las propiedades fárniliares ($F' > 0$, $F'' < 0$). Específicamente, la función de producción es

$$F(s) = s^{1/2} \tag{3}$$

Supongamos ahora que el gobierno introduce un programa de reforma de dos partes. Durante la primera parte elimina una distorsión, lo que conduce a un incremento positivo, z, de la productividad marginal del capital. Se supone que z es una variable aleatoria distribuida uniformemente en el intervalo $[0, z_m]$. Por lo tanto, la primera parte de la reforma convierte a la función de producción en

$$F(s) = (1 + z)s^{1/2} \tag{4}$$

y la restricción presupuestaria del agente en el segundo periodo se vuelve, en ausencia de cualquier otra reforma,

$$c_2 = (1 + z)s^{1/2} \tag{5}$$

Supongamos que el gobierno abre la cuenta de capital como la segunda "pata" de su programa de liberalización. La apertura financiera permite que los agentes privados obtengan préstamos en el exterior e incrementen sus recursos, digamos en la cantidad b en el primer periodo. Los préstamos deberán pagarse en el segundo periodo; denotando por r la tasa de interés mundial, los recursos del segundo periodo se reducen entonces en $(1 + r)b$, Formalmente, empleando (4):

$$c_1 = \omega - s + b, \quad c_2 = (1 + z)s^{1/2} - (1 + r)b. \tag{6}$$

Se supone, para simplificar, que c_1 y c_2 no son negativos, y se supone que los agentes pueden pagar sus deudas en un sentido esperado:

$$(1 + Ez)s^{1/2} - (1 + r)b \geq 0,$$

donde Ez denota el valor medio de z.

El anterior conjunto de ecuaciones nos permite analizar tres escenarios alternativos: ninguna reforma, liberalización del sector "real" solamente, liberalización del sector "financiero" solamente (en cuyo caso $c_2 = s^{1/2} - (1 + r)b$ en (6)), y liberalización total.

Supongamos primero que el gobierno no reforma. En ese caso, el problema de optimización del agente consiste en escoger s de tal modo que

$$\max_{s} (\omega - s)^{1/2} + \delta s^{1/2}.$$

La condición de primer orden está dada entonces por

$$\frac{-1}{2(\omega - s)^{1/2}} + \frac{\delta}{2s^{1/2}} = 0,$$

de donde el nivel óptimo del ahorro del primer periodo puede escribirse como

$$s = \omega \delta^2 / (1 + \delta^2). \tag{7}$$

Si el gobierno opta por abrir el acceso a los mercados de capital mundiales solamente, el problema de optimación del agente representativo es ahora el de determinar s y b de tal modo que

$$\max_{s,b} (\omega - s + b)^{1/2} + \delta[s^{1/2} - (1 + r)b].$$

Las condiciones de primer orden están dadas ahora por

$$\frac{-1}{2(\omega - s + b)^{1/2}} + \frac{\delta}{2s^{1/2}} = 0,$$

$$\frac{1}{2(\omega - s)^{1/2}} - \delta(1 + r) = 0,$$

de donde pueden derivarse las soluciones siguientes:

$$s = 1/4(1 + r)^2, \quad b = \frac{1 + \delta^2}{4\delta^2(1 + r)^2} - \omega. \tag{8}$$

Si el gobierno opta por liberalizar sólo el sector "real", el problema de optimación del agente se vuelve el de escoger s de tal modo que

$$\max_{s} (\omega - s)^{1/2} + \delta \int_0^{z_m} (1 + zg(z))s^{1/2}dz.$$

donde $g(z)$ es la función de distribución de z. Como se indicó antes, se supone que z se distribuye uniformemente en el intervalo $[0, z_m]$; su valor medio es entonces $Ez = z_m/2$. Tras la integración, el problema se vuelve entonces

$$\max_{s} (\omega - s)^{1/2} + \delta(1 + z_m/2)s^{1/2},$$

y la condición de primer orden es

$$\frac{-1}{2(w - s)^{1/2}} + \frac{\delta(1 + z_m/2)}{2s^{1/2}} = 0,$$

con un valor óptimo de s dado por

$$s = \frac{\omega\delta^2(1 + z_m/2)^2}{1 + \delta^2(1 + z_m/2)^2}. \tag{9}$$

Por último, si el gobierno prosigue con la segunda parte de su programa, el problema del agente representativo se vuelve

$$\max_{s,b} (\omega - s + b)^{1/2} + \delta \int_0^{z_m} [(1 + zg(z))s^{1/2} - (1 + r)b]dz,$$

o bien, tras integrar,

$$\max_s (\omega - s + b)^{1/2} + \delta(1 + z_m/2)s^{1/2} - \delta(1 + r)b.$$

Las condiciones de primer orden del óptimo están dadas ahora por

$$\frac{-1}{2(\omega - s + b)^{1/2}} + \frac{\delta(1 + z_m/2)}{2s^{1/2}} = 0,$$

$$\frac{1}{2(\omega - s)^{1/2}} - \delta(1 + r) = 0,$$

que dan las soluciones

$$s = \frac{1 + z_m/2}{4(1 + r)^2}, \quad b = \frac{1 + \delta^2(1 + z_m/2)^2}{4\delta^2(1 + r)^2} - \omega. \tag{10}$$

Supongamos ahora que la función del bienestar esperado del gobierno toma en cuenta no sólo la utilidad (descontada) del agente sino también que el nivel de vida de la economía (medido por los cambios del consumo a través del tiempo) aumente o no. Formalmente,

$$W(c_1, c_2) = \begin{cases} (1 - \theta)U(c_1, c_2) & \text{si } c_2 > c_1, \\ (1 - \theta)U(c_1, c_2) - \theta & \text{si } c_2 \leq c_1, \end{cases}$$

donde $0 < \theta < 1$. Por lo tanto, θ mide la disminución del bienestar cuando el consumo no crece entre los dos periodos ($c_2 \leq c_1$). Está claro que esta posibilidad existe en el modelo que nos ocupa porque, dado que $b > 0$ en el primer periodo y que los préstamos deben rembolsarse en el segundo, c_2 podría bajar más allá de c_1, si la realización de z es suficientemente baja.

Conley y Maloney reportan varios resultados de simulación que sugieren el bienestar esperado de cada una de las cuatro estrategias examinadas antes, utilizando las soluciones óptimas (7) a (10). Estos autores demuestran que, para valores paramétricos razonables, hay algunos casos en los que se maximiza el bienestar liberalizando *sólo* el rector "real". Este resultado depende decisivamente del hecho de que haya incertidumbre acerca de la realización del choque de la productividad marginal z. Hay una conjunto de realizaciones de z para las que la ruta del consumo *ex post* es decreciente cuando se liberalizan ambos sectores. Si se realizara el incremento medio con certeza, por otra parte, el consumo no bajaría, y el bienestar esperado sería sólo $EW(c_1, c_2) = EU(c_1, Ec_2)$. La utilidad esperada del agente sería entonces el único determinante de la acción gubernamental en este caso, y el gobierno optaría por liberalizar ambos sectores simultáneamente. Pero cuando hay un costo asociado al riesgo de fracaso de la reforma, podría resultar óptimo liberalizar gradualmente, hasta que sea probable que se cuente con una información más completa acerca del impacto de las reformas. Un gobierno racional que se preocupe suficientemente por la posibilidad de una reducción de los niveles de vida podría encontrar óptimo liberalizar primero al sector real.

XX.3. COSTOS DEL AJUSTE, CREDIBILIDAD, Y LA RAPIDEZ DE LA REFORMA

En el capítulo XII reseñamos el antiguo debate acerca de la reforma económica gradual frente a la reforma instantánea, en el contexto de nuestra discusión de la credibilidad de los programas de estabilización. Problemas similares a los discutidos aquí surgen también en el contexto de las reformas estructurales. Por ejemplo, la liberalización comercial tiene fuertes efectos sobre la distribución del ingreso porque afecta a las industrias de manera diferente. Los conflictos pueden agravarse si hay más "perdedores" que "ganadores", dependiendo de la estructura del poder y de la fuerza relativa de los cabildeos sectoriales. La reforma podría tener un costo grande en términos de la producción a corto plazo porque, por ejemplo, la reasignación de los recursos entre los sectores lleva tiempo y está limitada por el grado de la movilidad laboral intersectorial, la que se relaciona por su parte con la necesidad de que los trabajadores adquieran deferentes habilidades.

Un aumento particularmente grande del desempleo a corto plazo podría afectar endógenamente a la credibilidad de la reforma y debilitar el apoyo político, obligando a las autoridades a abandonar el proceso de liberalización. Así pues, si la presión política impuesta por los "perdedores" a resultas de una eliminación repentina de la protección se considera suficientemente fuerte para detener o revertir el esfuerzo de reforma, el gobierno podría inclinarse por liberalizar gradualmente. Más generalmente, un programa de liberalización gradual podría ser la respuesta óptima en un contexto donde los gobernantes tratan de minimizar los costos del ajuste o, equivalentemente, tratan de maximizar la probabilidad del sostenimiento del esfuerzo de reforma.[9] Al mismo tiempo, sin embargo, surgirán dudas acerca del compromiso con la reforma si el proceso de ajuste es demasiado lento. Este resultado podría alentar a las fuerzas políticas que se oponen a la liberalización. En tales circunstancias, podría tener una importancia crucial la provisión de una asistencia externa sostenida, la que permitiría que los gobernantes mantuvieran el impulso del esfuerzo de reforma.

Durante los últimos años, gran número de países en vías de desarrollo han adoptado políticas que tratan de liberalizar sus sistemas financieros internos, así como las regulaciones aplicables a las transacciones externas en bienes, divisas y movimientos de capital. Este capítulo ha proveído una descripción general de los principales problemas de política económica implicados en la implantación de tales reformas, haciendo hincapié en sus aspectos macroeconómicos de corto y mediano plazos.

La opinión generalizada acerca de la secuencia de las cuentas externas es que la liberalización de la cuenta corriente debe preceder a la eliminación de los controles de capital. Las entradas de capital que podrían asociarse al relajamiento de las restricciones impuestas a las transacciones de capital podrían provocar una apreciación de la tasa de cambio real, lo que a su vez podría tener un efecto adverso —que probablemente se agravaría si hay insumos importados en el proceso de producción— sobre la rentabilidad del proceso de producción. En general, el ordenamiento óptimo de las políticas de liberalización depende del tipo y la magnitud de las distorsiones existentes antes de la reforma, pero en la práctica, la secuencia de "la cuenta corriente primero, la cuenta de capital después" ha permanecido como una proposición bastante robusta.

El éxito de las reformas estructurales requiere la estabilización macroeconómica, y la estabilización efectiva puede depender a su vez de la credibilidad del ajuste estructural. Cuando se toman en cuenta estas interacciones, es posible que se haya orientado mal todo el debate acerca de la determinación de la secuencia apropiada entre las reformas estructurales y el ajuste macroeconómico. Por último, sostuvimos que el ritmo de la reforma depende de los costos del ajuste (relacionados con características estructurales tales como el grado de movilidad de la mano de obra entre los sectores) y de la existencia de un consenso político, lo que afecta endógenamente al grado de credibilidad del programa de ajuste. Un programa de liberalización bien diseñado debe tomar en cuenta, además de los costos económicos directos, los efectos indirectos derivados de la pérdida potencial de credibilidad y del colapso del consenso en favor de la reforma.

[9] Froot (1988) examina el efecto de los factores de la credibilidad sobre la rapidez óptima de la reforma comercial, mientras que Mussa (1986) discute el papel de los costos del ajuste sobre el ritmo óptimo de la liberalización.

EPÍLOGO

Los últimos dos decenios han presenciado el desarrollo de diversos enfoques analíticos que tratan de entender mejor los problemas macroeconómicos afrontados por los países en vías de desarrollo. Este libro ha tratado de ofrecer una presentación coherente de algunos de estos desarrollos. Aunque en muchos sentidos se aplican a las naciones desarrolladas y en vías de desarrollo por igual los principios, los métodos y los modelos utilizados en la literatura reciente, el tema principal a lo largo del libro es la existencia de diferencias estructurales entre los dos grupos de países, lo que requiere que se centre la atención en diferentes características de las conductas de los agentes privados, y puede cambiar por completo la forma como los macroeconomistas del desarrollo debieran enfocar problemas particulares. Por supuesto, las características estructurales no son inmutables; algunas que se consideran ahora importantes desde un punto de vista macroeconómico, podrían ser menos relevantes mañana. A medida que continúan la liberalización y las reformas estructurales en los países en vías de desarrollo, algunos de los problemas analizados en este libro podrían ser menos relevantes en pocos años. Sin embargo, el desarrollo no es un proceso lineal. El entendimiento de los efectos distorsionantes de las restricciones inducidas por el gobierno, por ejemplo, sigue siendo una tarea importante, ya que puede permitir que los responsables de las políticas aprecien mejor los costos de las reversiones de sus políticas. En lugar de resumir las lecciones obtenidas en los capítulos anteriores para la política económica, presentaremos en este epílogo algunas reflexiones finales y algunas sugerencias para la investigación futura en el campo de la macroeconomía del desarrollo.

Nuestro tratamiento de los problemas macroeconómicos ha sido a menudo relativamente técnico, pero se ha destacado reiteramente la relevancia de los modelos analizados en los capítulos anteriores para la política económica. Esto nos ha llevado a veces al uso de modelos con funciones de conductas postuladas, aunque en varios casos —particularmente en nuestro análisis de la dinámica de las reglas monetarias y de tasas de cambio— hemos tratado de proporcionar fundamentos microeconómicos explícitos para estas funciones. La búsqueda de "primeros principios" dista mucho de tener una naturaleza puramente académica y estética; el uso de formas funcionales con una base microeconómica endeble puede no sólo invalidar los pronósticos analíticos del modelo sino conducir también a un consejo incorrecto en el campo de la política económica. Por ejemplo, en nuestro análisis de los modelos de ataques especulativos y crisis de la balanza de pagos, concluimos que la forma y los efectos de tales crisis no se determinan sólo por la elasticidad de la demanda de dinero sino también por el grado de la sustitución intertemporal, un fenómeno difícil de aislar sin un modelo de fundamentos microeconómicos apropiados. De igual modo, en nuestro análisis del ciclo de auge y recesión asociado a los programas de estabilización basados en la tasa de cambio, indicamos que los pronósticos obtenidos con funciones de demanda arbitrarias y los derivados de un marco de optimación son sustancialmente diferentes.

Es probable que el uso de modelos de dinámica con fundamentos microeconómicos explícitos se convierta en el enfoque metodológico convencional en la macroeconomía del desarrollo, como ocurre ya en la macroeconomía de los países industriales. Es posible que las elecciones de modelos y la tratabilidad analítica impongan restricciones a la especificación de estos modelos, lo que condicionará los resultados en alguna medida. Sin embargo, es un requerimiento esencial que se superen los modelos del agente representativo y se tome en cuenta la heterogeneidad de los agentes. Por ejemplo, los agentes restringidos por la liquidez no se comportan del mismo modo que los agentes que no afrontan tales restricciones. Por lo tanto, un reto importante para los macroeconomistas del desarrollo de la actualidad es que no modelen sólo las imperfecciones del mercado y las idiosincrasias institucionales de las economías existentes, sino también las heterogeneidades de los agentes, a fin de fortalecer la utilidad de sus análisis para los responsables de las políticas económicas.

Además de este punto metodológico general, hay varias áreas que requieren mayor investigación, algunas de las cuales han sido analizadas con cierta extensión en los capítulos anteriores. En particular, las cuestiones analizadas en la última parte del libro plantean importantes problemas teóricos y empíricos que no se han resuelto. De hecho, aunque nuestra presentación del ajuste macroeconómico con mercados de mano de obra segmentados tomó en cuenta algunas características importantes de los países en vías de desarrollo (la heterogeneidad de la fuerza de trabajo y la existencia de un gran sector informal), sólo consideramos una situación en la que la movilidad de la mano de obra entre las categorías de la habilidad se veía restringida por diversos costos (en particular los costos de la reubicación o el congestionamiento). Una cuestión importante acerca de la que se dijo poco se refiere a los mecanismos por medio de los cuales los trabajadores adquieren habilidades a través del tiempo. De igual modo, el papel del sector financiero informal —en particular el papel de los mercados de crédito informales— ha sido omitido en gran medida en las "nuevas teorías del crecimiento", aunque ese sector podría representar un elemento esencial para el entendimiento del proceso de crecimiento en los países en vías de desarrollo.

En diversos lugares hemos examinado las conexiones existentes entre la política y la macroeconomía. Sostuvimos que las interacciones existentes entre los factores políticos, el comportamiento de los agentes económicos y la operación de los instrumentos de la política económica desempeñan un papel crucial en la determinación del grado de credibilidad de los programas de estabilización, y presentamos algunas pruebas de los efectos de los ciclos electorales sobre el comportamiento del crédito interno y el gasto gubernamental en algunos países en vías de desarrollo. De igual modo, hemos mostrado cómo puede responder la política de la tasa de cambio a la preocupación de los gobernantes en el poder por sus perspectivas de reelección. Pero en esta área se requiere mucho más trabajo analítico y empírico. De hecho, la decisión de imponer controles de precios, que es difícil de justificar con argumentos puramente económicos, responde probablemente en gran medida al deseo de los responsables de las políticas de asegurar su permanencia en el puesto o mejorar la probabilidad de su reelección. El entendimiento de las motivaciones políticas de quienes elaboran las políticas es esencial para la formulación de programas de ajuste macroeconómico sostenibles.

Otra área que se ha analizado con mucho detalle se relaciona con el papel de los problemas distributivos y su efecto sobre los resultados macroeconómicos a corto y mediano plazos.[1] Nuestra presentación del modelo neoestructuralista de la inflación ha ayudado a destacar el importante papel que tales consideraciones pueden desempeñar en el diseño de un programa antinflacionario. Todo cambio de los precios relativos afectará inevitablemente la rentabilidad y la distribución del ingreso entre los sectores y los grupos económicos. La resistencia a estos cambios por parte de diversos grupos de la sociedad podría agravar los conflictos sociales y la inestabilidad política, afectando el resultado de las reformas de la política económica. Un análisis relevante de los problemas distributivos requiere que se relaje el supuesto de los agentes representativos que se encuentra en la base de la mayoría de los modelos de optimización presentados en este libro. De igual modo, el progreso requiere que nos concentremos en la modelación de las heterogeneidades entre los agentes.

Hay también algunos problemas que no se han discutido en absoluto en este libro, como el papel de los mercados de valores en el mecanismo de transmisión de los choques macroeconómicos. El crecimiento fenomenal de estos mercados en varios países en vías de desarrollo durante los últimos años, sobre todo en Asia y América Latina, plantea importantes interrogantes para la conducción de la política monetaria, la reforma financiera nacional y la

---

[1] La relación existente entre la desigualdad del ingresos y el crecimiento económico ha sido tema de una literatura extensa en la economía del desarrollo. Datos recientes sugieren la existencia de una correlación positiva entre el crecimiento económico y una reducción de la desigualdad del ingreso (Persson y Tabellini, 1994), particularmente en los países de Asia Oriental (Banco Mundial, 1993). Larraín y Vergara (1993) sugieren que la inversión podría ser el canal que conecta a la desigualdad del ingreso con el crecimiento económico. Una distribución del ingreso más equitativa reduce el conflicto social, disminuyendo así la incertidumbre y creando un ambiente más estable para la inversión.

elección de un régimen de tasa de cambio.[2] Dada su orientación hacia adelante, es probable que estos mercados desempeñen un papel importante en la transmisión de los cambios de la política económica actuales y futuros, similar al papel desempeñado por los mercados financieros informales.

A pesar de nuestro hincapié en la base analítica de la política macroeconómica, hemos tratado de reseñar las pruebas empíricas disponibles sobre gran número de cuestiones. Aunque se ha logrado un progreso considerable en los últimos años, la literatura empírica dista todavía mucho de ser satisfactoria en varias áreas fundamentales. De hecho, las pruebas empíricas sobre la dinámica de los salarios reales y nominales siguen siendo limitadas (sobre todo en el contexto de los programas antinflacionarios). El aislamiento y la medición de los efectos de los factores políticos sobre la aplicación de los instrumentos de la política macroeconómica tampoco han recibido la atención que merecen. No son muy avanzadas las técnicas existentes para la evaluación de la credibilidad de los programas de reforma macroeconómica, aunque se ha logrado recientemente algún progreso en esta área. Los desarrollos recientes de la econometría han proporcionado un vasto conjunto de métodos nuevos para el análisis empírico, y su aplicación continua a los problemas macroeconómicos afrontados por los países en vías de desarrollo es un aspecto esencial de la investigación futura en esta área. La interacción existente entre las construcciones teóricas y los resultados empíricos es un elemento clave para el progreso futuro, como ocurre en casi todas las áreas de la ciencia económica.

La aplicación de los resultados teóricos a los ambientes del mundo real es una tarea difícil que requiere que se tomen cuidadosamente en cuenta las circunstancias de los países individuales. La experiencia sugiere que este punto más bien obvio no ha sido debidamente destacado. Los proponentes de la reforma económica que omitan las restricciones estructurales e institucionales sólo podrán hacerlo a costa de fracasos reiterados. Seguimos esperando que los elementos analíticos ofrecidos en este libro ayuden a los responsables de las políticas económicas y a sus asesores en el difícil proceso de administración macroeconómica.

---

[2] De acuerdo con los datos compilados por la Corporación Financiera Internacional, la capitalización combinada de los mercados de valores en los países en vías de desarrollo (el valor de mercado de las acciones de empresas cotizadas en los mercados de valores) casi se decuplicó entre 1983 y 1993. El aumento de la capitalización del mercado de los valores negociados fue particularmente marcado en América Latina (Argentina, Brasil, Chile y México) y en Asia (la India, Corea, Malasia, Taiwan, Tailandia y Filipinas).

BIBLIOGRAFÍA

Abel, Andrew B., "Consumption and Investment", en Benjamin Friedman y Frank H. Hahn (eds.), *Handbook of Monetary Economics*, II, Amsterdam, North Holland, 1990.

Adams, Charles y Claire Hughes Adams, *Scenario and Forecast Adjustment Model for Developing Countries* (Staff Studies for the World Economic Outlook), Fondo Monetario Internacional, Washington, 1990.

Adams, Charles y Daniel Gros, "The Consequences of Real Exchange Rate Rules for Inflation", IMF *Staff Papers*, núm. 33, septiembre de 1986, pp. 439-476.

Adelman, Irma y Sherman Robinson, "Macroeconomic Adjustment and Income Distribution", *Journal of Development Economics*, núm. 29, julio de 1988, pp. 23-44.

Agénor, Pierre-Richard, "Output and Unanticipated Credit with Imported Goods and a Foreign Exchange Constraint", *Journal of Quantitative Economics*, núm. 6, julio de 1990a, pp. 367-382.

————, "Stabilization Policies in Developing Countries with a Parallel Market for Foreign Exchange: A Formal Framework", IMF *Staff Papers*, núm. 37, Washington, D.C., septiembre de 1990b, pp. 560-592.

————, "Output, Devaluation, and the Real Exchange Rate in Developing Countries", *Weltwirschaftliches Archives*, núm. 127, marzo de 1991, pp. 18-41.

————, *Parallel Currency Markets in Developing Countries: Theory, Evidence, and Policy Implications*, estudios de finanzas internacionales, núm. 188, Princeton University, Princeton, N.J., 1992.

————, *The Behavior of Real Interest Rates in Exchange-Rate-Based Stabilization Programs*, *Review of Development Economics*, Fondo Monetario Internacional, junio de 1994a.

————, "Wage Contracts, Capital Mobility and Macroeconomic Policy", *Journal of Macroeconomics* 20, invierno, 1998a, pp. 1-25.

————, "Credibility and Exchange Rate Management in Developing Countries", *Journal of Development Economics*, núm. 45, agosto de 1994c, pp. 1-16.

————, "Exchange Restrictions and Devaluation Crises", *International Review of Economics and Finance*, núm. 3, diciembre de 1994d, pp. 361-372.

————, "La Macroeconomía de los Mercados Financieros Internacionales", inédito, Fondo Monetario Internacional, diciembre de 1994e.

————, "Credibility Effects of Price Controls in Disinflation Programs", *Journal of Macroeconomics*, núm. 17, invierno de 1995a, pp. 161-171.

————, "Illegal Trade, Devaluation and Exchange Rate Dynamics", *Journal of International Trade and Economic Development*, núm. 4, s.p.i., marzo de 1995b, pp. 1-15.

————, *Capital-Market Imperfections and the Macroeconomic Dynamics of Small Indebted Economies*, estudio de finanzas internacionales núm. 82, Princeton University, 1997a.

————, "Borrowing Risk and the Tequila Effect", inédito, Fondo Monetario Internacional, diciembre, 1997b.

845

Agénor, Pierre-Richard, *The Economics of Adjustment and Growth*, San Diego, Academic Press (en prensa), 1998*b*.

———, "Fiscal Adjustment and Labor Market Dynamics", inédito, Banco Mundial, septiembre de 1998*c*.

———, "Capital Inflows, External Shocks, and the Real Exchange Rate", *International Journal of Money and Finance* (en prensa), octubre de 1998*d*.

Agénor, Pierre-Richard y Joshua Aizenman, "Macroeconomic Adjustment with Segmented Labor Markets", *Journal of Development Economics*.

Agénor, Pierre-Richard y Robert P. Flood, "Unification of Foreign Exchange Markets", *IMF Staff Papers*, núm. 39, diciembre de 1992, pp. 923-947.

———, "Macroeconomic Policy, Speculative Attacks and Balance of Payments Crises", en Frederick van der Ploeg (ed.), *The Handbook of International Macroeconomics*, Basil Blackwell, Oxford, 1994.

Agénor, Pierre-Richard y Mohsin S. Khan, "Foreign Currency Deposits and the Demand for Money in Developing Countries", *Journal of Development Economics* 50, junio de 1996, pp. 101-118.

Agénor, Pierre-Richard, y Paul R. Masson, "Credibility, Reputation, and the Mexican Peso Crisis", *Journal of Money, Credit, and Banking* (en prensa), 1999.

Agénor, Pierre-Richard, C. John McDermott, y Eswar Prasad, "Macroeconomic Fluctuations in Developing Countries: Some Stylized Facts", inédito, Fondo Monetario Internacional, agosto de 1997.

Agénor, Pierre-Richard y Anna Lennblad, *Inflation and Monetary Reform*, ensayo de trabajo, núm. 92/60, Fondo Monetario Internacional, mayo de 1998.

Agénor, Pierre-Richard y Julio A. Santaella, "Efficiency Wages, Disinflation, and Labor Mobility", *Journal of Economics Dynamics and Control* 22, de febrero 1998, pp. 267-291.

Agénor, Pierre-Richard y Mark P. Taylor, "Analyzing Credibility in High-Inflation Economies", *Economic Journal*, núm. 103, marzo de 1993, pp. 329-336.

Agénor, Pierre-Richard y Murat E. Ucer, "Exchange Market Reform, Inflation, and Fiscal Deficits", *Journal of Policy Reform*, noviembre de 1994.

Aghevli, Bijan B., "Inflationary Finance and Growth", *Journal of Political Economy*, núm. 85, diciembre de 1977, pp. 1295-1309.

———, James M. Boughton, Peter J. Montiel, Delano Villanueva y Geoffrey Woglom, *The Role of National Savings in the World Economy*, ensayo ocasional núm. 67, Fondo Monetario Internacional, Washington, marzo de 1990.

Aghevli, Bijan B. y Mohsin S. Khan, "Government Deficits and the Inflationary Process in Developing Countries", *IMF Staff Papers*, núm. 25, Washington, septiembre de 1978, pp. 383-416.

———, Mohsin S. Khan y Peter J. Montiel, *Exchange Rate Policy in Developing Countries: Some Analytical Issues*, ensayo ocasional, núm. 78, Fondo Monetario Internacional, Washington, marzo de 1991.

Ahumada, Hildegard, "A Dynamic Model of the Demand for Currency: Argentina, 1977-1988", *Journal of Policy Modeling*, núm. 14, junio de 1992, pp. 335-361.

Aizenman, Joshua, "On the Complementarity of Commercial Policy, Capital Controls, and Inflation Tax", *Canadian Journal of Economics*, núm. 19, febrero de 1986, pp. 114-133.

Aizenman, Joshua, y Ricardo Hausmann, *Inflation and Budgetary Discipline*, estudio de trabajo 5537, Oficina Nacional de Investigación Económica, 1995.

——— , "Inflation, Tariffs and Tax Enforcement Costs", *Journal of International Economic Integration*, núm. 2, otoño de 1987, pp. 12-28.

——— , "Trade Reforms, Credibility, and Development", *Journal of Development Economics*, núm. 39, julio de 1992, pp. 163-187.

——— y Nancy P. Marion, "Macroeconomic Uncertainty and Private Investment", *Economic Letters*, núm. 41, febrero de 1993, pp. 207-210.

Alam, Asad y Sarath Rajapatirana, *Trade Policy Reform in Latin America and the Caribbean in the 1980s*, preensayo de trabajo, núm. 1104, Banco Mundial, febrero de 1993.

Alam, M. Shahid, "Trade Orientation and Macroeconomic Performance in LDCs: An Empirical Study", *Economic Development and Cultural Change*, núm. 39, julio de 1991, pp. 839-848.

Alberro, José, "The Lucas Hypothesis and the Phillips Curve: Further International Evidence", *Journal of Monetary Economics*, núm. 11, marzo de 1981, pp. 239-250.

Alesina, Alberto, "Macroeconomics and Politics", en Stanley Fischer (ed.), NBER *Macroeconomics Annual*, Oficina Nacional de Investigación Económica, Cambridge, Mass., 1991.

Alesina, Alberto, Gerald D. Cohen y Nouriel Roubini, "Electoral Business Cycle in Industrial Democracies", *European Journal of Political Economy*, núm. 9, marzo de 1993, pp. 1-23.

Alesina, Alberto y Allan Drazen, "Why Are Stabilizations Delayed?", *American Economic Review*, núm. 81, diciembre de 1991, pp. 1170-1188.

Alesina, Alberto y Lawrence H. Summers, "Central Bank Independence and Macroeconomic Performance", *Journal of Money, Credit, and Banking*, núm. 25, mayo de 1993, pp. 151-162.

Alesina, Alberto y Guido Tabellini, "External Debt, Capital Flight, and Political Risk", *Journal of International Economics*, núm. 27, noviembre de 1989, pp. 199-220.

Alexander, Sidney S., "Effects of a Devaluation on a Trade Balance", IMF *Staff Papers*, núm. 2, Washington, abril de 1952, pp. 263-278.

Ambler, Steve y Emanuela Cardia, "Optimal Anti-Inflation Programs in Semi-Industrialized Economies: Orthodox *versus* Heterodox Policies", *Journal of Development Economics*, núm. 38, enero de 1992, pp. 41-61.

Ames, Barry, *Political Survival: Politicians and Public Policy in Latin America*, University of California Press, Berkeley, 1987.

Anand, Ritu y Sweder van Wijnbergen, "Inflation and the Financing of Government Expenditure: An Introductory Analysis with an Application to Turkey", *World Bank Economic Review*, núm. 3, marzo de 1989, pp. 17-38.

Andersen, Torben M., "Credibility of Policy Announcements The Output and Inflation Costs of Disinflationary Policies", *European Economic Review*, núm. 33, enero de 1989, pp. 13-30.

Arida, Persio y Andre Lara Resende, "Inertial Inflation and Monetary Reform: Brazil", en John Williamson (ed.), *Inflation and Indexation*, Instituto de Economía Internacional, Washington, 1985.

——— , *Intertemporal Substitution in a Monetary Framework, Evidence from Two Latin American Countries*, preensayo de trabajo, núm. 549, Banco Mundial, diciembre de 1990.

Arrau, Patricio, José De Gregorio, Carmen Reinhart y Peter Wickham, "The Demand for Money in Developing Countries: Assessing the Role of Financial Innovation", *Journal of Development Economics*, núm. 46, abril de 1995, pp. 317-340.

Asilis, Carlos M., Patrick Honohan y Paul D. McNelis, "Money Demand during Hyperinflation and Stabilization: Bolivia", *Economic Inquiry*, núm. 31, abril de 1993, pp. 262-273.

Auernheimer, Leonard, "The Honest Government's Guide to the Revenue from the Creation of Money", *Journal of Political Economy*, núm. 92, mayo de 1974, pp. 598-606.

—————, "On the Outcome of Inconsistent Programs under Exchange Rate and Monetary Rules", *Journal of Monetary Economics*, núm. 19, marzo de 1987, pp. 279-305.

Azam, Jean-Paul y Timothy Besley, "General Equilibrium with Parallel Markets for Goods and Foreing Exchange", *World Development*, núm. 17, diciembre de 1989, pp. 1921-1930.

Bacchetta, Phillipe, "Temporary Capital controls in a Balance-of-Payments Crisis", *Journal of International Money and Finance*, núm. 9, marzo de 1990, pp. 246-257.

Bacha, Edmar L., "A Three-Gap Model of Foreign Transfers and the GDP Growth Rate in Developing Countries", *Journal of Development Economics*, núm. 32, abril de 1990, pp. 279-296.

Bahmani-Oskooee, Mohsen y Margaret Malixi, "More Evidence on the J. Curve from LDCs", *Journal of Policy Modeling*, núm. 14, octubre de 1992, pp. 641-653.

Bailey, Martin J., "The Welfare Cost of Inflationary Finance", *Journal of Political Economy*, núm. 64, abril de 1956, pp. 93-110.

Balassa, Bela, "The Effects of Interest Rates on Savings in Developing Countries", *Banca Nazionale del Lavoro Quarterly Review*, núm. 60, marzo de 1990, pp. 101-118.

Baldwin, Richard, y Paul R. Krugman, "Persistent Trade Effects of Large Exchange Rate Shocks", *Quarterly Journal of Economics* 104, noviembre de 1989, pp. 635-654.

Ball, Laurence, "Credible Disinflation with Staggered Price-Setting", *American Economic Review*, núm. 84, marzo de 1994, pp. 282-289.

Banco Mundial, *The East Asian Miracle*, Oxford University Press, Nueva York, 1993.

—————, *Global Development Finance*, Washington D.C., 1998.

Bandara, Jayatilleke S., "Computable General Equilibrium Models for Development Policy Analysis in LDCs", *Journal of Economic Surveys*, núm. 5, enero de 1991, pp. 3-69.

Barbone, Luca y Francisco Rivera Bátiz, "Foreign Capital and the Contractionary Impact of Currency Devaluation, with an Application to Jamaica", *Journal of Development Economics*, núm. 26, junio de 1987, pp. 1-15.

Barro, Robert J., "Are Government Bonds Net Wealth?", *Journal of Political Economy*, núm. 82, noviembre de 1974, pp. 1095-1117.

—————, "Unanticipated Money, Output, and the Price Level in the United States", *Journal of Political Economy*, núm. 86, junio de 1978, pp. 549-580.

—————, "Money and Output in Mexico, Colombia and Brazil", en Jere Berhman y James A. Hanson (eds.), *Short-term Macroeconomic Policy in Latin America*, Cambridge, Mass., Ballinger, 1979.

—————, "On the Determination of Public Debt", *Journal of Political Economy* 87, octubre de 1979b, pp. 940-971.

Barro, Robert J., "Inflationary Finance under Discretion and Rules", *Canadian Journal of Economics*, núm. 16, febrero de 1983, pp. 1-16.

——, "Reputation in a Model of Monetary Policy with Incomplete Information", *Journal of Monetary Economics*, núm. 17, marzo de 1986, pp. 3-20.

——, "The Ricardian Approach to Budget Deficits", *Journal of Economic Perspectives*, núm. 3, marzo de 1989, pp. 37-54.

——, "Government Spending in a Simple Model of Endogenous Growth", *Journal of Political Economy*, núm. 98 (suplemento), 1990, pp. 103-125.

——, "Economic Growth in a Cross Section of Countries", *Quarterly Journal of Economics* 106, mayo de 1991, pp. 407-443.

——, *Determinants of Economic Growth*, Cambridge, Mass., MIT Press, 1997.

—— y David B. Gordon, "A Positive Theory of Monetary Policy in a Natural Rate Model", *Journal of Political Economy*, núm. 91, agosto de 1983, pp. 589-610.

—— y Xavier Sala-i-Martin, *Economic Growth*, McGraw-Hill, Nueva York, 1995.

Bartolini, Leonardo, y Allan H. Drazen, "Capital-Account Liberalization as a Signal", *American Economic Review* 87, marzo de 1997, pp. 138-154.

Bates, Robert, "Macropolitical Economy in the Field of Development", en James E. Alt y Kenneth A. Shepsle (eds.), *Perspectives on Political Economy*, Cambridge University Press, Cambridge, 1990.

Battle, Ann Marie, "Welfare Effects of Liberalization Reforms with Distortions in Financial and Labor Markets", *Journal of Development Economics* 52, abril de 1997, pp. 279-294.

Baxter, Marianne, "The Role of Expectations in Stabilization Policy", *Journal of Monetary Economics*, núm. 15, mayo de 1985, pp. 343-362.

Baxter, Marianne, y Mario J. Crucini, "Explaining Saving-Investment Correlations", *American Economic Review* 83, junio de 1993, pp. 416-436.

Baxter, Marianne, y Robert G. King, *Approximate Band-Pass Filters for Economic Time Series*, estudio de trabajo 5022, Oficina Nacional de Investigación económica, febrero de 1995.

Beavis, Brian e Ian Dobbs, *Optimization and Stability Theory for Economic Analysis*, Cambridge University Press, Cambridge, 1990.

Bercuson, Kenneth B., y Linda M. Koenig, *The Recent Surge in Capital Inflows to Three ASEAN Countries: Causes and Macroeconomic Impact*, ensayo ocasional 15, Kuala Lumpur, Malaysia, 1993.

Bencivenga, Valerie R. y Bruce D. Smith, "Financial Intermediation and Endogenous Growth", *Review of Economic Studies*, núm. 58, abril de 1991, pp. 195-209.

——, "Deficits, Inflation, and the Banking System in Developing Countries", *Oxford Economic Papers*, núm. 44, octubre de 1992, pp. 767-790.

Bevan, David, Paul Collier y Jan W. Gunning, "Trade Shocks in Developing Countries: Consequences and Policy Responses", *European Economic Review*, núm. 37, abril de 1993, pp. 557-565.

Bhagwati, Jagdish N. y Bent Hansen, "A Theoretical Analysis of Smuggling", *Quarterly Journal of Economics*, núm. 87, mayo de 1973, pp. 172-187.

Bhalla, Surjit, "The Measurement of Permanent Income and Its Application to Saving Behavior", *Journal of Political Economy*, núm. 88, agosto de 1980, pp. 722-743.

Bhandari, Jagdeep S. y Carlos A. Végh, "Dual Exchange Markets under Incomplete Separation: An Optimizing Model", IMF *Staff Papers*, núm. 37, Washington, marzo de 1990, pp. 146-167.

Bhattacharya, Amar, Peter J. Montiel, y Sunil Sharma, "Private Capital Inflows to Sub-Saharan Africa: An Overview of Trends and Determinants", en Zubair Iqbal y Ravi Kanbur (eds.), *External Finance for Low-Income Countries*, Washington, DC: Fondo Monetario Internacional, 1997.

Bini Smaghi, Lorenzo, *Independent Monetary Policy and Capital Mobility in LDCs: The Case of Malaysia, 1978-1981*, ensayo de trabajo, núm. 82/72, Fondo Monetario Internacional, Washington, noviembre de 1982.

Blanchard, Olivier J., "Price Asynchronization and Price Level Inertia", en Rudiger Dornbusch y Mario H. Simonsen (eds.), *Inflation, Debt and Indexation*, MIT Press, Cambridge, 1983.

———, "Debt and the Current Account Deficit in Brazil", en Pedro Aspe Armella, Rudiger Dornbusch y Maurice Obstfeld (eds.), *Financial Policies and the World Capital Market*, Chicago, Il., University of Chicago Press, 1983b.

———, "Credibility, Disinflation, and Gradualism", *Economic Letters*, núm. 17, marzo de 1985, pp. 211-217.

———, "The Wage Price Spiral", *Quarterly Journal of Economics,* núm. 101, agosto de 1986, pp. 543-565.

——— y Stanley Fischer, *Lectures on Macroeconomics*, MIT Press, Cambridge, Mass., 1989.

Blanco, Herminio y Peter M. Garber, "Recurrent Devaluation and Speculative Attacks on the Mexican Peso", *Journal of Political Economy*, febrero de 1986, pp. 148-166.

Bleaney, Michael y David Greenaway, "Adjustment to External Balance and Investment Slumps in Developing Countries", *European Economic Review*, núm. 37, abril de 1993a, pp. 577-585.

———, "Long-Run Trends in the Relative Price of Primary Commodities and in the Terms of Trade of Developing Countries", *Oxford Economic Papers*, núm. 45, julio de 1993b, pp. 349-363.

Blejer, Mario I., "The Short-Run Dynamics of Prices and the Balance of Payments", *American Economic Review*, núm. 67, junio de 1977, pp. 419-428.

———, "Black-Market Exchange Rate Expectations and the Domestic Demand for Money: Some Empirical Evidence", *Journal of Monetary Economics*, núm. 4, noviembre de 1978b, pp. 767-773.

——— y Adrienne Cheasty, "High Inflation, Heterodox Stabilization and Fiscal Policy", *World Development*, núm. 16, septiembre de 1988, pp. 867-881.

———, "The Measurement of Fiscal Deficits: Analytical and Methodological Issues", *Journal of Economic Literature*, núm. 29, diciembre de 1991, pp. 1644-1678.

Blejer, Mario I. y Roque B. Fernández, "The Effects of Unanticipated Money Growth on Prices and on Output and Its Composition in a Fixed-Exchange-Rate Open Economy", *Canadian Journal of Economics*, núm. 13, marzo de 1980, pp. 82-95.

Blejer, Mario I. y Mohsin S. Khan, "Private Investment in Developing Countries", IMF *Staff Papers*, núm. 31, junio de 1984, pp. 379-403.

Blejer, Mario I. y Nissan Liviatan, "Fighting Hyperinflation: Stabilization Strategies in Argentina and Israel", IMF *Staff Papers*, núm. 34, septiembre de 1986, pp. 409-438.

Blejer, Mario I., y Donald J. Mathieson, "The Preannouncement of Exchange Rate Changes as a Stabilization Instrument", IMF *Staff Papers* 28, diciembre de 1981, pp. 760-792.

Blinder, Alan S., y Joseph E. Stiglitz, "Money, Credit Constraints, and Economic Activity", *American Economic Review* 73, mayo de 1983, pp. 297-302.

Bohn, Henning, "Sustainability of Budget Deficits with Lump-Sum and with Income-Based Taxation", *Journal of Money, Credit, and Banking*, núm. 23, agosto de 1990, pp. 580-604.

Borensztein, Eduardo, "Debt Overhang, Credit Rationing and Investment", *Journal of Development Economics*, núm. 32, abril de 1990, pp. 315-335.

Boschen, John F. y John L. Newman, "Monetary Effects on the Real Interest Rate in an Open Economy: Evidence from the Indexed Argentine Bond Market", *Journal of International Money and Finance*, junio de 1989, pp. 201-217.

Boughton, James M., "The Economics of the CFA Franc Zone", en Paul R. Masson y Mark P. Taylor (eds.), *Policy Issues in the Operation of Currency Unions*, Cambridge University Press, Cambridge, 1993.

Bourguignon, François, William H. Branson y Jaime De Melo, "Adjustment and Income Distribution: A Micro-Macro Model for Countrefactual Analysis", *Journal of Development Economics*, núm. 38, enero de 1992, pp. 17-39.

Bourguignon, François, Gilles Michel y Dominique Miqueu, "Short-Run Rigidities and Long-Run Adjustments in a Computable General Equilibrium Model of Income Distribution and Development", *Journal of Development Economics*, núm. 13, agosto de 1983, pp. 21-43.

Branson, William H., "Stabilization, Stagflation, and Investment Incentives: The Case of Kenya 1979-1980", en Sebastián Edwards y Liaqat Ahamed (eds.), *Economic Adjustment and Exchange Rates in Developing Countries*, University of Chicago Press, Chicago, 1986.

Brock, Philip L., "Inflationary Finance in an Open Economy", *Journal of Monetary Economics*, núm. 14, julio de 1984, pp. 37-53.

———, "Reserve Requirements and the Inflation Tax", *Journal of Money, Credit, and Banking*, núm. 21, febrero de 1989, pp. 106-121.

Browning, Martin, y Anna Maria Lusardi, "Household Saving: Micro Theories and Micro Facts", *Journal of Economic Literature* 34, diciembre de 1996, pp. 1797-1855.

Bruno, Michael, "Stabilization and Stagflation in a Semi-Industrialized Economy", en Rudiger Dornbusch y Jacob A. Frenkel (eds.), *International Economic Policy: Theory and Evidence*, Johns Hopkins University Press, Baltimore, 1979.

———, *High Inflation and the Nominal Anchors of an Open Economy*, ensayo de finanzas internacionales, núm. 183, Princeton, University of Princeton, 1991.

Bruno, Michael, y William Easterly, "Inflation Crisis and Long-Run Growth", *Journal of Monetary Economics* 41, febrero de 1998, pp. 3-26.

Bruno, Michael y Stanley Fischer, "Seignorage, Operating Rules, and the High Inflation Trap", *Quarterly Journal of Economics*, núm. 105, mayo de 1990, pp. 353-374.

Bruno, Michael y Sylvia Piterman, *Israel's Stabilization: A Two-Year Review*, publicación núm. 2398, Oficina Nacional de Investigación Económica, octubre de 1987.

Bruton, Henry, "Import Substitution", en Hollis B. Chenery y T. N. Srinivasan (eds.), *Handbook of Development Economics*, II, Amsterdam, North-Holland, 1989.

Buffie, Edward F., "Financial Repression, the New Structuralists, and Stabilization Policy in the Semi-Industrialized Economies", *Journal of Development Economics*, núm. 14, abril de 1984a, pp. 305-322.

—————, "The Macroeconomics of Trade Liberalization", *Journal of International Economics*, núm. 17, agosto de 1984b, pp. 121-137.

—————, "Price-Output Dynamics, Capital Inflows, and Real Appreciation", *Oxford Economic Papers*, núm. 37, diciembre de 1985, pp. 529-551.

—————, "Devaluation and Imported Inputs: The Large Economy Case", *International Economic Review*, núm. 27, febrero de 1986a, pp. 123-140.

—————, "Devaluation, Investment and Growth in IDCs", *Journal of Development Economics*, núm. 20, marzo de 1986b, pp. 361-379.

—————, "Imported Inputs, Real Wage Rigidity and Devaluation in the Small Open Economy", *European Economic Review*, núm. 33, septiembre de 1989, pp. 1345-1361.

—————, "Short-and Long-Run Effects of Fiscal Policy", *World Bank Economic Review*, núm. 6, mayo de 1992, pp. 331-351.

—————, "Public Sector Layoffs, Credibility, and the Dynamics of Inflation in a Simple Macromodel", inédito, Indiana University, febrero de 1994.

Buiter, Willem H., "Measurement of the Public Sector Deficit and Its Implications for Policy Evaluation and Design", *IMF Staff Papers*, núm. 30, junio de 1983, pp. 306-349.

—————, "A Guide to Public Sector Debt and Deficits", *Economic Policy*, núm. 1, noviembre de 1985, pp. 13-80.

—————, "Borrowing to Defend the Exchange Rate and the Timing of and Magnitud of Speculative Attacks", *Journal of International Economics*, núm. 23, noviembre de 1987, pp. 221-239.

—————, "Structural and Stabilization Aspects of Fiscal and Financial Policy in the Dependent Economy", *Oxford Economic Papers*, núm. 40, junio de 1988, pp. 220-245.

—————, "Some Thoughts on the Role of Fiscal Policy in Stabilization and Structural Adjustment in Developing Countries", en Willem H. Buiter (ed.), *Principles of Budgetary and Financial Policy*, MIT Press, Cambridge, Mass., 1989.

Buiter, Willem H. y Urjit R. Patel, "Debt, Deficits and Inflation: An Application to the Public Finances of India", *Journal of Public Economics*, núm. 47, marzo de 1992, pp. 171-205.

Bulow, Jeremy y Kenneth Rogoff, "Cleaning up Third World Debt Without Getting Taken to the Cleaners", *Journal of Economic Perspectives*, núm. 4, febrero de 1990, pp. 31-42.

Burgess, Robin y Nicholas Stern, "Taxation and Development", *Journal of Economic Literature*, núm. 31, junio de 1983, pp. 762-830.

Burkett, Paul y Robert C. Vogel, "Financial Assets, Inflation Hedges, and Capital Utilization in Developing Countries", *Quarterly Journal of Economics*, núm. 107, mayo de 1992, pp. 773-784.

Burton, David, "Devaluation, Long-Term Contracts, and Rational Expectations, *European Economic Review*, núm. 23, septiembre de 1983, pp. 19-32.

Caballero, Ricardo J., "Aggregate Investment", estudio de trabajo 6264, Oficina Nacional de Investigación Económica, noviembre de 1997.

Cáceres, Armando y Carlos Paredes, "The Management of Economic Policy, 1985-1989", en Carlos Paredes y Jeffrey Sachs (eds.), *Peru's Path to Recovery*, Brookings Institution, Washington, 1991.

Calomiris, Charles W. e Ian Domowitz, "Asset Substitution Money Demand, and the Inflation Process in Brazil", *Journal of Money, Credit, and Banking*, núm. 21, febrero de 1989, pp. 78-89.

Calvo, Guillermo A., "Staggered Contracts and Exchange Rate Policy", en Jacob A. Frenkel (ed.), *Exchange Rates and International Macroeconomic*, Chicago University Press, Chicago, 1983.

———, "Currency Substitution and the Real Exchange Rate: The Utility Maximizing Approach", *Journal of International Money and Finance*, núm. 4, junio de 1985, pp. 175-188.

———, "Temporary Stabilization: Predetermined Exchange Rates", *Journal of Political Economy*, núm. 94, diciembre de 1986, pp. 1319-1329.

———, "On the Cost of Temporary Policy", *Journal of Development Economics*, núm. 27, octubre de 1987a, pp. 245-262.

———, "Balance of Payments Crises in a Cash-in-Advance Economy", *Journal of Money, Credit, and Banking*, núm. 19, febrero de 1987b, pp. 19-32.

———, "Incredible Reforms", en Guillermo A. Calvo, Ronald Firdlap, Pentti Kouri y Jorge Braga de Macedo (eds.), *Debt, Stabilization and Development*, Basil Blackwell, Oxford, 1989.

———, "Temporary Stabilization Policy: The Case of Flexible Prices and Exchange Rates", *Journal of Economic Dynamics and Control*, núm. 15, enero de 1991, pp. 197-213.

———, "Varieties of Capital Market Crises", ensayo de trabajo 15, Centro para Economías Internacionales, University of Maryland, noviembre de 1995.

———, Leonardo Leiderman y Carmen M. Reinhart, "Capital Inflows and Real Exchange Rate Appreciation in Latin America: The Role of External Factors", *IMF Staff Papers*, núm. 40, marzo de 1993, pp. 108-111.

———, "Inflows of Capital to Developing Countries in the 1990s", *Journal of Economic Perspectives* 10, primavera de 1996, pp. 123-139.

——— y Enrique G. Mendoza, "Mexico's Balance-of-Payments Crisis: A Chronicle of a Death Foretold", *Journal of International Economics* 41, noviembre de 1996, pp. 235-264.

———, Carmen M. Reinhart y Carlos A. Végh, "Targeting the Real Exchange Rate: Theory and Evidence", *Journal of Development Economics*, núm. 47, junio de 1995, pp. 97-133.

——— y Carlos A. Rodríguez, "A Model of Exchange Rate Determination under Currency Substitution and Rational Expectations", *Journal of Political Economy*, núm. 85, junio de 1977, pp. 617-625.

———, "Exchange Rate-Based Stabilization under Imperfect Credibility", en Helmut Frisch y Andreas Worgotter (eds.), *Open Economy Macroeconomics*, St. Martin's Press, Nueva York, 1993a.

———, "Credibility and the Dynamics of Stabilization Policy: A Basic Framework", en Christopher A. Sims (ed.), *Advances in Econometrics*, Cambridge University Press, Cambridge, 1993b.

Calvo, Guillermo A., "Stabilization Dynamics and Backward-Looking Contracts", *Journal of Development Economics*, núm. 43, febrero de 1994, pp. 59-84.

————, "From Currency Substitution to Dollarization and Beyond: Analytical and Policy Issues", en Guillermo A. Calvo, *Money, Exchange Rates, and Output*, Cambridge, Mass., MIT Press, 1996a.

————, "Disinflation and Interest-Bearing Money", *Economic Journal* 106, noviembre de 1996b, pp. 1546-1563.

Canarella, Giorgio y Stephen K. Pollard, "Unanticipated Monetary Growth, Output, and the Price Level in Latin America", *Journal of Development Economics*, núm. 30, abril de 1989, pp. 345-358.

Canavese, Alfredo J. y Guido Di Tella, "Inflation Stabilization or Hyperinflation Avoidance: the Case of the Austral Plan in Argentina, 1985-1987", en Michael Bruno, *et al.* (eds.), *Inflation Stabilization*, MIT Press, Cambridge, Mass., 1988.

Cardoso, Eliana, "Food Supply and Inflation", *Journal of Development Economics*, núm. 8, junio de 1981, pp. 269-284.

————, "From Inertia to Megainflation: Brazil in the 1980s", en Michael Bruno, *et al.* (eds.), *Lessons of Economic Stabilization and its Aftermath*, Cambridge, Mass., MIT Press, 1991.

————, "Deficit Finance and Monetary Dynamics in Brazil and Mexico", *Journal of Development Economics*, núm. 37, noviembre de 1992, pp. 173-197.

————, "Private Investment in Latin America", *Economic Development and Cultural Change*, núm. 41, julio de 1993, pp. 833-848.

Cardoso, Eliana y Rudiger Dornbusch, "Brazil's Tropical Plan", *American Economic Review*, núm. 77, mayo de 1987, pp. 288-292.

Cardoso, Eliana y Albert Fishlow, "The Macroeconomics of Brazilian External Debt", en Jeffrey Sachs (ed.), *Developing Country Debt and Economic Performance*, vol. II, University of Chicago Press, Chicago, 1990.

Cardoso, Eliana y Ann Helwege, *Latin America's Economy: Diversity, Trends and Conflicts*, MIT Press, Cambridge, Mass., 1992.

Carmichael, Jeffrey, Jerome Fahrer y John Hawkins, "Some Macroeconomic Implications of Wage Indexation: A Survey", en Victor E. Argy y John W. Neville (eds.), *Inflation and Unemployment-Theory, Experience and Policymaking*, G. Allen and Unwin, Londres, 1985.

Carroll, Chistopher D. "Buffer-Stock Saving and the Life Cycle/Permanent Income Hypothesis", *Quarterly Journal of Economics* 112, febrero de 1997, pp. 1-55.

Cashin, Paul, "Government Spending, Taxes, and Economic Growth", *IMF Staff Papers*, núm. 42, junio de 1995, pp. 237-269.

Casella, Alessandra, y Barry Eichengreen, "Can Foreign Aid Accelerate Stabilization?" *Economic Journal* 106, mayo de 1996, pp. 605-619.

Cavallo, Domingo, "Stayflationary Effects of Monetarist Stabilization Policies in Economies with Persistent Inflation", en June Flanders y Assaf Razin (eds.), *Development in an Inflationary World*, Academic Press, Nueva York, 1981.

Chadha, Bankim, y Eswar Prasad, "Are Prices Countercyclical? Evidence from the G7", *Journal of Monetary Economics* 34, octubre de 1994, pp. 239-257.

Chandravarkar, Anand, *The Informal Financial Sector in Development Countries: Analysis, Evidence, and Policy Implications*, SEACEN, ensayo ocasional, núm. 2, Kuala Lumpur, Malasia, agosto de 1987.

Chang, P. Kevin, Stijn Claessens, y Robert E. Cumby, "Conceptual and Methodological Issues in the Measurement of Capital Flight", *International Journal of Finance and Economics* 2, abril de 1997, pp. 101-119.

Chappell, D., y David A. Peel, "On the Political Theory of the Business Cycle", *Economic Letters* 2, marzo de 1979, pp. 327-332.

Chenery, Hollis B., "Growth and Transformation", en Hollis B. Chenery, Sherman Robinson y Moshe Syrquin (eds.), *Industrialization and Growth*, Oxford University Press, Oxford, 1986.

—— y Alan Strout, "Foreign Assistance and Economic Development", *American Economic Review*, núm. 56, septiembre de 1966, pp. 679-733.

Chhibber, Ajay, y Mansoor Dailami, "Fiscal Policy and Private Investment in Developing Countries: Recent Evidence on Key Selected Issues", en Riccardo Faini y Jaime de Melo (eds.), *Fiscal Issues in Adjustment in Developing Countries*, New York, St. Martin's Press, 1993.

Cho, Yoon Je., "Inefficiencies from Financial Liberalization in the Absence of Well-Functioning Equity Markets", *Journal of Money, Credit, and Banking*, núm. 18, mayo de 1986, pp. 191-199.

Chopra, Ajit, "The Speed of Adjustment of the Inflation Rate in Developing Countries: A Study of Inertia", IMF *Staff Papers*, núm. 32, diciembre de 1985, pp. 693-733.

—— y Peter J. Montiel, "Output and Unanticipated Money with Imported Intermediate Goods and Foreign Exchange Rationing", IMF *Staff Papers*, núm. 33, diciembre de 1986, pp. 697-721.

Choudhary, Munir A. y Amar K. Parai, "Anticipated Monetary Policy and Real Output: Evidence from Latin American Countries", *Applied Economics*, núm. 23, abril de 1991, pp. 579-586.

Choudhry, Nurun N., "Collection Lags, Fiscal Revenue and Inflationary Financing: Empirical Evidence and Analysis", ensayo de trabajo, núm. 91/41, Fondo Monetario Internacional, abril de 1991.

Chuhan, Punam, Sitjn Claessens, y Nandu Mamingi, "Equity and Bond Flows to Latin America and Asia: The Role of Global and Country Factors", *Journal of Development Economics* 55, abril de 1998, pp. 439-463.

Chuhan, Punam, Gabriel Perez-Quiros, y Helen Popper, "International Capital Flows: Do Short-Term Investment and Direct Investment Differ?" inédito, Departamento de Economía Internacional, Banco Mundial, junio de 1996.

Claessens, Stijn, "Balance of Payments Crises in an Optimal Portfolio Model", *European Economic Review*, núm. 35, enero de 1991, pp. 81-101.

Claessens, Stijn, Ishac Diwan, Kenneth Froot, y Paul R. Krugman, "Market-Based Debt Reduction for Developing Countries: Principles and Prospects", Política e Investigación, serie de trabajo 16, Banco Mundial, febrero de 1991.

——, Ishac Diwan y Eduardo Fernández Arias, "Recent Experience with Commercial Bank Debt Reduction", preensayo de trabajo, núm. 995, Banco Mundial, octubre de 1992.

Claessens, Stijn, Michael Dooley, y Andrew Warner, "Portfolio Capital Flows: Hot or Cold?" *World Bank Economic Review* 9 enero de 1995, pp. 153-174.

Claessens, Stijn y Sweder van Wijnbergen, "Secondary Market Prices and Mexico's Brady Deal", *Quarterly Journal of Economics*, núm. 108, noviembre de 1993, pp. 965-982.

Cline, William R., *International Debt Reexamined*, Instituto para Economías Internacionales, Washington, D.C., 1995.

Cohen, Daniel, "Low Investment and Large IDC Debt in the 1980's", *American Economic Review*, núm. 83, junio de 1993, pp. 437-449.

——, "Growth and External Debt", en Frederick van der Ploeg (ed.), *The Handbook of International Macroeconomic*, Basil Blackwell, Oxford, 1994.

Cole, Harold L., y Timothy J. Kehoe, "A Self-Fulfilling Model of Mexico's 1994-1995 Debt Crisis", *Journal of International Economics* 41, noviembre de 1996, pp. 309-330.

Coles, Melvyn, y Apostolis Philippopoulos, "Are Exchange Rate Bands better than Fixed Exchange Rates? The Imported Credibility Approach", *Journal of International Economics* 43, agosto de 1997, pp. 133-153.

Collins, Susan M., "Saving Behavior in Ten Developing Countries", en B. Douglas Bernhein y John B. Shoven (eds.), *National Saving and Economic Performance*, University of Chicago Press, Chicago, 1991.

Condon, Timothy, Vittorio Corbo y Jaime de Melo, "Exchange-Rate Based Disinflation, Wage Rigidity, and Capital Inflows", *Journal of Development Economics*, núm. 32, enero de 1990, pp. 113-131.

Conley, John C., y William F. Maloney, "Optimum Sequencing of Credible Reforms with Uncertain Outcomes", *Journal of Development Economics* 48, octubre de 1995, pp. 151-166.

Connolly, Michael B., "The Speculative Attack on the Peso and the Real Exchange Rate, Argentina, 1979-1981", *Journal of International Money and Finance*, núm. 5, marzo de 1986, pp. 117-130.

—— y Arturo Fernández, "Speculation Against the Pre-Announced Exchange Rate in Mexico: January 1983 to June 1985", en Michael Connolly y Claudio González Vega (eds.), *Economic Reform and Stabilization in Latin America*, Praeger, Nueva York, 1987.

Connolly, Michael B. y Dean Taylor, "The Exact Timing of the Collapse of an Exchange Rate Regime and Its Impact on the Relative Price of Traded Goods", *Journal of Money, Credit, and Banking*, núm. 16, mayo de 1984, pp. 194-207.

Conway, Patrick, *Economic Shocks and Structural Adjustment: Turkey after 1973*, Amsterdam, North Holland, 1987.

Cook, Paul y Colin Kirkpatrick, *Macroeconomics for Developing Countries*, Harvester Wheatsheaf, Londres, 1990.

Cooper, Richard N., *Currency Devaluation in Developing Countries*, Essay in International Finance, núm. 86, Princeton University, Princeton, 1971.

——, *Economic Stabilization in Developing Countries*, ICS Press, San Francisco, 1991.

Corbo, Vittorio, "International Prices, Wages and Inflation in an Open Economy: A Chilean Model", *Review of Economics and Statistics*, núm. 67, junio de 1985a, pp. 564-573.

——, "Reforms and Macroeconomic Adjustment in Chile during 1974-1984", *World Development*, núm. 13, agosto de 1985b, pp. 893-916.

Corbo, Vittorio, Jaime de Melo, y James Tybout, "What Went Wrong with the Recent Reforms in the Southern Cone", *Economic Development and Cultural Change* 34, abril de 1986, pp. 607-640.

Corbo, Vittorio y Jaime de Melo, "Lessons from the Southern Cone Policy Reforms", *World Bank Research Observer*, núm. 2, julio de 1987, pp. 111-142.

Corbo, Vittorio y Jaime de Melo, "External Shocks and Policy Reforms in the Southern Cone: A Reassessment", en Guillermo A. Calvo *et al.* (eds.), *Debt, Stabilization and Development*, Basil Blackwell, Oxford, 1989.

Corbo, Vittorio y Paul D. McNellis, "The Pricing of Manufactured Goods during Trade Liberalization: Evidence from Chile, Israel and Korea", *Review of Economics and Statistics*, núm. 71, agosto de 1989, pp. 491-499.

Corbo, Vittorio y Klaus Schmidt-Hebbel, "Public Policies and Saving in Developing Countries", *Journal of Development Economics*, núm. 36, julio de 1991, pp. 89-115.

Corden, W. Max, "Booming Sector and Dutch Disease Economics: Survey and Consolidation", *Oxford Economic Papers*, núm. 36, noviembre de 1984, pp. 359-380.

————, "The Relevance for Developing Countries of Recent Developments in Macro-economic Theory", en Guillermo A. Calvo, Ronald Findlay, Pentti Kouri y Jorge Braga de Macedo (eds.), *Debt, Stabilization and Development*, Basil Blackwell, Oxford, 1989.

————, "Macroeconomic Adjustment in Developing Countries", en Maurice Scott y Deepak Lal (eds.), *Public Policy and Economic Development*, Clarendon Press, Oxford, 1990.

————, "Exchange Rate Policies for Developing Countries", *Economic Journal*, núm. 103, enero de 1993, pp. 198-207.

———— y Ronald Findlay, "Urban Unemployment, Intersectoral Capital Mobility and Development Policy", *Económica*, núm. 43, febrero de 1975, pp. 59-78.

Courakis, Anthony S., "Constraints on Bank Choices and Financial Repression in Less Developed Countries", *Oxford Bulletin of Economics and Statistics*, núm. 46, noviembre de 1984, pp. 341-370.

Cox, W. Michael, "Government Revenue from Deficit Finance", *Canadian Journal of Economics*, núm. 16, mayo de 1983, pp. 264-274.

Cozier, Barry V., "A Model of Output Fluctuations in a Small, Specialized Economy", *Journal of Money, Credit, and Banking*, núm. 18, mayo de 1986, pp. 179-190.

Cuddington, John, *Capital Flight: Estimates, Issues and Explanations*, Study in International Finance, núm. 58, Princeton University, Princeton, 1986.

————, "Long-Run Trends in 26 Primary Commodity Prices", *Journal of Development Economics*, núm. 39, octubre de 1992, pp. 20-27.

————, "Analyzing the Sustainability of Fiscal Deficits in Developing Countries", inédito, Departamento de Economía, Georgetown University, marzo de 1997.

Cukierman, Alex, "The End of the High Israeli Inflation: An Experiment in Heterodox Stabilization", en Michael Bruno, *et al.* (eds.), *Inflation Stabilization*, MIT Press, Cambridge, Mass., 1988.

————, *Central Bank Strategy, Credibility, and Independence*, MIT Press, Cambridge, Mass., 1992.

————, Sebastián Edwards y Guido Tabellini, "Seignorage and Political Instability", *American Economic Review*, núm. 82, junio de 1992, pp. 537-544.

Cukierman, Alex, Miguel Kiguel, y Leonardo Leiderman, "Transparency and the Evolution of Exchange Rate Flexibility in the Aftermath of Disinflation", en Mario I. Blejer, Zvi Eckstein, Zvi Hercowitz, y Leonardo Leiderman (eds.), *Financial Factors in Economic Stabilization and Growth*, Cambridge; Cambridge University Press, 1996.

Cukierman, Alex y Nissan Liviatan, "Optimal Accommodation by Strong Policymakers under Incomplete Information", *Journal of Monetary Economics*, núm. 27, febrero de 1991, pp. 99-127.

———, "Dynamics of Optimal Gradual Stabilizations", *World Bank Economic Review*, núm. 6, septiembre de 1992, pp. 439-458.

Cukierman, Alex y Allan Meltzer, "A Political Theory of Government Debt and Deficits in a Neo-Ricardian Framework", *American Economic Review*, núm. 79, septiembre de 1989, pp. 713-732.

Cumby, Robert E. y Maurice Obstfeld, "Capital Mobility and the Scope for Sterilization: Mexico in the 1970s", en Pedro A. Armella, Rudiger Dornbusch y Maurice Obstfeld (eds.), *Financial Policies and the World Capital Market*, University of Chicago Press, Chicago, 1983.

———, "International Interest Rate y Price Level Linkages: A Review of Recent Evidence", en John F. Bilson y Richard C. Marston (eds.), *Exchange Rate Theory and Practice*, Chicago, Il., University of Chicago Press, 1984.

——— y Sweder van Wijnbergen, "Financial Policy and Speculative Runs with a Ceawling Peg: Argentina 1979-1981", *Journal of International Economics*, núm. 27, agosto de 1989, pp. 111-127.

Darrat, Ali F., "Monetization and Stability of Money Demand in Developing Countries", *Savings and Development* 10, marzo de 1986, pp. 59-71.

Darrat, Ali F. y Augustine C. Arize, "Domestic and International Sources of Inflation in Developing Countries", *International Economic Journal*, núm. 4, invierno de 1990, pp. 55-69.

Deaton, Angus S., "Saving in Developing Countries: Theory and Review", en *World Bank Economic Review* (Minutas de la Conferencia Anual del Banco Mundial sobre la Economía del Desarrollo), Banco Mundial, Washington, D.C., 1989.

———, "Household Saving in LDCs: Credit Markets, Insurance and Welfare", *Journal of Development Economics* 94, junio de 1992a, pp. 253-273.

———, *Understanding Consumption*, Oxford University Press, Oxford, 1992.

——— y John Muellbauer, *Economics and Consumer Behavior*, Cambridge University Press, Cambridge, 1980.

Decaluwé, Bernard y André Martens, "CGE Modeling and Developing Economies: A Concise Empirical Survey of 73 Applications to 26 Countries", *Journal of Policy Modeling*, núm. 10, 1988, pp. 529-568.

De Gregorio, José, "Economic Growth in Latin America", *Journal of Development Economics*, núm. 39, julio de 1992, pp. 59-84.

———, "Inflation, Taxation, and Long-Run Growth", *Journal of Monetary Economics*, núm. 31, junio de 1993, pp. 271-298.

———, "Policy Acomodation and Gradual Stabilizations", *Journal of Money, Credit, and Banking*, núm. 27, agosto de 1995, pp. 727-741.

Dellas, Harris y Alan C. Stockman, "Self-Fulfilling Expectations, Speculative Attacks, and Capital Controls", *Journal of Money, Credit, and Banking*, núm. 25, noviembre de 1993, pp. 721-730.

Demekas, Dimitri G., "Labor Market Segmentation in a Two-Sector Model of an Open Economy", *IMF Staff Papers*, núm. 37, diciembre de 1990, pp. 849-864.

Denizer, Cevdet, "The Effects of Financial Liberalization and New Bank Entry on Market Structure and Competition in Turkey", inédito, Banco Mundial, junio de 1994.

Deutsch, Joseph y Ben-Zion Zilberfarb, "Inflation Variability and Money Demand in Developing Countries", *International Review of Economics and Finance*, núm. 3, marzo de 1994, pp. 57-72.

Dewatripont, Mathias y Gilles Michel, "On Closure Rules, Homogeneity, and Dynamics in Applied General Equilibrium Models", *Journal of Development Economics*, núm. 26, junio de 1987, pp. 65-76.

Diamond, Larry y Juan J. Linz, "Politics, Society, and Democracy in Latin America", en Larry Diamond, Juan J. Linz y Seymour M. Lipset (eds.), *Democracy in Developing Countries*, L. Rienner, Boulder, Colo., 1989.

Díaz Alejandro, Carlos F., "A Note on the Impact of Devaluation and the Redistributive Effect", *Journal of Political Economy*, núm. 71, diciembre de 1963, pp. 577-580.

——, *Exchange Rate Devaluation in a Semi-Industrialized Country*, MIT Press, Cambridge, Mass., 1965.

——, "Southern Cone Stabilization Plans", *Economic Stabilization in Developing Countries*, en William Cline (ed.), Washington, D.C., Brookings Institution, 1981.

Dixit, Avinash, "A Solution Technique for Rational Expectations Models with Applications to Exchange Rate and Interest Rate Determination", inédito, Departamento de Economía, Warwick University, noviembre de 1980.

Dixit, Avinash, "The Optimal Mix of Inflationary Finance and Commodity Taxation with Collection Lags", *IMF Staff Papers*, núm. 38, septiembre de 1991, pp. 643-654.

Dixit, Avinash, y Robert S. Pindyck, *Investment Under Uncertainty*, Princeton, New Jersey, Princeton University Press, 1994.

Dodsworth, John R., Mohamed El-Erian y D. Hammann, "Foreign Currency Deposits in Developing Countries-Origins and Economics Implications", ensayo de trabajo, núm. 87/12, Fondo Monetario Internacional, Washington, D.C., marzo de 1987.

Dollar, David, "Outward-Oriented Developing Economies Really Do Grow More Rapidly: Evidence from 95 IDCs, 1976-1985", *Economic Development and Cultural Change*, núm. 40, abril de 1992, pp. 523-544.

Domowitz, Ian e Ibrahim Elbadawi, "An Error-Correction Approach to Money Demand: The Case of Sudan", *Journal of Development Economics*, núm. 26, agosto de 1987, pp. 257-275.

Donovan, Donal J., "Real Responses Associated with Exchange Rate Action in Selected Upper Credit Tranche Stabilization Programs", *IMF Staff Papers*, núm. 28, Washington, diciembre de 1981, pp. 698-727.

——, "Macroeconomic Performance and Adjustment under Fund-Supported Programs", *IMF Staff Papers*, núm. 29, junio de 1982, pp. 171-203.

Dooley, Michael, *An Analysis of the Debt Crisis*, ensayo de trabajo, núm. 86/714, Fondo Monetario Internacional, Washington, D.C., diciembre de 1986.

——, "Capital Flight: A Response to Differences in Financial Risk", *IMF Staff Papers*, núm. 35, septiembre de 1988, pp. 422-436.

——, "A Survey of Literature on Controls over International Capital Transactions", *IMF Staff Papers* 43, diciembre de 1996, pp. 639-687.

Dooley, Michael, Eduardo Fernández-Arias, y Kenneth Kletzer, "Is the Debt Crisis History? Recent Private Capital Inflows to Developing Countries", estudio de trabajo 4792, Oficina Nacional de Investigación de Economía, julio de 1994.

————, Jeffrey Frankel y Donald Mathieson, "International Capital Mobility: What Do Saving Investment Correlations Tell Us?", IMF Staff Papers, núm. 34, Washington, septiembre de 1987, pp. 503-530.

Dooley, Michael y Peter Isard, "Capital Controls, Political Risk, and Deviations from Interest Parity", Journal of Political Economy, núm. 88, abril de 1980, pp. 370-384.

Dooley, Michael y Mark R. Stone, "Endogenous Creditor Seniority and External Debt Values", IMF Staff Papers, núm. 40, Washington, junio de 1993, pp. 395-413.

Dornbusch, Rudiger, "Devaluation, Money, and Nontraded Goods", American Economic Review 63, diciembre de 1973, pp. 871-880.

Dornbusch, Rudiger, Open-Economy Macroeconomics, Basic Books, Nueva York, 1980.

————, "PPP Exchange-Rate Rules and Macroeconomic Stability", Journal of Political Economy, núm. 90, febrero de 1982, pp. 158-165.

————, "Real Interest Rates, Home Goods, and Optimal External Borrowing", Journal of Political Economy 91, febrero de 1983, pp. 141-153.

————, "External Debt, Budget Deficits, and Disequilibrium Exchange Rates", en Gordon W. Smith y John T. Cuddington (eds.), International Debt and the Developing Countries, Washington D.C., Banco Mundial, 1985.

————, Inflation, Exchange Rates, and Stabilization, Estudio de Finanzas Internacionales, núm. 165, Princeton, New Jersey, Princeton University, 1986.

————, "Credibility and Stabilization", Quarterly Journal of Economics, núm. 106, agosto de 1991, pp. 837-850.

————, "Lessons from Experiences with High Inflation", en Rudiger Dornbusch Englewood Cliffs (eds.), en Stabilization, Debt, and Reform, Prentice Hall, Nueva Jersey, 1993.

————, Daniel V. Dantas, Clarice Pechman, Roberto Rocha y Demetri Simoes, "The Black Market for Dollars in Brazil", Quarterly Journal of Economics, núm. 98, febrero de 1983, pp. 25-40.

Dornbusch, Rudiger y Juan Carlos de Pablo, "Debt and Macroeconomic Instability in Argentina", en Jeffrey D. Sachs (ed.), Developing Country Debt and the World Economy, University of Chicago Press, Chicago, 1989.

Dornbusch, Rudiger y Sebastián Edwards, "Macroeconomic Populism", Journal of Development Economics, núm. 32, abril de 1990, pp. 247-277.

Dornbusch, Rudiger y Stanley Fischer, "Stopping Hyperinflations, Past and Present", Weltwirtschaftliches Archives, núm. 112/1, marzo de 1986, pp. 1-47.

————, "Moderate Inflation", World Bank Economic Review, núm. 16, enero de 1993, pp. 1-44.

Dornbusch, Rudiger y F. Leslie Helmers (eds.), The Open Economy: Tools for Policymakers in Developing Countries, Oxford University Press, Nueva York, 1988.

Dornbusch, Rudiger y Michael Mussa, "Consumption, Real Galances and the Hoarding Function", International Economic Review, núm. 16, junio de 1975, pp. 415-421.

Dornbusch, Rudiger y Alejandro Reynoso, "Financial Factors and Economic Development", en Rudiger Dornbusch (ed.), Policymaking in the Open Economy, Oxford University Press, Nueva York, 1993.

Dornbusch, Rudiger y Mario H. Simonsen, "Inflation Stabilization: The Role of Incomes Policy and Monetization", en Rudiger Dornbusch (ed.), *Exchange Rates and Inflation*, MIT Press, Cambridge, Mass., 1988.

Dornbusch, Rudiger, Federico Sturzenegger y Holger Wolf, "Extreme Inflation: Dynamics and Stabilization", *Brookings Papers on Economic Activity*, núm. 1, marzo de 1990, pp. 1-84.

Doroodian, Khosrow, "Macroeconomic Performance and Adjustment under Policies Commonly Supported by the International Monetary Fund", *Economic Development and Cultural Change*, núm. 41, julio de 1993, pp. 849-864.

Dowla, Asif y Abdur Chowdhury, "Money, Credit, and Real Output in the Developing Economies", inédito, Departamento de Economía de la Universidad Marquette, 1991.

Drazen, Allan H., "Tight Money and Inflation: Further Results", *Journal of Monetary Economics*, núm. 15, enero de 1985, pp. 113-120.

———, "Can Exchange Rate Freezes Induce Business Cycles?", inédito, Universidad de Maryland, noviembre de 1990.

——— y Vittorio Grilli, "The Benefits of Crises for Economic Reforms", *American Economic Review*, núm. 83, junio de 1993, pp. 598-607.

Drazen, Allan H. y Elhanan Helpman, "Stabilization Policy with Exchange Rate Management under Uncertainty", en Elhanan Helpman, Assaf Razin y Efraim Sadka (eds.), *Economic Effects of the Government Budget*, MIT Press, Cambridge, Mass., 1988.

———, "Inflationary Consequences of Anticipated Macroeconomic Policies", *Review of Economic Studies*, núm. 57, enero de 1990, pp. 147-166.

Drazen, Allan H. y Paul R. Masson, "Credibility of Policies *versus* Credibility of Policymakers", *Quarterly Journal of Economics*, núm. 109, agosto de 1994, pp. 735-754.

Dutton, Dean S., "A Model of Self-Generating Inflation: The Argentine Case", *Journal of Money, Credit and Banking*, núm. 3, mayo de 1971, pp. 245-262.

Easterly, William, "Fiscal Adjustment and Deficit Financing during the Debt Crisis", en Ishrat Husain e Ishac Diwan (eds.), *Dealing with the Debt Crisis*, Banco Mundial, Washington, D.C., 1989.

———, "How Much Do Distortions Affect Growth?", *Journal of Monetary Economics*, núm. 32, noviembre de 1993, pp. 187-212.

———, "When are Stabilizations Expansionary? Evidence from High Inflation", *Economic Policy* 22, abril de 1995, pp. 67-107.

——— y Klaus Schmidt-Hebbel, "Fiscal Adjustment and Macroeconomic Performance: A Synthesis", en William Easterly, Carlos A. Rodríguez y Klaus Schmidt-Hebbel (eds.), Oxford University Press, Oxford, 1994.

——— y Piyabha Kongsamut, "A Macroeconomic Model for Colombia", inédito, Banco Mundial, agosto de 1991.

——— y Sergio Rebelo, "Fiscal Policy and Economic Growth: An Empirical Investigation", *Journal of Monetary Economics* 32, noviembre de 1993, pp. 417-498.

Eckstein, Zvi y Leonardo Leiderman, "Estimating Intertemporal Models of Consumption and Money Holdings and Their Implications for Seignorage and Inflation", ensayo de trabajo, núm. 4/88, Universidad de Tel-Aviv, abril de 1988.

Edwards, Sebastián, "The Short-Run Relation Between Growth and Inflation in Latin America", *American Economic Review*, núm. 73, junio de 1983, pp. 477-482.

Edwards, S., *The Order of Liberalization of the External Sector in Developing Countries*, ensayo de finanzas internacionales, núm. 156, Princeton University, Princeton, 1983.

——, "Are Devaluations Contractionary?", *Review of Economics and Statistics*, núm. 68, agosto de 1986, pp. 501-508.

——, "Terms of Trade, Tariffs and Labor Market Adjustment in Developing Countries", *World Bank Economic Review*, núm. 2, mayo de 1988, pp. 165-185.

——, "Exchange Rates, Inflation and Disinflation: Latin American Experiences", ensayo de trabajo 4320, Oficina de Investigación de Economía, abril de 1993a.

——, *On the Sequencing of Structural Reforms*, ensayo de trabajo, núm. 3138, Oficina Nacional de Investigación Económica, octubre de 1989b.

——, *Real Exchange Rates, Devaluation and Adjustment: Exchange Rate Policies in Developing Countries*, MIT Press, Cambridge, Mass., 1989a.

——, "Openness, Trade Liberalization, and Growth in Developing Countries", *Journal of Economic Literature*, núm. 31, septiembre de 1993, pp. 1358-1393.

——, "The Political Economy of Inflation and Stabilization in Developing Countries", *Economic Development and Cultural Change*, núm. 42, enero de 1994a, pp. 235-266.

——, "Real and Monetary Determinants of Real Exchange Rate Behavior: Theory and Evidence from Developing Countries", en John Williamson (ed.), *Estimating Equilibrium Exchange Rates*, Washington, D.C., Instituto para Economías Internacionales, 1994b.

——, "Macroeconomic Stabilization in Latin America: Recent Experience and some Sequencing Issues", ensayo de trabajo 4697, Oficina de Investigación de Economía, abril de 1994c.

——, y Mohsin S. Khan, "Interest Rate Determination in Developing Countries: A Conceptual Framework", *IMF Staff Papers*, núm. 32, Washington, septiembre de 1985, pp. 377-403.

Edwards, Sebastián y Peter J. Montiel, "Devaluation Crises and the Macroeconomic Consequences of Postponed Adjustment in Developing Countries", *IMF Staff Papers*, núm. 36, diciembre de 1989, pp. 875-904.

Edwards, Sebastián y Julio A. Santaella, "Devaluation Controversies in the Developing Countries: Lessons from the Bretton Woods Era", en Michael D. Bordo y Barry Eichengreen (eds.), *A Retrospective on the Bretton Woods System*, University of Chicago Press, Chicago, 1993.

Edwards, Sebastián y Guido Tabellini, "Explaining Fiscal Policies and Inflation in Developing Countries", *Journal of International Money and Finance*, núm. 10, suplemento, marzo de 1991, pp. 16-48.

Edwards, Sebastián y Sweder van Wijnbergen, "The Welfare Effects of Trade and Capital Market Liberalization", *International Economic Review*, núm. 27, febrero de 1986, pp. 141-148.

Edwards Sebastián, y Carlos A. Végh, "Banks and Macroeconomic Disturbances under Predetermined Exchange Rates", *Journal of Monetary Economics* 40, noviembre de 1997, pp. 239-278.

Elbadawi, Ibrahim A. y Klaus Schmidt-Hebbel, *Macroeconomic Structure and Policy in Zimbabwe: Analysis and Empirical Model (1965-1988)*, preensayo de trabajo, núm. 771, septiembre de 1991.

El-Erian, Mohamed, "Currency Substitution in Egypt and the Yemen Arab Republic", IMF Staff Papers, núm. 35, Washington, marzo de 1988, pp. 85-103.

——— , "Restoration of Access to Voluntary Capital Market Financing", IMF Staff Papers 39, marzo de 1992, pp. 175-194.

Elías, Victor J., Sources of Growth: A Study of Seven Latin American Countries, ICS Press, San Francisco, 1992.

Elliott, James, Sung Y. Kwack y George Tavlas, "An Econometric Model of the Kenyan Economy", Economic Modeling, núm. 3, enero de 1986, pp. 2-30.

Erbas, S. Nuri, "The Limits on Bond Financing of Government Deficits under Optimal Fiscal Policy", Journal of Macroeconomic, núm. 11, otoño de 1989, pp. 589-598.

Evans, J. L. y George K. Yarrow, "Some Implications of Alternative Expectations Hypotheses in the Monetary Analysis of Hyperinflations", Oxford Economic Papers, núm. 33, marzo de 1981, pp. 61-80.

Everaert, Luc, Fernando García Pinto y Jaime Ventura, "A RMSM-X Model for Turkey", preensayo de trabajo, núm. 486, Banco Mundial, agosto de 1990.

Faini, Ricardo y Jaime de Melo, "Adjustment, Investment and the Real Exchange Rate in Developing Countries", en Ajay Chhibber, Mansoor Dailami y Nemat Shafik (eds.), Reviving Private Investment in Developing Countries, Amsterdam, North Holand, 1992.

Fair, Ray C., "International Evidence on the Demand for Money", Review of Economics and Statistics, núm. 69, agosto de 1987, pp. 437-480.

Fair, Ray C., y John B. Taylor, "Solution and Maximum Likelihood Estimation of Dynamic Nonlinear Rational Expectations Models", Econometrica 51, julio de 1983, pp. 1169-1196.

Falvey, Rod y Cha Dong Kim, "Timing and Sequencing Issues in Trade Liberalisation", Economic Journal, núm. 102, julio de 1992, pp. 908-924.

Faruqee, Hamid, "Dynamic Capital Mobility in Pacific Basin Developing Countries: Estimation and Policy Implications", Fondo Monetario Internacional, núm. 39, Washington, septiembre de 1991, pp. 706-717.

Feenstra, Robert C., "Anticipated Devaluation, Currency Flight and Direct Trade Controls in a Monetary Economy", American Economic Review, núm. 75, junio de 1985, pp. 386-401.

——— , "Functional Equivalence Between Liquidity Costs and the Utility of Money", Journal of Monetary Economics, núm. 17, marzo de 1986, pp. 271-291.

Feldstein, Martin y Charles Horioka, "Domestic Saving and International Capital Flows", Economic Journal, núm. 90, junio de 1980, pp. 314-329.

Fernández Arias, Eduardo, "Costs and Benefits of Debt and Debt Service Reduction", inédito, Banco Mundial, marzo de 1992.

——— , "The New Wave of Private Capital Inflows: Push or Pull?" Journal of Development Economics 48, marzo de 1996, pp. 389-418.

Fernández-Arias, Eduardo, y Peter J. Montiel, "The Surge in Capital Inflows to Developing Countries: An Analytical Overview", World Bank Economic Review, 10, marzo de 1996, pp. 51-77.

Fernández, Roque B., "The Expectations Management Approach to Stabilization in Argentina 1976-1982", World Development 13, agosto de 1985, pp. 871-892.

Fernández, Roque B., "Exchange Rate Policy in Countries with Hyperinflation: The Case of Argentina", en Emil-Maria Claassen (ed.), *Exchange Rate Policies in Developing and Post-Socialist Countries*, ICS Press, San Francisco, 1991a.

——, "What Have Populists Learned from Hyperinflation?" *The Macrecoeconomics of Populism in Latin America* en Sebastián Edwards y Rudiger Dornbusch (eds.), Chicago, Il., University of Chicago Press, 1991b.

Fischer, Bernard, y Helmut Reisen, *Financial Opening: Why, How, When*, ensayo ocasional 55, Centro para Economía Internacional, San Francisco, Cal., ICS Press, 1994.

Fischer, Stanley, "Seignorage and Fixed Exchange Rates: An Optimal Inflation Tax Analysis", en Pedro Aspe Armella, Rudiger Dornbusch y Maurice Obstfeld (eds.), Chicago University Press, Chicago, 1983.

——, "Contracts, Credibility and Disinflation", *Inflation and Unemployment-Theory, Experience and Policymaking*, en (ed.) Victor E. Argy y John W. Neville, G. Allen and Unwin, Londres, 1985.

——, "Exchange Rate *versus* Money Targets in Disinflation", *Indexing, Inflation, and Economic Policy*, MIT Press Cambridge, Mass., 1986.

——, "The Israeli Stabilization Program, 1985-1986", *American Economic Review*, núm. 77, mayo de 1987, pp. 275-278.

——, "Real Balances, the Exchange Rate and Indexation: Real Variables in Disinflation", *Quarterly Journal of Economics*, núm. 103, marzo de 1988, pp. 27-49.

——, "The Role of Macroeconomic Factors in Growth", *Journal of Monetary Economics*, núm. 32, diciembre de 1993, pp. 485-512.

—— y William Easterly, "The Economics of Government Budget Constraint", *World Bank Research Observer*, núm. 5, julio de 1993, pp. 127-142.

Fishlow, Albert y Jorge Friedman, "Tax Evasion, Inflation and Stabilization", *Journal of Development Economics*, núm. 43, febrero de 1994, pp. 105-123.

Fishlow, Albert y Samuel Morley, "Debts, Deficits and Destabilization: The Perversity of High Interest Rates", *Journal of Development Economics*, núm. 27, octubre de 1987, pp. 227-244.

Fitzgerald, E. V. K., Karel Jansen y Rob Vos, "External Constraints on Private Investment Decisions in Developing Countries", en Jan Willem Gunning, Henk Kox, Wouter Tims e Ynto de Wit (eds.), *Trade, Aid, and Development*, St. Martin's Press, Nueva York, 1994.

Fleming, J. Marcus, "Domestic Financial Policies under Fixed and under Floating Exchange Rates", IMF *Staff Papers*, núm. 9, marzo de 1962, pp. 369-380.

Flood, Robert P. y Peter M. Garber, "Collapsing Exchange Rate Regimes: Some Linear Examples", *Journal of International Economics*, núm. 17, agosto de 1984, pp. 1-13.

Flood, Robert P., Peter M. Garber y Charles Kramer, "Collapsing Exchange Rate Regimes: Another Linear Example", *Journal of International Economics* 41, noviembre de 1996, pp. 223-234.

Flood, Robert P. y Peter Isard, "Monetary Policy Strategies", IMF *Staff Papers*, núm. 36, Washington, diciembre de 1989, pp. 612-632.

Foxley, Alejandro, *Latin American Experiments in Neoconservative Economics*, University of California Press, Los Ángeles, 1983.

Frankel, Jeffrey A., "Sterilization of Money Inflows: Difficult (Calvo) or Easy (Reisen)?" ensayo de trabajo 94/159, Fondo Monetario Internacional, diciembre de 1994.

Frenkel, Jacob A. y Richard M. Levich, "Covered Interest Arbitrage: Unexploited Profits?", *Journal of Political Economy*, núm. 83, abril de 1975, pp. 323-338.

Frenkel, Jacob A. y Michael L. Mussa, "Asset Markets, Exchange Rates and the Balance of Payments", en Ronald W. Jones y Peter B. Kenen (eds.), *Handbook of International Economics*, vol. II, Amsterdam, North Holland, 1985.

Frenkel, Jacob A. y Assaf Razin, "The Mundell-Fleming Model a Quarter Century Later: A Unified Exposition", *IMF Staff Papers*, núm. 34, diciembre de 1987, pp. 567-620.

——, *Fiscal Policies and the World Economy*, 2a. ed., MIT Press, Cambridge, Mass., 1992.

Frenkel, Jacob A. y Carlos A. Rodríguez, "Exchange Rate Dynamics and the Overshooting Hypothesis", *IMF Staff Papers*, núm. 29, Washington, marzo de 1982, pp. 1-30.

Frenkel, Michael, "Exchange Rate Dynamics in Black Markets", *Journal of Economics*, núm. 51, mayo de 1990, pp. 159-176.

Frey, Bruno S. y Reiner Eichberger, "The Political Economy of Stabilization Programmes in Developing Countries", *European Journal of Political Economy*, núm. 10, mayo de 1994, pp. 169-190.

Froot, Kenneth A., "Credibility, Real Interes Rates, and the Optimal Speed of Trade Liberalization", *Journal of International Economics*, núm. 25, agosto de 1988, pp. 71-93.

Fry, Maxwell J., *Money, Interest and Banking in Economic Development*, Johns Hopkins University Press, Baltimore, 1996.

——, "Financial Intermediaton and Economic Growth in Less Developed Countries: A Theoretical Approach", *Journal of Development Studies* 13, enero de 1996, pp. 58-72.

Galbis, Vicente, "Money, Investment, and Growth in Latin America, 1961-1973", *Economic Development and Cultural Change*, núm. 27, abril de 1979, pp. 423-443.

——, *High Real Interest Rates under Financial Liberalization: Is There a Problem?*, ensayo de trabajo, núm. 93/7, Fondo Monetario Internacional, Washington, enero de 1993.

——, "Sequencing of Financial Sector Reforms: A Review", ensayo de trabajo, núm. 94/101, Fondo Monetario Internacional, Washington, septiembre de 1994.

Gan, Wee-Beng y Lee-Ying Soon, "Rational Expectations, Saving and Anticipated Changes in Income: Evidence from Malaysia and Singapore", *Journal of Macroeconomics*, núm. 16, invierno de 1994, pp. 157-170.

García, Eduardo, "Modelos neo-keynesianos para América Latina", inédito, Instituto Latinoamericano y Caribeño de Planeación Económica y Social (ILPES), RLA/86/29, julio de 1986.

Gavin, Michael y Roberto Perotti, "Fiscal Policy in Latin America", en Julio Rotemberg y Ben Bernanke (eds.), *Macroeconomics Annual 1997*, Cambridge, Mass., MIT Press, 1997.

Gelb, Alan, *Financial Policies, Growth, and Efficiency*, ensayo de trabajo, WPS, núm. 202, Banco Mundial, junio de 1989.

Gersovitz, Mark, "Saving and Development", en Hollis B. Chenery y T. N. Srinivasan (eds.), *Handbook of Development Economics*, Amsterdam, North Holland, 1988.

Ghei, Nita y Miguel A. Kiguel, "Dual and Multiple Exchange Rate Systems in Developing Countries", preensayo de trabajo 881, Departamento de Economía, Banco Mundial, abril de 1992.

Giavazzi, Francesco y Marco Pagano, "The Advantage of Tying One's Hands: EMS Discipline and Central Bank Credibility", *European Economic Review*, núm. 32, junio de 1988, pp. 1055-1082.

Gillis, Malcolm, Dwight H. Perkins, Michael Roemer y Donald R. Snodgrass, *Economics of Development*, 3a. ed., W. W. Norton, Nueva York, 1992.

Giovannini, Alberto, "Saving and the Real Interest Rate in IDCs", *Journal of Development Economics*, núm. 18, agosto de 1985, pp. 197-217.

—— y Martha de Melo, "Government Revenue from Financial Repression", *American Economic Review*, núm. 83, agosto de 1993, pp. 197-217.

—— y Bart Turtelboom, "Currency Substitution", en Frederick van der Ploeg (ed.), *The Handbook of International Macroeconomics*, Basil Blackwell, Oxford, 1994.

Glen D. Jack y Mariusz A. Sumlinski, "Trends in Private Investment in Developing Countries: Statistics for 1970-1996", Corporación de Finanzas Internacionales, Debate 34, 1998.

Glick, Reuven y Ramón Moreno, "Capital Flows and Monetary Policy in East Asia", Cuenca del Pacífico, Serie de trabajo PB94-08, Reserva Federal Bancaria de San Francisco, noviembre de 1994.

Goldberg, Linda S., "Predicting Exchange Rate Crises: Mexico Revisited", *Journal of International Economics*, núm. 34, mayo de 1994, pp. 413-430.

Goldfeld, Stephen M. y Edward D. Sichel, "The Demand for Money", en Benjamin Friedman y Frank H. Hahn (eds.), *Handbook of Monetary Economics*, vol. I, Amsterdam, North Holland, 1990.

Goldstein, Morris, "Global Effects of Fund-Supported Adjustment Programs", ensayo ocasional, núm. 42, Fondo Monetario Internacional, Washington, marzo de 1986.

——, y Peter J. Montiel, "Evaluating Fund Stabilization Programs with Multicountry Data: Some Methodological Pitfalls", *IMF Staff Papers*, núm. 33, Washington, junio de 1986, pp. 304-344.

Goldstein, Morris y Philip Turner, *Banking Crises in Emerging Economies: Origins and Policy Options*, trabajo de economía 46, Fondo Bancario Internacional, octubre de 1996.

Goode, Richard, *Government Finance in Developing Countries*, Brookings Institution, Washington, 1984.

Gooptu, Sudarshan, "Portfolio Investment Flows to Emerging Markets", en Stijn Claessens y Sudarshan Gooptu (ed.), *Portfolio Investment in Developing Countries*, Washington D.C., Banco Mundial, 1993.

Greenaway, David y Chris Milner, "Fiscal Dependence on Trade Taxes and Trade Policy Reform", *Journal of Development Studies*, núm. 27, abril de 1991, pp. 96-132.

Greene, Joshua y Delano Villanueva, "Private Investment in Developing Countries", *IMF Staff Papers*, núm. 38, Washington, marzo de 1991, pp. 33-58.

Greenwald, Bruce y Joseph E. Stiglitz, "Keynesian, New Keynesian, and New Classical Economics", *Oxford Economic Papers* 39, marzo de 1987, pp. 119-133.

Greenwood, Jeremy y Boyan Jovanovic, "Financial Development, Growth, and the Distribution of Income", *Journal of Political Economy*, núm. 98, octubre de 1990, pp. 1076-1107.

Greenwood, Jeremy y Kent P. Kimbrough, "Foreign Exchange Controls in a Black Market Economy", *Journal of Development Economics*, núm. 26, junio, pp. 129-143.

Grisanti, Alejandro, Ernesto H. Stein y Ernesto Talvi, "Institutional Arrangements and Fiscal Performance: The Latin American Experience", estudio de trabajo 367, Banco de Desarrollo Interamericano, enero de 1998.

Gros, Daniel, "The Effectiveness of Capital Controls: Implications for Monetary Autonomy in the Presence of Incomplete Market Separation", IMF *Staff Papers* 34, diciembre de 1987, pp. 621-642.

―――, "Dual Exchange Rates in the Presence of Incomplete Market Separation", IMF *Staff Papers* 35, septiembre de 1988, pp. 437-460.

Grossman, Gene M. y Elhanan Helpman, *Innovation and Growth in the World Economy*, MIT Press, Cambridge, Mass., 1991.

Grosse, Robert, "Colombia's Black Market in Foreign Exchange", *World Development*, núm. 20, agosto de 1992, pp. 1193-1207.

Guidotti, Pablo E. y Manmohan S. Kumar, *Domestic Public Debt of Externally Indebted Countries*, ensayo ocasional, núm. 80, Fondo Monetario Internacional, Washington, junio de 1991.

Guidotti, Pablo E. y Carlos A. Rodríguez, "Dollarization in Latin America", IMF *Staff Papers* 39, septiembre de 1992, pp. 518-544.

Guidotti, Pablo E. y Carlos A. Végh, "Losing Credibility: the Stabilization Blues", ensayo de trabajo 92/73, Fondo Monetario Internacional, septiembre de 1992.

Gulati, Sunil, "Capital Flight: Causes, Consequences, and Cures", *Journal of International Affairs* 42, otoño de 1988, pp. 165-185.

Gupta, Kanhaya L., "Financial Liberalization and Economic Growth: Some Simulation Results", *Journal of Economic Development* 9, diciembre de 1984, pp. 25-34.

Gupta, Kanhaya L., "Aggregate Savings, Financial Internmediation, and the Interest Rate", *Review of Economics and Statistics*, núm. 69, mayo de 1987, pp. 303-311.

Gylfason, Thorvaldur, *Credit Policy and Economic Activity in Developing Countries with IMF Stabilization Programs*, estudio de finanzas internacionales, núm. 60, Princeton University, Princeton, agosto de 1987.

―――― y Ole Risager, "Does Devaluation Improve the Current Account?", *European Economic Review*, núm. 25, junio de 1984, pp. 37-64.

Gylfason, Thorvaldur y Marian Radetzki, "Does Devaluation Make Sense in the Least Developing Countries?", *Economic Development and Cultural Change*, núm. 40, octubre de 1991, pp. 1-25.

Gylfason, Thorvaldur y Michael Schmid, "Does Devaluation Cause Stagflation?", *Canadian Journal of Economics*, núm. 16, noviembre de 1983, pp. 641-654.

Haan, Jakob de y Dick Zelhorst, "The Impact of Government Deficits on Money Growth in Developing Countries", *Journal of International Money and Finance*, núm. 9, diciembre de 1990, pp. 455-469.

Haggard, Stephan, "Inflation and Stabilization", en Gerald E. Meier (ed.), *Politics and Policy Making in Developing Countries*, ICS Press, San Francisco, 1991.

―――, y Robert Kaufman, "The Politics of Stabilization and Structural Adjustment", en Jeffrey D. Sachs (ed.), *Developing Country Debt and the World Economy*, University of Chicago Press, Chicago, 1989.

―――, "The Political Economy of Inflation and Stabilization in Middle-Income Countries", preensayo de trabajo, núm. 444, Banco Mundial, junio de 1990.

Hahm, Joon-Ho, "Consumption Adjustment to Real Interest Rates: Intertemporal Substitution Revisited", *Journal of Economic Dynamics and Control* 22, diciembre de 1997, pp. 293-320.

Haley, James, "Theoretical Foundations for Sticky Wages", *Journal of Economic Surveys*, núm. 4, abril de 1990, pp. 115-155.

Haliasos, Michael y James Tobin, "The Macroeconomics of Government Finance", en Benjamin M. Friedman y Frank H. Hahn (eds.), *Handbook of Monetary Economics*, vol. II, Amsterdam, North Holland, 1990.

Hanna, Donald, "Indonesian Experience with Financial Sector Reform", ensayo para discusión, núm. 237, Banco Mundial, mayo de 1994.

Hanson, James A., "The Short-Run Relation Between Growth and Inflation in Latin America", *American Economic Review*, núm. 70, diciembre de 1980, pp. 972-989.

———, "Contractionary Devaluation, Substitution in Production and Consumption, and the Role of the Labor Market", *Journal of International Economics*, núm. 14, febrero de 1983, pp. 179-189.

———, "Inflation and Imported Input Prices in Some Inflationary Latin American Economies", *Journal of Development Economics*, núm. 18, agosto de 1985, pp. 395-410.

———, "Opening the Capital Account: A Survey of Issues and Results", en Sebastián Edwards (ed.), *Capital Controls, Exchange Rates and Monetary Policy in the World Economy*, Nueva York, Cambridge University Press, mayo de 1995.

——— y Jaime de Melo, "External Shocks, Financial Reforms, and Stabilization Attempts in Uruguay during 1974-1983", *World Development*, núm. 13, agosto de 1985, pp. 917-940.

Haque, Nadeem U., "Fiscal Policy and Private Sector Saving Behavior in Developing Economies", *IMF Staff Papers*, núm. 35, junio de 1988, pp. 316-335.

———, Assim Husain y Peter J. Montiel, "An Empirical 'Dependent Economy' Model for Pakistan", *World Development*, núm. 22, octubre de 1994, pp. 1585-1597.

———, Kajal Lahiri y Peter J. Montiel, "A Macroeconometric Model for Developing Countries", *IMF Staff Papers*, núm. 37, Washington, septiembre de 1990, pp. 537-559.

——— y Peter J. Montiel, "Consumption in Developing Countries: Test for Liquidity Constraints and Finite Horizons", *Review of Economics and Statistics*, núm. 71, agosto de 1989, pp. 408-415.

———, "Capital Mobility in Developing Countries: Some Empirical Tests", *World Development*, núm. 19, octubre de 1991, pp. 1391-1398.

———, "The Macroeconomics of Public Sector Deficits: The Case of Pakistan", en William Easterly, Carlos A. Rodríguez y Klaus Schmidt-Hebbel (eds.), *Public Sector Deficits and Macroeconomic Performance*, Oxford University Press, Oxford, 1994.

———, Peter J. Montiel y Steven Symansky, "A Forward-Looking Macroeconomic Simulation Model for a Developing Country", *Journal of Policy Modeling* 13, primavera de 1991, pp. 41-65.

Harberger, Arnold C., "The Dynamics of Inflation in Chile", en Carl F. Christ (ed.), *Measurement in Economics*, Stanford University Press, Stanford, California, 1963.

Harris, John y Michael P. Todaro, "Migration, Unemployment and Development, A Two-Sector Analysis", *American Economic Review*, núm. 60, marzo de 1970, pp. 126-143.

Harrison, Ann, "Openness and Growth: A Time-Series Analysis for Developing Countries", *Journal of Development Economics* 48, marzo de 1996, pp. 419-448.

Harvey, Andrew C., *The Econometric Analysis of Time Series*, 2a. ed., P. Allan, Londres, 1990.

Helpman, Elhanan, "Macroeconomic Effects of Price Controls: The Role of Market Structure", *Economic Journal*, núm. 98, junio de 1988, pp. 340-354.

Helpman, Elhanan y Leonardo Leiderman, "Stabilization in High-Inflation Countries: Analytical Foundations and Recent Experience" en Karl Brunner y Allan H. Meltzer (eds.), *Stabilization Policy and Labor Markets*, Carnegie-Rochester Conferencia sobre Política Pública 28, North Holland, Amsterdam, 1988.

Helpman, Elhanan y Assaf Razin, "Exchange Rate Management: Intertemporal Tradeoffs", *American Economic Review* 77, marzo de 1987, pp. 107-123.

Hentschel, Jesko, *Imports and Growth in Highly Indebted Countries*, Springer-Verlag, Berlín, 1992.

Hernández, Leonardo y Heinz Rudolph, "Domestic Factors, Sustainability, and Soft Landing in the New Wave of Private Capital Inflows", inédito, Banco Mundial, noviembre de 1994.

Herrendorf, Berthlod, "Importing Credibility through Exchange Rate Pegging", *Economic Journal*, mayo de 1997, pp. 687-694.

Herrendorf, Berthlod y Ben Lockwood, "Rogoff's `Conservative' Central Banker Restored", *Journal of Money, Credit and Banking*, noviembre de 1997, pp. 476-495.

Heymann, Daniel, "From Sharp Disinflation to Hyper and Back: The Argentine Experience, 1985-1989", inédito, noviembre de 1989.

—— y Pablo Sanguinetti, "Fiscal Inconsistencies and High Inflation", *Journal of Development Economics*, núm. 43, febrero de 1994, pp. 85-104.

Himarios, Daniel, "Do Devaluations Improve the Trade Balance? The Evidence Revisited", *Economic Inquiry*, núm. 27, enero de 1989, pp. 143-168.

Hodrick, Robert J. y Edward C. Prescott, "Postwar U.S. Business Cycles: An Empirical Investigation", *Journal of Money, Credit, and Banking* 29, febrero de 1997, pp. 1-16.

Hoffmaister, Alexander W. y Jorge E. Roldós, "Are Business Cycles Different in Asia and Latin America?", ensayo de trabajo 97/9, Fondo Monetario Internacional, enero de 1997.

Hoffmaister, Alexander W., Jorge E. Roldós y Peter Wickham, "Macroeconomic Fluctuations in Sub-Saharan Africa", *IMF Staff Papers* 44, marzo de 1998, pp. 132-160.

Hoffmaister, Alexander W., y Carlos A. Végh, "Disinflation and the Recession-Now-Versus-Recession-Later Hypothesis: Evidence from Uruguay", *IMF Staff Papers* 43, junio de 1996, pp. 355-394.

Hoffman, Dennis L. y Chakib Tahiri, "Money Demand in Morocco: Estimating Long-Run Elasticities for a Developing Country", *Oxford Bulletin of Economics and Statistics*, núm. 56, agosto de 1994, pp. 305-324.

Hoover, Kevin D., *The New Classical Macroeconomics*, Basil Blackwell, Oxford, 1988.

Horn, Henrik y Torsten Persson, "Exchange Rate Policy, Wage Formation, and Credibility", *European Economic Review*, núm. 32, octubre de 1988, pp. 1621-1636.

Horton, Susan, Ravi Kanbur y Dipak Mazumdar, "Overview", en Susan Horton, Ravi Kanbur, y Dipak Mazumdar (eds.), *Labor Markets in an Era of Adjustment*, Banco Mundial, Washington, 1994.

International Monetary Fund, *Theoretical Aspects of the Design of Fund-Supported Programs*, ensayo ocasional 55, Washington, D.C., IMF, septiembre de 1987.

———, Argentina: Recent Economic Developments. Country Report núm. 98/38, Washington, D.C.: IMF, abril de 1998.

Islam, Shafiqul, "Devaluation, Stabilization Policies and the Developing Countries", *Journal of Development Economics*, núm. 14, enero, pp. 37-60.

Ize, Alain y Guillermo Ortiz, "Fiscal Rigidities, Public Debt, and Capital Flight", IMF *Staff Papers*, núm. 34, Washington, junio de 1987, pp. 311-332.

Jaffee, Dwight y Joseph Stiglitz, "Credit Rationing", en Benjamin M. Friedman y Frank H. Hahn (eds.), *Handbook of Monetary Economics*, vol. II, Amsterdam, North Holland, 1990.

Jappelli, Tullio y Marco Pagano, "Saving, Growth, and Liquidity Constraints", *Quarterly Journal of Economics*, núm. 109, febrero de 1994, pp. 83-110.

Jaspersen, Frederick Z. y Juan Carlos Ginarte, "Capital Flows to Latin America 1982-1992: Trends and Prospects", inédito, Banco Mundial, abril de 1993.

Jonung, Lars, *The Political Economy of Price Controls*, E. Gower, Brookfield, Vermont, 1990.

Jorgensen, Steen L. y Martin Paldam, "Exchange Rates and Domestic Inflation: A Study of Price/Wage Inflation in Eight Latin American Countries, 1946-1985", ensayo de trabajo, núm. 10, Universidad Aarhus, 1986.

Jung, W. S., "Output-Inflation Tradeoffs in Industrial and Developing Countries", *Journal of Macroeconomics*, núm. 7, invierno de 1985, pp. 101-114.

Kähkönen, Juha, "Liberalization Policies and Welfare in a Financially Repressed Economy", IMF *Staff Papers*, núm. 34, Washington, septiembre de 1987, pp. 531-547.

Kamas, Linda, "The Balance of Payments Offset to Monetary Policy: Monetarist, Portfolio Balance, and Keynesian Estimates for Mexico and Venezuela", *Journal of Money, Credit and Banking*, núm. 18, noviembre de 1986, pp. 467-481.

———, "Devaluation, National Output and the Trade Balance: Some Evidence from Colombia", *Weltwirtschaftliches Archives*, núm. 128, septiembre de 1992, pp. 425-444.

——— y Joseph P. Joyce, "Money, Income and Prices under Fixed Exchange Rates", *Journal of Macroeconomics* 15, otoño de 1993, pp. 747-768.

Kamin, Steven B., *Devaluation, External Balance and Macroeconomic Performance: A Look at the Numbers*, estudio de finanzas internacionales, núm. 62, Princeton University, Princeton, 1988.

———, "Devaluation, Exchange Controls, and Black Markets for Foreign Exchange in Developing Countries", *Journal of Development Economics*, núm. 40, febrero de 1993, pp. 151-169.

——— y Neil R. Ericsson, *Dollarization in Argentina*, ensayo de trabajo, núm. 460, División de Finanzas Internacionales, Junta de la Reserva Federal, noviembre de 1993.

——— y John H. Rogers, "Monetary Policy in the End-Game to Exchange-Rate Based Stabilizations: The Case of Mexico", *Journal of International Economics* 41, noviembre de 1996, pp. 285-307.

Kaminsky, Graciela L. y Carmen M. Reinhart, "The Twin Crises: The Causes of Banking and Balance-of-Payments Problems", inédito, University of Maryland, febrero de 1998.

Kapur, Basant, "Alternative Stabilization Policies for Less Developed Economies", *Journal of Political Economy*, núm. 84, agosto de 1977, pp. 777-795.

―――, "Formal and Informal Financial Markets, and the Neo-Structuralist Critique of the Financial Liberalization Strategy in Less Developed Countries", *Journal of Development Economics*, núm. 38, enero de 1992, pp. 203-212.

Karnik, Ajit V., "Elections and Government Expenditures: The Indian Evidence", *Journal of Quantitative Economics*, núm. 6, enero de 1990, pp. 203-212.

Karras, Georgios, "Government Spending and Private Consumption: Some International Evidence", *Journal of Money, Credit, and Banking*, núm. 26, febrero de 1994, pp. 9-22.

Kawai, Masahiro y Louis J. Maccini, "Fiscal Policy, Anticipated Switches in Methods of Finance, and the Effects on the Economy", *International Economic Review*, núm. 31, noviembre de 1990, pp. 913-934.

―――, "Twin Deficits versus Unpleasant Fiscal Arithmetic in a Small Open Economy", *Journal of Money, Credit, and Banking* 27, agosto de 1995, pp. 639-658.

Kay, Cristobal, *Latin American Theories of Development and Underdevelopment*, P. Routledge, Londres, 1989.

Khan, Mohsin S., "Monetary Shocks and the Dynamics of Inflation", IMF *Staff Papers*, núm. 27, Washington, junio de 1980, pp. 250-284.

―――, "Evaluating the Effects of IMF-Supported Adjustment Programmes: A Survey", en Kate Phylaktis y Mahmood Pradham (eds.), *International Finance and the Less Developed Countries*, St. Martin's Press, Nueva York, 1990.

――― y Nadeem U. Haque, "Foreign Borrowing and Capital Flight: A Formal Analysis", IMF *Staff Papers* 32, diciembre de 1985, pp. 500-525.

――― y Malcolm D. Knight, "Stabilization Programs in Developing Countries: A Formal Framework", IMF *Staff Papers*, núm. 28, Washington, marzo de 1981, pp. 1-53.

――― y Manmohan S. Kumar, "Public and Private Investment and the Growth Process in Developing Countries", *Oxford Bulletin of Economics and Statistics* 59, febrero de 1997, pp. 69-80.

―――, "Determinants of the Current Account in Developing Countries, 1970-1990", inédito, Fondo Monetario Internacional, marzo de 1994.

Khan, Mohsin S. y J. Saúl Lizondo, "Devaluation, Fiscal Deficits and the Real Exchange Rate", *World Bank Economic Review*, núm. 1, enero de 1987, pp. 357-374.

Khan, Mohsin S. y Peter J. Montiel, "Real Exchange Rate Dynamics in a Small Primary-Exporter Country", IMF *Staff Papers*, núm. 34, Washington, diciembre de 1987, pp. 687-710.

Khan, Mohsin S., Peter J. Montiel y Nadeem U. Haque, "Adjustment with Growth: Relating the Analytical Approaches of the IMF and the World Bank", *Journal of Development Economics*, núm. 32, enero de 1990, pp. 155-179.

Khan, Mohsin S. y C. Luis Ramírez Rojas, "Currency Substitution and Government Revenue from Inflation", *Revista de Análisis Económico*, núm. 1, junio de 1986, pp. 79-88.

Khan, Mohsin S. y Roberto Zahler, "The Macroeconomic Effects of Changes in Barriers to Trade and Capital Flows", IMF *Staff Papers*, núm. 30, Washington, junio de 1983, pp. 223-282.

Khan, Mohsin S. y Roberto Zahler, "Trade and Financial Liberalization Given External Shocks and Inconsistent Domestic Policies", *IMF Staff Papers*, núm. 32, Washington, marzo de1985, pp. 22-55.

Kharas, Homi y Brian Pinto, "Exchange Rate Rules, Black Market Premia and Fiscal Deficits: The Bolivian Hyperinflation", *Review of Economic Studies*, núm. 56, julio de 1989, pp. 435-447.

Khor, Hoe E. y Liliana Rojas Suárez, "Interest Rates in Mexico", *IMF Staff Papers*, núm. 39, Washington, diciembre de 1995, pp. 850-871.

Kiguel, Miguel A., "The Non-Dynamic Equivalence of Monetary and Exchange Rate Rules under Imperfect Capital Mobility and Rational Expectations", *Journal of International Money and Finance*, núm. 6, junio de 1987, pp. 207-214.

——— , "Budget Deficits, Stability and the Dynamics of Hyperinflation", *Journal of Money, Credit, and Banking*, núm. 21, mayo de 1989, pp. 148-157.

——— y Nissan Liviatan, "Inflationary Rigidities and Orthodox Stabilization Policies: Lessons from Latin America", *World Bank Economic Review*, núm. 2, septiembre de 1988, pp. 273-298.

——— , "The Old and the New in Heterodox Stabilization Programs: Lessons from the Sixties and the Eighties", preensayo de trabajo 323, Banco Mundial, diciembre de 1988.

——— , "The Inflation-Stabilization Cycles in Argentina and Brazil", en Michael Bruno, *et al.* (eds.), *Lessons of Economic Stabilization and Its Aftermath*, MIT Press, Cambridge, Mass., 1991.

——— , "The Business Cycle Associated with Exchange Rate Based Stabilization", *World Bank Economic Review*, núm. 6, mayo de 1992*b*, pp. 279-305.

——— , "When Do Heterodox Stabilization Programs Work? Lessons from Experience", *World Bank Research Observer*, núm. 7, enero de 1992*a*, pp. 35-57.

——— , "Exchange-Rate Based Stabilization in Chile and Argentina: A Fresh Look", Investigación de Política del Banco Mundial núm. 1318, julio de 1994*a*.

——— , "A Policy-Game Approach to the High Inflation Equilibrium", *Journal of Development Economics*, núm. 45, octubre de 1994*a*, pp. 135-140.

Kiguel, Miguel A. y J. Saúl Lizondo, "Adoption and Abandonment of Dual Exchange Rate Systems", *Revista de Análisis Económico*, núm. 5, marzo de 1990, pp. 3-23.

Kiguel, Miguel A. y Stephen A. O'Connell, "Parallel Exchange Rates in Developing Countries: Lessons from Eight Case Studies", *Policy Research Working Paper*, núm. 1265, Banco Mundial, marzo de 1994.

Killick, Tony, Moazzam Malik y Marcus Manuel, "What Can We Know about the Effects of IMF Programmes?", *World Economy*, núm. 15, septiembre de 1992, pp. 599-632.

Kimbrough, Kent P., "An Examination of the Effects of Government Purchases in an Open Economy", *Journal of International Money and Finance*, núm. 4, marzo de 1985, pp. 113-133.

——— , "Foreign Aid and Optimal Fiscal Policy", *Canadian Journal of Economics*, núm. 19, febrero de 1986, pp. 35-61.

——— , "Speculative Attacks: The Roles of Intertemporal Substitution and the Interest Elasticity of the Demand for Money", *Journal of Macroeconomics*, núm. 14, otoño de 1992, pp. 689-710.

King, Robert G. y Ross Levine, "Finance and Growth: Schumpeter Might Be Right", *Quarterly Journal of Economics*, núm. 108, agosto de 1993a, pp. 717-737.

——, "Finance, Entrepreneurship, and Growth: Theory and Evidence", *Journal of Monetary Economics* 32, diciembre de 1993b, pp. 513-542.

Kirman, Alan P., "Whom or What Does the Representative Individual Represent?", *Journal of Economic Perspectives*, núm. 6, primavera de 1992, pp. 117-136.

Kletzer, Kenneth, "External Borrowing by IDCs: A Survey of Some Theoretical Issues", en Gustav Ranis y Paul T. Schultz (eds.), *The State of Development Economics*, Basil Blackwell, Nueva York, 1988.

Knight, Malcolm, Norman Loayza y Delano Villanueva, "Testing the Neoclassical Theory of Economic Growth", IMF *Staff Papers*, núm. 40, septiembre de 1993, pp. 512-541.

Knight, Peter T., F. Desmond McCarthy y Sweder van Wijnbergen, "Escaping Hyper-inflation", *Finance and Development*, núm. 23, diciembre de 1986, pp. 14-17.

Krasker, William S., "The 'Peso Problem' in Testing the Efficiency of Forward Exchange Rate Markets", *Journal of Monetary Economics*, núm. 6, marzo de 1980, pp. 269-276.

Kreinin, Mordechai y Lawrence H. Officer, *The Monetary Approach to the Balance of Payments: A Survey*, ensayo de finanzas internacionales, núm. 43, Princeton University, Princeton, 1978.

Krueger, Ann O., "How to Liberalize a Small, Open Economy", en Michael Connolly y John McDermott (eds.), *The Economics of the Caribbean Basin*, Praeger, Nueva York, 1985.

——, *Economic Policy Reform in Developing Countries*, Oxford: Basil Blackwell, 1992.

Krugman, Paul, "A Model of Balance of Payments Crises", *Journal of Money, Credit, and Banking*, núm. 11, agosto de 1979, pp. 311-325.

——, "Financing vs. Forgiving a Debt Overhang", *Journal of Development Economics*, núm. 29, noviembre de 1988, pp. 253-268.

——, "Target Zones and Exchange Rate Dynamics", *Quarterly Journal of Economics* 106, noviembre de 1991, pp. 669-682.

—— y Lance Taylor, "Contractionary Effects of Devaluation", *Journal of International Economics*, núm. 8, agosto de 1978, pp. 445-456.

Kwack, Sung Y., "Policy Analysis with a Macroeconomic Model of Korea", *Economic Modeling*, núm. 3, julio de 1986, pp. 175-196.

Labán, Raúl y Felipe Larraín, "Can a Liberalization of Capital Outflows Increase Net Capital Inflows?", *Journal of International Money and Finance* 16, junio de 1997, pp. 415-431.

Lächler, Ulrich, "Credibility and the Dynamics of Disinflation in Open Economies", *Journal of Development Economics*, núm. 28, mayo de 1988, pp. 285-307.

——, "On political Business Cycles with endogenous Election Dates", *Journal of Public Economics* 17, marzo de 1982, pp. 111-117.

Lahiri, Ashok K., "Dynamics of Asian Savings: The Role of Growth and Age Structure", IMF *Staff Papers*, núm. 36, marzo de 1989, pp. 163-170.

Lai, Ching-Chong y Wen-Ya Chang, "Unification of Foreign Exchange Markets: A Comment", IMF *Staff Papers*, núm. 41, marzo de 1994, pp. 163-170.

Lanyi, Anthony y Rüsdü Saracoglu, *Interest Rate Policies in Developing Countries*, ensayo ocasional, núm. 22, Fondo Monetario Internacional, Washington D.C., octubre de 1983.

Larraín, Felipe y Marcelo Selowsky (eds.), "Overview", *The Public Sector and the Latin American Debt Crisis*, San Francisco, Cal., ICS Press, 1991.

Larraín, Felipe y Rodrigo Vergara, "Investment and Macroeconomic Adjustment: The Case of East Asia", en Luis Servén y Andrés Solimano (eds.), *Striving for Growth after Adjustment*, Banco Mundial, Washington, 1993.

Layard, Richard, Stephen Nickell y Richard Jackman, *Unemployment*, Oxford University Press, Oxford, 1991.

Lee, Jong-Wha, "International Trade, Distortions, and Long-Run Economic Growth", *IMF Staff Papers*, núm. 40, Washington, junio de 1993, pp. 299-328.

Lee, Kiseok, y Ronald A. Ratti, "On seignorage, Operating Rules, and Dual Equilibria", *Quarterly Journal of Economics*, núm. 108, mayo de 1993, pp. 543-550.

Leff, Nathaniel H. y Kazuo Sato, "Estimating Investment and Savings Functions for Developing Countries", *International Economic Journal*, núm. 2, septiembre de 1988, pp. 1-18.

Le Fort, Guillermo R., "The Relative Price of Nontraded Goods, Absorption, and Exchange Rate Policy in Chile, 1974-1982", *IMF Staff Papers*, núm. 35, Washington, junio de 1988, pp. 336-370.

Leiderman, Leonardo, "On the Monetary-Macro Dynamics of Colombia and Mexico", *Journal of Development Economics* 14, mayo de 1984, pp. 183-201.

Leiderman, Leonardo y Mario I. Blejer, "Modeling and Testing Ricardian Equivalence", *IMF Staff Papers* 35, marzo de 1988, pp. 1-35.

Leiderman, Leonardo y Assaf Razin, "Testing Ricardian Neutrality with an Intertemporal Stochastic Model", *Journal of Money, Credit and Banking* 20, febrero de 1988, pp. 1-21.

Leiderman, Leonardo y Gil Bufman, "Searching for Nominal Anchors in Shock-Prone Economies in the 1990s: Inflation Targets and Exchange Rate Bands", en Ricardo Hausmann y Helmut Reisen (eds.), *Securing Stability and Growth in Latin America*, Organización para la Cooperación Económica y el Desarrollo, 1996.

Leite, Sérgio P. y Dawit Makonen, "Saving and Interest Rates in the BCEA Countries: An Empirical Analysis", *Saving and Development* 10, julio de 1986, pp. 219-231.

Leite, Sérgio P. y Ved Sundararajan, "Issues in Interest Rate Management and Liberalization", *IMF Staff Papers* 37, diciembre de 1990, pp. 735-752.

Levenson, Alec R., "Do Consumers Respond to Future Income Shocks? Evidence from Social Security Reform in Taiwan", *Journal of Public Economics* 62, noviembre de 1996, pp. 275-295.

Levine, Ross, "Financial Development and Economic Growth: Views and Agenda", *Journal of Economic Literature* 35, junio de 1997, pp. 688-726.

Levine, Ross y David Renelt, "A Sensitivity Analysis of Cross-Country Growth Regressions", *American Economic Review* 82, septiembre de 1992, pp. 942-963.

Levine, Ross y Sara Zervos, "Stock Market Development and Long-Run Growth", *World Bank Economic Review* 10, mayo de 1996, pp. 323-339.

Liang, Ming-Yih, "A Note On Financial Dualism and Interest Rate Policies: A Loanable Funds Approach", *International Economic Review* 29, agosto de 1988, pp. 539-549.

Lindgren, Carl-Johan, Gillian Garcia y Matthew I. Saal, *Bank Soundness and Macroeconomic Policy*, Washington, D.C., Fondo Monetario Internacional, 1996.

Lipschitz, Leslie, "Domestic Credit and Exchange Rates in Developing Countries: Some Policy Experiments with Korean Data", *IMF Staff Papers* 31, diciembre de 1984, pp. 595-635.

Liviatan, Nissan, "Tight Money and Inflation", *Journal of Monetary Economics* 13, enero de 1984, pp. 5-15.

————, "The Tight Money Paradox-An Alternative View", *Journal of Macroeconomics* 8, invierno de 1986, pp. 105-112.

————, "On the Interaction between Monetary and Fiscal Policies under Perfect Foresight", *Oxford Economic Papers* 40, marzo de 1988a, pp. 193-203.

————, "Israel's Stabilization Program", preensayo de trabajo 91, Banco Mundial, septiembre de 1988b.

Lizondo, J. Saul, "Interest Differential and Covered Interest Arbitrage", *Financial Policies and the World Capital Market*, en Pedro Aspe Armella, Rudiger Dornbusch y Maurice Obstfeld (eds.), Chicago, Il., Chicago University Press, 1983.

————, "Unification of Dual Exchange Markets", *Journal of International Economics* 22, febrero de 1987, pp. 57-77.

————, "Real Exchange Rate Targets, Nominal Exchange Rate Policies, and Inflation", *Revista de Análisis Económico* 6, junio de 1991a, pp. 5-21.

————, "Alternative Dual Exchange Market Regimes", *IMF Staff Papers* 38, septiembre de 1991b, pp. 560-581.

————, "Real Exchange Rate Targeting under Imperfect Asset Substitutability", *IMF Staff Papers* 40, diciembre de 1993, pp. 829-851.

Lizondo, J. Saul y Peter J. Montiel, "Contractionary Devaluation in Developing Countries: An Analytical Overview", *IMF Staff Papers* 36, marzo de 1989, pp. 182-227.

Lohmann, Susan, "Optimal Commitment in Monetary Policy: Credibility versus Flexibility", *American Economic Review* 82, marzo de 1992, pp. 273-286.

Lucas, Robert E. Jr. "Some International Evidence on Output-Inflation Tradeoffs", *American Economic Review* 63, junio de 1973, pp. 326-334.

————, "Econometric Policy Evaluation: A Critique", en Karl Brunner y Allan H. Meltzer (eds.), *The Phillips Curve and Labor Markets*, Carnegie-Rochester Conferencia sobre Política Pública, Amsterdam, North-Holland, 1976.

————, "On the Mechanics of Economic Development", *Journal of Monetary Economics* 22, enero de 1988, pp. 3-42.

————, "Making A Miracle", *Econometrica* 61, marzo de 1993, pp. 251-272.

Lustig, Nora, "From Structuralism to Neostructuralism: The Search for a Heterodox Paradigm", *The Latin American Development Debate* en Patricio Meller (ed.), Boulder, Col., Westview Press, 1992.

Macedo, Jorge Braga de, "Currency Inconvertibility, Trade Taxes and Smuggling", *Journal of Development Economics* 27, octubre de 1987, pp. 109-125.

Mankiw, N. Gregory, David Romer y David N. Weil, "A Contribution to the Empirics of Economic Growth", *Quarterly Journal of Economics* 107, mayo de 1992, pp. 407-437.

Mansur, Ahsan y John Whalley, "Numerical Specification of Applied General Equilibrium Models: Estimation, Calibration, and Data", en Herber E. Scarf y John B. Shoven (eds.), *Applied General Equilibrium Analysis*, Nueva York, Cambridge University Press, 1984.

Marquez, Jaime, "Money Demand in Open Economies: A Currency Substitution Model for Venezuela", *Journal of International Money and Finance* 6, junio de 1987, pp. 167-178.

Martin, Philippe y Carol Ann Rogers, "Stabilization Policy, Learning-by-Doing, and Economic Growth", *Oxford Economic Papers* 49, abril de 1997, pp. 152-166.

Mathieson, Donald J., "Financial Reform and Stabilization Policy in a Developing Economy", *Journal of Development Economics* 7, septiembre de 1980, pp. 359-395.

Mathieson, Donald J. y Liliana Rojas-Suárez, *Liberalization of the Capital Account: Experiences and Issues*, ensayo ocasional 103, Fondo Monetario Internacional, Washington, D.C., IMF, marzo de 1993.

Matsuyama, Kiminori, "On Exchange-Rate Stabilization", *Journal of Economic Dynamics and Control* 15, enero de 1991, pp. 7-26.

Masson, Paul R., "The Sustainability of Fiscal Deficits", IMF *Staff Papers* 32, agosto de 1985, pp. 577-605.

Marshall, Jorge y Klaus Schmidt-Hebbel, "Macroeconomics of Public Sector Deficits: the Case of Chile", preensayo de trabajo 696, Banco Mundial, junio de 1991.

McCallum, Bennett T., "Are Bond-Financed Deficits Inflationary? A Ricardian Analysis", *Journal of Political Economy* 92, febrero de 1984, pp. 123-135.

——— , "Crucial Issues Concerning Central Bank Independence", *Journal of Monetary Economics* 39, junio de 1997, pp. 99-112.

McDonald, Donogh, "The Determinants of Saving Behavior in Latin America", ensayo de trabajo 83/26, Fondo Monetario Internacional, abril de 1983.

McKinnon, Ronald I., *Money and Capital in Economic Development*, Washington, D.C., The Brookings Institution, 1973.

——— , "Saving Propensities and the Korean Monetary Reform in Restrospect", en Ronald McKinnon (ed.), *Finance in Growth and Development*, Nueva York, Marcel Dekker, 1976.

——— , "Financial Repression, Liberalization, and the LDCs", en Sven Grassman y Erik Lundberg (eds.), *The World Economic Order: Past and Prospects*, Nueva York, St. Martin's Press, 1981.

——— , *The Order of Economic Liberalization*, 2a. ed., Baltimore, Md., The Johns Hopkins University Press, 1993.

McKenzie, George A., "The Macroeconomic Impact of Privatization", IMF *Staff Papers* 45, junio de 1998, pp. 363-373.

McKinnon, Ronald I. y Donald J. Mathieson, *How to Manage a Repressed Economy*, ensayo de finanzas internacionales 145, Princeton University, 1991.

McNelis, Paul D. y Klaus Schmidt-Hebbel, "Financial Liberalization and Adjustment", *Journal of International Money and Finance* 12, junio de 1993, pp. 249-277.

Meller, Patricio y Andrés Solimano, "A Simple Macro Model for A Small Open Economy Facing a Binding External Constraint", *Journal of Development Economics* 26, junio de 1987, pp. 25-35.

Melvin, Michael, "The Dollarization of Latin America as a Market Enforced Monetary Reform Evidence and Implications", *Economic Development and Cultural Change*, núm. 36, abril de 1988, pp. 543-558.

——— y Jerry Ladman, "Coca Dollars and the Dollarization of South America", *Journal of Money, Credit and Banking*, núm. 23, noviembre de 1991, pp. 752-763.

Mendoza, Enrique G. y Martin Uribe, "The Syndrome of Exchange-Rate Based Stabilizations and the Uncertain Duration of Currency Pegs", Cuerpo de gobernadores del sistema de reserva federal, Debate Internacional en Finanzas núm. 548, abril de 1996.

Michaely, Michael, "A Geometric Analysis of Black Market Behavior", *American Economic Review*, núm. 44, septiembre de 1954, pp. 627-637.

Mikesell, Raymond F. y James E. Zinser, "The Nature of the Savings Function in Developing Countries: A Survey of the Theoretical and Empirical Literature", *Journal of Economic Literature*, núm. 11, marzo de 1973, pp. 1-26.

Milesi-Ferretti, Gian Maria, "The Disadvantage of Tying their Hands: On the Political Economy of Policy Commitments", *Economic Journal* 105, noviembre de 1995, pp. 1381-1402.

Mirakhor, Abbas y Peter J. Montiel, "Import Intensity of Output Growth in Developing Countries, 1970-1985", Estudios Técnicos sobre la Perspectiva Económica Mundial, Fondo Monetario Internacional, Washington, 1987.

Modiano, Eduardo M., "The Cruzado First Attempt: The Brazilian Stabilization Program of February 1986", en Michael Bruno, Guido Di Tella, Rudiger Dornbusch y Stanley Fischer (eds.), *Inflation Stabilization*, MIT Press, Cambridge, Mass., 1988.

Moghadam, Reza y Simon Wren-Lewis, "Are Wages Forward Looking?", *Oxford Economic Papers* 46, julio de 1994, pp. 403-424.

Molho, Lazaros E., "Interest Rates, Saving, and Investment in Developing Countries: A Reexamination of the McKinnon-Shaw Hypothesis", *IMF Staff Papers* 33, marzo de 1986, pp. 90-116.

Montiel, Peter J., "Long-Run Equilibrium in a Keynesian Model of a Small Open Economy", *IMF Staff Papers*, núm. 33, Washington, marzo de 1986, pp. 685-708.

———, "Output and Unanticipated Money in the 'Dependent Economy' Model", *IMF Staff Papers*, núm. 34, junio de 1987, pp 228-259.

———, "Empirical Analysis of High-Inflation Episodes in Argentina, Brazil and Israel", *IMF Staff Papers*, núm. 36, septiembre de 1989, pp. 527-549.

———, "The Transmission Mechanism for Monetary Policy in Developing Countries", *IMF Staff Papers*, núm. 38, Washington, marzo de 1991a, pp. 83-108.

———, "Money *versus* Credit in the Determination of Output for Small Open Economies", *Open Economies Review*, núm. 2, mayo de 1991b, pp. 203-210.

———, "Fiscal Aspects of Developing-Country Debt Problems and DDSR Operations: A Conceptual Framework", inédito, Banco Mundial, agosto de 1992.

———, "A Macroeconomic Simulation Model for India", inédito, Banco Mundial, febrero de 1993.

———, "Capital Mobility in Developing Countries: Some Measurement Issues and Empirical Estimates", *World Bank Economic Review*, núm. 8, septiembre de 1994, pp. 311-350.

———, "Policy Responses to Surges in Capital Flows: Issues and Lessons", en Guillermo A. Calvo, Morris Goldstein y Eduard Hochreiter (eds.), *Private Capital Flows to Emerging Markets after the Mexican Crisis*, Washington, D.C., Instituto para Economías Internacionales, 1996.

———, Pierre-Richard Agénor y Nadeem U. Haque, *Informal Financial Markets in Developing Countries*, Basil Blackwell, Oxford, 1993.

Montiel, Peter J. y Jonathan Ostry, "Macroeconomic Implications of Real Exchange Rate Targeting in Developing Countries", IMF *Staff Papers*, núm. 38, Washington, diciembre de 1991, pp. 872-900.

――――, "Real Exchange Rate Targeting under Capital Controls", IMF *Staff Papers*, núm. 39, Washington, marzo de 1992, pp. 58-78.

Montiel, Peter J. y Carmen M. Reinhart, "The Dynamics of Capital Movements to Emerging Economies during the 1990s", en Stephanie Griffith-Jones y M. Montes (eds.), *Short-Term Capital Movements and Balance of Payments Crises*, Oxford, Oxford University Press, 1998.

Morales, Juan Antonio, "Estabilización y Nueva Política Económica en Bolivia", inédito, Comisión Económica para América Latina y el Caribe, octubre de 1986.

Morandé, Felipe G., "Domestic Currency Appreciation and Foreign Capital Inflows: What Comes First?", *Journal of International Money and Finance*, núm. 7, diciembre de 1988, pp. 448-466.

――――, "Dynamics of Real Asset Prices, the Real Exchange Rate, and Foreign Capital Inflows: Chile, 1976-1989", *Journal of Development Economics*, núm. 39, julio de 1992, pp. 111-139.

Morris, Stephen, "Inflation Dynamics and the Parallel Market for Foreign Exchange", *Journal of Development Economics* 46, abril de 1995, pp. 295-316.

Mourmouras, Alex y José A. Tijerina, "Collection Lags and the Optimal Inflation Tax", IMF *Staff Papers*, núm. 41, Washington, marzo de 1994, pp. 30-54.

Mulroney, William F., "Testing Capital Account Liberalization Without Forward Rates: Another Look at Chile 1979-1982", *Journal of Development Economics*, 199?

Mundell, Robert A., "Capital Mobility and Stabilization Policy under Fixed and Flexible Exchange Rates", *Canadian Journal of Economics and Political Science*, núm. 29, noviembre de 1963, pp. 475-485.

Musgrove, Phillip, "Permanent Household Income and Consumption in Urban South America", *American Economic Review*, núm. 69, junio de 1979, pp. 355-368.

Mussa, Michael, "The Adjustment Process and the Timing of Trade Liberalization", en Armeane M. Choksi y Demetris Papageorgiu (eds.), *Economic Liberalization in Developing Countries*, Basil Blackwell, Oxford, 1986.

――――, "Macroeconomic Policy and Trade Liberalization: Some Guidelines", *World Bank Research Observer*, núm. 2, enero de 1987, pp. 61-77.

Neck, Reinhard, "The Political Business Cycle under a Quadratic Objective Function", *European Journal of Political Economy*, núm. 7/4, 1991, pp. 439-467.

Nelson, Joan M., "The Politics of Economic Adjustment in Developing Nations", en Joan M. Nelson (ed.), *Economic Crisis and Policy Choice*, Princeton University Press, Princeton, N. J., 1990.

―――― y John Waterbury, *Fragile Coalitions: The Politics of Economic Adjustment*, Transaction Books, Nueva Brunswick, 1988.

Nordhaus, William, "The Political Business Cycle", *Review of Economic Studies*, núm. 42, abril de 1975, pp. 169-190.

――――, "Alternative Models of Political Business Cycles", *Brookings Papers in Economic Activity*, núm. 1, marzo de 1989, pp. 1-68.

Nowak, Michael, "Quantitative Controls and Unofficial Markets in Foreign Exchange: A Formal Framework", IMF *Staff Papers*, núm. 31, Washington, junio de 1984, pp. 406-431.

Nugent, Jeffrey B. y Constantine Glezakos, "Phillips Curve in Developing Countries: The Latin American Case", *Economic Development and Cultural Change*, núm. 30, enero de 1982, pp. 321-332.

Obstfeld, Maurice, "Capital Mobility and Devaluation in an Optimizing Model with Rational Expectations", *American Economic Review*, núm. 71, mayo de 1981, pp. 217-221.

———, "Balance of Payments Crises and Devaluation", *Mournal of Money, Credit, and Banking*, núm. 16, mayo de 1984, pp. 208-217.

———, "The Capital Inflows Problem Revisited: A Stylized Model of Southern Cone Disinflation", *Review of Economic Studies*, núm. 52, octubre de 1985, pp. 605-625.

———, "Capital Controls, the Dual Exchange Rate, and Devaluation", *Journal of International Economics* 20, febrero de 1986a, pp. 1-20.

———, "Capital Flows, the Current Account, and the Real Exchange Rate: Consequences of Liberalization and Stabilization", en Liaqat Ahmed y Sebastián Edwards (eds.), *Economic Adjustment and Exchange Rates in Developing Countries*, Chicago University Press, Chicago, 1986a.

———, "Speculative Attacks and the External Constraint in a Maximizing Model of the Balance of Payments", *Canadian Journal of Economics*, núm. 19, marzo de 1986c, pp. 1-22.

———, "The Logic of Currency Crises", Oficina Nacional de Investigación Económica, ensayo de trabajo 4640, febrero de 1994.

———, "Models of Currency Crises with Self-Fulfilling Features", *European Economic Review* 40, abril de 1996, pp. 1037-1047.

———, "Destabilizing Effects of Exchange-Rate Escape Clauses", *Journal of International Economics* 43, agosto de 1997, pp. 29-60.

Ogaki, Masao, Jonathan Ostry y Carmen M. Reinhart, "Saving Behavior in Low-and Middle-Income Developing Countries: A Comparison", *IMF Staff Papers* 43, marzo de 1996, pp. 38-71.

Olivera, Julio H., "Money, Prices and Fiscal Lags: A Note on the Dynamics of Inflation", *Banca Nazionale del Lavoro Quarterly Review*, núm. 20, septiembre de 1967, pp. 258-267.

Ordeshook, Peter C., "The Emerging Discipline of Political Economy", en James E. Alt y Kenneth A. Shepsle (eds.), *Perspectives on Political Economy*, Cambridge University Press, Cambridge, 1990.

Orphanides, Athanasios, "Credibility and Reputation in Stabilization", inédito, Junta de la Reserva Federal, Washington, mayo de 1992.

———, "The Timing of Stabilizations", *Journal of Economics Dinamics and Control* 20, marzo de 1996, pp. 257-279.

Ortiz, Guillermo, "Currency Substitution in Mexico: The Dollarization Problem", *Journal of Money, Credit and Banking*, núm. 15, mayo de 1983, pp. 174-185.

Oshikoya, Temitope W., "Macroeconomic Determinants of Domestic Private Investment in Africa", *Economic Development and Cultural Change*, núm. 42, abril de 1994, pp. 573-596.

Ostry, Jonathan D., "Trade Liberalization in Developing Countries", *IMF Staff Papers*, núm. 38, Washington, septiembre de 1991, pp. 447-479.

——— y Carmen M. Reinhart, "Private Saving and Terms of Trade Shocks: Evidence from Developing Countries", *IMF Staff Papers*, núm. 39, Washington, septiembre de 1992, pp. 495-517.

Owen, Dorian P. y Otton Solís Fallas, "Unorganized Money Markets and 'Unproductive' Assets in the New Structuralist Critique of Financial Liberalization", *Journal of Development Economics*, núm. 31, octubre de 1989, pp. 341-355.

Ozkan, F. Gulcin y Alan Sutherland, "A Currency Crisis Model with an Optimising Policymaker", *Journal of International Economics* 44, abril de 1998, pp. 339-364.

Pagano, Marco, "Financial Markets and Growth: An Overview", *European Economic Review*, núm. 27, abril de 1993, pp. 613-622.

Papademos, Lucas y Franco Modigliani, "Inflation, Financial and Fiscal Structure, and the Monetary Mechanism", *European Economic Review*, núm. 21, marzo de 1983, pp. 203-250.

Papageorgiou, Demetris, Armeane M. Choksi y Michael Michaely, *Liberalizing Foreign Trade in Developing Countries*, Banco Mundial, Washington, D.C., 1990.

Park, Daekeun, "Foreign Exchange Liberalization and the Viability of a Fixed Exchange Rate Regime", *Journal of International Economics*, núm. 36, febrero de 1994, pp. 99-116.

Park, Yung Chul, "Financial Repression and Liberalization", en Lawrence B. Krause y Kim Kihwan (eds.), *Liberalization in the Process of Economic Development*, University of California Press, Berkeley, 1991.

Parkin, Vincent, *Chronic Inflation in an Industrializing Economy: The Brazilian Inflation*, Cambridge University Press, Cambridge.

Pastor, Manuel, Jr., *Inflation, Stabilization, and Debt: Macroeconomic Experiments in Peru and Bolivia*, Westview Press, Boulder, Col., 1992.

Patinkin, Don, "Israel's Stabilization Program of 1984, or Some Simple Truths of Monetary Theory", *Journal of Economic Perspectives*, núm. 7, marzo de 1993, pp. 103-128.

Pattillo, Catherine, "Investment, Uncertainty, and Irreversibility in Ghana" ensayo de trabajo 97/169, Fondo Monetario Internacional, diciembre de 1997.

Paus, Eva, "Adjustment and Development in Latin America: The Failure of Peruvian Orthodoxy", *World Development*, núm. 19, mayo de 1991, pp. 411-434.

Pazos, Felipe, *Chronic Inflation in Latin America*, Praeger, Nueva York, 1972.

Persson, Torsten y Guido Tabellini, "Is Inequality Harmful for Growth?", *American Economic Review*, núm. 84, junio de 1994, pp. 600-621.

Persson, Torsten y Sweder van Wijnbergen, "Signaling, Wag Controls, and Monetary Disinflation Policy", *Economic Journal*, núm. 103, enero de 1993, pp. 79-97.

Pesaran, Hashem, *The Limits to Rational Expectations*, Basil Blackwell, Oxford, 1988.

Pfeffermann, Guy y Andrea Madarassy, *Trends in Private Investment in Developing Countries 1993*, ensayo para discusión, IFC, núm. 16, Banco Mundial, 1993.

Phelps, Edmund S., "Inflation in a Theory of Public Finance", *Swedish Journal of Economics*, núm. 75, marzo de 1973, pp. 67-82.

Phylaktis, Kate, "Capital Controls: The Case of Argentina", *Journal of International Money and Finance*, núm. 7, septiembre de 1988, pp. 303-320.

————, "The Black Market for Dollars in Chile", *Journal of Development Economics*, núm. 37, noviembre de 1991, pp. 155-172.

———— y Mark P. Taylor, "Monetary Dynamics of Sustained High Inflation: Taiwan, 1945-1949", *Southern Economic Journal*, núm. 58, enero de 1992, pp. 610-622.

————, "Money Demand, the Cagan Model, and the Inflation Tax: Some Latin American Evidence", *Review of Economics and Statistics*, núm. 75, febrero de 1993, pp. 32-37.

Pinto, Brian, "Black Market Premia, Exchange Rate Unification and Inflation in Sub-Saharan Africa", *World Bank Economic Review*, núm. 3, septiembre de 1989, pp. 321-338.

——, "Black Markets for Foreign Exchange, Real Exchange Rates and Inflation", *Journal of International Economics*, núm. 30, marzo de 1991a, pp. 121-135.

——, "Unification of Official and Black Market Exchange Rates in Sub-Saharan Africa", en Emil-Maria Claassen (ed.), *Exchange Rate Policies in Developing and Post-Socialist Countries*, ICS Press, San Francisco, 1991b.

Pitt, Mark, "Smuggling and the Black Market for Foreign Exchange", *Journal of International Economics*, núm. 16, junio de 1994, pp. 243-257.

Polak, Jacques J., "Monetary Analysis of Income Formation and Payments Problems", *IMF Staff Papers*, núm. 6, noviembre de 1957, pp. 1-50.

——, *Financial Policies and Development*, Organización para la Cooperación y el Desarrollo Económicos, París, 1989.

Poloz, Stephen S., "Currency Substitution and the Precautionary Demand for Money", *Journal of International Money and Finance*, núm. 5, marzo de 1986, pp. 115-124.

Quah, Danny T., "Empirics for Economic Growth and Convergence", *European Economic Review* 40, junio de 1996, pp. 1353-1375.

Ram, Rati, "Further International Evidence on Output-Inflation Tradeoffs", *Canadian Journal of Economics*, núm. 17, agosto de 1984, pp. 523-540.

Rama, Martín, "Empirical Investment Equations in Developing Countries", en Luis Servén y Andrés Solimano (eds.), *Striving for Growth after Adjustment*, Banco Mundial, Washington, 1993.

Ramírez, Miguel D., "Public and Private Investment in Mexico, 1950-1990: An Empirical Analysis", *Southern Economic Journal*, núm. 61, julio de 1994, pp. 1-17.

Ramírez Rojas, C. Luis, "Currency Substitution in Argentina, Mexico and Uruguay", *IMF Staff Papers*, núm. 32, Washington, diciembre de 1985, pp. 629-667.

Ramos, Juan, *Neoconservative Economics in the Southern Cone of Latin America, 1973-1983*, Johns Hopkins University Press, Baltimore, 1986.

Raut, Lakashmi y Arvind Virmani, "Determinants of Consumption and Savings Behavior in Developing Countries", *World Bank Economic Review* 3, septiembre de 1989, pp. 379-394.

Rebelo, Sergio, "Long-Run Policy Analysis and Long-Run Growth", *Journal of Political Economy*, núm. 99, junio de 1991, pp. 500-521.

Rebelo, Sergio y Carlos A. Végh, "Real Effects of Exchange-Rate Based Stabilization: An Analysis of Competing Theories", en Ben S. Bernanke and Julio J. Rotemberg (eds.), *NBER Macroeconomics Annual 1996*, Cambridge, Mass., MIT Press, 1997.

Reinhart, Carmen M. y Vincent R. Reinhart, "Output Fluctuations and Monetary Shocks", *IMF Staff Papers*, núm. 38, Washington, diciembre de 1991, pp. 705-735.

Reinhart, Carmen M. y Carlos A. Végh, "Nominal Interest Rates, Consumption Booms, and Lack of Credibility", *Journal of Development Economics*, núm. 46, abril de 1995, pp. 357-378.

Reinhart, Carmen M. y Peter Wickham, "Commodity Prices: Cyclical Weakness or Secular Decline?" *IMF Staff Papers*, núm. 41, Washington, junio de 1994, pp. 175-213.

Reisen, Helmut, "Public Debt, External Competitiveness, and Fiscal Discipline in Developing Countries", estudio de finanzas internacionales, núm. 66, Princeton University, Princeton, 1989.

Reisen,Helmut y Helene Yeches, "Time-Varying Estimates on the Openness of the Capital Account in Korea and Taiwan", *Journal of Development Economics*, núm. 41, agosto de 1993, pp. 285-305.

Rennhack, Robert y Guillermo Mondino, "Capital Mobility and Monetary Policy in Colombia", ensayo de trabajo, núm. 88/77, Fondo Monetario Internacional, Washington, agosto de 1988.

Risager, Ole, "Devaluation, Profitability and Investment", *Scandinavian Journal of Economics*, núm. 90, junio de 1988, pp. 125-140.

Roberts, John, "Liberalizing Foreign-Exchange Rates in Sub-Saharan Africa", *Development Policy Review*, núm. 7, junio de 1984, pp. 115-142.

—— y Peter Stella, "Amalgamating Central Bank and Fiscal Deficits", en Mario I. Blejer y Adrienne Cheasty (eds.), *How to Measure the Fiscal Deficit: Analytical and Methodological Issues*, Fondo Monetario Internacional, Washington, 1993.

Robinson, Sherman, "Macroeconomics, Financial Variables, and Computable General Equilibrium Models", *World Development*, 19, noviembre de 1991, pp. 1509-1525.

Roca, Santiago y Rodrigo Priale, "Devaluation, Inflationary Expectations and Stabilisation in Peru", *Journal of Economic Studies*, núm. 14, 1987, pp. 5-35.

Rodríguez, Carlos A., "A Stylized Model of the Devaluation-Inflation Spiral", *IMF Staff Papers*, núm. 25, Washington, marzo de 1978, pp. 76-89.

——, "The Argentine Stabilization Plan of December 20th", *World Development*, núm. 10, septiembre de 1985, pp. 801-811.

——, "The Macroeconomics of the Public Sector Deficit: The Case of Argentina", ensayo de trabajo, WPS, núm. 632, Banco Mundial, marzo de 1991.

——, "Money and Credit under Currency Substitution", *IMF Staff Papers*, núm. 40, Washington, junio de 1993, pp. 414-426.

Rodríguez, Miguel A., "Public Sector Behavior in Venezuela: 1970-1985", en Felipe Larraín y Marcelo Selowsky, *The Public Sector and the Latin American Debt Crisis*, ICS Press, San Francisco, 1991.

Rodrik, Dani, "Trade and Capital Account Liberalization in a Keynesian Economy", *Journal of International Economics*, núm. 23, agosto de 1987, pp. 113-129.

——, "Credibility of Trade Reforms-A Policymaker's Guide", *World Economy*, núm. 12, marzo de 1989, pp. 1-16.

——, "Policy Uncertainty and Private Investment in Developing Countries", *Journal of Development Economics*, núm. 36, octubre de 1991, pp. 229-242.

——, "Trade Liberalization and Disinflation", en Peter B. Kenen (ed.), *Understanding Interdependence*, Princeton University Press, Princeton, N. J., 1995.

——, *Why Do More Open Economies Have Bigger Governments?*, ensayo de trabajo 5537, Oficina Nacional de Investigación de Economía, abril de 1996.

Roemer, Michael y Steven C. Radelet, "Macroeconomic Reform in Developing Countries", en Dwight H. Perkins y Michael Roemer (eds.), *Reforming Economic Systems in Developing Countries*, Harvard University Press, Harvard, Mass., 1991.

Rogers, John H., "Foreign Inflation Transmission under Flexible Exchange Rates and Currency Substitution", *Journal of Money, Credit, and Banking*, núm. 22, mayo de 1990, pp. 195-206.

—— y Ping Wang, "Output, Inflation, and Stabilization in a Small Open Economy: Evidence from Mexico", *Journal of Development Economics* 46, abril de 1995, pp. 271-293.

Rogoff, Kenneth A., "The Optimal Degree of Commitment to an Intermediate Monetary Target", *Quarterly Journal of Economics*, núm. 100, noviembre de 1985, pp. 1169-1189.

——, "Reputational Constraints on Monetary Policy", en Robert J. Barro (ed.), *Modern Business Cycle Theory*, Harvard University Press, Cambridge, Mass., 1989.

——, "Equilibrium Political Budget Cycles", *American Economic Review*, núm. 80, marzo de 1990, pp. 21-36.

—— y Anne Sibert, "Elections and Macroeconomic Policy Cycles", *Review of Economic Studies*, núm. 60, enero de 1988, pp. 1-16.

Rojas, Patricio, "Credibility, Stabilization and Trade Liberalization in Mexico", inédito, Instituto Tecnológico de Massachusetts, 1990.

Rojas Suárez, Liliana, "Devaluation and Monetary Policy in Developing Countries: A General Equilibrium Model for Economies Facing Financial Constraints", *IMF Staff Papers*, núm. 34, septiembre de 1987, pp. 439-470.

——, "Risk and Capital Flight in Developing Countries", ensayo de trabajo, núm. 90/64, Fondo Monetario Internacional, Washington, julio de 1990.

Roldós, Jorge, "Supply-Side Effects of Disinflation Programs", *IMF Staf Papers* 42, marzo de 1995, pp. 158-183.

——, "On Gradual Disinflation, The Real Exchange Rate, and the Current Account", *Journal of International Money and Finance*, 16, febrero de 1997, pp. 37-54.

Romer, David, *Advanced Macroeconomics*, McGraw Hill, Nueva York, 1995.

Romer, Paul, "Increasing Returns and Long-Run Growth", *Journal of Political Economy*, núm. 94, octubre de 1986, pp. 1002-1037.

——, "Endogenous Technological Change", *Journal of Political Economy*, núm. 98, octubre de 1990, pp. 71s-102s.

Rosenzweig, Mark, "Labour Markets in Low-Income Countries", en Hollis Chenery y T. N. Srinivasan (eds.), *Handbook of Development Economics*, vol. I, Amsterdam, North-Holland, 1988.

Ross, Anthony C., *Economic Stabilization for Developing Countries*, Edward Elgar, Brookfield, Vermont, 1991.

Rossi, José W., "The Demand for Money in Brazil: What Happened in the 1980s", *Journal of Development Economics*, núm. 31, octubre de 1989, pp. 357-367.

Rossi, Nicola, "Government Spending, the Real Interest Rate, and the Behavior of Liquidity-Constrained Consumers in Developing Countries", *IMF Staff Papers*, núm. 35, Washington, marzo de 1988, pp. 104-140.

——, "Dependency Rates and Private Savings Behavior in Developing Countries", *IMF Staff Papers*, núm. 36, Washington, marzo de 1989, pp. 166-181.

Roubini, Nouriel, "Economic and Political Determinants of Budget Deficits in Developing Countries", *Journal of International Money and Finance*, núm. 10, suplemento, marzo de 1991, pp. 49-72.

—— y Xavier Sala-i-Martin, "Financial Repression and Economic Growth", *Journal of Development Economics*, núm. 39, julio de 1992, pp. 5-30.

——, "A Growth Model of Inflation, Tax Evasion and Financial Repression", *Journal of Monetary Economics*, núm. 35, abril de 1995, pp. 275-301.

Sachs, Jeffrey, "Theoretical Issues in International Borrowing", Estudio de finanzas internacionales, núm. 54, Princeton University, Princeton, julio de 1984.

Sachs, Jeffrey, "The Bolivian Hyperinflation and Stabilization", ensayo de trabajo, núm. 2073, National Bureau of Economic Research, noviembre de 1986.

———, "Trade and Exchange Rate Policies in Growth-Oriented Adjustment Programs", en Vittorio Corbo, Morris Goldstein y Mohsin S. Khan (eds.), *Growth-Oriented Adjustment Programs*, Fondo Monetario Internacional, Washington, 1987.

———, "The Debt Overhang of Developing Countries", en Guillermo A. Calvo *et al.* (eds.), *Debt, Stabilization and Development*, Basil Blackwell, Oxford, 1989a.

———, "Introduction", en Jeffrey Sachs (ed.), *Developing Country Debt and the World Economy*, University of Chicago Press, Chicago, 1989b.

Sachs, Jeffrey, Aarón Tornell y Andrés Velasco, "The Mexican Peso Crisis: Sudden Death or Death Foretold?" *Journal of International Economics* 41, noviembre de 1996, pp. 265-283.

Sachs, Jeffrey y Andrew M. Warner, "Economic Convergence and Economic Policies", ensayo de trabajo 5039, Oficina Nacional de Investigación de Economía, febrero de 1995.

Salter, Walter E., "Internal and External Balance: The Role of Price and Expenditure Effects", *Economic Record*, núm. 35, agosto de 1959, pp. 226-238.

Santaella, Julio, "Stabilization Programs and External Enforcement", IMF *Staff Papers*, núm. 40, Washington, septiembre de 1993, pp. 584-621.

Sarel, Michael, *Growth and Productivity in ASEAN Economies*, ensayo de trabajo 97/-, Fondo Monetario Internacional, abril de 1997.

Sargent, Thomas J., "The End of Four Big Inflations", en Robert E. Hall (ed.), *Inflation*, Chicago, Il., Chicago University Press, 1982.

Sargent, Thomas J., "Stopping Moderate Inflations: The Methods of Poincaré and Thatcher", en Rudiger Dornbusch y Mario H. Simonsen (eds.), *Inflation, Debt and Indexation*, MIT Press, Cambridge, Mass., 1983.

——— y Neil Wallace, "Some Unpleasant Monetarist Arithmetic", *Federal Reserve Bank of Minneapolis Quarterly Review*, núm. 5, otoño de 1981, pp. 1-17.

Sassanpour, Cyrus y Jeffrey Sheen, "An Empirical Analysis of the Effects of Monetary Disequilibria in Open Economies", *Journal of Monetary Economics*, núm. 13, enero de 1984, pp. 127-163.

Savastano, Miguel A., "The Pattern of Currency Substitution in Latin America: An Overview", *Revista de Análisis Económico*, núm. 7, julio de 1992, pp. 29-72.

Schmid, Michael, "Stagflationary Effects of a Devaluation in a Monetary Model with Imported Intermediate Goods", *Jahrbücher für Nationalökonomie und Statistik*, núm. 197, marzo de 1982, pp. 107-129.

———, y Tobias Muller, "Private Investment under Macroeconomic Adjustment in Morocco", en Ajay Chhibber, Mansoor Dailami y Nemat Shafik (eds.), *Reviving Private Investment in Developing Countries*, Amsterdam, North Holland, 1992.

Schmidt-Hebbel, Kalus, Steven B. Webby Giancarlo Corsetti, "Household Saving in Developing Countries", *World Bank Economic Review*, núm. 6, septiembre de 1992, pp. 529-547.

Seater, John, "Ricardian Equivalence", *Journal of Economic Literature*, núm. 31, marzo de 1993, pp. 142-190.

Servén, Luis, *A RMSM-X for Chile*, preensayo de trabajo, núm. 508, Banco Mundial, septiembre de 1990a.

Servén, Luis, *Anticipated Real Exchange Rate Changes and the Dynamics of Investment*, preensayo de trabajo, núm. 562, Banco Mundial, diciembre de 1990*b*.

———, "Irreversibility, Uncertainty and Private Investment: Analytical issues and some Lessons for Africa", inédito, Banco Mundial, diciembre de 1996.

——— y Andrés Solimano, "Economic Adjustment and Investment Performance in Developing Countries: The Experience of the 1980s", en Luis Servén y Andrés Solimano (eds.), *Striving for Growth after Adjustment*, Washington, Banco Mundial, 1993*b*.

———, "Private Investment and Macroeconomic Adjustment: A Survey", en Luis Servén y Andrés Solimano (eds.), *Striving for Growth after Adjustment*, Washington, Banco Mundial, 1993*a*.

Shafik, Nemat, "Modeling Private Investment in Egypt", *Journal of Development Economics*, núm. 39, octubre de 1992, pp. 263-277.

Shahin, Wassim N., *Money Supply and Deficit Financing in Economic Development*, Greenwood, Westport, Conn., 1992.

Shaw, Edward S., *Financial Deepening in Economic Development*, Oxford University Press, Nueva York, 1973.

Shea, Koon-Lam, "Imported Inputs, Devaluation and the Balance of Payments: A Keynesian Macro-Approach", *Southern Economic Journal* 43, octubre de 1976, pp. 1106-1111.

Sheehey, Edmund J., "Unanticipated Inflation, Devaluation and Output in Latin America", *World Development*, núm. 14, mayo de 1986, pp. 665-671.

Shirvani, Hassan y Barry Wilbratte, "Money and Inflation: International Evidence Based on Cointegration Theory", *International Economic Journal*, núm. 8, marzo de 1994, pp. 11-21.

Simonsen, Mario H., "Indexation: Current Theory and the Brazilian Experience", en Rudiger Dornbusch y Mario H. Simonsen (eds.), *Inflation, Debt and Indexation*, MIT Press, Cambridge, Mass., 1983.

Sjaastad, Larry A., "Failure of Economic Liberalization in the Southern Cone of Latin America", *World Economy*, núm. 6, marzo de 1983, pp. 5-26.

Solimano, Andrés, "Contractionary Devaluation in the Southern Cone: The Case of Chile", *Journal of Development Economics*, núm. 23, septiembre de 1986, pp. 135-151.

———, "Inflation and the Costs of Stabilization", *World Bank Research Observer*, núm. 5, julio de 1990, pp. 167-185.

Solow, Robert M., "A Contribution to the Theory of Economic Growth", *Quarterly Journal of Economics*, núm. 50, febrero de 1956, pp. 65-94.

Song, E. Young, "Increasing Returns and the Optimality of Open Capital Markets in a Small Growing Economy", *International Economic Review*, núm. 34, agosto de 1993, pp. 705-713.

Spaventa, Luigi, "The Growth of Public Debt", IMF *Staff Papers*, núm. 34, Washington, junio de 1987, pp. 374-399.

Srinivasan, T. G., Vincent Parkin y David Vines, "Food Subsidies and Inflation in Developing Countries: A Bridge between Structuralism and Monetarism", ensayo de trabajo, núm. 334, Centro de Investigación de la Política Económica, agosto de 1989.

Stiglitz, Joseph E., "Alternative Theories of Wage Determination and Unemployment in IDCs: The Labor Turnover Model", *Quarterly Journal of Economics*, núm. 98, mayo de 1974, pp. 194-227.

Stiglitz, Joseph E., "Alternative Theories of Wage Determination and Unemployment: The Efficiency Wage Model", en Mark Gersovitz, Carlos F. Díaz Alejandro, Gustav Ranis y Mark R. Rosenzweig (eds.), *The Theory and Experience of Economic Development*, Allen and Unwin, Londres, 1982.

———, "Alternative Approaches to Macroeconomics: Methodological Issues and the New Keynesian Economics", en Alessandro Vercelli y Nicola Dimitri (eds.), *Macroeconomics: A Survey of Research Strategies*, Oxford University Press, Oxford, 1992.

——— y Andrew Weiss, "Asymmetric Information in Credit Markets and Its Implications for Macroeconomics", *Oxford Economic Papers*, núm. 44, octubre de 1992, pp. 694-724.

Stockman, Alan C., "The Cash-in-Advance Constraint in International Economics", en S. C. Tsiang y Meier Kohn (eds.), *Finance Constraints and the Theory of Money*, Academic Press, Orlando, Fla., 1989.

——— y Alejandro D. Hernández, "Exchange Controls, Capital Controls, and International Financial Markets", *American Economic Review*, núm. 78, junio de 1988, pp. 362-374.

Summers, Lawrence H., "Tax Policy and International Competitiveness", en Jacob A. Frenkel (ed.), *International Aspects of Fiscal Policy*, University of Chicago Press, Chicago, 1988.

Sundararajan, Ved, "Exchange Rate *versus* Credit Policy: Analysis with a Monetary Model of Trade and Inflation for India", *Journal of Development Economics*, núm. 20, enero de 1986, pp. 75-105.

——— y Tomás J. Baliño, "Issues in Recent Banking Crises", en Ved Sundararajan y Tomás J. Baliño (eds.), *Banking Crises: Cases and Issues*, Fondo Monetario Internacional, Washington, 1991.

Sundararajan, Ved y Subhash Thakur, "Public Investment, Crowding Out, and Growth: A Dynamic Model Applied to India and Korea", IMF *Staff Papers*, núm. 27, Washington, diciembre de 1980, pp. 814-855.

Svensson, Lars E. O., "An Interpretation of Recent Research on Exchange Rate Target Zones", *Journal of Economic Perspectives* 4, septiembre de 1992, pp. 119-214.

Swan, Trevor W., "Economic Growth and Capital Accumulation", *Economic Record*, núm. 32, noviembre de 1956, pp. 334-361.

———, "Economic Control in a Dependent Economy", *Economic Record*, núm. 36, marzo de 1960, pp. 51-66.

Swinburn, Mark y Marta Castellano Blanco, "Central Bank Independence and Central Bank Functions", en Patrick Downes y Reza Vaez-Zadeh (eds.), *The Evolving Role of Central Banks*, Fondo Monetario Internacional, Washington, 1991.

Talvi, Ernesto, "Exchange Rate-based Stabilization with Endogenous Fiscal Response", *Journal of Development Economics* 54, octubre de 1997, pp. 59-75.

Tanboon, Surach, "An Analysis of the Thai Currency in Retrospect", inédito, Williams College, mayo de 1998.

Tanner, Evan, "Intertemporal Solvency and Indexed Debt: Evidence from Brazil, 1976-1991", *Journal of International Money and Finance* 14, agosto de 1995, pp. 549-573.

Tanzi, Vito, "Inflation, Real Tax Revenue, and the Case for Inflationary Finance: Theory with an Application to Argentina", IMF *Staff Papers*, núm. 25, Washington, septiembre de 1978, pp. 417-451.

Tanzi, Vito, "Lags in Tax Collection and the Case of Inflationary Finance: Theory with Simulations", en Mario I. Blejer y Ke-young Chu (eds.), *Fiscal Policy, Stabilization, and Growth in Developing Countries*, Fondo Monetario Internacional, Washington, 1988.

Taylor, John B., "Aggregate Dynamics and Staggered Contracts", *Journal of Political Economy*, núm. 88, febrero de 1980, pp. 1-23.

Taylor, Lance, *Macro Models for Developing Countries*, McGraw-Hill, Nueva York, 1979.

——— , *Structuralist Macroeconomics*, Basic Books, Nueva York, 1983.

——— , *Socially Relevant Policy Analysis*, MIT Press, Cambridge, Mass., 1990.

——— , *Income Distribution, Inflation and Growth*, MIT Press, Cambridge, Mass., 1991.

——— , "Gap Models", *Journal of Development Economics*, núm. 45, octubre de 1994, pp. 17-34.

Ten Kate, Adriaan, "Trade Liberalization and Economic Stabilization in Mexico: Lessons of Experience", *World Development*, núm. 20, mayo de 1992, pp. 659-672.

Terrones, Marco E., "Macroeconomic Policy Cycles under Alternative Electoral Structures", ensayo de trabajo, núm. 8905, Universidad de Ontario Occidental, abril de 1989.

Todaro, Michael P., *Economic Development*, 5a. ed., Longman, White Plains, N. Y., 1994.

Tornell, Aarón y Andrés Velasco, "Tragedy of the Commons and Economic Growth: Why Does Capital Flow from Poor to Rich Countries", *Journal of Political Economy* 100, diciembre de 1992, pp. 1208-1231.

Tseng, Wanda S. y Richard Corker, *Financial Liberalization, Money Demand, and Monetary Policy in Asian Countries*, ensayo ocasional, núm. 84, Fondo Monetario Internacional, Washington D.C., julio de 1991.

Turnham, David, *Employment and Development: A New Review of Evidence*, Centro de Desarrollo de la OCDE, París, 1993.

Turnovsky, Stephen J., "The Effects of Devaluation and Foreign Price Disturbances under Rational Expectations", *Journal of International Economics*, núm. 11, febrero de 1981, pp. 33-60.

——— , "Domestic and Foreign Disturbances in an Optimizing Model of Exchange Rate Determination", *Journal of International Money and Finance*, núm. 1, marzo de 1985, pp. 151-171.

——— y Partha Sen, "Fiscal Policy, Capital Accumulation, and Debt in an Open Economy", *Oxford Economics Papers*, núm. 43, enero de 1991, pp. 1-24.

Tybout, James R., "Credit Rationing and Investment Behavior in a Developing Country", *Review of Economics and Statistics* 65, noviembre de 1983, pp. 598-607.

Uribe, Martín, "The Tequila Effect: Theory and Evidence from Argentina", Debate de finanzas internacionales, núm. 552, Cuerpo de gobernadores del Sistema de Reserva Federal, junio de 1996.

——— , "Exchange-Rate-Based Inflation Stabilization: The Initial Real Effects of Credible Plans", *Journal of Monetary Economics* 39, julio de 1997, pp. 197-221.

Van der Ploeg, Frederick, "The Political Economy of Overvaluation", *Economic Journal*, núm. 99, septiembre de 1989, pp. 850-855.

Van Wijnbergen, Sweder, "Stagflationary Effects of Monetary Stabilization Policies", *Journal of Development Economics*, núm. 10, abril de 1982, pp. 133-169.

——— , "Credit Policy, Inflation and Growth in a Financially Repressed Economy", *Journal of Development Economics*, núm. 13, agosto de 1983, pp. 45-65.

Van Wijnbergen, Sweder, "Interest Rate Management in IDCs", *Journal of Monetary Economics*, núm. 12, septiembre de 1983*b*, pp. 433-452.

——, "Macro-Economic Effects of Changes in Bank Interest Rates: Simulation Results for South Korea", *Journal of Development Economics*, núm. 18, agosto de 1985, pp. 541-554.

——, "Exchange Rate Management and Stabilization Policies in Developing Countries", *Journal of Development Economics*, núm. 23, octubre de 1986, pp. 227-247.

——, "Monopolistic Competition, Credibility and the Output Costs of Disinflationary Programs", *Journal of Development Economics*, núm. 29, noviembre de 1988, pp. 375-398.

——, "Fiscal Deficits, Exchange Rate Crises, and Inflation", *Review of Economic Studies*, núm. 58, enero de 1991, pp. 81-92.

Veidyanathan, Geetha, "Consumption, Liquidity Constraints and Economic Development", *Journal of Macroeconomics*, núm. 15, verano de 1993, pp. 591-610.

Végh, Carlos A., "The Optimal Inflation Tax in the Presence of Currency Substitution", *Journal of Monetary Economics*, núm. 24, julio de 1989*a*, pp. 139-146.

——, "Government Spending and Inflationary Finance", *IMF Staff Papers*, núm. 46, Washington, septiembre de 1989*b*, pp. 657-677.

——, "Stopping High Inflation: An Analytical Overview", *IMF Staff Papers*, núm. 39, Washington, septiembre de 1992, pp. 626-695.

Velasco, Andrés, "Financial Crises and Balance of Payments Crises-Simple Model of the Southern Cone Experience", *Journal of Development Economics*, núm. 17, octubre de 1987, pp. 263-283.

——, "Real Interest Rates and Government Debt during Stabilization", *Journal of Money, Credit and Banking*, núm. 25, mayo de 1993, pp. 251-272.

——, "When are fixed exchange rates really fixed?" *Journal of Development Economics* 54, octubre de 1997, pp. 5-25.

Verspagen, Bart, "Endogenous Innovation in Neo-Classical Growth Models: A Survey", *Journal of Macroeconomics*, núm. 14, otoño de 1992, pp. 631-662.

Vial, Joaquím, "Macroeconomic Models for Policy Analysis in Latin America", Nota técnica, núm. 127, CIEPLAN, marzo de 1989.

Vickers, John, "Signalling in a Model of Monetary Policy with Incomplete Information", *Oxford Economic Papers*, núm. 39, noviembre de 1986, pp. 443-455.

Villanueva, Delano y Abbas Mirakhor, "Strategies for Financial Reforms", *IMF Staff Papers*, núm. 37, Washington, septiembre de 1990, pp. 509-536.

Vines, David y Peter G. Warr, "Macroeconomic Adjustment in Thailand: An Econometric Dissection", inédito, Centro de Investigación de la Política Económica, abril de 1993.

Vogel, Robert C. y Stephen A. Buser, "Inflation, Financial Repression, and Capital Formation in Latin America", en Ronald I. McKinnon (ed.), *Money and Finance in Growth and Development*, Marcel Dekker, Nueva York, 1976.

Wai, U. Tun y Chorn-Huey Wong, "Determinants of Private Investment in Developing Countries", *Journal of Development Studies*, núm. 19, octubre de 1982, pp. 19-36.

Warner, Andrew M., "Did the Debt Crisis Cause the Investment Crisis?" *Quarterly Journal of Economics* 107, noviembre de 1992, pp. 1161-1186.

Warr, Peter G. y Bhanupong Nadhiprabha, "Macroeconomic Policies, Crisis and Growth in the Long Run: Thailand", en Ian M. D. Little, Richard N. Cooper, W.

Max Corden y Sarath Rajapathirana (eds.), *Boom, Crisis, Adjustment: The Macroeconomic Experience of Developing Countries*, Oxford, Oxford University Press, 1993.

Werner, Alejandro M., "Exchange Rate Target Zones, Realignments, and the Interest Rate Differential: Theory and Evidence", *Journal of International Economics* 39, noviembre de 1995, pp. 353-367.

Whitehead, Laurence, "Political Explanations of Macroeconomic Management: A Survey", inédito, Nuffield College, Oxford, 1990.

Wilford, Walton T., "The Monetary Approach to Balance of Payments and Developing Nations: A Review of the Literature", en Bluford H. Putnam y D. Sykes Wilford (eds.), *The Monetary Approach to International Adjustment*, Praeger, Nueva York, 1986.

Williams, Michael A. y Michael G. Baumann, "International Evidence on Output-Inflation Tradeoffs: A Bootstrap Analysis", *Economic Letters*, núm. 21, febrero de 1986, pp. 149-153.

Williamson, John y Stephan Haggard, "The Political Conditions for Economic Reform", en John Williamson (ed.), *The Political Economy of Economic Reform*, Instituto de Economía Internacional, Washington, 1994.

Willman, Alpo, "The Collapse of the Fixed Exchange Rate Regime with Sticky Wages and Imperfect Substitutability between Domestic and Foreign Bonds", *European Economic Review*, núm. 32, noviembre de 1988, pp. 1817-1838.

Wolpin, Kenneth I., "A New Test of the Permanent Income Hypothesis: The Impact of Weather on the Income and Consumption of Farm Households in India", *International Economic Review*, núm. 23, octubre de 1982, pp. 583-594.

Wong, Chorn-Huey, "Demand for Money in Developing Countries: Some Theoretical and Empirical Results", *Journal of Monetary Economics*, núm. 3, enero de 1977, pp. 59-86.

Wong, David Y., "What Do Saving-Investment Relationships Tell Us about International Capital Mobility?", *Journal of International Money and Finance*, núm. 9, marzo de 1990, pp. 60-74.

Young, Alwyn, "The Tyranny of Numbers: Confronting the Statistical Realities of the East Asian Growth Experience", *Quarterly Journal of Economics* 110, agosto de 1995, pp. 641-680.

Zuehlke, Thomas W. y James E. Payne, "Tests of the Rational Expectations-Permanent Income Hypothesis for Developing Economies", *Journal of Macroeconomics*, núm. 11, verano de 1989, pp. 423-433.

ÍNDICE ONOMÁSTICO

891

ÍNDICE ANALÍTICO

ÍNDICE GENERAL

Quinta parte
CRECIMIENTO, REFORMAS ESTRUCTURALES
Y POLÍTICA ECONÓMICA

Este libro se terminó de imprimir en octubre de 2000 en los talleres de Impresora y Encuadernadora Progreso, S. A. de C. V. (IEPSA), Calz. de San Lorenzo, 244; 09830 México, D. F. Su composición, en que se usaron tipos Palatino de 10:12, 9:11 y 8:9 puntos, se hizo en el taller Solar, Servicios Editoriales, Calle 2, 21; 03810 México, D. F., a cuyo cuidado estuvo la edición, que consta de 2 000 ejemplares.

Comentarios y sugerencias: editor@fce.com.mx